lonely planet

Philippinen

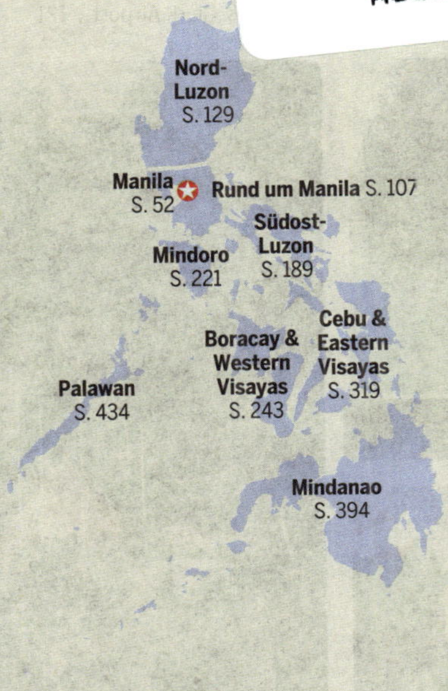

Paul Harding, Greg Bloom, Celeste Brash,
Michael Grosberg, Iain Stewart

REISEPLANUNG

REISEZIELE AUF DEN PHILIPPINEN

ALENA OZEROVA/SHUTTERSTOCK ©

EL NIDO S. 455

TOM COCKREM/GETTY IMAGES ©

STREET FOOD, PUERTO PRINCESA S. 436

SHANTI HESSE/SHUTTERSTOCK ©

Inhalt

BATAD S. 173

REISEZIELE AUF DEN PHILIPPINEN

DMITRY PICHUGIN/SHUTTERSTOCK ©

Inhalt

CADLAO ISLAND S. 470

DIE PHILIPPINEN VERSTEHEN

PRAKTISCHE INFORMATIONEN

REISEHINWEIS

Vom 26.4.2018 an ist das beliebte Boracay für die Dauer von sechs Monaten für Touristen geschlossen. Für das Inselresort soll ein nachhaltiger Tourismus entwickelt werden. Leider ist zu erwarten, dass einige Hotels und Restaurants die Zeit der Schließung nicht überdauern können. Vor Reiseantritt also unbedingt prüfen!

SONDERSEITEN

Willkommen auf den Philippinen

Die Philippinen – das sind smaragdgrüne Reisfelder, brodelnde Megastädte, bunte Jeepneys, schwelende Vulkane, Koboldmakis mit Kulleraugen, flauschige Wasserbüffel und lächelnde Menschen.

Ein fernes Land

Die Philippinen sind ein Stück entfernt vom südostasiatischen Festland – geografisch, aber auch spirituell und kulturell. Der im Land vorherrschende Katholizismus, das Ergebnis von 350 Jahren spanischer Herrschaft, ist der offensichtlichste Unterschied. Zu den Überbleibseln der spanischen Ära zählen aber auch überbordende Fiestas und jahrhundertealte Kirchen. Malls, Fast-Food-Ketten und die verbreitete englische Sprache zeugen vom Einfluss des kolonialen Nachfolgers Spaniens: den USA. Dennoch hat sich das Land seine Einzigartigkeit bewahrt. Die Menschen sind warmherzig und freundlich und bezaubern die Besucher ihres Landes.

Ein Paradies für Inselhopping

Mit Tausenden tropischen Inseln sind die Philippinen ein Paradies für Strandurlauber. Von einsamen Sandinselchen mitten im Ozean über Vulkaninseln wie aus Fantasiewelten mit versteckten Lagunen bis hin zu den großen Hauptinseln – für jeden ist etwas dabei. Sonnenanbeter und Taucher sollten direkt die Visayas ansteuern: Hier kann man von einer Insel zur anderen hüpfen – und wer Abenteuer mag, stellt auf einem verlassenen Küstenstreifen in Palawan ein Zelt auf und spielt ein paar Tage Robinson Crusoe.

Leben in den Tropen

Das ist schon den meisten Travellern passiert: Ausgiebiger Monsunregen ruiniert den ganzen Urlaub. Die Philippinen bieten da viele Alternativen. Es macht Sinn, nicht alles im Voraus zu buchen, sondern bei miesem (nassem) Wetter in besseres Klima weiterzureisen. Die Inlandsflüge sind billig, machen Spaß und werden am besten spontan gebucht. Ein wenig Vorarbeit ist nützlich: Da es auf Palawan und in den westlichen Provinzen von Juli bis September heftig regnet, sollte man lieber in den Osten reisen (es sei denn, es gibt eine Taifunwarnung).

Outdoor-Abenteuer

Die Philippinen sind zu Recht für ihre Strände berühmt, haben aber auch sportlichen Reisenden viel zu bieten. Surfer stürzen sich in die herrlichen (aber launischen) Wellen, und Taucher wissen seit Langem, welche Naturschätze unter Wasser warten. Aktivurlauber in Nord-Palawan paddeln mit dem Kajak aufs Meer, während Boracay und Pagudpud (Nord-Luzon) Kiteboard-Locations von Weltklasse sind. Wer lieber festen Boden unter den Füßen spürt, kann fast überall im Land auf Trekkingtour gehen, auch Mountainbiking und Canyoning werden immer beliebter. Dazu sind die Philippinen die inoffizielle Welthauptstadt der Seilrutschen.

Warum ich die Philippinen liebe

Greg Bloom, Autor

7000 tropische Inseln direkt vor meiner Tür – es ist leicht, die Philippinen zu lieben. Aber ich liebe nicht nur die perfekten Strände, sondern auch die weniger offensichtlichen Eigenschaften. Da wären die langen Fahrten durch Nord-Luzon auf dem Dach eines Jeepneys, gefolgt von einer Runde Gin mit den Ältesten auf dem *da-pay* (Versammlungsplatz); dann die leckeren, fangfrischen Fische an Bord eines *bangka* auf dem Weg durch Palawan oder ein eisgekühltes San Miguel bei Sonnenuntergang. Es sind auch die Freunde namens Bing und Bong und Umschreibungen wie „comfort room". Und ja, ich traue mich kaum, es zuzugeben – auch Karaoke. Das ist Liebe.

Mehr zu unseren Autoren gibt's auf S. 551.

Oben: Mann in der traditionellen Kleidung der Ifugao (S. 174)

Die Philippinen

Boracay
Die Lounge am legendären White Beach (S. 244)
Bacuit-Archipel
Slalomkurs zwischen riesigen Kalksteintürmen (S. 469)
Cebu
Das Paradies für Strandliebhaber (S. 321)
Bohol
Dschungel, Koboldmakis und weltklasse Tauchgebiete (S. 354)
Siquijor
Sand, Schnorcheln und Schamanen (S. 304)
Camiguin
Tummelplatz für Abenteuerlustige (S. 403)
Siargao
Cloud Nine ist die ultimative Welle (S. 412)
Puerto Galera
Calapan
Boac
Mamburao
Pinamalayan
Mindoro
Sablayan
Roxas
San José
Apo Reef
Mindoro-Straße
Sibuyan-See
Burias Island
Tablas Island
Sibuyan Island
Boracay Island
Caticlan
Kalibo
Roxas
Mt Mayon
Legazpi
Sorsogon
Bulan
Masbate Town
Masbate
Busuanga Island
Coron Town
Calamian Group
Culion Island
Semirara Islands
Panay
Visayas-See
Visayas
Laoang
Catarman
Samar
Calbayog
Biliran Island
Catbalogan
Borongan
Tacloban
Ormoc
Leyte
Baybay
Homonhon Island
Philippines Trench
12°N
El Nido
Taytay
Taytay Bay
Port Barton
Roxas
Palawan
Dumaran Island
Palawan-Passage
Puerto Princesa
Quezon
Narra
Mt Mantalingajan (2086m)
Brooke's Point
Bugsuk Island
Balabac Island
Cuyo Islands
San José (Antique)
Iloilo
Jordan
Silay
Cadiz
Bacolod
Mt. Kanlaon (2465m)
San Carlos
Toledo
Cebu City
Kabankalan
Sipalay
Negros
Tagbilaran
Bohol
Dumaguete
Maasin
Padre Burgos
Dinagat Island
Siargao Island
Surigao
Lake Mainit
Mindanao-See
Camiguin Island
Butuan
Tandag
Cagayan Islands
Siquijor Island
Sulu-See
Dipolog
Oroquieta
Cagayan de Oro
Prosperidad
Liloy
Zamboanga Peninsula
Ipil
Pagadian
Iligan
Lake Lanao
Malaybalay
Mindanao
Bislig
8°N
Cotabato
Mt. Apo (2954m)
Tagum
Caraga
Davao
Mati
Kidapawan
Digos
Davao Gulf
Lake Buluan
Malita
Alah Valley
General Santos
Alabel
Glan
Zamboanga City
Isabela
Golf von Moro
Basilan Island
Mindanao-See
Cagayan Sulu Island
Pangutaran Island
Jolo
Jolo Island
Sulu Archipelago
Tawi-Tawi Island
Bongao
MALAYSIA

Philippinen Top 15

Bacuit-Archipel

1 Absolute Pflicht: Im Insellabyrinth des Bacuit-Archipels (S. 469) im Norden von Palawan an entlegenen Stränden, unberührten Lagunen und felsigen Inselchen vorbeischippern. Per *bangka* (Boot) geht's in kurzer Zeit von der lässigen Küstenstadt El Nido zur Bacuit Bay. Dort wartet ein aufregender Mix aus imposanten Kalksteinklippen, Korallenriffen und Palmenstränden mit weißem Sand. Inselhopping mit Übernachtung ist in der Bucht selbst oder weiter nördlich in der Linapacan-Straße gen Busuanga möglich. Unterwegs kann man in einsamen Fischerdörfern nächtigen, wo der Fang des Tages zum Abendessen gegrillt wird.

Secret Lagoon (S. 469)

Strände

2 Einsame Strände mit schneeweißem Sand sind der Inbegriff der Philippinen. Jede der über 7000 Inseln des Landes besitzt zumindest einen Traumstrand. Wer der Zivilisation entfliehen möchte, hat es schon fast zu leicht: Auf Busuanga und den übrigen Calamian-Inseln (S. 471) um Palawan kann man sich sein eigenes Eiland aussuchen. Strände wie El Nido oder der Sugar Beach (Sipalay) bieten tolle Tauchspots und mehr, um sich die Zeit angenehm zu vertreiben. Und wer ein wenig mehr Action will, findet das garantiert bei den Kitesurf-Kursen auf Boracay oder beim Surfunterricht in San Juan (La Union).

Malcapuya Island (S. 473) (Palawan)

R.M. NUNES / SHUTTERSTOCK ©

KENNETH DEDEU / SHUTTERSTOCK ©

Abenteuer auf Bicol

3 Das südöstliche Luzon, insbesondere die Halbinsel Bicol (S. 192), entwickelt sich zum Zentrum des Abenteuertourismus. Bicol hat nicht nur die beste regionale Küche der Inseln (S. 197) zu bieten, sondern begeistert auch Adrenalinjunkies vor allem mit Wakeboarden im CamSur Watersports Complex. Daet (Camarines Norte) ist ein aufstrebendes Ziel für Surfer und Kitesurfer. Bei Legazpi kann man mit dem Quad über die Flanken des Mt. Mayon cruisen. Oder man schnorchelt mit den sanften Walhaien vor Donsol – ein unvergessliches Highlight.

Natur & Tierwelt auf Bohol

4 Bohol (S. 354) wird vor allem von Tauchern mit Ziel Alona Beach besucht. Dabei verstecken sich die wahren Attraktionen tief im Landesinneren von Visayan. Wohl keine andere Insel eignet sich besser für mehrtägige Motorradtouren. Gut befestigte Dschungelstraßen führen zu pfauengrünen Flüssen, schokoladenbraunen Hügeln, spektakulären Seilrutschen und niedlichen Koboldmakis. Selbst vom verheerenden Erdbeben von 2013, das viele Inselkirchen aus spanischer Zeit zerstört hat, hat sich Bohol prächtig erholt.

SOFT_LIGHT / SHUTTERSTOCK ©

SAIKO3P / SHUTTERSTOCK ©

Boracay

5 Vor nicht allzu langer Zeit war Boracay (S. 244) noch verschlafen, provinziell und fast unbekannt. Doch das hat sich inzwischen gewaltig geändert: Die Welt hat die winzige Insel mittlerweile zu einem der angesagtesten Partystrände Südostasiens geadelt. Trotzdem wirkt Boracay immer noch entspannter als z. B. Kuta Beach oder Ko Samui. Auch friedvolle Ruhe lässt sich hier bis heute finden – vor allem am Ende des berühmten White Beach, wo nach wie vor der alte Inselgeist herrscht.

Cebu: Sand & Meer

6 Cebu (S. 321) ist ein echtes Strandparadies: Rund um die Insel grenzen Sandbuchten und spektakuläre Klippen an ein makelloses Band aus türkisfarbenem Wasser. Vor der Westküste tummeln sich viele Meereslebewesen in den Korallenriffen. Taucher zieht es zu Spots wie Moalboal, wo Sardinenschwärme ein unvergessliches Schauspiel bieten, oder auf die für Fuchshaie und Schildkröten bekannten Inseln Malapascua und Mactan, während Bantayan der Ort ist, um am Strand abzuhängen. Und im Zentrum wartet Cebu City, die lebensfrohe Hauptstadt der Visayas. Sumilon Island (S. 351)

Fiesta filipina

7 Typisch für die Philippinen sind die farbenfrohen, turbulenten Feste – selbst im allerkleinsten Nest (*barangay*) bricht mindestens einmal pro Jahr die Feierwut aus. Die Mutter aller Feste ist das Ati-Atihan Festival (S. 263) in Kalibo. Beim MassKara Festival in Bacolod (S. 283) und beim Moriones Festival (Marinduque; S. 218), versetzen maskierte Männer die Scharen in einen Tanzrausch. Und nördlich von Manila bietet San Fernando (S. 121) zu Ostern ein blutiges Schauspiel, wenn sich Gläubige an Kreuze nageln lassen. Dinagyang Festival (S. 271), Iloilo

Ifugao-Reisterrassen

8 Wer auf eine Karte von Nord-Luzon schaut, bekommt leicht den Eindruck, dass die Philippinischen Kordilleren, die Cordillera, ganz und gar aus unberührter Wildnis bestehen. Tatsächlich wuchert dort der Dschungel, so weit das Auge reicht. Doch bei Abstechern zu den Ortschaften der Region Ifuago (S. 174; z. B. Banaue oder Batad) stellen Besucher erstaunt fest, wie stark die Berge landwirtschaftlich genutzt werden: Selbst an die steilsten Felshänge schmiegen sich Reisterrassen an, die wie ein sagenhafter Teppich aus smaragdgrünen Flicken die Hügel des Hochlands überziehen.

FROLOVA_ELENA / SHUTTERSTOCK ©

GALYNA ANDRUSHKO / SHUTTERSTOCK ©

HENDRA SU / GETTY IMAGES ©

NORBERT PROBST / GETTY IMAGES ©

Klettern auf Camiguin

9 Hinter der dichten Vegetation der Nordküste von Mindanao verbirgt sich die schroffe, vulkanische Landschaft von Camiguin (S. 403). Um die imposante Topografie dieser Insel richtig zu genießen, muss man landeinwärts reisen: Durch dichte Wälder geht es zu felsigen Pfaden, die noch weiter ins unwegsame Hochland hinaufklettern. Auf abenteuerlustige Reisende warten Berge zum Besteigen, Schluchten zum Abseilen und Naturbecken am Fuß von donnernden Wasserfällen, um sich von der Anstrengung zu erholen. Katibawasan Falls (S. 403)

Kultur & Nachtleben in Manila

10 Manila hat mehr zu bieten als Lärm und Verkehr: Die Mega-Metropole (S. 52) besitzt ein einzigartiges Nachtleben. Ob Bongo-Beats in den Hipster-Lokalen von Quezon City und Cubao X oder in Bars und schicken Nachtclubs in Makati und the Fort – hier gibt es für jeden etwas. Spitzenklasse sind die Museen – in der Kunst- und Designerszene gilt Manila als Asiens aufsteigender Stern. Das vornehme Intramuros ist extrem geschichtsträchtig. Sogar die lange geschmähte Restaurantszene blüht mit innovativen Restaurants, urigen Cafés und Bars mit Craft-Bier endlich auf.

Puerto Galera

11 Puerto Galera (S. 223) auf Mindoro ist eines der besten philippinischen Tauchreviere. So ganz nebenbei ist es aber auch einer der schönsten Orte der Welt. Aus der Stadt heraus führen Serpentinen, von denen man aus der Vogelperspektive auf herrliche Buchten und kleine Inseln blickt, während vom Dschungel bedeckte Berge eine dramatische Kulisse im Landesinneren bilden. Nach einer Wanderung zu entlegenen Dörfern lockt abends ein üppiges italienisches Abendessen. Grandios ist auch das Malasimbo Music & Arts Festival (S. 227) im Februar.

12

13

Sagada

12 Sagada (S. 159) ist der coolste und kühlste Ort der Philippinen – ein relaxtes Refugium im Gebirge, das sich tief in den wilden Cordillera von Nord-Luzon versteckt, mit allen Elementen eines Backpacker-Paradieses: tolle Wanderwege, gruselige Höhlen, hängende Särge, starken Kaffee, bodenständige Bäckereien und günstige Unterkünfte. Traveller können sich mit Müsli stärken und dann in der Umgebung nach Abenteuern suchen. Oder in einem Café am warmen Kaminfeuer Seemannsgarn austauschen. Sumaging Cave (S. 160)

Siquijor

13 Visayan ist berühmt für Heiler und Hexendoktoren, doch die wahre Magie der Insel liegt in der Ringstraße – 72 km himmlische Küste fast ohne Verkehr. Weiße Sandstrände, jahrhundertealte Kirchen und fischreiche Buchten – Siquijor (S. 304) entdeckt man am besten auf dem Motorrad. Im Inselinneren kann man Höhlen erforschen, einen Medizinmann treffen und sich in einem Wasserfall erfrischen – nicht den Schnorchel und etwas Cash für Meeresfrüchte und einen Cocktail am Abend vergessen. Cambugahay Falls (S. 309)

Batanes Islands

14 Die Einwohner der Batanes Islands (S. 183) leben in traditionellen Steinhäusern, die Frauen tragen bis heute Kopfbedeckungen, die an einen Heuhaufen erinnern – der Archipel ist geografisch wie kulturell weit von den übrigen Philippinen entfernt. Um den Alltag der Bauern und Fischer zu erleben, sollte man die einzigartige Küche probieren und in Homestays übernachten. Wunderschön sind auch Radtouren an der Küste von Batan und Sabtang oder Wanderungen zu erloschenen Vulkanen und sanft gewelltem Weideland. Paar in traditioneller Kleidung

Siargao

15 Relaxte Vibes und prima Breaks für Greenhorns und Cracks machen diese Insel (S. 412) zum besten Surfrevier der Philippinen. Am beliebtesten ist der legendäre Cloud Nine Break. Wer Ruhe mag, begibt sich nach Pacifico im Norden oder nimmt an einer Surfer-Safari zu kaum besuchten Spots teil. Dank der Direktflüge von Manila kommen auch viele Besucher, die nicht Wellenreiten. Abseits davon kann man schnorcheln, von Insel zu Insel hüpfen oder zu ein paar der besten Tiefseeangelreviere des Landes schippern.

Gut zu wissen

Weitere Infos gibt's im Abschnitt „Praktische Informationen" (S. 507)

Währung

Philippinischer Peso (P)

Sprache

Filipino (Tagalog) und Englisch

Visa

Die Bürger der meisten Staaten erhalten bei der Einreise ein 30 Tage gültiges Visum, das gegen eine Gebühr verlängert werden kann – zur Sicherheit vor der Abreise die geltenden Bestimmungen und Gebühren checken.

Geld

Geldautomaten sind weit verbreitet; in abgelegenen Regionen vorsichtshalber Bargeld einstecken. Hotels, Restaurants und einige Geschäfte akzeptieren Kreditkarten.

Handys

Philippinische SIM-Karten sind vielerorts erhältlich; Handyguthaben sind billig. Roaming ist möglich, aber teuer.

Zeit

Sommer MEZ plus 6 Stunden, Winter MEZ plus 7 Sunden.

Reisezeit

Hauptsaison
(Dez.–April)

➡ In den meisten Regionen des Landes ist Trockenzeit; die Monate Dezember bis Februar sind der kühlste und angenehmste Zeitraum.

➡ Manche Resorts verdreifachen ihre Preise rund um Neujahr und vor Ostern.

Zwischensaison
(Mai & Nov.)

➡ Steigende Temperaturen läuten im Mai rund um Manila und anderswo die Regenzeit ein.

➡ Im November ziehen die Preise allmählich wieder an.

Nebensaison
(Juni–Sept.)

➡ Übernachtungspreise in Resorts fallen um bis zu 30 %.

➡ Es sind Taifune und sintflutartige Regenfälle möglich.

➡ An der Ostküste bleibt es oft trocken, sofern keine Taifune aufziehen.

Nützliche Websites

Philippine Newslink (www.philnews.com) Nachrichten, Meinungen und Links en masse.

ClickTheCity.com (www.clickthecity.com) Großartige Seite mit Veranstaltungstipps für Manila und die ganzen Philippinen.

Lonely Planet (www.lonelyplanet.com/philippines) Reiseziele, Hotelbuchungen, Forum und mehr.

Experience Philippines (www.experiencephilippines.org) Website der Tourismusbehörde; perfekt für die Reiseplanung.

National Commission for Culture & the Arts (ncca.gov.ph) Ankündigungen von Veranstaltungen und Artikel über die philippinische Kunstszene.

Wichtige Telefonnummern

☎0 bei Anrufen vom Handy oder vom Festnetz aus einer anderen Region vorwählen.

Landesvorwahl	☎63
Notruf	☎117
Vorwahl für internationale Gespräche	☎00
Internationale Vermittlung	☎108
Telefonauskunft der PLDT	☎101171

Wechselkurse

Eurozone	1 €	64,50 P
	100 P	1,55 €
Schweiz	1 CHF	55 P
	100 P	1,88 CHF

Aktuelle Wechselkurse gibt's unter www.oanda.com.

Tagesbudget

Günstig: weniger als 1750 P (27 €)

- Bett im Schlafsaal oder Einzelzimmer: 400–800 P
- Essen plus drei Bier: 600 P
- Mittelteure *bangka*- oder Jeepney-Fahrten: 80 P
- Tricycle-Fahrt: 8 P

Mittelteuer: 1750–5000 P (27–77 €)

- Doppelzimmer mit Klimaanlage: 800–3000 P
- Essen (mit Getränken) im Restaurant: 700 P
- Tour mit Sammeltaxi oder *bangka*: 1000 P
- Motorradleihgebühr (pro Tag): 500 P

Teuer: mehr als 5000 P (77 €)

- Boutiquehotel im Resort: 3500–10 000 P
- Essen (mit Getränken) im Resortrestaurant: 1500 P
- Einfacher Inlandsflug: 2000 P
- Privat organisiertes Inselhopping pro Trip: 3000–6000 P

Öffnungszeiten

Büros und Banken sind an öffentlichen Feiertagen geschlossen; Geschäfte und Einkaufszentren zumeist geöffnet.

Banken Mo–Fr 9–16.30 Uhr (die meisten Geldautomaten sind rund um die Uhr in Betrieb)

Postfilialen Mo–Fr 8–17, Sa bis 13 Uhr

Restaurants 7/8–22/23 Uhr

Ankunft auf den Philippinen

Von den internationalen Flughäfen in Manila und Cebu mit öffentlichen Verkehrsmitteln (Jeepneys) in die Stadt zu fahren, ist nur unter mehrmaligem Umsteigen möglich; besser ist eine Fahrt mit den billigen Taxis.

Ninoy Aquino International Airport (NAIA; Manila) Die gelben Taxis mit Taxameter sind die beste Option für die Fahrt in die Stadt. Sie sind billig (225 P bis zu den meisten Hotels) und an allen vier NAIA-Terminals meist zahlreich vorhanden. Eine andere Option sind Uber-Fahrzeuge, die außerhalb der Stoßzeiten 150–200 P kosten. Da ein Wechsel zwischen den Terminals (S. 516) bis zu einer Stunde dauern kann, sollte man sorgfältig prüfen, wo man ankommt (und vor allem, an welchem Terminal man abfliegt).

Mactan-Cebu International Airport (CEB; Cebu) An einem Taxistand rechts vom Ausgang warten reguläre Taxis mit Taxameter (Grundgebühr 40 P). Uber ist eine Option, beide kosten etwa 300 P bis ins Stadtzentrum.

Unterwegs vor Ort

Bus Komfort und Verlässlichkeit schwanken stark: Das Spektrum reicht von klapprigen Rostlauben bis hin zu modernen Luxuslinern mit WLAN und Klimaanlage.

Flugzeug Diverse Billigairlines bedienen das ganze Land, meist über Manila und Cebu.

Jeepney Die Arbeitstiere der Philippinen verkehren innerorts sowie zwischen weiter entfernten Destinationen.

Schiff/Fähre *bangkas*, HSCs (Schnellbootfähren), Autofähren und größere Schiffe mit Schlafkojen und Kabinen verbinden die Inseln miteinander.

Tricycle Diese Motorräder mit Seitenwagen sind überall verfügbar; gut für eine Fahrt von wenigen Kilometern oder Häuserblocks. Manchmal warten stattdessen leisere E-Trikes.

Mehr zum Thema **Unterwegs vor Ort** siehe S. 517.

Die Philippinen für Einsteiger

Weitere Infos gibt's im Kapitel „Praktische Informationen" (S. 507)

Checkliste

- Wichtig! Die philippinischen Fluglinien akzeptieren Tickets für Anschlussflüge nur dann, wenn sie ausgedruckt sind.
- Der Reisepass sollte nach der Ankunft noch sechs Monate gültig sein.
- Gepäckvorgaben der Fluggesellschaft überprüfen
- Kreditkartenfirma über Reisepläne informieren
- Reiseversicherung abschließen

Nicht vergessen

- Sonnenbrille und Sonnenschutzmittel
- Ohrstöpsel – Hähne und Karaokebars drehen voll auf
- Stirnlampe für Stromausfälle und Gegenden ohne Elektrizität
- Bargeld lacht, ist aber nur sicher, wenn es im Geldgürtel getragen wird
- Sarong oder Pullover für absurd kalte Busse und Fähren mit Klimaanlage
- Wasserdichte Tasche
- Maske, Schnorchel, robuste Schwimmschuhe und langärmliges UV-Shirt
- Wasser

Top-Tipps für die Reise

- Wer sich auf dem Motorrad wohlfühlt, ist auf dem Bike mit Augen und Ohren ganz nah am ländlichen Leben, ohne auf unzuverlässige Busfahrpläne angewiesen zu sein.
- Da immer wieder Taifune drohen, empfiehlt sich ein Plan B, falls eine Route ausfällt. Vorbestellungen bei Transportmitteln oder Hotels sind außerhalb der absoluten Hochsaison für gewöhnlich nicht nötig.
- Über eventuell drohende Wetterkatastrophen informieren www.typhoon2000.ph und www1.pagasa.dost.gov.ph
- Eine eigene Wasserflasche ist sinnvoll; sie kann an den überall vorhandenen Nachfüllstationen umsonst oder für 5 P aufgefüllt werden.
- Basketballspieler aufgepasst: Fast jedes Dorf, sei es noch so klein und abgelegen, hat ein Feld. Nach Mitspielern muss man nicht lange suchen.
- Für Verbindungsflüge zurück nach Manila oder Cebu sollte man wegen möglicher Verspätungen mindestens einen halben Tag einplanen.

Dresscode

Angesichts des tropischen Klimas kleidet man sich am besten leger und bequem. Gleichwohl sind die meisten Filipinos von der Hitze unbeeindruckt und tragen in städtischen Gegenden und zum Einkaufen meist lange Hosen (im Büro sowieso). In Strandorten reichen Flipflops oder Sandalen, Shorts, T-Shirts oder Tanktops und Badekleidung (Bikinis sind okay) völlig aus. Abseits vom Strand empfiehlt sich leichte, bequeme Kleidung. Die Menschen in ländlichen Regionen und Dörfern ziehen sich selten allzu freizügig an, obwohl auch hier beide Geschlechter üblicherweise Shorts und Flipflops tragen. Einwohner muslimischer Regionen Mindanaos kleiden sich konservativer. Frauen sollten freizügige Kleidung vermeiden.

Schlafen

In touristischen Hotspots, wie Boracay oder El Nido, sind während der Hauptsaison Vorbestellungen sinnvoll. In der übrigen Zeit reicht es, einfach im Hotel aufzukreuzen.

Resorts Von ultraluxuriösen Einrichtungen, die mit allen in Südostasien mithalten können, bis zu einfachen Bungalows mit Ventilator gibt es alles.

Hotels Viele sind auf den heimischen Markt ausgerichtet, d. h., sie sind typische Betonklötze mit Klimaanlage. Fünf-Sterne-Hotels verheißen jedoch Luxus pur.

Pensionen Mehr oder weniger ein Sammelbegriff für günstige, inhabergeführte Hotels.

Hostels Für ausländische Traveller meist komfortabler und stylisher, aber auch teurer als diejenigen, die in erster Linie junge Filipinos beherbergen.

Etikette

Aggressionsbewältigung Nie die Ruhe verlieren – Filipinos finden das *loco-loco* (verrückt).

Essen Es gilt als unhöflich, die gemeinsamen Servierteller bis zum letzten Rest zu leeren – die Gastgeber halten den Gast sonst für bedürftig.

Verkehrsmittel Gegen den Verkehrsmittelfrust hilft die philippinische Maxime *bahala na* (es kommt, wie es kommt).

Karaoke Wer beim Karaoke mitmacht – und das ist unvermeidlich – sollte abfällige Kritik vermeiden, egal wie schräg der Gesang klingt, denn das könnte falsch verstanden werden.

Jeepneys Es ist sinnlos, sich über zu engen Kontakt zu den Mitfahrern zu beschweren – das gehört zum „Charme" eines Jeepneys

Restaurants Filipinos pfeifen, wenn sie jemanden auf sich aufmerksam machen wollen; auch in Restaurants ist dies nicht unhöflich.

Sprache

In städtischen Zentren und touristisch geprägten Gegenden wird häufig Englisch gesprochen. Selbst in sehr ländlichen Regionen versteht man meist ein paar grundlegende Ausdrücke. Neben Englisch ist Filipino (Tagalog) die zweite Amtssprache; wer Spanisch spricht, wird manches Wort wiedererkennen. Filipino ist zwar die *Lingua franca,* doch gibt es auf den Philippinen insgesamt 165 Sprachen – Cebuano (Visayan) und Ilocano sind zwei der häufigsten.

Feilschen

Auf vielen Märkten wird moderates Feilschen erwartet, vor allem auf Märkten für Touristen. Für Essen und Getränke gelten allerdings meist Festpreise.
Beim Ausleihen von Motorrädern und dem Mieten von Dreirädern, *bangkas* oder Taxis ist Feilschen die Regel. Wer nicht vorher gebucht hat, kann in Hotels den Preis aushandeln, vor allem in Urlaubsgebieten in der Nebensaison.

Trinkgeld

Restaurants In Städten und Touristen-Hotspots werden automatisch 10% für den Service berechnet; ansonsten gibt man 5–10 % Trinkgeld.

Taxis Es wird erwartet, die Gebühr aufzurunden, bei ehrlichen Fahrern, die das Taxameter anschalten, sind 50–70 P Trinkgeld angemessen.

Hotels Es wird nicht erwartet, aber Portiers in den Urlaubsgebieten freuen sich über 50 P auf die Hand oder über ein paar Hundert Peso in die Trinkgeldkasse für das Personal.

Guides Immer ein Trinkgeld geben; sie können es gut gebrauchen.

STEPHANE BIDOUZE / SHUTTERSTOCK ©

Basketballspiel in einem Ort in El Nido (S. 455)

Was gibt's Neues?

Poblacion hebt ab

Makatis Rotlichtbezirk P Burgos hat sich als Poblacion (S. 65) selbst neu erfunden, ein hippes Viertel mit schicken Unterkünften, Kleinbrauereien und Straßenlokalen.

Mit Air Juan hoch hinaus

Air Juans sechssitzige Kleinflugzeuge (www.airjuan.com) haben das Reisen in der Provinz revolutioniert. Mit Dutzenden neuer Direktrouten zwischen touristischen Verkehrsknotenpunkten ist es nicht mehr notwendig, über Manila oder Cebu zu fliegen.

Boracay Newcoast

Boracays letzte unberührte Strände im Nordosten der Insel werden jetzt Newcoast (S. 255) genannt und bestehen inzwischen aus einer Kolonie von Resorts, Eigentumswohnungen, Läden und Restaurants.

Panglao setzt noch einen drauf

Bauunternehmer fallen auf Bohols Panglao Island (S. 359) ein, auf dass die Insel bald zu den ganz Großen unter den globalen Beach-Resorts gehöre. Erster Schritt: ein etwa acht Milliarden US-Dollar teurer internationaler Flughafen, der 2019 den Betrieb aufnehmen soll.

Taclobans Comeback

Im Jahr 2013 von Taifun Haiyan (Yolanda) verwüstet, findet Tacloban auf Leyte (S. 371) gerade seinen Schwung wieder, angespornt durch die Barszene der Burgos Street und trendige Lokale wie What the Fork und Pop-up Kitchen.

Hier kommt Siargao!

Direktflüge von Manila, massenhaft neu verlegter Asphalt und tolle neue Hostels und Resorts befeuern den kometenhaften Aufstieg dieser Zwergen-Insel (S. 412), auf der es längst nicht mehr nur ums Surfen geht.

Lio Beach

Die finanzstarke Ayala-Gruppe hat ein bedeutendes Resort-Dorf an diesem einst verlassenen Strand (S. 458) in der Nähe des Flughafens El Nido, Palawan, aus dem Boden gestampft. Zielgruppe ist eine exlusivere Klientel, da El Nido zu den ganz Großen gehören will.

San Vicente boomt

San Vicente (S. 453) ist eine kleine Gemeinde an der Westküste von Palawan, die kürzlich einen überproportional großen Flughafen eröffnet hat. Dieser wird wohl der nächstgelegen wichtige Flughafen von El Nido aus sein, aber werden die Fluggesellschaften auch wirklich anbeißen? Langfristig wird der Flughafen in den Plan eingebunden, San Vicentes Long Beach (S. 454) zu einem exklusiven Resortbereich zu entwickeln.

Das Vegas des Ostens

Mit der Eröffnung des gewaltigen Casinos Okada in 2017 verfügt Manila jetzt über drei rechtmäßige Casinos (S. 98) im Las-Vegas-Stil, um Macau Konkurrenz zu machen.

Weitere Empfehlungen und Kritiken siehe lonelyplanet.com/philippines

Wie wär's mit …

Inselhopping

Der zweitgrößte Archipel der Erde ist ein Traum für Inselhopping. Ganze Trauben kleiner Inselchen drängen sich um die Hauptinseln, und in jeder Küstengemeinde findet sich ein Bootsführer.

Bacuit-Archipel Diese labyrinthische Wasserwelt sollte für jeden Inselverrückten ganz oben auf der Liste stehen (S. 469).

Calamian Group Jede Menge Fischerdörfer, prachtvolle Korallenriffe und geheimnisvolle Binnenseen (S. 471).

Caramoan-Halbinsel Der Karst hier im Osten von Bicol kann sich mit dem im Bacuit-Archipel messen (S. 196).

Port Barton Strandort mit zahlreichen Wasserparadiesen vor der Küste (S. 449).

Mactan Island Ein Paradies für Schnorchler und Liebhaber von Meeresfrüchten, die dem hektischen Mactan für einen Tag entfliehen möchten (S. 336).

Romblon Die vielfältige Provinz in der Sibuyan-See lässt sich gut mit dem *bangka* (S. 310) erkunden.

Strandorte

Party-verrückte Hotspots zum Abfeiern, private Inseln, um sich zu verlieren, oder Unterwasserwelten in zwanglosen Tauchresorts. Auf Tausenden von Inseln findet jeder seinen Platz.

Boracay Am bekanntesten und am häufigsten besucht ist der White Beach, der Magnet für die Strandpartyszene der Philippinen (S. 244).

El Nido Die Mischung aus großartigen Luxusresorts auf Privatinseln und bodenständigen Strandhütten für Backpacker ist beispiellos (S. 455).

Siargao Die heißeste Insel des Archipels mit Boutiquehotels an traumhaften Stränden mit perfekten Wellen (S. 412).

Panglao Island Das nächste Resort der Weltklasse auf den Philippinen (vor Bohol) mit göttlichen Stränden (S. 359).

Dumaguete Kein eigenes Resort, liegt aber in Reichweite von einigen der besten: Siquijor, Sipalay, Dauin und das idyllische Apo (S. 296).

Malapascua Island Ein lässiges Tauchresort im Norden von Cebu, das noch Großes vorhat (S. 339).

Camiguin Die Resorts auf dieser Jurassic-Park-Insel garantieren Ruhe und Abenteuer (S. 403).

Öko-Erfahrungen

Grüner Urlaub auf den Philippinen ist kein Problem, sofern man sich vorher gut informiert. Am besten sind unabhängige Touren, denn viele der lokalen Anbieter scheren sich nicht um Naturschutz – mit lobenswerten Ausnahmen.

Donsol Walhaie (*butanding*) aus der Hand zu füttern, ist keine gute Idee; sie beim Schnorcheln zu beobachten, ist umweltfreundlicher und eindrucksvoller (S. 207).

Pamilacan Island Die Fischer, die früher Rochen und Wale jagten, bieten heute Touren zum Beobachten von Delfinen und Walen an (S. 361).

Tubbataha Riff Die Tauchsafaris zu diesem geschützten, versunkenen Atoll mitten in der Sulusee sind genial (S. 436).

Philippine Tarsier Sanctuary Der einzige Ort, um den Tarsier mit gutem Gewissen zu sehen (S. 364).

Mt. Iglit-Baco National Park Der bedrohte Tamarau (Wildbüffel) wird einmal jährlich gezählt; auf Wanderer warten die abgelegenen Dörfer der Mangyan (S. 240).

Bohol Bee Farm Die riesige Ökofarm bietet Unterkunft, Essen und Touren an – garantiert nachhaltig (S. 359).

Philippine Eagle Center Kämpft für das Überleben des philippinischen Nationalvogels, dem größten Adler der Welt (S. 424).

Tao Philippines Der Inbegriff des Inselhoppings auf Palawan mit hohem, grünem Ansehen (S. 467).

Architektur

Die Spanier hinterließen Kirchen und elegante Villen im europäischen Stil.

Vigan Die Altstadt ist durch mexikanische, chinesische, philippinische und spanische Einflüsse geprägt (S. 139).

Silay gleicht einem Freilichtmuseum mit Villen der Zuckerbarone und historischen Häusern (S. 287).

Escolta Street Ein Viertel in Manila mit amerikanischem Art déco (S. 63).

Iloilo Das Jaro-Viertel nördlich des Stadtzentrums ist eine faszinierende Zeitkapsel. Die großartige Miagao Church liegt etwas außerhalb der Stadt (S. 269).

Taal Gut erhaltene Häuser des 19. Jhs. und eine der größten Basiliken in Südostasien (S. 114).

Zweiter Weltkrieg

Nur wenige Länder litten im Zweiten Weltkrieg mehr als die Philippinen und hatten größere Zerstörungen. Gedenkstätten erinnern überall an blutige Entscheidungsschlachten, historische Landungen und grauenhafte Todesmärsche.

Manila In der Hauptstadt stehen Mahnmale, wie der American Memorial Cemetery (S. 68).

Bataan Peninsula Kilometersteine folgen der Route des Todesmarsches von Bataan; das Museum auf dem Mt. Samat ist ein Muss für alle, die sich für die Geschichte interessieren (S. 122).

Corregidor Island steht wie Bataan steht als Synonym für den Krieg; auf einer Tagestour oder mit Übernachtung von Manila aus besichtigen (S. 109).

Puerto Princesa An die strategische Bedeutung erinnern zahlreiche Zeugnisse (S. 436)

Oben: Miagao Church (S. 275)

Unten: Camiguin (S. 403)

Monat für Monat

TOP-EVENTS

Ati-Atihan Festival, Januar

Moriones Festival, März/April

Kreuzigungszeremonien, März/April

Rodeo Masbateño, Mai

MassKara, Oktober

Januar

Neujahr ist ein Höhepunkt der Saison, die Zimmerpreise vervierfachen sich! Abseits der Ostküste ist das Wetter meist ziemlich schön – es ist relativ kühl und trocken, auch wenn sich der Regen manchmal bis in den Januar zieht.

Ati-Atihan

Das ausgelassenste Fest auf den Philippinen ist der Karneval in Kalibo auf Panay, der in der dritten Januarwoche seinen Höhepunkt erreicht. Auch Cadiz auf Negros und Iloilo feiern am Wochenende vor dem 26. Januar. (S. 263)

Procession of the Black Nazareners

Eine hoch verehrte, lebensgroße, schwarze Christusstatue aus der Quiapo Church in Manila wird am 9. Januar und in der Karwoche vor Ostern in riesigen Prozessionen durch die Straßen getragen. (S. 73)

Sinulog Festival

Bei der Mutter aller Fiestas auf Cebu finden sich die Feiernden zum Tanz *sinulog* zusammen, einem einzigartigen „Zwei Schritte vor, einer zurück"-Shuffle, mit dem der Rhythmus des Flusses nachgeahmt wird.

Februar

Für Urlauber aus dem Ausland die Hauptsaison – also unbedingt rechtzeitig buchen. Die Weihnachtswinde blasen weiterhin kräftig, was Kitesurfer erfreut. Auch die Surfsaison in San Fernando (La Union) dauert an, und der *butanding* (Walhai) wird in Donsol aktiv.

Chinesisches Neujahr

Neujahr nach dem Mondkalender Ende Januar oder Anfang Februar ist auch bei Nichtphilippinern mit chinesischen Wurzeln beliebt. In Manila gibt es Drachentänze, Straßenpartys und riesige Feuerwerke.

Panagbenga Flower Festival

In der letzten Februarwoche kommt Leben in die Straßen von Bagui, einer Stadt in den nördlichen Bergen. Gefeiert wird mit Liedern, Tänzen und einer großartigen Blumenparade auf spektakulären Festwagen.

März/April

Im März steigen die Temperaturen langsam an, aber im ganzen Land ist es noch trocken. In der Karwoche vor Ostern wird alles dichtgemacht, und überall im Land werden *sinakulo* (Passionsspiele) und *pasyon* (eine Rezitation der Leiden Christi) aufgeführt. Die Preise in den Resorts erreichen nochmals Höchstwerte.

Kreuzigungszeremonien

Die österliche Kreuzigungszeremonie in San Fernando (S. 121), nördlich von Manila, bietet ein eher makabres Schauspiel, bei dem Gläubige tatsächlich an Holzkreuze genagelt werden. Ähnliche Darstellungen der Leiden Christi gibt es auch in einigen anderen Städten.

Lang-Ay Festival

In Bontoc, tief im Herzen der Cordillera von Nord-Luzon, kommen die umliegenden Gemeinden zu Paraden in traditioneller Stammeskleidung zusammen.

Lenten Festival of Herbal Preparation

Auf der „Geisterinsel" Siquijor versammeln sich Wunderheiler und Medizinmänner am Karsamstag um einen großen Topf, singen und bereiten eine mysteriöse Kräutermischung zu, von der manche sagen, sie heile alle Leiden (S. 307).

Moriones Festival

Das wunderbar farbenfrohe Moriones Festival in Marinduque ist ein einwöchiges *sinakulo,* bei dem maskierte Einheimische die Straßen bevölkern, sich vorgetäuschte Schwertkämpfe liefern und unbeteiligten Zuschauern Streiche spielen (S. 218).

Mai

Wegen der sengenden Hitze, überfüllter Strände, an denen die Einheimischen Urlaub machen, und leichter Winde ist der Mai keine besonders schöne Reisezeit, obwohl bei glatter See entspannte Bootstouren möglich sind. Empfehlenswert sind Ziele im kühleren Hochland, wie die Cordillera in Nord-Luzon.

Magayon Festival

Ein Straßenfest in Legazpi (Region Bicol), das den ganzen Mai über andauert. Es gibt Nachtmärkte, spontane Bars, Musikbühnen, Tanzvorstellungen, Wettbewerbe im Chili-Essen und mehr (S. 201).

Oben: MassKara Festival (S. 283), Bacolod

Unten: Ati-Atihan Festival (S. 263), Kalibo

Pahiyas
Diese berühmte Fiesta findet um den 15. Mai in Lucban südlich von Manila statt. Die Häuser werden dann mit farbenprächtigen *kiping*-Dekorationen geschmückt; *kipings* sind blattartige Reiswaffeln, die gegessen werden (S.119).

Rodeo Masbateño
Ende April oder Anfang Mai kommen „Cowboys“ nach Masbate und versuchen sich im Bullenreiten, und Lassowerfen (S.215).

Juni
Die einsetzende Regenzeit bringt eine Atempause von der Hitze. Im Juni beginnt allerdings auch die Taifunsaison, es heißt also: Radar beobachten und notfalls Route ändern!

Baragatan Festival
In der dritten Juniwoche feiern die Einwohner von Puerto Princesa auf Palawan auf dem Gelände des Regierungsgebäudes der Provinz (S.440).

Hugyaw Silay Kansilay Festival
Das Festival anlässlich der Stadtgründung von Silay auf Negros dauert eine Woche. Höhepunkt ist die Parade der grellbunt gekleideten Tänzer mit Tanzwettbewerb (S.290).

Pintados-Kasadyaan
Das „Farben-Festival“ am 29. Juni in Tacloban erinnert an die berühmten Tattoos der Pintados. Heute werden sie als Bodypaintings wiedergegeben.

August
Der regenreichste Monat (nur an der Ostküste ist es der trockenste) beschert Reisenden erhebliche Nachlässe bei den Unterkünften.

Kadayawan sa Dabaw Festival
Davaos großes Festival stellt seine muslimischen, chinesischen und indigenen Einflüsse mit Paraden und Ausstellungen zur Schau. Es findet in der dritten Augustwoche statt.

WELCHE FIESTA LÄUFT GERADE?

Nahezu jedes *barangay* (Dorf) hat eine. Und es gibt nahezu jeden Tag eine. Fiestas sind ein integraler Bestandteil des Lebens der Filipinos. In den meisten Fällen steigen sie zu Ehren eines Schutzheiligen. Wie auch andere Facetten dieser Kultur versteht man manche Fiestas jedoch am besten als Resultat eines Synkretismus: ältere Rituale und Glaubensinhalte, die mit erfolgreichen Ernten und reichem Fischfang verknüpft sind, gingen in den katholischen Kanon über. Es gibt immer noch reine Aussaat-Feste und prähispanische Traditionen. Unabhängig von ihren Ursprüngen jedoch sind sie überaus fröhliche Angelegenheiten, bei denen sich ganze Städte für die zeitweilige Heimkehr geliebter Menschen herausputzen.

Oktober
Nach den heftigen Regenfällen im August und September wird es trockener, es gibt aber noch Taifune. Die Preise klettern jetzt auf Hauptsaison-Niveau.

Lanzones Festival
Die nördliche Mindanao-Insel Camiguin gerät wegen der gelben Frucht des Lansibaums in Ekstase und feiert sie mit Paraden und Tanzwettbewerben (S.406).

MassKara Festival
Am Wochenende um den 19. Oktober treiben maskierte Männer die Massen auf den Straßen von Bacolod, der Hauptstadt von Negros Occidental, in einen Tanzrausch (S.283).

Todos los Santos
Familien packen Essen ein und treffen sich auf dem Friedhof, um sich in der Nacht auf Allerheiligen (1. November) an geliebte Verstorbene zu erinnern.

Dezember
Die nordöstlichen Weihnachtswinde frischen auf und eröffnen die Saison für Kitesurfer in Boracay und die Surfsaison im nordwestlichen Luzon.

Shariff Kabungsuan Festival
Dieses Festival in Cotabato auf Mindanao feiert vom 15. bis 19. Dezember die Ankunft des Islam in der Region, u.a. mit Flussparaden festlich geschmückter Boote.

Reiserouten

2 WOCHEN Highlights

Los geht's in **Manila,** mit einer eintägigen Tour in die historische Altstadt Intramuros und die Museen der Umgebung.

Am Tag Zwei Flug nach **Busuanga** auf die Calamian Islands (Palawan) zur majestätischen Insel **Coron,** um nach Wracks aus dem Zweiten Weltkrieg zu tauchen, eine Kajaktour zu unternehmen und am Strand einer idyllischen Insel, wie Calumbuyan, Pass oder North Cay, zu übernachten.

Weiter geht's mit der Fähre nach **El Nido,** einem weiteren Juwel von Palawan. Hier warten Strände, die zu den schönsten der Welt gehören. Außerdem ist die Insel Ausgangspunkt für Inselhopping in den spektakulären Bacuit-Archipel. Wem die boomende Party- und Restaurantszene von El Nido noch nicht reicht, hängt **Boracay** an, wo die Party niemals endet.

Nach dem Rückflug nach Manila mit dem Nachtbus nach **Banaue** fahren, dem Ausgangspunkt für die Reisterrassen von Ifugao. Nach einem Tag in der Zen-artigen Ruhe und Frieden von **Batad** geht's mit dem Bus zurück nach Manila und per Flugzeug zurück nach Hause.

1 MONAT Von Nord nach Süd

Die ersten drei Tage sollte man sich in **Manila** akklimatisieren und einen Tag für eine Reise außerhalb Manilas reservieren – sehr zu empfehlen ist ein Aufstieg durch die Mondlandschaft des **Pinatubo,** dessen Ausbruch 1991 die Welt erschütterte. Entspannter ist der Besuch des malerischen **Tagaytay** mit einigen der besten Restaurants des Landes.

Danach geht's in die Region Bicol in Südost-Luzon. Im Dorado für Aktiv- und Abenteuerurlauber kann man surfen, wakeboarden oder Vulkane erkunden, rund um Legazpi mit den Walhaien vor **Donsol** schnorcheln oder im Quad über den **Mt. Mayon** cruisen.

Auf dem Weg nach Süden überquert man die San-Bernardino-Straße zu den Inseln Samar und Leyte in den Eastern Visayas. In Catbalogan gibt es das Höhlenabenteuer schlechthin. Tacloban, die Heimatstadt von Imelda Marcos, wurde besonders stark vom Taifun Haiyan (Yolanda) ramponiert, erfindet sich aber gerade neu als hippes Provinzzentrum. Auf geht's zum nahen Red Beach. Mit der Fähre geht's dann in die raue Hauptstadt der Visayas, Cebu City, um modernen Komfort und Nachtleben zu genießen.

In der dritten Woche dieser Tour wird es langsam Zeit für eine Portion Strandleben. Eine Schnellfähre geht nach Tagbilaran, der Hauptstadt von Bohol und Ausgangspunkt für die Strandresorts von **Panglao Island.** Panglao ist eine gute Basis für alles, was Bohol zu bieten hat: Tauchen, Schnorcheln und auf dem Meer Delfine beobachten. Im Innern der Insel kann man auf dem Loboc Stand-up Paddling versuchen, die **Chocolate Hills** besuchen, unter den Glühwürmchen auf dem Abatan paddeln oder über die nur handtellergroßen Koboldmakis im **Philippine Tarsier Sanctuary** staunen.

Die nächste Etappe führt von Panglao nach Norden zur Fähre, die auf einer Nebenstrecke in dreieinhalb Stunden von Jagna auf Bohol nach **Camiguin Island** übersetzt. Camiguin macht sowohl Abenteuerlustige als auch Strandfaulenzer tagelang glücklich – einige Tage sollten schon drin sein, bevor es mit der Fähre auf die Hauptinsel **Mindanao** geht. Für die letzten Tage stehen dann die Universitätsstadt **Cagayan de Oro,** wo Raftings locken, oder die idyllische Insel **Siargao,** einer der Top-Surfspots der Philippinen, sowie Lagunen und Mangroven ohne Ende zur Wahl.

SVETLANA BYKOVA / SHUTTERSTOCK ©

Oben: Die Insel Busuanga (S. 471) (Palawan)

Unten: Ein Jeepney in Banaue (S. 170)

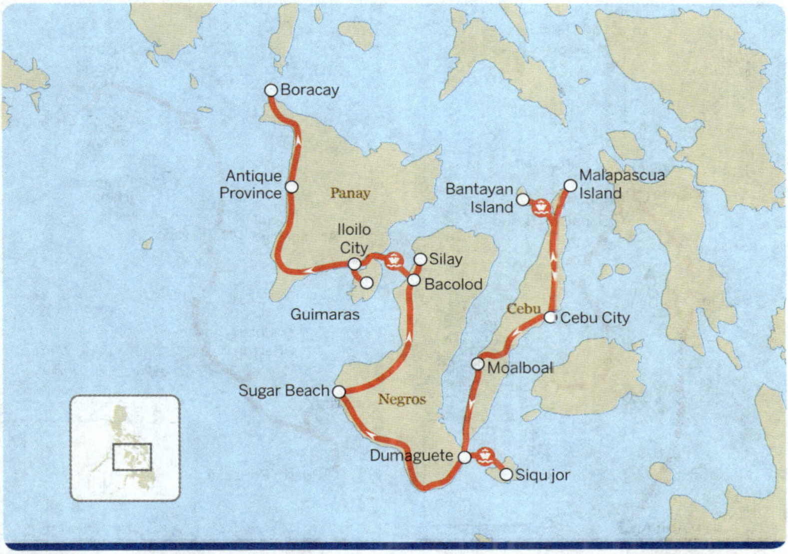

1 MONAT Eastern-Visayas-Rundreise (Visayas)

Wer nur am Strand liegen oder tauchen möchte, ist auf diesen idyllischen Inseln genau richtig und braucht nicht weiterzureisen.

Der Trip beginnt in **Cebu City,** wo man tagsüber ein wenig Geschichte aufschnappt, die abends auf der Party durchgeschüttelt wird. Dann wird es Zeit für die Inseln: Für Taucher führt der Weg geradewegs nach **Malapascua** mit der guten Chance, Fuchshaien zu begegnen, während man auf **Bantayan** entspannt in der Sonne brutzelt. Danach geht's zurück nach Cebu City und weiter Richtung Süden ins Abenteuerparadies **Moalboal** mit jeder Menge Wasserfällen und zum Freitauchen zwischen Sardinenschwärmen.

An der Südspitze von Cebu wartet die Fähre über die schmale Tañon-Straße nach Negros und Dumaguete, **wo sich alles um Szeneboulevards, Speisekarten mit tollen Meeresfrüchten, wildes Nachtleben und, auf der Insel** Apo**, ums Tauchen dreht. Die Fähre erreicht die ruhigere Insel** Siquijor in **nur eineinviertel Stunden.** Für den Abstecher sollten ein bis drei Tage eingeplant und unbedingt einer der berühmten lokalen Heiler konsultiert werden.

Zurück in Dumaguete geht's auf einer langen Busreise zur Südspitze von Negros zum berühmten, total entspannten **Sugar Beach** an der Westküste: göttliche Strände mit feinem, goldenem Sand – Tauchreviere und Mangroven zum Kajakfahren liegen ganz in der Nähe. Nach einer erneuten langen Busfahrt, diesmal nach Norden, erreicht man **Bacolod,** bekannt für Meeresfrüchte und Bars. Ein interessanter Abstecher führt nach **Silay** mit seinen faszinierenden Haziendas und Zuckerrohrplantagen.

Von Bacolod ist es nur eine kurze Fahrt mit der Schnellfähre nach **Iloilo City** auf der Insel Panay. Hier lohnen sich die Bauten aus der Kolonialzeit im Viertel Jaro und das Nachtleben von Smallville. Die großartige Insel **Guimaras** liegt nur eine kurze Bootsfahrt entfernt; hier warten einfache Resorts, Mountainbiking und köstliche Mangos. Danach geht's zurück nach Iloilo und auf kurvenreichen Straßen nach Norden durch die Provinz **Antique** mit versteckten Stränden, bevor man es am White Beach von **Boracay** krachen lassen kann.

3 WOCHEN Nord-Luzon

Das Gebirge auf der philippinischen Hauptinsel überrascht mit Reisterrassen, Trekkingrouten und Gebirgsstämmen.

Ein paar Museen in **Baguio,** nördlich von Manila, gewähren faszinierende völkerkundliche Einblicke. Weiter geht's mit dem Bus ins unberührte **Kabayan,** Zentrum der Ibaloi-Kultur und Ausgangspunkt für Wanderungen im Mt. Pulag National Park. Anschließend fällt der Abschied aus **Sagada,** einem Backpacker-Dörfchen, sehr schwer.

Als Nächstes geht's nach **Bontoc,** um auf einem Tagestrip die Reisterrassen von **Maligcong** zu bestaunen, die sich an die Hänge schmiegen. Weiter im Norden liegt **Tinglayan,** Basis für Treks in die Dörfer der eingeborenen Kalinga.

Von Bontoc aus führt die Reise weiter nach **Banaue** und **Batad** mit den berühmtesten Reisterrassen Luzons. Atemberaubende Wanderungen, am besten verbunden mit ein, zwei Übernachtungen in Homestays, faszinieren mehrere Tage. Von hier fährt man südwärts bis San Jose (eine Übernachtung ist möglich) und weiter in die Surferstadt **Baler.**

2 WOCHEN Wasserwelt: Palawan

Diese Attraktion eignet sich optimal für eine Entdeckungsreise von Süd nach Nord.

Puerto Princesa ist bestens als Start geeignet. Einen Abend lang kann man die Gastroszene erkunden und einen Tag lang die ländliche Umgebung. Von Puerto aus lässt sich eine Fahrt nach **Sabang** organisieren. Das Dorf ist Ausgangspunkt für Trips über den Unterirdischen Fluss.

Von Sabang geht's nach Norden bis nach **Port Barton,** einem entspannten Ort mit Strandbars zum Chillen. Ein Tag in **Taytay** ist ein echter Geheimtipp. In **El Nido** reiht man sich wieder in die Touristenströme ein. Der Ort liegt zwischen Kalksteinklippen und dem unglaublich pittoresken **Bacuit-Archipel.**

Von El Nido geht's mit dem Boot bis zur Insel **Busuanga.** Wer genügend Zeit hat, verlängert den Trip bis Busuanga um ein fünftägiges Inselhopping durch die himmlischen Inselgruppen Linapacan und Calamian. Von Busuanga lohnen sich Trips zu den Seen von **Coron** und zu einigen der weltbesten Wracktauchspots. Mit Flugzeug oder Fähre landet man schließlich wieder in Manila und in der Realität.

Reiseplanung

Tauchen & Schnorcheln

Ob eher entspanntes Tauchen in flachen Korallengärten oder technisches Tauchen in tieferen Regionen: Die Philippinen zählen zu den weltbesten Revieren. Vielfältige Unterwasserlandschaften mit entlegenen Riffen, erloschenen Vulkanen, großartigen Wänden, Höhlen und Wracks sowie der einzigartige Artenreichtum locken vor den Inseln.

Tauchtrips planen

Reisezeit

Vielerorts kann das ganze Jahr über getaucht werden. Das Klima der Philippinen wird jedoch von den Monsunwinden aus Nordosten *(amihan)* und Südwesten *(habagat)* beeinflusst. So gibt's hier eine Trockenzeit (Nov.–Mai, mit regionalen Unterschieden), eine Regenzeit (Juni–Okt.) und gelegentlich auch Taifune (Juni–Dez.).

Trockenzeit

Die *amihan*-Winde, die zwischen November und April wehen, blasen den Großteil des verbliebenen Regens weg. Von Dezember bis März ist das Meer zum Teil sehr rau und trübe, viele Tauchzentren weichen dann auf alternative Spots aus, falls das Wetter bestimmte Reviere beeinträchtigen sollte. Mitte November startet die „Touristensaison". Über Weihnachten und Neujahr sollten Unterkünfte reserviert werden, da dann Hochbetrieb in den Resorts und Tauchzentren herrscht. Wenn der *amihan* Ende März abebbt, wird das Meer glatt und ruhig. Im April und Mai zeigt sich die zauberhafte Unterwasserwelt dann von ihrer besten Seite.

Regenzeit

Der Höhepunkt der Regenzeit (Juni–Okt., in den meisten Landesteilen) geht mit dem der

Top-Tauchreviere

Riffe

Das Tubbataha und das Apo Reef spielen in einer eigenen Liga, aber Padre Burgos, Apo Island und Camiguin (Mantigue Island und Jigdup Reef) sind auch nicht zu verachten.

Wände

Verde Island (Puerto Galera), Moalboal (Pescador Island und White Beach) oder der Mushroom Rock (Samal)

Haie

Auch hier spielen die Riffe von Tubbataha in einer eigenen Liga (Weißspitzenhaie, Graue Riffhaie, Leopard- und Hammerhaie), gefolgt von den Apo Reefs and Malapascua (Fuchshaie).

Für Einsteiger

Boracay, Alona Beach und El Nido

Makrotauchen

Anilao und Siquijor

Highlights zum Schnorcheln

Mit den Walhaien von Donsol zu schnorcheln, lässt sich kaum toppen. Ein tolles Ziel sind auch die Coral Gardens bei Puerto Galera.

Taifunsaison einher. Ergebnis sind starke tropische Unwetter. Die heftigen Regenfälle können die Sicht unter Wasser beeinträchtigen, in vielen Revieren gibt es aber im Windschatten gelegene, geschützte Spots. Tauchsafaris zu entlegenen Zielen mit Übernachtung an Bord sind von Juli bis Oktober dennoch kaum im Angebot.

Das gibt es zu sehen

Die herrlich vielfältige Unterwasserwelt der Philippinen wird von kleinen bis mittelgroßen Meereslebewesen bevölkert. Taucher zählen die Philippinen zu den schönsten Revieren mit Makrofauna (Kleinlebewesen). Mit Ausnahme des Tubbataha-, des Apo-Riffs und einer Handvoll anderer Riffe bekommen Taucher selten große pelagische Arten (Freiwasser-Spezies) zu sehen, die charakteristisch für die pazifischen Inselgruppen wie Palau sind. Dennoch suchen der marine Artenreichtum und die Vielfalt der Korallen auf der Welt ihresgleichen. Leider sind die Korallen nach wie vor bedroht, da zerstörerische Fischereimethoden (z. B. per Zyanid oder Dynamit) immer noch weitflächig praktiziert werden und auch die Umweltverschmutzung ein Problem ist. Allerdings sind die besten Tauchreviere der Philippinen inzwischen Meeresschutzgebiete und daher von großflächigen Zerstörungen verschont geblieben.

Ausrüstung

Die meisten Tauchzentren haben ein großes Spektrum an gut gewarteter und relativ neuer Leihausrüstung. Equipment für technisches Tauchen (u. a. Seilrollen, Atemgas und oft auch Atemgeräte) gibt's bei Spezialanbietern. Viele Tauchveranstalter verkaufen auch Ausrüstung – die meisten international bekannten Marken lassen sich vor Ort erwerben und warten.

Einen Tauchanbieter wählen

Die Tauchbedingungen auf den Philippinen können oft trügerisch sein: Im klaren Wasser mit großartiger Sicht verliert man leicht die Orientierung und taucht tiefer ab als vorgesehen. An vielen Spots gibt es gefährliche Strömungen. Zudem können sich Wetter und Meer zu bestimmten Jahreszeiten innerhalb weniger Minuten verändern. Es ist es also dringend angeraten, einen professionellen Tauchveranstalter aufzusuchen. Die Zugehörigkeit zur PADI ist ein gutes Indiz, dass Sicherheit und Kundenservice an erster Stelle stehen. Zudem sollte man die Sicherheits- und Notfallvorkehrungen der Firmen genau in Augenschein nehmen: Wird Sauerstoff zur Verfügung gestellt (auch direkt an Bord von Tauchbooten)? Gibt es ausgebildetes Bordpersonal, das damit kompetent umgehen kann? Ist die Leihausrüstung gut gewartet und auf neuestem Stand? Zu guter Letzt: Es sollte sich ein Tauchprofi finden lassen, mit dem man idealerweise in der eigenen Sprache reden kann.

Tauchschein

Alle Tauchzentren auf den Philippinen bestehen auf einem international anerkannten Tauchschein und sollten sich diesen auch zeigen lassen (viele geben sich aber mit der Entschuldigung zufrieden, man

VERANTWORTUNGSBEWUSST TAUCHEN

Folgende Verhaltensregeln sorgen für Sicherheit und Freude beim Tauchen:

- Unbedingt alle örtlichen Gesetze bzw. Bestimmungen zum Schutz des marinen Lebensraums beachten; keine Fische füttern.
- Niemals auf lebendigen Meeresorganismen stehen oder diese berühren; keine Ausrüstung über Riffe schleppen.
- Taucherflossen kontrolliert bewegen: Auch ohne direkte Berührung können Wirbel durch zu nahe Flossenschläge die Organismen eines Riffes beschädigen.
- Niemals Korallen oder Muscheln sammeln bzw. kaufen und keine archäologischen Stätten unter Wasser plündern.
- Abfall einsammeln. Vor allem Plastik ist eine Bedrohung der Meeresfauna.
- Die Meerestiere so wenig wie möglich stören, weder Walhaie berühren noch auf Meeresschildkröten reiten; nicht an Touren teilnehmen, bei denen Walhaie per Hand gefüttert werden.

Eine grüne Meeresschildkröte in Moalboal (S. 345), Cebu

habe ihn vergessen). Ein Logbuch zum Nachweis der Taucherfahrung muss jedoch nur selten vorgelegt werden. Die meisten Trips mit Übernachtung an Bord erfordern mindestens ein Zertifikat für Fortgeschrittene. Die gute Nachricht ist, dass man fast überall einen Tauchschein in qualitativ guten Kursen erwerben kann – vom Anfängerzertifikat bis zur Ausbildung als Tauchlehrer.

Technisches Tauchen

Technisches Tauchen ist auf den Philippinen weit verbreitet, und es mangelt nicht an tieferen Stellen für entsprechende Kurse. Die Wracks auf dem Grund der Coron Bay und Subic Bay sind hervorragende Spots, ebenso die Coron Caves und die Höhlen nahe El Nido.

Zu den qualifizierten Anbietern technischer Tauchkurse zählen **Tech Divers** (www.techdivers.com; Puerto Galera), **Kontiki Divers** (www.kontikidivers.com; Cebu), **PhilTech** (www.philtech.net; Makati) und **Tech Asia** (S. 224) als Ableger von Asia Divers.

Bei manchen Trips mit Übernachtung an Bord gibt's für qualifizierte Taucher auf Anfrage technische Tauchgänge bzw. Kurse mit Leihausrüstung, Atemgas und -geräten.

Preise

Die Preise variieren regional sehr stark. Kleine Gruppen bezahlen pro Person und Tauchgang nur ca. 22 bis 35 US$ (inkl. meist sehr kurzer Bootsfahrt, kompletter Leihausrüstung und Begleitung durch einen Tauchlehrer). Mit eigenem Equipment wird es etwas günstiger. Tauchgänge mit zwei oder drei Flaschen sind im Verhältnis normalerweise günstiger als mit einer Flasche. Die Tarife für Kurse mit PADI-Open-Water-Zertifikat (350–500 US$) unterscheiden sich von Ort zu Ort mitunter deutlich.

Natürlich sollte bei der Wahl eines Tauchveranstalters die Sicherheit wichtiger sein als der Preis. Häufig, wenn auch nicht immer, garantiert eine teurere Schule bessere Ausrüstung und Service und/oder erfahrene Tauchlehrer.

- Günstige Tauchziele: Dumaguete, Moalboal, Puerto Galera, Padre Burgos (Leyte).
- Mittelteure Tauchziele: Alona Beach (Panglao), Malapascua, Camiguin Island, Coron, Siquijor.
- Teure Tauchziele: Anilao, Mactan Island, Dauin (Negros) und Boracay.

Tauchreviere

Luzon

Anilao (S. 116) ist die inoffizielle philippinische Hauptstadt des Sporttauchens. Hier sammeln Taucher aus Manila ihre ersten Erfahrungen. Da Anilao nur 2½ Autostunden von Manila entfernt ist, ist an den meisten Wochenenden ziemlich viel los. Der berühmteste Tauchspot ist das küstennahe Meeresschutzgebiet Cathedral Rock. Bei der nahen Insel Sombrero ziehen zahllose Spalten und mächtige, mit Gorgonen und Korallen besiedelte Felsblöcke pelagische Arten an, wie Regenbogen- und Gelbschwanzmakrelen. Am Mainit Point gibt es Weiß- und Schwarzspitzenriffhaie, Graue Riffhaie sowie Thunfische und Stachelmakrelen zu sehen.

Subic Bay (S. 123) Früherer US-Marinestützpunkt (heute Freihafen) mit mehreren Wracks wie der eindrucksvollen USS New York.

Batanes (S. 183) Die Region im Norden wird gerade erst erschlossen. Das Kural Marine Sanctuary wurde zum Schutz der Kuppelriffe mit Korallen besiedelt. Das Blue Hole ist nur etwas für Cracks.

Donsol (S. 207) in Südost-Luzon ist bekannt für das Schnorcheln mit Walhaien. Die Tauchsaison reicht von Anfang Dezember bis Ende Mai/Anfang Juni.

Ticao Island (S. 215) Die Manta Bowl bietet die einzigartige Gelegenheit, Mantarochen zu sehen. Tauchveranstalter in Donsol oder auf der Insel Ticao bieten entsprechende Touren an.

Mindoro

Puerto Galera (S. 223) Etwa 20 Tauchveranstalter an den beiden Strandabschnitten Sabang und Small La Laguna machen Puerto Galera zu einem wichtigen Tauchzentrum. Da die Landenge mit den beiden Stränden in die Verde-Island-Passage hineinragt, können unvorhersehbare Bedingungen und starke Strömungen auftreten, vor allem vor Escarceo (Leuchtturm) Point. Daher sollte bei jedem Tauchgang unbedingt ein erfahrener lokaler Guide dabei sein. Daneben gibt es allerdings zahlreiche weniger anspruchsvolle Tauchspots für geübte Taucher und Traveller, die hier die Grundkenntnisse für den Taucherschein erwerben möchten.

Apo Reef (S. 241) liegt zwei Stunden vor der Westküste Mindoros und ist neben Tubbataha das beste Tauchrevier der Philippinen. Hier dürften

LIVE-ABOARDS

Tauchtrips mit Übernachtung an Bord (engl. live-aboards) sind eine beliebte Methode, um die entlegeneren Tauchreviere der Philippinen oder mehrere Spots in einer Woche zu besuchen. Das Spektrum der verwendeten Kähne reicht von speziellen Taucherbooten, Yachten und umgebauten Fischkuttern bis hin zu modifizierten *bangkas*.

Tauchtrips mit Übernachtung an Bord werden von Tauchveranstaltern in Puerto Galera, Boracay, Nord-Palawan und überall in den Visayas angeboten. Sie sind die einzige Möglichkeit, die begehrtesten Tauchspots der Philippinen zu erreichen – die Tubbataha Reefs (S. 436) in der Sulusee. Das Zeitfenster für die Tauchtouren nach Tubbataha ist Mitte März bis Mitte Juni offen.

Bei der Auswahl eines Bootes für einen Live-aboard-Trip sollten nicht der Preis, sondern Sicherheitsaspekte, Seetüchtigkeit des Bootes und eine professionell arbeitende Mannschaft ausschlaggebend sein. Die folgenden Veranstalter starten von März bis Juni nach Tubbataha, im übrigen Jahr zu anderen Tauchspots.

P/Y Atlantis Azores (www.atlantishotel.com/py-atlantis-azores) Eine luxuriöse Motoryacht für Live-aboard-Trips mit Basen in Dauin und Puerto Galera.

M/Y Discovery Palawan (www.discoveryfleet.com; 7 Tage/6 Übernachtungen 200–3750 US$) Großes Live-aboard-Boot, fährt die Route El Nido–Coron–Apo Reef–Batangas.

Rags II (www.apo-reef-coron-wrecks-liveaboard.com; 285 US$/Tag plus Eintritt für den Naturpark) Großes, umgebautes *bangka*, das auf Wrack-, Riff- und Höhlentauchen rund um Mindoro und das nördliche Palawan spezialisiert ist.

Philippine Siren (http://sirenfleet.com) Ein Luxus-Schoner, der zu mehrtägigen Trips nach Tubbataha und zu anderen Tauchspots in den Zentral-Visayas ausläuft.

M/Y Palau Sport (www.palausport.com; 6 Tage/7 Übernachtungen 2400 US$) Tubbataha und Palau sind die besten Ziele, im Juni/Juli aber auch Trips durch die Zentral-Visayas.

Tauchen in den Philippinen

Taucher die meisten Haie zu sehen bekommen. Mehrtägige Touren mit dem Boot steuern den 20 km westlich vom Apo-Riff liegenden Hunter's Rock an, der für Seeschlangen bekannt ist.

Visayas

Die Visayas sind eine Inselgruppe mit ein paar der aufregendsten Tauchreviere. Die Liste der Tauchspots um Bohol, Apo, Siquijor und Süd-Negros ist schier endlos.

Cebu Island (S. 321) Moalboal (S. 346) ist schon lange unter Tauchern bekannt. Direkt vor der Küste fällt die spektakuläre Wand des Saumriffs ab, um die Insel Pescador wimmelt es von Schildkröten und Sardinenschwärmen. Vor Malapascua (S. 339) in Monad Shoal bekommt man häufig Fuchshaie zu Gesicht. Mactan Island (S. 336) zieht an den Wochenenden Taucher aus Manila und Nordasien an, die über den Flughafen von Cebu City einfliegen.

Bohol (S. 354) Das Meer um Cabilao Island (S. 364) und Panglao Island (S. 360) ist reich an Meeresleben, und Balicasag Island (S. 363) wird regelmäßig zu den besten Tauchspots für Freizeittaucher des Landes gewählt.

Dauin (S. 294) In Süd-Negros sind Dauin, das nahe Apo Island (S. 294) und Siquijor (S. 304) unter Tauchern extrem beliebt. Die Tauchspots sind umfangreicher als in Alona Beach oder Moalboal.

Boracay (S. 244) ist ein beliebter Übungsort mit ein paar guten Tauchspots.

Padre Burgos (S. 379) Das Rifftauchen in Sogod Bay in Süd-Leyte kann sich mit jedem anderen Revier in den Visayas messen; zwischen Februar und Juni besteht eine gute Chance, Walhaie zu sehen.

Zu den unbekannten, schwerer zu erreichenden Tauchspots gehören **Maniguin Island** vor Panay, das für seine Hammerhaie berühmt ist, und **Blue Hole** vor Romblon, wo erfahrene Taucher ins Innere eines erloschen Vulkans abtauchen können.

Mindanao & Sulu

Vor Reiseantritt unbedingt die Reisewarnungen für Zentral-Mindanao checken.

Samal Island (S. 430) Die Insel Samal ist ein seit Jahrzehnten beliebter Tauchspot; bekanntester Spot sind die Ligid Caves.

General Santos (S. 427) Hier sind mehrere Tauchzentren angesiedelt. Das Highlight ist ein eindrucksvoller, 10 km langer, steiler Abhang vor der Küste. Im steil abfallenden Gutsy's Reef von Sarangani Bay sind Weißspitzenriffhaie, Dickkopf-Stachelmakrelen und Doktorfische zu sehen.

Camiguin (S. 403) liegt vor dem mittleren Abschnitt der Nordküste Mindanaos. Hier werden die vulkanische Herkunft und jüngere tektonische Ereignisse deutlich. Das Jigdup-Riff ist ein Tiefseeberg, der bis an die Oberfläche ragt. Vor Mantique Island (S. 403) ist das Wasser häufig verblüffend klar, und im üppigen Riff wimmelt es von Meeresschildkröten.

Siargao (S. 413) ist vor allem bei Surfern bekannt, doch die Blue Cathedral ist ein guter Tauchspot, und der Shark Point zieht große pelagische Fische an.

Palawan

Der lange „Finger" von Palawan zeigt in alle Richtungen auf tolle Tauchreviere.

Coron Bay (S. 472) Die versenkte japanische Flotte aus dem Zweiten Weltkrieg vor Busuanga Island im Norden ist ein Muss für Wracktaucher. Neben den Wracks hat Busuanga einige außergewöhnliche Korallenriffe zu bieten, die vor lauter Begeisterung oft übersehen werden. Dazu kommt das Tauchen im einzigartigen See auf Coron Island.

Bacuit-Archipel (S. 469) Die Inselgruppe ist eher für das bekannt, was über Wasser liegt, obwohl es um El Nido (S. 456) eine Menge verstreut liegende, gute Tauchspots gibt.

Port Barton (S. 451) Ein ordentliches Riff mit Mauer- und Wracktauchen, Inselhopping und mehreren Tauchveranstaltern.

Puerto Princesa (S. 436) & **Tubbataha Reefs Natural Park** (S. 436) In Puerto Princesa gibt's ein paar Tauchspots in der Honda Bay, es ist aber bekannter als Ausgangspunkt für mehrtägige Bootstouren zu den entlegenen Tubbataha Reefs.

Infos im Internet & Bücher

- ➡ *Coral Reef Fishes: Indo-Pacific and Caribbean* (Ewald Lieske und Robert Myers) Nützlicher Führer zu den Rifffischen der Philippinen
- ➡ www.divephil.com – Umfassende Taucherinfos zu den Philippinen
- ➡ www.coronwrecks.com – Wracktauchen in Coron
- ➡ www.divescover.com – Beschreibt Tauchveranstalter und -spots
- ➡ www.scubaboard.com – Weltweites Sporttaucherforum
- ➡ Green Fins (www.greenfins.net) – Naturschutzinitiative
- ➡ philippinen-tauchen.com – eine Seite auf Deutsch mit Infos zu den meisten Tauchrevieren

Reiseplanung

Outdoor-Aktivitäten

Die Philippinen mögen in erster Linie für einsame Buchten und totale Entspannung bekannt sein, aber Vulkane zu bezwingen, Barrels vor Cloud Nine zu surfen oder die Höhlen von Samar zu erkunden, treibt den Puls jedes Adrenalinjunkies in die Höhe.

Bergtouren

Die Philippinen sind Teil des pazifischen Feuerrings, daher die zahlreichen Berge über 2000 m, viele davon sind Vulkane. Manche dieser Vulkane sind aktiver als andere (für viele Travellers ein extra Thrill), vor allem der rauchende Mt. Mayon; wer ihn besteigen will, sollte die Behörden vor Ort konsultieren. Für die beliebtesten Aufstiege muss man sich registrieren lassen und eine Erlaubnis einholen. Die wunderbare Website www.pinoymountaineer.com stellt Dutzende von Profilen für Klettertouren überall im Land vor.

Wohin?

Mt. Mayon Der kegelförmige Mt. Mayon (S. 205; 2462 m), einer der aktivsten Vulkane der Philippinen mit dem größten Kultstatus, ist ein perfektes Postkartenmotiv. Als diese Ausgabe in Druck ging, war er seit mehreren Wochen wieder aktiv. Sollten die Routen offen sein, kann man ihn teilweise besteigen, als Tagestour oder mit Übernachtung.

Mt. Pinatubo Der eisblaue Kratersee des Mt. Pinatubo (S. 127; 1450 m) ist der ultimative Anblick des Landes. Man fährt in einem Wagen mit Allrad durch eine bizarre, durch einen der verheerendsten Vulkanausbrüche des 20. Jhs. entstandene Mondlandschaft, gefolgt von einem leichten Aufstieg (45 Min.).

Mt. Pulag Luzons höchster Gipfel (S. 158; 2922 m) gehört zu den beliebtesten Bergtouren; es gibt mehrere unterschiedlich lange und schwierige Routen.

Reisezeit

August bis Oktober

Die ideale Reisezeit für Surfer. Dann sorgen die Taifune vor der Ostküste für Monsterwellen, die vor Baler, Pagudpud, Daet, Samar und natürlich Siargao auflaufen, der Top Location für Surfer mit der sagenhaften Cloud Nine. Wegen des schweren *habagat* (Südwestmonsun) regnet es fast überall im Land – die beste Zeit für großartiges Wildwasser-Rafting.

Dezember bis März

Der *amihan* (Nordost-Monsun) sorgt für eine gleichmäßige steife Brise, was Segler erfreut und Boracay und Pagudpud in ein Paradies für Kite- und Windsurfer verwandelt. Zu dieser Jahreszeit gibt es auch an der Westküste noch beachtliche Wellen.

April bis Mai

Das stabile Wetter macht es möglich, auf Trekkingtouren zu gehen, Kajak im Meer zu fahren, von Insel zu Insel zu hüpfen oder auf andere Weise am Meer aktiv zu sein. Andererseits ist das die heißeste Zeit des Jahres – viel Wasser mitnehmen. In dieser Zeit fallen viele Wasserfälle trocken.

Taal Volcano Der Aufstieg auf diesen Minikrater (S. 110) im Lake Taal – der Krater eines größeren Vulkans – dauert nur 45 Minuten. Trotzdem ist er nicht zu unterschätzen: Es ist brutal heiß, und der Taal gehört zu den aktivsten Vulkanen des Landes.

Mt. Apo Der höchste Gipfel der Philippinen, der Mt. Apo (S. 429; 2954 m), beherrscht das südliche Mindanao und lockt Kletterer vom nahen Davao an.

Mt. Halcon Der Anstieg grenzt eher an Alpinismus als an eine Bergtour. Der Mt. Halcon (S. 234; 2582 m) auf Mindoro ist definitiv der anspruchsvollste Berggipfel der Philippinen.

Mt. Kanlaon Eine der aufregendsten Vulkanbesteigungen führt auf einen der größten aktiven Vulkane der Philippinen, den Mt. Kanlaon (S. 287; 2435 m) auf Negros. Der Aufstieg führt durch Wälder mit zahlreichen Vogelarten und anderen Wildtieren.

Höhlentouren

Auf den Philippinen finden sich einige der größten Höhlensysteme Asiens. Das Erkunden ist aber nichts für klaustrophobische Menschen, denn durch unterirdische Flüsse schwimmen, sich durch Spalten quetschen und über Felsvorsprünge klettern, ist Teil des Abenteuers. Das Angebot reicht vom einfachen Schwimmen in unterirdischen Flüssen bis zu anspruchsvollen Touren mit voller Ausrüstung.

Wohin?

Lobo Cave bei Jianbong (Samar) Eines der beeindruckendsten Höhlensysteme der Philippinen ist durch einen senkrechten Schacht zugänglich. Die Höhle liegt mitten im Dschungel; auf der Tour werden unterirdische Flüsse und Wasserfälle erkundet (S. 389).

Puerto Princesa Subterranean River National Park (S. 444) Die Tour ist eine gute Option für alle, die nicht kraxeln oder durch unterirdische Flüsse waten und schwimmen wollen. Nahe einer unberührten, von Dschungel bedeckten Küstenlandschaft treibt man im Paddelboot auf einem der längsten schiffbaren, unterirdischen Flüsse der Welt.

Sagada Die vierstündige Tour Cave Connection (S. 161) führt durch ein Labyrinth unterirdischer Flüsse, die zwei große Höhlen miteinander verbinden.

Tuguegarao Im Nordosten von Luzon liegt die Provinzhauptstadt Tuguegarao mit mehreren Höhlen in der Nähe. Die Callao Cave (S. 181) enthält sieben Kammern mit Kalksteinformationen; in die 12,5 km lange Odessa-Tumbali Cave (S. 181) sollten sich jedoch nur geübte Höhlenkletterer wagen.

Tabon Caves Die bekannte anthropologische Fundstätte und faszinierende Abfolge von Höhlenkammern (S. 447) bei Quezon im Süden Palawans liegt auf einer atemberaubenden Landzunge.

Wandern

Auf den großen philippinischen Inseln warten im bergigen Landesinneren jede Menge Wälder, Vögel und spektakuläre Aussichten. Überaus beliebtes Ziel für Wanderer sind die Reisterrassen und Berge von Nord-Luzon. Aber auch auf den Visayas, auf Mindoro und Mindanao gibt's Dschungel und Berge für Gipfelstürmer.

Wohin?

Nord-Luzon Die Cordillera (S. 147) sind zu Recht die beliebteste Wanderregion des Landes. Wanderungen zu den verblüffenden Reisterrassen von Ifugao, Bontoc und Kalinga gehören zu den intensivsten Trekking-Erfahrungen in ganz Südostasien. Man kann zu den eindrucksvollen Wasserfällen von Batad, Hungduan, Sagada oder Pagudpud wandern, und überall in der Region locken Gipfel von 2500 m und höher.

Puerto Princesa Die üppigen, tropischen Dschungel von Zentral-Palawan warten nur auf ihre Entdeckung. Pasyar Travel & Tours (S. 439) bietet mehrtägige, von Waldhütern geführte Expeditionen an; im Umfeld des unterirdischen Flusses in Sabang kann man üppige Regenwälder und Berggipfel erkunden (S. 445).

Camiguin Die Insel im Norden Mindanaos (S. 403) ist ein Abenteuerspielplatz mit Vulkanen und Wanderwegen, die zu heißen Quellen und spektakulären Wasserfällen führen.

Rund um Manila Auf Trails um die Subic Bay (S. 125) sind die indigenen Aeta anzutreffen. Der Mt. Arayat (S. 121) nahe Angeles ist beliebt bei Bergwanderen, und südlich von Manila finden Wanderer neben dem Mt. Banahaw (S. 117) Dutzende von Gipfeln.

Dumaguete (S. 296) ist der ideale Ausgangspunkt für den Mt. Talini und die Wasserfälle und Wälder des Twin Lakes National Park (S. 296).

Puerto Galera Man wandert mit Guides der indigenen Mangyan zu versteckten Wasserfällen (S. 223) oder erklimmt die Gipfel der Umgebung, um den Panoramablick auf die atemberaubende Küste von Puerto Galera (S. 223) zu genießen.

ALENA OZEROVA / SHUTTERSTOCK ©

Oben: Mt. Mayon (S. 205)

Unten: Kajakfahren in El Nido (S. 456)

Surfen

Bei über 7000 Inseln mitten im Pazifik gibt es garantiert immer irgendwo anständige Breaks. Während der Taifunsaison dürfen Surfcracks entlang der gesamten Ostküste der Philippinen auf gigantische Wellen hoffen, während in der Trockenzeit San Juan an der Westküste das Rennen macht.

Wohin?

Cloud Nine Der Name „Wolke sieben" dieser legendären Righthanders sagt eigentlich schon alles. Auch wenn die Beliebtheit des Spots in jüngster Zeit extrem zugenommen hat, bleibt Siargaos bekanntestes Wahrzeichen (S. 417) der legendärste Break des Landes.

La Union San Juan (S. 136) ist der beste Surfspot an der Westküste von Nord-Luzon – eine gute Wahl für Anfänger. Hier rollen von November bis März 1 bis 1,5 m hohe Wellen an den Sandstrand.

Baler Der Point Break, der durch Apocalypse Now („Charlie don't surf") berühmt wurde, hat sich nicht verändert – der Surfspot im idyllischen Baler (S. 177) ist recht launisch. Wenn sich aber die Wellen auftürmen, sind alle Surfer glücklich.

Bicol Majestic (S. 212) auf Catanduanes ist die Top-Welle in einer Region, die als Krone des Abenteuersports gilt. Bagasbas (S. 192) und Camarines Norte sind weitere lässige Surfspots.

Insel Calicoan, Samar Heimat von vier Reef Breaks mit hervorragenden Left- und Righthandern, die zusammen als ABCD (S. 393) bekannt sind. Alternativ bietet sich eine Surfsafari zur unerforschten östlichen Küstenlinie Samars an.

Meereskajak

Die Philippinen, vor allem Palawan, sind ein Paradies für Meereskajakfahrer, die hier eine Tausende Kilometer lange, unerschlossene Küste erforschen können.

Wohin?

Busuanga & die Calamian Islands Eine einzigartige Destination für Kajakfahrer, die in Coron

WEITERE ERHOLSAMERE BESCHÄFTIGUNGEN

Man muss keine Vulkane besteigen, sich Stromschnellen hinunterstürzen oder von brechenden Wellen plattmachen lassen, um die Natur der Philippinen zu genießen.

Inselhopping Wer einen vertrauenswürdigen *bangka* besteigt und damit von Insel zu Insel schippert, kehrt mit einer ultimativen Philippinen-Erfahrung nach Hause zurück. Auf Palawan wimmelt es von Anbietern von Inselhopping-Touren. Ansonsten mit einem lokalen Fischer verhandeln und privat auf Tour gehen.

Vogelbeobachtung Mit etwa 600 Vogelarten, 200 davon auf den Inseln endemisch, sind die Philippinen ein Paradies für Hobbyornithologen. Auf allen Inseln ist die Vogelwelt reichlich vertreten, zu sehen sind u. a. Nashornvögel, diverse Greifvögel und Eisvögel. Besonders lohnende Ziele für Vogelbeobachter sind die Naturparks der nördlichen Sierra Madre und des Mt. Kanlaon. Birding Adventure Philippines (www.birding philippines.com) bietet kompetente Informationen und veranstaltet mehrtägige Touren.

Angeln Die Gewässer sind reich an Fächer- und Thunfischen, Kuhbarschen, Wahoos und Mahimahis (Goldmakrele). Siargao ist einer der wenigen Orte, wo es organisierte Angeltouren gibt. Andernorts nehmen Fischer Traveller in ihren *bangkas* mit hinaus.

Golf Die Philippinen verfügen über einige Golfplätze mit Weltklasseniveau. Die meisten sind privat, wer aber echtes Interesse zeigt, kann den Betreiber normalerweise überzeugen. Zu den eindrucksvollsten Plätzen gehören der Manila's Club Intramuros Golf Course (S. 69) innerhalb der ummauerten Altstadt (nachts mit Flutlicht), der malerische Platz Ponderosa (S. 227) inmitten von Bergen oder die lässige Anlage von Siargao.

Segeln Wer es langsam angehen und (relativ) trocken bleiben möchte, für den ist Segeln eine tolle Option. Exkursionen auf den großen Booten der Yachtclubs in Puerto Galera, Subic Bay oder Manila sind ebenso möglich wie ein relaxter Turn in den Sonnenuntergang auf einem *paraw* (traditionelles Auslegerboot) oder einem Luxus-Katamaran am White Beach von Boracay.

QUELLEN IM INTERNET

Vulkanaktivitäten www.phivolcs.dost.gov.ph

Vogelbeobachtung www.birdwatch.ph

Felsenklettern www.climbphilippines.com

Surfen www.surfistatravels.com

Golf www.golfingphilippines.com

Town (S. 473) zahlreiche gut eingeführte Tourveranstalter finden. Für ein paar Tage rein ins Kajak und ab zu geschützten Buchten, campen auf idyllischen Inseln und mit dem Schnorchel zu herrlichen Korallenriffen abtauchen.

El Nido Mit dem Kajak auf die Insel Cadlao (S. 470) im tollen Bacuit-Archipel (S. 469) oder an die Ostküste, um die Linapacan-Inseln zu erkunden.

Caramoan-Halbinsel ist Südost-Luzons Antwort auf El Nido; hier paddelt (S. 197) man zwischen surrealen Karstformationen und einsamen Buchten.

Hundred Islands Diese merkwürdigen, pilzförmigen Inseln des Nationalparks (S. 135) liegen im Lingayen-Golf von Nord-Luzon.

Kajak auf dem Fluss

Das zerklüftete Landesinnere der größeren Inseln – Luzon, Negros, Mindanao, Panay, Leyte und Samar – wartet mit zahllosen Flüssen auf, die sich während der Regenzeit in schäumende Wildwasserreviere verwandeln. Wer mit dem eigenen Kajak unterwegs ist, findet überall auf den großen Inseln unerforschte Flüsse, vor allem in Nord-Luzon und auf Mindanao. Es gibt aber auch jede Menge ruhigere Flüsse, die man mit dem Kajak oder dem Stand-up Paddleboard (SUP) befahren kann.

Wohin?

Sagada, North Luzon Eine der besten Raftingadressen der Philippinen ist der tobende Chico River bei Sagada (S. 161) oder Tabuk (S. 169).

Cagayan de Oro Hier auf Mindanao (S. 400) hat man den Vorteil einer Raftingstrecke, die ganzjährig befahren werden kann und Stromschnellen in allen Schwierigkeitsgraden bietet.

Tibiao Kajakfahren (S. 249) über die zahmeren Stromschnellen in Antique (S. 268), im Westen von Panay, ist von Boracay aus als Tagestour möglich.

Pagsanjan Da auf diesem Paddeltrip (S. 118) der *bancero* (Bootsführer) die gesamte Arbeit übernimmt, lehnt man sich entspannt zurück und genießt die Landschaft – bis auf die kleinen Stromschnellen – in Ruhe (am besten im Juli und August, wenn der Fluss Hochwasser führt).

Davao Mit Schwierigkeitsgrad 3 machen diese Stromschnellen viel Spaß, möglichst um den Juni herum, wenn sie am meisten Wasser führen (S. 421).

Loboc, Bohol Am besten bezwingt man diesen jadefarbenen Tidefluss (S. 366) mit dem SUP oder Kajak auf der Suche nach Wasserfällen und Glühwürmchen.

Kiteboarden, Windsurfen & Wakeboarden

Die Kitesurfspots der Philippinen gehören zu den besten der Welt. Auch actiongeladene Wassersportarten, wie Wakeboarden und Windsurfen, sind hier gut vertreten.

Wohin?

Boracay Eine flache Lagune, die von einem Riff vor der Küste geschützt wird, beständige Winde (Dezember bis März) und Ausrüstung zum Leihen, die auf dem neuesten Stand der Technik ist, machen den Strand von Bulabog (S. 246) zum idealen Ort, um Kite- und Windsurfen zu lernen.

Pagudpud (S. 146) an der Nordküste von Luzon. Starke Winde und Brandung sorgen für optimale Bedingungen für fortgeschrittene Kiteboarder und Windsurfer (November bis April).

Daet, Camarines Norte Am Bagasbas-Strand (S. 192) herrschen von November bis März ausgezeichnete Bedingungen zum Kitesurfen mit Windstärken von 15 bis 20 Knoten. Gute Schulen leihen die Ausrüstung aus und bieten Unterricht an.

El Nido Die Ostküste von El Nido um die *barangays* von San Fernando und Sibaltan (S. 458) entwickelt sich immer mehr zur Topadresse für Kiteboarder.

CamSur Watersports Complex Das Wake Magazine kürte den Ausrichter der Wakeboard-Weltmeisterschaft von 2008 in der Nähe von Naga in Bicol zum besten Cable-Wakeboarding-Park der Welt (S. 193).

Reiseplanung

Essen & trinken wie die Einheimischen

Die Aufforderung *kain na tayo* (lasst uns essen) hört man auf den Philippinen ständig. Diese Einladung enthüllt gleich zwei typische Charakterzüge der Philippiner: Gastfreundschaft und Freude an Kulinarik. Die örtliche Küchentradition kombiniert asiatische, spanische, amerikanische und indigene Elemente miteinander – ein sich ständig weiterentwickelnder Mix, der die einzigartige Kolonialgeschichte und die vielfältige Geografie des Landes widerspiegelt.

Top-Kochbücher

Bücher

Memories of Philippine Kitchens (Amy Desa & Romy Dorotan)

The Coconut Cookery of Bicol (Honesto C. General)

Philippine Food & Life (Gilda Cordero-Fernando)

The Food of the Philippines (Reynaldo Alejandro)

Infos im Internet

https://www.filipinorecipesite.com/filipino-recipes

https://www.asian-recipe.com/philippines

www.myfilipinorecipes.com

blog.junbelen.com

Kurios

Den Rekord für das längste Barbecue hat Pangasinan im April 2014 aufgestellt: 8 km lang mit 50 000 kg Fisch.

Erfahrungen mit Essen

Die Philippiner essen andauernd. Außer den drei Hauptmahlzeiten haben sie noch zwei *meryenda*, wörtlich übersetzt Snacks. Doch von dieser Verniedlichung sollte man sich nicht täuschen lassen: Als *meryenda* werden Magenfüller wie *bihon* (frittierte Reisstäbchen), *goto* (philippinischer Reisbrei) oder *bibingka* (lockerer Reiskuchen mit Käsegarnierung) serviert.

In der westlichen Welt, wo es nur wenige philippinische Restaurants gibt, hat die Küche der Inseln keinen sonderlich guten Ruf. Dasselbe gilt für Asien, wo sie als einfallslos und simpel gilt. Philippiner halten ihre selbst gekochte Hausmannskost hingegen für die beste der Welt. Tatsächlich ist die einheimische Küche *(Pinoy)* weder so schlecht wie ihre internationale Reputation noch so köstlich, wie Philippiner gerne glauben.

Philippinisches Essen wird oft als zu schwer und zu salzig kritisiert – und vor allem als zu süß: Von den Jollibee-Hamburgern bis hin zu lokalen Thai-Gerichten enthält hier alles sehr viel Zucker. Doch wer kompetent bestellt oder einen guten Koch kennt, findet vor Ort jede Menge Köstlichkeiten, die auch sehr anspruchsvolle Gaumen erfreuen.

Die kulinarischen Einflüsse stammen u. a. aus den USA (Burger, Fast Food), aus China (*pansit*, *lumpia*, alle Gerichte mit Soja oder aus dem Wok) oder aus Mexiko (Tamales). Der spanische Beitrag zeigt sich etwa in der Paella-Version *bringhe* (besonders in der Provinz Pampanga), in Sofrito-Saucen, Fiesta-Gerichten, Obstkuchen oder allem kurz Angebratenen mit Knoblauch, Tomaten und Zwiebeln.

Gleichzeitig baut eine neue Generation philippinischer Küchenchefs, Restaurantbetreiber und Bio-Bauern eigene Netzwerke mit Gleichgesinnten auf.

Einmalige Menüs

Antonio's (S. 113) Das Spitzenrestaurant des Landes lohnt die quälende Ausfahrt von Manila nach Tagaytay.

Van Gogh is Bipolar (S. 91) Das verrückteste Restaurant Manilas serviert Kreationen, die die Stimmung aufbessern.

Kalui (S. 442) Köstliche, feste Menüs mit Meeresfrüchten in einem farbenfrohen Ambiente in Puerto Princesa, der Hauptstadt von Palawan.

Cafe by the Ruins Dua (S. 154) Exotische Spezialitäten in der Cordillera von Nord-Luzon.

Lab-as Seafood Restaurant (S. 301) Köstliche Fischgerichte und mehr im quirligen, kulinarischen Zentrum von Dumaguete.

Angelina (S. 342) Authentische italienische Küche an einem fernen Strand der Visayas.

Preiswert & lecker

➡ Das variationsreiche Dessert *halo-halo* bedeutet sinngemäß „Mischmasch".

➡ *Camaro* sind gebratene Grillen mit Salz, Essig und Sojasauce. Sie werden traditionell in Pampanga serviert, auch bei Esswettbewerben.

➡ Exotische, tropische Früchte, wie Durian, Mangostane, Rambut, Jackfrucht und Longan, gibt's an Fruchtständen und Straßenmärkten.

➡ *Bulalo* ist eine gehaltvolle Suppe mit Rindfleisch und Knochenmark; *tawili* ist ein winziger Süßwasserfisch (kommt nur im Taal-See vor); beide sind beliebte Snacks in der Region Batangas.

➡ *Sisig* – brutzelnd heiß gegrillte Schweinebäckchen – sind bei den Philippinern vor allem als leckerer Barsnack beliebt. Das Gleiche gilt für *Bopis* – gehackte und gebratene Schweinelungen.

Exotische Spezialitäten

➡ *Balút* („Eier mit Beinen") ist ein gekochtes Entenei mit einem teilentwickelten Embryo.

➡ In manchen Provinzen wird einfach alles gegart (*adobo*-Stil) – auch Ratten, Katzen, Fledermäuse, Frösche, Grillen oder *bayawak* (Warane).

➡ *Aso* bzw. *asusena* (Hundefleisch) ist in den Cordillera Nord-Luzons ungemein beliebt, wie auch die „Soup No 5" (Stierhodensuppe).

➡ Um sich Mut zum Testen anzutrinken, eignet sich *lambanog* (einfach destillierter Palmwein).

Standardgerichte & Spezialitäten

Gäbe es ein philippinisches Nationalgericht, wäre es zweifellos *adobo* – beliebiges Fleisch (z. B. vom Schwein oder Huhn), mit Essig und Knoblauch gegart. Bei richtiger Zubereitung schmeckt es lecker, wenn es misslingt, mitunter furchtbar salzig und fettig. Sehr oft serviert werden auch *sinigáng* (Fleisch oder Meeresfrüchte, gekocht in saurer Tamarindensuppe), *kare-kare* (Ochsenschwanzfleisch und Gemüse in Erdnusssauce), knusprige *pata* (frittierte Schweinshaxe) und *pansit* (gebratene Nudeln aus dem Wok). *Ihaw-ihaw*-Restaurants mit *inahaw* (Grillfleisch oder -fisch) gibt's überall. *Lechón* (Spanferkel am Spieß) ist ein typisches Festessen. Verbreitete Vorspeisen sind z. B. *lumpia* (kleine Frühlingsrollen, meist vegetarisch) oder das köstliche *kinilaw* (Ceviche im philippinischen Stil).

Das Standardfrühstück der Inseln ist Spiegelei auf Reis (oft mit Knoblauch), dazu *tapa* (salzige Rindfleischstreifen), *tocino* (in Honig mariniertes Schweinefleisch), *bangus* (Milchfisch) oder *longganisa* (Würstchen). Zum Nachtisch empfiehlt sich ein Becher *halo-halo* mit Konservenobst, Zuckermais, grüner Kokosnuss und anderen Tropenfrüchten – garniert mit Milcheissplittern, Karamell und einer Kugel Eis.

Regionale Spezialitäten

In einem Land mit so vielfältiger Kultur, Ethnografie und Geografie überrascht es kaum, dass die regionalen Spezialitäten ebenfalls facettenreich sind. So werden hiesige Standardgerichte wie *longganisa*, *lechón* und sogar *balút* auf allerlei Art

FESTTAGSGERICHTE

Alle philippinischen Dörfer, Klein- und Großstädte feiern ihre eigenen Fiestas. Diese steigen meist am Ehrentag des jeweiligen Schutzheiligen und richten sich daher nach dem katholischen Kirchenkalender. Früher wurde dabei von jedem Haushalt erwartet, Essen vorzubereiten und jeden beliebigen Besucher damit zu verköstigen. Heute findet das Vorkochen immer noch statt, aber in kleinerem Rahmen und nur für geladene Gäste. Die Küche bei solchen Anlässen ist regional verschieden, generell gibt's jedoch Gerichte mit Schweine-, Rind- oder Hühnerfleisch (auch Fisch und Meeresfrüchte).

Typische Fiesta-Gerichte sind *kaldereta* (Eintopf mit Rind- oder Ziegenfleisch), *igado* (Schweinsleber aus dem Wok), Brathähnchen und natürlich *lechón*. Als Dessert werden süße Reiskuchen serviert. Bei Geburtstagen und anderen Privatfeiern steht meist eine Riesenportion *pansit* auf dem Tisch.

zubereitet. Bicols pikante Regionalküche schmeckt dem westlichen Gaumen in der Regel am besten. Die Philippiner selbst betrachten die Provinz Pampanga im Herzen Luzons als kulinarische Hauptstadt.

Bicol

Bicols Küche verwendet *sili* (scharfes Chilipulver) und *gata* (Kokosmilch) auf vielerlei Weise. Alles in *gata* Gekochte heißt *ginataán*. Am bekanntesten dürfte *exprés* (pikanter Mix aus Schweinehack, *sili*, kleinen Garnelen, Zwiebeln, Knoblauch und Gewürzen) sein. Straßenhändler verkaufen *pinangat*, für das grüne *gabi*-Blätter (Taro) um Garnelen-, Fisch- und/oder Schweinefleischstücke gewickelt werden. Ein weiterer Bicol-Klassiker ist *candingga* (Würfel aus Schweinsleber und Karotten, gesüßt und in Essig gekocht). Außerdem kommt oft *natong* bzw. *laing* (ein gehacktes, grünes Blattgemüse) als separate Beilage auf den Tisch. Zum Dessert verfeinern Pilinüsse (ein angebliches Aphrodisiakum) Kekse, Gebäck, Marzipan, Kuchen und Eis.

Ilocos

Ilocos gilt als Paradies für Vegetarier. Landesweit berühmt ist seine *pinakbét*-Variante, bei der Auberginen, Tomaten, Okraschoten und *ampalaya* (Bittermelonen) übereinandergeschichtet in einem Topf gegart werden. Die regionale Fischpaste heißt *bagoong*. Einige Gerichte hier werden mit Ziegen- oder Schweinsgalle verfeinert.

Batanes Islands

Wer die Inseln im äußersten Norden besucht, sollte folgende Spezialitäten probieren: *Uved*-Bällchen schmecken angesichts ihrer Zutaten (Bananen, Schweinehack und -blut) überraschend lecker. *Vunes* sieht aus wie ein brauner Brei, besteht aber aus gehackten Taro-Wurzelstrünken, die mit Knoblauch gekocht werden.

Cordillera

Die Bewohner der Cordillera essen so ziemlich alles. Das ist mehr als Warnung denn als Ermutigung zum Probieren gemeint – es sei denn, man möchte Python, Hundefleisch oder Frösche verspeisen.

Mindanao

Die Umgebung von Cagayan de Oro im Norden Mindanaos ist für ihr *kinilaw* bekannt, das mit der regionalen Frucht *tabon tabon* gewürzt wird. Örtliche Feinschmecker halten das *lechón baboy* (Spanferkel, gefüllt mit Kräutern und Gewürzen, wie Zitronengras) ihrer Stadt für das leckerste des Landes. *Adobo* wird in Zamboanga mit Kokoscreme und *bulad* (Trockenfisch) zubereitet. Das Gericht ist auch auf den übrigen Philippinen beliebt und im Süden Mindanaos in vielen Varianten erhältlich.

Negros

Inasal verbindet man vor allem mit Bacolod. Das gegrillte oder gebratene Hühnerfleisch in einer Marinade aus Zitronengras, *anchiote* (pfefferartiges Gewürz), *calamansi* (eine Zitrusfrucht) und Knoblauch ist eine Art Nationalgericht.

Pampanga

Hiesige Gerichte sind oft süß und enthalten fermentierten Zucker. Schalentiere werden häufig in Reissauce mariniert. Die regionale Spezialität *Pinaupong manok* (gedünstetes Huhn mit Gemüsefüllung) ist landesweit beliebt.

Oben: Marktstand in Manila

Unten: Das philippinische Dessert *halo-halo*

STUART DEE / GETTY IMAGES ©

VEGETARIER & VEGANER

Sie haben es auf den Philippinen nicht leicht. Außerhalb von Großstädten lassen sich Produkte auf Sojabasis schwer auftreiben. In den Metropolen sind sie bei chinesischen Händlern erhältlich. Auf philippinischen Speisekarten sind Bohnen nicht häufig vertreten – zur Vorbeugung von Proteinmangel vor der Weiterreise am besten in Manila oder Cebu ausreichend mit entsprechenden Produkten eindecken.

Richtig essen & trinken

Sitten & Gebräuche

- Hier geht es bei alltäglichen Mahlzeiten recht zwanglos zu. In teuren Häusern können aber formelle Tischsitten im westlichen Stil gelten.
- Reis ist Hauptbestandteil jeder Mahlzeit.
- Alle Gerichte werden in Familienportionen auf großen Tellern in der Tischmitte serviert.
- Der Saft der Zitrusfrucht Calamansi, gemischt mit Sojasauce, wird oft als Würzmittel angeboten.
- Philippiner essen zumeist mit Gabel und Löffel (Letzterer dient auch als Messer).
- Die Formulierung „for a while" (eine Zeit lang) kann bedeuten, dass bis zum Servieren des Essens Minuten oder aber Stunden vergehen.
- In zwanglosen Lokalen auf dem Land sind öfter Gerichte von der Karte nicht erhältlich.

Wohin zum Essen?

Philippiner gehen gerne essen, reservieren ist aber nur in Manila und Cebu nötig.

Turu-Turò Ein einfaches philippinisches Esslokal (wörtlich „Punkt Punkt").

Restaurants In Manila und größeren Städten gibt's internationale und philippinische Restaurants, die besten abseits der Einkaufszentren (Malls).

Cafés Coffee-Shops mit Kaffee und kleinen Gerichten für die Büroangestellten nehmen zu.

Food Parks sind in Manila sehr beliebt und nehmen auch in den Provinzen zu.

Märkte Häufig; preiswert und gut für Selbstversorger – auch, um regionale Spezialitäten zu finden.

Fast Food Überall und ziemlich häufig.

Pubs & Bars In Städten und Urlaubsgebieten am Strand. In ländlichen Regionen kann das gesamte Nachtleben aus Karaoke-Bars (KTV) bestehen.

Der Name ist Programm

Die Namen philippinischer Gerichte beschreiben oft die Zubereitungsart: *adobo* steht für Dünsten in Essig und Knoblauch, *sinigáng* ist sauer-scharfe Suppe, *ginataán* meint das Garen in Kokosmilch. *Kilawin* (alias *kinilaw*) sind rohe oder in Essig marinierte Meeresfrüchte, *pangat* beinhaltet Tomaten in einer dünnen Brühe, und *inahaw* ist gegrilltes Fleisch oder Fisch (spezielle Grillrestaurants heißen *ihaw-ihaw*). Das Wort für „scharf" lautet *maanghán̈g*.

Getränke

Alkoholische Getränke

- Die Brauerei San Miguel (um 30 P pro Flasche) hält quasi das Monopol für den heimischen Biermarkt, obwohl auch Importe angeboten werden. Red Horse ist ein starkes San-Miguel-Bier (7%).
- In Manila und einigen Urlaubsgebieten gewinnen Kleinbrauereien mit Craft-Bier an Boden.
- Trinkbare (und billige) Branntweine wie der Tanduay werden im Land gebrannt und sind in Gemischtwarenläden wie 7-Eleven erhältlich.
- Auf dem Land werden *basi*, ein Portwein-artiges Getränk aus Zuckerrohrsaft, und *tuba*, ein starker Palmwein aus Kokosblüten, getrunken.

Alkoholfreie Getränke

- Die Qualität des Leitungswassers schwankt stark; am sichersten ist daher eine Wasserflasche, die in Restaurants mit gereinigtem Wasser aufgefüllt wird.
- Softdrinks und Fruchtsäfte gibt's überall; *buko*-Saft (aus grünen Kokosnüssen, mit Kokosmark) soll gegen Dehydrierung helfen.
- In Manila und Touristengebieten gibt's ordentlichen Kaffee und Espresso, sonst sind Instant-Mischungen (mit Zucker und Milchpulver) häufig.
- Die beliebten *calamansi* (oder *kalamansi*; kleine, heimische Zitrusfrüchte) dienen als Basis für ein erfrischendes Stärkungsmittel. Ihr Saft wird zudem in Schwarzen Tee gekippt.

Die Philippinen im Überblick

Der Archipel besteht im Wesentlichen aus drei großen Inselgruppen: Luzon, die Visayas und Mindanao. Auf diesen Inseln findet sich für jeden etwas: der Wahnsinn einer Riesenstadt in Manila, Bergstämme in Nord-Luzon, Dorfleben auf Mindanao, Surfen an der gesamten Ostküste und praktisch überall tolle Tauch- und Schnorchelspots. Die Visayas verkörpern wohl am besten das Bild, das man sich von den Philippinen macht: verträumte, einsame Inseln mit üppig grüner Vegetation und paradiesischen, weißen Sandstränden, so weit das Auge blickt. Palawan nimmt eine Sonderstellung ein: Die Insel ist eine fantastische Traumwelt mit ursprünglichen Regenwäldern und surrealen Meerlandschaften.

Manila

Geschichte
Nachtleben
Essen

Die feuchtheiße und überfüllte Hauptstadt erschlägt viele Traveller im ersten Moment. Wer dann aber etwas genauer hinschaut, entdeckt faszinierende Museen, ein brodelndes Nachtleben, eine vielfältige Küche und eine unbestreitbare Energie.

S. 52

Rund um Manila

Tauchen
Geschichte
Trekking

Namen wie Corregidor und Bataan wecken Erinnerungen an den Zweiten Weltkrieg. Kletterer und Wanderer können gleich mehrere gut zugängliche Gipfel erkunden, und an der Südküste von Luzon warten einige der besten Tauchspots des Landes.

S. 107

Nord-Luzon

Outdoor-Aktivitäten
Kultur
Geschichte

Die Vielfalt schüchtert Besucher fast schon ein: abgeschiedene Buchten mit großartigen Surfspots, romantische Enklaven aus spanischer Zeit und Berge, an die sich Reisterrassen schmiegen und welche die Heimat erstaunlich verschiedenartiger indigener Stämme sind.

S. 129

Südost-Luzon

Essen
Outdoor-Aktivitäten
Festivals

Gegen die beißend scharfe Küche von Bicol hilft nur Kühlung bei einer der vielfältigen Wassersportarten. Wer es aber noch heißer mag, besteigt eben einen der Vulkane oder tanzt sich bei einer der wilden Fiestas in Hitze.

S.189

Mindoro

Tauchen
Kulturelle Minderheiten
Abgelegene Orte

Die Tauch- oder Schnorchelspots am Apo Reef sind unübertroffen, Puerto Galera sorgt für Partystimmung. Abseits davon kann man vor der Küste einsame Inseln oder im unzugänglichen Landesinneren nahezu unbekannte Stämme besuchen.

S.221

Boracay & Western Visayas

Strände
Tauchen
Nachtleben

Das berauschende Boracay mit seinem Weltklassestrand zieht Sport- und Feiersüchtige an, wie auch die relaxten Siquijor und Sugar Beach, das Tauchmekka Negros, das aktive Cebu und die pulsierenden Städte Iloilo und Silay mit ihren historischen Herrenhäusern aus der Kolonialzeit.

S.243

Cebu & Eastern Visayas

Strände
Tauchen
Abenteuer

Cebu ist das Tor zu zahlreichen Tauchspots und Stränden plus Dschungelabenteuern. Bohol hat üppige Flussufer und von allem Übrigen ein bisschen zu bieten, während die Wälder und Höhlen von Samar und Leyte ideal für Traveller sind, die Erfahrungen jenseits ausgetretener Pfade suchen.

S.319

Mindanao

Wandern
Wassersport
Kultur

Die südlichste Insel hat zerklüftete Berge, Palmenstrände und einen Flickenteppich von Kulturen und kulinarischen Freuden zu bieten – die Skala reicht vom kosmopolitischen Davao bis zum total entspannten, coolen Surfspot von Siargao.

S.394

Palawan

Strände
Inselhopping
Dorfleben

Palawan bietet jedem etwas, von exklusiven Privatinseln bis zu einfachen Strandhütten. Unter Wasser warten Korallenriffe und Schiffswracks aus dem Zweiten Weltkrieg, an Land Trekkingtouren durch unberührten Dschungel zu Wasserfällen und isolierten Siedlungen.

S.434

Reiseziele auf den Philippinen

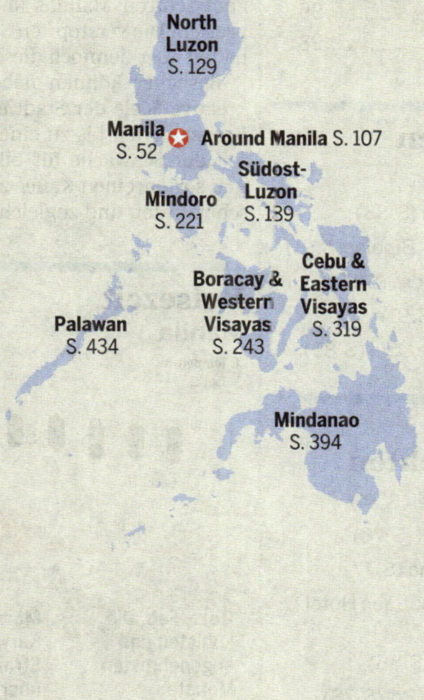

Manila

☎ 02 / 12.95 MIO. EW.

Inhalt ➡

Gut essen

- Sala (S. 90)
- Purple Yam (S. 88)
- Van Gogh is Bipolar (S. 91)
- El Chupacabra (S. 89)
- Locavore (S. 91)
- Corner Tree Cafe (S. 89)

Schön übernachten

- Manila Hotel (S. 74)
- Henry Hotel (S. 78)
- Red Carabao (S. 77)
- Element Boutique Hotel (S. 82)
- Hive Hotel (S. 86)
- Our Melting Pot (S. 78)

Auf nach Manila!

Manilas Spitzname „Perle des Orients" könnte nicht passender sein: Die raue Schale enthüllt nur jenen ihren faszinierenden Kern, die hartnäckig genug sind. Die Stadt ist an Entbehrungen gewöhnt; sie hat jede von Menschen und der Natur ausgelöste Katastrophe erlebt, ist aber heute trotzdem eine der blühenden Megacitys in Asien. Wolkenkratzer bohren sich in den dunstigen Himmel, sprießen aus der Armut der weiten Barackensiedlungen, während glitzernde Einkaufszentren Manilas klimatisierte, schöne neue Welt anpreisen. Die verstopften Straßen ächzen unter dem Verkehr, halten aber dennoch diese moderne Metropole am Leben.

Besucher können neben Sehenswürdigkeiten auch die kreative Seele der Stadt entdecken, von avantgardistischen Kunstgalerien bis zu einer aktiven Musikszene. Zusammen mit der Schwäche für billige Kneipen, Handwerkermärkte und sortenreinen Kaffee zeigt sich Manila als eine der unterschätztesten und zugleich coolsten Städte des Kontinents.

Reisezeit

Manila

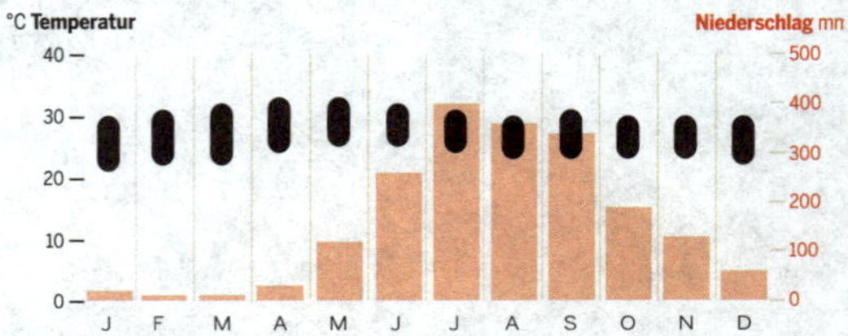

Dez.–Feb. Die kühlsten und angenehmsten Monate.

März–April In der Karwoche sind die Strandresorts überfüllt, Manila ist dann ein eher ruhiges Reiseziel.

Juli–Aug. Manchen regnet es zu viel, aber dies ist die beste Zeit, der sengenden Sonne zu entkommen.

Manila Highlights

1 In der jahrhundertealten spanischen Festung **Fort Santiago** (S. 57) dem Widerhall der Geschichte lauschen.

2 Im **National Museum of the Filipino People** (S. 61) in die philippinische Seele blicken.

3 Im **Rizal Park** (S. 61) bei kostenlosen Konzerten den Pulsschlag der Hauptstadt spüren.

4 Auf den amüsanten Touren von **Walk This Way** (S. 71) die Stadt von einer anderen Seite kennenlernen.

5 Die **San Agustin Church** (S. 59), die älteste Kirche Manilas, als köstlichen Augenschmaus genießen.

6 Die unheimlichen, wie aus einer Geisterstadt wirkenden Straßen und kunstvollen Mausoleen des **Chinese Cemetery** (S. 63) erkunden.

7 Im **Marikina Shoe Museum** (S. 68) einen Blick auf die Schuhkollektion von Imelda Marcos werfen: über 800 Paar.

8 Sich im **Pinto Art Museum** (S. 69) vom üppigen Garten, von prachtvollen Ausblicken und natürlich von einzigartiger Kunst verzaubern lassen.

Manila

Geschichte

Manila wurde im Jahr 1571 von den Spaniern unter Miguel López de Legazpi kolonisiert und entwickelte sich zu einer Perle des Spanischen Weltreiches im Pazifik. Der weite, fruchtbare Landstrich machte das Gebiet attraktiver als die vormalige Hauptstadt Cebu.

König Philipp II. von Spanien gab der Stadt zwar den klangvollen Titel *Isigne y Siempre Leal Ciudad* (was so viel bedeutet wie „Hervorragende und stets loyale

Manila

Highlights

1	Chinese Cemetery	B1

Sehenswertes

2	Karrivin Plaza	C5
3	Malacañang Palace	B3
4	North Cemetery	B2
5	Paco Park	B3
6	People Power Monument	D3
7	Seng Guan Buddhist Temple	A2
8	University of the Philippines Diliman	D1
9	UST Museum	B2
10	Vargas Museum	D1

Schlafen

11	Guijo Suites	C4
12	Makabata Guesthouse & Cafe	B4
13	Oasis Paco Park	B3
14	Pink Manila Hostel	B4
15	Red Carabao	B2

Essen

	12/10	(siehe 11)
16	Casa Roces	B3
17	Charlies Grind & Grill	D4
18	Corner Tree Cafe	C4
19	Gourmet Gypsy	C2
20	Harbor View	A4
21	Soru Izakaya	D1
22	Van Gogh is Bipolar	D1

Ausgehen & Nachtleben

23	20:20	C5
24	ABV	C4
	Black Market	(siehe 23)
	Finders Keepers	(siehe 23)
	Palace Pool Club	(siehe 25)
	Revel at the Palace	(siehe 25)
25	Valkyrie	D4

Unterhaltung

26	'70s Bistro	D2
27	City of Dreams	B5
28	Club Mwah!	C4
29	Conspiracy Garden Cafe	D1
30	Okada	A6
	SaGuijo	(siehe 11)
31	Solaire	A5
32	Tago Jazz Cafe	D2

Shoppen

33	Greenhills Shopping Center	D3
34	LRI Design Plaza	C4

Praktisches

35	Advance Hyperbaric Life Support	B1
36	Namria	C5
37	UK Embassy	D5

Transport

38	2GO Travel	A3
39	Air Swift	B5
40	Atienza Shipping Lines	A3
41	BGC Bus	C5
42	Cebu Pacific	C6
43	Dimple Star	D2
44	Fariñas Transit	B2
45	Florida Bus Lines	B3
46	Guadalupe Ferry Station	D4
47	Manila North Harbor Port	A3
	Maria de Leon Trans	(siehe 44)
48	Ninoy Aquino International Airport	C6
49	Ohayami	B2
	Roro Bus	(siehe 43)
50	Tutuban Station	A2

Stadt“), doch ihr vorspanischer Name Maynilad (zusammensetzt aus *may* = „hier gibt es“ und *nilad*, der Name einer Mangrovenart, mit denen die Ufer des Pasig bewachsen waren) sollte sich letztlich als dauerhafter erweisen: Er wurde später zum bis heute verwendeten Namen Manila zusammengezogen.

Seit dem späten 19. Jh. konnte Manila als das Paris Asiens gelten. Fedor Jagor, ein Reisender des 19. Jhs., beschrieb Manila als großartige, befestigte Stadt mit breiten, gepflasterten Straßen und repräsentativen Stadthäusern. Die Stadt war ein blühendes Handelszentrum und wegen ihrer multikulturellen Mischung ein wichtiges Eingangstor nach China und zu anderen asiatischen Ländern. Im Jahr 1905 wurde Daniel Burnham, der Stadtentwickler von Chicago, damit beauftragt, einen Masterplan für Manila zu entwerfen. Zu seinen großartigen Visionen gehörte der Roxas Boulevard, der noch heute unter seiner etwas schäbigen Patina an den Lake Shore Drive in Chicago erinnert. Prachtbauten, viele im besten Art déco, säumten die Straßen.

Mit dem Zweiten Weltkrieg änderte sich alles, und viele behaupten, die Stadt hat sich nie von ihm erholt. Der Wiederaufbau nach dem Krieg erfolgte lückenhaft, und die Stadt konnte weder ihre regionale Bedeutung noch ihr Selbstgefühl zurückgewinnen. Viele Einheimische beklagen das diffuse Erscheinungsbild Manilas, und es stimmt schon, dass die diversen Städte innerhalb der Stadt keine wirkliche Einheit bilden.

Orientierung

Der Großraum Manila setzt sich aus 16 Städten zusammen. Wichtig für den Touristen sind die City of Manila (Stadtzentrum), Pasay, Makati und Quezon City.

Zur bodenständigen Innenstadt Manilas gehören die touristischen Stadtviertel Malate, Ermita, Intramuros, Quiapo und Binondo (Chinatown). Im Süden grenzt die Innenstadt an Pasay, ein Schmelztiegel der Kulturen und wichtiges Drehkreuz für Busse. Der Flughafen erstreckt sich über Pasay und Parañaque.

Die Geschäftszentren Makati und die benachbarte Bonifacio Global City (bekannt als „BGC" oder „The Fort") sind sauberer, besser organisiert und gelten gewöhnlich als sicherer. In Makati und The Fort lebt ein Großteil der Ausländer; in den beiden Vierteln findet man die besten Restaurants und ein vielfältiges Nachtleben.

Etwas nördlich von Makati liegt die angenehme, junge Quezon City. Sie ist mit fast drei Millionen Einwohnern der am dichtesten besiedelte Ort im Großraum Manila. „QC" ist ein Magnet für Gourmets, durstige Seelen und Fans von Livemusik.

Den besten Eindruck von Manila erhält man – ohne die meiste Zeit im Verkehr zu stecken –, wenn man sich Stadt für Stadt vornimmt. Damit erschließt sich auch am ehesten die Metropole von Manila, die nur als Summe ihrer Bestandteile zu verstehen ist.

Sehenswertes

Obwohl Manila nicht gerade als bedeutendes Reiseziel gilt, gibt es hier viel zu sehen. Wegen des riesigen Stadtgebiets und des Mammutverkehrsaufkommens ist es so gut wie unmöglich, alles zu sehen. Die beste Strategie besteht darin, sich Viertel für Viertel vorzunehmen. Traveller mit knappem Zeitplan konzentrieren sich auf die Innenstadt („Downtown"), das Epizentrum des Großraums Manila, wo sich die meisten Sehenswürdigkeiten befinden. Dabei lohnen sich die traditionellen Sehenswürdigkeiten weniger als das pralle Leben in den unterschiedlichen *barangays* (Viertel) im Großraum Manila – insgesamt über 1500!

Intramuros

Nachdem Miguel López de Legazpi die Herrschaft über Manila erlangt hatte, beschloss er, seine Festung auf den Überresten der muslimischen Siedlung an der Mündung des Pasig zu errichten. Das von einer Stadtmauer geschützte Intramuros, wie das Gebiet später genannt wurde, wurde von chinesischen Piraten überfallen, von niederländischen Flottillen bedroht und zu verschiedenen Zeiten von Großbritannien, den USA und Japan be-

MANILA IN …

Zwei Tagen

Los geht's mit einem **Spaziergang** (S. 71) durchs historische Intramuros bis zum Mittagessen. Nach dem **Rizal Park** (S. 61) und dem **National Museum of the Filipino People** (S. 61) vom **Roxas Boulevard** (S. 64) aus den Sonnenuntergang über der Bucht von Manila genießen – Ausklang mit Abendessen und Getränken in **Malate** (S. 87).

Am zweiten Vormittag den Pasig River kreuzen und durch **Binondo und Quiapo** (S. 62) streifen. Die Tour beginnt in der **Escolta Street** (S. 63) und führt bis zum Mittagessen kreuz und quer durch **Chinatown** (S. 87). Dann mit der LRT zum **Chinese Cemetery** (S. 63) und/oder **Nordfriedhof** (S. 64) fahren. Der Tag endet mit einigen Drinks zum Sonnenuntergang und dem Abendessen auf der **Sofitel Philippine Plaza** (S. 78) oder einer vielen **Dachterrassenbars** (S. 93) überall in der Stadt.

Vier Tagen

Ausgangspunkt ist **Makati**. Am Vormittag steht das fesselnde **Ayala Museum** (S. 68) auf dem Programm, dann durch die hochwertigen Malls im **Ayala Center** (S. 100) streifen und hier etwas zu Mittag essen. Nach einer **Massage** (S. 70) ist man fit für den Abend im glitzernden Viertel **The Fort** (S. 95; BGC).

Am letzten Tag wartet die Qual der Wahl zwischen einem Fünf-Sterne-Brunch im **Sofitel Philippine Plaza** (S. 78) oder einer kurzen Exkursion aus der Innenstadt heraus – das **Marikina Shoe Museum** (S. 68) und das **Pinto Art Museum** (S. 69) wären gute Optionen. Der Abend beginnt mit einem leckeren Essen, und dann wartet das Nachtleben im aufstrebenden Poblacion-Viertel von Makati.

DIE RESIDENZ DES PRÄSIDENTEN

Der weitläufige **Malacañang-Palast** (Karte S. 54; 02-784 4286; malacanangmuseum@gmail.com; JP Laurel Sr St, San Miguel; Geführte Touren Mo–Fr 9, 10, 13 & 14 Uhr) GRATIS über dem Ufer des Pasig stammt aus der Mitte des 18. Jhs. und wurde als Herrenhaus für einen spanischen Aristokraten errichtet. Später residierten hier der spanische und dann der amerikanische Generalgouverneur. Seit 1935 ist der Palast der offizielle Amtssitz des Präsidenten der Philippinen.

Für Besucher ist nur das Museo ng Malacañang zugänglich, das für alle, die sich für Geschichte und koloniale Architektur interessieren, sehr zu empfehlen ist. Für einen Besuch muss man bestens organisiert sein und sich fünf Wochentage im Voraus anmelden – das geht auch von zu Hause aus, indem man einfach eine E-Mail an den Palast mit seiner Telefonnummer, der Größe der Gruppe und Fotokopien aller Pässe schickt. Ansonsten kann man eine Führung über Old Manila Walks (S. 71) buchen; sie arrangieren den Besuch und kombinieren die Palastbesichtigung mit einem ausgezeichneten Spaziergang durch das Viertel.

setzt. All das hat Intramuros überstanden – bis zum Ende des Zweiten Weltkriegs, als es schließlich in der Schlacht um Manila vollständig vernichtet wurde – nur San Agustín entging der Zerstörung.

Seit seiner Gründung im Jahr 1571 war Intramuros das exklusive Viertel der spanischen Herrscherelite. Die mit Bastionen versehene Mauer umschloss ein Gebiet von rund 64 ha. Tore mit Zugbrücken bildeten die Verbindung zum Umland. Innerhalb des von der Mauer geschützten Gebiets fanden sich imposante Regierungsbauten, stattliche Wohngebäude, Kirchen, Konvente, Klöster, Schulen, Hospitäler und kopfsteingepflasterte Plazas. Die einheimische Bevölkerung wurde in umliegenden Gebieten wie Paco und Binondo angesiedelt, während die Chinesen streng überwacht in *parian* genannten Gettos lebten.

Wer Intramuros besucht, begegnet überall der Geschichte. Der Wiederaufbau begann im Jahr 1951 mit dem Ziel, das Erscheinungsbild der kolonialen Architektur der Vorkriegszeit entsprechend treu zu rekonstruieren – heute ist es ein Touristenmagnet. Die Wohngebiete innerhalb der Mauern wirken freundlich-entspannt und bieten, verglichen mit anderen Stadtvierteln, ein erfreulich gemächlicheres Tempo. Die Anda Street ist hervorragend für einen Stadtbummel geeignet, an vielen der Gebäude finden sich spanische Fliesen mit den Straßennamen.

Die meisten der Mauern, Tore und Bollwerke von Intramuros sind zugänglich: Man kann fast die gesamte Länge (4,5 km) oben auf der Brustwehr laufen; Zu- und Abgänge gibt es an mehreren Stellen.

Das **Intramuros Visitors Center** (Karte S. 58; 02-527 2961; 8–18 Uhr) innerhalb des Tors zur Fuerza de Santiago ist der ideale Ausgangspunkt. Auf Nachfrage gibt's dort eine ausgezeichnete, kostenlose Karte der ummauerten Stadt. In dem Kino in einem Luftschutzkeller gleich nebenan wird ein kurzer Film über die Geschichte des Gebiets gezeigt.

Kalesa (traditionelle Pferdekutschen) dienen in diesem Gebiet immer noch als Verkehrsmittel und stimmungsvolle Art der Fortbewegung. Die Kutscher verlangen einen Festpreis von 350 P pro Fahrt (4 Pers., 30 Min.); eine 1½-stündige Rundfahrt kostet 500 P pro Kopf.

★ Fort Santiago FORT

(Karte S. 58; Santa Clara St; Erw./Student 75/50 P; 8–21 Uhr) Die Einfahrt in den Pasig bewacht die größte Touristenattraktion von Intramuros: die Fuerza de Santiago. Innerhalb des Forts präsentiert sich die Anlage mit hübschen Gärten, Plazas und Springbrunnen, an denen vorbei man zum gewölbten Tor und einem hübschen Seerosenteich gelangt. Auf dem Gelände befindet sich der Rizal Shrine (S. 60) mit einem Museum. In dem Gebäude war der philippinische Nationalheld Dr. José Rizal bis zu seiner Hinrichtung im Jahr 1896 eingesperrt. Zu sehen gibt's faszinierende Dokumente und Exponate zu Rizal sowie Nachbauten seiner Zelle und des Gerichtssaals.

Am äußersten Ende des Forts blickt man von Aussichtspunkten über ein Industriegebiet am Pasig hinüber zur **Baluarte de Santa Barbara**, einer restaurierten spanischen Kaserne aus dem 18. Jh., in der

Intramuros & Rizal Park

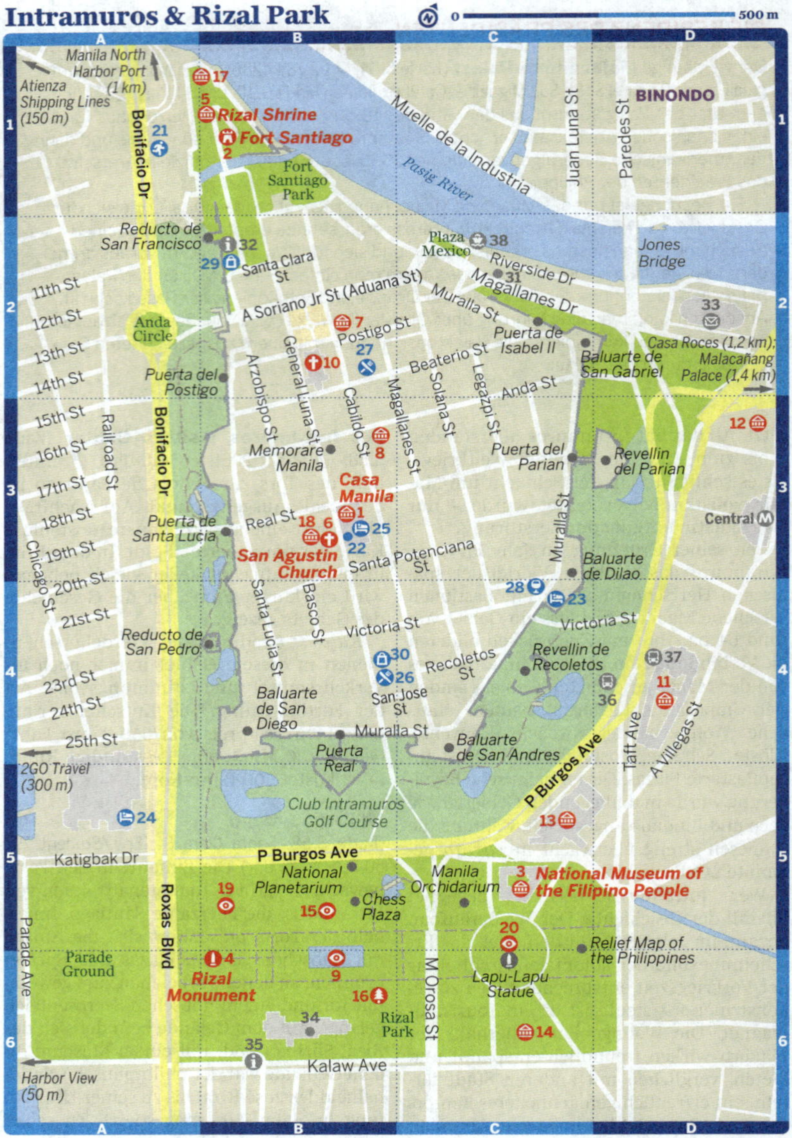

während des Zweiten Weltkriegs Hunderte philippinischer und US-amerikanischer Kriegsgefangene getötet wurden; heute befindet sich hier die **Rizaliana Furniture Hall** (Karte S. 58; 10 P), in der die Möbel von Rizals Familie ausgestellt sind. Sehr interessant sind die diversen Zellenblöcke im Verlies, darunter jener, in dem Rizal seine letzte Nacht verbrachte. Messing-Fußspuren im Pflaster markieren seine letzten Schritte auf dem Weg zur Exekutionsstätte im heutigen Rizal-Park (S. 61).

Intramuros & Rizal Park

Highlights
1 Casa Manila ... B3
2 Fort Santiago ... B1
3 National Museum of the Filipino People ... C5
4 Rizal Monument ... B6
5 Rizal Shrine ... B1
6 San Agustin Church ... B3

Sehenswertes
7 Ayuntamiento ... B2
8 Bahay Tsinoy ... B3
9 Central Lagoon & Fountains ... B6
10 Manila Cathedral ... B2
11 Manila City Hall ... D4
12 Metropolitan Theater ... D3
13 National Museum of Fine Arts ... C5
14 National Museum of Natural History ... C6
15 Open-Air Auditorium ... B5
16 Rizal Park ... B6
17 Rizaliana Furniture Hall ... B1
18 San Agustin Museum ... B3
19 Site of Rizal's Execution ... B5
20 Teodoro Valencia Circle ... C5

Aktivitäten, Kurse & Touren
Bambike ... (siehe 1)
21 Club Intramuros Golf Course ... A1
22 Walk This Way ... B3

Schlafen
23 Bayleaf ... C4
24 Manila Hotel ... A5
25 White Knight Hotel Intramuros ... B3

Essen
Barbara's ... (siehe 25)
26 Ilustrado ... B4
27 Patio de Conchita ... B2

Ausgehen & Nachtleben
28 Sky Deck ... C4

Shoppen
29 Manila Collectible Co ... B2
30 Silahis Arts & Artifacts ... B4
Tradewinds Books ... (siehe 30)

Praktisches
31 Bureau of Immigration Head Office ... C2
32 Intramuros Visitors Center ... B2
33 Manila Central Post Office ... D2
34 National Library ... B6
35 Rizal Park Visitors Centre ... B6

Transport
36 Jeepneys nach Ermita, Malate & Baclaran ... D4
37 Jeepneys nach Quiapo, Sampaloc & Cubao ... D4
38 Plaza Mexico Ferry Station ... C2

★ San Agustin Church — KIRCHE

(Karte S. 58; ☎ 02-527 4060; General Luna St.) Diese Kirche war das einzige Gebäude, das die Zerstörung von Intramuros im Zweiten Weltkrieg überstand. Das zwischen 1587 und 1606 errichtete Gotteshaus ist die älteste Kirche der Philippinen. Hinter der imposanten Fassade verbirgt sich ein aufwendig geschmückter Innenraum voller Objekte von großem historischen und kulturellen Wert. Sehenswert sind die Trompe-l'oeil-Fresken an der Deckenwölbung. Anschauen sollte man sich auch die tropischen Kreuzgänge und den etwas schäbigen Garten hinter der Kirche. Das gegenwärtige Gebäude ist das dritte an dieser Stelle. Es hat sieben größere Erdbeben und die Schlacht von Manila überstanden. Die Kirche wird immer noch als Gotteshaus benutzt und ist als Ort für Hochzeiten und andere Festlichkeiten beliebt.

In die Kirche gelangt man über das frisch renovierte **San Agustin Museum** (Karte S. 58; Erw./Student 200/160 P; ⌚ 8–12 & 13–18 Uhr), eine mit Antiquitäten vollgestopfte Schatzkammer, die Besuchern einen Eindruck vom sagenhaften Reichtum des alten Manila vermittelt. Sehenswert ist die vage chinesisch anmutende Statue der Unbefleckten Empfängnis aus himmlischem Elfenbein.

★ Casa Manila — MUSEUM

(Karte S. 58; ☎ 02-527 4084; Plaza Luis Complex, General Luna St.; Erw./Student 75/50 P; ⌚ Di–So 9–18 Uhr) Die schöne Nachbildung eines spanischen Kolonialhauses zeigt das opulente Leben des hiesigen Adels im 19. Jh. Imelda Marcos ließ das Gebäude als Musterbeispiel für die Architektur und Inneneinrichtung der späten spanischen Kolonialzeit errichten. Es ist überaus luxuriös und bietet auch einige skurrile Details wie eine zweisitzige Toilette. Das Haus ist zwar nicht authentisch, aber die bemerkenswerten antiken Möbel und die Kunstwerke sind echt.

Manila Cathedral KIRCHE

(Karte S. 58; Ecke Postigo & General Luna Sts.) Mit ihrer verwitterten, romanischen Fassade und der anmutigen Kuppel wirkt Manilas Kathedrale altehrwürdig, obwohl sie der siebte Neubau seit 1581 an dieser Stelle ist und nach der Zerstörung des Vorgängerbaus im Zweiten Weltkrieg hier erst seit 1951 neu errichtet wurde. Drinnen finden sich ein vergoldeter Altar, eine Orgel mit 4500 Pfeifen und wunderschöne, mit Buntglas geschmückte Rosettenfenster. Friese auf der Bronzetür zeigen die Kette der tragischen Ereignisse, die zur Zerstörung der Kathedrale führten. Die Kathedrale liegt an der **Plaza de Roma,** eine Stierkampfarena, die zu einem Platz umgestaltet wurde.

Ayuntamiento MUSEUM

(Altes Rathaus; Karte S. 58; ☎02-524 7007; Plaza de Roma; 50 P; ⏲Di & Fr, einstündige Touren 11 & 16 Uhr) Das Ayuntamiento war das großartigste Gebäude in Intramuros, bis es im Zweiten Weltkrieg zerstört wurde. Nach Jahren im Tiefschlaf als Parkplatz wurde es 2010 sorgfältig in alter Form wieder aufgebaut. Heute beherbergt es das Schatzamt des Landes. Auf geführten Touren können die eindrucksvollsten Räume – der Marmorsaal und die Sala de Sessiones, wo die spanische und amerikanische Kolonialregierung Gericht hielten – besichtigt werden. Shorts, Tanktops oder Flip-Flops sind ein No-Go; gültiger Ausweis erforderlich.

Bahay Tsinoy MUSEUM

(Karte S. 58; ☎02-527 6083; www.bahaytsinoy.org; Ecke Anda & Cabildo Sts.; Erw./Student 100/60 P; ⏲Di–So 13–17 Uhr) Das große Museum Bahay Tsinoy widmet sich der bedeutenden Rolle, die die *sangley*, wie die Spanier die Chinesen nannten, für Manila spielten (*sangley* bedeutet im lokal vorherrschenden Hokkien-Dialekt „umherziehender Kaufmann"). Lebensgroße Dioramen zeigen das Leben der Chinesen und Mestizen (Menschen von gemischter spanisch-indigener Abkunft) in den *parian* (Gettos der Chinesen), außerdem sind hier alte Münzen und Porzellan sowie eine ausgezeichnete Sammlung von Fotos zu sehen.

JOSÉ RIZAL – DER MANN, DER MYTHOS, DIE LEGENDE

Obwohl er nur 35 Jahre alt wurde, gelang es Dr. José Rizal (1861–1896), vieles in seinem außergewöhnlichen Leben zu verwirklichen – er wurde eine der am meisten verehrten Persönlichkeiten der philippinischen Geschichte. Die Bedeutung dieses Mannes zeigt sich im modernen **Rizal Shrine** (Karte S. 58; Fort Santiago; Erw./Student 75/50 P; ⏲Di–So 9–18, Mo 13–17 Uhr) im Fort Santiago (S. 57) in Intramuros. In diesem Museum wird seine Bedeutung beim Schmieden einer nationalen Identität des philippinischen Volks gewürdigt, aber auch, dass er in seinem kurzen Leben 22 Sprachen (darunter Deutsch) erlernte, eine politische Bewegung (La Liga Filipina) gründete, zwei Romane schrieb (der bekanntere heißt Noli Me Tángere) und ein anerkannter Dichter und Essayist war. Außerdem erwarb er einen Doktor in Augenheilkunde, erlangte Anerkennung als bildender Künstler (Maler, Bildhauer und Karikaturist, weshalb er als „Vater des philippinischen Comics" gilt), war Weltreisender, Fechter und betrieb aktiv traditionelle Kampfkunst. Und damit noch nicht genug: Während seiner Verbannung nach Dapitan entdeckte er dort eine Frosch- und eine Eidechsenart (die beide nach ihm benannt sind) und gewann außerdem noch in der Lotterie!

Aber erst mit seinem Tod wurde Rizals Lebenslauf wirklich monumental. Seine Erschießung im Jahr 1896 machte ihn zum Märtyrer und Nationalhelden, sodass ihm schließlich sogar Göttlichkeit nachgesagt wurde: Dutzende von Kulten, die als die Rizalistas zusammengefasst werden, verehren ihn in der Gegend des Vulkans Banahaw noch heute als eine Reinkarnation Christi oder sogar als den Wiedergekehrten.

Auch wenn Kritiker darauf hinweisen, dass er erst von den US-amerikanischen Kolonialherren zum Nationalhelden gemacht wurde (weil sie wollten, dass die Filipinos jemanden verehren sollten, der Gewaltlosigkeit gepredigt hatte) oder dass er ein Aristokrat war, der mehr Zeit im Ausland als auf den Philippinen verbracht hatte (in der Tat sprach er besser Spanisch als Tagalog) – von seinem Ruf als Frauenheld ganz zu schweigen – und nur wenig mit dem Durchschnitts-Filipino gemeinsam hatte, gibt es wirklich kaum etwas, was die Größe dieses Mannes schmälert.

Rizal Park & Umgebung

Der Park ist auch unter dem alten Namen „Luneta" bekannt, obwohl er in den 1950er-Jahren offiziell in **Rizal Park** (Karte S. 58) umbenannt wurde. Manilas wichtigster Park umfasst rund 60 ha mit Rasenflächen, Ziergärten, Teichen, gepflasterten Wegen und bewaldeten Bereichen sowie eine Reihe von Denkmälern für ein ganzes Pantheon philippinischer Nationalhelden.

Der Park ist ein stimmungsvoller Ort für einen Spaziergang, vor allem am späten Nachmittag und frühen Abend sowie an den Wochenenden. Da hier José Rizal von der spanischen Kolonialverwaltung hingerichtet wurde, hat er auch große historische Bedeutung. Hier steht das **Rizal-Denkmal** mit einem 46 m hohen Fahnenmast und Wachtposten in Paradeuniform. In dem Denkmal, das ein Symbol der philippinischen Nation ist, befinden sich die sterblichen Überreste des Freiheitshelden.

Neben dem Denkmal befindet sich **Rizals Hinrichtungsstätte** (Karte S. 58; Eintritt inkl. Führung 20 P; ⏲Mi–So 8–17 Uhr). Am Eingang ist auf einer schwarzen Granitmauer Rizals „Mi Ultimo Adios" („Mein letzter Abschied") eingraviert. Acht Tableaus aus lebensgroßen Bronzestatuen stellen die dramatischen letzten Augenblicke im Leben des Nationalhelden nach. Abends fanden hier Rizal gewidmete Light-and-Sound-Präsentationen statt, die jedoch bis auf Weiteres eingestellt wurden. Falls sie wieder stattfinden, dauern sie allabendlich 30 Minuten (in Englisch und Tagalog).

In der Mitte des Parks befinden sich die **Central Lagoon** (Karte S. 58), ein von Büsten philippinischer Helden und Märtyrern gesäumter Teich, und eine tanzende Musikfontäne, die abends bunt angestrahlt in Aktion tritt. Nördlich des Sees finden im **Open-air-Auditorium** (Karte S. 58) die langen, kostenlosen, klassischen Konzerte im Park statt (sonntags ab 18 Uhr). Jeweils am Samstag um dieselbe Zeit beginnt das Filipino-Rock-Konzert (Eintritt frei).

Das **Visitors Centre** (Karte S. 58; ⏲8–17 Uhr) am Parkeingang an der Kalaw Avenue bietet eine gute Karte an, auf der alle Attraktionen des Parks dargestellt sind, und Infos zu kommenden Events.

★National Museum of the Filipino People — MUSEUM

(Karte S. 58; www.nationalmuseum.gov.ph; T Valencia Circle, Rizal Park; ⏲Di–So 10–17 Uhr) GRATIS In einem glanzvollen, neoklassizistischen Gebäude zeigt das wunderbare Museum eine große und vielfältige Sammlung, darunter die Schädelkalotte einer Frau aus der Fundgruppe in der Tabon Cave. Diese Menschen lebten vor rund 26 000 Jahren und gehören damit zu den ältesten bekannten Vertretern des *Homo sapiens* auf den Philippinen. Eine große Abteilung des Museums ist dem Wrack der *San Diego* gewidmet, einer spanischen Galeone, die im Jahr 1600 vor Luzon sank. Ausgestellt sind geborgene Funde, darunter muschelbedeckte Schwerter, Münzen, Porzellanteller und Schmuckstücke.

Zu den weiteren Schätzen gehören eine große Sammlung vorspanischer Artefakte und Musikinstrumente sowie Stoffe der indigenen Volksgruppen.

National Museum of Fine Arts — MUSEUM

(Karte S. 58; Padre Burgos Ave, Ermita; ⏲Di–So 10–17 Uhr) GRATIS Das stolze Museum zeigt viele der bekanntesten philippinischen Kunstwerke, darunter Juan Lunas bahnbrechendes *Spoliarium*, ein Monumentalgemälde, das einen bitteren Kommentar über die spanische Kolonialherrschaft abgibt. Das Museum residiert in dem von Daniel Burnham entworfenen, alten Kongressgebäude.

National Museum of Natural History — MUSEUM

(Karte S. 58; www.nationalmuseum.gov.ph; Kalaw Ave., Rizal Park) GRATIS Das Naturkundemuseum, das im Frühsommer 2018 eröffnet werden soll, wird in dem denkmalgeschützten, neoklassizistischen Schwestergebäude des National Museum of the Filipino People untergebracht. Gezeigt werden ausgestopfte Tiere und Artefakte von den Philippinen.

Metropolitan Theater — HISTORISCHES GEBÄUDE

(Karte S. 58; Antonio Villegas St., Ermita) Das prächtige Bauwerk im Stil des Art déco wurde unter amerikanischer Herrschaft 1931 als wichtigstes Opferntheater der Stadt eröffnet. Zurzeit ist es ziemlich heruntergekommen, doch es darf auf bessere Zeiten hoffen: 2015 übernahm das National Commission for Culture & the Arts das Gebäude und restauriert es.

Binondo (Chinatown) & Quiapo

Binondo (Chinatown) & Quiapo

Sehenswertes
1 Arch of Goodwill C2
2 Bahay Nakpil-Bautista D2
3 Calvo Museum B3
4 Filipino-Chinese Friendship Arch B3
5 First United Building B2
First United Community Museum .... (siehe 5)
6 Golden Mosque D3
7 Plaza Miranda D2
8 Quiapo Church D2

Essen
Den .... (siehe 5)
9 Dong Bei Dumplings A2
10 Escolta Ice Cream & Snacks B3
11 New Quan Yin Chay A1
12 Polland Hopia Cafe B3
13 Quik Snack A2
14 Sincerity A2

Ausgehen & Nachtleben
Fred's Revolucion .... (siehe 5)

Unterhaltung
VivaManila .... (siehe 5)

Shoppen
HUB Make Lab .... (siehe 5)

Transport
15 Busse nach Makati D2
16 Jeepneys & FX zum Rizal Park, nach Ermita, Malate & Pasay D2
17 Jeepneys & FX zur University of Santo Tomas & nach Quezon City D2

Manila City Hall HISTORISCHES GEBÄUDE
(Karte S. 58; Padre Burgos Ave., Ermita) Die Manila City Hall ist ein klassizistisches Gebäude im Osten von Intramuros und zeichnet sich durch einen attraktiven Uhrenturm aus, der nachts spektakulär beleuchtet wird. Es wurde 1939–1941 erbaut und nach Kriegszerstörungen im Jahr 1946 wiederaufgebaut.

Binondo (Chinatown), Quiapo & Umgebung

Nach Jahrhunderten der Unterdrückung durch die Spanier kletterte Manilas chinesische Bevölkerung unter liberaleren Regierungen schnell auf der ökonomischen und sozialen Leiter empor. Heute ist Chinatown das Zentrum der munteren chinesischen Gemeinde zwischen dem **Arch of Goodwill** (Karte S. 62) und dem **Filipino-Chinese Friendship Arch** (Karte S. 62; Paredes St.). Die Hauptstraße Ongpin Street reicht von Binondo bis Santa Cruz. Sie wird von Teehäusern, Goldschmieden, Kräuterapotheken und Läden gesäumt, die neben jeder Menge Kram auch Mondkuchen, Räucherstäbchen und Papiergeld verkaufen, das für die Ahnen verbrannt wird.

Dies sind einige der ältesten Teile Manilas, aber leider werden die wenigen verbliebenen Beispiele spanischer Kolonialarchitektur in schneller Folge abgerissen. Das Gebiet ist aber immer noch ein Handelszentrum, und es gibt hier zahlreiche Märkte, vor allem in Quiapo.

★ **Chinese Cemetery** FRIEDHOF
(Karte S. 54; Rizal Ave. Extension, Santa Cruz; ⌚7.30–19 Uhr) GRATIS Wohlhabende chinesische Einwohner lassen sich auf diesem riesigen, chinesischen Friedhof mit allem Komfort bestatten. Der Friedhof wirkt eher wie ein Wohnviertel in der Vorstadt: An seinen Straßen stehen Mausoleen, von

DER WIEDERAUFSTIEG DER ESCOLTA

In den swingenden Jahren vor dem 2. Weltkrieg war die Escolta Street in Binondo eine glamouröse Straße mit großartigen Gebäuden mit teuren Läden, Cafés und Theatern. Viele dieser Gebäude haben den Krieg überlebt, doch der Stern der Escolta war bis zur Schäbigkeit abgesunken.

Heute arbeiten Künstler und Denkmalschützer daran, die Escola neu zu beleben. In der immer noch heruntergekommenen Gegend lassen Museen, Galerien, Cafés und kreative Läden mit neuen Ideen den verblichenen Glanz der Straße wieder aufleben und locken damit wieder Touristen an.

Auch die Vorkriegsarchitektur ist ein Zugpferd, denn das übrige Manila war weitgehend zerstört. Man findet Häuser im Stil des Art déco, der Belle Epoche und des Klassizismus; daneben auch ein paar Beispiele im Modernismus der 1950er- und 60er-Jahre.

Die beste Zeit, um die Escolta zu besuchen, ist die vierteljährliche **Block Party**, eine Art Straßenfest von Künstlern, gespickt mit jeder Menge Essen, Musik und Tänzen. Sie beginnt samstagnachmittags und dauert bis weit in den Abend hinein. Auf der Facebook-Seite des **Escolta Block** (www.escoltablock.com) findet man die Termine.

Diese Block Party und der Wiederaufstieg der Escolta sind zu großen Teilen das Werk der **98B COLLAboratory** (www.98-b.org), einer Kooperative aus Künstlern, Schriftstellern und Filmemachern. Sie sitzen in dem **First United Building** (Karte S. 62), einem Art-déco-Gebäude aus den 1920er-Jahren. Im selben Gebäude haben sie das **HUB Make Lab** (S. 98) gegründet und veranstalten Empfänge, Kunstausstellungen und Gesprächsrunden in unterschiedlichen Häusern der Escolta Street.

Wer sich einen raschen Überblick über die Escolta verschaffen möchte, überquert den Pasig auf der Jones-Brücke und sucht dann nach dem Gebäude der Commercial Bank & Trust Company (1969; heute ein Zweig der BPI Bank), das wie ein gestrandetes Raumschiff an der Ecke der Nueva Street steht. Dann geht's nach Nordosten die Escolta Street entlang, am wunderschönen Capitol Theater (Ecke Yugchenko Street) im Art-déco-Stil, dem Calvo Building (1938) im Stil der Belle Epoche und dem **Calvo Museum** (Karte S. 62; 1. OG Calvo Bldg., 266 Escolta St.; 50 P; ⌚Mo–Fr 9–17, Sa bis 13 Uhr) etwa gegenüber vorbei. Das Museum beherbergt einen Schatz an Fotografien und Erinnerungsstücken aus der Vorkriegszeit.

Dann gönnt man sich zur Entspannung ein Eis im **Escolta Ice Cream & Snacks** (Karte S. 62; 275 Escolta St.; Hauptgerichte 100–150 P, Eiskugeln 30 P; ⌚8.30–20 Uhr; ❄), bis es am Burke Building (Ecke Burke St.) aus den 1920er-Jahren vorbei zum First United Building geht – das Epizentrum der Auferstehung der Escolta mit HUB, **Den coffee shop** (Karte S. 62; First United Bldg.; Tellergerichte 175–250 P; ⌚Di–Sa 11–21 Uhr; ❄📶), **Fred's Revolucion Bar** (Karte S. 62; ⌚Mo–Sa 13–24 Uhr) und dem winzigen **First United Community Museum** (Karte S. 62; Escolta St.; 50 P; ⌚8–18 Uhr). Östlich davon, etwa gegenüber der Santa Cruz Church, wartet das größte architektonische Juwel der Escolta, das klassizistische Don Ramon Santos Building (Plaza Santa Cruz) aus dem Jahr 1894; es wurde 1937 erweitert und beherbergt heute eine BPI-Zweigstelle.

denen manche mit Kristall-Kronleuchtern, Klimaanlage, fließendem warmem und kaltem Wasser, Küche und Spültoilette ausgestattet sind.

Um sich auf dem weitläufigen Gelände umzuschauen, mietet man am besten ein Fahrrad (100 P/Std.) und sollte auch in Erwägung ziehen, einen Führer zu engagieren, um zu den interessantesten Grabstätten zu kommen. Eine ausgezeichnete Führung veranstaltet Ivan Man Dy von Old Manila Walks (S. 71).

Bahay Nakpil-Bautista HISTORISCHES GEBÄUDE

(Karte S. 62; www.bahaynakpil.org; 432 A Bautista St. Quiapo; 80 P; ⌚Di, Do & Sa 9.30–16.30 Uhr) Das schöne, 1914 erbaute Familienhaus war der Wohnsitz von Perona Nakpil, der Witwe von Andrés Bonifacio, dem Vater der philippinischen Revolution; sie lebte hier nach seinem Tod. Das Museum vermittelt nicht nur einen Einblick in die Pracht Manilas in der Vorkriegszeit, sondern informiert auch über die Ilustrados und den Katipunan, den revolutionären Geheimbund zum Sturz der spanischen Kolonialherrschaft.

Nordfriedhof FRIEDHOF

(Karte S. 54; Santa Cruz; Führer ca. 300 P) Wem schon Manilas Chinese Cemetery etwas sonderbar anmutet, der ist mit Sicherheit nicht bis zum angrenzenden Nordfriedhof vorgedrungen. Auf diesem bedeutenden Friedhof sind zwar viele bekannte Filipinos begraben, darunter Präsidenten und Revolutionäre, aber die Gemeinde der rund 6000 Menschen, die hier zwischen den Toten ihr Domizil haben, sind für Reisende viel interessanter: Viele Mausoleen dienen zugleich als Behausungen und beherbergen kleine Läden und Spielsalons für Kinder.

Da es sich um ein Gelände mit extremer Armut handelt, sollte man es nur mit einem Führer aufsuchen, der sich hier auskennt. Das nahe gelegene Hostel Red Carabao (S. 77) und Smokey Tours (S. 71) vermitteln Führer, zudem stehen auch welche (die aber nicht unbedingt auch Englisch können) am Friedhofseingang bereit.

Quiapo Church KIRCHE

(Karte S. 62; Quezon Blvd., Quiapo) Die Quiapo ersetzt seit 1933 eine ältere Kirche, die durch ein Feuer zerstört wurde. Quiapo gehört zu den bekanntesten Wahrzeichen Manilas. Sie beherbergt den **Black Nazarene,** eine Christusstatue, die Wunder wirken soll. Die lebensgroße Skulptur aus Ebenholz steht seit 1767 in Quiapo und wird zweimal im Jahr in einer der größten religiösen Feiern Manilas von Tausenden von Gläubigen auf den Schultern getragen – die Black Nazarene Prozession (S. 73).

UST Museum MUSEUM

(Karte S. 54; http://ustmuseum.ust.edu.ph; Espana Blvd., Sampaloc; 50 P; ⌚Mo 13–17, Di–Fr 8.30–17 Uhr) Das Museum ist im Hauptgebäude der Santo-Tomas-Universiät untergebracht, einem prachtvollen Bau aus der amerikanischen Ära. Es bezeichnet sich selbst als das älteste Museum in Asien (der Campus der Universität besteht seit 1611). Das Highlight der Sammlung sind großartige Werke der bildenden Kunst philippinischer Meister. Daneben sind ausgestopfte Tiere, Münzen, Textilien und religiöse Objekte ausgestellt. Das Gebäude steht im Zusammenhang mit einem düsteren Kapitel des Zweiten Weltkriegs: Hier waren während der japanischen Besatzung Tausende von alliierten Soldaten drei Jahre lang interniert.

Goldene Moschee MOSCHEE

(Karte S. 62; Globo de Oro St. Quiapo) Die Goldene Moschee wurde 1976 anlässlich eines geplanten Staatsbesuchs des damaligen libyschen Staatsführers Muammar al-Gaddafi errichtet, der dann aber abgesagt wurde. Das Bauwerk ist immer noch die größte Moschee der Stadt und dient einer wachsenden Zahl muslimischer Gemeindemitglieder, die sich zu Tausenden in Quiapo angesiedelt haben.

Ermita & Malate

Baywalk STRASSE

(Karte S. 72) Den prächtigen Sonnenuntergang über der Bucht von Manila kann man von der Fußgängern vorbehaltenen Uferpromenade entlang des Roxas Boulevard genießen. Das bunte Lokalkolorit ist von den Launen des Bürgermeisters abhängig, der entscheidet, wann die Straßenhändler und -küchen ihre Stände aufbauen dürfen.

1335 Mabini GALERIE

(Karte S. 72; ☎02-254 8498; www.1335mabini.com; 1335 Mabini St. Ermita; ⌚Di–Sa 14–18 Uhr; So nach Voranmeldung) Die Galerie im kolonialen Herrenhaus Casa Tesoro (1. OG) zeigt wechselnde Ausstellungen mit experimenteller Kunst und Installationen. Das Haus, das weitere Galerien und den schönen

Poblacion

Poblacion

Aktivitäten, Kurse & Touren
- I'm Onsen Spa .... (siehe 6)

Schlafen
- 1 City Garden Grand Hotel B3
- 2 Clipper Hotel C3
- 3 Element Boutique Hotel C2
- 4 Hilik Hostel B2
- 5 Hotel Durban B3
- 6 I'm Hotel B3
- 7 Junction Hostel C2
- 8 La Casita Mercedes D3
- 9 MNL Boutique Hostel B1
- 10 Our Melting Pot B4
- 11 Z Hostel C3

Essen
- 12 Beni's Falafel B2
- 13 Commune B4
- 14 El Chupacabra C4
- 15 Kismet Cafe C3
- 16 Kite Kebab Bar C3
- 17 Señor Pollo C3
- 18 Siamaroi A4
- 19 Tambai C4

Ausgehen & Nachtleben
- 20 A Toda Madre B3
- Firefly Roofdeck Bar .... (siehe 1)
- 21 H&J C4
- 22 Joe's Brew D4
- 23 Le Café Curieux B4
- Polilya .... (siehe 24)
- 24 Pura Vida C3
- 25 Time C2
- Z Roofdeck .... (siehe 11)

Praktisches
- 26 Coreon Gate B4

Transport
- 27 Hulo Ferry Station D1

Makati (Central Business District)

Antiquitätenladen Maria Closa (S. 99) beherbergt, ist eine Art Zentrum von Kunst und Kultur in Malate.

Malate Church KIRCHE
(Karte S. 72; Ecke MH del Pilar & Remedios Sts., Malate) Die attraktive Kirche im Barockstil wurde erstmals 1588 errichtet, stammt in der heutigen Form aber aus den 1860er-Jahren und ist nach gründlicher Überholung (2015) wieder in Top-Zustand. In ihr befindet sich ein hochverehrtes Bildnis der Jungfrau Maria, die *Nuestra Señora de Remedios* (Unsere Liebe Frau der Hilfe).

Pasay & Umgebung

★ **Metropolitan Museum of Manila** GALERIE
(Karte S. 76; ☎ 02-523 7855; www.metmuseum.ph; Roxas Blvd., Bangko Sentral ng Pilipinas, Central Bank, Pasay; 100 P; ⏲ Mo–Sa 10–17.30 Uhr, Goldausstellung bis 16.30 Uhr) Die philippinische „Met" ist ein Museum von Weltklasse, das philippinische Kunst vom frühen 20. Jh. bis in die Gegenwart ausstellt; vertreten sind praktisch alle großen Künstler des Landes aus dem vorherigen Jahrhundert. Die Abteilung für zeitgenössische und experimentelle philippinische Kunst ist einzgartig für die Philippinen. Im Erdgeschoss werden Wechselausstellungen gezeigt, im 1. OG befindet sich eine breit gefächerte Sammlung. Zu den Führungen (500 P) muss man sich vorher anmelden.

Cultural Center of the Philippines HISTORISCHES GEBÄUDE
(Tanghalang Pambansa; Karte S. 76; www.culturalcenter.gov.ph; CCP Complex, Roxas Blvd., Pasay; Eintritt in die Galerie frei, Museen Erw./Student 30/20 P; ⏲ Galerie & Museen Di–So 10–18 Uhr) GRATIS Das Kernstück des CCP-Komplexes ist ein bombastisches Gebäude, das der bekannte philippinische Architekt Leandro Locsin entworfen hat. Darin sind

Makati (Central Business District)

Highlights
1 Ayala Museum ... C3

Sehenswertes
2 Filipino Heritage Library ... C3
3 Yuchengco Museum ... A1

Aktivitäten, Kurse & Touren
4 Piandré ... C1
5 The Spa ... B3

Schlafen
6 Fairmont Makati ... C4
7 Makati Shangri-La ... C3
8 Peninsula Manila ... D3
9 Picasso ... C1
10 Raffles Makati ... C4

Essen
11 Apartment 1B ... C1
12 Blackbird ... C2
13 Legazpi Sunday Market ... A3
14 Mantra ... A2
15 People's Palace ... C3
16 Sala ... C3
17 Salcedo Community Market ... C1
18 TimHoWan ... D3
19 Wholesome Table ... D1
20 Yardstick ... B2

Ausgehen & Nachtleben
21 Batala Bar ... B4
22 Curator ... B3
Hineleban Cafe ... (siehe 21)
Long Bar ... (siehe 10)

Unterhalten
23 Repertory Philippines ... B3
Salon de Ning ... (siehe 8)

Shoppen
24 Balikbayan Handicrafts ... C4
25 Greenbelt ... C3
26 Lemongrass House ... D4
27 Tesoro's ... C4

Praktisches
28 Australian Embassy ... A1
Canadian Embassy ... (siehe 28)
29 Citibank Main Office ... D2
30 Department of Tourism Information Centre ... D1
31 French Embassy ... D1
German Embassy ... (siehe 28)
32 HSBC ... B2
33 Makati Central Post Office ... A1
34 Makati Medical Center ... A1
35 Netherlands Embassy ... C2
36 New Zealand Embassy ... D2

Transport
37 Avis ... C3

das führende Theater des Landes für darstellende Kunst (S. 97) sowie ein paar hochwertige Galerien für moderne Kunst untergebracht – im 3. OG die **Bulwagang Juan Luna,** im 4. OG die kleinere **Bulwagang Fernando Amorsolo**. Beide zeigen Wechselausstellungen mit modernistischen und zeitgenössischen Malern.

★Bambusorgel von Las Piñas KIRCHE
(☎02-825 7190; www.bambooorgan.org; Diego Cera Ave., Las Piñas; Eintritt mit geführter Tour 100 P; ⏲8–12 & 13–17 Uhr) Diese berühmte Orgel mit dem Status eines nationalen Kulturschatzes wurde zwischen 1816 und 1824 für die St. Joseph Parish Church von Las Piñas am Südrand des Großraums Manila gebaut. Da das Geld damals knapp war, ließ der spanische Priester Padre Diego Cera die Orgelpfeifen nicht aus teurem Metall, sondern aus Bambus herstellen. Nur die horizontalen Pfeifen sind aus Metall. Zur Tour durch die Kirche gehören ein kurzes Orgelkonzert und der Eintritt in ein kleines Museum.

Museo ng Sining MUSEUM
(Kunstmuseum; Karte S. 76; GSIS Bldg., CCP-Komplex, Pasay; ⏲Di–Sa 8.30–16.30 Uhr) GRATIS Eine weitere Galerie im CCCP-Komplex mit Klasse: Sie zeigt eine große Sammlung zeitgenössischer und klassischer philippinischer Kunst.

Coconut Palace BEMERKENSWERTES GEBÄUDE
(Karte S. 76; ☎ext 3425 02-479 3500; Pedro Bukaneg St. CCP Complex) GRATIS Der Coconut Palace ist eines von Imelda Marcos' Luftschlössern. Er entstand in den 1970er-Jahren und trägt seine Bezeichnung wegen der üppigen Verwendung von Kokospalmen als Baumaterial. Er dient heute vorwiegend offiziellen Anlässen und wird vom Government Service Insurance System (GSIS; www.gsis.gov.ph) verwaltet. Wer Lust hat, das Prachtstück zu besichtigen, wendet sich ein paar Tage vorher an Danny Martinez vom GSIS; die Tour ist kostenlos.

Von all den durchgeknallten Projekten von Imelda Marcos war der Coconut

Palace vielleicht das verrückteste – und das will einiges heißen. Auf die Nachricht hin, dass Papst Johannes Paul II. plane, seine Schäfchen auf den Philippinen zu besuchen, ordnete Imelda die Errichtung eines prächtigen Palasts an. Scharen von Handwerkern leisteten Überstunden, um das Projekt rechtzeitig vor der Anreise des Papstes fertigzustellen. Als Imelda schon die Tür aufreißen wollte, um den Heiligen Vater zu empfangen, erhielt sie eine Abfuhr: Der Pontifex tadelte, dass die 37 Mio. US$, die der Bau verschlungen hatte, besser für etwas Sinnvolles, z. B. sauberes Wasser für die Menschen, ausgegeben worden wären, und reiste lieber woandershin.

Poblacion, Makati & The Fort (BGC)

In den Hochhäusern von Makati sitzen die wichtigsten Firmen des Landes und die meisten der großen Hotels. Das heutige Zentrum Makatis war in den 1930er- und 1940er-Jahren Manilas Flughafen: Die Ayala Avenue und die Makati Avenue waren die Start- und Landebahnen, im damaligen Terminal befindet sich heute das Restaurant Blackbird (S. 90).

Das glitzernde Fort (BGC) ähnelt einem Mini-Singapur: breite Bürgersteige, geplante Straßen und eine rigoros durchgreifende Polizei. Es liegt zwar eigentlich schon in Taguig, ist aber tatsächlich eine Erweiterung von Makati. Bevor es seit den 1990er-Jahren verkauft und ausgebaut wurde, gehörte es zum nahen Fort Bonifacio (daher der Name „Fort").

★ Ayala Museum MUSEUM

(Karte S. 66; www.ayalamuseum.org; Greenbelt 4, Ayala Centre, Makati; Erw./Student 425/300 P; ⏲Di–So 9–18 Uhr) Das Museum mit der gläsernen Fassade zeigt auf vier Stockwerken erstklassig kuratierte Ausstellungen zur philippinischen Kunst, Kultur und Geschichte. Das Herzstück der Sammlung bilden 60 Dioramen, die knapp, aber effektiv die Geschichte des Landes umreißen – bei Kids sind sie sehr beliebt. Im 3. OG wird eine großartige Sammlung indigener Stoffe gezeigt; außerdem exquisiter Goldschmuck und andere Objekte aus der vorkolonialen Zeit. Im Mittelpunkt der Wechselausstellungen stehen meist philippinische Meister wie Luna oder Amorsolo.

Die Führungen (500 P), die man rechtzeitig vorab buchen sollte, sind sehr zu empfehlen. Im 5. OG befindet sich die hervorragende **Filipino Heritage Library** (Karte S. 66; 5 OG, 100 P; ⏲Di–Sa 9–18 Uhr; Eintritt frei).

★ Manila American Cemetery FRIEDHOF

(Karte S. 79; Old Lawton Dr., BGC; ⏲9–17 Uhr) Ein ergreifender, friedlicher Ort: Die weitläufige Kriegsgräberanlage auf einem mit Rasen bepflanzten, schönen Gelände ist die letzte Ruhestätte von 17 206 Soldaten, die im Zweiten Weltkrieg fielen. Neben den Hunderten, perfekt aufgereihten, weißen Kreuzen gibt es auch mehrere Freiluftgalerien mit Wandmalereien und Beschreibungen der entscheidenden Schlachten.

Yuchengco Museum GALERIE

(Karte S. 66; www.yuchengcomuseum.org; Tower 2, RCBC Plaza, 6819 Ayala Ave., Makati; Erw./Student/Kind 100/50 P; ⏲Mo–Sa 10–18 Uhr) Diese fantastische Kunst- und Design-Galerie, die ihren Sitz recht unpassend zwischen den Firmenzentralen in Makati hat, wurde von dem prominenten Geschäftsmann und früheren UNO-Diplomaten Alfonso Yuchengco begründet. Auf drei Stockwerken zeigt diese Institution Gemälde philippinischer Meister und Ausstellungen zeitgenössischer Kunst.

Karrivin Plaza GALERIE

(Karte S. 54; 2316 Chino Roces Ave. Ext., Makati) Die belebte Don Chino Roces Avenue (Pasong Tamo) hat sich zu einem angesagten Kunstzentrum mit hippen Galerien, Möbelgeschäften und Designstudios als Aushängeschildern entwickelt. Unter anderem finden sich hier Filialen von 1335 Mabini (S. 64), der **Drawing Room** (drawingroomgallery.com) und **Art Informal** (www.artinformal.com). Die meisten Geschäfte sind sonntags geschlossen.

Quezon City & Umgebung

★ Marikina Shoe Museum MUSEUM

(JP Rizal St., Marikina City; 50 P; ⏲8–12 & 13–17 Uhr, in den Ferien geschlossen) Wer sich für die Exzesse von Imelda Marcos interessiert, muss das Schuhmuseum unbedingt besuchen. Hier sind zwar auch Schuhe von diversen philippinischen Berühmtheiten zu sehen, aber eigentlich kommen die Leute wegen Imeldas Schuhen – rund 800 Paar sind hier in Glasvitrinen ausgestellt.

Das sind übrigens nur rund 25% des Schuhschatzes, den die exzentrische ehemalige First Lady bei der Flucht im Malacañang-Palast zurückließ.

Art In Island MUSEUM
(Karte S. 80; ☎ 02-421 1356; 175 15th Ave., Cubao, Quezon City; Erw./Student 500/400 P; ⌚ Di–So 9.30–21.30 Uhr) In diesem Kunstmuseum wird der Besucher aktiv einbezogen. Es zeigt dreidimensionale Wandbilder und Malereien, bei der die Kameralinse total ausgetrickt wird. Im richtigen Blickwinkel sieht man sich im Innern einer Schneekugel, steht auf dem Kopf oder ziert das Titelblatt des *Time*-Magazins.

Quezon Memorial Circle PARK
(Karte S. 80; Elliptical Rd.) Dieser ausgedehnte Park ist das Herz und die Seele von Quezon City. Er liegt in der Mitte eines Kreisverkehrs, in dem sich sieben große Alleen treffen. Der Kreisel bietet jede Menge Lokalkolorit: Spielplätze, Fahrgeschäfte, Restaurants, Bazare und Pärchen, die in den Nischen knutschen. Im Zentrum erhebt sich der 36 m hohe **Quezon Memorial Shrine** (Karte S. 80; ⌚ Museum Di–So 8–16 Uhr) GRATIS im Art-déco-Stil; drei Engel bekrönen das Mausoleum des früheren Präsidenten Manuel Quezon.

Ninoy Aquino Parks & Wildlife Center ZOO
(Karte S. 80; Elliptical Rd., Quezon City; 100 P; ⌚ 8–17 Uhr) Dieser Naturschutzpark betreibt einen kleinen Zoo, in dem verletzte Wildtiere wieder aufgepäppelt werden (geöffnet Dienstag bis Sonntag 9–16 Uhr). Ein paar Patienten, die als Dauergäste geblieben sind, können besucht werden, darunter Tiger, Affen, Pythons, verschiedene Adler und andere Vögel.

University of the Philippines Diliman UNIVERSITÄT
(UP Diliman; Karte S. 54; http://upd.edu.ph; Quezon City) Wer einen halben Tag übrig hat, sollte einen Ausflug auf den hübschen, grünen Campus der University of the Philippines Diliman machen. Man fühlt sich wie auf einem amerikanischen Uni-Campus, dessen über 22 000 Studenten zum aktiven Nachtleben von QC beitragen. Der Campus ist ideal zum Spazierengehen, Biken oder Joggen, und an den meisten Nachmittagen finden auf dem zentralen Sportplatz („Sunken Garden") spontane Football- oder ultimative Frisbeespiele statt. Außerdem gibt es mit dem **Vargas Museum** (Karte S. 54; ☎ 02-928 1927; www.vargasmuseum.wordpress.com; Roxas Ave.; 30 P; ⌚ Di–Sa 9–17 Uhr) ein annehmbares Kunstmuseum.

ABSTECHER

PINTO ART MUSEUM

Dieses fantastische **Museum** (☎ 02-697 1015; pintoartmuseum@yahoo.com; 1 Sierra Madre St., San Roque, Antipolo; Erw./Student 200/100 P; ⌚ Di–So 9–18 Uhr) in Antipolo, in den Hügeln östlich von Groß-Manila, stellt einige der besten zeitgenössischen Künstler der Philippinen aus. Es besteht aus sechs eindrucksvollen Galerien sowie Kunstinstallationen im Freien, und im Flügel für indigene Kunst kann man sich ein authentisches Kalinga-Nord-Luzon-Tattoo stechen lassen. Von den als toller Landschaftsgarten gestalteten Außenanlagen bietet sich ein Blick auf den Smog von Manila – eine willkommene Auszeit von der verrückten Stadt.

Die einfache Taxifahrt ab Makati (50 Min.) kostet etwa 450 P. Eine Alternative wären ein Jeepney oder öffentlicher Van Richtung Antipolo oder Tanay – sie starten vor der SM Megamall in Ortigas. Am Ynares Center aussteigen und zu Fuß gehen oder für den 1 km langen Weg zum Museum ein Tricycle nehmen.

Aktivitäten

Die Pools der Fünf-Sterne-Hotels sind perfekt, um nachmittags zu relaxen, kosten aber für Nicht-Hotelgäste 1000 P und mehr. Das Makati Shangri-La (S. 82) wäre eine gute Wahl; das New World Manila Bay (S. 77) hat ein größeres Schwimmbecken.

Club Intramuros Golf Course GOLF
(Karte S. 58; ☎ 02-526 1291; Bonifacio Dr., Intramuros; Gebühr inkl. Golfschläger & Caddy 2500 P) Gleich außerhalb von Intramuros kann man auf dem Gelände des früheren Wassergrabens um die Stadt tagsüber und nachts auf dem idyllischen Platz (18 Löcher, Par 66) des Club Intramuros golfen. Caddys kosten 300 P, die schattenspendenden Dienste eines „Umbrella Girl" 350 P.

Prestige Cruises SCHIFFSTOUR
(Karte S. 76; ☎ 02-832 8200; www.manilabaycruise.com; Esplanade Seaside Terminal, Seaside

Blvd., Pasay; ohne/mit Dinner am Büfett 350/750 P) Die Schiffe für die abendlichen Rundfahrten in der Manila Bay legen um 18 und 20 Uhr ab.

Spas

★ I'm Onsen Spa SPA

(Karte S. 65; ☎02-755 7877; www.imonsenspa.com; I'm Hotel, Makati Ave., Poblacion, Makati; Massage (1 Std.) 1500–1800 P; ⏲So–Do 10–0, Sa & So bis 2 Uhr) Das hochgelobte Spa im neu eröffneten I'm Hotel (S. 83) ist jeden Peso wert. Es erstreckt sich über sechs Etagen und bietet jede erdenkliche Behandlung in Räumen aller möglichen Typen.

Neo Day Spa MASSAGE

(Karte S. 79; ☎02-815 8233; www.neo.net; Ecke 26th St. & 3rd Ave., BGC; Massage (1 Std.) 1200 P; ⏲13–22 Uhr) Er ist teurer als andere Massagesalons in Manlila, aber definitiv seinen Preis wert.

The Spa MASSAGE

(Karte S. 66; ☎02-840 1325; www.thespa.com.ph; Greenbelt 1 Mall, Makati; Massagen (1 Std.) ab 1020 P; ⏲12–22 Uhr) Es handelt sich um ein makellos ausgestattetes Spa mit angenehmer Atmosphäre. Es gehört zu einer Kette mit etwa einem halben Dutzend Filialen; eine davon in der Bonifacio High Street in The Fort zu finden.

Piandré SPA

(Karte S. 66; ☎02-817 8770; www.piandre.com; Tordesillas St. Ecke Toledo St., Salcedo Village; ⏲Mo–Sa 7–21, So 9–17 Uhr) Professionalles Waxing (wirklich) und Haarschnitt mit Filialen in The Fort und Greenbelt 1.

MANILA MIT KINDERN

Mit ein oder zwei Kindern im Schlepptau nach Manila zu reisen, ist kein Problem. Viele Helikopter-Eltern wären erstaunt, wie viele kinderfreundliche Aktivitäten und Attraktionen die Stadt zu bieten hat. Viele Ideen finden sich auf der Website von **Manila for Kids** (www.manilaforkids.com).

Mind Museum (Karte S. 79; ☎02-909 6463; www.themindmuseum.org; 3rd Ave., BGC; Erw./Student 3-stündige Veranstaltung 625/475 P, Tagespass 750 P; ⏲Di–So Veranstaltungen ⏲9–12, 12–15 & 15–18 Uhr) Dem Technikmuseum von Weltklasse gelingt es, Bildung mit Spaß zu verbinden. Zu den vielen coolen, interaktiven Attraktionen zählen ein Planetarium, eine Druckerpresse, verschiedene Denk- und Quizspiele, Umwelt-Displays, das Modell eines Raumschiffs, Dinosaurier und ein Blick ins Universum.

Mall of Asia (S. 99) Mehrere Attraktionen, unter anderem ein IMAX-Kino. Bei Sonnenuntergang ist die Stimmung besonders schön, mit Fahrgeschäften wie dem **MOA Eye** (Karte S. 76; 150 P; ⏲Mo–Fr 15–24, Sa & So 10–24 Uhr), ein Riesenrad mit großartigem Blick über die Bucht von Manila. Im **Exploreum** (Karte S. 76; www.exploreum.ph; Eintritt 250 P, Shows unter der Theaterkuppel 100–150 P; ⏲10–22 Uhr) kann man der Hitze entfliehen. Das lehrreiche Wissensmuseum erklärt Phänomene auf unterhaltsame Weise, es gibt Videolernspiele und Dutzende von interaktiven Ausstellungen. Im modernen Planetarium blickt man auf bequemen Liegesitzen ins All.

Art In Island (S. 69) Kinder und Erwachsene erfreuen sich gleichermaßen an den optischen Täuschungen.

Star City (Karte S. 76; ☎02-832 3249; www.starcity.com.ph; CCP-Komplex, Roxas Blvd., Pasay; Flatrate für alle Fahrgeschäfte 450 P; ⏲Mo–Do 16–24, Fr–So 14–24 Uhr) Ein erstaunlich ansprechender Vergnügungpark im Herzen des CCP-Komplexes, der allerdings an Wochenenden oft voll ist. Zu den aufregenden Fahrgeschäften gehört als Wahrzeichen, die Achterbahn Star Flyer – die meisten Fahrten dauern allerdings höchstens eine Minute.

Repertory Philippines (Karte S. 66; ☎02-843 3570; www.repertoryphilippines.ph; OnStage Theatre, 1 OG, Greenbelt 1, Makati; Tickets ab 450 P) Angesehene Theatergruppe, die kinderfreundliche Stücke wie *Pinocchio* und das Musical *Seussical* spielt.

Museo Pambata (Karte S. 72; ☎02-523 1797; www.museopambata.org; Roxas Blvd., Ermita; 250 P; ⏲Di–Sa 8–12 & 13–17, So 13–17 Uhr) Das charmante Museum macht Spaß. Die interaktiven Exponate widmen sich auf kindgerechte Art so verschiedenen Themen wie der Umwelt, dem menschlichen Körper oder dem alten Manila.

Geführte Touren

Es gibt einige wirklich ausgezeichnete geführte Touren durch Manila – immer noch die beste Option für Reisende, die das Feeling der Stadt erleben möchten, aber nur wenig Zeit haben. Das Red Carabao Hostel (S. 77) bietet ein Drei-Tage-Paket an, um die Kultur der Stadt kennenzulernen. Von den Tagestouren für Nicht-Gäste ist besonders die Tour zum Nordfriedhof empfehlenswert.

★ Walk This Way TOUR

(Karte S. 58; ☎0920 909 2021; https://carloscel dranwalks.wordpress.com; Erw./Student 1350/650 P) Er ist so etwas wie eine Berühmtheit in Manila: Carlos Celdran bietet als Stadtspaziergang eine komisch-exzentrische One-Man-Show zur philippinischen Geschichte und zum philippinischen Alltagsleben, die für Leute mit offener Einstellung und Sinn für Humor sehr zu empfehlen ist. Seine Zentrale befindet sich in Intramuros in La Monja Loca, einer Art Souvenirladen, gegenüber der San Agustin Church. Carlos ist Mitbegründer einer Initiative (VivaManila, (S. 74), die Downtown Manila neu beleben möchte.

Old Manila Walks SPAZIERGANG

(☎02-711 3823, 0918 962 6452; www.oldmanila walks.com; Touren 1000–1400 P) Führer Ivan Man Dy kennt Manila und dessen Geschichte und Kultur wie seine Westentasche. Er versteht sich darauf, die oft übersehenen Geheimnisse der Stadt aufzuspüren. Am bekanntesten ist er für seine kulinarischen Stadtspaziergänge (1200 P, 3½ Std.), bei denen man so viel essen kann, wie man will, sowie für Führungen über den Chinese Cemetery (650 P, 2 Std.).

Smokey Tours TOUR

(☎0917 578 5398, 02-622 1325; www.smokey tours.com; pro Person 950–1200 P) Smokeys Spezialität sind Touren durch die Slums im Barrio Tondo, dem ärmsten Viertel von Manila – sehr lehrreich, erfahrungsorientiert und interaktiv. Dabei geht es ihm nicht um Voyeurismus, seine Führer gehören den unterprivilegierten Schichten an und der Gewinn komm einer NGO zugute, die gegen das Elend kämpft und Förderprogramme für Slums auflegt. Inzwischen werden auch Touren zum Nordfriedhof (S. 64) und einfache Marktführungen und Radtouren angeboten.

WO IN MANILA ÜBERNACHTEN?

Angesichts der Größe dieser Megacity fällt die Wahl des richtigen Hotels schwer, vor allem, wenn man zum ersten Mal hierherkommt. Entscheidend ist, sich zunächst einmal für ein bestimmtes Stadtviertel und erst danach für ein Hotel zu entscheiden. Hier eine schnelle Übersicht über die wichtigsten Gebiete mit Unterkünften:

STADTVIERTEL	PRO	KONTRA
Downtown (Intramuros)	Ruhige, nachbarschaftliche Atmosphäre; nahe der meisten Sehenswürdigkeiten	Wenige Restaurants; kein Nachtleben
Downtown (Malate & Ermita)	Traditionelles Touristenviertel; in der Nähe der meisten Sehenswürdigkeiten; „authentisches" Manila; beste Budgetunterkünfte	Bettler und Abzocker; ärmliche Straßen; durchschnittliche Restaurants; anderswo interessanteres Nachtleben
Makati & The Fort (BGC)	Spitzenrestaurants; tolles Nachtleben; saubere Straßen; moderne Hostels und Hotels	Teuer; keine Atmosphäre und „übersaniert"
Pasay & Parañaque	In der Nähe des Flughafens, des Kunstviertels und der Pasay Bus Terminals	Nahe der stark befahrenen Epifanio de los Santos Avenue; laut; verrufen; keine Restaurants
Quezon City	Weniger touristisch, mehr auf Einheimische ausgerichtet; gute Restaurants und Bars; nahe der Cubao Bus Terminals	Weit weg von allem – außer den Cubao Bus Terminals

Ermita & Malate

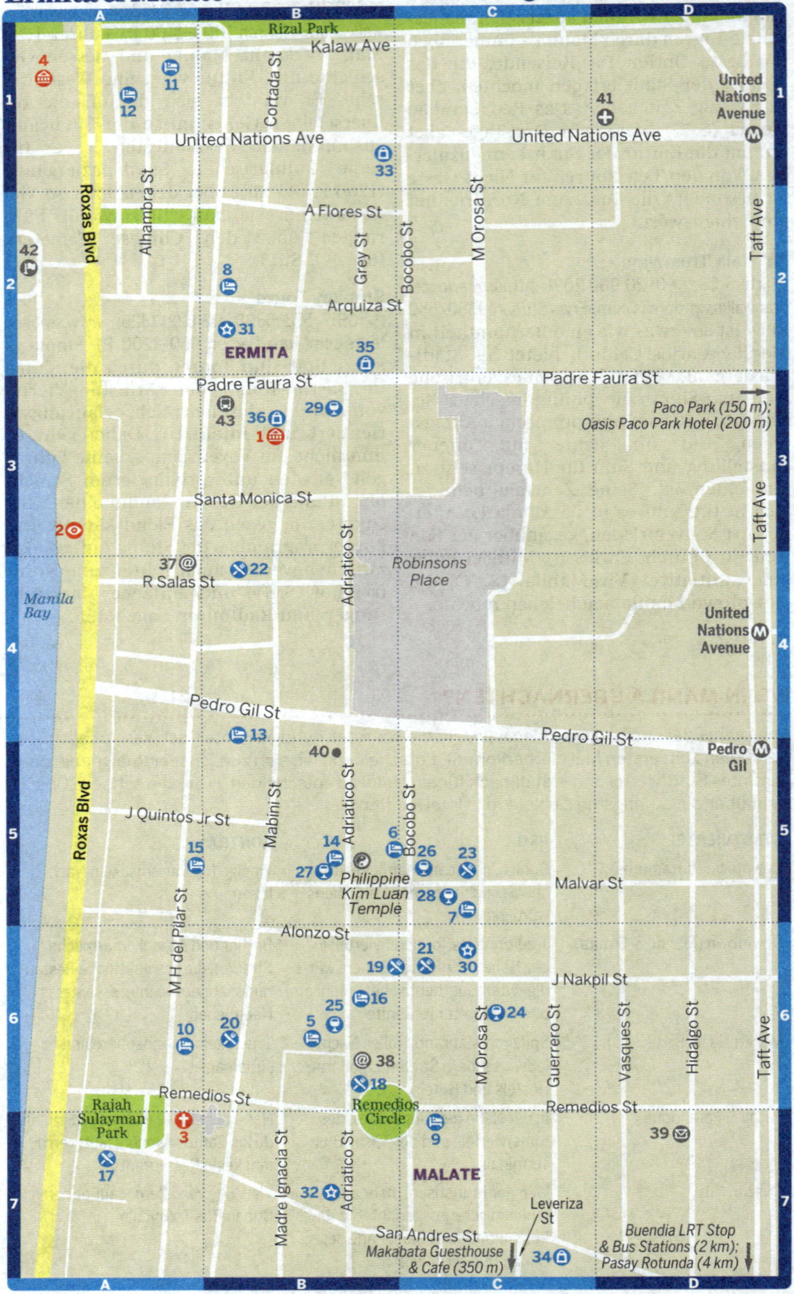

Ermita & Malate

Sehenswertes
1 1335Mabini B3
2 Baywalk A3
3 Malate Church A7
4 Museo Pambata A1

Schlafen
5 1775 Adriatico Suites B6
6 Amélie Hotel B5
7 Bahay Kubo Hostel C5
8 Best Western Hotel La Corona B2
9 Chill-Out Guesthouse C7
10 Hop Inn Hotel Ermita A6
11 Luneta Hotel A1
12 Miramar Hotel A1
13 New World Manila Bay B4
14 Pan Pacific Hotel B5
15 Pension Natividad A5
16 Wanderers Guest House B6

Essen
17 Aristocrat A7
18 Cafe Adriatico B6
19 Casa Armas B6
20 Matoi B6
21 Purple Yam C6
22 Shawarma Snack Center B4
23 Zing Cafe C5

Ausgehen & Nachtleben
24 Che'lu C6
25 Erra's Vest Ramen in Town B6
26 Oarhouse C5
27 Pacific Lounge B5
28 Shipyard in Malate C5
29 Tap Station B3

Unterhaltung
30 FAB/The Library C6
31 Hobbit House B2
32 Minokaua B7

Shoppen
33 Hiraya Gallery B1
Maria Closa .... (siehe 1)
34 San Andres Public Market C7
35 Solidaridad Bookshop B2
36 Tesoro's B3

Praktisches
37 Busy Bee Internet Cafe A4
38 Coreon Gate B6
39 Ermita Post Office D7
40 Filipino Travel Center B5
41 Manila Doctors Hospital D1
42 US Embassy A2

Transport
Bicol Isarog Ermita .... (siehe 43)
43 Cagsawa Ermita B3

Bambike RADTOUR
(Karte S. 58; ☎02-525 8289; www.bambike.com; Plaza Luis Complex, General Luna St., Intramuros; 1/2½-stündige Touren 600/1200 P; ⊙10 & 15 Uhr) Bambike veranstaltet geführte Radtouren durch Intramuros auf handgefertigten Rädern mit Bambusrahmen. Durch die ruhigen Gassen der ummauerten Stadt zu radeln ist eine tolle Möglichkeit, das ausgedehnte Intramuros kennenzulernen; an allen wichtigen Attraktionen und einigen weniger bekannten wird haltgemacht. Eintrittsgebühren, Schutzhelm und Wasser sind im Preis inbegriffen.

Beyond Outdoor Adventures RADTOUR
(☎0917 838 1624; www.beyondoutdooradventures.com) Der Anbieter veranstaltet großartige Mountainbike-Touren außerhalb von Manila, als Tages- oder mehrtägige Touren. Die Ausrüstung gehört zum Besten, was der Markt zu bieten hat. Als Destinationen sind der Daraitan-Fluss in der Sierra Madres (Rizal Province) und der Wawa-Damm in Antipolo im Angebot. Dazu kommen Trips auf einige Berge in der näheren und weiteren Umgebung von Manila.

Feste & Events

Black Nazarene Procession RELIGION
(⊙9. Jan. & Karwoche) Der Schwarze Nazarener, die lebensgroße, hochverehrte Christusstatue aus der Quiapo Church (S. 64), wird am 9. Januar und in der Karwoche mit Prozessionen durch die Straßen getragen. Tausende Gläubige kommen, um das angeblich wundertätige Bild auf ihren Schultern durch die Straßen der Stadt zu tragen.

Fête de la Musique MUSIK
(⊙Mitte Juni) Die Alliance Française veranstaltet dieses Musikfestival jedes Jahr an einem Samstag Mitte Juni in Makati. Auf zwei Hauptbühnen und über 30 Nebenbühnen, die einem Musikstil gewidmet sind (u.a. Reggae, Blues, Punk), organisieren die besten Bars von Poblacion und andere die Auftritte – ein Leckerbissen für Musikfans.

Fringe Manila KUNST
(www.fringemanila.com; ⊙Feb.) Das Kunstfestival, bei dem örtliche Künstler und Darsteller ihre Werke zwei bis drei Wochen

INSIDERWISSEN

VIVAMANILA

Die gemeinnützige **VivaManila** (Karte S. 62; www.vivamanila.org; Room 500, First United Bldg., Escolta St., Binondo) ist eine Kunst-und-Kultur-Organisation, die mit großem Einsatz von Anwohnern betrieben wird. Sie wollen Manila über Hipster-Initiativen, Gemeinschaftsarbeit und Kunst im Glanz der Vorkriegszeit wiederauferstehen lassen. Dazu organisieren sie etwa einmal im Monat Kulturveranstaltungen am Wochenende, beispielsweise tolle Mini-Festivals mit Musik und Kunst, die in grüner Umgebung auf dem Gelände von **Baluarte de San Diego** (Karte S. 58; Intramuros; 75 P) stattfinden.

VivaManila organisiert auch das einzigartige Festival **Manila Transitio** zur Erinnerung an den Zweiten Weltkrieg und **Open City,** ein zweiwöchiges Kunst-Event nach dem Vorbild der Biennale von Venedig in den Straßen von Intramuros (im Februar).

Außerdem bieten sie Spaziergänge, Straßenfeste und städtische Design-Festivals in Zusammenarbeit von Kunst-&-Design-Gruppen wie **98B COLLaboratory** (www.98-b.org) an. Auf ihrer Website und auf Facebook gibt's viele Infos zu Musikfestivals, Straßenpartys, Arthouse-Kinopremieren und Galerieeröffnungen in der Altstadt von Manila.

lang in den wichtigen Galerien und Theatern überall in Manila zeigen, findet jährlich im Februar statt.

Bamboo Organ Festival MUSIK
(http://bambooorgan.org; ⏲Ende Feb.) An diesem Festival, das Ende Februar in Manila stattfindet, nehmen Musiker aus der ganzen Welt teil, welche die Gelegenheit nutzen möchten, auf der berühmten Bambusorgel (S. 67) in Las Piñas zu spielen.

Schlafen

Wie bei einer Megalopolis von 13 Mio. Einwohnern nicht anders zu erwarten, ist das Angebot an Unterkünften in Manila nahezu unbegrenzt. Die Fünf-Sterne-Hotels sind wirklich luxuriös.

Dank der gesunden Konkurrenz unter den Betreibern lassen sich hier häufig gute „Promo-Angebote" (also Preisnachlässe) aushandeln, die vor allem an Wochenenden die unten angegebenen Preise um einiges unterbieten.

Intramuros & Umgebung

White Knight Hotel Intramuros HOTEL €€
(Karte S. 58; ☎02-526 6539; www.whiteknighthotel-intramuros.com; General Luna St., Intramuros; Zi. 2000–3200 P; ❄@📶) Das Hotel residiert in einem historischen, restaurierten Gebäude aus dem 19. Jh., das zum Casa-Manila-Komplex (S. 59) gehört, und ist eine gute Wahl für all jene, die die Ruhe in der ummauerten Stadt vorziehen. Das Hotel bietet viel Charakter, auch wenn die Blumendekoration doch ein wenig übertrieben wirkt.

★ **Manila Hotel** HOTEL €€€
(Karte S. 58; ☎02-527 0011; www.manila-hotel.com.ph; 1 Rizal Park; Zi. ab 9000 P; ❄@📶🏊) Dies ist eines der prächtigen, hochherrschaftlichen Hotels Asiens, in denen schon zahlreiche historische Größen, von General MacArthur bis zu den Beatles und John F. Kennedy abgestiegen sind. Es ist schon über 100 Jahre alt, hat aber gut mit der Zeit Schritt gehalten: Elegante philippinische Details wie Trennwände aus Capiz-Muscheln oder Betten mit dekorativen Kopfstücken sind hinzugekommen. Die Zimmer bieten allen modernen Komfort bis hin zu Flachbildfernsehern über der Badewanne.

Bayleaf HOTEL €€€
(Karte S. 58; ☎02-318 5000; www.thebayleaf.com.ph; Ecke Muralla & Victoria Sts., Intramuros; Zi. Mit Frühstück 5100–6100 P, Suite 8700 P; ❄@📶) Während ein Boutiquehotel nicht zu den alten Mauern von Intramuros passen würde, ist das Bayleaf zu Recht beliebt. Die Zimmer sind in lebendigen Farben gestrichen und postmodern eingerichtet – mit Regenduschen. Es hat ein gut besuchtes Restaurant und die Sky Deck Bar auf dem Dach (S. 93). Die besten Preise gibt's bei Online-Buchungen.

Ermita & Malate

★ **Makabata Guesthouse & Cafe** PENSION €
(Karte S. 54; ☎02-254 0212; www.makabata.org; 2218 Leveriza St., Malate; B mit Frühstück 495–720 P, EZ 1050 P, DZ 1400–1800 P; ❄) Dieses Trainings-Hotel, 700 m südlich des Remedios Circle, bietet Jugendlichen aus

schwierigen Verhältnissen die Chance, ins Hotelgeschäft einzusteigen. Es hat aber mehr zu bieten als ein gutes Gewissen: Die Zimmer sind nach dem Prinzip Tradition-trifft-Moderne eingerichtet – Fenster aus Capiz-Muscheln kontrastieren mit modernen Waschbecken und Plasma-TV. Die meisten Zimmer haben Balkone mit Aussicht auf das bunte Treiben des Viertels. Im Café gibt's Kleinigkeiten zu essen.

Bahay Kubo Hostel HOSTEL €
(Karte S. 72; ☎02-243 7537; 1717 M Orosa St., Malate; B 400–500 P, DZ 1500–3600 P; ❄📶) Hilfreiche Besitzer und gemütliche, wenn auch viel besuchte Gemeinschaftsräume kennzeichnen diese beliebte Schlafstätte. Der untere Gemeinschaftraum, der sich zur Straße öffnet, sorgt für gute Kontakte, der obere ist ideal zum Chillen. Die meisten der sechs Schlafräume (6–14 Betten) sind geräumig, haben Klimaanlage und große, hölzerne Schließfächer.

Chill-Out Guesthouse HOSTEL €
(Karte S. 72; ☎02-218 7227; chilloutmanila63@gmail.com; 612 Remedios St., Malate; B 350, Zi. mit Ventilator 650–850 P, Zi. mit Klimaanlage 1200–1450 P; ❄@📶) 350 P für Schlafräume mit Klimaanlage? Klingt gut; außerdem sind sie bequem, wenn auch eng. Was dieses von Franzosen geführte Hostel jedoch besonders auszeichnet, sind die Privatzimmer mit Klimaalange – bequem und hübsch möbliert mit Sofas, Nachttischen und Kunst an den Wänden. In den Gemeinschaftsräumen kann man abhängen, kochen und essen.

Wanderers Guest House HOSTEL €
(Karte S. 72; ☎02-525 1534; www.wandererguesthouse.com; 1750 Adriatico St., Malate; B mit Ventilator/Klimaanlage 350/400 P, EZ/DZ ab 690/790 P, 3BZ 1350–1800 P; ❄@📶) Das Wanderers im Zentrum von Malate weiß genau, was Backpacker wollen, und bedient sie bestens mit einem Mix aus sauberen Schlafsälen und Privatzimmern (einige mit Balkon), sehr guten Reiseinfos und Kochgelegenheiten. Das Highlight ist die schäbige Dachterrasse, eine Mischung aus Bar, Restaurant und Lounge, wo man prima bei preiswerten alkoholischen Getränken mit anderen Travellern ins Gespräch kommen kann.

Pension Natividad PENSION €
(Karte S. 72; ☎02-521 0524; www.pensionnatividad.com; 1690 MH del Pilar St., Malate; B 400 P, DZ ohne/mit Bad 1000/1100 P, DZ mit Kimaanlage 1500 P; ❄📶) Die ruhige, alteingesessene Budgetpension in einem schönen Art-déco-Gebäude ist bei Familien und den Freiwilligen des US-amerikanischen Friedenscorps beliebt. Wer richtig auf die Pauke hauen will, wohnt besser anderswo. Die Unisex-Schlafräume haben Klimaanlage.

★ **Amélie Hotel** BOUTIQUEHOTEL €€
(Karte S. 72; ☎02-875 7888; www.ameliehotelmanila.com; 1667 Bocobo St., Malate; Zi. mit Frühstück 3900–5100 P; ❄@📶🏊) Das Amélie ist ein Motivationsschub für die Auferstehung von Malate, und sein Minimalismus in grauem Stein steht in schreiendem Gegensatz zur schwitzenden, dampfenden Metropole. Die Möbel im Art-déco-Stil sehen in den riesigen, rechteckigen Räumen etwas verloren aus. Zur Happy Hour im Pool auf dem Dach untertauchen und sich Drinks von der Lobby-Bar zehn Stockwerke tiefer kommen lassen.

Luneta Hotel BOUTIQUEHOTEL €€
(Karte S. 72; ☎02-875 8921; www.lunetahotel.com; 414 Kalaw Ave., Ermita; Zi. 2900–4900 P, Suite 6500 P; ❄📶) Das Luneta Hotel im Stil der französischen Renaissance ist symptomatisch für Manilas Versuch, an den Glamour der Vorkriegszeit anzuknüpfen. Das 1918 eröffnete Hotel hat den Zweiten Weltkrieg überstanden, danach ging es bergab. Das restaurierte und 2014 wiedereröffnete, elegante Hotel im denkmalgeschützen Gebäude bietet eine Reihe hochwertiger Zimmer mit dem Charme der Alten Welt. Die Spitzenzimmer haben Eisenbalkone mit Blick auf den Rizal Park.

1775 Adriatico Suites HOTEL €€
(Karte S. 72; ☎02-524 5402; www.adriaticosuites.com; 1775 Adriatico St., Malate; DZ/3BZ mit Frühstück ab 2200/2500 P, Apt. ab 5000 P; ❄📶🏊) Wer ein ruhiges, zentral gelegenes Mittelklassehotel sucht, ist mit den Adriatico Suites in einer Seitenstraße nahe dem Remedios Circle bestens bedient. Der brandneue Flügel bietet todschicke Doppelzimmer mit attraktiven Betten, gemütlichen Matratzen, Tischen und Smart-TVs (Netflix-fähig). Der hübsche Pool und Whirlpools sind angenehme Sahnehäubchen. Der ältere Flügel enthält vorwiegend Appartements.

Best Western Hotel La Corona HOTEL €€
(Karte S. 72; ☎02-524 2631; www.bestwesternhotelmanila.com; 1166 M H del Pilar St., Ermita; DZ/Suite mit Frühstück ab 3000/4300 P) Alles

Pasay

in diesem Hotel steht im krassen Gegensatz zu den chaotischen Straßen davor. Die Zimmer haben jeden modernen Komfort in der Art von Boutiquehotels: Ziegelsteinmuster, große Spiegel und Betten mit geschwungenen Kopfenden. Gegen 500 P Aufpreis ist ein deutliches Upgrade an Komfort drin. Einziger Nachteil des Hauses ist die üppige Stoffdeko, aber dank großer Nachlässe bei Online-Buchung sehr empfehlenswert.

Oasis Paco Park HOTEL €€

(Karte S. 54; ☎02-521 2371; www.oasispark.com; 1032-34 Belen St., Paco; DZ 2000–3000 P; ❄@📶🏊) Man kommt hauptsächlich hierher, weil das Hotel relativ ruhig und isoliert liegt und zu den wenigen Mittelklassehotels in Manila gehört, die über einen ordentlichen Pool verfügen – der pefekte Ort nach einem glühend heißen Tag im nahen Intramuros. Die Zimmer sind im typischen Motelstil eingerichtet, gegen Aufpreis auch Zimmer mit Fenster. Im Haus gibt es ein köstliches italienisches My-Kitchen-Restaurant.

Hop Inn Hotel Ermita HOTEL €€

(Karte S. 72; ☎02-528 3988; www.hopinnhotel.com; 1850 MH del Pilar St., Malate; Zi. mit/ohne Ausblick 1900/2150 P; ❄📶) Das große Hotel (170 Zimmer) ist angenehm, ohne Schickimicki, und der freundliche Service passt zum Dekor. Die farbenfrohen Zimmer sind etwas kahl, aber glücklicherweise ohne üppigen Stoffdekor; sie haben Flachbild-TV, einen langen Tisch und einen Plastikstuhl. Von den „Zimmern mit Aussicht" sieht man den Sonnenuntergang über der Manila Bay – sie sind aber etwas lauter als die Standardzimmer.

Miramar Hotel HISTORISCHES HOTEL €€

(Karte S. 72; ☎02-523 4484; www.miramarhotel.ph; 1034-36 Roxas Blvd., Ermita; EZ/DZ mit Frühstück ab 2600/2900 P, 12 Std. ab 1800 P;

Pasay

Highlights
1 Metropolitan Museum of Manila B1

Sehenswertes
2 Coconut Palace A2
3 Cultural Center of the Philippines B1
4 Exploreum A4
5 MOA Eye A4
6 Museo ng Sining A2

Aktivitäten, Kurse & Touren
Prestige Cruises .... (siehe 19)
7 Star City B1
Sun Cruises .... (siehe 19)

Schlafen
8 Henry Hotel C3
9 Orchid Garden Suites B1
10 Sofitel Philippine Plaza A2

Essen
11 Dampa Seaside B3
12 Wingman D1

Unterhaltung
B-Side .... (siehe 12)
Cultural Center of the Philippines .... (siehe 3)
13 Mall of Asia Arena A4

Shoppen
14 Collective D1
15 Mall of Asia A4

Transport
16 Air Juan A1
17 BSC San Agustin C4
18 Ceres C2
DLTB Buendia .... (siehe 21)
19 Esplanade Seaside Terminal A3
20 Five Star Bus Lines D4
Genesis Pasay .... (siehe 25)
21 Jac Liner Buendia C2
22 Jam Liner Buendia C2
23 Jeepneys zu den Airport Terminals C4
24 Partas Pasay D4
25 Pasay Rotunda C4
26 Philtranco D4
Shuttlebus zum Airport .... (siehe 25)
27 Victory Liner Pasay D4

❄@📶) Die Zimmer haben bessere Zeiten gesehen und sind etwas düster, aber das Meisterwerk des Art déco aus den 1930er-Jahren hat eindeutig Charme – klassische Fassade, Vintage-Aufzüge und im zentralen Atrium vierstöckige, hängende Ventilatoren. Gegen einen Aufpreis gibt's ein moderneres Zimmer. Die 12-Stunden-Angebote (nur für Standard-Zimmer) sind fantastisch; die besten Angebote gibt's bei Direktbuchung.

★ **New World Manila Bay** HOTEL €€€
(Karte S. 72; ☎02-252 6888; www.newworldhotels.com; 1588 Pedro Gil St., Malate; Zi. ab 7500 P; ❄@📶🏊) Das New World bietet Fünf-Sterne-Komfort zu (meist) niedrigeren Preisen als die Konkurrenz. Wer möchte, kann sich die Haare schneiden lassen, Gourmet-Schokolade kaufen, Roulette spielen, eine Fußmassage genießen oder eine Runde im gigantischen Pool schwimmen (1000 P für Nicht-Gäste), ohne das Gebäude zu verlassen. Die großen, hohen Zimmer könnten aus einem Hochglanzmagazin stammen. Online gibt's Spezialangebote (5000 P) für die Standardzimmer.

Pan Pacific Hotel HOTEL €€€
(Karte S. 72; ☎02-318 0788; www.panpacific.com; Ecke Adriatico & Malvar Sts., Malate; Zi. ab 8500 P; ❄@🏊) Das luxuriöse Fünf-Sterne-Businesshotel ist das einzige in Malate, in dem in Großbritannien ausgebildete Butler arbeiten. Online kann man seine genauen Wünsche für den Aufenthalt festlegen. Bei Standardzimmern hat man z. B. die Wahl zwischen kostenlosem Frühstück, einem kostenlosen Zimmer-Upgrade oder dem kostenlosen Transport vom/zum Flughafen. Einige Zimmer bieten Blick auf die Bucht und Badewannen mit TV. Die Glasaufzüge, die über dem Pool aufsteigen, sind faszinierend.

Santa Cruz

★ **Red Carabao** HOSTEL €
(Karte S. 54; ☎0998 573 3884; www.redcarabaophilippines.com; 2819 Felix Huertas St.; B 450–500 P, Zi. pro Person mit Ventilator/Klimaanlage 650/1050 P; ⏲Sep.–Mai; ❄@📶; 🚉) Das Red Carabao Manila hat sich das Eintauchen in fremde Kulturen auf die Fahnen geschrieben und wagt ein innovatives Konzept zwischen Hostel und Tourveranstalter. Wer mag, kann an einem mehrtägigen „Urban Plunge" teilnehmen: Ein Tag ist den kulturellen Sehenswürdigkeiten von Intramuros und der Altstadt von Manila gewidmet, ein weiterer ist eine Exkursion

in die Umgebung, und ein Tag ist für gemeinnützige Arbeit vorgesehen.

Pasay

★ Pink Manila Hostel HOSTEL €

(Karte S. 54; ☎ 02-484 3145; www.pinkmanilahostel.com; 4. OG, Ecke Bautista & San Pedro Sts.; B Ventilator/Klimaanlage 450/570 P, DZ 1600 P;) Das frisch renovierte Pink Manila sieht besser aus denn je. Es ist ein geselliges Hostel, wo man jeden Nachmittag Kontakte zu Backpackern im Bikini oder nacktem Oberkörper knüpfen kann, die am Pool chillen, trinken oder Gitarre spielen. Die Betten in den hübschen Schlafräumen sind mit Pink-Manila-Laken bezogen; es gibt eine Dachterrasse mit Hängematten und jeden Monat eine rockige Party. Das Hostel liegt gleichermaßen günstig für Malate und Makati.

Orchid Garden Suites HOTEL €€

(Karte S. 76; ☎ 02-516 0888; www.orchidgardensuites.com; 620 Ocampo St.; DZ mit Frühstück ab 3000 P, Suite 4500 P;) Die elegante Option liegt auch praktisch für einen Besuch Malates. Die Lobby und die Bar befinden sich in einer Art-déco-Villa aus den 1930er-Jahren, einem der schönsten architektonischen Wahrzeichen Manilas aus der Vorkriegszeit. Die Zimmer sind in einem Hochhaus aus den 1980er-Jahren, das über der alten Villa erbaut wurde, oder in einem neuen Hinterhaus untergebracht. Den Zimmern fehlt zwar der Charme der Lobby, aber sie sind groß und funktionell.

★ Henry Hotel BOUTIQUEHOTEL €€€

(Karte S. 76; ☎ 02-807 8888; www.thehenryhotel.com; 2680 Harrison St.; Zi./Suite mit Frühstück 6000/10 000 P;) Es gibt nicht genug Superlative, um alle Angebote der beiden Henrys auf den Philippinen zu beschreiben – das verblüffend kreative Original in Cebu und nun dieses: Ein 1948 im Grünen erbautes, chinesisches Anwesen in einer Nebenstraße wurde in eine unwiderstehliche Oase verwandelt. Das Hotel nimmt mehrere Gebäude ein; die Zimmer sind klassisch eingerichtet und bieten jeden nur denkbaren modernen Komfort.

★ Sofitel Philippine Plaza HOTEL €€€

(Karte S. 76; ☎ 02-551 5555; www.sofitelmanila.com; CCP Complex, Atang Dela Rama St.; Zi. mit Frühstück ab 9000 P;) Diese Fünf-Sterne-Oase mit einem weitläufigen Poolbereich direkt an der Bucht von Manila kommt in Manila am ehesten einer Ferienanlage gleich. Das prachtvolle Hotel bildet schon seit mehreren Jahrzehnten den Mittelpunkt des CCP Complex. Weitere Highlights sind der Rasen mit Lounge an der Bucht für die Happy Hour beim Sonnenuntergang und das üppige Brunch-Büfett im Spiral Restaurant.

Makati & Poblacion

Das hippe Poblacion in Makati hat sich zu Manilas Anziehungspunkt für Backpacker entwickelt, die hier zwischen über einem Dutzend Hostels und „Poshtels" und Myriaden von trendigen Bars und Restaurants auswählen können. Das Geschäftszentrum im Umfeld des Ayala-Centers ist Fünf-Sterne-Gebiet – mit ein paar ordentlichen Mittelklassehotels.

★ Our Melting Pot HOSTEL €

(OMP; Karte S. 65; ☎ 0915 105 9459; www.ourmeltingpotmakati.com; 37 Polaris St., 2. OG; B 500–600 P, EZ/DZ ohne Bad 1000/1450 P, DZ mit Bad 1750 P;) Das ursprüngliche Backpackerziel in Makati ist 2016 umgezogen und bietet jetzt mehr Platz, mehr Betten, eine voll ausgestattete Küche und einen Dachgarten nur für Gäste – der bekannt freundliche Service und die guten Vibes sind geblieben. In den Schlafsälen läuft eine Turbo-Klimaanlage; es gibt private Steckdosen und dünne Vorhänge an den Betten, die Privatheit sichern. Dank der Schuhe-aus-Politik (Hausschuhe werden gestellt) ist alles sehr sauber; ein einfaches Frühstück ist im Preis inbegriffen.

MNL Boutique Hostel HOSTEL €

(Karte S. 65; ☎ 02-511 7514; makati.mnlhostels.com; 4688 B Valdez St.; B mit Frühstück 400–600 P, Zi. ohne Bad 1500 P;) Mit Industriebau-Details wie poliertem Beton und bunten Sperrholztüren rühmt sich das künstlerisch angehauchte Hostel als kreative, komfortable Backpackerbleibe. Die Zimmer sind zwar beengt und es fehlt an Sonnenlicht, aber die Betten sind gut – ohne unappetitlichen Geruch. Die Lage auf Straßenniveau ist ein Pluspunkt.

Hilik Hostel HOSTEL €

(Karte S. 65; ☎ 02-519 5821; www.hilikboutiquehostel.ph; Mavenue Bldg., 7844 Makati Ave.; B mit Frühstück 500–650 P, DZ 1100–1400 P;)

The Fort (BGC)

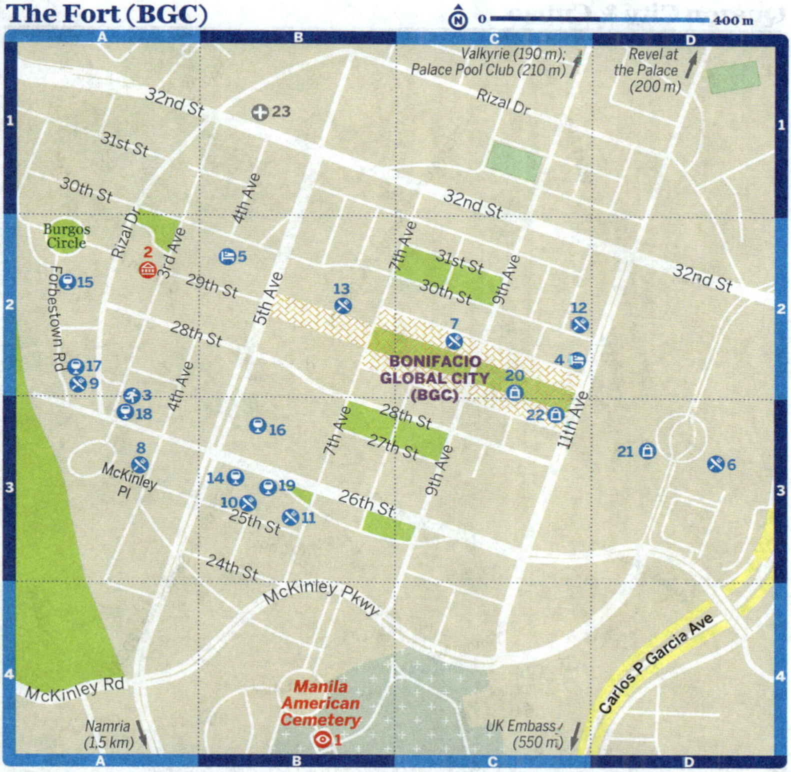

The Fort (BGC)

Highlights
1 Manila American Cemetery B4

Sehenswertes
2 Mind Museum A2

Aktivitäten, Kurse & Touren
3 Neo Day Spa A2

Schlafen
4 Seda C2
5 Shangri-La at the Fort B2

Essen
6 Fiesta Market D3
7 Fowl Bread C2
8 Las Flores A3
9 Locavore A2
10 Mecha Uma B3
11 Mercato Centrale B3
12 Tomatito C2
13 Wholesome Table B2

Ausgehen & Nachtleben
14 Bank Bar B3
15 Big Bad Wolf A2
16 Nectar B3
Straight Up .... (siehe 4)
17 Tap Station A2
18 The Bottle Shop A3
19 Unit 27 .... B3

Shoppen
20 Bonifacio High Street C2
21 Echo Store D3
22 Fully Booked C3

Praktisches
23 St Luke's Medical Center B1

Quezon City & Cubao

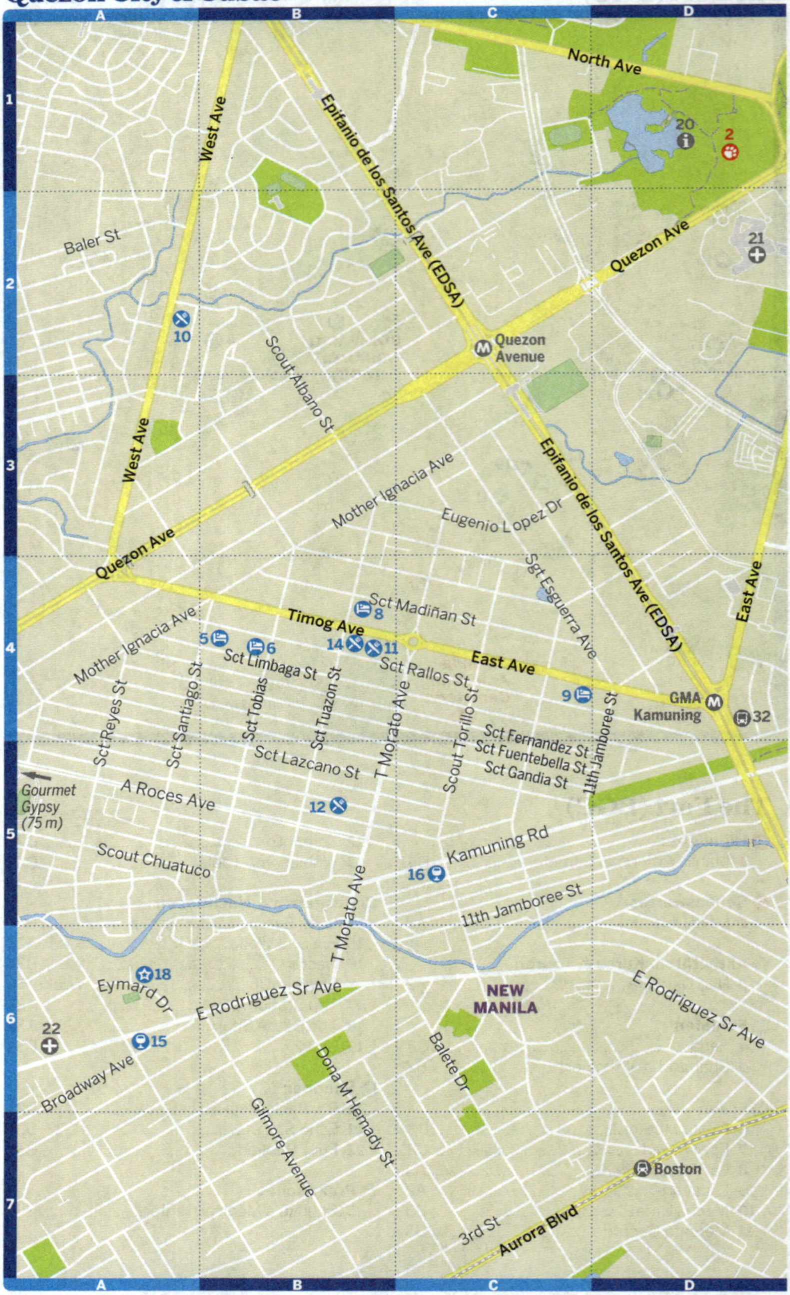

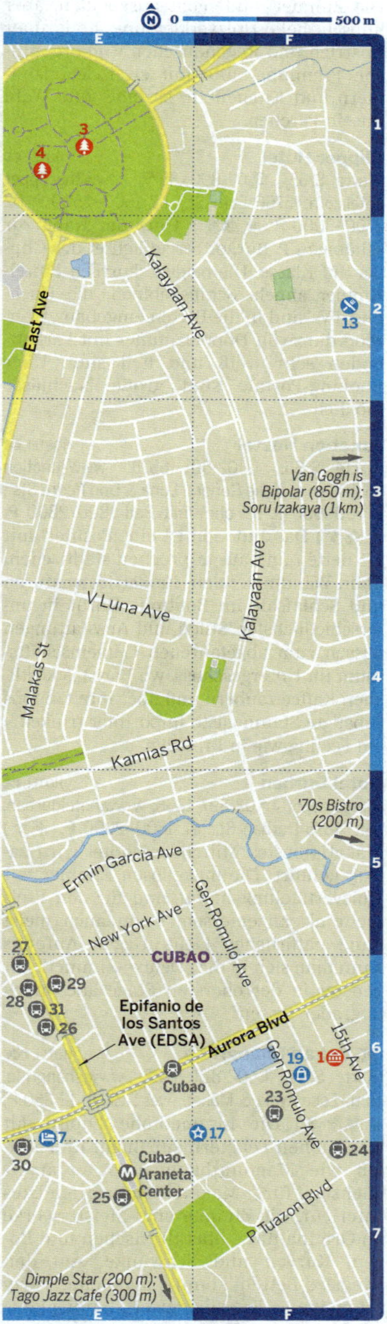

Quezon City & Cubao

Highlights
1 Art In Island F6
2 Ninoy Aquino Parks & Wildlife Center D1
3 Quezon Memorial Circle E1
4 Quezon Memorial Shrine E1

Sehenswertes
5 B Hotel B4
6 Cocoon Boutique Hotel B4
7 Go Hotels Cubao E6
8 Hive Hotel B4
9 Red Planet Quezon City C4

Essen
10 Coffee Empire A2
11 Eighteen Bistro B4
12 Greens Vegetarian Restaurant and Cafe B5
13 Negative Space F2
14 Señor Pollo B4

Ausgehen & Nachtleben
15 Big Sky Mind A6
16 Catch 272 .... C5
Craft Coffee Revolution .... (siehe 15)
Cubao Expo .... (siehe 19)
Fred's Revolucion .... (siehe 19)

Unterhaltung
17 Araneta Coliseum F6
18 Philippine Educational Theater Association A6

Shoppen
19 Cubao Expo F6

Praktisches
20 Biodiversity Management Bureau D1
21 PCSSD Hyperbaric Chamber Manila D2
22 St Luke's Medical Center A6

Transport
Amihan Bus Lines .... (siehe 24)
23 Araneta Bus Terminal F6
24 Araneta Center Busport F7
25 Bicol Isarog Cubao E7
Cagsawa Cubao .... (siehe 24)
26 Coda Lines E6
27 Dagupan Bus Co E6
28 Dominion Bus Lines E6
29 Genesis Cubao E6
30 Partas Cubao E7
31 Victory Liner Cubao E6
32 Victory Liner Kamias D4

Das Hilik hat – im Gegensatz zu anderen Hostels – absolut stylische Privatzimmer, wenn man eines abseits der lauten Makati Avenue verlangt. Die klimatisierten Schlafsäle des Hilik („schnarchen“ auf Tagalog) sind beengt, aber makellos wie die Küche und Gemeinschaftsräume in diesem intimen Hostel.

★ Element Boutique Hotel BOUTIQUEHOTEL €€
(Karte S. 65; ☎ 02-805 1360; www.elementboutiquehotelmakati.com; 4950 Guerrero St.; DZ mit Frühstück 2900–3800 P, Suite 9000–9500 P) Das funktionelle, moderne Hotel unter französischer Leitung sorgt in der aufstrebenden Region Poblacion in Makati für ein weiteres, originelles Highlight. Die 14 Zimmer sind in einem Stilmix eingerichtet, setzen aber alle auf gebürsteten Beton, recyceltes Holz, Hängelampen und schicke Möbel. Die Zimmer sind schallgeschützt; die Hälfte mit Balkon. Im Untergeschoss gibt es ein schönes, helles Café.

★ La Casita Mercedes B&B €€
(Karte S. 65; ☎ 02-887 4385; http://lacasitamercedes.com; 5956 Enriquez St.; EZ mit Frühstück 1500–2200 P, DZ 2500–2900 P; ❄ 📶) Dieses ausgefallene B&B in einem schön restaurierten Haus aus den 1930er-Jahren ist neu in Poblacion. Traveller werden in der Lobby mit dem Charme der Alten Welt begrüßt: alte Spiegel, filigrane Riegel und umwerfend schöne *machuka* (Kacheln im mediterranen Stil). Jedes der acht Zimmer hat einen besonderen Charakter, wie Himmelbetten und originale Art-déco-Möbel. Das Viertel wacht früh auf, also besser Ohrstöpsel mitbringen.

Z Hostel HOSTEL €€
(Karte S. 65; ☎ 02-856 0851; www.zhostel.com; 5660 Don Pedro St.; B 650–850 P, DZ mit Frühstück 2430 P; ❄ @ 📶) Manilas Nummer Eins für hippe Backpacker, die gerne Party machen – eine Bar auf der Dachterrase zum Abrocken und ein schickes Café im Erdgeschoss. Das Hostel ist mit 130 Betten auf sieben Etagen riesig. Die luftigen Schlafsäle haben ein eigenes Bad und robuste Eisenbetten mit persönlichen Ladestationen.

Guijo Suites HOTEL €€
(Karte S. 54; ☎ 02-553 8998; www.guijosuitesmakati.com; 7644 Guijo St.; Zi. mit Frühstück 2400–2800 P, Suite 3100–3900 P) Die Guijo Suites liegen abseits der lauten Straßen von Makati – Ruhe, die ihren Preis wert ist. Die Zimmer sind nicht ausgefallen, aber hübsch: helle Holzverkleidung, lindgrüner Anstrich und Regenduschen. Die ordentliche Premium Suite mit zwei Schlafzimmern und Kitchenette ist eine gute Wahl für ein Pärchen.

Clipper Hotel HOTEL €€
(Karte S. 65; ☎ 02-890 8577; www.theclipperhotel.com; 5766 Ebro St.; EZ 1500–2500 P, DZ 2700–3000 P; ❄ @ 📶) Trotz der Nähe zur schäbigen P. Burgos Street achtet das Clipper auf Klasse. Die beiden skurrilen Einzelzimmer ähneln Schiffskabinen; die Flachbild-TVs sind in die Betten eingebaut, während die zwölf Doppelzimmer mit Parkettboden sehr weiß und hell sind. Über Booking-Portale sind große Nachlässe möglich.

Junction Hostel HOSTEL €€
(Karte S. 65; ☎ 02-501 6575; www.junctionhostels.com; Ecke General Luna & Don Pedro Sts.; B 700–900 P, DZ ohne/mit Bad 1800/2800 P; ❄ @ 📶) Das Junction ist ein „Poshtel“ mit 111 Betten und ausgesprochen städtischem Flair. Wandmalereien, Industriearmaturen und Schlafsäle im Boutique-Outfit in unterschiedlichsten Stilen und Ausstattungen passen zum abgefahrenen Gemeinschaftsraum im Untergeschoss, wo Baristas köstlichen Kaffee zaubern und über ihre Laptops gebeugte Stammgäste Importbier trinken – ein Feeling wie in Brooklyn.

Hotel Durban HOTEL €€
(Karte S. 65; ☎ 02-897 1866; www.hoteldurban.net; 4875 Durban St.; Zi. 1800–2900 P; ❄ 📶) Makatis bestes Mittelklassehotel wird zackig geführt. Die makellosen Zimmer mit Holzvertäfelungsimitat sind für den Preis mehr als angemessen, wenn auch meist ohne natürliches Licht. Gegen Aufpreis kann man sich in die „Deluxe-Zimmer“ mit Fenster in der obersten Etage auch noch upgraden lassen.

★ Makati Shangri-La HOTEL €€€
(Karte S. 66; ☎ 02-813 8888; www.shangri-la.com; Ecke Ayala & Makati Aves.; Zi. ab 12 250 P; ❄ @ 📶 🏊) Die himmelhohe Lobby mit wandhohen Fenstern zur Bucht und Säulen wie Mammutbäumen ist oscarverdächtig für Makatis umwerfendstes Interieur. Die Zimmer sind Meisterwerke an Originalität – überall Nischen und Bögen, Kurven und Schwünge. Auf den Kingsize-Betten könnte man eine Party schmeißen. Es gibt zwei Tennisplätze

sowie einen kürzlich renovierten Pool und eine Bar.

★ Raffles Makati HOTEL €€€
(Karte S. 66; ☎ 02-795 0755; www.raffles.com/makati; 1 Raffles Dr.; Suite mit Frühstück 19 000 P; ❄@📶🏊) Zwei Fünf-Sterne-Hotels in einem Wolkenkratzer. Das Raffles bietet 32 umwerfende Suiten in der 8. und 9. Etage mit hohen Decken, Holzdielen, einzigartigen Bädern mit Blick auf die Stadt und Butler auf Abruf. Am opulenten Pool zwischen Palmen fühlt man sich wie in Beverly Hills. Gegen das Raffles fällt der Luxus des Schwesterhotels **Fairmont** (Karte S. 66; ☎ 02-555 9888; www.fairmont.com/makati; DZ ab 11 000; 📶🏊) nur minimal ab.

★ Picasso APARTMENTS €€€
(Karte S. 66; ☎ 02-828 4774; www.picassomakati.com; 119 Leviste St., Salcedo Village; Zi. mit Frühstück ab 5000 P; ❄@📶) Das zuvorkommende Hotel mit künstlerischem Flair und Rock-and-Roll-Schick bietet Apartments und Studios mit Service, ausgestattet mit Bettpodesten, Freitreppen, spaciger Bestuhlung und einem bunten, von Picasso inspirierten Farbschema. Getreu seinem Namen ist das Hotel, das auch über einen Fitnessraum und unten das Pablo 1B Bistrocafé verfügt, zugleich eine Galerie. Die besten Angebote findet man auf der Website des Picasso.

★ Peninsula Manila HOTEL €€€
(Karte S. 66; ☎ 02-887 2888; www.peninsula.com; Ecke Ayala & Makati Aves.; Zi./Suite ab 9000/ 12 750 P; ❄@📶🏊) Mit Zimmern in bestem philippinischen Design ist das Peninsula schon ein Veteran in Makati, wirkt aber gleichwohl brandneu. Das Café in dem hohen Foyer bietet einen guten Sonntagsbrunch und ist rund um die Uhr ein Treffpunkt der führenden Geschäftsleute der Stadt. Anmerkung: Bei einem niedergeschlagenen Putschversuch durchbrach 2007 ein Schützenpanzer die Vordertüren.

★ City Garden Grand Hotel BUSINESSHOTEL €€€
(Karte S. 65; ☎ 02-888 8181; www.citygardengrandhotel.com; 8008 Makati Ave.; DZ 4250–8000 P, Suite ab 11 200 P; ❄📶🏊) Dieses Hochhaus mit 32 Etagen ist die cleverste Wahl mit dem besten Preis-Leistungs-Verhältnis im Poblacion-Viertel von Makati. Selbst die preiswerteren Zimmer haben Schreibtische, moderne Fernseher, polierte Holzböden, Flokatis und wandhohe Spiegel, dazu überraschende Extras wie Bademäntel und Badewannen. Auf der geräumigen Dachterrasse gibt es einen Pool und die protzige Firefly Bar (S. 93) – der Service ist unvergleichlich.

I'm Hotel HOTEL €€€
(Karte S. 65; ☎ 02-755 7888; www.imhotel.com; Makati Ave. Ecke Kalayaan Ave.; Zi./Suite mit Frühstück 6150/8850 P; ❄📶🏊) Der Import aus Singapur ist mit 34 Etagen und einer ewig hohen, verglasten Lobby ist nicht zu übersehen. Sechs Etagen sind für das eindrucksvolle I'm Onsen Spa (S. 70) reserviert. Auf den übrigen Etagen warten mehrere hundert moderne Zimmer im Business-Standard auf Gäste; die Suiten sind mit einer Kitchenette ausgestattet. Das Restaurant auf dem Dach ist Spitzenklasse, der einzigartige Pool auf der zweiten Etage hängt praktisch über der Makati Avenue.

The Fort (BGC)

Shangri-La at the Fort HOTEL €€€
(Karte S. 79; ☎ 02-820 0888; www.shangri-la.com/fort; 30th St. Ecke 5th Ave.; Zi. mit Frühstück ab 13 000 P; ❄@📶🏊) Mit diesem 2016 eröffneten, glitzernden, 60 Stockwerke hohen Luxushotel setzt The Fort ein Zeichen, Manilas neues Epizentrum für Geschäfte und Handel zu werden. Die oberen Stockwerke sind Eigentumswohnungen, darunter sind die Hotelzimmer und gewartete Apartments untergebracht. Die Bäder in den enormen Zimmern sind mit Badewannen und Duschen ausgestattet und, für die Kunstliebhaber, mit Skulpturen dekoriert.

★ Seda HOTEL €€€
(Karte S. 79; ☎ 02-945 8888; www.sedahotels.com; Ecke 30th St. & 11th Ave.; Zi. mit Frühstück ab 8000 P; ❄@📶🏊) Das Businesshotel mit Klasse ist eines der wenigen Hotels in The Fort und bietet große, stilvolle Zimmer mit Jumbo-Plasma-TVs und Sitzbänken. Es gibt einen Fitnessraum, einen Pool und Computer im Foyer (kostenlos für Gäste). Am Wochenende sind beträchtliche Rabatte drin. Hier ist auch die Dachterrassenbar Straight Up (S. 93).

Quezon City

Go Hotels Cubao HOTEL €
(Karte S. 80; ☎ 02-687 7788; www.gohotels.ph; 840 Aurora Blvd.; DZ ab 1200 P; ❄@📶) Sicher, das Hotel ist nach Schema F designt, aber

1

MICHAEL RUNKEL / GETTY IMAGES ©

2

4

JEIM / SHUTTERSTOCK ©

1. Panoramablick vom Mt. Kiltepan (S. 161) in Nord-Luzon
Der Berg ist ein beliebtes Ziel, um den Sonnenaufgang über den Bergen und Reisterrassen von Sagada zu genießen.

2. Donsol (S. 207) in Südost-Luzon
Das verschlafene Fischerdorf Donsol ist zu einem Touristenmagnet geworden – sie beobachten Walhaie, tauchen im Manta Bowl oder treiben zusammen mit Glühwürmchen im Ogod.

3. El Nido (S. 455) in Palawan
Der ideale Ausgangsort zum Inselhopping im spektakulären Bacuit-Archipel (S. 469).

4. Manila (S. 52)
Manila ist definitiv eine der am dichtesten bevölkerten Megacitys der Welt. Die Manileños sehen es locker: *bahala na* – es kommt, wie es kommt.

R.NAGY / SHUTTERSTOCK ©

die außergewöhnlich hellen, sauberen Zimmer und die glitzernde Lobby sind genau richtig für eine Budgetschlafstätte in der Nähe der Bushaltestellen an der viel befahrenen EDSA Ringstraße in Cubao. Bei Hotels dieser Preisklasse sind Plasmafernseher und mannshohe Spiegel ein unerwartetes Extra.

★ **Hive Hotel** BOUTIQUEHOTEL €€
(Karte S. 80; ☎02-806 1004; www.hivehotel.com; 68 Scout Tuazon St.; DZ mit Frühstück 3000–3750 P, Suite 5300–6350 P; ❄📶) Das preiswertere Schwesterhotel des Cocoon ist alles andere als ein Downgrade. Die Zimmer sind zwar etwas kleiner, aber gut eingerichtet mit offenen Schränken und hübschen Raumteilern in charakteristischem Purpur und Orange.

Es gibt recycelte Hartholzfußböden, kuschelige Betten, und die Wandverkleidung aus Filz senkt erfolgreich den Lärmpegel für ruhigen Schlaf in stylisher Umgebung. Nachbarzimmer können gebucht werden.

Red Planet Quezon City HOTEL €€
(Karte S. 80; ☎02-424 0567; www.redplanethotels.com; 100 Timog Ave.; Zi. ab 1600 P; ❄@📶) Das pieksaubere Kettenhotel ist eine gute, verlässliche Wahl. Die Zimmer sind kompakt, aber brauchbar, die Betten hochwertig und Wasserdruck der Duschen hoch. Die Preise schwanken stark – wer einen Sonderpreis erwischt, macht einen guten Deal.

KULINARISCHES WOCHENEND-PARADIES

Wer traditionell hergestellte Lebensmittel und entspannte Bauernmärkte liebt, sollte sich den **Salcedo Community Market** (Karte S. 66; Jaime Velasquez Park, Salcedo Village, Makati; ⏲7–14 Uhr) am Samstag oder den **Legazpi Sunday Market** (Karte S. 66; Rufino St., Legazpi Village, Makati; ⏲So 7–14 Uhr) am folgenden Tag anschauen. Fast 150 Händler halten hier ein verwirrendes Angebot von lokalen Spezialitäten aus kulinarisch berühmten Regionen wie Ilocos, Pampanga oder Bicol feil; hinzu kommen französische, thailändische und indonesische Speisen und jede Menge Bio-Produkte. Auch mehrere lokale Restaurants sind hier vertreten.

★ **Cocoon Boutique Hotel** BOUTIQUEHOTEL €€€
(Karte S. 80; ☎02-998 3117; www.thecocoonhotel.com; 61 Scout Tobias St.; DZ mit Frühstück 4900–6300 P, Suite 8400–11 900 P; ❄📶🏊) Für den Möchtegern-Hipster in jedem von uns die beste Adresse in QC. Die Einrichtung könnte aus einem „Schöner-Wohnen"-Magazin stammen: herrliche, 3 m lange Schreibtische aus recyceltem Hartholz (und passender Fußboden), üppige Betten mit Draperie aus Makobaumwolle, jede Menge Platz zum Chillen und praktische Kleinigkeiten, wie Leselampen mit biegsamen Schwanenhälsen und körperhohe Spiegel. Zusammen mit den Bio-Zertifikaten eine echte Perle.

B Hotel BOUTIQUEHOTEL €€€
(Karte S. 80; ☎02-990 5000; www.thebellevue.com; 14 Scout Rallas St.; DZ mit Frühstück 4500 P, Suite 7500–9800 P; ❄📶🏊) Das T-Morato-Viertel von Quezon City hat sich schlagartig zum Mekka der Boutiquehotels in Manila gemausert. Selbst Ian Schrager würde das Design des B im industriellen Vintage-Stil bewundern – grauer Schiefer, polierter Beton und Hängeleuchten. Die Zimmer sind geräumig und der Pool der beste in der Gegend.

Essen

In Makati und The Fort (BGC) findet man die meisten der besten (und teuersten) Restaurants Manilas. Die unter einheimischen Gourmets besonders beliebten Treffpunkte sind die Gegend um die **Maginhawa Street** in Quezon City und **Kapitolyo** in Pasig City nahe Ortigas. Hier reihen sich die trendigen Restaurants und Märkte auf – wichtige Anlaufpunkte für kostenbewusste Selbstversorger. In den Einkaufszentren gibt es große Supermärkte, während Freiluftmärkte, wie der **San Andres Market** (Karte S. 73; San Andres St., Malate; ⏲7–18 Uhr) in Malate, ein stimmungsvolleres (und preiswerteres) Einkaufserlebnis versprechen.

Intramuros & Umgebung

Patio de Conchita PHILIPPINISCH €
(Karte S. 58; Beaterio St., Intramuros; Menüs 75–150 P; ⏲10–22 Uhr) Das Patio de Conchita in einem alten Haus im Zentrum von Intramuros ist ein *turu-turò* mit viel Atmosphäre. Wegen des guten Essens und billigen Biers kommen viele Einheimische

nach der Arbeit her – großartig, um etwas Lokalkolorit zu schnuppern.

Ilustrado SPANISCH, PHILIPPINISCH €€
(Karte S. 58; ☎02-527 3674; 744 General Luna St., Intramuros; Hauptgerichte 400–500 P; ⏲Mo–Sa 11.30–14.30 & 18–21.30, So 9–17.30 Uhr; ❄📶) Das Restaurant in einem wiederaufgebauten Haus aus der spanischen Ära ist elegant und eher steif. Neben traditionellen spanisch-philippinischen Gerichten wie Paella stehen Lachs, Ente und Lammkoteletts auf der monatlich wechselnden Karte.

Harbor View MEERESFRÜCHTE €€
(Karte S. 54; ☎02-524 1532; South Blvd., Rizal Park; Hauptgerichte für 2 Pers. ab 450 P; ⏲11–24 Uhr) Der schon lange bestehende und beliebte Meeresfrüchte-*inahaw* (Grill) ragt in die Bucht von Manila. An schwülen Tagen kann die Brise angenehm sein, aber man sollte die Windrichtung prüfen, denn manchmal treibt er große Mengen übel riechendes Strandgut direkt an die Piers. Den frischen Fisch genießt man am besten bei einem goldenen Sonnenuntergang zusammen mit einem bernsteinfarbenen Getränk.

Barbara's PHILIPPINISCH €€
(Karte S. 58; ☎02-975 7829; www.barbarasrestaurantandcatering.com; General Luna St., Intramuros; Hauptgerichte 200–500 P, Büfett mittags/abends 615/745 P; ⏲11.30–21 Uhr) In einem eleganten Saal im Komplex der Casa Manila (S. 59) bietet das Barbara's ein Büfett-Dinner mit einer Kulturshow (19.15 Uhr), bestehend aus traditioneller Musik und Tänzen wie dem *tinikling* (einem Volkstanz mit Bambusstöcken). Bei Bestellungen à la carte kostet die Show 350 P. Das Ambiente ist festlich mit weißer Tischwäsche – wem's gefällt, darf sich wie ein Kolonialherr fühlen.

Binondo (Chinatown)

Der wahre Grund, Chinatown zu besuchen, ist das Essen! Entsprechend der Herkunft der Einwanderer sind die Gerichte von der Provinz Hokkien beeinflusst. Gourmets wenden sich am besten an Old Manila Walks (S. 71) – großartig zum Spazierengehen und Schlemmen.

Polland Hopia Cafe BÄCKEREI €
(Karte S. 62; Escolta St..; Snacks ab 35 P; ⏲7–19 Uhr; ❄) Eine traditionelle *Tsinoy* (chinesisch-philippinische) Bäckerei, die auf der Escolta Street mit einer Wahnsinnsneonreklame wie aus den 1950er-Jahren auf sich aufmerksam macht. Die *hopia* mit dünner Kruste – feste, süße Kuchen, gefüllt mit Mungbohnen oder *ube* (purpurne Yamswurzeln) – sind das Nonplusultra. Dank der knackig-kühlen Klimaanlage kann man in Ruhe aus den Köstlichkeiten auswählen.

Dong Bei Dumplings CHINESISCH €
(Karte S. 62; 642 Yuchengco St.; Hauptgerichte 100–200 P; ⏲7–21 Uhr; ❄) Die handgemachten Teigtaschen – man kann durch das Fenster zusehen – sind eine nordchinesische Spezialität, die sich von der Hokkien (südlichen) Küche unterscheidet, die in Chinatown vorherrscht. Einfach und köstlich.

New Quan Yin Chay VEGETARISCH €
(Karte S. 62; Ongpin St. Ecke Salazar St.; Gerichte 75–100 P; ⏲7–21 Uhr) Ein bescheidenes vegetarisches Lokal im *turu-turò*-Stil im Zentrum von Chinatown. Es gibt gedämpfte oder gegrillte Gerichte, die wie Fleisch aussehen, und Dim Sum. Die Spezialität sind gegrillte „Shrimps" aus Cashewnüssen.

Quik Snack CHINESISCH €€
(Karte S. 62; Caravajal St.; Hauptgerichte 120–250 P; ⏲9.30–17.30 Uhr) Das auch *Amah* (Großmutter) *Pilar* genannte Lokal ist seit über 50 Jahren eine Institution in Chinatown und bekannt für seine *ku-tsai-ah* (Chinesische Empanadas), *lumpia* (Frühlingsrollen) und Nudelsuppen. Es liegt versteckt auf der stimmungsvollen Caravajal Street, eine schmale Gasse, die sich zu einem Frischmarkt weitet.

Sincerity CHINESISCH €€
(Karte S. 62; 497 Yuchengco St.; Hauptgerichte 150–200 P; ⏲9–21 Uhr) In ganz Manila für die Brathähnchen und andere Hausmannskost im Hokkien-Stil berühmt – seit drei Generationen in Familienbesitz.

Malate, Ermita & Pasay

Die besten Restaurants in Malate liegen um den Remedios Circle and an derJ Nakpil Street, wo man das bunte Lokalkolorit genießen kann, sofern man einen Platz an der Straße ergattert.

Shawarma Snack Center NAHÖSTLICH €
(Karte S. 72; 485 R Salas St., Ermita; Shawarma 60–75 P, Menüs 85–300 P; ⏲24 Std.; ❄) Der Name des Lokals am Straßenrand verspricht nicht viel, aber hier gibt's die aromatischsten

Falafel, *muttabal* (Auberginen-Dip), Hummus und Kebab in Downtown Manila.

Zing Cafe INTERNATIONAL €
(Karte S. 72; Malvar St. Ecke M Orosa St., Malate; Hauptgerichte 100–200 P; ⏲7–23 Uhr;) So ein Lokal hat schon lange gefehlt in Malate: ein nostalgisches Backpacker-Café mit Bananenpfannkuchen, Burgern, vegetarischen Gerichten und anderen Snacks für Travellern im Angebot. Der syrisch-australische Besitzer steht auch für gutes nahöstliches Essen.

Cafe Adriatico INTERNATIONAL €€
(Karte S. 72; 1790 Adriatico St., Malate; Hauptgerichte 200–400 P; ⏲7–3 Uhr;) Ein beliebtes Lokal alter Schule in Malate ist dieses romantische Eckbistro, das für sein originelles, multikulturelles Essen mit spanischen, englischen, amerikanischen und italienischen Gerichten die Mehrausgabe lohnt, zumal man auch noch das Treiben auf dem Remedios Circle beobachten kann.

Dampa Seaside MEERESFRÜCHTE €€
(Karte S. 76; Macapagal Blvd., Pasay; Menüs 300–500 P; ⏲11–22 Uhr) In dieser Institution kann man Lokalkolorit intensiv erleben: Auf dem Markt kauft man die Zutaten (am besten Meeresfrüchte) und entscheidet sich dann für eines der zwanglosen Restaurants in der Nähe, wo daraus ein Gericht nach Wunsch zubereitet wird. Die Preise sind angemessen und beim Essen fällt der Kontakt zu Mitessern dank der eng stehenden Tische leicht.

Aristocrat PHILIPPINISCH €€
(Karte S. 72; www.aristocrat.com.ph; Ecke Roxas Blvd. & San Andres St., Malate; Hauptgerichte 200–400 P; ⏲24 Std.) Das Aristocrat begann 1936 als mobile Straßenküche und ist inzwischen ein Wahrzeichen mit eigenem historischem Logo. Ins Schaufenster ist die Replik der Kantine im alten Fort eingearbeitet. Die besondere Spezialität der reichhaltigen Karte ist das Hähnchen-Barbecue. Es gibt zwar überall im Land Filialen, aber nur hier ist das Original.

Matoi JAPANISCH €€
(Karte S. 72; 1767 Mabini St., Malate; Hauptgerichte 150–300 P; ⏲8–2 Uhr;) Dieses authentische japanische Restaurant ist zweigeteilt: Der Besitzer/Chefkoch betreibt die winzige Sushi-Bar mit sieben Sitzplätzen (geöffnet täglich ab 17.30 Uhr). Das Hauptrestaurant bietet gute Ramen, *tonkatsu* und andere japanische Grundnahrungsmittel an. Es lohnt sich, um ein Abendessen in der Sushi-Bar zu kämpfen, zu dem es verschiedene, kostenlose Appetithäppchen gibt.

Casa Roces SPANISCH, PHILIPPINISCH €€
(Karte S. 54; ☎02-735 5896; www.casaroces.com; 1153 JP Laurel St., Ecke Aguado St., San Miguel; Hauptgerichte ab 280 P; ⏲10–22 Uhr) Ein sehr entspanntes, aber tolles Bistro, ideal für ein Mittagessen oder einen *meryenda* (Snack) während der Besichtigung des Malacañang-Palastes (S. 57). Es gibt spanisch-philippinische Gerichte, auch authentisch katalanische Tapas, nicht zu vergessen exzellente Kuchen.

★ **Casa Armas** SPANISCH €€€
(Karte S. 72; ☎02-526 1839; 573 J Nakpil St., Malate; Tapas 180–400 P, Hauptgerichte 350–700 P; ⏲Mo–Sa 11–24, So 18–24 Uhr) Gourmets sind schon seit Jahren von diesem höhlenartigen spanischen Restaurant begeistert, das vor allem für Tapas-Spezialitäten wie *calamares a la plancha con alioli* (gegrillter Tintenfisch mit Knoblauchsauce) oder *gambas al ajillo* (gebratene Garnelen in Knoblauch und Öl) bekannt ist. Es gibt auch ausgezeichnete Paellas, preiswerte *bocadillos* (baguetteartiges Sandwich) und natürlich auch Sangria.

★ **Purple Yam** PHILIPPINISCH €€€
(Karte S. 72; ☎02-523 3497, 0926 713 3523; acbesa49@gmail.com; 603 J Nakpil St., Malate; Mittag-/Abendessen 2000/2500 P; ⏲mittags- & abends) Das berühmte Purple Yam aus New York hat die Spitzenküche nach Malate gebracht. Das moderne, philippinische Fusion-Restaurant residiert in einem renovierten, alten Haus von 1949. Ohne Reservierung geht hier nichts – die Köche stellen dann aus den besten Zutaten Fünf-Gänge-Menüs zusammen, etwa mit *lechón* (geröstetes Spanferkel), Meeresfrüchten von Palawan oder köstlichen Salaten mit Waldfrüchten der Saison und Biokräutern.

Makati & Poblacion

Das trendige Poblacion ist Toptreffpunkt für Gourmets Café-Freaks. Es wird auch „Williamsburgos" genannt als Spitze gegen die schäbige Hauptstraße (P Burgos) und deren angebliche Ähnlichkeit mit Brooklyn.

Beni's Falafel NAHÖSTLICH €
(Karte S. 65; ☎02-621 6163; A Venue Mall, B Valdez St. Entrance; Gerichte 130–225 P; ⏲24 Std.; ❄📶) Jedes Gericht auf der bescheidenen Speisekarte ist originell und von dem jemenitischen Besitzer perfekt zubereitet. Die *shakshuka* (pochierte Eier in würziger Tomatensauce) und Beni's Falafel sind besonders empfehlenswert. Shawarmas werden am benachbarten Beni's Grill serviert. In der Mall of Asia (S. 99) gibt's eine Filiale von Beni's.

Tambai FUSION €
(Karte S. 65; Felipe St.; Gerichte 70–300 P; ⏲18–24 Uhr; ❄📶) Schnelle, aber supergute, von japanischen Gerichten beeinflusste philippinische Snacks. Sie werden auf der Straße oder in einem kleinen Zimmer im hinteren Teil (mit Klimaanlage) serviert. Unbedingt die göttlichen Rinderrippchen am Spieß genießen (*laki-tori*).

★ Corner Tree Café CAFE €€
(Karte S. 54; ☎02-897 0295; www.cornertreecafe.com; 150 Jupiter St.; Hauptgerichte 250–350 P; ⏲11–22 Uhr; ❄📶✎) 🍃 Das Corner Tree ist eine ruhige Oase an der geschäftigen Jupiter Street.; selbst hargesottene Fleischesser werden die köstlichen vegetarischen Gerichte lieben. Suppen, Eintöpfe, Spinat im Blätterteig und Smoothies sind die Renner, aber auch Tofu-Walnuss-Burger oder vegetarisches Chili sind köstlich. Auf der Karte stehen auch vegane und glutenfreie Optionen.

★ El Chupacabra MEXIKANISCH €€
(Karte S. 65; 5782 Felipe St.; Tacos 110–170 P; ⏲Mo–Do 11–3, Fr–So bis 3 Uhr; ❄) Die schäbige Freiluft-Taqueria bringt den Hype um mexikanisches Imbissessen mit seiner leckeren Auswahl an Maistortilla-Tacos nach Makati. Zu empfehlen sind die scharfen Chipotle-Shrimps-Tacos und die *sisig*-Tacos (mit gegrilltem Schweinefleisch). Der Laden ist sehr beliebt, darum bilden sich abends lange Schlangen (keine Reservierung) – eine Margarita versüßt die Wartezeit.

Mantra INDISCH €€
(Karte S. 66; ☎02-776 0318; Bolanos St., Legazpi Village; Hauptgerichte 275–500 P; ⏲11–14.30 & 18–23 Uhr) Das Mantra bietet die beste zeitgenössische indische Küche in der philippinischen Hauptstadt. Es gibt himmlisch leckeres *dhal* und andere vegetarische Gerichte sowie jede Menge Hauptgerichte mit Fleisch, wie ein saftiges Lamm-Curry. Das Lokal befindet sich im Zentrum des Geschäftsviertels von Makati; das Licht ist gedämpft und der Platz drinnen und draußen sehr beschränkt.

12/10 JAPANISCH €€
(Karte S. 54; ☎0915 663 2823; 7635 Guijo St.; Gerichte 250–500 P; ⏲Mo–Sa 18–23 Uhr; ❄📶) Die gepflegte japanische *izakaya* (Kneipe) an der künstleraffinen Guijo Street in Makati wird von einem philippinischen Koch geführt. Es gibt coole Cocktails und japanischen Whisky, doch das Highlight sind die kleinen Gerichte moderner Fusionküche, wie Lachs-*kushiyashi* (Lachsspieße mit getrüffelter Teriyakisauce) und als Spezialität *katsu sando* (Sandwich mit gebratenem Schweineschnitzel).

TimHoWan HONGKONG €€
(Karte S. 66; Glorietta 3; kleine Tellergerichte 120–170 P; ⏲10–22 Uhr; ❄) In Hongkong hat diese Dim-Sum-Institution einen Michelin-Stern; bei der Eröffnung 2014 in Manila schlug es ein wie eine Bombe. Die Filiale hier ist edler als der Mini-Laden der Gründer, aber die Spezialität, Teigtaschen mit Schweinefleisch vom Grill, lassen keine Wünsche offen. Auch die Vermicelli-Rollen sind genauso köstlich wie alles andere.

Commune CAFE €€
(Karte S. 65; www.commune.ph; 36 Polaris St.; leichte Menüs 150–320 P; ⏲Mo–Sa 8–24, So 11–22 Uhr; ❄📶) Commune kauft seine Kaffeebohnen auf philippinischen Plantagen; die Bohne des Monats wird jeweils auf einer großen Tafel vorgestellt. Darauf stehen auch die Veranstaltungen des Viertels, die im Obergeschoss stattfinden. Es gibt guten Espresso, Aeropress-Kaffee und kalte Getränke, dazu Sandwiches, Salate, philippinisches Frühstück und andere kleine Gerichte.

Kite Kebab Bar NAHÖSTLICH €€
(Karte S. 65; 5772 Ebro St.; Hauptgerichte 200–400 P; ⏲11–4 Uhr; ❄📶) Hier gibt's mediterrane Straßenküche: Neben dem üblichen Hummus und Keema finden sich im Angebot auch echte Überraschungen wie Wagyu Kebabs, Lammrippchen und Ochsenhirn – alles köstlich. Der attraktive Laden mitten in Poblacion lädt mit Single Malt oder Bier zum Bleiben ein, man kann sich aber auch einen Wrap zum Mitnehmen zusammenstellen.

Kismet Cafe VEGAN €€
(Karte S. 65; Kalayaan Ave.; Sandwiches 165–295 P; ⏲Mo–Fr 6–18, Sa & So 9–18 Uhr; ❄📶✎)

Einmal geblinzelt, und schon hat man das hippe, schräge Café verpasst. Es hat sich auf köstliche, vegane Sandwiches, die von Rumi inspiriert sind, und auf fair gehandelten Kaffee aus Benguet in Nord-Luzon spezialisiert. Eine wunderbare Oase für einen *meryenda* (Snack) oder, dank WLAN, einen Vormittag am Laptop.

Siamaroi THAILÄNDISCH €€

(Karte S. 65; 124 Jupiter St.; Hauptgerichte 240–400 P; ⏲10–21 Uhr; ❄) Das „must try"-Menü auf der Tafel lohnt immer den Versuch. Meistens handelt es sich um Standardgerichte, wie Phad Thai, Grünes Curry oder Klebreis mit Mango, aber sie bereiten es perfekt zu. Das Siamaroi unter einem thailändischen Koch gehört zu den besten Thai-Restaurants Manilas; die Thai-Omelettes sind besonders saftig. Genießer mit großem Hunger sollten sich für Familienportionen entscheiden.

Wingman AMERIKANISCH €€

(Karte S. 76; Collective, Malugay St.; 6/12 Wings 180/300 P; ⏲12–1 Uhr; ❄📶) Eines der ersten Lokale, die im Collective (S. 100) ihre Zelte aufgeschlagen haben. Wingman ist mit seinen amerikanischen Diner-Spezialitäten die Topadresse für lokale Hipster. Wingman serviert mehrere Varianten von Buffalo Wings – die bei weitem besten vor Ort – sowie Burger, Importbier und Cocktails.

★ **Sala** FUSION €€€

(Karte S. 66; ☎02-750 1555; www.salarestaurant.com; Makati Ave. Ecke Ayala Ave.; Hauptgerichte 500–1500 P; ⏲Mo–Fr 11–14 & 18–23, Sa & So 18–23 Uhr) Seit fast 15 Jahren das wohl beste Restaurant in Manila. Das elegante europäische Bistro wird von dem schottischen Koch Colin Mackay geleitet, dem auch das Blackbird gehört. Es bietet erstklassigen Service, eine sich ständig ändernde Auswahl an Fusion-Gerichten und kreative Desserts. Das Fünf-Gänge-Verkostungsmenü (2900 P) ist eine gute Wahl.

Blackbird INTERNATIONAL €€€

(Karte S. 66; ☎02-828 4888; http://blackbird.com.ph; Nielson Tower, Ayala Triangle; Hauptgerichte 600–1000 P; ⏲11–23 Uhr; ❄) Das Blackbird residiert im Nielson Tower, dem 1937 im Art-déco-Stil errichteten, historischen Kontrollturm des Flughafens; gespeist wird im alten Terminal. Die Karte bietet internationale Fusionküche wie Schottische Eier mit Garnelen auf Betelblättern mit Sambal, Gourmetburger, Mussaman-Lammkeule oder vegetarische Lasagne mit Champignons, Spargel, Fontinakäse und Trüffelöl.

Apartment 1B EUROPÄISCH €€€

(Karte S. 66; ☎02-843 4075; Sedeño St. Ecke San Agustin St.; Hauptgerichte 450–1500 P; ⏲Di–So 7–23 Uhr; ❄📶) Das verlässlich gute Apartment 1B, das versteckt im Wohngebiet Salcedo Village von Makati liegt, ist ist ein Geheimtipp unter den Auswanderern. Es ist bekannt für üppige kontinentaleuropäische Küche und enorme Frühstücke (zwischen 7 und 15 Uhr) – das Richtige gegen Kater – wie *croque madame*, Steak mit Ei und die berühmten Eier Benedict. Eine Filiale ist in großartiger Lage im Henry Hotel (S. 78) in Pasay untergebracht.

The Fort (BGC)

Mercato Centrale MARKT €

(Karte S. 79; 7th Ave. Ecke 25th St.; Hauptgerichte 100–300 P; ⏲Do–Sa 18–3 Uhr) Der Mercato Centrale ist eine Art mobiler Markt mit fast 50 Straßenhändlern, die sich donnerstags bis zum Wochenende auf einem der wenigen freien Plätze in The Fort einstellen. Auf dem lebendigen Markt sind nicht nur die meisten philippinischen Regionen, sondern auch internationale Angebote und ein Bierzelt vertreten.

Tomatito TAPAS €€

(Karte S. 79; ☎02-805 7840; 30th St. Ecke 11th Ave.; Tapas 250–500 P; ⏲11–1 Uhr; ❄📶) Ein großes, offenes, gut besuchtes, neues Bistro, das seine Gerichte auf kleinen Tellern als „sexy" bezeichnet. Spezialitäten sind Lachs „TNT", *albondigas* (selbst gemachte Fleischbällchen) und Nachos mit flüssigem Ei. Im Angebot sind eine gute Auswahl Ceviche und Sangria, großartige Gazpacho – wandhohe Fenster garantieren, dass man in dem trendigen Laden auch gesehen wird.

Fowl Bread HÄHNCHEN €€

(Karte S. 79; Bonifacio High St., Ecke 9th Ave.; Hauptgerichte 200–300 P; ⏲8–24 Uhr) Hier gibt's die berühmtesten Hähnchen-Sandwiches von Manila. Die Spezialität sind große Stücke knuspriger Hähnchenhaut (am besten ist die „spicy" Variante). Auch Knoblauchnudeln mit Teigtaschen (*potsticker*) sind ihren Preis wert, vor allem mit Hähnchenhaut als Beilage (25 P). Gegessen wird auf einem kleinen Platz oder in einem winzigen Zimmer mit Klimaanlage im hinteren Teil; zu Stoßzeiten bilden sich Schlangen.

★ **Las Flores** SPANISCH €€€
(Karte S. 79; ☎02-552 2815; 1 McKinley Pl.; Hauptgerichte 400–4000 P; ⏰11–2 Uhr) Das Las Flores gehört mit schickem Industriedekor und authentischen, katalanisch inspirierten Tapas und Hauptgerichten zu Recht zu den beliebtesten Restaurans Manilas. Die Paella (fünf Versionen) reicht für zwei, doch die Spezialität sind Steaks, auch eine baskische Variante. Man bekommt offenen Cava, Sangria und raffinierte Cocktails.

★ **Locavore** PHILIPPINISCH €€€
(Karte S. 79; ☎02-796 2017; www.locavore.ph; 5-7AB Forbeswood Parklane; Hauptgerichte 300–700 P; ⏰9–14 Uhr; ❄📶) Locavore verarbeitet lokale Zutaten zu faszinierenden, von Frankreich inspirierten, philippinischen Klassikern, wie Bicol *exprés, kaldereta* (Rindfleischeintopf) und natürlich *halo-halo* (verschiedene Marmeladen, serviert mit Rasureis und Milch). Spezialitäten des Locavore sind *lechón* (geröstetes Spanferkel) und Austern *sisig* – unwiderstehlich. Wer hier gegessen hat, sieht philippinisches Essen mit anderen Augen. Das Locavore ist eine Institution und nimmt keine Reservierungen an, also mit Wartezeiten rechnen.

Mecha Uma JAPANISCH €€€
(Karte S. 79; ☎02-964 9605; http://mechauma.ph; 25th St. Ecke 6th Ave.; Menüs 800–2000 P; ⏰Mo–Sa 18–23 Uhr; ❄) Die Manileños sind ganz wild auf japanisches Essen, das hat niemand so früh verstanden wie der Spitzenkoch Bruce Ricketts vom Mecha Uma. Der Filipino wurde in den USA ausgebildet und verarbeitet für seine kleinen Menüs nur den besten Thunfisch und andere Zutaten, wie beispielsweise Maki, *aburi*-Sushi oder Mini-Tacos auf japanische Art. Einen Platz am Tisch des Kochs für ein *omakase* (Degustationsmenu) gibt's nur nach Reservierung.

Wholesome Table FUSION €€€
(Karte S. 79; ☎02-867 0000; www.thewholesometable.com; Bonifacio High St., BGC; Hauptgerichte 250–750 P; ⏰Mo–Do 11–23, Fr–So 8–23 Uhr; ❄📶🖉) 🌿 Hier dreht sich alles um gesunde Küche. Das Fleisch und das Gemüse kommen meist von lokalen Biobauern. Auf der Speisekarte finden sich zu gleichen Teilen europäisch (vor allem italienisch) und asiatisch inspirierte Gerichte. Wer im Wholesome Table eine der leckeren, sättigenden „power bowls" bestellt, unterstützt unterprivilegierte Viertel; im Angebot sind auch Myriaden von Power-Shakes.

Eine Filiale befindet sich im **Salcedo Village** (Karte S. 66; ☎02-848 7777; Leviste St. Ecke Dela Costa St.; Hauptgerichte 250–750 P; ⏰7–23 Uhr; ❄📶🖉) 🌿 in Makati.

Quezon City & Umgebung

Quezon City hat trendige Restaurants und Lebensmittelmärkte im Umfeld der Maginhawa Street, exzellente Kaffeeröster findet man überall in der Stadt.

★ **Van Gogh is Bipolar** CAFE €€
(Karte S. 54; ☎0922 824 3051; 154 Maginhawa St., Quezon City; Hauptgerichte 300–500 P; ⏰12–17 & 18–24 Uhr; ❄) Das chaotische Restaurant ist so interessant, wie der Name vermuten lässt. Der winzige Raum ist mit Kunst und Krempel vollgestopft. Der Künstler Jetro bereitet hier in einer aufgekratzten Atmosphäre originelle, köstliche Gerichte zu – Gäste tragen schon mal überkandidelte Kopfbedeckungen (vom Hutständer im Café). Die abendlichen Menüs (drei bis fünf Gänge) sind gesetzt, mittags bestellt man à la carte.

Jetro hat sich das Café als persönliches Refugium zur Unterstützung einer medikamentenfreien Behandlung seiner bipolaren Störung eingerichtet. Den angenehm nach Zitronengras duftenden Speiseraum darf man nur ohne Schuhe betreten. Beim Kochen verwendet Jetro viele natürliche Zutaten, denen stimmungsfördernde Eigenschaften nachgesagt werden. Vor allem an Wochenenden geht nicht's ohne Reservierung. VGB lieferte die Initialzündung für die Maginhawa Street als Brutstätte der kulinarischen Szene Manilas.

Soru Izakaya JAPANISCH €€
(Karte S. 54; ☎02-738 2543; 140 Maginhawa St., Quezon City; Hauptgerichte 220–350 P; ⏰11–23 Uhr; ❄📶) Soru im Herzen von Maginhawa (Treffpunkt der Gourmets in QC) ist ein schickes, japanisches Bistro, das für köstliche *aburi*-Sushi bekannt ist. Großartig sind auch die Ramen-Suppen, Fleischspieße vom Grill, Teppanyaki, Tempura und die breite Auswahl an Sake und japanischem Whisky. Der Service ist professionell.

Greens Vegetarian Restaurant and Cafe VEGETARISCH €€
(Karte S. 80; 92 Scout Castor St., Quezon City; Hauptgerichte 175–225 P; ⏰11–22 Uhr; 🖉) Das erdverbundene und entspannte Greens

serviert wunderbare vegetarische und vegane Gerichte, darunter Auberginen-Parmigiana und köstliches, der Logik spottendes, fleischloses *sisig* (denn eigentlich handelt es sich um gegrilltes Schweinefleisch).

Eighteen Bistro FUSION €€
(Karte S. 80; ☎0917 595 0018; 51B Scout Rallos St., Quezon City; Hauptgerichte 300–400 P; ⏲11–22 Uhr; ❄) In dem intimen Bistro ist nur Platz für vier Tische – passenderweise stehen nur 18 Gerichte auf der Karte. Spezialität des Bistros sind die kleinen Teller – empfehlenswert sind die Kasserolle mit gebackenen Garnelen und ein Salat. Das Rindergulasch ist eines der nur vier Hauptgerichte; dafür wird der offene Wein (220 P) *sehr* großzügig eingegossen.

Gourmet Gypsy FUSION €€
(Karte S. 54; ☎02-662 0880; 25 A Roces Ave., Quezon City; Hauptgerichte 300–800 P; ⏲10–14 & 18–22 Uhr; ❄📶) Die Gerichte sind vorwiegend mediterran inspiriert, mit indischem und vietnamesischem Touch. Das marokkanische Hähnchen ist sehr empfehlenswert, aber auch die originale Fladenbrotpizza, das Osso buco oder die gesunde, vegetarische „Buddha bowl" schmecken toll.

Cafe Kapitan SPANISCH, PHILIPPINISCH €€
(JP Rizal St., Marikina City; Hauptgerichte 185–325 P; ⏲9.30–18.30 Uhr; ❄) In dem stimmungsvollen Gebäude (Ende des 17. Jhs.), nur ein Stück vom Marikina Shoe Museum (S. 68) die Straße hinauf, kann man gut eine Mittagspause einlegen. In dem Haus lebte Kapitan Moy, der chinesische Gründer der Schuhindustrie von Marikina. Das Essen ist stark von der spanischen Küche geprägt.

Charlies Grind & Grill BURGER €€
(Karte S. 54; 16 East Capitol Dr., Pasig; Burger 200–370 P; ⏲12–1 Uhr) Das Lokal im angesehenen Restaurantviertel Kapitolyo in der Nähe der Ortigas bereitet die besten Burger Manilas zu: Unschlagbar für den großen Hunger ist der Doppelburger vom Black-Angus-Rind mit Champignons. Empfehlenswert sind auch die Sandwiches mit Pulled Pork und Fritten mit schwarzen Trüffeln, zum Runterspülen gibt's lokale oder Importbiere.

Señor Pollo LATEINAMERIKANISCH €€
(Karte S. 80; 49 Scout Rallos St., Quezon City; Hauptgerichte 175–250 P; ⏲12–23 Uhr) Die Spezialität des Lokals sind Hähnchen – was sonst. Sehr gut sind die Brathähnchen mit Beilage. Nachos, Quesadillas, Margaritas und lokales Craft-Bier vom Fass (120 P) runden das Angebot ab. Eine Filiale befindet sich **Poblacion, Makati** (Karte S. 65; Ebro St.; Hauptgerichte 175–250 P; ⏲11–1 Uhr).

Ausgehen & Nachtleben

In Manila ist die nächste Bar nie weit. Malate ist bei den Studenten der Universität und Backpackern beliebt; neben The Fort (BGC) ist hier auch ein Treffpunkt für Schwule. Die Auswanderer hängen eher in Makati ab, zusamen mit immer mehr Travellern. Musikliebhaber gehen in Quezon City aus.

Downtown Manila

Die Studenten trinken preiswertes Bier in den Kneipen gleich westlich vom Remedios Circle in der Remedios Street in Malate – die wegen des Vorherrschens wackliger Plastikstapelstühle auch als „Monobloc-Republik" bekannt ist. In Malate finden große Musik-Liveevents mit ausgelassenen Coverbands statt, sowohl drinnen als auch open air. Bands und Publikum sorgen für lokales Kolorit, aber die versteckten „Unterhaltungsgebühren" können nerven. Karaokebars gibt's an jeder Ecke; einige sind allerdings alles andere als empfehlenswert.

★ **Oarhouse** BAR
(Karte S. 72; 1688 Bocobo St., Malate; ⏲Mo–Fr 17 Uhr–open end, Sa & So 15 Uhr–open end; 📶) Das bereits seit 1977 existierende Oarhouse ist ein echter Schatz in Malate, das aufgeweckte, trinklustige Stammgäste – Studenten, Journalisten und Ausländer – anzieht, die hier häufig bis zum Morgengrauen abhängen. Hier gibt's das kälteste Bier der Stadt, tolle Musik, Craft-Bier, gute Burger, großartiges Chili und jede Nacht Barbeque.

Shipyard in Malate BAR
(Karte S. 72; Malvar St. Ecke Bocobo St.; 18–3 Uhr) Der hochwertige, kleine Straßenmarkt bringt Malate nach vorne: Durstige bekommen verschiedene Sorten Craft-Bier, billige lokale Cocktails, und unter den Essensständen gibt's auch Ableger von American Southern Fried Chicken und East London Kebab & Burger. Farbenfrohe Wandbilder und das Industriedesign garantieren gute Vibes.

Erra's Vest Ramen in Town BAR
(Karte S. 72; 1755 Adriatico St., Malate; ⏲ 24 Std.) Mitten im Zentrum zieht Erra's, ein typisch südostasiatischer Straßenstand, mit preiswertem San Miguel Leute aus allen Ecken der Galaxis an. Wie der kuriose Namen verspricht, gibt's auch hauseigene Ramen (60 bis 90 P).

Che'lu SCHWULE
(Karte S. 72; 1802 Maria Orosa St., Malate; ⏲ Do–Sa 21–4 Uhr) Dieser alteingesessene Club gehört zu den wenigen Schwulenbars Malates mit Stehvermögen. Die Drinks sind deutlich preiswerter als in The Fort. Das Che'lu zieht in den meisten Nächten annehmbare Gäste an, und ab Donnerstag wird es richtig laut.

Makati & Poblacion

Poblacion – nach seiner Hauptstraße auch als P Burgos bekannt – ist heute das wichtigste Unterhaltungsviertel Makatis. Die P-Burgos-Straße ist immer noch ein Rotlichtbezirk, aber in den Straßen der Umgebung genießen etablierte Filipinos und Auswanderer das Unterhaltung- und Barangebot. Andernorts gehören finstere Kneipen zum Lokalkolorit, aber hier gibt's auch protzige Dachterrassenbars und urige Musiklokale.

★ **Le Café Curieux** BAR
(Karte S. 65; Badajos St.; ⏲ 18 Uhr–open end) Diese von Franzosen geführte Bar mit Bistro destilliert ihren eigenen Rum mit verschiedenen Aromazusätzen. Man schnappt sich einen Hocker an der schäbigen Bar vorn oder speist köstliche französische Gerichte hinten auf einem Sofa unter freiem Himmel. Gelegentlich spielen gute Bands, und das Publikum ist stets fröhlich und ausgelassen.

★ **Long Bar** COCKTAILBAR
(Karte S. 66; 1 Raffles Dr.; ⏲ 12–2 Uhr) Diese Bar in der Lobby des Raffles Makati (S. 83) lehnt sich an das Original in Singapur an. Die Happy Hour von 17 bis 20 Uhr ist unschlagbar – Bier, Wein und Cocktails (auch die Spezialität *Singapore Sling*) für 870 P. Die lackierte, ausreichend lange Bar ist ein echter Schatz; auf dem Boden türmen sich die leeren Erdnussschalen.

★ **A Toda Madre** BAR
(Karte S. 65; www.atmrestaurant.com; Durban St. Ecke Makati Ave.; ⏲ 17–2 Uhr) Die schicke Tequila-Bar mit mexikanischem Essen hat abwechselnd 85 Tequila- und Mescalsorten, mexikanisches Bier und verschiedene Sorten von Margarita im Angebot (man bestellt mit Don Julio oder Casa Noble *reposado*). Die

MANILAS BESTE DACHTERRASSENBARS

Wer eine andere Perspektive auf Manila bekommen will, sollte eine der Dachterrassenbars aufsuchen – dort entkommt man dem Gewimmel auf den Straßen und genießt eine großartige Aussicht.

Das **Sky Deck** (Karte S. 58; Muralla & Victoria Sts., Intramuros; ⏲ 17–1 Uhr; 📶) auf dem Dach des Bayleaf Hotel in Intramuros bietet eine 360°-Ansicht der Metropole; das Sightseeing nach Sonnenuntergang lohnt sich. Während der Happy Hour (17–21 Uhr) darf man für 550 P so viel San Miguel trinken, wie man will. An manchen Abenden spielt eine akustische Band.

Firefly Roofdeck Bar (Karte S. 65; 8008 Makati Ave., Poblacion, Makati; ⏲ 10–2 Uhr) Die elegante Dachterrassenlounge in der 32. Etage des City Garden Grand Hotels. Der Blick umfasst beinahe 360° über Makati; es gibt eine große Cocktailauswahl, Craft-Bier und ordentliches Essen, an manchen Abenden auch Themen-Büfetts.

Pacific Lounge (Karte S. 72; Ecke Adriatico & Malvar Sts., Pan Pacific Hotel, 20. OG, Malate; Cocktails inkl. Knabbereien 250 P; ⏲ 6–23 Uhr) Die Dachterrassenbar des Hotels, 20 Stockwerke über den Straßen von Malate, steht auch den Nicht-Gästen offen. Man relaxt in einer Gartenoase, komplett mit Laube und Steg, oder genießt den Blick auf die Stadt in gepflegter Umgebung. In der Happy Hour (6–20 Uhr) gibt's für 800 P Getränke nach Wahl und ein Büfett mit Häppchen.

Straight Up (Karte S. 79; Ecke 30th St. & 11th Ave., BGC; 📶) Eine Dachterrassenbar auf dem Seda Hotel in The Fort (BGC) mit klassischem Manhattan-Ambiente und großartigem Ausblick auf die Stadt; zwischen 17 und 19 Uhr gibt's zwei Cocktails zum Preis von einem.

CRAFT-BIER-KNEIPEN

Die Craft-Bier-Revolution hat Manila erreicht. Die lokalen Kleinbrauereien strengen sich mächtig an, um eine neue Generation durstiger Trinker zu bedienen. Hier ein paar Läden, die sich auf handwerklich produziertes, philippinisches Bier spezialisiert haben:

The Bottle Shop (Karte S. 79; 26th St. Ecke 3rd Ave., BGC; ⏲Mo–Sa 13–2 Uhr; 📶) Hier wird Manilas beste Auswahl an Craft-Bier ausgeschenkt. Im Angebot ist eine enorme Auswahl heimischer und internationaler Biere (in Flaschen und vom Fass), darunter auch Rogue und andere Sorten aus dem US-amerikanischen Nordwesten.

Big Bad Wolf (Karte S. 79; Forbestown Rd., Burgos Circle, BGC; ⏲11–1.30 Uhr; 📶) Das an eine Hipster-Bar in Portland erinnernde Lokal bietet auf zwei Stockwerken in einem Ambiente mit bequemen Sofas, cooler Musik und auf der Kreidetafel angeschriebenen Gerichten eine ausgezeichnete Auswahl von Bieren aus dem ganzen Land.

Tap Station (Karte S. 79; Forbestown Rd., BGC; ⏲17 Uhr–open end) Ein Spezialist für Craft-Bier in der Nähe des Burgos Cycle, ein total angesagter, bodenständiger Biergarten. Aus dem Fass fließen 25 Biersorten (Pints 225–295 P), darunter einige belgische Biere. Während der Happy Hour (18–21 Uhr) gibt's zwei hauseigene Pils zum Preis von einem. Eine andere Filiale steht in **Ermita** (Karte S. 72; Adriatico St. Ecke Padre Faura St., Ermita; Pint Bier 120–200 P; ⏲Mo–Sa 17–2, So bis 23 Uhr).

Batala Bar (Karte S. 66; 830 A Arnaiz Ave., 1. OG, Makati; ⏲Di–So 15–24 Uhr; 📶) 🍃 Großartige Auswahl an Craft-Bier, in Flaschen und vom Fass, dazu kreative Cocktails und Gerichte mit Produkten aus der Region. Das Batala verkauft auch Waren aus fairer Produktion und unterstützt mit Benefizveranstaltungen und Kunstausstellungen Umwelt- und andere sinnvolle Organisationen.

per Hand gemachten, doppelt eingedrehten, weichen Maistortillas sind köstlich – unbedingt das *barbacoa* (langsam gekochtes Rindfleisch) vom Spezialitäten-Menü bestellen.

Z Roofdeck BAR

(Karte S. 65; 5660 Don Pedro St.; ⏲17 Uhr–open end) Das ist zweifellos der beliebteste Party-Hotspot für Backpacker in Manila. Auf der Dachterrasse des Z Hostel (S. 82) legen heiße lokale und talentierte ausländische DJs auf; sie ist auch bei Einheimischen und Ausländern beliebt. Zur Happy Hour (Montag bis Donnerstag 17–20 Uhr) gibt's lokales Bier für 58 P – zum Bezahlen der Drinks lädt man sich ein Guthaben auf ein Armband mit RFID-Etikett.

ABV COCKTAILBAR

(Karte S. 54; 22 Jupiter St.; ⏲17 Uhr–open end) Das ABV ließ sich von den legendären, geheimen Kneipen im New York der 1920-Jahre inspirieren: Es ist ein modernes Speakeasy mit angeschlossenem Burgerladen. Die Liste der klassischen und hauseigenen Cocktails ist imposant. Im umfangreichen Spirituosenangebot sind allein bis zu 40 Sorten Absinth. Der Zugang erfolgt durch einen geheimen „Fahrstuhl".

★ **Pura Vida** BAR

(Karte S. 65; Don Pedro St. Ecke Jacobo St.; ⏲Mo–Sa 18.30–2 Uhr) Das Pura Vida, das einem Costa Ricaner gehört, bringt etwas karibische Lässigkeit ins Herz von Poblacion. Das ausgesprochen globale Publikum genießt gelegentlich eine Reggae-Band, *arroz con camarones* (Reis mit Garnelen) und Mojitos. Das mega-exklusive **Polilya** (Karte S. 65; ⏲Di–So 18.30–2 Uhr; 📶) im Untergeschoss ist eine neue Bar der Kleinbrauerei Engkanto.

20:20 COCKTAILBAR

(Karte S. 54; La Fuerza Plaza, Chino Roces Ave.; ⏲Mi–Sa 19–3 Uhr) Gleich beim Betreten des 20:20 fällt das riesige Regal mit Spitzen-Spirituosen hinter der Bar auf – ein gutes Vorzeichen. Und das ist nur der Anfang, denn trendige DJs, funky Lichtinstallationen und kreative Barsnacks sorgen bei dem angenehmen Publikum an der Bar und den dämmrigen Tischen für gute Laune.

Time CLUB

(Karte S. 65; 7840 Makati Ave.; ⏲Di–Sa ab 17 Uhr) Drinnen dröhnen die Bässe, draußen gibt's eine nette Terrasse mit Blick auf die Makati Avenue – im zeitlosen Time feiern die Party-People, wenn die anderen Clubs und Bars bereits schließen, weiter bis zum Morgen.

Curator BAR

(Karte S. 66; 134 Legazpi St., Legazpi Village; Cocktails ab 400 P; ⏲18.30–2 Uhr) Der Ort für diejenigen, die beim Trinken Ansprüche stellen: Das preisgekrönte Curator serviert ständig wechselnde Cocktail-Kreationen, gemixt von Barkeepern, die ihr Geschäft verstehen. Die Drinks sind teuer, verwenden aber hochwertige Zutaten. Das Café nach vorne heraus serviert sortenreinen Kaffee und Sandwiches (von 7 bis 22 Uhr).

Joe's Brew BAR

(Karte S. 65; Mathilde St. Ecke Jacobo St.; ⏲Di–So 17–1 Uhr) Der winzige Laden serviert Craft-Bier vom Fass von einer der führenden Kleinbrauereien Manilas. Unbedingt versuchen: Fish Rider Pale Ale und dazu Rinderbrust oder Poutine (Pommes Frites mit Bratensauce aus Französisch-Kanada) aus der angeschlossenen Räucherei **Holy Smokes**.

H&J BAR

(Karte S. 65; 5781 Felipe St.; ⏲Mo–Fr 14–7 Uhr, Sa & So 24 Std.; 📶) Das alteingesessene Pub ist bei Ausländern sehr beliebt, die hier Live-Sport im Fernsehen verfolgen; am Wochenende spielen auch meist eine oder zwei Livebands.

Finders Keepers BAR

(Karte S. 54; www.facebook.com/finderskeepersMNL; Sabio St. Ecke Chino Roces Ave.; ⏲Di–So 20 Uhr–open end) Diese schummrig beleuchtete Kneipe versteckt sich in einem uninteressanten Lagerhaus unter dem ultracoolen **Black Market Club** (Karte S. 54; www.blackmarketmnl.com; ⏲Mi–Sa 21–3 Uhr). Wer hineingefunden hat, kann sich einen Hocker an der Theke schnappen oder sich auf ein Sofa pflanzen und die hochwertigen Cocktails genießen.

The Fort (BGC)

In BGC (The Fort) finden die exklusiveren Partys von Manila statt. Hier befinden sich die großen Superclubs, jede Menge hippe Cocktailbars und mehrere Kneipen, die Craft-Bier ausschenken – und sie haben eines gemeinsam: Alle sind sie teuer. Im Abschnitt südlich des Burgos Circle (Forbestown Road) warten zahlreiche Bars auf die Nachtschwärmer, und Cafés stellen ihre Tische vor die Tür.

★ Bank Bar BAR

(Karte S. 79; RCBC Tower, 26th St.; ⏲Mo–Fr 17–2, Sa & So 19–3 Uhr) Diese anspruchsvolle, gut hinter einem 7-Eleven versteckte Bar bezeichnet sich selbst als „Trinkhöhle". Auf die Gäste wartet ein Riesenangebot an Spirituosen, Craft-Cocktails und Barsnacks; ein Martini-Rollwagen liefert die nach den Wünschen der Gäste gemixten Cocktails aus.

★ Nectar SCHWULE & LESBEN

(Karte S. 79; ☎0917 542 8831; The Fort Strip, 5th Ave.; Eintritt 500 P; ⏲Di–Sa 22–4 Uhr) Der jüngst im Zentrum von The Fort eröffnete Nachtclub ist die Topadresse für Manilas Schwulen- und Lesbenszene. Hier treten vor den Zuschauern – darunter sind auch viele Heteros – keine schrillen Dragqueens, sondern nur attraktive Tänzer und DJs auf. Dienstag ist Lesbennacht.

Valkyrie CLUB

(Karte S. 54; www.thepalacemanila.com; 9th Ave. Ecke 36th St.) In diesem gigantisch großen Superclub in The Fort legen Spitzen-DJs aus dem In- und Ausland auf. Es wird vom selben Management geführt wie der genauso beliebte – beide haben viel gemeinsam – Nachtclub **Revel at the Palace** (Karte S. 54; ☎0917 550 8888; http://revel.thepalacemanila.com; Eintritt inkl. 2 Cocktails Mi & Do 800 P; Fr & Sa 1500 P; ⏲Mo–Sa 22–open end), der **Palace Pool Club** (Karte S. 54; http://poolclub.thepalacemanila.com; 11–3 Uhr) mit Poolpartys wie in Las Vegas und einer simplen Bierhalle.

Unit 27 BAR

(Karte S. 79; 26th St. Ecke 7th Ave.) Am Tag ist Unit 27 eine normale, alte Bar und ein Café, die sich am Abend in eine wilde Party mit hippem, schwulenfreundlichem Publikum verwandeln. Donnerstag- und Freitagnacht legen Spitzen-DJs auf, und die Gäste stehen auf Tuchfühlung. Ab Mitternacht geht's auf der Tanzfläche richtig los.

Quezon City & Cubao

★ Cubao Expo BARVIERTEL

(Karte S. 80; Gen Romulo Ave., Cubao; ⏲17 Uhr–open end) Das Viertel mit coolen Bars, preiswerten Lokalen und Läden ist ein Muss für

MANILAS KAFFEEKULTUR

Kaffee wird von Manilas junger Generation sehr ernst genommen. Quezon City ist hier mit mehreren guten Kaffeeröstereien führend, doch Makati und The Fort (BGC) schließen auf. Die folgenden Läden verwenden sortenreine Bohnen aus fairem Handel. Ein paar davon rösten vor Ort; und alle bieten auch hervorragendes Essen an.

Coffee Empire (Karte S. 80; www.coffeeempire.com.ph; 74 West Ave., Quezon City; Hauptgerichte 200–400 P; 9–1 Uhr) Ein schicker Großraumladen im Industriedesign. Im verglasten „Green Room" stehen Säcke mit sortenreinen Kaffeebohnen; den Duft der frisch gerösteten Bohnen darf man in Schubfächern erschnuppern. Mittwoch und Samstag wird öffentlich geröstet; außerdem bieten sie Kaffeeproben (Cuppings) an (auf der Website checken).

Craft Coffee Revolution (Karte S. 80; 66c Broadway Ave., Quezon City; 8–23 Uhr;) Das Craft Coffee Revolution gleich neben dem Big Sky Mind hat alles, was ein Kaffeehaus ausmacht. Die Kunden genießen auf Holzkistenmöbeln ihren sortenreinen Espresso oder kalt gebrühten Cold-Brew-Kaffee.

Negative Space (Karte S. 80; 80 Maginhawa St., Quezon City; Hauptgerichte 200–300 P; Di–So 12–22 Uhr) Dieser trendige Kaffee-Shop hat einen japanischen Touch: Auf der Karte stehen Matcha, japanisch und in Sake gebrühten Kaffee. Zum Haus gehört sogar ein japanischer Akita. Die sortenreinen Kaffeebohnen wechseln mit den Jahreszeiten. Der Laden verkauft auch Künstlerzubehör; Männchen kritzeln ist ausdrücklich erwünscht.

Yardstick (Karte S. 66; 02-624 9511; www.yardstickcoffee.com; 106 Esteban St., Legazpi Village, Makati; Hauptgerichte 300 P; Mo–Sa 7–23, So 8–18 Uhr;) Hier werden sortenreine Kaffeebohnen und Maschinen von La Marzocco verkauft. Das Yardstick ist ein heller, luftiger Laden mit der Rösterei im Hinterhaus und einer verglasten Abteilung, wo regelmäßig Kaffeeproben und Workshops stattfinden. Der Kaffee wird in Dampfdruckmaschinen zubereitet.

Hineleban Cafe (Karte S. 66; 830 A Arnaiz Ave., Makati; Mo–Fr 7–21, Sa & So 9–20 Uhr) Das Hineleban hat sich auf sortenreinen Kaffee aus lokalem Anbau spezialisiert; er kommt vorwiegend aus Bukidnon (Mindanao). Man bekommt Aeropress-, Syphon-, aufgebrühten und Kaffee aus der Kaffeepresse.

alle, die sich für Manilas Underground-Szene interessieren. Die Treffs kommen und gehen, aber die feuchtfröhliche **Fred's Revolución** (Karte S. 80; Di–So 18–24 Uhr) mit ihrer „kommunistischen Gestaltung" ist ein Fels in der Brandung. Hier werden alternativer Rock gespielt und ein paar Craft-Biere serviert.

Catch 272 BAR
(Karte S. 80; T Gener St. Ecke Kamuning Rd., Quezon City; Di–So 19–open end) Hier hängt die Boheme ab, und stilecht mixen die tätowierten Barkeeper ihre Eigenkreationen wie beispielsweise den bartypischen „Baywalker" (ein sagenhafter Long Island Iced Tea mit Salzrand). Freitag und Samstag wird Livemusik gespielt – der Lokalmatador Kapitan Kuman lohnt sich. Dazu bekommt man köstliches Kneipenessen, wie Algen und Parmesan Chicken Tender.

Big Sky Mind BAR
(Karte S. 80; Broadway Ave., New Manila, Quezon City; Di–So 21–5 Uhr) Manilas berühmteste Kellerbar ist seit 1999 geöffnet. Auf den Secondhand-Möbeln sitzen die unterschiedlichsten Typen, quatschen und hören klassischen Pinoy Rock 'n' Roll. Ab 2 Uhr geht es dann richtig ab.

Es werden leckere Barhäppchen serviert, und wer zum ersten Mal aufkreuzt, bekommt einen Willkommensdrink (ruhig nachfragen).

☆ Unterhaltung

Livemusik

★ SaGuijo LIVEMUSIK
(Karte S. 54; 02-897 8629; www.facebook.com/saGuijo.Cafe.Bar.Events; 7612 Guijo St., Makati; Eintritt nach 22 Uhr, inkl. ein Getränk 150–200 P; 18–2 Uhr) In der wunderbar schäbigen Kneipe legen ab 22.30 Uhr Indie-, Punk-

und New-Wave-Bands vor dicht gedrängten Zuhörern richtig los; Termine bei Facebook checken.

Tago Jazz Café JAZZ
(Karte S. 54; ☎ 0922 357 5896; www.facebook.com/tagojazzcafe; 14 Main Ave., Cubao; ⏲ 21–3 Uhr) Der fantastische, intime Jazzclub liegt versteckt in Quezon City. Hier treten lokale Topmusiker, gelegentlich auch ausländische Gäste auf. Bei den offenen Jamsessions (meist Samstag) schlagen manchmal echte Talente auf. Donnerstags wird Bebop gespielt. Wenn bekannte Größen auftreten, kann eine geringe Eintrittsgebühr (100 P) fällig werden.

'70s Bistro LIVEMUSIK
(Karte S. 54; www.the70sbistro.com; 46 Anonas St., Quezon City; Eintritt rund 150 P; ⏲ Mo–Sa 19–open end) Die lange bestehende Bar in Quezon City bringt die landesweit besten Reggae-Bands sowie klassische Pinoy-Rockbands wie die Jerks, die schon seit fast den 1970er-Jahren dabei sind, auf die Bühne; Termine bei Facebook checken.

Conspiracy Garden Cafe LIVEMUSIK
(Karte S. 54; ☎ 02-453 2170; www.facebook.com/conspiracy.garden.cafe; 59 Visayas Ave., Quezon City; Eintritt 100–150 P; ⏲ Mo–So 17–2 Uhr) Der lange bestehende, stimmungsvolle Treff spricht ein älteres Publikum an, das auf Sitzen der meist akustischen Musik zuhört. Im Garten kann man sich gut mit einem dunklen San Miguel entspannen. Die Musik beginnt gegen 22 Uhr; Termine bei Facebook checken.

★ **Hobbit House** LIVEMUSIK
(Karte S. 72; www.hobbithousemanila.com; 1212 MH del Pilar St., Ermita; Eintritt 150–175 P; ⏲ 17–2 Uhr; 📶) In dieser Bluesbar treten seit 1973 einige der besten Musiker Manilas auf. Der von allen geliebte Gründer Jim Turner, der 2016 starb, hinterließ die Bar seinen kompetenten Mitarbeitern. Zum Angebot gehört eine eindrucksvolle Auswahl Craft- und Import-Biere.

Salon de Ning LIVEMUSIK
(Karte S. 66; Peninsula Manila Hotel, Makati Ave., Makati; ⏲ Di–Sa 19–2 Uhr) Die Kneipe im Stil des Shanghais der 1930er-Jahre liegt versteckt im luxuriösen Peninsula Hotel (S. 83). Die Gäste hocken in dunklen Ecken und Nischen, die nach verschiedenen Themen designt sind, wie Boheme-Lounge, Cockpit eines Luftschiffs oder Boxen („Thrilla in Manilla"). Jede Nacht geht Livemusik auf der zentralen Bühne ab.

Minokaua LIVEMUSIK
(Penguin Cafe; Karte S. 72; 1951 Adriatico St., Malate; ⏲ Di–Sa ab 17 Uhr) Das Minokaua im alten Penguin Café war früher Malates beliebtester Künstlertreff. Heute treten hier außergewöhnliche Musikertalente auf die Bühne, vor allem am Freitag und Samstag.

B-Side LIVEMUSIK
(Karte S. 76; www.facebook.com/bside.makati; The Collective, Malugay St., Makati; ⏲ unterschiedlich) In dieser Bar kommt die Kunstszene des *Collective* (S. 100) auf Touren. An Wochenenden und an einigen Abenden unter der Woche treten im Innenhof des Collective ein oder zwei Bands auf, und der ganze Komplex tanzt – besonders beim Reggae-Sonntag, der ab 22 Uhr startet.

Darstellende Kunst

Cultural Center of the Philippines DARSTELLENDE KUNST
(Karte S. 76; ☎ 02-832 1125; www.culturalcenter.gov.ph; CCP Komplex, Roxas Blvd., Pasay; Preise variieren; ⏲ Kartenverkauf an den Veranstaltungstagen Di–Sa 9–18, So 13–17 Uhr) Hier treten Manilas kulturelle Schwergewichte auf, etwa das Ballet Philippines (die beste Tanztruppe des Landes), das Philippine Philharmonic Orchestra (das wichtigste Sinfonieorchester) und das Tanghalang Philipino, eine Theatertruppe, die klassische und philippinische Stücke, oft auf Tagalog, aufführt.

Club Mwah! KABARETT
(Karte S. 54; ☎ 02-535 7943; www.theclubmwah.com; Venue Tower, 652 Boni Ave., Mandaluyong City; Tickets 750 P; ⏲ Fr & Sa Abendessen 19.30, Show 21.30 Uhr) Die besten Transvestiten-Bühnenshows der Stadt finden im opulenten **Club Mwah!** statt, einem unglaublich glänzenden, funkelnden und tollen Ort, dessen Inneneinrichtung an Las Vegas erinnert. Er ist auf Augenhöhe mit jedem Club in Bangkok – Daumen hoch für Choreografie und Kreativität.

Philippine Educational Theater Association THEATER
(PETA; Karte S. 80; ☎ 02-725 6244; www.petatheater.com; 5 Eymard Dr., Quezon City; Tickets ab 800 P; ⏲ Shows Fr–So 10, 15 und/oder 20 Uhr) Diese tolle „offene" Theatergruppe, die wahrscheinlich beste Truppe Manilas,

führt Komödien und Tragödien auf, meist Originalstücke (nicht immer in Englisch; nachfragen). Die 10-Uhr-Vorstellung ist für Kinder gedacht, findet aber unregelmäßig statt. Im Theater werden auch Festivals und Workshops abgehalten.

FAB/The Library COMEDY
(Karte S. 72; ☎02-522 2484; www.thelibrary.com.ph; 1739 M Orosa St., Malate) Zwei Schwulenclubs unter einem Dach. Das Library bietet jeden Abend ab 21 Uhr Comedyshows (100–500 P), die bei Schwulen und Heteros gleichermaßen beliebt sind. Das FAB (Filipino Aces Bar) ist intimer, es gibt jede Nacht Livemusik, Stand-up-Comedy und wechselnde Shows.

Arenen

Mall of Asia Arena KONZERTE
(Karte S. 76; Diokno Blvd., Pasay) Veranstaltungsort für hochklassige Konzerte und Shows; Madonna und Britney Spears waren vor Kurzem hier.

Araneta Coliseum LIVEMUSIK
(The Big Dome; Karte S. 80; www.smataranetacoliseum.com; Gen Roxas Ave., Cubao) In Manilas legendärem Stadion fand der „Thrilla in Manila" statt, der wahrscheinlich berühmteste Boxkampf aller Zeiten. Heute finden hier die großen Spiele der PBA (Philippine Basketball Association) und andere Sportereignisse statt; außerdem treten alle möglichen internationalen Bands auf.

Kinos

In Manilas Einkaufszentren gibt es Hunderte Kinos, von denen viele topmodern sind. Hollywood-Blockbuster starten auf den Philippinen oft gleichzeitig mit den USA, aber hier kostet der Kinobesuch nur 120 bis 200 P. In der Mall of Asia gibt's ein IMAX-Kino.

Casinos

In den vergangenen Jahren haben in Manila drei Casinos der Weltklasse eröffnet, das damit langsam zum „Macau des Südens" aufsteigt: Das **Solaire** (Karte S. 54; ☎02-888 8888; www.solaireresort.com; 1 Asean Ave., Entertainment City, Parañaque; ⏱24 Std.), **City of Dreams** (Karte S. 54; ☎02-800 8080; www.cityofdreamsmanila.com; Asean Ave., Entertainment City, Parañaque; ⏱24 Std.) und das **Okada** (Karte S. 54; ☎02-888 0777; www.okadamanila.com; New Seaside Dr., Entertainment City, Parañaque). Letzteres ist das neueste und ambitionierteste – es breitet sich auf einer 43 ha großen Neulandfläche an der Bucht von Manila aus. Der metallisch glänzende Koloss und der rekordverdächtige Springbrunnen (die höchste „tanzende" Fontäne der Welt) fallen beim nächtlichen Anflug auf Manila sofort ins Auge.

Wer sein Glück versuchen möchte, dem machen es die Großen Drei in der „Entertainment City" in Parañaque leicht; die Tische sind rund um die Uhr geöffnet. Neben dem Spielbetrieb findet man dort die gleiche Unterhaltung wie in Las Vegas: unterschiedliche Shows, Konzerte, Edelrestaurants wie das **Nobu** in der City of Dreams, und Clubs. Im eindrucksvollen **Theater at Solaire** treten Starmusiker auf und finden hochklassige Aufführungen statt. Inzwischen redet aber die ganze Stadt von *Okada's* **Cove** – ein ausufernder Indoor-Beachclub, der Ende 2017 eröffnet hat.

Shoppen

Downtown Manila

★Silahis Arts & Artifacts GESCHENKE & SOUVENIRS
(Karte S. 58; 744 General Luna St., Intramuros; ⏱10–19 Uhr) Dies ist eher ein Kulturzentrum als ein Laden. Neben schönen Antiquitäten werden fein gewebte Körbe, *bulol*-(Reiswächter-)Holzfiguren der Ifugao, Textilien und anderes Kunsthandwerk aus dem gesamten Land verkauft.

Tradewinds Books (Karte S. 58; ⏱10–19 Uhr) im Obergeschoss ist auf philippinische Geschichte, Kultur und Biografien spezialisiert.

★Solidaridad Bookshop BÜCHER
(Karte S. 72; 531 Padre Faura St., Ermita; ⏱Mo–Sa 9–18 Uhr) Der Buchladen gehört dem philippinischen Autor F. Sionil José, der eine großartig sortierte Auswahl von westlicher und östlicher Sachbuchliteratur und internationale Magazine, wie den *New Yorker*, sowie schwer zu findende, historische und dokumentarische, philippinische Bücher führt.

HUB Make Lab MARKT
(Karte S. 62; www.98-B.org/hubmakelab; First United Bldg., Escolta St., Binondo; ⏱Di–So 11–20 Uhr) Der HUB macht Bastler und Entrepreneure froh. Hier findet man all das, was in

BUNTES TREIBEN AUF DEM QUIAPO MARKET

Fans von Märkten und Gedränge sollten den Pasig auf der Quezon Bridge überqueren und sich zur Quiapo Church (S. 64) mit der schwarzen Christusstatue (Black Nazarene; (S. 73) aufmachen.

Der Hauptgrund für einen Besuch in Quiapo ist jedoch nicht die Besichtigung der Kirche, sondern das bunte Leben, das sich auf dem Kirchplatz, der **Plaza Miranda** (Karte S. 62) und der Umgebung abspielt. Hier und auf den umliegenden Märkten werden den Menschenmassen alle erdenklichen Produkte zum Kauf angeboten.

Berühmt und berüchtigt sind die zweifelhaften Apothekenstände, die Kräutermittel und Volksmedizin sowie Amulette (gravierte Steine und Medaillons, denen man magische Kräfte zuschreibt) feilbieten. Mit bewundernswerter Initiative erzählen die Verkäufer jedem, der es hören will (oder nicht), dass der „Pampa Regla"-Trank für alles von Gewichtsverlust bis zur Behandlung von Erektionsstörungen gut ist – je nachdem, wie der potenzielle Kunde aussieht.

Besonders bunt sind die Stände rund um die Carriedo Street, die dick ausgestopfte BHs, Geräteteile, Porno-DVDs und alles erdenkliche andere verkaufen. In der Nähe, unter der **Quezon Bridge,** gibt's in dem als **Ilalim ng Tulay** (wörtlich „unter der Brücke") bezeichneten Areal billigen Touristenschund. Auf der anderen Straßenseite preisen die Verkäufer auf dem kürzlich modernisierten **Quinta Market & Fish Port** Fisch, Fleisch, Gemüse, Obst und andere Nahrungsmittel an.

Besonders heftig ist das Treiben an den Wochenenden, wenn die Hälfte der Einwohner, die nicht in den Einkaufszentren ist, hierher zum Einkaufen kommt. Wie in anderen überlaufenen Arealen keine Wertsachen in den Taschen tragen und den Rucksack vor den Bauch nehmen.

den üblichen Läden längst ausverkauft ist: exzentrische Accessoires, Vintage-Teile, gewagte Eis-Kreationen (jemand an Sojasauce- und Schinkeneis interessiert?), sukkulente Minipflanzen für den Schreibtisch ... und natürlich Kunst in allen Formen – zur Künstlergruppe 98B COLLABoratory die Treppe hoch.

Manila Collectible Co GESCHENKE & SOUVENIRS
(Karte S. 58; ☎0917 861 3011; Fort Santiago, Intramuros; ⏲9–20 Uhr) Dieser trendige Laden hat sich auf handgewebte Stoffe und Accessoires spezialisiert, die von indigenen Gruppen überall aus allen Regionen der Philippinen hergestellt werden. Dazu gibt's Biokaffee aus fairem Handel, philippinische Zigarren, lokale „Weine" gewürzte Pilinüsse und unverfälschten Kakao.

Tesoro's GESCHENKE & SOUVENIRS
(Karte S. 72; www.tesoros.ph; 1325 Mabini St., Ermita; ⏲11–20 Uhr) Die Spezialität sind gewebte Produkte aus *pinya* (Fasern der Ananaspalme), vor allem bestickte *barongs* (ab 9500 P). Man findet aber auch Produkte aus lackierten Kokosschalen, Körbe, Taschen, Kaffee, getrocknete Mangos und einige seltene Bücher zur philippinischen Kultur. Der Laden hat Filialen in **Makati** (Karte S. 66; 1016 A Arnaiz Ave.; ⏲Mo–Sa 9.30–21, So 10–19.30 Uhr) und, fürs Last-Minute-Shopping, am Flughafen (Terminals 1 und 3).

Maria Closa ANTIQUITÄTEN, KUNST
(Karte S. 72; www.mariaclosa.com; 1335 Mabini St., Ermita; ⏲Mo–Sa 9–18.30 Uhr) Die teure Galerie wendet sich mit hochwertigen, handgefertigten Möbeln, Skulpturen und Artefakten aus dem ganzen Land an ernsthafte Sammler.

Hiraya Gallery KUNST
(Karte S. 72; www.hiraya.com; 530 United Nations Ave., Ermita; ⏲Mo–S 9–17 Uhr) Die schon lange bestehende Verkaufsgalerie führt philippinische zeitgenössische Kunst von Museumsqualität. Zur Zeit angesagt sind Werke von Norberto Carating, Eric Guazon und dem jungen Künstler Randalf Dilla aus Batanes.

Mall of Asia EINKAUFSZENTRUM
(Karte S. 76; Manila Bay, Pasay; ⏲10–22 Uhr) Das Einkaufszentrum gehört zu den zehn größten der Welt. Neben allen üblichen Geschäften gibt es hier unzählige Restaurants, eine Olympia-taugliche Eisbahn und ein IMAX-Kino. Am frühen Abend locken die Fahrgeschäfte am Meeresufer, und am

Wochenende explodiert ein sagenhaftes Feuerwerk über der Bucht von Manila.

Makati

★ Balikbayan Handicrafts GESCHENKE & SOUVENIRS
(Karte S. 66; www.balikbayanhandicrafts.com; 1010 A Arnaiz Ave.; ⏲ Mo–Sa 9–20, So 10–20 Uhr) In diesen über drei Stockwerke verteilten Laden werden ganze Busladungen von Touristen gekarrt – aber die Ware ist von erstaunlich guter Qualität, wenn man bedenkt, in welch großen Stückzahlen die Artikel vorhanden sind. Die Spezialitäten sind u. a. schön glasiertes Geschirr aus Kokosschalen und Deko-Kugeln.

★ Greenbelt EINKAUFSZENTRUM
(Karte S. 66; Ayala Centre; ⏲ 11–21 Uhr) Eine Mall am teureren Ende des Ayala Centre, wo unzählige schicke Cafés und Restaurants einen Parkbereich in der Mitte einschließen. Es gibt fünf Abschnitte (Greenbelt 1 bis Greenbelt 5) mit jeweils eigenem Charakter.

Lemongrass House KOSMETIK
(Karte S. 66; Dusit Thani Hotel; ⏲ 9–22 Uhr) Dieser hochgeschätzte Thailand-Import führt pure Naturkosmetik: Öle, Sonnenschutz, Sonnengel und einen wirkungsvollen Lavendel-Zitronella-Mückenschutz. Dazu sind duftende Seifen und Lotionen im Angebot, die alle von kleinen, thailändischen Herstellern stammen.

Collective TRÖDEL
(Karte S. 76; www.thecollectivemnl.com; 7274 Malugay St.) Diese Kooperative ist ein Bienenstock voller Kreativität und Coolness, bestehend aus städtischen Galerien, Trödelläden und Boutiquen sowie einiges Bars und Restaurants, die erst am frühen Abend wirklich zum Leben erwachen.

LRI Design Plaza DESIGN, KUNST
(Karte S. 54; www.lridesignplaza.com; 210 Nicanor Garcia St.; ⏲ Mo–Sa 10–19 Uhr) Die Ansammlung von Kunstgalerien und modernen Möbelstudios versammelt unter einem Dach alles, was in der Kunst- und Designwelt der Hauptstadt schick ist.

The Fort (BGC)

Echo Store KOSMETIK, ESSEN
(Karte S. 79; www.echostore.ph; Serendra Mall, McKinley Pkwy.; ⏲ 9–21 Uhr) 🍃 Der Laden ist auf regionale Produkte aus fairem Handel (darunter Kaffee und Kunsthandwerk) sowie auf chemiefreie Kosmetik und Pflegeprodukte spezialisiert. Im Café bekommt man außerdem schmackhafte Gerichte aus Bio-Zutaten.

Fully Booked BÜCHER
(Karte S. 79; www.fullybookedonline.com; 902 Bonifacio High St.; ⏲ 11–23 Uhr) Manilas größter Buchladen hat eine tolle Abteilung von Reiseliteratur und eine prima Auswahl an Belletristik und Sachbüchern (alles in englischer Sprache). Es gibt Filialen in den meisten Einkaufszentren rund um Manila, aber Tim-und-Struppi-Fans halten sich an diese im The Fort.

Bonifacio High Street EINKAUFSSTRASSE
(Karte S. 79; zwischen 5. & 11. Ave.) Diese offene Einkaufsstraße mit teureren Läden zieht sich über drei lange Häuserblocks im The Fort (BGC) hin. Es gibt jede Menge guter Restaurants und teurer Modeläden sowie Kunstinstallationen, und am Wochenende finden regelmäßig Festivals statt. Die Straße läuft auf den **Fiesta Market** (Karte S. 79; McKinley Pkwy., BGC; ⏲ 10–21 Uhr) vor dem Market! Market! zu, wo man in Straßenküchen die regionale Küche probieren kann.

Quezon City & Umgebung

★ Cubao Expo TRÖDEL
(Karte S. 80; Gen Romulo Ave., Cubao) In dem Komplex gibt's eine hippe Ansammlung kitschiger Läden und Galerien, die von alten Schallplatten bis zu altmodischen Spielsachen und Haushaltswaren alles verkaufen.

★ Greenhills Shopping Center MARKT
(Karte S. 54; www.greenhills.com.ph; Ortigas Ave, San Juan; ⏲ 10–20 Uhr) So etwas wie ein Flohmarkt drinnen und draußen: Im Greenhills gibt's reihenweise Stände, die DVDs und Markenkleidung von zweifelhafter Echtheit verkaufen. Beim Herumstöbern entdeckt man aber auch hochwertige Antiquitäten und das landesweit beste Angebot echter Perlen.

Human Nature KOSMETIK
(www.humanheartnature.com; 463 Commonwealth Ave., Quezon City; ⏲ Mo–Sa 9–18 Uhr) 🍃 Das Flaggschiff dieses sozialen Unternehmens verkauft chemiefreie, komplett auf den Philippinen hergestellte Kosmetik und Pflegeprodukte, außerdem regionalen

Kaffee, den man kostenlos probieren kann. Das Unternehmen leistet ausgezeichnete Arbeit zur Förderung ärmerer Gemeinden.

Praktische Informationen

GEFAHREN & ÄRGERNISSE

Manila ist wahrscheinlich nicht gefährlicher als andere Städte, wirkt aber doch an vielen Ecken zwielichtig. Ausländer werden manchmal zum Opfer von Taschendieben und Autoräubern.

- Wer abends auf eigene Faust unterwegs ist, sollte vor allem in zwielichtigen Vierteln wie Tondo auf der Hut sein.
- Taschendiebstahl ist ein Problem in den MRT/LRT-Zügen sowie in den größeren Barvierteln, wo betrunkene Touristen eine leichte Beute darstellen.
- Der Verkehr ist das größte Ärgernis in Manila – man wird wahrscheinlich die Hälfte der Zeit in einem Stau feststecken oder darüber reden. Bei der Fahrt zu den Flughäfen, Busbahnhöfen oder zu Restaurants, für die man reserviert hat, also unbedingt zusätzliche Zeit einplanen.
- Krach, Menschenmassen und Luftverschmutzung sind weitere Ärgernisse.

GELD

In Malate und Ermita findet man überall Geldwechsler, genauso wie in den meisten Einkaufszentren und in allen vier Terminals am Fughafen. Der Wechselkurs ist besser als in Banken.

Citibank Zentrale (Karte S. 66; 8741 Paseo de Roxas, Makati; ⌚ Geldautomat 24 Std.) Abhebungen sind bis 15 000 P möglich; auch am NAIA Terminal 3 steht ein Geldautomat zur Verfügung.

HSBC-Zentrale (Karte S. 66; 6766 Ayala Ave., Makati) Abhebungen am Geldautomaten sind bis 40 000 P möglich. Weitere Filialen stehen in der Power Plant Mall in Rockwell (Makati) und auf der 5th Avenue in The Fort zur Verfügung.

INTERNETZUGANG

Coreon Gate (Karte S. 72; 1774 Adriatico St., Malate; pro Std. 60 P; ⌚ 24 Std.) Helles, sauberes Internetcafé; Coworking Spaces mit Highspeed-WLAN. Eine andere Filiale gibt's in Makati (Karte S. 65; Polaris St., Makati; pro Std. 60 P; ⌚ 24 Std.).

MEDIZINISCHE VERSORGUNG

Im Großraum Manila gibt es mehrere große Privatkliniken, die zunehmend ein Ziel des medi zinischen Tourismus werden.

Makati Medical Center (Karte S. 66; ☎ 02-888 8999; www.makatimed.net.ph; 2 Amorsolo St., Makati)

Manila Doctors Hospital (Karte S. 72; ☎ 02-558 0888; www.maniladoctors.com.ph; 667 United Nations Ave., Ermita)

St Luke's Medical Center (Karte S. 79; ☎ 02-789 7700, Notfälle 02-789 7810; www.stluke.com.ph; 32nd St., BGC) Das modernste Krankenhaus im Großraum Manila. Ein weiteres steht in **Quezon City** (Karte S. 80; ☎ 02-723 0101, Notfälle 02-727 2328; 279 E Rodriguez Sr Ave., Quezon City).

POST

Ermita Post Office (Karte S. 72; Hidalgo St., Malate; ⌚ Mo–Fr 8–17 Uhr) Die bequemste Filiale im Touristengebiet von Malate.

Makati Central Post Office (Karte S. 66; Sen Gil Puyat Ave., Makati; ⌚ Mo–Fr 8–17 Uhr)

Manila Central Post Office (Karte S. 58; Magallanes Dr., Intramuros; ⌚ Mo–Fr 6–18.30, Sa 8–12 Uhr) Das schöne Postgebäude aus der amerikanischen Zeit über dem Pasig River in der Nähe von Intramuros; bietet alle Postdienste.

TOURISTENINFORMATION

Department of Tourism Information Centre (DOT; Karte S. 66; ☎ 02-459 5200; www.visitmyphilippines.com; JB Bldg., 351 Sen Gil Puyat Ave., Makati; ⌚ Mo–Sa 7–18 Uhr) Die Touristeninformation hat hilfsbereites Personal, Stadtpläne und Infos zu Ausflügen rund um Manila. Kleinere DOT-Büros gibt's in den verschiedenen Terminals des NAIA.

An- & Weiterreise

BUS

Aus Manila hinauszukommen, ist schwieriger, als man vielleicht erwartet, weil es keinen zentralen Busbahnhof gibt. Stattdessen fahren unzählige Privatanbieter von ihren eigenen Höfen zu spezifischen Zielen.

Die beiden wichtigsten „Ballungen" von Bus-Terminals sind **Cubao,** in Quezon City nahe der Kreuzung der EDSA und des Aurora Boulevard, und **Pasay** an der EDSA nahe dem LRT/MRT-Umsteigebahnhof **Pasay Rotunda** (Karte S. 76; Ecke EDSA & Taft Ave.).

Zwei schlechter zu erreichende „Ballungen" sind **Sampaloc,** nördlich von Quiapo nahe der University of Santo Tomas (UST), und **Caloocan** am nördlichen Rand des Großraums Manila.

Ganz gleich, welches Ziel man ansteuern möchte, die kleine Mehrausgabe für Busse, die Manila auf den modernen Schnellstraßen nach Norden und Süden verlassen, lohnt sich auf jeden Fall. In einem „örtlichen" Bus dauert die Strecke einige Stunden länger.

Noch besser sind die 27-sitzigen „Deluxe" Expressbusse und/oder Busse mit Schlafsitzen, die die wichtigsten Drehkreuze auf Luzon ansteuern, wie Baguio, Vigan, Laoag, Tuguegarao, Naga und Legazpi. Es empfiehlt sich, diese und die direkten Nachtbusse Banaue einen Tag vorher oder noch früher zu buchen.

Busunternehmen

Amihan Bus Lines (Karte S. 80; ☎ 0917 508 9724; Araneta Center Busport, Cubao)

Bicol Isarog Terminals in **Ermita** (Karte S. 72; ☎ 02-525 7077; Padre Faura Center, Padre Faura St., Ermita) und **Cubao** (Karte S. 80; ☎ 02-727 8194; 599 EDSA, Cubao)

BSC San Agustin (Karte S. 76; Pasay Rotunda, Ecke Taft Ave. & EDSA)

Cagsawa Terminals in **Ermita** (Karte S. 72; ☎ 02-525 9756; Padre Faura Center, Padre Faura St., Ermita) und **Cubao** (Karte S. 80; Araneta Center Busport, Cubao)

Ceres (Karte S. 76; Ecke Taft & Sen Gil Puyat Aves., Pasay)

Coda Lines (Karte S. 80; ☎ 0927 559 2197; HM Transport Terminal, EDSA, Cubao)

Dagupan Bus Co (Karte S. 80; ☎ 02-727 2330; Ecke EDSA & New York Ave., Cubao)

Dimple Star (☎ 0908 700 7769; South Rd. Ecke EDSA, Cubao)

DLTB (Karte S. 76; ☎ 02-564 7777; Ecke Taft & Sen Gil Puyat Aves., Pasay)

Dominion Bus Lines (Karte S. 80; ☎ 02-727 2350; Ecke EDSA & New York Ave., Cubao)

Fariñas Transit (Karte S. 54; ☎ 02-731 4507; Lacson Ave. Ecke Laong Laan Rd., Sampaloc)

Five Star Bus Lines (Karte S. 76; ☎ 02-853 4772; Aurora Blvd., Pasay)

Florida Bus Lines (Karte S. 54; ☎ 02-789 5894, 02-781 5894; https://gvfloridatransport.com.ph; Ecke Earnshaw St. & Lacson Ave., Sampaloc)

Genesis (Joybus) Terminals in **Pasay** (Karte S. 76; ☎ 0933 852 7686; Pasay Rotunda, Pasay) und **Cubao** (Karte S. 80; ☎ 0933 852 7688, 02-709 0544; Ecke New York Ave. & EDSA, Cubao)

Jac Liner (Karte S. 76; ☎ 0922 853 1891; www.jacliner.com; Ecke Taft & Sen Gil Puyat Aves., Pasay; 📶)

Jam Liner (Karte S. 76; ☎ 0917 526 0008; www.jam.com.ph; Ecke Taft & Sen Gil Puyat Aves., Pasay; 📶)

Maria de Leon Trans (Karte S. 54; ☎ 02-731 4907; Gelinos St. Ecke Dapitan St., Sampaloc)

Ohayami (Karte S. 54; ☎ 0927 649 3055; www.ohayamitrans.com; Ecke Fajardo St. & Lacson Ave., Sampaloc)

Partas Terminals in **Pasay** (Karte S. 76; ☎ 0917 825 9423, 02-725 1756; Aurora Blvd., Pasay) und **Cubao** (Karte S. 80; ☎ 0917 825 9423, 02-725 1756; 816 Aurora Blvd., Cubao)

Philtranco (Karte S. 76; ☎ 02-851 8077, 0917 860 4418; www.philtranco.com.ph; Ecke EDSA & Apelo Cruz, Pasay)

Roro Bus (Karte S. 54; South Rd., Cubao)

Victory Liner Terminals in **Pasay** (Karte S. 76; ☎ 02-833 5019; EDSA), **Cubao** (Karte S. 80; ☎ 0998 591 5054, 02-727 4534; Ecke EDSA & New York Ave.), **Kamias** (Karte S. 80; ☎ 02-920 7396; Ecke EDSA & East Ave., Quezon City) und **Sampaloc** (☎ 02-559 7735; www.victoryliner.com; 551 Earnshaw St.)

Busterminals

Araneta Center Busport (Karte S. 80; ☎ 02-588 4156; Gen Romulo Ave., Cubao; ⏲ 5-22 Uhr) Drehscheibe für Expressbusse nach Bicol.

Araneta Bus Terminal (Karte S. 80; Times Sq. Ave., Cubao) Für billigere „normale" Busse (ohne Klimaanlage) nach Bicol (häufig).

FLUGZEUG

Alle internationalen Flüge von und nach Manila nutzen einen der drei Hauptterminals (Terminal 1, Terminal 2, Terminal 3) des **Ninoy Aquino International Airport** (NAIA; Karte S. 54; www.miaa.gov.ph) im Süden Manilas, viele Inlandsflüge nutzen das vierte, Inlandsflügen vorbehaltene Terminal (Terminal 4).

Die vier Terminals teilen sich die Rollbahnen, liegen aber nicht besonders nahe beieinander. Um Probleme zu vermeiden, muss man sich genau informieren, an welchem Terminal man ankommt/abfliegt, um den Flug nicht zu verpassen. Es kann bis zu 30 Min. dauern, vom falschen ins richtige Terminal zu wechseln. Weitere Informationen siehe unter Verkehrsmittel (S. 516).

Zwischen den vier Terminals verkehren „Airport Loop"-Shuttlebusse und -vans (20 P, 7–22 Uhr), sie sind aber langsam und unzuverlässig – wenn's schnell gehen muss, ist ein Taxi sicherer.

Mehrere asiatische Billigfieger steuern den **Clark International Airport** (DMIA; ☎ 045-599 2888; http://crk.clarkairport.com) in der Clark Special Economic Zones an – zwei Stunden Autofahrt nördlich von Manila.

Fluglinien

Manila ist über internationale und zwei nationale Fluglinien (Philippine Airlines und Cebu Pacific) bestens mit der Welt verbunden.

Philippine Airlines, Cebu Pacific und Air Asia sind die wichtigsten Linien für Inlandsflüge; sie fliegen von Manila aus die wichtigsten Provinzzentren an. Der neue Mitspieler Skyjet bietet wenige, aber praktische Routen zu guten Preisen an, während die rasch expandierende Air Juan mit winzigen Wasser- und/oder Propellerflugzeugen einige Nischenrouten abdeckt. Für die Route Manila–El Nido hat Air Swift ein Monopol.

Einfache Inlandsflüge kosten für die meisten Strecken 1000 bis 3500 P (inkl. Steuern), sofern man vorab bucht. Die Flugzeiten liegen zwischen 45 Minuten für kurze Strecken wie von Manila nach Caticlan und 1½ Stunden für Flüge von Manila in den Süden Mindanaos.

Die folgenden Fluglinien bieten Inlandsflüge von und nach Manila. Alle haben Ticketschalter in ihrem Abflugsterminal oder anderswo in der Stadt:

Air Juan (☎ 02-718 8111; www.airjuan.com) Tägliche Wasserflugzeuge nach Puerto Galera (5500 P, 20 Min.) um 7.10 Uhr; montags, dienstags, donnerstags und samstags fliegen sie nach Boracay.

Air Swift (☎ 02-318 5942; http://air-swift.com) Fliegt von einem eigenen Terminal (in der Nähe von Terminal 4) El Nido an.

AirAsia (☎ 02-722 2742; www.airasia.com; NAIA Terminal 4) Flüge nach Caticlan (für Boracay), Cebu, Davao, Kalibo, Puerto Princesa, Tacloban und Tagbilaran.

Cebu Pacific (Karte S. 54; ☎ 02-702 0888; www.cebupacificair.com; NAIA Terminal 3) Hauptsächlich Inlandsflüge auf Dutzenden von Routen ab Manila.

Philippine Airlines (PAL; ☎ 02-855 8888; www.philippineairlines.com; NAIA Terminal 2) Das Flaggschiff des Landes mit zahlreichen Inlandsrouten.

Skyjet (☎ in Manila 02-863 1333; www.skyjetair.com; NAIA Terminal 4) Flüge nach Batanes, Coron, Caticlan und Siargao.

SCHIFF/FÄHRE

Der schicke **Manila North Harbor Port** (Karte S. 54; ☎ 02-588 9000; www.mnhport.com.ph; Piers 4 & 6, Tondo) nordwestlich von Binondo ist Start- und Zielpunkt für den gesamten inländischen Fährverkehr. Der South Harbour wird jetzt ausschließlich für den Frachtverkehr und internationale Kreuzfahrtschiffe genutzt.

Zum/vom North Harbor nimmt man am besten ein Taxi, weil Tondo kein Viertel ist, in dem Ausländer mit Gepäck herumlaufen sollten; außerdem ist die Fahrt mit öffentlichen Verkehrsmitteln kompliziert.

2GO Travel (Karte S. 54; ☎ 02-528 7000; http://travel.2go.com.ph; Pier 4, Manila North Harbor Port) ist das größte Schifffahrtsunternehmen für Verbindungen zu den anderen Inseln ab Manila. Auf der sehr guten Website findet man den Fahrplan und kann Tickets reservieren. Tickets sind online, bei Reisebüros, in größeren Einkaufszentren oder in der Hauptfiliale des Unternehmens in **Rizal Park** (The Hub @ Kilometer Zero, Rizal Park) erhältlich. Fähren nach Caticlan (für Boracay) legen an der Anlegestelle in Batangas ab.

Atienza Shipping Lines (Karte S. 54; ☎ 0999 881 7266; 1st St., Ecke Muelle de Tacoma, Tondo) bietet Fähren nach Coron Town, Palawan an; jeweils Dienstag um 20 Uhr und Donnerstag und Samstag um 16 Uhr (1000–1150 P, 16 Std.). Freitag um 16 Uhr läuft Atienza über Linapacan in den Calamian Islands nach El Nido aus (1700–1850 P, 25 Std.).

Unterwegs vor Ort

AUTO & MOTORRAD

Wegen des dichten Verkehrs und des unorthodoxen Fahrstils der Einheimischen ist davon abzuraten, mit dem eigenen Auto oder Motorrad durch Manila zu fahren. Andererseits kann man mit einem Mietwagen prima die Attraktionen außerhalb des Großraums von Manila besuchen, von denen viele mit öffentlichen Verkehrsmitteln nur schwer zu erreichen sind.

Wagen mit Fahrer sind eine andere Alternative, was pro Tag ungefähr zwischen 2500 und 4000 P kostet. Hotels besorgen auf Wunsch Wagen und Fahrer, oder man verhandelt selbst mit einem Taxifahrer.

Wer lieber selbst fahren will, findet die Büros der Autovermieter, wie **Avis** (Karte S. 66; ☎ 02-462 2881; www.avis.com.ph) oder **Nissan** (☎ 02-886 9931; www.nissanrentacar.com), in den Terminals des Flughafens und einigen größeren Hotels. Mietwagen kosten ab ca. 3000 P pro Tag.

BUS

Aus der Sicht eines Travellers sind die **BGC-Busse** (Karte S. 54; Ecke EDSA & McKinley Rd., Makati) zwischen Makati und The Fort besonders praktisch. Sie fahren etwa alle 10 Minuten von der Haltestelle auf der EDSA in Makati zu verschiedenen Zielen in BGC. Ein anderer Bus verbindet Makati (ab Makati Avenue, gegenüber dem Peninsula Hotel) mit **Quiapo** (Karte S. 62).

Nahverkehrsbusse sind als Alternative zu MRT sinnvoll für Ziele an der EDSA. Je nach Strecke kosten Fahrten mit gewöhnlichen Bussen zwischen 10 und 15 P und mit klimatisierten zwischen 10 und 25 P.

FÄHRE

Für Fahrten zwischen Intramuros und Makati ist die Pasig River Ferry eine interessante, wenn auch langsame Option. Die Fahrt führt am historischen Postgebäude (S. 101), dem Malacañang-Palast (S. 57) und ein paar anderen interessanten Orten vorbei. Die Fahrt von der Anlegestelle **Plaza Mexico** (Karte S. 58; Riverside Dr., Intramuros) in Intramuros bis **Hulo** (Karte S. 65; Coronado Ave., Mandaluyong) oder **Guadalupe** (Karte S. 54; JP Rizal Ave., Makati) in Makati dauert fast 1½ Stunden und kostet 50 P.

JEEPNEY

Für Uneingeweihte dürften Manilas Jeepneys eine große Herausforderung darstellen. Diese

BUSSE VON MANILA

ZIEL	DAUER (STD.)	PREIS (P)	UNTERNEHMEN	HÄUFIGKEIT
Alaminos	5½	393	Dagupan, Five Star, Victory Liner (Cubao)	stündl.
Baguio (Klimaanlage)	6–7	450	Genesis, Victory Liner	häufig
Baguio (Deluxe)	4	760	Genesis, Victory Liner	6- bis 7-mal tägl.
Balanga	3–4	210–400	Genesis	häufig
Baler	4–6	Deluxe mit Klimaanlage 450–700	Genesis (Cubao)	mit Klimaanlage 7 & 12 Uhr, Deluxe stündl. 12.30–17.30 Uhr
Banaue	8–9	490–530	Ohayami	2–4 Nachtbusse
Batangas	2–2½	170	Ceres, DLTB, Jam	alle 20 Min.
Bolinao	7	350–470	Dagupan, Victory Liner (Cubao)	6- bis 7-mal tägl.
Clark Airport	2–3	350	Philtranco	8-mal tägl.
Dau (Angeles)	1½–2½	139–150	Die meisten Unternehmen	häufig
Iba	5–7	376	Victory Liner	6- bis 7-mal tägl.
Laoag	8–12	Klimaanlage, Schlafsitze 550–850	Fariñas, Florida, Maria de Leon	häufig
Legazpi	10–12	Klimaanlage, Schlafsitze 850–1100	Amihan, Bicol Isarog, Cagsawa, DLTB, Philtranco	meist Nachtbusse
Lucena	4–5	220	DLTB, JAC, Jam	häufig
Naga	8–10	Deluxe mit Klimaanlage 670–900	Amihan, Bicol Isarog, Cagsawa	meist Nachtbusse
Sagada (über Banaue)	11	Deluxe mit Klimaanlage 720–980	Coda Lines	20 & 21 Uhr
San Jose (Mindoro)	12	900	Dimple Star, Roro Bus	7-mal tägl.
San Fernando (La Union)	6	378–436	Dominion, Partas	stündl.
San Pablo (nach Mt Banahaw)	2½–3	127–150	DLTB, Jac, Jam	alle 30 Min.
Santa Cruz (nach Pagsanjan)	2½–3	140	DLTB, Jac	häufig
Solano (nach Banaue)	8	320	Florida, Victory Liner	häufig
Subic Bay (Olangapo)	3–4	Express mit Klimaanlage 200–245	Victory Liner	häufig
Tagaytay	3	83–92	BSC San Agustin, DLTB	alle 30 Min.
Tuguegarao	12	Deluxe mit Klimaanlage 600–900	Florida, Victory Liner (Kamias, Pasay)	stündl.
Vigan (Klimaanlage)	10–11	550	Dominion, Partas	stündl.
Vigan (Deluxe)	8–9	750–850	Partas	Nachtbusse

Jeeps mit langem Radstand fahren zu einer verwirrenden Zahl von Zielen; obwohl diese grundsätzlich an der Windschutzscheibe angeschlagen sind, kommen nur wenige Leute bei ihrer ersten Jeepney-Fahrt genau ans gewünschte Ziel. Wer sich aber an die üblicheren Routen hält, wird auch nicht zu weit davon entfernt landen.

Von der Quiapo Church fahren Jeepneys mit der Zielangabe „Baclaran" Richtung **Süden** (Karte S. 62) am **Rathaus** (Karte S. 58) vorbei, dann auf der MH del Pilar Street durch Ermita/Malate und weiter nah vorbei am CCP, überqueren dann die EDSA und beenden die Fahrt am LRT-Bahnhof Baclaran. Nach Ermita kann man von der Quiapo Church auch Jeepneys mit der Zielangabe „Kalaw" nehmen.

Von Baclaran aus fahren Jeepneys Richtung Norden auf der Mabini Street oder der Taft Avenue und verzweigen sich am **Rathaus von Manila** (Karte S. 58) in verschiedene Richtungen:

- Jeepneys mit Zielangabe „Divisoria" nehmen die Jones Bridge, fahren nah am Büro des Amts für Einwanderung vorbei und weiter zum Divisoria Market.
- Jeepneys mit Zielangabe „Monumento" fahren an der Hauptpost Manilas vorbei, passieren die MacArthur-Brücke und dann den Chinese Cemetery und die Caloocan Bus Terminals.
- Jeepneys mit Zielangabe „Quiapo" and „Cubao" nehmen die Quezon-Brücke und fahren an der **Quiapo Church** (Karte S. 62) vorbei. Die „Cubao via España" Jeepneys fahren über die UST und Haltestellen in Sampaloc weiter zu den Haltestellen in Cubao.

KALESA

In einigen ländlichen Regionen der Philippinen zuckeln immer noch die *kalesa* genannten Pferdekutschen als Transportmittel umher, doch in Manila sind sie auf Chinatown, Intramuros und Malate beschränkt, um Touristen umherzukutschieren. Der Fahrpreis sollte vorher ausgemacht werden – pro Fahrt, nicht pro Person! In Intramuros verlangen die Kutscher einen Festpreis von 300 P für Trips durch die ummauerte Altstadt.

LRT & MRT

Die Züge von LRT und MRT sind eine großartige Lösung, um über und am Verkehrschaos vorbei weiterzukommen. Leider erschließen sie die Stadt nur sehr lückenhaft, und während der Rushhour sind sie unbenutzbar, weil sich stundenlange Schlangen bilden. Wer es dennoch schafft, sich in einen der total vollen Züge zu quetschen, sollte auf die allgegenwärtigen Taschendiebe achten.

Je nach Strecke kostet eine Fahrt zwischen 12 und 15 P. Achtung: Umsteiger müssen den Bahnhof verlassen und sich für ein neues Ticket wieder in eine Schlange einreihen.

TAXI

Taxis sind in Manila preiswert und zudem reichlich vorhanden. Der Grundpreis für den ersten Kilometer beträgt nur 40 P, danach 3,5 P für alle 300 m (bzw. für 2 Minuten Wartezeit). Eine 15- bis 20-minütige Fahrt kostet am Ende selten mehr als 150 P.

Die meisten Fahrer stellen den Taxameter sowieso an, falls dies einmal nicht der Fall ist, sollte man sie höflich dazu auffordern. Wenn der Taxameter angeblich kaputt ist oder der Fahrer erklärt, man möge einen Preis nennen, sollte man am besten aussteigen und ein anderes Taxi nehmen (oder einen bewusst niedrigen Preis nennen und die Reaktion abwarten).

Während der Rushhour ist es so gut wie unmöglich, ein Taxi zu bekommen; man sollte damit rechnen, einen Aufschlag von 50 bis 100 P zum Taxameterpreis zu zahlen. Fahrgäste sollten im Taxi die Türen verschließen – das macht der Fahrer auch.

Uber ist in Manila beliebt und fährt für geringere Preise.

TRICYCLE

Motor-Dreiräder sind für kurze Strecken im Stadtgebiet sehr praktisch. Kurze Fahrten kosten je nach Verhandlungsgeschick zwischen 40 und 50 P.

Inzwischen tauchen in Intramuros und Chinatown auch die ersten elektrischen „E-Trikes" als leise, „grünere" Option auf – eine feine Sache, wenn man eins erwischt.

Mechanische Dreiräder oder Fahrradrikschas sind in einigen wenigen Gebieten, z. B. in Malate, eine preiswertere Alternative.

VOM/ZUM FLUGHAFEN

Da es keine direkte Verbindung mit öffentlichen Verkehrsmitteln von einem der vier Terminals nach Malate oder Makati gibt, bleibt einem nicht viel übrig, als die bittere Pille zu schlucken und ein Taxi zu nehmen, vor allem, wenn man viel Gepäck hat. Der Flughafen liegt recht nah bei der Stadt, und man könnte theoretisch mit dem Taxi in 20 Minuten in Malate oder Makati sein, wenn der Verkehr nicht wäre. Vom Flughafen in die Stadt ist Uber eine gute Alternative.

Für Taxis gibt es drei Optionen: erstens die weißen „Prepaid-Coupontaxis", die zu Festpreisen (600–700 P) nach Malate oder Makati fahren. Die Fahrer sprechen sofort jeden an, der die Ankunftshalle verlässt.

Man kann die Fahrer auch ignorieren und auf die zweite Option setzen: gelbe Flughafentaxis mit Taxameter; die Grundgebühr beträgt 70 P (normale Taxis mit Taxameter starten mit

ABZOCKE BEI FLUGHAFENTAXIS

Am Flughafen treten die meisten Probleme mit Taxifahrern auf. Hier einige nützliche Tipps:

- Taxifahrer, die aktiv auf Kunden zukommen, könnten eine Abzocke vorhaben; lieber in der Schlange warten – unter keinen Umständen einem Taxifahrer zu Fuß zu einem Taxi draußen folgen.
- Auf manipulierte Taxameter achten, auch in den gelben Flughafentaxis. Ein nicht manipulierter Taxameter sollte in den ersten fünf Minuten bei normalem Verkehr in Manila nicht über 50–60 P klettern (90–100 P in den Flughafentaxis). Sollten die Zahlen sehr viel rascher steigen, plant der Fahrer eine Abzocke.

einer Grundgebühr von 40 P). Mit ihnen kostet die Fahrt nach Malate etwa 200 P, nach Makati eher um die 250 P. Zu den gelben Taxis geht es bei allen drei Terminals zuerst geradeaus, dann nach rechts.

Die dritte Option sind normale Taxis mit Taxameter. An Terminal 4 haben sie einen eigenen Taxistand, an den anderen drei Terminals muss man zur Abflughalle laufen (sie sind leicht zu finden). Normale Taxis lohnen sich, wenn die Schlangen vor den gelben Taxis zu lang sind (wie meistens); außerdem sind sie bis Makati oder Malate 50–80 P billiger.

Der „Airport Loop"-Shuttlebus fährt zur Pasay Rotunda in Baclaran (20 P, alle 20 Min.). Von dort kommt man mit öffentlichen Verkehrmitteln (Taxi, Jeepney oder MRT/LRT) weiter. An den drei Hauptterminals geht man geradeaus und dann nach rechts zur Haltestelle der Airport-Loop-Busse.

Rund um Manila

Inhalt ➡

Gut essen

- Antonio's (S. 113)
- Kinabuhayan Cafe (S. 118)
- Feliza Taverna y Café (S. 115)
- Red Bus (S. 113)
- Aling Taleng's Halo Halo (S. 119)

Schön übernachten

- Sonya's Garden (S. 112)
- Alvin & Angie Mt. Pinatubo Guesthouse (S. 127)
- Lilom Resort & Gallery Cafe (S. 117)
- Paradores del Castillo (S. 114)
- Tagaytay Garden Mountain Breeze (S. 111)

Auf in Manilas Umgebung

Wer ein wenig Zeit in Manila verbracht hat, ist wahrscheinlich ganz erpicht darauf, aufs Land zu fahren, genau wie es viele Einheimische und Expats am Wochenende tun. Überraschenderweise ist der Weg hinaus aus der Stadt gar nicht weit, und der Verkehr nimmt schnell ab.

Südlich von Manila ist der Vulkansee unter dem höher gelegenen Tagaytay ein Highlight. Besonders lohnend ist ein Besuch der Halbinsel Anilac und des Taal Volcano.

In den weiter nördlichen Zambales-Bergen findet sich der berühmteste aller Vulkane, der Mt. Pinatubo. Der aufstrebende Freihafen der Subic Bay bietet eine große Palette an Aktivitäten, vom Tauchen bis Wandern, und die Halbinsel Bataan ist eine faszinierende historische Stätte.

Tagesausflüge sind zwar möglich, aber aus Manila heraus- und wieder hineinzukommen, kann Stunden dauern. Deshalb ist es sinnvoll, über Nacht zu bleiben.

Reisezeit

Manila

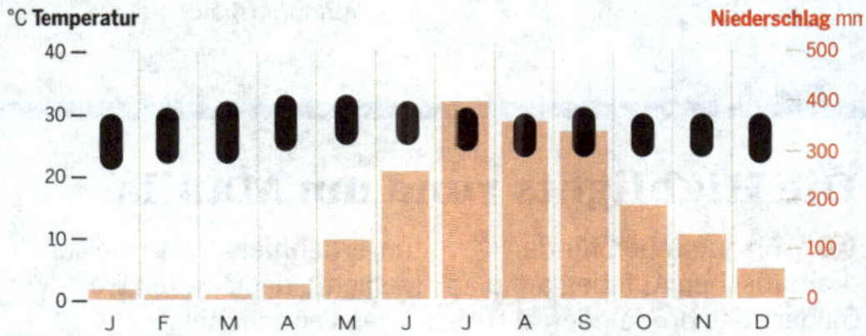

Dez.–Feb. Die kühlsten Monate sind besonders beliebt.

Mai Auf dem Höhepunkt der heißen Zeit werden die Berge der Region zu kühlen Refugien.

Aug.–Okt. Etwas Brandung an der Zambales Coast, die von Subic aus erreichbar ist.

Die Highlights rund um Manila

❶ Früh aufstehen für den dramatischen Aufstieg auf die Caldera des brodelnden aktiven **Mt. Pinatubo** (S. 127).

❷ **Tagaytay** (S. 110) Tolle Ausblicke auf den Taal Volcano und leckere Küche bietet dieser entspannte Ort auf dem Hügel.

❸ Einen Tagestrip von Manila aus nach **Corregidor** (S. 109) unternehmen und in die Geschichte des Zweiten Weltkriegs eintauchen.

❹ **Pagsanjan** (S. 118) Durch das Herz der Dunkelheit den Pagsanjan River hinauf zu den Pagsanjan Falls paddeln.

❺ An und in der **Subic Bay** (S. 123) zwischen unberührten Wäldern und versunkenen Schiffswracks die eigenen Grenzen ausloten.

❻ An einem Wochenende in **Anilao** (S. 116) die besten Tauchspots nahe der Hauptstadt besuchen.

❼ Auf **Taals** (S. 114) ruhigen Straßen an historischen Familiensitzen vorbeibummeln.

CORREGIDOR

Das malerische Corregidor liegt 48 km südwestlich von Manila. Die oft als „The Rock“ (Der Felsen) bezeichnete Insel ist ein beliebtes Tagesziel ab der Hauptstadt. In den Jahrzehnten nach dem Zweiten Weltkrieg waren viele Geschichtsfans und Veteranen unter den Besuchern. Heute erfreuen sich hingegen vor allem Einheimische am herrlichen Ausblick.

Sehenswertes & Aktivitäten

Wie zu erwarten, ist die Insel von zahlreichen Kriegsdenkmälern und Ruinen geprägt. Erwähnung verdienen General MacArthurs Hauptquartier, die 1,6 km langen Kasernenblocks, Geschützstellungen und der spanische Leuchtturm mit Aussicht auf die Manila Bay. Ebenfalls sehenswert ist der schlicht und streng wirkende japanische Friedhof.

Den Eintritt zu all diesen Attraktionen beinhalten die Pauschaltrips der Firma Sun Cruises, die Corregidors größter Touranbieter ist. Als Besuchervehikel dienen seitlich offene Trolley-Busse nach dem Vorbild der elektrischen US-Varianten von einst. Alternativ gibt's geführte Spaziergänge (1800 P ohne Mittagessen).

Wer will, kann aber auch nur mit der Fähre auf die Insel übersetzen und nicht an den Touren von Sun Cruises teilnehmen. In diesem Fall empfiehlt sich eine der informativeren individuellen Exkursionen mit Old Manila Walks (S. 71).

Der Malinta-Tunnel in einer Hügelflanke wurde 1932 nach zehnjähriger Bauzeit vollendet. Die Amerikaner nutzten den bombensicheren Komplex als Bunker, Munitionsdepot und Lazarett. Von dem 250 m breiten Tunnel zweigen einige Nebenbunker ab, von denen einer als General MacArthurs Hauptquartier diente.

Das von den Amerikanern errichtete Pacific War Memorial auf dem höchsten Punkt der Insel (210 m) erinnert an die zahllosen Toten beider Kriegsparteien.

Schlafen & Essen

Corregidor Inn GASTHOF €€
(☎0917 527 6350; www.corregidorphilippines.com; EZ/DZ inkl. Frühstück 1500/2000 P; ❄ 🏊) Attraktives Hotel mit Holzfußböden, großartigem Küstenblick, Rattanmöbeln und Capiz-Fenstern sowie Swimmingpool und Restaurant. Zur Zeit der Recherche wurde es gerade renoviert, wenn dieses Buch erscheint, sollte es aber wieder geöffnet sein. Gebucht wird über Sun Cruises.

An- & Weiterreise

Sun Cruises (Karte S. 76; ☎02-831 8140; www.corregidorphilippines.com; Esplanade Seaside Terminal, Seaside Blvd., Pasay; nur Fähre werktags/Wochenende 1400/1500 P, Exkursion inkl. Mittagessen & Straßenbahntour werktags/Wochenende 2550/2750 P, geführte Spaziergänge 1800 P; ⏱6.30–16.15 Uhr) ist der Hauptanbieter für Ausflüge nach Corregidor. Vom Esplanade Seaside Terminal gleich nördlich der Mall of Asia fahren täglich um 7.30 Uhr Fähren ab; wer nicht über Nacht bleibt, sollte um 16.15 Uhr wieder nach Manila zurückkehren. Das Ticket beinhaltet jeweils ein Mittagessen und eine ausgedehnte Inseltour.

Ansonsten ist Corregidor nur mit gecharterten *bangkas* (Auslegerbooten aus Holz) ab Cabcaben (3500 P, 30 Min.) auf der Halbinsel Bataan zu erreichen – am Cabcaben Beach nach dem Villa Carmen Resort fragen. Der Kapitän des Bootes wartet bis zur Rückfahrt, Transportmittel und Touren auf der Insel müssen aber selbst organisiert werden.

SÜDLICH VON MANILA

Der South Luzon Expressway führt in Richtung Süden aus der Stadt heraus zu einigen beliebten Wochenendausflugszielen.

AUSFLÜGE

Die meisten Orte rund um Manila lassen sich durch Tagesausflüge abklappern, allerdings braucht es Zeit, aus der Stadt hinaus- und wieder hineinzukommen, deshalb ist ein Minimum von zwei Tagen empfehlenswert.

Ein Tag Früh starten, wenn die Zeit knapp ist. Gute Tagesausflüge geben z.B. Corregidor, die Kanufahrt auf dem Pagsanjan sowie Tagaytay ab.

Zwei Tage Ein Ausflug nach Tagaytay mit einem Abstecher ins Dorf Taal, Tauchen in Anilao, Wandern am Mt. Banahaw oder der Aufstieg auf den Mt. Pinatubo.

Drei Tage oder mehr Einige der oben genannten Trips lassen sich gut kombinieren. Weitere Optionen sind die vor Aktivitäten strotzenden Zentren Subic Bays und der Insel Bataan.

Tagaytay & Lake Taal

☎ TAGAYTAY 046, TALISAY 043 / 71 200 EW.

Lang gestreckt auf einem Bergkamm über dem atemberaubenden Lake Taal und den zahlreichen Kratern des aktiven Taal Volcano, ist Tagaytay eine durch und durch faszinierende Stadt. Für den Aufenthalt hier lohnt es sich, ein paar Tage einzuplanen und immer wieder, die tolle Aussicht zu bewundern. Es bietet sich an, auf den Vulkan zu wandern, und wer sich einfach nur erholen mag, kann auf dem See segeln und dann am Abend stilvoll essen gehen.

Etwa 600 m unterhalb von Tagaytay befinden sich der Lake Taal und die Vulkaninsel innerhalb einer in prähistorischer Zeit entstandenen Caldera (Umfang ca. 75 km). Deren Rand bildet die Tagaytay Ridge, über der sich die Ortschaft in freier Anordnung ausbreitet. Es ist wie bei den russischen Matroschka-Puppen: Da ist der Lake Taal, darin als Erhebung der Taal Volcano, in dessen Krater sich wiederum ein See befindet, aus dem sich eine kleine Insel erhebt.

Tagaytay liegt nur 60 km südlich von Manila und ist all das, was die Hauptstadt nicht ist: kühl, sauber, schmuck und sauerstoffreich. Am Wochenende verändert sich Tagaytays Gesicht jedoch, wenn die Besucherscharen aus der Hauptstadt Verkehrsstaus auslösen.

Sehenswertes & Aktivitäten

★ Taal Volcano WANDERN

(Erw./Kind 50/100 P; ⏲6–18 Uhr) Sobald man den Anblick des im Dunst liegenden Vulkans aus der Ferne bewundert hat, wird es Zeit, mit dem Berg auf Tuchfühlung zu gehen. Der sehr staubige und heiße Aufstieg ist weder besonders anstrengend noch sonderlich lohnend, aber am Ende gibt's eine schöne Aussicht auf den See und die Tagaytay Ridge.

Die bei Weitem beliebteste der Wanderrouten ist der ausgetretene Pfad vom Dorf hinauf zum Hauptkrater des Taal Volcano mit seinem dunkelgrünen See (ca. 35 Min.). Auf dem Weg befinden sich 14 Kreuzwegstationen und die unvermeidlichen Buden, die Kokoswasser und sogar Bier verkaufen. Wer nicht selbst laufen will, kann auch ein altes, müdes Pferd mieten (500 P). Am Bootsanleger im Dorf Eintritt zahlen und nach dem Weg zum Pfad fragen.

Der Großteil von Volcano Island entwuchs dem See bei einer starken Eruption im Jahr 1911, die Hunderte Todesopfer forderte. Seit damals haben regelmäßige Ausbrüche das Gesicht der Insel immer wieder verändert. Rund 50 Krater und 35 Vulkankegel machen den Taal bis heute zu einem der gefährlichsten Feuerberge der Welt. Der Hauptkrater befindet sich in der Inselmitte. Bei dem markanten Kegel, der vom Bergrücken aus sichtbar ist, handelt es sich um den Binitiang Malaki (letzter Ausbruch 1715). Am aktivsten ist der Mt. Tabaro auf der Westseite, der in den späten 1960er-Jahren und Mitte der 1970er spektakuläre Laveströme ausstieß.

Bangkas nach Volcano Island starten im Uferdorf Talisay, wo Dutzende Anbieter um die Gunst von ankommenden Touristen buhlen. Offiziell kostet das ganze Boot (20 Min., bis zu 6 Pers.) 2000 P, doch wer direkt von einem Bootsbesitzer oder einem Ressort am See mietet (und nicht von einem Schlepper), kann mit 1500 P rechnen. Am besten arrangieren lassen sich die Bootstrips an einem der vielen heruntergekommenen Resorts oder *bangka*-Depots, die das Seeufer direkt westlich von Talisay säumen.

Zu den abenteuerlicheren Wanderoptionen auf Volcano Island gehören die Tageswanderungen, auf denen der Mt. Tabaro oder der Südrand des Hauptkraters erklommen wird. Von Letzterem führt ein Pfad hinunter zum Kratersee. Auf den beiden Routen sind jeweils nur wenige Guides unterwegs. Diese verlangen rund 500 P und berechnen einen Aufpreis für eine *bangka*-Fahrt zur südlichen Inselseite (3000 P, max. 6 Pers.).

People's Park in the Sky AUSSICHTSPUNKT

(Eintritt 30 P; ⏲7.30–18.30 Uhr) An Tagaytays östlichem Ende thront die nie vollendete Sommerresidenz von Ferdinand Marcos gewagt auf einem Erdhügel. Die marode und doch seltsam reizvolle Ruine umfasst ein baufälliges Amphitheater im griechischen Stil, Aussichtspunkte und Souvenirstände. Neu hinzugefügt wurden ein Wetterturm und ein Fernmeldeturm. Allein der Rundumblick von dort oben ist das Erklimmen wert. Das Ganze liegt 8,5 km östlich der Tagaytay Rotunda und ist ab Olivarez Plaza per Jeepney (8 P) erreichbar; Rikschas kosten 150 P.

FABELHAFTE FARMEN

Zwei ganz unterschiedliche „Farmen" im Hinterland Manilas sind einen Abstecher wert.

Etwa 1½ Stunden Fahrt von Quezon City in den Norden versucht die von Freiwilligen betriebene **GK Enchanted Farm** (☎0916 225 3363, 02-533 2217 www.gk1world.com; Angat, Bulacan; Tagestour inkl. Mittagessen 695–995 P), Armut zu lindern, indem hier junge einheimische Unternehmer aus verarmten Gemeinden gefördert werden. Wer sich nicht mit einem Tagesausflug begnügen will, kann auch über Nacht bleiben. Auf der Tagestour gibt's eine Reihe von Vorführungen, den Teilnehmern wird gezeigt, was in Sachen Permakultur, umweltgerechter Gestaltung usw. getan wird. Übernachtet (B 800 P, DZ 2500–3500 P) wird in komfortablen Unterkünften, und im Infinity-Pool lässt es sich trefflich herumlungern. Eine weitere Übernachtungsmöglichkeit bietet das angenehme **Oasis Boutique Hotel** (☎0956 130 5238; GK Enchanted Farm, Angat, Bulacan; EZ/DZ inkl. Frühstück 2500/3500 P) in der Nachbarschaft.

In der Nähe von Lipa City, eine zweistündige Fahrt südlich von Manila, bietet die **Farm at San Benito** (☎02-884 8074, 0918 884 8078; www.thefarm.com.ph; Barangay Tipakan; Zi. 200–1800 US$) eine friedliche Wellness- und Detox-Oase mitten im Dschungel. Neben einer Palette an Detox- und Wellnessbehandlungen verfügt das Resort über ein leckeres veganes Restaurant, mit tropischem Hartholz und Bambus ausgestattete Suiten und luxuriöse Ferienhäuser.

Sky Ranch VERGNÜGUNGSPARK
(☎02-862 7704; www.skyranch.ph; werktags/Wochenende 80/100 P; Mo–Fr 10–22, Sa & So 8–22Uhr) Herz dieses Vergnügungsparks auf dem Bergkamm ist das 63 m hohe Riesenrad Sky Eye, das bei nächtlicher Beleuchtung kilometerweit zu sehen ist. Außerdem gibt's hier noch ungefähr 20 weitere Fahrgeschäfte mit unterschiedlichem Nervenkitzel sowie ein Dutzend Essensoptionen.

Taal Lake Yacht Club BOOT FAHREN
(☎043-773 0192; www.tlyc.com; Barangay Santa Maria, Talisay; 8–19 Uhr) Im örtlichen Segelclub in Talisay können Hobie-16-Katamarane gemietet werden (3800 P pro Tag). Es gibt auch Topper mit einfachem Segel (1800 P pro Tag) und Tandem-Seekajaks (400/1200 P pro Std./Tag). Reisende haben so die Gelegenheit, auf einzigartige Weise den See zu erkunden. Er arrangiert außerdem Segelunterricht (2500 P pro Tag). Der Club liegt 1 km westlich der Straßenkreuzung von Tagaytay.

Schlafen

Die größte Auswahl an Unterkünften (und Restaurants) gibt's auf dem Bergkamm von Tagaytay; von dort lässt sich der Blick über den See und den Vulkan genießen. Am Seeufer in Talisay ist die Auswahl begrenzter; die Ressorts dort sind recht heruntergekommen, aber der Vulkan ist von hier leicht zu erreichen.

Tagaytay

★ **Tagaytay Garden Mountain Breeze** HOSTEL €
(☎0977-816 0773; 730 Calamba Rd.; B/DZ/3BZ 450/1000/1400 P) Tagaytays beste Budget-Unterkunft hat einen exzellenten Standort, nur wenige Hundert Meter von der Rotunda entfernt. Neben sauberen Schlafsälen bietet sie einige kompakte Doppelzimmer (die Dreibettzimmer sind geräumiger), eine kleine Küche und einen Garten, von dem der Lake Taal fast zu sehen ist. An den Wochenenden sind die Dreibettzimmer teurer.

Our Melting Pot HOSTEL €
(☎915-774 0864; www.ourmeltingpottagaytay.com; 75 Smokey Hill; B 450 P, DZ mit/ohne Bad 1050/970 P, 3BZ 1400 P) Eine von Tagaytays besten Budget-Bleiben und das beliebte *Makati Hostel* (S. 78) stehen unter derselben Leitung. Das OMP liegt ein wenig versteckt am Ende einer ruhigen Straße in einem Wohngebiet, die von der Hauptstraße auf dem Bergkamm abzweigt. Die Zimmer und Schlafsäle sind makellos (meist mit Gemeinschaftsbad; wer ein eigenes Bad möchte, sollte unbedingt im Voraus buchen). Es gibt hier außerdem eine gemütliche Lounge und eine Küche. Frühstück ist im Preis inbegriffen. Klimaanlage ist leider keine vorhanden.

★ Keni Po HOTEL €€
(☎ 046-483 0977; www.keniporooms.blogspot.com; 110 Calamba Rd.; DZ 1200–1500 P; ❄📶🏊) Die Zimmer in diesem Hotel auf der Talseite, 3,5 km östlich der Rotunda, sind ein echtes Schnäppchen. Das zweistöckige Hotel mit der hellgelben Fassade im Thai-Stil ist makellos gepflegt und verfügt über einen herrlichen Swimmingpool hinten im Garten. Die Zimmer sind mit Minibar, Kabelfernsehen und Gemeinschaftsbalkonen ausgestattet.

Tagaytay Econo Hotel HOTEL €€
(☎ 046-483 4284; www.tagaytayeconohotel.com; Calamba Rd.; Zi. inkl. Frühstück 2580–4500 P, Suite 5500 P; ❄@📶) Rund 2,7 km östlich der Rotunda steht das gut gepflegte Hotel mit gutem Preis-Leistungs-Verhältnis. Es bietet einen Ausblick auf den See, liegt aber an einer Kreuzung, weshalb es etwas lauter werden kann. Die teureren Quartiere sind weiter von der Straße entfernt und punkten mit Seeblick.

★ Sonya's Garden B&B €€€
(☎ 0917 533 5140; www.sonyasgarden.com; Barangay Buck Estate, Alfonso; EZ/DZ in Hütte inkl. Frühstück & Abendessen 5000/6000 P, DZ 6800 P an den Wochenenden; ❄📶) Neben seinem reizenden Restaurant (S. 113), betreibt das Sonya's auch ein exquisites B&B in einem wunderschönen Blumengarten. Die Zimmer in den großartigen Hütten sind geräumig und rustikal, sind mit dicken Läufern ausgestattet, und keinerlei Fernsehen stört die Ruhe. Im Angebot sind auch Yoga, Meditation und allerlei Wellnessbehandlungen. Das B&B liegt ziemlich weit außerhalb des Orts. Zu erreichen ist es über eine Abzweigung, die 13 km westlich der Rotunda vor dem MC Mountain Home Apartelle deutlich ausgeschildert ist.

Joaquin's B&B €€€
(☎ 0917-503 7122, 046-483 0463; www.joaquinsbedandbreakfast.com; Aquinaldo Hwy.; DZ inkl. Frühstück So–Do 4800–6800 P, Fr & Sa 5800–7800 P; ❄📶) Die acht Suiten des angenehm rustikalen B&Bs haben neben hohen Decken auch Privatbalkone mit herrlicher Aussicht auf See und Vulkan. Polierte Bodendielen und künstlerische Elemente zieren das ganze Haus. Außerdem gibt's eine große Dachterrasse vor malerischer Kulisse mit angenehmer, familiärer Atmosphäre.

Talisay

Talisay Green Lake Resort RESORT €€
(☎ 043-773 0247; www.taal-greenlakeresort.net; Barangay Santa Maria; DZ/3BZ/Ferienhaus 1500/2000/3500 P; ❄📶🏊) Eine solide Wahl am See mit einem beliebten, klimatisierten Restaurant und einem trüben Swimmingpool. Die Zimmer könnten eine Erneuerung vertragen, der überwucherte Garten ebenfalls, aber die strohgedeckten Nipa-Hütten am Ufer sind sehr schön.

San Roque Paradise Resort RESORT €€
(☎ 043-773 0271; Barangay Buco; Zi. 1500–3000 P; ❄@📶) Wer am Seeufer übernachten will, ist auf diesem gut gepflegten Gelände in Talisay gut aufgehoben. Die zehn Zimmer sind sauber, und es gibt ein 4-Bett-Apartment. Der freundliche Familienbetrieb organisiert auch Mahlzeiten und Bootsfahrten; am See gibt's einen Schwimmbereich.

Club Balai Isabel RESORT €€€
(☎ 0906-518 5491; www.balaiisabel.com; Zi./Ferienhaus ab 5550/7000 P; ❄📶🏊) Talisays anspruchsvollstes Resort liegt am Seeufer in der Nähe der Hauptstraße zwischen Banga und Tagaytay. Die stylishen Zimmer und Ferienhäuser (bis zu vier Schlafzimmer) verfügen nicht nur über allen Komfort, sondern auch über Kunstwerke und private Veranden. Das Resort bietet ganze drei Swimmingpools, einen Wellnessbereich, die Vermietung von Kajaks und Jetskis, Beachvolleyball und ein gutes Restaurant, in dem es heimischen Fisch aus dem See gibt.

Essen

Tagaytay hat einige der besten Restaurants des Landes, die meisten von ihnen säumen die Straße, die über den Bergkamm führt (oder befinden sich gleich in einer Seitenstraße). Tagaytay ist berühmt für *bulalo* (eine üppige Rinder- und Knochenmarksuppe) und *tawili* (winzige Fische aus dem See, die es nur im Taal gibt). Talisay ist kulinarisch relativ uninteressant.

Java Jazz Cafe CAFE €
(☎ 0917-483 7399; 442 Calamba Rd.; Kaffee 50–100 P, Hauptgericht 99–199 P; ⏱ Mo–Fr 9–21, Sa 9–22.30, So 8–22 Uhr; 📶) Das lebhafte, kleine Café mit Galerie serviert gutes Frühstück, Sandwiches, Pizza, philippinischen Kaffee und leichtes Mittagessen. Außerdem gibt's

darunter drei schlichte, aber gute Doppelzimmer (Ventilator/Klimaanlage 980/1400 P inkl. Frühstück).

Mushroomburger FAST FOOD €
(☎046-483 1330; www.mushroomburger.ph; Aguinaldo Hwy.; Burger-Menüs 72–115 P; ⌚7.30–23 Uhr;) Der Laden ist in Tagaytay zu einer Institution geworden und bietet das etwas andere Fast Food. Beliebt sind seine günstigen und leckeren Vegi-Burger aus Pilzen (aber auch die Huhn- und Reisgerichte). 300 m westlich vom Taal Vista Hotel.

★ **Red Bus** IMBISS €€
(Calamba Rd.; Burger 180–210 P; ⌚12–22 Uhr) Der coolste Platz für einen Imbiss in Tagaytay ist ein Hocker vor dem roten Kombi-Van etwas östlich der Rotunda. Der Red Bus ist auf Burger spezialisiert (unbedingt den Wasabi-Burger probieren!), serviert aber auch Burritos, Quesadillas und Nachos, dazu Bier (60 P).

★ **Bag of Beans** BÄCKEREI €€
(www.bagofbeans.ph; 115 Aguinaldo Hwy.; Pies 135–155 P, Hauptgerichte 310–575 P; ⌚6–22 Uhr;) Essen zwischen hängenden Engelstrompeten, Begonien und anderen exotischen Blumen auf der Gartenterrasse dieses tollen Bäckerei-Restaurants, das sich auf Pies im englischen Stil, Frühstück, Kaffee und leckere Desserts spezialisiert hat. 6,5 km westlich der Rotunda. Zwei weitere Filialen (Athena und Charito) gibt's am Highway, näher an der Rotunda.

★ **Josephine** PHILIPPINISCH €€
(☎046-413 1801; km 58 Aguinaldo Hwy.; Hauptgerichte 195–550 P; ⌚Mo–Fr 8–21, Sa & So 7–22.30 Uhr;) Es gibt wohl kaum einen besseren Ausblick als den vom Josephine, einem langjährigen Liebling mit riesigen, konvexen Fenstern, die ein spektakuläres See-Panorama bieten. Berühmt ist der Laden für sein Frühstücks- (255 P) und Mittagsbüfetts (450 P) am Wochenende, aber es gibt auch eine lange Speisekarte mit philippinischen Klassikern und Fischgerichten. An der Bar gibt's hervorragende Cocktails. 3 km westlich der Rotunda.

Mahogany Market PHILIPPINISCH €€
(Mahogany Ave.; Hauptgerichte 200–700 P; ⌚6–24 Uhr) Der Mahogany Market mit seinem Markt für landwirtschaftliche Erzeugnisse und seinem streng riechenden Fleischmarkt ist für alle, die preiswerte regionale Köstlichkeiten probieren wollen, genau die richtige Adresse. Über dem Fleischmarkt bieten Essensstände die lokalen Spezialitäten *bulalo* und *tawili* an. Dies ist der beste und günstigste Ort, beide zu probieren, allerdings wird in Gruppen bewirtet – *bulalo* für drei Personen kostet 350 P.

Leslie's PHILIPPINISCH €€
(☎046-438 7899; Aguinaldo Hwy.; Hauptgerichte ab 300 P; ⌚6–24 Uhr;) Leslie's ist das berühmteste mehrerer großer philippinischer *inahaw*-(Grill-)Restaurants auf dem zentralen Bergkamm, eine gute Adresse für *tawili* und *bulalo*. Die Standardportionen sind für Gruppen von drei bis zehn Personen gedacht, was Einzelreisenden und Paaren nicht viel Auswahl lässt. Wer einen Sitzplatz oder eine Hütte hinten im Restaurant ergattert, hat eine erstklassige Aussicht auf den See. 1,8 km westlich der Rotunda.

Dreamland Cafe INTERNATIONAL €€
(☎0916 649 8271; Hauptgerichte 120–300 P; ⌚24 Std.) Das Dreamland Cafe ist teils Galerie, teils Café, teils Bar und bietet eine gemütliche Essatmosphäre mit Weltmusik, Kissen auf dem Boden und der Speisekarte auf einem Minisurfbrett. Philippinische Reisgerichte werden ergänzt durch Chickenwings, Pasta und Burger. Tolles Plätzchen für einen Smoothie, ein Bier oder einen „Indie-Cocktail".

★ **Antonio's** INTERNATIONAL €€€
(☎0917 899 2866; www.antoniosrestaurant.ph; Barangay Neogan; Hauptgerichte 1500–2200 P; ⌚Di–So 11.30–13 & 17.39–29 Uhr;)) Dieses französisch-europäisch-philippinische Nobellokal zählt zu den besten Restaurants des Landes. Bei toll angerichteten Köstlichkeiten von Gänseleber-Raclette bis zu geröstetem Spanferkel lässt es sich hier unter Politikern und Oligarchen speisen – sofern es mit der Reservierung klappt. Die Gäste sitzen u. a. an reizenden Tischen in eleganten Speiseräumen, von denen man auf Lotusteiche und einen üppigen Tropengarten schaut. Im Garten gibt's eine superbe Cocktailbar, die Lanai Lounge.

★ **Sonya's Garden** BÜFETT €€€
(☎0917 532 9097; www.sonyasgarden.com; Büfett 683 P; ⌚11–19 Uhr) Eines von Tagaytays beliebtesten Restaurants bietet Mittags- und Abendbüfett. Es gibt hausgemachte Pasta, frisches Brot, Desserts

und Lebensmittel, die in dem ausgedehnten Garten angebaut werden, von dem die Gäste praktisch umgeben sind. Am besten reservieren.

Praktische Informationen

Rund um die Olivarez Plaza gibt's diverse Internetcafés (20 P pro Std.).

Talisay Tourism (043-773 0238; www.talisaybatangas.gov.ph; 2. OG, Stadtverwaltung, Talisay-Tanauan Rd., Talisay; Mo–Fr 8–17 Uhr) Stadtpläne plus Grundinfos zu umliegenden Sehenswürdigkeiten.

An- & Weiterreise

Ab der Pasay Rotunda in Manila fahren Busse von San Agustin nach Nasugbu und Calatagan. Unterwegs halten sie in Tagaytay (78–120 P, alle 30 Min.). Zurück nach Manila geht's mit Bussen, die an den Wartehäuschen an der Olivarez Plaza oder der Mendez Crossing herangewinkt werden.

Wer in Talisay übernachten will, nimmt alternativ einen Bus nach Batangas City und steigt in Tanauan (95 P, 1½ Std.) aus. Die übrigen 15 km werden von dort dann per Jeepney oder Rikscha zurückgelegt.

Unterwegs vor Ort

Jeepneys fahren regelmäßig vom einen zum anderen Ende des Bergrückens (8 P). Eine kurze Fahrt mit der Rikscha kostet etwa 50 P.

Die Route Tagaytay–Talisay bedienen Jeepneys (35 P, 25 Min., stündl.) und Rikschas (300 P, 30 Min.), die 4 km östlich der Rotunda an der Abzweigung nach Talisay starten und direkt bergab rollen.

Taal

043 / 56 300 EW.

Diese zauberhafte, historische Stadt wird von Reisenden oft übersehen und sollte nicht mit dem gleichnamigen Vulkan oder See verwechselt werden. Sie ist für ihre denkmalgeschützten Gebäude aus der Kolonialzeit berühmt, Familiensitze säumen die ruhigen Straßen. So bietet sich Taal für einen netten Ausflug mit Übernachtung ab Manila an. Da die ganze Stadt unter Denkmalschutz steht, bleibt ihre großartige Architektur aus dem 19. Jh. erhalten, und ein Teil davon ist inzwischen in hervorragende Museen, B&Bs und Restaurants umgewandelt worden. Viele Läden verkaufen die berühmten Stickereien der Stadt und *balisong* (Butterflymesser). Achtung: Deren Besitz ist in vielen Ländern – so auch mit Ausnahmen in Deutschland und in der Schweiz – verboten.

Sehenswertes

★Basilica of St. Martin de Tours KIRCHE
(Agoncillo St.; 6–19 Uhr) Die gewaltige Basilika wurde 1759 im Barockstil errichtet, später zerstört und von 1849 bis 1865 wiederaufgebaut. Sie dominiert den unteren Teil des Taal-Parks und zählt zu Asiens ältesten und größten katholischen Kirchen.

★Marcela Mariño & Felipe Agoncillo House MUSEUM
(0917-656 4170; 14 Agoncillo St.; Eintritt gegen Spende; Di–So 9–17 Uhr) Eines von Taals faszinierendsten Museumshäusern war einst das Heim von Dona Marcela Mariño, die den einheimischen Rechtsanwalt und Unabhängigkeitsaktivisten Felipe Agoncillo heiratete. Auf Wunsch General Emilio Aguinaldos wurde Marcela 1898 zur leitenden Schneiderin der ersten philippinischen Nationalflagge. Besucher werden von einem Führer durch die verschiedenen Galerien begleitet, er erklärt die Familiengeschichte und die Entwicklung der Flagge.

Galleria Taal ARCHITEKTUR
(0918 912 4051; 60 Agoncillo St.; Erw./Studenten 100/50 P; 8–17 Uhr) Die Galleria Taal ist ein schönes Beispiel für einen gut erhaltenen Familiensitz, aber weit beeindruckender ist das Museum mit seiner riesigen Sammlung alter Kameras, die von Manny Barrion Inumerable gesammelt worden waren. Außerdem gibt's eine gute Galerie mit Familienfotos und antiquarischen Fotos.

Leon & Galicano Apacible Museum MUSEUM
(043-408 2045; 59 Agoncillo St.; Eintritt gegen Spende; Di–So 9–17 Uhr) Dieses schöne, alte Haus im Kolonialstil aus dem 19. Jh. wurde in ein Museum mit sechs Galerien umgewandelt, die das Leben der Brüder Leon und Galicano Apacible nachvollziehen. Leon war Anwalt, Richter und Militärkommandeur gegen die Spanier, während Galicano politischer Aktivist und führender philippinischer Diplomat wurde.

Schlafen & Essen

★Paradores del Castillo DENKMALGESCHÜTZTES HOTEL €€
(043-740 4060; www.paradoresdetaal.com; 28 Calle Dr. H. Del Castillo; DZ/3BZ inkl. Frühstück ab 2500/4000 P;) Rundum restauriert

und 2015 wiedereröffnet, ist dieses Haus aus dem frühen 20. Jh. inzwischen das nobelste Hotel in ganz Taal. Die Zimmer sind individuell gestaltet und gut ausgestattet (nur das günstigste Doppelzimmer hat ein Gemeinschaftsbad). Draußen gibt's eine große Rasenfläche und einen Garten mit Blick auf Lemery, eine Terrasse, einen Swimmingpool und ein hervorragendes italienisches Restaurant mit Bar.

Villa Severina B&B €€
(☎0917 501 8060; villa.severina@yahoo.com; 55 Illustre St.; Zi. inkl. Frühstück 2500 P; ❄📶) Der bezaubernde Familiensitz von 1870 vermietet insgesamt vier Zimmer mit zeitgenössischer Einrichtung. Jedes davon ist individuell gestaltet und orientiert sich an Paris oder einer jeweils anderen Stadt des ehemaligen französischen Kolonialreichs (Puducherry, Hanoi, Martinique). Die beiden oberen Zimmer teilen sich ein Bad. Das B&B hat außerdem reizende Gemeinschaftsbereiche, Hartholzböden und eine gut ausgestattete Küche. Das im Preis enthaltene Frühstück wird auf einer attraktiven Freiluftterrasse serviert.

Conchita B&B B&B €€
(☎0927 722 8463, 043-722 8463; Calle Antonio de las Alas; Zi. inkl. Frühstück 850 P pro Pers.; ❄📶) Dieses Gästehaus schräg gegenüber der Basilika ist zwar nicht ganz so historisch wie andere, vermittelt aber eine heimelige Atmosphäre. Die beiden Doppelzimmer oben (Gemeinschaftsbad) sind gemütlich und funktional.

Don Juan Boodle House PHILIPPINISCH €€
(☎047-740 1828; www.donjuan.taal.ph; Calle Diokno St.; Hauptgerichte 110–299 P, *boodle* für 2 Pers. ab 499 P; ⏲Mo–Fr 8–21, Sa & So 7–21 Uhr; ❄📶) Das Don Juan befindet sich beim Taal Market und ist auf *boodle* spezialisiert – ein Festessen für zwei, das auf einem Bananenblatt serviert wird und Variationen von *adobo* und regionale Spezialitäten aus Taal umfasst, z.B. *sinaing na tulingan* (einheimische Makrele) und *tawili* (Süßwasserfisch aus dem See). Wer nicht so erpicht ist auf *boodle*, sollte eines der Reisegerichte oder einen *inahaw*-(Grill-)Teller probieren.

★ **Feliza Taverna y Café** PHILIPPINISCH, SPANISCH €€€
(☎043-740 0113; 6 Agoncillo St.; Hauptgerichte ab 300 P; ⏲Di–Do 11–22, Fr–So 10–22.30 Uhr; ❄📶) Das frühere Zuhause von Felisa Diokno – der Sekretärin des ersten Präsidenten der Philippinen, Emilio Aguinaldo – ist heute ein gutes Restaurant und B&B. Der herrliche Speiseraum mit Capiz-Fenstern strotzt vor Antiquitäten und Erinnerungsstücken, und hinter dem Gebäude befindet sich ein reizender Hofgarten. Die Küche serviert einen erstklassigen Mix aus philippinischen, spanischen und regionalen Gerichten.

AGUINALDO MANSION

Rund 20 km südlich von Manila können Geschichtsfans das Museum **Aguinaldo Mansion** (☎0917 851 9819; www.nhcp.gov.ph/baldomero-aguinaldo-shrine; Tirona Hwy.; ⏲Di–So 8–17 Uhr) im Ort Kawit besichtigen. Hier verkündete die Revolutionsarmee von General Emilio Aguinaldo am 12. Juni 1898 die Unabhängigkeit der Philippinen – ein Triumph, den die Amerikaner bald zunichtemachten. Das schmucke Haus aus Mahagoni und *nara*-Holz (erb. 1849) ist heute eine Gedenkstätte. Besucher können sich Aguinaldos Privaträume und seine geliebte Bowlingbahn anschauen.

ℹ Praktische Informationen

Taal Tourist Office (☎0917 501 8060; www.taal.gov.ph; Agoncillo St.; ⏲8–17 Uhr). Neben den Stufen der Basilika. Hier gibt's eine Karte der denkmalgeschützten Kolonialgebäude der Stadt.

Die hervorragende Website www.taal.ph bietet einen umfassenden Überblick über alles Sehenswerte, Restaurants und Shoppingmöglichkeiten.

ℹ An- & Weiterreise

Taal liegt 2 km abseits der Hauptstraße zwischen Batangas und Tagaytay. Von Manila nimmt man den von Cubao kommenden Jam-Bus, der nach Lemery (180 P, 3 Std.) fährt. Von dort aus geht's per Riksha weiter (70 P).

Batangas

☎043 / 329 874 EW.

Der geschäftige Industriehafen Batangas ist ein wichtiger Verkehrsknotenpunkt, sowohl für Busse als auch für Fähren nach Puerto Galera und ein paar andere Häfen auf Mindoro und Romblon. Ansonsten bietet er nur wenig Reizvolles für Traveller.

Für eine Übernachtung in Batangas besteht kein Grund, solange man nicht das Pech hat, die letzte Fähre verpasst zu haben. Wer hier hängen bleibt, kann es im **Travellers Hotel** (☎043-723 2309; New Access Rd.; EZ/DZ 900/1200 P; ❄📶) versuchen, einem unscheinbaren, aber komfortablen und vernünftigen Hotel mit gutem Preis-Leistungs-Verhältnis. Die Zimmer sind sauber und haben Kabelfernsehen und Klimaanlage. Es ist eines von mehreren Hotels, die etwa 1 km vom Hafen entfernt sind.

ℹ An- & Weiterreise

BUS

Die meisten Busse auf der Route Manila–Batangas halten am Fähranleger (wichtig: unbedingt vorher noch mal beim Fahrer nachfragen!). Zum Terminal nimmt man idealerweise einen der Expressbusse, die den Schnellstraßen SLEX oder STAR (180 P, 1½ Std.) folgen. Diese Fahrzeuge sind mit Batangas Pier und/oder *derecho* (direkt) gekennzeichnet. Busse nach Manila starten direkt am Anleger.

SCHIFF/FÄHRE

Super Shuttle Roro (☎032-4127688; http://supershuttleroro.com) bietet einmal pro Woche ein Langstreckenboot nach Cebu (1200 P, 24 Std., dienstags) und zweimal pro Woche nach Calapan.

Boracay

2Go Travel (☎043-702 5525; http://travel.2go.com.ph; Terminal 2) schippert täglich um 21 Uhr nach Caticlan (ab 1250 P, 10 Std.).

Abra de Ilog & Calapan (Mindoro)

FastCat (☎043-702 6983; www.fastcat.com.ph; Terminal 2) Calapan (190–300 P, 1½ Std., 16-mal tgl.)

Montenegro Lines (☎043-740 3201; Terminal 3) Abra de Ilog (260 P, 2½ Std., 6-mal tgl.); Calapan (240 P, 2½ Std., alle 2 Std.)

Starlite Ferries (☎043-723 9965; www.starliteferries.com) Calapan (199 P, 3 Std., 12-mal tgl.)

SuperCat (☎032-233 7000; www.supercat.com.ph; Terminal 3) Calapan (175–280 P, 1 Std., 10-mal tgl. Schnellfähre, von 6–20 Uhr)

Puerto Galera (Mindoro)

Von Terminal 3 aus flitzen schnelle *bangka*-Fähren nach Puerto Galera (230 P, 1 Std.), Sabang (230 P, 1 Std.) und zum White Beach (270 P, 1¼ Std.). Bis ca. 17 Uhr legen sie den ganzen Tag über regelmäßig ab.

Starlite Ferries schickt um 10 und 18 Uhr (180 P, 2 Std.) RORO-Fähren nach Puerto Galera; wenn die See rau aussieht, ist dies einer *bangka* vorzuziehen.

Panay Island & Romblon

Montenegro Lines Fährt täglich um 17 Uhr nach Odiongan (762 P, 8 Std.). Montags, donnerstags und samstags schippert dasselbe Boot weiter nach Romblon (954 P, 12 Std.).

Navios Shipping (☎0908 146 2243; Terminal 3) Fährt sonntags und mittwochs um 17 Uhr nach Romblon (850 P, 10 Std.).

Anilao

☎043 / 28 680 EW.

Anilao liegt 30 km westlich von Batangas auf einer kleinen Halbinsel. In den Sechzigerjahren eröffneten hier die ersten Tauchanbieter des Landes. Der Ort ist zwar inzwischen von Konkurrenten wie dem Alona Beach (Bohol) überholt worden, aber immer noch ein äußerst beliebtes Wochenendziel von Tauchern aus Manila.

Wenn sich die Gegend unter der Woche leert, sind die Resorts unterbesetzt und bieten keinen Top-Service. Für Nichttaucher ist hier nicht sonderlich viel geboten. Man kann jedoch schnorcheln gehen, und die schöne Aussicht und die Ruhe an Werktagen haben durchaus ihren Reiz.

Anilao ist der gewöhnliche Touristenname für die 13 km lange Halbinsel, die sich südwärts ab dem Dorf Anilao (zu Mabini gehörend) erstreckt. Eine kurvige Asphaltstraße verbindet die Tauchresorts am felsigen Westrand der Halbinsel miteinander.

Aktivitäten

Anilao ist für seine farbenprächtigen Korallen und seinen großen Artenreichtum berühmt – hervorragende Voraussetzungen für Freunde der Makrofotografie. Gute Tauchspots gibt es in der Balayan Bay sowie rund um die Inseln Sombrero und Maricaban. Die meisten Resorts bieten neben Tauchtrips auch Kurse mit Zertifikat an (ein/zwei Tauchgänge ca. 900/1500 P plus Leihausrüstung).

Schlafen

Neben Dutzenden von Tauchresorts an der Küste gibt es auch Resorts und Hotels, die von Nichttauchern besucht werden und vernünftige Übernachtungen und vielleicht sogar einen Swimmingpool zu bieten haben.

Arthur's Place Dive Resort RESORT €€
(☎0919 716 7973; www.arthursplacediveresort.com; DZ mit Ventilator/Klimaanlage 1500/2500 P, Hütte 3800 P; ❄📶) Das Arthur's zählt zu den wenigen hiesigen Tauchresorts im Budgetbereich. Die sehr angenehmen Quartiere mit kleinen Privatterrassen verteilen sich rund um einen mit Gras bewachsenen Innenhof. Wer nicht jeden Peso einzeln umdrehen muss, sollte die Familienhütte direkt am Wasser nehmen. Tauchpakete für eine Gruppe aus vier Personen starten bei 1775 P. Das Gelände liegt 9,5 km südlich der Abzweigung im Dorf Anilao.

Dive Solana RESORT €€
(☎0908 876 5262; www.divesolana.com; EZ/DZ/3BZ inkl. Mahlzeiten pro Pers. ab 5250/4250/3917 P; 📶🏊) Das renovierte Solana ist eine gute Wahl für alle, die Ruhe und Erholung suchen. Es bietet einen Swimmingpool, einen Schwimmponton und All-inclusive-Pakete. Alle Hütten sind gut eingerichtet und liegen zum Ozean hin. Neben Sporttauchen kann das Personal auch Schnorcheln, Kajakfahren und Inselhopping organisieren. Das Resort liegt 10 km südlich der Abzweigung im Dorf Anilao.

Dive & Trek RESORT €€
(☎0910 936 4556, 02-851 8746; www.diveandtrek.com; Zi. inkl. unbegrenztes Tauchen & Mahlzeiten ab 5000 P pro Pers., Nichttaucher 4000P pro Pers.; ❄🏊) Dieses Resort ist nur per Boot zu erreichen und daher perfekt zum Abschalten. Am hauseigenen Riff kann man nach Herzenslust tauchen und schnorcheln; Mietausrüstung kostet 1000 P extra. Die einfachen, aber komfortablen Zimmer am Hang befinden sich in zwei Komplexen aus Bambus und Nipa-Palmholz.

★ **Lilom Resort & Gallery Cafe** RESORT €€€
(http://lilomresort.wixsite.com/lilom-resort; Zi./Hütte inkl. Mahlzeiten 3000/3500 P pro Pers.; ❄📶) Das direkt am Meer gelegene Lilom ist kein Taucherresort, sondern bietet Entspannung und gutes Essen; alle Mahlzeiten und ein abendlicher Cocktail sind im Preis enthalten. Im Haupthaus gibt es vier Zimmer, außerdem gibt's ein paar Gartenhütten, die alle in rustikalem Chic gehalten sind; am besten ist jedoch die Privathütte (Satcho's) mit einer Veranda zum herrlichen Garten hin.

ℹ Praktische Informationen

Mabini Tourist Office (☎043-410 0607; ⏱8–17 Uhr) Am Bootsanleger in Anilao; hilft mit Informationen und Verkehrsmitteln weiter.

ℹ An- & Weiterreise

Um von Manila nach Anilao zu gelangen, nimmt man zunächst einen Bus zum Pier von Batangas und steigt kurz vor der Brücke aus, die zu diesem hinüberführt. Von dieser Stelle aus fahren regelmäßig Jeepneys westwärts nach Mabini (30 P, 30–45 Min.). Von dort mit der Rikscha die letzten 2 km nach Anilao zurücklegen.

In Anilao selbst stehen Rikschas bereit, die Kurztrips (40 P) und Fahrten zu weiter entfernten Resorts (150–200 P) ermöglichen.

Mt. Banahaw

Der riesige Vulkankegel des Banahaw (2177 m) dominiert den ganzen Südwesten der Region Luzon. Beschreibungen des schlafenden Feuerbergs gehen fast immer mit dem Begriff „geheimnisvoll" einher. Im Inneren sollen zahlreiche Gottheiten und Geister hausen – so auch als berühmtestes Beispiel der philippinische Revolutionsheld und Dichter José Rizal, der 1896 von den Spaniern hingerichtet wurde. Eine Gruppe namens Rizalistas glaubt, dass Rizal die Reinkarnation Christi war. Und in den unteren Ausläufern des Berges leben nicht weniger als 75 Glaubensgemeinschaften, die ihr Leben den Geistern Rizals und anderen, die im Krater des Banahaw hausen, gewidmet haben.

Aktivitäten

Der Mt. Banashaw bietet ein paar der tollsten Wandermöglichkeiten im Süden Luzons. Allerdings ist sein Gipfel auf unbestimmte Zeit für Wanderer gesperrt, da durch unkontrolliertes Wandern und Massenwallfahrten an den unteren Hängen des Berges Umweltschäden entstanden sind. Am besten das **Biodiversity Management Bureau** (BMB; Karte S.80; ☎02-924 6031; http://bmb.gov.ph) in Quezon City kontaktieren, um in Erfahrung zu bringen, ob der Zugang zum Berg erlaubt ist, und nach entsprechenden Genehmigungen fragen. Die wichtigsten Wanderwege sowohl auf den Mt. Banahaw als auch auf den Mt. Cristobal beginnen in der Nähe des Dorfes Kinabuhayan. Im bergigen Südwesten Luzons lohnt sich neben dem Mt. Banahaw, dem Mt. Cristobal und dem Mt. Banahaw de Lucban auch eine Wanderung auf den Mt. Makiling nahe Los Baños mit seiner reichen Flora und Fauna. Achtung: Während der Regenzeit tummeln sich in der gesamten Region zahllose Blutegel.

Schlafen & Essen

★ Kinabuhayan Cafe GÄSTEHAUS €€
(☎0916 221 5791; Dolores; Zi. inkl. Mahlzeiten 3000 P;) Dieses B&B ist auf einem alten Erbhof etwa 5 km außerhalb des kleinen Ortes Dolores wiedergeboren. Derzeit gibt es dort nur eine Hütte, aber der Hauptgrund, weshalb sich es lohnt, hier herauszufahren, ist das Essen. Der charismatische und leicht exzentrische Besitzer Jay Harrera bereitet in seiner improvisierten Küche wunderbare, hausgemachte Festessen aus frischen lokalen Zutaten zu. Reservierung erforderlich.

★ Bangkong Kahoy Valley RESORT €€
(☎0929 149 6458; http://bangkongkahoy.com; Kinabuhayan; Camping 100 P, Hütte für 4–7 Pers. 2000–3000 P, Ferienhaus 3500 P;) In der spektakulären Landschaft zwischen Banahaw und San Cristobal liegt dieses tolle Ökoresort mit Campingplatz, einer Reihe offener Hütten aus Nipa-Palmholz und ferienhausartiger Zimmer. Inhaber ist ein leidenschaftlicher Naturschützer, der Aktivitäten wie Wanderungen, Vogelbeobachtungen und andere Aktivitäten organisiert. Im Resort wird Biogemüse angebaut, das im rustikalen Restaurant auf den Tisch kommt.

An- & Weiterreise

Die Region um den Mt. Banahaw erkundet man am besten in einem privaten Fahrzeug. Die lange Fahrt um den Fuß des Mt. Banahaw über San Pablo, Tiaong, Tayabas und Lucban ist eine der schönsten Strecken des Landes, darüber ragen aus den umgebenden Hügeln im Dunst der Mt. Banahaw de Lucban (1875 m) und der Mt. Cristobal (1470 m) auf.

Oder mit dem Jam-Liner-Bus von der LRT-Haltestelle Buendia in Manila nach San Pablo oder Tiaong (Richtung Lucena; 150 P, 3 Std.) fahren, an der Abzweigung nach Dolores aussteigen und von dort einen Jeepney oder eine Rikscha nehmen.

Pagsanjan

☎049 / 42 164 EW.

Pagsanjan („pag-san-*han*" ausgesprochen) in der Provinz Laguna liegt 100 km südöstlich von Manila und ist bekannt für die beliebten Kajaktrips den Pagsanjan River hinauf zu den Pagsanjan (Magdapio) Falls. Es ist ein weiter Weg, nur um einen Kanutrip zu machen, aber wer ohnehin die Region um den Mt. Banahaw erkundet, für den lohnt sich dieser Umweg. Die Stadt profitiert von ihrer hübschen Lage am Fluss, aber abgesehen von der Kirche Our Lady of Guadalupe gibt's hier nicht viel zu sehen.

Aktivitäten

Pagsanjan Falls KANUFAHREN
(Magdapio Falls) Einziger Grund für einen Abstecher nach Pagsanjan ist der Flusstrip zu den Pagsanjan Falls. Dort drehte Francis Ford Coppola ein paar der letzten Szenen seines Vietnam-Epos *Apocalypse Now*. Durch eine spektakuläre Schlucht, gesäumt von Dschungel und hohen Felsen, paddeln jeweils zwei fleißige *bangcero* (Bootsleute) ihre Passagiere eineinhalb Stunden flussaufwärts zu dem kleinen, aber kraftvollen Wasserfall.

Am Ziel bringen einen die *bangcero* dann auf einem Bambusfloß unter den 10 m hohen Wasserfällen hindurch in die „Devil's Cave". Besonders berauschend, aber auch nervenaufreibend ist der Moment, in dem man direkt durch den stark strömenden Wasservorhang schippert.

Auf der Rückfahrt flussabwärts übernimmt die Strömung die Arbeit – ein rasantes und spannendes Abenteuer. Auf dem Höhepunkt der Regenzeit (Aug.–Okt.) ist der Ritt durch die Stromschnellen am besten. Das richtige Timing ist alles: Gegen Ende der Trockensaison ist der Wasserstand niedrig, weshalb man eher über Steine hoppelt anstatt auf Stromschnellen zu reiten; wenn der Wasserstand aber zu hoch ist, kann es passieren, dass man gar nicht bis hoch zu den Wasserfällen fahren kann. Den Ausflug zu jeder Jahreszeit am besten an einem Werktag unternehmen, da sich am Wochenende anscheinend halb Manila nach Pagsanjan aufmacht. Achtung: Am besten einen Plastikbeutel für die Kamera mitbringen und damit rechnen, dass man nass wird!

Für den Wasserfalltrip am besten ein Kanu (1250 P pro Pers.) bei der Touristeninformation an der Plaza im Stadtzentrum reservieren. Pro Boot (max. 3 Pers.) sind mindestens zwei Passagiere erforderlich. Alleinreisende werden von der Touristeninformation nach Möglichkeit auf anderen

Kanus untergebracht (oder man bezahlt eben den doppelten Preis). Wichtig: Nur offiziell lizenzierte *bangcero* im Dienst der Stadtverwaltung dürfen Boote betreiben.

Gästehäuser und Resorts am Fluss, z.B. das La Vista, organisieren für eine Extra-Gebühr ebenfalls Boottrips – dies hat den Vorteil, dass man abgeholt wird.

Trinkgeld für den *bangcero* (Empfehlung: 100 P/Pers.) ist üblich und wird erwartet.

Schlafen & Essen

La Vista PENSION €
(☎ 049-501 1229; 2 Garcia St.; DZ 950 P; ❄ 📶) Der freundliche Familienbetrieb La Vista liegt direkt am Fluss, 150 m westlich der Brücke. Es bietet fünf saubere Doppelzimmer mit Klimaanlage und loungeartige Gemeinschaftsbereiche; es ist die preisgünstigste Option am Ort. In einem Haus auf der anderen Seite der Straße werden Kurzzeitgäste bewirtet, die nur den Wasserfalltrip machen wollen, gegen einen 12-Stunden-Tarif (450 P) und einen 2-Stunden-Tarif (350 P).

Willy Flores Guesthouse PENSION €
(☎ 0948 601 2086; Garcia St.; Zi. mit Ventilator 500 P) Eher Homestay als Pension: Diese schlichte, preisgünstige Bleibe wird von einer freundlichen Familie geführt, die jede Menge Infos zur Region parat hat. Frühstück kostet 60 P extra. Die Pension liegt im Stadtzentrum, 400 m westlich der Brücke.

★ **Aling Taleng's Halo Halo** PHILIPPINISCH €
(☎ 0916-309 3683; 169 General Luna St.; *halo-halo* 110 P, Hauptgerichte 120–370 P; ⌚ 9–29 Uhr; 📶) Dieses Restaurant mit Bar gleich an der Brücke serviert schon seit 1933 sein typisches *halo-halo* – das kultige philippinische Eisdessert – und ist in der ganzen Gegend dafür berühmt. Außerdem lässt es sich hier gut klassisch philippinisch essen oder abends einen Cocktail trinken.

Emin & Milas PHILIPPINISCH €
(Rizal St.; Hauptgerichte 70–160 P; ⌚ 10–22Uhr) Wer Lust auf preisgünstige, sättigende und authentische philippinische Gerichte hat, ist in dieser einfachen Kantine genau richtig.

★ **Calle Arco** PHILIPPINISCH €€
(☎ 049-501 4584; 57 Rizal St.; Hauptgerichte 170–300 P; ⌚ 10–22 Uhr; ❄) Das stimmungsvolle Calle Arco ist das bei Weitem beste Restaurant der Stadt: Es peppt philippinische Klassiker mit einzigartigen Aromen auf und serviert auch Pizza und Pasta. Zu empfehlen sind die gegrillten, pikant-sauren *sisig*-Fajitas mit Huhn. Zum Haus gehören auch ein Café mit Dekor à la Paris und ein luftiger Außenbereich, eine gute Ergänzung für das eher förmliche Restaurant.

Praktische Informationen

Pagsanjan Tourist Office (☎ 049-501 3544; http://pagsanjan.gov.ph; General Taino St.; ⌚ 8–17 Uhr) Hier werden Boottrips organisiert, und man erhält lokale Informationen.

An- & Weiterreise

Nach Pagsanjan fahren keine Direktbusse. DLTB und Greenstar verbinden Manila jedoch regelmäßig mit dem nahe gelegenen Santa Cruz (140 P, 2½ Std.). Der dortige Busbahnhof am Highway liegt etwa 5 km westlich von Pagsanjan; dorthin besteht regelmäßig Verbindung per Jeepney (10 P).

Nach Lucena und Lucban geht's mit Jeepneys, die Pagsanjans Hauptstraße ostwärts folgen.

Lucban

☎ 042 / 51 475 EW.

Die angenehme Bergstadt Lucban versteckt sich in den unteren Ausläufern des Mt. Banahaw und verfügt über eine beeindruckende **Kirche** (A Racelis Avenue), die von normalerweise ruhigen, gepflasterten Straßen umgeben ist. Am 15. Mai erwacht sie zum Leben, wenn das alljährliche **Pahiyas Festival** gleichzeitig die Ernte und San Isidro Labrador feiert. Im Rahmen eines Wettbewerbs schmücken die Einheimischen dann ihre Häuser mit Obst, Gemüse und kunterbunten, höchst vielfältigen Deko-Elementen aus Reisstärke *(kiping)*, und riesige Heiligenbilder aus Pappmaché werden durch die Straßen zur Kirche getragen.

Das **Patio Rizal Hotel** (☎ 042-540 2107; patiorizal@yahoo.com; 77 Quezon Ave.; DZ inkl. Frühstück 2300–3500 P, Suite ab 3700 P; ❄ 📶) im Kolonialstil gehört zu den besten Hotels in Lucban. Es bietet eine vernünftige Auswahl an Zimmern mit Kabelfernsehen, das Personal ist freundlich, die Lage superzentral (Parken kann zum Problem werden). An einer kleinen Plaza gibt's ein hervorragendes Straßencafé mit Bar. Das **Cafe San Luis** (☎ 042-540 2122; Ecke San Luis & Regidor St.; Hauptgerichte ab 190 P; ⌚ 8–24 Uhr) ist ein reizvolles Open-Air-Gartenbistro in einer Nebenstraße von Lucban. Hier gibt's philippinische Gerichte, Pizza, kaltes Bier und an den Wochenenden Livemusik.

Von der zentralen Haltestelle an der A Racelis Avenue fahren regelmäßig Jeepneys oder Minivans nach Lucena (30 P, 45 Min.); von dort verkehren dann regelmäßig Busse nach Manila, Batangas und Naga. Außerdem gibt's Jeepneys nach Pagsanjan (45 P, 1 Std.).

Lucena

☎ 042 / 236 500 EW.

Lucena, die Hauptstadt der Provinz Quezon, ist ein südlicher Verkehrsknotenpunkt und vom Fähranleger, der die Insel Marinduque bedient, die nächstgelegene Stadt. Der übervölkerte, düstere Ort hat keine besonderen Attraktionen, aber der Hafen Dalahican, von dem aus die Insel Marinduque angefahren wird, ist nur 5 km von der Stadt selbst entfernt (Busse von und nach Manila fahren direkt zu den Booten) und der wichtigste Highway verläuft nördlich davon, deshalb brauchen Reisende erst gar nicht ins Stadtzentrum vorzudringen, es sei denn, sie sind stecken geblieben oder haben sich verirrt.

Schlafen

Fresh Air Hotel & Resort HOTEL €
(☎ 042-710 2424; Tagarao St., Isabeng; Zi. 400–1100 P; ❄📶🏊) Das etwas verblasste, aber preisgünstige Resort an der Straße nach Batangas ist wegen des Pools und des Spielplatzes bei Familien ein beliebtes Ausflugsziel. Die Zimmer und Hütten sind einigermaßen sauber, und es gibt ein Restaurant mit etwas eingeschränkter Speisekarte.

Queen Margharette Hotel HOTEL €€
(☎ 042-373 7171; Diversion Rd., Domoit; DZ inkl. Frühstück 1200–2900 P, Suite ab 3500 P; ❄📶🏊) Das Hotel mit dem besten Preis-Leistungs-Verhältnis in Lucena liegt etwa 2 km vom Busbahnhof entfernt am Stadtrand. Der große Komplex bietet von der Straße gut zurückgesetzte Zimmer, einen Poolbereich, einen Wellnessbereich, eine Bar und ein Restaurant, in dem das Frühstücksbüfett serviert wird. Die Standardzimmer sind ausgesprochen günstig und sauber. Im Stadtzentrum gibt es eine zweite Niederlassung.

Praktische Informationen

Quezon Tourism Office (☎ 042-373 7510; Merchan St.; ⊙ Mo–Fr 8–17 Uhr) Provinzielle Touristeninformation.

An- & Weiterreise

Nach Lucena hinein- bzw. aus der Stadt herauszukommen, kann seine Zeit dauern, aber die Verlängerung des South Luzon Expressway von Santo Thomas, dessen Bau im Jahr 2017 beginnen sollte, könnte bald die Reisezeit von und nach Manila auf weniger als zwei Stunden verkürzen.

BUS

Busse von JAM Liner und JAC Liner sind auf die Fähren abgestimmt und fahren dann von dort zur LRT-Haltestelle Buendia in Manila mit Halt in Pasay (176 P, 3½ Std.).

Von Grand Central, 5 km nördlich der Stadt an der Diversion Road (National Highway), fahren alle zwanzig Minuten Busse von **Lucena Lines** (☎ 0922 852 2096) und JAC Liner nach Manila (Pasay, 210–258 P, 4 Std.). Außerdem fahren regelmäßig Busse nach Daet (315 P, 5 Std.) und Legazpi (480 P, 8 Std.).

Jeepneys (8 P) verbinden Grand Central mit dem Zentrum von Lucenas. Dort muss man in andere Jeepneys umsteigen, die über die SM Mall zum Hafen Dalahican fahren. Eine Rikschafahrt zum Hafen von Lucena kostet zwischen 50 und 75 P.

Nahe dem Fresh Air Hotel & Resort lassen sich normale Busse von Supreme Lines auf ihrem Weg nach Batangas heranwinken.

SCHIFF/FÄHRE

Boote nach Marinduque starten vom Hafen Dalahican, der 5 km südlich von Lucena liegt. Dass Dalahican nicht nur ein Passagier-, sondern auch ein Fischereihafen ist, steigt einem schon von Weitem in die Nase. Die Terminalgebühr beträgt 30 P.

Zur Zeit der Recherche gab es keine Schnellfähren mehr, sondern nur noch RORO-Fähren. **Starhorse Shipping** (☎ 0948 548 0767) fährt viermal täglich nach Balancan (260 P, 2½ Std.) auf Marinduque, **Montenegro Lines** (☎ 047-373 7084) achtmal täglich. Montenegro schickt dienstags und samstags außerdem eine unpraktische Fähre um 2 Uhr nachts nach Cawit (350 P). **Kalayaan Shipping** schippert zweimal wöchentlich (sonntags und mittwochs) nach Romblon (700 P, 17 Std.).

NÖRDLICH VON MANILA

Die meisten Reisenden kommen nur auf dem Weg in den Norden Luzons durch die Region nördlich von Manila, dabei gibt's hier Attraktionen wie die Resort Freeport Zone in Subic Bay und den berühmt-berüchtigten Vulkan Pinatubo.

Angeles & Clark Airport

045 / 411 600 EW.

Clark liegt 80 km nordwestlich von Manila und war früher der Standort einer US-Luftwaffenbasis. Diese war seit 1903 in Betrieb gewesen und musste mit dem Ausbruch des Pinatubo (1991) hastig aufgegeben werden. Seitdem ist sie umgestaltet worden und umfasst neben einem internationalen Flughafen heute auch die Clark Freeport Zone. Bei dieser handelt es sich um eine gentrifiziert wirkende Enklave aus Anwesen, Casinos, Golfplätzen, aufstrebenden Restaurants, zollfreien Läden und einem Geschäftsbezirk. Überdies wird das Gelände auch von der philippinischen Luftwaffe genutzt.

Wer nicht gerade vom Clark Airport abfliegt oder am Busbahnhof Mabalacat (Dau) umsteigen will, hat eigentlich keinen zwingenden Grund für einen Abstecher nach Clark oder Angeles. Letzteres ist die Hochburg der philippinischen Sexindustrie: Die rund 10 000 Mädchen und Frauen, die in der Meile aus billigen Clubs und Bars ihr Geld verdienen, sind ein Relikt aus der Zeit des US-Stützpunkts. Damals waren Schätzungen nach mehr als zehnmal so viele hier beschäftigt.

Sehenswertes & Aktivitäten

★ Clark Museum — MUSEUM

(045-599 2854; Clark Parade Grounds; Erw. 200 P, Studenten & Kinder frei; Di–So 9–16 Uhr) Das tolle Museum am Rand des früheren US-Paradeplatzes beleuchtet Clarks Geschichte von 1901 bis zur Einrichtung der Freeport Zone. Zu sehen gibt's großartige Militaria, Fotos und Ausstellungen zum dramatischen Ausbruch des Pinatubo. Obendrein gibt's interessante Infos zu den indigenen Aeta. Ein Highlight ist das 4-D-Kino, das viermal am Tag einen Film zeigt.

Mt. Arayat National Park — TREKKEN

(75 P) Der Wanderpfad am Vulkankegel des Mt. Arayat (1026 m) ist in einem halben Tag von Clark oder Angeles aus zu bewältigen. Um hierherzukommen, geht's zunächst per Jeepney vom Busbahnhof Mabalacat/Dau zum Ort Arayat. Von dort fahren Rikschas zum Parkeingang, wo man die Zugangsgebühr bezahlt und seinen Guide trifft. Wer über Nacht bleiben will, kann in einem Ferienhaus unterkommen (1200 P). Mehr Informationen gibt's auf der Facebook-Seite des „Revive Mt. Arayat National Park".

Angeles City Flying Club — PANORAMAFLUG

(0916 456 8588; www.angelesflying.com; Test- und Einweisungsflug ab 2466 P) Wer Traumaussichten über grüne Reisfelder und den Mt. Arayat genießen will, kann zusammen mit einem Fluglehrer einen Probeflug in einem Ultraleichtflugzeug über Pampanga machen. Die renommierte Firma ist 25 Fahrtminuten außerhalb von Angeles in Magalang ansässig.

Schlafen & Essen

Es gibt keine Unterkunft in Clark oder Angeles, die wirklich preisgünstig und empfehlenswert ist, aber in Clark gibt's eine Reihe erstklassiger Hotels.

Red Planet Hotel — HOTEL €

(www.redplanethotels.com; Don Juico Ave.; DZ 1200 P;) Das Red Planet liegt an der geschäftigen Don Juico Avenue und ist relativ neu. Es ist effizient geführt und bietet makellose, moderne Zimmer. Flachbildfernseher, kräftige Duschen und ein Safe im Zimmer verleihen ihm einen Hauch von Mittelklassehotel zum Schnäppchenpreis.

KREUZIGUNGSZEREMONIE VON SAN FERNANDO

Die industriell geprägte Hauptstadt der Provinz Pampang sollte nicht mit San Fernando (La Union) nordwestlich von Baguio verwechselt werden.

Der praktisch einzige Besuchsgrund besteht im Beobachten der Kreuzigungszeremonie zu Ostern: An Karfreitag um 12 Uhr lassen sich fromme Christen mit einem Faible für Schmerzen an Holzkreuze nageln und blutig peitschen. Schauplatz des Ganzen ist das *barangay* (Dorf) San Pedro Cutud.

Vom Victory-Liner-Terminal in Cubao (Manila) fahren Busse nach San Fernando (105 P, 1 Std., alle 30 Min.). Wichtig: Alle Busse, die von der Hauptstadt aus weiter nördlich gelegene Ziele bedienen, rollen auf der NLEX an San Fernando vorbei; den Bus Richtung Olongapo via San Fernando nehmen.

DIE HALBINSEL BATAAN

Für Pazifikveteranen des Zweiten Weltkriegs sind nur wenige Orte mit so furchtbaren Erinnerungen verbunden wie die Halbinsel Bataan. Im Dschungel rund um den Mt. Mariveles erlebten beide Kriegsparteien ein paar ihrer düstersten Momente.

Heute leben nur noch wenige, die selbst am Todesmarsch von Bataan teilgenommen haben. Dieses grausige Unterfangen nahm seinen Ausgang im April 1942, nachdem sich 70 000 amerikanische und philippinische Soldaten den Japanern ergeben hatten. Die Sieger trieben ihre Gefangenen – viele davon nach monatelangen Kämpfen krank oder verwundet – über 90 km von Mariveles nach San Fernando (Pampanga). Von dort aus wurden die Männer in Güterwagons zum Kriegsgefangenenlager Camp O'Donnell, heute Capas National Shrine (S. 127), transportiert. Unterwegs ließen 15 000 bis 25 000 Amerikaner und Philippiner ihr Leben.

Die ergreifendste Stätte auf der Halbinsel ist der **Dambana ng Kagitingan** (Schrein des Heldenmuts; Mt. Samat Rd.; 50 P; ⌚8–17 Uhr) auf dem Samat nahe Balanga. Reliefs mit Schlachtszenen zieren den Fuß des 90 m hohen Kruzifixes auf dem Berggipfel. Ein Aufzug (von 8 bis 12 und von 13 bis 17 Uhr in Betrieb) fährt hinauf zur Spitze des Kreuzes. Dort wartet eine lange Aussichtsgalerie, von der man einen herrlichen Blick auf den Mariveles, die Manila Bay und das Südchinesische Meer hat.

Vom Fuß des Kreuzes führt eine 50 m lange Treppe bergab zum eigentlichen Schrein. Dort illustriert eine Gedenkwand mit Marmorreliefs die Schlacht und den Todesmarsch von Bataan. Das hervorragende und angenehm klimatisierte **Battle of Bataan Museum** (⌚8–12 & 13–17 Uhr) GRATIS im Bunker unterhalb des Schreins zeigt eine eindrucksvolle Waffensammlung, Zeichnungen und Dioramen von Schlachtszenen sowie eine ausgezeichnete Reliefkarte der Halbinsel Bataan.

Jedes Jahr am 9. April, einem Nationalfeiertag namens Araw ng Kagitingan (Tag des Heldenmuts), treffen sich die letzten verbliebenen Veteranen am Schrein – zusammen mit Angehörigen von amerikanischen, japanischen und philippinischen Soldaten, die an der Schlacht und am Marsch teilgenommen haben. Gemeinsam wird dann der zahllosen Menschen gedacht, die einst im Dschungel ihr Leben ließen.

Zum Schrein geht's über Balanga, das ab der Pasay Rotunda in Manila mit Bussen von Genesis und Bataan Transport zu erreichen ist (210 P, 4 Std.; über Busbahnhof Mabalacat/Dau in Angeles). Eine Alternative sind die Busse von Victory Liner nach/ab Olongapo (70 P, 1¾ Std.).

Ein paar Kilometer südlich von Balanga muss man vom Highway nach rechts (westwärts) in Richtung Bagac abbiegen. Nach 4,5 km zweigt dann die Straße zum Mt. Samat ab. Zum Schluss führen sieben steile, aber gut asphaltierte Kilometer hinauf zum Kreuz. Rikschas warten an der Abzweigung zum Mt. Samat (hin & zurück 300 P). Diese ist auch ab Balanga mit Jeepneys in Richtung Bagac erreichbar (10 P).

In Balanga lassen sich Vans für halbtägige Trips zum Mt. Samat mieten (1500 P). Das Personal im **Gap Plaza** (☎047-633 2761; www.gapplaza.com; Ecke Capitol Dr. & Sampaguita St., Balanga; DZ inkl. Frühstück 2300–3000 P; P❄📶) kann Fahrten und Touren organisieren. Das Hotel, zu dem auch das Cafe Nicole gehört, ist das beste unter den Bleiben im Zentrum. Es bietet makellose Zimmer mit Kabelfernsehen.

Zwischen dem Terminal Esplanade Seaside Terminal in Manila und dem Hafen Orion gleich südlich von Balanga verkehrt das Motorschiff *XGC Express* (www.magicleaf.ph) werktags dreimal täglich hin- und zurück, an den Wochenenden zweimal täglich, Fahrtzeit nur 45 Min.

Die Website des **Bataan Tourism Center** (☎047-237 4785; www.bataan.gov.ph; Capital Compound, Balanga) hilft hervorragend bei der Lokalisierung von Weltkriegsstätten und anderen Sehenswürdigkeiten.

Clark Hostel HOSTEL €€
(☎045-599 7500; Ninoy Aquino Ave.; DZ ab 2300 P; ❄📶) In Clark sind selbst die Hostels teuer. Das Clark Hostel gehört zu Hostelling International und liegt hinter einem 7-Eleven. Es bietet keine Schlafsäle, sondern nur abge-

nutzte Doppelzimmer mit Bad und Klimaanlage, aber es liegt superzentral (in der Nähe des Paradeplatzes), ist sicher und günstiger als die umliegenden Hotels.

Park Inn by Radisson BUSINESSHOTEL €€€
(☎045-598 7000; Manuel A Roxas Ave., SM City Clark; DZ ab 3400 P; ❄☎☒) Zwischen Clark und Angeles gehört dieser mehrstöckige Komplex zu den Luxushotels in der Nähe der Freeport Zone, die ein ganz gutes Preis-Leistungs-Verhältnis bieten. Die 154 Zimmer sind eher funktional als luxuriös, aber hübsch dekoriert; die Swimmingpools und Fitnessbereiche sind in gutem Zustand. 8 km vom Flughafen entfernt, neben der riesigen SM City Mall.

Yakiniku Kosyu Japanese Grill JAPANISCH €€
(☎045-499 1026; Santos St., Clark Freeport Zone; Hauptgerichte 180–650 P; ⌚11.30–23 Uhr) In einer umgebauten historischen Baracke am Rand des Paradeplatzes trifft hier der Stil eines traditionellen *izakaya* (japanisches Kneipenrestaurant) auf kunterbunten Kitsch. Serviert werden super Sushi und Grillgerichte, und es gibt ein paar Garten-Cabanas.

Iguana's MEXIKANISCH €€
(☎045-893 3654; Don Juico Ave.; Hauptgerichte 160–300 P; ⌚Di–Sa 11–22 Uhr; ❄☎) Das Iguana's liegt auf halbem Weg zwischen dem Clark Airport und Angeles in der Freeport Zone. Großartige Margaritas und Tacos mit Fisch im Bierteig machen es zu einem der besten mexikanischen Lokale des Landes.

Cottage Kitchen Cafe AMERIKANISCH €€€
(☎045-893 2599; 582 Don Juico Ave.; Hauptgerichte 200–800 P; ⌚Di–So 10–23 Uhr; ❄☎) In dieser lokalen Institution reicht die Cajun- und kreolische Küche von Schweinsrippchen à la St. Louis bis hin zu gebratenem Wels auf US-Südstaatenart. Außerdem gibt's hier Live-Jazz-Veranstaltungen.

ℹ An- & Weiterreise

BUS

Am günstigsten nach Manila kommt man über den Hauptbusbahnhof Mabalacat in Dau. Rund 3 km vom Haupttor der Clark Freeport Zone entfernt, starten dort zahlreiche Busse in Richtung Hauptstadt (mit Ventilator/Klimaanlage 115/150 P, 1½ Std.). Weitere Busse bedienen Olongapo (140 P, 1 Std.) und fast den ganzen übrigen Norden von Luzon. Los geht es meistens erst, wenn alle Plätze im Bus besetzt sind.

Von Philtranco fahren täglich acht klimatisierte Direktbusse von Clark nach Manila (Pasay, 350 P, 2 Std.). Victory Liner schickt täglich drei Busse nach Cubao.

Trips nach Banaue gestalten sich etwas komplizierter: Wem das Umsteigen nicht viel ausmacht, der wählt am besten die Route Dau–Cabanatuan–Solano–Lagawe–Banaue.

Alternativ kann man zurück nach Manila fahren und von dort aus einen Nachtbus direkt nach Banaue nehmen. Eine weitere Möglichkeit ist, einen Bus von Victory Liner nach Baguio (300 P, 3 Std.) zu nehmen und dort umzusteigen. Jeepneys verkehren regelmäßig zwischen Dau und Angeles (5 Min.).

FLUGZEUG

Vom **Clark International Airport** (DMIA; ☎045-599 2888; http://crk.clarkairport.com) in der Clark Special Economic Zone fliegen asiatische Billigfluglinien unter anderem folgende Städte an:
Doha Qatar Airways
Hongkong Cebu Pacific, Tigerair
Kuala Lumpur Air Asia
Seoul Jin Air, Korean Air
Singapur Cebu Pacific Tigerair

Theoretisch warten klimatisierte Shuttlebusse auf alle Flüge und bringen Passagiere entweder zum Haupttor der Clark Freeport Zone (30 P) oder zum Busbahnhof Mabalacat (Dau; 50 P). Falls nicht, kann man per Jeepney zum Haupttor fahren oder ein überteuertes Festpreistaxi nehmen (nach Mabalacat/Angeles 450/500 P).

Subic Bay & Olongapo

☎047 / 325 949 EW.

Bis 1992 war mit der 7th Fleet die größte Auslandsflotte der US-Marine in Subic Bay stationiert. Der Nachbarort Olongapo machte in erster Linie durch seine Sexindustrie von sich reden.

Vor Kurzem ist die US-Marine vorübergehend und in kleinerem Rahmen nach Subic Bay zurückgekehrt. Gleichzeitig geben sich die Behörden große Mühe, den früheren Militärstützpunkt (heute Subic Bay Freeport Zone; SBFZ) in ein seriöses Geschäftszentrum und familienfreundliches Touristenziel zu verwandeln. Durch Themenparks, Dschungeltrekking, Wassersport und Wracktauchen hat es sich zu einem beliebten Reiseziel fürs Wochenende gemausert, das von Manila aus gut zu erreichen ist.

Sehenswertes & Aktivitäten

Die Freeport Zone wirkt recht ruhig, wohl auch, weil hier keine Jeepneys und Rikschas verkehren. Zudem besitzt sie einen netten Uferbereich mit Restaurants, Bars und Hotels. Genau das Gegenteil gilt für das hektische Olongapo: Außer den Busverbindungen gibt's keinerlei Grund, sich dorthin zu begeben. Der übel riechende, träge fließende Kanal zwischen Olongapo und der Freeport Zone spült ständig ungeklärtes Abwasser in die Subic Bay. Sein Spitzname „Shit River" (Fäkalienfluss) stammt von den Amerikanern und hält sich bis heute.

Tauchen

Wracktauchen zählt zu den beliebtesten Abenteuer-Aktivitäten in Subic. Insgesamt locken sieben Schiffswracks die Taucher unter Wasser. Das eindrucksvollste davon ist die USS New York auf 28 m Tiefe. Der 1891 erbaute Schlachtkreuzer wurde 1941 von US-Truppen versenkt, um nicht in japanische Hände zu fallen. Taucher können in das riesige Wrack vordringen, sollten sich aber vorsehen: In den endlosen Korridoren und Durchgängen kann man sich sehr leicht hoffnungslos verirren. Gutes Training und ein erfahrener Guide sind daher buchstäblich überlebenswichtig.

Weitere Wracks im Hafen: Unterwasserfotografen schätzen die *El Capitan* (20 m) wegen ihres guten Allgemeinzustands, der viele Meereslebewesen und der Möglichkeit, sie innen zu besichtigen. Die *San Quintin* (16 m) beheimatet größere Fische wie Lippfische, Doktorfische, Großaugenbarsche und Großkopfschnapper. Die *Capitan* und die *Quintin* eignen sich beide für Anfänger. Fortgeschrittene Taucher können sich auch das amerikanische gepanzerte Landungsboot (Landing Ship Tank) auf 37 m Tiefe anschauen.

Auf der *Oryuku Maru* (20 m) alias Hell Ship (Höllenschiff) waren einst 1600 US-Kriegsgefangene eingesperrt; sie kamen bei einem fehlgeleiteten Luftangriff ums Leben. Zum Recherchezeitpunkt war dieses Wrack für Taucher gesperrt.

In Subic ist die Sicht unter Wasser schlechter als anderswo; von Februar bis April ist sie noch am besten. Dafür sind die Tauchtarife recht günstig (1000–1500 P/Tauchgang, Open-Water-Kurs 16 000–18 000 P).

Subic Scuba 719 (☎047-252 9528; 664 Waterfront Rd., SBFZ; ⏲8–17 Uhr) ist ein relaxter Laden, in dem man über die Wracks Bescheid weiß.

Ökotourismus

Während der US-Marinezeit gab es keine illegale Abholzung in der Freeport Zone. So führen hier heute tolle Wanderpfade durch ein paar unberührte Dschungelgebiete. Das Subic Bay Tourism Department liefert Wanderinfos zum großen Regenwaldareal südlich der SBFZ. Dieses bietet auch super Möglichkeiten für Vogelbeobachter, ist aber nur mit einem eigenen Fahrzeug erreichbar.

Zudem hat man in Subic Bay die einmalige Gelegenheit, es den US-Offizieren von früher gleichzutun und sich von den indigenen Aeta (Negritos) zeigen lassen, mit welchen Techniken ein Überleben im Dschungel möglich ist.

Im Bezirk Cubi nahe dem Subic Airport befindet sich die größte bekannte Kolonie der weltgrößten Fledermausarten: der Nacktrücken- und Goldkronen-Flughunde. Das sogenannte Bat Kingdom (Fledermaus-Königreich) befindet jedes Jahr an einer anderen Stelle, ist aber leicht zu finden: Einfach die Ohren spitzen und dem typischen Geräusch folgen, das entsteht, wenn Hunderte Flughunde während der Abenddämmerung gleichzeitig in den Himmel aufsteigen.

Tree Top Adventure ABENTEUERSPORT
(☎047-252 9425; www.treetopadventureph.com; Cubi, SBFZ; Eintritt 100 P, Aktivitäten 100–1000 P; ⏲Mo–Fr 8–16.30, Sa & So bis 17 Uhr) Eine tolle Methode, um Subics wunderschönen Wald hautnah zu erleben: In die hiesigen Wipfel sind u. a. Hindernisparcours, Seilrutschen, Abseil- und Freifall-Stationen integriert. Außerdem bietet die Organisation Trekking-Möglichkeiten an.

Jungle Environment Survival Training Camp ABENTEUERSPORT
(JEST; ☎047-252 1489; www.jestcamp.com; Cubi, SBFZ; ab 450 P; ⏲8.30–17 Uhr) Für mindestens fünfköpfige Gruppen organisiert das JEST Camp diverse Aktivitäten. Diese reichen von einfachen Demonstrationen bis hin zu mehrtägigen Hardcore-Überlebenskursen, bei denen man sich seine eigenen Schutzhütten baut und Trinkwasser aus Pflanzenranken gewinnt. Ein Vogelpark und weitere Aktivitäten gehören ebenfalls zum Camp.

Pamulaklakin Forest Trail ÖKOTOUR, TREKKING
(☎0921 682 7175; Binictican Dr., SBFZ; 2-stündige Touren 250 P; ⏲8–17 Uhr) Im Vergleich zum kommerziellen JEST Camp in der Nähe ist diese Option etwas bodenständiger: In Begleitung eines Aeta-Guides geht's vom Startpunkt aus in den Dschungel hinein, wo man Feuermachen und andere praktische Überlebenstechniken erlernt. Im Angebot sind auch längere Ökotouren und Trips mit Übernachtung (500 P).

El Kabayo Stables REITEN
(☎0998 553 3925, 047-252 1050; http://elkabayostables.com; El Kabayo Rd., Binictican; Reiten 30 Min./1 Std. 370/770 P; ⏲8.30–17 Uhr) Von Manila aus fahren leidenschaftliche Reiter extra hierher, es gibt jede Menge Pferde, Reitstunden und Ausrittmöglichkeiten rund um Subic Bay, einschließlich eines geführten einstündigen Ausritts zum El Kabayo Falls.

Strände

Die meisten Strände in Subic gleich südlich der SBFZ gehören zu gepflegten Resorts und kosten Eintritt, z.B. das **Camayan Beach Resort** (☎047-252 8000; http://camayanbeachresort.ph; SBFZ; Tageskarte Erw./Kind 300/250 P; ⏲24 Std.) und das **All Hands Resort** (☎047-250 2270; www.allhandsbeach.com; SBFZ; 550 P; ⏲24 Std.). Am Wochenende tummeln sich hier viele lärmige Tagesausflügler. Dennoch ist das Ganze gut genug für einen faulen Strandtag in der Nähe von Manila.

Der nette, sandige Barrio Barretto erstreckt sich nordwestlich der SBFZ. Allerdings ist er ein zwielichtiger Sextouristentreff, den man besser meidet. Die schönen Strände in der weiter nördlich gelegenen Region Zambales, einschließlich Anawanigin Cove, sind am leichtesten per Mietwagen zu erreichen. Der palmengesäumte Sandstreifen entlang des Waterfront Beach ist wegen der Abwässer des nahe gelegenen Hafens nicht zum Schwimmen zu empfehlen.

Schlafen

The Cabin PENSION €
(☎047-250 3042; www.thecabinsubic.com; Schley Rd., SBFZ; B/DZ 650/1050 P; ❄📶) Angesichts von Subics teuren Unterkünften ist dieser gemütliche Nachbau eines Blockhauses die einzige wirkliche Budget-Option und damit eine willkommene Überraschung. Es liegt an einer ruhigen Seitenstraße, aber dennoch zentral. Die modernen Schlafsäle und Privatzimmer (mit Gemeinschaftsbad) wirken leicht beengt, sind aber sauber und haben insgesamt ein gutes Preis-Leistungs-Verhältnis.

Subic Travelers Hotel HOTEL €€
(☎047-252 1688; www.subicbaytravelershotel.com; Ecke Aguinaldo & Raymundo St , SBFZ; DZ/FZ inkl. Frühstück ab 3000/4500 P; P❄📶🏊) In Subics Zentrum gehört dieses Hotel zu den gehobenen Mittelklasseoptionen der Stadt. Swimmingpool und Café verleihen ihm eine mediterrane Atmosphäre, während die geräumigen Zimmer Business Class ausstrahlen. Sie sind mit weichen Betten, Kabelfernsehen und Kunstwerken ausgestattet. Abgerundet wird das Ganze durch das professionelle und freundliche Personal.

Herbie's Mansion HOTEL €€
(☎047-252 7350, 0917 863 0677; Waterfront Rd., SBFZ; DZ werktags/Wochenende 1700/1900 P; ❄📶) Das Herbie's mitten an der Waterfront Road ist zwar kein Herrenhaus, dafür vermietet es schlichte, familienfreundliche Zimmer zu erschwinglichen Preisen. Für die Lage ein sehr gutes Preis-Leistungs-Verhältnis.

Lighthouse Marina Resort HOTEL €€€
(☎047-252 5000; www.lighthousesubic.com; Waterfront Rd., SBFZ; Zi. inkl. Frühstück 6000–8000 P, Suite 9000 P; ❄📶🏊) In puncto Komfort, Design, Service und Preis rangiert das Lighthouse weit über den meisten örtlichen Konkurrenten. In den geräumigen und sehr luxuriösen Zimmern gibt's übergroße Flachbildfernseher, Minibar und Zimmerservice. Die Annehmlichkeiten, die ein Hotel zu bieten hat, vom Swimmingpool bis hin zum Restaurant, sind hier top. Wer nicht hier übernachtet, sollte wenigstens mal auf einen Cocktail in der London Music Bar vorbeischauen.

Essen & Ausgehen

★ **Vasco's** PUBGERICHTE €€
(☎047-252 1845, 0919 830 9387; www.vascosresort-museum.com; Lot 14, Argonaut Hwy., SBFZ; Hauptgerichte 250–360 P; ⏲24 Std.; P📶) Diese Mischung aus „Piratenbar" und Restaurant ist vor allem bei Expats beliebt und bietet eine luftige Dachterrasse mit Blick auf die Bucht. Beliebtes Ziel beim

Ausgehen und ein prima Grillrestaurant. Vom CBD aus fahren Winstar-Busse mit Kennzeichnung „Airport-Cubi" (9 P) hierher. Eigentümer dieses Transportservice ist der Australier Brian Homan, der die Philippinen schon seit ewigen Zeiten als Wracktauch-Profi erkundet.

Rachi Curry Corner INDISCH €€
(☎047-252 3663; Santa Rita Rd.; Schawarma 55–75 P, Hauptgerichte 275–350 P; ⏲10–22 Uhr) Das heimelige indische Lokal an einer Wohnstraße gehört dem fröhlichen Ram aus Nepal, der leckere südasiatische Spezialitäten in üppigen Portionen auftischt. Dazu gehören viele vegetarische Gerichte, aber auch preisgünstige nahöstliche Schawarma und Falafel.

Xtremely Xpresso Cafe KAFFEE
(☎047-252 3681; www.xtremelyxpresso.com; 1 Dewey Ave., SBFZ; ⏲6–24 Uhr; 📶) Der beste Kaffee und auch generell das beste Café in Subic. Es gibt eine ganze Palette von Gerichten, einschließlich Pizza mit dünner Kruste. Zur Mittags- und Abendessenzeit kann es hier voll werden. Wer erpicht ist auf seinen Kaffee, sollte frühzeitig kommen.

Roofdeck BAR
(Terrace Hotel, Waterfront Rd., SBFZ; 300 P; ⏲10–24 Uhr) Die Dachbar des Terrace Hotel empfiehlt sich für einen netten Meerblick, Cocktails und einen Hüpfer in einen Infinity Pool. Die 300 P Eintritt werden voll auf Speis und Trank angerechnet.

Pier One LIVEMUSIK
(249 Waterfront Rd., SBFZ; ⏲10–2 Uhr; 📶) Dieses große, halboffene Lokal am Meer, gleich neben dem Lighthouse Marina Resort, lässt jeden Abend Livebands aufspielen, meistens gibt's philippinischen Pop mit eingängigem Rhythmus. Auch als Bar und Grillrestaurant beliebt, und Poolbillardtische gibt's auch.

ℹ Praktische Informationen

Subic Bay Tourism Department (☎047-252 4123; www.sbma.com; 2. OG, Subic Bay Exhibition & Convention Center, Efficiency Ave., SBFZ; ⏲8–17 Uhr) Infos über Aktivitäten, Unterkünfte und Restaurants.

VisitSubic (www.visitsubic.com) Nützliche Reiseinformationen zur Region, außerdem zu Unterkünften, Themenparks und Verkehrsmitteln.

ℹ An- & Weiterreise

Für Trips ab/nach Manila empfehlen sich Expressbusse von **Victory Liner** (☎222 2241; Ecke W 18th St. & Rizal Ave., Olongapo) die bis zum frühen Nachmittag stündlich starten und eine Stunde früher am Ziel sind (Kennzeichnung „via SCTEX"; 245 P, 3 Std.). Alternativ fahren auch langsamere Busse nach Cubao (207 P, 4 Std., stündl.). Eine regelmäßige Verbindung besteht nach Iba (140 P, 2 Std.) und Baguio (449 P, 6 Std.) im Norden. Jeepneys verkehren zwischen der SBFZ und dem Firmenterminal von Victory Liner in Olongapo (10 Min.).

ℹ Unterwegs vor Ort

Statt Jeepneys sind in der SBFZ die einzigartigen „Winstar"-Busse unterwegs; sie starten am Transport Terminal nahe dem Haupttor und verlassen die Freeport Zone nicht.

Ab Olongapo fahren blaue Jeepneys mit Kennzeichnung „Castillejos" nach Subic und zum Barrio Barretto. Die roten Jeepneys fahren zum Busbahnhof.

Die Taxis entlang der Waterfront Road sind bei Einzelfahrten vergleichsweise teuer (ca. 400 P). Der Tarif für Tagestrips (300 P/Std. bzw. 2400 P/Tag) in der Umgebung ist dagegen okay.

Pinatubo & Umgebung

Die Einwohner von Angeles hielten die Vulkane der Umgebung, den Pinatubo und den kleineren Arayat, jahrhundertelang für harmlos. Das änderte sich am 15. Juni 1991 buchstäblich mit einem Schlag, als der Pinatubo explosionsartig ausbrach und Asche und Gestein bis zu 40 km hoch in den Himmel schleuderte. Bei diesem Ausbruch „schrumpfte" er und verlor 300 m an Höhe. Massenweise Staub und faustgroße Felsbrocken regneten auf Angeles, die Clark Airbase und die Subic Bay herab.

Verschlimmert wurde die Naturkatastrophe noch durch einen starken Taifun, der zur gleichen Zeit den Norden Luzons heimsuchte und die Asche in tödliche Lahare (pyroklastische Schlamm- und Schuttströme) verwandelte. Diese schossen die Hänge des Vulkans hinunter und hinterließen ein Bild der Verwüstung: In der Provinz Zambales westlich des Pinatubo veränderten sie den Verlauf von Flüssen, während ganze Dörfer im neu entstandenen Lake Mapanuepe versanken.

DEN MT. PINATUBO BESTEIGEN

Der Aufstieg am Pinatubo (1450 m) ist landesweit eines der am leichtesten zu erlebenden Abenteuer. Achtung: Bei schlechtem Wetter wird die Route gesperrt. Aufgrund der porösen Lahar-Felsen (Erdrutschgefahr) ereignen sich zudem öfter Erdrutsche. Bei ungünstigen Bedingungen sollte man daher nicht losmarschieren! Nach einem Taifun 2009 spülten Sturzfluten einen Jeepkonvoi hinweg; sieben Menschen kamen dabei ums Leben. Nach diesem Unglück wurde der Berg vorübergehend gesperrt. Die erneute Freigabe ging mit der Einführung neuer Bestimmungen einher: Seitdem müssen Trips zum Gipfel spätestens zwischen 6 und 8 Uhr starten (was normalerweise davon abhängt, wann die Militärübungen durchgeführt werden). Organisierte Ausflüge zum Pinatubo beginnen also stets in aller Herrgottsfrühe – in Manila schon vor der Morgendämmerung und in Angeles nur wenig später.

Der Pinatubo kann nur mit einem Guide und einem Geländewagen erklommen werden. Viele Besucher entscheiden sich für eine geführte Tour mit einem Veranstalter aus Manila oder Angeles. Alternativ kann man jedoch problemlos in Santa Juliana übernachten, das Ganze selbst organisieren und dabei einen gewissen Vorteil genießen: Mit einer Übernachtung am Fuß des Bergs lässt sich das extrem frühe Aufstehen umgehen.

Die wichtigsten Anlaufstellen für Wanderer sind das **Santa Juliana Tourism Council** (☎0906 462 3388) oder Alvin & Angie Mt. Pinatubo Guesthouse. Dort gibt's tatkräftige Unterstützung beim Buchen und Organisieren sowie Sicherheitshinweise. Wichtig: Unbedingt vorher anrufen, um zu fragen, ob der Aufstieg am jeweiligen Tag erlaubt ist.

Die Preise variieren je nach Gruppengröße. Bei eigener Organisation bezahlen Gruppen von mindestens vier Teilnehmern etwa 2000 P pro Person (inkl. Mittagessen). Alvin und die Touristeninformation verstehen sich gut darauf, Individualreisende in anderen Gruppen unterzubringen. Wer dennoch allein losziehen will, blättert 5000 P hin. In Manila oder Angeles ansässige Touranbieter verlangen noch weitaus mehr.

Nach dem Besteigen des Pinatubo laden ein paar regionale Dörfer der Aeta zu interessanten Besichtigungen ein. Infos liefert Alvin im Mt. Pinatubo Guesthouse.

Sehenswertes & Aktivitäten

In der Regenzeit empfiehlt es sich unbedingt, das Wildwasser-Rafting (ab 1500 P pro Person) auszuprobieren. Zu den Touren gehört die einstündige Fahrt mit dem Jeep von Santa Juliana zum Startpunkt, danach zwei Stunden Rafting über eine Strecke von 7 km. Kontakt: Alvin & Angie Mt. Pinatubo Guesthouse.

Capas National Shrine GEDENKSTÄTTE
(Philippiner/Ausländer 20/40 P; ⌚8–17 Uhr) Nach dem berüchtigten Todesmarsch von Bataan im Zweiten Weltkrieg wurden die amerikanischen und philippinischen Überlebenden hier zu einem Kriegsgefangenenlager, dem damaligen Camp O'Donnell, transportiert. Heute ist das Gelände ein 22 ha großer Gedenkpark. Als dessen Wahrzeichen ragen der Capas National Shrine in Form eines nadelförmigen Obelisken (70 m) und die „Wand der Helden" feierlich am Ende eines gesäumten Boulevards empor.

Schlafen & Essen

In Santa Juliana gibt's zwei tolle familiengeführte Pensionen.

★ **Alvin & Angie Mt. Pinatubo Guesthouse** PENSION €
(☎0929 249 0865, 0919 861 4102; www.mt-pinatubo.weebly.com; Santa Juliana; B 350–500 P, EZ/DZ inkl. Frühstück 1000/1200 P; ❄📶) Die ruhige Pension in einem ländlichen Dorf wird von einem superfreundlichen Paar (Alvin und Angie) geleitet. Sie ist Anlaufstelle Nummer eins von Individualreisenden, die ihren Aufstieg zum Krater selbst organisieren wollen. Inmitten von Obstbäumen herrscht hier eine erholsame Atmosphäre. Die 14 Quartiere sind ein Mix aus Schlafsälen und Doppelzimmern. Leckeres, selbst gekochtes Essen wird ebenfalls serviert (150 P).

Allan Bognot's Pinatubo Guesthouse PENSION €

(☎ 0919 934 9474; Purok 5, Santa Juliana; B/EZ/DZ inkl. Frühstück 500/1100/1400 P; ❄📶) Diese stylishe, heimelige Pension bietet Zimmer im Haupthaus der Familie sowie neue Zimmer im Chaletstil dahinter. Alle Zimmer haben ein eigenes Bad und Klimaanlage. In der Gästeküche und der Gemeinschaftslounge lässt es sich gut mit anderen Reisenden plaudern; ein annehmbares Restaurant gehört ebenfalls dazu.

ℹ An- & Weiterreise

Um von Manila aus nach Santa Juliana zu gelangen, eignen sich alle Busse mit dem Fahrtziel Capas im Norden Luzons (mit Ventilator/Klimaanlage 140/180 P). Von dort aus geht's per Rikscha direkt zum Ziel (300 P). Alternativ nimmt man ab Capas einen Jeepney nach Patling (30 P) und setzt die Reise von dort aus mit einer Rikscha nach Santa Juliana (60 P) fort. Busse nach Capas starten auch regelmäßig am Busbahnhof Mabalacat (Dau) in Angeles (50 P, 45 Min.).

Nord-Luzon

Inhalt ➜

Gut essen

- Cafe by the Ruins Dua (S. 154)
- Log Cabin (S. 164)
- Angel & Marie's (S. 137)
- Pension Ivatan (S. 185)
- La Preciosa (S. 145)

Abseits ausgetretener Pfade

- Sierra Madre (S. 180)
- Babuyan Islands (S. 187)
- Itbayat Island (S. 187)
- Hapao & Hungduan (S. 176)
- Adams (S. 144)
- Lake Mapanuepe (S. 133)

Auf nach Nord-Luzon!

Nord-Luzon lockt Entdecker an und ist eine Art Miniversion des ganzen Landes. An sonnigen Stränden jagen Surfer den Wellen nach. Buschmesser tragende Stammesangehörige aus den Bergen lassen sich ein Lächeln entlocken, und noch schneller bieten sie von ihrem Reiswein an. Im undurchdringlichen Dschungel verstecken sich heimische Tiere. In spanischen Kolonialstädten bricht sich das Sonnenlicht in Muschelfenstern, die abgelegenen Inseln mit unberührter Landschaft bekommen nur selten Besucher zu sehen.

Das Highlight für viele Reisende sind die Reisterrassen der Cordillera, einer Gebirgskette voller hängender Särge und Mumien. Spannende Aktivitäten hier sind Trekking, Höhlenwanderungen, Mountainbikefahren und Rafting. Kulturell betrachtet, sind die Philippinen hier am facettenreichsten. Die Bergvölker von Zambales, Ilocos und Batanes sind bekannt für eine Melange aus Sprachen und Ritualen. Sie alle sind aufrichtig freundlich zu Besuchern.

Reisezeit

Sagada

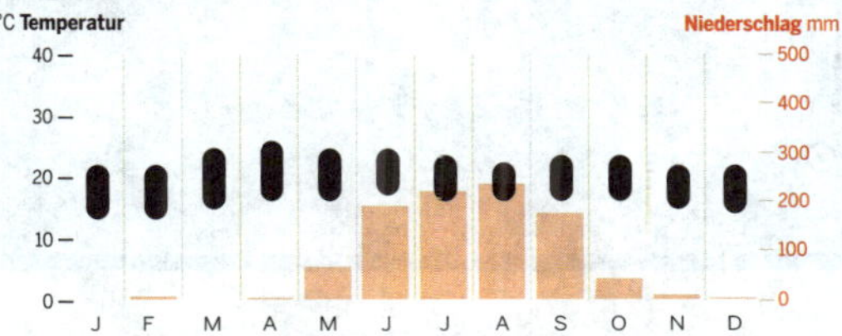

Nov.–Mai Das beste Wetter, das die Inseln zu bieten haben – was jede Menge Gesellschaft verspricht!

April–Juli Große Hitze und wenige Besucher.

Juli–Okt. Die Reisterrassen sind grün, teils gibt es jedoch Taifune.

Nord-Luzon Highlights

1 Batad (S. 173) Sich von diesem Amphitheater aus Reisterrassen beeindrucken lassen und dann weitergehen zu ähnlich schönen.

2 Kalinga Province (S. 167) Auf Du und Du mit ehemaligen Kopfgeldjägern stehen und eine berühmte Tattoo-Künstlerin besuchen.

3 Sagada (S. 159) Kletternd und schwimmend tiefe Höhlen erobern und dann zu den hängenden Särgen wandern.

4 Batanes Islands (S. 183) Bis zum Ende der Welt vordringen, um die Kultur Ivatans kennenzulernen.

5 Pagudpud (S. 147) Auf windigen Wellen kitesurfen oder an den grandiosen, weißen Sandstränden chillen.

6 Mestizo District (S. 139) In diesem herrlichen Viertel der spanischen Kolonialstadt Vigan in die Vergangenheit reisen.

7 Kabayan (S. 157) Durch steile Gemüseterrassen zu den uralten Mumienhöhlen wandern.

8 San Juan (La Union) (S. 136) Surfen und dann Party machen am Strand.

9 Baguio (S. 151) Musik, feines Essen und kühle Bergluft genießen.

Sprache

Im nördlichen Luzon werden unzählige Sprachen gesprochen, allein in der Cordillera sind es Dutzende Dialekte. Besonders verwirrend ist der Mix in Kalinga, wo jedes Dorf seinen eigenen Dialekt hat. Die Bewohner der Cordillera verstehen oft eher Ilokano oder Englisch als die Landessprache Tagalog.

Im Flachland sind Tagalog und Ilokano die Hauptsprachen. Letztere ist nicht nur in Ilocos, sondern auch in Cagayan, Isabela und La Union vorherrschend. Verbreitete Dialekte sind außerdem Pangasinan und Sambal, die Sprache der Zambales, während die Einwohner von Batanes Ivatan sprechen.

An- & Weiterreise

Es gibt regelmäßige Flüge zwischen Manila und Laoag, Tuguegarao sowie Basco (Batanes), zwischen Vigan und Basco, zwischen Tuguegarao und Basco, Palanan sowie Maconacon und zwischen Cauayan (Provinz Isabela) und Palanan sowie Maconacon. Klimatisierte Busse verbinden Manila mit größeren Städten in Nord-Luzon, und komfortable Luxusbusse steuern immer mehr Ziele an.

Auch die entlegeneren Gegenden von Luzon wie die Cordillera und der Nordosten der Insel werden recht regelmäßig von öffentlichen Verkehrsmitteln angefahren. Abseits der üblichen Straßen ist ein anständiger Geländewagen vonnöten, wobei einige Strecken in der Provinz Kalinga nichts für Zartbesaitete sind. Staus und ein Mangel an Parkplätzen sind in den meisten größeren Städten ein Problem. Autovermietungen findet man in Manila.

ZAMBALES-KÜSTE

Die Zambales-Küste liegt zwischen Stein und kühlem Nass. Bei Ersterem handelt es sich um das raue Massiv Pinatubo, bei Zweiterem natürlich um das Meer mit einigen guten Surfspots, insbesondere rund um Pundaquit und Liw-liwa (manchmal auch „Liwa" genannt). Im Sommer wird die 100 km lange Küste oft von starken Regenfällen heimgesucht, im restlichen Jahr locken unbewohnte, vorgelagerte Inseln und Strandresorts, die bei Wochenendausflüglern aus Manila beliebt sind.

Südliche Zambales-Küste

Diese Ecke Luzons hat sich seine relaxte Backpacker-Atmosphäre erhalten – mit schönen, von Wellen umspülten Stränden an der heißen, trockenen Küste um San Antonio, San Narciso und San Felipe. **La Paz** ist das bebauteste Gebiet, hier übernachten viele große Reisegruppen in den Resorts. **Liw-liwa** ist bekannt für seine sanfte Brandung mit Sanduntergrund (die aber durchaus hoch werden kann) und seine coole, entspannte Strandszene. **Pundaquit** fühlt sich mit seinem Strand voller Fischerboote unberührter an, auch wenn es dort ein paar ruhige Mittelklasse-Übernachtungsmöglichkeiten gibt; außerdem ist es das Sprungbrett zu den abgelegenen, aber oft sehr belebten Campingplätzen auf der sanduhrförmigen **Capones Island** und zur **Anawangin Cove** mit ihrem erstaunlich weißen Sand. Da diese Gegend nur eine fünfstündige Busfahrt von Manila entfernt ist, wird sie bei philippinischen Touristen, vor allem bei Studenten, immer beliebter.

Wenn die Brandung ruhig ist, bietet es sich an, in Pundaquit ein *bangka* zu mieten, um Insel- und Strandhopping zu betreiben (1300 P für bis zu vier Personen). Empfehlenswert ist eine Ökotour mit **MAD Travel** (Make a Difference Travel; www.madtravel.com; Circle Hostel, Liw-liwa; Touren inkl. Mahlzeiten 1500 P/Pers.; ⏲ Sa 7–19 Uhr), um das Aeta-Volk kennenzulernen und dazu beizutragen, ihr Land wieder aufzuforsten. Nach dem Ausbruch des Pinatubo 1991 wurde dieses Gebiet von Vulkanasche bedeckt, wodurch eine Bewirtschaftung fast unmöglich wurde. Auf der Tour geht es mit dem Ochsenkarren zum Dorf, wo die Teilnehmer freundliche Familien kennenlernen, die sich über Hilfe bei der Arbeit freuen. Wer dorthin geht, wird wie ein Familienmitglied behandelt und mit leckerem einheimischem Essen verwöhnt.

Schlafen & Essen

Camping ist an dieser Küste sehr beliebt, und an Wochenenden und Feiertagen ist hier sehr viel los. Am besten im **Crystal Beach Resort & Campsite** (☎047-222 2227; www.crystalbeach.com.ph; La Paz; Zi. mit Ventilator/Klimaanlage ab 1700/2750 P, Zeltplätze 550 P, Mietzelt 750 P; ❄) nachfragen, wo es auch Surfunterricht gibt und Bretter vermietet werden.

Circle Hostel HOSTEL €
(☎0917 861 1929; www.zambales.thecirclehostel.com; Hängematte 450 P, B 550 P) Das alteingesessene, farbenfrohe Backpacker- und Surfer-Hostel in Liw-liwa mit dem herzlichen

Personal eignet sich bestens, um Kontakte zur jungen Surfgemeinde zu knüpfen. Die Unterkünfte setzen sich aus verschiedenen Stufen für Preisbewusste zusammen; die sehr schlichten Schlafsäle mit strohgedeckten Wänden sind dabei die gehobenere Option. Gästen stehen Schließfächer zur Verfügung, und die Atmosphäre lädt zu einem längeren Aufenthalt am und im Meer ein.

Kilabot Surfing RESORT €
(☎0930 509 5122; Liw-liwa; Hütten 800 P) Wer zum Surfen nach Liw-liwa gekommen ist und Wert auf Privatsphäre legt, trifft mit diesen einfachen *kubos* (strohgedeckten Hütten) am Strand die richtige Wahl.

Mommy Phoebe's Place PHILIPPINISCH €
(Liw-liwa; Hauptgerichte 80-220 P; ⏲6 Uhr bis spät) Mommy Phoebe stopft die Gäste mit leckerem *pansit, bagnet* und allem anderem voll, was sie an diesem Tag so kocht; sie kühlt ihre Gäste mit frischen, eishaltigen Saft-Shakes ab und verkauft obendrein qualitativ hochwertigen Surferbedarf.

An- & Weiterreise

In Olongapo oder Manila einen beliebigen Bus in Richtung Iba nehmen; wer nach Liw-liwa will, steigt in San Felipe aus, wer nach La Paz will in San Narciso und wer nach Pundaquit will in San Antonio. Von diesen Ortschaften ein Tricycle zum gewünschten Strand nehmen (50 bis 80 P).

Von Pundaquit kostet eine 25-minütige *bangka*-Fahrt nach Capones Island oder Anawangin Cove 1000 P.

Iba & Botolan

☎047 / 108 210 EW.

Die benachbarten Städte Iba und Botolan, rund 45 km nördlich von San Antonio gelegen, bieten sich als Ausgangspunkt für Wanderungen in den Zambales Mountains und für einen Zwischenstopp auf der Durchreise an.

Die Hauptwanderroute in der Gegend ist der Aufstieg zum nebelverhangenen Tapulao (High Peak; 2037 m), dem höchsten Berg der Zambales Mountains. Eine 18 km lange Bergbaustraße, die zu Fuß oder mit dem Geländewagen bewältigt werden kann, führt zu einem Punkt, der nur noch einen einstündigen Fußmarsch vom Gipfel entfernt liegt. Sie beginnt im *barangay* Dampay, das man nach einer 40-minütigen Motordreiradfahrt (170 P) ab der Kleinstadt Palauig, 14 km nordwestlich von Iba, erreicht.

Schlafen & Essen

Botolan Wildlife Farm PENSION €€
(☎0917 829 5478, 0917 734 2206; www.botolanwildlifefarm.com; Botolan; EZ/DZ 1500/1800 P) Am Fuß der Zambales Mountains betreibt der Schweizer Zoologe Martin Zoller ein Reservat für gerettete Tiere sowie Gästezimmer, die Blick auf die Gehege und Berge bieten. 4 km östlich von einer gut beschilderten Abzweigung am National Highway, unmittelbar südlich des Zentrums von Botolan, verkehren Motordreiräder (90 P) hierher.

ABSTECHER

LAKE MAPANUEPE

Als der Pinatubo (1450 m) 1991 ausbrach, hinderten Lavaströme den Mapanuepe River daran, aus den Zambales-Bergen abzufließen. Das langsam ansteigende Hochwasser zwang die Bewohner von Aglao und Bajaoen, in die Höhe zu fliehen. Scheinbar unbeeindruckt errichteten die Einheimischen ihre Dörfer am Ufer des neu entstandenen Lake Mapanuepe im Schatten der Zambales Mountains, rund 15 km östlich von San Marcelino.

Die Dörfer sind nur per Boot zu erreichen und sehr ursprünglich. Bis heute sieht man häufig Aeta im traditionellen Lendenschurz.

Mitten auf dem Lake Mapanuepe befindet sich die versunkene Kirche von Bajaoen, deren braunes Kreuz unübersehbar aus dem Wasser ragt – ein unheimlicher Anblick.

Täglich verkehren ein oder zwei Jeepneys von San Marcelino nach Aglao (45 Min.), die letzte Rückfahrt in Aglao ist allerdings um 12 Uhr. Eine *bangka*-Fahrt vom „Hafen" in Aglao zur versunkenen Kirche kostet rund 900 P.

Alle zwischen Olongapo und Iba verkehrenden Busse halten in San Marcelino.

Palmera Garden Beach Resort RESORT €€
(☎0908 503 1416, 047-811 1886; www.palmeragarden.com; Iba; Zi. 1600–4400 P; ❄📶🏊) Das Resort unter Schweizer Leitung, 2 km nördlich von Iba, bietet den besten Service der Gegend. Die Zimmer sind sauber, klimatisiert und wenig atmosphärisch, dafür gibt es Zugang zu einem hübschen Strandabschnitt und einem Pool inmitten blühender Blumen. Das Restaurant serviert neben philippinischen Klassikern auch Currywurst und dergleichen.

Rama Beach Resort RESORT €€
(☎0917 523 7262; www.ramabeach.com; Botolan; DZ 1900–2600 P; ❄📶) Das Rama Beach Resort ist in australischer Hand und bietet hübsche Quartiere und ein schönes Restaurant mit Bibliothek und Billardtisch. Es liegt an einem ruhigen Strandabschnitt 8 km südlich von Botolan. Von Oktober bis Februar nisten hier Schildkröten, und die Besitzer organisieren Ausflüge zu Höhlen in der Nähe.

An- & Weiterreise

Regelmäßig (5–18 Uhr stündl.) verkehren Busse von **Victory Liner** (☎047-811 1392) von Iba südwärts nach Cubao und Pasay in Manila (375 P, 5–6 Std.) über Olongapo (107 P, 2 Std.) sowie alle 30 Minuten nordwärts nach Santa Cruz (108 P, 1½ Std.).

Nördlich von Iba

Wer Inseltouren unternehmen und am Strand campen möchte, macht sich zur Grenze zwischen den Provinzen Zambales und Pangasinan auf. Hermana Menor Island vor Santa Cruz säumt ein malerischer, weißer Strand mit anständigen Schnorchelspots vor der Küste. Die Insel befindet sich in Privatbesitz, allerdings organisiert das SeaSun Beach Resort *bangka*-Ausflüge hierher und zur benachbarten Hermana Mayor Island.

Das SeaSun Beach Resort (☎0917 409 3347; Santa Cruz; Barangay Sabang; D/FZ 2000/4000 P; ❄) liegt an einem wunderbar abgeschiedenen Strandabschnitt mit Blick auf Hermana Menor und Hermana Mayor. Die Bandbreite der Unterkünfte reicht von einfachen, kleinen Zimmern mit Ventilator (800 P) bis zu schickeren Zimmern mit Minibars und Satelliten-TV. Das Resort liegt 1,5 km von der Hauptstraße entfernt; einfach der gut beschilderten Abzweigung 2 km südlich von Santa Cruz folgen!

Victory-Liner-Busse verkehren regelmäßig südwärts nach Iba und Olongapo sowie gen Norden nach Alaminos und Lingayen. Tagsüber bedienen nicht klimatisierte Lokalbusse dieselbe Strecke.

GOLF VON LINGAYEN

Die wunderschöne Meeresbucht mit smaragdgrünen Inseln inmitten von azurblauem und türkisfarbenem Wasser dominiert die Küste der Provinz Pangasinan.

Es gibt Schutzprojekte zur Wiederherstellung der Korallenriffe, die durch Dynamit- und Zyanidfischerei stark beschädigt wurden. An der Küste zwischen Bolinao und San Juan (La Union), einem beliebten Surftreffpunkt, gibt es zahlreiche Strandresorts.

Bolinao & Patar Beach

☎075 / 82 090 EW.

Bolinao verströmt das Flair totaler Abgeschiedenheit, schließlich liegt es auch in einem abgelegenen Winkel. Je nach Sichtweise wirken die hiesigen Strandorte romantisch einsam oder trist und verlassen.

Patar Beach, ein langer, schmaler Sandstrand zwischen Bolinao und dem *barangay* Patar, 18 km weiter südlich, ist bei Wochenendausflüglern aus Manila beliebt und bietet sich für einen erholsamen Zwischenstopp an. Am besten zum Baden eignet sich der White Beach direkt in Patar, über dem der von den Spaniern errichtete Leuchtturm des Bolinao-Kaps thront.

Sehenswert sind die seltenen *santos* (religiösen Statuen) an der Fassade der Church of St. James aus dem 17. Jh. auf der Plaza. Wer sich für die sensible Meeresökologie des Golfs von Lingayen interessiert, für den lohnt sich außerdem ein Besuch des University of the Philippines Marine Science Institute (☎075-554 2755; www.msi.upd.edu.ph/bml; 15 P; ⏲Mo–Fr 8–17 Uhr). Dort züchten Forscher riesige Korallen produzierende Muscheln, die im Hundred Islands National Park und sogar in Australien und Malaysia angesiedelt werden.

Treasures of Bolinao (☎0921 564 2408, 075-696 3266; Ferienwohnung für 2 Personen 4000 P; ❄🏊) ist so opulent, wie es in Bolinao (oder überhaupt in diesem Teil Luzons) überhaupt werden kann. Etwa 17 km von Bolinao entfernt, bietet dieses Resort schicke Ferienhäuser, gehobene Kokosnusshütten und riesige, erlesen möblierte Suiten mit Ozeanblick. Der Strand hier unten ist weich wie Puderzucker.

Regelmäßig verkehren Busse (56 P), Jeepneys und Kleintransporter (65 P) von Bolinao nach Alaminos (1 Std.).

Je nach Ziel kostet ein Motordreirad zu den Resorts am Patar Beach pro Strecke rund 175 P.

Hundred Islands National Park

☎075

Der kleine Nationalpark (☎075-551 2145; www.hundredislands.ph) vor der Küste von Alaminos besteht aus 123 Inselchen. Im Lauf der Jahrhunderte hat der Wellengang den Kalksteingrund einiger Inseln abgetragen, was für eine charakteristische, an Pilze erinnernde Oberfläche sorgt.

Leider wurde den Hundred Islands ihre Popularität zum Verhängnis. Das hiesige Ökosystem ist durch den Tourismus und die Fischerei beschädigt. Die Suche nach einer Insel, deren Korallen nicht durch Dynamitfischerei oder Taifune beschädigt wurden, ist deswegen nicht einfach. Viele Besucher haken die Inseln an einem Tag ab, aber es lohnt sich, sich Zeit zu nehmen und ein paar Tage zu schnorcheln, zu schwimmen und am Strand herumzulungern.

Seit die Stadtverwaltung von Alaminos 2005 die Verwaltung des Parks übernahm, hat sich die ökologische Situation verbessert. Schnellboote spüren illegale Fischer auf, während das University of the Philippines Marine Science Institute in Bolinao die dezimierten Riesenmuscheln wieder ansiedelt.

Die verstreut liegenden 123 grünen Inseln und Inselchen aus Kalkstein sind teils felsig und steinig, andere bieten tolle Strände (auf den beliebtesten ist allerdings Müll ein Problem), ruhige See für Schnorchelausflüge, Höhlen für Entdecker und eine bunte Vogelwelt. Quezon Island, Governor's Island und Children's Island sind die einzigen mit Besuchereinrichtungen, die übrigen sind unbewohnt und quasi verlassen, da sie von einheimischen Touristen verschmäht werden.

Die Strände auf Quezon Island, Governor's Island und Children's Island sind nichts Besonderes, dafür hat Governor's Island einen hübschen Aussichtspunkt und Children's Island ruhiges, seichtes Wasser, das sich bestens für Kinder eignet.

Cathedral Island zählt zu den abgeschiedensten Inseln und ist für ihre facettenreiche Meeresvogelwelt bekannt. Auf Marcos Island kann man sich auf einem 20 m hohen Fels im Klippenspringen versuchen, Cuenco Island wird von einer Höhle in zwei Teile geteilt, und das winzige Martha ist wunderschön; der Strand zwischen den zwei Inselchen ist nur während der Flut zu erreichen.

Island Tropic (☎0906 469 7888, 075-551 4913; www.islandtropichotel.com; Lucap Wharf; DZ/FZ mit Frühstück 1600/2400 P; ❄📶) bietet Unterkünfte im Motel-Stil; oben gibt's ein luftiges Restaurant, dazu einen Block geräumige, saubere, aber nichtssagende Zimmer aus Beton. **Maxine by the Sea** (☎075-696 0964; www.maxinebythesea.com; Lucap Wharf; DZ/4BZ/FZ 2110/2950/4020 P, Hauptgerichte 250–800 P; ❄📶) ist ein luftiges Fischrestaurant mit Meerblick; die übermäßig anspruchsvollen Gerichte besser meiden und lieber den typischen Tintenfisch und das *kinilaw* (Ceviche) aus dem Tagesfang probieren. Die sieben Zimmer sind die besten am Ort, vor allem das einzige, etwas günstigere Doppelzimmer.

ℹ Praktische Informationen

Hundred Islands National Park Office (☎075-203 0917, 075-551 2505; www.hundredislands.ph; Lucap; ⏲24 Std.) Hier gibt's alles, von Informationen bis hin zur Bootsvermietung.

ℹ Anreise & Unterwegs vor Ort

Um zum Nationalpark zu gelangen, zuerst in die Stadt Alaminos fahren und von dort ein Tricycle (80 P) nach Lucap Wharf nehmen; dort die Eintrittsgebühren (80 P/Tag oder 120 P über Nacht) im Büro des Hundred-Islands-Nationalpark bezahlen.

Busse von Five Star und Victory Liner fahren regelmäßig von Alaminos nach Pasay, Manila (normal/klimatisiert 380/490 P, 5½ Std.) und nach Santa Cruz (180 P, 2 Std.); von dort weiter nach Olongapo. Victory Liner bietet außerdem Busse nach Baguio (230 P, 4 Std., 3-mal tgl.). Um nach La Union und die Küste hinauf nach Norden zu gelangen, einen Bus oder Van (68 P) nach Dagupan nehmen und von dort dann weiterfahren.

Nach Bolinao fahren regelmäßig Jeepneys (45 P), Busse (56 P) und klimatisierte Vans (65 P).

San Juan (La Union)

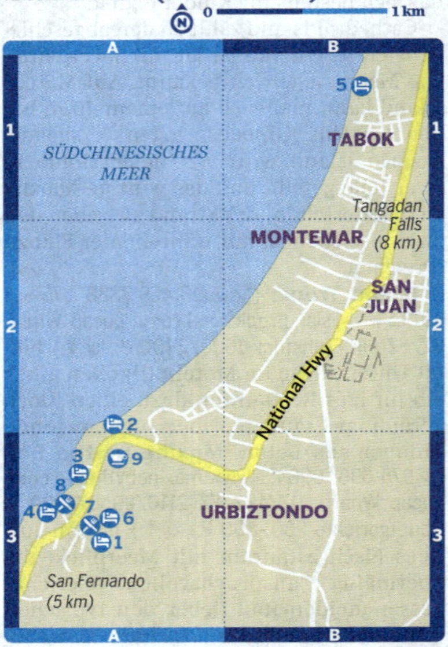

San Juan (La Union)

Schlafen
- 1 Circle Hostel A3
- 2 Flotsam & Jetsam Hostel A2
- 3 Kahuna Resort A3
- 4 San Juan Surf Resort A3
- 5 Sunset German Beach Resort B1
- 6 Vessel Hotel A3

Essen
- 7 Angel & Marie's A3
- 8 Gefseis A3

Ausgehen & Nachtleben
- 9 El Union A3

Die klimatisierten Vans fahren von der Haltestelle in Alaminos ab, etwa 500 m von der Victory-Liner-Station entfernt, in der Nähe der Konditorei Red Ribbon.

Der Park bietet jetzt nur Serviceboote an (Tag/über Nacht 1400/3000 P), die nur in ganz besonderen Fällen nicht verkehren. Mit ihnen hat man freie Hand, welche Inseln man besuchen und wie lang man auf jeder Insel verweilen will.

Die Boote von Lucap Wharf auf die Inseln verkehren von 6 bis 17.30 Uhr.

San Juan (La Union)

Willkommen im Surferparadies! Die meisten Besucher lockt das *barangay* Urbiztondo in San Juan, ein unauffälliger Strandort 6 km nördlich von San Fernando. Von November bis März gibt es dort den beständigsten Wellengang des Landes. In der Saison bietet eine ganze Legion braungebrannter Surflehrer Anfängern auf perfekten Wellen Kurse, die zu den günstigsten der Welt zählen (400 P/Std.).

Barangay Montemar, 1 km nördlich von San Juan, ist ein sehr viel ruhigerer Strandabschnitt, abgeschnitten von den Restaurants und Services des *barangay* Urbiztondo. Die Resorts dort rufen auf Wunsch jedoch gern ein Tricycle (50 P), und es ist nicht schwer, zwischen den beiden Dörfern hin- und herzupendeln.

Sehenswertes & Aktivitäten

Unterkünfte in Urbiztondo vermitteln Surflehrer, dort kann man zudem Bretter ausleihen (200 P/Std.). Den besten Surfspot für Anfänger findet man in der Regel beim „Zementwerk" in Bacnotan, 6 km nördlich von San Juan. Tendenziell größere Wellen bieten Urbiztondos Beach Break und der benachbarte Mona Lisa Point. Auch die weiter entfernten Spots Cartile Point und Darigayos sind beliebt.

Wenn die Brandung ruhig ist, bietet sich der beliebte Ausflug zu den **Tangadan Falls** an. Diese sind eine Tricycle-Fahrt (500 P) und eine einstündige Wanderung (150 P Führungsgebühr) von San Juan entfernt.

Schlafen

Die meisten Reisenden, die auch surfen wollen, übernachten im *barangay* Urbiztondo, einem Küstenabschnitt 3,5 km südlich von San Juan selbst; wer die Einsamkeit sucht, sollte im winzigen *barangay* Montemar übernachten.

★ **Flotsam & Jetsam Hostel** HOSTEL €
(☎ 0917 802 1328; www.flotsamandjetsamhostel.com; B ab 650 P; ❄ 📶) Künstler-Dekor macht dieses mit Surfbrettern gespickte Hostel am Strand aus. Hier legen Gäste gern spontane Gitarren-Jam-Sessions ein, und die strohgedeckte Bar zieht auch in der Nebensaison viele braungebrannte Surfer an. Zur Wahl stehen ein Schlafsaal mit strohgedeckten Wänden und Ventilator,

eine „Meeressuite“ und ein umgebautes Wohnmobil. Der „Spicy Nikki“ des hiesigen Spirituosenmeisters hat's in sich.

Vessel Hotel HOSTEL €
(www.vesselhostel.com; B 980 P; ❄ 📶) Wer ein Bett im Schlafsaal will und trotzdem Wert auf guten Schlaf legt, für den ist dies die erste Wahl. Das mehrstöckige, moderne Gebäude ist direkt in der Stadt und verfügt über klimatisierte Zimmer, jedes davon ausgestattet mit großen Stockbetten aus Holz, Schreibtischen, Lampen und ein wenig Privatsphäre. Vom luftigen Aufenthaltsbereich auf dem Dach lässt sich die Brandung checken.

Sunset German Beach Resort RESORT €
(☎0917 921 2420, 072-888 4719; www.sunsetgermanbeachresort.com; DZ mit Ventilator/Klimaanlage 800/1100 P, Suite 2100 P; ❄ 📶) Geboten werden gemütliche, attraktive Zimmer mit freiliegendem Backstein, ein ruhiger Strand, an dem die Brandung ganz okay ist, und ein deutscher Besitzer, der seine eigene deutsche Wurst herstellt. Der Besitzer hat eine interessante Einstellung zum Landleben auf den Philippinen und erwartet, dass seine Gäste in seinem Restaurant essen. 1 km nördlich von San Juan zum Resort abbiegen.

Circle Hostel HOSTEL €
(☎0917 832 6253; www.launion.thecirclehostel.com; Hängematte 350 P, B 450–550 P) In diesem farbenfrohen, entspannten Hostel zu übernachten, ist ein wenig wie zu Besuch bei Freunden zu sein: kommen, surfen, mit den anderen Reisenden auf Sitzsäcken im Gemeinschaftsbereich abhängen, sich mit dem Personal anfreunden und am Ende tagelang bleiben. Übernachtet wird entweder in sehr einfachen, strohgedeckten Schlafsälen mit Moskitonetz oder in einer Hängematte.

San Juan Surf Resort RESORT €€
(☎072-687 9990, 0917 887 5470; www.sanjuansurfresort.com.ph; DZ/4BZ mit Klimaanlage ab 1800/2600 P, 2-Pers.-Villa 1800 P; ❄ 📶) Die Anlage unter Leitung des Australiers Brian Landrigan, der bereits knappe 30 Jahre in der Gegend lebt, hat sich von ein paar Strandhütten zu einem gehobenen Surferdorf entwickelt, dessen Bandbreite von spartanischen Standardzimmern über Villen für mehrere Personen bis hin zu Deluxe-Quartieren reicht. Das Open-Air-Restaurant in Strandnähe ist beliebt, und die professionell organisierten, mehrtägigen Surfpakete sind sehr zu empfehlen.

Kahuna Resort RESORT €€€
(☎072 607 1040; www.kahunaresort.com; DZ mit Frühstück 5265–7020 P; ❄ 📶 🏊) Das Kahuna ist die edelste Bleibe in dieser Gegend. Die zurückhaltenden Bungalows haben Schieferfußböden, Details aus Bambus und Holz und kühle Badezimmer, in vielen davon stehen Topfblumen am Fenster. Es gibt einen Infinity-Pool mit Blick auf den Strand, und das Ganze liegt in einem gepflegten tropischen Garten.

Essen & Ausgehen

Im *barangay* Urbiztondo gibt es eine tolle Auswahl an Restaurants, angefangen von Griechisch und Mexikanisch bis hin zu winzigen philippinischen Buden. Die größeren Resorts haben eigene Restaurants, die in der Regel von annehmbarer Qualität sind.

★ **Angel & Marie's** PHILIPPINISCH €€
(☎0917 723 3253; Hauptgerichte 99–199 P; ⏲Mo–Fr 7.30–20, Sa & So 6-20 Uhr) Dieses großartige, kleine, strohgedeckte Restaurant mitten in Urbiztondo wird von einem freundlichen, einheimischen Surferpaar geleitet und hat dank seiner hübsch zubereiteten, gesunden Bananenpfannkuchen, seinem *pinakbét* (Eintopf aus gemischtem Gemüse) und seinen gegrillten Fleisch- und Fischgerichten eine loyale Gefolgschaft. Wenn der Laden am Wochenende geschlossen ist, bedeutet dies, dass alle beim Surfen sind!

Gefseis GRIECHISCH €€
(Hauptgerichte 100–450 P; ⏲9–23 Uhr; ✍) Die authentische griechische Taverne führt die Surfer mit Köstlichkeiten wie Moussaka, Pastitsio und enormen Souvlaki-Tellern in Versuchung; das Ganze wird mit Meerblick garniert.

★ **El Union** CAFÉ
(⏲Mo–Fr 9–21 Uhr, Sa & So 7–22 Uhr) Winzig klein und trotzdem belebt und eindeutig hip – dieses Café stillt das Koffeinbedürfnis der Surfer durch tolle Espresso-Getränke (100 bis 140 P); außerdem gibt es hier Masala-Chai und eine Auswahl an kreativen heißen und kalten Getränken. Darüber hinaus bereiten Sandwiches mit gegrilltem Käse, Pancakes und tolle Pfannencookies Gaumenfreuden.

Vigan

Vigan

Highlights
1 Mestizo District C2

Sehenswertes
2 Crisologo Museum C3
3 Cristy's Loom Weaving F3
4 Magic Fountain C1
5 Museo San Pablo C1
6 Padre José Burgos National Museum B1
7 Pottery Factories A2
8 Rowilda's Weaving Factory F3
9 St Paul Cathedral C1
10 Syquia Mansion Museum D3

Schlafen
11 Gordion Inn D2
12 Grandpa's Inn D2
13 Hotel Luna D2
14 Hotel Veneto de Vigan C2
15 Villa Angela D3

Essen
Cafe Uno .... (siehe 12)
16 Street Stalls C1

Ausgehen & Nachtleben
17 BarTech C3
18 Coffee Break Vigan C2

Praktisches
19 Ilocos Sur Tourism Information Centre D2

Transport
20 Dominion Bus Lines B3

An- & Weiterreise

Im *barangay* Urbiztondo lassen sich am Straßenrand Busse heranwinken, aber viele davon werden voll sein und nicht anhalten. Um lange Wartezeiten zu vermeiden, ein Tricycle zum Busbahnhof in San Fernando (20 P) nehmen.

Von San Fernando aus fahren Busse von **Partas** (☎072-242 0465; Quezon Ave., San Fernando) nach Manila (436 P, 7 Std., stündl.), Pagudpud (484 P, 7 Std.), Laoag (367 P, 5 Std.) und Vigan (235 P, 3 Std.). Preiswerter sind die normalen Busse, die von der Haltestelle Quezon Avenue vor der Plaza in San Fernando nach Laoag und Vigan starten – außerdem verkehren sie öfter.

Minibusse nach Baguio (82 P, 1½ Std.) fahren zweimal stündlich von der Governor Luna Street in San Fernando.

Wer Richtung Dagupan, Lingayen oder zur Zambales-Küste will, nimmt am besten einen beliebigen Bus Richtung Manila oder Baguio

und steigt in Agoo (65 P) aus. In Agoo in einen Bus nach Dagupan (70 P) steigen; dort erneut umsteigen, um zur Küste zu gelangen.

ILOCOS

Vigan

☎077 / 53 880 EW.

Vigan, eine der ältesten Städte der Philippinen, wirkt mit seinen Villen aus dunklem Holz, den Kopfsteinpflasterstraßen und ratternden *kalesa* (Kutschen) wie ein spanischer Kolonialort aus dem Bilderbuch. Das ist jedoch nur eine Seite der UNESCO-Welterbestätte. Vigan ist zweifellos das hübscheste erhaltene Beispiel einer spanischen Kolonialstadt in Asien, jenseits der gepflegten (vorwiegend verkehrsberuhigten) Crisologo Street und der umliegenden Blocks präsentiert es sich jedoch typisch laut und philippinisch. Attraktiv sind vor allem die Ecken lebendiger Geschichte, wo der Duft frisch gebackener *empanadas* an Antiquitätenläden und Töpfereikooperativen vorbeizieht und die Sonne durch Capiz-Muschel-Fenster schimmert.

Geschichte

Aufgrund seiner Lage nahe der Mündung des Govantes River in das Südchinesische Meer war Vigan ein wichtiger Punkt an der Seidenstraße, die China, den Nahen Osten und Europa miteinander verband. In dem florierenden Handelsposten wurden Gold, Holz und Bienenwachs gegen Waren aus der ganzen Welt getauscht, während sich chinesische Siedler unter die Einheimischen mischten.

1572 übernahm der spanische Eroberer Juan de Salcedo (der Enkel von Miguel Lopez de Legazpi, einem der ersten Konquistadoren) die Kontrolle über den betriebsamen internationalen Hafen. Er wurde zum stellvertretenden Gouverneur der Region Ilocos und Vigan zum politischen, religiösen und wirtschaftlichen Zentrum des Nordens. Aufstände der Mestizen führten zu großen Spannungen, und Vigan entwickelte sich zu einem Nährboden des Widerstands gegen Spanien. 1762 nahm Diego Silang die Stadt ein und ernannte sie zur Hauptstadt eines unabhängigen Ilocos. Nach der Ermordung Silangs (die Spanier bestachen Silangs Freund Miguel Vicos, der ihn rücklings erschoss) übernahm seine Frau Gabriela Silang die Kontrolle und war damit die erste Frau, die eine Revolte auf den Philippinen anführte. Sie wurde jedoch gefangen genommen und auf dem Markplatz gehängt.

Die Stadt blieb im Zweiten Weltkrieg von der Zerstörung verschont. Japanische Truppen flohen damals vor der amerikanischen Luftwaffe, die sich in letzter Sekunde gegen die flächendeckende Bombardierung Vigans entschied.

Sehenswertes

Die zwei großen Plätze Vigans liegen in direkter Nähe zueinander am Nordende der Stadt: Die Plaza Salcedo wird von der St. Paul Cathedral dominiert, während auf der belebteren Plaza Burgos Einheimische gern spazieren gehen und verweilen. Der Mestizo District konzentriert sich auf die nahe gelegene Crisologo Street. Bei der wichtigsten Handelsstraße handelt es sich um die südlich zum öffentlichen Markt verlaufende Quezon Avenue, die stark von Motordreirädern frequentiert wird.

★ Mestizo District HISTORISCHES VIERTEL

Die Straßen des Mestizo District oder Kasanglayan („wo die Chinesen leben") werden von der Plaza Burgos und dem Liberation Boulevard begrenzt und von der wunderschön erhaltenen Crisologo Street zweigeteilt. Bei einer Entdeckungstour wartet ein Gewirr aus altehrwürdigen Häusern und Kolonialbauten auf Besichtigung. Die wunderschönen, architektonisch einzigartigen Gebäude verbinden zwei großartige Stilrichtungen miteinander, die chinesische und die spanische. Letztere prägten Vigans Kolonialherren, Erstere Händler, die sich vor Ort ansiedelten, Einheimische heirateten und im 19. Jh. die Elite der Stadt stellten.

Tatsächlich reichen die Begriffe spanisch und chinesisch jedoch nicht aus, um die Architektur der Stadt zu beschreiben. Spanien ist von wechselseitigen Einflüssen aus Mexiko, der Karibik und Nordafrika geprägt. Von diesen zeugen luftige Veranden, grüne Innenhöfe und schmiedeeiserne Balkone. Asien steuerte dunkle Holzelemente, glänzende Böden, Schiebefenster aus Capiz-Muscheln und *ventanillas* (belüftete Wände) bei.

In den meisten Herrenhäusern hat das Erdgeschoss Steinwände und ist für die Lagerung bzw. Arbeit vorgesehen, während der erste Stock aus Holz gestaltet und mit seiner großen, luftigen *sala* (Wohnraum) als Wohnbereich dient. Die Fenster aus Capiz-Muscheln sind so hoch wie die Türen, und die breiten Fensterbänke laden zu einer Siesta ein. Die Capiz-Muschel stammt aus den Küstengewässern der Philippinen, kam im 19. Jh. in Mode, weil sie günstiger war als Glas und zudem Taifunwinden und Regen widersteht, und sorgt für ein romantisches Licht.

Ein paar Villen wurden in B&Bs oder Museen umgewandelt, beim Großteil handelt es sich jedoch um Privathäuser. Zwei bemerkenswerte Exemplare sind das Quema House mit Originalmöbeln und -dekor sowie die Syquia Mansion am Quirino Boulevard, das einstige Ferienhaus von Elpidio Quirino; der sechste Präsident der Philippinen wurde im Provinzgefängnis in der Nähe geboren. Dabei handelt es sich um eines der am besten erhaltenen historischen Häuser, das dem Betrachter einen Eindruck vom traditionellen Interieur einer chinesisch-spanischen Villa aus dem späten 19. Jh. vermittelt.

Magsingal Museum MUSEUM
(Do–So 8–16 Uhr) GRATIS Dieser Ableger des Padre José Burgos National Museum in Vigan liegt 11 km nördlich davon in Magsingal und zeigt eine fesselnde Sammlung an Ilocano-Relikten. Vor dem Museum steht ein sehr alt aussehender Glockenturm (1732), Teil einer alten Kirchenruine.

St. Paul Cathedral KIRCHE
(Burgos St.; 6–21 Uhr) Diese Kirche wurde im sogenannten Erdbebenbarock gebaut (d.h. mit dicken Wänden und massiv), nachdem eine Vorgängerversion bei den Erdbeben von 1619 und 1627 beschädigt worden war. Den Bau der Originalkirche aus Holz mit Strohdach beaufsichtigte 1574 angeblich Juan de Salcedo, der Vizegouverneur der Region.

Töpfereien WORKSHOP
(Gomez St.; variable Öffnungszeiten) Vor der Ankunft der Spanier führten chinesische Siedler eine immer noch existente Töpferindustrie ein. An der Gomez Street können ein paar Töpferfabriken besichtigt werden. Der 50 m lange Brennofen bei RG Jar, der 1823 hergestellt wurde, kann beinahe 1000 Gefäße aufnehmen – ein wahres Wunder! Wer will, kann in einheimischen Töpferwerkstätten an der Töpferscheibe sein eigenes unförmiges Werkstück herstellen.

Magic Fountain SPRINGBRUNNEN
(Plaza Salcedo; 7.30 Uhr) In der Hauptsaison steht jeden Abend um 19.30 Uhr der Brunnen in der Mitte der Plaza Salcedo im Zentrum einer Musik- und Lightshow. Der

WEBEREIEN IN VIGAN

Vigans Webereien sind bekannt dafür, aus *abel*, einem vor Ort hergestellten Baumwollstoff, von Hand Schals, Tischdecken, Taschentücher und *barong* (traditionelle philippinische Hemden) zu produzieren. Im *barangay* Camanggaan eine nur zehnminütige Motordreiradfahrt südöstlich von Vigan entfernt, kann man in der Rowilda's Weaving Factory, die in einem einfachen Haus untergebracht ist, sowie bei der benachbarten Fabrik Cristy's Loom Weaving *abel*-Webern bei der Arbeit zusehen.

Hochwertige *binakol* (Decken), darunter einige alte Exemplare aus der Provinz Abra in der Nähe, verkaufen Mira Furniture und viele Geschäfte an der Crisologo Street.

ABSTECHER

VIGAN UND UMGEBUNG

Eine UNESCO-Weltkulturerbestätte 38 km südlich von Vigan, die massive Barockkirche **La Nuestra Senora de La Asuncion Parish Church,** erbaut 1769, ist einzigartig. Mit ihrer imposanten Backsteinfassade thront sie allein auf einem Hügel – nicht auf dem zentralen Platz wie die meisten spanischen Kirchen – und überblickt die Stadt Santa Maria, was ihr ein Alamo-Flair verleiht. Es ist nicht schwer zu erraten, warum sie 1896 während der Philippinischen Revolution als Festung genutzt wurde.

Busse Richtung Manila halten in Santa Maria. Es ist eine lange Fahrt (80 Min.) für einen kurzen Besuch, aber wer Glück hat, kann eine Hochzeit oder ein anderes Ereignis miterleben.

Juan Luna Shrine (www.nhcp.gov.ph; Di–So 8–17 Uhr GRATIS) In Badoc, auf halbem Weg zwischen Vigan und Laoag, lohnt sich ein Besuch des restaurierten Familiensitzes von Juan Luna, dem wohl größten Maler der Philippinen. Der sachkundige Kurator klärt Besucher über die Familiengeschichte und den Kontext der Bilder auf. Alle nach Laoag verkehrenden Busse passieren Badoc; das Museum liegt in der Nähe der Kirche Virgen Milagrosa.

Platz füllt sich, und wenn das Wasser zu den neusten Hip-Hop- und Disney-Klängen tanzt, wird das Ganze fantastisch kitschig.

Padre José Burgos National Museum MUSEUM
(Ayala Museum; Burgos St.; 20 P; Di–So 8.30–11.30 & 13.30–16.30 Uhr) Dieses Museum ist im einstigen Wohnsitz von Pater José Burgos von 1788 untergebracht. Dieser zählt zu den drei Märtyrer-Priestern, die 1872 von den Spaniern hingerichtet wurden. Zu sehen ist eine umfangreiche Sammlung von Ilokano-Artefakten, darunter eine Serie mit sehenswerten Bildern des regionalen Malers Don Esteban Villanueva, zur Basi-Revolte von 1807.

Crisologo Museum MUSEUM
(Liberation Blvd.; Spende erbeten; 8.30–11.30 & 13.30–16.30 Uhr) Die Crisologos, Vigans bedeutendste politische Dynastie, haben ihren altehrwürdigen Wohnsitz in einen bizarr-fesselnden Familienschrein verwandelt. Neben mäßig interessanten Familienfotos, persönlichen Gegenständen, historischen Möbeln und einer eindrucksvollen Sammlung indigenen Kopfschmucks gibt es die blutbefleckten Hosen von Floro Crisologo, der 1972 ermordet wurde, und den alten Chevy, in dem Gouverneurin Carmeling Crisologo 1961 ein Attentat überlebte, zu sehen.

Museo San Pablo MUSEUM
(15 P; Di–So 9–12 & 14–17 Uhr) GRATIS Das Museo San Pablo hinter dem Altar der St. Paul Cathedral ist interessant für alle, die alte *santos* (religiöse Statuen) sehen wollen. Unbedingt die wunderbar gealterte Fotosammlung eines deutschen Pharmazeuten anschauen, der Ende des 19. Jhs. ein paar Jahre in Vigan lebte.

Syquia Mansion Museum MUSEUM
(Quirino Blvd.; 30 P; Mi–Mo 9–12 & 13.30–17 Uhr) Das Syquia Mansion auf dem Quirino Boulevard wurde erst kürzlich in ein Museum voller alter Möbel und Ausstellungsstücke verwandelt und ist dem Leben des aus Vigan stammenden Elpidio Quirino gewidmet, des sechsten Präsidenten der Philippinen. Quirino wurde im nahe gelegenen Provinzgefängnis geboren, wo seine Mutter arbeitete. Politische Prominenz erlangte er, als er in die sagenhaft reiche Familie Syquia einheiratete.

Feste & Events

Viva Vigan Festival of the Arts KULTUR
(Mai) In der ersten Maiwoche wird das kulturelle Erbe der Stadt prachtvoll gefeiert. Zum Programm gehören Straßentänzer, eine Modenschau, ein *kalesa*-Umzug und natürlich jede Menge Essen.

Vigan Town Fiesta KULTUR
(Jan.) Eine Woche lang um den 25. Januar feiert die Stadt ihren Schutzpatron Paulus von Tarsus mit einem Umzug, musikalischen Darbietungen, Schönheitswettbewerben und kulturellen Vorführungen.

Kannawidan Ylocos Festival KULTUR
(Jan.) Das Fest Ende Januar ist den kulturellen Highlights von Ilocos Sur gewidmet, von traditioneller Kleidung und Volkstanz über Stammesrituale bis hin zu Blaskapellenwettbewerben.

Schlafen

Henady Inn HOTEL €
(☎077-722 8001; National Hwy.; B 250 P, DZ 800–1375 P; ❄) Draußen an der Schnellstraße, dort wo die Busse halten, bietet das Henady Vier-Bett-Schlafsäle, die denen gefallen werden, die ein schmales Reisebudget haben und/oder früh am Morgen ankommen und sich auf eine Mütze Schlaf freuen.

★**Villa Angela** HISTORISCHES HOTEL €€
(☎077-722 2914; 26 Quirino Blvd.; DZ/4BZ mit Frühstück ab 1600/3800 P; ❄📶) Das über 135 Jahre alte Hotel hat sich seinen altehrwürdigen Charme durch und durch bewahrt. Die geräumigen Zimmer, das wunderbare, altertümliche Interieur mit hölzernen Harfen und breiten Himmelbetten aus *nara*-Holz sowie die Lounge im Kolonialstil waren Tom Cruise und Willem Dafoe 1989 während des Drehs von *Geboren am 4. Juli* in der Nähe von Vigan als Bleibe gut genug.

Hotel Veneto de Vigan HOTEL €€
(☎077-674 0938; www.hotelvenetodevigan.com; Ecke Bonifacio St. & Governor A Reyes St.; DZ/FZ ab 2410/6900 P; ❄📶) Hinter der renovierten Fassade dieses historischen Holzgebäudes verstecken sich helle, freundliche, moderne Zimmer mit besonders bequemen Betten und glänzenden Böden. Die Treppen sind teils sehr steil, dafür gibt es Pluspunkte für das wunderbar freundliche Personal und das farbenfrohe Wandbild in der Lobby. Die Zimmer im „Annex" meiden, sie haben ein schlechtes Preis-Leistungs-Verhältnis.

Grandpa's Inn HOTEL €€
(☎077-674 0686; 1 Bonifacio St.; DZ ab 2280 P; ❄📶) Das Grandpa's fühlt sich an wie ein mittelalterliches Herrenhaus und bietet eine beeindruckende Bandbreite an Quartieren mit vernünftigem Preis-Leistungs-Verhältnis. Alle Quartiere haben Backsteinwände, Fenster aus Capiz-Muscheln, Holzbalken, Antiquitäten und rustikales Flair; in einigen nächtigen Gäste in einer *kalesa*. Negativ ins Gewicht fallen die winzigen Bäder und der Straßenlärm – Ohrstöpsel sind hier sehr zu empfehlen.

Gordion Inn HOTEL €€
(☎077-674 0998; www.vigangordionhotel.com; Ecke V de los Reyes St. & Salcedo St.; EZ/DZ/Suite ab 2500/2800/7000 P; ❄📶) Das B&B in Hellblau und Gelb macht von außen definitiv mehr her als von innen, aber es beherbergt schicke, geräumige Zimmer und ist sehr zentral gelegen. Das Frühstücksbüfett ist eine gute Einführung in philippinische Küche.

★**Hotel Luna** BOUTIQUEHOTEL €€€
(☎077-632 2222; www.hotelluna.ph; Ecke V de los Reyes & General Luna Sts.; DZ/Suite ab 5000/11 000 P; ❄📶🏊) Das eindrucksvollste Hotel der Stadt ist in einem Herrenhaus aus dem 19. Jh. mit Steinwänden, Originalholzparkett, Kristallleuchtern sowie Gemälden und Skulpturen des philippinischen Künstlers Juan Luna untergebracht. Die Standardzimmer sind kompakt, mit Teppich ausgelegt und ruhig. Besonders schön ist die Loft-Suite mit zwei Ebenen, freistehender Badewanne und Regendusche. Das elegante Restaurant Comedor serviert fantastische Ilokano-Gerichte.

Essen

Die Ilocos-Region ist für ihre Küche bekannt. Zu den hiesigen Spezialitäten zählen *pinakbét* (gemischte Gemüsepfanne), *bagnet* (frittierte Schweinshaxe) und *poqui-poqui* (Gericht mit gebratener Aubergine).

Imbissstände SNACKS €
(Plaza Burgos; Snacks 50 P) Günstige Ilokano-Snacks verkaufen die Imbissstände an der Florentino Street entlang der Plaza Burgos. Zur Auswahl stehen ortstypische *empanadas* mit einer Füllung aus Kohl, grüner Papaya und *longganisa* (Wurst), *okoy* (Garnelenomeletts) und *sinanglao* (Rindersuppe).

★**Lilong & Lilang Restaurant** ILOKANO €
(☎077-722-1450; www.hiddengardenvigan.com; Barangay Bulala; Hauptgerichte 40–120 P; ⏲12–21 Uhr) Verborgen im Herzen eines üppigen Gartens, der von natürlichen Pfaden durchzogen wird, kommen in diesem mit Pflanzen geschmückten Restaurant mit Strohdach großartige Ilocano-Gerichte auf den Tisch, z. B. die für Vigan typischen Empanadas, *poqui-poqui*, *warek-warek* (Schweineinnereien mit Mayonnaise) und konventionellere Gerichte wie *bagnet*, *pinakbét* und riesige Früchte-Shakes.

An den gut besuchten Wochenenden gibt es nur Menüs (180 P), und die Gäste stehen Schlange.

Cafe Uno ILOKANO €€
(1 Bonifacio St.; Hauptgerichte 90–150 P; ⏲9–23.30 Uhr; ❄📶) In diesem beliebten Café stehen *longganisa* (einheimische Wurst) nach Vigan-Art und sehr fettiges *bagnet* auf der Karte. Abenteuerlustigere können die „saisonalen Spezialitäten", wie *nga abuos* (Bergameisen) oder *tokak* (Frosch), probieren. Aber auch die Shakes und Kuchen sind einen Besuch wert. Das Café ist gegenüber dem Grandpa's Inn und betreibt einen klimatisierten Anbau in der Pension selbst.

Ausgehen & Nachtleben

BarTech CLUB
(Crisologo St.; ⏲6 Uhr–spät) Das Legacy repräsentiert das Nachtleben im konservativen Vigan. Das Innere erinnert an eine New Yorker Lounge, die versehentlich in Ilocos gelandet ist. An den meisten Abenden gibt's hier ein Ständchen aus einheimischer akustischer Livemusik.

Coffee Break Vigan CAFÉ
(3 Salcedo St.; ⏲10–22 Uhr) Dieses niedliche, kleine Café sorgt mit seinem Frappuccino für wunderbare Erholung von der Hitze. Wer eine Stärkung braucht: Die Pasta mit Pesto ist ebenfalls gut.

Praktische Informationen

Ilocos Sur Tourism Information Centre
(☎077-722 8520; www.ilocossur.gov.ph; ⏲8–12 & 13–17 Uhr) Im Familiensitz der Dichterin Leona Florentino haben die höchst sachkundigen Mitarbeiter Stadtpläne auf Lager.

An- & Weiterreise

Der **Mindoro Airport** in Vigan hat im April 2017 wiedereröffnet. Damals gab es wöchentlich nur einen Flug zu den Batanes Islands, aber in Zukunft soll es mehr Verbindungen geben.

Es gibt viele Busverbindungen nach Manila (700 P, 9 Std.). **Dominion Bus Lines** (☎077-722 2084; Ecke Liberation Blvd. & Quezon Ave.) verkehrt nach Cubao und Sampaloc, **Partas** (☎077-722 3369; Alcantara St.) nach Cubao und Pasay. Partas bietet drei Luxus-Expressnachtbusse mit 29 Plätzen (805 P, 8 Std.) sowie regelmäßige Verbindungen nach Laoag (165 P, 2 Std.), täglich einen Bus nach Pagudpud (245 P, 5 Std.) und Busse nach Baguio (334 P, 5–7 Std., 3-mal tgl.). Außerdem gibt's Busse Richtung Süden nach San Fernando (La Union; 235 P, 4 Std.).

Viele weitere Busse nach Laoag und Manila halten an der Caltex Station am National Highway direkt vor Vigan. Richtung Süden verkehren Busse über San Fernando (235 P, 3½ Std.) etwa alle zwei Stunden.

Unterwegs vor Ort

Vigan ist eine der wenigen verbliebenen Städte der Philippinen, in der noch immer *kalesa* (150 P/Std.) fahren. Ganztagestouren kosten rund 1000 P, bei der Suche nach dem richtigen Fahrer sollte man sich jedoch Zeit lassen, da nicht viele Englisch sprechen. Eine Fahrt mit dem Motordreirad innerhalb der Stadt schlägt mit etwa 12 P zu Buche, nachts zahlt man mehr.

Laoag

☎077 / 111 120 EW.

Laoag ist eine geschichtsträchtige Stadt, was sich allerdings nur an wenigen Stellen offenbart; viele der Sehenswürdigkeiten

MARCOS' ERBE

Für viele Filipinos steht die 20-jährige Regierungszeit von Ferdinand Marcos für Kriegsrecht, die Unterdrückung von Bürgerrechten, die Gefangennahme und Folter Oppositioneller und die Unterschlagung öffentlicher Gelder in epischen Ausmaßen. Dennoch ist die Marcos-Familie in diesem Teil Luzons bis heute beliebt, davon zeugen „Gedenkstätten".

Marcos Museum (Spende erbeten; ⏲8–18 Uhr) Das Haus, in dem Ferdinand Marcos am 11. September 1917 geboren wurde, steht im Dorf Sarrat, 15 km östlich von Laoag. Die Exponate sind der juristischen Laufbahn des Diktators gewidmet. In der nahen Santa Monica Church heiratete 1983 seine jüngste Tochter – das Fest kostete über 10 Mio US$.

Malacañang of the North (30 P; ⏲Di–So 9–12 & 13–16 Uhr) Das prachtvolle Anwesen, in dem die Marcos-Familie einst ihren Urlaub verbrachte, ist ruhig neben dem malerischen Paoay Lake gelegen und für die Öffentlichkeit zugänglich. Das eindrucksvolle Haus mit verwinkelter *sala* (Wohnraum), Capiz-Muschel-Fenstern und anderen kolonialen Elementen gibt Einblicke in den luxuriösen Lebensstil der Familie. Der Golfplatz, auf dem Marcos einst spielte, gehört heute zum Fort Ilocandia.

liegen weit außerhalb, was ohne eigenes Transportmittel sehr zeitaufwendig ist. Laoag dient überwiegend als lärmendes Sprungbrett zu besseren Orten, obwohl es für viele wegen der nahen Strände und der UNESCO-Welterbe-Kirche ein lohnender Zwischenstopp ist. Dies ist bis heute loyales Marcos-Gebiet, und der frühere Diktator wird hier in der Gegend noch immer irgendwie ehrfürchtig als „Präsident Marcos" bezeichnet.

Sehenswertes & Aktivitäten

Museo Ilocos Norte MUSEUM
(www.museoilocosnorte.com; General Antonio Luna St.; 30 P; ⌚Mo–Sa 9–12 & 13–17, So ab 10 Uhr) Das Museo Ilocos Norte ist im historischen Tabacalera-Lagerhaus untergebracht und zählt zu den besseren ethnografischen Museen der Philippinen. Ausgestellt ist u. a. eine große Sammlung von traditioneller Kleidung, Haushaltsutensilien und zeremoniellen Gegenständen der Ilokano, Igorot und Itneg. Am Ende des Saals befindet sich der Nachbau eines *ilustrado* (Familienhauses aus dem 19. Jh.) mit zwei Ebenen.

★ **Paoay Church** KIRCHE
(San Agustin Church) 19 km südwestlich von Laoag steht die berühmteste Kirche des nördlichen Luzons. Das UNESCO-Welterbe wurde im erdbebensicheren, klassischen Barockstil mit gewaltigem Glockenturm und massiven Verstärkungen aus Ziegelstein an den Seiten errichtet. Der Bau wurde 1704 begonnen und dauerte 90 Jahre. Das Ergebnis ist ein architektonisch einzigartiger, bunt zusammengewürfelter und doch ansprechender Mix aus gotischen, chinesischen, japanischen und sogar javanesischen Einflüssen.

Sinking Bell Tower GLOCKENTURM
(Bonifacio St.) Laoags architektonische Hauptattraktion ist der „Sinkende Glockenturm", dessen Eingang aktuell Hobbitgröße hat. Er wurde von Augustinermönchen errichtet, bot einst Platz für Reiter auf ihren Pferden und versinkt nach und nach immer weiter im weichen Lehmboden am Fluss.

St. William's Cathedral KIRCHE
(Juan Luna Rd.) Die Kathedrale wurde 1880 im italienischen Renaissance-Stil erbaut.

Sanddünen DÜNEN
Die scheinbar endlosen Sanddünen erstrecken sich entlang der Küste nahe Laoag südwärts bis nach Paoay. Am einfachsten zugänglich ist der Abschnitt La Paz, nur 15 Minuten von der Stadt entfernt. In den Suba-Dünen nahe dem Resort Fort Ilocandia wurden Szenen von *Mad Max* und *Geboren am 4. Juli* gedreht.

Das Fort Ilocandia vermietet Geländewagen mit Allradantrieb; **Ilocos Sand Adventures** (☎0915 456 1133, 0908 885 3669; www.ilocossandadventures.com; Fahrt im Geländewagen mit Allradantrieb plus unbegrenztes Sandboarden 2500 P/Pers.) bietet Sandboarden.

ABSTECHER

ADAMS

Zur früheren Rebellenhochburg zwischen dschungelbewachsenen Bergen führt eine holprige, 14 km lange Straße, die in der Nähe von Pansian Beach abseits des Küsten-Highways beginnt. Mit seinen unbefestigten Wegen und klapprigen Brücken bietet Adams gute Wandermöglichkeiten, darunter die beliebte zweistündige Route zu den knapp 8 m hohen Anuplig Falls. Unterhalb des Wasserfalls gibt es ein klares Becken, und auf einem Abschnitt des Bulu River kann man Tubing-Touren unternehmen.

Nach Adams verschlägt es trotz seiner spektakulären Lage nur wenige Besucher, aber inzwischen gibt es dort ein paar wenige Privatunterkünfte, etwa **Ilyn's Homestay** (☎0920 661 0632; Zi. 1000 P), das schwärmerische Kritiken für sein Essen bekommen hat; oder aber im Rathaus nach Campingmöglichkeiten erkundigen. Zu den hiesigen kulinarischen Spezialitäten gehören knusprig gebratene Frösche, Bio-Gemüse und *buos* (gekochte Feuerameiseneier).

Besucher können Adams von Pagudpud aus mit dem Motorrad erreichen (ca. 250 P); oder mit einem Bus, der von Pagudpud ostwärts fährt; den Busfahrer bitten, dass er vor der Pansian-Brücke (etwa 20 Min.) an der Haltestelle Adams anhält. Dort warten Motorräder, die Reisende vollends nach Adams bringen.

Schlafen

Laoag ist ein beliebtes Ausflugsziel für Leute aus Manila, deshalb sollte an Wochenenden und Feiertagen lieber im Voraus gebucht werden!

Laoag Renzo Hotel HOTEL €
(☎077-770 4898; http://laoagrenzohotel.tripod.com; F Guerrero St.; Zi. ab 1200 P; ❄📶) Mit seiner überraschend prächtigen Lobby voller Holzschnitzereien ist das Renzo das beste Schnäppchen der Stadt. Die nach Zitrone duftenden Zimmer mit eigenen Bädern sind geräumig, kühl und ruhig. Wer mit viel Gepäck reist, für den ist der Weg ins Obergeschoss eine sportliche Herausforderung.

Java Hotel HOTEL €€
(☎077-770 5596; www.javahotel.com.ph; General Segundo Ave.; Zi./Suite ab 3000/4100 P; ❄📶🏊) Die Tankstelle auf dem Parkplatz passt nicht wirklich zum „balinesisch-marokkanischen" Stil. Die geräumigen Zimmer sind in warmen Ocker- und Gelbtönen gestaltet, dem Motto gerecht werden die Korbmöbel, und im strohgedeckten Restaurant kommen Ilokano-Gerichte und Sushi auf den Tisch. Vorteile sind unter anderem das Fitnessstudio und der Tennisplatz.

Isabel Suites HOTEL €€
(☎077-770 4998; General Segundo Ave.; EZ/DZ/3BZ ab 1000/1650/2150 P; ❄📶) Das schmucklose Isabel beherbergt recht kleine Quartiere, dafür sind die Betten bequem und die gefliesten Böden blitzblank. Die Geräuschdämpfung ist für ein Hotel in zentraler Lage an der Hauptstraße ganz gut – statt bis 6 kann man hier bis 6.30 Uhr schlafen.

Essen & Ausgehen

Dap-ayan ti Ilocos Norte FOOD COURT €
(Ecke Rizal Ave. & V. Llanes St.; Hauptgerichte ab 50 P; ⏲11–21 Uhr) In diesem Outdoor-Gastrobereich lassen sich hervorragend lokale Spezialitäten probieren, z.B. *bagnet* (knusprig gebratener Schweinebauch), grell orangefarbene Empanadas gefüllt mit grüner Papaya, *longganisa*, Ei mit Bohnensprossen sowie die legendäre Ilocos-Spezialität *longganisa* (chinesische Wurst aus fettigem Schweinehack) pur.

★ **La Preciosa** ILOKANO €€
(☎077-773 1162; Rizal Ave.; Hauptgerichte 120–220 P; ⏲8–23 Uhr) Das Restaurant ist das beliebteste der Stadt und lockt vor allem mit seinen großen Portionen leckerer Ilokano-Spezialitäten wie *pinakbét* (gemischte Gemüsepfanne), knusprig-zartem *bagnet*, *dinardaan* (in Brühe mit Schweineblut geschmorte Innereien) und köstlichem *sarabasab* (gegrillte Schweineleber mit Papaitan-Sauce). Auch Naschkatzen kommen auf ihre Kosten: Besonders gut sind der Karottenkuchen und die wenig regionaltypischen Velvet Cupcakes.

Saramsam Ylocano Restaurant ILOKANO €€
(Ecke Gomez Ave. & Giron St.; Hauptgerichte 75–220 P; ⏲11–23 Uhr) Inmitten der Antiquitätensammlung des Besitzers können sich Gäste hier hervorragendes *pinakbét*, *poqui-poqui*-Pizza (eine eigene Interpretation der Fusionküche) und Pasta mit Mango, die ungewöhnliche Spezialität des Hauses, schmecken lassen. Die Portionen sind großzügig, deswegen sollte man möglichst viel Hunger mitbringen.

Johnny Moon Cafe CAFÉ
(Gen Antonio Luna St.; ⏲10–21 Uhr) Das „Johnny Moon" ist eine Anspielung auf Juan Luna, den berühmten philippinischen Künstler; Nachdrucke seiner kühnen Werke schmücken das Innere dieses Cafés, das sich im La Tabacalera Ilocano Lifestyle Center befindet. Das Essen ist eher mittelmäßig, aber die Frucht-Shakes (90 P) und die Kaffeegetränke mit Alkohol sind toll.

An- & Weiterreise

PAL Express und **Cebu Pacific** (www.cebupacificair.com) fliegen täglich vom Flughafen 7 km westlich der Stadt nach Manila. Dorthin verkehren Jeepneys (20 P, 15 Min.) ab der Fariñas Street; die meisten haben die Aufschrift „Laoag-Gabu".

Es gibt viele Busverbindungen nach Manila (ab 797 P, 10–12 Std.). Zu den Anbietern gehören **Partas** (☎077-771 4898; Gen Antonio Luna St.) und **Fariñas Trans** (☎077-772 0126; www.farinastrans.com; FR Castro Ave. Die Expressbusse der Super-Deluxe-Klasse (bis 965 P) fahren meist über Nacht.

Fariñas Trans bietet auch Busse nach Baguio (466 P, 8–10 Std.) und Partas unterhält regelmäßige Busse nach Baguio (466 P, 7 Std.) und Pagudpud (123 P, 1½ Std.). Alle Busse, die in Richtung Süden fahren, halten in Vigan (165 P, 2 Std.).

GMW/GV Florida (☎077-771 7382; Paco Roman St.) schickt mehrmals täglich Busse nach Tuguegarao (455 P, 7 Std.) über

Pagudpud (107 P, 1½ Std.) und Claveria (189 P, 3 Std.). Kleinbusse nach Pagudpud (100 P) fahren alle 30 Minuten hinterm Provincial Capitol Building ab.

Jeepneys bedienen ab der Hernando Avenue die Route Laoag–Batac–Paoay. Jeepneys, die auf der Strecke Laoag–Nagbacalan–Paoay fahren, nehmen die Küstenstraße nach Paoay (45 Min.) über die Abzweigung nach Fort Ilocandia und Malacañang of the North (30 Min.). Die Abfahrt erfolgt an der Fariñas Street.

Pagudpud & Umgebung

☎ 077 / 23 770 EW.

Pagudpud verkörpert perfekte Postkartenidylle. Dafür sorgen weiße Sandstrände, sich wiegende, grüne Palmen und in Blautönen schimmerndes Wasser. Bei Nacht singen die Frösche, bei Tag vergnügen sich freundliche Einheimische. Eine Schar stylish renovierter Hotels und die beste Kitesurf-Location auf den Philippinen verleihen Pagudpud den Ruf, die „nächste große Nummer" in der Runde der Surf-Locations zu werden; dadurch ist dieser einsame Streifen Küste auf der Landkarte der Touristen aufgetaucht, auch wenn es im Vergleich zu Boracay und anderen Orten hier Gott sei Dank noch relativ verschlafen zugeht. Wer im Norden Luzons auf der Suche nach blauem Wasser und weißem Sand ist, sollte dies ganz oben auf seine Liste schreiben.

Sehenswertes

Pagudpud besteht eigentlich aus mehreren Stränden, die Luzons Nordrand säumen und von Landzungen mit Windrädern flankiert werden. Am von Kokospalmen gespickten Saud Beach befinden sich die meisten Resorts. Die belebte Blue Lagoon liegt ein paar Kaps weiter östlich. Den verlassenen Pansian Beach findet man noch weiter entfernt nahe der Grenze zur Provinz Cagayan. Wenige Kilometer weiter an der Straße von Saud liegt **Caparispisan Beach**, der Liebling aller Kiteboarder.

Kabigan Falls WASSERFALL

Die Kabigan Falls bestehen aus 120 m in die Tiefe stürzendem, weißen Wasser, das sich in einem kühlen, klaren Teich sammelt, der zum Schwimmen einlädt. Dorthin geht's mit einer von allen Hotels angebotenen Gruppentour oder mit einem gemieteten Tricycle (von Saud Beach aus hin und zurück 700 P). Von der Abzweigung an der Schnellstraße dauert es zu Fuß 30 Minuten bis zum Wasserfall, der Eintrittspreis umfasst eine Führung.

Stingray Memorial DENKMAL

In der abgeschiedenen Caunayan Bay erinnert dieses Denkmal an die Mission des amerikanischen U-Boots *USS Stingray*, das im Zweiten Weltkrieg Waffen an die Guerrillas von Ilocano lieferte und damit eine entscheidende Rolle für die Niederlage der Japaner spielte. Das Denkmal selbst besteht lediglich aus einem Betonklotz, der oben von einem Anker gekrönt wird, aber durch die Kulisse aus Palmen, einsamem, weißem Strand und Reisfeldern ist es einen Ausflug wert.

Schlafen

Die Kosten für Übernachtungen sinken in der Nebensaison (Juni bis Dezember) ins Bodenlose. Viele Privatunterkünfte in dem Dorf, das an Saud Beach angrenzt, haben geöffnet – der Straße bis nach der großen Kurve beim Saud Beach Resort folgen.

Alle Resorts verfügen über ein angeschlossenes Restaurant. Die meisten davon sind recht gut und auf Fisch und Meeresfrüchte spezialisiert, die hier wunderbar frisch sind.

Saud Beach

Evangeline Beach Resort RESORT €€

(☎ 0908 863 7564, 077-655 5862; www.evangelinebeachresort.net; DZ 2100–4500 P; ❄ 📶) Das Evangeline fühlt sich eher wie ein B&B als wie ein Hotel an. Das mehrstöckige Haus ist wie ein Familiensitz angelegt und hat schwere Holzböden. Die Zimmer, die mit geschmackvollen Holzbetten und -kommoden ausgestattet sind, haben eine gemütliche, warme Ausstrahlung. Besonders schön ist das kleinere Doppelzimmer im oberen Stock. Das Evangeline liegt ein paar Minuten Fußweg vom Strand zurückgesetzt, aber das dazugehörige, hervorragende Fischrestaurant ist am Strand.

Northridge Resort RESORT €€

(☎ 0921 415 9545; DZ 1000–1500 P; ❄ 📶) Das einfache, aber überaus freundliche, familiengeführte Resort mit sauberen, gepflegten Doppelzimmern am Südende von Saud Beach ist eine gute Option. Draußen gibt's eine Schwimmmöglichkeit, und der weiße Sand ist auch nur ein paar Minuten Fußweg entfernt.

Apo Idon RESORT €€€
(☎0917 510 0671, 077-676 0438; www.apoidon.com; Zi./Suite ab 8000/10 000 P; ❄📶🏊) Im schicksten Resort am Saud Beach im spanischen Stil erwarten die Gäste große Treppen, fröhliche Farben, Buntglasfenster und mediterran anmutende Fliesen. Die hübsch eingerichteten Zimmer punkten mit Ifugao-Kunst, Privatveranden und Komfort nach westlicher Art. Außerdem liegt es direkt am Strand, und die Preise fallen um etwa 40 %, wenn wenig los ist.

Saud Beach Resort RESORT €€€
(☎0917 519 5495; www.saudbeachresort.com; DZ/3BZ ab 3619/3949 P; ❄📶) Lage ist alles. Die Zimmer mögen sauber sein, eine gute Größe, Holzfußboden und dazu schöne Veranden haben, aber letztlich ist es der perfekte Streifen aus alabasterweißem Sand und ein regelrechter Ozean-Swimmingpool vorne, der dieses Resort so großartig macht.

Außerdem ist der Service des Saud Beach Resort professionell, und es gibt jede Menge Bambushängematten zwischen den Kokospalmen, die dazu einladen, den ganzen Tag darin zu verbringen.

Caparispisan

★Kingfisher Resort RESORT €€
(☎0927 525 8111; www.kingfisher.ph; Tiki-Hütte/Casita/Suite 2500/7000/12 000 P; ❄📶) Das Kingfisher befindet sich in grandios abgeschiedener Lage, 10 km entlang einer teils gepflasterten Straße ab Saud Beach. Das Resort richtet sich vor allem an Aktivurlauber. Von Oktober bis März kann man hier super kite- und windsurfen, bei ruhigerem Wellengang Paddelboards und Kajaks ausleihen.

An Unterkünften stehen einfache Tiki-Hütten oder eine supernoble *casita* zur Auswahl, und das entspannte Strandflair lädt zu einem längeren Aufenthalt ein. Gäste müssen mindestens drei Übernachtungen buchen.

Blue Lagoon

Casa Consuelo RESORT €€
(☎0918 990 5385; www.facebook.com/CASACONSUELO; DZ mit Frühstück 3200 P; ❄📶🏊) Am hinteren, ruhigen Ende der Blue Lagoon liegt dieser entspannte Familienbetrieb mit 14 winzigen, aber schicken Zimmern mit Blick auf die Dos-Hermanos-Felsen und einem schmalen, weißen Sand – wer will, kann von hier zur besten Schnorchel-Location der Gegend schwimmen, perfekte Sonnenaufgänge erleben, in den kleinen Infinity-Pool springen und im Restaurant köstliche, frische Meeresfrüchte genießen.

Kapuluan Vista Resort RESORT €€
(☎077-676 9075, 0920 952 2528; www.kapuluanvistaresortandrestaurant.com; B 650 P/Pers., DZ ab 3700 P, immer mit Frühstück; ❄📶🏊) Eher am unauffälligeren Ende der Blue Lagoon liegt dieses verblasste, aber seltsam stylishe Resort direkt an den besten Surfwellen des Strandes. Die weiß gestrichenen Zimmer aus poliertem Beton verströmen einen minimalistischen Chic, und im Restaurant stehen gebleichte Holztische mit winzigen Öllampen. Surfbretter (350 P/Std.) und SUPs (300 P/Std.) sind hier ebenso erhältlich wie Surfunterricht (200 P).

ℹ An- & Weiterreise

Die Schnellstraße ist stellenweise spektakulär. Wer von Laoag kommt oder weiterfährt nach Claveria, sollte im Bus auf der linken Seite Platz nehmen.

Auf der Küstenstraße fahren regelmäßig Busse nach Laoag (123 P, 2 Std.) und Tuguegarao (350 P, 5 Std.). Einfach einen an der Hauptschnellstraße anhalten.

Außerdem gibt es täglich zwei Florida-Busse von Pagudpud nach Manila (700 P).

CORDILLERA

Für viele Besucher ist Nord-Luzon ein Synonym für die Cordillera. Die zerklüfteten Berge sind bis zu 2900 m hoch und werden von denen, die sie betrachten und unter ihnen leben, geliebt, verehrt und gefürchtet.

Die Stämme der Cordillera werden unter dem Namen Igorot zusammengefasst. Ihre verschiedenen Traditionen haben die spanische und die amerikanische Besetzung überdauert und machen die vielen Vorzüge der Region um eine kulturelle Attraktion reicher. Die bekannten Reisterrassen von Banaue gelten als eine Art achtes Weltwunder. Weniger berühmte, jedoch ebenso spektakuläre Exemplare gibt es in Ifugao, in der Mountain Province und in Kalinga. Von

Cordillera

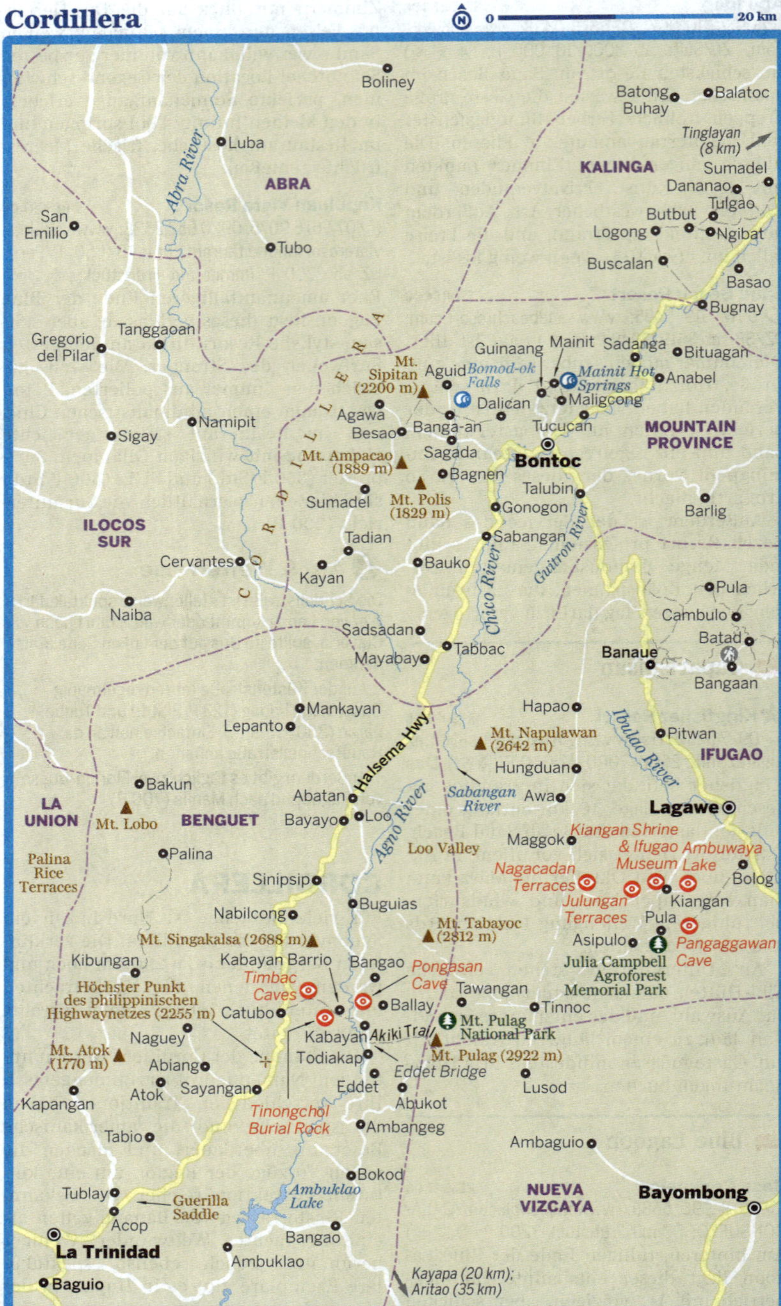
N
0
20 km
Boliney
Batong Buhay
Balatoc
Tinglayan (8 km)
Luba
KALINGA
Sumadel
ABRA
Abra River
Dananao
Tulgao
San Emilio
Butbut
Logong
Ngibat
Tubo
Buscalan
Basao
Bugnay
Gregorio del Pilar
Tanggaoan
Guinaang
Mainit
Sadanga
Bituagan
Mt. Sipitan (2200 m)
Aguid
Bomod-ok Falls
Mainit Hot Springs
Anabel
Agawa
Dalican
Maligcong
Namipit
Besao
Banga-an
Tucucan
MOUNTAIN PROVINCE
Sigay
Mt. Ampacao (1889 m)
Sagada
Bontoc
Bagnen
Mt. Polis (1829 m)
Talubin
Sumadel
Gonogon
Barlig
ILOCOS SUR
Tadian
Sabangan
Guitron River
CORDILLERA
Cervantes
Bauko
Kayan
Chico River
Pula
Naiba
Cambulo
Sadsadan
Batad
Tabbac
Banaue
Mayabay
Bangaan
Mankayan
Hapao
Lepanto
Ibulao River
Pitwan
Mt. Napulawan (2642 m)
IFUGAO
Halsema Hwy
Hungduan
Bakun
Sabangan River
Awa
LA UNION
Abatan
Lagawe
Mt. Lobo
BENGUET
Bayayo
Loo
Agno River
Kiangan Shrine & Ifugao Museum
Ambuwaya Lake
Maggok
Palina Rice Terraces
Palina
Loo Valley
Nagacadan Terraces
Bolog
Sinipsip
Kiangan
Buguias
Julungan Terraces
Nabilcong
Pula
Mt. Singakalsa (2688 m)
Mt. Tabayoc (2812 m)
Asipulo
Pangaggawan Cave
Kibungan
Kabayan Barrio
Bangao
Pongasan Cave
Julia Campbell Agroforest Memorial Park
Timbac Caves
Höchster Punkt des philippinischen Highwaynetzes (2255 m)
Ballay
Tawangan
Catubo
Tinnoc
Mt. Pulag National Park
Naguey
Kabayan
Akiki Trail
Mt. Atok (1770 m)
Todiakap
Mt. Pulag (2922 m)
Abiang
Eddet Bridge
Atok
Sayangan
Eddet
Lusod
Kapangan
Abukot
Tinongchol Burial Rock
Ambangeg
Tabio
Ambaguio
Bokod
Tublay
Guerilla Saddle
Ambuklao Lake
NUEVA VIZCAYA
Bayombong
Acop
La Trinidad
Bangao
Ambuklao
Kayapa (20 km); Aritao (35 km)
Baguio

den Reisterrassen abgesehen, locken die Berge Wanderer, Radfahrer, Höhlenwanderer und andere Frischluftfanatiker an.

Baguio

☎074 / 234 370 EW. / 1540 M. Ü. D. M.

Dies ist die philippinische Variante eines mit Pinien gespickten Ortes im Hochland, der Erholung von der Hitze und dem Staub der Niederungen bietet, wenn auch nicht das ruhigste Fleckchen. Baguio (*bah*-gie-oh) ist eine Universitätsstadt, deren 250 000 Studenten starke Studentengemeinde zu einer der größten des Landes gehört. Zudem trifft hier die Kultur der Bergvölker auf die der Siedler im Tiefland. Die meisten Besucher nutzen Baguio als Zwischenstation zu den Backpacker-Paradiesen weiter nördlich in Sagada, Banaue und Kalinga.

Leider verursachen Tausende von Jeepneys, Taxis und Tricycles ein beinahe unerträgliches Smog-Level im Stadtzentrum, und wer schon lange in Baguio wohnt, erzählt nostalgisch von den Tagen, bevor die SM Mall jegliche Aussicht versperrte und der Verkehr die Straßen verstopfte. Abseits der verkehrsgeplagten Innenstadt zeigt Baguio hingegen seine angenehme, frische Seite.

Wer gerade aus den Bergen zurückkehrt, der wird den kleinstädtischen Trubel, das Nachtleben und die florierende Restaurantszene als eine willkommene Abwechslung empfinden.

Sehenswertes

★BenCab Museum MUSEUM

(www.bencabmuseum.org; km 6 Asin Rd., Tadiangan; Erw./Student 120/100 P; ⌚Di–So 9–18 Uhr) Das großartige Museum widmet sich dem Leben, dem Zeitalter und der Arbeit des Künstlers Benedicto Reyes Cabrera (BenCab) und ist ebenso faszinierend wie die Hauptfigur selbst. Die Galerie birgt hohe Glastafeln, durch die das Licht auf Säulengänge mit moderner Kunst scheint, Wände mit traditionellen, animistischen Holzschnitzereien, *bulol* (heilige Holzfiguren), psychodelische Werke von Leonard Aguinaldo und zeremonielle *hagabi* (geschnitzte Holzbänke).

★St. Louis University Museum MUSEUM

(Magsaysay Ave.; ⌚Mo–Sa 8–12.30 & 13.30–17 Uhr) GRATIS Das Museum auf dem Campus wird von Isekias „Ike" Picpican geleitet, einem der angesehensten Experten für Geschichte und Kultur der Cordillera-Bewohner des Landes. Besucher können stundenlang Waffen, Begräbnisartefakte, Trachten, Musikinstrumente wie die Nasenflöte, Holzschnitzereien und Fotografien verschiedener Rituale und Opferdarbringungen bewundern. Ist Ike vor Ort, kann er die Exponate zudem in einen Kontext setzen. Am Eingang der St. Louis University müssen Besucher einen Ausweis beim Sicherheitspersonal hinterlegen.

Lourdes Grotto DENKMAL

Die Lourdes-Grotte von 1907 geht auf spanische Jesuiten zurück und thront im hügeligen Westteil der Stadt oberhalb von 252 Stufen. Von oben bieten sich hübsche Blicke auf die Dächer Baguios, noch schöner ist jedoch die Aussicht vom Gipfel des Dominican Hill, einen kurzen Fußmarsch von der Grotte die Dominican Hill Road hinauf.

Camp John Hay BERGRESORT

Das 246 ha große Camp John Hay diente im Zweiten Weltkrieg als japanisches Internierungslager für alliierte Kriegsgefangene und später als Freizeitanlage des US-Militärs. Heute präsentiert es sich als Bergresort mit Restaurants, Hotels, Geschäften, einem Golfplatz und einer Handvoll verstreuter Sehenswürdigkeiten, die sich auf die hügelige Landschaft mit Benguet-Pinienwäldern verteilen.

Der historische Stadtkern mit dem hübsch angelegten Bell Amphitheatre und ein paar Spazierwegen umfasst die Stätte, an der General Yamashita sich den Amerikanern ergab, die Tree Top Adventure Zipline und den Cemetery of Negativism (9–17 Uhr), ein Friedhof, der den Betrachter zu positiven Gedanken anregen soll. Vom Aussichtspunkt Mile High bieten sich gute Ausblicke.

Tam-awan Village KUNSTZENTRUM

(☎0921 588 3131, 074-446 2949; www.tam-awanvillage.com; Long-Long Rd., Pinsao; Erw./Stud. 50/30 P, Workshops 450 P/Pers.) Neun traditionelle Ifugao-Häuser und zwei Kalinga-Hütten wurden auseinandergenommen und dann an einer Hügelflanke dieser Künstlerkolonie wieder aufgebaut. Die Nacht in einer dieser Hütten zu verbringen (EZ/DZ 500/1000 P), ist ein seltenes

Baguio

Privileg. Wer möchte, kann hier außerdem an verschiedenen Kunst-Workshops teilnehmen, lernen, wie man Dreamcatcher oder Perlen herstellt, und darüber hinaus einheimische Musik- und Tanzvorführungen genießen.

Baguio Mountain Provinces Museum

MUSEUM

(Governor Pack Rd.; Erw./Student 40/20 P; ⌚Mo–Sa 8–17 Uhr) Das sorgfältig gestaltete Museum ist eine tolle Einführung zu den Igorot („Bergmenschen") der Cordillera

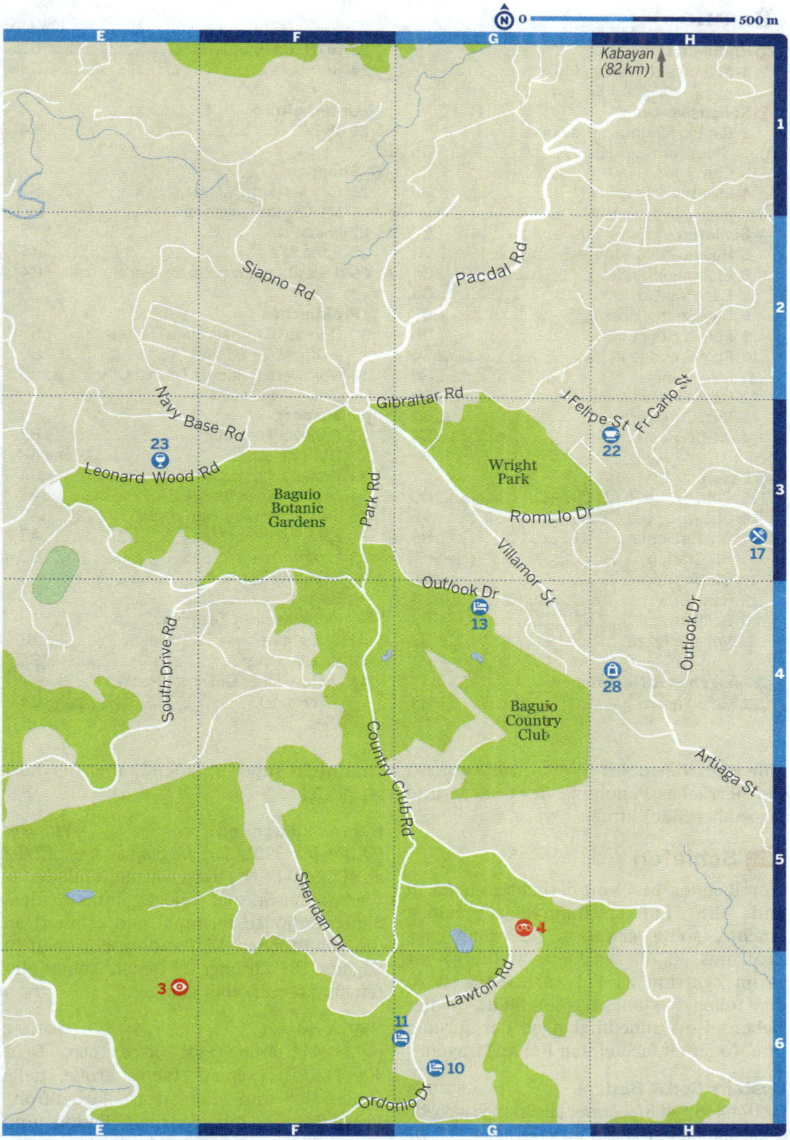

und der von den Spaniern geprägten, gefährlichen Unterteilung in „wilde Bergbewohner“ und „kultivierte Flachlandbewohner“. Jede Ausstellung ist einer anderen indigenen Gruppe gewidmet. Zu sehen sind z. B. die Speere, *bolos* (Macheten) und Kleider der Kalinga-Kopfjäger, Darstellungen von Mumifizierungspraktiken der Ibaloi, eine Kabayan-Mumie, der perlenbesetzte Kopfschmuck der Tinguians, Fotos von Ifugao-Imbayah-Zeremonien und eine Ausstellung zur Geschichte Baguios.

Baguio

Highlights
1 St. Louis University Museum B2

Sehenswertes
2 Baguio Mountain Provinces Museum C5
3 Camp John Hay E6
4 Mile High Viewpoint G5

Schlafen
5 Baguio Village Inn A1
6 Bloomfield Hotel C4
7 Casa Vallejo C4
8 City Center Hotel B3
9 Forest House D6
10 Forest Lodge G6
11 Mile Hi Inn G6
12 Upstairs Bed & Bath C4
13 Villa Cordillera G4
14 YMCA Hostel C4

Essen
15 Cafe by the Ruins Dua D5
16 Chaya A5
17 Chef's Home H3
Hill Station .... (siehe 7)
18 Oh My Gulay! C4
19 Rose Bowl C4
20 Solibao C3
21 Volante Pizza B3

Ausgehen & Nachtleben
22 Cafe Yagam H3
23 Red Lion Pub E3
24 Rumours B3

Unterhaltung
25 18 BC A4

Shoppen
26 City Market B3
Mt. Cloud Bookshop .... (siehe 7)
27 Narda's C5
28 Sabado's H4
29 Teresita's Antiques and Furniture C4

Praktisches
30 Bureau of Immigration Baguio Office C6
31 Cordillera Regional Tourist Office B5

Transport
32 Dangwa Terminal B2
D'Rising Sun .... (siehe 41)
33 Genesis C4
34 Jeepneys zur Asin Rd A3
35 Jeepneys nach Tam-awan A3
36 KMS Terminal A3
37 Lizardo Trans B3
38 Ohayami Terminal A4
39 Partas B4
40 Plaza Jeepney Terminal A3
41 Slaughterhouse Terminal B1
42 Victory Liner C5
43 Victory Liner Governor Pack Terminal C4

Mile High Viewpoint AUSSICHTSPUNKT
Ein herrliches Panorama bewundern und die saubere Luft atmen.

Schlafen

Wer Baguios berühmt-berüchtigten Lärm und die Luftverschmutzung meiden möchte, sollte erwägen, außerhalb des Zentrums zu übernachten; allerdings ist es im Zentrum zu Fuß nicht so weit zu den tollen Restaurants der Stadt. In der Nebensaison unbedingt nach der „promo rate" (oder einfach einem Rabatt) fragen.

Upstairs Bed & Bath HOSTEL €
(☎074-446 4687; www.upstairsbedandbath.com; GSP Bldg., Leonard Wood Rd.; B 400 P, DZ 1200–1600 P; @ 📶) Das Hostel liegt etwas südöstlich der SM Mall und bietet 90 Betten, die über eine Auswahl makelloser Schlafsäle verteilt sind. Achtung: Die Vier-Bett-Schlafsäle kosten genauso viel wie die 20-Bett-Schlafsäle. Es gibt keine Küche und die Gemeinschaftsbereiche sind nicht supereinladend, aber der Rest ist perfekt.

Baguio Village Inn PENSION €
(☎074-442 3901; 355 Magsaysay Ave.; EZ/DZ ab 400/750 P; 📶) Das warme, einladende Backpacker-Spezial liegt hinter dem Slaughterhouse Terminal und erinnert an die gemütlichen Kiefernholzpensionen in Sagada. Die Zimmer im neuen Anbau hinten sind teurer, aber ruhiger.

YMCA Hostel HOSTEL €
(☎074-442 4766; Post Office Loop; B/DZ 400/1420 P) Das „Y" bietet große, helle Schlafsäle und ein paar farbenfrohe Privatzimmer mit weichen Betten und Flachbildfernsehern und einem guten Preis-Leistungs-Verhältnis. Es liegt sehr zentral in der Nähe der Session Road, gegenüber der SM Mall.

Villa Cordillera LODGE €€
(☎074-442 6036; www.villacordillera.com; 6 Outlook Dr.; DZ/3BZ/4BZ 1600/2400/3200 P; 📶)

Die Lodge mit Blick auf den Baguio Country Club ein gutes Stück vom Zentrum entfernt versprüht das Flair einer Waldhütte. Wenn nicht gerade die Liveband spielt, ist es hier so ruhig, dass der Trubel Baguios weit entfernt scheint. Die schicken Zimmer haben Holzfußböden, begehbare Kleiderschränke und große Bäder (denen eine Modernisierung gut täte). Unbedingt probieren sollte man das knusprige Rosinenbrot.

Mile Hi Inn HOSTEL €€
(☎074-446 6141; Mile Hi Center; Loacan Rd.; B/DZ/3BZ 650/2300/2700 P; 📶) Das hauseigene Motto „sauber, gemütlich, komfortabel" wird hier ernst genommen. Das Hostel befindet sich im Duty-Free-Einkaufszentrum von Camp John Hay und hat einfache, geflieste Schlafsäle mit vier Betten und Einzelzimmer in Goldtönen.

Casa Vallejo HOTEL €€
(☎074-424 3397; www.casavallejo-baguio.com; Upper Session Rd.; DZ mit Ventilator/Klimaanlage ab 2371/3761 P, FZ ab 3215 P; ❄@) Das dezente Hotel in einem klassischen, historischen Gebäude, das auf die Zeit der Wende zum 20. Jh. zurückgeht, bietet einen prachtvollen Speisebereich mit dunklen Holzakzenten und aufmerksamem Personal. Die Zimmer können nicht ganz mit der eindrucksvollen Fassade mithalten, sind jedoch komfortabel, mit Teppich ausgelegt und mit zuverlässigen Warmwasserduschen ausgestattet. Am besten nach einem Quartier abseits der Straße fragen!

Forest Lodge HOTEL €€
(☎074-422 2075; www.campjohnhayhotels.ph; Loakan Rd.; DZ/3BZ ab 3522/4013 P; 📶) Das weitläufige, holzgetäfelte Innere dieser großen Lodge im Herzen von Camp John Hay lässt fast einen Skihang in der Nähe vermuten. Stattdessen erwarten die Gäste Pinienduft, den man in Baguio selbst vermisst, geräumige, auf Geschäftsleute ausgerichtete Zimmer mit umfassendem Komfort sowie Zugang zu dem Fitnessbereich und dem Spa, die sich die Forest Lodge mit dem Manor Hotel teilt.

City Center Hotel HOTEL €€
(☎074-422 3637; www.baguiocitycenterhotel.com; Ecke Session Rd. & Mabini St.; DZ/FZ 2100/3200 P; ❄📶) Die Einrichtung des Hotels ist einfach, dafür sind die Zimmer brandneu und in sehr zentraler Lage. Zu den Extras zählen gute Duschen und Kabelfernseher.

Bloomfield Hotel HOTEL €€
(☎074-446 9112; www.bloomfieldhotel.com; 3 Leonard Wood Rd.; DZ/Suite ab 2140/3390 P; ❄📶) Das schicke Hotel nahe der SM Mall verfügt über geschmackvoll eingerichtete, einfache Zimmer mit einladenden Betten, glänzendem Parkett und farbenfrohen Drucken. Die Suiten mit breiten Doppelbetten lohnen den Aufpreis.

ABSTECHER

BIOBAUERNHOF IN BENGUET

Wer sich schon immer mal als Farmer versuchen wollte, kann sich im Rahmen von WWOOF (World Wide Opportunities on Organic Farms; www.wwoof.com.ph) auf der biologisch betriebenen ENCA Farm (☎0919 834 4542, in den USA +1 425 698 5808; www.encaorganicfarm.com) der Familie Cosalan in Acop, Benguet, 21 km nördlich von Baguio, ehrenamtlich engagieren. Marilyn Cosalans Familie ist seit Generationen in der Landwirtschaft tätig und setzt Methoden der Ibaloi ein. Sowohl Kurzbesucher (50 P) als auch Freiwilligenarbeiter können sich den Hof ansehen.

Die Cosalan-Familie verlor ihre ursprüngliche Farm für *kintoman* (roten) Reis im nahe gelegenen Itogon wegen unkontrollierten Kupferabbaus, durch den viele Hektar Anbaufläche zerstört wurden und mehrere Flüsse im südlichen Benguet in der Marcos-Zeit kippten. Durch Gerichtsprozesse gewann sie ihr Land zurück und baut heute Bohnen, Salat, Brokkoli, Karotten, Rettich und Kaffee an. Ehrenamtliche arbeiten in der Regel rund acht Stunden täglich auf der Farm. Die Übernachtung erfolgt in rustikalen, aber gemütlichen und sehr günstigen (250 P/Nacht) Unterkünften auf dem Hof; Besucher können auch campen (150 P).

Mit Marilyn Kontakt aufnehmen oder an der Haltestelle Dangwa einen Jeepney von Baguio nach Acop nehmen (1 Std.); zur Farm sind es zu Fuß 3 km.

Dreams Transient House HOTEL €€

(☎0933 522 5671; km 4 Palispis (Marcos) Hwy.; DZ/FZ 1000/3500 P; ❄) Nicht ganz im Zentrum, aber eine der besten Mittelklasseunterkünfte der Stadt: sauber, geräumig und mit Flachbildfernsehern ausgestattet. Es liegt unter der Baguio Craft Brewery; wer kein eigenes Fahrzeug hat, wird viel Taxi fahren müssen.

Forest House BOUTIQUEHOTEL €€€

(☎074-447 0459; www.foresthouse.ph; 16 Laokan Rd.; DZ/3BZ mit Frühstück ab 3700/5850 P; 📶) Der Name des Boutiquehotels mit nur vier Zimmern geht auf die Kinder des Besitzers zurück. Der Stil ist rustikal, ohne kitschig zu wirken, die Fenster öffnen den Blick auf die Berge oder in den Garten. Die holzgetäfelten Unterkünfte bieten luxuriöse Details (unser Favorit ist der Kahlil's Room).

Das exzellente hauseigene Bistro serviert großartiges *bagnet*, *pinakbét* und andere Klassiker. Im Preis inbegriffen ist ein großzügiges Frühstück.

Essen

Gemessen am Preis hat Baguio das wohl beste kulinarische Angebot des Landes. Im Mile Hi Center in Camp John Hay findet man mehrere gute Optionen, zudem gibt es die üblichen Fast-Food-Imbisse in der Nähe der SM Mall sowie koreanische Restaurants an der Kisad Road.

Oh My Gulay! VEGETARISCH €

(☎0939 912 7266; 4. OG, La Azotea Bldg., Session Rd.; Hauptgerichte 130–155 P; ⏲ Di–Do 11–20, Fr & Sa bis 21, So & Mo bis 19 Uhr; 🌿) Das Restaurant bietet Essen in einem verzauberten, vielschichtigen Garten mit Holzschnitzereien, Pflanzen, Brücken, Wasserflächen und kleinen Nischen zum Verstecken. Die Speisekarte mit vegetarischen Leckereien lockt mit vegetarischen Burgern, belegten Brötchen, Salaten, Omelette, Pasta und mehr. Mediterrane Aromen dominieren. Ein wenig schwer zu finden, im vierten Stock des La Azotea Building (Schild gibt's keines).

Volante Pizza INTERNATIONAL €

(82 Session Rd.; Pizza mit 15/25 cm Durchmesser ab 89/182 P; ⏲24 Std.) Hier werden Nachtschwärmer versorgt und diejenigen, die nach dem Ausgehen Fressattacken bekommen, außerdem loyale Mittagstischgäste. In diesem ungezwungenen Laden kommen erstaunlich gute Pizza, Brathähnchen und üppig belegte Po'Boy-Sandwiches auf den Tisch.

★ **Cafe by the Ruins Dua** FUSION €€

(☎074-442 4010; 225 Upper Sessions Rd.; 120–380 P; ⏲7–21 Uhr; 📶🌿) Das saubere, weiße, vage koloniale Dekor macht eine von Nord-Luzons besten Küchen sogar noch feiner. Einheimische Spezialitäten wie *carabao*-(Wasserbüffel-)Käse, *etag* (geräuchertes Schweinefleisch), Bergreis und Jackfruit werden zu einer saisonalen Speisekarte verwoben, die von Gerichten aus aller Welt inspiriert ist.

Gelegentlich werden auch Livemusik und Dichterlesungen veranstaltet, die Atmosphäre ist insgesamt intellektuell und bohememäßig.

Chaya JAPANISCH €€

(☎074-424 4726; 72 Legarda Rd.; Hauptgerichte 180–390 P; ⏲10–21 Uhr) Baguios bestes japanisches Restaurant fühlt sich wie ein gemütliches Wohnzimmer an mit seinen wenigen, dicht beisammenstehenden Tischen, den holzgetäfelten Wänden, die mit Wandteppichen, Pflanzen und bunten Flaschen geschmückt sind. Ein legerer Außenbereich gehört auch dazu.

Auf der Speisekarte des Chaya stehen frisches Sashimi, köstliche Ramen, hübsch angerichtete Tempura und klas-

NO SPITTING MOMA

Die roten Pfützen, die man immer wieder sieht, sind keine Überbleibsel grausamer Gefechte, und das purpurne Grinsen von Männern in der Cordillera spricht auch nicht für kannibalistische Vorlieben. Das Kauen von Betelnüssen (*moma* im einheimischen Slang) hat bei den Bergvölkern eine lange Tradition; typischerweise kauen die Männer die Betelnuss in Minzblätter eingewickelt und mit einer Prise Kalk (zermahlene Muscheln eignen sich gut, um ein Kalkpulver herzustellen). Die Folgen sind leichte Euphorie, erhöhte Kondition, Wohlbefinden und leider auch Mundkrebs. Die philippinische Regierung versuchte (erfolglos), den Brauch zu verbieten, was die allgegenwärtigen Schilder mit der Aufschrift *No Spitting Moma* („Keine Bettelnüsse spucken") erklärt.

sische Sushi-Röllchen. Zum Nachtisch kommt leckeres Eiscreme-Konfekt auf den Tisch. Wer sich hier kulinarisch verwöhnen lassen möchte, sollte unbedingt im Voraus reservieren!

Solibao PHILIPPINISCH €€
(www.solibao.com; Session Rd.; Hauptgerichte 130–330 P; 12–22 Uhr;) Die informelle Filiale an der Session Road von Baguios renommierter Restaurantkette serviert eine verführerische Auswahl philippinischer Klassiker, wie *kare-kare* vom Rind (in Erdnusssauce gegartes Fleisch), knuspriges *dinguan* (mit Chili verfeinertes, in Schweineblut gekochtes Schweinefleisch) und *pinakbét*, *palabok* (Nudeln mit Garnelen-Fleisch-Sauce) – die Spezialität des Hauses –, grünen Mangosalat und noch einiges mehr.

Rose Bowl CHINESISCH €€
(074-442 4213; Upper General Luna Rd.; Hauptgerichte 140–850 P; 10–22 Uhr) Das Rose Bowl ist bereits seit Jahrzehnten ein Favorit der Einheimischen und serviert die beste chinesische Küche der Stadt. Die umfangreiche Speisekarte reicht von Chop Suey bis hin zu teureren Kreationen mit Meerschnecke und Hummer. Am besten speist man in Gesellschaft, denn die Portionen sind zum Teilen gedacht.

Chef's Home MALAYSISCH €€€
(0916 444 5756; 13 Outlook Dr. S; 280–950 P; Mo-Sa 11–14.30 & 6–20.30 Uhr) Wer noch einen Tisch ergattern will, sollte früh in dieses heimelige, schlichte und sehr beliebte Restaurant kommen. Wer sich nach der südostasiatischen Festlandküche verzehrt, wird die Tom-Yum-Suppe mit Meeresfrüchten, den knackigen Salat aus grüner Papaya, das Tintenfischcurry und die leckeren *char koay teow* (gebratene Nudeln) einfach lieben. Die Meeresfrüchtegerichte sind viel teurer als das Fleisch. Es kann nur bar bezahlt werden.

Hill Station FUSION €€€
(074-424 2734; www.hillstationbaguio.com; Upper Session Rd.; Hauptgerichte 295–595 P; 7–20 Uhr;) Die Speisekarte in diesem raffinierten Restaurant liest sich wie eine Fantasiereise rund um die Welt: Berbere-Lamm (Lammragout), australisches Lendensteak und gebratener Lachs mit geräucherter Paprika. Manche Gerichte funktionieren besser als andere. Die maßgeschneiderten Cocktails jedenfalls sind Volltreffer, dazu Zitronenkuchen und hausgemachtes Eis. Ein Schild im Hotel rät, nicht im Schlafanzug aufzutauchen, also besser angemessen gekleidet herkommen!

Ausgehen & Nachtleben

Baguio Craft Brewery MKROBRAUEREI
(Palispis (Marcos) Hwy.; 17–2 Uhr;) Baguios Eintrag auf der ständig wachsenden Liste philippinischer Kleinbrauereien ist es wert, den Weg aus dem Stadtzentrum heraus auf sich zu nehmen. Zur Belohung winken um die 20 verschiedene, handwerklich gebraute Biere (ab 160 P), ein herrlicher Blick auf die Berge von der Dachterrasse und schmackhafte Chicken Wings, Fisch-Tacos und andere Bar-Snacks (Hauptgerichte 300 bis 350 P).

Cafe Yagam CAFÉ
(074-423 0839; 25 J Felipe St.; 11–23 Uhr;) Mit seinen Hartholzböden, dem großen Steinkamin, akustischer Musik aus der Stereoanlage und den quakenden Fröschen draußen ist dies ein Ort, an dem es sich stundenlang aushalten lässt. Der Besitzer stammt aus der Provinz Kalinga und serviert Spezialitäten aus der Region, unter anderem dunklen, dicken Kaffee, süße *inachila* (klebrigen Reis mit gemahlener Kokosnuss) und andere Hauptgerichte aus der Cordillera (110 bis 200 P).

Rumours BAR
(56 Session Rd.; 11–23 Uhr) Eine Institution, die eine nette Mischung aus Touristen, Expats, einheimischen Studenten und dem einen oder anderen Kneipenhocker anlockt. Einige der Getränkespezialitäten hauen einen im wahrsten Sinne des Wortes um (Cocktails 85 bis 150 P).

Red Lion Pub PUB
(074-422 9135; 35 Leonard Wood Rd.; 24 Uhr;) In diesem Liebling der Expats findet sich zu jeder Tageszeit ein Saufkumpan oder Billardpartner. Gute Steaks und Rippchen (Hauptgerichte 150 bis 600 P).

Unterhaltung

18 BC LIVEMUSIK
(16 Legarda Rd.; 18.30 Uhr–spät) In einer Stadt, in der aus jedem Fenster Livemusik zu ertönen scheint, gibt's in diesem Laden gegenüber dem Prince Plaza Hotel stets die beste Original-Livemusik Baguios, von Jazz und Blues bis hin zu Reggae. Dass

Shorts und Flipflops hier nicht erlaubt sind, nervt.

Shoppen

★ Sabado's KUNSTHANDWERK

(16 Outlook Dr.; ⌚8–17 Uhr) Hinter der unauffälligen Fassade des Sabado's verbirgt sich eine wahre Fundgrube von indigenen Schätzen. Im Halbdunkel verstecken sich Kalinga-Speere, Ifugao-Kopfschmuck, hohle Stöcke zum Transport von Wasser durch den Dschungel, verschiedene gewebte Behältnisse und Holzschnitzereien sowie antike *bulol*.

Mt. Cloud Bookshop BÜCHER

(Upper Session Rd.; ⌚10.30–20 Uhr) Der wohl hippste Buchladen Luzons befindet sich unterhalb der Casa Vallejo und hat eine fantastische Auswahl westlicher und philippinischer Literatur auf Lager. Der Schwerpunkt liegt auf historischen und ethnografischen Sachbüchern, es gibt jedoch auch jede Menge Romane.

Teresita's Antiques and Furniture KUNSTHANDWERK

(☎074-442 3376; 90 Upper General Luna Rd.; ⌚9–18 Uhr) Das Teresita's richtet sich in erster Linie an ausgewiesene Sammler – die antiken *bulol* sind für Spontankäufe viel zu teuer. Daneben gibt es ein gutes Sortiment von Textilien und Perlen der Igorot, Holzschnitzarbeiten, alten Opferstöcken und Lindenholzbehältnissen für das zeremonielle Kauen von Betelnüssen. Eine weitere Filiale findet man im Mines View Park, die vor allem massenproduzierte, moderne Schnitzarbeiten verkauft.

City Market MARKT

(Magsaysay Ave.; ⌚6–19 Uhr) Baguios Stadtmarkt ist ein 3 km² großer Irrgarten der „nützlichen Dinge"; die Händler hier verkaufen alles von Obst bis hin zu lebenden Hühnern sowie Kunsthandwerk und Souvenirs von minderer Qualität. Feilschen ist hier üblich. Wer möchte, kann hier aber auch gut essen – einfach einen Ort finden, der rappelvoll ist, einen Hocker heranziehen, auf irgendetwas zeigen, was gut riecht, und reinhauen.

Narda's TEXTILIEN

(www.nardas.com; 151 Upper Session Rd.; ⌚8–19 Uhr) Das bekannte Geschäft wurde von der aus Bontoc stammenden Weberin Narda Capuyan eröffnet und bietet eine breite Auswahl hochwertiger Artikel aus lokaler Herstellung, wie traditionelle *barongs* (philippinische Hemden), Taschen, Blusen, Schals und Tischläufer. Die Stücke begeisterten kürzlich das Publikum der Modenschau World Eco-Fiber Textile in New York.

Easter Weaving Room TEXTILIEN

(☎074-442 4972; www.easterweaving.com; 2 Easter School Rd.) Der Easter Weaving Room stellt echte Igorot-Webarbeiten und traditionelle Kleidung sowie moderne Männer- und Frauenmode her. Das breit gefächerte Sortiment reicht von handgewebten Lesezeichen bis zu *tapis* (gewebten Wickelröcken). In der Fabrik im Keller kann man Weberinnen bei ihrer anstrengenden Arbeit zusehen.

ℹ Praktische Informationen

Bureau of Immigration Baguio Office (BOI; ☎074-447 0805; www.immigration.gov.ph; 38 Military Cut Off Rd.; ⌚ Mo–Fr 8–17 Uhr) Knapp außerhalb des Stadtzentrums, kümmert sich um alles rund um die Visaverlängerung.

Cordillera Regional Tourist Office (☎074-442 7014; Governor Pack Rd.; ⌚ Mo–Fr 8–17 Uhr) Informationen über Touren und Treks durch die Cordillera sowie Stadtpläne.

ℹ An- & Weiterreise

Von **Victory Liner** (☎074-619 0000; Utility Rd.) fahren Busse mit 25 Sitzplätzen nonstop nach Pasay (750 P, 5 Std., 1- bis 5-mal tgl.), eine schnelle und sehr komfortable Art, zu reisen. Ebenso gut sind die 29-sitzigen Joybuses von **Genesis** (☎074-422 7763; Governor Pack Rd.), die sowohl nach Pasay (730 P, 6 Std., häufig) als auch nach Cubao (Manila; 720 P, 6 Std., häufig) fahren. All diese Busse fahren über den schnellen SCTEX (Subic–Clark–Tarlac Expressway). Bustickets im Voraus buchen. Victory und Genesis schicken etwa alle 20 Minuten auch langsamere Busse nach Manila (455 P, 7 Std.); Victory akzeptiert auch Kreditkarten.

Victory Liner bedient zudem Iba und Zambales (357 P, 3–4½ Std., 4-mal tgl.) vom zweiten unternehmenseigenen Terminal an der Governor Pack Road.

Partas (☎074-444 8431) bietet von 8 bis etwa 18 Uhr stündliche Verbindungen nach San Fernando (La Union; 104 P, 1½ Std.) und Vigan (334 P, 5–7 Std.), teils mit Weiterfahrt nach Laoag (466 P). Kleinbusse nach San Fernando (80 P) fahren regelmäßig vom Jeepney-Halt an der Plaza östlich des Rizal Park ab.

Lizardo Trans (☎074-304 5994) fährt zwischen 6 und 13 Uhr stündlich nach Sagada

(250 P, 5 bis 7 Std.), Abfahrt vom **Dangwa Terminal** (Magsaysay Ave.); 4-mal täglich fahren Busse über San Jose nach Baler (312–360 P, 8 Std.), Abfahrt um 4 und 13 Uhr am **Slaughterhouse Terminal** (Magsaysay Ave.). Ebenfalls vom Slaughterhouse Terminal fahren Busse von **D'Rising Sun** (☎ 0910 709 9102) nach Bontoc (240 P, 6 Std., stündl. zwischen 6 und 16 Uhr); A-Liner fährt täglich um 7 Uhr nach Kabayan (180 P, 3½ Std.). Außerdem gibt's einen Minivan, der normalerweise gegen 16 Uhr nach Kabayan fährt (und nicht besonders zuverlässig ist).

Ohayami (Shanum St.) und **KMS** (Shanum St.) bieten täglich Fahrten über die asphaltierte Südroute via San Jose nach Banaue (490 P, 9–11 Std.), Abfahrt etwa 7 Uhr und dann wieder um 18 oder 19 Uhr. Wer den direkten, klimatisierten Van vom Dangwa Terminal (360 P, 7 Std.) via Ambuklao Road nimmt, kommt schneller nach Banaue.

Unterwegs vor Ort

Am leichtesten geht's mit dem Taxi, es ist billig, es gibt massenhaft davon und mit den Taxametern geht es stets ehrlich zu. Jeepneys in die Asin Road fahren in der Abanao Street beim Rathaus ab. Wer nach Tam-awan will, nimmt an der Ecke Kayang und Shagem Street einen Jeepney (8 P).

Kabayan

☎ 074 / 1390 EW. / 1200 M. Ü. D. M.

Inmitten einer spektakulären Bergkulisse mit Reisterrassen unter den wachsamen Augen der weltbekannten Mumien gelegen, bleibt Kabayan ein attraktives, angenehm untouristisches Ziel. Hier erwachen die Dörfer mit dem Hahnenschrei zum Leben und versinken mit der Abenddämmerung in den Schlaf.

Wer sich nicht für mumifizierte sterbliche Überreste interessiert, kann vor Ort durch die Reisterrassen in dramatischer Hanglage wandern und nachts den Sternenhimmel bestaunen. Kabayan ist zudem das Zentrum der Ibaloi-Kultur, so sind viele Traditionen und animistische Glaubensvorstellungen geblieben, besonders in den umliegenden Hügeln. Das Gebiet ist für starken Arabica-Kaffee und leckeren, roten *kintoman*-Reis bekannt.

Sehenswertes

Opdas Mass Burial Cave HÖHLE

(Eintritt gegen Spende von 50 P) Am Südrand der Stadt steht (in einem privaten Hinterhof) dieses gruselige Gebeinhaus, in dem Hunderte zwischen 500 und 100 Jahre alte Schädel und Knochen auf einem Steinvorsprung aufgereiht sind. Man geht davon aus, dass sie entweder auf eine Pockenepidemie zurückgehen, die von den Spaniern eingeschleppt wurde, oder dass die Toten wegen ihres niedrigen gesellschaftlichen Ranges in einem Massengrab beerdigt wurden.

Es ist an der Straße ausgeschildert. Unbedingt im Gewächshaus auf der linken Seite um Erlaubnis fragen!

Kabayan National Museum MUSEUM

(Mo–Fr 8–12 & 13–17 Uhr) GRATIS Das kompakte Museum ist eine gute Einführung in diesen Teil der Cordillera. Auf Anfrage erklärt der freundliche Kurator den Unterschied zwischen der traditionellen Kleidung der Reichen und der Armen, zeigt einen Rucksack zum Transport von Schweinen sowie eine weibliche Mumie und erklärt lokale Todesriten, rituelle Artefakte der Kankanay und Ikalahan sowie Pflanzen, die beim Mumifizierungsprozess zum Einsatz kamen.

Tinongchol Burial Rock HÖHLE

(Spende 30 P) Etwa 3 km nordwestlich von Kabayan in der Nähe des *barangay* Kabayan Barrio befindet sich der Tinongchol Burial Rock, wo mehrere Särge in Löchern lagern, die in den Fels geschlagen wurden. Hierher führt ein einstündiger Fußweg durch eine eindrucksvolle Bergkulisse, der hinter dem Nationalmuseum von Kabayan beginnt. Nach dem Überqueren des Flusses geht es die befestigte Straße hinauf; der Rock ist linker Hand ausgeschildert.

Bangao Mummy Caves HÖHLE

(30 P) In den Wäldern rund um Kabayan sind Dutzende Mumienhöhlen verborgen, die nur die Stammesältesten der Ibaloi kennen; die nächste Stätte mit einigen (wenn auch nicht besonders gut erhaltenen) Mumien ist Bangao am Fuß des Mt. Tabayoc (2812 m), 7 km nördlich von Kabayan. Am interessantesten ist die **Pongasan Cave** mit fünf Mumiensärgen, sie ist einen 45-minütigen Aufstieg von Bangao entfernt.

Schlafen & Essen

Pine Cone Lodge PENSION €

(☎ 0929-327 7749; Zi. ohne Bad 300–750 P) Definitiv die beste unter den sehr wenigen Übernachtungsmöglichkeiten am Ort ist diese freundliche, luftige Pension am

Ende des Dorfes; sie bietet einen Blick über den Fluss sowie geräumige und erstaunlich schicke, holzgetäfelte Zimmer mit Gemeinschaftsbad.

Jertrude, die Gastgeberin, ist übrigens eine hervorragende Köchin und kann auf Wunsch Frühstück oder einheimische Köstlichkeiten zaubern.

Rockwood Cafe PHILIPPINISCH €
(Hauptgerichte 70–100 P; ⌚7–18 Uhr, Nov–April) Das geschmackvoll mit Kiefernholz und Stein gestaltete Café serviert Kaffee und Gemüse aus biologischem Anbau. Daneben stehen Souvenirs aus lokaler Produktion zum Verkauf, darunter Zitronengrasöl, Tee und gewebte Umhängetaschen von Kabayan Weaving in der Nähe.

Ba-Jon'z PHILIPPINISCH €
(Hauptgerichte 60–80 P; ⌚7–19 Uhr) Das belebteste und am zuverlässigsten geöffnete Restaurant in Kabayan bietet am Büfett eine frische Auswahl aus zehn Gerichten, von gebratenem Gemüse bis hin zu größeren Herausforderungen wie Ragout aus Schweineinnereien. Zum Abschluss gibt's ein Eis aus der Tiefkühltruhe.

ℹ An- & Weiterreise

Zwischen Kabayan und dem Slaughterhouse-Terminal in Baguio verkehren täglich Busse (135 P, 3½ Std.); die Abfahrt in Baguio erfolgt um 10, in Kabayan gegen 8.30 Uhr. Die asphaltierte, verschlungene Bergstraße hinauf nach Kabayan ist traumhaft schön, allerdings ist die Gefahr von Erdrutschen sehr hoch.

Zwischen 9 und 13 Uhr verkehren 3-mal täglich Vans zwischen hier und Abatan (150 P, 2 Std.); von dort fahren Vans weiter nach Sagada (95 P, 2½ Std.). Wer den Van von Abatan nach Kabayan verpasst hat, kann ein Privatfahrzeug mit Fahrer anheuern, der für 2000 P dorthin fährt. Auf der Polizeistation von Abatan nachfragen.

Etwas mehr Abenteuer verspricht die Wanderung zu den Timbac Caves. Nachdem man zum Selsema Highway gelaufen ist, winkt man einen Bus südwärts nach Baguio oder nordwärts nach Bontoc oder Sagada heran.

Mt. Pulag National Park

Der Mt. Pulag (2922 m) gilt bei den Ibaloi und Kalanguya als heilig. Er ist der höchste Gipfel auf Luzon und liegt im größten Nationalpark der Cordillera. Das Protected Areas Office (PAO; ☎0919 631 5402) in Ambangeg, eineinhalb Stunden südlich von Kabayan, fungiert als Besucherzentrum des Parks. Auswärtige Besucher müssen hier oder an anderen Zugangspunkten eine saftige Gebühr von 1000 P entrichten.

Vom Besucherzentrum führt eine holprige Straße 11 km hinauf zum Beginn des Grassland Trail nahe der Ranger-Station des Department of Environment & Natural Resources (DENR). Für die letzten drei Stunden zum Gipfel müssen Besucher einen Guide anheuern (600 P) oder einen aus Kabayan mitbringen. Rund 30 Minuten unterhalb des Gipfels befindet sich der Grassland-Campingplatz.

Im März und April ist die Sicht am besten. Von Juni bis November kommt es hingegen regelmäßig zu schweren Niederschlägen.

Eine Alternative zum Grassland Trail hinauf zum Mt. Pulag ist die interessante Zweitagesroute über den Akiki Trail – auch Todestrail genannt –, der 2 km südlich von Kabayan in Todiakap beginnt, einem *sitio* von Duacan. Vom Ausgangspunkt des Weges sind es zwei Stunden bis zum Eddet River und weitere sechs Stunden zum Campingplatz Cow Country. Entweder schlägt man dort sein Lager auf

ℹ GUIDES FINDEN

Beim Großteil der Attraktionen von Kabayan ist es unwahrscheinlich, sich zu verirren, allerdings geben die professionellen, höflichen Guides vor Ort unterschiedliche kulturelle Kontexte, die man sonst versäumen würde. Während unserer Recherche wurden Führer von der Pine Cone Lodge, vom Kabayan National Museum oder vom Municipal Tourism Office (☎0917 521 5830; ⌚Mo–Fr 8–12 & 13–17 Uhr) zu festen Tarifen vermittelt: Tinongchol Burial Rock 500 P, Pongasan Cave 1000 P, Timbac Caves 1500 P und Mt. Pulag über Akiki (S. 158) 2400 P.

Für 800 P kann man einen Privatwagen mit Fahrer anheuern, um zu den Sehenswürdigkeiten in der Stadt und zu den Ausgangspunkten der Wanderwege zum Tinongchol Burial Rock und zur Pongasan Cave zu gelangen; dies verkürzt den Fußweg entlang der Straßen um Stunden. Wer zu den Timbac Caves wandern möchte, kann sich für 100 P/kg von Guides das Gepäck tragen lassen.

oder läuft weitere vier Stunden bis zum Zeltplatz Saddle Grassland. Von dort ist der Gipfel in 30 Minuten zu erreichen. Ein Guide kostet für diese Route 1200 P pro Tag.

Es gibt noch längere Routen hoch zum Mt. Pulag, die über die Rückseite des Berges durch Tawangan oder Lusod, das Heimatland der Kalanguya, führen. Genauere Infos liefern das PAO oder Guides in Kabayan.

An- & Weiterreise

Um zum PAO-Büro/Besucherzentrum zu gelangen, fährt man mit dem Bus zwischen Baguio und Kabayan bis nach Ambangeg. Busreisende aus Baguio kommen zu spät an, um den Mt. Pulag zu besteigen, da es bis 14 Uhr oft regnet. Deswegen sollte man eine Übernachtung im PAO oder in Kabayan einplanen, um am nächsten Tag früh aufzubrechen.

Sagada & Umgebung

074 / 1670 EW. / 1477 M. Ü. D. M.

Das winzige Sagada inmitten nebelverhangener Berge kommt der philippinischen Variante eines südostasiatischen Backpacker-Mekkas am nächsten. Trotz der vielen Wanderwege und spannenden Abenteuer in den Tiefen der Höhlen kann man hier noch immer Ruhe finden. Der einstige Zufluchtsort der vor der Diktatur geflohenen intellektuellen Elite versprüht eine gewisse Mystik: Hoch oben in den Kalksteinklippen ruhen dem Himmel so nah jahrhundertealte Särge, und die Tage und Nächte sind ruhig und friedlich, weil es hier weder Tricycles noch sonst viel Verkehr gibt.

Wer Glück hat, ist zu einem *begnas* (ein traditionelles Gemeindefest der Kankanay) hier; die Frauen tragen dann *tapis*

DIE MUMIEN VON TIMBAC

Von den zehn Kulturen weltweit, die Mumifizierungen durchführen, sind die Ibaloi die einzigen, bei denen bei dem jahrhundertelangen Prozess die inneren Organe erhalten bleiben. Laut mündlicher Überlieferung der Ibaloi trocknete man die Leichname durch die Hitze und den Rauch eines kleinen Feuers und behandelte sie dann sorgfältig mit konservierenden Kräutern. Um Würmer zu vertreiben und die Organe zu erhalten, wurde in regelmäßigen Abständen Tabakrauch in die Bauchhöhle geblasen. Der gesamte Prozess soll bis zu einem Jahr gedauert haben. Der Direktor des University Museum in Baguio bestreitet dies jedoch; laut den Aussagen von Ibaloi-Ältesten habe die Methode bei einem Versuch 1907 nicht funktioniert, zudem habe es sich keine Familie leisten können, ein ganzes Jahr nicht zu arbeiten, wie es die Todesriten verlangt hätten.

Ab dem 20. Jh. stellten die Ibaloi die Mumifizierung ihrer Toten ein, da die Praxis bei den Amerikanern als unhygienisch galt. Die Mumien wurden im Laufe der Jahre regelmäßig gestohlen oder beschädigt, deswegen sind die Haupthöhlen inzwischen geschlossen.

Die am besten erhaltenen Ibaloi-Mumien – noch mit tätowierter Haut – findet man in den **Timbac Caves** (100 P). Sie liegen etwa 1200 m über Kabayan selbst und zählen zu Kabayans heiligsten Höhlen; die Einheimischen bringen vor dem Betreten Gin als Opfer dar. Leider verfallen die Mumien hier immer mehr, deshalb sind die Höhlen seit 2016 geschlossen, da die Experten nach einer besseren Methode suchen, um sie zu erhalten. Sie sollen aber wieder geöffnet werden, deshalb am besten mal herumfragen.

Die intensivste und respektvollste Art, die einzigartigen Bräuche hier zu erleben, ist eine Wanderung mit einem Guide ab Kabayan zu den Höhlen. Die anstrengende, wunderschöne, vier- bis sechstägige Tour folgt der Geländewagenstrecke, wobei man unterwegs eine kleine Abkürzung durch die Reisterrassen unternimmt.

Nach der Ankunft bei den Höhlen holt der Guide beim Verwalter, der über den Höhlen lebt, den Schlüssel und öffnet die Särge, sodass man die mumifizierten Überreste sehen kann. Die Mumien reichen von Erwachsenen bis zu kleinen Kindern und wurden in der traditionellen Embryonalstellung begraben. Der Anblick ist ziemlich unheimlich.

Manche Besucher ziehen der Wanderung ab Kabayan eine Busfahrt auf der Route Baguio–Sagada vor, steigen bei der beschilderten Abzweigung zu den Timbac Caves aus und folgen der 3,5 km langen, asphaltierten Straße. Dies ist die leichtere Variante, wer sich allerdings ohne Guide auf den Weg macht, riskiert, lokale Befindlichkeiten zu stören, außerdem gibt es keine Garantie, dass der Verwalter den Schlüssel herausgibt.

(gewebte Wickelröcke) und die älteren Männer eine Art Lendenschurz, und alle versammeln sich im *dap-ay* (Innenhof); Hühner werden geopfert, Gongs werden geschlagen, und es kommt zu allgemeiner Ausgelassenheit. Sagadas Bewohner stammen von den Applai (Kankanay aus dem Norden) ab, ihre Muttersprache ist Kankanay.

Sehenswertes

★ Hängende Särge im Echo Valley — HISTORISCHE STÄTTE

Attraktion Sagadas sind die hängenden Särge im Echo Valley. Manche sind Jahrhunderte alt, andere erst einige Jahre. Der Großteil hängt hoch oben am steilen Felsen und stellt den Betrachter vor die Frage, wie dies bewerkstelligt wurde. Der Weg ist kurz (200 P). Man gelangt in unter einer halben Stunde über den zugewucherten Pfad am Friedhof hinab zu den Särgen, ohne einen Guide verirrt man sich jedoch schnell.

In den Beerdigungsstühlen, die ebenfalls am Fels angebracht sind, wurden die Verstorbenen früher während des Begräbnisrituals festgebunden. In den kleinsten Särgen liegen die Toten in Embryonalstellung. Die neueren Särge mit Kreuzen vermischen die alten Sitten mit dem modernen Christentum, und manche Einheimische wollen noch immer auf diese Weise begraben werden.

Lumiang Burial Cave — HÖHLE

Die Lumiang Burial Cave liegt einen 10- bis 15-minütigen Fußmarsch südlich des Hauptdorfes Richtung Ambasing. Der Weg ist gut ausgeschildert und verläuft entlang der Abzweigung links der Straße. Stufen führen dann zu einer riesigen, mit Flechten bedeckten Höhle hinab, an deren Eingang sich über 100 Särge stapeln. Der älteste von ihnen soll rund 500 Jahre alt sein. In viele der Särge sind Bilder von Eidechsen geschnitzt, ein Symbol für langes Leben und Fruchtbarkeit. Den Stufen gegenüber auf der anderen Straßenseite gibt es eine weitere Höhle mit Särgen zu besichtigen.

Animistische Stammesälteste der Applai werden übrigens noch immer in den Höhlen rund um Sagada begraben – sofern sie es sich leisten können. Die Götter fordern für dieses Privileg nämlich ein Opfer von über 20 Schweinen und dreimal so vielen Hühnern.

Wer sich den Herausforderungen der Cave Connection stellen will, beginnt in dieser Höhle.

Sumaging Cave — HÖHLE

Die Sumaging Cave oder Big Cave ist die beliebteste von Sagadas Höhlen und verspricht einen unterhaltsamen Besuch. Die riesigen Kammern beherbergen unwirkliche Felsformationen mit so fantasievollen Namen wie „Königsvorhang" oder „Blumenkohl". Für eine Besichtigung der Höhle (ca. 2 Std.) ist ein Guide erforderlich (500 P), der mit einer Gaslaterne ausgestattet ist. Es ist teilweise recht glitschig und man wird nass, deswegen benötigen Besucher Wassersandalen oder andere Schuhe mit rutschfester Sohle. Von Sagada aus ist es ein 45-minütiger Fußmarsch hierher. Hier endet das Cave-Connection-Abenteuer.

Ganduyan Museum — MUSEUM

(50 P; ⌚13–18 Uhr) Dieses kleine Museum ist vollgepackt mit Skulpturen, Schmuck und anderen Artefakten der Kankanay – der Traum jedes Anthropologen. Unbedingt mit dem Besitzer plaudern, dem Sohn der verstorbenen Gründerin Christina Aben, er ist ein Quell der Information, wenn es um die einheimische Kultur und Geschichte geht. Ganduyan ist der traditionelle Kankanay-Name für Sagada.

Demang — DORF

Das kleine Dorf Demang südlich des Zentrums ist mittlerweile ein *barangay* von Sagada, ursprünglich war es jedoch das erste Siedlungsgebiet der Gegend. Bis heute ist es das kulturelle und traditionelle Herz der Gemeinde. Hier befinden sich die meisten von Sagadas *dap-ay* (traditionelle öffentliche Versammlungsplätze), zudem finden die meisten *begnas* (traditionelle Feste der Kankanay-Gemeinde) in Demang statt. Wer zu einem solchen Fest eingeladen wird, sollte ein Geschenk wie Brot oder ein Hühnchen mitbringen.

Echo Valley Lookout — AUSSICHTSPUNKT

Auf dem Weg zu den hängenden Särgen im Echo Valley geht es vorbei an der Echo-Valley-Aussichtsplattform. Wer dorthin geht, wird wahrscheinlich schon bevor er dort ankommt die Leute ins Tal rufen hören. Ein einheimischer Witz lautet: Wenn man hier etwas auf Tagalog ruft, kommt das Echo auf Englisch zurück.

Aktivitäten

Sagada bietet zahlreiche erstklassige Wanderwege. Wer Ausflüge in die Gegend unternehmen möchte, organisiert sich über das Touristeninformationscenter einen Guide. Alternativ kontaktiert man die Sagada Genuine Guides Assocation (S.165), deren Trekkingtouren und Kundenservice besonders professionell sind. Da sie ihren Lebensunterhalt mit dem Tourismus verdienen, kümmern sich die Guides mit viel Herzblut um ihre Kunden.

★ Cave Connection — HÖHLENKLETTERN

Die Cave Connection ist ein aufregendes Höhlenabenteuer, das eine gewisse Fitness und Kühnheit voraussetzt. Der unterirdische Gang verbindet die Höhlen Sumaging und Lumiang. Wer die drei- bis vierstündige Tour (800 P) mitmacht, muss durch enge Tunnel kriechen (wer klein ist, ist im Vorteil), vertikale Abstiege bewältigen, bei denen man sich die die Gliedmaßen im Felsen einklemmt, an Seilen baumeln und durch unterirdische Teiche schwimmen.

Trekkingsandalen sind empfehlenswert, ebenso eine wasserdichte Taschenlampe, auch wenn der Guide eine dabeihat. Achtung: In der Regenzeit besteht das Risiko gefährlicher Überflutungen, deshalb wird von Höhlentouren abgeraten (Menschen sind dabei schon ums Leben gekommen).

Bomod-ok Falls — WANDERN

In Banga-an beginnt der großartige, 45-minütige Weg zu den eindrucksvollen Bomod-ok Falls (Big Waterfall). Interessierte benötigen einen Guide (650 P), da die Route durch Reisterrassen führt und der Zugang aufgrund von Traditionen bezüglich der Aussaat und Ernte beschränkt ist. Zweimal am Tag verkehren Jeepneys von Sagada nach Banga-an, für Tagesausflügler sind sie jedoch von keinem großen Nutzen, da sie nachmittags abfahren. Lieber läuft man oder organisiert den Transport über die Touristeninformation (650 P hin & zurück). Jeepneys von Banga-an nach Sagada starten am frühen Morgen.

Mt. Sipitan — WANDERN

Wer Sagadas höchsten Berg, den Mt. Sipitan (2200 m), bezwingen will, sollte dies keinesfalls ohne Guide (1600 P) angehen, da es dort Sprengfallen von Jägern geben soll. Die anstrengende Ganztageswanderung beginnt nahe dem wenig idyllischen Lake Danum auf dem Weg nach Besao, führt größtenteils durch moosbedeckten Wald und endet in Banga-an. Die Route zum **Mt. Ampacao** (1889 m) 10 km südlich der Stadt hinter Ambasing über eine Schotterstraße ist sehr viel einfacher; auch hier benötigt man einen Guide (800 P).

Mt. Kiltepan — WANDERN

Der Mt. Kiltepan (1636 m) bietet einen herrlichen Panoramablick über die Reisterrassen und Berge in der Umgebung; er ist etwa 40 Gehminuten (bzw. 10 Min. Fahrt) von Sagada entfernt. Richtung Osten aus der Stadt heraus und nach 2,5 km an einer Petron Station links abbiegen. An den Wochenenden verstopfen bei Sonnenaufgang, ab etwa 4.30 Uhr, Hunderte einheimischer Touristen in Vans den Aussichtspunkt.

Sagada Outdoors — RAFTEN

(☎0919 698 8361; www.sagadaoutdoors.com; Raftingtrips 2500 P/Pers.) Diese tolle Einrichtung wird von einem Amerikaner geleitet, der die im Tourismus verdienten Dollars wieder in die lokale Gemeinde investiert; er bietet eine breite Palette an Rafting- und Kajaktrips auf dem Chico River an sowie aufregende Kanutouren in der Nähe von Sagada. Die Rafting-Saison ist zwischen September und Dezember. Der firmeneigene Laden für Outdoor-Ausrüstung ist im Obergeschoss des öffentlichen Marktes.

Mt. Ampacao — WANDERN

Der Mt. Ampacao (1889 m), 10 km südlich von Sagada hinter Ambasing, kann in einer dreistündigen Rundtour erwandert werden, die auch den Lake Danum einschließt. Ein Guide kostet 1200 P.

Bokong Waterfalls — WANDERN

Einen rund halbstündigen Spaziergang vom Ort entfernt locken die kleinen Bokong Waterfalls zu einem erfrischenden Bad. Um hierherzugelangen, folgt man der Straße östlich aus der Stadt und den Stufen direkt gen Sagada Weaving auf der linken Seite. Der Weg führt nun durch Reisfelder hinab zu einem kleinen Fluss, den man überquert und stromaufwärts bis zu den Wasserfällen läuft. Der Pfad verläuft bis zu der Straße zur 4 km entfernten Ortschaft Banga-an.

Schlafen

★ Misty Lodge & Cafe — LODGE €

(☎0926 123 5186; mistylodgeandcafe@rocketmail.com; Zi. ohne Bad 300 P/Pers.; 📶) Es lohnt sich definitiv, die 15 Minuten aus Sagada

Sagada

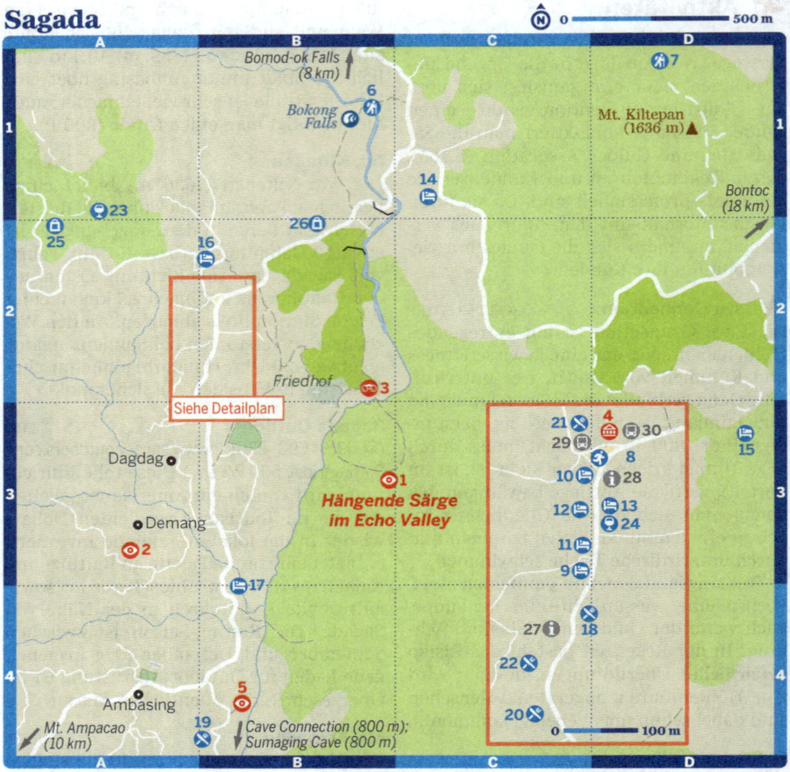

heraus in Richtung Osten zu gehen, um in dieser Perle zu übernachten (oder zu Abend zu essen). Die acht Zimmer sind recht groß und mit leuchtend hellem Holz ausgestattet; der Besitzer hat ein strahlendes Lächeln und ist ein Quell hilfreicher Informationen. Im Café prasselt ein Kaminfeuer und es gibt Gourmet-Pizza, echte australische Rindfleischburger, guten Wein, Kaffee und Dessert.

Sagada View Homestay PENSION €
(☎0919 702 8380; sagadahomestay@yahoo.com.ph; EZ/DZ ab 350/650 P; @ 📶) Diese ausladende Pension ist freundlich, überaus erschwinglich und hat dank dem polierten Kiefernholz jede Menge Charakter. Die Aussicht kann sich sehen lassen, doch leider wird sie gerade durch Bautätigkeiten ruiniert, auch wenn sie immer noch schön ist; außerdem bekommt das Gebäude hin und wieder eine kühlende Brise aus den Bergen ab.

Canaway Resthouse PENSION €
(☎0918 291 5063; Zi. 300 P/Pers.; 📶) Außerordentlich gutes Preis-Leistungs-Verhältnis, helle, große Zimmer mit freundlichem Service, sauberen Laken und zuverlässigen heißen Duschen in den dazugehörigen Bädern. Das WLAN kommt und geht, wie es will.

Davey's Inn & Restaurant PENSION €
(☎0939 506 1914; EZ/DZ 350/500 P; 📶) Die einfachen Doppelzimmer sind besser als die meisten in Sagada, das Preis-Leistungs-Verhältnis stimmt. Das Davey's liegt mitten in der Stadt an der Plaza, im Café unten gibt es einen großen Kamin.

Green House PENSION €
(☎0999 903 7675; Zi. 200 P/Pers.; 📶) Das ist nicht nur die günstigste Pension, die wir hier gefunden haben, sondern auch die einladendste und ruhigste, sie liegt auf dem Hügel an der Straße nach Süden. Die

Sagada

Highlights
1 Hängende Särge im Echo Valley B3

Sehenswertes
2 Demang A3
3 Echo Valley Lookout B2
4 Ganduyan Museum D3
5 Lumiang Burial Cave B4

Aktivitäten, Kurse & Touren
6 Bokong Waterfalls B1
7 Mt. Kiltepan D1
8 Sagada Outdoors D3

Schlafen
9 Canaway Resthouse C3
10 Davey's Inn & Restaurant C3
11 George Guesthouse C3
12 Green House C3
13 Masferré Inn & Restaurant D3
14 Misty Lodge & Cafe C1
15 Rock Inn D3
16 Sagada View Homestay B2
17 Treasure Rock Inn B4

Essen
18 Bana's Cafe C4
19 Gaia Cafe B4
20 Lemon Pie House C4
21 Log Cabin C3
22 Sagada Brew C4
Yoghurt House .... (siehe 11)

Ausgehen & Nachtleben
23 Brewery A1
24 Moon House D3

Shoppen
25 Sagada Pottery A2
26 Sagada Weaving B2

Praktisches
27 Sagada Genuine Guides Association C4
28 Tourist Information Center D3

Transport
29 Coda Lines C3
30 GL Lizardo D3

einfachen Zimmer verströmen jede Menge rustikalen Charme.

George Guesthouse PENSION €
(☎0920 948 3133; EZ/DZ ab 300/500 P) Das George ist in einem hell gefliesten Gebäude untergebracht. Die Einzelquartiere sind einfach, die Doppelzimmer jedoch mit Fernseher ausgestattet, und aus den Duschen kommt verlässlich warmes Wasser – ein echter Pluspunkt in kühlen Nächten und nach einer anstrengenden Wanderung! WLAN ist nur im Restaurant verfügbar.

Treasure Rock Inn PENSION €
(☎0920 272 5881; Zi. 300 P/Pers.; WLAN) „Aunty Mary" leitet diese blitzsaubere Pension, deren einfache Zimmer einen Killer-Blick auf Sagadas berühmte Felsen bieten. Sie liegt 1 km südlich von Sagada, sodass es hier ruhig und friedlich ist – abgesehen von den Abenden, an denen Videoke oder akustische Livemusik aufgefahren wird (aber nur bis 21 Uhr). Im Anbau gibt es ein paar Zimmer mit eigenem Bad.

Der Pfad hierher führt durch ein knorriges, märchenhaftes Wäldchen.

Masferré Inn & Restaurant PENSION €€
(☎0918 341 6164; http://masferre.blogspot.co.uk; DZ/3BZ/4BZ/Suite 1800/2500/3000/4500 P; WLAN) Sagadas schickste Unterkunft zieren wunderbar kraftvolle Bilder des verstorbenen, in Sagado geborenen Fotografen Eduardo Masferré, der das Leben der Cordillera-Bewohner in Szene setzte. Die Zimmer sind gepflegt, die Aussicht ist traumhaft, das Wasser heiß und das Restaurant (morgens, mittags & abends geöffnet) zaubert tolle Gerichte aus leckerem, regionalem Gemüse.

Rock Inn HOTEL €€
(☎0905 554 5950, 0928 213 1149; www.rockfarmsagada.com; B/DZ/3BZ/4BZ 450/1300/1500/1800 P; WLAN) Wer nichts gegen lange Spaziergänge hat, sollte dieses Hotel in einem Zitrushain 2 km vom Zentrum entfernt in Betracht ziehen. Hier gibt es einen riesigen, wunderschönen Bankettsaal und erstklassige Doppelzimmer mit Blick auf einen idyllischen Steingarten und ein *dap-ay*. Reisende mit geringem Budget können auf dem Dachboden übernachten (300 P).

Essen

Bana's Cafe CAFÉ €
(Hauptgerichte 100–170 P; ⌚6.30–20 Uhr; WLAN) Das Bana's richtet sich an Trekker und ist auf Kaffee, Omelette und köstlichen hausgemachten Joghurt spezialisiert. Sein schmaler Balkon geht auf eine Schlucht hinaus und fängt die Morgensonne ein.

Bontoc

Bontoc

Highlights
1 Bontoc Museum ... A2

Schlafen
2 Churya-a Hotel & Restaurant ... A3

Essen
3 Anayah's ... B3
4 Cable Cafe ... B3
5 Goldfish Cafe ... B2

Shoppen
6 Market ... B2
7 Mountain Province Trade Centre ... B1

Praktisches
8 Städtische Touristeninformation ... A4
9 PNB ... B2

Transport
10 Dadance Bus Terminal ... A4
11 D'Rising Sun Bus Terminal ... A3
Jeepneys nach Banaue ... (siehe 8)
12 Jeepneys nach Barlig, Kadaclan & Natonin ... B2
13 Jeepneys nach Mainit ... B2
14 Jeepneys nach Maligcong ... A2
15 Jeepneys nach Sagada ... B3
16 Jeepneys nach Tinglayan ... B2
17 Vonvon Terminal (Busse nach Banaue) ... A4

Gaia Cafe VEGETARISCH €
(Hauptgerichte 125–175 P; 7–19 Uhr;) Versteckt im Wald 1,6 km südlich des Zentrums hinter dem Eingang zur Lumiang Cave, serviert das Gaia unter Kiefern und mit Blick auf die Reisterrassen lokal angebaute vegane Produkte (und ein paar Eierspeisen). Es ist bei Weitem die hübscheste Umgebung für ein Mahl in Sagada, und das Essen ist so gut, dass es auch Fleischfressern schmeckt, vorausgesetzt sie haben keinen Wolfshunger.

Lemon Pie House PHILIPPINISCH €
(Kuchen 30 P/Stück; 8–20 Uhr;) Das Café serviert hübsch angerichtete philippinische Klassiker und anständige internationale Gerichte. Spezialität des Hauses ist der namensgebende Zitronenkuchen.

★ **Log Cabin** INTERNATIONAL €€
(0915 671 7949; Hauptgerichte 190–290 P; 18–21 Uhr) Die „Holzhütte" (der Name passt!) zählt zu Sagadas vielen wunderbaren Überraschungen und wirkt mit ihrem flackernden Feuer und der winterfest gekleideten, ausländischen Klientel wie eine gemütliche Skilodge. Zur leckeren Auswahl gehören Braten mit lokalem Gemüse und Pasta, dazu gibt's eine kleine Weinkarte. Es sollte generell reserviert werden, in der Hauptsaison bis 15 Uhr.

★ **Sagada Brew** FUSION €€
(Gerichte 200 P;) Klare Linen, Verglasungen vom Boden bis zur Decke und helles Holz – das Sagada Brew strebt danach, zum edelsten Café des Dorfes zu werden, und das mit Erfolg. Auf der vielfältigen Speisekarte stehen gefüllte Paprika neben Rosmarin-Paprika-Huhn und Waffeln. Ein Ort, an dem es sich über einem frisch gebrühten Kaffee oder einem gut durchgezogenen Tee aus Wildkräutern gut verweilen lässt.

Yoghurt House FUSION €€
(Snacks 100 P, Hauptgerichte 160–240 P; 8–20.30 Uhr;) Zum Frühstück einen

Pancake mit Bananen auf dem Balkon genießen; ein paar Haferflockenkekse-to-go mitnehmen oder über Pasta und üppig belegten, hausgemachten Broten oder Baguettes verweilen. Wer auf Vegetarisches steht, dem schmeckt die würzige Joghurtsauce auf dem vor Ort angebauten Grünzeug der Saison.

Ausgehen & Nachtleben

Brewery BRAUEREI
(ab 16 Uhr) Die Brauerei liegt in einem Pinienwald ein paar Kilometer außerhalb von Sagada an der Straße nach Besao; dort gibt's einheimische Biere (150 bis 280 P/ Pint) in starken (möglicherweise auch überwältigenden) Geschmacksrichtungen wie lokaler violetter Reis, Banane, Kaffee, Kiefernrinde und mehr. Dies kann man an der Feuerstelle oder drinnen bei gelegentlicher Livemusik genießen.

Moon House BAR
(16–22 Uhr) In dieser Mikro-Bar steckt viel Jah Love und Rasta; im Nullkommanichts kommen hier Gäste über Bier, Shots und Cocktails miteinander ins Gespräch. Das leicht berauschte Personal wird rot, wenn es verkünden muss, dass die Bar aufgrund lokaler Gesetze um 22 Uhr schließt. Unten gibt's Karaoke.

Shoppen

Sagada Pottery KERAMIK
Die Töpferei liegt 1,5 km nördlich von Sagada an der Hauptstraße nach Besao und produziert aufwendige Keramik, die 30 Stunden gebrannt wird. Die Mitarbeiter zeigen gegen eine kleine Gebühr (ca. 100 P) ihr Können, für weitere 100 P darf man sich auch mal selbst versuchen.

Sagada Weaving KUNSTHANDWERK
(7–18 Uhr) Produziert Rucksäcke und Geldgürtel, außerdem traditionelle Lendenschurze, Tischläufer und mehr – alles in den traditionellen Mustern der Region. Etwa 20 Gehminuten vom Zentrum entfernt an der Straße nach Besao.

Praktische Informationen

Neben dem Touristeninformationszentrum gibt es einen Geldautomaten, der allerdings nur die Hälfte der Zeit funktioniert. Reisende (und einer unserer Autoren) berichteten, dass er Gebühren verlangt, auch wenn man kein Geld herausbekommt – also am besten genug Bargeld mitbringen.

Sagada Genuine Guides Association (SAGGAS; 0916 559 9050; www.saggas.org) Wer ernstlich wandern will, sollte hierher kommen.

Tourist Information Center (Municipal Building; 7–17 Uhr) Die 35 P Umweltabgabe hier zahlen. Die Gebühren für Guides und das Anheuern privater Jeepneys sind festgelegt.

An- & Weiterreise

Stündlich verkehren Jeepneys nach Bontoc (45 P, 1 Std.); die letzte Abfahrt erfolgt um 13 Uhr. Busse von GL Lizardo (Markt Sagada) fahren bis 13 Uhr jede Stunde nach Baguio (250 P, 7 Std.).

Um 14 Uhr fährt ein Bus von **Coda Lines** (0929 521 3247; Markt Sagada) über Banaue nach Manila (720 P, 13 Std.).

Täglich fährt gegen 13 Uhr ein direkter Van nach Banaue. Wer in Bontoc umsteigt, hat mehr Möglichkeiten, nach Banaue zu gelangen.

Bontoc

074 / 3795 EW. / 900 M. Ü. D. M.

Das geschäftige Bontoc gehört zu den wichtigsten Marktstädten und Verkehrsknotenpunkten der Cordillera. Wer die Reisterrassen von Maligcong und Mainit besuchen oder in den früheren Kopfgeldjägerdörfern von Kalinga übernachten möchte, verbringt hier in der Regel ein bis zwei Tage, da sich vor Ort besonders gut Guides organisieren lassen. Noch heute kann man hier gelegentlich eine alte Frau mit tätowierten Armen und Kopfschmuck aus Schlangenwirbeln oder einen alten Mann im traditionellen Lendenschurz entdecken, besonders während des **Lang-Ay Festivals** in der ersten Aprilwoche, bei dem Einheimische in traditioneller Kleidung durch die Straßen ziehen.

Sehenswertes

★ **Bontoc Museum** MUSEUM
(70 P; 8–12 & 13–17 Uhr, Mo–Sa) In diesem tollen Museum sind ausdrucksstarke Schwarz-Weiß-Fotos und indigene Kunst zu sehen, welche die Hauptstämme der Region repräsentieren. Zu den Exponaten gehören beispielsweise Äxte von Kalinga-Kopfjägern, *gansa*-(Gong-)Griffe aus menschlichen Kieferknochen, *fanitan* (Körbe zum Transport abgeschlagener Köpfe), kunstvolle Nasenflöten, Kopfschmuck von Bontoc-Frauen aus Schlangenwirbeln, Regenkleidung der Ifugao aus Baumrinde, traditionelle gewebte Lendenschurze, wie sie die Männer

der Cordillera-Stämme tragen, und Bambusrohre zur Aufbewahrung von Reiswein-Opfergaben.

Schlafen & Essen

Für ein Minimum an Komfort am besten über die Brücke ans ruhige Ostufer des Chico Rivers gehen; wer hier ist, um einen Trek zu organisieren, Geld abzuheben oder einen Bus zu nehmen, ist im Stadtzentrum besser aufgehoben.

Archog Hotel HOTEL €
(0917 695 9036, 0918 328 6908; Zi 600–1200 P;) Das Archog kommt in Bontoc einem Businesshotel am nächsten. Die sauberen Doppelzimmer ohne Bäder sind eine solide Wahl. Die Anfahrt mit dem Motordreirad über die Brücke kostet 8 P.

Churya-a Hotel & Restaurant HOTEL €
(0999 994 6726; Halsema Hwy.; DZ ohne Bad 300 P, DZ/3BZ ohne Bad ab 700/1000 P;) Dieses positiv gestimmte, extrem zentral gelegene Pension mit geselligem Gemeinschaftsbereich und Café über der Hauptstraße altert nicht gerade in Würde, aber sie ist die beste Wahl hier. Wer über 1,70 m groß ist, muss eventuell in Fötusposition schlafen.

★ **Anayah's** PHILIPPINISCH €
(Halsema Hwy.; 60–135 P; Mo, Di & Do–Sa 7–19 Uhr;) Im freundlichen Anayah's kommen einheimische Gerichte, aufgemotzt mit zusätzlichem Gemüse und Flair, hausgemachter Joghurt, frisch gepresste Säfte und andere Überraschungen wie echt gute vegetarische Hamburger auf den Tisch. Normalerweise gibt's ein Büfett mit den Gerichten des Tages, aber der Koch bereitet auf Wunsch auch gern etwas Vegetarisches zu. Alles ist frisch und lecker.

Cable Cafe PHILIPPINISCH €
(Halsema Hwy.; Hauptgerichte ab 80 P; 7–15 & 18–22 Uhr) Die Bar mit gedämpfter Beleuchtung serviert große Portionen *lechón kawali*, Hähnchenflügel und andere hiesige Klassiker. Dazu gibt's jeden Abend Livemusik (vor allem 1980er-Jahre-Pop und Pinoy-Liebeslieder) und Bier.

Goldfish Cafe INTERNATIONAL €
(Halsema Hwy.; Hauptgerichte 100–150 P; 8–19.30 Uhr;) Das Goldfish Cafe macht auf „kosmopolitisch" – auf der Speisekarte stehen Schoko-Armer-Ritter neben Omelettes und Pasta mit Pesto (ziemlich süßlich), Pad Thai und extravagante Kaffeevariationen; das alles in einer hippen, gut ausgeleuchteten Umgebung mit starkem WLAN. Das Essen ist nicht überragend, aber es ist angenehm, sich dort aufzuhalten.

Shoppen

Markt MARKT
(Halsema Hwy.; 6–21 Uhr) Auf dem überdachten Markt werden Obst, Gemüse, Getreide und alle möglichen Lebensmittel verkauft. Wer nicht so auf abgetrennte Schweinsköpfe steht, sollte die Fleischabteilung hinten links meiden. Die Restaurantstände, an denen man sich zum Essen hinsetzen kann, sind glücklicherweise auf der anderen Seite des Gebäudes.

Mountain Province Trade Centre TEXTILIEN
(Halsema Hwy.; 8.30–18 Uhr) Webarbeiten aus Sagada, Sadanga und Samoki in individuellen Stilen im zweiten Stock.

Praktische Informationen

PNB Der einzige Geldautomat der Stadt, der mit ausländischen Karten (nur Visa) funktioniert.

Städtische Touristeninformation (0949 623 4913; Halsema Hwy.; Mo–Fr 8–17 Uhr) Sehr hilfreiche Touristeninformation mit Karten und Mitarbeitern, die Trekkingrouten empfehlen und zuverlässige lokale Guides vermitteln.

An- & Weiterreise

Vonvon-Busse verkehren um 10 und 14 Uhr nach Banaue (150 P, 2½ Std.). Jeepneys nach Banaue fahren ab, wenn sie voll sind, normalerweise gegen Mittag (150 P). Ein paar morgendliche Vans (150 P) fahren an derselben Haltestelle los, sobald sie voll sind, ebenso die Jeepneys nach Sagada.

Von 5.30 bis 14 Uhr fahren stündlich Busse von D'Rising Sun nach Baguio (240 P, 6 Std.).

Von 8 bis 17.30 Uhr fahren stündlich Jeepneys nach Sagada (60 P, 1 Std.); Achtung: die letzte Fahrt findet nicht immer statt, deshalb wenn möglich lieber einen früheren Jeepney nehmen.

Täglich verkehren mindestens ein Bus und ein Jeepney nach Tinglayan (200 P, 2 Std.); die beste Verbindung ist in der Regel der Bus um 9 Uhr mit Weiterfahrt nach Tabuk (300 P, 5 Std.).

Maligcong wird um 8, 12, 14 und 16 Uhr von Jeepneys (30 P, 30 Min.) angefahren, die Rückfahrt erfolgt um 7, 14 und 16 Uhr.

Jeepneys bedienen die holprigen Straßen nach Mainit (55 P, 1 Std., 7.30, 16 & 17 Uhr), Barlig (110 P, 1½ Std., 13.30 Uhr) und Kadaclan (130 P, 4 Std., 11, 13 & 15 Uhr). Um 11 Uhr fahren Jeepneys über Barlig und Kadaclan nach Natonin (170 P, 6 Std.). Auf derselben Route verkehrt ein Dadance-Bus am frühen Morgen.

Rund um Bontoc

Maligcong & Mainit

Die riesigen, hohen, von Steinmauern gesäumten **Reisterrassen** von Maligcong können sich mit denen von Banaue und Batad anderswo in der Cordillera messen, ziehen jedoch nur einen Bruchteil der Besucher an. In Mainit gibt es ein paar Thermalquellen, die regelmäßig an verschiedenen Orten an die Oberfläche sprudeln, mehrere interessante *ato* (dap-ay, traditionelle öffentliche Versammlungsplätze) und mit Carabao-Hörnern – Symbol für den Reichtum der Verstorbenen – geschmückte Mausoleen in Hinterhöfen.

Von Maligcong nach Mainit führt eine steile, zweistündige Wanderung einen 300 m hohen Hang hinauf und hinab. Zudem gibt es einen sehr steilen Wanderweg nach Bangaan nahe Sagada von Mainit über Dalican (6 Std.). Für beide Touren ist ein Guide vonnöten. Kinad aus Bontoc veranstaltet beide Wanderungen.

Überall in Mainit schießen rudimentäre Pensionen wie Pilze aus dem Boden und bieten Quartiere an. **Geston's** (Zi. 250 P/Pers.) in Mainit und **Terraces View** (Zi. 250 P/Pers.), einen kurzen Fußmarsch von Maligcong entfernt, sind gute Optionen; sie bieten saubere Zimmer, harte Betten und, im Fall von Geston's, ein paar Pools mit heißen Quellen.

Eine 30-minütige Tricycle-Fahrt (ca. 30 P) bringt einen von Bontoc die Maligcong Road hinauf nach Maligcong; etwa eine Stunde über die Ginaang Road dauert es nach Mainit (ca. 100 P). Ein steiler Feldweg verbindet die beiden Dörfer, zu Fuß sind es ungefähr zwei Stunden.

Barlig, Kadaclan & Natonin

Bei den abgeschiedenen, kaum besuchten Dörfern Barlig, Kadaclan und Natonin östlich von Bontoc gibt es wunderschöne **Reisterrassen**. Von Barlig führt ein nur rund vierstündiger Aufstieg zur Spitze des höchsten Gipfels der Region, des **Mt. Amuyao** (2702 m). Der Weg von Barlig nach Batad über den Mt. Amuyao zählt zu den besten Zweitageswanderungen der Cordillera. Die Route von Natonin nach Mayoyao ist in zwei bis drei Tagen zu bewältigen. Guides verlangen in der Regel 800 P am Tag und sind in der Stadthalle von Barlig oder in Bontoc zu finden.

In den Dörfern gibt es ein paar *extrem* einfache Pensionen und Privatunterkünfte. Unser Favorit ist das **Sea World** (Zi. 250 P/Pers.) in Barlig, auch wenn der Name nicht so recht zum landumschlossenen Barlig passen will.

In der städtischen Touristeninformation (S. 166) in Bontoc nach Reisemöglichkeiten und Guides fragen.

Provinz Kalinga

Während der Zeit der Conquista stürzten die Spanier die mächtigen Reiche der Inka, Azteken und Maya und nahmen das Tiefland der Philippinen ein. Kalinga konnten sie jedoch nicht erobern. Die Praxis der Kopfjagd gibt es zwar schon seit Jahrzehnten nicht mehr, dennoch gelten die stolzen Bewohner der winzigen Bergdörfer zu Recht als unerschütterliche Krieger. Bis heute kommt es gelegentlich bei Stammeskonflikten zu Todesfällen. Lendenschurze und großflächige Armtätowierungen bei Frauen verschwinden immer mehr, die Buschmesser, die viele Männer an der Hüfte tragen, dienen hingegen nicht nur

STAMMESKRIEGE

Gelegentlich brechen Stammeskriege zwischen Dörfern der Provinzen Kalinga, Bontoc und Mountain aus. Die philippinische Regierung überlässt den Stammesältesten die Lösung der Konflikte, die teils jahrhundertealt sind und auf Wasser- oder Jagdrechten und Ähnlichem beruhen. Die Bergvölker haben keinerlei Interesse daran, dass Traveller in ihre internen Streitigkeiten involviert werden. Dennoch ist die Begleitung durch lokale Guides erforderlich, da diese mit den hiesigen Gegebenheiten vertraut sind, kritische Gebiete meiden und auf die Befindlichkeiten der Einheimischen Rücksicht nehmen.

Mit kleinen Geschenken kommt man weit in Kalinga, der Guide hilft, Streichhölzer (der beliebteste Artikel), Seife und Nusspackungen für die Kinder einzukaufen.

der Dekoration. Tattoos am Bizeps eines Mannes zeugen von dessen Teilnahme an einem Kampf.

Beim *cañao* (rituellen Festessen) werden regelmäßig Tiere geopfert. Dabei schlägt Tradition Moderne, auch wenn überraschenderweise für die Bewohner von Kalinga amerikanische Country-Musik zum Programm gehört. Besucher der Region erwarten Wanderungen entlang alter Bergpfade zu Ortschaften inmitten von Reisterrassen, die ebenso spektakulär wie die in Ifugao im Süden sind.

Tinglayan

074 / 1100 EW. / 900 M. Ü. D. M.

Drei Stunden nördlich von Bontoc am Chico River ist Tinglayan der Ausgangspunkt für Treks durch die Provinz Kalinga. Es handelt sich dabei um ein kleines, freundliches Dorf, in dem nicht viel los ist, die meisten Reisenden bleiben nur, bis sie einen Guide gefunden haben, und machen sich dann auf den Weg in entlegenere Dörfer. Im Voraus einen Guide wie Francis Pa-In (S. 169) buchen oder einfach in einer der Pensionen aufkreuzen, die dann einen Guide auftreiben. Wer aus Süden kommt, bucht am besten einen Guide über die hervorragende städtische Touristeninformation (S. 166) in Bontoc oder einer Guide-Organisation in Banaue oder Sagada. Das Honorar für Guides beträgt durchschnittlich 1000 P pro Tag.

Aktivitäten

Kalingas Hauptattraktion sind die malerischen Wanderungen inmitten steiler Reisterrassen zwischen zahlreichen Dörfern der Ureinwohner, Kontakt mit Einheimischen inklusive. In der Region Tinglayen gibt es mehrere großartige Routen, teils handelt es sich dabei um halbtägige Ausflüge in nahe gelegene Dörfer, teils um Mehrtagestouren bis nach Tabuk oder in die Provinz Abra. Hiesige Guides organisieren, wenn nötig, Unterkunft und Transport zum Startpunkt der Wanderwege.

KALINGAS BERÜHMTE TATTOOKÜNSTLERIN

Schätzungsweise unternehmen jährlich über 150 000 Menschen die Pilgerfahrt ins entlegene **Buscalan,** um sich von einer kleinen, umwerfend schönen Frau tätowieren zu lassen, von der es heißt, dass sie über 100 Jahre alt sei. Alles begann etwa 2009, als die damals unbekannte **Maria Whang-Od** (auch Fang-Od geschrieben) in der Doku-Reihe *Tattoo Hunter* thematisiert wurde. Seitdem war sie Gegenstand mehrerer Dokumentationen und Zeitschriftenartikel und trat auch im Fernsehen auf.

Whang-Od ist die letzte *mambabatok,* eine traditionelle Kalinga-Tattookünstlerin. Früher tätowierte sie Kopfgeldjäger und Stammesfrauen. Heute steht sie bei Tagesanbruch auf, bereitet ihre auf Ruß basierende Tinte zu und legt die Nadeln aus Pomelo-Dornen bereit, um Touristen, die aus Bontoc aber auch aus dem fernen Europa kommen, eine Auswahl an Kalinga-Symbolen zu tätowieren. 2016 wurde sie offiziell zu einem „National Living Treasure" der Philippinen ernannt.

Traditionell gehören alle *mambabatok* zur selben Blutlinie, aber da Whang-Od keine Kinder hat, wird sie als die Letzte ihres Gewerbes betrachtet. Glücklicherweise hat sie ihre Großnichten Grace Palicas und Elyang Wigan in dieser Kunst ausgebildet. Wer nach Buscalan kommt, um sich ein Tattoo stechen zu lassen, wird vielleicht von einer der Großnichten tätowiert und nicht von Whang-Od, weil sie zu viele Kunden hat oder sich angeschlagen fühlt. Die jungen Frauen sehen besser, und ihre Arbeit hat klarere und gleichmäßigere Linien. Wer von den Nichten tätowiert wird, kann wahrscheinlich trotzdem die aus drei Punkten bestehende tätowierte „Unterschrift" von Whang-Od erhalten – und muss bei dieser traditionellen Technik mit mehr Schmerzen und Blut rechnen als bei modernen Tätowierungen; außerdem muss einem bewusst sein, dass es hier weder Antiseptika noch Desinfizierungen gibt.

Wer nach Buscalan will, sollte im nach Tinglayan fahrenden Transportmittel darum bitten, im *barangay* Bugnay aussteigen zu dürfen. Danach geht es zwei Stunden zu Fuß zum Dorf (immer der Menschenmenge nach), oder man nimmt eines der Motorräder (100 P), die an der Haltestelle warten und Besucher bis zum Wanderweg nach Busculan bringen. Von hier aus ist es ein 40-minütiger, steiler Fußmarsch. Im Dorf gibt es eine Pension, die 250 P pro Person verlangt.

Die Kopfjagd ist ausgestorben, allerdings hört man gelegentlich davon, dass sie hier und da noch immer praktiziert wird. Eiserne Traditionalisten sind an kunstvollen Brusttätowierungen zu erkennen. Bizeps-Tattoos bei Männern stehen für deren Teilnahme an einem Kampf. Von den Kalinga-Frauen tragen vor allem Ältere aufwendige Armtätowierungen, da die Kunstform langsam ausstirbt. Zu den Dörfern, in denen sich traditionelle Lebensweisen gehalten haben, zählen Sumadel, eine neunstündige Wanderung von Tinglayan entfernt, und Dananao, das nach einer dreistündigen Trekkingtour ab Sumadel zu erreichen ist. Letztere kombiniert man am besten mit einem dreistündigen Ausflug nach Tulgao, in dessen Nähe Thermalquellen und ein 30 m hoher Wasserfall locken. Am frühen Nachmittag bedient ein Jeepney fast die gesamte Route von Tinglayan nach Tulgao (40 Min.).

Eine weitere exzellente Tageswanderung existiert auf der Route **Ngibat–Botbot–Logong–Buscalan**. Alternativ organisieren Guides eine Motorradfahrt von Tinglayan nach Tulgao mit anschließender rund vierstündiger Wanderung nach Buscalan über Botbot und Logong. Teilnehmer sollten in recht guter körperlicher Verfassung sein und sich auf den meisten Wegen auf ein paar kurze, steile Abschnitte einstellen. Der Schmied in Botbot verkauft Buschmesser in hölzernen Scheiden. Buscalan ist ein schönes Dorf mit hübschen, von Steinmauern gesäumten Reisterrassen und ein paar traditionellen Häusern – das Zuhause der weltberühmten Whang-Od, der letzten *mambabatok* (traditionelle Tattoo-Künstler der Provinz Kalinga).

Die Gemeinde **Tanudan** östlich des Chico River wird weniger besucht als die Dörfer westlich von Tinglayan. Die Gegend ist sehr abgeschieden und zerklüftet.

Eine kürzere Wanderung ermöglicht der Rundweg **Tinglayan–Ambuto–Liglig–Tinglayan**. Er führt über einige kleine Reisterrassen und durch Dörfer, in denen ein paar Häuser der Ureinwohner erhalten sind.

Einer der erfahrensten Guides der Provinz Kalinga, Francis Pa-In (☎0915 769 0843), ist wie eine einheimische Version von Billy Crystal, er erzählt Witze und erntet haufenweise Gelächter. Er kennt jeden in der Region und wird respektiert, aber er flirtet gern mit den Ladys, deshalb fühlen sich allein reisende Frauen womöglich nicht wohl mit ihm.

Schlafen & Essen

Sleeping Beauty Resthouse PENSION €

(Zi. ab 400 P/Pers.) Tinglayans schickste Übernachtungsmöglichkeit liegt praktischerweise an der Hauptstraße; es bietet Zimmer mit Bad und heißem Wasser sowie schlichtere Quartiere mit Gemeinschaftstoiletten. Ein kleines Restaurant bringt ein paar Tagesessen und kalte Getränke auf den Tisch.

Luplupa Riverside Inn & Restaurant PENSION €

(Zi. 250–400 P/Pers.) Das riesige Schild auf dem Dach ist kaum zu übersehen. Das Personal der einfachen Pension ist Gäste aus aller Welt gewöhnt und serviert auf Anfrage Mahlzeiten. Von der Hauptstraße aus einfach bergab und die Brücke überqueren.

Good Samaritan Inn PHILIPPINISCH €

(Hauptgerichte 60 P; ⌚11–19 Uhr) Hier, mitten in Tinglayan, legen Busse auf ihrem Weg zwischen Bontoc und Tabuk eine Imbisspause ein. Im gut gefüllten Speiseraum kommen großzügige Tagesgerichte auf den Tisch.

An- & Weiterreise

Der tägliche Bus zwischen Tabuk und Bontoc kommt auf dem Weg nach Norden (Tabuk) gegen 11 Uhr, auf dem Weg nach Süden (Bontoc) gegen 10.30 Uhr vorbei (100 P pro Fahrt). In der Hauptsaison verkehren zwei Busse in jede Richtung. Mindestens ein Jeepney pro Tag bedient Bontoc und Tabuk für denselben Preis. Die besten Blicke hat man vom Dach.

Tabuk

☎074 / 110 640 EW. / 200 M. Ü. D. M.

Die Hauptstadt der Provinz Kalinga ist eine flache, staubige, drückend heiße Universitätsstadt am Ufer des Chico River. Viel hat sie nicht zu bieten, allerdings veranstaltet Chico River Quest (☎0917 750 2913, 0917 804 3468; www.chicoriverquest.com; Touren unterer/oberer Chico River inkl. Transport & Verpflegung 4000/7000 P) von Juni bis Anfang Januar Raftingtouren ab Tinglayan. Bei Ullalim, dem unteren Teil des Flusses, handelt es sich um einen unkomplizierten Schwierigkeitsgrad III, während der obere Abschnitt Mataguan durch die Schlucht des Chico

River führt und mit einigen fordernden Stromschnellen der Klasse VI aufwartet.

Unterkunft bietet das Davidson Hotel (☎0926 412 6018; Provincial Hwy.; DZ/3BZ ab 1050/1400 P; ❄📶🏊).

Täglich fährt ein Bus von Victory Liner nach Manila (750 P, 12 Std.), die bessere Option sind allerdings die regelmäßigen Kleintransporter nach Tuguegarao (100 P, 1½ Std.) mit vielen Anschlussverbindungen nach Norden und Süden.

Von der Haltestelle auf der Kalinga-Cabayan Road fahren Vans nach Tinglayan (100 P, 2 Std.), theoretisch von 7 bis 13 Uhr, aber die letzten davon sind leider nicht besonders zuverlässig, deshalb empfiehlt es sich, früher zur zu Haltestelle gehen. Jeepneys nach Bontoc (200 P, 5 Std.) fahren um 6, 7 und 8 Uhr im selben Bereich ab. Im *barangay* Dagupan, 7 km nördlich der Stadt, fahren um 7 und 8 Uhr Busse nach Bontoc (5 Std.) und Jeepneys zu den Dörfern im Inneren der Provinz Kalinga.

Banaue

☎074 / 1390 EW. / 1200 M. Ü. D. M.

Das von spektakulären Reisterrassen umgebene Banaue ist von Manila aus direkt zu erreichen und deshalb manchmal leider überlaufen. Man kann den Besuchern jedoch keinen Vorwurf machen – die von Lehmmauern umgebenen Terrassen verströmen ein wunderbares Flair, das sie von den von Stein geschützten Pendants in großen Teilen der Cordillera unterscheidet. Sie gehören zum UNESCO-Welterbe und beeindrucken nicht nur mit ihrer Schönheit, sondern auch mit ihrem Alter: Vor rund 2000 Jahren wurden sie von Chinesen eingeführt.

Die Ifugao, einst Kopfjäger, legten die Terrassen an und erwiesen sich dabei als ebenso kunstfertig wie beim Holzschnitzen. Ihre handgefertigten *bulol* (heilige Holzfiguren) sind philippinische Ikonen, die allerdings oft missverstanden werden: Bei den *bulol* handelt es sich um Reiswächter und nicht um Reisgötter, wie viele glauben.

Banaue ist noch immer das kulturelle und zugleich touristische Zentrum der Ifugao-Kultur. Bei einem Ausflug zu abgeschiedenen Dörfern wie Cambulo und Pula mit ihren eigenen eindrucksvollen Reisfeldern kann man die Besuchermassen glücklicherweise zum größten Teil hinter sich lassen.

Sehenswertes & Aktivitäten

★Museum of Cordillera Sculpture MUSEUM
(100 P; ⏱8–18 Uhr) Das Museum zeigt eine Sammlung herausragender Holzschnitzereien der Ifugao. Rituelle Objekte und antike *bulol* säumen die große Halle, zudem sind Waffen, Schnitzarbeiten mit Fruchtbarkeitssymbolen und Carabao-Hörner mit geräucherten Schädeln ausgestellt. Besucher können in einigen faszinierenden alten Büchern schmökern, u.a. in einer Ausgabe von *National Geographic* von 1912 über Ifugao-Kopfjäger.

Banaue Museum MUSEUM
(50 P; ⏱8–17 Uhr) Das Banaue Museum unter der Leitung des Banaue View Inn beherbergt Bücher, die vor Jahrzehnten von dem Anthropologen Otley Beyer verfasst wurden, und Igorot-Artefakte, die sein Sohn William sammelte. Die Ausstellung zeigt auf zwei Stockwerken Schmuck, Waffen, traditionelle Kleidung, Kopfbedeckungen und Fotos von Banaue im frühen 20. Jh. Beyers umfangreiche Ethnografie der Igorot ist für alle, die auch nur im Entferntesten anthropologisch interessiert sind, sehr lohnend.

Tam-an, Poitan, Matanglag & Bocos WANDERN
Die Wanderungen zwischen diesen Dörfern führen durch Reisfelder in unmittelbarer Nähe zu Banaue und sind mühelos an einem halben Tag zu bewältigen. Ein Guide ist nicht erforderlich, allerdings muss man häufig nach dem Weg fragen. In allen drei Ortschaften stehen traditionelle Ifugao-Häuser.

Die 45-minütige Wanderung von Tam-an nach Poitan beginnt nahe dem Pool des Banaue Hotel und folgt einem 100 Jahre alten Bewässerungskanal. In Poitan steigt man hoch zur Straße, geht links Richtung Banaue, kurz danach bei einer Treppe rechts und beginnt den Aufstieg. Nach 30 Minuten taucht Matanglag auf, wo einige Bronzeschmiede ansässig sind. Nach einer weiteren halben Stunde gelangt man nach Bocos, bekannt für seine Holzschnitzarbeiten. Von Bocos steigt man entweder hinab nach Banaue oder wandert nordwärts über weitere Reisterrassen bis zum Aussichtspunkt.

Schlafen

Unterkünfte an der Main Road leiden bis etwa 22 Uhr unter Straßenlärm, sind aber eine gute Wahl für alle, die etwas zu erledigen haben oder Banaue zu Fuß erkunden wollen. Die Bleiben weiter oben am Hügel sind mit dem Tricyle zu erreichen. Die meisten Quartiere bieten WLAN von unterschiedlicher Qualität.

★ Banaue Homestay PENSION €
(☎0929 197 4242, 0920 278 7328; www.banauehomestay.weebly.com; DZ 600–1200 P; 📶) In dieser sauberen, gemütlichen Pension ein kleines Stück oberhalb des Hauptorts fühlt man sich fast wie bei der Familie. Hier lernt man schnell andere Gäste kennen, zudem gibt's tolle persönliche Betreuung, viele Tipps, hübsche Blicke von den Zimmern und Mahlzeiten, die in Banaue ihresgleichen suchen. Die Unterkunft ist das ganze Jahr über sehr beliebt, deswegen empfiehlt es sich, weit im Voraus zu buchen.

7th Heaven's PENSION €
(☎0908 467 4854; DZ 1000 P) Das 7th Heaven's liegt 500 m vom Ortskern die Straße hinauf und bietet Zimmer, die einfach, aber sauber und fröhlich sind. Jedes verfügt über ein eigenes Bad, das allerdings außerhalb des Zimmers liegt, nicht angrenzend. Am besten, man angelt sich ein Zimmer mit Aussicht! Das wundervolle Café (von 7 bis 20 Uhr geöffnet) bietet die beste Aussicht der Stadt.

Randy's Brookside Inn PENSION €
(☎0917 577 2010; Zi. mit Frühstück 250 P/Pers.; 📶) Randy ist nicht nur ein toller, sachkundiger Gastgeber, der jede Menge über Banaue weiß, sondern er leitet auch eine makellose Pension mit einigen der günstigsten Zimmer der Stadt und kostenlosem Frühstück.

Uyami's Greenview Lodge PENSION €
(☎074-386 4021; 0920 540 4225; www.ugreenview.wordpress.com; EZ/DZ ab 500/1000 P; 📶) Das Greenview gehört zu den beliebtesten Unterkünften der Stadt, schließlich erfüllt es sämtliche Backpacker-Ansprüche: ein anständiges Restaurant, fast durchweg funktionierendes WLAN und Guides direkt vor Ort. Bei den günstigsten Zimmern handelt es sich um fensterlose Zellen, toll ist hingegen die „Deluxe"-Variante mit eigenem Bad und eingeschränktem Blick auf die Terrassen. Die Pension ist ein wenig teurer als die Konkurrenz, aber es lohnt sich.

Banaue View Inn PENSION €
(☎074-386 4078, 0916 694 4551; DZ/3BZ/FZ 1000/1200/1500 P; 📶) Die Pension oben auf dem Hügel Magubon mit Blick auf die Stadt und die Reisterrassen bietet hübsche, saubere Zimmer und freundlichen Service. Die Besitzerin Lily erzählt gern Geschichten von ihrem Großvater, dem renommierten Yale-Anthropologen Otley Beyer, der jede Menge Literatur über die Ifugao-Kultur verfasste, oder ihrem Vater William, einem verwegenen Antiquitätenhändler mit 16 Kindern.

People's Lodge PENSION €
(☎0935 189 5455; EZ/DZ ab 400/800 P; @📶) Diese zentral gelegene Bleibe bietet eine Vielfalt an Zimmern, dazu ein beliebtes Restaurant mit Blick auf die Reisterrassen sowie einen Balkon, der den meisten Nachbarn fehlt.

Sanafe Lodge & Restaurant PENSION €€
(☎0939 939 0128, 0918 947 7226; www.facebook.com/pg/sanafelodge; EZ/DZ ab 850/1100 P; 📶) Die Sanafe Lodge hat extrem gemütliche Zimmer und das optisch ansprechendste Restaurant im Zentrum. Die „Deluxe"-Doppelzimmer sind ziemlich schick (für Banaue), wenn auch ein wenig überteuert, aber sie verfügen über Minibalkone mit Reisterrassenblick.

Das Restaurant serviert Gerichte wie gebratenen *bangus* und hat einen herrlichen, grünen Innenhof. Wer auf den Barhockern sitzt, hat einen direkten Blick auf die Terrassen (das ist in der Happy Hour besonders schön).

Native Village Inn HÜTTE €€
(☎0908 864 6658, 0916 405 6743; www.nativevillage-inn.com; 2-Pers.-Hütte ab 1200 P) Die hübschen Ifugao-Hütten 9 km außerhalb der Stadt warten mit unvergleichlichen Blicken auf Banaue und die umliegenden Reisterrassen auf. Jede Hütte steht auf ihrem eigenen Plateau. Es gibt eine Gemeinschaftsküche und latrinenartige Toiletten, deshalb herrscht eher Camping-Atmosphäre.

Gäste haben Zugang zu zwei Minimuseen in Hütten mit umfangreichen Sammlungen von *bulol* und geräucherten japanischen Schädeln, die an Carabao-Hörnern befestigt sind.

Banaue

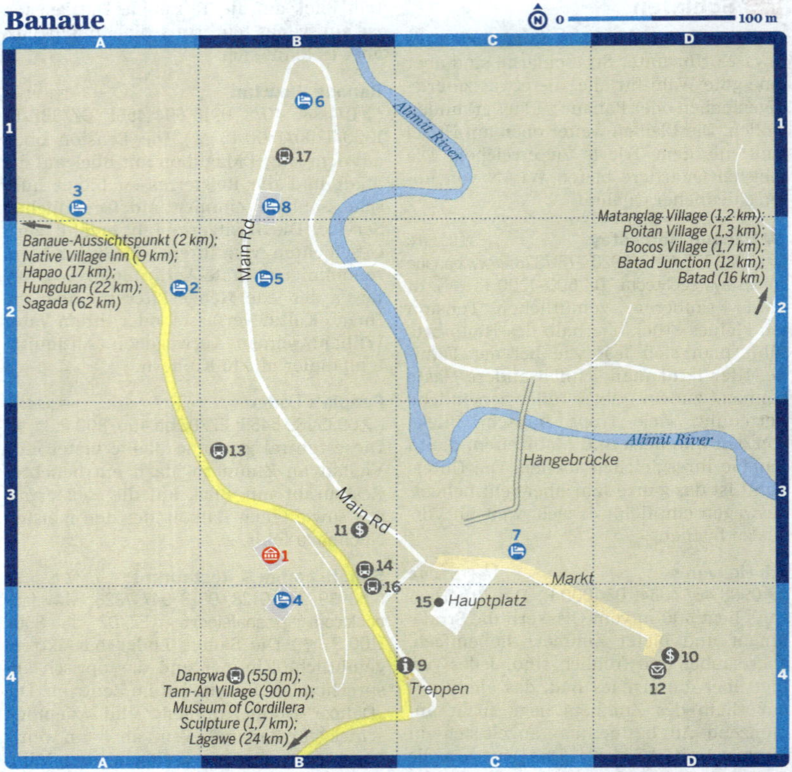

Praktische Informationen

Banaue Tourist Information Center (☎ 0906 770 7969; ⌚ Mo–Fr 5.30–17, Sa bis 13 Uhr) Verwaltet ein Netzwerk von lizensierten Guides und ist für die offizielle Tarifliste für Guides und Transportmittel zu bestimmten Zielen verantwortlich. Ein Führer für eine Ganztageswanderung kostet rund 1200 P.

Geldwechsler (2. OG, Old Banaue Market; ⌚ Mo-Sa 8–18, So 14–18 Uhr) Wechselt ausländische Währungen.

Landbank Ziemlich ramponierter Geldautomat neben dem Rathaus von Banaue; für alle Fälle zusätzlich Bargeld mitbringen.

Post Die Hauptpost ist neben dem Eingang des Banaue Hotel.

An- & Weiterreise

Busse von Ohayami (http://ohayamitrans.com) fahren um 18.30 und 19 Uhr über Cubao nach Manila (490 P, 9 Std.). Vom Busbahnhof Ohayami kostet die Tricycle-Fahrt in die Stadt 25 P. Von **Dangwa** (☎ 0918 522 5049; www.phbus.com/florida-bus) fährt ein bequemerer Bus nach Manila (530 P, 9 Std.); er fährt um 20 Uhr ab, aber nur in der Hochsaison; vielleicht übernehmen in Zukunft Florida-Busse diese Fahrt. In der Hochsaison ist es ratsam, die Tickets weit im Voraus zu kaufen – persönlich oder online, wenn man mit Ohayami reist. Tagsüber fährt der früheste Bus nach Manila um 17 Uhr, und zwar vom Busunternehmen **Coda Lines** (490 P, 9 Std.).

Wer lieber tagsüber reist, kann einen der häufig verkehrenden Jeepneys nach Lagawe (40 P, 1 Std.) nehmen, dann einen nach Solano (80 P, 1¼ Std.) und von dort einen der häufigen Busse nach Manila (Sampaloc) (355 P, 7 Std.).

Nach Baguio fährt ein Ohayami-Bus um 5 Uhr, ein Bus von Coda Lines um 6 Uhr (jeweils 430 P, 8 Std.). Vom Hauptplatz fahren zwischen 7 und 13 Uhr auch Vans nach Baguio, eine eher unzuverlässige Abfahrt gibt es auch um 5 Uhr (415 P, 8 Std.).

Die am wenigsten komplizierte Strecke nach Vigan (mindestens 12 Std.) führt mit einem Ohayami- oder Coda-Lines-Bus nach Baguio;

Banaue

Sehenswertes
1 Banaue Museum B3

Schlafen
2 7th Heaven's A2
3 Banaue Homestay A1
4 Banaue View Inn B4
5 People's Lodge B2
6 Randy's Brookside Inn B1
7 Sanafe Lodge & Restaurant C3
8 Uyami's Greenview Lodge B1

Praktisches
9 Banaue Tourist Information Center C4
10 Landbank D4
11 Geldwechsler B3
12 Post D4

Transport
13 Busse nach Bontoc B3
14 Coda Lines B3
15 Jeepney & Van Departure Point C4
16 Ohayami B4
17 Van nach Sagada B1

in Rosario, La Union, in einen Bus Richtung Norden umsteigen. Busse fahren auch via Cauayan City nach Tuguegarao, was ungefähr genauso lang dauert wie die direktere Route Banaue–Bontoc–Tabuk–Tuguegarao.

Ein **Bus nach Bontoc** (150 P, 2½ Std.) fährt um 11 Uhr ab, und einige zusätzliche Busse fahren durch Bontoc hindurch. Ein Jeepney nach Bontoc (150 P) fährt um 8 Uhr.

Von einer Haltestelle etwa zwei Minuten Fußweg von Uyami's Greenview Lodge den Hügel hinunter verkehrt täglich gegen 8.30 Uhr ein direkter Van nach Sagada (300 P, 3 Std.). Busse von Coda Lines fahren in der Hochsaison um 4.30 Uhr nach Sagada (300 P, 3 Std.); ansonsten in Bontoc umsteigen.

Die meisten Jeepneys fahren am Hauptplatz ab.

Rund um Banaue

Batad

074 / 1150 EW.

Angesichts der zahlreichen, äußerst malerischen Reisterrassen in der gesamten Cordillera ist der offizielle Titel der besten Terrasse schon eine beachtliche Auszeichnung. Auch wenn genau diese nicht die allerschönsten sind, ist der Anblick vom Bergkamm über Batads „Amphitheater" aus Reis dennoch mehr als eindrucksvoll. Eine spektakulärere Kulisse findet man wohl nicht so schnell.

Das beliebte Backpackerziel ist weiterhin nur zu Fuß zu erreichen, was die wenigen Besucher aus Manila erklärt. Das könnte sich jedoch bald ändern, da die Straße ins Dorf zu Redaktionsschluss gerade asphaltiert wurde. Wem Batad zu touristisch ist, der kann entlegenere Dörfer im Umland besuchen, z.B. **Pula** und **Kambulo**.

Sehenswertes & Aktivitäten

In der Gegend gibt es viele Wanderwege. Das Banaue Tourist Information Center (S.172) und Guides informieren über längere Touren. In Batad gibt es ein Netzwerk von Führern namens Batad Environmental Tour Guides Association. 20 % von deren Einnahmen gehen in die Pflege der Reisterrassen. Für den Großteil der Wanderungen rund um Batad ist ein Guide erforderlich; ihr Wissen ist ein großer Vorteil, vor allem wenn man lokale Kunsthandwerker treffen möchte.

Wer das Bedürfnis verspürt, sich ein wenig verwöhnen zu lassen, kann in seiner Pension nach einer hervorragenden Massage für 350 P pro Stunde fragen. Nach einer Wanderung durch die steilen Hügel der Umgebung mag dies vielleicht notwendig sein.

Tappia Waterfall WASSERFALL

Es ist eine 40-minütige, anstrengende, aber lohnende Wanderung über die Terrassen und ein steiler Abstieg zum 21 m hohen Tappia Waterfall, wo man auf den Felsen sonnenbaden oder im eiskalten Wasser schwimmen kann. *Auf keinen Fall versuchen, unter den Wasserfall zu schwimmen; dies hat schon mehrere Menschenleben gefordert!* Der Wasserfall ist so stark, dass der Teich voll weißer Schaumkronen ist.

Banaue Viewpoint–Pula–Kambulo–Batad WANDERN

Die mittelschwere Wanderung führt durch eindrucksvolle Reisterrassen. Die meisten Traveller bewältigen sie in zwei Tagen mit Übernachtungsstopp in Pula; ein Guide ist Pflicht. Das Tricycle hält unterwegs am Banaue Viewpoint und fährt dann weiter nach Awan-Igid, wo der Trail beginnt.

Der Weg nach Pula führt durch den Dschungel und ist der einzige Streckenabschnitt, auf dem keine Reisterrassen zu sehen sind. Pula selbst ist eine winzige Ansammlung von Ifugao-Häusern auf einem Felsen. Direkt vor dem Ort gibt es einen Wasserfall und ein Schwimmbecken unter einer Brücke. Von Pula nach Cambulo folgt der Weg einem Fluss – hoch oben in den Bergen wurden ebenfalls Terrassen angelegt.

Wer diese Route nimmt, hat vielleicht vor, in Pula zu übernachten, wo das einfache Pula Village Inn 250 P pro Nacht verlangt; in Cambulo gibt es eine Handvoll Pensionen, die beste davon ist das makellose Hiker's Homestay (S. 175).

Batad–Bangaan WANDERN

Diese 2½-stündige Wanderung ist die empfohlene Route aus Batad heraus. Sie führt zum winzigen Dorf Bangaan mit seinen zum UNESCO-Welterbe ernannten Reisterrassen und einigen fantastischen Ausblicken auf dem Weg.

Von Batad aus den Weg Richtung Batad Saddle nehmen. Kurz nach dem Main Viewpoint kommt eine Gabelung. Den kleineren, tieferen Fußweg links nehmen. Von dort geht's ziemlich reibungslos, aber unbedingt auf den Weg achten, denn hier und da verschwindet er. Es geht vorbei an herrlichen Panoramen aus Bergen und Reisterrassen, die Hunderte von Metern weiter unten von einem Fluss durchschnitten werden. Am Ende kommt man durch eine Reisterrasse und trifft bei Lanah auf die Hauptstraße; von dort sind es noch 2 km bis zum Bangaan Family Inn, das über Bangaan liegt, und weitere 1,5 km zur Abzweigung nach Batad. Viele Wanderer bestellen sich ein Tricycle nach Lanah, wodurch die Gehstrecke an der Straße entlang verkürzt wird.

Pula–Mt. Amuyao WANDERN

Von Pula führt eine anstrengende, siebenstündige Wanderung hinauf zum höchsten Gipfel der Region (2702 m). Für die Route sind ein Guide (1200 P/Tag) und eine sehr gute Kondition vonnöten. Übernachtet wird dann in der Radarstation auf dem Gipfel.

Alternativ führt eine sehr viel einfachere, dreistündige Wanderung ab Barlig nahe Bontoc, ein Dreistundenmarsch von Pula entfernt, zum Amuyao.

Schlafen

In Batad gibt es kaum Handyempfang, und die meisten örtlichen Pensionen sind nicht telefonisch erreichbar. Von März bis Mai im Besonderen können die Unterkünfte schnell belegt sein. Während dieser Zeit kommt man also am besten frühmorgens.

Die meisten Unterkünfte liegen an dem Kamm mit Blick auf das Hauptdorf und die Reisterrassen. In der Regel sind sie hübscher und angenehmer als die spartanischen Optionen im Ort selbst. Das Angebot ist jeweils ähnlich: einfache holzgetäfelte Zimmer, (meist) Gemeinschaftsbäder und ein hauseigenes Restaurant, das philippinische und westliche Küche serviert (Hauptgerichte 50–80 P). Die Zimmerpreise gelten pro Nase.

DIE REISTERRASSEN VON IFUGAO

Die Reisterrassen von Ifugao sind zu jeder Jahreszeit eindrucksvoll, von ihrer schönsten Seite zeigen sie sich jedoch ein bis zwei Monate vor der Ernte, wenn sie sich hellgrün und schließlich langsam golden verfärben. Während der Saat nehmen die Terrassen ein karges, nacktes Aussehen an, das ebenfalls ansprechend ist. In Banaue kommt man am besten im Juni und Juli (vor der Ernte) oder im Februar und März (zur Säuberung und Saat). In Batad, wo zweimal pro Jahr gesät wird, sind die Felder von April bis Mai und von Oktober bis November am grünsten. Allerdings gibt es Abweichungen: Aufgrund des Klimawandels in den letzten Jahren ist die beste Zeit für die Aussaat weniger gut planbar. Deswegen sollte man sich nach der aktuellen Lage erkundigen, wenn man das Lebenselixier der Philippinen wachsen sehen möchte.

Fünf Reisterrassen von Ifugao stehen auf der Liste des UNESCO-Welterbes: Batad, Bangaan, Mayoyao, Hungduan(S.176) und die Terrassen von Nagacadan bei Kiangan. Die berühmtesten von ihnen sind die Reisterrassen von Batad, aber Mayoyaos sind ihnen dicht auf den Fersen. Mayoyao ist über Banaue (3 Std.), oder Santiago (5 Std.) in der Provinz Isabela erreichbar.

Rund um Banaue

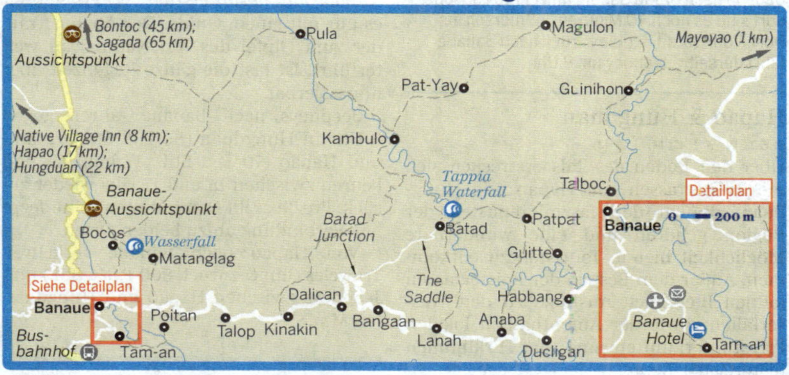

Ramon's Place PENSION €
(Zi. 200–300 P/Pers.) Die Pension versprüht mehr Flair als der Großteil der Konkurrenz. Zur Auswahl stehen eine Ifugao-Hütte (1/2 Pers., 500/800 P) und einfache, unterschiedlich große Zimmer. Der gesellige Besitzer stellt seinen Gästen traditionelle Ifugao-Kleidung zur Verfügung, zeigt, wie man Reiswein herstellt, und serviert in seinem Restaurant mit Terrasse Currys, Salate und Pizza.

Batad Pension & Restaurant PENSION €
(☎0918 964 3368; Zi. 250 P/Pers.) Hier stehen acht kleine Zimmer zur Auswahl. Die Gemeinschaftsbäder werden verlässlich mit warmem Wasser versorgt, zudem schmücken die kleine, freundliche Pension Arbeiten des geübten Holzschnitzers, dessen Kinder heute die Unterkunft betreiben. Ein kleiner Laden verkauft traditionelle Tücher, Holzschnitzereien und Reiswein.

Waterfall Side Lodge PENSION €
(Zi. 200 P/Pers.) Die abgelegenste Unterkunft in Batad ist gleichzeitig auch eine der schönsten, da sie direkt am Tappia Waterfall liegt. Es gibt zwei Zimmer und rundherum eine fantastische Aussicht. Aber aufpassen, dass man sich auf den übersteilen Stufen nicht den Hals bricht!

Hillside Inn PENSION €
(☎0936 131 1724; Zi. 200–250 P/Pers.) Das Hillside verfügt über saubere Zimmer, Warmwasserduschen und eine hübsche Veranda, auf der *malawach* (jemenitisches Fladenbrot), *shakshuka* (Rührei mit Tomaten) und philippinische Hauptgerichte serviert werden. Gegen einen ordentlichen Aufpreis gibt's ein Doppelzimmer mit eigenem Bad (900 P).

Hiker's Homestay PRIVATUNTERKUNFT €
(☎0939 6357 055; Cambulo; Zi. 250 P/Pers.) Eine absolute Perle von Unterkunft über einem Reisfeld mit Blick auf das kleine Dorf Cambulo. Die Besitzerin Conchita hält im Alleingang alles makellos sauber und kocht hervorragend. Die winzigen Zimmer haben hochwertiges Bettzeug und eine Aussicht auf die Reisterrassen.

Rita's PENSION €
(☎0910 842 3076; Zi. 200 P/Pers.) Die Zimmer sind zwar recht klein, dafür jedoch mit Moskitonetzen ausgestattet. Der lebhafte Mr Romeo mit seinem roten Betelnuss-Lächeln ist ein echter Charakter.

ℹ An- & Weiterreise

Von Banaue sind es 12 km bis zur Abzweigung nach Batad, wo eine hübsch gepflasterte Straße hinauf zum „Sattel" hoch über Batad und dann zum Dorf selbst führt. Vom Ende der asphaltierten Straße sind es noch 20 Gehminuten bergab nach Batad. Die Pflasterung der Straße geht nur langsam voran, aber irgendwann reicht sie bis ins Dorf, dann dauert die Wanderung künftig vielleicht nicht mehr so lange.

Die leichteste und beliebteste Art, nach Batad zu gelangen, besteht darin, in Banaue ein Tricycle anzuheuern; am Ende der asphaltierten Straße aussteigen und sich zu einer festgelegten Zeit wieder dort abholen lassen, wenn man wieder zurückmöchte (hin und zurück 1400 P). Wer in Banaue aus dem Bus steigt (tagsüber), kann im Touristeninformationszentrum von Banaue (S. 172) ein Tricycle anheuern.

Oder den Jeepney nehmen, der um 15 Uhr von Banaue nach Batad Saddle fährt (150 P). Von dort sind es noch 40 Minuten Fußmarsch ins Dorf. Vom Batad Saddle zurück nach Banaue fährt derselbe Jeepney um 9 Uhr.

Hapao & Hungduan

3860 EW. / 1001 M. Ü. D. M.

Über den Boden des Tals erstrecken sich die Reisterrassen von Hapao und Hungduan, die zu den faszinierendsten der Region gehören und eine wunderbare Möglichkeit bieten, Touristen zu entkommen. Außer dem Besuch der Reisterrassen lohnen hier auch Ausflüge zu den Wasserfällen sowie der Aufenthalt in lokalen Privatunterkünften und das Erklimmen historischer Berge.

Wer zu den **Heißen Quellen von Bogya** neben einem Fluss in Hapao (2200 Ew.), einem *barangay* von Hungduan 17 km nordwestlich von Banaue, laufen möchte, folgt den Betontreppen hinter dem Aussichtspunkt in Hapao und biegt unten links ab. Nun geht's etwa zehn Minuten den befestigten Bewässerungskanal entlang bis zu einer kleinen Häusergruppe. Nach weiteren 15 Minuten stößt man auf den Fluss, wo ein Bad lockt.

5 km hinter Hapao liegt Hungduan poblacion (Stadtzentrum; ca. 1500 Ew.), Standort der spektakulären Spinnennetzterrassen von Bacung. Auch der wichtigste Ausgangspunkt für den siebenstündigen Aufstieg zum **Mt. Napulawan** (2642 m), dem letzten Zufluchtsort General Yamashitas Ende des Zweiten Weltkriegs, befindet sich hier. Einen Guide und Campingausrüstung für diese Klettertour gibt's bei **Jascel** (☎0926 380 2090; jascelpic@yahoo.com), die die Hungduan Guides Association leitet. Zu finden ist sie im Bugan's Homestay, einer kleinen Pension an der Schnellstraße, in der Nähe der Stelle, an der der Wanderweg auf den Mt. Napulawan beginnt. Weitere Pensionen gibt es im Zentrum in der Nähe der Stadtverwaltung (Zimmer ab etwa 400 P).

Etwa 7 km hinter Hungduan, im *barangay* Abatan, bietet ein Wanderweg Zugang zu zwei spektakulären Wasserfällen. Der erste Wasserfall, der 20 m hohe **Tobac Falls** (Balentimol Falls), ist über einen steilen, 15-minütigen Aufstieg von der Schnellstraße aus zu erreichen. Dahinter geht es weitere zwei Stunden bergauf über den Abatan Trail zu den **Mungkilat Falls**, einer 40 m hohen Wasserkaskade, die vom Mt. Napulawan herunterstürzt. Hierher geht es nur mit einem Guide. Der Abatan Trail, der zum Gipfel des Mt. Napulawan weiterführt, ist fast die ganze Regenzeit über unpassierbar.

Jeepneys nach Banaue fahren gegen 8 Uhr in Hungduan (80 P, 2 Std., 22 km) und Hapao (70 P, 1 Std., 17 km,) ab und kehren zwischen 15 und 17 Uhr wieder zurück. Pro Tag gibt es mindestens eine Jeepney-Verbindung ab/zu beiden Orten.

Von Hapao nach Banaue verkehren Tricycles (hin & zurück 800 P, 1½ Std.) und Jeepneys zwischen Hapao und Hungduan (45 Min.).

Kiangan

☎074 / 1690 EW. / 1200 M. Ü. D. M.

In Kiangan trugen Truppen der Ifugao und der Amerikaner im Zweiten Weltkrieg zur inoffiziellen Kapitulation des japanischen Generals Yamashita bei, des „Tigers von Malaya“. Die meisten Besucher kommen allerdings hierher, um die Reisterrassen von Nagacadan und Julongan anzuschauen, die beide zum UNESCO-Welterbe gehören und etwa 10 km westlich des Dorfes liegen; sie sind per Tricycle erreichbar. Oder um in die Terrassen von Nagacadan hinaufwandern und dann ins Dorf Maggok hinabzuwandern (3 Std.).

Sehenswertes & Aktivitäten

Julia Campbell Agroforest Memorial Park PARK

(☎+1 512-305-3367, in den USA +1 210-859-4342; www.bantaicivetcoffee.com) Im *barangay* Pula der Gemeinde Asipulo liegt die 48 ha große Bio-Kaffeeplantage Bantai Civet Coffee, ein Projekt von WWOOF (World Wide Opportunities on Organic Farms; www.wwoof.com.ph). Es hat sich auf eine seltene und teure Kaffeesorte spezialisiert, die aus den Exkrementen des Kaffeebohnen fressenden Fleckenmusangs gewonnen wird. Die Farm gehört zum Julia Campbell Agroforest Memorial Park (☎in den USA 512-305-3367, in den USA 210-859 4342; www.bantaicivetcoffee.com), der nach einer Entwicklungshelferin des US-Friedenskorps benannt ist, die vor Ort ermordet wurde. Freiwillige Helfer und Besucher können in einem kleinen Ifugao-Dorf übernachten (300 P).

Jeepneys verkehren von Lagawe über Kiangan ins *barangay* Pula (80 P, 2 Std.).

Während die meisten kommerziellen Kaffeeplantagen abgeholzte Flächen nutzen, wurden die Pflanzen hier inmitten des ursprünglichen Waldes angepflanzt. Diese natürliche Umgebung zieht die Schatten liebenden Fleckenmusangs an, die Farm verbindet also ökonomische und ökologische Motive für den Schutz des Urwalds.

War Memorial Shrine KRIEGSDENKMAL
(30 P) Eine kurze Fahrt vom Ort entfernt, markiert dieses pyramidenförmige Denkmal den Ort, an dem sich der japanische General Yamashita am 2. September 1945 ergab. Kurz danach wurde er wegen Kriegsverbrechen gehängt.

Pangaggawan Cave HÖHLE
Die Pangaggawan Cave ist eine dreistündige Wanderung von Kiangan entfernt; in der Nähe sind noch mehrere weitere Höhlen.

Ifugao Museum MUSEUM
(Mo–Fr 8–12 & 13–17 Uhr) GRATIS Gegenüber dem Rasen des War Memorial Shrine zeigt das Ifugao Museum eine interessante Sammlung von Ifugao-Artefakten, darunter Haushaltsgeräte, *bolos* (Buschmesser) für die Kopfjagd und kunstvoll verzierte *pakko* (Holzlöffel). Herzstück ist eine Reihe von *bulol* (heilige Holzfiguren).

Feste & Events

Bakle'd Kiangan KULTUR
Wer am letzten Augustwochenende vor Ort ist, kann eventuell das Bakle'd Kiangan erleben. Bei dem Fest, mit dem die Reisernte gefeiert wird, tragen Einheimische traditionelle Kleidung und konsumieren jede Menge *binakle* (Reiskuchen) und *baya*(-wein).

Schlafen

Kiangan Youth Hostel HOSTEL €
(0910 324 3296; B/DZ 250/400 P) Wer sich nicht am Waisenheim-Charme dieser Unterkunft stört, findet hier passable Zimmer.

★ **Ibulao, Ibulao Bed & Breakfast** B&B €€
(0917 553 3299; www.facebook.com/ibulaoibulaobedandbreakfast; Baumhaus 600 P, B/EZ/DZ 500/1600/1800 P;) Roberto und seine Frau Teresa Kaludgan, beide praktizierende Ärzte, haben dieses Haus an der Kreuzung der Straße zwischen Lagawe und Kiangan nach hohen innenarchitektonischen Ansprüchen gestaltet. Der riesige, wunderschöne Familienraum mit Akzenten aus heimischem Hartholz wurde direkt in das Steinfundament gebaut, und Gäste können zwischen einem Baumhaus, einer Ifugao-Hütte und komfortablen Zimmern mit Klimaanlage wählen. Es ist eine Vorabreservierung erforderlich.

An- & Weiterreise

Von Banaue einen Jeepney nach Lagawe nehmen (40 P, 25 Min., bis 16 Uhr alle 20 Min.), danach ein Tricycle weiter nach Kiangan (100 P).

Coda Lines unterhält täglich um 17.30 Uhr einen Direktbus von Kiangan zur Busstation Cubao in Manila.

NORDÖSTLICHES LUZON

Im nordöstlichen Luzon tauchen Besucher tief ins philippinische Grenzland ein. Hier warten Bergstämme, riesige Waldflächen und kleine Städte, die durch schmale Holzwege miteinander verbunden sind. Philippiner, geschweige denn Ausländer, finden sich hier draußen nur wenige, mit Ausnahme von Baler, der hippen Surferstadt, die ein beliebtes Wochenendziel darstellt.

Der Cagayan River, der längste Binnenfluss des Landes, schlägt eine Schneise durch die fruchtbare Region. Östlich des Flusses liegt die Sierra Madre, eines der undurchdringlichsten Gebirge der Philippinen, mit dem wilden, nebligen Northern Sierra Madre Natural Park.

Baler

042 / 39 560 EW.

Baler (bah-*lehr*) hat nie Stadtmauern benötigt – die Sierra Madre und die Philippinensee, welche die Hauptstadt der Provinz Aurora von der Außenwelt abschnitten, waren Schutz genug. Heute ist Baler vielen vor allem als Drehort der Surfszene im Film *Apocalypse Now* bekannt. Die Miniwellen, die damals gefilmt wurden, zeugen vom unbeständigen Seegang der Gegend, doch die Surfbretter der Filmcrew ließen eine lebendige Surfszene entstehen.

Sehenswertes & Aktivitäten

Die meisten Besucher kommen zum Surfen nach Baler. Wenn es keine Wellen gibt, lohnt sich ein Besuch des **Museo de Baler** (Quezon Park; 30 P; ⏲8–17 Uhr), der **Katholischen Kirche** (Quezon Park) und der nahen Strände.

Sabang Beach SURFEN

Jeden Februar richtet die Stadt am Sabang Beach den Aurora Surfing Cup aus. Der endlose Strand aus feinem, dunklen Sand erstreckt sich nördlich von Baler bis zur Flussmündung Charlie's Point, bekannt durch das berühmte Zitat „Charlie surft nicht!" im Film *Apocalypse Now*.

Dicasalarin Cove WANDERN

5 km südlich vom Cemento-Kai führt bei Digisit ein Wanderweg durch den Dschungel Richtung Süden zu einem abgeschiedenen, weißen Sandstrand bei der Dicasalarin Cove. Zu Fuß (Guide erforderlich) benötigt man zwei bis drei Stunden, alternativ mietet man in der Nähe der Mündung des San Luis River beim Sabang Beach ein *bangka* (hin & zurück 1300 P).

Ditumabo Falls WANDERN

Die Ditumabo Falls (Mother Falls), die über 15 m in ein kleines Staubecken über einem nicht vollendeten hydroelektrischen Damm hinabstürzen, sind bequem von Ditumabo, rund 12 km westlich von Baler, zu erreichen. Den 2 km langen, unbefestigten Weg zum Ausgangspunkt der Route kann man zu Fuß oder mit dem Tricycle (100 P) bewältigen. Von dort führt eine 30- bis 45-minütige Wanderung einen Bach hinauf neben einer Wasserleitung zu dem Wasserfall.

NICHT VERSÄUMEN

SURFVERGNÜGEN

In Baler gibt es von September bis März die größten Wellen, allerdings kann man (vor allem als Anfänger) das ganze Jahr über surfen. Hier kommen unsere fünf Lieblings-Breaks:

Sabang Beach Left und Right Breaks, keine Reef Breaks (gut für Anfänger)

Dicasalarin Point Zuverlässige Reef Breaks für Profis sowie Left und Right Beach Breaks für Anfänger

Cemento Reef Mächtige Right Reef Break für Profis und Austragungsort von Surfwettbewerben

Lobbot's Point, Dipaculao Left und Right Beach Breaks für Anfänger und Fortgeschrittene

Dalugan Bay, San Idefonso Seichte Left-Hand Reef Break für Fortgeschrittene

Schlafen

★**Circle Hostel** HOSTEL €

(☎0917 501 0235; http://baler.thecirclehostel.com; Buton St.; Hängematte/B/Zi. 400/500/1250 P; 📶) Unser Liebling unter den Surf-Hostels dieser Kette. Dem Circle ist es gelungen, eine relaxte Surferatmosphäre zu erschaffen; Gäste finden hier im Nullkommanichts Freunde und wollen nie wieder weg. Die Bambusschlafsäle sind klapprig und die Kuschelzimmer spartanisch, aber darüber trösten eine Halfpipe zum Skaten mitten im Gemeinschaftsbereich und ein belebter Küchenbereich hinweg.

Elaine MM Lodge PENSION €

(☎0919 537 9405; Zi. 800 P; ❄) Es handelt sich um eine Budgetunterkunft am Strand mit farbenfrohen, einfachen Zimmern mit Ventilatoren und einem Balkon im zweiten Stock, der um das gesamte Gebäude herumführt (da gilt es, auf nette Nachbarn zu hoffen). Toilettensitze sucht man vergeblich, und zum Duschen gibt's Eimer und Kellen.

Aliya Surf Resort HOTEL €€

(☎0917 982 6626, 0939 939 0844; www.aliyasurfcamp.com; 3BZ/4BZ ab 2688/3584 P; ❄📶🏊) Dieses dreistöckige, stets expandierende Betongebäude am Meer bietet helle Zimmer mit modernen, sauberen Betten, heißem Wasser und funktionierendem Internet. Dazu gehört ein Laden für Surfausrüstung, ein lebhaftes Café am Wasser und ein Infinity-Pool direkt über dem Strand. Zentral gelegen, gutes Preis-Leistungs-Verhältnis.

Bay's Inn HOTEL €€

(☎0908 982 3509; DZ mit Ventilator/Klimaanlage 1200/1600 P; ❄📶) Das Hotel am belebten Strand hat Zimmer, die sauber, aber wenig inspirierend sind – ganz im Gegensatz zu dem Ausblick auf die Bucht. Das Restaurant hat sich mit leckeren Fisch-Ta-

Baler

Baler

Sehenswertes
1 Katholische Kirche C1
2 Museo de Baler C1

Aktivitäten, Kurse & Touren
3 Sabang Beach D2

Schlafen
4 Aliya Surf Resort D1
5 Bay's Inn D1
6 Costa Pacifica D1
7 Elaine MM Lodge D1

Essen
8 Charlie Does D1
9 Gerry Shan's Place B1
10 Good Food D1
11 Shack D2

Praktisches
12 Provincial Tourism Office A1

Transport
13 Genesis Bus Terminal C2
14 Main Bus Station B2

cos und lauter Musik ganz der Surferklientel angepasst.

Costa Pacifica HOTEL €€€
(☎0917 853 6040, 0917 857 4424; reservations@costapacificabaler.com; Zi 9000–13 000 P, Suite 15 000 P; ❄📶🏊) Die Pools, eine gepflegte Anlage und zwischen Palmen aufgespannte Hängematten machen das Hotel am Meer zur schicksten Adresse vor Ort. Riesige, weiß geflieste Räume, dekoriert mit Blumenmustern, die an ein Kindergartenzimmer erinnern. Das elegante Restaurant Beach House serviert exzellente Fisch-Tacos, Rippchen und philippinische Klassiker. Der Service ist allerdings durchwachsen.

Essen

★ **Charlie Does** INTERNATIONAL €
(Buton St.; Gerichte 95–200 P; ⏱10–17 Uhr; 📶🌱) Dieser coole Laden ist Surfermodeboutique, Büchertauschbörse (Entspannen und Schmökern erlaubt), hippe Galerie, Kaffeetheke und vegetarisches Restaurant zugleich. Empfehlenswert sind das frische Gemüseomelette und der Erdnussbutter-Eiskaffee (schmeckt besser, als es klingt). Wer will, kann hier auch in einer Hängematte (250 P) oder in Zimmern aus recycelten Schiffscontainern (1500–3500 P) übernachten.

Good Food INTERNATIONAL €
(Buton St.; Hauptgerichte 60–120 P; ⏱10–22 Uhr) Perfekt, um nach dem Surfen den hungrigen Magen zu füllen: Good Food tischt Fischtacos, Burger, Burritos und köstliches Schweinefleisch oder frischen Fisch mit Reis als Seelenfutter auf. Für Vegetarier gibt es Tofu. Ein Betonboden mit Dach und ein paar Plastiktische – aber das Essen bringt die Geschmacksknospen zum Singen.

Shack INDISCH €
(☎0929 611 2607; Muldong St.; Gerichte um 200 P; ⏱Wed-Mon 7–20 Uhr) Die Gerichte dieses strohgedeckten Dachrestaurants in Baler übertreffen alles, was man hier sonst so zu essen serviert bekommt. Ein indischer Koch sorgt für authentischen

Geschmack und die Portionen sind groß. Der Empfang ist herzlich, aber der Service arbeitet eher im Schneckentempo.

Gerry Shan's Place PHILIPPINISCH, MEERESFRÜCHTE €€
(Quezon St.; Büfett 199 P; ⌚11–23 Uhr) Das Gerry's ist für sein Büfett bekannt, auf dem sich schwerpunktmäßig Meeresfrüchte finden. Das Essen weist chinesische Elemente und eine angenehme Schärfe auf.

ℹ Praktische Informationen

Die freundliche **Touristeninformation der Provinz** (☎042-209 4373; abseits der Quezon St.; ⌚Mo–Fr 8–12 & 13–17 Uhr) gehört zum Provincial Capitol Compound, hat Karten zur Umgebung auf Lager und hilft bei der Vermittlung eines *bangka* oder Wanderführers. Daneben gibt es Informationen zu Ausflügen zur malerischen Aurora-Küste nördlich von Baler rund um Casiguran und Dilasag.

ℹ An- & Weiterreise

Busse nach Baler, sowohl ab Manila über Cabanatuan als auch ab Baguio über San Jose, nehmen die asphaltierte Straße über Pantabangan. Wer sich einen Geländewagen geliehen hat, kann sich auch die direktere und schönere Schotterpiste ab Palayan vornehmen, allerdings besteht hier die Gefahr von Erdrutschen.

Täglich um 13, 14 und 15.30 Uhr fahren Genesis-„Joybuses" der Luxusklasse nonstop nach Cubao in Manila (730 P, 6 Std.), außerdem zwei Halbluxus-Busse (450 P, 8 Std.) um 4.30 und 12 Uhr. Die Busse von Manila nach Baler fahren in der Regel früh am Morgen.

Täglich zwei bis vier Busse von Lizardo fahren morgens nach Baguio (312–360 P, 7 Std.).

Wer die Cordillera oder Zambales zum Ziel hat, nimmt am einen Bus Richtung Baguio (8 Std.) und steigt in San Jose (180 P, 3½–4½ Std.) um.

Kleintransporter nach Cabanatuan (270 P, 4 Std.) fahren am zentralen Busbahnhof nahe dem neuen öffentlichen Markt ab. Von dort macht sich auch vormittags ein klappriger Bus von D'Liner auf den Weg über die größtenteils asphaltierte Straße nach Dilasag (450 P, 5–6 Std.), dem Ausgangspunkt für Bootsfahrten nach Palanan über Casiguran.

San Jose

San Jose ist eine Durchgangsstadt ohne erwähnenswerte Attraktionen. Als Verbindungspunkt zwischen Cordillera, Westküste, Ostküste und nordöstlichem Luzon wird sie von Bussen angefahren. Geldautomaten und Fast-Food-Imbisse säumen den National Highway.

Für eine Übernachtung bietet sich das professionell geführte Hotel Francesko (☎044-958 0988; Zi. ab 1200 P; ❄📶) mit farblosen Zimmern, aber mit eigenem Bad am Nordende von San Jose am National Highway an.

Aus Banaue kommend, kann man mit einem der drei täglich entlang der Bonifacio Avenue (der Hauptstraße) verkehrenden Lizardo-Trans-Busse nach Baler (140 P, 3–4 Std.) fahren. Besucher aus Baler mit dem Ziel Tuguegarao und Nordküste steigen am National Highway (Nord-Süd), der von der Bonifacio Avenue (Ost-West) gekreuzt wird, in einen Bus nach Norden.

Northern Sierra Madre Natural Park

Abgeschirmt von den Bergen, noch nicht durch Straßen gezähmt, erreichbar nur mit winzigen Flugzeugen, Booten, die von der Gnade des Ozeans abhängig sind, oder zu Fuß, ist diese letzte Wildnis der unberührteste, artenreichste Teil Nord-Luzons.

Die Northern Sierra Madre nimmt ganze 3600 km² ein (ist also fast so groß wie die Schweiz) und umfasst die längste Gebirgskette der Philippinen. In dem Paradies für Naturforscher wachsen über 60 % der Pflanzenarten des Landes, zudem gibt es hier 29 gefährdete Tierarten. Dazu gehören der stark bedrohte Philippinenadler, der Nationalvogel der Philippinen. das überwiegend harmlose Philippinenkrokodil (das Süßwasserreptil ist das gefährdetste Krokodil der Welt) und der *Varanus bitatawa*, der bis zu 2,2 m lang wird und sich ausschließlich von Früchten ernährt.

Der Park ist größtenteils unbewohnt. Ausnahme ist die ursprüngliche Küste, an der die Dumagats leben. Die halbnomadische Negrito-Ethnie hat ihren Lebensstil praktisch seit Jahrtausenden nicht geändert. Die Region diente zudem den letzten Aufständischen der Philippinischen Revolution als Versteck; 1901 versteckten sie sich in der Küstenstadt Palanan.

ℹ Praktische Informationen

Palanan Wilderness Development Cooperative (☎0928 341 5375; amgpalanan@yahoo.

com) Die Organisation in Palanan vermittelt Guides für Wanderungen im Park.

Tourismusbeauftragte Myrose Alvarez (☎ 0906 721 1016), die man im Rathaus antrifft, ist eine sehr hilfsbereite Tourismusbeauftragte, die jede Menge Infos über den Park bereithält und bei der Vermittlung von Privatunterkünften in Palanan hilft, wo es keine kommerziellen Pensionen gibt.

An- & Weiterreise

BOOT

Es gibt zwei Bootsrouten durch den Park. Die erste führt über den Hafen von San Vicente nahe Santa Ana (10 Std., 1-mal wöchentl.) nach Maconacon, wo man in ein zweites Boot nach Palanan (600 P, 4–5 Std.) umsteigen muss. Alternativ nimmt man in Baler (7 Std., 3-mal tgl.) oder Santiago (10–12 Std., ca. 5 Uhr, tgl.) einen Bus nach Dilasag und dort ein Boot nach Palanan (600 P, 1-mal tgl., 6–8 Std.). Wer in Dilasag übernachten möchte, findet dort ein paar einfache Pensionen. Der Bootsverkehr ist vom Wetter abhängig.

FLUGZEUG

Palanan, der Hauptzugang in den Park, ist mit Cauayan durch tägliche Flüge von **Cyclone Airways** (Cauayan 078-652 0913; www.cyclone-airways.com) und drei wöchentliche Flüge von **Sky Pasada** (☎ 02-912 3333; www.skypasada.com) verbunden, während **Northsky Air** (☎ 078-304 6148; www.northskyair.com) mittwochs und sonntags Verbindungen von Tuguegarao nach Palanan bietet. Alle drei Fluglinien bedienen auch Maconacon (tgl. außer Do). Die Flüge starten meist frühmorgens, dauern in jede Stadt rund 30 Minuten und kosten pro Strecke etwa 2200 P.

ZU FUSS

Von San Mariano, erreichbar durch direkt verkehrende Victory-Liner-Busse ab Manila, ist eine Trekkingtour nach Palanan möglich. Für die 45 km lange Route benötigt man wegen der Streckenverhältnisse mindestens fünf Tage; Guides vermittelt die Palanan Wilderness Development Cooperative.

Tuguegarao

☎ 078 / 153 500 EW.

Das Einzige, was einem in Tuguegarao (too-geg-uh-row), der politischen und wirtschaftlichen Hauptstadt der Provinz Cagayan, ein „Wow" entlockt, ist das größte Höhlensystem des Landes, 25 km östlich der Stadt. Sonst würden die meisten Reisenden wohl einen Blick auf die von Tricycles verstopften Straßen werfen und dann schnurstracks nach Pagudpud und Saud Beach an der Nordküste oder in die Provinz Kalinga im Westen weiterziehen.

Sehenswertes & Aktivitäten

★ Callao Cave HÖHLE

(20 P) Der am besten zugängliche Teil des Geländes dieses riesigen, 25 km langen Kalksteinkomplexes ist die Callao Cave mit sieben Kammern, zu der 184 glitschige Stufen führen. Durch Dolinen dringt Licht in die hohlen Kammern, von denen die größte eine kleine Kapelle beherbergt. Guides sind vorgeschrieben (100 P) und sollen die Höhle vor Vandalismus schützen. Hierher kommt man mit dem Jeepney (50 P) ab dem Don Domingo Market nördlich der Stadt oder per Tricycle (hin & zurück inkl. Wartezeit 500 P).

Bei einem Besuch der Region ist es außerdem sehr zu empfehlen, sich ein *bangka* (700 P) nahe der Callao Cave zu mieten und 15 Minuten flussaufwärts zu fahren. Dort flattern in der Abenddämmerung Zehntausende Fledermäuse aus den Höhlen heraus und über den Pinacanauan River hinweg. Bei Regen fällt das Spektakel aus. Das Callao Caves Resort, von der Callao Cave über den Pinacanauan River, verleiht Kajaks (200 P/Std.).

Odessa-Tumbali Cave HÖHLE

Das Odessa-Tumbali Cave gilt mit 12,5 km aktuell als mindestens zweitgrößtes Höhlensystem des Landes (es wurde noch nicht vollständig erforscht). Es ist ausschließlich für erfahrene Höhlenkletterer geeignet und darf nur mit Genehmigung der Touristeninformation in Tuguegarao und in Begleitung eines Guides erkundet werden. Um in die Höhle zu gelangen, muss man eine 7 km lange Wanderung ab Callao bewältigen und sich 30 m in eine Doline abseilen.

Adventures & Expeditions NATUR

(☎ 078-844 1298, 0917 532 7480; 29 Burgos St.) Der Veranstalter unter Leitung des erfahrenen Guides Anton Carag bietet Kajaktouren auf dem Pinacanauan, dessen klares, grünes Wasser zwischen Kalksteinklippen hindurchführt. Teilnehmer fahren zunächst per *bangka* 5 km stromaufwärts, bevor es in sicheren Kajaks über leichte Stromschnellen geht. Adventures &

Expeditions organisiert auch mehrtägige Höhlenwanderungen, Kajakfahrten und Raftingtrips auf dem Chico River in der nahen Provinz Kalinga.

Schlafen

Hotel Carmelita HOTEL €
(☎0917 572 2777, 078-844 7027; 9 Diversion Rd.; EZ/DZ/FZ ab 350/600/1030 P; ❄📶🏊) Die Vorteile: Das Hotel liegt in der Nähe der beiden Hauptbusbahnhöfe und hat einen Pool, ein Restaurant, dessen Pizza und Kaffee zu den besten der Stadt gehören, und sehr günstige Zimmerpreise. Die Nachteile: Die Bäder haben eine Renovierung nötig, und die Klimaanlage in den Budget-Unterkünften erinnert an ein startendes Flugzeug (Ohrenstöpsel helfen!).

Hotel Joselina HOTEL €
(☎078-844 7318, 0917 553 7930; http://hoteljoselina.com; Aguinaldo St.; EZ/DZ/FZ ab 750/900/1000 P; ❄📶) Bemerkenswert gutes Preis-Leistungs-Verhältnis für ein zentral gelegenes, effizient geführtes Businesshotel. Das Joselina hat bessere Innendesigner angestellt als die meisten konkurrierenden Hotels: Die kompakten, schnörkellosen Zimmer haben Flair und sind in warmen Gelb- und Brauntönen gehalten, die Betten sind gut und für das leibliche Wohl ist gesorgt.

Hotel Lorita HOTEL €€
(☎078-844 1390; www.hotellorita.com; 67 Rizal St.; EZ/DZ ab 1000/1700 P; ❄📶) Tuguegaraos bestes Gesamtpaket, insbesondere wenn man sich für eines der riesigen „Deluxe-Hochzeitszimmer" auf der Rückseite entscheidet. Die Zimmer sind überraschend modern, gut ausgestattet und ruhig. Das Personal reißt sich beinahe ein Bein aus, um den seltenen ausländischen Gästen zu helfen. Unten serviert ein Restaurant leckere Ilokano-Küche und chinesische Gerichte, zudem ist ein hippes Café angeschlossen.

Praktische Informationen

Department of Tourism Office (DOT; ☎078-373-9563, 0918 909 2326; www.dotregion2.com.ph; 2 Dalan na Pavvurulun, Enrile Ave.; ⏲9–18 Uhr) Hier gibt's alle Informationen, die man so braucht, dazu die Genehmigungen für Höhlentouren.

Sierra Madre Outdoor Club (SMOC; ☎0917 272 6494; www.facebook.com/Sierra-Madre-Outdoor-Club-Inc-SMOC-Inc; 2 Dalan na Pavvurulun, Enrile Ave.) Wer abenteuerlichere Höhlenexkursionen machen möchte, ist hier genau richtig.

An- & Weiterreise

PAL Express und **Cebu Pacific** (www.cebupacificair.com) fliegen täglich zwischen Manila (1 Std.) und dem hiesigen Flughafen, 2 km nördlich des Zentrums. **Sky Pasada** (www.skypasada.com) fliegt nach Basco, Batanes und Maconacon (Northern Sierra Madre Natural Park).

Victory Liner (☎078-844 0777), **Baliwag** (☎078-844 4325) und **Florida Liner** (☎078-846 2265; Diversion Rd.) bieten die komfortabelsten Verbindungen nach Manila (750 P, 12–13 Std.) und verkehren zweimal stündlich. GMW-Busse fahren über Claveria und Pagudpud (350 P) nach Laoag (455 P, 7–8 Std.), während nachmittags Busse von Dangwa und Dalin nach Baguio (11–12 Std.) fahren.

Vom Van-Terminal, 2,5 km nördlich des Zentrums, verkehren regelmäßig Kleintransporter nach Tabuk (119 P, 1½ Std.), Santa Ana (180 P, 3 Std.), Santiago (160 P, 3 Std.) und Claveria (180 P, 3½ Std.).

Santa Ana

☎078 / 32 900 EW.

Nahe der Ostspitze eines wenig besuchten Teils der Nordküste liegt die Fischerstadt Santa Ana. Sie dient als Ausgangspunkt für Ausflüge in den Northern Sierra Madre Natural Park und zu den ebenso abgelegenen Babuyan Islands. Die Stadt selbst hat wenig zu bieten, dafür lockt 6 km weiter nördlich der wunderbar ursprüngliche **Anguib Beach**, eine *bangka*-Fahrt vom Hafen von San Vicente (hin & zurück 1500 P) entfernt. Mit dem *bangka* gelangt man außerdem in 15 Minuten zur **Palaui Island** (hin & zurück 800 P); auf der relaxten Insel ohne Unterkünfte führt eine wunderschöne, dreistündige Wanderung vom Dorf Punta Verde zum Cape Engaño mit noch immer funktionstüchtigem spanischem Leuchtturm.

Santa Ana ist in Sportfischerkreisen bekannt, dafür sorgen Speerfische, Schwertfische und Fächerfische im Babuyankanal. Die Angelsaison dauert von März bis Juni; Angelausflüge organisiert die Philippine Game Fishing Association (☎0927 320 7261; www.pgff.net).

Zwischen Februar und Mai ist die Babuyan-Straße auch ein guter Ort zum Walebeobachten; hier sieht man alles von

Buckel-, Grind- und Zwerggrindwalen bis hin zu Schlankdelfinen und Großen Tümmlern.

Es gibt eine Reihe von Übernachtungsmöglichkeiten, schön ist das **Jotay Resort** (☎078-372 0560, 0906 478 1270; www.jotayresort.com; Zi./Suite ab 1350/2800 P; ❄📶🍴), weil die Zimmer dort über Standard sind.

An- & Weiterreise

Der Lal-lo International Airport soll noch 2018 eröffnet werden.

Große, motorisierte Auslegerkanus fahren einmal pro Woche vom Pier in San Vicente nach Maconacon im Northern Sierra Madre Natural Park.

Direktbusse von Guardian Angels verbinden Santa Ana mit Manila (14–15 Std., 2-mal tgl.), während GMW Trans über Laoag nach Vigan (12–13 Std., 2-mal tgl.) verkehrt. Regelmäßig fahren auch klimatisierte Kleintransporter in Richtung Süden nach Tuguegarao (180 P, 3 Std.).

BATANES ISLANDS

Ganz im Norden der Philippinen liegt die aus zehn Inseln bestehenden Inselgruppe Batanes, die ganz in der Ecke der Landkarte in der Nähe von Taiwan liegt. Nur drei davon sind dauerhaft bewohnt, die Hauptinsel Batan, das traditionsbewusste Sabtang und das abgeschiedene Itbayat. Die Landschaft prägen grün bewachsene, erloschene Vulkane, zerklüftete Klippen, sanfte Hügel, üppiges Grasland und von türkisfarbenem Wasser gesäumte, weiße Strände.

Die Batanes werden regelmäßig von Taifunen heimgesucht. Die Bewohner, bei denen es sich größtenteils um Angehörige des Ivatan-Stammes handelt, die in ihrer eigenen Sprache (Ivatan) kommunizieren, erbauen ihre Häuser taifunsicher: ein kleines Stück unter der Erde mit meterdicken Kalksteinwänden und buschigen Dächern aus *cogon*-Gras.

Der perückenartige Kopfschmuck, den inzwischen immer weniger Ivatan-Frauen tragen, heißt *vakul* und besteht aus Manilahanf und der Faser der nur auf den Batanes vorkommenden *voyavoy*-Palme. Die Männer tragen eine *kanayi* (Weste aus Voyavoy-Fasern). Beide Stoffe bieten einen guten Schutz vor Wind und Sonne.

An- & Weiterreise

Northsky Air (☎078-304 6148; www.northskyair.com) Montags mittwochs und freitags fliegen kleine Flugzeuge (Cessna 402 & BN Islander) von Tuguegarao nach Basco und Itbayat; der Rückflug erfolgt am selben Tag.

PAL Express (www.philippineairlines.com) Fliegt täglich außer montags und freitags von Manila nach Vasco (1¾ Std.) sowie täglich außer montags und sonntags wieder zurück nach Manila.

Sky Pasada (www.skypasada.com) Wöchentlich drei Flüge zwischen Tuguegarao und Basco und wöchentlich ein Flug zwischen Vigan und Basco.

Skyjet Airlines (www.skyjetair.com) Die einzigen Jet-Flüge zwischen Manila und Basco (1¼ Std.). Nur montags und freitags

Batan Island

☎078 / 11 980 EW.

Fast alle Batanes-Besucher kommen über Batan in die Region, das kommerzielle Zentrum und der Sitz der Provinzregierung. Für die Erkundung der großartigen Landschaft der Insel über hügelige Straßen und den Besuch von Dörfern benötigt man mindestens einen Tag. Batan wartet mit wunderschöner Natur auf, dafür weniger mit ursprünglicher Ivatan-Kultur als Sabtang Island.

An- & Weiterreise

Sky Pasada (www.skypasada.com) und Northsky Air (www.northskyair.com) fliegen zwischen Batan Island und Tuguegarao, PAL Express (www.philippineairlines.com) und Skyjet Airlines (www.skyjetair.com) verkehren zwischen Batan Island und Manila. Von Sky Pasada gibt's einmal wöchentlich einen Flug nach/von Vigan.

Von Batan Island fahren Fähren nach Sabtang (S. 187), Abfahrt ist in Ivana auf Batan; und nach Itbayat (S. 188), Abfahrt von Basco.

Unterwegs vor Ort

Auf der Insel stehen unterschiedliche Transportmittel zur Auswahl, darunter Tricycles und Jeepneys. Die meisten Unterkünfte und viele Touranbieter verleihen Stadträder (25 P/Std.), Dive Batanes außerdem Mountainbikes (250 P/Tag). Für die Südschleife benötigt man ohne Stopps rund sechs Stunden, eine recht gute Kondition und jede Menge Wasser.

Mehrere Unterkünfte vermieten Roller oder Motorräder (150 P/Std.); ist dies nicht der Fall, sind die Petron-Tankstelle und das Municipal Tourist Office (S. 185) in Basco Alternativen.

Basco

Zahlreiche Unterkünfte und ein paar anständige Restaurants machen Batanes' kompakte Hauptstadt zu einer exzellenten Ausgangsbasis für die Erkundung von Batan Island. Die grünen Straßen voller Bougainvilleen laden zu charmanten Spaziergängen ein. Die Abad Street ist die Hauptverkehrsader. Zum Leben erwacht sie vor allem abends, wenn sie vom Duft von einem halben Dutzend Straßengrills erfüllt wird.

Nördlich von Basco liegt der Mt. Iraya (1009 m), ein schlafender Vulkan, der zuletzt im Jahr 505 ausgebrochen ist. Für den Aufstieg benötigt man rund fünf, für den Abstieg drei Stunden, allerdings ist der Gipfel oft in Nebel gehüllt. Hotels vermitteln Guides (1200 P).

Schlafen & Essen

★ Time Travel Lodge PENSION €

(☎0929 166 9838, 0939 623 8979; www.facebook.com/Timetravel-Lodge-BATANES; Zi. mit/ohne Klimaanlage 1500/600 P; ❄📶) Halb versteckt hinter einer Mauer und blühenden Büschen, bietet diese weiß-blaue Pension im Kolonialstil sechs Zimmer, alle mit Küche und Bad. Im gepflegten Vorgarten gibt es einen strohgedeckten Restaurant- und Aufenthaltsbereich. Hier lässt es sich gut in hübsch bemalten Adirondack-Gartensesseln auf der Veranda entspannen, mit einem kalten Getränk aus dem „ehrlichen Kühlschrank"(nehmen, was man möchte, und später bezahlen).

Crisan Lodge PENSION €

(☎0915 849 0178; crisonpensionhouse@gmail.com; Dita St.; Zi. ab 400 P/Pers.; ❄📶) Mon und Crisan, die sehr freundlich sind, leiten diese sehr zentral gelegene Pension über einem chaotischen Lebensmittelgeschäft; neben kleinen Zimmern gibt es eine Gästeküche und ein kleines Restaurant. Es ist ein unglaublich einladender Ort, und man fühlt sich hier gleich wie ein Teil der Gemeinschaft.

Dive Batanes Lodge HOTEL €€

(☎0939 922 4609; www.divebatanes.com; Zi. 2600–3600 P; ❄📶) Die Zimmer des Tauchhotels prägen warme Farben und Bettwäsche mit Blumenmuster. Zum Angebot gehören verschiedene Aktivitäten, wie Tauchausflüge vor dem südlichen Ende der Insel, Schnorcheltouren und Mountainbike-Trips. Das Dive Batanes liegt in unmittelbarer Nähe zum Chanarian Beach, 3 km südlich von Basco. Die günstigsten Quartiere teilen sich Bäder.

★ Fundacion Pacita Batanes Nature Lodge HOTEL €€€

(☎0939 901 6353, 0917 855 9364; www.fundacionpacita.ph; Suite 10 000-18 500 P; ❄📶) Wer hier nächtigt, bezahlt den Preis für den Luxus, wird aber belohnt mit einer Übernachtung in einem erlesenen Herrenhaus in künstlerischem Boheme-Stil auf einem Hügel über der stürmischen See. Kühne Farben, freigelegte Steinwände, Holzgebälk, luxuriöse Bettwäsche und Holzschnitzereien bestimmen das Ambiente. Das zugehörige, ebenso spleenige Café Tukon tischt originelle Gerichte aus frischen einheimischen Zutaten auf. Zwei Nächte Aufenthalt sind das Minimum.

★ Phil's Brew CAFÉ €

(⏲15.30–21 Uhr) Die Zeit verstreichen lassen in diesem zauberhaften Café im Garten eines traditionellen Ivatan-Steinhauses. Die Besitzerin Imee bereitet ihre eigenen Köstlichkeiten zu, etwa *tres-leches*-Bisquitkuchen, Schokokuchen und *suman* (ein Ivatan-Nachtisch aus Maniok und gesüßter Kokosnuss). Der frisch gebrühte Kaffee und die Espresso-Getränke sind ein Geschenk des Himmels, und die Gäste werden dazu ermutigt, sich miteinander zu unterhalten. Getränke zwischen 75 und 120 P.

Beehon PHILIPPINISCH €

(60–300 P; ⏲7–21 Uhr) Hat zuverlässig geöffnet und bietet eine großartige Speisekarte aus einfachen Ivatan-Spezialitäten zum Probieren; wer sich in Basco aufhält, kommt bestimmt öfter hierher. Unbedingt den *paco*-(Farn-)Salat, den gegrillten frischen Fisch und das sättigende philippinische Frühstück probieren. Alle Gerichte sind ein wenig fad, aber die Lage des Beehon unter einem Strohdach und das Lächeln der Einheimischen machen das allemal wett.

Ela Food House PHILIPPINISCH €

(National Rd.; Hauptgerichte ab 60 P; ⏲7–22 Uhr) Ein einfaches, kleines Restaurant an der Ecke National und Lopez. Das Dream-Team aus Mutter und Tochter kocht Klassiker wie *lechón kawali* (knusprig gebratenen Schweinebauch) und knusprige *pata* (knusprig gebratene

Batanes Islands

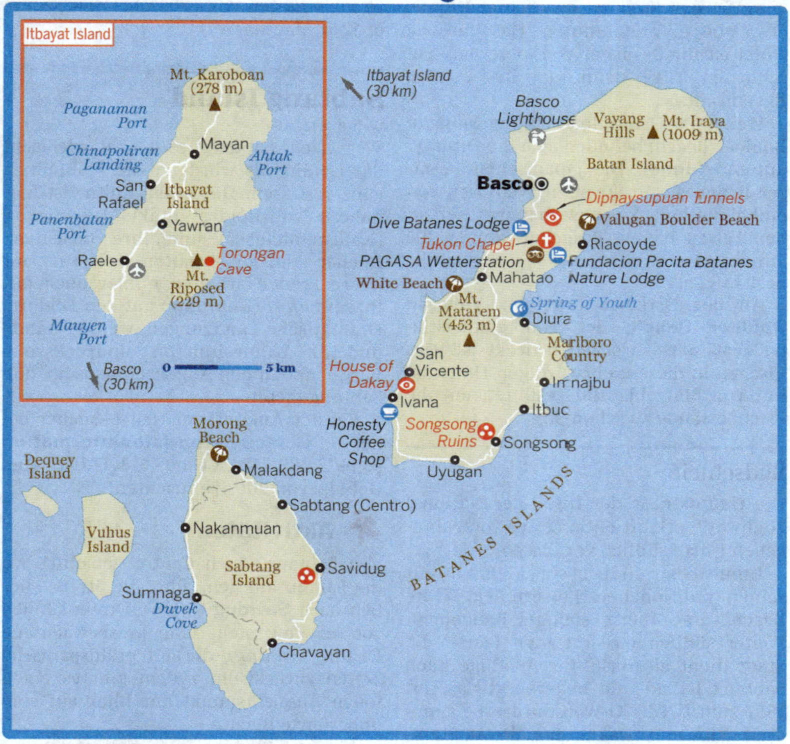

Schweinshaxe), aber auch frischen Fisch und eine Handvoll Ivatan-Gerichte.

★ **Pension Ivatan** PHILIPPINISCH, IVATAN €€
(Main Rd.; Hauptgerichte 150–450 P; ⏲12–22 Uhr; ✎) Diese strohgedeckte Oase ist zweifellos der beste Ort hier, um Spezialitäten der Batanes zu probieren – von Kokosnuss-Krabben und *kinilaw* (Ceviche) bis hin zu *uved* (Bananenwurzelkugeln mit Knoblauch- und Fischstücken) und *vunes* (gebratene *gabi*-Stängel).

ℹ Praktische Informationen

Städtische Touristeninformation (☎0929 846 8395; www.batanes.gov.ph; National Rd.) Die hilfsbereite Touristeninformation befindet sich im Erdgeschoss der Stadtverwaltung, vermittelt Guides auf der Insel und hat auch Infos zu Sabtang und Itbayat.

Am Flughafen gibt es zusätzlich einen kleinen Infostand.

Nordschleife

Zu dieser Route gehört der **Leuchtturm von Basco** gleich nördlich von Basco; man kann hinaufsteigen und die Sterne über der Küste betrachten. Weiter nördlich führt eine neue Straße zum Hügelkamm eines der **Vayang Rolling Hills** hinauf, von wo aus an klaren Tagen die Inseln Itbayat und Dinem am Horizont zu sehen sind.

Wieder zurück nach Basco und weiter Richtung Südosten zur **Tukon Chapel** (Mt. Carmel Chapel; empfohlene Spende 20 P), eine reizvolle Steinkirche, die von der Familie Abad erbaut wurde. Weiter oben am Hügel befindet sich die **PAGASA-Wetterstation**, eine riesige, golfballartige Anlage mit einer großartigen 360-Grad-Aussicht – von Basco aus in etwa 1½ Stunden zu Fuß zu erreichen oder in anstrengenden 30 Minuten mit dem Fahrrad. Von hier aus ist die Fundacion Pacita zu sehen, ein wunderbares Steinhaus auf einer Klippe, etwa 500 m weiter unten. Das hübsche Hotel ist für Besucher von außerhalb geschlossen, es sei denn, man isst dort im Restaurant.

Weiter im Osten, in Richtung Valugan Boulder Beach, befinden sich die **Dipnaysupuan-Tunnel**. Die japanischen Besatzer ließen sie im Zweiten Weltkrieg von einheimischen Zwangsarbeitern tief in den Felsen hauen. Besucher können die Tunnel heute mit einer Taschenlampe besichtigen.

An der Ostküste liegt der **Valugan Boulder Beach,** der von gymnastikballgroßen Felsbrocken bedeckt ist. Das Fischen in diesem ehrwürdigen Hafen ist nur von März bis Mai gestattet, um die Fischbestände zu schonen.

Südschleife

Die Hauptstraße der Insel, der National Highway, verläuft entlang der verschlungenen Küste südlich von Basco.

Unmittelbar südlich von Mahatao mit seinen traditionellen Häusern liegt White Beach, eine meist sichere Badebucht. Weiter südlich passiert man Ivana; die Stadt dient als Basis für Ausflüge nach Sabtang Island und beherbergt das seit 1887 zum UNESCO-Weltkulturerbe gehörende House of Dakay, das älteste Steinhaus der Batanes. In der Nähe des Piers wirft man im tollen, kleinen Honesty Coffee Shop (⏲8–18 Uhr) sein Geld in eine Box und holt sich dann selbst sein Getränk. Die Straße wird auf dem Weg ins mit ein paar traditionellen Häusern versehene Uyugan ganz im Süden zunehmend flacher.

Danach führt die Straße nach Norden, vorbei an einer weit ausladenden Bucht und den Songsong-Ruinen, durch eine Flutwelle zerstörten Steinhäusern. Nachdem man Itbud und Imnajbu passiert hat, geht's hinauf in grünes, hügeliges Weideland mit wilden Carabaos und Rindern – willkommen in Racuh Apayaman, besser bekannt als Marlboro Country! Von hier bieten sich fantastische Blicke auf die Ostküste Batans und den Mt. Iraya. Danach gelangt man zu einer Kreuzung; die linke Weggabelung führt nach Mahatao (3 km), die rechte zu dem für Schwertfisch bekannten Fischerdorf Diura (1,5 km). Dort muss man sich für 50 P registrieren lassen und kann dann in 20 Minuten zur erfrischenden Spring of Youth laufen.

Sabtang Island

☎078 / 1620 EW.

Wer nach Sabtang reist, hat vielleicht das Gefühl, als würde er die Philippinen ganz verlassen. Die Ivatan-Kultur ist hier nahezu vollständig intakt. Die *vahay* (Kalksteinhäuser) und ihre buschigen Dächer sind gut erhalten, und ein paar ältere Frauen arbeiten immer noch mit ihrem *vakul* (Kopfputz) auf den Feldern. Dramatische Landzungen, weiße Strände und im Landesinneren eindrucksvolle Berge runden den Augenschmaus ab, den Sabtang bietet.

Bei der Ankunft müssen Besucher bei der **Gemeindetouristeninformation** (☎0918 488 2424; Centro; ⏲8–17 Uhr) eine Gebühr von 200 P entrichten.

Aktivitäten

Von Sabtang (auch Centro genannt), wo die Fähren anlegen, führt die Straße südlich nach **Savidug** (6 km). Direkt südlich von Savidug steht eine grasbewachsene Festung *(idjang)*, die auf prähispanische Zeiten zurückgeht, zudem gibt es einen tollen Aussichtspunkt mit Blick auf eine unberührte Bucht.

4 km von Savidug entfernt liegt das malerische **Chavayan**, für das die Gemeinde wegen der außerordentlich gut erhaltenen, traditionellen Ivatan-Architektur den UNESCO-Welterbestatus beantragte. Handgewebte *vakul* und *kanayi* (Westen aus den Fasern der *voyavoy*-Palme) können bei der **Sabtang Weavers Association** an der Hauptstraße gekauft werden.

Die Straße endet in Chavayan, aber durchs Hinterland führt ein Fußweg nach **Sumnaga**. Die meisten Besucher fahren jedoch mit ihren Tricycles wieder zurück, durch Centro zum **Morong Beach,** um sich die **Mayahaw Cave** anzuschauen, in der sich während des Zweiten Weltkriegs Japaner versteckt hielten. Für Mutige gibt's hier auch eine **Seilrutsche**.

Weiter geht es, vorbei unglaublichen Küstenpanoramen, ins traditionelle **Nakanmuan**, dessen Bewohner so genannte Palmendiebe (eine Krebsart) fangen. Von dort geht es weiter nach Sumnaga, einem authentischen Fischerdorf mit Steinhäusern,

ABSEITS DER ÜBLICHEN PFADE

BABUYAN ISLANDS

Die Babuyan Islands sind vom Festland klar zu sehen und trotzdem noch nicht überlaufen. Die 24 Vulkaninseln bestehen teils aus zerklüfteten Klippen und Höhlen, während andere von weißen Sandstränden und leuchtend blauem, sehr klarem Wasser gesäumt werden. Nur die vier größten Inseln, **Fuga**, **Dalupri**, **Calayan**, **Babuyan** und **Camiguan**, sind bewohnt. Das dortige Leben ist ruhig und ländlich mit begrenzter Stromversorgung und wenig Kontakt zum Festland.

Das vulkanische Camiguin ist für seine Thermalquellen bekannt. Auf den unerschlossenen Inseln Fuga und Dalupri gibt es wunderschöne, weiße Sandstrände, jedoch keinen Strom und keine Unterkunft. Auf der am besten erschlossenen Babuyan-Insel Calayan mit ihrer wunderschönen Natur gibt es ein paar Privatunterkünfte.

Die beste Zeit für einen Besuch ist von April bis Juni. Von Dezember bis März und während der Taifunsaison (Aug.–Okt.) ist der Babuyankanal in der Regel für den Bootsverkehr zu rau; der April ist meist der ruhigste Monat. Ein Flughafen ist in Planung, der die Inseln viel besser erreichbar machen wird.

Ein Flughafen auf Calayan Island sollte Ende 2017 fertiggestellt werden. Der verbesserte Zugang könnte die Inseln dramatisch verändern.

Wenn das Wetter es zulässt, verkehrt die Passagierfähre **MV Eagle** (☎0939 921 6181, 0906 8356 715) vom Hafen San Vicente in Santa Ana über Camiguin (500 P, 2–3 Std.) nach Calayan (800 P, 4–5 Std., 3-mal wöchentl.).

Ansonsten fahren mehrmals pro Woche *bangkas* ab Claveria und Aparri zu den Inseln. Alternativ kann man ein privates *bangka* in San Vicente, Aparri oder Claveria (hin & zurück ca. 8000 P) mieten oder versuchen, an einem der Häfen für rund 600 P einen Platz auf einem *lampitaw* (Frachtschiff) zu ergattern; der Wellengang ist meist unruhig und die Überfahrt entsprechend wild. In unregelmäßigen Abständen verbinden *bangkas* Calayan mit den anderen bewohnten Babuyan-Inseln, zudem kann man die Inseln mit gemieteten *bangkas* besuchen.

die bis hinunter zum Ufer reichen, und Wäscheleinen, an denen fliegende Fische zum Trocknen aufgehängt sind. Dann etwa zehn Minuten zu Fuß weiter zur **Duvek Cove**, einem perfekten Bogen weißen Sandes, getupft von farbenfrohen Fischerbooten, der an ein polynesisches Paradies erinnert.

Schlafen

In Sabtang gibt es derzeit etwa 12 Privatunterkünfte. Die Lieblinge darunter sind das authentische **Cervillon Ancestral Home** (☎0919 323 9304; Savidug; Zi. 250 P) im Itbayat-Stil in Savidug und das **Lighthouse Guesthouse** (☎0921 496 7233; Zi. 500 P/Pers.), das auf einer malerischen Klippe neben einem nicht mehr funktionierenden Leuchtturm steht und einen Privatstrand hat. Der Guide oder das Touristenbüro der Gemeinde können bei der Buchung sämtlicher Pensionen der Insel helfen.

An- und Weiterreise

Wenn es das Wetter erlaubt, verkehren mindestens einmal täglich *falowa*-Boote mit abgerundetem Boden zwischen Ivana auf Batan Island und Centro (hin und zurück 100 P, 30–45 Min.); das erste Boot fährt gegen 7 Uhr in Ivana ab; die Rückfahrt von Centro erfolgt nur am Nachmittag, in der Regel gegen 14 Uhr. Manchmal gibt's auch nachmittags noch eine Fahrt. Wer unbedingt möchte, für den gibt's eine Sonderfahrt für mindestens 3000 P. Achtung: Die Überfahrt kann rau sein.

Itbayat Island

☎078 / 2870 EW.

Ein aufregender, 15-minütiger Flug führt von Basco nach Itbayat, in das letzte besiedelte Grenzgebiet der Philippinen. Im Gegensatz zu den Batanes Islands hat dieses plattformähnliche Eiland keine Strände; es ragt senkrecht in die Höhe und ist komplett von Klippen umgeben. Viel wandern und die authentische Kultur und die wilde Natur genießen!

Auf Itbayat gibt es zwischen 6 Uhr und Mitternacht Strom. Wenn das Wetter durchdreht, kann es sein, dass ein paar Tage lang niemand von hier wegkommt, deshalb den Zeitplan flexibel halten.

Besucher der Insel müssen zum Schatzamt der Gemeinde gehen und dort 100 P bezahlen.

Ein Guide kann Reisenden dabei helfen, eine Privatunterkunft zu finden. Der Bürgermeister (im Rathaus) lässt Gäste im **Municipal Hall Guesthouse** (B 150 P) in Mayan übernachten. Das Gästehaus bietet auch Zugang zu einer Küche.

Eine weitere Übernachtungsmöglichkeit ist der wirklich gemütliche und komfortable **Cano Homestay** (☎0919 300 4787; Zi. 250 P), der von der früheren Tourismusbeauftragten Faustina Cano geführt wird. Sie behandelt Gäste so als seien sie alle Familienmitglieder und erzählt ihnen außerdem alles Wissenswerte über die Insel.

ℹ An- und Weiterreise

Hin und wieder verkehren bei gutem Wetter Achtsitzer-Flugzeuge von **Northsky Air** (☎078-304 6148; www.northskyair.com) zwischen Basco und Itbayat (1875 P, 15 Min.), in der Regel montags, mittwochs und freitags um 11 Uhr. Die Landebahn liegt in der Nähe von Raele, 10 km südlich von Mayan.

Falowa-Fähren von **M/B Ocean Spirit** (☎0920 664 0137) und **M/B Itransa** (☎0908 502 2814) legen gegen 6 oder 7 Uhr in Basco ab (450 P, 3–4 Std.) und gehen in Itbayat am Chinapoliran Port (auf halbem Weg entlang der Westküste) oder am Panenbatan Port im Südwesten vor Anker. Dann kehren sie um und machen sich gegen 12 Uhr auf den Rückweg. Auch bei gutem Wetter ist die Überfahrt recht rau, bei besonders starkem Seegang werden die Verbindungen manchmal gestrichen.

Südost-Luzon

Inhalt ➡

Gut essen

- Smalltalk Cafe (S. 203)
- Waway Albay (S. 203)
- Kusina sa Plaza (S. 218)
- Bob Marlin (S. 195)
- Blossoms (S. 210)

Schön übernachten

- Balai Tinay Pension (S. 202)
- Carmen (S. 195)
- Bagasbas Lighthouse (S. 192)
- Mayon Backpackers Hostel (S. 201)
- Ticao Island Resort (S. 215)

Auf nach Südost-Luzon!

Südost-Luzon gehört zu den eher unbeachteten Landesteilen der Philippinen, aber die Reisenden, die es hierherverschlägt, finden eine der wildesten, vielfältigsten und seltsamsten Ecken des Landes. Besucher begegnen hier viel Ungewöhnlichem, seien es Geschöpfe aus der Tiefe (in Donsol und Ticao), Römer, Selbstgeißelungen an Ostern (Marinduque), Cowboys, die nicht nur Ochsen, sondern auch Krebse zusammentreiben (Masbate) und *Expedition-Robinson*-Schauplätze (Caramoan-Halbinsel).

Starke Winde und hohe Wellen locken Surfer an die Küsten; Abenteuerlustige kommen wegen der aktiven Vulkane Mayon, Isarog und Bulusan nach Südost-Luzon. Runter von den ausgetretenen Touristenpfaden, um Inselhopping zu *Expedition-Robinson*-Schauplätzen zu machen oder in Donsol mit Walhaien zu schnorcheln. Hinein ins wilde Abenteuer!

Reisezeit

Naga

April & Mai Festivalzeit in Legazpi und Masbate.

Mai–Juli Sonnige (und heiße!) Jahreszeit, ideal für Inselhopping und zum Tauchen.

Aug.–Nov. Rauf aufs Surfbrett in Catanduanes und Bagasbas; auch die Kitesurf-Saison beginnt jetzt.

Südost-Luzon Highlights

1 Donsol (S. 207) Seite an Seite mit Bicols sanften Walhaien schnorcheln.

2 Mt. Mayon (S. 205) Quadfahren am Fuß des Mt. Mayon, Bicols schönstem Vulkan.

3 Legazpi (S. 201) Das Beste aus Bicols würziger Küche probieren.

4 Masbate (S. 213) Auf in den „Wilden Osten" – mit seinen Cowboys und Krebsrennen – und die ausgetretenen Touristenpfade verlassen.

5 Catanduanes (S. 211) Auf dieser abgelegenen Insel auf der legendären Majestic Surf Break reiten.

6 Caramoan-Halbinsel (S. 196) Die unbewohnten Inseln, Strände und *Expedition-Robinson*-Locations dieser unberührten Halbinsel erkunden.

7 Ticao Island (S. 215) In der Manta Bowl mit Mantarochen tauchen.

8 Naga (S. 193) Wakeboarden und Wasserskifahren im CamSur Watersports Complex (CWC) in der Nähe von Naga.

9 Marinduque (S. 216) Auf dem wilden Moriones Festival dieser Insel einen römischen Soldaten spielen.

0
50 km
PHILIPPINEN-SEE
Calagua Islands
nzons
Bagasbas
Apua Grande Island
Daet
Mercedes
Basud
Siruma
Barana
Bicol
San Miguel Bay
Tinambac
Sipocot
Lahuy Island
Garchitorena
6 Caramoan Peninsula
Paniman
Caramoan National Park
Caramoan
Guijalo
Cabacongan
Catanduanes Island
5 Catanduanes
Lagonoy
Sabang
Mt. Isarog National Park
Goa
Presentacion
Cocon
San Andres
Virac
Mt. Isarog (1966 m)
Tigaon
Naga 8
Sagnay
Pili
Ocampo
Golf von Lagonoy
CAMARINES SUR
Pasacao
Mt. Iriga (1470 m)
Lake Baao
Lake Buhi
Tiwi
Iriga
BICOL
San Miguel Island
Tabaco
Bato
Cagraray Island
Batan Island
Lake Bato
Balatan
Malilipot
Rapu Rapu Island
Libon
Mt. Mayon 2 (2462 m)
Ligao
Santo Domingo
Guinobatan
Camalig
Rapu Rapu
San Pascual
Legazpi 3
Manito
ALBAY
Jovellar
Prieto Diaz
Bacon
Pio Duran
Putiao
Burias Island
Dumadlangan
Sorsogon
SORSOGON
Abuyog
Castilla
Gubat
Donsol 1
Pilar
Claveria
Barcelona
Magallanes
Luban
Burias-Passage
Mt. Juban (730 m)
Mt. Bulusan (1560 m)
Mt. Jormajam
Bulusan
Monoon
San Roque
Biri Island
Irosin
Bular
Santa Magdalena
Monreal
Ticao-Passage
Sibuyan-See
BIRI ISLANDS
San Jacinto
Matnog
Aroroy
7 Ticao Island
Samar
Talisay Beach
Baleno
Capul Island
Dalupiri Island
Masbate
Seven Islands
Balicuatro Islands
Maingaran
4 Masbate
Matabao Island
Destacado Island

An- & Weiterreise

Täglich fliegen Flugzeuge von Manila nach Legazpi, Masbate, Naga und Virac (Catanduanes).

Zahlreiche (hauptsächlich Übernacht-)Busse fahren von Manila in die Städte Südost-Luzons – bis Legazpi dauert's mindestens 15 Stunden.

Die Inseln Marinduque, Catanduanes und Masbate werden durch Fähren regelmäßig mit den Festlandhäfen Lucena, Tabaco bzw. Pilar verbunden. Von Matnog in der Provinz Sorsogon verkehren FastCat-Fähren nach San Isidro auf der Insel Samar.

BICOL

Bicol ist unter den Philippinern berühmt für sein scharfes Essen, unter Reisenden eher wegen seiner aktiven Vulkane und den Walhaien von Donsol. Aber an dieser wenig bereisten Gegend ist noch mehr dran: einsame Strände, Inselhopping auf einem *bangka* und einige der ungewöhnlichsten und ausgelassensten Festivals des Landes.

Daet & Bagasbas

054 / 104 800 EW.

Daet ist die Hauptstadt von Bicols Provinz Camarines Norte; Reisenden dient es eigentlich nur als Verkehrsknotenpunkt und Zugang zum Bagasbas Beach, einem langen Streifen grauen Sandes 4 km nördlich der Stadt, der Surfer mit temperamentvollen Wellen und Kitesurfer mit konstanten Winden anzieht. Die Kitesurf-Saison dauert von November bis März und findet im Dezember und Januar ihren Höhepunkt.

Aktivitäten

Surfer kommen in Bagasbas am besten auf ihre Kosten, wenn zwischen September und November die Taifune über das Wasser des Pazifiks fegen, aber die Wellen sind unbeständig. Die kleinen Wellen eignen sich jedoch prima für Surfanfänger, und die meisten Unterkünfte verleihen Bretter (ab 200 P/Std.) und bieten Kurse an (400 P/Std.). Die nahe San Miguel Bay bietet eine gute Brandung für erfahrenere Surfer.

Hang Loose Surf Shop SURFEN
(0909 531 2869; Surfbrettvermietung halber/ganzer Tag 500/800 P; 6–17 Uhr) Motiviertes Personal vermietet am Strand Bretter und bietet Unterricht an (400 P/Std.).

Mike's Kites KITESURFEN
(0995 458 9995, 0949 622 0749; www.mikeskites.com; 2-std. Einführung 60 US$, Kiteboard 20 US$/Tag). Das Mike's wird vom Amerikaner Mike Gambrill geführt und bietet Kitesurf-Unterricht mit einem zertifizierten Lehrer, verleiht Ausrüstung und arrangiert Ausflüge zum Surfen, Inselhopping, Gleitschirmfliegen und Wakeboarden. Die Kitesurf-Saison am Bagasbas Beach dauert von November bis März. Außerhalb der Saison ist das Mike's normalerweise geschlossen, deshalb besser vorher anrufen.

Schlafen & Essen

Eine Handvoll Pensionen und ein herausragendes Hotel säumen die einzige Straße, die in Bagasbas parallel zum Strand verläuft.

Bagasbas B&B PENSION €
(0929 545 8955; DZ mit Ventilator/Klimaanlage 600/800 P, 4BZ 1500 P;) In der Mitte des Strandabschnitts bietet diese einfache, aber freundliche Pension eine Reihe kleiner, sauberer Budgetzimmer auf zwei Stockwerken; abgerundet wird das Ganze durch ein Restaurant mit Bar auf dem Dach. Bei den klimatisierten Zimmern ist Frühstück inklusive, und wer nur für einen Tag da ist und sich dort frisch machen möchte, zahlt nur 300 P (5 Std.). Ein Day Spa gehört ebenfalls dazu.

Mike & Joy's Kite Bar BUNGALOW €
(0949 622 0749, 0995 458 9995; www.mikeskites.com; Bagasbas Rd.; DZ im Bungalow mit Ventilator/Klimaanlage Bungalow ab 800/1000 P;) Das in der Saison geöffnete Bar-Restaurant ist eine gute Adresse für westliches und philippinisches Essen, Bier und die Chance, andere Surfer und Kitesurfer kennenzulernen. Die klimatisierten Bungalows sind komfortabel und liegen an einem hübschen Garten; während der Kitesurf-Saison kann es hier allerdings schnell voll werden.

★ **Bagasbas Lighthouse** RESORT €€
(0917 510 1856, 054-731 0355; B 550 P, DZ 1750–2950 P, 4BZ 3950–4450 P;) Dieses von üppiger Vegetation umgebene Resort mit nautischem Thema ist eindeutig das beste Hotel am Bagasbas Beach; das tolle **Bar-Restaurant** (Hauptgerichte 155–195 P; 8–22 Uhr) liegt an einem einladenden Swimmingpool. Neben Zimmern, die mehr oder weniger Standard sind, gibt's kleine,

aber ziemlich verrückte Unterkünfte in umgebauten Wohnwagen (und sogar einen Schlafsaal mit eigenem Bad für Backpacker). Die luxuriöseren Zimmer vorne haben Aussicht auf die Brandung. Am Wochenende gibt's Karaoke.

Kusina ni Angel PHILIPPINISCH €
(Hauptgerichte 60–300 P; ⌚10–21.30 Uhr) Die Institution wird vom charmanten Angel de la Cruz geführt und hat eine kreative Karte, die auf Meeresfrüchte und Nudeln spezialisiert ist. In der Nähe der Kreuzung mit den Rikschas.

An- & Weiterreise

Rikschas von Daet nach Bagasbas kosten 50 P.

Klimatisierte Busse von Philtranco (550 P) fahren für gewöhnlich 5-mal tgl. von Pasay, Manila, nach Daet (9 Std.). Von Daet verkehren regelmäßig DLTB- und Superlines-Busse nach Manila; sie fahren an eigenen Haltestellen in der Mahalika Diversion Road ab. Auch nach Lucena (315 P) gibt es regelmäßige Verbindungen.

Außerdem verkehren morgens regelmäßig Minivans vom Central Terminal entlang der Vinzons Avenue nach Naga (180 P, 3 Std.).

Naga

☎054 / 196 000 EW.

Naga ist eine lebhafte Studentenstadt und Heimat der ältesten Universität Bicols; hier gibt's eine beeindruckende Auswahl an Cafés, Bars und Einkaufszentren. Viel interessanter für Besucher sind jedoch die „vulkanischen" Freizeitmöglichkeiten rund um Naga, die von Wandern über Radfahren bis hin zu Klettern reichen, sowie der nahe gelegene Wakeboarding-Park. Im September strömen Tausende Gläubige zum Peñafrancia Festival nach Naga, um die Jungfrau von Peñafrancia, Bicols Schutzheilige, zu feiern. Unterkünfte mindestens zwei Monate im Voraus buchen!

Sehenswertes & Aktivitäten

Naga Cathedral KATHEDRALE
(St. John the Evangelist; Barlin St.) Die Naga Cathedral aus dem 19. Jh. mit ihrer beeindruckenden romanischen Fassade ist ein Wahrzeichen der Stadt. Davor steht die gleichermaßen beeindruckende Porta Mariae, ein Triumphbogen, der 2010 zu Ehren der Jungfrau von Peñafrancia errichtet wurde.

Holy Rosary Minor Seminary Museum MUSEUM
(in einer Seitenstraße der Elias Angeles St.; ⌚Mo–Fr 9–12 & 14–17, Sa 8–12 Uhr) GRATIS Wer es nicht zum **Peñafrancia Festival** (⌚Sept.) schafft, kann auch dieses kleine Museum besuchen – das ist fast genauso gut. Es grenzt an die Kathedrale an, die die Stadt dominiert, und die Ausstellungen bestehen aus Bildern und Vitrinen, die religiöse Umzüge sowie einige unterhaltsame Dioramen der Hauptprozession zeigen.

Naga City Museum MUSEUM
(Burgos St.; ⌚Mo–Fr 8–12 & 14–17 Uhr) GRATIS Dieses kleine Museum befindet sich im dritten Stock im Gebäude der University of Nueva Caceras. Der Schwerpunkt liegt auf ethnografischen Exponaten wie Kunsthandwerk, Werkzeugen und anderen Artefakten aus dem präkolonialen Bicol, aber es erzählt von der gesamten Geschichte der Philippinen.

★ **CamSur Watersports Complex** WASSERSPORT
(CWC; ☎054-477 3344, 0917 895 4156; www.cwcwake.com; Provincial Capitol Complex Cadlan, Pili; Wakeboarden 1/2/4 Std. 165/330/460 P, ganzer Tag 750 P, Nachttarif 325 P/Std.; ⌚Mo–Mi 8–18, Do–So bis 21 Uhr) Der CWC ist eine hochmoderne Wasserski-Anlage; in der Höhe gespannte Kabel übernehmen hier die Aufgabe von Schnellbooten und ziehen Wasserskifahrer und Wakeboarder über die Schanzen, Rampen und Rutschen des eigens für diesen Zweck eingerichteten Wasserparks. Es macht Spaß, erfahrenen Sportlern bei ihren Kunststücken und Sprüngen zuzuschauen, aber auch Anfänger können es unter Anleitung ausprobieren und sich hierfür die entsprechende Ausrüstung mieten. 12 km südlich von Naga in der Ortschaft Pili.

Kadlagan Outdoor Shop & Tours KLETTERN
(☎0919 800 6299; kadlagan@yahoo.com; 2. OG, SM Mall, Ninoy & Cory Ave.) Der einheimische Guide Jojo Villareal gehört zu den besten Informationsquellen, wenn es ums Erklettern des Mt. Isarog und andere Abenteueraktivitäten rund um Naga geht. Der Outdoor-Laden in der SM Mall verkauft Camping- und Kletterausrüstung.

Schlafen

Die Budget- und Mittelklasseunterkünfte liegen im Zentrum, teurere Hotels rund

Naga

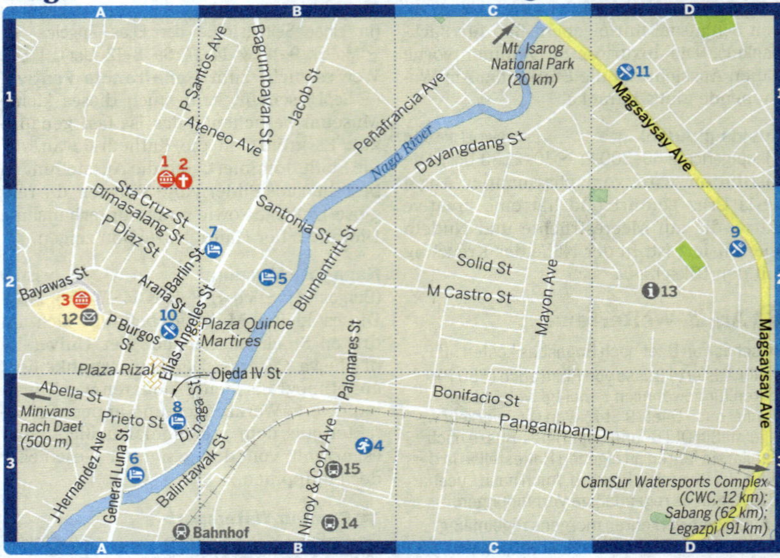

Naga

Sehenswertes

1 Holy Rosary Minor Seminary Museum A1
2 Naga Cathedral A1
3 Naga City Museum A2

Aktivitäten, Kurse & Touren

4 Kadlagan Outdoor Shop & Tours B3

Schlafen

5 Carmen B2
6 Eurotel Naga A3
7 Hillary & Andrew Hostel B2
8 Naga Regent Hotel A3

Essen

9 Bob Marlin D2
10 Geewan A2
11 Red Platter D1

Praktisches

12 Downtown Post Office A2
13 Naga City Visitors Center D2

Transport

14 Central Bus Terminal B3
Isarog .... (siehe 14)
15 Jeepney Terminal B3

um die Magsaysay Avenue, eine etwa zehnminütige Fahrt mit dem Tricycle Richtung Norden entfernt.

Hillary & Andrew Hostel HOSTEL €
(☎0998 845 5248; hillaryandandrew_hostel@yahoo.com.ph; 32 Barlin St.; EZ/DZ/3BZ ab 600/850/1400 P; ❄📶) Eher Budget-Hotel als Backpacker-Hostel die mit Abstand preisgünstigste Option in Naga; die freundliche Unterkunft bietet ein Bar-Restaurant, einen Außenbereich zur Straße und gelegentlich Livemusik. Auch die günstigsten Zimmer verfügen über ein eigenes Bad, sind aber winzig und fensterlos; gegen einen kleinen Aufpreis ist etwas Größeres zu haben. Nur einen kurzen Fußweg vom Wahrzeichen der Stadt, der Naga Cathedral, entfernt.

Naga Regent Hotel HOTEL €€
(☎054-472 2626; www.nagaregenthotel.com; Elias Angeles St.; B/EZ/DZ/Suite inkl. Frühstück ab 500/900/1400/2800 P; ❄📶) Dieses erschwingliche Business-Class-Hotel hat viel zu bieten: Von riesigen Suiten mit polierten Holzböden bis hin zu geräumigen Schlafsälen mit stabilen Stockbetten gibt's hier für jeden etwas, sodass das Hotel mühelos den Spagat zwischen Budget- und Mittelklasseunterkunft schafft. Obendrein liegt es auch noch sehr zentral.

Eurotel Naga HOTEL €€
(☎054-472 5321; www.eurotel-hotel.com; Ecke General Luna St. & Riverside Rd.; DZ/Suite inkl. Frühstück ab 1750/2500 P; P ❄ 📶) Ein makelloses Geschäftshotel in zentraler Lage mit Blick auf den Fluss. Die Wände zieren riesige Drucke berühmter europäischer Wahrzeichen, die Suiten haben Stuckdecken und die kompakten Zwei-Bett- und Doppelzimmer haufenweise moderne Annehmlichkeiten.

★ **Carmen** BOUTIQUEHOTEL €€€
(☎054-472 5888; www.thecarmenhotel.com.ph; Peñafrancia Ave.; DZ 7500–8500 P, Suite 13 000 P; ❄ 📶 ≋) Nagas neuestes Hotel steht mit Abstand an der Spitze der schicken Hotels; 45 supermoderne und geräumige Zimmer mit bodenlangen Fenstern und fluffigen Betten. Es bietet ein attraktives Pool-Deck, einen Fitnessbereich und die ach-so-coole Sky Lounge auf dem Dach mit perfektem Blick über die Stadt. Das durchdachte Außendesign dämpft den Straßenlärm. Online gibt's Rabatte, die unter Umständen den Normalpreis um mehr als die Hälfte reduzieren.

Essen

Abends öffnen auf den belebten Plätzen in der Innenstadt viele tolle Essensstände. Einige Händler versammeln sich bei der Kirche San Francisco in einer Seitenstraße der Peñafrancia Avenue; schickere Restaurants finden sich an der langen Magsaysay Avenue. Auch der beliebte Gastro-Bereich der SM Mall ist einen Abstecher wert.

Geewan BICOLANO €
(☎054-473 3030; www.geewan.ph; Burgos St.; Hauptgerichte 65–150 P; ⏲9–21 Uhr; ❄) Dieses Bicolano-Lokal im Cafeteria-Stil ist bei Einheimischen zu Recht beliebt, nicht zuletzt dank seiner umfangreichen Auswahl an preiswerten Gerichten wie *lechón* (Spanferkel) und *pinangat* (Taro-Blätter, Chili, Fleisch und Kokosmilch) und *bangus* (Milchfisch); das alles wird auf wirklich bequemen Stühlen in arktisch klimatisierter Umgebung verspeist. Viele Gerichte werden schon im Voraus zubereitet und in Speisenwärmern ausgestellt.

★ **Bob Marlin** PHILIPPINISCH €€
(☎054-473 1339; www.bobmarlin.ph; Magsaysay Ave.; Hauptgerichte 175–320 P; ⏲11–1 Uhr) Das Bob Marlin ist vor Ort für seine knusprige *pata* (frittierte Schweinshaxe) als das beste Lokal der Stadt bekannt. Auch die anderen philippinischen Gerichte wie *inahaws* (Grillgerichte) sind wirklich lecker. Wer auf der belebten Magsaysay ausgehen und ein Bier trinken will, ist in diesem geselligen, unterhaltsamen Laden genau richtig.

Red Platter PHILIPPINISCH €€
(☎054-472 9933; www.redplatter.ph; Magsaysay Ave.; ⏲Mo–Sa 10–22, So 9–22 Uhr; ❄ 📶) Das Red Platter gehört zu den eher schickeren unabhängigen Restaurants auf der Magsaysay; die Atmosphäre ist semiformal, das Ambiente anspruchsvoll. Der Schwerpunkt liegt auf philippinischen Grill-, Meeresfrüchte- und Reisgerichten, aber es stehen auch Pizza, Pasta und Snacks wie Nachos auf der Speisekarte.

ℹ Praktische Informationen

Downtown Post Office (University of Nueva Caceres; ⏲Mo–Fr 8–17 Uhr)
Naga City Visitors Center (☎054-473 4432; www.naga.gov.ph/tourism; Ecke Miranda Ave. & Maria Cristina St.; ⏲Mo–Fr 8–12 & 13–17 Uhr) im Rathauskomplex.

ℹ An- & Weiterreise

FLUGZEUG

Der Flughafen befindet sich in Pili, 14 km südlich von Naga. Cebu Pacific und PAL Express fliegen täglich zwischen Manila und Naga (ab 3500 P, 1 Std.).

BUS & JEEPNEY

Alle Busunternehmen nutzen den **zentralen Busbahnhof** (Ninoy & Cory Ave.) in Naga südlich der SM City Mall. Cagsawa bietet klimatisierte Nachtbusse an, die direkt nach Ermita in Manila fahren (10 bis 13 Std.), **Isarog** (☎0908 851 2649; https://bicolisarog.com) und Amihan fahren dagegen nach Cubao (760 P) und Philtranco bedient die Strecke nach Pasay (630 P).
Die meisten klimatisierten und Luxusbusse verkehren nachts. Busse von Raymond fahren mehrmals täglich nach Caramoan (220 P, 5–5½ Std.).

Jeepneys und klimatisierte Minivans fahren am **Jeepney-Terminal** (Carnation St.) ab, 200 m östlich der SM City Mall. Außerdem verkehren häufig Minivans nach Legazpi (140 P, 2½ Std.), Tabaco (180 P, 2 Std.) und Sabang (100 P, 1½ Std.). Jeepneys verkehren auch nach Panicuason (25 P, 30 Min.) und Pili (15 P, 20 Min.)

Minivans (Felix Plazo St) nach Daet (180 P, 2 Std.) fahren bis 21 Uhr am LCC Transport Terminal hinter der LCC Mall ab. Auch Jeepneys fahren von diesem Terminal.

Mt. Isarog National Park

Die Landschaft von Camarines Sur wird vom Mt. Isarog (1966 m) dominiert, Bicols (schlafendem) zweithöchstem Vulkan. Von Panicuason (pan-ie-*kwa*-son) aus führt eine steile, halbstündige Wanderung auf einer holprigen Straße (bei Trockenheit passierbar, aber für normale Autos schwierig) zum Eingang des **Mt. Isarog National Park** (50 P; ⏱Parkbüro 8–16 Uhr). Am Fuß des Berges muss man Eintritt bezahlen. Rechts führt ein kurzer Weg einige sehr steile Steinstufen zu den Malabsay Falls hinunter, wo man mit Blick auf den Mt. Isarog schwimmen kann – eine unglaubliche Erfahrung. In Panicuason bieten die **Mt. Isarog Hot Springs** (100 P; ⏱7–18 Uhr) fünf natürliche heiße bis lauwarme Quellbecken – eine wunderbare Art, nach einer Wanderung im Park zu entspannen. Die Quellen liegen 1,3 km Fußweg abseits der Hauptstraße, kurz vor der Straße zum Nationalpark.

Offiziell wird für die zweitägige Rundwanderung auf den Mt. Isarog ein Bergführer und eine Genehmigung (10 US$) benötigt. Hierfür im Tourismusbüro im Rathaus von Naga vorbeigehen oder mit Jojo im Kadlagan Outdoor Shop (S. 193) sprechen. Der Aufstieg führt durch den letzten tropischen Primärwald in Luzon. Wer sehr fit ist (erst ausprobieren, so etwas kann sich ändern), kann den Trek auch an einem Tag meistern, aber die Genehmigung gilt trotzdem für zwei Tage. Beim Aufstieg verwandelt sich die Vegetation in moosigen Wald, der in der Nähe des Gipfels zu kargem Grasland mit steinigen, alpinen Riffen ausdünnt. Was das Wetter angeht, liegt die beste Zeit für den Aufstieg für gewöhnlich zwischen Anfang März und Ende Mai. Mehr als nur ein Weg schlängelt sich den Vulkan hinauf: Wanderer steigen typischerweise den beliebten Weg von Panicuason hinauf oder wählen den weniger ausgetretenen, umweltfreundlicheren Pfad, der in Consocep beginnt. Jojo im Kadlagan Outdoor Shop kann mit Genehmigungen und der Vermietung von Campingausrüstung weiterhelfen.

ℹ An- & Weiterreise

Der Mt. Isarog ist am besten von Naga aus mit einem Jeepney nach Panicuason zu erreichen. Der letzte Jeepney nach Naga fährt gegen 17 Uhr in Panicuason ab.

Caramoan-Halbinsel

Die bergige, von dichtem Dschungel bewachsene Caramoan-Halbinsel liegt nur rund 50 km von Naga entfernt, wirkt aber, als sei sie ganze Welten entfernt. Wer mit dem Boot anreist – was am besten ist –, glaubt angesichts der zerklüfteten Klippen, des türkisfarbenen Meeres und der unberührten Sandstreifen fast, er würde sich der Insel aus Jurassic Park nähern. Im grauen Sand der Nordküste stehen hier und da Strand-Resorts; das wichtigste davon ist das Paniman, das sich sowohl als Ausgangpunkt fürs Inselhopping als auch für Entspannung eignet.

Die Caramoan-Halbinsel ist so abgelegen, dass schon die US-amerikanischen, französischen, israelischen, dänischen, serbischen und andere Versionen von *Expedition Robinson* gedreht wurden, aber durch die Asphaltierung der Straße ist die Halbinsel nun besser erschlossen (auch wenn es per Boot noch immer besser ist). Noch haben die Touristenströme sie nicht im Visier, aber an den Wochenenden kommen die Philippiner aus den Städten hierher, um Inselhopping-Abenteuer zu erleben, daher lieber nicht damit rechnen, dass man die Halbinsel ganz für sich allein hat.

Aktivitäten

Zwischen den von Dschungel bewachsenen Kalksteinklippen und den goldenen Sandstreifen, die den Archipel vor der Nordküste dominieren, liegt eine der größten Attraktionen Caramoans. Pensionen und Resorts organisieren einen ganzen Tag voller Inselhopping mit Schwimmen und Schnorcheln für etwa 1500 bis 2000 P, je nachdem, wie viele Inseln der Trip umfasst. Oder mit den Fischern in Bikal oder Paniman Beach feilschen und für einen ähnlichen Preis ein *bangka* in Beschlag nehmen.

Zu den Highlights gehören das hübsche kleine Matukad mit seiner versteckten Lagune, die nur zu erreichen ist, wenn man unter den Felsen hindurchschwimmt, Lahos, das bei Expedition-Robinson-Crews beliebt ist sowie das Postkartenidyll Aguirangan. Auf der V-förmigen Insel Sabitan Laya locken lange, weiße Sandstreifen und ein Kalksteinvorsprung am Ende des V – eine prima Stelle zum Schnorcheln! Tinago bietet eine abgeschiedene Bucht, die sich wunderbar zum Sonnenbaden

WAS BRUTZELT IN BICOL?

Philippinisches Essen wird oft als der langweilige, arme Cousin international so anerkannter asiatischer Küchen wie der thailändischen oder vietnamesischen verunglimpft. Mit seiner Fülle an feurigen Speisen widerspricht Bicol aber allen Kritikern.

Kokosnuss ist eine Bicolano-Schlüsselzutat. Alles, was in Kokosmilch gekocht wird, wird als *ginataán* bezeichnet. In Kokosmilch gekochter *pusít* (Tintenfisch) ist also *ginataán pusít* (und sehr zu empfehlen). *Ginataán santol* (eine breiige Frucht) und *ginataán* Jackfrucht sind ebenfalls lecker. Die andere Schlüsselzutat für die Bicol-Küche ist *sili* (scharfe Chilischote). Es gibt viele verschiedene Arten von *sili*, darunter die winzige, aber kräftige *labuyo*, die Bars mit den milderen, mandelförmigen *pili*-Nüssen vermischt servieren.

Zwei der beliebtesten herzhaften Köstlichkeiten sind *Bicol exprés* und *pinangat*. Ersteres ist eine scharfe Mischung aus gehacktem Schweinefleisch, *sili*, Shrimps, Zwiebeln, Knoblauch und anderen Gewürzen, in Kokosmilch gekocht und typischerweise mit Reis serviert. *Pinangat* besteht aus grünen *gabi*(Taro)-Blättern, gefüllt mit kleinen Stücken Fisch, Shrimps und/oder Schweinefleisch sowie einem gehackten, grünen Blattgemüse namens *natong/laing*, das oft auch einfach als Beilage serviert wird. Zu guter Letzt wäre da noch das überraschend leckere *candingga*: geschnetzelte Schweineleber mit in Essig gekochten und gesüßten Karotten.

Die allgegenwärtige *pili*-Nuss – angeblich ein Aphrodisiakum – ist auch im Dessertbereich stark vertreten und taucht immer wieder in Keksen, Gebäck, Marzipan, Kuchen und Eiscreme auf.

eignet, während Pitogo ein weiterer *Expedition-Robinson*-Schauplatz ist. Unter dem runden Dutzend Inseln ist Lahuy die größte und Paniman am nächsten; sie punktet mit Stränden, einheimischen Goldschürfern und einer Flughund-Kolonie. Tabgon wartet mit Mangrovenhainen am Ufer auf. Außerdem führen 500 Stufen zur riesigen Statue der Mary of Peace hinauf, die auch eine beliebte Pilgerstätte vieler Philippiner ist.

Caramoan Kayaks KAJAKFAHREN
(☎0947 524 5858; www.facebook.com/caramoankayaks/; Guijalo; 1 Std./Tag 150/1900 P) Die Besitzer des CK-Inn verleihen Seekajaks, können Paddler um die Inseln lotsen oder Campingausrüstung an diejenigen verleihen, die auf einer unbewohnten Insel ihre eigene kleine *Expedition Robinson* starten möchten.

Schlafen

Caramoan-Stadt liegt rund 7 km von Paniman Beach entfernt und bietet einige Hotels; eine bessere Option ist jedoch, zur Küste bei Paniman zu fahren oder zu einem der abgeschiedenen Strandresorts. Wer seine Verschollen-Fantasien mal richtig ausleben will, kann eine Nacht oder länger auf einer unbewohnten Insel verbringen. Das CK-Inn nahe Guijalo und das B&B Residencia de Salvacion leihen zu diesem Zweck Zelte aus.

Residencia de Salvacion B&B €
(☎0939 310 1135; http://residenciadesalvacion.weebly.com; Paniman Beach; Zi. inkl. Frühstück 1000–1500 P; ❄📶) Am südlichen Ende von Paniman Beach, nahe der Mündung des Manapo River, bietet die Residencia de Salvacion mit seinen sauberen Hütten und Zimmern ein tolles Preis-Leistungs-Verhältnis. Hier gibt's hausgemachte Gerichte und Inselhopping-Trips (ab 1500 P).

Casita Mia Bed & Breakfast B&B €€
(☎0917 819 5150; www.casitamia.com.ph; Guilajo Rd., Caramoan-Stadt; DZ mit/ohne Vollpension 3500/2700 P; ❄📶) Die lokale Version einer Hacienda im spanischen Stil versteckt sich in einer ruhigen Gegend südlich der eigentlichen Ortschaft und ist die beeindruckendste Option in Caramoan-Stadt. Die stylishen Zimmer sind makellos, der Garten üppig grün. Das B&B bietet All-inclusive-Pakete mit Übernachtung, Vollpension und Bootstour zu den unbewohnten Inseln.

Breeze & Waves PENSION €€
(☎0918 913 9623; myrna.rodriguez@yahoo.com.ph; Paniman Beach; DZ/3BZ 1500/1700 P) Als die beste der Mittelklassepensionen in Paniman Beach bietet das Breeze &

Waves auf zwei Stockwerken acht geräumige Zimmer mit Gemeinschaftsveranda bzw. -balkon sowie ein luftiges Restaurant. Der Besitzer besitzt eine kleine Flotte aus *bangkas* für Inselhopping-Trips.

Gota Village Resort RESORT €€

(☎0920 967 2942; http://caramoanislands.com; Gota Beach; Hütte für 2 Pers. 2500–3000 P; ❄📶) Das Resort Gota Village liegt direkt am Meer in Gota Beach, etwa 5 km von Caramoan-Stadt entfernt (per Tricycle 20 Min., 120 P). Die 50 Holzhütten im Chalet-Stil sind für den Preis nicht gerade nobel und im Sommer oft restlos von *Expedition-Robinson*-Crews ausgebucht, aber der Standort ist toll und es werden jede Menge Aktivitäten geboten.

CK Inn B&B €€

(☎0947 524 5858; http://ck-inn.one; Guijalo; DZ/3BZ/FZ ab 1400/1700/3800 P; ❄📶) Auch wenn es von der Nordküste der Halbinsel etwas entfernt ist, liegt das dennoch dem Meer zugewandte CK ganz praktisch gleich südlich des Hafens Guijalo (am Hafen nach Harvey fragen); der hilfsbereite Besitzer ist auf Touren rund um die Halbinsel und auf Kajakfahren spezialisiert. Das Gästehaus wird als Familienbetrieb geführt und bietet saubere Zimmer, kostenloses Frühstück und ist wunderbar abgelegen. Im Familienzimmer können acht Personen übernachten.

Caramoan Garden RESORT €€

(☎0919 882 1879; www.caramoangarden.com; Bikal; Zi. ab 2000 P; ❄📶🏊) In der Nähe des Bootsanlegers in Bikal, etwa 5 km von Caramoan-Stadt entfernt, bietet dieses attraktive Resort geräumige Zimmer (für bis zu 4 Pers.), einen schicken Swimmingpool und das übliche Aktivitätenpaket.

Las Casa Roa Hostel PENSION €€

(☎0917 937 2227; Alvarez Rd., Caramoan-Stadt; DZ/FZ 1550/1850 P; ❄📶) Die Unterkunft in einem ehemaligen Familiensitz ist eher eine Pension als ein Hostel; die 13 Zimmer sind sauber und gemütlich, es gibt zwei Speisezimmer und einladende Gemeinschaftsbereiche mit Rattanmöbeln. Die Pension liegt am Ende einer kleinen Straße, die von der Hauptstraße, die durch Caramoan-Stadt führt, abzweigt.

★ **Hunangan Cove** RESORT €€€

(☎0920 967 2942; http://caramoanislands.com; Hunangan Cove; DZ 5000–7500 P, Suite 10 000 P; ❄📶) Gleich um die Ecke von Gota Beach stehen an einem Privatstrand sieben luxuriöse Hütten mit Schilfdach, die zusammen das exklusivste Resort in diesem Teil Caramoans bilden. Jede Hütte ist geschmackvoll eingerichtet und mit einem Fernseher und einem DVD-Spieler ausgestattet; die Suite verfügt über zwei Schlafzimmer, eine Küche und ein Esszimmer. Wer nicht hier übernachtet, kann das Ganze beim Inselhopping vom *bangka* aus bewundern.

Essen & Ausgehen

Caramoan-Stadt bietet ein paar Cafés, und in Paniman gibt's mehrere einfache Restaurants. Oder man isst einfach in seiner Unterkunft.

Bay Sand Food Stop PHILIPPINISCH €€

(Paniman Beach; Hauptgerichte 150–275 P; ⏲7–22 Uhr; 📶) Am Zugang zum Strand können sich Gäste in diesem luftigen Restaurant auf soliden Holzmöbeln (anstatt Plastikstühlen) unter einem Schilfdach entspannen; auf den Tisch kommen Frühstück, Meeresfrüchte, philippinische und lokale Gerichte wie das für Bicol typische *exprés*.

Barako Coffee Shop CAFÉ

(National Rd., Caramoan-Stadt; Getränke 15–54 P; ⏲11–20 Uhr) Frisch gemahlener philippinischer Kaffee, Kaffee mit verschiedenen Geschmacksrichtungen und eiskalte Frappés sind die Spezialitäten dieses nach vorne offenen Ladens an der Hauptstraße.

Praktische Informationen

In Caramoan-Stadt gibt's einen internationalen Geldautomaten. Die **Touristeninformation** (☎0930 811 8406; caramoan.tourism@gmail.com; ⏲Mo–Fr 8–17 Uhr) ist im Obergeschoss des Stadtverwaltungskomplexes an der Hauptstraße von Caramoan-Stadt. Harvey vom CK Inn betreibt von 8 bis 16 Uhr einen kleinen Touristenschalter am Hafen von Guijalo.

An- & Weiterreise

Caramoan ist zwar auch über Straßen zu erreichen, schneller geht's aber mit dem Boot vom Hafen Sabang.

SCHIFF

Wer aus Naga anreist, steigt am besten in einen klimatisierten Minivan nach Sabang (120 P, 2 Std.). Von Sabang aus fahren „Harry"-Boote (große *bangkas*) um 7, 8, 9 und 11 Uhr zum Hafen von Guijalo (120 P, 2 Std.).

Ein „Harry"-Boot schippert täglich zwischen Guijalo und Cabcab auf Catanduanes (100 P, 1½ Std.), es startet um 11 Uhr in Guijalo und um 9 Uhr in Cabcab.

Bei der Ankunft in Guijalo muss man sich registrieren und eine Umweltgebühr von 30 P entrichten. Vom Hafen von Guijalo sind es 15 Minuten Fahrt mit dem Tricycle nach Caramoan-Stadt (150 P) und 30 Minuten nach Paniman (300 P).

Wer die fahrplanmäßig verkehrende Fähre zwischen Guijalo und Catanduanes verpasst, kann in Condon (Catanduanes) ein *bangka* mieten, um über den „typhoon highway" (ab 1500 P pro *bangka*, 1½ Std.) zu schippern. Bei rauer See sollte dies jedoch nicht versucht werden, da es sehr gefährlich sein kann.

BUS

Die Straße zwischen Sabang und Guijalo (90 km) ist asphaltiert, aber schmal und gewunden, sodass man nur langsam vorankommt. Raymond-Busse verkehren mindestens sechsmal täglich nach und von Naga (220 P, 5½ Std.). Wer wirklich masochistisch veranlagt ist, kann die ganze Strecke nach Manila fahren (875 P, 15 Std., 2-mal tgl.). In Caramoan fährt der Bus um 7 Uhr neben dem Markt ab und die Hauptstraße entlang.

Von Legazpi oder Tabaco kann man mit dem Jeepney nach Tigaon fahren, in einen anderen Jeepney nach Sabang steigen und dann entweder das letzte Boot nach Guijalo nehmen oder mit dem Raymond-Bus weiterfahren.

Tabaco

052 / 133 900 EW.

Tabaco liegt im Nordschatten des Mt. Mayon und genießt ebenfalls einen guten Ausblick auf den Vulkan. Für Reisende dient der Ort hauptsächlich als Sprungbrett zu den Fähren nach Catanduanes. Allerdings fehlen ihm der urbane Charme und das moderne Antlitz von Legazpi. Das Zentrum ist laut und von Verkehr verstopft, aber die Anlegestelle ist nur ein paar Blocks östlich davon.

Schlafen & Essen

JJ Midcity Inn HOTEL €

(052-742 5136; www.jjmidcityinn.com; Herrera St.; EZ/DZ/3BZ 850/1000/2800 P;) Superzentral an einer lauten Straße gelegen, gibt das JJ Midcity eine absolut komfortable Übernachtungsmöglichkeit ab; reduzierte 12-Stunden-Tarife machen es noch erschwinglicher für alle, die hier einfach nur auf eine Fähre warten wollen. Die billigeren Zimmer sind gemütlich, die meisten davon sind fensterlos, aber sie sind sauber und haben bunte Akzente. Das Café und die Bar im oberen Stock (Frühstück ist beim vollen Zimmerpreis mit inbegriffen) sind gut und bieten einen schönen Ausblick auf die Stadt. Hier gibt's Cocktails und gelegentlich Karaoke.

Gardenia Hotel HOTEL €€

(052-487 8019; www.tabacogardeniahotel.com; Riosa St.; DZ inkl. Frühstück 900–1400 P;) Das Gardenia gehört zu den gepflegten, brauchbaren Untere-Mittelklasse-Unterkünften in Tabaco. Es bietet große, saubere Doppelzimmer, Vulkanblick und eine relativ ruhige Lage hinter dem Markt. Die fensterlosen Zimmer sind ruhiger als die zur Straße hin. Das dazugehörige japanische **Restaurant** (Hauptgerichte 150–400 P; 11–14 & 17–23 Uhr) bietet eine willkommene Abwechslung vom philippinischen Essen, und die Anlegestelle ist nur drei Häuserblocks entfernt.

Hotel Fina HOTEL €€

(052-487 8885; www.hotelfina.com; AA Berces St; EZ/DZ/3BZ inkl. Frühstück 1700/2500/3500 P;) Tabacos bestes Hotel punktet mit einem Infinity-Pool auf dem Dach mit super Aussicht auf den Mt. Mayon sowie exklusiven Extras wie Safe und Minibar auf den Zimmern. Die Zimmer sind modern und mit superbequemen Betten ausgestattet. Außerdem gibt's ein gutes Bar-Restaurant.

Vista Garden PHILIPPINISCH €€

(0917 303 7515; Morayta St.; Hauptgerichte 140–300 P;) Diese Open-air-Restobar ist eine tolle kleine Oase für alle, die im Herzen des hektischen Tabaco zwanglos eine Kleinigkeit essen wollen. Philippinische Küche und Spezialitäten aus Bicol sowie kaltes Bier.

An- & Weiterreise

BUS

Cagsawa, Philtranco und Raymond Tours unterhalten Busse nach und von Cubao, Manila (klimatisiert/Luxus ab 850/1100 P, 12 Std.), vom Busbahnhof Tabaco City an der Ziga Street. Nach und von Legazpi fahren regelmäßig Minivans (50 P, 40 Min.) und Jeepneys (36 P). Minivans nach Naga (180 P, 3 Std.) fahren neben der Stadtverwaltung in der Rizal Street ab.

SCHIFF/FÄHRE

Täglich um 6.30 Uhr fahren Fähren vom Anleger in Tabaco Pier nach Virac (mit/ohne Klimaanlage

Legazpi

Legazpi

Sehenswertes
1 Embarcadero D4
2 Sleeping Lion Hill D4

Schlafen
3 Apple Peach House A3
4 Balai Tinay Guesthouse B2
5 Hotel St Ellis C3
6 Hotel Villa Angelina A3
7 Legazpi Tourist Inn C3
8 Mayon Backpackers Hostel A3
9 Tyche Boutique Hotel C3

Essen
1st Colonial Grill .... (siehe 17)
10 Bob Marlin B2
11 Chachi's Inn A2
12 Sibid-Sibid C1
13 Smalltalk Cafe B2
14 Waway Albay B2
15 Waway Restaurant B1

Ausgehen & Nachtleben
16 La Mia Tazza Coffee B2

Shoppen
17 Pacific Mall B4

Praktisches
18 Provincial Tourism Office B2

Transport
Cagsawa .... (siehe 19)
Isarog .... (siehe 19)
19 Legazpi Grand Central Terminal A4
Peñafrancia .... (siehe 19)
Philtranco .... (siehe 19)

300/230 P, 4 Std.), um 7 und 13 Uhr nach San Andres (250/200 P, 3 Std.). Die Fähre nach San Andres ist schneller, aber wer nach Virac will, für den ist die Reisezeit letztlich gleich.

Legazpi

052 / 196 560 EW.

Legazpi ist die Hauptstadt der Provinz Albay, aber Ruhm erlangt hat sie vor allem durch ihre Lage am aktiven Mt. Mayon (2462 m), der zu Recht als der perfekte Vulkan bezeichnet wird. Obwohl die Stadt einigermaßen entspannt ist, versinken ihre Hauptstraßen in Verkehr und Einkaufszentren, aber wer nur einen Block weitergeht, ist umgeben von stillen Häusern inmitten von Grün, pickenden Hühnern und Tricycle-Fahrern, die im Schatten ein Nickerchen machen.

Legazpi ist in den Albay District und Legazpi City unterteilt. Albay ist besser zum Übernachten, aber zur City gehört die attraktive Gegend am Meer. Der Mayon ist von vielen Stellen in der Stadt aus sichtbar, die beste Aussicht bieten die Spitze des Ligñon Hill oder Daraga und Cagsawa.

Sehenswertes & Aktivitäten

Legazpi ist ein guter Ausgangspunkt für Erkundungen des nahen Abenteuerlands Bicol. Die meisten Hotels können Vans und Fahrer organisieren; der übliche Preis für eine Tagestour innerhalb der Provinz Albay liegt zwischen 3000 P und 3500 P, aber bei Bicol Adventure ATV (S. 204) sind auch günstigere Tagestouren durch das Stadtgebiet von Legazpi erhältlich.

Ligñon Hill Nature Park HÜGEL

(0922 883 6722; 25 P; 5–22 Uhr) Wer einen der besten Panoramablicke auf den brütenden Mt. Mayon und die Stadt genießen will, sollte den Ligñon Hill hinaufsteigen. Ein steiler, aber asphaltierter Weg führt auf den Hügel, der zu Fuß in etwa 20 Minuten zu bewältigen ist; Tricycles fahren hier generell nicht. Oben gibt's einen Park, ein Café, eine Aussichtsplattform und eine Reihe von Aktivitäten, einschließlich Seilrutschen (250 P), eine Hängebrücke (300 P) und Minigolf.

Sleeping Lion Hill HÜGEL

(Legazpi Blvd.) Der Ausblick, der in Legazpi jeden in seinen Bann zieht, ist der auf den Mt. Mayon, aber es bietet sich auch noch ein anderes Panorama, das viele Besucher verpassen: der Blick auf den hübschen Hafen von Legazpi selbst. Der Legazpi Boulevard, hinter dem Embarcadero, führt direkt zum Sleeping Lion Hill in der Nähe des Wassers, und seine hinterteilartige Erhebung erinnert tatsächlich vage an eine schlummernde Katze. Der 30-minütige Aufstieg folgt einem rauen Pfad und gipfelt in einer grandiosen Aussicht auf den Hafen und die nahen Inseln.

Embarcadero PIER

(052-480 4333; Legazpi Blvd.; Mo–Do 10–20, Fr–So bis 21 Uhr) An Legazpis ehrgeizigem Einkaufs- und Unterhaltungskomplex am Wasser ist der Lack bereits ein wenig ab, einige Läden sind leer und das Ganze fühlt sich einsam und verlassen an. Die Lage ist jedoch fabelhaft, es gibt eine von Palmen gesäumte Uferpromenade, einen Skywalk mit Aussicht auf den Mt. Mayon und tapfere Versuche, ein Abenteuerzentrum mit Bungee-Trampolin, einer Seilrutsche und einer Gokartbahn zu sein. Das Embarcadero ist mit der LCC Mall in der Stadt durch kostenlose elektrische Jeepneys verbunden.

Mayon Naturalist Eco-Guides of Albay WANDERN

(Manega; 0915 422 4508; pirangat2001@yahoo.com) Diese einheimische NGO besteht aus einer Gruppe äußerst erfahrener Outdoor-Fans und Guides, die bei der Organisation geführter Touren durch die Region Bicol, einschließlich Klettertouren am Mt. Mayon, helfen können.

Your Brother Travel & Tours ABENTEUERSPORT

(052-742 9871; www.mayonatvtour.com; Pawa Rd.; Quad-Touren 599–4000 P) Diese längst etablierte Einrichtung veranstaltet Quad-Touren hinter dem Ligñon Hill entlang der Lavaspuren zum Mt. Mayon. Die beste Option für Quad-Abenteurer, die nicht nach Cagsawa rauswollen. Außerdem bietet Your Brother auch eine Auswahl an Abenteuertouren rund um Legazpi an.

Feste & Events

Magayon Festival FIESTA

(Mai) Dieses einmonatige Festival konzentriert sich auf Albay und umfasst Nachtmärkte, Pop-up-Bars und Musikbühnen rund um den Peñaranda Park. Auf der Hauptbühne gibt's fast jeden Abend Veranstaltungen, etwa Chili-Esswettbewerbe oder Tanzaufführungen.

Schlafen

★ **Mayon Backpackers Hostel** HOSTEL €

(052-742 2613; http://mayonbackpackers.wordpress.com; Diego Silang St.; B mit Ventilator/Klimaanlage 350/450 P, DZ/4BZ 1200/1400 P;

) Das einzig wahre Hostel in Legazpi ist mit Abstand die beste Budget-Option, mit gemütlichen Vier-, Sechs- und Acht-Bett-Schlafsälen mit eigenem Bad und Spinden und ein paar begehrten Privatzimmern in einem separaten Gebäude. Es gibt eine schlichte Gemeinschaftsküche, und das kostenlose Frühstück wird oben im Speiseraum serviert. Die kleine Dachterrasse bietet eine schöne Aussicht auf den Mayon.

Legazpi Tourist Inn INN €
(052-480 6147; legazpitouristinn@yahoo.com.ph; V&O Bldg., Quezon Ave.; EZ/DZ mit Ventilator 600/700 P, mit Klimaanlage 1200/1400 P;) Das Tourist Inn im dritten Stock ist die beste Budget-Option in Legazpi City; die Zimmer sind eng, aber sauber und mit Bad, Fernsehen und jeder Menge Spiegel ausgestattet. Das angeschlossene Veranda Cafe (7–19 Uhr) entschädigt für die fehlenden Gemeinschaftsbereiche.

★ **Balai Tinay Guesthouse** B&B €€
(052-742 3366, 0917 841 3051; http://balaitinay.weebly.com; 70 Gapo St.; DZ/3BZ/FZ inkl. Frühstück 1500/2000/3000 P;) Diese einladende Oase des Friedens ist ein Familienbetrieb in einer ruhigen, kleinen Straße in Albay und bei Weitem das beste Mittelklasse-Gästehaus weit und breit.

Die acht kompakten Zimmer mit Bad sind makellos, und die ruhigen Gemeinschaftsbereiche eignen sich hervorragend dafür, andere Gäste kennenzulernen. Natürlich gibt's auch einen Balkon mit Blick zum Mayon. Von der Albay Central School aus einfach dem Pfad am Fluss nach rechts folgen.

Apple Peach House BOUTIQUEHOTEL €€
(052-481 1725, 0906 591 8210; www.facebook.com/applepeachhouse/; Ecke Marquez & Rosario St.; Zi. inkl. Frühstück 2500–3500 P, Suite 3800 P;) Das Apple Peach ist in diesem modernen, minimalistischen, weiß getünchten Stil gehalten, den man entweder liebt oder überhaupt nicht leiden kann. Die kargen, dunkelgrau-weißen Zimmer auf drei Stockwerken sind auf jeden Fall absolut sauber und mit bequemen Betten und Duschen mit kräftigem Wasserstrahl ausgestattet.

Am besten eines mit Blick auf den Mayon auswählen. Im Erdgeschoss befindet sich das schicke Chicos Cafe (6–21.30 Uhr) mit Schachbretttischen und einer stylishen Bar.

Hotel Villa Angelina HOTEL €€
(052-736 0515; hotelvillaangelina@gmail.com; 32 Diego Silang St.; DZ/Suite/FZ 1800/2500/3000 P;) Die Villa Angelina ist ein ehemaliger Familiensitz in zentraler, aber ruhiger Lage ein paar Blocks südlich von Albays Hauptstraße. Zu den Zimmern im Obergeschoss führt eine geschwungene Treppe – am besten nach einem Zimmer nach Norden fragen, das einen Gemeinschaftsbalkon mit Blick auf den Mt. Mayon hat. Freundliches Personal, aber kein Restaurant.

Tyche Boutique Hotel HOTEL €€
(052-480 5555, 0917-559 0566; Ecke Rizal & Governor Forbes St.; Zi./Suite inkl. Frühstück ab 2700/3000 P;) Das Label „Boutique" ist hier ein recht dehnbarer Begriff, aber das zentrale, moderne Hotel bietet saubere und kompakte Zimmer in klassischen Beige- und Brauntönen. Das Personal ist hilfsbereit. Das dazugehörige Restaurant bringt eine gute Mischung aus philippinischen und chinesischen Gerichten auf den Tisch, seine Spezialität sind Meeresfrüchte. „Tyche" wird „tay-keh" ausgesprochen.

Hotel St Ellis HOTEL €€€
(052-480 8088; www.hotelstellis.com; Rizal St.; DZ/Suite inkl. Frühstück ab 4750/6650 P;) Legazpis schickstes Hotel im Zentrum bietet 40 geräumige Zimmer mit leicht spießigem 70er-Jahre-Decor in Braun- und Weißtönen, aber einem hohen Maß an Komfort. Dazu gehört ein gutes Restaurant, ein Indoor-Swimmingpool im zweiten Stock, ein Day Spa und professionelles Personal. Das Hotel liegt in einer relativ ruhigen Straße etwas abseits der Hauptstraße.

Essen & Ausgehen

In Legazpi lassen sich einige der besten Bicolano-Gerichte der Region genießen, in Albay und der Stadt selbst gibt's jede Menge gute Restaurants und Cafés.

Der beste Ort für einen abendlichen Sonnenuntergangs-Drink sind die maroden Restaurants und Bars, die südlich des Zentrums entlang des Legazpi Boulevard am Meer liegen. Der beste Abschnitt liegt gegenüber dem streng riechenden, schwarzsandigen Puro Beach.

★ **Chachi's Inn** INDISCH €
(0977 429 6379; Tandang Sora St.; Hauptgerichte 90–250 P; 12–21 Uhr) Die Schlichtheit dieses Küchen-Esszimmers mit Plastik-

stühlen lässt keine Rückschlüsse auf die Qualität der indischen Küche zu. Die freundlichen Gastgeberinnen Cecil und Doris plaudern mit den Gästen, während sie authentische nordindische Gerichte wie *butter chicken*, *palak paneer* und sogar *kulfi* (indisches Eis) zubereiten. Absolut empfehlenswert!

★ Smalltalk Cafe BICOLANO €€
(Doña Aurora St.; Hauptgerichte 120–290 P; ⌚11.30–22 Uhr; ❄📶✍) Dieses reizende, kleine Restaurant in Albay definiert Bicol-Fusionsküche ganz neu und zieht nicht nur Reisende, sondern auch Einheimische magisch an. Auf der Speisekarte stehen „small talk", „big talk" und natürlich „sweet talk". Die *exprés*-Pasta im Bicolano-Stil, die gefüllte Pizza Mayon oder die Paella Valencia sind durchaus überlegenswerte Optionen. Unbedingt Platz lassen für den *pili*-Nuss-Kuchen oder die apokalyptische Red Hot Lava: mit *sili*-Eis.

★ Waway Albay BICOLANO €€
(Ecke Balintawak St. & Gov Locsin St.; Büfett 250 P; ⌚10.30–14 & 17.30–21 Uhr; ❄) Diese neu eröffnete Filiale von Legazpis Langzeitliebling **buffet** (☎052-480 8415; Peñaranda St.; ⌚11–14.30 & 17.30–20.30 Uhr) ist eine ganze Ecke eleganter als das Original und liegt praktischerweise im Zentrum von Albay. Hier lassen sich in modernem Ambiente leckere Bicolano-Gerichte vom Büfett genießen. An Wochenenden ist das Lokal manchmal von großen Gruppen ausgebucht.

Kim's Bowl PHILIPPINISCH €€
(☎052-480 2882; F Imperial St.; 185–355 P; ⌚9–21.30 Uhr; 📶) Das Kim's ist ein klassisches philippinisches Gartenrestaurant, in dem sich Freunde große Teller mit knusprigem *pata* teilen, dazu *bulalo* (ein üppiger Eintopf mit Rindfleisch und Markknochen), die Bicolano-Spezialität *exprés* (ein feuriges Schweinefleischgericht), *kare-kare* (in Erdnusssauce gekochtets Fleisch) und *lechón kawali* (frittierter Schweinebauch). Meeresfrüchte und Hühnchengerichte sind ebenfalls ein Hit. Außerdem gibt's hier auch Bier.

1st Colonial Grill BICOLANO €€
(Pacific Mall; Hauptgerichte 150–360 P; ⌚Mo–Do 10–21, Fr–So 9–21 Uhr; 📶) Diese Grillrestaurantkette hat in der Pacific Mall (und anderen Einkaufszentren der Stadt) eine neue Heimat gefunden. Die Atmosphäre ist ein wenig unpersönlich, aber es kommen leckere Bicolano-Gerichte auf den Tisch wie *tinapa*-Reis (Reis mit Räucherfischflocken und grüner Mango) und Hühnchen mit fünf Gewürzen; berühmt ist der Laden jedoch wegen seiner ungewöhnlichen Eissorten wie *sili* (Chili) und *pili*-Nuss.

Sibid-Sibid MEERESFRÜCHTE €€
(☎052-480 3030; 328 Peñaranda St.; Hauptgerichte 70–415 P; ⌚10–21 Uhr; 📶) Das Sibid-Sibid ist ein absolut wundervolles Freiluft-Restaurant aus Bambus und Schilf, etwa 1 km nördlich von Legazpi City, und auf sehr originelle, von Bicol inspirierte Meeresfürchte-Kreationen spezialisiert, etwa „Bicol exprés" mit Fisch und ein super *pinangat* (Fleisch mit Taroblättern und Kokosmilch).

Bob Marlin PHILIPPINISCH €€
(☎052-742 4836; www.bobmarlin.ph; 730 Rizal Ave.; Hauptgerichte 190–450 P; ⌚11–1 Uhr; ❄📶) Diese Institution aus Naga hat sich jetzt in Legazpi angesiedelt und sein berühmtes knuspriges *pata* sowie scharfe Bicolano-Gerichte mitgebracht. Meeresfrüchte wie brutzelnder *pusít* (Tintenfisch) und Speerfisch stehen im Vordergrund, dazu gibt's großzügig geteilte Platten. Gesellige Essbereiche draußen und drinnen.

La Mia Tazza Coffee CAFÉ
(☎052-820 1808; 733 Rizal Ave.; ⌚So–Do 9–24, Fr & Sa 8–1 Uhr; 📶) Legazpis bestes Café serviert in entspannter Atmosphäre Cappuccino und Frappé – und stillt auch sonst Koffein-Bedürfnisse jeglicher Art.

Shoppen

Pacific Mall EINKAUFSZENTRUM
(☎052-480 6027; Landco St.; ⌚Mo–Do 10–21, Fr–So 9–21 Uhr) In einer Stadt voller Einkaufszentren ist die Pacific Mall die größte und geschäftigste. Neben Ladengeschäften gibt es hier eine gute Auswahl an Restaurants, einen Gastro-Bereich und ein Kino.

Praktische Informationen

Legazpis inoffizielle Tourismus-Website Wow! Legazpi (http://wowlegazpi.com) ist ein brauchbares Portal.

Neben dem Astrodome Complex in Albay bietet das **Provincial Tourism Office** (☎052-481 0250; www.albay.gov.ph; Aquende Dr.; ⌚Mo–Fr 8–17 Uhr) Informationen zur Umgebung und einen kostenlosen Stadtplan.

An- & Weiterreise

BUS

Vom **Legazpi Grand Central Terminal** (Terminal Rd.; ⏲24 Std.) fahren zwischen 18.30 und 20.30 Uhr klimatisierte Nachtbusse und Luxus-Nachtbusse nach Manila (ca. 800–1100 P, 12–15 Std.). „Gewöhnliche" (also nicht klimatisierte) Busse verkehren den ganzen Tag über, sowohl nach Manila (500 P) als auch in andere Städte wie Sorsogon und Tabaco.

Cagsawa (☎052-235 0381) unterhält komfortable Nachtbusse nach Ermita und Cubao in Manila. **Isarog** (☎0908 851 2651; https://bicolisarog.com) und **Peñafrancia** (☎052-435 3012) fahren nach Cubao, und **Philtranco** (☎052-742 0331; www.philtranco.net) bedient Pasay.

Gegenüber vom Busbahnhof starten tagsüber regelmäßig Minivans zu folgenden Zielen:

Donsol 75 P, 1¼ Std., bis 17 Uhr
Naga 140 P, 2½ Std.
Pilar 70 P, 1 Std.
Sorsogon 100 P, 1½ bis 2 Std.
Tabaco 40 P, 40 Min.

FLUGZEUG

Cebu Pacific und PAL fliegen täglich mindestens einmal nach/von Manila (1¼ Std.). Der Flughafen ist nur 3 km westlich des Stadtzentrums und 2 km nördlich von Albay (mit dem Tricycle jeweils 50 P).

Unterwegs vor Ort

Hunderte von Jeepneys bedienen die Strecke zwischen dem Zentrum von Legazpi und dem Viertel Albay, von wo sie weiter nach Daraga fahren. Die Haupthaltestelle für Jeepneys liegt neben der Bushaltestelle.

Tricycles für Fahrten in der Stadt kosten zwischen 20 und 50 P. Oder einfach bei Bicol Adventure ATV ein Mountainbike (300 P/Tag) oder ein Moped (650 P) mieten.

Rund um Legazpi

Daraga & Umgebung

☎052 / 126 600 EW.

Die geschäftige Marktstadt Daraga ist ein wichtiger Verkehrsknotenpunkt. Sie liegt 12 km südwestlich von Legazpi. Berühmt ist der Ort wegen seiner barocken Kirche und den nahen Cagsawa-Ruinen. Der Besuch von beiden Sehenswürdigkeiten, kombiniert mit ein paar Stunden Quadfahren lohnt einen Tagesausflug von Legazpi aus.

Sehenswertes & Aktivitäten

Daraga Church KIRCHE

(Santa Maria St.; ⏲5–18 Uhr) Die Barockkirche Nuestra Senora de la Porteria in Daraga steht auf einem Hügel mit wunderschönem Blick auf den Mt. Mayon; sie wurde 1773 aus Vulkangestein gebaut und hat Säulen mit detailreichen Skulpturenreliefs. Die überlebenden Bewohner von Cagsawa zogen in diese Kirchengemeinde um, nachdem ihre eigene Kirche 1814 beim Ausbruch des Mayon verschüttet worden war.

Cagsawa Church & ruins KIRCHE

(Erw./Kind 20/10 P; ⏲6–19.30 Uhr) Ein paar Kilometer nordwestlich von Daraga liegt das wohl charakteristischste Panorama Bicols: der einsam aufragende, von Grün überwucherte Glockenturm der versunkenen Cagsawa Church vor der Kulisse des Mt. Mayon. 1200 Menschen suchten beim heftigen Vulkanausbruch 1814 hier Zuflucht vor dem göttlichen Zorn und wurden lebendig begraben – eine beispiellose Ironie des Schicksals. Wer die ganzen Tagesausflügler meiden will, sollte früh herkommen.

Hoyop-Hoyopan Cave HÖHLE

(Eintritt inkl. Führung & Laterne 300 P; ⏲6.30–18 Uhr) In der leicht zugänglichen Kalksteinhöhle Hoyop Hoyopan wurden Keramiken aus den Jahren von 200 v. Chr. bis 900 n. Chr. gefunden. Sie liegt auf einem ruhigen Hügel über einem hübschen, ländlichen Tal. Am Eingang einen Führer anheuern; Trinkgeld wird erwartet.

Calabidongan Cave HÖHLE

3 km von der Hoyop-Hoyopan Cave entfernt befindet sich die anspruchsvollere Calabidongan Cave (wörtlich: Höhle der Fledermäuse). Sie ist eher etwas für abenteuerlustige, erfahrene Höhlenforscher, da sie teilweise unter Wasser steht und man ein kurzes Stück durch die Höhle schwimmen muss. Sie ist nur zugänglich, wenn der Wasserstand es ermöglicht (für gewöhnlich von März bis Juni). Die Höhlenführer (500 P) an der Hoyop-Hoyopan können den Transport organisieren; die Erforschung der unterirdischen Tiefen der Calabidongan Cave dauert aber ein paar Stunden.

Bicol Adventure ATV ABENTEUER

(☎0919 228 7064, 0917 571 4357; www.bicoladventureatv.com; Cagsawa; Cagsawa Trail 399 P, Lava Trail ab 950 P; ⏲5–17 Uhr) Die Zugangsstraße zur Cagsawa Church ist von zahlrei-

MT. MAYON

Der perfekte Kegel des Mt. Mayon (2462 m) erhebt sich dramatisch über dem flachen Terrain von Albay und ist sogar aus Naga und Catanduanes sichtbar. Der Name des Vulkans kommt vom Bicolano-Ausdruck *daragan magayon* (schöne, einsame Frau) – und der aktivste Vulkan der Philippinen ist wirklich eine streitlustige Schönheit, auf deren Konto seit dem Jahr 1616 schon mehr als 40 fatale Ausbrüche gehen. Als diese Ausgabe in Druck ging, war der Berg mitten in einem Ausbruch; 40 000 Menschen wurden aus einer Sperrzone von 7 km Umkreis rund um den Vulkan evakuiert.

Der Ausbruch von 2018, als dieser Band verfasst wurde, forderte keine Menschenleben; die letzten Opfer des Mt. Mayon waren jedoch vier deutsche Wanderer und ein lokaler Führer, die 2013 getötet wurden, als sich während ihres Aufstiegs zum Gipfel eine kleinere Eruption mit Asche und Gestein ereignete. 2006, nachdem der Lavastrom verebbt war, nahm der Taifun Durian geradezu biblische Ausmaße an und löste Schlammlawinen am Mt. Mayon aus, durch die über 1000 Menschen ums Leben kamen, während 1993 durch Ausbrüche 77 Menschen getötet wurden. Die folgenreichste Eruption ereignete sich 1814: Sie zerstörte die Cagsawa Church und kostete über 1200 Menschen das Leben.

Wegen des Risikos vulkanischer Aktivitäten ist der Gipfel des Mt. Mayon für Kletterer tabu. Vor dem Ausbruch von 2018 war es möglich, zu Camp 2 (1400 m) und noch weiter zum „Rabbit's Ear" auf etwa 1750 m zu trekken; wer dorthin will, sollte vor der Reise die aktuellen Bedingungen in Erfahrung bringen. Kletterer kommen unterwegs durch vielfältiges Gelände: von Felsen durchzogene Wüste, grasbewachsene Ebenen und Wälder. Unbedingt die komplette Ausrüstung (Zelt, warme Kleidung) und Essen mitnehmen; am Weg gibt's zwar mehrere Wasserquellen, aber Reinigungstabletten sind ein Muss.

Drei Routen führen auf den Vulkan: eine von Legazpis *barangay* Buyunan aus und eine andere über den Centennial Forest von Santo Domingo, die beliebteste aber beginnt in Bonga im *barangay* San Roque. Die beste (und trockenste) Zeit für die Wanderung ist normalerweise zwischen März und September. Ein Guide für ein Mayon-Wanderpaket kostet rund 6000 P für den zweitägigen Aufstieg bzw. 4500 P für eine eintägige Besteigung. Im Preis sind Essen, Transport, Ausrüstung und Träger inbegriffen; Bicol Adventure ATV und Your Brother Travel & Tours (S. 201) können Guides, Ausrüstung und Transport organisieren.

Der Mt. Mayon wird vom Philippine Institute of Volcanology and Seismology (PhiVolcs; www.phivolcs.dost.gov.ph) genau beobachtet. Es empfiehlt sich wärmstens, nicht höher als 1800 m zu klettern. Wer darüber hinaus klettert, wird von den schwefligen Gasen überwältigt.

chen Quad-Ausrüstern gesäumt, aber Bicol Adventure ist einer der ersten und besten. Dieser Anbieter organisiert Touren in die Hügel am Fuß des Mayon auf Quads mit einer Leistung von 150 ccm bis hin zu starken 500 ccm sowie auf Terracross-Fahrzeugen. Dabei geht's durch Flüsse, über Ebenen und durch bergiges Gelände.

ℹ An- & Weiterreise

In Legazpi an der Rizal Avenue irgendeinen Jeepney (9 P) nach Daraga nehmen. Jeepneys nach Camalig, Guinobatan oder Ligao können Passagiere an den Cagsawa-Ruinen aussteigen lassen; ein Tricycle von Daraga kostet 50 P.

Sorsogon

☎056 / 168 100 EW.

Die namensgebende Hauptstadt von Bicols südlichster Provinz liegt inmitten einer wunderschönen Gegend aus einsamen Stränden, natürlichen Quellen und Reisfeldern, die sich unterhalb der mit Dschungel bewachsenen Vulkane erstrecken.

Die Stadt Sorsogon selbst ist nicht allzu schön gestaltet oder ansprechend, aber von hier aus bietet sich ein Trek auf den höchsten Vulkan der Provinz an, auf den Mt. Bulusan. Außerdem ist Sorsogon ein wichtiger Verkehrsknotenpunkt für den Rest der Provinz. Am lebendigsten ist Sorsogon während des Kasanggayahan Festivals Mitte Oktober, bei dem die Geschichte der Stadt mit Schönheitswettbewerben, Umzügen, Musik und *bangka*-Rennen gefeiert wird.

Von den zahlreichen Stränden in unmittelbarer Nähe der Stadt Sorsogon ist Rizal Beach, 24 km südöstlich davon, am beliebtesten.

Schlafen & Essen

Villa Kasanggayahan PENSION €
(☎056-211 1275; Rizal St.; Zi. 1000–1600 P; ❄📶) Der hübsche Garten, die grünen Wände, die luftigen Balkone und die Sitzgelegenheiten im Freien machen diese ruhige Unterkunft zu einer guten Budget-Option. Die Zimmer sind geräumig, könnten aber eine kleine Renovierung vertragen. In den teureren Zimmern können bis zu sechs Personen übernachten. Die Pension versteckt sich hinter einem großen Tor abseits der Hauptstraße.

★ **Fernandos Hotel** HOTEL €€
(☎056-255 0833; www.fernandoshotel.com; N Pareja St.; DZ/3BZ ohne Bad 1100/1350 P, DZ/4BZ/4BZ mit Bad ab 1600/1800/2000 P; ❄📶) Das Fernandos ist das beste Hotel am Ort, nicht zuletzt deshalb, weil die freundlichen Eigentümerinnen Cecilia und Angie Duran eine großartige Quelle für Informationen und Touren durch die Provinz sind. Die günstigeren Zimmer sind klein und teilen sich ein Bad, aber darüber gibt's Zimmer, die groß und geschmackvoll eingerichtet sind, einige davon mit Blick auf den nagelneuen Swimmingpool. In der Lounge neben der Lobby spielt gelegentlich ein ortsansässiger Pianist.

Fernando 168 Bistro BICOLANO €€
(☎056-421 5212; N Pareja St.; Hauptgerichte 120–200 P; ⏲Mo–Sa 8–22 Uhr; 📶) Das Restaurant neben dem Fernandos Hotel (S. 206) serviert ausgezeichnete Bicolano-Gerichte und gegrillte Meeresfrüchte.

Praktische Informationen

Die Besitzerinnen des **Fernandos Hotel** (S. 206) helfen gerne weiter, egal ob man eine Tour in der Gegend machen, Campingausrüstung ausleihen, einen Führer für die Besteigung des Mt. Bulusan anheuern, ein privates Transportmittel mieten oder nur allgemeine Auskünfte möchte.

An- & Weiterreise

Der Jeepney-Terminal liegt neben der riesigen Kathedrale St. Peter & Paul, die an das Capitol in Washington erinnert, während Busse an den Haltestellen neben dem Rathaus abfahren.

Jeepneys fahren die meisten Ziele der Provinz Sorsogon an, darunter auch Bulan, Barcelona, Bulusan und Matnog. Wer nach Donsol möchte, muss erst mit einem Jeepney nach Putiao (40 P, 45 Min.) und dann mit dem nächsten weiter nach Donsol (40 P, 1 Std.) fahren.

Von einer separaten Haltestelle zwei Blocks weiter westlich fahren regelmäßig Busse/ Minivans nach Legazpi (60/80 P, 1½ bis 2 Std.). Der Hauptbusbahnhof liegt etwa 1 km östlich des Zentrums. Zu ungünstigen Zeiten fahren von hier auch Busse nach Manila – es ist aber leichter, zuerst nach Legazpi zu fahren und dann einen Bus von dort zu nehmen.

Bulusan Volcano National Park & Umgebung

Südlich von Sorsogon liegt der **Bulusan Volcano National Park** (30 P; ⏲7–17.30 Uhr). Dort befinden sich der Bulusan Lake, ein beliebter Picknickplatz, und der 1,8 km lange Wanderweg um den Kratersee. Hier kann man sich ein Kajak mieten (100 P/ Person). Wenn der Nebel tief über dem umliegenden Wald hängt und die Vögel singen, ist es ein wunderschöner, friedlicher Ort, und das stille Wasser lädt zum Schwimmen ein. Bergsteiger müssen einen Führer anheuern, entweder über **Bulusan Volcano Mountaineering** (☎0939 377 3502; wildboarsphil@yahoo.com; Bulusan Lake Rd.) oder über das Fernandos Hotel (S. 206) in Sorsogon.

Nach der erfolgreichen Besteigung des Mt. Bulusan hat man sich ein Bad in den Palogtoc Falls verdient. Dorthin geht's über 500 m Fußweg, ausgehend vom Beginn eines Wanderweges, der zwischen dem Parkeingang und San Roque von der Hauptstraße abzweigt (an der Jeepney-Route Bulusan–Irosin). Neben einem wunderschönen Becken mit kaltem Wasser, das von den Wasserfällen neben einem schattigen Fluss gespeist wird, stehen ein paar einfache Bambus- und Nipa-Hütten. Die **Masacrot Springs** (35 P) ganz in der Nähe bieten ein ähnliches Becken, aber mit Betonhütten und Karaoke.

An- & Weiterreise

Der Eingang zum Park befindet sich in der Nähe von San Roque, etwa 10 km westlich von Bulusan. Wer sich keiner organisierten Tour anschließen möchte, kann auch einen Tagesausflug zum See machen: einfach in einen der unregelmäßig verkehrenden Jeepneys von Sorsogon nach Bulusan (50 P, 1½ Std.) steigen und in Bulusan nach den Jeepneys der Strecke Bulusan–Irosin Ausschau halten; sie lassen Passagiere am Weg zum Parkeingang aussteigen, und zwar 6 km außerhalb der Stadt, die restlichen 2 km einfach zu Fuß gehen. Oder in Bulusan ein Tricycle direkt zum See (rund 300 P, inkl. Wartezeit) mieten.

Donsol

056 / 47 560 EW.

Bis hier 1998 Walhaie vor der Küste gesichtet wurden, war das 45 km südwestlich von Legazpi gelegene Donsol nur ein verschlafenes Dorf in einer abgeschiedenen Ecke von Sorsogon. 1998 drehte ein einheimischer Taucher jedoch ein Video von Walhaien, und eine Zeitung brachte eine Geschichte über Donsols sanfte *butanding*. Seither hat sich Donsol zu einem der beliebtesten Touristenziele der Philippinen entwickelt, obwohl der Fortbestand der Walhai-Population mittlerweile gefährdet ist.

Aktivitäten

Walhaibeobachtungen

Mit diesen riesigen, blau-grauen Kreaturen mit silbernen Flecken zu schwimmen, ist eine wahrhaft erhebende Erfahrung – man muss aber schon mit Flossen schwimmen und ein geübter Schnorchler sein, um mit ihnen mithalten zu können!

Walhaie ziehen zwischen November und Juni hierher, wobei die Hochsaison für gewöhnlich von März bis April dauert (am besten das volle Osterwochenende meiden). Die Sichtungen waren in den letzten Jahren jedoch nicht konstant. Walhaibeobachtungen sind außerdem vom Wetter abhängig – wenn die See rau oder ein Taifun unterwegs ist, fahren die Boote nicht raus. Am besten vor dem Buchen die Wettervorhersage anschauen, um Enttäuschungen zu vermeiden.

In Donsol kann man sich ans Butanding Visitors Center (S. 209) wenden, an der Küstenstraße etwa 1,5 km nördlich der Flussbrücke (per Tricycle aus der Stadt, 40 P).

Täglich gibt es drei Beobachtungsrunden, um 7.30, 11 und 14 Uhr, je nach Besucherzahl. Die erste Tour ist die beliebteste, daher lohnt es sich, die Registrierungsgebühr schon am Vortag zu zahlen, um die Chance zu vergrößern, noch mit aufs Boot zu kommen. Die Registrierung kostet 300 P, das Boot für sechs Personen 3500 P für eine dreistündige Tour.

Das Zentrum schließt manchmal auch schon früher (am Tag oder in der Saison), wenn das Wetter schlecht ist oder keine Besucher da sind

Es ist nur Schnorchelausrüstung erlaubt, Tauchen ist verboten. Schnorchelausrüstung kann im Besucherzentrum ausliehen werden (300 P/Schnorchelgang). Auf jedem Boot fahren ein „Spotter" (er hält Ausschau) und ein „Butanding Interaction Officer" (BIO) mit – ruhig ein paar Hundert Pesos Trinkgeld geben, besonders, wenn der Tag schön war. Bevor es losgeht, gibt's ein ausführliches Anweisungsvideo zu sehen, das darüber aufgeklärt, wie man sich den Haien gegenüber verhalten muss. Am wichtigsten: Nicht anfassen und sich vom kräftigen Schwanz fernhalten.

Sobald sich ein Hai zeigt, lenkt der BIO die Teilnehmer ins Wasser. Darauf sollte man vorbereitet sein, da die Erfahrung sehr kurz sein kann, wenn der Walhai in Bewegung ist. Das Schnorcheln mit den Walhaien ist auf maximal 30 Boote pro Tag begrenzt, und somit ist das Erlebnis ziemlich reglementiert – dies muss sein, um das Wohlergehen der Tiere zu gewährleisten, angesichts der hohen Besucherzahlen und der Notwendigkeit, dass sich die Bootscrews abwechseln müssen.

Tauchen

Donsol ist ein guter Ausgangspunkt, um die Manta Bowl vor Ticao Island und andere Makro-Tauchgebiete, die näher an der Küste liegen, zu erkunden. Es gibt ein paar Läden für Tauchausrüstung und einige Resorts mit eigenen Tauchzentren und einer schwankenden Anzahl erfahrener, freiberuflicher Tauchlehrer.

Bicol Dive Center TAUCHEN
(0921 929 3811, 0906 801 6852; www.bicoldivecenter.com Trips mit 3 Tauchgängen ab 4500 P) Alteingesessener Tauchanbieter, der PADI-Zertifizierungskurse (19 000 P), Fünf-Tages-Abenteuertouren nach Ticao mit vier Übernachtungen (26 500 P) und Standardtagestouren mit drei Tauchgängen nach San Miguel und zur Manta Bowl (ab 4500 P) anbietet.

Weitere Aktivitäten

Der Strand besteht nur aus einem schmalen Streifen grauen Sandes, aber es gibt ein paar gute Schwimmbereiche vor den Resorts. Nicht-Gäste können den Pool des Resorts Vitton (S. 208) für 200 P (kostenlos für alle, die 300 P im Restaurant ausgeben) benutzen.

Immer beliebter wird es, abends nach Einbruch der Dämmerung ein paar Stündchen auf dem Ogod River zu verbringen und zuzusehen, wie die Myriaden von winzigen, leuchtenden Glühwürmchen sanft vorüberschweben.

Bootsfahrten kosten 1250 P für maximal fünf Personen; die Boote legen in Ogod ab. Ein Tricycle von Donsol kostet 200 P, inklusive Wartezeit.

Schlafen & Essen

Budget- und Privatunterkünfte gibt's in Donsol selbst, aber die bessere Option ist eines der Resorts oder eine der günstigen Pensionen an der mehrere Kilometer langen Küstenstraße, die hinter der Brücke gleich westlich von Donsol beginnt. Außerhalb der Saison von Juni bis Mitte November sind die meisten Unterkünfte geschlossen.

Victoria's Guest House — B&B €

(0936 153 6990; www.victorias-guesthouse-donsol.com; Purok 1; DZ mit Gemeinschaftsbad 600 P, Hütten 1000 P;) Die vier Bambus- und Schilfhütten sowie zwei „Baumhäuser" hier bilden einen klassischen Backpacker-Unterschlupf in einem herrlichen, von der Küstenstraße zurückgesetzten Garten. Da das B&B gleich nördlich der Brücke liegt, ist es von der Stadt aus zu Fuß zu erreichen und gleichzeitig so weit davon entfernt, dass es ruhig ist. Restaurant gibt's keines, aber Julia's Bar davor serviert Essen.

Dancalan Beach Resort — RESORT €

(0999 445 0030; B 500 P, DZ/3BZ mit Ventilator 800/1200 P, mit Klimaanlage 1500/2000 P;) Diese tolle Budget-Option befindet sich direkt neben dem Besucherzentrum, daher ist es nicht weit zu den Walhai-Trips. Die Zimmer mit Ventilator und die Zweibettschlafsäle bieten ein gutes Preis-Leistungs-Verhältnis, aber absolut tadellos sind die klimatisierten Zimmer mit glänzenden, weißen Fliesen, Betten aus hellem Holz und Terrasse. Gut abhängen lässt es sich in dem kleinen Außenbereich mit Restaurant am Strand.

Giddy's Place — RESORT €€

(0917 848 8881; www.giddysplace.com; 54 Clemente St.; D/FZ ab 2500/3500 P; Nov.–Mai;) Das Giddy's ist in Donsol selbst die beste Unterkunft weit und breit. Die gesellige Herberge verfügt über ein gutes Restaurant mit Bar, Kabelfernsehen, saubere Zimmer mit eigenem Bad sowie einen dazugehörigen Wellness-Bereich und Swimmingpool. Sein Tauchzentrum ist die einzige Anlaufstelle für PADI-Kurse und Tauchtrips. Kreditkarten werden hier akzeptiert.

Vitton & Woodland Resorts — HOTEL €€

(0917 544 4089; Woodland B 500 P, Zi. ab 1800 P, Vitton DZ/FZ 2300/3700 P; Juli–Okt. geschlossen;) Zwei zusammengehörige Resorts, die nur ein paar Hundert Meter voneinander entfernt nördlich des Besucherzentrums liegen. Das Vitton ist nobler – ein ausgedehntes Resort mit Zimmern in einem großen Gebäude und Hütten mit mehr Privatsphäre, dazu Swimmingpool und Restaurant. Im älteren Woodland gibt's Vier-Bett-Schlafsäle für Backpacker.

Aguluz Homestay — PRIVATUNTERKUNFT €€

(0998 886 1779; razormarilyn@yahoo.com; San José St.; Zi. mit Ventilator/Klimaanlage ab 1000/1700 P, Luxuszimmer 2000 P;) Das Aguluz wird von der energiegeladenen Marilyn geleitet und ist die schickste Privatunterkunft, die in Donsol zu finden ist. Es lockt mit ausgezeichnetem, hausgemachtem Essen und kleinen, aber gepflegten Zimmern. Nur die beiden Luxuszimmer sind mit einem eigenen Bad und Klimaanlage ausgestattet, die anderen vier Zimmer teilen sich ein Bad und verfügen entweder über einen Ventilator oder eine Klimaanlage.

Elysia Beach Resort — RESORT €€€

(0917 547 4466; www.elysia-donsol.com; Zi. 3150–3550 P; Mitte Nov.–Juni;) Das Elysia's am nördlichen Ende der Küstenstraße ist das schickste Resort in Donsol, aber es ist trotzdem recht bodenständig und hat ein gutes Preis-Leistungs-Verhältnis.

Es bietet attraktive, gepflegte Garten-Cabanas mit Schilfdach, und die klimatisierten Zimmer rund um den Pool sind hell, geräumig und mit Kabelfernsehen ausgestattet. Das zu einer Seite offene Restaurant mit Cocktailbar ist so gut wie alles andere hier.

BARacuda — MEERESFRÜCHTE €€

(Hauptgerichte 100–400 P; 17 Uhr–open end) Das BARacuda ist eines der wenigen unabhängigen Restaurants auf der Resort-Meile und in der Saison ein beliebter Aufenthaltsort am Strand. Es bietet eine umfangreiche Cocktail- und Bierkarte und wirft außerdem frischen Fisch, Garnelen und Krabben vom einheimischen Markt auf den Grill.

Praktische Information

Einen DBP-Geldautomaten gibt's im Community College etwas abseits der Rizal Street in der Stadt selbst.

Butanding Visitors Center (Donsol Whaleshark Interaction Center; ☎0919 707 0394, 0927 483 6735; ⏲7–16.30 Uhr) Wer Donsol besucht, sollte zuallererst im Butanding Visitors Center vorbeischauen; es liegt etwa 1,5 km nördlich der Flussbrücke an der Küstenstraße (von der Stadt aus für 40 P mit dem Tricycle zu erreichen). Es ist der einzige Ort, der Bootsfahrten zur Walhaibeobachtung organisiert. Je nach Besucherzahl finden täglich drei Beobachtungstouren statt, und zwar um 7.30, 11 und 14 Uhr.

An- & Weiterreise

Jeepneys und Busse halten grundsätzlich am Terminal in der Hernandez Street im Südwesten der Stadt.

Es gibt Direktverbindungen mit klimatisierten Minivans nach und von Legazpi (75 P, 1 Std.), die bis etwa 14 Uhr abfahren, wenn sie voll sind.

Die Jeepneys (60 P) fahren über Pilar und brauchen mindestens doppelt so lang. Wer den letzten Minivan verpasst hat, kann mit dem Jeepney nach Pilar fahren und dort in einen der häufiger fahrenden Minivans oder Busse umsteigen.

Pilar

Pilar ist eine Hafenstadt, etwa 7 km nordöstlich von Donsol gelegen. Von hier aus verkehren täglich Fähren vom Festland zu den Inseln Masbate und Ticao. Außerdem bietet es praktische Jeepney-Verbindungen zwischen Donsol und Legazpi. Klimatisierte Vans nach Legazpi und Daraga fahren die Boote direkt an. Darüber hinaus gibt's für Reisende allerdings nichts von wirklichem Interesse in Pilar.

An- & Weiterreise

Von den Fähren am Hafen fahren Minivans nach Legazpi (70 P, 1 Std.). Jeepneys verkehren von Pilar nach Donsol (25 P, 30 Min.) und Legazpi (35 P, 1 Std.).

Montenegro Lines bietet täglich drei Schnellboote (396 P, 2–2½ Std.) von Pilar nach Masbate an, und zwar um 8, 12 und 15.30 Uhr mit Rückfahrten um 4.30, 8 und 12 Uhr. Zwei langsamere RoRo-Fähren (257 P, 4 Std.) fahren um 22 und 4 Uhr ab, Rückfahrt um 10 und 12 Uhr.

Mehrere große *bangkas* fahren täglich nach Monreal oder San Jacinto auf Ticao Island (140 P, 2 Std.).

CATANDUANES

☎052 / 261 000 EW.

Catanduanes ist wegen seiner häufigen Taifune auch als „Land der heulenden Winde“ bekannt; es liegt weit abseits der ausgetretenen Touristenpfade, ist aber ein Magnet für furchtlose Surfer, die den Ritt auf der berühmten Majestics Surf Break wagen wollen.

Nur wenige andere Reisende aus dem Ausland verschlägt es hierher, um die ruhigen Fischerdörfer, die zerklüftete, wunderschöne Küste und die Höhlen und Wasserfälle im Landesinneren zu erkunden. Die Stürme fegen von Juli bis November über die Insel, und der saftig grüne Regenwald nimmt die heftigen Niederschläge gierig auf. Die Wälder sind dank Catanduanes' Abgeschiedenheit und der dünnen Besiedelung glücklicherweise erhalten geblieben.

DIE WALHAIE VON DONSOL

Die Mangrovenwälder, die den Donsol River säumen, sind eine reiche Nährstoffquelle für Plankton, das wiederum Walhaie in großer Zahl nach Donsol gelockt hat. Im Laufe des vergangenen Jahrzehnts sind die Sichtungen der Walhaie rund um Donsol jedoch zurückgegangen. Der WWF äußerte daraufhin Bedenken, die Haipopulation könne vom Klimawandel betroffen sein: Die steigende Wassertemperatur und die Zerstörung der Mangrovenwälder wirke sich auf das Plankton aus, die Hauptnahrungsquelle der Haie, sodass sie sich in tieferes Wasser zurückzögen. Aber vielleicht liegt es auch daran, dass einige Bootsführer und Touristen die Verhaltensregeln zur Interaktion mit den Haien missachteten und die Tiere berührten, was die Haie verstörte und in die Flucht schlug. Zwischen 2012 und 2015 erfolgten die Sichtungen unregelmäßig, aber seit 2016 verzeichnen die Behörden einen zahlenmäßigen Anstieg, sodass an den meisten Tagen zwischen zwei und fünf Haie gesichtet werden.

An- & Weiterreise

FLUGZEUG

Cebu Pacific fliegt montags, mittwochs, freitags und sonntags von Manila nach Virac (ab 7300 P, 1¼ Std.). Der Flughafen liegt 3,5 km außerhalb, 50 P mit dem Tricycle.

SCHIFF/FÄHRE

Regina Shipping Lines (052-811 1707; normal/klimatisiert 195/260 P) unterhält insgesamt drei Fähren, die zwischen Tabaco und San Andres verkehren, 17 km westlich von Virac (normal/klimatisiert 200/250 P, 3 Std.). Die Schiffe fahren um 7, 10 und 13 Uhr in Tabaco ab; zurück geht's um 7, 8 und 13 Uhr. Jeepneys (25 P, 45 Min.) und Tricycles (150 P, 25 Min.) nach Virac bieten Anschluss an die Fähre in San Andres.

Weitere zwei RORO-Fähren schippern um 6.30 und 12 Uhr zwischen Tabaco und Virac.

Unterwegs vor Ort

Vom Bus- und Jeepney-Terminal in Virac (S. 212) gibt es mehrmals täglich Verbindungen nach Pandan (180 P, 5 Std.), Bagamanoc (120 P, 2 Std.), Baras (80 P, 1 Std.), Codon (50 P, 1 Std.) und zu anderen Zielen.

Wer einen Van (bis zu 5000 P/Tag) oder ein Motorrad mit Fahrer anheuern will, erhält Informationen in der Touristeninformation oder in den Unterkünften.

Virac

021 / 73 650 EW.

Die Hauptstadt von Catanduanes ist für Reisende nicht besonders interessant, aber es handelt sich um eine kompakte, gemütliche Stadt mit Einkaufszentren, Banken, Restaurants und allem anderen, was man so braucht. Abgesehen von Puraran bietet Virac außerdem die beste Auswahl an Unterkünften und stellt einen guten Ausgangspunkt für Tagesausflüge zu den nahen Stränden und landschaftlichen Attraktionen dar.

Schlafen & Essen

Marem Pension House — PENSION €

(0929 162 0000; www.marem.com.ph; 136 Rizal Ave.; EZ/DZ/Suite ab 675/855/900 P;) Aquarien verschönern den Empfangsbereich von Viracs bester Budget-Pension; die Unterkunft umfasst zwei Stockwerke und besteht aus einem Labyrinth aus sauberen Zimmern von unterschiedlicher Größe und Qualität.

Die Preise hier sind attraktiv – echte Sparfüchse können versuchen, eins der Einzelzimmer mit Ventilator und Gemeinschaftsbad für nur 250 P zu ergattern. Es gibt ein Restaurant und eine Dachterrasse sowie einen Schalter, der Inseltouren anbietet.

★ Catanduanes Midtown Inn — HOTEL €€

(052-811 4165, 0947 563 8165; www.catmidinn.com; San José St.; EZ/Suite ab 985/4500 P, DZ 1350–2240 P;) Das Midtown ist eines von mehreren vernünftigen Mittelklassehotels im Stadtzentrum und nur zwei Gehminuten vom Anleger entfernt; es bietet geräumige Zimmer mit Kabelfernsehen und Parkettboden, einige davon sogar mit Balkon. Das Personal ist hilfsbereit und freundlich – einer der Gründe, weshalb es von allen Hotels der Stadt immer als erstes ausgebucht ist.

★ Blossoms — BICOLANO €

(Salvacion; Hauptgerichte 65–200 P; Mo–Sa 7–22 Uhr;) Das Blossoms bietet eine ausgesprochen verlockende Kuchenauswahl. Das altmodische Mobiliar verleiht ihm ein heiteren Ambiente, und im Parterre hat es die Atmosphäre eines englischen Tearooms.

Oben befindet sich ein modernes, mit Klimaanlage ausgestattetes Restaurant. Das Essen dort ist durchweg gut – vom charakteristischen Blossom Bicol *exprés* bis hin zu Fischbrötchen, Burgern, Pasta, Pizza, *pansit canton* (gebratene Nudeln) und mehr.

Café de Au — CAFÉ €

(Salvacion; Kaffee 50–85 P, Hauptgerichte 65–120 P; Mo & Sa 8–22, Di–Fr 9–21 Uhr;) In diesem freundlichen und relativ hippen Café lässt es sich aushalten; neben kostenlosem WLAN gibt's hier Brettspiele und eine Gitarre. Aber eigentlich dreht sich hier alles um den Kaffee – die Bohnen werden lokal angebaut und geröstet, es gibt erfrischende Frappés und eine Tafel, auf der die angebotenen Kuchen und Snacks mit Kreide festgehalten sind.

Sea Breeze — MEERESFRÜCHTE €€

(0929 399 8450; Imelda Blvd.; Hauptgerichte 90–350 P; 7–24 Uhr;) Dieses Meeresfrüchterestaurant im Freien hat abends eine ganz besondere Atmosphäre; die Gäste sitzen draußen unter einem strohgedeckten Dach und lassen sich Gerichte, wie brutzelnden Tintenfisch, Thun-

Catanduanes

fischsteak und sogar Sushi und Sashimi, schmecken. Darüber hinaus kommt hier ein breites Angebot an Bicolano-Gerichten sowie an typisch philippinischen Schweinefleisch- und Hühnchengerichten auf den Tisch.

ℹ Praktische Informationen

Im Old Capitol Building über der DBP Bank bietet das kleine **Touristenbüro** (☎ 0947 377 9999; Rizal Ave.; ⏲ Mo–Fr 8–17 Uhr) einige Informationen über die Attraktionen der Insel. Im Stockwerk darüber verschafft ein **Museum** (50 P) den Überblick über Ethnografie und Geschichte der Insel.

ℹ An- & Weiterreise

Busse und Jeepneys Richtung Westen fahren von einer **Haltestelle** (VTC Mall) vor der VTC Mall ab.

Puraran

Surfer sind ganz erpicht auf diesen schönen Strandabschnitt 34 km nordöstlich von Virac und stürzen sich mit Begeisterung in die berühmte Majestic Surf Break. Serpentinen führen hinunter zu der erstaunlich breiten Bucht von Puraran (an der Abzweigung ist eine Gebühr von 10 P fällig, die dafür verwendet wird, den Strand sauber zu halten) und einer Handvoll einfacher Hütten und Zimmer in den Strandresorts.

Ein superentspannter Ort mit Kokospalmen, die sich im Wind wiegen, Beachvolleyballern, sandigen Buchten und einem Korallenriff zum Schnorcheln direkt von der Küste. Selbst wer nicht surft, wird die lässige Atmosphäre genießen; die Surfer hingegen strömen zum internationalen Surfwettbewerb nach Puraran (8. bis 11. Oktober).

Aktivitäten

Surfende Mitglieder der Gemeinde stehen gerne mit Rat und Tat zur Seite, verleihen Longboards (200 P/Std.), Shortboards (150 P/Std. bzw. 500 P/Tag) und Boogieboards (50 P/Std.), organisieren Surfunterricht (350 P/Std. mit Guide) oder arrangieren eine Bootsfahrt, die einen um die Landzunge herum nach Norden zu einem weiteren guten Surf- und Schnorchelplatz bringt.

★ Majestic SURFEN

Die Majestic Surf Break, eine Riffbrandung 200 m vor der Küste, ist keine Anfängerwelle. Wie die meisten Brandungen an der Pazifikküste des Landes funktioniert auch die Majestic für gewöhnlich nur, wenn vor der Küste während des *habagat* (Südwest-Monsun) zwischen Juli und Oktober ein Taifun lauert. Der *amihan* (Nordost-Monsun) jagt von Oktober bis März kräftige Winde über die Küste, dann kommen hier nur noch Profis zurecht.

Schlafen & Essen

Es gibt drei Resorts am Strand, jedes davon wird von Mitgliedern ein und derselben Großfamilie geführt. Von Juli bis Oktober unbedingt im Voraus buchen. **Puraran Surf Camp** (☎0921 664 1933; B/EZ/DZ/FZ 400/600/700/1800 P; ❄), **Majestic Puraran** (☎0929 424 3818, 0929 481 0068; www.majesticpuraran.com.ph; Hütten 700 P, Zi. mit Klimaanlage 1000–1500 P; ❄) und **Pacific Surfers' Paradise** (☎0906 507 1883; pacificsurfersparadiseresort@yahoo.com.ph; Hütten 800 P, FZ mit Klimaanlage 1500 P; ❄📶) bieten eine Auswahl an Strandhütten und klimatisierten Zimmern, dazu ein einfaches Restaurant, Hängematten im Garten und die Vermietung von Surfausrüstung.

An- & Weiterreise

Am schnellsten gelangt man mit einem angeheuerten Van hierher (einfache Fahrt rund 1300 P, 1 Std.); Tricycles fahren dieselbe Strecke für etwa 800 P.

Täglich fährt nur ein Jeepney von Virac über Puraran nach Gigmoto (50 P, 2 Std.). Er wartet auf die Ankunft der RoRo-Fähre in Virac und fährt gegen 11 Uhr ab. Die Resorts können Tricycle-Transporte (150 P) nach Baras arrangieren; dort dann einfach in einen Bus oder Jeepney (50 P) nach Virac steigen, allerdings verkehren die öffentlichen Verkehrsmittel nur an den Wochenenden und dann auch nur morgens.

Rund um Catanduanes

Catanduanes' Attraktionen liegen über die ganze Insel verstreut. Zu den leichter zugänglichen gehören die beliebten **Maribina Falls** (10 P; ⌚8–17 Uhr), die sich in eine Reihe erfrischender Becken stürzen und 4 km nordöstlich von Virac liegen; außerdem die weitläufige **Luyang Cave** in der Nähe des Dorfes Lictin auf dem Weg nach San Andres, der lange, unberührte **Toytoy Beach** nahe Caramoran, an dessen Korallenformationen es sich prima schnorcheln lässt, und die beeindruckenden **Nahulugan Falls**, die sich im Inselinneren im Dschungel bei Gigmoto in die Tiefe stürzen.

MASBATE

☎056 / 892 393 EW.

Masbate Island ist die größte und entwickeltste der drei Hauptinseln, die die Provinz Masbate ausmachen. Sie besteht hauptsächlich aus Viehwirtschaft, was der Insel – gepaart mit einem gewissen Hang zur Gesetzlosigkeit – den Spitznamen „Wilder Osten" beschert hat. Die größte Touristenattraktion der Insel ist das wilde Rodeo (S. 215), das alljährlich im April in der Stadt Masbate stattfindet. Viele werden aber auch vom relativen Mangel an Infrastruktur angezogen, von den fehlenden Touristenmassen oder von der Landschaft im Inselinneren, die zwischen Weideland und von Dschungel bedeckten Bergen wechselt und ein paar ungewöhnliche Attraktionen bietet.

Von der Hauptinsel einmal abgesehen, besteht die Provinz Masbate aus den Satelliteninseln Ticao mit ihrem berühmten Tauchziel Manta Bowl (S. 216) und der wilderen, isolierteren Insel Burias.

Masbate

An- & Weiterreise

FLUGZEUG

PAL und Cebu Pacific bieten einmal täglich Flüge zwischen Masbate und Manila. Der **Flughafen** (☎ 056-333 3007; Airport Rd.) liegt praktischerweise im Zentrum von Masbate.

SCHIFF/FÄHRE

Masbate-Stadt ist ein wichtiger Schiffereihafen. Roll-on-roll-off(RoRo)-Fähren fahren von Masbate nach Pilar und Cebu City, von Mandaon nach Mindoro, Sibuyan und Caticlan, von Milagros nach Iloilo City und von Cawayan nach Bogo. Im Büro der Hafenbehörde am Pier von Masbate gibt's einen Schiffsverkehrsplan und jede Woche aktuelle Informationen.

Große *bangkas* pendeln mehrmals täglich zwischen Pilar und Monreal oder San Jacinto auf Ticao Island (150 P, 2 Std.) sowie zwischen Bulan und San Jacinto.

Montenegro Lines (☎ 043-723 6980; Schnellboot/RoRo-Fähre 396/257 P) schickt dreimal täglich ein Schnellboot (396 P; 2 bis 2½ Std.) von Masbate nach Pilar, und zwar um 4.30, 8 und 12 Uhr; von Pilar wieder zurück nach Masbate geht's um 8, 12 und 15.30 Uhr. Zwei zusätzliche, langsamere RoRo-Fähren (4 Std.) fahren um 10 und 12 Uhr ab und kehren um 22 und 4 Uhr wieder aus Pilar zurück. Außerdem gibt's täglich RoRo-Verbindungen um 12 Uhr von Cataingan, Masbate, nach Bogo und nach Cebu.

Masbate Town

☎ 056 / 95 400 EW.

Die Stadt Masbate liegt auf einer knorrigen Halbinsel, die auf drei Seiten von Wasser umgeben ist, und erfreut Besucher mit einem lebendigen Hafenbereich und seinem kompakten Straßennetz, das von gelben Tricycles verstopft ist. Die Stadt selbst bietet keine wirklichen Attraktionen, aber nur eine kurze Tricycle-Fahrt entfernt nimmt das Chaos ab und die geschäftigen Straßen machen Mangroven und Stränden Platz.

Sehenswertes & Aktivitäten

Buntod Sandbar STRAND
(☎0920 433 8512) Etwa 7 km östlich der Stadt ragt die Sandbank Buntod aus dem Meer heraus; sie gehört zum Meeresschutzgebiet Bugsayon und ist nur per Boot erreichbar. Wer vor dem Rendezvous Resort nordöstlich der Stadt ein *bangka* mietet (hin und zurück etwa 500 P für vier Personen, einschließlich Wartezeit), kann zur Sandbank hinausfahren (die einfache Fahrt dauert 20 bis 30 Min.) und dort Schnorchelausrüstung (100 P) oder ein Kajak (200 P/Std.) ausleihen.

Pawa Mangrove Nature Park NATURRESERVAT
(Sonnenaufgang–Sonnenuntergang) Der Pawa Mangrove Nature Park besteht aus 300 ha Mangrovengebiet, das von einem 1,3 km langen Fußgängersteg durchzogen ist. Er bietet sich für einen hübschen, ruhigen Spaziergang an, und die Chancen stehen gut, dass man ganze Schwärme von Watvögeln sieht, vor allem bei Ebbe. Von der Stadt aus kostet ein Tricycle 100 P inklusive Wartezeit; oder ein Jeepney nach Maingaran nehmen und dann dem Weg an der Santos Elementary School vorbei folgen.

Schlafen

Balay Valencia HOTEL €
(☎056-333 6530; Ibañez St.; EZ/DZ/3BZ mit Ventilator inkl. Frühstück 500/600/700 P, mit Klimaanlage 700/850/1000 P;) Dieser gut instand gehaltene, alte Familiensitz mit Lattenwerk bietet neun einfache, aber saubere Zimmer mit eigenem Bad und ist somit die preisgünstigste Option der Stadt. Seine zentrale Lage in der Ibañez Street in der Nähe von nächtlichen Essensständen und Mittelklasseläden ist ein Bonus. Das WLAN (50 P) kommt und geht, wie es will.

GV Hotel HOTEL €
(☎056-333 6844; Danao St.; DZ mit Ventilator/Klimaanlage 625/825 P, FZ 1650 P;) Die Zimmer in diesem anonym wirkenden Hotel sind ein wenig beengend und schlicht, aber es ist nur einen kurzen Fußweg vom Hafen entfernt – praktisch, wenn man früh loswill. Etwas teurer sind die Zimmer mit Kabelfernsehen und heißem Wasser. Angesichts der Lage überraschend ruhig.

Legacy Suites HOTEL €€
(☎056-582 0210; Purok 8; EZ/DZ/Suite/FZ 1350/1600/2600/3000 P;) Das Legacy am Nordende der Stadt liegt am Meer und übertrumpft die meisten eintönigen Mittelklassehotels in Masbate durch makellose, wenn auch leicht verblasste Zimmer, freundliches Personal und ein einladendes Bar-Restaurant im Erdgeschoss. Die Lage am Meer fühlt sich ein wenig einsam an, aber bis ins Zentrum ist es nicht weit.

MG Hotel HOTEL €€
(☎056-333 5614; Punta Nursery; EZ 950 P, DZ 1050–1650 P;) Das MG verspricht viel, aber der Swimmingpool hinten ist ein wenig trüb und das Restaurant dauerhaft geschlossen. Aber die Zimmer im oberen Stock sind groß und luftig, verfügen über riesige Betten und kleine Balkone mit Meerblick. Die Zimmer zum Pool sind kleiner und billiger. Von der Anlegestelle Butando ist es nur einen kurzen Fußweg entfernt; eine Fahrt mit dem Tricycle vom Hafen von Masbate kostet 20 P.

Essen & Ausgehen

Wer ausgehen möchte, ist auf der kleinen Strecke mit Bars und Musikcafés in der Ibañez Street bestens aufgehoben.

★ **Ham's Cup** PHILIPPINISCH €
(☎056-582 0205; Ibañez St.; Frühstück 120 P, Hauptgerichte 50–80 P; 7–24 Uhr;) Dieses hervorragende, moderne, kleine Café auf Masbates „Fressmeile" serviert guten Kaffee, Frühstücksmenüs wie spanische Sardinen, preisgünstige Pasta und Burger sowie Bier und Cocktails.

Mina's Crib Cafe CAFÉ €
(Quezon St.; Snacks 48–110 P; 10–22 Uhr;) Das Mina's sieht aus wie ein kleines Puppenhaus für junge Erwachsene; statt in Nischen oder auf Sitzen nehmen die Gäste dieses skurrilen Cafés in Kinderbetten Platz, und die Musik ist laut. Ein guter Ort, um Kaffee oder Smoothies zu trinken, ein Sandwich zu essen und einheimische Jugendliche kennenzulernen.

Tio Jose AMERIKANISCH €€
(☎0915 298 0852; Ibingay St.; Hauptgerichte 120–450 P; 11–23 Uhr;) Das Tio Jose sieht zwar aus wie ein amerikanisches Diner mit seinen Nischen, Fanartikeln und Nachos, Pommes und Hotdogs auf der Speisekarte, aber es gibt hier auch gute philippi-

MASBATES RODEOS

Masbates Wildwest-Ruf wird durch zwei seiner größten jährlich stattfindenden Veranstaltungen untermauert – die philippinische Version von Rodeo. In der zweiten Aprilwoche findet in Masbate ein viertägiges Rodeo statt, das die Viehzuchtindustrie des Landes mit Cowboys und Cowgirls aus allen Teilen der Insel feiert. Der Event umfasst Wettbewerbe im Bullenreiten sowie Stierringen. Achtung: Laut einigen Tierschutzgruppen kann sich das Tier vor allem bei Letzterem Halsverletzungen zuziehen. Die Organisatoren des Rodeos behaupten, dass sich das Festival an alle Tierschutzregelungen halte und dass ein Tierarzt dafür sorge, dass die Tiere in durchweg guter Verfassung sind.

In der Stadt Aroroy nehmen es an einem Vollmond im Mai auf dem Aroroy Wacky Rodeo wackere Cowboys mit besonders streitlustigen Wesen auf – mit Krebsen. Zu den Veranstaltungen gehören Krebsrennen, Krebse fangen, Umzüge, Tanz und der massenhafte Verzehr der bereits erwähnten Tierchen. Der begehrte Miss-Crab-Preis geht an die Schönheitskönigin der Stadt.

nische Gerichte von knusprigem *pata* über *kare-kare* bis hin zu brutzelnden Platten. Dazu Cocktails und kaltes Bier.

Praktische Informationen

Masbate Tourism Office (☎0906 212 5684; http://masbatecity.gov.ph; Municipal Rd.; ⏲ Mo–Fr 8–17 Uhr) Oben im Rathaus-Komplex, drei Blocks nördlich der Quezon Street.

An- & Weiterreise

Vom integrierten Terminal abseits der Diversion Road, gleich südlich des Hafens, starten häufig Jeepneys und klimatisierte Vans nach Aroroy, Mandaon, Cataingan über Palanas, Esperanza und Balud.

Rund um Masbate Island

Die Attraktionen von Masbate Island sind von der Stadt Masbate aus leicht mit öffentlichen Verkehrsmitteln zu erreichen. Zu den interessantesten gehören der älteste Leuchtturm der Provinz im Goldminen- und Fischerstädtchen Aroroy und die riesigen Höhlen Kalanay und Batongan in der Nähe des Hafens von Mandaon samt unterirdischem Fluss (im Rathaus von Mandaon nach Führern fragen). Eine Jeepney-Fahrt nach Mandaon lohnt sich schon allein wegen des Ausblicks auf Berge und Landschaft. Südöstlich von Masbate haben in Uson noch ein paar spanische Holzhäuser überlebt, während es in Palanas weiter östlich ähnliche Ahnenhäuser gibt, wenn auch mit den traditionellen Strohdächern. Um diese Orte zu finden, bedarf es ein bisschen Eigeninitiative, und wer eine Unterkunft sucht, steuert am besten auf direktem Weg das Rathaus an.

Ticao Island

Ticao scheint sich in der Schwebe zwischen entspanntem Inselleben und den drohenden Touristenströmen zu befinden. Im Moment weht aber noch der süße, verrottende Geruch von Kopra durch die Bäume, und die Bambus- und Strohhäuser werden – außer in ein paar kleinen Siedlungen – nur selten von Betonbauten durchbrochen. Die einzige Straße der Insel holpert, schlängelt und windet sich durch Dörfer wie Batuan, wo man über den Mangroven-Holzsteg schlendern kann.

In Monreal können Reisende für einen Tag (2500–3000 P) ein *bangka* leihen und damit in aller Ruhe die Küste entlangschippern; auf keinen Fall die 30 m hohen Catandayagan Falls oder den hübschen Talisay Beach verpassen, beide an der Westküste.

Schlafen

In San Jacinto und Monreal gibt's ein paar billige Unterkünfte, aber gleich nördlich von San Jacinto sind zwei tolle Resorts zu empfehlen.

★ **Ticao Island Resort** RESORT €€€
(☎0917 506 3554, 02-893 8173; www.ticao-island-resort.com; EZ/DZ/3BZ 2200/3600/5100 P, Cabanas für 1/2/3 Pers. 4000/5500/7200 P; ❄📶) In Tacdogan, 8 km nördlich von San Jacinto, umringen neun hübsche Cabanas eine perfekte, abgeschiedene

Bucht, während am Strand vier Budgetzimmer mit Ventilator vorhanden sind. Taucher freuen sich über die Nähe der Insel zur berühmten Tauchstätte Manta Bowl, und wer nicht taucht, kann hier auch reiten, Kajak fahren, angeln oder die Geheimnisse der Bicolano-Küche lüften. Das Resort bietet seinen Gästen generell Vollpension.

Altamar Ticao Island Beach Resort RESORT €€€
(☎0906 324 3034, 0915 599 5517; www.ticaoaltamar.com; San Jacinto; Hütte für 2 Pers. 3500–4000 P, Suite 6000 P; ❄📶) Das abgeschiedene Altamar besteht aus einer Reihe geschmackvoll eingerichteter Strandhütten; die meisten richten sich an Paare. Das Personal ist sehr aufmerksam und serviert wirklich köstliches Essen, die freundlichen Besitzer arrangieren Tauchausflüge, Massagen und andere Aktivitäten.

ℹ An- & Weiterreise

Dreimal täglich verkehren *bangkas* zwischen dem Anleger von Lagundi und dem „Fischhafen" in der Stadt Masbate (90 P, 1 Std.).

Zwischen Monreal und Pilar fahren täglich Fähren (150 P, 2 Std.). Die letzte geht gegen 13 Uhr. Täglich fahren fünf Fähren (120 P, 1 Std.) von Bulan in der Provinz Sorsogon nach San Jacinto.

MARINDUQUE

☎042 / 234 520 EW.

Das verschlafene Marinduque ist eine herzförmige Insel, die sich ungefähr im Zentrum des philippinischen Archipels befindet. Sie ist von einer malerischen, 120 km langen Ringstraße umgeben, und es scheint so, als erwache das Eiland nur einmal im Jahr, und zwar während des Moriones Festivals (S. 218) an Ostern, wirklich zum Leben.

Den Rest des Jahres finden die Besucher hier Ruhe: durch den entspannten Charme der Inseldörfer, die wunderschöne Landschaft, den schlafenden Vulkan Mt. Malindig, eine Handvoll Strandresorts und heiße Quellen im Inneren der Insel. Die einzige aufregendere Unternehmnung ist dann der Besuch der Höhlen mit ihren wilden Tieren.

ℹ An- & Weiterreise

FLUGZEUG

Der Flughafen von Marinduque ist seit 2013 wegen Restaurierung der Rollbahn geschlossen. Zur Zeit der Recherche stand noch nicht fest, wann der Flugverkehr nach/von Manila wieder aufgenommen wird.

SCHIFF/FÄHRE

Die meisten Passagierschiffe (von Dalahican) legen in Balanacan an, das sich etwa 30 Minuten nördlich von Boac befindet. Bei der Ankunft besteht Anschluss zu Tricycles (200 P nach Boac) sowie zu Jeepneys und klimatisierten Vans (50 P), die nach Boac, Santa Cruz, Torrijos und Buenavista fahren.

Montenegro Shipping Lines (☎0917 867 2337) betreibt täglich um 6, 8, 10, 17 und 23 Uhr RoRo-Fähren zwischen Lucena und Balanacan (260 P, 3 Std.).

Starhorse Shipping Lines (☎0921 274 5340) lässt täglich acht RoRo-Fähren zwischen Lucena und Balanacan verkehren (260 P, 3 Std.).

MANTA BOWL

März bis Mai ist Hochsaison für Tauchgänge in der Manta Bowl, einer 17 m bis 22 m tiefen Atoll-Tauchstätte, an der sich Taucher am Boden einhaken können, um sich von den starken Strömungen zu erholen. Sie bietet die perfekten Bedingungen für eine Art Mantarochen-Reinigungsstation, in der die Mantas regelrecht Schlange stehen, damit die Putzerfische ihre Haut von Parasiten säubern. Walhaie wurden hier auch schon gesichtet, außerdem gelegentlich Fuchshaie und Hammerhaie, während die Tuna Alley riesige Massen von Thunfischen und Barrakudas anzieht. Tauchen in der Manta Bowl ist nur was für Fortgeschrittene, aber die Touranbieter nehmen auch Taucher mit weniger als 20 Tauchgängen Erfahrung mit, solange sie für einen Tauchlehrer bezahlen, der mit ihnen taucht. Geografisch gehört die Bowl zu Masbate, logistisch ist es aber einfacher, an einem der regelmäßigen Tauchtrips von Donsol auf dem Festland in Südost-Luzon aus teilzunehmen oder in einem der Resorts auf Ticao Island zu übernachten. An das Bicol Dive Center (S. 207) oder an **Fun Dive Asia** (☎0927 490 7041; Trips mit 3 Tauchgängen 4000 P; ⏲7–19 Uhr) in Donsol wenden.

Marinduque

Boac

☎042 / 54 730 EW.

Marinduques entspannte Hauptstadt schließt sich um die imposante, festungsartige Kathedrale und hat viel mehr Charakter als die meisten anderen philippinischen Städte. Die engen Straßen sind mit Familiensitzen aus dem 19. Jh. gesäumt, die sich in mehr oder weniger verfallenem Zustand befinden und über Capiz-Muschel-Fenster sowie Terrassen im oberen Stock verfügen, die vor Blumen überquellen. Wer nicht in einem der Resorts an der Küste übernachtet, für den ist Boac der beste Ausgangspunkt zur Erkundung der Insel.

Sehenswertes & Aktivitäten

Boac Cathedral KIRCHE
(San Miguel St.; ⌚5–18 Uhr) Diese steinerne Kathedrale ist das Herz der Stadt. Sie stammt aus dem 17. Jh., und ihre Festungsmauern zeugen davon, welche Rolle sie während der Überfälle der Moro-Piraten als Zufluchtsort spielte. Über der Haupttür befindet sich eine Nische, in die sich die Statue der Heiligen Jungfrau aus dem Jahre 1792 schmiegt, die angeblich die Piraten mit Stürmen vertrieb und die Stadt vor Naturkatastrophen bewahrte.

National Museum Marinduque MUSEUM
(Mercader St.; ⌚Mo–Fr 8–12 & 13–17 Uhr) GRATIS Zu den Höhepunkten dieses kleinen Museums gehören die Sammlung mit *moriones*-Masken, die Keramiken aus der Ming-Dynastie, die in der Nähe von Gaspar Island aus dem Meer geborgen wurden, sowie ein *kalutang*, eines der ersten lokalen Musikinstrumente. Zur Zeit der Recherche war das Museum wegen Renovierung geschlossen, es soll aber noch 2018 wiedereröffnen.

MORIONES-MANIA

Marinduques Moriones Festival fand erstmals 1807 statt, als Padre Dionsio Santiago, ein Priester aus der Gemeinde Mogpog, die Aufführung eines Theaterstücks organisierte, das auf der Geschichte von Longinus (oder Longino) basierte, einem der römischen Centurios, die Christus hinrichten sollten. Als während der Kreuzigung ein Tropfen von Christus' Blut auf ihn fiel, konnte Longinus auf wundersame Weise auch auf seinem blinden rechten Auge wieder sehen. Longinus war bekehrt und tat seinen Glauben sofort öffentlich kund, woraufhin er durch die Stadt gejagt, gefangen und schließlich geköpft wurde.

Heute vereinen die fabelhaften Osterfeierlichkeiten folkloristischen Mystizismus mit katholischem Prunk. Sie verwandeln Marinduques Straßen in eine bunte Nachstellung dieser Ereignisse und erstrecken sich über alle sieben Tage der heiligen Woche. Jede Gemeinde in Marinduque veranstaltet ein eigenes Fest, bei dem Hunderte *moriones* Centurio-Masken und Kostüme tragen und sich mit Holzschwertern, Speeren und Schilden bewaffnen. Es dauert Monate, diese Masken anzufertigen, und sie werden selbst vor der eigenen Familie und den engsten Freunden geheim gehalten, damit keiner die Identität der *moriones* kennt.

Während der ganzen Festivalwoche ziehen *moriones* wild durch die Straßen, tragen Schwertkämpfe aus, tanzen und spielen Passanten Streiche, während sich Longinus hinter den Zuschauern versteckt, bevor ihm „der Kopf abgehackt" wird und sein „lebloser" Körper in einer Parade durch die Stadt getragen wird.

Dream Favor Travel & Tours OUTDOOR
(☎0918 993 1605, 042-332 0371; 21 Santol; ⌚8–17 Uhr) Diese lokale Einrichtung bietet maßgeschneiderte geführte Touren rund um die Insel an, einschließlich Höhlentouren, Trekking, Inselhopping und Schnorcheln; außerdem kann dort ein Minivan mit Fahrer für einen Tag angeheuert werden (3500 P). Auch für diejenigen, die keine Tour machen wollen, ist diese Institution die beste Quelle für Informationen über die Insel.

Schlafen & Essen

Tahanan Sa Isok HOTEL €
(☎042-332 1231; 5 Canovas St.; EZ/2BZ/FZ inkl. Frühstück ab 1000/1200/1800 P; ❄📶) Dieses von Kletterpflanzen bedeckte Steinhaus liegt in einer ruhigen Nebenstraße abseits der Magsaysay Street und hat am meisten Charakter und das beste Preis-Leistungs-Verhältnis unter den Hotels der Stadt. Es bietet 15 saubere Zimmer unterschiedlicher Größe, ein hübsches Gartenrestaurant und eine sehr hilfsbereite Rezeption. Außerdem sind Originalkunstwerke und *moriones*-Masken ausgestellt, die von Gefängnisinsassen der Provinz hergestellt wurden und hier käuflich erworben werden können.

Hotel Zenturia BOUTIQUEHOTEL €€
(☎0917 305 2689; hotelzenturia@gmail.com; Magsaysay Rd.; Zi 1500–2500 P, Suite 3000 P; ❄📶) Das Zenturia eröffnete Mitte 2017 und ist einfach makellos. Die Zimmer in dem strahlend weißen, vierstöckigen Gebäude bieten modernen Komfort mit gedämpften Farben, superweichen Betten, Kabelfernsehen, funkelnden Badezimmern und Privatbalkonen. Die zehn Zimmer haben alle ähnlichen Dekor, aber je größer sie sind, desto mehr kosten sie. Geplant ist auch ein Café auf dem Dach, aber das hatte zur Zeit der Recherche noch nicht eröffnet.

Boac Hotel HOTEL €€
(☎042-332 1121; theboachotel@yahoo.com; Nepomuceno St.; EZ/DZ/Suite/FZ 1200/1500/2000/2500 P; ❄📶) In großartiger Lage in der Nähe der Kathedrale verheißt die Lobby im Erdgeschoss des Boac jede Menge Stil mit ihrem künstlerischen Dekor, den Vintage-Fotos, *moriones*-Masken und traditionellem Kopfputz an den Wänden.

Die Zimmer oben sind weniger reizvoll: Die Standardzimmer sind winzig, wer wert auf Platz legt, sollte daher lieber die Suite nehmen. Wer wirklich knapp bei Kasse ist, für den gibt's ventilatorgekühlte Billigzimmer (600 P). Das dazugehörige **Café** (Hauptgerichte 80–450 P; ⌚7–20 Uhr) ist gut, und Frühstück ist inklusive.

★**Kusina sa Plaza** PHILIPPINISCH €
(Mercader St.; Büfettteller 65 P, Hauptgerichte 30–240 P; ⌚7–19 Uhr; 📶) Der enorm beliebte

Laden hat zwei Gesichter: Einerseits gibt's philippinische Spezialitäten vom Büfett sowie Pastagerichte, andererseits ist es auch ein Fast-Food-Café, in dem Burger, Pizza, Kaffee und Säfte auf den Tisch kommen.

Good Chow PHILIPPINISCH €
(Mercader St.; Hauptgerichte 45–165 P; ⏲7–19 Uhr) Freundliche Imbiss-Bar, die *siopao* (Dampfbrötchen, 25 P), Pizza und philippinische Klassiker bietet.

Praktische Informationen

Die **PNB** (Reyes St.; ⏲24 Std.) hat einen Geldautomaten, aber besser Bargeld mitbringen, vor allem während des Moriones Festivals.

Das **Provincial Tourism Office** (☎042-332 1498; ⏲Mo–Fr 8–17 Uhr) befindet sich im Capitol-Building-Komplex, 2 km außerhalb der Stadt an der Hauptstraße Richtung Süden.

An- & Weiterreise

Vom Fähranleger in Balanacan fahren Jeepneys und Minivans nach Boac (50 P, 30 Min.).

Von Boac fahren Jeepneys in Richtung Süden nach Gasan (25 P, 30 Min.) und Buenavista (45 P, 1 Std.). Außerdem fahren regelmäßig Jeepneys in Richtung Nordosten nach Mogpog (10 P, 10 Min.), Balanacan (50 P, 30 Min.), Santa Cruz (70 P, 1 Std.) und Torrijos (120 P, 2 Std.).

Gasan & die Westküste

Die 17 km zwischen Boac und Gasan sind dank der bunten Ansammlung an Strandresorts, die sich auf dem schmalen Streifen grauen Sandes verteilen, bei Besuchern sehr beliebt. Der Strand wird breiter und heller, und immer mehr Fischerboote tauchen daran auf, je mehr man sich in Richtung Süden Gasan selbst nähert.

In Gasan kann man ein Boot anheuern und die Tres Reyes Islands (benannt nach den Heiligen Drei Königen Kaspar, Melchior und Balthasar) besuchen, die vom Festland aus zu sehen sind. Ein paar Stunden Inselhopping kosten rund 2000 P. Gaspar Island ist ein Meeresschutzgebiet, dessen Nordstrand zum Schnorcheln einlädt – unbedingt eigene Ausrüstung mitbringen!

Die Hauptstraße rund um die Insel verlässt bei Buenavista die Küste und schlängelt sich über die Berge zur Ostküste, bevor sie nach Torrijos hinaufführt. Die alternative Küstenstraße zwischen Buenavista und Tigwi bietet eine malerische Strecke. Nur ein einziger Jeepney verkehrt zwischen Buenavista und Lipata; alternativ dazu einen Van für einen Tag mieten oder mit den Tricycle-Fahrern von Buenavista feilschen.

Aktivitäten

Die fünfstündige Rundwanderung zum perfekten Kegel des Mt. Malindig (1157 m) folgt einem für gewöhnlich gut markierten Pfad ab Sihi, einem *barangay* von Buenavista. Von Buenavista aus mit dem Tricycle nach Sihi fahren (400 P hin & zurück) oder in irgendeinen Jeepney nach Torrijos (30 P) steigen und sich in Sihi erkundigen, ob eine Genehmigung nötig ist, da sich auf halber Strecke zum Gipfel des Vulkans ein Militärposten befindet.

Malbog Hot Springs HEISSE QUELLEN
(70 P; ⏲7.30–22 Uhr) Ein paar Kilometer im Landesinneren von Buenavista liegen die Malbog Hot Springs mit einer Reihe von Badebecken, die von nach Schwefel riechendem Wasser gespeist werden. Tages- und Übernachtungsgäste dürfen sich in dem bescheidenen Resort willkommen fühlen.

Schlafen & Essen

Eastpoint Hotel by the Sea HOTEL €€
(☎042-332 2229; www.eastpointhotel.com; Zi. 1000–3000 P; ❄📶) Das schrullige Hotel auf halbem Weg zwischen Boac und Gasan lockt mit gut eingerichteten Zimmern, die an einem gepflegten Garten liegen und ein sehr gutes Preis-Leistungs-Verhältnis haben. In den größeren Zimmern finden bis zu sieben Personen Platz. Das Restaurant mit Blick auf einen schmalen Streifen grauen Strandes serviert leckere hausgemachte Gerichte, die allerdings im Voraus bestellt werden müssen. Ein Van für Inseltouren und ein Wellnesszentrum, in dem man sich verwöhnen lassen kann, stehen ebenfalls zur Verfügung.

Barbarossa Pub PHILIPPINISCH, INTERNATIONAL €€
(San José St.; Hauptgerichte 160–380 P; ⏲9–21 Uhr) Dieses Bar-Restaurant in Gasan ist in deutscher Hand und erfreut sich dank seiner deutschen Würstchen, seiner köstlichen Versionen philippinischer Klassiker sowie Pizza und Pasta einer recht bunt gemischten Gästeschar, die sich aus Auswanderern und Einheimischen zusammensetzt. Die schweren Holzmöbel und das kalte, gezapfte Bier (88 P) sorgen für Pub-Atmosphäre.

An- & Weiterreise

Täglich um 8 Uhr schippern *bangkas* vom Anleger in Gasan nach Pinamalayan (280 P, 3 Std.).

Von Boac nach Gasan pendeln regelmäßig Jeepneys (25 P, 30 Min.).

Ostküste

Die Ostküste ist die wildere Seite der Insel, mit weniger Infrastruktur und nur wenigen Resorts. Die meisten Reisenden fahren nach Torrijos und zu den Stränden in der Nähe von Poctoy. Wer von Norden kommt, passiert auch Santa Cruz, eine größere Stadt als Boac; dort gibt es eine beeindruckende Kirche und die beliebte Bäckerei Rejano's. Wer abgelegene Inseln wie Maniuaya Island mag, kann sich am Buyabod Port der Stadt ein *bangka* mieten.

Der weißeste und längste Strand in Marinduque ist der passenderweise so genannte **White Beach** (30 P) in Poctoy; hier ist das Wasser blaugrün, und der Strand bietet einen Blick auf die Kegelspitze des Mt. Malindig. Hier gibt's Hütten für die Benutzung am Tag, und an den Wochenenden ist hier ziemlich was los.

Schlafen

An der Ostküste bieten ein einziges Resort von Bedeutung und einige schlichte Ferienunterkünfte in Torrijos Übernachtungen an. Etwa 2 km nördlich von Poctoy liegt der reizvolle **Beach Club Cagpo** (☎0921 993 2537; www.beachclubcagpo.com; Poctoy; B 350 P, DZ mit Ventilator 1000–1250 P, DZ mit Klimaanlage 1350–1500 P; ❄📶) mit Privatstrand.

Die geräumigen Zimmer zum Meer hin und die einzige Hütte sind karg, sauber und komfortabel, der beengte Schlafsaal ist eher etwas für Reisende mit knappem Budget oder Gruppen; Bettwäsche wird nicht gestellt. Im Bar-Restaurant kommen guter gegrillter Fisch, Pizza und philippinische Gerichte auf den Tisch. Ein 125-ccm-Motorrad kann ausgeliehen werden – ideal zum Erkunden der Insel.

An- & Weiterreise

Torrijos und Poctoy sind am besten von Norden her über Santa Cruz zu erreichen. Von Balanacan und Boac fahren Jeepneys über Mogpog nach Santa Cruz (60 P, 1 Std.), manche davon fahren weiter nach Torrijos (120 P, 2 Std.).

Mindoro

Inhalt ➡

Schön übernachten

- Pandan Island Resort (S. 241)
- El Galleon Beach Resort (S. 228)
- Verde View Villas (S. 228)
- Apo Reef Club (S. 242)
- Sunset at Aninuan (S. 232)

Beste Wanderungen

- Mt. Halcon (S. 234)
- Mt. Iglit-Baco National Park (S. 240)
- Sablayan Prison Farm & Rainforest (S. 240)
- Talipanan Falls (S. 223)

Auf nach Mindoro!

Das wilde Mindoro wird von einer praktisch unpassierbaren Bergkette geteilt – die den treffenden Namen High Rolling Mountains trägt – und ist teils tropisches Paradies, teils provinzielles Hinterland. Die Berge bilden fast überall den dramatischen Hintergrund und trennen das raue, karge Occidental Mindoro im Westen vom üppigeren Oriental Mindoro im Osten.

Die meisten Besucher strömen in die Tauchresorts rund um Puerto Galera an der Nordküste, aber Mindoro hat viel mehr zu bieten. Wer Abgeschiedenheit mag, sollte Occidental Mindoro besuchen, wo das quasi touristenfreie Sablayan wartet, das Sprungbrett zum Taucherparadies am Apo Reef. Verbesserungen an den Straßen machen die einst schwer erreichbare Provinz besser zugänglich denn je.

Inselhopping an der Südküste von Mindoro ist hervorragend, und im bergigen Inselinneren kann man zu entlegenen Dörfern wandern, die vom indigenen Volk der Mangyan bewohnt werden.

Reisezeit

San José

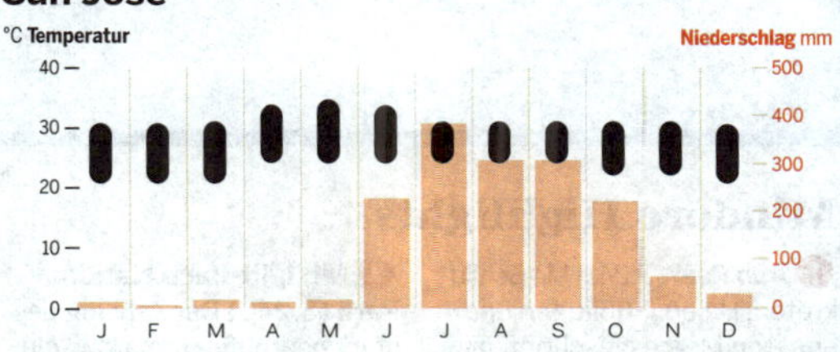

April–Mai Die Regenzeit steht noch bevor, und der Wind ist für Apo-Reef-Verhältnisse ruhig.

Feb.–April Die trockensten Monate und die beste Zeit, um den Mt. Halcon zu besteigen.

Okt. – Nov. Windtechnisch eine weitere Übergangszeit, in der das Meer zum Tauchen ruhiger ist.

Mindoro Highlights

❶ **Apo Reef** (S. 241) Mit Schildkröten, Haien, Süßlippen und anderen Meeresgeschöpfen in dem gut geschützten Meerespark Sablayan schwimmen.

❷ **Puerto Galera** (S. 223) Die schönen Buchten, Wasserfälle und Strände in dieser Resortstadt erkunden und in seiner Unterwasserwelt tauchen.

❸ **Mt. Iglit-Baco National Park** (S. 240) Der Zählung des stark bedrohten *tamaraw* (einheimischer Büffel) beiwohnen und Mangyan-Dörfer besuchen.

❹ **Sablayan Prison Farm & Rainforest** (S. 240) Von Gefangenen geleitete Führungen durch den Regenwald zu traumhaften Seen genießen.

❺ **Mt. Halcon** (S. 234) Die Besteigung von Mindoros höchstem Gipfel wagen – das ultimative Klettererlebnis im Land.

❻ **Malasimbo Music & Arts Festival** (S. 227) Das größte Open-Air-Musikereignis auf den gesamten Philippinen in Puerto Galera live miterleben.

An- & Weiterreise

Es ist möglich, nach San José zu fliegen, aber die meisten Besucher reisen von Batangas in Luzon per Schiff nach Mindoro.

BUS

Wer von Manila aus anreist, fährt meist mit dem Bus nach Calapan oder Abra de Ilog und anderen Zielen im Süden durch; der Bus rollt für den Abschnitt Batangas–Mindoro auf eine Autofähre.

SCHIFF/FÄHRE

Luzon Die übliche Touristenroute nach Mindoro führt mit einem schnellen *bangka* von Batangas nach Puerto Galera. Es steht auch eine Flotte schnellerer und langsamerer Schiffe zur Verfügung, die Batangas mit Calapan verbinden, während Roll-on-roll-off(RoRo)-Autofähren Batangas mit Abra de Ilog (nach Sablayan) verbinden.

Marinduque *Bangkas* legen jeden Morgen um 8 Uhr in Pinamalayan (280 P, 3 Std.) an der Ostküste von Mindoro ab und fahren nach Gasan.

Panay und Romblon Roxas im Süden von Oriental Mindoro ist durch häufige Autofähren mit Caticlan (nach Boracay) und eine täglichen Fähre mit Odiongan, Romblon, verbunden. Etwas weiter im Süden fahren von Bulalacao täglich zwei schnelle Fähren nach Caticlan.

Palawan Zum Zeitpunkt der Recherche waren die einzigen Boote nach Palawan sporadische *bangkas* von San José nach Coron zu den Cuyo Islands.

Unterwegs vor Ort

Die Straße rund um Mindoro ist heute asphaltiert und wird von einer beachtlichen Zahl von Bussen, Lastern und Jeepneys genutzt. Allerdings besteht keine Straße zwischen Puerto Galera und Abra de Ilog im Norden der Insel; man kann die Strecke nur mit dem Boot zurücklegen.

Puerto Galera

☎043 / 32 520 EW.

Diese bezaubernde Ansammlung von Buchten und Inseln liegt nur ein paar Stunden von Manila entfernt und ist eines der beliebtesten Tauchziele des Landes. Puerto Galera ist spanisch für „Hafen der Galeonen". Der tiefe Naturhafen ist von allen Seiten geschützt und war schon lange bevor die Spanier 1572 hier eintrafen, ein beliebter Ankerplatz. Auch heute noch liegen Kurzurlauber und Yachtbesitzer für einen längeren Aufenthalt gern hier vor Anker.

Puerto Galera (PG) bezieht sich normalerweise auf die Stadt Puerto Galera einschließlich der Ferienanlagen in ihrer Umgebung – vor allem Sabang, 5 km weiter östlich, und White Beach, 7 km westlich. Jede Anlage hat ihren ganz eigenen Charakter, und beide decken die komplette Palette von eher schäbig bis stilvoll ab. Es ist also ratsam, seine Wahl sorgfältig zu treffen.

Sehenswertes

Talipanan Falls WASSERFALL

(Karte S. 225) Die Talipanan Falls sind viel weniger touristisch als die berühmten Tamaraw Falls dieser Gegend und nur einen kurzen Spaziergang vom Dorf Talipanan entfernt. Man kann im Iraya-Mangyan-Dorf gleich abseits der Hauptstraße in Talipanan einen Mangyan-Führer anheuern (200 P). Von hier schlängelt sich ein Weg hinter der Schule etwa 30 Minuten lang bergauf durch Wald zu einem zweistufigen Wasserfall, in dem man ein erfrischendes Bad nehmen kann. Frühmorgens hat man gute Chancen, Affen zu sehen.

Tamaraw Falls WASSERFALL

(30 P; ⏲7–17 Uhr) Dieser Wasserfall stürzt von einer bewaldeten Schlucht 30 m tief in Becken abseits der Hauptstraße von Puerto Galera nach Calapan, 13 km außerhalb der Stadt, und rauscht dann in weitere Wasserfälle. An Wochenenden wird's hier voll, daher lieber in der Woche herkommen, wenn sich hier weniger Menschen drängeln. Jeepneys setzen Mitfahrer auf dem Weg nach Calapan hier ab (25 P, 30 Min.).

Tukuran Falls WASSERFALL

(50 P) Die Tukuran Falls sind eine Reihe sanfter Kaskaden und türkisblauer Badetümpel, die von dem etwa 45 Minuten südlich von Puerto Galera gelegenen Dorf Calsapa aus erreichbar sind. Sie sind erfrischend und photogen, aber man sollte früh am Morgen oder spät am Tag hingehen, bevor die Tourbusse eintreffen, die dank der neu asphaltierten Zufahrtsstraße zum Beginn des Wanderwegs den Ort frequentieren. Ein Guide (300 P) ist für die 30-minütige Wanderung ab Ausgangspunkt des Wanderwegs zwingend vorgeschrieben.

Aktivitäten

Rund um Puerto Galera dreht sich alles ums Tauchen (dicht gefolgt vom Feiern). Campbell's (S. 229) Beach Resort in Small La Laguna ist eines von mehreren Resorts, die **Paddleboards** verleihen. Aber auch für Landratten gibt's hier genug zu erleben. Besonders beliebt ist es, sich ein Motorrad auszuleihen und an PGs spektakulärer

Küste entlangzufahren. Unterwegs gibt's viele **Wasserfälle** zu sehen. Von März bis Mai können die Fälle etwas austrocknen.

Strände

Die besten Strände der Gegend sind der **Aninuan** und der **Talipanan** im Westen. Sie sind viel ruhiger und gediegener als der nahe White Beach – vorläufig noch. Besonders der Talipanan entwickelt sich rasant. Der **White Beach** ist zwar auch nicht schlecht, leidet jedoch unter den Folgen geschmackloser Bebauung und den Menschenmassen in der Hauptsaison.

Sabangs schmutziger, kleiner Strand hat diese Bezeichnung kaum verdient. Am besten fährt man um die Landspitze herum zum viel besseren **Small La Laguna** oder noch weiter zum hübschen **Big La Laguna.**

Ungefähr 5 km südlich der Stadt in Richtung Calapan liegt der bei Einheimischen beliebte **Dulangan Beach**. Hier kann man Jetskis und Wakeboards ausleihen. Er lässt sich leicht mit einem Ausflug zu den Tamaraw Falls kombinieren.

Tauchen & Schnorcheln

Puerto Galera bietet eine erstklassige Unterwasserwelt. Zwischen den Korallen leben ungewöhnliche Tiere wie Anglerfische, Zwerg-Seepferdchen, Geisterpfeifenfische und Nacktkiemer. Einige der besten Tauchplätze ist rund um Verde Island, ein paar Kilometer vor der Küste.

Die Preise fürs Tauchen variieren so stark, dass man sich unbedingt umschauen sollte (obwohl Qualität und Sicherheit immer über dem Preis stehen sollten). Ein Tauchgang kostet zwischen 1000 P und 1800 P, inklusive Ausrüstung, und wer sechs und mehr Tauchgänge bucht, bekommt Rabatt. Open-Water-Kurse kosten zwischen 15 000 P und 20 000 P.

Viele der besten Tauchstätten eignen sich prima zum Schnorcheln. Die meisten Tauchanbieter haben auch eine Schnorcheloption im Programm. 1200 P sind der gängige Preis für eine für eine dreistündige Tour.

Asia Divers TAUCHEN

(Karte S. 229; ☎0917 814 5107; www.asiadivers.com; Small La Laguna) Höchst professionell. Betreibt auch den sehr guten Anbieter **Tech Asia** (Karte S. 229; ☎043-287 3205; Small La Laguna) für technisches Tauchen.

Capt'n Gregg's Dive Shop TAUCHEN

(Karte S. 229; ☎0917 540 4570; www.captngreggs.com; Sabang; Tauchausfahrten inklusive Ausrüstung 1400 P) Langjähriger, zuverlässiger Anbieter.

PUERTO GALERAS TOP-TAUCHPLÄTZE

Hier sind einige der besten Tauchorte in dem Areal, empfohlen von einheimischen Tauchlehrern:

Hole in the Wall (Karte S. 225) bis **Canyons** (Karte S. 225) Große Fächerkorallen, Zackenbarsche, Thunfische und Makrelen in einer Maximaltiefe von ca. 27 m. Ort: Escarceo Point, 3 km östlich von Sabang.

Sinandigan Wall (Karte S. 225) Multilevel-Tauchgänge mit jeder Menge Nacktschnecken und anderem Makroleben, und einige Löcher zum Durchschwimmen. Beginn bei 42 m und langsames Aufsteigen. Am besten morgens. Ort: Sinandigan Point vorgelagert, 3 km östlich von Sabang.

Monkey Beach (Karte S. 225) Multilevel-Tauchen beginnend bei 30 m und allmähliches Aufsteigen bis auf 4 m. Großartige Fischvielfalt, Schwämme, Riesenfächergeorgien und kunterbunte Korallen. In der Nähe liegt das **Monkey Wreck** in 20 m Tiefe, geeignet für fortgeschrittene Taucher. Ort: Fünf Minuten östlich von Sabang Beach.

Verde Island Dropoff Eine große Steilwand, die bis in 70 m Tiefe reicht. Viele Makrelen und pelagische Arten. Wegen starker Strömungen vor allem für erfahrene Taucher geeignet. Ort: Verde Island.

Washing Machine Starke Strömungen überspülen Unterwassercanyons in 18 m Tiefe. Man wird abwärts gezogen, steigt dann durch Canyons wieder auf, wobei man sich an den Felsen hochzieht. Ein Tauchabenteuer mit viel pelagischem Leben, wenn das Wasser unruhig ist. Ort: Verde Island.

Strände von Puerto Galera

Strände von Puerto Galera

Sehenswertes
1 Talipanan Falls ... A3

Aktivitäten, Kurse & Touren
2 Canyons ... G1
3 EACY Dive ... B2
4 Hole in the Wall ... G1
5 Monkey Beach ... F1
6 Pacific Divers ... B2
7 Ponderosa Golf & Country Club ... B4
Puerto Galera Yacht Club ... (siehe 23)
8 Sinandigan Wall ... G2
Sto Niño Mini Golf ... (siehe 23)
9 Zipline ... B4

Schlafen
10 Amami Beach Resort ... A3
11 Badladz Dive Resort ... E2
12 Coco Beach Island Resort ... E1
13 D'Mountain Beach Resort ... A3
14 Infinity Resort ... A3
15 Kalaw Place ... E2
16 Lenly's Cottages ... B2
17 Paddy's Bar & Backpacker Hostel ... F1
18 Summer Connection ... B2
19 Sunset at Aninuan ... A2
20 Verde View Villas ... F1
21 Veronica's Inn Bed & Breakfast ... A3

Essen
22 Arcobaleno Pizzeria & Ristorante ... B2
23 Puerto Galera Yacht Club ... D2
24 Robby's Cafeteria ... D2
25 Rumulus ... B2
26 Veranda ... B2

Ausgehen & Nachtleben
27 View Point ... E2

Praktisches
28 PNB ... E2
29 Post Office ... E2
30 Puerto Galera Hospital ... D3

Transport
31 Air Juan ... D2
32 Balatero Pier ... C2
33 Muelle Pier ... E2
34 Puerto Galera Grand Terminal ... E3

EACY Dive TAUCHEN
(Environmental Awareness for Children & Youth; Karte S. 225; ☎0916 794 5624; www.eacydive.org; Aninuan) Diese Tauchbasis ist mit der Stairway Foundation (www.stairwayfoundation.org) verbunden, die mehrere Programme für benachteiligte Jugendliche durchführt. Die Erträge aus der Basis fließen in Programme, die das Umweltbewusstsein der Projektkinder, Strandreinigungen und anderes fördern. Die Ausrüstung wird von der örtlichen NGO Scuba for Change (www.scubaforchange.com) gestellt.

Blue Ribbon Divers TAUCHEN
(Karte S. 229; ☎0917 893 2719; www.blueribbondivers.com; Small La Laguna; Tauchausfahrten inkl. Ausrüstung 1200 P) Ausgezeichneter Tauchanbieter mit guten Preisen.

Pacific Divers TAUCHEN
(Karte S. 225; ☎0920 613 5140; www.philippines-diving.com; White Beach; Tauchausfahrten mit/ohne Ausrüstung 1400/1200 P) Der professionellste Tauchanbieter am White Beach.

Big Apple Dive Shop TAUCHEN
(Karte S. 229; ☎0919 449 8298; www.divebigapple.com; Tauchausfahrten inkl. Ausrüstung 1100 P) Das dem gleichnamigen Resort angeschlossene Big Apple hat mit die besten Tauchpreise in Puerto Galera.

Octopus Divers TAUCHEN
(Karte S. 229; ☎0919 379 0811; www.mac-octopusdivers.com; Sabang) Ein seit Langem eingeführter und angesehener Anbieter. Liegt hinter Papa Fred's Restaurant.

Tina's Reef Divers TAUCHEN
(Karte S. 229; ☎043-287 3139; www.tinasreefdivers.com; Sabang) Gute Wahl für Budget-Taucher mit Preisen ab 1000 P pro Tauchgang inklusive Ausrüstung.

Segeln

Ein paar Segelboote sind für halbtägige, ganztägige oder Sunset-Fahrten vor dem Hafen von Puerto Galera verfügbar. Am Anschlagbrett im Yachtclub hängen Listen für Buchungen. Kareem von **Freedom Kite Surfing** (☎0917 642 6740; www.freedom-kitesurfing.com) vermietet einen 44-Fuß-Luxuskatamaran von Mai bis Oktober und kann Kite-Safaris organisieren.

Puerto Galera Yacht Club SEGELN
(Karte S. 225; ☎043-287 3401; www.pgyc.org; Puerto Galera Stadt) Begeisterte Segler und auch Neulinge können sich in den Puerto Galera Yacht Club begeben, wo man am „Wet Wednesday" mit einem erfahrenen Segler in ein Team gesteckt wird und an den Spaßrennen am Nachmittag teilnehmen kann (600 P) – Start ist um 13 Uhr.

Der Club verleiht auch Laser-Segelboote (2 Std., 1700 P) und Hobie-Katamarane (2 Std., 2250 P) und kann beim Chartern eines größeren Bootes für eine Halbtagstour (4000 P) helfen.

Golf

Ponderosa Golf & Country Club GOLF

(Karte S. 225; ☎0915 507 6348; www.puertogaleragolf.com; Minolo; 9 Löcher inkl. Ausrüstung & Caddy 1350 P) Golfer können ihr Geschick auf einem der skurrilsten Plätze überhaupt unter Beweis stellen: auf dem winzigen, aber spektakulären Ponderosa Golf & Country Club, der 500 m oberhalb von Puerto Galera in einen steilen Hang gehauen wurde.

Sto Niño Mini Golf MINIGOLF

(Karte S. 225; National Hwy., Santo Niño; Erw./Kind 250/150 P; 9–18 Uhr) Dies ist der wohl vornehmste Minigolfplatz des Landes, mit frischem Filz und kreativ erdachten Löchern. Er liegt dicht neben dem Puerto Galera Yacht Club.

Trekking

Der **Mt. Talipanan** (1130 m) und der nahe **Mt. Malasimbo** (1215 m), der Puerto Galera im Süden überragt, können bestiegen werden. Der Aufstieg dauert bei beiden rund vier Stunden und ein paar Stunden der Abstieg, also früh starten. Guides sind im Mangyan-Dorf in Talipanan zu finden – es sind die gleichen, die auf kürzeren Touren zu den Talipanan Falls (S. 223) führen. Der viel größere Mt. Halcon (S. 234) muss von Baco oder von Calapan im Süden von Puerto Galera aus angegangen werden.

Andere Aktivitäten

Hash House Harriers LAUFEN

(Karte S. 229) Jeden Samstag um 15.30 Uhr trifft sich der lokale Ableger von Hash House Harriers im Capt'n Gregg's (S. 227) zu einem „Spaßlauf", gefolgt von einer feucht-fröhlichen Feier.

Zipline ABENTEUERSPORT

(Karte S. 225; ☎0917 506 2280; pro Fahrt 600 P) Mit dieser spektakulären Seilrutsche geht's im Schatten des Mt. Malasimbo 250 m steil abwärts.

Feste & Events

Malasimbo Music & Arts Festival MUSIK

(www.malasimbofestival.com; März) Das Malasimbo Festival ist ein populäres Musikfestival, das Bands und elektronische Acts präsentiert. Es zieht eine Mischung aus Toptalenten aus Pinoy und ein paar internationale Gruppen an, die in einem atemberaubenden natürlichen Amphitheater in der Nähe des Ponderosa Golf Clubs im Vorland des Mt. Malasimbo stattfinden.

Schlafen

Die richtige Lage ist in Puerto Galera alles: Sabang ist die laute Partyzone, liegt aber den Tauchspots am nächsten; die angrenzenden Small La Laguna und Big La Laguna sind viel ruhiger. Die Stadt Puerto Galera ist tagsüber laut, nachts aber ruhig. White Beach zieht hauptsächlich lokale Touristen und ein paar loyale Auswanderer sowie vereinzelte Backpacker an. Aninuan und Talipanan versprühen das einsamste Flair und haben die schönsten Strände.

Sabang

Sabang an der Ostküste zeigt, was es hat. Tagsüber ist es ganz entspannt, aber bei Sonnenuntergang findet eine wahre Metamorphose statt. Dann öffnen die Bars, die Nachtschwärmer strömen herbei, Musik dreht auf und alle Arten von quirligem Nachtleben – wirklich alle! – beginnen. Die billigsten Unterkünfte gibt's in den Hügeln am Ostende des Strandes von Sabang, wo man vielleicht auch eine Privatunterkunft für 500 bis 700 P ergattern kann.

★ **Capt'n Gregg's Dive Resort** LODGE €

(Karte S. 229; ☎043-287 3070, 0917 540 4570; www.captngreggs.com; Sabang; Zi. mit Ventilator 800–1200 P, mit Klimaanlage 1200–1900 P; ❄📶) Diese Institution in Sabang bietet seit über 25 Jahren das beste Preis-Leistungs-Verhältnis im Ort. Die kompakten, aber gemütlichen, mit Holz verkleideten, „alten" Zimmer direkt am Wasser bieten den meisten Charme und sind auch am günstigsten.

★ **Reynaldo's Upstairs** PENSION €

(Karte S. 229; ☎0917 489 5609; rey_purie@yahoo.com; Sabang; Zi. 900-1200 P; ❄📶) Das Reynaldo's wird von der nettesten Familie geführt, die man sich nur vorstellen kann, und bietet eine tolle Bandbreite an Zimmern, von mehr als passablen, günstigen Ventilator-Zimmern bis zu großen Panorama-Zimmern mit Küchenzeile und Balkon am Hang.

Paddy's Bar & Backpacker Hostel PENSION € (Karte S. 225; ☎0977 184 5540; Sinandigan; B/DZ mit Ventilator 250/400 P, DZ mit Klimaanlage 450–700 P;) Das 1 km östlich von Sabang (20 P mit Motorrad) gelegene Paddy's ist Puerto Galeras einziges legitimes Hostel. Es verfügt über einfache Doppelzimmer, geräumige, aber stickige Fünf-Betten-Schlafräume in alleinstehenden Hütten sowie eine gut ausgestattete irische Bar mit Blick über eine Schlucht. Vor zwei etwas schickeren Zimmern gibt's ein neuerdings angelegtes Tauchbecken.

★ **El Galleon Beach Resort** RESORT €€ (Karte S. 229; ☎043-287 3205; www.elgalleon.com; Small La Laguna; DZ inkl. Frühstück 59–110 US$, Villen 110–315 US$;) Elegante Zimmer im Hüttenstil mit Korbmöbeln und Veranda, die sich eine Klippe hinaufziehen und um einen Pool verteilen. Auf dem Gelände gibt's ein sehr gutes Restaurant und eine Tauchbasis, nicht zu vergessen die Point Bar, eine der landesweit besten Bars. Wer sich richtig was gönnen will, kann in den unglaublichen Villen bei den Waimea Apartments absteigen.

Steps Garden Resort RESORT €€ (Karte S. 229; ☎0915 381 3220, 043-287 3046; www.stepsgarden.com; Sabang; DZ 1600–2750 P;) Diese bezaubernde Anlage mit einzelnen Hütten mit Balkon in einem üppigen und farbigen Garten liegt hoch über dem Strand. Sie bietet einen schönen Pool, sanfte Brisen und Meeresblick und liegt weit entfernt vom Lärm. Und ja, hier gibt's eine Menge Stufen.

Mermaid Dive Resort RESORT €€ (Karte S. 229; ☎0916 439 8132; www.mermaidresort.com; Sabang; DZ 65–115 US$, Suite 130–195 US$;) Das zuverlässige Mermaid liegt etwas abseits des Strandes, aber das sollte niemanden abhalten. Es ist besser vom Lärm abgeschirmt als die meisten anderen Häuser in Sabang, und die Zimmer machen den fehlenden Meerblick mehr als wett. Selbst die billigsten Optionen bieten jede Menge Platz, gemütliche Betten, genügend Mobiliar und alle modernen Annehmlichkeiten, die man so braucht.

★ **Verde View Villas** VILLA €€€ (Karte S. 225; ☎0998 558 4739; www.verdeviewvillas.com; Sinandigan; DZ Wochentag/Wochenende ab 4600/5600 P;) Der Blick von dieser auf einer Anhöhe gelegenen Anlage, 1,5 km östlich von Sabang, ist einzigartig. Vier luxuriöse Zimmer am Pool und mit Apple-TV blicken geradeaus auf die herrliche Verde Island im Osten. Nach hinten gibt's einen Vier-Zimmer-Komplex mit einem ebenso eindrucksvollen Blick auf Batangas im Norden. Eine recht steile Treppe führt nach unten zu einem Privatstrand, wo es sich herrlich schnorcheln lässt.

Small La Laguna

Small La Laguna bietet bessere Chancen auf ruhigen Schlaf als Sabang und noch dazu den hübscheren Strand.

★ **La Laguna Villas** RESORT €€ (Karte S. 229; ☎043-287 3696; www.llv.ph; Small La Laguna; Zi. ab 3100 P, Suite ab 6000 P;) Diese Luxusvillen am Hang sind ein Schnäppchen, insbesondere, wenn die Rabatte in der Nachsaison dazukommen. Die meisten Zimmer haben eine funktionstüchtige Küchenzeile, und mindestens zwei Zimmer sind mit Qualitätsbetten, polierten Holzböden und Flachbild-TV ausgestattet (obwohl nicht alle Zimmer einen Balkon bieten, von dem aus man die herrliche Aussicht genießen könnte).

Blue Ribbon Dive Resort RESORT €€ (Karte S. 229; ☎0917 893 2791, 043-287 3561; www.blueribbondivers.com; Small La Laguna; Zi. 2000–2200 P, Bungalows 2400 P;) Dieses Haus ist bei Tauchern beliebt, die 10% Rabatt auf die Unterkunft bekommen. Die großen Zimmer liegen hinten um einen kleinen Pool herum. Sie sind eher zweckmäßig als schick, haben aber TV, und die meisten haben auch eine Terrasse. Nach vorne hin ertönt in einer belebten Strandbar und im Restaurant manchmal akustische Livemusik.

Big La Laguna

Big La Laguna, ein Strand östlich von Small La Laguna, ist noch besser vom Trubel Sabangs abgeschirmt, und der Strand ist der beste in der ganzen Gegend.

Cataquis HÜTTE € (Karte S. 229; ☎0916 297 8455; Big La Laguna; Zi. mit Ventilator/Klimaanlage ab 1000/1500 P;) Die sauberen, bunt angemalten Betonhütten haben Zugang zum besten Strand in der Gegend von Sabang. Ein paar größere Zimmer liegen versteckt zwischen den Bäumen im Hintergrund.

Sabang

Das philippinische Restaurant (Hauptgerichte 160 bis 350 P) bietet viel fürs Geld.

Campbell's RESORT €€
(Karte S. 229; ☎043-287 3466, 0917 558 7547; www.campbellsbeachresort.com; Big La Laguna; B 14 US$, DZ 44–88 US$, Suite 130–220 US$; ❄📶) Dieses Resort an der äußersten Westspitze von Big La Laguna Beach liegt direkt am Wasser und ist der beste Allrounder. Die Standardzimmer sind nichts Besonderes, aber wer sich ein Deluxe-Upgrade gönnt, bekommt einen grandiosen Blick aufs Meer vom eigenen Balkon, einen Flachbildfernseher und schöne Bettwäsche. Die Bar ist auch gut und verfügt über HD-TV, und sonntags kann man Golfabschläge ins Wasser üben.

Coco Beach Island Resort RESORT €€€
(Karte S. 225; ☎0917 883 9334; www.cocobeach.com; Zi. 4500–5500 P, Suite 9000–12500 P; @📶🏊) Dieses gigantische Resort erstreckt sich von einem langen Privatstrand an der Spitze von Big La Laguna in den Dschungel und bietet dunkle, aber attraktive Standardzimmer sowie luxuriöse Suiten in Hanglage. Alle Zimmer sind mit einheimischen Materialien gestaltet, und einige sind über 250 Stufen erreichbar. Es gibt zwei Pools, ein paar Restaurants und jede Menge Aktivitäten.

Puerto Galera (Stadt)

Einige Besucher ziehen die verhältnismäßige Ruhe am Hafen rund um den Muelle Pier in Puerto Galera den geschäftigen Strandresorts vor. Hier liegen oft Yachten vor Anker. Außerhalb der Stadt gibt's ein paar schickere, teurere Optionen in privaten Buchten.

Kalaw Place VILLA €€
(Karte S. 225; ☎043-442 0209; www.kalawplace.com.ph; Palangan; Zi. 1900–3800 P; 📶) Wer ungestört sein will, sollte nicht weiter suchen als bis zu diesem erstklassigen, auf einer Hügelkuppe gelegenen Haus mit einer Privatbucht zwischen Puerto Galera und Sabang. Die zehn, im alten Stil eingerichteten Zimmer mit Fensterscheiben aus Capiz-Muscheln haben keine Klimaanlage und kein Fernsehen, sind aber luftig und haben Balkons mit Seeblick. Zur Bar und zum Schwimmen geht's nach unten.

Badladz Dive Resort RESORT €€
(Karte S. 225; ☎0939 914 8819; www.badladz.com; Muelle Pier; DZ 1490–1890 P; ❄📶) Das Badladz befindet sich in perfekter Lage

Sabang

Aktivitäten, Kurse & Touren

1 Asia Divers D2
2 Big Apple Dive Shop F3
Blue Ribbon Divers .... (see 7)
3 Capt'n Gregg's Dive Shop F2
Hash House Harriers .... (see 3)
4 Octopus Divers H2
5 Tech Asia C2
6 Tina's Reef Divers H1

Schlafen

7 Blue Ribbon Dive Resort D2
8 Campbell's A1
9 Capt'n Gregg's Dive Resort F2
10 Cataquis B1
11 El Galleon Beach Resort D2
12 La Laguna Villas C2
13 Mermaid Dive Resort G3
14 Reynaldo's Upstairs H1
15 Steps Garden Resort E3

Essen

16 Bella Napoli G2
17 Mira's Bakery & Deli Shop G2
18 Papa Fred's Steakhouse H2
19 Sabang Restaurant G2
20 Tamarind Restaurant E2
21 Teo's Native Sizzling House G3
22 Tina's H1

Ausgehen & Nachtleben

23 Aquabest G2
24 Point Bar D2

Shoppen

25 Frontier Handicrafts E2

Praktisches

26 Western Union G2

Transport

27 Alex Motorcycle Rental H3
28 Jeepneys to PG Town G3

direkt am Hafen von PG und lockt mit einem renommierten Tauchladen, funktionalen, wenn auch unspektakulären Zimmern und einem guten Restaurant (Hauptgerichte 250 bis 400 P) mit Ausblick und leckeren mexikanischen Klassikern wie *huevos rancheros*.

White Beach & Umgebung

Der White Beach füllt sich an Wochenenden und in der „Sommersaison" von März bis Mai mit Scharen von Manileños. Die Unterkünfte richten sich an große Familien und sind für Individualreisende viel zu teuer. An Wochenenden steigen die Preise sogar noch höher als die veröffentlichten Preise. Am besten zieht man weiter nach Westen an die eher erschwinglichen Strände Aninuan oder Talipanan, obwohl auch hier die Resorts die neurotischen Preisschwankungen mitmachen.

★ Amami Beach Resort STRANDRESORT €€
(Karte S. 225; ☎0908 206 8534; www.amamibeachresort.com; Talipanan; Zi. mit Ventilator/Klimaanlage 1000/1800 P; ❄📶) Dieses Resort wird mit viel Elan von einer italienisch-philippinischen Familie geführt und ist das preiswerteste am ganzen Talipanan Beach.

Die Zimmer im einheimischen Stil sind einfach, aber geschmackvoll, haben Moskitonetze und Warmwasser. Die meisten gehen von einer langen Gemeinschaftsveranda hinter dem hervorragenden Restaurant (Hauptgerichte 180 bis 250 P) ab. Gäste ohne Reservierung sahnen die besten Preise ab.

Veronica's Inn Bed & Breakfast RESORT €€
(Karte S. 225; ☎0977 727 2014; www.veronicasinn.wordpress.com; Talipanan; DZ Wochentag/Wochenende 2300/3000 P; ❄📶🏊) Das ganz am östlichen Ende des Talipanan Beach gelegene Veronica's ist eine richtige Entdeckung. Die acht Zimmer sind nüchtern eingerichtet, aber mit tollen Gemeinschaftsräumen im ersten Stock und unten – plus einem Pool, kostenfreien Kajaks, Darts und einem Billardtisch – da bleibt nicht viel Zeit zum Rumhängen im Zimmer. An Wochenenden ist das Haus oft komplett von Gruppen gebucht.

Lenly's Cottages HÜTTE €€
(Karte S. 225; ☎0915 664 4104; www.lenlys.com; White Beach; mit Ventilator/Klimaanlage ab 1500/2500 P; 📶) Diese Oase im Herzen von White Beach liegt hinter Imbissständen. Man wohnt in einem der privaten Bambus-Bungalows mit Balkon, die rund um einen Innenhof liegen.

D'Mountain Beach Resort BUNGALOW €€
(Karte S. 225; ☎0906 362 5406; www.mountainbeachresort.com; Talipanan; DZ mit Ventilator/Klimaanlage ab 1000/2000 P; ❄📶) Das seit Langem bestehende, familiengeführte Haus besteht aus mehreren Bungalows und Strandhäusern am ruhigen Ostende des Talipanan Beach. Wir mögen die Zimmer in einem langen, hölzernen Reihenhaus mit Strohwänden, die mit Ventilatoren ausgestattet sind, und die lange, gemütliche Veranda.

Summer Connection HOTEL €€
(Karte S. 225; ☎043-287 3688; www.summerconnection.net; White Beach; Zi. ab 2500 P; ❄📶🏊) Das am besseren und ruhigeren Westende des White Beach gelegene Hotel ist in jeder Hinsicht eine ordentliche Option. Es ist eine ausgedehnte Anlage mit einem guten Schwimmbecken und praktisch eingerichteten Zimmern, die von hübschen Hängelampen beleuchtet werden. Die Beach Frog Bar, beliebt für die Happy Hour am White Beach, liegt nach vorn raus.

DIE IRAYA-MANGYAN VON TALIPANAN

Aufmerksame Beobachter werden zwei Dinge bemerken, wenn sie in Talipanans Iraya-Mangyan-Dorf gehen. Zum einen befindet es sich im Tiefland (die meisten Mangyan-Stämme leben in den Bergen). Zum anderen ist es ziemlich wohlhabend, das Dorf ist in einem guten Zustand, die Häuser sind sauber, und es gibt sogar ein Gemeindezentrum voller brandneuer Computer. Es ist nicht zu vergleichen mit den meisten Mangyan-Dörfern, die schockierend arm sind.

Die hier lebenden Mangyan haben es weit gebracht, seit sie vor mehreren Jahrzehnten aus den Bergen vertrieben wurden, weil sie in die Kämpfe zwischen der Regierung und den kommunistischen Rebellen der Neuen Volksarmee geraten waren. Das Land, auf dem sie sich am Strand nördlich des **Talipanan Beach** (Karte S. 225) niederließen, gehörte einer der reichsten Familien der Philippinen, den Ayalas.

Durch ihre Ayala Foundation starteten die Ayalas ein umfassendes Programm für eine nachhaltige Lebensgrundlage, das auch Unterstützung bei der Gesundheitsfürsorge, Ausbildung und Ernährung innerhalb der Gemeinde beinhaltet. Die Stiftung half den Dorfbewohnern außerdem, die Kunst des Webens der typischen sechseckigen Körbe aus *nito* (Weinrebenholz) wiederzubeleben. Wer heute das Dorf besucht, kann Webern bei ihrer Arbeit zusehen und ihre schönen *nito*-Erzeugnisse kaufen.

★ Sunset at Aninuan STRANDRESORT €€€
(Karte S. 225; ☎0920 931 8924; www.aninuan beach.com; Aninuan; Zi. 5500–10 000 P; ❄📶≋) Der Sonnenuntergang ist in dem alleinstehenden Strandresort in Puerto Galera zuverlässig schön. Die preiswertesten Zimmer sind unspektakulär, aber mit einem kleinen Upgrade öffnen sich einem geradezu luxuriöse Quartiere mit breiten Doppelbetten, üppigem Mobiliar, geschmackvollem Kunsthandwerk und einem Balkon mit Meerblick. Die Nutzung der hauseigenen Kajaks ist für Gäste kostenlos.

Infinity Resort RESORT €€€
(Karte S. 225; ☎0917 792 6353; www.infinity resort.com.ph; Talipanan; Zi./Suite ab 9800/ 14 000 P; ❄≋) Mit einem bergigen Hintergrund und einem herrlichen Infinity-Pool bis zum Strand verblüfft Puerto Galeras schickstes Resort auf den ersten Blick. Die Zimmer befinden sich in zweistöckigen Villen; man kann sie einzeln oder die Villa als Ganzes buchen. Sie sind mit jedem nur denkbarem Komfort ausgestattet und wunderschön gestaltet mit hübschen Holzeinbauten und hölzernen Hängedecken.

Essen

Puerto Galera hat eine großartige Restaurantszene, mit den Speiselokalen am Strand von Sabang an der Spitze. Allerdings sind die Preise für philippinische Verhältnisse ausgesprochen hoch. Auch mehrere Resorts verfügen über gute, eigene Restaurants, darunter El Galleon (S. 228) und Capt'n Gregg's (S. 227) in der Gegend von Sabang; Badladz (S. 229) in PG-Stadt; und das Amami Beach Resort (S. 231) und das Infinity Resort in Talipanan.

Sabang & Umgebung

Teo's Native Sizzling House PHILIPPINISCH €
(Karte S. 229; Sabang; Hauptgerichte 85–300 P; ⏲24 Std.) Open-Air-Lokal mit umfangreicher Karte voller zischend heißer Gerichte, philippinischen Klassikern, Steaks und preiswerten Mahlzeiten.

Mira's Bakery & Deli Shop FEINKOST €€
(Karte S. 229; Sabang; Sandwiches 150–200 P; ⏲6–22 Uhr; 📶) Kleiner Sandwich-Laden, der auch Aufschnitt, Käse und anderes importiertes Picknickzubehör verkauft.

Sabang Restaurant INTERNATIONAL €€
(Karte S. 229; Sabang; Hauptgerichte 100–300 P; ⏲7–23 Uhr) Ein gut besuchtes, seit langem bestehendes Restaurant an der Hauptstraße in Sabang. Es ist bekannt für seine Shakes und billiges Frühstück, bietet aber auch eine recht gute Auswahl an europäischer Kost.

Tina's DEUTSCH, PHILIPPINISCH €€
(Karte S. 229; Sabang; Hauptgerichte 200–450 P; ⏲8–22 Uhr; 📶) Das schweizerisch angehauchte Tina's serviert einige der besten Gerichte am Strand, und die Preise sind für PG auch gut. Unbedingt das Schnitzel probieren!

Papa Fred's Steakhouse STEAK €€€
(Karte S. 229; ☎043-287 3361; http://steak house-sabang.com; Sabang; Hauptgerichte 350–750 P, Steaks 1100–2000 P; ⏲8–23 Uhr; 📶) Gönnen Sie sich eines von Fred's Sieben-Gänge-Menüs – es gibt vier zur Auswahl, meist mit Steak, Fisch oder mit beidem. Sie sind ihr Geld wert. Zu den À-la-carte-Gerichten gehören Fondue, Bayrischer Schweinebraten, und gute Weine begleiten verschiedene Steaks. Bonuspunkte gibt's für die Lage am Wasser.

★ Tamarind Restaurant INTERNATIONAL €€€
(Karte S. 229; Sabang; Hauptgerichte 350–1000 P; ⏲7–23 Uhr; 📶) Das Tamarind lockt mit dem Duft von gegrilltem Steak und Seafood – unbedingt das Carabao-Steak (Wasserbüffel) oder Garnelen à la Tamarind probieren. Philippinische Speisen, Pasta, Schnitzel und viele Weine runden die Speisekarte ab. Die Lage am Wasser ist toll.

Bella Napoli ITALIENISCH €€€
(Karte S. 229; Sabang; Pizza 260–450 P, Hauptgerichte 300–1000 P; ⏲11–24 Uhr; ❄) Noch so ein Lokal in Sabang, bei dem man sich denkt: „Mann, war das lecker. Aber wie bin ich bloß 1500 P losgeworden?" Die solide Weinauswahl (Glas ab 140 P) führt Weinkenner in Versuchung, während sich Feinschmecker über das Essen und die entspannte Atmosphäre freuen. Man sitzt auf dem Balkon über Sabangs zwielichtiger Hauptstraße oder sucht sich drinnen einen Platz.

Puerto Galera (Stadt) & Strände im Westen

Robby's Cafeteria ITALIENISCH €€
(Karte S. 225; National Hwy., gegenüber vom Muelle Pier; Hauptgerichte 150–300 P, Pizza 200–

360 P; ⌚8–21 Uhr; 📶) Der direkt aus Bologna kommende Wirt Roberto kreiert köstliche Pizzas, Gourmet-Sandwiches und üppige Desserts. Man kann draußen mit Blick auf den Highway essen oder drinnen an einem Tisch mit roter Tischdecke zwischen Wänden aus Wein (der ab 70 P auch glasweise erhältlich ist).

★Puerto Galera Yacht Club INTERNATIONAL €€
(Karte S. 225; Puerto Galera (Stadt); Gerichte 290–450 P; ⌚12–21 Uhr, in der Nachsaison Mo geschl.) Das ist ein verborgenes Juwel, versteckt zwischen den Bäumen am Westrand der Muelle-Bucht. Traditionell wird der Freitag mit Sunset-Drinks und einem Barbecue gefeiert, während an „Wet Wednesdays" am „All-you-can-eat"-Büfett das Curry nur 289 P kostet.

★Arcobaleno Pizzeria & Ristorante ITALIENISCH €€
(Karte S. 225; National Hwy., Minolo; ⌚9–21 Uhr) Es sieht nicht nach viel aus – eigentlich nur ein Schuppen mit ein paar Tischen –, aber die knusprige Pizza hier ist die beste in ganz Puerto Galera, mit einer dicken Schicht Mozzarella und frischem Belag. Ein großer Italiener steht in der Küche und auf der Karte stehen einfach nur Pizza, Pasta und Salate. Die Pizzas machen zwei satt, was sie richtig preiswert macht.

Rumulus FUSIONKÜCHE €€
(Karte S. 225; White Beach; Gerichte 245 P; ⌚10–22 Uhr) Der namensgebende philippinische Küchenchef im Rumulus serviert aus einer unscheinbaren Bude 100 m hinter dem White Beach mit das beste Essen in PG. Alles dreht sich hier um Spezialitäten – drei neue täglich, meist bestehend aus frischem Fisch und/oder Fleisch und Kartoffeln, plus einem asiatischen Curry oder Eintopf. Die frischen Zutaten werden jeden Morgen auf dem örtlichen Markt eingekauft.

★Veranda INTERNATIONAL €€€
(Karte S. 225; White Beach; Gerichte 300–700 P; ⌚11–22 Uhr) Das Veranda macht es richtig – köstliches Essen, erholsame Atmosphäre, ein starker Soundtrack und guter Service. Die abwechslungsreiche Speisekarte tendiert zur französischen (Pâté, Coq au Vin) und italienischen (Pizza) Küche, mit asiatischem Einschlag (thailändischer Pomelo-Salat), und führt auch Steaks und frische Meeresfrüchte auf. Veranda nimmt einen beneidenswerten Platz an dem viel ruhigeren westlichen Ende des White Beach ein.

Ausgehen & Nachtleben

Fast überall gibt's eine Happy Hour, irgendwann zwischen 14 und 19 Uhr.

★Point Bar BAR
(Karte S. 229; El Galleon Beach Resort, Small La Laguna) Unsere Lieblingsbar, die Point Bar, ist ein heiterer Treffpunkt zum Sonnenuntergang und danach mit großartiger Aussicht und buntem Musikmix. Sie gehört zu den wenigen Bars in der Stadt, in der sich auch allein reisende Frauen wohlfühlen können.

View Point BAR
(Karte S. 225; ⌚9–21 Uhr) Auf einer Anhöhe an der kurvigen Straße zwischen PG und Sabang bietet View Point einen atemberaubenden Ausblick auf die wunderschöne Dalaruan Bay, rund 2 km westlich von Sabang. Neben der Aussicht kann man klassische englische Gerichte wie Steak und Mushroom Pies genießen (Gerichte 200 bis 300 P).

Aquabest WASSERSTATION
(Karte S. 229; Sabang; ⌚8–19 Uhr) Wassernachfüllung: 5 P für eine 1-l-Flasche.

Shoppen

Frontier Handicrafts GESCHENKE & SOUVENIRS
(Karte S. 229; Sabang; ⌚6.30–21 Uhr) Ein zwischen den Restaurants liegender, wirklich guter Souvenirladen. Viele Holzstatuen der Ifugao (Nord-Luzon) und lokales Kunsthandwerk.

Praktische Informationen

An der aus der Stadt hinausführenden Straße in Sabang gibt's eine Max Bank, die einige internationale Karten akzeptiert, sie ist aber oft offline. Wer sich in PG kein Bargeld besorgen kann, muss nach Calapan oder Batangas fahren, deshalb sollte man sich vorher mit dem nötigen Betrag eindecken.

PNB (Karte S. 225; National Hwy.; ⌚Mo–Fr 9–16 Uhr) Hat den einzigen Geldautomaten in der Gegend, ist aber nicht immer verlässlich; wechselt auch Dollar (aber keine Euros oder Reiseschecks).

Post (Karte S. 225; E Brucal St., Puerto-Galera-Stadt; ⌚Mo–Fr 8–16.45 Uhr)

Puerto Galera Hospital (Karte S. 225; ☎0917 302 3312; Puerto-Galera-Stadt)

Western Union (Karte S. 229; Sabang; ⌚7.30–23 Uhr) Geldwechsel und Auszahlungen (7% Gebühr).

An- & Weiterreise

FLUGZEUG

Air Juan (Karte S. 225; ☎0917 625 9628; Puerto-Galera-Stadt) Wasserflugzeuge verbinden jetzt Puerto Galera mit Manila (ab 4500 P, 20 Min.). Tägliche Abflüge um 7.10 Uhr von Manila und um 13 Uhr von Puerto Galera. Montags, dienstags, donnerstags und samstags gibt's einen Flug nach Caticlan (nach Boracay) um 8 Uhr (ab 6000 P, 30 Min.). Der Rückflug ist um 12 Uhr.

JEEPNEY & VAN

Jeepneys (80 P, 1½ Std., alle 45 Min. bis 16 Uhr) und klimatisierte Vans (100 P, 1¼ Std, stündl. bis 18 Uhr) fahren auf einer kurvigen Straße mit spektakulärem Blick auf die Verde-Island-Passage nach Calapan, 48 km südöstlich von PG-Stadt. Alle fahren vom anspruchsvoll benannten **Puerto Galera Grand Terminal** (Karte S. 225) gleich südlich der Petron-Tankstelle in PG-Stadt ab. Wer nach Roxas will, steigt in Calapan um.

SCHIFF/FÄHRE

Häufig verkehrende *bangka*-Fähren verbinden Batangas auf Luzon mit allen drei Resort-Zentren in Puerto Galera (230 bis 250 P, 1–1½ Std.). Aufgepasst: Das letzte Boot nach Batangas legt vom **Sabang Pier** (Karte S. 229) schon um 14 Uhr ab. Vom White Beach legt die letzte Fähre meist um 15 Uhr ab und vom **Muelle Pier** (Karte S. 225) in Puerto-Galera-Stadt um 15.30 Uhr. Bei der Ankunft wird eine Umweltgebühr von 50 P fällig, und bei der Abfahrt sind auf jeder Seite geringe Terminal- und Sicherheitsgebühren zu zahlen.

Die unregelmäßig verkehrende Roll-on-Roll-off (RoRo)-Autofähre nach Batangas fährt vom **Balatero Pier** (Karte S. 225; ☎043-287 3541), 2,2 km westlich von PG-Stadt, um 5 Uhr und um 15 Uhr ab.

Von Balatero verkehrt auch täglich um 10.30 Uhr ein *bangka* nach Abra de Ilog (200 P, 1–1½ Std.).

Starke Winde oder schlechtes Wetter schließen oft die Verde-Island-Passage für *bangkas* mit Kurs Batangas, vor allem, in den windigen Monaten Dezember bis Februar.

Unterwegs vor Ort

Regelmäßig verbinden **Jeepneys** (Karte S. 229) Sabang und PG-Stadt bei Tageslicht (25 P, 25 Min.). Ein Tricycle zwischen den beiden kostet 150 P (abends mehr); von Sabang nach Talipanan beträgt der Preis 350 P. Ein Tricycle von Puerto-Galera-Stadt nach White Beach kostet 150 P. Motorradtaxis („Singles") sind billiger.

In Puerto Galera kann man sich in mehreren Läden rund um **Alex Motorcycle Rental** (Karte S. 229; ☎0908 144 8884; Sinandigan Rd.) östlich des Marktes ein Motorrad ausleihen.

Calapan

☎043 / 133 900 EW.

Die geschäftige Verwaltungshauptstadt von Oriental Mindoro, Calapan, ist ein wichtiger Hafen für Batangas, Luzon und – soweit es die meisten Besucher betrifft – ein Zwischenstopp auf der Bus- und Bootsroute zwischen Manila und Boracay. Sie ist auch eine gute Ausgangsbasis für Wanderungen auf den grandiosen Mt. Halcon und für ein näheres Kennenlernen der Mangyan-Kultur.

Sehenswertes & Aktivitäten

Mangyan Heritage Center KULTURZENTRUM
(☎043-441 3132; www.mangyan.org; St Augustine Bldg., Sto Niño St.; ⏲Mo–Fr 8.30–17 Uhr, Sa & So nach Vereinbarung) Dieses Forschungszentrum mit Bibliothek ist eine wahre Fundgrube voller Bücher, Archivfotos und alter Zeitungsausschnitte über die Mangyan-Kultur. Im Souvenirladen werden Körbe, Wildhonig, Mangyan-Maultrommeln (20 P), von den Mangyan gewebte Hemden und Taschen und Grußkarten mit Mangyan-Schrift verkauft – alles zu fairen Preisen direkt gehandelt. Besucher erfahren viel über die acht Hauptstämme der Mangyan und werden sogar in die Mangyan-Schrift eingeführt.

Mt. Halcon TREKKING
Der Mt. Halcon (2582 m), der im Westen über Calapan thront, gilt vielen als anspruchsvollster Gipfel auf den Philippinen. Trecks sollten Wochen im Voraus geplant werden, da der Zugang zum Berg streng kontrolliert wird. Pro Tag werden nur 20 Bergsteiger an den beiden Eingängen zugelassen. Die Wandersaison dauert von Mitte Januar bis Ende Mai, zu anderen Zeiten ist der Berg gesperrt. Für gewöhnlich dauert die Tour zwei Tage für den Aufstieg und zwei Tage für den Abstieg.

Zunächst muss man sich Genehmigungen (350 P) beim **städtischen Touristenamt** (☎0918 913 4437; emily_naling@yahoo.com; Baco; ⏲Mo–Fr 8–17 Uhr) in Baco besorgen, der nächsten Stadt nördlich von Calapan. Der **Apâk Outdoor Shop** (☎0916 241 1780; richard.alcanices@yahoo.com; Quezon Dr.), der mit Richard von der Mt. Halcon Mountaineering Association (MHMA) besetzt ist, kann das übernehmen, oder wer das allein schaffen will, kontaktiert Emily im Touristenbüro von Baco. Eine Basic Mountaineering Course Certification (Bergsteigergrundkurs) ist Voraussetzung für die Besteigung; die MHMA bietet zweitägige Kurse an.

Schlafen & Essen

Es gibt mehrere Hotels in der Nähe des Anlegers, von denen einige Preise für Kurzaufenthalte bieten. Das macht Sinn, wenn man auf der Durchreise mit der Fähre ist. Sonst aber ist man im Zentrum besser dran.

★ Don Amando's Inn HOTEL €
(☎0998 954 6823; Ecke San Agustin & G Paras Sts.; DZ 350–650 P, 3BZ 850 P; 📶) Das superfreundliche Don Amando's ist eher ein Hostel als ein Hotel und die perfekte Wahl für eine Klettergruppe. Es verfügt über eine hübsche Gemeinschaftsküche und einen gemütlichen Gemeinschaftsbereich sowie neun schlichte, aber saubere Zimmer, und die relativ ruhige Lage nahe der Altstadt-Plaza ist ein weiteres Plus.

Calapan Bay Hotel HOTEL €
(☎043-288 1309; calapanbayhotel@ymail.com; Quezon Dr.; DZ 1100–1500 P; ❄📶) Dieses Hotel am Hafen liegt nur 10 Gehminuten westlich des Piers. Es bietet 11 große, freundliche Zimmer und eine Terrasse, auf der man zu Abend essen und dabei den Blick auf die vor der Küste liegenden Inseln genießen kann. Empfehlenswert ist ein weit von der Straße entferntes Zimmer.

Filipiniana Hotel HOTEL €€
(☎043-286 2624; M Roxas St.; Zi. 1750–3500 P; ❄📶🏊) Hilfsbereites Personal, geräumige, wenn auch etwas abgenutzte Zimmer, praktisches WLAN, ein großer Pool und die Lage gegenüber von der Xentro Mall machen es zur ersten Wahl für Geschäftsreisende nach Calapan. Nach einem „Promo-Angebot" fragen!

Cargo Grill PHILIPPINISCH €
(JP Rizal St., Tawiran; Burger ab 110 P; ⏰10–24 Uhr) Die Spezialität dieser Grillbar ist Carabao-Fleisch. Es wird auf viele verschiedene Arten serviert, am beliebtesten sind die Carabao-Burger. Das Restaurant liegt 2 km südlich des Stadtzentrums im Tawiran-Distrikt, gleich neben dem Café del Jardin.

Night Market MARKT €
(Speisen 50–80 P; ⏰ab 18 Uhr) Auf dem Nachtmarkt, der sich an einem Weg in

DAS VOLK DER MANGYAN

Das Volk der Mangyan waren die ersten Siedler auf Mindoro, als sie vor rund 800 Jahren hier eintrafen. Sie sind ein Proto-Malaien-Volk, das von der gleichen ethnischen Gruppe abstammt wie die Mehrzahl der Malaien, und umfassen acht linguistisch verwandte Volksstämme, die sich über die gesamte Länge des bergigen Inneren der Insel verteilen. Schätzungen zufolge machen sie etwa 10% der Bevölkerung von Mindoro aus.

Die Mangyan haben sich ihre Kultur in viel größerem Ausmaß erhalten als viele andere indigene Volksgruppen. Viele Stammesvölker tragen noch immer traditionelle Kleidung, wie den von Männern getragenen *ba-ag* (Lendenschurz). Animismus – der Glaube, dass der Natur Geister innewohnen – bestimmt die Kosmologie der Mangyan, auch wenn sich heute oft christlicher Einfluss findet.

Die meisten Mangyan betreiben Brandrodung. Während der Trockenzeit brennen die Bauern Buschland und Wälder nieder, um den Boden freizulegen und zu düngen; anschließend bauen sie eine Folge von Feldfrüchten an, darunter Knollengewächse, Mais, Hülsenfrüchte und „Berg"-Reis (eine Trockenreisart). Sofern es genügend Wild gibt, jagen sie in der Regenzeit Schweine, Affen, Vögel und andere Kleintiere. An Markttagen steigen sie ins Tiefland hinab, um ihre Anbaufrüchte und ihr Kunsthandwerk mit Nicht-Mangyan zu tauschen.

Die Mangyan wurden in ihrer langen Geschichte von Neuankömmlingen auf der Insel verfolgt oder sonstwie unfreiwillig in ihre Kriege verwickelt. Die Spanier bestraften sie für ihre Beziehungen zu den Moros, und die Amerikaner ließen sie auf Zuckerplantagen schuften und zwangen sie in Reservate. In neuerer Zeit gerieten die Mangyan ins Kreuzfeuer von Konflikten zwischen der philippinischen Armee und der Neuen Volksarmee (NPA).

Dass sie trotz jahrhundertelanger Übergriffe noch immer in der Lage sind, ihre Kultur aufrechtzuerhalten, zeugt von Lebendigkeit und Zähigkeit. Mehr erfährt man im Mangyan Heritage Center in Calapan.

ABSTECHER

BUKTOT BEACH

Rund 30 km südlich von Roxas liegt ein wunderschöner Streifen mit weißem Sand und ruhigem Wasser: Buktot Beach. Während der Woche hat man den Strand für sich, an Wochenenden strömen manchmal Massen hierher. Von einer gut ausgeschilderten Abzweigung südlich von Mansalay sind es noch 1,7 km bis zum Strand.

Wer möchte, kann am Strand übernachten oder er begibt sich zum nahen **RC Farm & Resort** (☎0915 251 2164; rcfarmresort@yahoo.com.ph; National Hwy.; Zi. mit Ventilator/Klimaanlage 700/1100 P;), das aus ein paar netten Betonhütten besteht, die sich rund um einen sauberen Innenhof und einen kleinen Pool scharen. Es liegt 1 km südlich der Abzweigung zum Buktot Beach.

der Nähe des Stadtmarkts im Zentrum befindet, gibt's prima preiswerte, leckere Mahlzeiten.

★ **Café del Jardin** PHILIPPINISCH, JAPANISCH €€
(JP Rizal St., Tawirin; Hauptgerichte 120–400 P; 11–21 Uhr;) Dieses herrlich klimatisierte, traditionell gestaltete Café ist das beste Esslokal in Calapan. Außer Kaffeegetränken und sämtlichen philippinischen Spezialitäten gibt's eine japanische Speisekarte mit Udon-Curry und Sashimi. Es liegt vor dem Bimas Hotel an der Hauptstraße 2 km südlich des Stadtzentrums.

Dutch Cafe CAFÉ €€
(JP Rizal St.; Hauptgerichte 170–300 P; 12–23 Uhr;) Ein gut besuchtes Café, in dem Kaffeespezialitäten, Sandwiches, Burger aber auch leichte Gerichte auf den Tisch kommen. Es liegt zwischen Bars und Restaurants praktisch auf dem Gelände des Filipiniana Hotels.

An- & Weiterreise

BUS & JEEPNEY

Jeepneys nach Puerto Galera (80 P, 1½ Std., alle 45 Min.) fahren meist am Jeepney-Terminal neben der Tankstelle Flying V in der JP Rizal Street ab, 1 km südlich von Calapan. Oder einfach in Tawiran (südlich des Zentrums) an der Kreuzung der Straße nach Puerto Galera auf einen vorbeifahrenden Jeepney warten.

Vans nach Puerto Galera fahren vom Calapan City Market auf der Juan Luna Street ab (100 P, 1¼ Std., alle 45 Min.). Nach 17 Uhr werden die Verbindungen seltener.

Ebenfalls vom Calapan City Market starten Vans nach Roxas (180 P, 2¾ Std.). Sie fahren über Pinamalayan (100 P, 1½ Std.). Nach Roxas fahrende Vans fahren auch von der Xentro Mall und dem Stadtpier ab. Häufige Van-Verbindungen gibt's nach San José (500 P, 5½ Std.) über Bulalacao.

SCHIFF/FÄHRE

Der Pier liegt 2 km außerhalb des Stadtzentrums (Tricycle-Fahrt 20–30 P). Das einzige Ziel von Calapan aus ist Batangas auf Luzon.

Tickets gibt's direkt am Pier. Die eindrucksvollen Boote von **FastCat** (☎0998 845 3285; www.fastcat.com.ph) sind am zuverlässigsten (190–300 P, 1¾ Std.); **SuperCat** (www.supercat.com.ph; Town Pier) und **OceanJet** (☎0925 802 9400; www.oceanjet.net) bieten ebenfalls Schnellbootverbindungen (200–335 P, 1½ Std., 7-mal tgl.).

Nach 20 Uhr gibt's weniger Fahrten, aber FastCat hat zusätzliche Fahrten am späten Abend und frühen Morgen im Programm. Die langsameren Roll-on-roll-off(RoRo)-Autofähren verkehren rund um die Uhr (200 P, 2½ Std.).

Roxas & Umgebung

☎043 / 53 200 EW.

Roxas ist ein staubiger, kleiner Ort mit Fährverbindungen nach Caticlan. Nur wenige Traveller steigen hier gezielt ab, aber einige blieben hier stecken, wenn die notorisch unzuverlässigen Fähren Fahrten absagen. Wer etwas Zeit totschlagen muss, kann ins Zentrum marschieren und über den belebten **Markt** bummeln, am besten früh am Mittwoch und Sonntag, wenn Dorfbewohner hier ihre Waren verkaufen.

Maur Hotel (☎043-289 2493; elalm99@yahoo.com; Dangay Pier; Zi. mit Ventilator 500 P, mit Klimaanlage 6 Std./12 Std./24 Std. 700/1300/1500 P;), am Pier, ist der beste Allrounder in der Stadt.

An- & Weiterreise

BUS

Vans nach Calapan (180 P, 2¾ Std.) über Pinamalayan (100 P, 1¼ Std.) kommen zu den Fähren am Pier. Weitere Vans fahren den ganzen Tag über von mehreren Stationen in der Ortsmitte ab.

San José

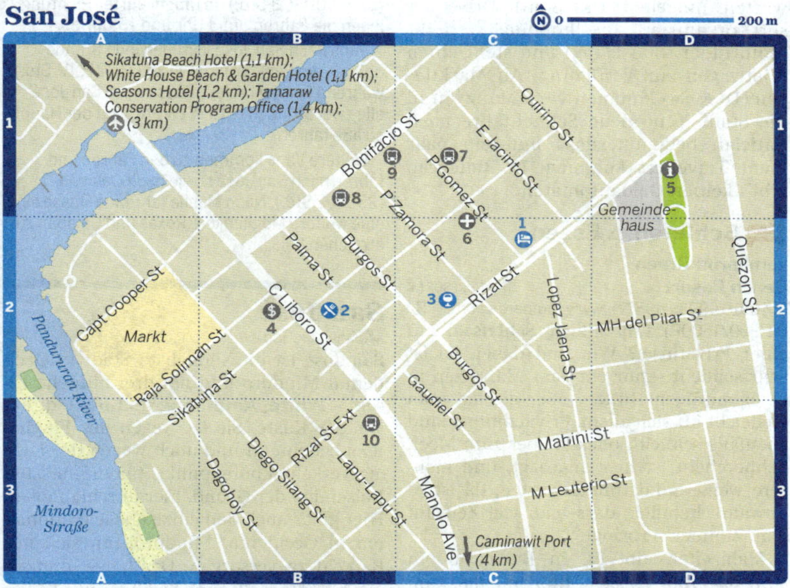

Richtung Süden starten Vans ca. stündlich bis ca. 16 Uhr vom Zentrum aus nach Bulalacao (80 P, 1 Std.) und San José (250 P, 2½ Std.).

Vom Highway fahren ein paar durchfahrende RoRo-Busse und Dimple-Star-Busse Richtung Süden nach San José und Richtung Norden nach Calapan und Manila (650 P, 9 Std. – mit etwas Unterstützung von einer Fähre). Meist fährt ein Bus alle zwei Stunden oder so in beiden Richtungen vorbei.

SCHIFF/FÄHRE

Der Dangay-Pier von Roxas ist 3 km vom Zentrum entfernt (öffentliches Tricycle 10 P oder Sonderfahrt für 50 P). Vans aus dem Norden halten auch am Pier, bevor sie ins Zentrum weiterfahren.

Wer nach Caticlan will (420–480 P, 4 Std.), ruft am besten die **Hafenbehörde (Ports Authority;** ☎ 043-289 2813) am Pier an und erkundigt sich nach dem RoRo (Autofähren)-Fahrplan, da er sich häufig ändert und es tagsüber nur wenige Abfahrten gibt.

Starlite Ferries (☎ 0947 596 2493; www.starliteferries.com; Dangay Pier) legt gewöhnlich um 11 Uhr ab. **Montenegro Lines** (☎ 0909 856 6559) bietet tagsüber eine bis drei Verbindungen, aber zu unterschiedlichen Zeiten – 10 Uhr, 12 Uhr, 14 Uhr und 16 Uhr sind mögliche Abfahrtszeiten. Montenegro, Starlite und andere Reedereien bieten mehrere Nachtverbindungen.

San José

Schlafen
1 JD Hotel C2

Essen
2 Kusina ni Lea B2

Ausgehen & Nachtleben
3 Chowder C2

Praktisches
4 Metrobank B2
5 Touristeninformation der Gemeinde .. D1
6 Westmin Hospital C2

Transport
7 Dimple Star C1
8 RORO Bus B1
9 Vans nach Roxas & Calapan B1
10 Vans nach Roxas & Calapan B3

Starlite Ferries bietet auch tägliche Fahrten nach Odiongon, Romblon (250 P, 2½ Std., 17 Uhr).

Bulalacao

☎ 043 / 39 100 EW.

Diese schlichte Küstenstadt ist von einsamen Buchten und praktisch unbewohnten Inseln, die auf ihre Entdeckung warten, umgeben. Das South Drive Resort organisiert Inselhopping, verleiht Motorräder (800 P/Tag) und stellt einen Mietwagen zur Verfügung. An Markttagen (Di & Sa) kommen viele Mangyan in die Stadt. Eine neue Schnellfähre nach Caticlan bedeutet, dass nun ein paar mehr Travellers kommen. In Bulalacao gibt's keinen Geldautomaten.

Schlafen & Essen

Tambaron Green Beach Resort STRANDRESORT €
(☎0919 993 4987; www.tambaron.com; B/DZ 350/1500P) Ein billiger Schlafsaal auf einer Privatinsel? Wir sind dabei. Es ist sehr schlicht – nur ein paar Matratzen in einer muffigen Hütte – aber die hat man vielleicht für sich allein. Privatzimmer sind ebenfalls schlicht, blicken aber zum Meer. Schnorcheln ist hier angesagt, und mehrere weiße Sandstrände warten, da ist es unwahrscheinlich, dass man viel Zeit auf dem Zimmer verbringt.

Mahlzeiten gibt es. In Bulalacao ein *bangka* (700 P, 30 Min.) mieten, um hierherzukommen.

J Felipa Lodge II LODGE €
(☎0908 867 5162; DZ mit Ventilator 500 P, mit Klimaanlage 1200–1500 P; ❄📶) Dieses sensationelle Schnäppchen versteckt sich inmitten gepflegter Gärten am Wasser, 2 km westlich der Stadt in der Nähe des RoRo-Terminals. Die Ventilator-Zimmer bieten mit zwei französischen Betten vier Personen Platz, haben aber keine Waschbecken. Nach Moskitonetzen fragen!

South Drive Resort PENSION €€
(☎0928 503 3327; 3BZ 1000–2500 P; ❄📶) Dieses Resort liegt an einem Hang etwa 1 km hinter dem neuen RoRo-Terminal. Die Nipa-Hütten, behängt mit Muscheln und von einem leichten Vorhang umgeben, sind das Highlight (wenngleich sie nur wenig Privatsphäre zulassen). Sie liegen auf einer Höhe mit einem kleinen Strand. Zimmer mit Klimaanlage liegen weiter oben am Hang.

Das ist mit Abstand auch das beste Restaurant im Ort. Highlights sind gedämpfte Krebse.

An- & Weiterreise

FastCat (☎0998 845 3317; RoRo Pier) fährt Caticlan (nach Boracay) zweimal täglich um 10 Uhr und um 22 Uhr mit Autoschnellfähren an (375–500 P, 3 Std.). In umgekehrter Richtung legen die Fähren um 3 Uhr und 15 Uhr ab.

Vans nach San José kommen jede Stunde oder so am Van-Terminal vorbei (100 P, 1¼ Std.), während komfortablere Busse nach San José alle zwei Stunden (140 P, 1½ Std.) auf der Hauptstraße fahren.

Weitere Vans kommen zu den Fähren und fahren nach San José sowie nach Calapan (250 P, 2 Std.). Nach Manila fahrende Busse sind eine weitere Möglichkeit, Roxas und Calapan zu erreichen.

San José

☎043 / 143 430 EW.

San José ist die südlichste Stadt in Occidental Mindoro und hat drei hübsche Inseln – **White**, **Ambulong** und **Ilin** – direkt vor der Küste. Sie ist wegen des Flughafens bedeutend und auch wegen der Lage als Verkehrsknotenpunkt, für die meisten Reisenden der Grund, hier durchkommen. Hier gibt's auch den einzigen Geldautomaten in Occidental Mindoro, um sich mit Bargeld zu versorgen. Der lange, dunkelsandige **Aroma Beach** beginnt etwa 1,5 km nordwestlich vom Zentrum. Er ist sauber und gut zum Laufen, bei Flut lässt es sich hier auch gut schwimmen; abends gibt's hier viel Karaoke.

Schlafen & Essen

Das Zentrum ist laut und rauchig, deshalb empfehlen wir, nordwestlich vom Zentrum an der Airport Road oder am Aroma Beach – nur eine kurze Tricycle-Fahrt (10 P) von der Stadt – zu bleiben.

★ **Seasons Hotel** HOTEL €€
(☎0909 371 0799; www.seasonsmindoro.com; Airport Rd.; Zi. inkl. Frühstück 1600–2600 P; ❄📶) Mit 40 Business-Standardzimmern ist dieses neue Hotel viel besser als alles andere im lärmenden Zentrum und nur eine kurze Tricycle-Fahrt von der Stadt entfernt. Es bietet viel Komfort, darunter gute Beleuchtung am Bett und ordentlich gemachte Betten, und sein Restaurant ist auch das beste in San José.

Es ist nur ein kurzes Stück Weg zum Aroma Beach, und die Fahrt zum Flughafen dauert zwei Minuten.

White House Beach & Garden Hotel HOTEL €€
(☎0999 138 5854; whitehousephilippines@gmail.com; direkt von der Airport Rd. abgehend;

ABSTECHER

BAIT FRIDAY MARKET

Ungefähr 45 Minuten südlich von Roxas findet ein fantastischer **Freitagsmarkt** (Bait, Mansalay; Fr Morgendämmerung–Mittag), der *tiangge* – Mangyan für „Markttag" – in Bait, einem Barangay von Mansalay, statt. Angehörige des Mangyan-Volks wandern bis zu fünf Stunden von den Bergen hierher, um Knollengemüse, Mais, Reis und anderes Gemüse gegen Tieflandprodukte zu tauschen

Viele der Männer tragen *ba-ag* (Lendenschurze), während die Frauen in farbenprächtig gewebte Trachten gehüllt sind. Bitte immer erst fragen, bevor man sie fotografiert.

Der Markt beginnt in der Morgendämmerung und dauert etwa bis Mittag. Man erreicht ihn, wenn man etwa 6 km südlich von Mansalay vom National Highway nach rechts abbiegt und der holprigen Straße über 2,7 km folgt (in der Regenzeit sind ein paar Flüsse zu durchqueren).

Zi. 2500–3500 P; ❄📶) Diese Unterkunft am Aroma Beach ähnelt eher dem vornehmen Haus eines wohlhabenden Verwandten als einem Hotel. Der Stil ist luxuriös, mit Balkonen und geräumigen Marmorbädern (und Bidets!). Aber irgendwie ist es auch langweilig und überteuert.

Sikatuna Beach Hotel HOTEL €€
(☎043-491 2182; www.sikatunabeachhotel.com; von der Airport Rd. abgehend; DZ 1350–1450 P; ❄📶) Dieses weitläufige Hotel am Aroma Beach verfügt über unterschiedliche Zimmer (einige fensterlos) um einen Innenhof, der bei Einheimischen für Hochzeiten beliebt ist. Von Vorteil ist vor allem die Nähe zum Meer, ansonsten ist es nicht besonders aufregend. Das Restaurant (Hauptgerichte 175–400 P) ist auf Seafood spezialisiert.

JD Hotel HOTEL €€
(☎0929 561 3694; Rizal St., Ecke Gomez St.; DZ 1200–1750 P; ❄📶) In einem knallig gelbblauen Hochhaus bietet dieses neue Hotel die nettesten Zimmer im Zentrum, mit weichen Betten, Flachbild-TV und grenzwertigen Boutiquebädern, unter anderen netten Überraschungen. Wie alle zentralen Unterkünfte leidet es unter Straßenlärm.

★ **Kusina ni Lea** PHILIPPINISCH €
(Sikatuna St.; Hauptgerichte 80–150 P; ⌚6–22 Uhr; ❄) Kusina bietet eine Klimaanlage (eine Seltenheit in San José), freundlichen Service und eine gute Auswahl an Seafood, etwa süßsauren *lapu-lapu* (Zackenbarsch), Sashimi und gegrillten Tintenfisch.

Chowder PUB
(Rizal St.; ⌚24 Std.) Diese zentral gelegene Restobar zieht abends wildlaute Livemusiker an und serviert rund um die Uhr einmerweise Bier und philippinisches Essen (Hauptgerichte 50–150 P).

ℹ Praktische Informationen

Metrobank (C Liboro St.)

Touristeninformation der Gemeinde (☎0929 448 8315; www.sanjoseoccidentalmindoro.com; Municipal Compound, Rizal St.; ⌚Mo–Fr 8–17 Uhr) Sehr hilfsbereites Büro, das Ideen für Unternehmungen rund um San José bietet.

Westmin Hospital (Sikatuna St.)

ℹ An- & Weiterreise

BUS & JEEPNEY

Klimatisierte Busse von **Dimple Star** (☎0908 700 7769; Bonifacio St.) fahren über Abra de Ilog (8-mal tgl.) oder Calapan (7-mal tgl.) nach Manila (900 P, 12 Std.); **RoRo Bus** (☎0995 168 7699; Bonifacio St.) lässt ebenfalls ein paar Busse nach Calapan fahren. Nach Norden fahrende Busse bringen Passagiere nach Calintaan (60 P, 1 Std.) und Sablayan (140 P, 2½ Std.). Nach Osten fahrende Dimple-Star-Busse fahren über Bulalacao (170 P, 1½ Std.) und Roxas (250 P, 2½ Std.).

Vans mit ähnlichen Preisen und mit mehreren Startpunkten, darunter C Liboro Street und Bonifacio Street, sind eine weitere Möglichkeit, nach Calapan zu kommen (6 Std.). Billigere Jeepneys und klapprige normale Busse sind langsamere Optionen nach Calintaan oder Sablayan.

FLUGZEUG

Cebu Pacific (www.cebupacificair.com) hat frühmorgens einen Flug von Manila nach San José. Der **Flughafen** (Airport Rd.) liegt 2 km nordwestlich des Zentrums.

SCHIFF/FÄHRE

Bei entsprechendem Wetter legen dienstags, donnerstags und samstags um 9 Uhr *bangka*-Fähren der **Bunso Lines** (☎0936 626 3789,

0912 127 8081; Manolo Ave., Caminawit) vom 4 km vom Zentrum San Josés entfernten Caminawit-Pier mit Ziel Coron-Stadt im nördlichen Palawan (800 P inkl. Mittagessen, 6 Std.) ab.

Vom **Fish Port** (Manolo Ave., Caminawit) in der Nähe des Caminawit-Piers legen montags-, dienstags- und freitagsmorgens *bangka*-Lastboote nach Manamok auf den Cuyo-Inseln ab (800 P, 9 Std.).

Mt. Iglit-Baco National Park

Wer in diese entlegene Gegend reist, wird womöglich mit einem Blick auf den scheuen, wild lebenden Tamarau (*tamaraw)* belohnt, den nur hier heimischen, vom Aussterben bedrohten Büffel. Der Nationalpark besteht aus weitem Grasland (dem bevorzugten Lebensraum des *tamaraw*), Brandrodungsgebieten der Mangyan und bewaldeten Hügeln. Die Schutzmaßnahmen im Park zahlen sich aus: Der Bestand der *tamaraw* ist in den vergangenen Jahren stetig gestiegen, von 253 Tieren im Jahr 2002 auf 401 im Jahr 2017.

Um einen *tamaraw* zu Gesicht zu bekommen, muss man wandern. Es ist einfach, eine Wanderung im Park zu arrangieren, aber aufgrund des geschützten Status der Wildtiere muss man sich registrieren lassen und Genehmigungen (kostenlos) vom **Tamaraw Conservation Program Office** (☎0917 855 6396; tcp.denroccmin04@gmail.com; von der Airport Rd. abgehend, Aroma Beach, San José; ⏲Mo–Fr 8–17 Uhr) einholen. Das Büro ruft beim Parkeingang in Mantancob in der Gemeinde Calintaan an, damit ein Führer (350 P inkl. Verpflegung) und ein Träger (optional, 500 P) dort warten. Wer es nicht ins Parkbüro schafft oder sich außerhalb der Geschäftszeiten eine Genehmigung holen möchte, kann Projektleiter June Pineda (☎0999 995 6625) kontaktieren, der einem alles sagen kann, was man über einen Besuch im Nationalpark wissen muss. Von Mantancob (Station 1) sind es ungefähr drei Stunden Fußmarsch zur Schlafbaracke in der Iglit-Station (Station 2), wo man übernachten kann. Oder man geht noch zwei Stunden weiter bis zur Magawang Station (Station 3), wo eine neuere Schlafbaracke mit Aussichtsplattform wartet, von der aus man hoffentlich beobachten kann, wie *tamaraw* über die Ebene ziehen. Ein Moskitonetz und ein Schlafsack sind erforderlich. Dezember bis April ist die beste Aufstiegszeit, und im April kann man vielleicht sogar die alljährliche *tamaraw*-Zählung miterleben. In der Regenzeit von Juli bis September ist der Zugang schwierig bis unmöglich.

Eine andere mögliche Wanderung geht von der **Zuchtstation** in Manoot aus und führt zur Beobachtungsplattform am Mt. Magawang (ca. 4 Std.), aber dieser Trail ist in keinem guten Zustand und in der Regenzeit nicht begehbar.

ℹ An- & Weiterreise

Am besten von San José aus einen der wenigen Direkt-Jeepneys nach Poypoy nehmen, die zum Parkeingang in Mantancob fahren, oder in einen Bus nach Calintaan (60 P, 1 Std.) steigen und dann mit einem Tricycle nach Mantancob (75 P, 35 Min.).

Sablayan

☎043 / 83 170 EW.

Das ruhige und freundliche Sablayan, ein willkommener Anblick nach der langen Reise aus dem Norden oder Süden, liegt beiderseits des Flusses Bagong Sabang. Es hat einen belebten Markt und ist ein guter Ausgangspunkt für mehrere lohnende Landausflüge. Die Hauptattraktion ist jedoch das Apo Reef, eines der besten Tauchgebiete des Landes, das keine zwei Stunden von der Küste entfernt liegt.

Sehenswertes & Aktivitäten

Sablayan Prison Farm & Rainforest PARK

(50 P) Diese Strafanstalt, eine recht skurrile Einrichtung, ist nur 40 Minuten von der Stadt entfernt und bietet viel mehr als nur die Gelegenheit, mit Gefangenen in ihrer Umgebung zusammenzutreffen. Verschiedene, von Gefangenen geführte Ausflüge in dem Urwald rund um die Gefängnisfarm stehen auf dem Programm, und man kann sogar im Gästehaus des Gefängnisses übernachten, in Hörweite der schnarchenden Gefangenen. Um das Gefängnisgelände betreten zu dürfen, braucht man eine Umweltgenehmigung (55 P) vom Ecotourism Office in Sablayan und zahlt dann den Eintrittspreis am Gefängnis selbst. An einem halben Tag kann man z.B. eine etwa einstündige geführte Wanderung durch den umliegenden Siburan Regenwald mit einem Besuch am

ABSTECHER

APO REEF

Mit 35 km² ist der **Apo Reef Natural Park** (Umweltgebühr Schnorchler/Taucher 650/ 2450 P) das größte atollartige Riff der Philippinen. Nicht zu verwechseln mit Apo Island vor der Südküste von Negros, hat der Park kristallklares Wasser voller Leben, darunter 285 Fischarten und 197 Korallenarten.

Dies ist die einzige leicht zugängliche Tauchstätte der Philippinen, an der für Schnorchler wie für Taucher praktisch garantiert ist, dass sie jede Menge große pelagische Arten sehen, hauptsächlich Weiß- und Schwarzspitzenhaie, Riffhaie, Lippfische, Makrelen und Thunfische. Man bekommt hier draußen auch die Chance, Hammerhaie, Walhaie und Mantarochen zu sehen. Die drei Inseln des Riffs beherbergen viele Arten von Vögeln und Schildkröten, darunter die bedrohte Nicobarentaube.

Die beste Zeit für einen Ausflug zum Apo Reef ist, wenn das Meer am ruhigsten ist – April, Mai, Oktober und November. Während der windigen Monate von Dezember bis März ist die Fahrt sehr rau. Auf dem Höhepunkt des Südwestmonsuns (Juli–September) ist es oft unmöglich, das Riff zu erreichen, und manche Touranbieter haben in der Zeit geschlossen – unbedingt vorher anrufen!

Zur Zeit der Recherche boten fünf Veranstalter meist Tauchgänge mit Übernachtung und Schnorcheltrips zum Apo Reef an: das Pandan Island Resort (S. 241), das Gustav's Place, das Sablayan Adventure Camp (S. 242) und das Pentagon Diving in Sablayan; und der Apo Reef Club in Calintaan. Einzelreisende oder Paare, die sich die Kosten mit anderen Tauchern teilen möchten, sollten sich ans Ecotourism Office (S. 241) in Sablayan wenden, das Taucher manchmal zu einer anderen Gruppe eines der vier in Sablayan ansässigen Tauchanbieter stecken kann.

Das Ecotourism Office veranstaltet für Schnorchler auch Tagesausflüge oder Übernachtungstrips zum Apo Reef. Sie kosten 8000 P pro Gruppe für ein Boot (bis zu 15 Pers., hin & zurück je 2 Std.) plus die Umweltgebühr; 1000 P pro Tag für einen Führer und 300 P für eine vollständige Schnorchelausrüstung (einschl. Flossen). Man muss sein eigenes Mittagessen, Wasser und Snacks mitbringen. Bei Übernachtungstrips schläft man in Hängematten oder auf dem Boden der Open-Air-Station der Park Ranger auf Apo Island oder auf Booten.

Libuao-See unternehmen, sich mit einigen der Insassen im zentralen Gefängnistrakt unterhalten und dem Pasugi-Gefängnistrakt einen Besuch abstatten, wo von Gefangenen gefertigtes Kunsthandwerk verkauft wird.

Für die Übernachtung im Gästehaus braucht man eine schriftliche Genehmigung, die man sich vorher über das Büro für Ökotourismus beschafft.

Ecotourism Office TOUREN
(☎ 043-458 0028, 0915 995 3895; www.sablayan.net; Town Plaza, P Urieta St.; ⊙8–17 Uhr) Diese Touristeninformation ist insofern einzigartig, als sie tatsächlich Touren veranstaltet. Tauchausflüge zum Apo Reef, tagsüber oder mit Übernachtung, sind die Attraktion, und das Personal kann auch Ausflüge zur Sablayan Prison Farm & Rainforest, in den Mt. Iglit-Baco National Park und zweitägige Waldwanderungen zu verschiedenen Mangyan-Dörfern organisieren.

Sablayan Zipline Adventure ABENTEUERSPORT
(☎ 0917 813 2554; einfache Fahrt 500 P; ⊙8–12 & 13–17 Uhr) Sablayan mag vielleicht ein seltsamer Ort für die wohl längste von Insel zu Insel führende Seilrutsche (ca. 1,5 km) der Welt sein, aber sie ist da. Es ist eine motorisierte Seilrutsche, die vom Hafengebiet nach South Pandan Island reicht. Für die Rückfahrt kann man entweder dort bezahlen oder ein *bangka* (30 P) nehmen. Felswandklettern (50 P) und Abseilen (50 P) sind ebenfalls im Angebot.

Schlafen & Essen

★ **Pandan Island Resort** STRANDRESORT €
(☎ 0919 305 7821; www.pandan.com; Budget-Zi. 900 P, Bungalows 1800 P, 4BZ-Hütte ab 2600 P; 📶) Diese Resort-Insel in privater Hand ist ein wahres Postkartenidyll und ein entspanntes Tropenparadies. Es liegt an einem langen, gebogenen, weißen Sandstrand und bietet eine Auswahl an komfortablen Bungalows und einfachen Budget-Zimmern

mit Gemeinschaftsbädern. Mit Solarstrom betriebene Ventilatoren schwirren die ganze Nacht. Die leckeren Büfett-Mahlzeiten kosten 470 P, und die Gäste sollten mindestens eine im Restaurant einnehmen; Vollpension kostet 1000 P.

Sablayan Adventure Camp CABIN €
(☎ 0917 813 2554; www.sablayanadventurecamp.com; B 350 P, Zi. 1500–2500 P; ❄📶) Auf den Nebenstraßen im Süden der Stadt geht's zu dieser ausgedehnten Anlage zwischen Kokospalmen an einem Strand mit dunklem Sand. Es gibt ein Restaurant und ordentliche Zimmer mit Klimaanlage oder Ventilator. Dazu gibt's einen Tauchladen für Trips zum Apo Reef, und auch Tauchboote und Kajaks stehen zur Verfügung; Kajakfahrten nach South Pandan Island sind ebenfalls möglich.

Gustav's Place STRANDRESORT €€
(☎ 0939 432 6134, 0939 432 6131; www.gustavsplace.com; Zi. mit Ventilator 800–1400 P, mit Klimaanlage 2200 P; ❄📶) Das Gustav's befindet sich draußen auf dem weiten, grausandigen Strand von Sablayan und ist wunderbar abgeschieden. Die 13 Zimmer sind schlichte Unterkünfte aus Beton mit Strohdach, einige alleinstehend, andere im Haupthaus. Die teureren haben Klimaanlage und Warmwasser. Als Aktivitäten werden Waldspaziergänge, Kajakfahrten und natürlich Tauchtrips angeboten. Vom Markt aus über die Fußbrücke gehen und 1,5 km am Strand entlang nach Norden.

★ Apo Reef Club STRANDRESORT €€
(☎ 0917 815 2499; www.aporeefclub.com; Zi. inkl. Halbpension pro Person mit Ventilator 1650 P, mit Klimaanlage 2310–2950 P; ⌚Okt.–Mai; ❄@📶🏊) Dieses Resort unter Schweizer Leitung befindet sich 30 km südlich von Sablayan und ist näher an San José als Resorts in Sablayan, sodass man mit einem frühen Flug von Manila kommend bereits am gleichen Tag am Apo Reef tauchen kann. Das Resort baut großzügige Büfetts auf und lockt mit schicken Betonhütten am Strand, die sich zu den rustikaleren Nipa-Hütten und einfacheren „Backpacker-Zimmern" gesellen.

Camalig PHILIPPINISCH €
(C Salvo St.; Hauptgerichte 130–350 P, Snacks 50–100 P) Mit Abstand das beste Restaurant in der Stadt. Das Camalig serviert frisch zubereitete Curries und andere philippinische Speisen unter einem hohen Nipa-Baldachin. Es befindet sich abseits des National Highway gegenüber der Town Plaza hinter einer Card Bank.

ℹ An- & Weiterreise

Am einfachsten kommt man nach Sablayan, indem man nach San José fliegt, dann einen Van oder Bus Richtung Norden nimmt.

Oder entweder von Batangas (260 P, 2½ Std., alle 3 Std.) oder von Puerto Galera (200 P, 1–1½ Std., tgl. um 10.30 Uhr) mit einem Boot nach Abra de Ilog fahren, dem staubigen nördlichen Tor zu Mindoros Westküste. Dort in einen wartenden klimatisierten Van am Pier in Abra de Ilog steigen und nach Süden bis Sablayan (225 P, 3½ Std.) fahren.

Direkte Busse von **Dimple-Star** (Karte S. 54; South Rd Ecke EDSA, Cubao) nach Sablayan von Manila (800 P, 9 Std., alle 3 Std.) sind auch eine Möglichkeit. Auf der Rückfahrt nach Manila (800 P, 9 Std.) rumpeln klimatisierte Busse etwa alle drei Stunden durch die Stadt und in die andere Richtung nach San José (140 P, 2½ Std.). Klimatisierte Vans fahren in beide Richtungen etwas häufiger.

ℹ Unterwegs vor Ort

Motorräder (500 P/Tag) können an der *habal-habal*-Station nördlich des Marktes am Sabang River in der Nähe des Emily Hotels ausgeliehen werden.

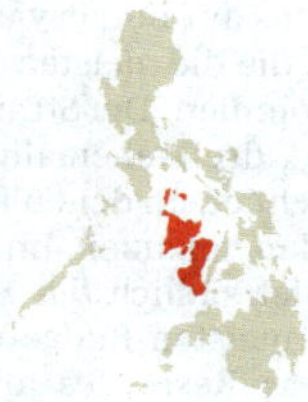

Boracay & Western Visayas

Inhalt ➡

Gut essen

- Albason Ihaw-Ihaw (S. 266)
- Buto't Balat (S. 273)
- Lab-as Seafood Restaurant (S. 301)
- JD&G Italian Food (S. 315)
- Tyrol (S. 285)

Schön übernachten

- Lind (S. 252)
- Cabugan Adventure Resort (S. 279)
- Kookoo's Nest (S. 295)
- Coco Grove Beach Resort (S. 308)
- Aglicay Beach Resort (S. 313)

Auf nach Boracay und zu den Western Visayas!

Die Western Visayas locken vor allem drei Sorten von Travellern an. In erster Linie kommen die Urlauber, die der prächtige White Beach von Boracay mit seinem Trubel aus Resorts, Restaurants, Bars, Masseurinnen und Tourveranstaltern anlockt. Noch die letzte Reisegruppe wird bestätigen, dass es keinen besseren Ort für ein Selfie in den Wellen gibt. An zweiter Stelle stehen die Taucher, die die Tauchspots von Weltklasse ansteuern – von der Insel Romblon im Norden bis nach Dauin und zur Insel Apo im Süden. Und schließlich sind da noch jene, die abseits ausgetretener Pfade unendlich viele Kilometer an Baracken vorbeifahren, um die geheimen Freuden der Region zu entdecken: einsame Wanderwege in den Bergen, Höhlen, Ecken mit faszinierendem Nachtleben in Städten wie Iloilo, ein paar interessante Zeugnisse der Architekturgeschichte, reizvolle Strandresorts und kulinarische Oasen.

Reisezeit

Bacolod

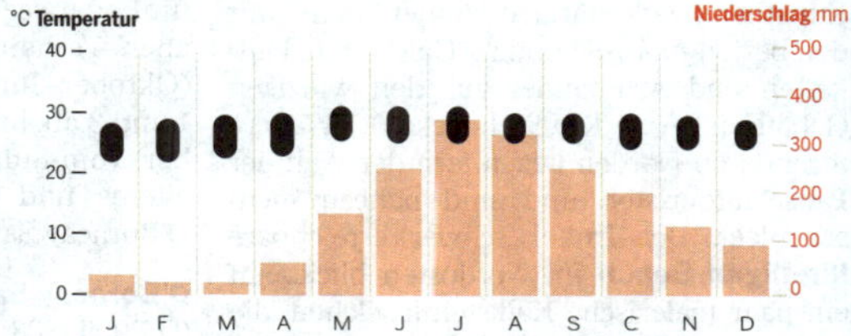

Dez.–April	Juni–Okt.	Okt.–Juni
Dez.–April Beste Tauchbedingungen.	**Juni–Okt.** Tropenstürme und Taifune lassen erahnen, warum dies die Nebensaison ist.	**Okt.–Juni** Touristen-Hochsaison: Da wird's teuer auf Boracay.

BORACAY

☎036 / 30 100 EW.

Obwohl gerade einmal 7 km lang und 500 m breit, ist das winzige Boracay dank eines explosiven Wachstums und eines unglaublichen Hypes schnell zum Toptouristenmagneten der Philippinen geworden. Das Zentrum der Action bildet der traumhafte White Beach, ein 4 km langes Postkartenidyll, hinter dem sich mehrere Blocks tief Hotels, Restaurants, Bars und Tauchshops aneinanderreihen. Der Weg am Strand wird meist von vielen Besuchern bevölkert, zu denen große Gruppen von Pauschaltouristen aus ganz Asien zählen. Auf dem Wasser liegen zig romantische *paraws* (Ausleger-Segelboote), die Ausfahrten veranstalten, während farbenfrohe Parasails durch die Luft gleiten. Nach einem perfekten Sonnenuntergang beginnen Musiker und Feuertänzer mit ihrer Show. Die Party geht die ganze Nacht. Tatsächlich hat diese große Party inzwischen die Umwelt der kleinen Insel schwer in Mitleidenschaft gezogen. Dies hat die Regierung der Philippinen dazu bewogen, die Insel ab April 2018 für sechs Monate für Touristen zu sperren.

Sehenswertes

Unglaublich, aber wahr: Auf Boracay gibt's andere Strände, die fast genauso schön sind wie der White Beach, wenn auch nicht so endlos. Ein Spaziergang um die malerische Landspitze am Nordende der Insel führt einen zu dem hübschen und abgeschiedenen **Diniwid Beach**, wo es ausgezeichnete Unterkünfte und Restaurants gibt. An der Nordspitze der Insel liegt der in der Nebensaison beliebte, niedliche **Puka Beach**, an dem es ein paar Restaurants gibt. An den hiesigen Kunsthandwerksständen findet man mit den besten *puka*-Schmuck (Halsketten, Fußketten und Armbänder aus den winzigen Gehäusen von Kegelschnecken). Weitere Strände im Norden liegen fern der Welt der Pauschaltouristen und sind nahezu menschenleer. Der früher schwer erreichbare **Ilig-Iligan Beach** im Nordosten blickt auf ein paar malerische Kalksteininselchen, die in Schnorchelentfernung vor der Küste liegen. Doch vieles davon ist inzwischen im Grunde Teil der Newcoast-Entwicklung.

★ White Beach STRAND

(Karte S. 256) Mit seinem prächtigen, pulverweichen Sand ist der White Beach das Zentrum des Geschehens auf Boracay und die einzige Attraktion, die die meisten Besucher zu Gesicht bekommen. Die Strandzonen werden nach drei ehemaligen Anlegestationen bezeichnet, an denen früher *bangkas* aus Caticlan ankamen. Im als Angol bekannten Gebiet südlich der Station 3 finden sich die meisten Budgetunterkünfte und ein paar Reste des alten Boracay.

Mt.-Luho-Aussichtsterrasse AUSSICHTSPUNKT

(Lapus-Lapus Rd.; 120 P) Der Aussichtspunkt hoch über der Ostküste bietet einen fantastischen Blick über die Insel. Allerdings wurden die Stufen hinauf offensichtlich für Riesen gebaut. Die von der Hauptstraße abzweigende, grüne Zufahrtsstraße quer durchs Land bildet einen reizenden Kontrast zur Küste.

Aktivitäten

Man kann sich an einer ganzen Reihe von Aktivitäten im Freien versuchen. Leider probieren aufdringliche Schlepper auf dem Weg zum White Beach alle paar Meter, entsprechende Angebote (Zorbs? Allradfahrzeuge? Helmtauchen? Bananenboot?) an den Mann zu bringen. Jeden Tag fliegen ab dem späten Nachmittag Fuß- und Volleybälle und Frisbeescheiben durch die Luft. Häufig werden auch Yoga-Stunden angeboten. Wer weiter entfernt Abenteuer sucht, kann einen Ausflug in die Provinz Antique machen oder mit einem *bangka* in die Provinz Romblon schippern.

Segeln

Paraw-Touren (traditionelle Ausleger-Segelboote) in den Sonnenuntergang sind ein typisches Erlebnis auf Boracay. Solche Ausflüge gibt's ab 800 P pro Stunde für bis zu fünf oder sechs Passagiere; oft ist der Preis aber Verhandlungssache. In der Saison (Oktober–Juni) legen die Boote an Station 1 und 3 ab, in der Nebensaison (Juni–Oktober) vom Bulabog Beach. Ein viel individuelleres und luxuriöseres Erlebnis bietet D'Boracay Sailing an.

D'Boracay Sailing BOOTSTOUR

(☎0906 308 8614; www.boracay-sailing.com) MAHAL, ein 13 m langer Luxus-Katamaran, ist die große Leidenschaft von Lilyan und Steve, einem chinesisch-amerikanischen Paar, das Sonnenuntergangstouren einschließlich Wein, Bier und Kanapees anbietet (100 US$ pro Person). Sie organi-

Boracay & Western Visayas Highlights

1. **White Beach** (S. 244) An Boracays zu Recht berühmtem Strand mit einem Drink in der Hand den Sonnenuntergang genießen.
2. **Apo Island** (S. 293) Am farbenfrohen Riff des Meeresschutzgebietes schnorcheln oder mit Meeresschildkröten tauchen.
3. **Malumpati Cold Spring** (S. 268) Dem Lauf des aquamarinblauen Wassers bis zur geheimnisvollen Quelle im Dschungel von Panay folgen.
4. **Danjugan Island Marine Reserve & Sanctuary** (S. 292) Diesen Ökotourismus-Traum mit dem Kajak entdecken.
5. **Siquijor** (S. 304) Im eigenen Tempo die Insel per Motorrad umrunden.
6. **Romblon-Stadt** (S. 314) In der bezaubernden Stadt die Expat-Happy-Hour stürmen.
7. **Baybay Beach** (S. 264) In einem bescheidenen Lokal am Wasser Fisch und Meeresfrüchte schlemmen.
8. **Sipaway Island** (S. 291) Die unberührte Insel auf dem Motorrad erkunden.
9. **Ariel's Point** (S. 249) Bei einem Tagesausflug von Boracay von der Klippe ins Wasser tauchen.
10. **Mt. Kanlaon Natural Park** (S. 287) In den Resorts des Parks Kraft sammeln.

Boracay

sieren auch Halb- und Ganztagstouren (170/245 US$ pro Person) oder individuelle Übernachtungstouren für Vierergruppen. Online reservieren.

Red Pirates BOOTSTOUR
(Karte S. 256; Station 3, White Beach; pro Boot 800 P) Das von der Bar Red Pirates (S. 259) betriebene, extragroße *paraw* (max. 12 Pers.) bedient die üblichen Routen vor dem Strand; längere Fahrten gehen zu geheimen Stellen rund um den Norden von Panay und Carabao.

Tauchen & Schnorcheln

Die Tauchspots rund um Boracay verblassen im Vergleich zu berühmteren Zentren wie Puerto Galera, ein paar passable Reviere gibt es aber schon: **Yapak** vor der Nordspitze ist eine glatte, von weichen Korallen bedeckte Wand in 30 bis 65 m Tiefe. Wer große Fische sehen will, ist hier richtig; wegen der Tiefe, der Strömungen und des Wellengangs an der Oberfläche ist der Spot allerdings nur für erfahrene Taucher geeignet. Auch Strömungs- und Höhlentauchen ist möglich. **Crocodile Island** vor dem kleinen Strand bei Tambisaan ist bei gutem Wetter ein beliebtes Schnorchelziel.

Es gibt extrem viele Tauchzentren auf Boracay; die Preise vor Ort liegen bei 1900 P pro Tauchgang mit voller Ausrüstung und bei 22 000 P für ein Open-Water-Tauchzertifikat. Die Qualität der Ausrüstung und Unterweisung haben generell ein hohes Niveau, und windige Geschäftemacher scheitern. Trotzdem ist bei Leihausrüstung allzeit Vorsicht geboten. Die Tauchresorts am White Beach bieten auch Tauchurlaub an.

★ Victory Divers TAUCHEN
(Karte S. 256; ☎036-288 6056; www.victorydivers.com; zw. Station 2 & 3) Fünf-Sterne-PADI-Zentrum und Pionier des örtlichen Meeresschutzes; gehört zum Victory Beach Resort.

Calypso Diving TAUCHEN
(Karte S. 256; ☎036-288 3206; www.calypso-boracay.com; Station 3) Ein PADI-Fünf-Sterne-Zentrum für Tauchlehrer; gehört zum gehobenen Calypso Resort.

Fisheye Divers TAUCHEN
(Karte S. 248; ☎036-288 6090; www.fisheyedivers.com; Station 1) PADI-Tauchcenter; betreibt drei Tauchboote, darunter eines mit Übernachtungsmöglichkeiten an Bord. Bietet außerdem kostenlose Tauchkurse an.

Kitesurfen & Windsurfen

Auf dem Höhepunkt des *amihan* (Nordostmonsun; Dez.–März) ist der Bulabog Beach an der Ostseite der Insel dank ausgezeichneter Bedingungen und fairer Preise (ca. 19 000 P für einen 12-stündigen Kurs) der ideale Ort, um Kitesurfen zu lernen. Während des *habagat* (Südwestmonsun; Juni–Okt.), wenn starke auflandige Böen den Sport eher zur Expertensache machen, verlagert sich das Geschehen an den White Beach. Die Veranstalter verlagern ihr Geschäft entsprechend vom einen Strand an den anderen.

Lange bevor das Kitesurfen überhaupt erfunden war, gehörte Boracay zu den Windsurfer-Mekkas Asiens – heute jedoch sind Windsurfer am Bulabog Beach in der Minderheit. Die Saison ist für beide Sportarten die gleiche. Ein Surfbrett auszuleihen, kostet zwischen 700 und 1300 P pro Stunde, eine Unterrichtsstunde um 1300 P.

In der Hauptsaison ist es kein Problem, ein hochwertiges Short- oder Longboard zu mieten.

Habagat KITESURFEN
(Karte S. 256; ☎ 036-288 5787; www.kiteboracay.com) Hat seinen Sitz von Mai bis Oktober am White Beach; Infos bekommt man im Steakhouse Boracay nahe dem Boracay Beach Club (S. 252) oder beim Aissatou Beach Resort (S. 254) am Bulabog Beach.

Hangin' KITESURFEN
(Karte S. 248; ☎ 036-288 3766; www.hanginkite.com; Bulabog Beach) Befindet sich den Großteil des Jahres am Bulabog Beach vor dem gleichnamigen Hotel. Gute Ausrüstung und Unterweisung.

Freestyle Academy KITESURFEN
(Karte S. 248; ☎ 0915 559 3080; www.freestyle-boracay.com; Bulabog Beach) Einer der besten Anbieter für Kitesurfen.

Isla Kitesurfing KITESURFEN
(Karte S. 248; ☎ 036-288 5352; www.islakitesurfing.com; Bulabog Beach) Unterweisung, Ausrüstung, Trips und Unterkunft von einem erfahrenen Anbieter – einem der größten in Boracay.

Reef Riders WINDSURFEN
(Karte S. 248; ☎ 0908 820 2267; www.reefriders-watersports.com; Bulabog Beach) Die beste Ausrüstung und die besten Lehrer. Bietet außerdem Unterricht im Stand-up Paddling, Mietausrüstung und Ausflüge rund um Boracay und die Provinz Aklan auf Panay an.

Adventure Windsurfing WINDSURFEN, KITESURFEN
(Karte S. 256; ☎ 036-288 3182; www.adventure-windsurfing-boracay.com; Bulabog Beach) Ausrüstung und angesehener Unterricht in Wind- und Kitesurfen.

Funboard Center Boracay WINDSURFEN, KITESURFEN
(Karte S. 248; ☎ 036-288 3876; www.windsurfasia.com; Bulabog Beach) Ausrüstung und mehrsprachige Kurse im Wind- und Kitesurfen.

Parasailing

Die wachsende Beliebtheit dieser 15-Minuten-Aktivität ist nicht zu übersehen: Dazu braucht man sich nur mal den Himmel vor dem White Beach anzusehen. Mehrere Veranstalter buhlen um Kundschaft. Doch wenn man schon an einem Fallschirm über dem Wasser schweben will, sollte man nicht knausern und es unbedingt bei Sonnenuntergang tun.

Diamond Watersports WASSERSPORT
(Karte S. 248; ☎ 036-288 6621; Flug 2500 P) Wohl der bekannteste Anbieter. Während der Nebensaison kostet es nur die Hälfte.

Massage & Spa

Willkommen im Land der Spas. Aber wohin bei so vielen Angeboten? Es lohnt sich, hier nicht zu sparen. Am White Beach wimmelt es von Frauengruppen in Verbänden, die direkt am Strand günstige Ganzkörper-, Rücken- und Fußmassagen anbieten. Die Qualität ist eher Glückssache.

★ **Mandala Spa** SPA
(Karte S. 256; ☎ 036-288 5857; www.mandalaspa.com; Angol; 90-minütige Massage 2995 P, Yoga 400 P; ⏲ 10–22 Uhr) 🍃 Auf einer grünen Hügelspitze, aber Welten entfernt vom White Beach, taucht man inmitten der wunderbar friedlichen Atmosphäre dieses Spas in die Natur ein. Man kann für eine Anwendung kommen oder einen ausgedehnten Aufenthalt mit komplettem Entgiftungsprogramm buchen. Für jede Nacht, die man hier verbringt, wird im Namen des Gastes ein Baum gepflanzt.

Chi SPA
(☎ 036-288 4988; www.shangri-la.com/; Shangri-La Resort; 75-minütige Massage 5800 P; ⏲ 10–22 Uhr) Das Chi im riesigen Shangri-La Resort

DIE JAHRESZEIT ENTSCHEIDET

Boracay hat zwei Klimaperioden und dementsprechend auch zwei Touristensaisons. Die Hauptsaison ist vom *amihan* (Okt.–Juni) geprägt, der Wind aus Nordost bringt. Dann sind die Gewässer am White Beach ruhig, und es fällt kaum Regen. Dafür strömen die Urlauber herbei, und die Preise steigen. Die Nebensaison bestimmt der *habagat* (Südwestmonsun; Juni–Okt.). Nun trifft der Westwind auf den White Beach, und es gibt häufig Schauer. Die Geschäfte stellen hässliche Windabschirmungen auf, Wanderwege stehen unter Wasser und allerlei Müll wird an den Strand gespült. Die Preise fallen, und die Hotels nutzen die Zeit für Renovierungen. Sportarten, die den Wind nutzen, gibt's das ganze Jahr über; die Anbieter wechseln entsprechend der Wetterlage von der West- zur Ostseite der Insel und umgekehrt.

White Beach North & Umgebung

White Beach North & Umgebung

Aktivitäten, Kurse & Touren	
1 Diamond Watersports	B4
2 Fisheye Divers	B6
3 Freestyle Academy	D6
4 Funboard Center Boracay	D5
5 Hangin'	D6
6 Isla Kitesurfing	D6
7 Reef Riders	D5
Tribal Adventures	(siehe 20)
Schlafen	
8 Boracay Beach Club	B4
9 Boracay Private Mountain Casitas	D4
10 Discovery Shores	A1
11 Frendz Resort	B6
12 Hampstead Boutique Hotel Boracay	B4
13 Hangin Kite Center & Resort	D6
14 Jeepney Hostel & Boracay Kite Resort	D5
15 Lind	A1
16 Mad Monkey Hostel	C5
17 MNL Hostel	C6
18 Pahuwayan Suites	D6
19 Palassa Private Residences	D7
20 Sandcastles	B6
21 Sea Wind	A2
22 Tans Guesthouse	B7
23 W Hostel Boracay	C6
Essen	
24 Aplaya	B6
25 Aria Restaurant	B6
26 Cozina	B5
27 Crazy Crepes	B6
28 Cyma	B7
29 English Bakery	C5
30 Heidiland	B7
Jammers	(siehe 25)
31 Kubo Resto Bar & Grill	C5
32 Lemon Cafe	B6
33 Real Coffee & Tea Cafe	B7
34 Red Bean Halowich	B6
35 Smoke 2	D6
36 Sushi Shiro	C6
37 True Food	B7
Ausgehen & Nachtleben	
Bom Bom	(siehe 40)
38 Club Summer Place	B7
39 Epic	B7
40 Exit Bar	B6
41 Jonah's Fruit Shakes	B5
42 White House Beach Lounge	A2
Praktisches	
43 Boracay Lying-In & Diagnostic Center	C6
44 Department of Tourism	B7
Transport	
45 Filipino Travel Center	B5

ist gewissermaßen eine Oase in einer Oase. Für die Anwendungen gibt es vier Villen, die jeweils nach einem tibetischen Dorf benannt und stimmig asiatisch herausgeputzt sind – hier würde man am liebsten gleich ganz einziehen. Das Behandlungsangebot ist begrenzter als bei der Konkurrenz, reicht aber, um alle Sorgen vergessen zu lassen. Der Schwerpunkt liegt darauf, Blockaden des Chi, der Lebensenergie, zu beseitigen.

Geführte Touren

★ Tribal Adventures ABENTEUERTOUREN

(Karte S. 248; ☎0920 558 7188, 036-288 3207; www.tribaladventures.com; Sandcastles Resort, Station 2, White Beach) Veranstaltet eine Reihe gut organisierter und professionell betriebener Abenteuertouren im gebirgigen Inneren von Panay, einschließlich Kajaktouren in Tibiao. Am beliebtesten ist der Tagesausflug (3700 P pro Person in Gruppen von fünf oder mehr, 6–18 Uhr); der eine Kajaktour auf dem Tibiao (von März bis Mai wegen Niedrigwassers nicht gerade ideal) und eine Wandertour zu den Bugtong Bato Falls beinhaltet.

★ Ariel's Point SCHWIMMEN

(☎036-288 6770; www.arielspoint.com) Diese Klippensprunganlage erfreut sich wachsender Beliebtheit. Sie befindet sich im Inneren von Panay und ist in 40 Minuten mit dem *bangka* zu erreichen, aber nur als Teil einer Tour von Boracay zugänglich. Die Touren (2500 P pro Person) starten um 11.15 Uhr am Ariel's House (Station 1, White Beach). Bis zur Rückkehr um 17 Uhr gibt es Schnorcheln, Springen und Kajakfahren satt, und für das leibliche Wohl ist auch gesorgt.

Schlafen

Boracay bietet alle nur erdenklichen Unterkünfte, darunter auch Taucherhotels (White Beach) und Kitesurferhotels (Bulabog Beach). Backpacker haben die Wahl zwischen einer wachsenden Anzahl von Hostels, viele davon in dem Bereich zwischen dem Teich bei der D'Mall und

Bulabog Beach. Überall sprießen neue Hotels aus dem Boden, insbesondere am nördlichen Ende der Insel – das kann etwas isolierend wirken. Ob man das gut oder schlecht findet, ist Geschmackssache.

Angol (Südlich von Station 3)

Es finden sich immer noch preisgünstige Unterkünfte in Angol, wo – wie manche sagen – der Geist des alten Boracay weiterlebt. Es gibt auch keine wirklichen Nachteile, wenn man hier wohnt, denn der Trubel des White Beach ist nur einen schönen und entspannten Spaziergang entfernt.

Orchids LODGE €

(Karte S. 256; ☎ 0917 242 0833, 036-288 3313; www.orchidsboracay.com; Angol; Zi. mit Frühstück 1000–2600 P; ❄ 📶) Ein etwas in die Jahre gekommener Komplex mit Bambus- und Nipa-Zimmern am Ende einer schmalen Gasse in einem ruhigen, kleinen Garten mit vielen Orchideen. Die getrennt stehenden Hütten sind einladender als die Zimmer.

★ **Hey! Jude South Beach** HOTEL €€

(Karte S. 256; ☎ 0917 861 6618, 036-288 2401; www.heyjude-boracay.com; Angol, White Beach; DZ mit Frühstück 3200–7000 P; ❄ 📶) Minimalistischer Stil und unterschiedliche Zimmer (am teuersten sind die mit Meerblick) – hier passt alles zusammen. Das schlichte Frühstück am White Beach Path ist der ideale Start in den Tag. Das Personal ist hilfsbereit, der Preis attraktiv. Fazit: das beste Preis-Leistungs-Verhältnis vor Ort.

Dave's Straw Hat Inn COTTAGE €€

(Karte S. 256; ☎ 036-288 5465; www.davesstrawhatinn.com; Zi. mit Ventilator/Klimaanlage 1800/3100 P; ❄ 📶) Nostalgische Boracay-Atmosphäre mit blauen Blechdächern und Bambus in einem lauschigen, abgeschlossenen Garten am Ende einer schmalen Gasse abseits vom White Beach. Klimatisierte Zimmer haben private Veranden und bieten einigen Charme, was man von den Zimmern mit Ventilator nicht unbedingt sagen kann. Das Dave punktet außerdem mit seinem Frühstück, vor allem den schallplattengroßen Pfannkuchen. Keine Kreditkartenzahlung.

Boracay Pito Huts BUNGALOW €€

(Karte S. 256; ☎ 0922 820 9765; boracaypitohuts@yahoo.com; Bungalow 3200 P; ❄ 📶) Inmitten einer Einfriedung im weißen Sand, hinter einem Palisadenzaun wie bei einem Fort im Wilden Westen, verbirgt sich ein echtes Schmuckstück der Insel. Die sieben Hütten („pito") verdienen eine glatte Eins für Originalität und ansprechendes, modernes Design – schräge Wände und schummerige Innenräume sind ein pfiffiger Kontrast zum nahen, hellen Strand. Jede Hütte hat drei Betten; ein zusätzliches Bett kostet 500 P.

Melinda's Garden BUNGALOW €€

(Karte S. 256; ☎ 036-288 3021; www.melindasgarden.com; Zi. mit Ventilator 1600 P, mit Klimaanlage 2500–3500 P; ❄ 📶) Wer nach dem alten Boracay sucht, findet in dieser seit fast 30 Jahren existierenden Institution Hütten mit Palmdächern in einem privaten Hof, die allerdings dämmrig und etwas muffig sind. Die Zimmer im Obergeschoss (1500 P) sind sehr stimmungsvoll; sie haben Balkone mit Rattan-Hängematten, auf denen man gut

BORACAYS ÖKOLOGISCHE HERAUSFORDERUNGEN

Boracays geringe Fläche und die rasante Erschließung erzeugen einen besonderen Druck auf das Ökosystem der Insel. Kopfzerbrechen bereiten unter anderem eine unzureichende Abwasserentsorgung, häufige Stromausfälle, Schwierigkeiten mit der Müllbeseitigung und eine fehlende Einhaltung von Umweltrichtlinien. Ein Strandschutzprogramm wurde eingeführt, aber die Durchsetzung ist, gelinde gesagt, fahrig. Das Rauchverbot für Innenräume wird durch Geldstrafen unterstützt, und in den Hügeln über Caticlan wurde ein Windpark errichtet. Lautlose E-Trikes konkurrieren mit ihren viel zahlreicheren, lauteren und schmutzigeren Tricycle-Cousins.

Doch die meisten Anlagen werden trotz der ständig voranschreitenden Erosion der Strände viel näher am Wasser gebaut als erlaubt. In Manoc Manoc, im südlichen Teil der Insel, wurde eine neue Abwasseraufbereitungsanlage eröffnet, und eine weitere soll in Yapak im Norden eröffnet werden. Doch die Grünalgenblüte am White Beach von Februar bis Mai und nicht weit vom Bulabog Beach ins Wasser geleitete Abwässer gehören zu den sichtbaren Indikatoren anstehender Probleme.

und gern einen ganzen Nachmittag dösen kann. Am Ende einer schmalen Gasse abseits des White Beach.

White Beach Zentrum (Station 1–3)

Wer hier wohnt, ist mitten im Geschehen. Die mit Boracays Erfolg verbundenen Touristenfallen sind allgegenwärtig: Resorts, Restaurants, Bars, Strandhändler, Schlepper, Masseurinnen, Souvenirläden, Transvestiten und Taschendiebe. Die meisten Resorts liegen ein gutes Stück abseits vom Strand, sodass man einigermaßen ruhig schlafen kann.

Dieser Strandabschnitt ist etwas teurer, es gibt aber einen Komplex mit Budgetresorts rund um Tans Guesthouse nahe dem **Summer Place** (Karte S. 248; Station 2; 200 P; ⏲11 Uhr–open end), die auf einheimische Urlauber ausgerichtet sind. Ausländische Besucher ziehen in der Regel Angol vor.

Frendz Resort HOSTEL €
(Karte S. 248; ☎036-288 3803; www.frendzresortboracay.com; Station 1; B 300 P, Zi. mit Ventilator/Klimaanlage 1200/1600 P; ❄@📶) Dank seiner lebhaften Bar (offen bis 23 Uhr), der billigen Cocktails und eines jungen Backpacker-Publikums ist das alteingesessene Frendz das Lieblingslokal der Party People. Eigene Strandliegen (in zwei Minuten Entfernung) gibt's noch dazu, ebenso wie Freibier bei der Ankunft und kostenlose Pasta-Abende am Mittwoch und Sonntag. Die nach Geschlechtern getrennten Schlafsäle sind gemütlich, haben aber keine Klimaanlage.

Trafalgar Garden Cottages BUNGALOW €
(Karte S. 256; ☎036-288 3711; trafalgarboracay@hotmail.com; EZ/DZ mit Ventilator 350/500 P, B mit Klimaanlage 1000 P; ❄📶) Das kleine, grüne Dorf aus Budgetzimmern liegt zwar nahe der Hauptstraße, ist aber ruhiger, als man vielleicht glaubt. Die Atmosphäre ist familiär, es gibt eine Gemeinschaftsküche und einen Lounge-Bereich, und bis zum Strand hat man nur einen kurzen Weg.

Tans Guesthouse HOTEL €€
(Karte S. 248; ☎0917 723 4570; www.tghboracay.com; EZ/DZ/4BZ mit Frühstück 2500/3500/4000 P; ❄📶) Das Tans bietet eine große Auswahl an Zimmern jeden Stils und jeder Qualität an verschiedenen Standorten. Eignet sich vor allem für Gruppen wegen der großen Zimmer mit Küche.

ACHTUNG, FLUGHUNDE

Eine der bekanntesten Szenen auf Boracay ist der nächtliche Zug von Hunderten großer Flughunde am Himmel. Man trifft hier den Kalong an, den verbreiteten Insel-Flughund, und den bedrohten Goldkronen-Flughund, das schwerste Fledertier der Welt. Diese bemerkenswerten Kreaturen haben eine extrem wichtige Funktion für das hiesige Ökosystem, gedeihen doch aus den Samen, die sie mit ihrem Kot ausscheiden, 95% der auf gerodeten Flächen nachwachsenden Bäume. Die Flughundbestände sind wegen der fortschreitenden Erschließung von 15 000 im Jahr 1986 bis auf nur noch 3000 im Jahr 2016 geschrumpft. Die **Friends of the Flying Foxes Boracay** (☎036-288 1239; www.fb.com/friendsoftheflyingfoxesboracay) versuchen trotz Rückschlägen durch private Erschließungsunternehmen im Norden der Insel ein Reservat zu schaffen. Die Organisation führt regelmäßig Bestandszählungen durch, an denen sich freiwillige Helfer gerne beteiligen können.

★ **Nigi Nigi Nu Noos** RESORT €€€
(Karte S. 256; ☎036-288, 0923 701 3101; www.niginigi.com; DZ mit Frühstück 6100–6700 P; ❄📶) Die polygonalen, zweistöckigen Cottages stehen inmitten eines üppigen, grünen Gartens. Sie haben großzügige Zimmer, Balkone und viel balinesisches Flair. Für Freunde des Tropenstils ist das hier wohl die eleganteste Option an diesem Strandabschnitt. Am Strand gibt es eine bei den Expats sehr beliebte Bar im klassischen Boracay-Stil.

Sandcastles APARTMENT €€€
(Karte S. 248; ☎036-288 3207, 0920 558 7188; www.boracaysandcastles.com; White Beach; 1-Zi.-Apt. 6000–11.000 P; ❄@📶) Diese Ein- bis Zwei-Zimmer-Apartments (44–200 m²), die kürzlich renoviert wurden, sind sehr geräumig und eine bequeme Kombination aus rustikal und modern, mit voll ausgestatteten Küchen und schön eingerichteten Wohnzimmern. Die teureren Zimmer zum Strand hin haben Patios direkt am White Beach. In der Nebensaison gibt es bis zu 50% Rabatt, sonst sind sie ziemlich teuer.

Calypso Resort RESORT €€€
(Karte S.256; ☎036-288 3206; www.calypsoboracay.com; DZ 3680–8600 P; ❄@📶) Schön eingerichtete Deluxe-Zimmer mit einer schicken und topmodernen Einrichtung und regionalen Akzenten sowie ein herrlicher Ausblick sind Markenzeichen des auf Taucher ausgerichteten Hotels. Auch Gäste ohne Reservierung können mit Rabatten rechnen.

Nördlich von Station 1

Die Fotos in Hochglanzbroschüren, die man vielleicht gesehen hat, dürften an diesem himmlischen Abschnitt des White Beach aufgenommen worden sein. Bei Ebbe scheint sich der weiße Sand ins Endlose zu erstrecken. Und die *paraw*-Fahrten bei Sonnenuntergang – ein Markenzeichen Boracays – sind hier besonders eindrucksvoll. Gleiches gilt allerdings auch für die Preise. Je weiter man in den Norden kommt, desto geringer die Dichte an Resorts.

★ **Lind** RESORT €€€
(Karte S.248; ☎0998 847 9465, in Manila 02-835 8888; www.thelindhotels.com; White Beach; DZ mit Frühstück 19 000–36 000 P; ❄📶🏊) Ibiza trifft Miami Beach und philippinische Gastlichkeit in diesem gut geführten Boutiqueresort am privaten Nordende des White Beach.

In Bezug auf Ästhetik ist dies Boracays beste Wahl – wie geschaffen für Instagram, besonders der Infinity-Pool auf dem Dach mit den vielleicht schönsten Blicken der Insel auf den Sonnenuntergang. Jedes der 119 Zimmer hat einen eigenen Balkon, manche sogar einen privaten, kleinen Pool. Es gibt drei hervorragende Restaurants.

Boracay Beach Club HOTEL €€€
(Karte S.248; ☎036-288 6770; www.boracaybeachclub.com; DZ mit Frühstück 5500–6000 P, Suite 7600 P; ❄📶) Die Anlage ist vom White Beach durch eine Straße getrennt, das sollte jedoch keinen abhalten. Es gibt hier einen hübschen Poolbereich mit viel Schatten, der zu Fuß weniger als eine Minute vom Strand entfernt ist. Die Standardzimmer sind komfortabel, wenn auch nicht sehr groß. Die Aussicht aus den Erdgeschosszimmern ist leider begrenzt, aber vom Strandrestaurant des Hotels hat man einen schönen Blick aufs Meer.

Sea Wind RESORT €€€
(Karte S.248; ☎036-288 3091; www.seawindboracay.ph; in der Nähe von Station 1; DZ mit Frühstück 5000–9000 P; ❄@📶🏊) Ein Stück altes Boracay an einem bezaubernden, ruhigen Strandabschnitt des White Beach. Allerdings erfolgte die Erweiterung von Sea Wind schubartig, weshalb der Gesamteindruck etwas zusammengewürfelt wirkt. Die Zimmer in Rezeptionsnähe sind attraktiv auf eine klassische Art, können aber durch die Straße etwas laut sein. Die Villen auf der anderen Straßenseite sind wahre Kleinodien und die Super-Luxuszimmer ihren Preis wert.

Discovery Shores RESORT €€€
(Karte S.248; ☎036-288 4503; www.discoveryshoresboracay.com; DZ 10 500–14 000 P; ❄📶🏊) Das Discovery Shores setzt den Standard für Modernität und Luxus am White Beach. Die fantastische, moderne Anlage, die wie eine kleine, weiße Stadt wirkt, ist offen und geräumig, das zeigt sich besonders in den mehrstöckigen Apartments, die eigentlich schicke Lofts sind. Vom Privatstrand schwebt man an die Bar – vorbei an dem stilvollen Pool und ins Foyer –, als würde man von einer Welle getragen.

Hampstead Boutique Hotel Boracay BOUTIQUEHOTEL €€€
(Karte S.248; ☎036-288 2469; www.hampsteadboracay.com; DZ 4600 P; ❄📶) Wer in der Nähe des White Beach wohnen, dabei aber Ruhe und Frieden haben will, für den ist dieses künstlerisch angehauchte Boutiquehotel einen kurzen Fußweg von Station 1 entfernt eine gute Option. Die Zimmer des stilvollen Refugiums sind gut ausgestattet, bis hin zu Bademänteln und Espressomaschinen. Es gibt eine Dachbar, großzügige öffentliche Bereiche mit viel Sonne und ein paar ausgezeichnete Kunstwerke. Von der Einfahrt geht es allerdings ziemlich steil nach oben.

Diniwid Beach

Vom White Beach führt ein schmaler, betonierter Weg nordwärts zum friedlichen und ruhigen Diniwid Beach. Es ist ein schönes Fleckchen mit dem weichsten, weißen Sandstrand, den man sich nur wünschen kann, und einer hübschen Ansammlung von Bungalows auf einem Hügel über dem Meer. Auf der Zugangsstraße zum Diniwid, die hoch zur City Mall und dann nach Newcoast führt, wird gebaut.

Chillax Flashpackers HOSTEL €
(☎0908 603 7463; www.chillaxflashpackers.com; Diniwid Rd.; B 450–550 P, DZ 1500 P; ❄📶🍴) Fern vom Trubel am White Beach, besonders wenn man mit dem Fahrzeug anreist, wird das Chillax vor allem denen zusagen, die Ruhe und Frieden suchen – der Name ist hier Programm. Das Chillax ist weiß, minimalistisch und stylish. Es wurde aus Schiffscontainern errichtet und hat einen großartigen Dachpool. Wer kein Gepäck mitschleppen muss, erreicht das Chillax auch zu Fuß vom White Beach aus.

Beach House STRANDRESORT €€
(☎036-288 2278; cja1025@yahoo.com; Diniwid Beach; DZ mit Frühstück 3000–4000 P; ❄@🍴) Wunderschön gelegen am ruhigen Diniwid Beach mit schicken und sauberen Räumen; hervorragendes Preis-Leistungs-Verhältnis. Die Zimmer mit Strandblick sind ihren Preis wert.

★**Diniview** BUNGALOW €€€
(☎0917 799 2029; www.diniviewboracay.com; Villa 9000–15 000 P; ❄📶🍴) Hoch oben in dem grünen Tal hinter dem Diniwid Beach wirken diese fünf Villen so, als seien sie direkt einer Architekturzeitschrift entsprungen. Einrichtungsdetails und Dekoration im noblen Tropenstil zeugen von liebevoller Gestaltung. Jede Villa bietet Platz für vier bis sechs Personen und ist mit allen modernen Extras, darunter auch einer voll ausgestatteten Küche, versehen.

★**Nami Boracay** RESORT €€€
(☎036-288 6753; www.namiresorts.com; Dinniwid Beach; Zi. mit Frühstück 9350–13 725 P; ❄📶) Wie ein Luxusbaumhaus thront dieses Resort über einem zauberhaften Strand. Das Nami bietet Privatsphäre, eine atemberaubende Aussicht und einen Bambusaufzug, damit man die Anhöhe nicht zu Fuß überwinden muss. Die zwölf Luxuszimmer haben eigene Whirlpools im Freien hoch über dem Meer. Das Restaurant bietet eine Karte, auf der alles – von philippinischen und asiatischen Fusion-Gerichten bis hin zu Burgern und Filet Mignon mit Ziegenkäse – steht. Das Resort ist bei Flitterwöchnern beliebt.

Banyugan Beach

Shangri-La Boracay Resort & Spa RESORT €€€
(☎036-288 4988; www.shangri-la.com/boracay/boracayresort; Yapak; Zi. 1500–15 900 P, 1-Zi.-Villa mit 29 000–38 000 P; ❄📶🍴) Kein Zweifel: Das ist das eindrucksvollste Resort auf Boracay. Die Anlage, die die Nordwestspitze der Insel einnimmt, lässt keine Wünsche offen. So gibt es zwei Privatstrände (u. a. der wunderschöne Banyugan Beach), einen riesigen Pool, eine tropische Lodge, eine Strandbar, eine riesige Fitnesshalle, ein beeindruckendes Spa usw. Einziger Wermutstropfen: Die von der Außenwelt abgeschottete Anlage könnte überall in den Tropen stehen.

Bulabog Beach

An Boracays „Flaschenhals" liegt dem White Beach das Wassersportlerparadies am Bulabog Beach direkt gegenüber, nur zehn Gehminuten entfernt von der D'Mall, der Fußgänger-Ladenzeile. Am Bulabog Beach herrscht eine lockere Atmosphäre. Allerdings ist das Wasser hier schmutziger, weil ein Teil der Abwässer Boracays vor der Küste ins Meer geleitet wird. Doch in den letzten Jahren wurde eine große Zahl ausgezeichneter neuer Unterkünfte eröffnet. Während der Kitesurf-Saison von Dezember bis März sind die Preise hier höher. In der Nebensaison ist der Strand von einer bezaubernden *bangka*-Flotte belegt.

Mad Monkey Hostel HOSTEL €
(Karte S. 248; www.madmonkeyhostels.com/boracay; Bulabog Beach Rd.; B/DZ 800/3000 P; ❄📶) In diesem unterhaltsamen und lärmenden Hostel mit weiß getünchten, einfach ausgestatteten Zimmern ist immer was los. Es liegt nur einen kurzen Weg vom Bulabog Beach entfernt. Aufgrund seiner Beliebtheit und Größe kann der Service manchmal etwas unpersönlich wirken. Wer es aber gesellig mag, wird von dem Pool- und Barbereich sowie den täglichen Aktivitäten und Ausflügen – bei denen gern etwas getrunken wird – begeistert sein.

W Hostel Boracay HOSTEL €
(Karte S. 248; ☎036-288 9059; 2. OG, Gill & Park Bldg., Rd. 1-A; B 500–950 P, DZ mit Frühstück 2300 P; 📶) Dieser schnittige Zuwachs in

der Hostel-Szene von Bulabog mit seinen Waschbetonfluren, fluoreszierenden Zimmernummern und Etagenbettenzimmern mit effizientem, wenn auch schlichtem Design wirkt wie ein Alien-Raumschiff. Abgefahrene, aufgesprühte Wandbilder verleihen dem Ganzen etwas Farbe. Sehr nett sind auch die ebenso schicke Küche und der große Flachbildfernseher mit Videospielen.

Die mit Kunstrasen ausgelegte Dachterrasse lädt zum Tanzen ein. Wer dann durch so viel körperliche Aktivität beim Tanzen in Wallung gerät, kann sich im kühlen Tauchbecken eine ordentliche Erfrischung gönnen.

MNL Hostel HOSTEL €

(Karte S. 248; ☎ 0917 702 2160; www.mnlhostels.com; Rd. 1-A; B mit Frühstück 500–580 P, DZ mit Frühstück 1550 P; ❄@📶) Das Hochhaus-Hostel liegt etwa einen Block vom Bulabog Beach entfernt, ist sauber und und in vielfacher HInsicht praktisch gestaltet. So gibt es zum Beispiel an jedem Bett Steckdosen und herausziehbare Schließfächer. Allerdings wirkt das Hostel durch die kapselartigen Schlafsaalbetten etwas beengend und ist nicht für klaustrophobische Gäste. Schöne Aussicht von der Lounge auf dem Dach, und auf Straßenebene gibt es zwei gute Restaurants.

★ Pahuwayan Suites RESORT €€

(Karte S. 248; ☎ 036-288 1449, 0917 322 0497; www.pahuwayansuites.com; DZ 3000–4500 P; ❄📶) Das kleine Pahuwayan am Ende einer Gasse am Bulabog Beach bietet mit das beste Preis-Leistungs-Verhältnis auf der Insel; die Zimmer sind geräumig und stylish und haben private Veranden und Balkone mit Blick aufs Meer. Die Wände und der Boden bestehen aus Waschbeton, die Badezimmer haben Boutique-Charme, und die Qualität der Betten liegt weit über dem Durchschnitt. Am Strand gibt es Liegen und sogar eine kleine, geschützte Cabana.

Jeepney Hostel & Boracay Kite Resort HOSTEL €€

(Karte S. 248; ☎ 0947 777 3551; www.jeepneyhostelboracay.com; Bulabog Rd.; B mit Frühstück 400–700 P, DZ mit Frühstück 1200–2000 P; ❄📶) Das von Kanadiern geführte Jeepney abseits des Bulabog Beach richtet sich an lebenshungrige Kitesurfer und bietet regelmäßige Partys, ein Kitesurf-Center und eine Sportbar (24 Stunden geöffnet). Man hat die Wahl zwischen Schlafsaalbetten aus poliertem Bambus – etwas weniger schlicht als andere – im Hostel und den sauberen und farbenfrohen Privaträumen des Kite-Resorts. Im zentralen Hof gibt es einen kleinen, frei stehenden Pool.

★ Palassa Private Residences BOUTIQUEHOTEL €€€

(Karte S. 248; ☎ 036-288 2703; www.palassaprivateresidencesboracay.com; Bulabog Beach; 1-Zi.-Apt. mit Frühstück 5900 P, Apt. mit 1 Schlafzi. und Frühstück 5900–8900 P; 📶❄) Als der talentierte Künstler Antonio Gelito San Jose Jr. die Errichtung dieses kleinen, stilvollen Hotels auf seinem Land erlaubte, machte er zur Grundbedingung, dass sein persönliches Atelier am Strand in die Anlage einbezogen werden müsse. Die Eigentümer erfüllten ihm diesen Wunsch gern und gingen sogar noch einen Schritt weiter. Sie hängten seine farbenfrohen Porträts in die ansonsten minimalistischen Zimmer. Jeder Aufenthalt hier beinhaltet eine kostenlose einstündige Massage.

Aissatou Beach Resort BOUTIQUEHOTEL €€€

(Karte S. 256; Habagat Kiteboarding Center; ☎ 0917 492 1537, 036-288 5787; www.kiteboracay.com; Bulabog Beach; B 1600 P; ❄📶) Die 10 Zimmer dieses von Deutschen betriebenen Kitesurf-Centers sind gepflegt und großzügig mit handgearbeiteten Möbeln und Kunstwerken bestückt, die bei örtlichen Künstlern in Auftrag gegeben wurden. Zimmer 12 im Obergeschoss mit einem Schlafzimmer und fantastischem Blick aufs Wasser ist eines der besten Angebote in der Gegend. Private Liegen finden sich vorne am Strand.

Hangin Kite Center & Resort RESORT €€€

(Karte S. 248; ☎ 036-288 2527; www.kite-asia.com; Rd. 1-A, Bulabog Beach; Zi. 3000–5000 P; ❄📶) Die Zimmer im Erdgeschoss mit Garten und die im oberen Stockwerk mit Seeblick sind gut (über das Preis-Leistungs-Verhältnis während der Hochsaison lässt sich streiten, in der Nebensaison sind es Schnäppchen), aber minimalistisch eingerichtet, mit Fliesenböden, Flachbildschirmen und Badezimmern mit Regenwasserduschen. Wenn der Tag zur Neige geht, kann man in der beliebten Hang-Out-Bar entspannen.

Boracay Private Mountain Casitas COTTAGE €€€
(Karte S. 248; ☎0977 855 0596; www.facebook.com/boracayprivatemtcasitas; Bulabog Mtn. Rd.; Zi. 5100–6500 P) Die strohgedeckten Hütten bieten einen Panoramablick (perfekt für den Sonnenaufgang) über den Bulabog Beach und das südliche Boracay. Sie sind etwas altmodisch, aber das gehört zu ihrem Charme – hier fühlt man sich der Gegenwart wirklich ein Stück entrückt. In einer zweistöckigen Hütte gibt es ein Einzimmerapartment pro Stockwerk, also ist man nicht allein im Haus, es gibt aber auch eine private *casita*. Der Weg dorthin ist besonders in der Hitze kein Spaziergang.

Newcoast

Dieses gewaltige Bauprojekt im Norden der Insel wird über mehr als 5000 Zimmer verfügen, unter anderem sollen dort ein Savoy Hotel, ein Marriott Courtyard und ein Hilton eröffnen. Die neue Ministadt, die 12% der Insel ausmachen und Zugang zu einem eigenen Privatstrand haben wird, soll zum Teil auch Eigentumswohnungen enthalten, die sich thematisch an andere Teile der Welt anlehnen. Auch Geschäfte und Restaurants sollen entstehen. Bereits jetzt gibt es die City Mall (9–21 Uhr), das erste überdachte Einkaufszentrum der Insel, das 2017 in der Nähe eröffnet wurde.

Savoy Hotel RESORT €€€
(☎0917 828 4663, 036-286 2800; www.savoyhotelboracay.com; Newcoast; DZ 5000–8000 P; ❄📶🏊) Das erste Hotel, das (im August 2017) als Teil des gewaltigen Newcoast-Bauprojektes eröffnen soll, ist derzeit noch von Baustellen oder leeren Grundstücken umgeben. Es ist eine Hochhausanlage mit zwei Poolbereichen im Resort-Stil, einer schicken Lobby mit Restaurant, aber kleinen Räumen mit Möbeln auf Ikea-Niveau, die nicht ganz zu den Ambitionen passen.

Carabao Island

Carabao Island White Beach Divers RESORT €€
(☎0939 774 7410; www.carabao-island.com; Lanas, Carabao; DZ mit Ventilator/Klimaanlage 1500/2600 P; 📶) Wer etwas Abstand von Boracay will, findet in diesem Resort am Strand saubere, einfache Zimmer samt Veranden mit Meerblick, hausgemachte Küche und professionelle Tauchdienstleistungen; kurz vor der Küste liegt ein gutes Saumriff.

Essen

Der White Beach Path ist ein einziger langer und fantastischer Foodcourt – der halbe Spaß besteht schon darin, sich bei Sonnenuntergang umzuschauen. Eine große Auswahl von Restaurants mit Ethno-Küche findet sich rund um die D'Mall, die geschäftige Fußgängerstraße auf mittlerer Höhe des White Beach. Die meisten gehobenen Resorts haben – zum Teil hervorragende – eigene Restaurants. Das angebotene Essen ist meist koreanisch, gefolgt von philippinischen und zahlreichen internationalen Angeboten.

Angol & Station 3

★ **Sunny Side Cafe** CAFÉ €€
(Karte S. 256; ☎036-288 2874; www.thesunnysideboracay.com; White Beach; Gerichte 225–395 P; ⏲7.30–22 Uhr 📶) Hier gibt's morgens große, fluffige Pfannkuchen (eine halbe Portion reicht), *roesti* (Stücke von Chorizo, pochierte Eier, Sauerrahm und Rucola auf einer gebratenen Kartoffel-Frittata) und starke Espressi. Wer einmal hier war, den locken pfiffige Abwandlungen von Klassikern, wie Grill-Sandwiches mit Käse, Schinken und Mango oder Shrimp- und Spinatravioli, bestimmt wieder her.

★ **Nagisa Coffee Shop** JAPANISCH €€
(Karte S. 256; Angol, White Beach; Hauptgerichte 140–330 P; ⏲18.30–23 Uhr) Das offene Nagisa im Stil einer Nipa-Hütte serviert erschwingliches Sashimi, Okonomiyaki und ein 100-P-Snackmenü.

Street Market INTERNATIONAL €€
(Karte S. 256; Station X, Main Rd.; Hauptgerichte 250–590 P; ⏲11–23 Uhr) Errichtet unter der Baustelle eines großen, neuen Resorts bietet dieser kleine, schicke Foodcourt mexikanisches und japanisches Essen, Pizza und südostasiatische Läden. Die Tische befinden sich in dem zentralen Nischenbereich mit Kunstrasen und Kissen auf dem Boden.

★ **Cowboy Cucina** INTERNATIONAL €€€
(Karte S. 256; Angol, White Beach; Hauptgerichte 250–600 P; ⏲7–23 Uhr; 📶) Ein kleines Lokal mit Dekor, das an den amerikanischen Westen erinnert, professionell

White Beach South & Umgebung

gefertigten Burgern, Steaks und Chili sowie etwas mexikanischem Essen und den besten Rippchen der Insel; und alles mit den Füßen im Sand. Es gibt ein paar Angebote für Vegetarier, eine Kinderkarte und sonntags ein Braten-Büfett. Guten Appetit!

White Beach Zentrum

Crazy Crepes CRÊPERIE $

(Karte S. 248; Crêpe 105–150 P; ⏲10–23.30 Uhr) Der bunte Kasten am Strand zu Beginn der D'Mall bietet eine Auswahl leckerer Crêpes, die sich perfekt als Nachtisch eignen. Eine weitere Zweigstelle liegt am White Beach.

Red Bean Halowich DESSERTS €

(Karte S. 248; D'Mall; Eiscreme 70–150 P; ⏲9–24 Uhr) Besonders bei koreanischen Touristen beliebt. Vor dem Laden mit dem geraspelten Eis mit Frucht – abgerundet mit Mango-Softeis –, einer Abwandlung des traditionellen *halo-halo*, bilden sich immer lange Schlangen. Außerdem gibt's noch ein paar weitere Sorten, darunter ein einfaches Mango-Softeis.

White Beach South & Umgebung

★ Plato D'Boracay MEERESFRÜCHTE €€
(Karte S. 256; D'Talipapa Market; Zubereitung auf Bestellung 150–250 P; ⏲8–21 Uhr) Man wählt Fisch, Hummer, Garnelen oder andere Meeresfrüchte auf dem D'Talipapa Market und lässt sie an diesem familiären Grill zubereiten. Auch wenn die Preise nicht wesentlich günstiger sind als bei den Seafood-Grills am Strand, ist es ein erfüllendes Gefühl, wenigstens einen Schritt in der Essenszubereitungskette abzukürzen.

Jammers FAST FOOD €€
(Karte S. 248; D'Mall, White Beach; Sandwiches 150–345 P; ⏲24 Std.) In Spitzenlage bietet dieses Lokal leckere Sandwiches, Tacos und Burger auf die Schnelle; es lohnt sich, bei einer späten Kneipentour vorbeizuschauen.

Cozina SPANISCH €€
(Karte S. 248; ☎036-288 4477; www.lacozina.ph; White Beach; Hauptgerichte 220–460 P; ⏲7–23 Uhr) Schickes Lokal am Strand mit lateinamerikanischem Essen, wie Tacos, Pulled-Pork-Sandwiches, Linguini mit Chorizo-Bolognese und Paella; dazu einen Mojito oder einen Krug Sangria und zum Dessert Schokoladen-Churros.

Heidiland DELI €€
(Karte S. 248; D'Mall; ⏲7–19 Uhr) Der erstaunlich gut bestückte Feinkostladen hat alles für ein Strandpicknick, ferner auch Sandwiches, Brot und importierte Spezialitäten. Wer Reisgerichte zum Frühstück nicht mehr sehen kann, wird sich gierig auf die Nutella stürzen.

Real Coffee & Tea Cafe CAFÉ €€
(Karte S. 248; Station 1; Frühstück 200–350 P; ⏲7–19 Uhr; 🅆) Das bei den alten Hasen beliebte Lokal ist eine Rüge an die schicken neuen Ketten, die sich inzwischen überall auf Boracay breitmachen, sein Erfolgsrezept aber bleibt gleich: die berühmten *calamansi*-Cupcakes, kreativer Tee und Kaffee, exotische Getränke und amerikanische, hausgemachte Küche. Von einem Hocker vorne im ersten Stock mit Blick auf Station 2 kann man wunderbar Leute beobachten.

★ Lemon Cafe INTERNATIONAL €€€
(Karte S. 248; ☎036-288 6781; D'Mall; Hauptgerichte 300–550 P; ⏲7–23 Uhr) Frisch und gesund sind die Gerichte in diesem farbenfrohen, lebhaften Café an der D'Mall. Serviert werden große Salate, kreative Sandwiches (wie zum Beispiel mit geräuchertem Truthahn, Äpfeln und Sellerie auf Ciabatta), klassische Eggs Benedict zum Brunch, tropische Säfte und schmackhafte Quiches. Das Lunchpaket für 550 P – mit Suppe des Tages, grünem Salat sowie Sandwiches, Reisgerichten und Dessert nach Wahl – ist ein klasse Angebot.

Aplaya MEDITERRAN €€€
(Karte S. 248; Hauptgerichte 350–600 P; ⏲9–1 Uhr) Dieses mediterrane Freiluftrestaurant mit entspannter Strandbar bietet Sitzsäcke auf dem Sand, eine riesige Karte mit Tropendrinks, stimmungsvolle Musik, Shishas und jede Menge kreativer

Gerichte – hier vergehen die Stunden wie im Flug. Am stimmungsvollsten ist's bei Sonnenuntergang.

True Food INDISCH €€€
(Karte S. 248; ☎036-288 3142; White Beach, in der Nähe der D'Mall; Hauptgerichte 350–670 P; ⏲7–24 Uhr) Abgesehen vom planlosen Service hält der 2. Stock mit seinen Bodenkissen und dem luftigen Essbereich (wo es heiß ist, wenn keine Brise weht) hervorragende vegetarische Gerichte und Fleischmenüs aus der indischen und pakistanischen Küche bereit. Das Falafel-Sandwich (250 P) ist eine gute Option, wenn man knapp bei Kasse ist.

Aria Restaurant ITALIENISCH €€€
(Karte S. 248; ☎036-288 5573; White Beach; Hauptgerichte 288–573 P; ⏲11–23.30 Uhr) Das Aria hat eine erstklassige Lage am Strandweg zu Beginn der D'Mall – hier kann man gut die Leute beobachten. In dem schicken und modernen Speiseraum werden hausgemachte Pasta, wie die wundervollen *tagliatelle con tartufu* (weiße Trüffel), und hervorragende Pizzen mit dünner Kruste serviert. Auf der anderen Seite des Weges am White Beach gibt es Sitzplätze am Strand.

Dos Mestizos SPANISCH €€€
(Karte S. 256; ☎036-288 5786; Tapas ab 300 P; ⏲11–23 Uhr) Die hervorragende spanische Küche, angereichert mit lokalen Nuancen, macht dieses Lokal selbst bei anderen Restaurantbetreibern beliebt. Zu den Gerichten zählen raffinierte Tapas, authentische Paella, Bohnensuppen und herzhafte Eintöpfe. Der freundliche Besitzer weiß alles über Boracays faszinierende, moderne Geschichte. Die Fotos an der Wand zeigen die „Gründer des modernen Boracay", und zu jedem gibt es eine interessante Geschichte.

Cyma GRIECHISCH €€€
(Karte S. 248; D'Mall; Hauptgerichte 360–700 P; ⏲10–23 Uhr; ✎) Das beliebte und überfüllte griechische Restaurant ist bekannt für sein Grillfleisch, die Vorspeisen, wie scharfes *saganaki* (gebratener Salzlakenkäse), und klasse Salate. Wer beim Essen sparen will, hält sich an das günstige Gyros.

Bulabog Beach

Kubo Resto Bar & Grill PHILIPPINISCH €
(Karte S. 248; Bulabog Rd.; Hauptgerichte 120–250 P; ⏲11–3 Uhr) Das offene, einheimische

SCHIFFE/FÄHREN & BUSSE AB CATICLAN

Schiffe/Fähren

Autofähren nach Caticlan von Roxas (Mindoro) und nach Batangas (zur Weiterreise nach Manila) werden von **2GO Travel** (☎Manila 02-528 7000; www.travel.2go.com.ph) betrieben, und Carabao Island liegt nur eine kurze Bootsfahrt entfernt. Eine weitere wichtige Route führt nach Tablas Island, Romblon.

ZIEL	PREIS (P)	DAUER (STD.)	HÄUFIGKEIT (TGL.)
Carabao (Lanas)	85	1	1
Carabao (San José)	75	¾	1
Roxas (Mindoro)	430–460	4	5–6
Batangas	1000	10	1, außer Di
Tablas (Odiongan)	300	2	Do & So
Tablas (Looc)	300	2½	1

Busse

ZIEL	UNTERNEHMEN	TYP	PREIS (P)	DAUER (STD.)	HÄUFIGKEIT
Iloilo	Ceres	Bus	350	6	stündl.
Iloilo	verschiedene	Van	400	4	morgens
Kalibo	Ceres	Bus	107	2	stündl.
Kalibo	verschiedene	Van	100–200	1½	stündl.
Kalibo	verschiedene	Jeepney	80	2½	unregelmäßig
Antique	Ceres	Bus	250	3½	alle 2 Std.

Lokal im Stil einer Nipa-Hütte am White Beach serviert eine große Auswahl an Nudel-, Fleisch- und Meeresfrüchtegerichten zu angemessenen Preisen. Das Gemüsecurry und das Thunfisch-*kinilaw* sind gut, und an den meisten Abenden wird Livemusik gespielt.

Smoke 2 PHILIPPINISCH €
(Karte S. 248; Bulabog Beach; 120–180 P; ⏲7–23 Uhr) Um echtes philippinisches Essen zu einem fairen Preis am Bulabog Beach zu erleben, gibt es garantiert nichts Besseres. Hier bekommen die Einheimischen und die Besucher von weiter her , die nur über ein knapperes Budget verfügen, gegrillten Fisch, Steak, sowie Nudel- und Suppengerichte.

English Bakery BÄCKEREI €
(Karte S. 248; Frühstück 100–200 P; ⏲7–23 Uhr) Richtet sich an Einheimische und Backpacker mit knappem Budget. Frisch gebackenes Brot und ein schnelles Frühstück, wie Schinken, Rührei und Käsesandwiches (130 P).

Sushi Shiro JAPANISCH €€€
(Karte S. 248; ☎036-288 2587; Rd. 1-A; Nigiri-Lunch 650 P; ⏲12–22 Uhr) In diesem kleinen Sushi-Lokal in der Nähe des Bulabog Beach ist alles entweder handverlesen vom lokalen Markt oder vor Ort frisch zubereitet – sogar Standardzutaten wie Miso und Sojasauce. Die Sushi- und Sashimi-Menüs sind ihren Preis wert.

Ausgehen & Nachtleben

Die Abende am White Beach beginnen mit einer ausgedehnten Happy Hour, die meist gegen 16 oder 17 Uhr startet und irgendwann zwischen 19 und 21 Uhr endet. Fast jedes Restaurant am White Beach hat Sitzplätze, oft in Form von Sitzsäcken oder Liegen am Strand, und dient gleichzeitig als Bar (normalerweise mit Poi-Vorführungen zu wummernder Popmusik). Viele Bars schließen erst zwischen 1 und 3 Uhr morgens.

★ **Epic** CLUB
(Karte S. 248; www.epicboracay.com; Eintritt abends 100 P; ⏲22–3 Uhr) Der schicke Club mit Weltklasse-DJs bleibt die beliebteste Strand-Disko und ist auch bekannt für seine Tischkicker-Turniere am Mittwochabend. Tagsüber ist der Laden eine Bar und ein Grill; die Happy Hour dauert von 12 bis 22 Uhr – viel länger, als man es verträgt!

★ **Area 51 Secret Party Facility** CLUB
(Karte S. 256; ☎0917 886 2548; Lugutan Beach; Grundpreis 100–200 P) Abgesehen davon, dass der Laden einen tollen Namen hat, ist Area 51 (bitte flüstern!) auch der einzige Underground-Partyspot auf der Insel. Der Terminkalender ist auf die Mondphasen ausgerichtet, und es gibt daher jeden Monat Vollmond- und Neumondpartys sowie weitere Veranstaltungen in der Hauptsaison.

Exit Bar STRANDBAR
(Karte S. 248; Station 2, White Beach; ⏲17–2 Uhr) Die coole Kneipe aus Treibholz mit einem Nipa-Palmdach ist bei Expats der alten Schule beliebt, und bei dieser bunten Truppe ist das keine üble Sache.

Bom Bom BAR
(Karte S. 248; Station 2, White Beach; ⏲8–2 Uhr) Jeden Abend gibt's unplugged Livemusik, oft Reggae oder untermalt mit Bongos. Das entspannte Lokal ist einer der besten Orte für die Zeit zwischen dem Abendessen und dem Tanzen in den Nachtstunden.

White House Beach Lounge STRANDBAR
(Karte S. 248; www.whitehouseboracay.com; nördlich von Station 1; ⏲7–22 Uhr) Die ganz in Weiß gehaltene Bar, die an Ibiza erinnert und die erste nördlich von Station 1 ist, wird in der Saison zum Schauplatz großer Rave-Partys.

Pub Crawl KNEIPENTOUR
(☎0906 207 5343; www.pubcrawl.ph; 990 P; ⏲Mo, Mi, Fr & Sa 19.30–23.30 Uhr) Organisiert Kneipentouren mit großen Gruppen, alle ausgestattet mit kostenlosen, gelben T-Shirts.

Red Pirates PUB
(Karte S. 256; Angol, White Beach; ⏲10–14 Uhr) Unten am südlichen Ende des White Beach verkörpert diese erstaunlich entspannte Bar mit ihren abgefahrenen Treibholzmöbeln am besten den Geist des alten Boracay. Hier kann man sogar den Sternenhimmel bewundern.

Nigi Nigi Nu Noos BAR
(Karte S. 256; ⏲10–24 Uhr) Die legendären Einweckgläser mit den starken Cocktails Long Island Iced Tea – während der Happy Hour von 17 bis 19 Uhr gibt's zwei zum Preis von einem – und *weng weng*

(Rum, Gin, Tequila, Wodka und Cointreau mit Orangen- und Ananassaft) sind ein passender Start in den Abend. Man kann auch gut zum Essen bleiben, denn auf der Karte stehen saftige Steaks. Beliebt bei den Expats der alten Schule und allen, die gern Fußball nach australischen Regeln sehen.

Jonah's Fruit Shakes PHILIPPINISCH
(Karte S. 248; Main Rd.; Shakes rund 110 P; ⏲7–23 Uhr) Trotz großer Konkurrenz rühmt sich das Jonah's, die besten Shakes auf der Insel zu haben – der Avocado-Bananen-Mix ist sensationell. Es gibt auch eine große Auswahl typisch philippinischer Gerichte.

ℹ Praktische Informationen

GELD

Geldautomaten sind ebenso zahlreich vorhanden wie Strandschlepper, besonders in der D'Mall, an der Main Road und sogar auf dem Strandweg am White Beach. In vielen Resorts gibt es Geldwechselmöglichkeiten.

MEDIZINISCHE VERSORGUNG

Bei schwerwiegenden Erkrankungen stehen Boote der Tauchcenter für den schnellen Transport zum Festland bereit. Dann werden die Patienten nach Kalibo gebracht oder nach Manila geflogen.

Boracay Lying-In & Diagnostic Center (Karte S. 248; ☎036-288 4448; D'Mall; ⏲24 Std.) Die von Expats bevorzugte Privatklinik.

NOTFALL

Polizeiwache (Karte S. 256; ☎036-288 3066) Gleich hinter dem White Beach.

TOURISTENINFORMATION

Department of Tourism (DOT; Karte S. 248; ☎036-288 3689; dotr6@boracay@gmail.com; D'Mall; ⏲8–17 Uhr) Hat ein paar Broschüren und aktualisierte Fährzeiten zu Caticlan, Kalibo und Iloilo. Davon abgesehen nur eingeschränkt zu gebrauchen.

Filipino Travel Center (Karte S. 248; ☎036-288 6499; www.filipinotravel.com.ph; G/F Plaza Santa Fe Commercial Bldg., Balabag; ⏲9–18 Uhr) Flug-, Schiffs- und Landreisen, alles aus einer Hand. Kann Tickets buchen. Bietet außerdem Transporte von Kalibo (650 P) aus an, aber nicht nach Caticlan. Lohnt sich vermutlich für Kalibo, aber nicht für Caticlan.

VISA

Bureau of Immigration (BOI; Karte S. 256; ☎036-288 5267; Main Rd.; ⏲Mo–Fr 8–17 Uhr) Wenn keine verkomplizierenden Umstände hinzukommen, verspricht der Immigrationsbeamte, dass Ersterneuerungen höchstens 10 Minuten dauern.

ℹ An- & Weiterreise

FLUGZEUG

Die Insel Boracay hat keinen kommerziellen Flughafen. Allerdings liegt der **Caticlan Airport** (Boracay Airport) direkt gegenüber der Meerenge auf Panay, mit dem Boot nur 10–15-Minuten entfernt. Cebu Pacific (www.cebupacificair.com) und Philippine Airlines (www.philippineairlines.com) bieten täglich regelmäßige Flüge nach Manila und Cebu an. Und zwei kleine Fluglinien, Air Swift (www.air-swift.com) und Air Juan (www.airjuan.com) bedienen wichtige Strecken nach Palawan: Air Swift nach Busuanga (Coron) und Air Juan nach El Nido.

Doch während der Hochsaison sind die Flüge schnell ausgebucht, daher bietet sich als Alternative der Flughafen in Kalibo an, 1½ bis zwei Stunden Fahrt über die Straßen nach Caticlan entfernt. Zusätzlich zu den Fluggesellschaften Cebu Pacific und Philippine Airlines mit Flügen von Manila und Cebu bieten mehrere weitere Fluggesellschaften Inlandsflüge an. Im Allgemeinen sind die Flüge eher etwas billiger, und nach Kalibo gibt es auch internationale Flüge von verschiedenen Städten in Korea und China sowie Kuala Lumpur, Malaysia, Hongkong, Singapur und anderen.

Es heißt, dass der Caticlan Airport ausgebaut und vergrößert werden soll, um in Zukunft auch internationale Flüge abfertigen zu können. Was das für den Tourismus auf Boracay bedeuten würde, lässt sich schwer sagen.

SCHIFF/FÄHRE

Eine ganze Flotte von *bangkas* pendelt zwischen 5 und 19 Uhr alle 15 Minuten zwischen Caticlan und Boracay (25 P für das Auslegerboot, 75 P Umweltgebühr und 100 P Terminalgebühr; 15 Min.); zwischen 19 und 22 Uhr – manchmal auch noch später, wenn sich eine Fähre verspätet – fahren sie nach Bedarf. Alle Boote legen auf Boracay am **Cagban Pier** an, wo eine Schlange von motorisierten Tricycles bereitsteht, um Besucher in ihre Unterkünfte zu bringen. Die Fahrt kostet 25 P pro Person oder 150 P pro Tricycle (mehr, wenn das Ziel nördlich von Station 1 liegt).

Zwischen Juni und November fahren die Boote bei dem häufig auftretenden, heftigen Südwestwind um die Nordspitze von Caticlan herum nach Tabon, von wo die gleichen Boote zu Boracays anderer Anlegestelle bei **Tambisaan** schippern.

Wer nach Abfahrt des letzten fahrplanmäßigen *bangka* ankommt, muss entweder ein privates *bangka* chartern oder in einer der schlichten Pensionen im Ort übernachten.

VAN

Es spricht nicht viel dafür, weil die Fahrt auf eigene Faust problemlos zu bewerkstelligen ist, aber es gibt Unternehmen, die All-inklusive-Transporte per Van und Fähre vom Caticlan Airport zum Hotel und zurück anbieten. Die Preise reichen von 800 bis 1500 P pro Person, je nach Ort. Kontakt: **Southwest** (☎0999 997 5770) oder **Island Star Express** (☎0917 623 9796; www.islandstarexpress.com). Viele Hotels haben einen eigenen (oft kostenlosen) Shuttledienst – ruhig nachfragen und feilschen!

Unterwegs vor Ort

Um vom einen Ende des White Beach zum anderen zu gelangen, kann man laufen oder eine Fahrradrikscha (10–100 P) nehmen, die auf dem Fußgängerweg fährt. Oder einfach eines der Motorräder heranwinken, die auf der Hauptstraße fahren. Tricycle-Fahrten kosten nur 10 P, wenn man sich vor den „besonderen Trips" hütet, die die standortgebundenen Fahrer anbieten (100 P). Es lohnt sich, ein leises E-Trike auszuprobieren – seine Geräumigkeit wirkt luxuriös und man macht zumindest einen kleinen Versuch, die Nachhaltigkeit zu fördern.

PANAY

4 400 800 EW.

Für die meisten Besucher der Philippinen ist Panay einfach die Insel, auf der sie landen, um zum berühmten White Beach auf Boracay weiterzufahren. Aber was hat Panay zu bieten? Man stellt es sich am besten einfach als unterschiedliche Provinzen vor, genau wie die Einheimischen es tun. Die Aklan-Provinz im Nordwesten (zu der auch Boracay gehört) ist vor allem für das wundervolle Ati-Atihan Festival in seiner Hauptstadt Kalibo bekannt.

Die Provinz Capiz im Nordosten ist seit Langem für die Fischteiche berühmt, die ihre Hauptstadt Roxas schmücken, und für die Meeresfrüchte am nahe gelegenen Baybay Beach. Antique an der Westküste ist die am wenigsten erschlossene Provinz der Insel und daher für Erkundungstouren besonders interessant; ihre schönen Berge und Flüsse werden mehr und mehr vom Ökotourismus entdeckt. In der Provinz Iloilo im Osten befinden sich die eleganteste Stadt auf Panay sowie die Insel Guimaras mit aquamarinblauem Wasser und Mangofarmen. All das lässt sich über das hervorragende Straßennetz Panays mühelos entdecken.

An- & Weiterreise

FLUGZEUG

Die wichtigen Flughäfen liegen in Iloilo im Süden sowie in Caticlan, dem Tor nach Boracay, und Kalibo (einem alternativen Tor nach Boracay) im Norden.

Caticlan plant einen Ausbau seines Flughafens, um zum internationalen Drehkreuz für die Western Visayas zu werden. Mehrere bedeutende Strecken zwischen Caticlan und Palawan werden jetzt von Air Juan (www.airjuan.com) und Air Swift (www.air-swift.com) angeflogen.

Von allen Flughäfen fliegen Cebu Pacific (www.cebupacificair.com) und Philippine Airlines (www.philippineairlines.com) nach Manila (stündlich) und Cebu (zwei- bis dreimal am Tag); Cebu Pacific bietet außerdem Direktflüge zwischen Iloilo und Cagayan de Oro an der Nordküste von Mindanao an. Kalibo hat internationale Verbindungen zu Städten in China, Korea, Malaysia, Singapur und Taiwan.

SCHIFF/FÄHRE

Von den wichtigsten Häfen der Insel (Caticlan, Kalibo, Roxas, Iloilo und Dumangas) kann man zahlreiche Inseln erreichen. Zwei der bedeutenderen Strecken, die beide von **2GO Travel** (☎Manila 02-528 7000; www.travel.2go.com.ph) angeboten werden, verlaufen von Iloilo nach Bacolod auf der Insel Negros und von Iloilo nach Cagayan de Oro an der Nordküste von Mindanao. Außerdem verkehren Fähren von Caticlan und Roxas zu den Inseln Tablas und Sibuyan in Romblon.

Kalibo

☎036 / 84 600 EW.

Kalibo, die Hauptstadt der Provinz Aklan, ist in erster Linie eine Alternative bei der Anreise nach Boracay und der Schauplatz des Urvaters aller philippinischen Festivals, des rauen Ati-Atihan im Januar. In der übrigen Zeit ist der Ort eine typische, laute und verstopfte philippinische Provinzstadt, in der überall strippenartig Stromleitungen gezogen sind.

Aklan wurde 1213 von Malaien besiedelt, die aus Borneo kamen. Die Hauptsprache in der Region ist Aklanon. Aklan, 1956 vom benachbarten Capiz abgetrennt, ist eine der jüngsten Provinzen der Philippinen.

Sehenswertes

★Bakhawan-EcoPark PARK
(☎036-262 8862; bakhawan_ecopark@yahoo.com; 150 P; ⏰8–17 Uhr) 🍃 Dieser etwa 120 ha große Park, fünf Minuten von der

Panay

Stadt entfernt in New Buswang gelegen (20 P pro Person mit dem Tricycle), bildet die Grundlage für ein Mangrovenaufforstungsprojekt, das in den späten 80er-Jahren begonnen wurde. Von einem 850 m langen Holzsteg, der in einer Lagune endet (dort können Kajaks gemietet werden), können sich die Besucher bei Vogelgezwitscher die Ökologie in der Gezeitenzone anschauen und sehen, was sich im Schlamm so alles tut. Es ist ein willkommener Rückzugsort von der verschmutzten Großstadt.

Museo It Akean MUSEUM
(☎036-268 9260; Martelino St.; 20 P; ⊙Di–So 8–17 Uhr) Das kleine Museum residiert in einem hübsch restaurierten Schulgebäude zwischen dem Markt und dem Pastrana-Park im Zentrum. Es gewährt seltene Einblicke in die Geschichte, die Kultur und die Bräuche der Provinz Aklan. Der Besuch lohnt sich, zumal ein Rundgang nur ca. 30 Minuten dauert.

Feste & Events

Ati-Atihan Festival KULTUR
Das fantastische Festival ist der größte und beste Karneval im ganzen Land. Vermutlich reicht es bis in die Zeiten der ersten Siedler aus Borneo zurück. Das einwöchige Straßenfest wird in der Werbung als ein Mix aus „katholischem Ritual, geselligen Aktivitäten, indigenem Drama und Touristenattraktion" beschrieben. Das Fest dauert täglich von Sonnenauf- bis -untergang und erreicht seinen Höhepunkt am dritten Sonntag im Januar.

Schlafen

Je nach Zeitpunkt des Fluges sind die meisten Traveller nur auf der Durchreise nach Boracay. Aber wer übernachten will, hat hier ein paar akzeptable Optionen. Rund um das Ati-Atihan sollte man seine Unterkunft Monate im Voraus buchen. In dieser Zeit zahlt man für ein Zimmer das Doppelte bis Fünffache des Normalpreises!

Papierus Pensionne HOTEL €
(☎036-268 5285, 0915 478 6408; www.papieruspensionne.com; 647 Osmeña Ave.; DZ 950–1100 P; ❄📶) Dieses Hotel liegt etwas abseits der geschäftigen Hauptstraße und bietet mit einem stillen, wenn auch etwas zerzausten, zentralen Patio und seinen sauberen Zimmern, polierten Böden und komfortablen Betten ein gutes Preis-Leistungs-Verhältnis. Das Personal ist zuvorkommend und daran gewöhnt, dass ausländische Reisende nur eine Nacht bleiben.

Ati-Atihan County Inn HOSTEL €
(☎036-268 6116; atiatihancounty@yahoo.com; D Maagma St.; B/DZ/3BZ/4BZ 150/840/960/1400 P; ❄📶) Nur ein paar Blocks südlich vom Stadtzentrum bietet das staatlich geführte Hotel ein sehr gutes Preis-Leistungs-Verhältnis, ganz besonders gilt dies während des Ati-Atihan, da es seine Preise nicht nach oben anpasst. Die schlichten Zimmer sind sauber und verfügen durchweg über eine Klimaanlage, der Schlafsaal mit 16 Betten und Ventilator ist makellos.

★ **Marzon Hotel** HOTEL €€
(☎036-268 2188; www.marzonhotelkalibo.com; Quezon Ave. Ext.; DZ/3BZ/4BZ mit Frühstück 1800/2352/3136 P; ❄📶🏊) Das sehr gut ausgestattete Haus ist Kalibos Spitzenhotel und liegt nur fünf Minuten vom Flughafen (und 2½ km vom Stadtzentrum) entfernt. Die fünfstöckige Anlage hat einen modernen Coffeeshop und ein Restaurant mit Tischen im Freien am 25-m-Pool. Die Zimmer sind gut gepflegt, aber auf das Dekor wurden nicht viele Gedanken verschwendet.

Essen & Ausgehen

★ **Kitty's Kitchen** INTERNATIONAL €€
(☎033-268 9444; Rizal St.; Gerichte 150–310 P; ⊙10.30–21 Uhr; ❄📶) Mit seinem modernen Design und seinen üppig gedeckten Tischen ist das Kitty's eine Oase für behagliches Schmausen im Stadtzentrum. Die Speisekarte durchläuft die ganze Skala – von mexikanisch über Kansas-City-Rippchen bis hin zu besonders guten Pasteten und Kuchen zum Nachtisch.

★ **Manobo Grill** PHILIPPINISCH €€
(☎0920 904 4540; *barangay* Tambak, New Washington; Hauptgerichte 180–400 P; ⊙9–22 Uhr) In diesem Freiluftlokal schwelgt man an langen Reihen von Picknicktischen in großen Portionen philippinischer Spezialitäten, wie *bulalo* (Suppe aus Knochenmark und Rinderbeinscheiben) und gedünsteter Meeresfrüchte. Zu erkennen an der Reihe flatternder, bunter Fahnen auf der Inlandseite der Uferstraße.

Roz & Angelique's Cafe PHILIPPINISCH €€
(☎036-268 3512; Quezon Ave.; Hauptgerichte 200–325 P; ⊙Di–So 10–22 Uhr) Dieses hübsche, gemütliche Restaurant, das an das gleichnamige Gasthaus angeschlossen ist, ist für seine knusprigen *pata* (frittierten Schweinehaxen) und seine All-you-can-eat-Sonntagsessen (350 P) bekannt. Auf der Speisekarte stehen viele Seelentröster-Gerichte, philippinische und andere, wie *pansit bihon* (Gericht mit dicken oder dünnen Nudeln), Shepherd's Pie, Rindercurry und Lasagne.

BUSSE AB KALIBO

ABFAHRT	ZIEL	PREIS (P)	DAUER (STD.)	HÄUFIGKEIT (TGL.)
Busbhf. Ceres	Caticlan	87–105	1¾	häufig
Busbhf. Ceres	Iloilo	230–250	4	häufig
Busbhf. Ceres	San Joé, Antique	200	4	Fr–Mo 4-mal
Stadtzentrum (diverse Stellen)	Caticlan	100	1½	häufig
Stadtzentrum (diverse Stellen)	Iloilo	200	3–3½	häufig
Stadtzentrum (diverse Stellen)	Roxas	120	1½–2	häufig

Primavera ITALIENISCH **€€€**
(☎036-268 3533; 19 Martyrs St.; Hauptgerichte 225–995 P; ⏲10–22 Uhr; 📶) Mit seinen großen Portionen, einer langen Speisekarte mit Spezialitäten, Sitzmöglichkeiten im Freien und einer Weinliste kommt einem dieses Restaurant ein paar Blocks östlich des Pastrana-Parks wie eine Oase der Perfektion in Kalibo vor. Hier gibt es klassische Pastagerichte (leider war ein Drittel der Optionen bei unserem Besuch nicht verfügbar), Steaks und Sandwiches.

★ **Kubo Bar** BIERGARTEN
(☎0999 395 7035; Osmeña Ave.; ⏲10–24 Uhr) In diesem Freiluft-Bambuspavillon direkt neben der Fernstraße gibt es an den meisten Abenden Livemusik unplugged, eimerweise billiges Bier und eine große Auswahl philippinischer Gerichte (250–450 P).

Lorraine's Tapsi CAFÉ
(Mabini St.; ⏲So–Do 10–23 Uhr, Fr & Sa bis 1 Uhr) Das Straßencafé mit seinem Tiki-Hütten-Flair ist bei Ausländern beliebt. Es serviert ordentliches philippinisches Essen und eiskaltes Bier, und am Wochenende legt ein DJ auf.

ℹ Praktische Informationen

Bureau of Immigration (BOI; ☎036-268 3164; ABL Sports Complex, Osmeña Ave.; ⏲Mo–Fr 8–17 Uhr) Nimmt Visaverlängerungen vor.

Touristeninformation Kalibo (☎036-262 1020; kalibotour@yahoo.com; 2. OG, Rathaus, United Veterans Ave.; ⏲Mo–Fr 8–17 Uhr) Das hilfsbereite Personal arrangiert Ausflüge in die Umgebung und kann bei der Zimmersuche helfen, wenn anlässlich des Ati-Atihan alles ausgebucht ist.

ℹ An- & Weiterreise

Traveller mit Ziel Boracay können von diversen asiatischen Städten aus direkt nach Kalibo fliegen. Der Service besteht allerdings nur in der Saison und ist sehr dynamisch.

Eine Fahrt mit dem Tricycle vom Flughafen zum Zentrum von Kalibo kostet pauschal 150 P. Alternativ kann man 500 m auf die Fernstraße laufen und ein Tricycle oder Jeepney für 10 P heranwinken.

Der Hafen liegt in Dumaguit, rund 20 km südöstlich der Stadt.

Busse fahren vom **Ceres Bus Terminal** (☎0917 771 1230; Osmeña Ave.), einem Schuppen in den Randbezirken der Stadt. Vans fahren von mehreren Punkten im Stadtzentrum ab, die meisten in der Nähe des La Esperanza Hotel an der Kreuzung von Toting Reyes und Quezon Avenue.

Roxas

☎036 / 167 000 EW.

Roxas beschreibt sich selbst als „Meeresfrüchtemetropole der Philippinen". Die geschäftige Hauptstadt der Provinz Capiz ist das Wirtschaftszentrum des nördlichen Panay, von dem aus täglich tonnenweise Meeresfrüchte verschifft werden, die zu großen Teilen aus den unzähligen Fischteichen der Region stammen. Ein großes Bauprojekt, das Pueblo de Panay, hat die Stadt um ein Transportterminal und das Einkaufszentrum Robinsons Place erweitert. Ein paar Strandresorts stehen zur Auswahl, außerdem gibt's sehr günstige Meeresfrüchte und ein paar Sehenswürdigkeiten, darunter immer mehr riesige Heiligenstatuen.

◉ Sehenswertes & Aktivitäten

Baybay Beach STRAND
Rund 3 km nördlich der Innenstadt von Roxas liegt dieser 7 km lange, graue Sandstrand, den Restaurants und Picknickplätze

säumen. Abhängig von Stelle und Tidenhub unterscheidet sich seine Breite erheblich. In der Morgen- und Abenddämmerung kann man zuschauen, wie Fischer ihren Fang entladen. Am lebhaftesten ist es hier am Abend, wenn am Ufer Familien und Pärchen umherbummeln.

Cadimahan PARK
(10 P) Dieser Mangrovenpark mit Bambusgehsteg liegt 3½ km nordwestlich des Stadtzentrums (25 P mit dem Tricycle). Hier werden zweistündige Touren auf Bambusflößen angeboten, die von Paddelbooten gezogen werden (800 P für 10 bis 15 Pers.), und dazu gibt's eine Rücken- und Fußmassage. Jeden Sonntag findet um 9 Uhr eine Bootstour statt, die sich an alle wendet, die nicht in einer großen Gruppe unterwegs sind (100 P pro Person).

Sacred Heart of Jesus Shrine DENKMAL
(Pueblo de Panay) Auf einem Hügel etwa 1½ km vom Busterminal entfernt steht diese gewaltige, 40 m hohe Jesusstatue. Ursprünglich sollte Jesus seine Arme willkommen heißend ausbreiten, aber technische Gründe zwangen den Bildhauer, sie in die Höhe zu recken, sodass es jetzt aussieht, als wolle der Heiland sich ergeben. Man kann in der Figur bis nach oben klettern. Die Stätte gewährt einen wunderbaren Blick auf die Region und die vielen Fischteiche, die unten leicht übersehen werden. Eine ergänzende Marienstatue erblickt man, wenn man sich Roxas von Osten nähert.

Ang Panublion Museum MUSEUM
(☎036-522 8857; Hughes St.; ⏲Di–Sa 9–17 Uhr) GRATIS Das skurrile Museum an der Plaza, ursprünglich ein Wasservorratstank, vermittelt einen schnellen (30 Min.) Überblick über die Stadt. Das Faltblatt mit dem historischen Stadtspaziergang ist nützlich, um sich die Gegend anzuschauen.

Feste & Events

Sinadya sa Halaran Festival KULTUR
(⏲Anfang Dezember) Das bunte, viertägige Event feiert die Unbefleckte Empfängnis u. a. mit einer Kerzenprozession am Roxas River.

Capiztahan KULTUR
(⏲April) Das dreitägige Fest anlässlich der Gründung von Capiz kulminiert in einem Lichterumzug und Feuerwerk. Das Highlight ist für viele das Essen, das traditionelle Köstlichkeiten aus der ganzen Provinz einschließt.

Schlafen

★ **Roxas President's Inn** GASTHAUS €€
(☎0917 803 2277, 036-621 0208; www.roxaspresidentsinn.com; Ecke Rizal & Lopez Jaena Sts.;

ABSTECHER

ISLAS DE GIGANTES

Der aus acht Inselchen und den zwei großen Inseln **Gigantes Norte** und **Gigantes Sur** bestehende kleine Archipel vor der Nordostspitze Panays ist ein großartiges Ausflugsziel. Die sehr unterschiedlichen, aber gleichermaßen zauberhaften Inseln bieten sich mit attraktiven Stränden, Höhlen, einer türkisblauen Lagune und mehr Muscheln, als man je im Leben gesehen hat, zu Erkundungen an. Es lohnt sich, den Antonia Beach, die Bantique-Sandbank und die Tangke-Salzwasserlagune zu besuchen. Die einzige günstige Verkehrsverbindung besteht vom Hafen Estancia, der eine Stunde von Roxas, drei von Iloilo und vier von Bantayan entfernt ist. Von Estancia fahren vier *bankgas* zu verschiedenen Dörfern (80 P); die Boote legen um 13.30 Uhr ab und kehren um 9 Uhr zurück.

Gigantes Sur ist die einzige Insel des Archipels, auf der es Unterkünfte gibt. An der Westseite befinden sich mehrere Strandresorts mit einfachen Hütten (1000–1800 P/4 Pers.). Eine bessere Option ist das **Gigantes Hideaway** (☎0918 468 5006, 0999 325 4050; Gigante Sur; B/Hütte/Bungalow 200/1000/1500 P) im größten Fischerdorf. Das gut geführte Resort hat zwar keinen Strand, aber schöne Nipa-Hütten und ein gutes Restaurant. Sein Pauschalangebot bietet ein gutes Preis-Leistungs-Verhältnis. Es kostet 2300 P pro Person für drei Personen und umfasst den Transport ab Estancia, einen Ausflugstag mit Abstechern zu den verschiedenen Inseln, zwei Übernachtungen und Vollpension. Oder man wendet sich an **Las Islas Travel & Tours** (☎0917 709 3856, 036-521 0725; www.lasislas.ph), das All-inclusive-Touren ab 3000 P/Pers. für drei Tage und zwei Übernachtungen ab Roxas organisiert.

SCHIFFE/FÄHREN & BUSSE AB ROXAS

Schiffe/Fähren

ABFAHRT	ZIEL	UNTERNEHMEN	TYP	PREIS (P)	DAUER (STD.)	HÄUFIGKEIT
Culasi Seaport	Odiongan	Super Shuttle	RoRo	650	7	Mo, Mi & Fr
Culasi Seaport	Batangas	Super Shuttle	RoRo	800	15	Mi & Sa
Culasi Seaport	Manila	2GO & Super Shuttle	Fähre	1000	21	Mo, Mi & Fr
Culasi Seaport	Romblon City	2GO	RoRo	1990	5	Sa 15 Uhr
Culasi Seaport	Batangas	2GO	RoRo	958	14	Mi & Sa 15 Uhr
Culasi Seaport	Odiongan	verschiedene	*bangka*	350	4	variiert; am Hafen fragen
Culasi Seaport	Sibuyan (San Fernando u. a.)	verschiedene	*bangka*	350	5	tgl. 9 Uhr
Banica Wharf	Masbate (diverse Häfen)	verschiedene	*bangka*	250–500	2–7	tgl.
Banica Wharf	Olotayon	verschiedene	*bangka*	150	½	tgl. 9 Uhr

Busse

Die Busse unten fahren stündlich vom Integrated Transport Terminal ab.

ZIEL	UNTERNEHMEN	TYP	PREIS (P)	DAUER (STD.)
Iloilo City	Ceres Liner	Bus	180	3
Kalibo	Acacia & GM's Tours	Van	120	1½
Caticlan	Acacia & GM's Tours	Van	220	3
Estancia	Acacia, GM's Tours & Ceres Liner	Busse & Vans	Vans 75 P, Bus 110 P	1½–2

EZ/DZ ab 1180/1800 P; ❄📶) Mit seiner Mischung aus altmodischem Charme und moderner Einrichtung ist dieses Hotel das beste im Stadtzentrum. Allerdings herrscht hier Straßenlärm. Die Zimmer sind komfortabel und geräumig, manche haben sogar einen Sessel. Es gibt nur zwei günstige Einzelzimmer.

Hotel Veronica HOTEL €€
(☎036-621 0919, 0939 904 3317; www.hotelveronica.com.ph; Sacred Heart of Mary Ave.; Zi. 2000–2400 P; ❄📶) Von diesem gehobenen Hotel in Pueblo de Panay sind es nur kurze Wege zum Einkaufszentrum Robinsons Place und zum Busterminal. Ein Restaurant mit Livemusik und ein Pool auf dem Dach sorgen für Unterhaltung.

Essen & Ausgehen

Der Baybay Beach wird von über einem Dutzend Fischrestaurants gesäumt, allesamt haben ein gutes Preis-Leistungs-Verhältnis. Die Angebote gleichen sich überall: fangfrische Meeresfrüchte und Fische, die auf Eis gekühlt werden. Die beste Strategie besteht darin, hier entlangzuschlendern und dort einzukehren, wo es gefällt.

Cebrew CAFÉ €
(Gaisano Arcade, gegenüber der Gaisano Mall; Getränke & Snacks 50–125 P; ⌚Mo–Do 11.30–2 Uhr, Fr & Sa bis 3 Uhr, So bis 24 Uhr; 📶) Eine komfortable und kühle Zuflucht vor dem Lärm und den Geräuschen der Stadt. Die Cappuccinos hier sind extrem milchige Latte macchiatos, die mit Zimt bestreut sind, aber die Frappés, Brownies und das Eis sind lecker.

★ **Albason Ihaw-Ihaw** FISCH UND MEERESFRÜCHTE €€
(Babybay Beach; Hauptgerichte 250–450 P; ⌚9–22 Uhr) Ein Fest für die Augen und den Magen. Man wählt erst das Essen aus

dem Schaukasten, zum Beispiel Tintenfisch, Seeigel, Garnelen oder einen der fangfrischen Fische, und dann die Garmethode. In einem Pavillon stehen mehrere Reihen von Picknicktischen mit Blick auf den Strand.

Raffy's Bistro INTERNATIONAL €€
(Halaran Plaza; Hauptgerichte 180–270 P; ⌚11–21.30 Uhr; 📶) Das Raffy's ist eine komfortable und klimatisierte Zuflucht vor dem chaotischen und hektischen Verkehr und eine gute Anlaufstelle für alle, die Burger oder Pizza mit dünnem Boden mögen. Sein Bemühen um ein besonderes Design, bestehend aus ein paar Kunstwerken und einem klassischen, an der Wand angebrachte Fahrrad, machen es zu einem Glanzlicht in dem insgesamt an Restaurants recht armen Stadtzentrum.

Wayfarer Restaurant BAR
(Baybay Beach; ⌚7–24 Uhr) Ein gehobenes und schickes Lokal für einen Dämmerschoppen (150 P für eine Cola mit Rum); die Tische stehen auf einem Rasen direkt neben dem Strand. Der Pavillon, der an den Seiten offen ist, hat einen Billardtisch (20 P pro Spiel), und es gibt eine gute, wenn auch etwas teure Speisekarte (175 P für Burger bis zu 800 P für ein Sirloin-Steak). Der Service kann langsam und lustlos sein.

ℹ Praktische Informationen

Die weit verbreitete *EZ Map Panay* enthält einen Stadtplan von Roxas, der viel besser ist als jener der Touristeninformationen.

Städtische Touristeninformation (☎036-621 5316; ⌚Mo–Fr 8–17 Uhr) Das oft unbesetzte Büro liegt hinten am Gebäude des Verwaltungszentrums. Am besten versucht man es stattdessen im Provinzbüro.

Touristeninformation der Provinz (☎036-621 0042; capiz.tourism@gmail.com; 2. OG, Capitol Bldg.; ⌚Mo–Fr 8–17 Uhr) Hilfsbereit, freundlich und eine gute Quelle für Besuchertipps.

ℹ An- & Weiterreise

Büros der Fluglinien befinden sich am **Flughafen** (☎036-621 2249), der mit einem motorisierten Tricycle (15 P) fünf Minuten nördlich von Roxas' Stadtzentrum liegt. Der **Culasi Port** (☎036-522 3270) befindet sich rund 3 km westlich vom Baybay Beach. Die kleine Anlegestelle Banica Pier liegt östlich der Stadt. Alle Landverbindungen erfolgen über das **Roxas City Integrated Transport Terminal** (Acacia Terminal; Sacred Heart of Jesus Ave.) in Pueblo de Panay ein paar Kilometer südlich des Stadtzentrums (25 P mit dem Tricycle).

Provinz Antique

Die Provinz Antique (Betonung auf der zweiten Silbe) an der Westküste Panays

ABSTECHER

TOBIAS FORNIER & ANINI-Y

Das Gebiet an der Südwestspitze von Panay wirkt wie ein gepflegtes Refugium – der Unterschied fällt sofort ins Auge. Der Tourismus konzentriert sich auf eine Handvoll Strandresorts mit prima Preis-Leistungs-Verhältnis, und es gibt ein paar ausgezeichnete Tauchmöglichkeiten in der Gegend. Doch nur ein Resort, das **Dive House** (☎0920 952 8869; www.thedivehouse.com; alle Mahlzeiten, Unterkunft & 2–3 Tauchgänge am Tag 6500 P; ❄📶) in Anini-y, bietet ein komplettes, professionell geführtes Tauchunternehmen mit Pauschalangeboten zu fairen Preisen und Ausflüge nach Nogas Island. Es ist eine charmante Lodge aus recycelten Materialien; ein Zimmer ohne Vorbuchung gibt's für 500 P. In der Nähe sind die Thermalquellen **Sira-an Hot Spring**, eine Reihe erschlossener Becken an einer felsigen Küste. Keine Lust auf Schwimmen? Dann in der gleichen Anlage einfach den Ausblick und den köstlich gegrillten Fisch am **Kanza Grill** genießen.

Wer die Reise entlang der Südspitze von Panay und dann nach Norden Richtung Tobias Fornier unterbrechen will, hat die Wahl zwischen zwei Optionen, dem **Dalaag Campsite & Resort** (☎0926 448 1063; www.fb.com/dalaag; Poblacion Norte; Cottages mit Ventilator/Klimaanlage 600/1500 P; ❄), einem ausgedehnten Komplex mit einem riesigen Pool und Wasserrutsche, der auf alle Gäste – von Backpackern bis zu einheimischen Familien – eingestellt ist, oder dem bezaubernden **Punta Hagdan** (☎0916 795 0264; krissy347@yahoo.com; Paciencia; DZ 500–1250 P) mit einigen ausgezeichneten Budgetzimmern, einer Küche, die auf Anfrage Gerichte zubereitet, und Leihkajaks in einer parkartigen Anlage am Meer – ein idealer Ort, um auszuspannen, wenn man schon länger unterwegs ist.

mit ihren zerklüfteten Gipfeln und Dschungelflüssen hat eine hervorragende Straße, die Caticlan (und Boracay) am einen Ende mit der südlichen Spitze von Panay am anderen Ende verbindet. Insbesondere Tibiao ist zu einem Zufluchtsort vor Boracay geworden. Weitere Sehenswürdigkeiten, vor allem in Pandan, liegen weit verteilt, sodass es sich lohnt, ein eigenes Fahrzeug zu besorgen oder in einem Resort abzusteigen, das Touren anbietet. Das Gebiet rund um Tobias Fornier und Anini-y am südwestlichen Zipfel Panays wirkt wie ein gut gepflegtes Refugium mit einer Handvoll Strandresorts mit gutem Preis-Leistungs-Verhältnis.

San José de Buenavista, alias San José Antique, ist Provinzhauptstadt und Verkehrsknotenpunkt, aber seine verstopften Straßen bieten Travellern wenig – außer den einzigen Geldautomaten der Provinz und einem Robinsons-Place-Einkaufszentrum.

i An- & Weiterreise

Zwischen Iloilo und San José de Buenavista verkehren häufig Ceres-Liner-Busse – wer von hier aus nach Norden will, muss umsteigen. Meist muss man nicht lange warten. Oder man steigt in einen der Minivans; diese fahren los, sobald sie voll sind, und sind viel schneller, aber oft überladen und nicht sehr bequem. Von Caticlan verkehren Ceres-Liner-Busse und Minivans nach San José – einfach den Fahrer bitten, einen irgendwo unterwegs aussteigen zu lassen.

Die bequemste Alternative sind eigene Transportmittel oder organisierte Touren, die in Iloilo oder Boracay arrangiert werden.

Pandan

☎036 / 34 300 EW.

Das 32 km von Caticlan (Ausgangspunkt für Boracay) entfernte Pandan ist ein ausgezeichnetes Standquartier für Ökotouristen, die abseits ausgetretener Pfade Abenteuer erleben wollen, insbesondere den **Malumpati Spring & Bugang River**, dessen Schönheit sich zunehmend herumspricht.

Der geheimnisvolle Fluss ist eines der erstaunlichsten Naturwunder in den Western Visayas. Er entspringt mitten im Dschungel aus dem Nichts und strömt dann mit seinem türkisblauen, klaren Wasser zum Meer. Man mutmaßt über eine Quelle, aber angesichts seiner Wassermenge und der vielen Höhlen in der Region ist es auch möglich, dass der Fluss zunächst unterirdisch verläuft.

Der Bugang ist von der Nationalstraße aus ausgeschildert. Zunächst gelangt man zum Malumpati Health Spring Resort (Eintritt 10 P), wo es ein paar schlichte Pensionen (Zi. 1000 P), zwei 200 bzw. 300 m lange Seilrutschen (200 P) und ein Sprungbrett gibt. Die „Quelle" des Flusses liegt 30 Gehminuten stromaufwärts. Ein obligatorischer Führer kostet 200 P. Für die Wanderung wasserfeste Schuhe anziehen. Von hier aus kann man auch auf einem Bambusfloß flussabwärts fahren (450 P/Pers. für bis zu 5 Pers.), was eine Menge Spaß macht.

Das **Phaidon Beach Resort** (☎036-278 9901, 0929 599 2308; www.island-dreams.com; Pandan; DZ mit Frühstück 2750–4300 P; ❄📶) ist eine tolle Unterkunft und zugleich die Zentrale der Abenteueraktivitäten. Die sehr intime Anlage ist im Besitz eines philippinisch-australischen Paares und hat ihren eigenen, weißen Sandstrand, einen kleinen Pool, ein Restaurant mit Meerblick, ein paar recht kleine Bungalows und ein großes Angebot an Unternehmungen (vor allem Tauchen, aber auch Wandern, Vogelbeobachtungen, Flussfahrten und Besuche auf anderen Inseln). Die Touren kosten zwischen 800 und 3500 P. Bezahlung mit Kreditkarten ist möglich.

Das spektakulär an der Mündung des Bugang gelegene **Rose Point Beach Resort** (☎0946 242 4524; Pandan; Bungalow 1200–2800 P; ❄📶) verfügt über ein Restaurant/eine Bar und schlichte Bungalows. Eigentlich kommt man aber wegen der schönen Aussicht über die Pandan-Bucht und auf die Berge. Und wegen der Möglichkeit, mit dem Kajak flussaufwärts zu paddeln.

Tibiao

☎036 / 26 800 EW.

Dank eines besonders malerischen Flusses, wunderschöner Wasserfälle, einiger Inseln vor der Küste und der Nähe zu Boracay – Caticlan liegt nur 1½ Stunden (85 km) entfernt – ist die Gegend rund um Tibiao ein beliebtes Ausflugsziel für Outdoor-Abenteuer. Die Stadt Tibiao vermarktet alle Aktivitäten rund um den Fluss Tibiao als **Tibiao EcoAdventure Park** (TEA Park; www.facebook.com/tibiaoecoadventurepark; km 172, National Rd.; 50 P). Der Madjaas (2113 m), der höchste Gipfel von

Panay, ist eine echte Herausforderung für Kletterer und relativ wenig erforscht.

Für die Tibiao-Version einer Couch-Potato bietet sich eines der für die Gegend typischen **Kawa Hot Baths** an. Nur dass man statt auf den Fernseher gebannt auf den Dschungel blickt und auf das Rauschen des Flusses lauscht. Und statt in einem Fernsehsessel sitzt man in einem riesigen Metallbottich in nach Kräutern duftendem Wasser, das durch ein Feuer darunter erhitzt wird. Es ist entspannend, meditativ und lockert die Muskeln. Dieses Erlebnis wird in mehreren Anlagen angeboten; die natürlichste Szenerie aber bietet womöglich das Kayak Inn, wo die Bäder oberhalb des Tibiao liegen.

Die **Bugtong Bato Falls** bestehen aus sieben malerischen Kaskaden am Ende der TEA Park Road, die der Reihe nach zu erreichen sind und einige gute Badestellen haben (die dritte Ebene ist besonders gut). Zum ersten Wasserfall (rund 18 m) gelangt man auf einer halbstündigen Wanderung an hübschen Reisterrassen entlang; Führer gibt's am Barangay-Kiosk (100 P/5 Pers.). Zu den oberen Fällen führt eine steile Treppe. Vielleicht ist es in naher Zukunft wieder möglich, sich hier abzuseilen.

Das **Katahum Tours & Fish Spa** (☎0917 450 3121; www.katahum.com; TEA-Park-Tagestour 1750 P) veranstaltet gut geführte Trips zu den Inseln Seco und Malalison, zum Bugang River & Malumpati Cold Spring, zum TEA Park (inkl. Kajak-Einführung für Anfänger) und zu Höhlen. Eine einmalige Attraktion ist das *lambaklad*-Fischen, bei dem man mit Fischern bei Tagesanbruch ausfährt und die Netze voller wandernder Fische, besonders Thunfische, einholt.

Schlafen & Essen

Kasa Raya Travellers Inn GASTHAUS €

(☎0917 524 7875; kasaraya@gmail.com; km 172, *barangay* Importante; DZ 900 P; WLAN) In diesem Gasthaus in einheimischem Stil am Rande eines Reisfelds herrscht eine herzliche, familiäre Atmosphäre. Die Zimmer sind einfach, und das Restaurant serviert hervorragendes Essen. Man kann sich Abenteuertrips zusammenstellen lassen.

Kawa Inn GASTHAUS €

(☎0917 450 3121; *barangay* Malabor; DZ mit Ventilator/Klimaanlage 1400/1600 P) Diese einfachen Bambuszimmer auf dem gleichen Gelände wie das Tibiao Fish Spa punkten mit schönen Textilien im einheimischen Stil, können aber schummrig sein.

★ **Kayak Inn** GASTHAUS €€

(☎0922 701 4648; www.tribaladventures.com; *barangay* Tono; B/DZ 250/1500 P) Die Anlage wird betrieben von **Tribal Adventures** (☎Boracay 0920 558 7188; TEA Park;), einem sehr empfehlenswerten Tour-Anbieter mit Sitz in Boracay. Die einfachen Bambushütten liegen oberhalb des Tibiao. Wie der Name bereits sagt, ist als Hauptaktivität Wildwasser-Kajakfahren im Angebot, aber auch alle anderen in Tibiao üblichen Aktivitäten können hier organisiert werden. Wer nicht an einer Tribal-Adventures-Reise teilnimmt, erkundigt sich besser vorher.

Bugtong Bato Falls Inn BUNGALOW €€

(☎0998 980 4726; Bungtong Bato Falls; Bungalow 2500 P) Die drei stimmungsvollen, zweistöckigen Nipas, in denen jeweils sechs Leute unterkommen können, bieten einen Blick auf die letzte Kaskade der Wasserfälle. Man muss aber sein Essen mitbringen und vorab entschlossen feilschen.

Iloilo

☎033 / 448 000 EW.

Die größte Stadt Panays ist genau richtig: groß genug für eine abgemilderte Version des urbanen Komforts von Manila und klein genug, um zugänglich und bodenständig zu bleiben. Die Ilonggo, die Einwohner von Iloilo, fühlen sich zu Recht verbunden mit der Vergangenheit ihrer Stadt, sind stolz darauf und engagieren sich für ihre Zukunft. Iloilo bietet eine faszinierende Geschichte, ein lebhaftes Nachtleben und die Möglichkeit eines Ausflugs auf die ländliche Insel Guimaras.

In böse verfallener Pracht präsentiert sich die verstopfte Altstadt, die praktisch das gesamte Gebiet südlich des Iloilo River und östlich seines Nebenflusses, des Dungon River, umfasst. Die Zukunft wird im Norden und Westen, im Stadtteil Mandurriao gestaltet, vom Uferplatz und dem munteren Smallville-Komplex bis hin zum Megaworld Iloilo Business Park nahe dem ewig metastasierenden Einkaufszentrum SM City.

Sehenswertes & Aktivitäten

Iloilo besteht aus sieben Stadtteilen mit jeweils eigener Plaza, die zu Rundgängen und zur Besichtigung einiger interessanter historischer Stätten, vor allem Kirchen, einladen.

Bemerkenswert sind die riesige **Metropolitan Cathedral** in Jaro, der Sitz der katholischen Diözese der Western Visayas, und der **Campanario de Jaro (Glockenturm)** direkt daneben, die hübsche **St. Anne's Church** an der Plaza von Molo, 1 km westlich vom Stadtzentrum, und die **San Jose Church** (Plaza Libertad, zw. Dela Rama & Zamora Sts.) im Stadtzentrum.

★ **Casa Mariquit** HISTORISCHES GEBÄUDE
(Santa Isabel, Jaro; gegen Spende; ⏲9–19 Uhr) GRATIS Ein riesiger Banyan-Baum ragt stimmungsvoll über dem Eingang dieses grandiosen Wohnhauses, das 1803 von dem Vizepräsidenten der Philippinen Fernando Lopez erbaut wurde (Mariquit war der Spitzname seiner Frau). Die Fotos von Begegnungen mit Kaiser Hirohito, Chiang kai-shek, Generalissimo Franco, Lyndon Johnson und anderen sind ein faszinierender Blick in die Vergangenheit. Für einen Besuch ist eine vorherige Ankündigung nicht nötig, aber man muss sich eventuell durch Rufen bemerkbar machen, um die Aufmerksamkeit eines Hausmeisters zu erregen.

Bulabog Puti-An National Park NATIONALPARK
Höhlenforscher aufgepasst: In diesem 847 ha großen Primärwald 33 km nördlich von Iloilo gibt es Dutzende Höhlen, von denen sechs allgemein zugänglich sind – alle innerhalb von 3 km vom Parkeingang. Außerdem gibt es 40 km Wanderwege und die Nautod Wall, eine beliebte Felskletterwand. Am Parkeingang (S. 276) wartet ein Führer (200 P).

Das Parkbüro vermietet auch zwei einfache Freiluft-Cottages (vorgeschlagene Spende 250 P), oder man kann sein Zelt aufschlagen. Trinkwasser gibt es reichlich, für Essen muss selbst gesorgt werden. Und Vorsicht vor der tödlichen grünen Grubenotter, die sich gern um den Baum an der Rangerhütte ringelt.

Zum Parkeingang kommt man von der Stadt Dingle mit dem Tricycle (120 P, 20 Min.) oder mit einem Motorradtaxi (100 P, 10 Minuten); zuerst geht es mit dem Bus von Iloilo nach Kalibo bis Pototan oder Tabugon und dann weiter mit dem Tricycle (10 bis 15 P). Vom Tagbac Terminal in Iloilo fahren unregelmäßig auch langsame Jeepneys nach Dingle. Das Felsklettergebiet liegt 2 km neben der Straße zwischen Dingle und dem National Highway; genauere Auskünfte gibt der Iloilo Mountaineering Club.

City Hall AUSSICHTSPUNKT
(Plaza Libertad; ⏲Mo–Fr 8–18 Uhr) GRATIS Den besten Blick auf die Altstadt bietet das Dach über dem siebten Stock des Rathauses – die Wache um Erlaubnis bitten. Es ist überraschend, wie anders sie aus der Vogelperspektive aussieht. Die Aussicht auf die Insel Guimaras ist auch toll.

Museo Iloilo MUSEUM
(Bonifacio Dr.; 50 P; ⏲Mo–Sa 9–17 Uhr) Das Museum zeigt eine lohnende Ausstellung zu den Ati, den Ureinwohnern der Region, sowie eine Sammlung alter *pinya*-Webarbeiten, die aus den Fasern der Ananas-

HISTORISCHE HERRENHÄUSER

Wenn man etwas an der Oberfläche von Iloilo kratzt, findet man ein erstaunlich wenig beachtetes architektonisches Wunder. Iloilo besitzt eine eindrucksvolle Zahl historischer Herrenhäuser aus dem 19. und frühen 20. Jh., das Erbe einer viel reicheren Ära, als in der Stadt die meisten Millionäre außerhalb von Manila lebten. Die Häuser gehörten prominenten Familien hauptsächlich aus der Zucker- und Textilindustrie und wurden schließlich infolge des Krieges und des wirtschaftlichen Zusammenbruchs aufgegeben. Leider sind diese schönen Beispiele spanischer und US-amerikanischer Kolonialarchitektur dem Verfall preisgegeben.

Die meisten dieser Häuser stehen in Jaro (*haro* ausgesprochen), einige aber auch an den Plazas. Zwei der prächtigsten sind das stattliche, an das Weiße Haus erinnernde **Nelly's Garden** (☎033-320 3075; www.facebook.com/nellygardeniloilo; E Lopez St.; 200 P pro Person, mindestens 1000 P) von 1928 und die schmucke **Villa Lizares** (MacArthur Dr., Jaro) von 1937, in der sich heute eine Schule befindet. Wer einen allgemeinen Überblick gewinnen will, bucht besser die von **Panay Tours** angebotene „Heritage-Tour" (☎0917 536 6779; www.fb.com/cafepanay; Festive Walk, Megaworld, Mandurriao).

palme hergestellt werden und für die das Gebiet berühmt ist. Gezeigt werden auch Funde aus gesunkenen Schiffen und Schmuckstücke, die geöffneten spanischen Gräbern entstammen.

Feste & Events

★ Dinagyang Festival KULTUR
Bei dem dreitägigen, karnevalesken Fest zu Ehren des Santo Niño wird in der vierten Januarwoche mit gewagten Kostümen und Tänzen gefeiert. Wer zu anderen Zeiten kommt, kann sich die bunte Ausstellung im Rathaus anschauen.

Paraw-Regatta SEGELN
Das Rennen mit traditionellen Ausleger-Seglern (*paraw*) führt von Iloilo nach Guimaras. Es findet am dritten Februarwochenende statt.

Schlafen

GO Hotel HOTEL €
(☎033-335 3376; www.gohotels.ph; Robinsons Pl.; Zi. 1000 P; ❄📶) Steril und ohne Charme, etwa das, was man von einem zum Einkaufszentrum Robinsons Place gehörenden Kettenhotel erwarten würde. Immerhin sind die einfach möblierten Zimmer sauber und modern, das Preis-Leistungs-Verhältnis ist also gut, besonders bei Buchungen im Voraus – dann gibt's hohen Rabatt.

★ Smallville 21 HOTEL €€
(☎033-501 6821; www.ann2.net/hotels/smallville21; Diversion Rd., Smallville; Zi. 2400–3300 P; ❄📶) Geräumig und sauber, wenn auch nicht besonders schick, aber mit überdurchschnittlich guten Matratzen. Beim Smallville 21 punktet vor allem die Lage. Es liegt mitten in Smallville, weshalb es in manchen Zimmern lauter sein kann, und in Laufweite zu Shops at Atria.

Injap Tower Hotel HOTEL €€
(☎033-370-7111; www.injaptowerhotel.com.ph; Diversion Rd.; Zi. mit Frühstück 2300–4000 P; ❄📶🏊) In Bezug auf das Preis-Leistungs-Verhältnis ist dieses Hochhaus seinen Konkurrenten weit überlegen. Die Preise sind niedrig für Annehmlichkeiten, wie Bademäntel, ein 46-Zoll-Flachbildschirm und ein Restaurant im 21. Stock (Hauptgerichte 250 bis 380 P), das wirklich einmalige Panoramablicke auf die Stadt bietet. Es gibt einen kleinen Pool und ein Spa, aber die Lobby ist winzig. Eine Fußgängerüberführung verbindet es mit der gewaltigen SM City (S. 275) auf der anderen Straßenseite.

NICHT VERSÄUMEN

LA PAZ MARKET

Neben den faszinierenden Eindrücken eines ausgedehnten öffentlichen Markts hat der **La Paz Market** (Ecke Riza & Huervana Sts.; ⏲24 Std.) auch noch zwei Lokallegenden zu bieten. Batchoy, das beliebte Gericht aus Brühe, Zwiebeln, Reisnudeln, Rindfleisch, Schweinefleisch und Leber, wurde hier erfunden; Netong's Batchoy ist der richtige Laden, um das Gericht zu probieren. Gleich um die Ecke serviert das **Madge Cafe** (⏲Mo–Sa 5–18 Uhr, So bis 13 Uhr) seit den 1940er-Jahren gerösteten Iloilo-Kaffee. Die Bilder lokaler Berühmtheiten und die persönlichen Kaffeetassen des Präsidenten und anderer namhafter Persönlichkeiten sprechen für sich.

Wer Märkte liebt, sollte sich auch den chaotischen **Central Market** (Rizal St.; ⏲4–20 Uhr) anschauen, wo sich die Stände mit getrocknetem Fisch scheinbar endlos fortsetzen.

Grand Dame Hotel HOTEL €€
(☎033-320 5252; www.facebook.com/thegranddamehotel; Ecke Rizal & Huervana Sts.; Zi. mit Frühstück 2000–4000 P; ❄📶) Wer sich einen Eindruck vom alten Iloilo verschaffen will, ist im Grand Dame mit dem La Paz Market (S. 271) direkt gegenüber und dem historischen Jaro unmittelbar im Norden an der richtigen Stelle. In der Lobby gibt es ein paar bemühte Versuche, europäische Raffinesse heraufzubeschwören, aber die Zimmer sind geschmackvoll und komfortabel eingerichtet.

Circle Inn HOTEL $$
(☎033-508 0000; www.circleinn-iloilo.com; Iznart St.; Zi. 1400–2400 P; ❄📶🏊) Von der Beschreibung klingt die Lage in der Stadtmitte am Wasser vielversprechend, aber abends ist hier nicht viel los. Dafür sind die Luxuszimmer mit Balkonen schön hell, und der Pool ist einladend.

MO2 Westown Hotel HOTEL €€
(☎033-509-0303; www.mo2westowniloilo.com; Glicerio Pison Ave., Smallville; B 2000–3500 P; ❄📶🏊) Das Wahrzeichen dieser Kette, ein Sombrero und eine Palme, lassen auf etwas wie den Club Med hoffen. Und der

Iloilo

Poolbereich mit einer kleinen Rutsche und imitierten Statuen versucht, wie ein Strandresort zu wirken. Das gelingt zwar nicht so ganz, aber immerhin punktet das Hotel durch professionellen Service, gepflegte Zimmer, die eine moderne Einrichtung aufweisen, und der besonders günstigen Lage im Zentrum von Smallville. Außerdem hat es einen eigenen Barkomplex.

★ **Richmonde Hotel** BUSINESSHOTEL €€€
(☎ 033-328 7888; www.richmondehoteliloilo.com.ph; Ecke Megaworld Blvd. & Enterprise Rd.; Zi. mit Frühstück 3500 P; ❄@📶🏊) Das neueste gehobene Hotel der Stadt ist zugleich das eleganteste und luxuriöseste – jedenfalls so lange, bis nebenan das nächste entstanden ist. Die Möblierung ist modern und schick, die Lobby und der Poolbereich sind elegant, und hier gibt es das womöglich beste Frühstück der Stadt.

Skinetics Wellness Center BOUTIQUEHOTEL €€€
(☎ 033-320 8726; www.skinetics.com.ph; Boardwalk Ave., Smallville; Zi. mit Frühstück 3500–6509 P; ❄📶) Die seltsame hybride Hochhausanlage vereint therapeutisches Bad, Schönheitsklinik und Boutiquehotel (die Einrichtungen sind auf verschiedene Stockwerke verteilt). Es zielt auf die Branche des medizinischen Tourismus ab, man kann sich aber auch nur einen Teil davon herauspicken. Die Standardzimmer entsprechen mit komfortablen Betten, Holzvertäfelung und ein paar schweren und farbenfrohen Möbeln der Geschäftsklasse. Das preislich vernünftige Spa arbeitet ebenfalls hoch professionell.

Essen

Eine Möglichkeit, sich hier ein Restaurant auszusuchen, besteht darin, in einem Komplex wie dem **Boardwalk** (⏱11–23 Uhr), dem **Shops at Atria** (Ecke Pacencia Pison &

Donato Pison Aves.; ⌚10–22 Uhr) oder der SouthPoint-Erweiterung der SM City (S. 275) in Smallville herumzubummeln, die alle zahlreiche Restaurants haben.

Seafood-Liebhaber sollten sich 10 km westlich der Stadt nach Arevalo begeben, wo mehrere Meeresfrüchtebüfetts mit Picknicktischen am Ufer warten. Mit den meisten Jeepneys mit der Zielangabe „Arevalo" gelangt man hin.

★ Buto't Balat PHILIPPINISCH **€€**
(Pison Ave.; Hauptgerichte 120–175 P; ⌚10.30–23.30 Uhr) Selbst mit der SM City auf der anderen Straßenseite fühlt man sich in diesem stimmungsvollen, strohgedeckten Pavillon Welten von den Restaurants in Einkaufszentren entfernt. Serviert werden Ilonggo-Spezialitäten, wie *tinuom* (Huhn in Bananenblättern), und Meeresfrüchte – die Portionen reichen meist für zwei bis drei Personen mit gesundem Appetit – bei weichem und romantischem Licht von Lampen, die wie Zweige von den Bäumen hängen.

Es gibt Filialen in Jaro Plaza und der Dalon Solis Avenue, etwas mehr als einen Block vom Iloilo-Fluss entfernt, in der Nähe des Stadtzentrums.

★ Wawa Heritage Restaurant INTERNATIONAL **€€**
(☎033-321 0315; E Lopez St.; Gerichte 135–150 P; ⌚11–14 & 17–24 Uhr; 📶) Inmitten der historischen Herrenhäuser von Jaro wirkt dieses Paradies für Freunde der regionalen Küche wie ein Wohnzimmer aus dem 19. Jh. Angeboten wird ein leckerer und preisgünstiger Mix aus philippinischen, chinesischen und spanischen Gerichten. Das eigenwillige Design und anheimelnde Ambiente sind eine willkommene Alternative zur mallartigen Anmutung anderer Restaurants in Iloilo.

★ Breakthrough Restaurant MEERESFRÜCHTE **€€**
(Gerichte 150–300 P; ⌚7.30–21 Uhr) Riesiges, wunderbar stimmungsvolles Freiluftrestaurant am Meer. Man wählt seine Speisen aus riesigen Aquarien oder von Eisbergen und lässt den Koch alles zubereiten. Wartezeiten sind üblich.

Kusina NaNam INTERNATIONAL **€€**
(☎0917 323 2071; 180 J DeLeon St.; Hauptgerichte 180–320 P; ⌚Di–So 10–14 Uhr & 18–22 Uhr) Dieses skurril eingerichtete, helle und gemütliche Lokal, das sich in Chita's Pension House versteckt, serviert gute Pizza, Pasta und philippinische Gerichte. Eines der wenigen empfohlenen Lokale im Stadtzentrum, in der Nähe der zentralen Plaza und des Robinsons in der Innenstadt.

DoVa INTERNATIONAL **€€**
(Javellana St.; Hauptgerichte 150–350 P; ⌚9–21 Uhr) Das für seinen ganztägigen Brunch bekannte, stimmungsvolle, moderne Café gegenüber des La Paz Market ist mit Musik, schöner Aussicht und nett angerichteten westlichen Gerichten mit philippinischem Touch der Konkurrenz weit überlegen.

Bluejay Coffee & Co CAFÉ **€€**
(Ayala Technohub, Smallville; Hauptgerichte 140–240 P; ⌚7–24 Uhr; 📶✍) Das Bluejay ist komfortabler und schicker als der durchschnittliche Coffeeshop in Iloilo, in den Nischen und bequemen Sofas kann man

Iloilo

Highlights
1 City Hall D4
2 Museo Iloilo D2
3 San José Church D4

Schlafen
4 Circle Inn D4
GO Hotel .... (siehe 27)
5 Grand Dame Hotel C2
6 Injap Tower Hotel A1
7 MO2 Westown Hotel F1
8 Skinetics Wellness Center F2
9 Smallville 21 .... F1

Essen
Asian Spoon .... (siehe 19)
10 Bluejay Coffee & Co E2
11 Boardwalk F2
12 Buto't Balat A1
13 DoVa D1
14 Freska E2
15 Kusina NaNam C4
16 Muelle Deli & Restaurant D2
17 Pyt Stop F1
18 Salt Gastro Lounge C3
19 Shops at Atria A2
Troi Oi .... (siehe 11)

Ausgehen & Nachtleben
20 Aura Chill Out Lounge E2
21 Brewery Gastropub A1
22 JLK Music Lounge & Bar F1
Madge Cafe .... (siehe 26)
23 MO2 Ice E1
24 Red Paprika F2

Shoppen
25 Central Market D4
26 La Paz Market D1
27 Robinsons Place C4
28 SM City A1

Praktisches
29 Bureau of Immigration D4
Casa Real .... (siehe 32)
30 Department of Tourism D2
31 Iloilo Doctors Hospital B3
32 Iloilo Provincial Tourism Office D2

Transport
33 Iloilo River Wharf D3
34 Lapuz Terminal D3
35 Parola Wharf F4
36 Port San Pedro F4

heiße und kalte Espressogetränke und simple Speisen, wie Sandwiches und Pasta, genießen. Auch das Frühstück ist gut.

Pyt Stop PHILIPPINISCH €€
(Diversion Rd.; Hauptgerichte 220–400 P; ⌚11.30–14 Uhr & 17–21 Uhr) Hier sind ein halbes Dutzend *boodle-fight*-Menüs (1400 bis 1700 P, geeignet für 8 Pers.) im Angebot, bei denen es darum geht, die auf Bananenblättern ausgelegten Essensberge ohne Besteck zu verputzen. Eignet sich nur für Gruppen. Direkt vor dem Eingang zu Smallville.

Asian Spoon ASIATISCH €€
(Shops at Atria, Pison Ave.; Hauptgerichte 120–350 P; ⌚11–22 Uhr) Gerichte verschiedener südostasiatischer Länder, wie Malaysia, Thailand, Vietnam und natürlich der Philippinen. Das Lunchbüfett (299 P) von Montag bis Mittwoch ist ein guter Kompromiss, wenn man sich nicht zwischen *mie goreng* (indo-malaysisches Bratnudelgericht), *pad thai* und *goi cuon* (vietnamesische Frühlingsrollen) entscheiden kann.

Freska PHILIPPINISCH €€
(☎0923 745 8542; Ayala Technohub, Smallville; Hauptgerichte 120–380 P; ⌚11–15 Uhr & 17–1 Uhr) Traditionelle Ilonggo-Gerichte mit Meeresfrüchten bilden hier den Mittelpunkt; Schnapper und Schalentiere stehen ganz oben auf der Karte, und dazu gibt's ein tolles All-you-can-eat-Lunch- und Dinnerbüfett (300 P). Vor allem aber wird hier das San-Miguel-Monopol gebrochen, denn es gibt es auch ausländische Biere.

Salt Gastro Lounge AMERIKANISCH €€
(☎033-335 4529; Gen Luna St.; Hauptgerichte 255–320 P; ⌚10.30–23.30 Uhr; ❄📶) Die Fotos von New York, US-Nummernschilder, New-Jersey-Brathuhn (wer hätte gedacht, dass das eine Spezialität aus Jersey ist?) und Pfirsich-Cobbler sollen Amerika heraufbeschwören. Selbst wenn Stil und Geschmack der Gerichte nicht ganz ihrem Vorbild ähneln, lecker sind sie auf jeden Fall, und das Lokal ist zudem stilvoll und komfortabel.

Troi Oi VIETNAMESISCH €€
(Boardwalk, Smallville; Hauptgerichte 120–220 P; ⌚11–23 Uhr) Hier gibt es vietnamesisches Straßenessen, wie Banh Mi und verschiedene Pho-Gerichte in einer angenehmen Umgebung, in der farbenfrohe Schirme von der Decke hängen. Munterer und freundlicher Service – es kann passieren, dass die Bedienung eine spontane Gesangs- oder Tanzeinlage hinlegt.

Muelle Deli & Restaurant INTERNATIONAL €€€
(135-B Rizal St.; Hauptgerichte 350 P; ⏲ Di–So 11–23 Uhr) Dieses Lokal am Flussufer ist in philippinischem Besitz, allerdings unter Schweizer Leitung und mit einem deutschen Koch. Hier werden herzhafte Steaks und Würste serviert. Auf dem Außenpatio mit Blick auf den Fluss lässt sich die Hektik der Stadt gut vergessen, besonders bei Sonnenuntergang.

Ausgehen & Nachtleben

Das Zentrum des Nachtlebens in Iloilo sind Smallville und Umgebung. Clubs kommen und gehen, und viele Bars bieten Livemusik unplugged oder DJs. Manche richten sich an Iloilos beträchtliche Studentengemeinde.

Der Eintritt ist werktags kostenlos und beträgt an Wochenenden bis zu 200 P, wenn die Clubs zwischen 2 und 4 Uhr schließen; manche sind nur mittwochs bis samstags geöffnet. Das Stadtzentrum ist nachts großenteils dunkel und wie ausgestorben.

Zyron CLUB
(☎ 033-301 6484; R Mapa St.; ⏲ Di–So 21–3 Uhr) Wer einen echt heißen Abend oder zumindest eine der gelegentlich stattfindenden Pyjama- oder Schaumpartys erleben will, ist im Zyron am westlichen Ende der Esplanade genau richtig. Der Club ist nicht zu übersehen: Ein riesiges Wolfsmaul bildet den Eingang.

Red Paprika BAR
(Boardwalk, Smallville; ⏲ 10–14 Uhr & 16–1 Uhr) Der asiatische Freiluftladen ist bekannt für seine hauseigene Coverband Binhi, die montags bis mittwochs sowie freitags „Golden Oldies" spielt.

Aura Chill Out Lounge CLUB
(2. OG, the Ave., Boardwalk Ave.; ⏲ Do–Sa 21–4 Uhr) Der Tanzclub mit eigenem DJ zieht vor allem Studenten und junge Businesstalente an. Die Eintrittsgebühr für Männer ist kein Problem: zwei Bier. Keine Flipflops.

MO2 Ice CLUB
(Smallville; ⏲ 17–4 Uhr) Eine Anlage, die einen Tanzclub, eine KTV-Lounge und eine Freiluftbar miteinander kombiniert; Teil des größeren MO2 Resort. Keine Flipflops.

Brewery Gastropub PUB
(☎ 033-393 4038; Pison Ave.; ⏲ 16–24 Uhr) In dem modernen Lokal nahe der SM Mall und Smallville gibt es beinahe 100 Importbiere, dazu mehrere Craft-Biere vom Fass. Auch die Speisekarte ist interessant; sie umfasst philippinische Spezialitäten und Gerichte wie Lamm mit Kartoffelpüree und Himbeersauce.

JLK Music Lounge & Bar LOUNGE
(☎ 0947 607 0129; Red Sq. Bldg., Smallville; ⏲ 19–2 Uhr) Kopfschmerzen von den Clubs? Für ein schön entspanntes Erlebnis kann man in die kühle, blaue Beleuchtung und die Retro-Töne dieser Lounge in Smallville eintauchen.

Shoppen

Robinsons (Ledesma St., zw. Mabini & Quezon Sts.; ⏲ 9–21 Uhr) ist das große Einkaufszentrum der Innenstadt, während das **SM City**

ABSTECHER

MIAGAO CHURCH

Die entspannte Küstenstadt Miagao (Betonung auf dem ersten *a*) 40 km westlich von Iloilo City ist ein prima Ziel für einen Tagesausflug. Die Stadt ist vor allem für ihre elegante, honigfarbene **Miagao Church** (Miagao; ⏲ Di–So 5–18 Uhr) bekannt, die einzige UNESCO-Welterbestätte auf den Visayas. Die von 1787–1797 erbaute Kirche diente als Festung gegen muslimische Angreifer und hat markante, pyramidenförmige Türme. Im Laufe der Jahre wurde sie durch Kämpfe, Feuer und Erdbeben beschädigt und 1962 schließlich zu ihrer vollen Rokoko-Pracht restauriert. Die fabelhafte Flachrelief-Sandsteinfassade zeigt den Hl. Christophorus, der mit dem Jesuskind durch einen Tropenwald voller Kokospalmen und Melonenbäume schreitet. Fürs Mittagessen bietet sich das vielseitige **Sulu Garden** (☎ 033-513-9017; www.sulugarden.com; National Hwy., Miagao; Hauptgerichte 155–275 P; ⏲ 9–22 Uhr) an, das es fertigbringt, ein japanisches Teehaus mit einer Fischfarm, einer Schmetterlingszuchtstation, Künstlerstudios und einem Sushirestaurant zu verbinden. Die hilfsbereite Touristeninformation von Miagao im Rathaus hat Vorschläge zu Ausflügen vor Ort, unter anderem zu Höhlen, Seen, interessanten Felsformationen und kühlen Farnwäldern.

(Diversion Rd.; ⌚9–20 Uhr) hinter Smallville an der Benigno Aquino Avenue doppelt so groß ist und mehr gehobenere Geschäfte hat. Außerhalb des Stadtzentrums gibt es ein paar gute einheimische Märkte und ein paar Läden, die hochwertiges Kunsthandwerk verkaufen.

★ **Camiña Balay nga Bato** KUNSTHANDWERK
(Lola Rufina Heritage Curio Shop; ☎033-336 3858; 20 Osmeña St., Arevalo; ⌚8–18 Uhr) Der Wohnbereich im Obergeschoss des schön restaurierten spanischen Wohnhauses (1865) kann im Rahmen einer Führung (150 P, mindestens 5 Pers.) besichtigt werden. Im Geschäft unten wird die alte Kunst des Webens von *hablon*-Tuch praktiziert. Verkauft werden *hablon*-Hemden (*patadyong*) und eine kleine, aber erlesene Auswahl anderer kunsthandwerklicher Arbeiten und Nahrungsmittel aus der Region. Außerdem gibt es Suppe und hausgemachte heiße Schokolade.

Praktische Informationen

Bureau of Immigration (BOI; ☎033-336 9603; 2. OG, Customs House Bldg., Aduana St.; ⌚8–17 Uhr) Stellt Visumsverlängerungen aus.

Bulabog Puti-An National Park Office (☎0917 353 6864; Bulabog Puti-An National Park)

Department of Tourism (DOT; ☎033-337 5411; www.westernvisayastourism.com.ph; Capitol Grounds, Bonifacio Dr.; ⌚Mo–Fr 8–17 Uhr) Sehr großes Büro mit zuvorkommendem Personal.

Touristeninformation der Provinz (☎033-228-4910; bombette14@yahoo.com; 2. OG, Old Provincial Capitol Bldg.) Gibt Transportinformationen und Vorschläge für Reisen durch die Provinz. Beide Touristenanlaufstellen sollen in das renovierte Old Capitol Building, **Casa Real** (Ecke Gen Luna & Muelle Looney), nebenan umziehen.

Iloilo Doctors Hospital (☎033-777 0209; www.iloilodoctorshospital.com; West Ave.) Das modernste Hospital der Stadt.

SCHIFFE/FÄHREN & BUSSE AB ILOILO

Schiffe/Fähren

ABFAHRT	ZIEL	UNTERNEHMEN	TYP	PREIS (P)	DAUER	HÄUFIGKEIT
Iloilo River Wharf	Bacolod	Weesam Express, 2GO, Ocean Jet	Schnellboot	250–600	1 Std.	stündl.
Port San Pedro	Manila	2GO	Fähre	1243	27 Std.	So, Mi & Do
Port San Pedro	Cagayan de Oro	2GO	Fähre	1113	14 Std.	Sa
Port San Pedro	Bacolod	2GO	Fähre	595	4 Std.	So
Port San Pedro	Cebu	Trans-Asia, Cokaliong	Fähre	760–800	13 Std.	Di–So
Ortiz Wharf	Jordan, Guimaras	verschiedene	*bangka*	14–28	25 Min.	alle 30 Min.
Parola Wharf	Buenavista, Guimaras	verschiedene	*bangka*	29	20 Min.	alle 30 Min.
Lapuz Terminal	Jordan, Guimaras	FF Cruz	RoRo	70 plus Fahrzeug	1 Std.	alle 2 Std.
Lapuz Terminal	Cuyo/Puerto Princesa	Milagrosa, Montenegro	RoRo	950–1220	12/24 Std.	Do & Sa

Busse

ABFAHRT	ZIEL	PREIS (P)	DAUER (STD.)	HÄUFIGKEIT
Busbhf. Ceres	Kalibo	300	4–5	stündl.
Busbhf. Ceres	Caticlan	420	5–6	stündl.
Busbhf. Ceres	Roxas City	180–205	2¾	stündl.
Busbhf. Ceres	Antique (über Miagao)	275	5	alle 30 Min.
Busbhf. Ceres	Carles	300	2–2½	stündl.
Molo Terminal	San José, Antique	110 (bis San José)	3 (bis San José)	tgl.

An- & Weiterreise

BUS & JEEPNEY

Ein Taxi vom Stadtzentrum zum Ceres Terminal in Bangaray Tagbak kostet etwa 200 P.

FLUGZEUG

Der **Iloilo Airport** liegt 18 km nördlich der Stadt in Santa Barbara. Vom Iloilo Airport gibt's Flüge von Cebu Pacific (www.cebupacificair.com) und den Philippine Airlines (www.philippineairlines.com) nach Manila (stündl.), Davao (tgl.) und mehrmals pro Woche nach Cagayan de Oro, General Santos, Puerto Princesa, Singapur, Seoul und Hongkong. Für Inlandsflüge wird eine recht üppige Steuer von 200 P und für internationale Flüge von 700 P erhoben.

Flughafen-Shuttlebusse (70 P, 30 Min.) verkehren zwischen 4 und 18 Uhr ab der Travellers Lounge der **SM City** (S. 275). Sobald sie voll sind, fahren sie ab, also sollte man ordentlich Zeit einplanen, vielleicht mindestens zwei Stunden vor dem Flug. Ein Taxi vom Stadtzentrum aus kostet zwischen 350 und 400 P.

SCHIFF/FÄHRE

Vom Lapuz Terminal fahren Schnellboote nach Bacolod (**Iloilo River Wharf**) und RoRo-Schiffe nach Guimaras und Puerto Princesa. Die häufig fahrende RoRo-Fähre nach Bacolod startet in Dumangas, 20 km nördlich von Iloilo (80 P pro Person, 1000 P pro Pkw, 2 Std.).

Kleine Auslegerboote zum Jordan Port auf Guimaras legen mehrmals am Tag von der Ortiz Wharf ab.

Die Ticketbüros in den großen Einkaufszentren sind täglich von 9 bis 20 Uhr geöffnet. Bootstickets können am Pier gekauft werden.

Unterwegs vor Ort

Mietwagen, ob mit oder ohne Fahrer, lassen sich leicht über das Hotel organisieren. Ein Van mit Klimaanlage, mit dem man ins Umland fährt, kostet pro Tag ohne Benzin ungefähr 2500 P.

GUIMARAS

033 / 174 600 EW.

Obwohl nur eine kurze Bootsfahrt von der Stadt Iloilo entfernt, erscheint das ländliche Guimaras wie aus einer anderen Welt. Die für ihre süßen Mangos bekannte Insel hat kurvenreiche Straßen (ideal für Motorräder), malerische Reisfelder, Koralleninselchen und eine Handvoll entspannter Resorts. Auf der Ostseite der Insel ist ein beachtlicher Windpark entstanden, und man munkelt von einem Plan, eine Brücke von der Insel nach Iloilo zu bauen. Auf jeden Fall aber werden solche Projekte wohl nicht über Nacht verwirklicht. Im Verhältnis zu seiner Größe besitzt Guimaras viele schöne Strand-, Insel- und Naturresorts mit meist moderaten Preisen. Wer ein paar Tage Robinson Crusoe spielen will, ist hier definitiv nicht falsch.

Sehenswertes & Aktivitäten

Navalas — DORF

Die einzige historische Kirche von Navalas, die kuriose **Navales Church** aus der spanischen Ära (1880), besteht aus im Laufe der Jahre schwarz gewordenen Korallenblöcken. In der Nähe, gleich hinter dem Navalas Beach, liegt das häufig fotografierte Sommerrefugium der reichen Familie López, die **Roca Encantada** („verzauberter Felsen"). Die Fahrt mit einem Tricycle von Jordan nach Navalas kostet 400 P.

Mountain Bikers Hub — RADFAHREN

(0936 994 8528; tommartirguim@yahoo.com) Dieser Laden im Besitz und unter der Leitung des Mountainbike-Enthusiasten Tommy Martir ist der einzige Ort auf der Insel, von ein paar Resorts abgesehen, wo man Mountainbikes leihen kann. Tommy fungiert auch als Führer – was man durchaus in Betracht ziehen sollte, denn Verirren geht hier schnell. Einfach in der Nähe des Jordan Port nach ihm fragen; die Bikes kosten etwa 500 P am Tag.

Spring Bloom Farm — TOUR

(0908 821 1289; zw. km 100 & km 101; Tour 150 P; Mo–Fr 7.30–16 Uhr) Betreibt fünf Bio-Farmen mit insgesamt 32 ha voller Bananen, Papayas, Cashews, Ananas und mehr. Bietet persönliche und empfohlene Touren nach Anmeldung am vorherigen Tag, aber am schönsten ist es, in dem bezaubernden Cottage der Farm zu sitzen und frischen *calamansi*-Saft zu schlürfen.

Feste & Events

Manggahan Sa Guimaras Fiesta — ESSEN & TRINKEN

(April/Mai) Das wichtigste Fest der Insel ist der bewunderten Mango-Frucht gewidmet und wird gleich nach der Ernte gefeiert. In San Miguel gibt es einen Umzug und einen Straßenkarneval sowie einen

Guimaras

Guimaras

Aktivitäten, Kurse & Touren

1 Mountain Bikers Hub B2
2 Spring Bloom Farm B3

Schlafen

3 Cabaling Beach Resort A2
4 Cabugan Adventure Resort A3
5 Camp Alfredo B3
6 Costa Aguada Island Resort C4
7 Isla Naburot Resort A3
8 Jannah-Glycel Beach House A3
Magic Island Resort .... (siehe 4)
9 Valle Verde Mountain Spring Resort B3

Essen

10 Celian Seafood B2
11 Sa Payaw Seafood Grill B2

Praktisches

12 Touristeninformation B1

Mango-Esswettbewerb. Der letzte Sieger verputzte 13 kg und musste anschließend ins Krankenhaus!

Ang Pagtaltal Sa Guimaras RELIGIÖSES FEST

(Karfreitag) Zur Karfreitagsprozession in Jordan strömen die Menschen massenhaft nach Guimaras.

Schlafen & Essen

San Miguel & Umgebung

Valle Verde Mountain Spring Resort RESORT €

(0918 594 0958; DZ mit Ventilator 550–800 P, mit Klimaanlage 1500 P;) Das Budget-Refugium auf einer Hügelspitze bietet eine erfrischende Abwechslung zum Strandleben. Die Unterkünfte sind sehr schlicht, sogar abgenutzt, der von einer Quelle gespeiste Pool schimmert etwas grünlich, aber man hat einen wunderbaren Blick über ein von Dschungel bewachsenes Tal auf die Lawi Bay in der Ferne. Die Fernstraße 6 km südlich von San Miguel verlassen und dann 1 km weiter auf einer Schotterpiste fahren (von San Miguel per Tricycle 100 P).

★ Camp Alfredo RESORT €€
(☎0908 123 2977; Ring Rd., nach km 101; Cottage 2500 P; ❄≋) Das Naturresort auf halber Strecke zwischen San Miguel und Nueva Valencia ist hervorragend gestaltet. Es liegt in einem schönen Wald, den betonierte Wege und ein munterer Bach durchziehen, und bietet einen wunderschönen, offenen Speisepavillon und einen noch schöneren Infinity-Pool, der zum Faulenzen einlädt. Mehr Aufregung verspricht der 325 m lange Seilrutschen-Parcours (Nichtgäste 425 P).

Cabaling Beach Resort RESORT €€
(☎0949 490 9206; www.cabalingbeachresort.com; Cabaling; Zi. mit Ventilator/Klimaanlage 1800/3100 P; ❄) Das Resort auf seiner eigenen Halbinsel südlich von Espinosa hat eine schöne Einrichtung; man braucht nicht den ganzen Strand dorthin entlangzulaufen – wer sich telefonisch anmeldet, kann sich per *bangka* abholen lassen (Boot ab Iloilo 200 P). Die Zimmer sind riesig mit großen Balkonen – die Bambuscottages sind stimmungsvoller – zu einer attraktiven Bucht mit einem schmalen Strand und einem Infinity-Pool.

Sa Payaw Seafood Grill MEERESFRÜCHTE €
(☎0916 263 5286; Gerichte 120–320 P; ⊙Mo–Do 7–22.30, Fr & Sa bis 2 Uhr) Das preisgünstige Freiluftrestaurant nahe dem E-Werk in San Miguel serviert unter seinem Strohdach ausgezeichnete gegrillte Meeresfrüchte und mehr.

Celian Seafood MEERESFRÜCHTE €€
(San Miguel; Hauptgerichte 220–400 P; ⊙9–21 Uhr) Dieser offene Pavillon an der Straße am Nordende der Stadt serviert frisch gefangenen Fisch und Meeresfrüchte.

Südküste

★ Cabugan Adventure Resort RESORT €
(☎0939 921 5908, 0917 321 0603; www.fb.com/cabuganadventureresort; in der Nähe von Lucmayan; Zi. mit Ventilator 900–1200 P, mit Klimaanlage 2200 P, alle mit Frühstück; ❄) Unser Favorit unter all den Budgetresorts in den Western Visayas: Das Cabugan ist ein irdisches Tropenparadies der besonderen Art.

Das Resort verbirgt sich auf einer Spitze mit weißem Sand zwischen einer Landzunge und einem riesigen Korallenfelsen und erinnert an Scaramangas Schlupfwinkel in *James Bond 007 – Der Mann mit dem goldenen Colt*. Auf der einen Seite liegen unzählige Inselchen im Meer, auf der anderen befindet sich eine private Bucht.

★ Magic Island Resort RESORT €
(☎0910 624 3770; www.fb.com/magicislandresortguimaras; in der Nähe von Lucmayan; Cottage inkl. 3 Mahlzeiten, Bootstransport & 90-Min.-Inselbesuche für 2 Pers. 3500 P; ❄📶) Die winzige Resortinsel (die man in zehn Minuten umrunden kann) liegt in einem bezaubernden Meer von Koralleninselchen. Die topgeführte Anlage bietet erstklassiges Essen und Unterkünfte verschiedener Art, darunter zweistöckige „vietnamesische Häuser" (300 P) und komfortable Cottages am Ufer. Die Zimmer überraschen mit Helligkeit, Sauberkeit und westlichen Bädern. Auch Kanus stehen bereit.

SCHIFFE/FÄHREN AB GUIMARAS

ABFAHRT	ZIEL	UNTERNEHMEN	TYP	PREIS (P)	DAUER	HÄUFIGKEIT (TGL.)
Jordan Port	Parola Wharf, Iloilo	FF Cruz	RoRo	50	30 Min.	4 Mo–Sa, 2 So
Sebaste Port	Pulupandan, Negros	Montenegro	RoRo	80	1 Std.	9 & 12 Uhr
Jordan Port	Ortiz Wharf, Iloilo	verschiedene	*bangka*	14	15 Min.	alle 20 Min.
MacArthur's Wharf	Parola Wharf, Iloilo	verschiedene	*bangka*	15	15 Min.	alle 20 Min.
Cabalagnan Port	Valladolid, Negros	verschiedene	*bangka*	150	2 Std.	1
Cabano Wharf	Pulupandan, Negros	verschiedene	*bangka*	70	45 Min.	10 & 15 Uhr

★ **Jannah-Glycel Beach House** GASTHAUS €€
(☎0929 281 6498, 033-582 1003; www.jannahglycelbeachhouse.com; Alubihod Beach; Zi. 1450–1800 P; ❄📶) Die private Strandvilla am sehr ruhigen Ende des Alubihod Beach wird vor allem von europäischen und nordamerikanischen Gästen aufgesucht. Bei Flut ist der Strand praktisch nicht vorhanden. Die schlicht möblierten Zimmer haben Balkone, allerdings sind viele einander zugewandt, und es gibt einen attraktiven Garten zum Meer hin. *Bangkas* bringen einen vom Strand direkt zu den Inseln.

Costa Aguada Island Resort RESORT €€
(☎0999 382 7702, 034-433 7373; costaaguada@gmail.com; Zi. mit Ventilator/Klimaanlage 1500/2250 P; ❄) Das Resort auf Inampulugan, einer großen Insel 30 Minuten vor der Südostküste, ist ein guter Ort, um stilvoll Robinson Crusoe zu spielen. Die 68 Bambus- und Nipa-Hütten sind geräumig, das Restaurant serviert im Freien frische Meeresfrüchte, und in der Nähe locken vier Inseln zur Erkundung. Man kann es sich natürlich auch einfach nur am Pool gemütlich machen.

Isla Naburot Resort RESORT €€€
(☎0918 909 8500; www.fb.com/islanaburot; Cottages 5990 P) Das absolut privat auf einer eigenen Insel gelegene Resort ist eine der besten Optionen vor der Küste. Möchtegern-Robinsons (kein Internet, keine Klimaanlage und begrenzte Stromversorgung) werden sich über die acht Cottages freuen, die aus natürlichen Materialien, wie Kiesel, Muschelschalen und Relikten anderer Häuser, bestehen. Die rustikalen Bauten sind gut gestaltet und komfortabel.

ℹ Praktische Informationen

Touristeninformation (☎0999 332 1727; www.guimaras.gov.ph; Jordan Port; ⏱6–18 Uhr) Kann einfache Fragen beantworten und Unterkünfte vorschlagen. Hier sind die Transportpreise zu allen Zielen auf der Insel angeschlagen.

ℹ Anreise & Unterwegs vor Ort

Auf Guimaras gibt's keinen Flughafen. Besucher gelangen auf die Insel mit RoRo-Fähren, die in Iloilo bzw. in Pulupandan oder Valladolid auf Negros ablegen.

Die Touristeninformation am Jordan Port kann helfen, ein Tricycle (250 P zum Alubihod Beach) oder Multicab (Kleintransporter) für die Fahrt zum Resort zu finden. Öffentliche Jeepneys verbinden Jordan mit San Miguel (15 P), sind aber für die meisten Resorts unpraktisch, da diese oft mehrere Kilometer abseits der Fernstraße liegen.

Wer nur für den Tag da ist, mietet sich am besten ein Motorrad (500 P) vor der Touristeninformation.

NEGROS

4,1 MIO. EW.

Mit seinem zerklüfteten, bergigen Landesinneren, den unberührten Stränden, Korallengärten unter Wasser und Städten voller Atmosphäre hat Negros in den Western Visayas nach Boracay am meisten zu bieten. Das gilt besonders für die Südküste, die sich von Danjugan Island rund um die Landspitze bis zur Bais-Bucht erstreckt, wo das Tauchen inzwischen zu einem großen Geschäft geworden ist. Das nahe liegende Standquartier ist Dumaguete, eine entspannte Universitätsstadt und ein Expat-Zentrum. Im Norden bietet Bacolod kulinarische Verlockungen, während sich das nahe gelegene Silay als Freiluftmuseum voll historischer Wohnhäuser präsentiert und die kühlen Gebirgsresorts am Mt. Kanlaon eine erfrischende Alternative zu den Stränden sind.

Für Reisende ist es sinnvoll, Negros in Nord und Süd zu unterteilen, politisch aber ist es auf zwei Provinzen aufgeteilt, deren Grenze der zentrale Gebirgszug bildet. Im Westen liegt Negros Occidental – seine Hauptstadt ist Bacolod und seine Sprache Ilonggo. Im Osten liegt Negros Oriental mit seiner Hauptstadt Dumaguete; hier sprechen die Menschen Cebuano.

ℹ An- & Weiterreise

Von Bacolod und Dumaguete gibt es Flüge von Cebu Pacific (www.cebupacificair.com) und den Philippine Airlines (www.philippineairlines.com) nach Manila und Cebu City. In Bacolod und Dumaguete finden sich auch die wichtigsten Häfen der Insel, obwohl auch eine Reihe kleinerer Städte per Fähre erreichbar sind. Fähren verbinden Negros mit Cebu, Bohol, Mindanao, Panay und Siquijor. Auf der Insel kommt man problemlos herum: Die Straßen sind gut ausgebaut, und an der Küste fahren praktisch ununterbrochen Busse (das wichtigste Busunternehmen ist Ceres Bus Liner).

Negros

Bacolod

☎ 034 / 562 000 EW.

Einst Zentrum einer Zuckerindustrie, ist Bacolod heute bekannt für sein Essen und als Verkehrskreuz. Bei der in der Stadt vorherrschenden Zersiedelung und Verkehrsverstopfung erschließt sich ihre Attraktivität nicht auf den ersten Blick. Doch wer sich hier nur begrenzte Zeit aufhält und weiß, wonach er Ausschau halten muss, kann seinen Spaß haben. Es

Bacolod

gibt ein paar Sehenswürdigkeiten von besonderem historischen Interesse und eine Reihe schöner Restaurants, und von hier aus kommt man gut zum Mt. Kanlaon Natural Park oder dem nahe gelegenen historischen Distrikt Silay.

Sehenswertes & Aktivitäten

Genehmigungen für Wandertouren im nahe gelegenen Mt. Kanlaon Natural Park sind in Bacolod im Office of the Park Superintendent (S. 286) erhältlich.

Bacolod

★ **Negros Forests & Ecological Foundation** ZOO

(☎034-433 9234; www.negrosforests.org; South Capitol Rd.; Erw./Kind 15/25 P; ⏲Mo–Sa 9–12 Uhr & 13–16.30 Uhr) Ein besonderer Zoo: Die Stiftung will bedrohte Tierarten schützen, die auf Negros endemisch sind. In erster Linie leben hier Vögel, darunter eine außergewöhnliche Population seltener, bunter Nashornvögel, die allein schon einen Besuch wert sind. Außerdem sind Flughunde, eine Unterart der Bengalkatze und einheimische Hirscharten zu bewundern.

San Sebastian Cathedral KATHEDRALE

Die imposante Kathedrale, errichtet im 19. Jh. aus Korallenstein (gewonnen in Guimaras), steht gegenüber der zentralen Plaza der Stadt und ist durchaus einen Blick wert. Besonders eindrucksvoll ist sie nachts, wenn ihre beiden Glockentürme beleuchtet werden.

RUINS HISTORISCHES GEBÄUDE

(☎034-476 4334; www.theruins.com.ph; 80 P; ⏲8–20 Uhr) Das RUINS, ein italienisch anmutendes Herrenhaus aus dem frühen 20. Jh zwischen Zuckerrohrfeldern auf einem schön gepflegten Anwesen, wurde ursprünglich von einem einheimischen Zuckermagnaten zu Ehren seiner verstorbenen Frau erbaut. Während des Zweiten Weltkriegs setzten es US-Soldaten in Brand, um zu verhindern, dass die vorrückende japanische Armee es besetzte. Als das Feuer drei Tage später nachließ, war nur noch ein gespenstisches, skelettartiges Betongerüst übrig. Bei Sonnenuntergang ergeben seine klassizistischen Säulen und seine majestätischen, gemeißelten Bögen einen fantastischen Fotohintergrund.

Negros Museum MUSEUM

(☎034-433 4764; Gatuslao St.; Erw./Kind 50/25 P; ⏲Mo–Sa 9–18 Uhr, Café Di–So 10–22 Uhr) Das Museum zeigt eine bunt zusammengewürfelte Sammlung. Ein Raum widmet sich beispielsweise der Zuckerindustrie, ein anderer Spielsachen aus aller Welt. Sehenswert sind die Kanonenattrappen mit Kokosnüssen statt Kanonenkugeln, die eingesetzt wurden, um die Spanier einzuschüchtern. Es gibt hier auch eine Kunstgalerie, einen Souvenirshop und ein Freiluftcafé.

Feste & Events

MassKara Festival KULTUR

Am dem Wochenende, das dem 19. Oktober am nächsten liegt, feiert die Stadt alljährlich das MassKara Festival, bei dem die Teilnehmer mit aufwendigen, grinsenden Masken in den Straßen tanzen.

Schlafen

11th Street Bed & Breakfast Inn PENSION €

(☎034-433 9191; bb11st@yahoo.com; 11th St.; EZ/DZ/3BZ mit Frühstück 600/1000/1500 P; ❄📶) Diese Frühstückspension an einer relativ ruhigen Nebenstraße, aber in direkter Nähe der geschäftigen Lacson gelegen, hat schlichte Zimmer mit einem begrünten Hof und einem freundlichen Service (die Standardeinzelzimmer sind allerdings beengt).

★ **Suites at Calle Nueva** BOUTIQUEHOTEL €€
(☎ 0917 677 8000, 034-708 8000; www.thesuitesatcallenueva.com; 15 Nueva St.; EZ/DZ mit Frühstück 1000/1500 P; ❄📶) Das zentral gelegene Boutiquehotel mit einem Hauch von spanischem Kolonialstil bietet das beste Preis-Leistungs-Verhältnis der Stadt. Die Zimmer sind nicht weniger komfortabel als die eines gehobenen Hotels – mit bequemen Betten und Sofas, Farbtupfern und funkelnden Bädern mit modernen Armaturen. Großzügiges Frühstücksbüfett.

★ **Nature's Village Resort** RESORT €€
(☎ 034-495 0808; www.naturesvillageresort.net; Talisay City; Zi. 1800–2400 P, Suite 4200 P; ❄📶🏊) 🍃 Das einzigartige, 3 ha große Resort am Highway vor Talisay City zwischen Bacolod und Silay kombiniert nachhaltige Gastlichkeit mit rustikalen, hochwertigen Unterkünften. Das Gebäude und die Zimmer sind jedoch alles andere als naturnah oder schlicht; die im Ostflügel weisen zauberhafte Wandgemälde von einheimischen Künstlern auf. Das angrenzende, ausgezeichnete Village Restaurant verwendet zum Teil Produkte von der Bio-Farm vor Ort.

Planta Centro Bacolod Hotel HOTEL €€
(☎ 034-468 0400; www.bacolodplantahotel.com; Ecke Araneta & Roxas Sts.; DZ mit Frühstück 1800–3500 P; ❄📶🏊) Das strahlend gelbe und ein wenig majestätisch wirkende Planta ist ein komfortables Hotel mit gutem Preis-Leistungs-Verhältnis. Allerdings ist in Laufweite nicht viel los. Es wird gerne für Konferenzen, Hochzeiten und Familienfeiern genutzt; man kann mit professionellem und höflichem Service und Zimmern in Businessqualität rechnen. Nach einem Zimmer mit viel Licht fragen. Das Frühstück ist überdurchschnittlich gut.

MO2 Westown Hotel HOTEL €€
(☎ 034-709 8899; www.mo2westownhotel.com; Ecke San Juan & Luzuriaga Sts.; DZ 2000 P; @📶🏊) In Laufnähe zur SM City, ein Bonus in dieser Gegend. Das Westown bietet geräumige Zimmer mit besonders komfortablen Betten und jeder Menge Licht. Der kleine Pool und der Loungebereich sind überraschend stilvoll, und es ist auch ein Coffeeshop angeschlossen.

L'Fisher Hotel Complex HOTEL €€
(☎ 034-433 3731; www.lfisherhotelbacolod.com; Ecke 14th & Lacson Sts.; DZ 2000–5000 P, Suite 7000 P; ❄@📶🏊) Der zentral gelegene, an ein Einkaufszentrum erinnernde Komplex kombiniert drei Hotels mit einer Reihe gemeinsamer Einrichtungen, von denen die wichtigste ein attraktiver Pool auf dem Dach ist. Die Lobby ist vielversprechend, aber die Teppiche und Möbel müssten erneuert werden, und die Klimaanlage kann laut sein; man sollte eines der kürzlich renovierten Zimmer verlangen. Es gibt vier Restaurants, darunter ein hübsches Café zur Straße.

Essen

★ **Malaspina Inasalan** GRILL €
(Lopez Jaena St., Villa Monte; Hauptgerichte 30–55 P; ⏲ Mo–Sa 16–21 Uhr) Das unspektakulär wirkende Straßenlokal hat sich zu einem Feinschmeckerziel für Einheimische jeder Couleur entwickelt, die behaupten, hier gebe es das beste Grillhuhn der Stadt, ach was, von ganz Negros. Mit wachsender Beliebtheit wurde seine Speisekarte inzwischen auch um Schweinefleisch und Fisch erweitert.

Manokan Country PHILIPPINISCH €
(Rizal St.; Hühnchen 70 P; ⏲ 11–21 Uhr) Dieser lange Streifen mit Open-Air-Lokalen ist bekannt für die stadtberühmten *inasal*-Hühnchen (mariniert in Zitronensaft und Soja und dann auf dem Holzkohlengrill gegart). Auch gegen billiges Bier und Austern (35 P pro Teller) ist nichts einzuwenden. Mit ähnlichen Gerichten auf der Karte sind die Lokale mehr oder weniger austauschbar, aber eine gute Strategie besteht darin, dorthin zu gehen, wo bereits andere sind.

★ **Pala Pala** MEERESFRÜCHTE €€
(North Capitol Rd.; ⏲ 15 Uhr–open end) In der Auslage des marktartigen Schuppens liegen Shrimps, Garnelen, Tintenfisch, Fisch und Jakobsmuscheln. Hat man seinen Fang erbeutet, begibt man sich in eins der angrenzenden Lokale, wie D' New Hyksos Tulahan, und lässt sich sein Gericht nach der gewünschten Methode (*sinigáng*, gedünstet, gegrillt, gebraten, *kinilaw* etc.) zubereiten. Die Zubereitung kostet ab 120 P pro Kilogramm.

★ Tyrol ÖSTERREICHISCH €€

(☎034-703 1878; 12th St.; Hauptgerichte 225–395 P; ⏲Mo 17–23 Uhr, Di–So 11–23 Uhr) Authentische österreichische Küche und eine willkommene Abwechslung machen das Tyrol zu einem Favoriten bei den Besuchern aus dem Ausland. Biersaal und Biergarten in hellem Holz werden um ein paar Hirschgeweihe ergänzt. Das Schnitzel ist hervorragend, und die spektakuläre König-Ludwig-Platte (1995 P, genug für 6–8 Pers.) vereint das Beste von der Karte.

Der Inhaber betreibt auch seine eigene Kochschule, die Bacolod Academy for Culinary Arts (www.culinary-bacolod.com).

21 Restaurant PHILIPPINISCH €€

(www.21restaurant.com; Lacson St.; Hauptgerichte 175–360 P; ⏲10–23 Uhr) Gestärkte, weiße Tischwäsche, professionelle Kellner und eine appetitanregende Karte definieren dieses hochklassige Restaurant mit vernünftigen Preisen. Es ist bekannt für *batchoy* (Eintopf aus Brühe, Zwiebeln, Reisnudeln, Rindfleisch, Schweinefleisch und Leber) und Meeresfrüchte, z.B. mit Zitronengras gefülltem, gegrillten Tintenfisch.

Fresh Start VEGETARISCH €€

(www.freshstartorganic.com; Robinsons Pl. Mall; Hauptgerichte 175–375 P; ⏲10–21 Uhr; 🖉) Dieses Fitness-Restaurant, hinter dem eine eigene Bio-Farm steht, ist ein Eldorado für jeden Vegetarier. Zum vegetarischen Wrap kann man sich eine Flasche Bog's Brew bestellen, ein Bier aus einer der seltenen Mikrobrauereien. Weitere Filiale in der Ayala Mall.

C's CAFÉ €€

(☎034-433 3731; Ecke Lacson & 14th Sts.; Hauptgerichte 210–380 P; ⏲7–22 Uhr; 📶) Die authentische Patisserie mit französischem Koch hat eine ständig wechselnde Auswahl von Feinschmeckerleckereien, darunter köstliche Churros und gute Espressogetränke.

Pizza Republik PIZZA €€

(Ecke Lacson St. & BS Aquino Dr.; Pizza 280 P; ⏲So–Do 11–21 Uhr, Fr & Sa bis 22 Uhr) Geräumiges, helles und modernes Pizzalokal, in dem man sich seinen Belag selbst zusammenstellt, aber gefertigt wird die Pizza wie am Band. Eine dünne 26-cm-Pizza mit Sardellen kostet nur 288 P; dazu gibt's einen kostenlosen Eistee.

365 Modern Cafe INTERNATIONAL €€

(☎034-435 2351; Ecke BS Aquino Dr. & Kamagong St.; Hauptgerichte 185–325 P; ⏲Mo–Do & So 9–22 Uhr, Fr & Sa bis 23 Uhr) Restaurants neben Tankstellen haben normalerweise nicht viel mehr im Angebot als Hotdogs, die schon eine Weile herumliegen. Der Koch dieses Restaurants ist aber in einer

SCHIFFE/FÄHREN & BUSSE AB BACOLOD

Schiffe/Fähren

ABFAHRT	ZIEL	PREIS (P)	DAUER (STD.)	HÄUFIGKEIT
Banago Wharf	Manila	1400	20	Mi, Do & So
	Cagayan de Oro	1360	21	Fr
Bredco	Iloilo	235–280	1	alle 30 Min.
	Dumangas	120	2	stündl.
Pulupandan	Guimaras	85	1	3- bis 4-mal tgl.

Busse

ABFAHRT	ZIEL	PREIS (P)	DAUER (STD.)	HÄUFIGKEIT
Ceres North Terminal	Cebu (über Escalante Tabuelan)	380–420	8	4-mal tgl.
Ceres North Terminal	Sagay	90	2½	häufig
Ceres North Terminal	San Carlos (Inlandsroute)	165	3	2-mal tgl.
Ceres North Terminal	San Carlos (Küstenroute)	165	4	häufig
Ceres North Terminal	Silay	18	½	häufig
Ceres South Terminal	Dumaguete	275–350	6	stündl.
Ceres South Terminal	Sipalay	150–185	5	alle 30 Min.

Fuelstar-Tankstelle und serviert hervorragende Holzofenpizza, wunderbare Pasta und chinesische Gerichte, wie Rinderbrust-Nudelsuppe und authentisch zubereitete Dim Sum.

Inaka JAPANISCH €€€
(Lacson St.; Gerichte 100–750 P; ⌚Di–So 10–16 & 18–22 Uhr) Das geschmackvoll dekorierte Restaurant bietet authentische japanische Küche mit einer guten Auswahl an Sushi, Sashimi und Teppanyaki. Vegetarier können das Tofusteak mit Reis und Pilzen bestellen (250 P). Wenn der Laden voll ist, das nahe gelegene **L'Kaisei** mit ähnlichem Angebot probieren

Ausgehen & Nachtleben

★ **Palms at 18th St** BAR
(12 Uhr–open end) Kleine, lebhafte Außenanlage mit über einem halben Dutzend Esslokalen, die gleichzeitig als Bars dienen; perfekt für großen Bierdurst.

★ **Offshore Bar** BAR
(Araneta St.; ⌚16–3 Uhr) Eine reich ausgestattete Bar im Pub-Stil, gut für einen Drink mit Freunden. Livemusik abends an den Wochenenden.

Gypsy Tea Room BAR
(Art District; ⌚14–2 Uhr) Hat eine erschreckend preisgünstige Getränkekarte, die junge Partygänger anzieht.

Café Joint CAFÉ
(Art District; ⌚16 Uhr–open end) Treffpunkt für Kreativleute im Art District; mit Livemusik.

Shoppen

Bacolod hat drei große Einkaufszentren: **SM City** (Rizal St.; ⌚10–21 Uhr), das größte und am zentralsten gelegen; **Robinsons** (Lacson St.; ⌚8–20.30 Uhr) (mit einem empfehlenswerten Geschäft, das regionales Kunsthandwerk anbietet); und **Ayala North** (Lacson St. nördlich von Robinsons). In den beiden Erstgenannten gibt es auch Kinos.

★ **Negros Showroom** KUNSTHANDWERK
(☎034-433 3728; www.anp-philippines.com; Citywalk, Robinsons Pl.; ⌚Mo–Do 10–20 Uhr, Fr–So bis 21 Uhr) In diesem Laden gibt es Bioprodukte und Kunsthandwerk, darunter einheimischen Schmuck, MassKara-Masken und *piaya* (süße Fladen). Er liegt im Citywalk hinter Robinsons Place.

Praktische Informationen

Alle Touristen-Fragen beantwortet das **Negros Occidental Tourism Center** (☎034-432 3240; http://tourism.negros-occ.gov.ph; Provincial Capitol Bldg., Gatuslao St.; ⌚8–17 Uhr), dessen Angestellte engagiert bei der Sache sind.

Office of the Park Superintendent (☎0932 306 7656; www.facebook.com/mountkanlaon; Abad-Santos St.; ⌚Mo–Fr 8–17 Uhr) Wer sich für Vulkane interessiert und im Mt. Kanlaon Natural Park wandern will, beantragt die Genehmigungen hier im Büro des Parkaufsehers.

Philippine Reef & Rainforest Conservation Foundation (PRRCF; ☎0915 234 7145, in Bacolod 034-441 6010; www.prrcf.org) Organisiert Touren zum **Danjugan Island Marine Reserve & Sanctuary** (S. 292).

An- & Weiterreise

Vom **Bacolod Silay Airport** fliegen Cebu Pacific (www.cebupacificair.com) und Philippine Airlines (www.philippineairlines.com) stündlich Manila an. Cebu Pacific fliegt außerdem zwei- oder dreimal am Tag nach Cebu und mehrmals in der Woche nach Davao und Cagayan. Der Flughafen liegt 15 km nordöstlich von Bacolod City, ein Taxi von dort zum Stadtzentrum kostet etwa 500 P.

Der **Bredco Port** liegt rund 1 km westlich vom Zentrum (per Tricyle 15 P), **Banago Wharf** 7 km nördlich, **Pulupandan** 25 km südwestlich der Stadt (per Jeepney 15 P, 25 Min.) und **Valladolid** noch einmal 5 km weiter. Alle Fähren haben Verkaufsschalter am Pier; **2GO Travel** (☎034-441 1485; https://travel.2go.com.ph; North Arcade, Robinsons Pl.) hat außerdem ein Büro im Einkaufszentrum Robinsons Place.

Ceres hat zwei Busbahnhöfe. Das große **North Terminal** (Lacson St.) bedient Ziele nördlich von Bacolod (u. a. auch San Carlos), das **South Terminal** (Ecke Lopez Jaena & San Sebastian Sts.) Ziele im Süden, darunter Sipalay (Verkehrsknoten für die Resorts rund um Sugar Beach und Punta Ballo). Terminals für Van-Linien sind über die ganze Stadt verstreut.

Die **Jeepneys** nach Ma-ao (25 P, 30 Min.) und Mambukal (25 P, 45 Min.) sowie zu den Gebirgsresorts starten hinter dem Markt zwischen der Libertad Street und der Lizares Avenue.

Unterwegs vor Ort

Die Lacson Street bildet das Rückgrat der Innenstadt von Bacolod. An ihr liegt der nördliche Busbahnhof; um vom südlichen Busbahnhof dorthin zu kommen, steigt man in einen Jeepney mit der Zielangabe „Shopping". Auf derselben Straße fahren Jeepneys mit Zielangabe „Bata" und „Mandalagan" von Norden nach Süden.

Ein Auto mit Fahrer kostet rund 1800 P pro Tag; organisieren kann man sich eines über das **Negros Occidental Tourism Center** (S. 286) und über viele Hotels.

Mt. Kanlaon Natural Park

Der Mt. Kanlaon Natural Park umfasst ein Gebiet von 24 388 ha. Kühler, dichter Wald umgibt den kegelförmigen, aktiven Vulkan mit seinem tiefen Krater. Durch den Park streifen Wildtiere, wie Visayas-Pustelschweine, Zibetkatzen, Bengalkatzen, Prinz-Alfred-Hirsche, Nashornvögel, Philippinenadler und Negros-Dolchstichtauben. Die meisten dieser Arten sind jedoch selten, vom Aussterben bedroht oder nachtaktiv, sodass man selbst mit einem Führer viel Glück braucht, um sie aufzuspüren. Für fitte Traveller, die eine anspruchsvolle Wanderung unternehmen wollen, gibt es Wanderwege zum Gipfel hinauf. Die meisten Besucher konzentrieren sich auf die Bergresorts, die diverse Aktivitäten anbieten und das Gebiet zu einem stets beliebten, lebendigen Ausflugsziel ab Bacolod machen (selbst wenn man nur tagsüber bleibt).

Schlafen

Die schattigen, erfrischenden Wälder und Bäche an den westlichen Ausläufern des Kanlaon sind seit Langem ein beliebtes Ausflugsziel von Bacolod aus. Es gibt hier mehrere preisgünstige Resorts, die den hiesigen Gemeinden gehören und einen wunderbaren Kontrast zu den Stränden darstellen. Die Resorts bieten diverse Aktivitäten für Übernachtungsgäste und Tagesausflügler. Wanderer übernachten an speziellen Lagerplätzen am Kanlaon.

★ Mambukal RESORT €
(☎ 034-473 0610; http://mambukal.negros-occ.gov.ph; *barangay* Minoyan; Stellplatz/B 30/150 P, Zi. 600–750 P, Villa 1700–2400 P; ❄≋) Negros' beliebtestes Bergresort ist ein riesiges Anwesen inmitten von Wäldern, Bächen und Teichen mit einem historischen Thermalquellenbad im japanischen Stil. An Unterkünften gibt es alles, angefangen bei großen Schlafsälen bis zu Familienvillen mit zwei Bädern für sechs bis zehn Personen. Es gibt viel zu unternehmen, z. B. locken ein Schmetterlingsgarten, ein netter Baumwipfelpfad (25 P), diverse Wasserfälle, eine Kletterwand (25 P) und ein Spa.

Buenos Aires Mountain Resort RESORT €
(☎ 034-461 0540; tourismbago@yahoo.com; B 225 P, Cottages ab 800 P, Zi. mit Klimaanlage ab 1100 P; ❄≋) Das Resort aus den 1930er-Jahren erlangte Berühmtheit, als sich Präsident Quezon während des Zweiten Weltkriegs hier vor den Japanern versteckte. Das 5 ha große, an eine Hazienda erinnernde Anwesen hat eine schöne Lage an einem Fluss in Ma-ao, ein Restaurant und ein klassisches Thermalbecken. Die Unterkünfte, meist in unattraktiven Betongebäuden, sind von unterschiedlicher Qualität. Die Hostelzimmer, die ein Stück den Hügel hinauf liegen, haben Balkone mit schönem Blick.

Guintubdan Visitors Center PENSION €
(☎ 034-460 2585; Guintubdan; DZ 1000 P) Das attraktive Gebäude liegt mitten im Wald und bietet eine schöne Aussicht, es gibt aber nur einfache Unterkünfte. Die Pension hat eine Gästeküche, die Versorgung mit Nahrungsmitteln ist jedoch nicht zuverlässig. Guides veranstalten ausgezeichnete Tagesausflüge (100 P) zu den Wasserfällen in der Nähe.

An- & Weiterreise

Von Bacolod geht es mit einem Jeepney nach Ma-ao (40 P, 1½ Std.) und mit einem Tricycle weiter zu den Resorts (200 bis 300 P, 30 bis 40 Min.) oder nach La Carlota (35 P, 1 Std.); ein Jeepney von La Carlota nach Guintubdan kostet 30 P.

Silay

☎ 034 / 127 000 EW.

Nur 14 km nördlich von Bacolod liegt Silay, einst das Juwel in der Krone des großen Zuckerbooms auf Negros, als die Plantagen die Insel mit der ganzen Welt verbanden. Während dieses goldenen Zeitalters (1880–1935) errichteten die reichen Plantagenbesitzer Herrenhäuser, von denen 29 erhalten sind; drei sind heute Museen.

Die Häuser waren elegante Paläste der Oberschicht, die eine Kultur pflegten, die an *Vom Winde verweht* erinnert (wie in Iloilo). Doch es sollte nicht von Dauer sein. Der Zweite Weltkrieg und der Einbruch der Zuckerindustrie packten die Stadt in Mottenkugeln, sodass sie heute ein faszinierender Zwischenstopp für alle ist, die sich für Geschichte und Architektur interessieren.

Silay

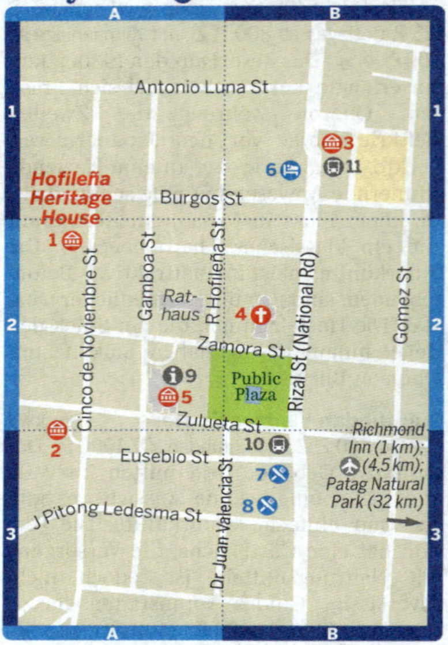

Silay

Highlights
1 Hofileña Heritage House A2

Sehenswertes
2 Balay Negrense Museum A2
3 Bernardino Jalandoni Ancestral House B1
4 Church of San Diego B2
5 Silay Museum A2

Schlafen
6 Winbelle Pension Hauz B1

Essen
7 El Ideal Bakery B3
8 Mansion B3

Praktisches
9 Touristeninformation A2

Transport
10 Busse & Jeepneys nach Bacolod B3
11 Busse & Jeepneys nach San Carlos ... B1

Sehenswertes

★ Hofileña Heritage House HISTORISCHES GEBÄUDE

(☎034-495 4561; Cinco de Noviembre St.; Erw./Kind 50/30 P; ⊙Di–So 10–17 Uhr, sonst auf Anfrage) Das stattliche Haus enthält eine erstaunliche private Kunstsammlung sowie Antiquitäten, die einer der führenden Familien von Silay gehören. Besitzer ist der charismatische und zudem besonders auskunftsfreudige Ramon Hofileña, der sich unermüdlich für die Erhaltung des kulturellen Erbes in der Region einsetzt. Wenn man sich vor dem Besuch anmeldet, zeigt einem Ramon höchstpersönlich seine wirklich unvergleichliche Sammlung lokaler Kunst.

Church of San Diego KIRCHE

(Rizal St.) In der Hauptstraße der Stadt steht die mit einer silbernen Kuppel versehene romanische Kirche des Heiligen Didakus (1927). Das Kruzifix, das die Kuppel krönt, wird nachts angestrahlt und kann vom Meer her auch aus weiter Entfernung noch gesehen werden. Einen Blick wert ist der Garten in der angrenzenden Ruine der Vorgängerkirche. Zu sehen ist hier auch ein hübscher Gebetssaal mit Capiz-verzierten Fenstern.

Balay Negrense Museum MUSEUM

(☎034-714 7676; Cinco de Noviembre St.; Erw./Kind 60/30 P; ⊙Di–So 10–18 Uhr) Das auch als Victor Gaston Ancestral Home (1898) bekannte Gebäude aus Hartholz hat die malerischste Fassade von allen Häusern in der Stadt. Das Gebäude wurde sorgsam restauriert und mit Möbeln aus Silays Glanzzeit eingerichtet, die von Einheimischen gespendet wurden. Die angeschrägten Glasfenster und das durchbrochene chinesische Gitterwerk sind original erhalten.

Silay Museum MUSEUM

(Civic Centre, Ecke Zamoa & Gamboa Sts.; ⊙Mo–Fr 8–12 & 13–17 Uhr) GRATIS Beginnen sollte man einen Stadtrundgang mit diesem gut aufbereiteten Museum, das anhand von Modellen, Kleidern aus der Zuckerära und alten Fotos der historischen Häuser einen Überblick über die Stadtgeschichte vermittelt.

Bernardino Jalandoni Ancestral House MUSEUM

(☎034-495 5093; Rizal St.; Erw./Kind inkl. Führung 60/30 P; ⊙Di–So 9–17 Uhr) Das Museum ist im „Pink House" von 1908 untergebracht, das den Eindruck erweckt, als habe sein Besitzer es gerade erst verlassen. Im hinteren Raum finden sich alte Fotos von Schönheitsköniginnen der 1940er- und 1950er-Jahre, während in einer Glasvitrine

BESTEIGUNG DES MT. KANLAON

Der anstrengende Aufstieg auf den Gipfel des Kanlaon (2435 m), dem höchsten Gipfel der Visayas, gehört mit der Besteigung des Guiting-Guiting auf Sibuyan und des Madjaas auf Panay zu den besten Bergtouren in den Western Visayas.

Routen Es gibt vier Startpunkte: Wasay, Mananawin, Maput und Guintubdan. Für die meisten Routen braucht man zwei Tage, die Route ab Guintubdan können gut trainierte Wanderer auch an einem Tag bewältigen. Welche Route man auch wählt, am besten kampiert man die erste Nacht im Margaha Valley, dem spektakulären, flachen Becken des alten (erloschenen) Kraters. Der lohnendste Teil des Aufstiegs ist der Abschnitt vom Pagatpat Ridge zum Gipfel, wo man an klaren Tagen das Margaha Valley unten, den rauchenden Krater oben und Bacolod in der Ferne erblickt. Der schwerste Teil des Aufstiegs ist der lange, steile Hang hinauf zum Pagatpat Ridge.

Gefahren Für erfahrene Wanderer ist der Kanlaon kein schwieriger oder sonderlich anspruchsvoller Aufstieg, einige Risiken birgt er aber schon. Alle paar Jahre regt sich der Vulkan – er „niest", wie die Einheimischen sagen. Tatsächlich war er wegen dieser Aktivitäten drei Jahre lang für Wanderer geschlossen und wurde erst im Juli 2017 wiedereröffnet. Seine Aktivitäten werden rund um die Uhr überwacht und der Berg ggf. für Wanderer gesperrt. Hin und wieder ordnet die Parkverwaltung auch die Evakuierung einer 8 km breiten Zone um den Fuß des Berges an. Der letzte „kleinere" Ausbruch, bei dem der Vulkan eine halbe Stunde lang Asche spuckte, ereignete sich 2016.

Ausrüstung Das Wetter ist mitunter launisch, das Gelände schwierig – eine leichte, wasser- und winddichte Jacke, Wanderschuhe und Handschuhe sollten also nicht fehlen. Für die kühlen Nächte empfehlen sich Thermounterwäsche und eine Wollmütze.

Genehmigungen & Gebühren Jeder, der in einem 4-km-Radius um den Gipfel wandert bzw. klettert, braucht eine Genehmigung (1000 P) vom Büro der Parkverwaltung (S. 286) in Bacolod. Dazu bedarf es einer eingescannten Kopie des Reisepasses, auf der das Alter der Person deutlich erkennbar sein muss.

Führer & Träger Der obligatorische Führer (500 bis 700 P am Tag, max. 10 Wanderer, 5 pro Führer) lässt sich über die Parkverwaltung oder am Anfang der Wanderwege organisieren. Oder man wendet sich an **Angelo Bibar** (☎0917 301 1410; angelobibar@gmail.com), den Zuständigen für Ökotourismus. Träger sind zu empfehlen und kosten zusätzliche 500 P pro Tag.

Reisezeit Der Berg kann am besten von März bis Mai und von Oktober bis Dezember erklommen werden. Im Park werden pro Tag und Weg nur 10 Kletterer zugelassen, sodass man ohne Reservierung Gefahr läuft, abgewiesen zu werden, weil schon alle Genehmigungen vergeben sind.

Geführte Touren Vulkan-Wandertouren werden auch angeboten, kosten aber deutlich mehr, als wenn man alles selbst organisiert. In Bacolod arrangiert **Billy Torres** (☎0917 887 6476; billytorres369@yahoo.com) Trips für 7000 P pro Person, mit Gruppenrabatt ohne Unterkunft; 500 P davon gehen als Spende an die Negros Forest Foundation. Am besten meldet man sich mindestens zwei Monate im Voraus an. Pauschalpakete bieten zudem die in Cebu ansässigen Unternehmen **Planet Action** (☎0917 583 0062; www.action-philippines.com) und **Trail Adventours** (☎032-802 3401; www.trailadventours.com) an. Harold's Mansion in Dumaguete (S. 298) stellt gelegentlich Budget-Zweitagestrips zusammen (etwa 2500 P plus Essen).

Dutzende Ken- und Barbiepuppen in traditionellen philippinischen Trachten ausgestellt sind, darunter ein Ken als General MacArthur bei der Landung in Leyte und eine Barbie als Imelda Marcos inmitten einer großen Ansammlung von Schuhen.

Geführte Touren

Annual Cultural Tour of Negros Occidental ARCHITEKTUR

(Führung 1000 P; ⏲Dez.) Seit nun 41 Jahren veranstaltet Ramon Hofileña jährlich diese Führungen. Die drei Touren sind eintägig und finden im Dezember statt. Sie berücksichtigen auch Attraktionen des näheren Umlands. Mit ein paar Tagen Vorlauf kann Ramon auch architektonische Führungen durch Silay arrangieren. Im Hofileña Heritage House (S. 288) nachfragen.

Feste & Events

Hugyaw Silay Kansilay Festival KULTUR

(Juni) Die Gründung der Stadt wird fast eine Woche lang gefeiert. Höhepunkt des Anfang bis Mitte Juni stattfindenden Spektakels ist eine wilde Parade von Tänzern in aufwendigen Kostümen, die die Rizal Street entlangzieht und schließlich auf der überdachten, zentralen Plaza ihre Abschlussvorstellung gibt. An den Straßenrändern drängen sich die Einheimischen, und auch die Fensterränge sind während des Festivals voll besetzt. Die Stadt ist während der ganzen Zeit praktisch lahmgelegt und feiert.

Schlafen & Essen

Winbelle Pension Hauz PENSION €

(034-495 5898; 2. OG, Rizal St.; DZ 700 P;) Das familiengeführte Hotel, nur ein paar Blocks von der öffentlichen Plaza entfernt, könnte ein paar Farbspritzer und eine Renovierung vertragen, aber für eine Nacht bietet es ein anständiges Preis-Leistungs-Verhältnis. Die Lobby liegt im Obergeschoss und ist von einem Eingang an einer Auffahrt zugänglich.

Richmond Inn HOTEL €€

(0923 521 8618; www.richmondinnsilay.com; J Pitong Ledesma St.; Zi. mit Frühstück 1500–1800 P;) Das Haus im Missionsstil hat ordentliche Zimmer und ist auf jeden Fall mit Abstand die beste Wahl in Silay. Die Zimmer zur Straße sind heller. Das Hotel befindet sich am Stadtrand in Richtung Flughafen.

★ **Mansion** CAFÉ €

(J Pitong Ledesma St.; Hauptgerichte 100–140 P; Fr–So 16 Uhr–open end;) Dieses zum Teil renovierte, majestätische Wohnhaus, ein architektonisches Wahrzeichen mit Kolonnaden am Eingang, ist ein wunderbarer Ort, um sich das koloniale Silay vorzustellen. Inmitten von Fotos und Antiquitäten aus der Zuckerära werden Kaffeegetränke, Pastetchen, Sandwiches und ein paar philippinische Gerichte serviert. Besonders beliebt bei den jungen Künstler Silays.

El Ideal Bakery BÄCKEREI €

(Rizal St.; Pasteten & Kuchen 45–50 P; 6.30–18.30 Uhr;) Direkt südlich der Public Plaza wurde diese bekannte Bäckerei 1920 – also noch in Silays Glanzzeit – eröffnet, um Glücksjäger, die sich nicht vom Spieltisch losreißen konnten, mit einem Imbiss zu versorgen. Zu den berühmten Kreationen des Hauses zählen *lumpia ubod* (Frühlingsrollen mit Schweinefleisch, Shrimps und der saftigen Note der Kokospalme) und *piaya* (Fladenbrot mit braunem Zucker und Sesamkörnern).

Melkens MEERESFRÜCHTE €€

(034-495 8835; Bongol Rd.; Hauptgerichte 250–330 P; 8–21 Uhr) Dieses fast ganz aus Bambus bestehende Restaurant befindet sich in *barangay* Balaring zwischen einer Handvoll weiterer Fischlokale über dem Wasser. *Kinilaw* (rohe Meeresfrüchte, in Essig eingelegt) und die Krabbenspezialität (750 P pro kg) sind zu empfehlen.

Praktische Informationen

Touristeninformation (034-495 5553; silaycity_tourism@yahoo.com; Ecke Zamora & Gamboa Sts.; Mo–Fr 8–12 & 13–17 Uhr) Im Verwaltungsgebäude. Kann Touren zu nahe gelegenen Zuckerrohrplantagen und Genehmigungen für den Patag Natural Park organisieren.

An- & Weiterreise

Der **Flughafen von Silay** liegt ungefähr 10 Minuten außerhalb der Stadt. Die Fahrt dorthin kostet mit einem Van 50 P.

Zwischen Silay und **Bacolod** fahren Busse und Jeepneys (14 P, 30 Min.). In Silay halten alle Busse und Jeepneys Richtung Norden und Süden an der Rizal St. Ein Taxi kostet zwischen 300 und 400 P.

Von Silay fahren den ganzen Tag über Busse Richtung **San Carlos** (130 P, 3 Std.), die unterwegs in allen Küstenorten halten.

Sagay

034 / 43 300 EW.

Nahe der Nordspitze von Negros liegt die Stadt Sagay, die eigentlich aus zwei Städten besteht: New Sagay am National Highway und Old Sagay an der Küste, 5½ km entfernt. Die Stadt ist vor allem bekannt als Wächterin des 1999 gegründeten, 32 000 ha großen **Sagay Marine Reserve**, in dem es ein paar schöne Schnorchelstellen und weißsandige Strände gibt.

Zu den Highlights für Besucher zählen das 200 ha große Carbin Reef (100 P) rund 15 km nordöstlich von Hold Sagay (mit einem *bangka* 20 Min.) und Suyac Island (20 P), wo man über einen erhöhten, 400 m langen Bambusplankenweg schlendern und durch die Mangroven paddeln kann (300 P).

Boote organisiert die **Touristeninformation** (☎034-454 0696; www.escalantecity.gov.ph; City Hall, New Escalante). Wenn man da keinen Erfolg hat, am Pier nachfragen. Ein kleines Boot kostet 1200 P (max. 10 Pers.). Schnorchelausrüstung (250 P) bietet die Touristeninformation – zum Tauchen ist es hier zu flach. Im Wasser leben verschiedene Arten von Riesenmuscheln, aber nur wenige Fische.

Das **Museo Sang Bata Sa Negros** (☎034-457 8003; www.museosangbata.org; Old Sagay Port; Erw./Kind 40/20 P; ⌚8–17 Uhr) ist ein interaktives Meeresmuseum für kleine Besucher am Old Sagay Port, in dem sich Kinder an manchen Wochenenden als Rifftiere verkleiden und etwas zu den Ausstellungsstücken erzählen, die sich auf Bewahrung und Schutz der Meereswelt konzentrieren.

Vom Ceres North Terminal in Bacolod kann man jeden beliebigen Bus nach Sagay oder Escalante nehmen (170 P, 2½ Std.); von dort geht es weiter mit einem Tricycle zum Hafen von Old Sagay (30 P).

San Carlos

☎034 / 49 300 EW.

San Carlos ist der wichtigste Hafen, der Negros mit Cebu verbindet. Täglich fahren Fähren nach Toledo an der Westküste von Cebu. Die Stadt ist nicht übermäßig ansprechend. Im Gegensatz dazu ist die nahe gelegene **Sipaway Island** – mit einem *bangka* nur 15 Minuten vom Hafen der Stadt entfernt (15 P) – ein hübscher Ort, um dort ein paar Tage zu verbringen.

Ein betonierter Weg führt von einer Seite der schönen, gepflegten Insel zur anderen an Palmen und Dörfern vorbei – schöner Blick zurück nach Negros inklusive. Am Pier kann man sich ein *habal-habal* (60 P) mieten und die Gegend nach Herzenslust erkunden. Die Insel ist lang und schmal, man kann sich also nicht verlaufen, und die Einwohner sind gern bereit, mit Fremden zu sprechen.

Im Gebiet um San Carlos gibt es Wasserfälle, Höhlen und Reisterrassen. Weitere Infos gibt's bei der **Städtischen Touristeninformation** (☎034-312 6558; tourism_sccnegocc@gmail.com; City Hall; ⌚9–17 Uhr).

Beim **Pintaflores Festival** (⌚5 Nov.) findet eine Parade statt, bei der die Feiernden fantastische Blumenkostüme tragen; es basiert auf einem Volksmärchen über eine kranke Prinzessin und Blumentattoos.

Schlafen

Skyland Hotel & Restaurant HOTEL €
(☎0908 774 4388; www.hotelskyland.wixsite.com/skyland; Ecke Endrina & Broce Sts.; Zi. mit Ventilator/Klimaanlage 500/750 P; ❄📶) Zweistöckiges Gebäude im spanischen Stil mit sauberen, wenn auch etwas abgenutzten Zimmern. Das Restaurant (Hauptgerichte 130 P) gehört zu den besseren in der Stadt. Es liegt praktischerweise auf halbem Wege zwischen dem Pier und dem Busterminal.

Whispering Palms Island Resort RESORT €€
(☎0929 873 1146; www.whispering-palms.com; Sipaway Island; Zi. 1500–2300 P; ❄📶🏊) Eine große, von Deutschen betriebene Anlage, die sich über 4 ha Strandlage erstreckt (Schwimmen nur bei Flut möglich). Sie besteht vor allem aus Betongebäuden mit geräumigen, blitzsauberen Zimmern, einem eigenen Minizoo und einem Tauchzentrum. Um sich mit dem Shuttle abholen zu lassen, vorher reservieren.

An- & Weiterreise

Lite Ferries (www.liteferries.com; San Carlos Port) betreibt neun Fähren am Tag nach Toledo (145 bis 165 P, 2 Std.), u. a. um 7, 9, 10, 13 und 15.30 Uhr. **EB Aznar** (San Carlos Port) hat verschiedene Schnellboote, die dieselbe Strecke in weniger als einer Stunde bewältigen (225 P), und zwar um 6, 9, 12 und 14.30 Uhr. Der Fahrplan ändert sich häufig.

Den ganzen Tag fahren fahrplanmäßig Busse vom **Busbahnhof in San Carlos** (1 km vom Pier; per Tricycle 8 P) nach Dumaguete (177 P, 4 Std.) und Bacolod (180 P, 4 Std.).

Sugar Beach

Mit nur ein paar bunt zusammengewürfelten, eher bodenständigen Resorts, einem prachtvollen Strandabschnitt und psychedelisch wirkenden Sonnenuntergängen ist Sugar Beach eines der bestgehüteten Geheimnisse auf Negros. Grund hierfür ist auch der Tidefluss, der das Gebiet vom

Straßennetz abschneidet. Es sind die einfachen Freuden, wie ruhige, faule Tage mit Strandspaziergängen und ausgesprochen friedliche Abende unter dem Sternenhimmel, die diejenigen belohnen, die sich hierher aufmachen.

Für die Spaziergänger unter den Reisenden gibt es ein paar Wanderwege in der Gegend. Außerdem ist Gerätetauchen möglich. Wer mehr die Meeresnatur liebt, macht einen Ausflug zum **Danjugan Island Marine Reserve & Sanctuary**, einem clever entworfenen Schutzgebiet.

Sehenswertes

★ Danjugan Island Marine Reserve & Sanctuary NATURSCHUTZGEBIET
(☎0915 234 7145; www.danjuganisland.ph) Die 42 ha große Insel ist ein Paradebeispiel für intelligenten Ökotourismus. Gut gepflegte Wege führen durch dichten Wald zu verlassenen Stränden, Seeadlernestern und einer Höhle voll kreischender Fledermäuse, vor deren Eingang Pythons lauern, um sich beim abendlichen Rundflug der Fledermäuse ihre Beute zu schnappen. Kajaks sind verfügbar, und es gibt ein Tauchcenter (1300 P/Pers., Mindestteilnehmerzahl 4 Pers.).

Vor der Küste wurden drei Fangverbotszonen eingerichtet, weshalb man gut Fische beobachten kann. Es gibt entweder schlafsaalähnliche Übernachtungsmöglichkeiten in schlichten, offenen Hütten mit Moskitonetzen oder das komfortablere Angebot am Typhoon Beach.

Die Insel wird verwaltet von der **Philippine Reef & Rainforest Conservation Foundation** (S. 286) in Bacolod. Tagesausflüge lassen sich über die PRRCF oder das Punta Bulata Resort organisieren (950 bis 1950 P/Pers.); sie umfassen Bootsfahrt, Mittagessen, Paddeltour, Wanderung, Schnorcheln und die benötigte Ausrüstung. Ausflüge mit Übernachtung (2950 bis 3950 P), Unterkunft und Verpflegung inklusive, arrangiert nur die PRRCF. Empfohlen wird, sich drei Tage im Voraus anzumelden.

Schlafen & Essen

★ Sulu Sunset RESORT €
(☎0919 716 7182; www.sulusunset.com; Zi. 650–1350 P) Das Sulu hinten am nördlichen Ende des Strandes hat das perfekte Sugar-Beach-Rezept: Nipa-Hütten mit gefliesten Böden, eigenen Badezimmern und Veranden mit Hängematten und Blick aufs Meer zu erschwinglichen Preisen. Das Restaurant serviert köstliche Holzofenpizzas und deutsche Spezialitäten, und Besitzer und Personal sind freundlich und hilfsbereit.

Big Bam Boo Beach Resort RESORT €
(☎0999 671 6666; www.bigbamboobeachresort.com; B 400 P, Zi. mit Ventilator 600–1400 P, mit Klimaanlage 1700 P; ❄📶) Qualität und Komfort der Zimmer variieren, von einfachen Schlafsaalbetten zu schöneren Einzelhütten. Das Restaurant serviert traditionelle philippinische Gerichte.

Driftwood Village RESORT €
(☎0920 900 3663; www.driftwood-village.com; B 250–300 P, DZ ab 450 P; 📶) Die schon lange etablierte, von Schweizern geführte Anlage bietet klassisch entspannte Strandatmosphäre mit Hängematten und Nipa-Hütten von unterschiedlicher Qualität, die sich über das grüne Gelände verteilen. Die Küche ist auf thailändische Gerichte spezialisiert, typisch europäische sind aber auch zu haben (Gerichte rund 200 P). Verborgen unter einem dichten Blätterdach gibt es außerdem einen herrlichen Piraten-Pub mit Billardtischen und Tischfußball.

★ Takatuka Lodge & Dive Resort RESORT €€
(☎0920 230 9174; www.sipalay.net; DZ 1275–2400 P; ❄📶) Die Liebe und Energie, die die deutschen Besitzer in dieses abgefahrene Hotel investiert haben, sind überall zu spüren, ganz besonders in den neun Themenzimmern. Das „Mad Mix"-Zimmer hat skurrile Details, wie eine umgedrehte Toilettenschüssel als Duschkopf, das „Rockadelic"-Zimmer prunkt mit Marshall-Verstärkern, E-Gitarren und einer an der Wand montierten Goldenen Schallplatte.

★ Punta Bulata Resort & Spa RESORT €€€
(☎034-713 4888, 0917 848 3558; www.puntabulata.com; Zi. 3900–5500 P, Cabana 5700–8200 P; ❄📶🏊) Das Danjugan Island Marine Reserve & Sanctuary liegt direkt vor diesem schnieken Resort, das seinen eigenen, rund 1 km langen Sandstrand besitzt. Der von dem Besitzer, einem Architekten, selbst entworfene Hauptkomplex ist modern-asiatisch mit einem regionalen Touch gestaltet. Die Unterkünfte bieten von allem etwas, von riesigen Zimmern an einem Hof bis hin zu Strandhütten mit gewaltigen Betten und Innen-/Außenbädern.

Ausgehen & Nachtleben

Sugar Rocks Music Bar BAR
(11–open end) Diese Bar auf dem Hügel am Nordende des Strandes ist mit ihrem etwas eingeengten, aber fabelhaften Ausblick ein guter Ort für einen Drink und gelegentliche Livemusik.

An- & Weiterreise

Die weitläufige Küstenstadt Sipalay 21 km vom Sugar Beach ist der Verkehrsknotenpunkt der Region. Täglich kommen 14 Ceres-Busse von Bacolod an (regulär/klimatisiert 189/289 P, 5 Std.). Von Dumaguete dagegen muss man zuerst nach Bayawan (80 P, 2 Std.) und dann nach Hinoba-an (25 P, 30 Min.) fahren, um schließlich Sipalay zu erreichen.

Sugar Beach ist durch einen Tidenfluss abgeschnitten, die Anreise ist dadurch selbst von Sipalay schwierig. Bei gutem Wetter ist die schnellste und einfachste Anreiseoption ein *bangka* (300 bis 350 P, 10 Min.) vom 3 km südlich gelegenen Poblacion Beach in Sipalay. Viele Resorts holen dort ihre Kundschaft ab.

Alternativ nimmt man vom *barangay* Montilla 3 km nördlich von Sipalay ein Tricycle (110 P) zum *barangay* Nauhang, wo Paddelboote den Fluss überqueren (15 P/Pers.; vorab den Preis aushandeln). Sugar Beach liegt einen kurzen Weg hinter der Landspitze. Während der Flut kann es insbesondere in der Regenzeit nötig sein, ein Motorboot (200 P) von der Brücke in Nauhang zu nehmen oder bei seinem Resort anzurufen, um sich abholen zu lassen.

Punta Ballo

Die Punta Ballo ist eine Landspitze mit einem himmlischen, weißen Strand aus feinem Muschelsand vor einer Kulisse bewaldeter Hügel. Während man nur bei Flut schwimmen kann, ist der Ort vor allem für das bekannt, was sich unter Wasser befindet: einige der besten Tauchspots vor der Küste von Negros mit mindestens zehn Meeresschutzgebieten und 42 Tauchstellen, drei davon mit Wracks.

Das **Easy Diving Beach Resort** (0917 300 0381; www.sipalay.com; Zi. mit Ventilator ab 1600 P, mit Klimaanlage 1950–3900 P;) hat sonnige und angenehme Räume im mediterranen Stil, einen schönen Strand und ein gut ausgestattetes Tauchcenter mit einem breiten Angebot an Tagesausflügen, unter anderem Tauchsafaris zu den Cagayan Islands, einer Kette von etwa 30 Inseln 120 km westlich von Sipalay (ähnlich dem Tubbataha Reef).

Der Besitzer des **Artistic Diving Beach Resort** (0919 409 5594; www.artisticdiving.com; Zi. ohne Bad 500 P, mit Ventilator/Klimaanlage 1350/1770 P;), Arturo, war der Erste, der hier ein Tauchcenter aufbaute, und das Resort ist über die Jahre gewachsen. Heute gibt es 16 etwas abgenutzte Betonhütten mit Kabel-TV, manche mit privaten Balkonen mit Meerblick in einem grünen Garten am Strand. Zu essen gibt's schmackhafte Schweizer Gerichte mit selbst gebackenem Brot und vegetarische Currys. Angeboten werden auch Pauschalpakete mit Unterkunft und Tauchgängen.

Das **Nataasan Beach Resort & Dive Center** (0999 344 1113; www.nataasan.com; EZ/DZ 1200/1400 P, Bungalows 1700–2900 P;) gehört zu den größten Anlagen hier, mit einem Komplex niedriger Gebäude, die einen zentralen Hof- und Poolbereich umgeben. Es liegt auf einer Klippe über dem Punta Ballo Beach, daher ist die Aussicht schön, allerdings gibt es kein privates Resortgelände, sondern eine lange Treppe führt hinunter zum öffentlichen Strand. Die Zimmer sind sauber und einfach möbliert, aber der Service, auch im Restaurant, kann langsam sein.

An- & Weiterreise

Ceres-Busse verkehren regelmäßig zwischen Sipalay, 7 km nördlich von Punta Ballo, und Dumaguete (300 P, 5 Std.). Die weniger komfortablen, aber schnelleren Minivans (300 P) legen dieselbe Strecke in drei Stunden zurück. Die Abzweigung nach Punta Ballo liegt auf der städtischen Plaza von Sipalay – auf der linken Seite, wenn man in die Stadt kommt. Zu den Resorts, die alle am Strand liegen, sind es von hier noch 7 km mit dem *habal-habal* (Motorradtaxi; 150 bis 200 P) oder Tricycle.

Apo Island

035 / 920 EW.

Die kleine, nur 12 ha große Vulkaninsel mit nur einer Strandsiedlung wartet mit einigen der besten Tauch- und Schnorchelspots der Philippinen auf. Das verdankt sie einem leidenschaftlich beschützten, von der Gemeinde betriebenen Meeresschutzgebiet, das 1985 eingerichtet wurde. Es gibt 400 Korallenarten (eine Seite des Kliffs wurde von einem Taifun zerstört), 650 Fischarten, darunter fünf Clownfisch-Arten, und Grüne Meeres- und Echte Karettschildkröten. Prächtige, weiße Korallensandstrände, ein paar schöne, kurze

Wanderungen, eine freundliche Inselgemeinde und ein ausgezeichneter Blick auf Negros mit dem Mt. Talinis (Cuernos de Negros) komplettieren das Idyll.

Aktivitäten

Während der Flut trifft man morgens gleich vor dem Hauptstrand nahezu immer auf große Grüne Meeresschildkröten, die dort in den flachen Gewässern weiden und für ein denkwürdiges Schnorchelerlebnis sorgen. Alle drei Unterkünfte haben Tauchcenter mit vollem Service.

Apo Island Marine Reserve & Fish Sanctuary TAUCHEN
(100 P, zzgl. Schnorchel-/Tauchgebühr 50/300 P) Das 15 000 m² große Meeresschutzgebiet ist eines der erfolgreichsten der Philippinen. Es umfasst einen vitalen marinen Lebensraum und ist bei Tauchern und Schnorchlern wegen der ausgezeichneten Sicht und seiner Population von Meeresschildkröten beliebt, die nahe bei der Küste schwimmen. Es gibt beinahe ein Dutzend Tauchplätze mit abfallenden Riffen, Wänden, Korallengärten und für Strömungstauchen. Die meisten der *bangkas*, die hier Taucher abladen, kommen von Resorts in Dauin im Landinneren von Negros.

Schlafen & Essen

Mario Scuba PENSION €
(☎0906 361 7254; www.mariosscubadiving homestay.com; B 300 P, DZ 500–1000 P; 📶) Das kleine und etwas unordentliche Tauchcenter wird von dem ehemaligen *barangay*-Hauptmann Mario betrieben und hat sonnige Zimmer. Die teureren (1000 P) lohnen sich wirklich: Sie sind supergeräumig und haben polierte Dielen und Balkone. Hier gibt's auch Essen (Hauptgerichte 100 bis 180 P).

★ **Apo Island Beach Resort** RESORT €€
(☎0917 701 7150, in Dumaguete 035-226 3716; www.apoislandresort.com; B 800 P, DZ 2700–3400 P) Versteckt in einer einsamen Bucht, kann sich dieses elegante Tauchresort des schönsten weißen Sandstrands rühmen. Die Zimmer und Cottages im spanischen Missionsstil haben Ventilatoren und Badezimmer mit Kaltwasser. Auf der einfachen Karte stehen gute philippinische Gerichte (175 bis 210 P). Während der Flut erreicht man das Resort über Stufen am nahen Liberty's Resort vorbei – oder durch die Brandung und eine Felsschlucht.

Das Resort ist im Besitz desselben angesehenen Betreibers wie das Coco Grove Beach Resort (S. 308) auf Siquijor und das Coco Grande Hotel (S. 299) in Dumaguete.

Liberty's Lodge & Dive RESORT €€
(☎0920 238 5704; www.apoisland.com; B/EZ/DZ mit voller Verpflegung ab 900/1650/2100 P; ❄📶) Das etwas chaotische Resort liegt oberhalb des Dorfstrandes; die einfach ausgestatteten Zimmer sind bei Tauchern mit knappem Budget beliebt. Die Zimmer haben Balkone mit fantastischem Blick, und der Tauchshop ist professionell geführt. Da im Zimmerpreis drei herzhafte Mahlzeiten enthalten sind, gibt's das alles zu einem fantastischen Preis-Leistungs-Verhältnis. Ein Tauchgang vom Boot kostet inklusive Ausrüstung 1400 P.

An- & Weiterreise

Apo liegt rund 25 km südlich von Dumaguete. Die Fähren (300 P, 30 Min.) legen drei- bis viermal am Tag von 7 bis 16 Uhr vom Malatapay Beach ab (ein Schuppen steht dort, wo die Straße endet). Man kann sich ein eigenes Boot mieten (2000/3000 P für 4/8 Pers.) – die Preise werden von der Vereinigung der Auslegerboote in Malatapay festgelegt – oder auch versuchen, einen Transport mit einem der Resorts zu organisieren, sich ein Boot mit anderen zu teilen oder sich einer Tauchgesellschaft anzuschließen.

Dauin

☎035 / 27 800 EW.

Dauin (Betonung auf der zweiten Silbe) ist eine kleine Küstenstadt an der Boholsee, die bei Travellern wegen der Tauchmöglichkeiten, die sich hier bieten, Bekanntheit erlangt hat. Der Ort bietet beste Tauchverhältnisse im Meeresschutzgebiet Masaplod Norte und ist Ausgangsort für Ausflüge zur nahe gelegenen Insel Apo, außerdem liegen gute Schnorchelspots hinter dem steilen Abhang rund 20 m vor dem Strand. Der Strand selbst, der teilweise durch vulkanische Asche entstand, ist nicht besonders attraktiv, weshalb man sich wohl eher an die Pools der Resorts hält. Die meisten Resorts – eine wachsende Anzahl – bieten Ausflüge in die Umgebung an; beliebt sind zum Beispiel Trips zu den Twin Lakes (S. 296) und zum Lake Balanan.

Die Schwefelthermalquellen von **Baslay** (gegen Spende) liegen ebenfalls in der Nähe.

Im nahe gelegenen Malatapay (9 km südlich), der Ablegestelle für Fahrten zur Insel Apo, gibt es einen großen, munteren Markt, zu dem an jedem Mittwochmorgen Dorfbewohner, Fischer und die indigenen Bukidnon strömen, ihre Waren tauschen und *lechón* (am Spieß gebratenes Schwein) verdrücken.

Schlafen & Essen

Bongo Bongo Divers HÜTTE €

(☎0906 202 2152; www.divebongo.com; EZ/DZ mit Gemeinschaftsbad 400/700 P, DZ mit Bad & Ventilator/Klimaanlage 1000/1500 P;) In den simplen, ventilatorgekühlten Nipa-Hütten (eine optional mit Klimaanlage) in einem grünen Garten bekommen rucksackreisende Tauchfreunde richtig was geboten für ihr Geld. Das kostenlose Wasser und der kostenlose Tee und Kaffee sind ein nettes Extra, ebenso wie die Tatsache, dass es eine Küche für Gästen gibt. Es gibt außerdem einen zuvorkommenden und professionellen Tauchshop, und wer mit knappem Budget reist, kann hier gut seinen PADI-Tauchschein machen.

Mike's Dauin Dive Resort RESORT €€

(☎0916 754 8823; www.mikes-beachresort.com; DZ mit Frühstück 3300–4000 P;) Eine gute Option der mittleren Preisklasse. Das Mike's ist eine kompakte und gut gepflegte Anlage direkt an einem breiten Strandstück. Familiengeführt und gemütlich mit nur acht einfachen und modernen Zimmern in einem zweistöckigen Gebäude mit Palmdach; ringsum ragen hohe Palmen auf. Voll ausgestattetes Tauchcenter und gutes Essen sind zusätzliche Anreize.

Liquid Dive Resort RESORT €€

(☎035-400 3244, 0917 314 1778; www.liquiddumaguete.com; km 12½, Bulak; DZ mit Ventilator/Klimaanlage 2000/3500 P;) Das Liquid ist eines der besten Resorts von Dauin in der mittleren Preisklasse; hier gibt es einfache Nipa-Hütten-Zimmer mit Balkonen mit Meerblick und gehobenere und schickere Gemeinschaftsräume. Es gibt eine Bar und ein gutes Restaurant mit gesunden Gerichten sowie einen kleinen, zentral gelegenen Pool. Das Tauchunternehmen ist gut geführt und professionell, und die Besitzer sind freundlich und engagieren sich für die Region.

ABSTECHER

TAMBOBO BAY

Die prächtige Tambobo Bay am südlichsten Punkt von Negros wirkt wie eine versteckte Piratenbucht. Beliebt ist sie vor allem bei Seglern, die hier in sicherem Gewässer an der Mündung zweier kleiner Flüsse vor Anker gehen können. Am Eingang der Bucht gibt es einige weiße Sandstrände, wo man abends einen spektakulären Sonnenuntergang erleben kann (am schönsten sind sie von November bis Januar). Überdies gibt es ein paar echte versteckte Schätze: Das **Kookoo's Nest** (☎0919 695 8085; www.kookoosnest.com.ph; Cottage für 3/4 Pers. 1000/1500 P) liegt 1700 Stufen unterhalb der Hauptstraße – doch der Weg lohnt sich. Das von sanften Brisen und Wellen eingelullte, idyllische Mini-Resort liegt an einer hübschen Bucht mit weißem Sandstrand. Mit seinen sechs Bambuscottages könnte es auch als „Love Nest" durchgehen. Es gibt ein Tauchcenter und ein überraschend raffiniertes Restaurant. Zu Abwechslung kann man auch mit einem Boot zu mehreren improvisierten Lokalen in der Bucht fahren und an Bord das Lokalkolorit genießen. In Dumaguete gibt es einen Abholservice vom Hotel.

★ **Atmosphere** RESORT €€€

(☎0917 700 2048, 035-400 6940; www.atmosphereresorts.com; DZ/Suite für 4 Pers. mit Frühstück 13 000/17 500 P;) Das luxuriöseste Resort von Dauin – möglicherweise von ganz Negros. Die Atmosphäre ist eine Mischung aus Miami Beach und philippinischer Herzlichkeit. Das engagierte Team weiß, wie man die Erwartungen der Gäste übertrifft. Große Villen mit modern-minimalistischem Dekor säumen einen perfekt angelegten Rasen hinunter zum Pool-, Restaurant- und Strandbereich. Das paradiesische Außenspa ist das beste der Region.

★ **Atlantis Dive Resort** RESORT €€€

(☎0917 562 0294, 035-536 0206; www.atlantishotel.com; DZ mit Frühstück 4500–7000 P;) Das Atlantis verbindet eine attraktive Anlage mit vielen Jahren Taucherfahrung – für gut betuchte Taucher eine bestechende Kombination. Es gibt einen zauberhaften Poolbereich, erfahrene Masseurinnen und eine entspannte tropische

Atmosphäre. Die hinreißenden Gebäude im spanischen Stil liegen auf einem schmalen Gelände zum Strand hinunter und sind beengt; die Zimmer sind recht einfach und haben Balkone, liegen allerdings einander zugewandt.

Azure Dive & Yoga Resort RESORT €€€

(☎0917 798 7855; www.azuredive.com; Masaplod Norte; DZ 4100 P; ❄📶🏊) Das Azure ist das einzige Resort in Dauin in philippinischer Hand; die geschmackvoll-minimalistischen Zimmer sind mit Holzelementen und ortstypischer Dekoration verziert. Das zweistöckige, weiß getünchte Gebäude mit Palmdach umgibt einen reizenden Poolbereich. Yoga ist eine nette Ergänzung zum Tauchsport. Das Resort ist hauptsächlich auf asiatische Taucher ausgerichtet, das Essen daher philippinisch-chinesisch.

Thalatta Resort RESORT €€€

(☎0939 925 6326, 0920 668 7393; www.thalattaresort.com; Zamboanguita; Zi. 3400 P; ❄📶🏊) 🍃 Das Thalatta liegt in der Nähe von Malatapay und Zamboanguita und bietet gutes Essen und hervorragende Unterkünfte in senffarbenen Bungalows rund um einen wunderhübschen Infinity-Pool mit Meerblick. Das parkartige Gelände wirkt zwar nicht authentisch, dafür haben aber die französischen Besitzer ihren Laden und das zugehörige Tauchcenter fest im Griff. Es gibt keinen echten Strand, nur eine gelbe Ufermauer. Die meisten Gäste kommen aus Europa, ungefähr die Hälfte sind Taucher.

★ **Finbar** INTERNATIONAL €

(Ecke National Hwy. & Washington St.; Hauptgerichte 150–300 P; ⏲Mo, Di, Do & Fr 17 Uhr–open end, Sa 11–22 Uhr, So 10–22 Uhr) Treffpunkt der Expats in Dauin – und das aus gutem Grund. Alle Speisen sind hausgemacht, sogar der Halloumi und der Mozzarella, das Brot, der Pizzateig und die Pasta. Beliebt sind Burger und Fritten, und das Tagesgericht wechselt täglich je nach Frische und Saison der Zutaten. Die Auswahl an Getränken ist toll, von lokal gebrauten Craft-Bieren bis zu eigenen Kreationen wie Gurken- und Ingwer-Gin.

ℹ An- & Weiterreise

Auf dem Highway gibt es Jeepneys oder Tricycles für die Fahrt zwischen den Resorts und Duaguete 14 km nördlich. Viele Resorts bieten Transporte vom Flughafen in Dumaguete oder von der Stadt selbst an. Auf der Straße nach Süden verkehren Ceres-Busse.

Von Malatapay, 9 km südlich von Dauin, kommt man zur Insel Apo. Es ist leicht zu erreichen, einfach einen der vielen Jeepneys oder Tricycles anhalten, die hier entlangkommen.

Dumaguete

☎035 / 131 000 EW.

Neben einer geschäftigen und dank einer großen und florierenden Expatgemeinde auch relativ weltgewandten Universitäts- und Provinzhauptstadt ist Dumaguete auch ein guter Ausgangspunkt, um all das zu erkunden, was das südliche Negros zu bieten hat. Das kleine Stadtzentrum ist nicht weniger beengt, laut und chaotisch als jede andere Stadt auf den Philippinen, aber die Hafenpromenade, die von gehobenen Bars, Restaurants und Imbissständen gesäumt wird und friedliche Meerblicke bietet, ist ein unbestreitbarer Anziehungspunkt. Sobald man sich mit der Stadt vertraut gemacht hat – was nicht mehr als ein paar Tage in Anspruch nehmen dürfte –, fühlt man sich nach der Rückkehr von kurzen Tauch-, Wander- oder Schwimmausflügen gleich wieder heimisch.

Sehenswertes & Aktivitäten

Zwei Wahrzeichen der Stadt sind der aus Korallenstein errichtete **Glockenturm** (Ecke Perdices & Teves Sts.) in der Nähe des städtischen Platzes (1754–1776) und der große und lebhafte **öffentliche Markt** an der Real Street.

★ **Rizal Boulevard** STRASSE

Die philippinischen Städte sind nicht gerade für ihre Schönheit oder ihren Charme berühmt, Dumaguetes Uferpromenade am Rizal Boulevard bildet jedoch eine Ausnahme von dieser Regel. Die 1916 angelegte, 400 m lange Allee mit altmodischen Straßenlaternen ist ein schöner Ort für einen Spaziergang. Hier sieht man Familien picknicken, Power-Walker staksen vorbei, während andere einfach friedlich auf den Bänken sitzen und hinaus aufs Meer blicken. In der Nähe findet sich eine gute Auswahl von Restaurants, Bars und Imbissständen.

Twin Lakes National Park NATIONALPARK

(100 P) Rund 20 km nordwestlich von Dumaguete locken die beiden Kraterseen des

Balinsasayao und des **Danao** zu wunderbar malerischen Wanderungen. Der hiesige Urwald ist Heimat vieler Wildtiere (u. a. Affen und Vögel); mit Glück erspäht man sogar einen Vertreter der sehr seltenen Prinz-Alfred-Hirsche oder der gleichfalls bedrohten Visayas-Pustelschweine.

Der Eintritt ist im Büro am Kontrollpunkt zu zahlen. Dort gibt es auch Führer (300 P), es ist aber besser, sich vorab einen über die Touristeninformation der Provinz in Dumaguete zu besorgen.

900 m hinter dem Tor erreicht man den ersten See, an dem Kajaks (100 P/Std.) und Paddelboote (250 P/Std.) vermietet werden. Ein nettes Restaurant blickt auf den schimmernden Lake Balinsasayao. Wanderer können u. a. wählen zwischen einem kurzen Weg, der die beiden Seen verbindet, einer beliebten, halbstündigen Strecke zu einigen Wasserfällen und einer dreistündigen Wanderung zu den Zwillingswasserfällen im Red River Valley. Die Wege können sehr rutschig sein, also unbedingt festes Schuhwerk anziehen!

Von Dumaguete liegt der Zugangspunkt zu dem 13½ km langen, malerischen Weg zu den Twin Lakes kurz vor San José an der Küstenstraße bei km 12,4 (dort weist ein Schild ins Landesinnere). Ein *habal-habal* von hier zu den Seen kostet hin und zurück 400 P. Um von Dumaguete aus die Abzweigung zu erreichen, nimmt man einen der Busse, die mehrmals täglich vom nördlichen Busbahnhof (25 P) abfahren, oder einen Jeepney an der Real Street.

Silliman University Anthropology Museum MUSEUM
(Wochentag/Wochenende 50/100 P; ⌚Mo–Fr 8.30–17 Uhr) Die Hibbard Hall auf dem Universitätscampus beherbergt eine sehr schöne anthropologische und ethnobotanische Sammlung. Zu sehen sind u. a. Artefakte der indigenen Negritos und aus islamischer Zeit, darunter ein mächtiger *kris* (Dolch).

Orient Wind Travel & Tours REISEAGENTUR
(☎035-422 5298; www.orientwind.com.ph; 201 Flores Ave.; ⌚9–17 Uhr) Veranstaltet Touren, wie Schnorcheln um Apo Island und Delfinbeobachtungen (3400 P), und Ausflüge zu den Casaroro Falls (1900 P), zur Manjuyod Sandbar, (3500 P) und zu den Walhaien von Oslob (2250 P). Um das Ganze erschwinglich zu machen, braucht man eine große Gruppe. Die Kosten gelten pro Person in einer Vierergruppe.

INSIDERWISSEN

SURFEN IN BAYAWAN

Surfer aufgepasst Es gibt eine wachsende Surferszene in Bayawan, auf halber Strecke zwischen Sipalay und Dumaguete. Die Action findet hauptsächlich von Juni bis Oktober statt und konzentriert sich auf die 2 km lange Uferstraße der Stadt, wo es sicher und freundlich zugeht. Der Brettbauer Rex Lamis ist der Experte vor Ort; er erteilt nützliche Ratschläge und vermietet Equipment.

Scuba Ventures TAUCHEN
(☎035-225 7716; www.dumaguetedive.com; Hibbard Ave.) Dieses gute, von Philippinen betriebene Tauchunternehmen gibt es schon länger als alle anderen in Dumaguete. Es ist an Harold's Mansion angeschlossen und bietet Tauchtrainingskurse und Touren nach Apo Island, Siquijor und Cebu an. Je nach Personenzahl kosten drei Tauchgänge vom Boot nach Apo Island 3800 bis 5300 P.

Geführte Touren

★ **Touristeninformation der Provinz** TOUREN
(☎035-225 1825; www.negrostourism.com; EJ Blanco Dr.; ⌚Mo–Fr 7–19 Uhr) Das Büro hilft beim Planen von Touren und vermittelt zudem exzellente Guides (z. B. den Vogelexperten Jac Señagan; E-Mail tourguidejac@yahoo.com). Mögliche Ausflugsziele sind Wasserfälle in Valencia und Delfin- und Walbeobachtungsspots in Bais; außerdem kann man in Oslob auf Cebu mit Walhaien schwimmen oder Waldwanderungen im Twin Lakes National Park, Höhlenerkundungen in Mabinay und Vogelbeobachtungen rund um den Lake Balanan unternehmen.

Harold's Mansion TOUREN
(☎035-522 0144, 0917 302 4455; www.haroldsmansion.com, 205 Hibbard Ave.) Das Harold's-Imperium bietet preiswerte Ausflüge in die nähere und fernere Umgebung. Im Programm sind Wanderungen zu den Bergen Mt. Talinis und Mt. Kanlaon, das Schwimmen mit den Walhaien in Oslob auf Cebu, ein Besuch auf dem Markt von Malatapay sowie Schnorcheln in den

Dumaguete

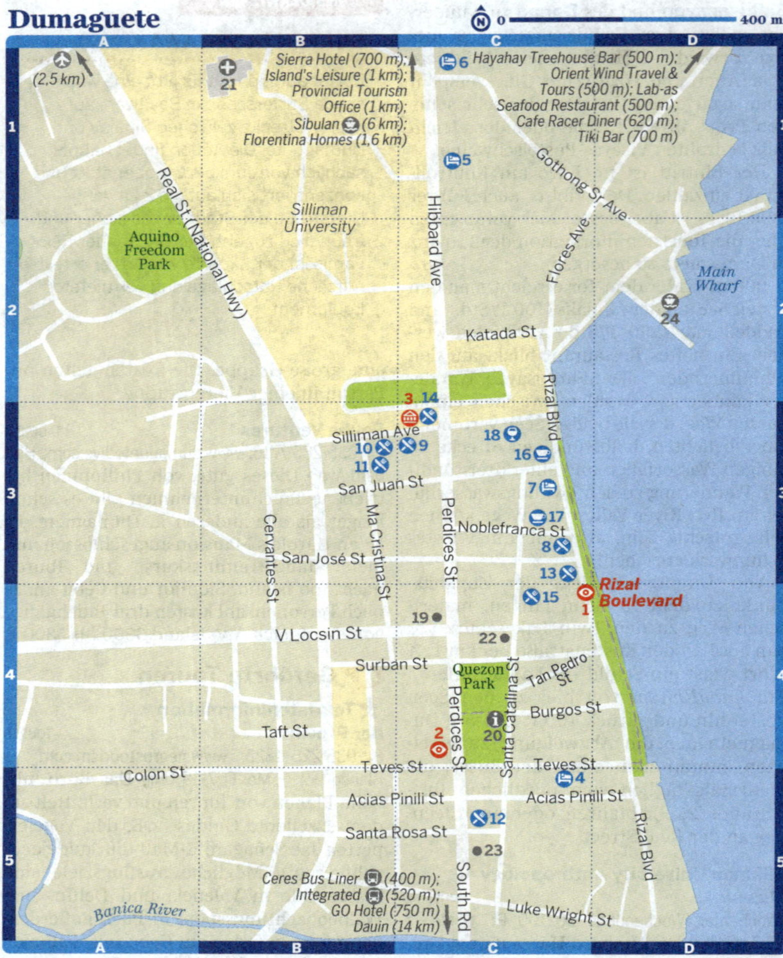

Gewässern um Apo Island (1200 P pro Person). Das Unternehmen betreibt ein außerdem ein eigenes Tauchgeschäft und ein Boot mit Übernachtungsmöglichkeit in Dauin.

Schlafen

GO Hotel HOTEL €
(☎035-522 1100; www.gohotels.ph; South Rd., hinter Robinsons Mall; Zi. 1000 P; ❄📶) Außenposten der landesweiten Kette mit sauberen und einfachen Zimmern. Ausgezeichnete Budget-Option für Traveller auf der Durchreise, wenn Stil und Atmosphäre Nebensache sind.

Harold's Mansion HOSTEL €
(☎0917 302 4455, 035-422 3477; www.haroldsmansion.com; 205 Hibbard Ave.; B/EZ/DZ mit Frühstück 300/400/600 P; ❄@📶) Das schon lange existierende Hotel in einem Hochhaus ist inzwischen etwas in die Jahre gekommen, aber zum Glück kann man den wenig funktionalen Zimmern und dem mürrischen Personal durch einen Besuch des geselligen Dachrestaurants entkommen. Hier ist nach wie vor eine gute Anlaufstelle, um ein Bierchen zu zischen, Billard zu spielen und andere Traveller kennenzulernen.

Dumaguete

Sehenswertes
1 Rizal Boulevard C4

Highlights
2 Bell Tower C4
3 Silliman University Anthropology Museum C3

Aktivitäten, Kurse & Touren
Harold's Mansion .... (siehe 6)
Scuba Ventures .... (siehe 6)

Schlafen
4 C&L Bayview Inn C5
5 Coco Grande Hotel C1
6 Harold's Mansion C1
7 La Residencia Al Mar C3

Essen
8 Casablanca C3
9 Harbour City Dim Sum C3
10 Kri B3
11 Panda Ice Cream B3
12 Qyosko C5
13 Sans Rival Bistro C3
14 Scooby's Bean Connection Cafe C3
15 Two Story Kitchen C4

Ausgehen & Nachtleben
16 Bo's Coffee C3
17 Coffee & Books C3
18 El Amigo C3

Praktisches
19 Bureau of Immigration C4
20 Touristeninformation Dumaguete C4
21 Silliman University Medical Center B1

Transport
Aleson Shipping Lines .... (siehe 24)
GL Shipping .... (siehe 24)
22 Maganda Travel & Tours C4
23 Motorcycle Rental Stalls C5
24 Oceanjet D2

Island's Leisure BOUTIQUEHOTEL €€
(☎0915 349 1132; www.facebook.com/islandsleisurehotel; Hibbard Ave.; DZ mit Frühstück mit/ohne eigenes Bad ab 1600/990 P; ❄📶🏊) Dieses Hotel kombiniert Zen-Moderne mit lokalen philippinischen Elementen. Stichworte sind hier gewebte Lampen, zeitgenössische Kunst, steinerne Zweierbänke und Plasma-TV. Im Hof stehen schicke Cabanas, und vor Ort werden Spa-Dienstleistungen angeboten.

Coco Grande Hotel HOTEL €€
(☎035-422-0747; www.cocograndehotel.com; Hibbard Ave.; DZ mit Frühstück 1400–1800 P; @📶) Gehört zu den am professionellsten betriebenen Hotels mit langjähriger Erfahrung in der Organisation von Reiseplänen für Traveller. Das Dekor (spanische Mission) verleiht den geräumigen Zimmern einen gewissen Stil. Es gibt eine hübsche Frühstücksnische, und das Personal vor Ort hilft beim Planen von Ausflügen nach Siquijor und Apo Island – der australische Eigentümer betreibt empfehlenswerte Hotels auf beiden Inseln.

Florentina Homes APARTMENT €€
(☎035-422 0827; www.florentinahomes.com; Rovira Rd.; DZ 1800–2800 P, Apt. 4000–5100 P; ❄📶🏊) Besonders für junge Familien geeignet; die Anlage bietet verspielt eingerichtete Zimmer und riesige Apartments mit europäischen Mottos (die manchmal allerdings schwer zu erkennen sind). Ein ähnlich eigenwillig möbliertes Bistro (Hauptgerichte 175 bis 395 P) ist vollgestopft mit allem möglichen Krimskrams, und es gibt eine Eisdiele und einen netten Poolbereich.

C&L Bayview Inn HOTEL €€
(☎035-421 0696; www.clhotel.com.ph; Teves St.; Zi. mit Frühstück 1200–1700 P; ❄📶) Das achtstöckige Hotel ist mit seiner farbenfrohen Palette aus leuchtendem Gelb, flammendem Orange und üppigem Grün sowie kleinen Balkonen mit schöner Aussicht eine gute Option im mittleren Preisbereich; es liegt nur einen Block vom Uferboulevard entfernt. Das Frühstück ist nichts Besonderes, wird dafür aber auf dem Dach serviert, das eine fantastische Aussicht bietet.

La Residencia Al Mar HOTEL €€
(☎035-422 0889; www.laresidenciaalmar.com; Rizal Blvd.; Zi. 2000–2900 P; ❄📶) Kopie einer spanischen Hazienda mit Ölgemälden, einer weiten Holztreppe und jeder Menge eingetopfter Farne. Die Zimmer haben solide Holzböden und sind im Kolonialstil dekoriert. Die teureren Zimmer besitzen einen Balkon mit Blick aufs Meer und gehören zu den attraktivsten der Stadt, in den anderen ist das Mobiliar etwas abgenutzt und das Licht trübe. Hat ein gutes japanisches Restaurant.

Sierra Hotel HOTEL €€€
(☎035-420 9621; www.sierrahotelandresort.com; EJ Blanco Dr.; EZ mit Frühstück 2900 P, DZ mit Frühstück 3200–3900 P; ❄📶🏊) Sobald das neue Hochhaushotel komplett eröffnet ist, wird es sicher zu den angenehmsten Hotels der Stadt gehören. Bei unserem Besuch war erst die Hälfte der Zimmer zum Vermieten freigegeben, und die Dachterrasse und der Pool waren noch nicht fertig. Man sollte nach einem Zimmer mit Fenster nach außen fragen – manche Zimmer blicken auf eigenwillige Innengärten, die auf jeder Etage zu finden sind. Es gibt eine schicke Lobby, einen Coffeeshop und ein Restaurant.

Essen

Eine schmackhafte und billige Option sind die Imbissstände, die abends auf 800 m am Rizal Boulevard aufgebaut werden. Wer will, kann ein *balut* (Entenembryo) versuchen – keine Angst vor den Federn. Mehrere hervorragende Lokale mit Außentischen gruppieren sich an der Kreuzung EJ Bianco Drive und Flores Avenue (nördliche Erweiterung des Rizal Boulevard). Die meisten anderen Restaurants befinden sich zwischen Perdices und Rizal Boulevard.

★ **Two Story Kitchen** KOREANISCH €
(☎035-522 0126; Santa Catalina St.; Koreanische Gerichte 189–250 P; ⏲So–Do 10–23 Uhr, Fr & Sa bis 24 Uhr) Die Attraktion ist das Teehaus im ersten Stock, wo man in lauschigen Nischen erhöht auf bequemen Sitzkissen Platz nimmt, die auf dem Boden ausgebreitet sind. Es gibt zwei Karten: Auf der einen stehen übliche Café-Gerichte (Sandwiches, Pasta, Pizza etc.), auf der anderen koreanische Speisen. Ein lustiger und beliebter Treffpunkt.

Panda Ice Cream EISCREME €
(☎035-225 9644; Ma Cristina St.; Eiscreme 60 P; ⏲9–20 Uhr) Weit und breit für frittiertes Eis bekannt.

Qyosko PHILIPPINISCH €
(Ecke Santa Rosa & Perdices Sts.; Hauptgerichte 60–120 P; ⏲7–3 Uhr; 📶) Eine lokale Legende: Hier werden fettige Rippchen und heiße philippinische Gerichte serviert, außerdem köstliche Shakes und Kaffee aus dem zugehörigen klimatisierten Coffeeshop.

SCHIFFE/FÄHREN AB DUMAGUETE

ABFAHRT	ZIEL	UNTERNEHMEN	TYP	PREIS (P)	DAUER	HÄUFIGKEIT
Main Wharf	Tagbilaran	Ocean Jet	Schnellboot	700	2½ Std.	1-mal tgl.
Main Wharf	Dapitan	Ocean Jet	Schnellboot	680	1 Std. 40 Min.	1-mal tgl.
Main Wharf	Dapitan	Montenegro, Aleson, Cokaliong, George & Peter	RoRo	295–360	4–6 Std.	4- bis 5-mal tgl.
Main Wharf	Siquijor	GL Shipping	Schnellboot	150	1½ Std.	2-mal tgl.
Main Wharf	Siquijor	Ocean Jet	Schnellboot	230	40 Min.	1-mal tgl.
Main Wharf	Siquijor	Aleson	RoRo	120	2 Std.	4-mal tgl.
Main Wharf	Larena, Siquijor	Montenegro	RoRo	170	2 Std.	3-mal tgl.
Main Wharf	Zamboanga City	George & Peter, 2GO	RoRo	942–1489	10–11 Std.	Di & So
Main Wharf	Cebu City	George & Peter, Cokaliong	RoRo	320–430	6 Std.	1- bis 2-mal tgl.
Main Wharf	Manila	2GO	RoRo	1760	15 Std.	Di
Sibulan	Lilo-an	verschiedene	Schnellboot	70	20 Min.	10-mal tgl.
Tampi	Bato, Cebu	Maayo	RoRo	70	30 Min.	alle 45 Min.

Scooby's Bean Connection Cafe CAFÉ €
(Siliman Ave.; Hauptgerichte 85–135 P; ⏲8–24 Uhr; 📶) Helles und luftiges Lokal, das sich besonders gut für den Besuch zum Frühstück empfiehlt. Hier gibt's Waffeln, Pfannkuchen und so etwas wie Arme Ritter, außerdem Espressogetränke und Pastetchen. Auf der Karte stehen außerdem Burger, Pasta und philippinische Gerichte, und an vielen Abenden der Woche gibt's Livemusik.

★ **Kri** INTERNATIONAL €€
(☎035-421 2392; 53 Silliman Ave.; Hauptgerichte 200–300 P; ⏲11–21.30 Uhr; 📶) In diesem schicken, topmodernen Restaurant bereiten die Köche in einem Glaswürfel raffinierte Speisen zu erschwinglichen Preisen zu. Die deutlich international geprägte Fusion-Karte lässt sich nicht wirklich zusammenfassen, man braucht aber nicht besorgt zu sein – für jeden Geschmack ist etwas Kreatives dabei, einschließlich koreanischer und Thai-Gerichte.

★ **Lab-as Seafood Restaurant** MEERESFRÜCHTE €€
(☎035-225 3536; Flores Ave.; Gerichte rund 250 P; ⏲10–14 Uhr) Dieser laute und muntere Laden – eine Institution in Dumaguete – begann 1988 als kleines Meeresfrüchtelokal. Inzwischen hat es sich zu einem vielseitigen Restaurant-, Bar- und Unterhaltungskomplex gemausert, der auch das Hayahay und Taco Surf umfasst (es gibt drei Speisekarten); hier lässt sich gut der ganze Abend verbringen. Es gibt Tanks mit frischen Meeresfrüchten, ein Steakhaus und eine Sushibar. Alle Gerichte werden lecker zubereitet.

Sans Rival Bistro INTERNATIONAL €€
(☎035-421 0338; Ecke Rizal Blvd. & San José St.; Hauptgerichte 195–375 P; ⏲7–23 Uhr, Fr & Sa bis 24 Uhr; 📶) Viele der Speisen wie Burger, Sandwiches, Fisch, Meeresfrüchte und philippinische Gerichte sind nichts Besonderes und relativ teuer, aber Stil und Atmosphäre des Restaurants in einem schönen Gebäude im Kolonialstil mit Blick auf das Wasser lohnen einen Besuch. Das All-you-can-eat-Sonntagsfrühstücksbüfett (285 P) bietet ein gutes Preis-Leistungs-Verhältnis.

Casablanca EUROPÄISCH €€
(Ecke Rizal Blvd. & Noblefranca St.; Hauptgerichte 190–575 P; ⏲6.30–24 Uhr; ❄📶) Das Casablanca ist vor allem für seine herzhaften österreichischen Gerichte, wie saftigen Schweinebraten und Wiener Schnitzel, bekannt – und auch als Freilufttreffpunkt für Expat-Veteranen. Der wenig ansprechende Speisesaal hat schwere Möbel und einen Teppich; draußen sitzt man besser. Scharf angebratener Thunfisch mit Sesam und Salsa ist eine nette Vorspeise. Mittags gibt's auch eine gute Auswahl an Sandwiches und köstliche Auberginengerichte für Vegetarier.

Harbour City Dim Sum CHINESISCH €€
(Siliman Ave.; Dim Sum 70 P; ⏲10–20 Uhr) Kettenrestaurant mit Kellnerinnen in traditioneller Kleidung und Servierwagen, auf denen sich eine Auswahl an Klößchen, Rollen und anderen kleinen Gerichten türmt. Der große, moderne und angenehme Speisesaal erstreckt sich über zwei Stockwerke.

Ausgehen & Nachtleben

★ **Hayahay Treehouse Bar** BAR
(201 Flores Ave.; ⏲16 Uhr–open end) In dem zweistöckigen Pavillon aus Treibholz mit einem Palmdach lehnt man sich an die Bar oder schnappt sich einen Plastikstuhl. Er ist Teil eines ganzen Komplexes von Bars und Restaurants am Ufer 2 km nördlich vom Stadtzentrum. Bekannt ist die Bar für köstliche, frische Meeresfrüchte und coolen Reggae am Mittwoch. An Wochenenden gibt's Livemusik bis 4 Uhr morgens.

FÄHREN NACH APO ISLAND

Nach Apo Island kommt man meist entweder im Rahmen einer organisierten Tauch- bzw. Schnorcheltour oder man vereinbart eine Überfahrt direkt mit einer der drei Unterkunftsoptionen auf der Insel. Wer die Insel auf eigene Faust besuchen will, der geht zur Malatapay-Anlegestelle etwa 24 km südlich von Dumaguete. Dorthin fährt jeder Ceres-Liner-Bus in Richtung Süden vom Busbahnhof oder dem Highway, oder man schnappt sich einen Jeepney, der in die Richtung fährt, springt als Mitfahrer auf ein Tricycle auf oder mietet sich ein eigenes. Letzteres ist teurer, dürfte aber nicht mehr als 400 P kosten. Die Fährenpreise von Malatapay sind fix und können nicht verhandelt werden.

★Coffee & Books CAFÉ
(2. OG, Noblefranca St.; ⌚9–24 Uhr; 📶) In dem Studententreffpunkt mit Bücherregalen und Mininischen (für jeden über 1,80 m ungeeignet) kann man Stunden verbringen. Espressogetränke, philippinische Snacks und Bier helfen, die Zeit zu vertreiben, während man Brettspiele, Tischtennis oder Billard spielt, sich auf dem großen Flatscreen ein Spiel anschaut oder sich über die neuesten Nachrichten informiert.

Tiki Bar BAR
(☎035-522 0446; www.facebook.com/tikidumaguete; Escaño Beach; ⌚16–4 Uhr) Auf der Konzertbühne dieser spätabends brummenden Strandbar gibt's ausgelassene DJs und live Partymusik, vor allem Elektro-Tanzmusik. Unter dem jungen Publikum herrscht am Wochenende fröhliches Gedränge. Freitags und samstags wird ab 22 Uhr eine Gedeckgebühr von 100 P erhoben; diese beinhaltet ein kostenloses Getränk, also ist es im Grunde kostenlos.

El Amigo BAR
(Silliman Ave.; ⌚9.30–1 Uhr) Dank Livemusik unter freiem Himmel ist dies eine lustige und muntere Bar. Das mexikanische Essen hilft dabei, das San Miguel herunterzubekommen.

Bo's Coffee CAFÉ
(Ecke Rizal Blvd. & San Juan St.; ⌚7–24 Uhr; 📶) Das Starbucks von Dumaguete, perfekt zum Warten auf Fähre oder Flug.

Cafe Racer Diner BIERGARTEN
(EJ Blanco Dr.; ⌚10–2 Uhr) Das Dekor (antike Benzintanks, Benzinfass-Sitze und ein alter VW-Bulli) verrät das Thema des Lokals: amerikanische Autokultur. Was man von der Speisekarte nicht unbedingt sagen kann: Aufgetischt werden philippinische Gerichte, wie Tintenfischbällchen und *kwek kwek* (frittierte Wachteleier) mit Hotdogs und Philadelphia-Käsesteaks. Lohnt sich vor allem wegen der Getränke – aus den Benzintanks wird tatsächlich Bier gezapft.

ℹ Praktische Informationen

Das Department of Tourism (DOT) hat hier zwei akkreditierte Reisebüros: **Maganda Travel & Tours** (☎035-225 9090; Ecke Santa Catalina & Locsin Sts.; ⌚9–17 Uhr) und **Orient Wind** (S. 297).

Eine ausgezeichnete Infoquelle für alle, die sich länger in Dumaguete aufhalten wollen, ist www.dumagueteinfo.com; die Seite hat auch ein aktives Forum.

Bureau of Immigration (BOI; ☎035-225 4401; 38 Locsin St.; ⌚Mo–Fr 8–17 Uhr) Visumsverlängerungen dauern mehrere Tage. Es liegt am Ende einer langen, überdachten Gasse mit einem eher schlecht zu erkennenden Eingang.

Touristeninformation Dumaguete (☎035-225 0549; www.dumaguetecity.gov.ph; Quezon Park; ⌚Mo–Fr 8–17 Uhr) Das kleinere, aber zentraler gelegene Büro konzentriert sich auf die eigentliche Stadt.

Touristeninformation der Provinz (S. 297) Außerordentlich hilfsbereites Personal mit tollen Informationen zu Negros Oriental. Kann im Grunde als sein eigenes Reise- und Ausflugsunternehmen tätig werden.

Silliman University Medical Center (☎035-225 0841; V Aldecoa Rd.; ⌚24 Std.) Hat die besten medizinischen Einrichtungen der Gegend, vielleicht auf ganz Negros.

ℹ An- & Weiterreise

BUS & JEEPNEY

Der Hauptbusbahnhof der Stadt, das **Ceres Bus Liner Terminal** (Negros South Rd.), liegt unmittelbar südlich der Stadt. Es gibt ein angeschlossenes, kleines Café und einen Lebensmittelladen; wer lange warten muss, findet einen Block weiter auch einen McDonald's. Am 100 m weiter südlich gelegenen, neuen **Integrated Terminal** (Robinsons Mall) werden alle Jeepneys Richtung Norden und Süden abgefertigt.

FLUGZEUG

Vom **Dumaguete Airport** aus fliegen Cebu Pacific (www.cebupacificair.com) und Philippine Airlines (www.philippineairlines.com) mehrmals täglich Manila an. Cebu Pacific betreibt außerdem jeden Morgen einen Flug nach Cebu. Der winzige Flughafen liegt am Nordrand der Stadt (12 P per Tricycle); die Fahrt vom Flughafen in die Stadt kostet den Festbetrag von 150/200 P für Tricycles/Taxis. Viele Hotels holen einen kostenlos vom Flughafen ab.

Im *barangay* Bacong wird derzeit ein Flughafen gebaut, auf dem auch größere Flugzeuge landen können; mit seiner Fertigstellung wird 2019 oder 2020 gerechnet.

SCHIFF/FÄHRE

Der Hauptanlegeplatz liegt im Stadtzentrum, der Sibulan-Fähranleger 4 km jenseits des Flughafens und der Hafen Tampi 22 km nördlich der Stadt; Ceres-Busse fahren zwischen 2 und 14.15 Uhr stündlich nach Tampi. Für Traveller sind vor allem die Fähren nach Siquijor relevant – am besten die schnelle Fähre **Oceanjet** (☎0923 725 3734; www.oceanjet.net; Schnellboot nach Larena in Siquijor 230–380 P) nach

Siquijor nehmen; **GL Shipping** (☎ 0915 891 1426; ⏰ So–Fr) betreibt ebenfalls zwei Fähren am Tag. Zur Nordküste von Mindanao nimmt man am besten die Fähren der **Aleson Shipping Lines** (☎ 035-422 8762; www.aleson-shipping.com; ⏰ 6–4 Uhr) nach Dipolog.

Nach Cebu City besitzt Dumaguete den am besten angebundenen Hafen der Visayas. Eine Reihe von Fährgesellschaften hat Büros am Pier. Der Fahrplan ändert sich häufig.

Von Cebu City hierher geht es am besten mit einem Schnellboot nach Tagbilaran auf Bohol und dann mit einer Fähre nach Dumaguete.

Unterwegs vor Ort

Die zahlreich vorhandenen Tricycles nehmen für Stadtfahrten 10 bis 15 P.

Wer zu den Resorts rund um Dauin will, hat wenig Alternativen. Man kann am Busbahnhof oder an der Straße jeden Ceres-Bus in südliche Richtung besteigen, einen Jeepney nehmen, der in die Richtung fährt, sich eine Fahrt mit einem Tricycle teilen oder selbst ein Tricycle mieten. Letzteres ist teurer, dürfte aber nicht mehr als 300 P kosten.

Es gibt mehrere Motorradvermietungen an der Kreuzung der Santa Rosa mit der Perdices Street. Die Kosten belaufen sich auf etwa 350 P pro Tag oder 1900 P pro Woche. Es lohnt sich, die Preise zu vergleichen und Bremse und Scheinwerfer zu kontrollieren.

Valencia (Negros Oriental) & Umgebung

☎ 035 / 34 800 EW.

Die saubere und grüne Stadt Valencia (Negros Oriental) wartet mit stattlichen, von Bäumen gesäumten Alleen und einer großen, grasbewachsenen, zentralen Plaza auf. Die Stadt liegt zu Füßen des **Mt. Talinis**, eines zweigipfligen Schichtvulkankomplexes, der auch als Cuernos de Negros („Hörner von Negros"; 1904 m) oder Magaso bekannt ist. Es führen vier Wege zum Gipfel; Guides lassen sich über die Touristeninformation der Provinz (S. 297) in Dumaguete oder über Harold's Mansion (S. 297) organisieren. Westlich der Stadt (15 P mit dem Tricycle) liegen Ökoparks, die einen Tagesausflug lohnen und bei einheimischen Familien sehr beliebt sind. Und fast 4 km entfernt befinden sich die malerischen, 30 m hohen **Casaroro Falls** (15 P), die den anstrengenden Weg auf jeden Fall wert sind.

Die Anlage des **Forest Camp** (☎ 0917 309 2444; www.forestcampbiz.com; Erw./Kind 100/80 P, Stellplatz 300 P, DZ mit Ventilator/Klimaanlage 1500/1800 P; ⏰ 8–18 Uhr) ist viel natürlicher und zurückhaltender als die der benachbarten Konkurrenz namens **Tejero Highland Resort & Adventure Park** (☎ 0917 707 0791; www.facebook.com/tejerohighlandresort; Erw./Kind 60/40 P; ⏰ 9–18 Uhr).

Das Wasser, das den Rand des Beckens am Fuß der **Pulangbato Falls** (25 P) umfließt und abläuft, ist durch die Felsen des Flusses rot gefärbt. Der Ort wurde erschlossen und bietet eine strohgedeckte Hütte, einen zementierten Beckenbereich und eine Bambusbrücke. In der Nähe liegt die Red-Rock-Thermalquelle.

Das **Cata-al War Memorabilia Museum** (☎ 035-423 8078; gegen Spende; ⏰ 9–17 Uhr), das in einem Privathaus am Stadtrand untergebracht ist, zeigt eine einfache und exzentrische Sammlung von Militaria aus dem Zweiten Weltkrieg. Die meisten der Bomben, Schutzhelme, Gewehrkugeln etc. wurden von Felix Cata-al, dem Besitzer des Museums, im Dschungel rund um Mt. Talinis gefunden, wo nach Schätzungen bis zu 10 000 japanische Soldaten während eines einmonatigen Bombardements ums Leben kamen.

Schlafen & Essen

Bambulo Resort RESORT €
(☎ 0999 797 3318; www.bambulo.com; Valencia-Bacong Rd.; Zi. 690 P, Bungalow-EZ/DZ 1350/1600 P; ❄ 📶 🏊) Das friedliche Waldresort ist eine prima Adresse, um seine Akkus wieder aufzuladen. Es hat einen wunderschönen, schattigen Pool auf zwei Ebenen, lichte, luftige Bungalows mit schönen Bambuselementen, Zimmer mit Gemeinschaftsbädern und einen netten Gemeinschaftsbereich. Sein stimmungsvolles Freiluftrestaurant serviert hervorragende Holzofenpizza. Es liegt etwa 2 km von der Küste entfernt.

Harold's Ecolodge HÜTTEN €
(☎ 035-522 0144; www.haroldsmansion.com; B/Zi. 250/500 P) Die recht entlegene Lodge, bekannt durch Harold's Mansion (S. 298) in Dumaguete, zu der eine sehr steile Straße hinaufführt, bietet einfache Schlafsäle (250 P) und eine Handvoll attraktiver Hütten (500 P) mit privaten Veranden am Beginn des Aufstiegs zum Mt. Talinis (1000 P, 2 Tage). Es ist empfehlenswert, sich im Voraus zu erkundigen, ob es dort Essen gibt, ansonsten eigene Vorräte mitbringen.

An- & Weiterreise

Jeepneys fahren den ganzen Tag zwischen Dumaguete und Valencia (15 P, 20 Min.). Die Fahrt mit einem *habal-habal* kostet rund 200 P.

Bais & Umgebung

☎035 / 76 200 EW.

Rund 45 km nördlich von Dumaguete liegt die Stadt Bais, einer der besten Orte im Land, um Delfine und Wale zu beobachten. In der 900 m tiefen Tañon-Straße zwischen Negros und Cebu wimmelt es nur so von Tintenfischen, weshalb hier mehr Walarten, unter anderem auch Schwertwale und insbesondere springende Ostpazifische Delfine, gesichtet werden als irgendwo sonst in den Gewässern der Visayas.

Walsichtungen sind selten, besonders außerhalb ihrer Wandersaison (März–Okt.). Zu den weiteren Highlights von Bais zählen ein Besuch der **Manjuyod Sandbar** bei Niedrigwasser sowie der **Bulwang Caves**, eines Systems mit über 400 Höhlen.

Führer (ab 400 P für 5 Pers.) und Informationen gibt's ebenfalls bei dem hilfsbereiten **Bulwang Caves Information Centre** (☎0926 973 9386). Am beliebtesten und zugänglichsten (mit Beleuchtung und Laufgang) ist die Crystal Cave, ein unterirdisches Märchenland mit funkelnden Kristallen und milchweißen Stalaktiten.

Das **La Planta Hotel** (☎035-402 8321; www.laplanta.com.ph; Mabini St.; DZ mit Frühstück 1450–1650 P; ❄📶🏊), ein 1910 erbautes Wahrzeichen in grüner Umgebung, hat große, einfach möblierte Zimmer und ein stimmungsvolles Restaurant (Gerichte 100 bis 180 P) mit hohen Decken und schwarz-weißen Bodenfliesen. Während man auf sein Essen wartet, hat man Zeit, die Fotos und Andenken an den Wänden zu studieren.

Die **Stilt Cottages** (Hütte 3000–6000 P), die Pfahlhütten auf der Manjuyod-Sandbank, wirken mitten im Meer wie verlassen. Eigene Vorräte mitbringen. Die Miete umfasst Hin- und Rückfahrt mit dem Boot und kann über die Touristeninformation von Bais oder Majuyod arrangiert werden. Tagsüber kann man Streifenruderschlangen erspähen und nachts einen lupenreinen Sternenhimmel bewundern.

Ceres-Busse fahren regelmäßig nach Dumaguete (1 Std., 55 P).

SIQUIJOR

☎035 / 96 000 EW.

Für die meisten Filipinos ist Siquijor eine unbekannte Welt voller Zauberei und Geheimnisse. Tatsächlich ist die kleine Inselprovinz berühmt für die in den Bergen hausenden *mangkukulam* (Heiler), die traditionelle Heilmittel gegen moderne Beschwerden zusammenbrauen. Heutzutage bestehen die beliebtesten Heilverfahren auf Siquijor jedoch darin, Cocktails zu schlürfen und in den Liegestühlen der entspannten und wunderbar preisgünstigen Strandresorts zu relaxen. Zu den irdischen Attraktionen zählen tolle Tauchspots, Wasserfälle, Höhlen und Wanderungen durch die Wälder im bergigen Inselinneren. Praktisch vor jedem Strand Siquijors lässt es sich prima schnorcheln. Wie an vielen Stränden in den Visayas kann man allerdings nur während der Flut baden, und zum Schutz gegen Seeigel sollte man Latschen tragen.

An- & Weiterreise

FLUGZEUG

Air Juan (www.airjuan.com) ist ein neues Unternehmen, das sich erst noch bewähren muss. Mittwochs, samstags und sonntags bietet es regelmäßige Flüge zwischen Siquijor und Cebu (1888 P, 40 Min.) an.

SCHIFF/FÄHRE

Die meisten Besucher kommen per Boot aus Dumaguete nach Siquijor. Seltener fahren auch Fähren von Cebu, Bohol und Mindanao. Die beiden wichtigsten Häfen der Insel sind diejenigen von Siquijor-Stadt und Larena.

Das letzte Boot, das von Dumaguete zur Insel ablegt, ist Montenegros RoRo-Fähre nach Larena um 18 Uhr, das erste Boot, das die Insel verlässt, ist das von Siquijor-Stadt um 6 Uhr startende Schnellboot von GL Shipping; und als letztes Boot am Tag verlässt eine RoRo-Fähre von Aleson ebenfalls Siquijor-Stadt um 17.30 Uhr.

Schnellboote nach Dumaguete betreibt **Oceanjet** (☎0923 725 3732; www.oceanjet.net; 230–380 P, 1 Std., 13.50 Uhr) und GL Shipping (160 P, 1¼ Std., mehrmals täglich). Bei rauer See sollte man sich an die robustere, zweimal täglich fahrende RoRo-Fähre von Aleson Lines (100 P, 2 Std.) halten.

Da GL Shipping Siebenten-Tags-Adventisten gehört, fahren die Boote samstags nicht, während Oceanjet gelegentlich zusätzliche Fahrten anbietet; alle Fahrpläne können sich ändern.

Oceanjet-Boote fahren weiter nach Tagbilaran (700 P, 3 Std.) und Cebu (1500 P, 6 Std).

Siquijor

Siquijor

Highlights

1 Balete Tree ... C3
2 Bandila-an Mountain View Park ... C2
Bandila-an Nature Centre ... (siehe 2)
3 Cambugahay Falls ... C3
4 Lugnason Falls ... B3
5 Mt Bandila-an ... C2
6 Olang Art Park ... D2
7 Paliton Beach ... A2
8 Salagdoong Beach ... D2
San Isidro Convent ... (siehe 9)
San Isidro Labrador Church ... (siehe 9)
9 Siquijor Heritage Museum ... C3

Aktivitäten, Kurse & Touren

10 Cantabon Cave ... B2
11 Kagusua Beach ... D3
12 Tongo Point ... A2
13 Tulapos Marine Sanctuary ... C1

Schlafen

14 Bruce ... A2
15 Charisma Beach Resort ... A2
16 Coco Grove Beach Resort ... B3
Coral Cay Resort ... (siehe 14)
17 Hambilica Ecolodge ... B3
18 Islander's Paradise Beach Resort ... C1
JJ's Backpackers Village & Cafe ... (siehe 14)
19 Kiwi Dive Resort ... C1
20 Villa Marmarine ... B2

Essen

21 Baha Bar ... B3
22 Larena Triad ... C2
23 Legend's Sports Bar ... B3
24 Marco Polo ... B3

Transport

Lite Ferries ... (siehe 25)
25 Oceanjet ... C1

Von Larena betreibt Montenegro Lines zwei RoRo-Fähren täglich nach Dumaguete (136 P, 2 Std.) auf Negros. **Lite Ferries** (☎ Cebu 032-255 1721; www.liteferries.com; Larena Pier) bedient Cebu (365 P, 8 Std.) über Tagbilaran, Bohol (ab 225 P, 3½ Std.) dienstags, donnerstags und sonntags um 19 Uhr und Plaridel, Mindanao, dreimal wöchentlich (ab 350 P).

Unterwegs vor Ort

Die Insel lässt sich wunderbar per Motorrad erkunden. Die 75 km lange Küstenringstraße ist mehr oder weniger verkehrsfrei; die Entfernungen ab Siquijor-Stadt sind mit gelben Kilometersteinen deutlich markiert. Selbst mit dem einen oder anderen Päuschen zwischendurch kann die

Insel locker in einem Tag umrundet werden. Das bergige Inselinnere ist durch asphaltierte Straßen gut erschlossen und kann ebenfalls mit einem Motorrad problemlos erkundet werden.

Motorräder werden überall vermietet, der übliche Preis liegt bei 300 bis 400 P. Am besten mietet man ein Bike gleich an der Anlegestelle in Larena oder Siquijor, um damit schon zu seinem Resort zu düsen.

Über die meisten Resorts kann man auch klimatisierte Vans, Kleintransporter (Multicab) und Jeeps für bis zu drei Mitfahrer mieten. Eine geführte Tour rund um die Insel mit Jeep oder Van kostet 1500 bis 2000 P, mit einem Kleintransporter rund 1000 P.

Tricycles-Fahrer verlangen 25 P für eine rund 10 km lange Fahrt zwischen größeren Ortschaften; wer das Gefährt für sich allein haben will, muss rund 150 bis 250 P bezahlen. Öffentliche Multicabs und Jeepneys stehen an den Fähren und fahren rund um die Insel, allerdings sporadisch und nur bis etwa 15 Uhr.

Larena

☎035 / 14 000 EW.

Larena ist Siquijors zweite Hafenstadt. Es hat eine entspannte Provinzatmosphäre, ein paar ordentliche Restaurants und eine Reihe Resorts am bezaubernden Sandugan Beach, 6 km nördlich vom Ortszentrum. Anders als das zunehmend beliebter werdende San Juan wirkt Sandugan immer noch hübsch abgeschieden – der richtige Ort für jene, die nichts weiter wollen, als stundenlang aufs Meer zu blicken.

Am **Tulapos Marine Sanctuary** kann man super schnorcheln.

Schlafen & Essen

Kiwi Dive Resort RESORT €

(☎035-424 0534, 0908 889 2283; www.kiwidiveresort.com; km 16,9, Sandugan; DZ mit Ventilator 500–1290 P, mit Klimaanlage 800–1600 P; ❄@📶) Ein hübscher Weg führt von den schlichten und sauberen Zimmern auf dem Hügel hinunter zum Strand und dem Sitzbereich des schon lange bestehenden Resorts. Die Unterkünfte sind ein Mischmasch aus Bambus, *nipa* und Stein; vor dem Buchen erst ein paar ansehen. Die Bäder sind eng und die Betten nicht unbedingt bequem. Es gibt ein Tauchcenter und ein Hausriff direkt vor der Küste.

Islander's Paradise Beach Resort RESORT €

(☎035-377 2412; www.islanders-paradise-beach.com; km 16,9; Hütten mit Ventilator/Klimaanlage 950/1200 P; ❄@) Islander's Paradise gehört zu den ersten Resorts in Siquijor, und vielleicht hat es seine besten Zeiten schon hinter sich. Dieses verstreute Dorf aus sieben imitierten Nipa-Hütten mit kleinen Betonveranden zeigt Abnutzungserscheinungen, aber Sonnenuntergänge und eine entspannte und familiäre Atmosphäre kommen nie aus der Mode. Eine niedrige Ufermauer trennt das grüne Anwesen vom Strand.

Villa Marmarine BUNGALOW €€

(☎035-480 9167; www.marmarine.jp/en; km 2½, Siquijor Town; mit Ventilatoren EZ 800–1600 P, DZ 1200–2000 P, mit Klimaanlage EZ 2000–3000 P, DZ 2500–4000 P; ❄@📶) Diese friedvolle Oase 3 km östlich von Siquijor-Stadt wird von einem fröhlichen japanischen Paar geführt. Einige Zimmer haben *furo*-Bäder, hölzerne Deckenventilatoren und japanische Supertoiletten, und keine zwei Zimmer sind gleich. Viele Cottages haben zwei Etagen; manche besitzen zudem große Balkone mit Meerblick. Die Anlage liegt auf einem schönen, weißen Sandstrand und hat auf dem Gelände ein Tauchcenter und ein hervorragendes Restaurant (Hauptgerichte 200 bis 300 P).

Weitere Pluspunkte gibt's für die barrierefreie Gestaltung, die kostenlose Nutzung von Kajaks und Schnorchelausrüstung und den Tennisplatz mit offenem Training am späten Nachmittag, das der Inhaber Daman selbst leitet.

Larena Triad PHILIPPINISCH €

(☎0906 338 3890; km 8½, *barangay* Nonoc; Hauptgerichte 125–250 P; ⏲7–21 Uhr) Wie ein riesiges Ufo mit Jesus-Thema thront das skurrile, wundervolle Triad auf einem Hügel über Larena. Das Essen ist nichts Besonderes, dafür aber der hinreißende Ausblick umso mehr. Von der Hauptstraße geht es auf einer rauen Piste 1 km bergauf; ein Tricycle kostet 30 P (einfache Strecke). Der Eintritt kostet 20 P, sofern man nichts essen will.

San Juan (Siquijor) & Umgebung

☎035 / 15 000 EW.

Siquijors beste Tauchspots, einige der schönsten Strände und ein ausgezeichnetes Angebot an Unterkünften – kein Wunder, dass San Juan heute der Ort ist, den die meisten Besucher der Insel ansteuern. Das Städtchen selbst ist eine typische,

DIE SCHAMANEN VON SIQUIJOR

Seit Langem wird Siquijor mit Erzählungen über Schamanen, Hexerei und schwarze Magie verbunden, weshalb die Insel oft als „Mystique Island" bezeichnet wird. Dieser Ruf bringt die Insel touristisch gesehen in eine Zwickmühle: Während das Geheimnisvolle an Siquijor auf Ausländer reizvoll wirkt, lassen sich philippinische Touristen von dem Unheimlichen leicht abschrecken.

Die Behörden und die meisten Einheimischen wollen aber weniger von schwarzer Magie und bösen Geistern auf der Insel wissen, sondern vermarkten Siquijor vielmehr als Ort weißer Magie, wobei auf die vielen „traditionellen Heiler" dort angespielt wird. Von diesen „praktizieren" hier drei Arten: Kräuterheiler, Glaubensheiler und *bolo-bolo*, die mit Wasser und Steinen arbeiten.

Die Kräuterheiler, von denen die meisten in den Bergen rund um San Antonio hausen, arbeiten mit Salben und Tränken, die sie aus Kräutern zubereiten, welche sie in den angeblich verzauberten Wäldern auf Siquijor sammeln. Glaubensheiler, die sich überall auf den Philippinen finden, verwenden Beschwörungen und Gebete. Einmalig und nur auf Siquijor anzutreffen ist *bolo-bolo*. Dabei kommt ein Glas mit Wasser zum Einsatz, in dem sich ein schwarzer Stein befindet. Das Wasser wird durch einen Strohhalm angeblasen, wobei das Glas über dem Körper des Patienten geschwenkt wird. Wenn das Wasser bräunlich wird, diagnostiziert der Heiler anhand der Farbe die Krankheit.

Man braucht etwas Geschick, um Siquijors *mangkukulam* (Heiler) aufzuspüren. Das Villa Marmarine (S. 306) kann einem den Weg zu *bolo-bolo*-Heilern im Tiefland rund um Tulapos und Bitaug weisen. Die meisten Kräuterheiler wohnen in San Antonio und Cantabon; in beiden Orten gibt es auch Glaubensheiler und *bolo-bolo*-Praktiker. Annelyn, die Sekretärin des Tourguides in Cantabons Barangay Hall, kann die richtigen Adressen nennen.

Die Ponces sind eine bekannte Familie von Kräuterheilern in San Antonio; ihr Anwesen liegt außerhalb der Stadt an der Straße nach Cantabon (einfach danach fragen). Wir sind im Laufe der Jahre zweimal dort gewesen, und das Heilmittel war beide Male das gleiche: Sie reiben etwas von der rauchigen Mischung aus Kräutern und Kokosnussöl auf wichtige Stellen und lassen einen dann einen Schluck davon trinken. Achtung: Es schmeckt einfach scheußlich. Dann entscheidet man, wie viel man dafür zahlen will; ein paar Hundert Pesos dürften reichen. Während der Prozedur sprechen sie kein Wort. „Die Kräuter sind stark genug; da braucht es keine Worte", sagte uns einer der schweigsamen Ponce-Brüder.

Die beste Zeit für einen Besuch bei den Kräuterheilern ist die Karwoche, wenn sich traditionelle Heiler und Schamanen aus dem ganzen Land zum **Lenten Festival of Herbal Preparation** (Ostersamstag) im Bandila-an Mountain View Park versammeln.

kleine Visayas-Gemeinde rund um eine Plaza und eine landschaftlich gestaltete Anlage, den Calipay's Spring Park.

Nordöstlich von San Juan liegt der hinreißende, weiße **Paliton Beach** (bei km 66,6). Das Wasser ist wunderbar klar, und man hat einen schönen Blick hinüber zur Insel Apo. An der kleinen Kirche im Dorf Paliton nahe der Westspitze der Insel biegt man ab und fährt auf einer asphaltierten Nebenstraße rund 1 km bis zum Strand. Weiter Richtung Westen finden sich einsamere, weiße Sandstrände.

Vom Barangay Tubod führt eine asphaltierte Straße 3 km hinauf zu den hübschen **Lugnason Falls** (50 P), deren Wasser über Kaskaden in ein kühles, klares, blaugrünes und zum Baden einladendes Becken stürzt. Man kann von den Felsen oder von einer Seilschwinge ins Wasser springen. Dieser wunderschöne Ort ist vergleichsweise wenig besucht; womöglich hat man ihn sogar ganz für sich allein.

Unmittelbar westlich des Dorfes Campalanas steht ein gewaltiger **Balete-Baum** (Banyan-Baum; bei km 51,3; 10 P) GRATIS, der verzaubert sein soll. Sein Alter wird auf 400 Jahre geschätzt. Vor dem Baum befindet sich ein von einer Quelle gespeister Teich voller knabbernder Fische – wer seine Füße hineinhält, erlebt ein kostenloses Fisch-Spa.

Schlafen & Essen

Eine Art Backpacker-Streifen entsteht ein paar Kilometer nordwestlich von San Juan im *barangay* Solangon. Eröffnet haben schon Hostels, billige Cafés und sogar eine Bar oder zwei. Davon abgesehen stehen die meisten Resorts in Gruppen zwischen San Juan und Tag-ibo im Süden.

Charisma Beach Resort RESORT €

(☎0908 861 9689; www.charismabeachresort.com; km 64,8, Solangon; B 450 P, DZ mit Ventilator/Klimaanlage 1000/1750 P;) Die bei europäischen Familien und Backpackern beliebte, kompakte Anlage liegt auf einem schönen Sandstreifen; die Zimmer grenzen an einen betonierten Poolbereich, sind einfach möbliert und könnten eine Renovierung vertragen. Besonders die von Ventilatoren gekühlten Schlafsäle bieten ein gutes Preis-Leistungs-Verhältnis für Backpacker.

Hambilica Ecolodge RESORT €

(☎0917 700 0467; www.hambilicasiquijor.com; km 62,4, Maite; DZ mit Frühstück 1000–1700 P;) Eine ruhige Anlage auf einer landschaftsgärtnerisch gestalteten Grünfläche mit Einzelhütten (manche mit einer Küchenecke) und einfachen Zimmern in einem kleinen Betongebäude. Es gibt hier keinen wirklichen Strand, aber Aussichtsterrassen über den Felsen und eine Hängematte. Abends werden Leuchtkäfer-Beobachtungstouren in den nahen Mangroven (Nichtgäste 100 P) veranstaltet.

JJ's Backpackers Village & Cafe HOSTEL €

(☎0918 670 0310; jiesa26@yahoo.com; km 64,6, Solangon; Zelt/B 350/350 P, DZ 600–700 P; @) Eine Rückschau auf die Tage, als man am Strand zeltete, sich sein Essen selbst zubereitete und mit knappem Budget Spaß hatte. Die an einem gepflegten Strandabschnitt liegende Anlage bietet nur ein paar Zimmer; sind diese ausgebucht, darf man sein eigenes Zelt aufstellen. Die Rezeption liegt zur Straße hin und versperrt den Zugang zum Rest des Anwesens. Die Qualität ist ein wenig Glückssache.

★ **Coco Grove Beach Resort** RESORT €€

(☎0939 915 5123, 0917 325 1292; www.cocogrovebeachresort.com; km 60½, Tubod; DZ 3500–5500 P, Suite 8000 P, alle mit Frühstück;) Das Coco Grove ist eine gut geölte Maschine (wenn man ein perfekt zurechtgemachtes Resort am Strand im spanischen Stil eine Maschine nennen kann) und inzwischen doppelt so groß wie zu seinen Anfängen, ohne etwas von seinem Charme oder seiner Persönlichkeit eingebüßt zu haben. Zwei Flügel des Anwesens werden durch ein „Mini-Fischerdorf" voneinander getrennt; Unterkünfte gibt es in verschiedenen Gebäuden, von Bungalows bis hin zu einem verputzten Gebäude im Stil eines Boutiquehotels.

Bruce RESORT €€

(☎0928 601 1856; www.thebruceresort.com; km 65,3, Solangon; DZ mit Ventilator/Klimaanlage 1000/2000 P, 4BZ 2200 P;) Die riesigen, hölzernen Strandcottages, deren möblierte Balkone abends in den Sonnenuntergang blicken, bilden den Mittelpunkt in dieser von Iren geführten Anlage, die sich über einen erstklassigen Abschnitt des Solangon Beach erstreckt. Hinten liegen preisgünstigere Zimmer. Es gibt auch ein uriges Baumhaus mit Ventilator (zu 750 P ein guter Deal, wenn man mit kaltem Wasser und dem fehlenden Toilettensitz klarkommt) und einen kleinen Pool.

Coral Cay Resort RESORT €€

(☎0919 269 1269; www.coralcayresort.com; km 65,2, Solangon; DZ mit Ventilator/Klimaanlage 1035/2070 P;) Das erste und immer noch beste Solangon-Resort – in erster Linie wegen des beneidenswerten Strands (Schwimmen nur bei Flut). Die charmanten Doppelhäuser mit Holzböden am Strand sind sehr zu empfehlen, gefolgt von den gut ausgestatteten Gartenhütten und den rein funktionellen Ventilatorzimmern ganz hinten. Von der großartigen Strandbar gibt es bei Sonnenuntergang einen tollen Blick auf die Insel Apo. Vermietet Kajaks und Paddleboards.

Legend's Sports Bar INTERNATIONAL €€

(☎0926 879 5534; Hauptgerichte 220 P; ⌚7–23 Uhr) Man kommt wegen Tony, dem schillernden und freundlichen Besitzer, selbst ernannten Fan amerikanischen Wrestlings und Fundgrube für Geschichten über Berühmtheiten wie Rick Flair und Randy Macho Man Savage. Bleiben tut man wegen der exzellenten Burger, Pasta und Meeresfrüchte und wegen der Happy-Hour-Drinks. Nicht viel erinnert an eine Sportbar, abgesehen von den Fotos der Wrestler.

★ **Baha Bar** INTERNATIONAL €€

(☎0998 548 8784; Hauptgerichte 250–350 P; ⌚8.30–23 Uhr) Eines der besten eigenständigen Restaurants der Insel wegen seiner entspannten Atmosphäre, seines selbst gebrauten Craft-Biers (ein Pale Ale) und seiner abwechslungsreichen Gerichte.

Besonders gut sind das Thunfisch-*kinilaw* und das Rindfleisch-*bulalo* (Suppe mit Mais). Es gibt einen grünen Gartenpatio, eine Terrasse und an den meisten Abenden Livemusik.

Marco Polo ITALIENISCH €€
(Maite; Hauptgerichte 145–360 P; ⌚7–24 Uhr; 📶) In dem Lokal am Wasser gibt's eine Vielzahl von Pastagerichten und Pizzas mit knusprigem Boden. Auch das Frühstück ist gut.

Lazi & Umgebung

☎035 / 20 500 EW.

Lazi, ein ruhiges Städtchen im Südosten, wird von dem einzigen größeren Fluss der Insel, dem Po-o (po-oh) in zwei Hälften geteilt. Im Ort steht die eindrucksvolle, stilvoll verfallene, 1884 aus rosa Korallenstein und Holz erbaute **San Isidro Labrador Church**. Gegenüber befindet sich der älteste **katholische Konvent** der Philippinen, eine prächtige Villa aus Holz und Stein, die von jahrhundertealten Akazien flankiert wird, vor Alter knarrt und gespenstisch abgeklärt wirkt. Oben ist das kleine **Siquijor Heritage Museum** (20 P; ⌚Di–So 10–16 Uhr) mit historischen Fotografien und ein paar alten *santos*. Unten befindet sich eine noch genutzte katholische Grundschule.

Von Lazi führt eine asphaltierte Straße 2 km nordwärts zu den erfrischenden **Cambugahay Falls** am Po-o River. Über den Fällen liegt links eine Parkbucht für Motorräder (20 P). Gegenüber auf der anderen Straßenseite führen Stufen eine steile Treppe hinunter zu beliebten Schwimmplätzen. Wertgegenstände niemals unbeaufsichtigt lassen, denn Diebstähle sind nicht selten.

Ein paar Kilometer hinter dem Ort Maria liegt der bei Tagesausflüglern beliebte **Salagdoong Beach** (km 29½; 15 P). Es gibt einen halb offenen Wasserpark, der schon viel bessere Zeiten gesehen hat; von 6 bis 12 m hohen, in die Felsen hineingebauten Sprungbrettern kann man in den Ozean hechten.

Zwischen den Städten Lazi und Maria erreicht man über das hübsche Dorf Minalolan den **Kagusua Beach** – die Abzweigung zum *barangay* Nabutay nehmen und an einer alten Kalksteinmine vorbeifahren. Vom Dorf führt eine gute Straße nach Kagusua, wo man über steile Stufen zu einer Reihe wunderbar abgeschiedener Buchten hinuntergelangt, die man unter Umständen für sich allein hat.

Der **Olang Art Park** (☎0915 186 5618; anacornelia@yahoo.com; km 29,3) ist ein Rückzugsort für philippinische Künstler, der sich über 3 ha erstreckt. Hier hängen üblicherweise ein oder zwei Künstlerstipendiaten herum. Die Einrichtung umfasst eine Bühne, eine bescheidene Sammlung moderner Kunst, eine Galerie mit Antiquitäten und Andenken sowie eine Wand mit Aktbildern des verstorbenen US-amerikanischen Fotografen Marlon Despues.

Cantabon

Im kleinen Bergdorf Cantabon lockt Siquijors aufregendstes Abenteuer: die Erkundung der 800 m langen Cantabon Cave. Ebenfalls in der Nähe liegen der höchste Berg auf Siquijor, der Mt. Bandila-an (557 m), von dem aus ganz Siquijor zu sehen ist, sowie ein Naturzentrum und Garten.

Sehenswertes & Aktivitäten

Bandila-an Nature Centre PARK
(Erw./Kind 10/5 P) Das Naturzentrum ist ziemlich vernachlässigt worden, unterhält aber gute Wanderwege und hat einige eindrucksvolle Bäume und andere Flora zu bieten. Es liegt 2 km östlich von Cantabon.

Mt. Bandila-an BERG
Siquijors höchster Berg, der Mt. Bandila-an (557 m), liegt in der Nähe von Cantabon. Von zwei deutlich markierten Stellen an der Straße zwischen dem Bandila-an Nature Centre und dem Bandila-an Mountain View Park führen Betonstufen hinauf zum Gipfel (10 Min.). Der Aussichtspunkt auf dem Gipfel bietet einen Blick über ganz Siquijor.

Bandila-an Mountain View Park PARK
Dieser Park mit seinen vielen Blumen, Wegen und kleinen Picknickpavillons ist im Grunde ein öffentlicher Garten. Er eignet sich prima, um Vögel und Schmetterlinge zu beobachten. Seine Lage ist 3 km östlich von Cantabon; er ist auch von Lazi zu erreichen.

Cantabon Cave HÖHLENERKUNDUNG
(20 P) Die lange Tour durch die Cantabon Cave ist ein aufregendes Abenteuer, aber

Romblon

nichts für Leute, die an Platzangst leiden. Führungen durch die Höhle arrangiert die gut geführte Barangay Hall in Cantabon. Sie kosten 500 P für bis zu drei Personen, inklusive Guide, Helm und Taschenlampe – alles obligatorisch.

ROMBLON (PROVINZ)

☎042 / 292 800 EW.

Diese Gruppe abwechslungsreicher, entfernter Inseln ist schwer zu erreichen, und die meisten Urlauber haben sie gar nicht auf dem Schirm. Doch für unerschrockene Traveller lohnt sich der Weg hierher. Einkaufszentren gibt es hier nicht, nur Frieden und Stille, malerische Flüsse, Wasserfälle, Strände und Dschungel zum Erkunden. Die Provinz Romblon besteht aus drei größeren Inseln: Sibuyan, Romblon und Tablas. Auf der großen Insel Sibuyan kann man den Guiting-Guiting besteigen, während es sonst wenig zu sehen gibt; auf Tablas trifft man ein paar schöne Strandresorts an. Ein verstecktes Juwel ist schließlich das kleine Romblon mit dem verschlafenen Charme eines tropischen Hafens, ein paar guten Restaurants und Unterkünften, einigen Tauchcentern und einer interessanten Expat-Szene. In der Nebensaison sind die Resorts der Provinz oft komplett verlassen. Je nach Stimmungslage kann man sich hier einsam fühlen oder über genau die Abgeschiedenheit freuen, die man gesucht hat.

ℹ An- & Weiterreise

FLUGZEUG

Der einzige Flughafen in der Provinz Romblon liegt nahe Tugdan an der Ostküste von Tablas. Cebu Pacific (www.cebupacificair.com) bietet jetzt regelmäßige Flüge nach Manila an (Montag, Mittwoch, Freitag und Sonntag), eine wichtige Entwicklung für den Tourismus und die Verbindung der Provinzen mit dem Rest des Landes.

Früher hat Philippine Airlines diesen Flughafen bedient – es lohnt sich, nachzufragen, ob sie ihren Service wieder aufgenommen haben.

SCHIFF/FÄHRE

Die beliebtesten Fährverbindungen sind das tägliche 8-Uhr-*bangka* von Caticlan nach Looc auf Tablas (300 P, 3 Std.) sowie die Fähre von Batangas nach Odiongan auf Tablas und zur Stadt Romblon. **2GO Travel** (☎ Manila 02-528 7000; www.travel.2go.com.ph) verlässt Odiongan (7 Std., 1000 P) jeden Montag, Donnerstag, Freitag und Samstag um 11 Uhr nach Batangas; von Romblon nach Batangas verkehren Fähren an jedem Mittwoch- und Samstagabend (8 Std., 1000 P). **Navios Shipping Lines** (☎ Batangas 0908 146 2243) betreibt ebenfalls mittwochs und samstags Fähren nach Batangas.

In Looc und Odiongan (Tablas) gibt es auch tägliche Verbindungen nach Roxas auf Mindoro (4 Std.).

Fähren verbinden Sibuyan mit Roxas auf Panay und Mandaon auf Masbate.

Der Fahrplan ändert sich häufig, und nicht selten kommt es aus technischen Gründen oder aufgrund schlechten Wetters zu Verzögerungen oder Ausfällen. Der Fährbetrieb wird in der Taifunsaison (Juni–Nov.) bei Tropenstürmen eingestellt – in dieser Zeit muss man also flexibel sein.

Überhaupt ist Flexibilität hier mehr als anderswo angesagt.

Tablas Island

☎ 042 / 164 000 EW.

Tablas, lang und geformt wie ein Seepferdchen, ist die größte Insel Romblons. Sie verfügt über kilometerlange, weiße Sandstrände, versteckte Buchten und eine Handvoll Meeresschutzgebiete; zudem ist sie der Hauptzugangspunkt zur Provinz und liegt von den drei Hauptinseln Boracay am nächsten – sie bietet also bestes Tourismuspotenzial. Allerdings haben verkehrstechnische und politische Schwierigkeiten eine Erschließung bislang behindert. Neben ein paar sehr entlegenen Stellen lädt die Gegend rund um Ferrol zu einem Besuch ein – sie hat einen hübschen, hufeisenförmigen Strand zwischen zwei Landzungen zu bieten.

Beinahe auf halbem Weg die Westküste von Tablas hinauf liegt Odiongan, eine normale Hafenstadt mit einem grauen Sandstrand, ein paar Unterkunftsoptionen, einigen guten Esslokalen und manchmal funktionierenden Geldautomaten. Am 5. April findet Kanidugan, ein Fest zu Ehren der Kokosnussernte, statt.

Das winzige **Provincial Tree Park & Wildlife Sanctuary** im *barangay* Rizal (mit dem Motorradtaxi 250 P, 30 Min.) verspricht einen netten Morgenspaziergang. Strände finden sich im Süden bei Ferrol. Ein längerer Ausflug führt über eine raue und malerische Straße nordwärts nach San Andres, wo es Wasserfälle gibt.

An den **Busay Falls** auf halbem Weg zwischen Odiongan und San Andres (etwa 10 km im Norden) gibt es Schwimmbecken, einen Picknickbereich und (demnächst) Nipa-Hütten für 500 P Miete. In der Nähe liegen außerdem ein paar Höhlen, die angeblich zu einem unterirdischen Fluss führen.

Zum Schnorcheln lädt das 48 ha große, von einem Korallenriff geschützte **Looc Bay Marine Refuge & Sanctuary** (☎ 0935 590 2204; 100 P; ⌚ 8–16 Uhr) ein; mit dem *bangka* dauert die Fahrt fünf Minuten vom städtischen Pier in Looc. Die Bootsfahrt ist im Eintrittspreis für Gruppen ab vier Personen enthalten, kleinere Gruppen zahlen pauschal 300 P. Im Büro des Schutzgebietes am Looc-Pier, einen kurzen Fußweg von der Stadt entfernt, kann man die entsprechende Buchung vornehmen und Schnorchelausrüstung mieten (50 P).

Schlafen & Essen

Im mittleren Teil und im Norden von Tablas – einschließlich Ferrol – liegen verstreut ein paar Strandresorts. Für die, die über Nacht festsitzen, gibt es in Odiongan und San Augustine, den beiden für Traveller relevanten Städten, ein paar Hotels.

Odiongan

Sato-Dizon Arcade HOTEL €
(☎ 042-567 6070; www.facebook.com/satodizonarcade; 039 Quezon St.; DZ mit Ventilator/Klimaanlage 400/900 P; ❄ 📶) 50 m vom Meer entfernt, bietet das helle, neue Hotel für Odiongan gehobene, urbane Unterkünfte und ein Restaurant. Die Zimmer sind sauber mit Flachbildfernsehern und kleinen Balkonen.

Wavefront Resort RESORT €€
(☎ 042-567 5376; doodsendaya@yahoo.com; Circumferential Rd.; DZ 1200–1500 P; ❄) Attraktives, modernes, zweistöckiges Gebäude

auf einem grauen Sandstrand 2 km vom Hafen von Poctoy entfernt. Die Wände sind in hellen Farben gestrichen und die Zimmer einfach möbliert; Nummer eins auf der Uferseite ist toll und hat viel Sonne.

Das überwiegend chinesische Restaurant (Hauptgerichte 120–250 P) serviert ein gutes Frühstück und ist ein angenehmer Aufenthaltsort, wenn man auf die Fähre wartet.

★ Mouse's Morsels Beef & Beer INTERNATIONAL €
(Quezon St.; Gerichte 150–275 P; ⏲9–22 Uhr; 📶) Gerade erst frisch mit der der Fähre angekommen? Dieses von Iren geführte Straßencafé ist zweifellos die erste Adresse für eine gute Mahlzeit. Die Küche bietet eine exzellente Pizza mit dünnem Boden, und der dazugehörige Feinkostladen hat importiertes Fleisch und Weine. Es läuft gute Musik, und in der Regel trifft man auch ein paar ortsansässige Expats an. Eigentümer Steve ist ein begeisterter Fürsprecher des Tourismus auf Tablas und kann helfen, Ausflüge zu organisieren.

Ghetto Plates PIZZA €€
(☎042-567 6169; www.facebook.com/ghettoplates; Gen Luna St.; Pizza 175–350 P; ⏲Mo–Sa 9–22 Uhr, So bis 20 Uhr) Nicht vom Eingang täuschen lassen, drinnen weht ein frisches Lüftchen. Der coole Treff bietet hervorragende Fruchtshakes und Pizza, Akustik-Livemusik (Sept.–April) und Plätze, die einen Blick in den Dschungel bieten. Probieren sollte man das Markenzeichen, die Pizza Extravaganza (325 P).

Star Palace Restaurant PIZZA €€
(☎0918 639 0309; Bonifacio St.; Pizza 200–295 P; ⏲Mo–Sa 11–21 Uhr) Das moderne Lokal zwei Blocks nördlich der Plaza ist eine einzigartige Kombination aus Steinofenpizza-Lokal und Teestube – es lohnt sich, den Cookies-and-Cream- oder Watermelon-Milk-Tee zu probieren.

🛏 Ferrol & Umgebung

Binucot Sunset Cove Resort RESORT €€
(☎0929 787 5486; willi.baumeister@gmail.com; bei Ferrol; DZ 1200–2800 P; 📶) Im recht entlegenen und definitiv ruhigen Resort kann man zwischen zwei interessanten Bungalowtypen wählen: charmanten balinesischen Bambushütten (1200 P) und größeren, luftigen, achteckigen Bauten (2800 P) mit schönen Gestaltungselementen – es gibt aber überraschenderweise keine Fenster. Es werden auch Schlafsaalbetten für 300 P angeboten. Das Resort kann eine Abholung am Flughafen sowie Inselhopping und viele andere Touren organisieren.

SCHIFFE/FÄHREN AB TABLAS

ABFAHRT	ZIEL	UNTERNEHMEN	TYP	PREIS (P)	DAUER (STD.)	HÄUFIGKEIT
Looc	Caticlan	verschiedene	*bangka*	200	1½	1-mal tgl.
Odiongan (Poctoy)	Batangas	2GO, Montenegro	RoRo	760–1000	7–10	2-mal tgl.
Odiongan (Poctoy)	Caticlan	2GO	RoRo	300	3	Di–Do, Sa, So
Odiongan (Poctoy)	Culasi, Roxas	2GO	RoRo	650	6	So & Mi
Odiongan (Poctoy)	Dangay, Roxas (Mindoro)	verschiedene	*bangka*, Fähre	350	3½	1-mal tgl. außer Di
Odiongan (Poctoy)	Romblon-Stadt	Montenegro	RoRo	320	3	So, Di & Fr
San Agustin	Romblon-Stadt/Sibuyan (Magdiwang)	Montenegro	RoRo	175/375	1/3½	1-mal tgl.
San Agustin	Romblon-Stadt/Sibuyan (Magdiwang)	verschiedene	*bangka*	150/350	1/3½	2-mal tgl.
Santa Fe	Carabao	verschiedene	*bangka*	200	1	1-mal tgl.
Santa Fe	Caticlan	verschiedene	*bangka*	200	1	1-mal tgl.

Binucot Beach Resort RESORT €€
(☎0947 207 5504; www.facebook.com/binucot.beach; bei Ferrol; Zi. 1500–2200 P; ❄🏊) Das von Expats geführte Resort liegt an einem wunderschönen Strand und hat einfach möblierte Zimmer im Motel-Stil, einen kleinen Pool und ein Restaurant, das eine gute Mischung internationaler Gerichte serviert.

Buenavista Paradise Resort COTTAGE €€
(☎0933 548 3597; buenavistaparadiseresort@gmail.com; bei Looc; DZ 1200 P) Das Buenavista ist in italienischer Hand und der perfekte Ort, um abzuschalten und es sich eine Weile gemütlich zu machen. Es gibt ein paar Nipa-Hütten mit Blick aufs Meer; dazwischen erstreckt sich ein wenig verwilderter Rasen. Der Koch bereitet exzellente Gerichte zu; die Zutaten stammen von einem Biobauernhof.

Alcantara

★**Aglicay Beach Resort** RESORT €€
(☎0915 425 6898; www.aglicaybeachresort.com; Alcantara; EZ/DZ 1300/1700 P; ❄) Etwa 4 km vom Highway entfernt erhebt sich am schönsten Platz der Insel das 20 ha große Resort an einem langen, privaten Sandstrand, eingerahmt von zwei Landzungen – von der nächstgelegenen hat man einen fantastischen Blick auf die Küste mit ihren zahlreichen, geschwungenen Buchten. Das Resort besitzt ein nettes Freiluftcafé/-restaurant und angenehme, wenn auch etwas eintönige Zimmer; es bietet außerdem Inselhopping und Schnorcheln an. Aus Looc nimmt man ein Tricycle (400 P).

San Augustin & Calatrava

San Agustin ist ein malerischer Halt auf dem Weg von der oder zur Insel Romblon. Auch wenn eigentlich keine Übernachtung geplant ist, kann es sein, dass man hier hängen bleibt, weil die letzte Fähre um 13 Uhr schon weg ist. Wer hungrig ist, kann die Grills an der Straße und die Imbissstände rund um den Markt ansteuern.

Die Unterkünfte konzentrieren sich in einer Straße, die quer zur Hauptstraße verläuft – eine Gehminute vom Pier entfernt. Die **Kamilla Lodge** (☎0921 375 2288; S Faigao St., San Augin; DZ mit Ventilator/Klimaanlage 400/600 P), ein vierstöckiger, moderner Bau mit einfachen Zimmern im Motel-Stil, ist die beste Unterkunft von allen; hier gibt es außerdem eine Dachterrasse mit einem schönen Blick aufs Meer.

Turtle Cove Island Resort RESORT €
(Paksi Cove; ☎0927 776 9003; Calatrava; DZ 1500–2500 P) Hat eine Handvoll Hütten mit eigenem Strand in einer abgeschiedenen Bucht am nördlichen Ende von Tablas. Hier kann man allem entfliehen; die üppige Dschungelkulisse trägt noch zur Romantik bei. Vorher anrufen. Calatrava liegt per Motorradtaxi (35 P) rund 20 Minuten von San Agustin entfernt.

ℹ Anreise & Unterwegs vor Ort

Neuerdings bietet Cebu Pacific (www.cebupacificair.com) regelmäßig Flüge von Manila zum Flughafen Tugdan an, was sowohl für Tablas als auch für Romblon von Bedeutung ist. Ein Jeepney oder Tricycle vom Flughafen nach San Augustin kostet etwa 250 P (1½ Std.).

Die meisten Besucher kommen immer noch auf dem Seeweg über einen der vier Häfen der Insel; der Hafen Poctoy bedient das nahe gelegene Odiongan.

Jeepneys verbinden tagsüber die wichtigsten Ortschaften. Abseits der viel genutzten Strecke Looc–Odiongan (50 P, 1 Std.) fahren sie aber recht selten. Morgens sind generell mehr Fahrzeuge unterwegs; zwischen Looc und Odiongan fahren die Jeepneys bis etwa 15.30 Uhr. Die letzten Fahrten von San Agustin nach Looc (100 P, 2 Std.) und Odiongan (100 P, 2 Std.) finden gegen 14 Uhr statt, wenn die letzten Fähren aus Romblon anlegen. In der Gegenrichtung sollte man morgens rechtzeitig zu den Fähren aufbrechen.

Die bei Weitem schnellste Methode, auf der Insel von A nach B zu kommen, sind Motorradtaxis, die als „Single" bezeichnet werden. Die Fahrt von Looc nach Odiongan (35 Min.) kostet rund 150 P, die Fahrt von Looc nach San Agustin (1¼ Std.) rund 450 P. Tricycle- und Motorradtaxifahrer verdoppeln nach Einbruch der Dunkelheit ihre Preise.

Romblon Island

☎042 / 39 000 EW.

Die sehr ursprüngliche und touristisch nur wenig erschlossene Insel Romblon ist das charmante Juwel im Zentrum der nach ihr benannten Provinz. Die kleine Insel wird für Besucher noch kleiner, weil sich fast alles, was sehenswert ist, in einem Umkreis von wenigen Kilometern um den Haupthafen und den einzigen bedeutenden Ort, Romblon-Stadt, konzentriert. Man findet hier ein paar ausgezeichnete Resorts und Restaurants vor und kann auch aktiv werden – mehr als genug für ein paar erholsame Tage mit Aktivität und Entspannung.

Umgeben von grünen Hügeln, präsentiert sich Romblon-Stadt wie der Schauplatz eines Hemingway-Romans: eine träge, aber auch kecke tropische Hafenstadt mit knatternden Tricycles, an- und ablegenden *bangkas* und einem bunten Völkchen ortsansässiger Expats.

Die Unterkunft hat keinen Fernseher? Keine Sorge, bei einem nächtlichen Bummel über den Markt östlich der Plaza wird man garantiert besser unterhalten.

Sehenswertes & Aktivitäten

Fort San Andres AUSSICHTSPUNKT
Um den besten Blick auf Romblon-Stadt zu genießen, steigt man die Stufen zu den Ruinen des Fort San Andres hinauf, einer verfallenen Festung aus dem 17. Jh. über dem Stadtzentrum.

★ **Anchor Bay Watersports** WASSERSPORT
(☎0918 247 9942; www.anchorbaywatersports.com; ⏲8–21 Uhr) Das vielseitige Unternehmen am Wasser, 5 km westlich der Stadt, verleiht in erster Linie Wassersportausrüstung – Paddleboards, Kajaks, kleine Segel-Katamarane und Surfbretter. Es vermietet aber auch Zimmer (1500 P) mit ausgezeichnetem Ausblick, allerdings mit Gemeinschaftsbädern.

Das Restaurant serviert so beliebte Sunset-Gerichte wie Steaks und Meeresfrüchte (200–500 P); Drinks gibt es in der Sportbar Marlin. Und wem das Bargeld ausgeht, der kann sich mit der Kreditkarte Pesos auszahlen lassen (10% Kommission!).

Schlafen

★ **San Pedro Beach Resort** RESORT €
(☎0928 273 0515; minamingoa@yahoo.com; Ginablan; DZ 800 P) Das Refugium für die, die der „Großstadt“ (Romblon-Stadt) entkommen wollen, liegt am Talipasak Beach in Ginablan, etwa 10 km südlich der Stadt. Aus den makellosen Bambuscottages blickt man durch das Blätterdach des Dschungels hinunter auf den Strand, an dem man bei Flut prima schnorcheln kann.

Stone Creek House BOUTIQUEHOTEL €€
(☎0906 212 8143; www.facebook.com/stonecreekhouse; Fetalvero St., Romblon-Stadt; Zi. mit Ventilator/Klimaanlage ab 2000/3000 P, Suite 4000 P, ganzes Haus 8500 P; ❄@📶) Das elegante Steinhaus ist das am besten ausgestattete Ferienhaus, das man sich vorstellen kann, und groß genug für sechs Personen. Das Dekor ist schick, und die Gäste können den Gemeinschaftsraum mit dem großen Flachbildfernseher und einer Playstation nutzen. Der Eigentümer vermietet am liebsten das ganze Haus, was ideal für Familien ist; gelegentlich bekommt man aber auch einzelne Zimmer, wenn man vorab per E-Mail reserviert.

Three P Holiday & Dive Resort HÜTTE €€
(☎0929 440 7135; www.the-three-p.com; *barangay* Lonos; DZ mit Ventilator/Klimaanlage 2200/2800 P; ❄) Das familienbetriebene Tauchcenter (ein Tauchgang vom Boot kostet 1600 P, 450 P für Ausrüstung) hat ein paar gut eingerichtete Nipa-Hütten auf einem grünen Gelände am Strand, rund 7½ km südwestlich von Romblon-Stadt. Man kann hier auch essen. Ein Tricycle vom Hafen Romblon kostet 150 P (15 Min.).

Dream Paradise Mountain Resort & Spa HOTEL €€
(☎0908 748 2272; www.facebook.com/dpmresort; B 350 P, DZ 1275–2000 P; ❄🏊) Wie ein tropischer Potala-Palast blickt dieser grellbunte Komplex von seinem Hügelhang hinunter auf Reisfelder und strotzt geradezu vor Balkonen, Treppenaufgängen, Wimpeln und Balustraden. Es gibt einen zentralen Pool und diverse vielseitig eingerichtete Zimmer, von denen keines dem anderen gleicht. Traumhaft? Kitschig? Das kann jeder selbst entscheiden. In Mapula, 9 km südlich von Romblon-Stadt.

Essen & Ausgehen

★ **Romblon Deli & Coffee Shop** INTERNATIONAL €€
(☎0939 221 0446; Magallanes Dr.; Hauptgerichte 230–325 P; ⏲7–21 Uhr) Mit seiner Lage direkt an der Uferpromenade nahe den Fähranlegestellen ist dieses unaufdringliche Lokal – teils Bar, teils Bistro, teils Touristeninformation mit besonders guten Pfannkuchen, Omelettes, Burgern, Currys,

FÄHREN VON ROMBLON-STADT

Bei allen Verbindungen handelt es sich um Roll-on-roll-off-Autofähren.

ZIEL	UNTERNEHMEN	PREIS (P)	DAUER (STD.)	HÄUFIGKEIT
Batangas	2GO	1000	8	Mi & Sa
Batangas	Navios	1000	8	Mi & Sa
Cajidiocan	Navios	300	3½	Mi & Sa
Tablas (Odiongan)	Montenegro	320	3	Di, Fr & So
Tablas (San Agustin)	Montenegro	96	1	1-mal tgl.

Pizzas und Sandwiches – das muntere Zentrum der Expat-Szene von Romblon.

Und nach der Happy Hour am Freitagabend gibt's am nächsten Morgen das berühmt-berüchtigte „Katerfrühstück“: zwei Zigaretten, eine Cola und dazu ein Kaffee für 70 P.

★ **JD&G Italian Food** ITALIENISCH €€
(Romblon-Sawang-Sablayan Rd.; Hauptgerichte 150–350 P; ⏲7–20 Uhr) Ein Ladenlokal in italienischer Hand mit hervorragender Pizza, Pasta und leckeren Steaks. Beliebt sind auch der gegrillte Thunfisch, Hähnchen Parmigiana und Rindergulasch. Zum Dessert wird affogato und Gelato serviert. Etwas Besseres gibt's auf allen Inseln von Romblon nicht.

Republik Bar & Restaurant INTERNATIONAL €€
(Romblon-Sawang-Sablayan Rd.; Gerichte 150–220 P; ⏲7–21 Uhr) Lokal in Uferlage, hervorragend zum Leute-Beobachten. Serviert riesige Sandwiches und kreative Gerichte.

Merlin Bar Restaurant BAR
(*barangay* Lonos; ⏲8.30–21 Uhr) Von dieser Bar hat man einen herrlichen Blick auf den Sonnenuntergang, und auf einem großen Flachbildfernseher laufen Sportprogramme. Der Laden ist Teil des sehr empfehlenswerten Anchor Bay Watersports (S. 314). Hier kommen sowohl Romantiker als auch Sportfans auf ihre Kosten. Die Karte bietet eine große Auswahl internationaler Gerichte, wie exzellente Steaks.

ℹ Praktische Informationen

Im Capitol gibt es eine **Touristeninformation** (☎0920 629 5838; visitromblon@gmail.com; Capitol Bldg.; ⏲8–17 Uhr). Die besten Infos rund um die Gegend liefern aber David und Tesss Kershaw; die Besitzer des **Romblon Delhi** (S. 314) teilen gerne ihr umfangreiches Wissen.

In der Stadt gibt es eine PUB-Bank mit einem Geldautomaten, der nur Visa akzeptiert, aber er ist oft außer Betrieb, darum lieber vor der Reise hierher Geld holen.

ℹ Anreise & Unterwegs vor Ort

Die wichtigste Fährverbindung ist die tägliche Fahrt mit **Montenegro Shipping Lines** (☎Batangas 043-740 3206) von San Augustin (96 P, 1 Std., 6 Uhr) an der nordöstlichen Spitze von Tablas nach Romblon-Stadt und dann weiter (228 P, 2 Std., 7.30 Uhr) nach Magdiwang auf Sibuyan. Die Fähre verlässt Magdiwang um 10.30 Uhr und kehrt am Nachmittag wieder in den Hafen zurück.

Eine weitere wichtige Verbindung ist die Fähre von **2GO Travel** (☎Manila 02-528 7000; www.travel.2go.com.ph) zwischen Batangas und Romblon (über Odiongan auf Tablas). Von Romblon legen jeden Mittwoch- und Samstagabend Fähren ab (8 Std., 1000 P). **Navios Shipping Lines** (☎Batangas 0908 146 2243) betreibt ebenfalls mittwochs und samstags Fähren nach Batangas.

Die Umrundung der Insel mit einem Tricycle ist wegen des Straßenzustands auf der Westseite schwierig. Besser am Park neben dem Pier ein Motorrad (mit Fahrer 700 P ohne Benzin, ohne Fahrer 300–500 P/Tag) mieten. Man kann problemlos allein fahren, sollte aber bei regnerischem Wetter vorsichtig sein. Jeepneys fahren fast überall auf der Insel, aber unregelmäßig und umso seltener, je weiter man sich von Romblon-Stadt entfernt.

Sibuyan Island

☎042 / 59 000 EW.

Auf den ersten Blick wirkt die Insel Sibuyan wie ein Ökotourismus-Paradies. Geprägt wird sie von einem eindrucksvollen Berggipfel, viel intaktem Urwald, zahlreichen Wasserfällen und einer Menge endemischer Arten, weshalb hiesige Resortbesitzer die Insel gern als „Asiens Galapagos“ anpreisen. Aber in Wahrheit gibt es nur ein hochwertiges

Resort, kaum Strände und Schnorchelspots (weil die Insel von einer Korallenplatte umgeben ist), keine interessanten Ortschaften und keine sonderlich spannenden Tiere.

Die einzigen endemischen Lebensformen, die man als Besucher zu Gesicht bekommt, sind tropische Pflanzen, die einen kaum begeistern werden, wenn man nicht gerade Botaniker ist. Die einzige Ausnahme bildet der spektakuläre Mt. Guiting-Guiting (2058 m), eines der besten Kletterziele der Philippinen – wenn man vorsichtig ist.

Von den wenigen, eher trägen Städten hier ist Magdiwang eine Erwähnung wert als Tor zum Mt. Guiting-Guiting und Hauptzugangsort zur Insel. Cajidiocan und San Fernando im Süden haben ein paar Sehenswürdigkeiten.

Sehenswertes & Aktivitäten

Mt. Guiting-Guiting Natural Park PARK

(300 P) Der 15 200 ha große Naturpark (ausgesprochen gi-ting-gi-ting mit Betonung auf „ting") ist eine biologische Schatzkammer, in der geschätzte 700 Pflanzen- und 130 Vogelarten sowie ein paar seltene Säugetiere anzutreffen sind, darunter eine kleine, nachtaktive Fruchtfledermausart. Viele dieser Arten sind endemisch. Allerdings gibt es kaum Infrastruktur. Der Park ist vor allem für seinen Berg G2 (S. 317) bekannt, auf den sich rund 100 Kletterer im Jahr wagen.

ABSTECHER

CANTINGAS RIVER

Der felsige Cantingas River, der überschwänglich als „Öko-Abenteuerzone" angepriesen wird, bietet immerhin einen Tauchturm, eine rostige Seilrutsche und ein paar einfache Zimmer (300 P) mit Kochgelegenheit auf einem hübschen, aber einsamen Gelände 3 km von San Fernando entfernt (40 P mit dem Tricycle). Am Wochenende kann es voll werden.

Cataja Falls WASSERFALL

Der dreistufige Wasserfall mit seinem erfrischenden Badesee ist ein tolles Ziel für einen Halbtagesausflug. Er ist zu Fuß zu erreichen. Man geht oder fährt in Richtung Osten aus Magdiwang heraus, vorbei am Basketballplatz (den lässt man rechts liegen) und rund 1 km weiter bis zu einer Straßengabelung. Dort nimmt man die rechte Abzweigung und biegt dann gleich noch einmal rechts ab. Weiter geht's nun den Hügel hinauf. Nach weiteren 2 km durch die Landschaft sind die ersten Zeichen der Zivilisation sehen – ein Komplex von Nipa-Hütten.

Lambingan Falls WASSERFALL

(30 P) Dieser wunderschöne Wasserfall mit Badesee liegt rund 12 km außerhalb von Magdiwang etwa 4 km hinter der Abzweigung zum Naturpark. Tricycles bringen einen hin (300 P für Hin- und Rückfahrt, 25 Min.).

ABFAHRT

ABFAHRT	ZIEL	UNTERNEHMEN	TYP	PREIS (P)	DAUER (STD.)	HÄUFIGKEIT
Azagra	Batangas	Navios	RoRo	760–1000	17–21	Fr & So
Cajidiocan	Romblon	verschiedene	*bangka*	300	2½	Fr
Cajidiocan	Romblon	Navios	RoRo	900	4	Mi & Sa
Cajidiocan	Batangas	Navios	RoRo	1000	16	Mi & Sa
Cajidiocan	Mandaon, Masbate	verschiedene	*bangka*	450	4	Do & Fr
Cajidiocan	Culasi, Roxas City	verschiedene	*bangka*	350	5	Di
Magdiwang (Ambulong)	Romblon	Montenegro	RoRo	228	2½	1-mal tgl.
Magdiwang (Ambulong)	Tablas (San Agustin)	Montenegro	RoRo	324	3½	1-mal tgl.
San Fernando	Culasi, Roxas City	verschiedene	*bangka*	350	5–8	tgl. außer Sa
San Fernando	Romblon	verschiedene	*bangka*	250	3	Do & Sa

Schlafen & Essen

Magdiwang Nature's View Lodge HOTEL €
(☎0921 463 9422; jedshon@yahoo.com; Rizal St., Magdiwang; B 250 P, Zi mit Ventilator/Klimaanlage 750/875 P; ❄) Das freundliche Hotel im Zentrum bietet makellose Zimmer in malerischer Lage am Fluss und ein begrenztes Angebot von Speisen. Wegen der Aussicht ist das Eckzimmer sehr zu empfehlen (3BZ 1200 P).

Rancher's Bed & Breakfast PENSION €
(☎0908 786 4006; nonoyradan@yahoo.com; Rizal St., Magdiwang; B 350 P, DZ mit Ventilator/Klimaanlage ab 550/750 P; ❄) Die einzige Unterkunft vor Ort mit etwas Stil: Das Rancher's hat einfache Zimmer und eine Dachterrasse, auf der man etwas trinken und sich fragen kann, wie man nur in Magdiwang landen konnte. Arrangiert *bangka*-Fahrten den Fluss hinauf (200 P).

★ **Sanctuary Garden** RESORT €
(☎0939 917 1635; www.sanctuarygardenresort.com.ph; *barangay* Tampayan, Magdiwang; Stellplatz/B 100/250 P, DZ 750–1250 P; ❄) Mit dem unbestreitbar besten Resort der Insel macht man dank des talentierten Eigentümers Edgar alles richtig. Das 30 ha große Anwesen nistet im Dschungel, bietet einen schönen Ausblick, kurze Wanderwege und einen strömenden Bach.

Die Unterkünfte reichen von einem netten Zeltplatz über einen tollen Schlafsaal bis hin zu eleganten Öko-Bungalows mit Marmorbädern.

Boathouse COTTAGE €€
(☎0917 936 6223; www.isledreams.com; Olango; B/EZ/DZ 350/650/1300 P) Das Haus wird von einem deutschen Expat geführt, liegt wirklich abseits und hat zwei Stockwerke, in denen sechs Personen unterkommen können. Eines der Betten hat die Form eines Bootes.

Der Preis der Zimmer richtet sich nach der Zahl der Personen. Das Haus liegt in der Nähe eines steinigen Strandes; es gibt einfache philippinische Küche. Andere Anwesen in der Nähe kann man sich auf der Webseite anschauen.

DIE BESTEIGUNG DES GUITING-GUITING

Der G2, wie der Mt. Guiting-Guiting auch genannt wird, verspricht eine der besten Gipfeltouren der Philippinen, wenn nicht gar, wie manche meinen, die beste. Bemerkenswert ist der Gipfel wegen seines langen und dramatisch scharfen Grats, über den man wie auf einem Hochseil zum Gipfel balanciert. Dorthin zu gelangen, ist oft eine aufreibende Kraxelei. Man braucht keine Seile und Haken, wohl aber einen Führer, und man muss sehr sorgfältig sein. Ein Aufstieg bei trockenem Wetter ist die eine Sache, bei feuchtem Wetter hat der Berg aber seine Tücken, weshalb er dann auch oft tagelang gesperrt wird.

Die traditionelle Route beginnt in der Nähe von Magdiwang und dauert hin und zurück zwei bis drei Tage. Man erreicht das erste Camp am ersten Tag, verbringt dort die Nacht und ist vor 12 Uhr am folgenden Tag auf dem Gipfel. Nun kann man entweder die ganze Strecke bis nach Magdiwang zurückwandern oder übernachtet unterwegs noch einmal. Es gibt auch einen Weg vom Gipfel, der sich nach Olango auf der anderen Seite der Insel fortsetzt. Der ist jedoch eher etwas für erfahrene Dschungelwanderer, insbesondere gegen Ende, wenn die Wanderung zu einer zähen Plackerei wird. Auf alle Fälle wird aber empfohlen, die Wanderung in Magdiwang zu beginnen, weil es in Olango und überhaupt auf dieser Seite der Insel keine erfahrenen und zuverlässigen Führer gibt – was bei diesem Aufstieg ein entscheidender Faktor ist.

Für die Besteigung des Bergs braucht man eine Genehmigung (300 P). Die gibt es im **Protected Area Office** (☎0949 651 6340, 0928 490 1038; mt_guiting2@yahoo.com; *barangay* Tampayan; ⏲Mo–Fr 8–17 Uhr, Personal ist aber generell auch am Wochenende vor Ort) am Parkeingang, rund 8 km östlich von Magdiwang (Tricycle 100 P). Wenn man die Wanderung selbst organisieren will, kann man hier einen Führer (2400 P für drei Tage, normalerweise ein Führer für 3 Pers.) und, sehr zu empfehlen, Träger (1800 P) engagieren, idealerweise mindestens einen Tag vor dem Aufbruch. Kleidung, die vor Regen und Kälte schützt, sowie festes, zum Klettern geeignetes Schuhwerk sind das A und O dieser Tour. Wer ein Unternehmen sucht, das die Wanderung arrangiert, muss sich an Sanctuary Garden halten, den einzigen Veranstalter mit der notwendigen Erfahrung, um eine sichere und erfolgreiche Tour zu organisieren und die notwendige Ausrüstung im Blick zu behalten. Wir empfehlen diese Option.

An- & Weiterreise

Der Hafen Ambulong, 2 km außerhalb der Stadt Magdiwang, ist der übliche Anreisepunkt, aber abenteuerlicher (unbequemer und etwas riskant) ist die fünfstündige *bangka*-Fahrt von Roxas auf Panay nach San Fernando. Boote nach San Fernando weichen zum nahe gelegenen Azagra aus, wenn das Wetter nicht mitspielt.

Navios Shipping fährt montags und donnerstags Batangas an (950 P).

Unterwegs vor Ort

Es gibt eine Verbindung von Magdiwang nach Cajidiocan (70 P, 1½ Std.) und San Fernando (100 P, 2 Std.) durch zwei Jeepneys am Tag. Einige davon sind auf die Fahrpläne der Fähren am Pier abgestimmt. Jeepneys fahren auch zwischen San Fernando und Cajidiocan (55 P, 1 Std., 3-mal tgl.). Die meisten Fahrten finden morgens statt.

Eine Ringstraße erleichtert das Herumkommen auf der Insel, sie ist aber nicht durchgängig asphaltiert. Man kann ein Motorradtaxi oder Tricycle mieten, um von einer der drei Städte in eine andere zu gelangen.

Ein Tricycle von Magdiwang aus nach San Fernando kostet 500 P. Die Resorts verleihen außerdem Motorräder (ca. 600 P/Tag) und Mountainbikes.

Cebu & Eastern Visayas

Inhalt ➡

Gut essen

- Angelina (S. 342)
- Cafe Laguna (S. 330)
- Mimay's Seafood House (S. 377)
- Canto Fresco (S. 374)
- Anzani (S. 331)
- MJ Square (S. 344)

Schön übernachten

- La Luna Beach Resort (S. 393)
- Tepanee Beach Resort (S. 341)
- Yellow Doors Hostel (S. 373)
- The Henry (S. 329)
- Sogod Bay Scuba Resort (S. 380)

Auf nach Cebu & zu den Eastern Visayas!

Die Eastern Visayas, Heimat traumhafter Strände und Korallenriffe, der kleinsten Säugetiere und größten Fische der Welt, sind das Wasserherz eines Inselstaates. Die Natur mit den Chocolate Hills (Schokoladenhügel) von Bohol, den Sardinenschwärmen von Moalboal, den Höhlen von Samar, den Wasserfällen und Reisterrassen von Biliran ist unwiderstehlich.

Cebu City hat ein gewisses kosmopolitisches Flair. Die übrigen Städte hier lohnen nicht wirklich, die Erkundung einsamer Ecken schon: die mit Stränden gesegnete Insel Bantayan, das Taucher-Mekka Malapascua, den Surfertraum Calicoan und die rosa Buchten der entlegenen Insel Sila.

Zwei Naturkatastrophen (der Taifun Yolanda und das Erdbeben auf Bohol) erschütterten 2013 die östlichen Visaya-Inseln, aber heute heißen alle Gebiete Reisende wieder herzlich willkommen. Mit neuen Flugrouten und erweiterten Schnellbootverbindungen ist die Zeit ideal für einen Besuch dieser faszinierenden, wenig entwickelten Region.

Reisezeit

Cebu

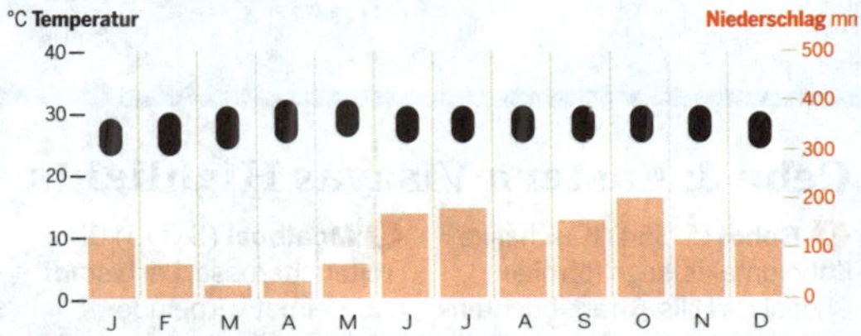

Juli–Sept. Wenn kein Taifun wütet, ist es auf Samar und Leyte trocken, das übrige Land versinkt im Regen.

April–Mai Niedriger Wasserstand für Taucher in Bohol, Cebu und im Süden von Leyte.

Jan. Der kühlste Monat, und in Cebu findet das Sinulog Festival statt.

Cebu & Eastern Visayas Highlights

1 Bohol (S. 354) Kuschelige Koboldmakis, kegelförmige Chocolate Hills, Strandbuchten und von Fischen wimmelnde Riffe besuchen.

2 Malapascua Island (S. 339) Dem Fuchshai direkt begegnen und winzige Inselchen vor der Küste erleben.

3 Moalboal (S. 345) Die Freitaucheroase, Partystadt und Heimat wirbelnder Sardinenschwärme genießen.

4 Biliran Island (S. 381) Vor dem Inselhopping die grüne Insel auf zwei Rädern erkunden.

5 Calicoan Island (S. 393) Am besten Surfspot des Landes nach Siargao surfen.

6 Catbalogan (S. 389) Im westlichen Samar durch Höhlen schwimmen, kriechen und klettern.

7 Cebu City (S. 321) Die pulsierende Atmosphäre, heiße Nachtclubs und feine Restaurants genießen.

8 Padre Burgos (S. 379) Nach Walhaien suchen.

CEBU

4,69 MIO. EW.

Cebu ist der Mittelpunkt der Visayas. Es ist die am dichtesten bevölkerte Insel der Philippinen und belegt in strategischer und wirtschaftlicher Hinsicht den zweiten Platz hinter Luzon. Dies ist eine der wohlhabendsten Regionen des Landes – 2016 betrug die Wachstumsrate 8,8%, was beträchtlich höher als der nationale Durchschnitt war. Cebu zieht fast zwei Millionen ausländische Reisende im Jahr an. Die Hauptattraktionen der Insel sind die weißen Sandstrände und die spektakulären Tauchspots, vor allem vor der Nordspitze von Cebu bei Malapascua und weiter unten an der Südwestküste bei Moalboal. Und nicht zu vergessen das viel geschmähte Cebu City, das mit lebhaften Bars, aufstrebenden Esslokalen und aufblühendem Einzelhandel lockt.

An- & Weiterreise

Cebu City ist das Tor zu den Visayas. Es hat den geschäftigsten Hafen des Landes und seinen zweitgrößten Flughafen. Für aus Asien kommende Touristen bietet sich als attraktive Alternative an, über Manila einzureisen, wohin es mehrere internationale Direktflüge gibt.

Um mit dem Boot zu den benachbarten Inseln zu gelangen, eignen sich als Alternativen zu Cebu City Argao nach Bohol, Danao nach Camotes und Bogo nach Leyte. Negros ist über nicht weniger als fünf Häfen im Westen der Insel Cebu erreichbar.

Cebu City

032 / 936 200 EW.

Cebu City, die Hauptstadt der Südlichen Philippinen, ist eine geschäftige Metropole, der Mittelpunkt eines drei Millionen starken Ballungsraums. Ästhetisch ist sie kein besonders schöner Anblick, aber die Stadt ist relativ kosmopolitisch dank des aufstrebenden englischsprachigen Schulbetriebs und der angesehenen Universitäten. Historische Sehenswürdigkeiten sind dünn gesät, obwohl es ein paar Juwelen aus der Kolonialzeit gibt, und der Verkehr ist berüchtigt – aber es gibt genug zu tun. Cebu Citys Energie ist ansteckend: Die Bar- und Clubszene ist zu Recht auf dem ganzen Archipel berühmt, und das abendliche Ausgehen ist bei einer atemberaubenden Auswahl an Restaurants ein Vergnügen. Und da Cebus Flughafen für die Abfertigung von viel mehr in- und ausländischen Flügen ausgebaut wird, scheint der wachsende Wohlstand der Stadt gesichert.

Geschichte

Als Ferdinand Magellan am 7. April 1521 den Hafen von Cebu erreichte, war er, einem Bericht eines Augenzeugens zufolge, keineswegs der Erste hier: „Viele Schiffe aus Siam, China und Arabien lagen im Hafen vor Anker. Die Menschen aßen aus Porzellangeschirr und verwendeten jede Menge Gold und Juwelen ...“

Magellan mag vielleicht nicht der erste Fremde auf Cebu gewesen sein, aber er brachte etwas mit, was niemand sonst besaß: missionarischen Eifer. Selbst sein Tod – er wurde einige Wochen später auf der Insel Mactan vom Häuptling Lapu-Lapu ermordet, verschaffte den Einheimischen nur eine vorübergehende Pause vor den Einfällen der Konquistadoren. Die Ankunft des rächenden Spaniers Miguel López de Legazpi im Jahr 1565 bedeutete den Anfang der Bekehrung Cebus – und später der ganzen Philippinen – zum Katholizismus und die Eroberung durch Spanien. Die 1575 erfolgte Gründung von Villa del Santisimo Nombre de Jesús (Stadt des Allerheiligsten Namens Jesu) steht für Cebu City als erste spanische Siedlung auf den Philippinen, und ist damit um sieben Jahre älter als Manila.

Sehenswertes

Cebu besitzt einige koloniale und historische Sehenswürdigkeiten, die einen Besuch wert sind, und ein paar aparte Attraktionen.

★ Basilica Minore del Santo Niño KIRCHE
(Pres Osmeña Blvd.; 5–21 Uhr; 24 Std. während der Pilgerzeit im Jan.) Die heiligste Kirche Cebus beherbergt eine verehrte flämische Holzfigur des Christuskindes (Santo Niño), die aus der Zeit Magellans stammt. Der Kirche ist Unglück nicht fremd: 1565 errichtet (die erste Kirche auf den Philippinen), wurden drei frühere Bauten durch Feuer zerstört, bevor die noch heute bestehende barocke Kirche 1737 erbaut wurde. Ihre Fassade und der Turm wurden 2013 von dem Erdbeben stark beschädigt, sind aber restauriert worden.

★ Museo Sugbo MUSEUM
(MJ Cuenco Ave.; Erw./Kind 75/50 P; Mo–Sa 9–17.30 Uhr) Dieses hervorragende Museum

Cebu

N
0
30 km
Roxas (121 km)
Cawayan (45 km)
Cataingan (56 km)
Carnassa Island
Maguino-o (76 km); Catbalogan (88 km); Masbate (130 km)
Balasan
Estancia
Batad
Panay
San Dionisio
Visayas-See
Guintacan Island
Malapascua Island
Logon
Maya
San Isidro
Leyte
Madridejos
Bantayan Island
Hilantagaan Island
Daanbantayan
Bagay
Bantayan
Sulangan
Santa Fe
Medellin
Hagnaya
San Remedio
Dayhogan Canal
Bogo
Palompon
Doong Islands
Cadiz
Old Sagay
New Sagay
Old Escalante
New Escalante
Port Danao
Tabogon
Isabel
Tagnucan
Borbon
Ormoc (30 km)
Tabuelan
Sogod
Catmon
Tuburan
Carmelo
Tulang Island
Camotes Islands
Pacijan Island
Poro Island
Consuelo
Poro
Calatrava
Asturias
Carmen
Danao
San Carlos
Balamban
Central Cebu National Park
Mt. Manunggal (960 m)
Camotes-See
Baybay (44 km)
Negros
Refugio (Sipaway) Island
Toledo
Lilo-an
Mandaue
Mactan Island
Hilongos (35 km)
Cebu City
Lapu-Lapu
Pinamungajan
Talisay
Cordova
Olango Island
Maasin (52 km)
Basak
Aloguinsan
Cebu
Naga
Jao Island
San Fernando
Getafe
Talibon
Guihulngan
Tañon-Straße
Barili
Tangil
Carcar
Straße von Bohol
Dumanjug
Ronda
Sibonga
Pescador Island
Alcantara
Moalboal
Talood
Tubigon
Cabilao Island
Argao
Badian Island
Badian
Talaga
Bohol
Carmen
Balhaan
Montalongon
Loon
Kawasan Falls
Dalaguete
Alegria
Alcoy
Maribojoc Bay
Moñtaneza
Malabuyoc
Tagbilaran
Jagna
Boljoon
Panglao Island
Samboan
Oslob
Talisay
San Sebastian
Mainit
Bato
Pamilacan Island
Tampi
San José
Sumilon Island
Lilo-an
Santander
Sibulan
BOHOL-SEE
Dumaguete
Valencia
Larena
Siquijor Island
Siquijor
Iligan (117 km)
Cagayan de Oro (92 km)

umfasst mehrere Galerien in einem soliden, alten Gebäude aus Korallengestein, das von 1870 bis 2004 als Cebus Provinzgefängnis fungierte. Die Räume sind den verschiedenen Epochen in Cebus Geschichte gewidmet. Die Galerie der amerikanischen Ära enthält eine interessante Sammlung von Briefen und Erinnerungsstücken von Thomas Sharpe, einem der 1065 als Thomasites bezeichneten Lehrer, die zu Beginn der amerikanischen Kolonialzeit eintrafen, um das Versprechen von Präsident McKinley, die „Philippinos zu erziehen", umzusetzen.

Casa Gorordo Museum MUSEUM

(35 L Jaena St.; 80–180 P; ⏲Di–So 10–18 Uhr) Das in der Downtown, einer ruhigen Wohngegend, gelegene Museum war ursprünglich ein Privathaus (erbaut in den 1850er-Jahren). Später wurde es von den Gorordos, einer der namhaftesten Familien Cebus, erworben und diente als Residenz des Erzbischofs von Cebu. Die Mauern des Erdgeschosses des Hauses bestehen aus Mactan-Korallengestein, während die Wohnräume im oberen Stock aus philippinischen Edelholzplanken, die mit Holznägeln zusammengehalten sind, gezimmert sind. Im renovierten Gebäude gibt's schönes antikes Mobiliar sowie Gemälde, historische Fotos und ein Café.

Fort San Pedro FORT

(A Pigafetta St.; Std./Erw. 20/30 P; ⏲8–20 Uhr) Das 1565 unter dem Befehl von Miguel López de Legazpi, dem Eroberer der Philippinen, erbaute Fort San Pedro diente als Garnison, Rebellenhochburg, Gefängnis und städtischer Zoo. Heute gehören zu dem teilweise zerstörten Bau aus dem späten 18. Jh. ein eindrucksvoller Torbau, ein kleiner Abschnitt der Befestigungen und ein kleines Museum. Ein friedvoller, ummauerter Garten ist ein perfekter Rückzugsort vom Chaos und der Hektik der Downtown von Cebu City, vor allem bei Sonnenuntergang.

Tops Lookout AUSSICHTSPUNKT

(Cebu Tops Rd.; 100 P; ⏲10–23 Uhr) Diesen hoch über der Stadt gelegenen Aussichtspunkt besucht man am besten bei Sonnenuntergang. Cafés (die ab 16 Uhr geöffnet sind) verkaufen Getränke und Snacks. Manch ein Taxifahrer weigert sich vielleicht, die steile Straße hinaufzufahren, deshalb sollte man sich zum JY Square Mall in Lahug begeben, wo *habal-habal* (Motorradtaxis) zu aufregenden 30-minütigen Fahrten (hin & zurück 300 P) über eine Serpentine starten.

Carbon Market MARKT

(⏲6–19 Uhr) Auf dem ausgedehnten Carbon Market geht es laut und lebhaft zu, und

FEINE KUNST MIT SCHMETTERLINGEN

Julian Jumalon (1909–2000), ein bekannter Künstler aus Cebu und leidenschaftlicher Schmetterlingssammler, gründete dieses **Sanctuary** (☎032-261 6884; www.jumalon-butterflysanctuary.com; Jumalon St.; Erw./Kind 100/50 P; ⏲8.30–17 Uhr) in seinem Zuhause westlich der Downtown. Seine Kenntnisse hatte er sich nicht durch eine theoretische wissenschaftliche Ausbildung erworben, sondern durch direkte Beobachtung auf in den Wäldern unternommenen Expeditionen zum Studium der Schmetterlinge (er gilt als Entdecker vieler neuer philippinischer Schmetterlingsarten und gewann zahlreiche Preise im Bereich Biologie).

Der wohl interessanteste Grund, das Sanctuary zu besuchen, ist die ihm angeschlossene, kleine Kunstgalerie, in der Jumalons Lepido-Mosaike gezeigt werden – Kunstwerke, die ausschließlich aus beschädigten Schmetterlingsflügeln gefertigt sind, die er von Sammlern aus aller Welt erworben hat. Neben den außergewöhnlichen Lepido-Mosaiken sind Jumalons Aquarelle ausgestellt, die hervorragend sind.

Beim Ausbruch des Zweiten Weltkriegs erhielt Jumalon von der philippinischen Regierung den Auftrag, Notfall-Banknoten zu entwerfen; diese genießen heute Sammlerstatus und sind im Museo Sugbo (S. 321) ausgestellt.

Das Sanctuary selbst ist ein Muss für Schmetterlingsliebhaber. Es wird heute von seinen ebenso leidenschaftlichen Kindern geleitet, die einen informativen Rundgang durch den Garten veranstalten; zu sehen sind auch Schautafeln mit den Lebenszyklen von Schmetterlingen und im Hauptraum Jumalons umfangreiche Sammlung von Schmetterlingen und Faltern.

Cebu City

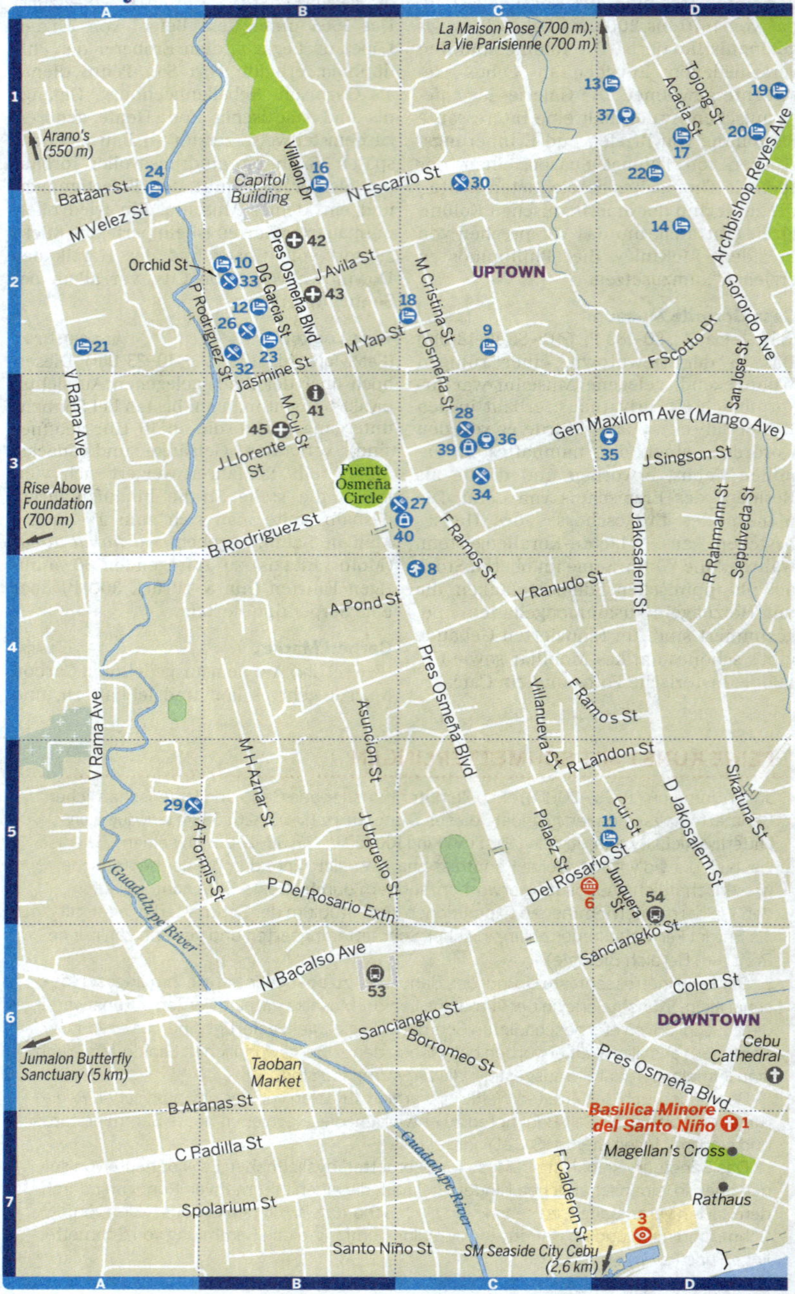

La Maison Rose (700 m); La Vie Parisienne (700 m)
Arano's (550 m)
Rise Above Foundation (700 m)
Jumalon Butterfly Sanctuary (5 km)
SM Seaside City Cebu (2,6 km)
UPTOWN
DOWNTOWN
Capitol Building
Fuente Osmeña Circle
Taoban Market
Cebu Cathedral
Basilica Minore del Santo Niño
Magellan's Cross
Rathaus
Bataan St
M Velez St
N Escario St
Villalon Dr
Orchid St
P Rodriguez St
DG Garcia St
Pres Osmeña Blvd
J Avila St
M Cristina St
J Osmeña St
M Yap St
Jasmine St
M Cui St
J Llorente St
V Rama Ave
Gen Maxilom Ave (Mango Ave)
J Singson St
F Scotto Dr
San Jose St
Gorordo Ave
Archbishop Reyes Ave
Acacia St
Tojong St
B Rodriguez St
F Ramos St
A Pond St
V Ranudo St
D Jakosalem St
R Rahmann St
Sepulveda St
Asuncion St
M H Aznar St
Villanueva St
R Landon St
Sikatuna St
Cui St
A Tormis St
J Urguello St
Pelaez St
Del Rosario St
Junquera St
P Del Rosario Extn
Guadalupe River
N Bacalso Ave
Sanciangko St
Colon St
Borromeo St
B Aranas St
C Padilla St
Spolarium St
Santo Niño St
F Calderon St

offenbar schläft nie jemand. Es ist eine lokale Angelegenheit: Berge von Früchten und Gemüse, einiges an Kunsthandwerk (darunter Korbwaren) und ein großer Bereich mit Blumen.

Yap-Sandiego Ancestral House HISTORISCHES GEBÄUDE
(www.facebook.com/yapsandiegoancestralhouse; Mabini St.; 50 P; ⏲9–17 Uhr) Das stimmungsvolle Yap-Sandiego Ancestral House, das zu den ältesten Wohnhäusern des Landes gehört, wurde um 1680 aus Holz und Korallengestein erbaut und vereint spanische und chinesische Architektureinflüsse. In seinem Inneren stehen viele Antiquitäten, edles Mobiliar, religiöse Kunst und so manche Kuriositäten.

University of San Carlos Museum MUSEUM
(Del Rosario St.; 30 P; ⏲Mo–Fr 8–12 & 13.30–17 Uhr, Sa 8–12 Uhr) Dieses gut eingerichtete Museum ist besonders für seine anthropologischen und archäologischen Ausstellungsstücke bekannt; dazu gehören u.a. Schaukästen, die die im 16. Jh. verbreitete Mode der künstlichen Schädeldeformationen veranschaulichen, die bei Kindern aus ästhetischen Gründen vorgenommen wurden. Jeder Besucher mag sich dazu seine eigene Meinung bilden. Gezeigt werden auch Bootssärge, die in Anda, Bohol, in den 1970er-Jahren ausgegraben wurden, sowie einige faszinierende Kalksteinurnen aus dem 6. Jh. Beachtenswert sind die Deckel – geschnitzte Phalli für Männer, Dächer für Frauen, Gesichter für *datu* (Häuptlinge).

Aktivitäten

Rise Above Foundation FREIWILLIGENARBEIT
(✆032-255 1063; www.riseabove-cebu.org; 252 I Limkakeng St., Happy Valley Subd., V Rama Ave., Cebu City) Wohnungsbau, Bildung, Berufsausbildungsprojekte in Cebu. Wir haben von Freiwilligen positives Feedback bekommen. Medizinisches Personal (darunter auch Zahnärzte) wird auch gebraucht. Man kann auch Essensprogramme sponsern.

Sky Experience ABENTEUERSPORT
(✆032-418 8888; www.skyexperienceadventure.com; Crown Regency Hotel & Tower, Fuente Osmeña Circle; 2 Fahrten inkl. Büfett 900 P; ⏲Mo–Fr 14–24 Uhr, Sa 10–1 Uhr, So 10–24 Uhr) Wer den Thrill in großer Höhe sucht, wird dieses kilometerhohe (37. Stockwerk!) Abenteuer lieben, bei dem man mit Sicherheitsgurten um die Spitze des Crown Plaza Hotel

Cebu City

Highlights
1 Basilica Minore del Santo Niño D7
2 Museo Sugbo E4

Sehenswertes
3 Carbon Market D7
4 Casa Gorordo Museum E5
5 Fort San Pedro E7
6 University of San Carlos Museum C5
7 Yap-Sandiego Ancestral House E5

Aktivitäten, Kurse & Touren
8 Sky Experience C4

Schlafen
9 Casa Rosario C2
10 Cebu R Hotel B2
11 Elicon House D5
12 Gran Tierra Suites B2
13 Harold's Hotel D1
14 Le Village Hostel D2
15 Marriott Hotel E1
16 Mayflower Inn B1
17 Pensionne La Florentina D1
18 Premiere Citi Suites C2
19 Quest Hotel D1
20 Red Planet Hotel D1
21 Tr3ats A2
22 West Gorordo Hotel D1
23 Zen Rooms Don Mariano B2
24 Zen Rooms M Velez Street A1

Essen
Abaca .... (siehe 38)
Ayala Center Food Court .... (siehe 38)
25 Barbecue Boss F1
26 Bucket Shrimps B2
Cafe Laguna .... (siehe 38)
27 Cora's Lechon C3
28 Handuraw Pizza C3
29 Healthy U A5
30 Lunhaw C1
31 Original AA BBQ E6
Persian Palate .... (siehe 39)
32 STK ta Bay! Sa Paolito's Seafood House B2
Tsim Sha Tsui .... (siehe 38)
33 Yakski Barbecue B2
34 Zubuchon C3

Ausgehen & Nachtleben
35 Bamboozers Bar D3
36 Club Holic C3
37 Kukuk's Nest/Turtle's Nest D1
The Social .... (siehe 15)

Shoppen
38 Ayala Center Cebu E1
Fully Booked .... (siehe 38)
39 National Bookstore C3
40 Robinson's Place C3

Praktisches
41 Cebu City Tourism Commission B3
42 Cebu Doctors Hospital B2
43 Cebu Doctor's University Hospital B2
44 Central Post Office E7
45 Chong Hua Hospital B3
Citibank .... (siehe 38)
46 Department of Tourism E7
47 HSBC E2

Transport
48 2GO Travel F7
Cokaliong Shipping .... (siehe 52)
49 Gabisan Shipping Lines F6
50 George & Peter Lines F6
Island Shipping .... (siehe 49)
J & N Shipping .... (siehe 50)
51 Jeepney Terminal Ayala E1
Kinswell Shipping Lines .... (siehe 50)
Lapu Lapu Shipping Lines .... (siehe 49)
Lite Shipping .... (siehe 52)
M/V Star Crafts .... (siehe 52)
Medallion Transport .... (siehe 49)
52 Oceanjet F7
Roble Shipping Lines .... (siehe 49)
53 South Bus Station B6
VG Shipping .... (siehe 49)
54 V-hire South Terminal D5

„laufen", in einem „Edgecoaster" (einer gekippten Achterbahn) fahren und an einer Seilrutsche durch den Nachthimmel sausen kann. Handys und Kameras sind nicht erlaubt, Fotos und Videos müssen gekauft werden. Im Package für eine Fahrt ist ein Abendbüfett eingeschlossen.

Island Buzz Philippines KAJAKFAHREN
(☎0917 885 7515; www.islandbuzzphilippines.com; Halbtagstouren für 1/2 Pers. 3500/2500 P) Dieser Tourenanbieter bringt Reisende zur Insel Mactan, wo Kajaks und Paddleboards für geführte Touren durch die herrlichen Mangrovenwälder von Olango Island und anderen Orten bereitstehen. Bei Ganztagstouren sind Mittagessen und Getränke eingeschlossen.

Bugoy Bikers MOUNTAINBIKEN
(☎032-321 6348; www.bugoybikers.com; 5a Wright Brothers, abgehend von Upper Fulton St.; ganztägige Mountainbike-Touren für 1/2 Pers. 4500/3500 P) Bietet eine Reihe von tollen

halb- bis mehrtägigen Mountainbike-Touren an, darunter Touren zu Nachbarinseln wie Bohol und Leyte. Es liegt etwas verborgen in einer Wohngegend in Lahug.

Feste & Events

★ Sinulog Festival KULTUR

(http://sinulog.ph; Tribünenplätze ab 1000 P) Cebus großes, jährliches Sinulog Festival zieht Pilger aus den ganzen Philippinen an. Am dritten Sonntag im Januar findet das Sinulog, auch Fiesta Señor genannt, zu Ehren des Santo Niño – des Jesuskindes – statt. Im Mittelpunkt des Festes steht ein farbenprächtiger Umzug mit dem in der Basilika aufbewahrten, verehrten Bildnis des Santo Niño.

Schlafen

Gut überlegen, wo man in Cebu wohnen will. Uptown hat man Cafés und Restaurants vor der Tür. Downtown kann die Auswahl an Hotels ziemlich schlimm sein; preiswerte Unterkünfte kann man in der Junquera Street in der jugendlich geprägten Gegend der University of San Carlos (USC) finden. Hostels sind über die ganze Stadt verstreut.

Downtown

★ Elicon House HOTEL €

(032-255 0300; www.elicon-house.com; Ecke Del Rosario & Junquera Sts.; EZ/DZ 600/850 P;) Dieses einladende, wirklich ökofreundliche Haus hat saubere, geräumige Zimmer, nette Gemeinschaftsbereiche voller Spiele, ein vegetarisches Café und an den leuchtend bunten Wänden prangen Slogans zur Permakultur. Bei der Reinigung werden keine Chemikalien verwendet, und es findet eine Menge Recycling statt. Tages-, Wochen- und Monatspreise.

Sugbutel HOTEL €€

(032-232 8888; www.sugbutel.com; Osmeña Blvd., nahe Rd. East; B 265–475 P, Zi. 1450–1850 P;) Das Sugbutel verfügt über etwas kahle, aber sehr saubere und kompakte Zimmer, plus drei *riesige* Schlafsäle mit Klimaanlage (mit jeweils 75 bis 85 Betten). Die Stockbetten haben kleine Safes unter den Bettkissen und Vorhänge, die eine gewisse Privatsphäre schaffen. Das Hotel liegt in der Nähe der SM City Mall und ist eine Superwahl für Hygiene-Freaks.

Uptown

Le Village Hostel HOSTEL €

(0932 413 3978, 032-416 0038; www.facebook.com/levillagehostelcebu; 84 Gorordo Ave.; B mit Ventilator/Klimaanlage ab 300/500 P, DZ ohne Bad 900–1500 P;) Ein seit Langem bestehendes Hostel mit lebhaftem, hilfsbereitem Personal und anständigen Schlafsälen – obwohl die Bäder einer gründlichen Reinigung und besserer Wartung bedürfen und die Einrichtungen verbessert werden müssen (mehr Schränke und Steckdosen). Es gibt einen großen, hellen Gemeinschaftsraum mit einem Billardtisch sowie TV/DVDs, Küche und die Lage ist gut, in der Nähe des Ayala Center (S. 333).

★ Mayflower Inn HOTEL €

(032-255 2800; www.mayflower-inn.com; Villalon Dr.; EZ/DZ/3BZ/4BZ 900/1200/1400/1800 P;) Die Lage des Mayflower Inn ist hervorragend, im Norden von Uptown, und obwohl der „Öko"-Anspruch hier reichlich dick aufgetragen wird, ist der Nachhaltigkeitsanspruch gerechtfertigt. Die hell gestrichenen Zimmer sind sauber, und den Gästen stehen ein Gartencafé und eine Lounge-Bibliothek mit Tischtennis, Tischfußball, Stapeln von *National Geographic*-Heften und Brettspielen zur Verfügung.

Tr3ats HOSTEL €

(032-422 8881; www.tr3ats.com; 785 V Rama Ave.; B/DZ 350/1600 P;) Cebus originelles Hostel hat drei ordentliche Schlafsäle mit je sechs Betten und Klimaanlage (darunter einer nur für Frauen) und ein paar saubere Zimmer mit Bad. Es gibt Warmwasserduschen, und die Gemeinschaftsbäder werden sauber gehalten. Allerdings ist das Hostel nicht perfekt. Es gibt kaum Gemeinschaftsflächen; entspannen kann man in der Dachbar.

Pensionne La Florentina PENSION €

(032-231 3318; www.facebook.com/pensionnelaflorentina; 18 Acacia St.; Zi. 950–1400 P;) Das an einer ruhigen Straße nahe dem Ayala Center gelegene, elegante Haus ist eine gute, preiswerte Unterkunft in Uptown. Die Zimmer sind ziemlich groß und gut in Schuss, obwohl die im Erdgeschoss dunkel sind; mehr Licht und einen Balkon gibt's oben. WLAN funktioniert nur in der Lobby richtig.

Gran Tierra Suites HOTEL €
(032-253 3575; www.grantierrasuites.com; 207 M Cui St.; EZ/DZ/3BZ 789/989/1189 P;) Cebu hat einige tolle Hotels in der mittleren Preislage, und dafür ist dieses Haus ein erstklassiges Beispiel. Es ist fast ein Boutiquehotel, die Zimmer haben Leinwanddrucke, kleine Flachbildfernseher und reichlich Tischfläche. Das Personal ist hilfsbereit, und in der Nähe gibt es jede Menge Esslokale.

Zen Rooms M Velez Street HOTEL €€
(032-231 3338; www.zenrooms.com; M Velez St.; Zi. ab 1450 P;) Das Zen-Budgethotelkonzept ist ein erfolgreiches, mit makellos sauberen, modernen Zimmern, einem leicht minimalistischen Design und verlässlichem WLAN sowie funktionierender Klimaanlage, alles zu einem konkurrenzfähigen Preis. In diesem Haus trägt das ausgeflippte, kleine Café unten nur zu seinem Charme bei.

★ **Zen Rooms Don Mariano** HOTEL €€
(032-231 3338; www.zenrooms.com; Don Mariano Cui St.; Zi. ab 1400 P;) Ein schönes, sachlich-schlichtes Hotel, das eine herrliche Uptown-Lage mit Cafés, Restaurants und Einkaufsmöglichkeiten vor der Tür hat. Die Zimmer sind etwas klein, aber perfekt ausgestattet mit frischer, weißer Bettwäsche, ruhiger Klimaanlage, Laminatfußboden, eigener Dusche mit Warmwasser, schnellem WLAN und Flachbildfernseher mit Kabelkanälen.

West Gorordo Hotel HOTEL €€
(032-231 4347/8; http://westgorordo.com; 110 Gorordo Ave.; EZ/DZ/3BZ /inkl. Frühstück ab 1350/1620/2370 P;) Dieses umweltfreundliche Hotel wirbt mit seiner Null-Kohlenstoff-Philosophie, verwendet keinen Kunststoff und bietet kostenfreies Trinkwasser – der Bau selbst ist jedoch ein plumper Betonblock. Helle, saubere Zimmer sind mit komfortablen Betten und Motivationskunst ausgestattet, und im Erdgeschoss befindet sich das Journeys Café, das dem Thema Reisen gewidmet ist. Fahrräder können ausgeliehen werden, es gibt Tischtennis und eine Kinderbibliothek. Fremde Gäste dürfen nicht mit aufs Zimmer genommen werden.

Premiere Citi Suites HOTEL €€
(032-266 0442; http://premierecitisuites.net; M Yap St.; Zi. 1500–1900 P, Suite ab 2200 P;) Ein modernes, zentral gelegenes Hotel mit hellen Zimmern, die mit frischer, weißer Bettwäsche und Flachbild-TV ausgestattet sind – oder man bucht eine Suite, die geräumiger ist und ein zeitgemäßes Bad mit Wanne bietet. Zusätzlich gibt's auf jeder Etage gefiltertes Trinkwasser. Wer etwas Stärkeres trinken möchte, geht hinauf in die Dachbar und genießt den Blick über die Berge. Einige der preiswerteren Zimmer sind fensterlos.

Cebu R Hotel HOTEL €€
(032-505 7188; www.ceburhotel.com; 101 M Cui St.; EZ 950–1150 P, DZ 1300–1550 P, Suite 1700–2050 P inkl. Frühstück;) Die lindgrüne Farbgebung ist eine Spur zu grell, aber die Zimmer (es gibt vier Preiskategorien) sind gut ausgestattet und verfügen über Tische und Flachbild-TVs. In den Deluxe-Zimmern können vier schlafen.

Casa Rosario PENSION €€
(032-253 5134; 101 R Aboitiz St.; EZ/DZ ab 1000/1200 P;) Ein angenehmes Haus, das vielleicht etwas altmodisch wirkt, aber eine zuverlässige Wahl ist, mit freundlichem Personal, einer guten Lage und sauberen Zimmern zu angemessenen Preisen. Frühstück und andere Mahlzeiten können im Café im Erdgeschoss eingenommen werden.

Red Planet Hotel HOTEL €€
(032-232 0888; www.redplanethotels.com; 36 Archbishop Reyes St.; ab 1000 P;) Die Zimmerpreise dieser Hotelkette unterliegen je nach Nachfrage starken Schwankungen. Ihr Geld wert sind die kleinen, aber äußerst funktionalen und identisch eingerichteten Zimmer (es gibt 150 davon). Häufiger bekommt man aber Zimmer für 1500 bis 2000 P, was ein bisschen unverschämt ist. Lagemäßig ist es nur ein paar Schritte vom Ayala Center (S. 333) entfernt.

Quest Hotel HOTEL €€
(032-402 5999; www.questhotels.com; Archbishop Reyes Ave.; Zi./Suite ab 2350/3710 P;) Dieses Hochhaus profitiert von der unglaublich guten Lage (nur fünf Minuten Fußweg vom Ayala Center und den Terraces entfernt). Die Zimmer sind modern gestaltet, mit luxuriösen Betten und modischen Badezimmern ausgestattet. Der Pool ist zwar ziemlich klein, hat aber eine vom Pool aus erreichbare Bar, und es gibt ein Fitness-Studio und ein beliebtes Restaurant.

Marriott Hotel LUXUSHOTEL €€€
(☎032-411 5800; www.marriottcebu.com; Cardinal Rosales Ave.; DZ an 7150 P; ❄📶🏊) Ganz in der Nähe des Ayala Center (S. 333) und seinen zahllosen Restaurants und Läden liegt das noble Marriott. Keine Musikberieselung und kein weiß gekleideter Pianist stört hier die Ruhe. Die luxuriösen Zimmer sind geschmackvoll eingerichtet, und die Bäder sind mit Regenduschen ausgestattet. Der Pool ist groß genug für Sprünge, und es gibt ein Fitnesscenter.

Lahug & Banilad

Bugoy Bikers Bed & Breakfast B&B €
(☎0918 908 9594; www.bugoybikers.com; 5a Wright Brothers, abgehend von der Upper Fulton St.; B 500 P, DZ 800–1000 P; ❄📶) Dieser Anbieter von Radwanderungen (S. 326) betreibt auch eine kleine Pension mit gemütlichen Bambuszimmern (mit Klimaanlage oder Ventilator sowie Gemeinschaftsbad oder eigenem Bad) und einen Schlafsaal mit sechs Betten.

Die Lage des Bugay in einer Nebenstraße ist ruhig, und es gibt eine Küche sowie einen Garten, den man benutzen kann. Die Besitzer kümmern sich gut um ihre Gäste und helfen auch gern bei Reiseplanungen oder dem Ausleihen eines Fahrrads oder Motorrollers.

★ Montebello Villa Hotel HOTEL €€
(☎032-231 3681; www.montebellovillahotel.com; Gov M Cuenco Ave., Banilad; Zi. ab 2700 P; ❄📶🏊) Das Montebello, erbaut in einem spanischen Kolonialstil, der an eine mexikanische Hacienda erinnert, liegt in ruhiger Lage 3 km nördlich des Ayala Center im grünen Banilad. Der herrliche 30-m-Pool und sehr schöne, tropische Gärten erfreuen die Sinne, und die Zimmer sind geräumig und gut, wenn auch etwas altmodisch eingerichtet.

Harold's Hotel HOTEL €€€
(☎032-505 7777; www.haroldshotel.com.ph; Gorordo Ave.; Zi. 3400-3600 P, Suite 6000 P; ❄📶) Dieses gut geführte Hotel hat eine tolle Bar auf der Dachterrasse mit einem 360-Grad-Panoramablick über die Stadt – ideal für einen Sundowner nach einem langen Reisetag oder einem Tag voller Besichtigungen. Auch die Zimmer sind großartig, mit herrlichen Betten, vornehmem Mobiliar und attraktiver Farbgebung in Beige und Creme.

★ The Henry BOUTIQUEHOTEL €€€
(☎032-520 8877; www.thehenryhotel.com; M Cuenco Ave., Banilad; DZ inkl. Frühstück 4700–8900 P; ❄📶🏊) Das Marketing des The Henry sagt „wie kein anderes", was in Cebu 100% zutreffend ist, denn das innovative Hotel – eine Lobby im Industriestil, riesige, künstlerisch gestaltete Zimmer und ein hipster-freundliches Café – hat keinen Rivalen vor Ort. Den Gast erwarten Wandgemälde und Popart, zeitgemäße Möbel und irrsinnige Farben, während die übergroßen Betten zu einem übermütigen Sprung hinein verleiten. Es ist zweifellos eine einzigartig erstklassige Unterkunft.

Essen

Cebu hat eine große Auswahl an Restaurants und Cafés. Lahug ist ein gastronomisches Zentrum – insbesondere Asiatown IT Park und die Crossroads-Schlemmermeile. Es gibt auch ein vielseitiges kulinarisches Angebot in den Terraces und im Ayala Center. Preiswerte Imbissstände findet man auf dem Carbon Market (S. 323). Die Stadt gilt auch als Heimat von *lechón* (am Spieß geröstetes Spanferkel); Fleischesser sollten diese köstliche heimische Spezialität probieren.

★ Healthy U VEGETARISCH
(☎032-401 1386; http://healthyuvg.weebly.com; A Tormis St.; Gerichte 60–110 P; ⏰Mo–Sa 9–22 Uhr; 🌱) Dieses ulkige, nicht teure, kleine Lokal ist eine Oase für Vegetarier. Auf den Tisch kommen leckere Tofu-Gerichte und vegane Speisen (meist kosten sie 30–40 P). Unschlagbar billig ist das 59-P-Menü, zu dem Suppe, Reis, ein Hauptgericht und ein Getränk gehören. Es liegt in einer kleinen Straße in der Nähe der University of San Carlos (Südcampus) und ist beliebt bei Cebuano-Yogis.

Yakski Barbecue BARBECUE €
(☎032-254 3977; M Cui St.; Spieße 20–90 P; ⏰11.30–14.30 & 17.30–24 Uhr) Dieses legere, an den Seiten offene Lokal mit einem glücklichen Schwein auf seinem Ladenschild bietet dankbaren Massen verschiedene Fleischspieße (Schweinebauch, Chorizo, Huhn). Taucht man erst nach 22 Uhr auf, braucht man nicht zu warten.

Cora's Lechon PHILIPPINISCH €
(Robinson's Place Mall, Fuente Osmeña; Portionen ab 115 P; ⏰9–20 Uhr) Serviert köstliches *lechón* an einem winzigen Stand im

Gastronomiebereich im Erdgeschoss des Robinson's. Ein ganzes Kilo zum richtig Sattessen kostet 460 P.

Barbecue Boss PHILIPPINISCH €
(☎0933 722 2677; Pope John Paul 2 Ave.; Gerichte 100–170 P) Ein belebtes Lokal mit offenen Seiten, wo sich Studenten und junge Büroangestellte zum Essen oder zum Drink treffen. Am besten setzt man sich an einen der großen Tische und bestellt Pfeffersteak, Hähnchen oder würzige Schweinekebabs. Bier kostet ungefähr 50 P pro Flasche.

Original AA BBQ BARBECUE €
(☎032-516 9077; Manalili St.; Gerichte 80–130 P; ⏲10–21.30 Uhr) Vegetarier sind fehl am Platz in diesem beliebten Freiluft-Kettenrestaurant, wo die Gäste ihr Fleisch oder ihr Seafood aussuchen und auf dem Kohlegrill zubereiten lassen. Eine angesagte Adresse für ein entspanntes Bier nach einem abendlichen Bummel am Fort San Pedro.

★ Abaca CAFÉ €€
(www.theabacagroup.com; Terraces; Snacks & Gerichte 130–300 P; ⏲7–22 Uhr) Sehr schickes Café, wo man mit Blick auf die Terraces oder im klimatisierten Innenraum speisen kann. Toll fürs Frühstück mit gesunden und weniger gesunden Optionen – probieren sollte man die Eier Benedict oder ein Sandwich. Auch bekannt für Kaffee, und seine Croissants und Kuchen gehören zu den besten der Stadt.

★ Café Laguna PHILIPPINISCH €€
(☎032-231 0922; Hauptgerichte 195–345 P; ⏲9.30–22 Uhr) Das kosmopolitische **Ayala Center** (Lahug-Distrikt; Gerichte 70–120 P; ⏲10–21 Uhr) hat nicht viel Auswahl bei gutem einheimischem Essen, aber das sehr beliebte Café Laguna ist eine Ausnahme und bietet hervorragende, relativ erschwingliche Gerichte wie in Pandanblättern gekochtes Huhn, knuspriges *pata* (frittierte Schweinehaxe) und Meeresfrüchte *kare kare* (mit Erdnüssen und Kokosnuss zubereitet). Es gibt ein klimatisiertes Restaurant und Plätze auf der Terrasse.

★ La Vie Parisienne CAFÉ €€
(☎032-260 4388; www.lavieparisienne.ph; 371 Gorordo Ave.; Sandwiches 160–230 P; ⏲6–16 Uhr; 📶) Diese Bäckerei und Café-Bar bietet leichte Mahlzeiten (Baguettes ab 160 P) in einem hübschen Gartenambiente mit coolen Sofas, übergroßen Sitzsäcken und hipper Beleuchtung. Hier bestellt man gekühlten Wein aus dem Keller und genießt den Lounge-Sound.

★ Rico's Lechon PHILIPPINISCH €€
(☎032-344 0119; http://ricoslechon.com; F Cabahug St., Mabolo; Portionen ab 135 P; ⏲10–22 Uhr; ❄📶) In Cebu isst man die landestypische philippinische Delikatesse *lechón* (am Spieß geröstetes Spanferkel), und Rico's hat das beste in der ganzen Stadt. Es wird jeden Morgen am Sitz des Unternehmens in der Uptown zubereitet und zu den *lechón*-Fans in Manila und im Ausland verschickt oder in diesem bescheidenen Esslokal östlich der Ayala Mall serviert.

Tsim Sha Tsui CHINESISCH €€
(☎032-238 9209; Terraces; Gerichte 78–220 P; ⏲11–23 Uhr; 📶) Dieses schicke chinesische Lokal ist mit Recht beliebt für sein Dim-Sum-Angebot (399 P, „All-you-can-eat" vom Fließband), aber es gibt noch andere leckere Speisen wie z.B. gebratener Reis Malacca und heiße Garnelen mit Knoblauchsauce. Gespeist wird im klimatisierten Speisesaal oder auf der schmalen Terrasse.

Arano's SPANISCH €€
(☎032-256 1934; 31 Fairlane Village, Gaudalupe; Hauptgerichte 90–350 P; ⏲Mo–Sa 6–22 Uhr) Ein authentisch baskisch-spanisches Restaurant, wo der behagliche vordere Speiseraum mit Gingham-Tischtüchern und spanischen Memorabilien (man beachte die Pistolen an der Wand) eingerichtet ist und auf einen dezent beleuchteten Garten-Essbereich hinausführt. Zu den Seafood-Highlights gehören die *gambas al ajillo* (Garnelen in Knoblauchsauce), Tintenfisch in seiner Tinte gekocht, Paella und einige hervorragend Steak- und Schweinefleischgerichte.

Lunhaw VEGETARISCH €€
(N Escario St.; Gerichte 125–240 P; ⏲So–Do 11–23 Uhr, Fr 11–17 Uhr, Sa 19–23 Uhr; 🖉) Eine hübsche, moderne vegane Lokalität mit einer kleinen Speisekarte, auf der Salate, Suppen, Pasta (zu empfehlen ist Kürbis-Spinat-Lassagne) und asiatische Fusiongerichte wie *sisag* (Tofu und Pilze in Kokossauce) stehen.

STK ta Bay! Sa Paolito's Seafood House MEERESFRÜCHTE €€
(☎032-256 2700; http://stktabay.com; 6 Orchid St.; Hauptgerichte 95–400 P; ⏲9–15 & 17–

22 Uhr; ❄📶) Werden Cebuanos gefragt, wo man in Cebu gut essen kann, werden Feinschmecker dieses in einem großen, ehemaligen Wohnhaus untergebrachte Restaurant empfehlen, das mit Erbstücken vollgestopft ist.

Ein Highlight sind Jerrys Krabbencurry und die scharf gewürzten *calamares* – kleine, gebratene Tintenfische im Gewürzmantel, garniert mit grünen Chilis. Zu den vielen philippinischen Klassikern gehört *sinigang* (mit Tamarinde gewürzte Fischsuppe). Aber hallo – es kann etwas dauern, bis das Essen auf dem Tisch steht.

Golden Cowie PHILIPPINISCH €€

(☎032-505 2121; Salinas Dr., Lahug; Hauptgerichte 85–395 P; ⏲11–14 & 17–22 Uhr) Das Golden Cowie ist so etwas wie eine einheimische Institution und hat authentische philippinische Speisen zu moderaten Preisen auf der Karte. Dazu gehören sehr leckere Fischgerichte und Meeresfrüchte – sehr zu empfehlen sind der gebratene Thunfischbauch oder *imbao* (Muschelsuppe) –, außerdem tolle Fleischgerichte, wie knuspriges *pata* (frittierte Schweinehaxe) und Schwein-*bicol* (Schwein in Kokos- und Garnelenpaste). Zu den vegetarischen Highlights gehören *adobong talong* (Auberginen).

Zubuchon PHILIPPINISCH €€

(☎032-239 5697; One Mango Pl., Gen Maxilom Ave.; Gerichte 170–320 P; ⏲10–23 Uhr) Ein beliebtes Restaurant für *lechón*-Gerichte, mit mehreren Dependancen in der ganzen Stadt. Mitten in der Stadt bekommt man hier eine große Platte mit *lechón* ohne Knochen für 330 P. Als Beilage sollte man *abobong kangkong* (Wasserspinat mit Speckgrieben) probieren.

Bucket Shrimps MEERESFRÜCHTE €€

(☎032-260 6520; Orchard St.; Hauptgerichte 150–350 P; ⏲11–22 Uhr) Ein lustiger Laden, wo man alberne Wegwerfhandschuhe anzieht und eine Schürze umgehängt bekommt und sich über einen Eimer voller Garnelen in Cajunbutter (oder Rippchen, Miesmuscheln, Krebse oder Schweinebauch) hermacht und dazu eimerweise Bier schlürft.

Persian Palate MITTLERER OSTEN €€

(☎032-412 6795; Mango Sq Mall, Juana Osmeña St.; Gerichte 169–395 P; ⏲10–22 Uhr m; ❄📶🍃) Dieses Lokal mit mittelöstlicher und indischer Küche liegt versteckt hinter dem National Bookstore am Mango Square. Auf seiner Karte stehen Gerichte wie Baba Ganoush (Püree aus Auberginen und Sesampaste), Samosas und Currys. Dazu gibt's ein reiches Angebot für Vegetarier.

Handuraw Pizza PIZZA €€

(☎032-410 7491; www.handurawpizza.com; EG, Mango Sq. Mall, Juana Osmeña St.; Hauptgerichte 129–398 P; ⏲Mo–Do 10–24 Uhr, Fr & Sa bis 2 Uhr, So bis 22 Uhr; 📶) Diese Institution in Cebu ist berühmt für ihre dünnbodige und knusprige Pizza – die mild gewürzte Pizza Cebuana, belegt mit einheimischer Chorizo, empfiehlt sich besonders. Pasta, Chili Wings, Salate und Ganztagsfrühstück stehen auch auf der Speisekarte. Lokale Musiker (meist akustisch) spielen allabendlich ab 21 Uhr; mittwochs gibt's eine Open-Mic-Veranstaltung.

★ **Maya** MEXIKANISCH €€€

(☎032-238 9552; www.theabacagroup.com; Crossroads, Gov M Cuenco Ave.; Hauptgerichte 300–600 P; ⏲So–Do 17–23 Uhr, Fr & Sa bis 2 Uhr; ❄📶) Durch schwere Holztüren betritt man das vornehme, von Kerzenlicht erhellte Restaurant, das die vermutlich landesweit beste mexikanische Küche bietet. Zu den authentischen Gerichten gehören Ceviche (ab 525 P), Enchiladas und Fajitas, und nicht zu verachten ist ein Glas der 100%-Agave-Tequilas (ab 210 P). Gut sind auch die Veranstaltungen (Salsa mittwochs) und Promos („Mojito-und-Margarita-Montage").

★ **Anzani** MEDITERRAN €€€

(☎032-232 7375; http://anzani.com.ph; Panorama Heights, Nivel Hills, Lahug; Gerichte 1250–2200 P, Menüs ab 1050 P; ⏲Mo–Sa 17–24 Uhr, So 11.30–14.30 & 17–24 Uhr; 📶) Das noble Anzani, eines der besten gehobenen Restaurants auf den Visayas, ist ideal für ein besonderes Essen mit Blick von der Terrasse über die ganze Stadt. Pastagerichte kosten um 475 P, während Fleisch und Fisch wie Norwegischer Lachs oder neuseeländisches Lammkarree mit Olivenkruste (1800 P) ganz schön zu Buche schlagen. Die Menüs sind ihr Geld wert.

La Maison Rose FRANZÖSISCH €€€

(☎032-268 5411; www.facebook.com/lamaisonrosecebu; 371 Gorordo Ave.; Hauptgerichte 360–1200 P; ⏲12–23 Uhr; ❄📶) La Maison Rose, ein kleines Stück Frankreich mitten in Cebu, bietet feines Essen in einem blassrosa, im Kolonialstil errichteten Gebäude, das an eine französische Indochina-Villa erinnert. Auf der verlockenden Speisekarte stehen üppige Festpreis-Menüs, französische Klassiker wie Entenconfit (650 P) und ein paar leichtere Gerichte wie spitze Salate (unbedingt den Nizzasalat und den Ziegenkäsesalat probieren).

Ausgehen & Nachtleben

Cebu hat einen wohlverdienten Ruf als Partystadt. Exklusive Clubs und Bars liegen im zentralen Cebu und in Mandaue, 5 km östlich von der Stadtmitte. Sonst gibt's noch am Mango Square (an der Gen Maxilom Avenue) einfachere Stätten, von denen viele etwas zwielichtig sind. Die Gentrifizierung hat dazu geführt, dass viele dieser Läden am Mango Square schließen mussten, und wie es weitergeht, in ungewiss.

★ The Social BAR
(www.thesocial.com.ph; Ayala Center; ⌚11–24, Fr & Sa bis 2 Uhr; 📶) Diese stilvolle, belebte Bar, in der man innen und außen sitzen kann, ist ideal zum Aufwärmen, bevor es weiter zum Feiern in die Uptown geht. Auf großen Bildschirmen laufen Sportereignisse ab, und die riesige Terrasse ist perfekt für zünftige Drinks im Freien. Hier feiert eine Mischung aus Einheimischen und ausländischen Gästen, und es gibt immer großartiges Essen.

Kukuk's Nest/Turtle's Nest BAR
(☎0933 391 3837; http://kukuksnest.webs.com; 124 Gorordo Ave.; ⌚24 Std.; 📶) Diese rund um die Uhr geöffnete Restobar ist angefüllt mit alten Büchern und zeitgenössischer Kunst und zieht eine bunte Mischung von Künstlertypen an. Regelmäßig werden Gigs von Reggae-, Ska-, Akustik-, Punk- und Indie-Bands geboten.

Liv Super Club CLUB
(City Time Sq., Mantawe Ave., Mandaue; Wochenenden 300–400 P; ⌚Mi–So 20–6 Uhr) Dieser gepflegte, noble Treffpunkt, der sich selbst als „Superclub" vermarket, zieht betuchte Leute an, die sich bei kommerzieller EDM und Dancefloor-Hits vergnügen. International bekannte DJs legen jeden Monat auf. Fein anziehen und ein dickes Portemonnaie mitnehmen. Der Club liegt 5 km westlich vom Zentrum in Mandaue.

Bamboozers Bar BAR
(www.facebook.com/bamboozersbarcebu/; General Maxilom Ave.; ⌚19–5 Uhr; 📶) Eine kleine, gesellige Bar unter kanadischer Leitung, die eine gute Mischung aus Expats, Einheimischen und Besuchern anzieht. Musikalisch ist hier alles viel besser und aktueller als sonst an dieser Straße, mit House und Electronica, Funk und Soul und etwas Hip-Hop und R&B.

Sentral CLUB
(Norkis Cyberpark, AS Fortuna Ave., Mandaue; ⌚Mo–Do 18–2 Uhr, Fr bis 3 Uhr, Sa bis 4 Uhr) Das Sentral, in den meisten Nächten gerammelt voll mit Partyvolk, bringt statt der in den meisten Cebu-Clubs gespielten EDM und Pop-Hits einen Hip-Hop-, R&B- und funky Soundtrack. Es ist ein anspruchsvoller Club mit einem zentralen Barbereich, der sich bestens zur Kontaktaufnahme eignet.

Bellini Champagne Lounge COCKTAILBAR
(http://anzani.com.ph/bellini; Panorama Heights, Nivel Hills, Lahug; Cocktails ab 260 P; ⌚Mo–Do 18–1 Uhr, Fr–So bis 2 Uhr; 📶) Vornehme Loungebar mit schöner Aussicht auf die Stadt, in der man dicht an dicht mit Cebus Schönen sitzt. Hier gibt's Champagnercocktail (320 P), trockenen Martini oder ein Glas gut gekühltem Sauvignon. Bar-Snacks werden auch serviert, und an manchen Abenden gibt's Livemusik.

Distillery LOUNGE
(http://thedistillery.com.ph; Crossroads, M Cuenco Ave.; ⌚18–3 Uhr, Fr & Sa bis 4 Uhr; 📶) Uptown-Treffpunkt für Cebus Junge und Schöne, die sich hier amüsieren und – bis spät in die Nacht – zu Cebus tollster Musik tanzen. Es gibt eine beeindruckende Auswahl an Importbieren, oder man nutzt die günstige Happy Hour (18–22 Uhr) mit den verbilligten Cocktails.

Club Holic CLUB
(www.facebook.com/clubholic; Mango Sq, General Maxilom Ave.; Fr & Sa 100 P; ⌚ Di–Sa 21–3 Uhr) Der Club Holic sorgt für Partystimmung am Mango Square, die Jugend tanzt nach der von DJs aufgelegten EDM, R&B- und House-Musik. Es sieht zwar ein bisschen finster in der Gegend aus, aber dank der billigen Drinks (Biere 75 P) und tollen Atmosphäre ist der Club beliebt.

Linx Lounge Bar BAR
(City Time Sq., Mantawi International Drive, Mandaue; ⌚ Di–Sa 6–16 Uhr; 📶) Gut besuchte, beliebte Lounge mit aufstrebenden DJ-Haustalenten und EDM-Hymnen, die ein cooles Jungvolk begeistern. An manchen Abenden gibt's Livemusik. Linx liegt in Mandaue, etwa 5 km westlich von Cebu.

Tonyo's Bar & Restaurant BAR
(Salinas Dr., Lahug; ⏲24hr) Das Tonyo's in Cebu muss man einfach erlebt haben. Es handelt sich um eine riesige, immer überfüllte Open-Air-Restobar ungefähr gegenüber vom Cebu IT Park. Drinks gibt's zu einem konkurrenzfähigen Preis, Biere ab 40 P und Rumflaschen ab 250 P. Auf der Speisekarte der Bar stehen Schweinebauch und Fish-and-Chips.

Shoppen

★ **Ayala Center Cebu** EINKAUFSZENTRUM
(http://ayalamallcebu.com; Cebu Business Park, Bohol St.; ⏲So–Do 10–21 Uhr, Fr & Sa bis 22 Uhr) Diese riesige, zentral gelegene Mall führt alles, von internationalen Marken wie Marks & Spencer, Mango und Body Shop bis hin zu lokalen Läden für SIM-Karten und Telefonzubehör. Sie geht in den Terraces-Komplex über, der seinerseits eine unglaubliche Fülle von Restaurants und Cafés bietet.

SM Seaside City Cebu EINKAUFSZENTRUM
(www.smsupermalls.com; Antuwanga; ⏲10–21 Uhr) Die Mutter aller Malls und zugleich die größte auf den Visayas hat Marken wie Levi's und Face Shop, jede Menge Technikläden und auch diverse Kaufhäuser. Es gibt zudem eine Eislaufbahn, ein Kino, den „Sky Park" (Dachterrasse) und unzählige Cafés und Restaurants. Sie liegt 3 km östlich der Downtown.

SM City Mall EINKAUFSZENTRUM
(www.smsupermalls.com; North Reclamation Area; ⏲10–21 Uhr) Riesiges Einkaufszentrum mit Hunderten von Geschäften (darunter führende US-amerikanische, europäische und asiatische Marken wie Uniqlo), ein Kino, ein IMAX-Theater, eine Bowlingbahn, Reisebüros und Banken und was sonst noch erforderlich ist.

National Bookstore BÜCHER
(www.nationalbookstore.com; Ecke Juana Osmeña St. & Gen Maxilom Ave.; ⏲9–20 Uhr) Fiction und Nonfiction sowie eine gute Auswahl an Karten. Weitere Filialen gibt's in anderen Malls.

Fully Booked BÜCHER
(www.fullybookedonline.com; Terraces, Ayala Center; ⏲10–23 Uhr) Der Laden führt eine unglaubliche Auswahl an lokaler und internationaler Fiction, Nonfiction und Zeitschriften sowie Karten.

ℹ Praktische Informationen

EINWANDERUNG

BOI Office (☎032-345 6441; bimandauecebu@yahoo.com; 1. OG, J Center Bldg., AS Fortuna St., Mandaue; ⏲Mo–Fr 8–18.30 Uhr) Im Allgemeinen ein effizient arbeitendes Büro für Visa-Verlängerungen. Am besten morgens hingehen, sie schließen manchmal vor der offiziellen Zeit. Liegt in Mandaue, 5 km nordöstlich der Stadtmitte von Cebu City.

GELD

Geldautomaten sind verbreitet. Viele gibt's rund um den Fuente Osmeña und im Ayala Center.

Citibank (www.citibank.com.ph; Cebu Business Park, Mindanao Ave.; ⏲Mo–Fr 9–15 Uhr) Neben dem Ayala Center. Wechselt US-Dollars und hat einen Geldautomaten. Hat ein Abhebelimit von 15 000 P.

HSBC (Cardinal Rosales Ave; ⏲Mo–Fr 9–16 Uhr) Gegenüber vom Ayala Center. Große Geldautomaten-Auszahlung.

MEDIZINISCHE VERSORGUNG

Diese städtischen Krankenhäuser haben einen guten Ruf:

Cebu Doctors Hospital (☎032-255 5555; www.cduh.com.ph; Pres Osmeña Blvd.; ⏲24 Std.)

Chong Hua Hospital (☎032-255 8000; www.chonghua.com.ph; M Cui St.; ⏲24 St.)

NOTRUF

Polizei-Notruf	☎032-166, ☎032-161
Report Child Sex Tourism National Hotline	in Manila ☎02-524 1660
Touristenpolizei	☎0939 519 4321, ☎032-412 1838

TOURISENINFORMATION

Airport Tourist Information Desk (☎032-340 8229; Mactan-Cebu International Airport; ⏲5–21 Uhr) Am Ankunft-Terminal.

Cebu City Tourism Commission (☎032-412 4355; www.facebook.com/cebucitytourism; 1. OG, Rizal Memorial Library & Museum, Pres. Osmeña Blvd.; ⏲Mo–Fr 8–17 Uhr) Zentral gelegen; gut für Stadt-Informationen.

Department of Tourism (DOT; ☎032-254 2811; dotregion7@gmail.com; LDM Bldg., Legazpi St.; ⏲Mo–Fr 8–17 Uhr) Zuständig für die Central Visayas.

Travellers' Lounge (☎032-232 0293; ⏲6–20 Uhr; 📶) Diese praktische Lounge gleich außerhalb der SM City Mall hat Gepäckschließfächer (30 P, Abholung noch am selben Tag), Duschen (50 P), gratis WLAN und verkauft Tickets für einige Fährverbindungen.

An- & Weiterreise

Cebu City ist ein äußerst wichtiger Verkehrsknotenpunkt für die Insel Cebu, die Region der Visayas und das gesamte Land. Die Stadt hat hervorragende Luft- und Seeverbindungen. Der Seehafen und der Flughafen haben die besten Verbindungen in der Region, hier landen Reisende, und von hier gelangen sie zu Zielen überall in den Visayas.

BUS

Es gibt in Cebu zwei Busbahnhöfe. Die meisten Busse sind normale/Standardklasse, aber es gibt ein paar klimatisierte Busse (sie kosten ungefähr 20% mehr) auf allen Hauptstrecken.

Richtung Süden fahren Busse nach Bato (170 P, 4 Std., häufig) entweder über Moalboal (118 P, 3 Std.) oder über Argao (85 P, 2 Std.) und Oslob (155 P, 3½ Std.) von der **South Bus Station** (Bacalso Ave.; ⌚24 Std.). Schnellere klimatisierte Vans (V-hires = Van for hire) nach südlichen Zielen wie Moalboal (150 P, 2¼ Std.) und Toledo (100 P, 1½ Std.) fahren von dem getrennten **V-hire South Terminal** (Junquera St; ⌚5–23 Uhr) ab. Dieser Terminal ist in den letzten Jahren mehrmals verlegt worden, daher erst erkundigen, wo er liegt.

Alle Busse und Vans benutzen die **North Bus Station** (☎032-345 8650/59; M Logarta Ave.; ⌚24 Std.) in der Nähe der SM City Mall. Von hier fahren Busse nach Hagnaya (135P, 3½ Std., alle 30 Min.) nach Bantayan Island und nach Maya (170 P, 4½ Std., alle 30 Min.) sowie nach Malapascua Island. Auch Vans fahren von diesem Terminal ab und sind klimatisiert und schneller, allerdings auch voller. Zu den Zielen gehören Hagnaya (165 P, 3 Std., alle 30 Min.) und Maya (200 P, 3½ Std., alle 30 Min.).

FLUGZEUG

Mactan-Cebu International Airport (MCIA; ☎032-340 2486; www.mactan-cebuairport.com.ph; 📶) liegt auf Mactan Island, 15 km östlich von Cebu City. Für internationale Flüge ist eine Flughafensteuer von 750 P fällig, die in bar bezahlt werden muss.

Cebu City hat international Verbindungen nach Zielen wie Dubai, Singapur, Seoul, Hongkong, Osaka und Tokio. Inländische Fluggesellschaften fliegen Manila und eine wachsende Zahl von Provinzstädten an, darunter Bacolod, Butuan, Cagayan de Oro, Caticlan, Davao, Iloilo, Legazpi, Puerto Princesa, Siargao, Surigao und Tacloban.

Mehrere Fluglinien unterhalten Büros am Mactan-Cebu International Airport (MCIA):

AirAsia Zest (www.airasia.com)
Air Juan (www.airjuan.com)
Air Swift (http://air-swift.com)
Cebu Pacific (www.cebupacificair.com)
Philippine Airlines (www.philippineairlines.com)
Scoot (www.flyscoot.com)

SCHIFF/FÄHRE

Cebus großer Hafen mit seinen zahlreichen Piers ist mit dem übrigen Inland mit einer Armada von sogenannten **High Speed Crafts** (HSC, Schnellbootfähren), langsameren Roll-on-roll-off (RoRo)-Autofähren und großen Passagierschiffen mit mehreren Decks verbunden.

Alle Informationen zum Fährverkehr sind Änderungen unterworfen. Die *Cebu Daily News* veröffentlicht einen Fahrplan, der im Allgemeinen verlässlich ist, dennoch sollte man sich direkt bei den Reedereien erkundigen. Ebenso sollte man sich den Pier bestätigen lassen, von dem das Schiff ablegt.

Fährgesellschaften in Cebu City:

2GO Travel (☎032-233 7000; http://travel.2go.com.ph; Pier 1, Quezon Blvd.)
Cokaliong Shipping (☎032-232 7211; www.cokaliongshipping.com; Pier 1, Quezon Blvd.)
Gabisan Shipping Lines (☎032-255 5335, 0917 791 6618; Pier 3, Quezon Blvd.)
George & Peter Lines (☎032-255 8695, 032-254 5154; www.facebook.com/gplines; Pier 2, Quezon Blvd.)
Island Shipping (☎032-422 6329, 032-416 6592; Pier 3, Quezon Blvd.)
J & N Shipping (☎032-416 6840; http://jnshipping.weebly.com; Pier 2, Quezon Blvd.)
Kinswell Shipping Lines (☎032-416 6516; Pier 2)
Lapu Lapu Shipping Lines (☎032-232 8863; Pier 3)
Lite Shipping (☎0977 822 5483, 032-255 1721; www.liteferries.com; Pier 1, Quezon Blvd.)
M/V Star Crafts (☎0906 789 6363; www.mvstarcrafts.com; Pier 1, Quezon Blvd.)
Medallion Transport (☎032-412 1121; www.facebook.com/medalliontransportinc; Pier 3, Quezon Blvd.)
Oceanjet (☎032-255 7560; www.oceanjet.net; Pier 1, Quezon Blvd.)
Philippine Span Asia (☎032-232 5361-79; Sulpicio Go St, Quezon Blvd.)
Roble Shipping Lines (☎032-418 6256; www.robleshipping.com; Pier 3, Quezon Blvd.)
Super Shuttle Ferry (☎032-345 5581; http://supershuttleroro.com; Pier 8, FE Zuellig Ave.)
Supercat 2GO (☎032-233 7000; www.2go.com.ph; Pier 4, Quezon Blvd.)
Trans-Asia Shipping Lines (☎032-254 6491; www.transasiashipping.com; Pier 5, Quezon Blvd.)
VG Shipping (☎032-238 7635; Pier 3, Quezon Blvd.)
Weesam Express (☎032-231 7737; www.weesam.ph; Pier 1, Quezon Blvd.)

SCHIFFE AB CEBU CITY

ZIEL	TYP	UNTERNEHMEN	PREIS (P)	DAUER (STD.)	HÄUFIGKEIT
Biliran					
Naval	RoRo	Roble Shipping	480	9	Mo, Sa 20.30 Uhr
Bohol					
Getafe	HSC	MV Star Crafts	200	1	3-mal tgl.
Tagbilaran	HSC	Oceanjet, Weesam, Supercat 2GO	400–650	2	häufig
Tagbilaran	RoRo	Lite Shipping	210	5	3-mal tgl.
Talibon	RoRo	VG Shipping	240	4	12 & 22 Uhr
Tubigon	HSC	Kingswell, MV Star Crafts	200	1	11-mal tgl.
Tubigon	RoRo	Lite Shipping, Island Shipping	100	3	mehrere tgl.
Ubay	RoRo	J & N Shipping	290	6	Mo–Sa 21 Uhr, So 12 Uhr
Leyte					
Bato	RoRo	Medallion	280	6	tgl. 20.30 Uhr, Sa. 9 Uhr
BayBay	RoRo	Cokaliong, Lapu Lapu Shipping Lines, Roble	250	7	2- bis 3-mal tgl.
Hilongos	HSC	Gabisan	280	3½	14.30 Uhr
Hilongos	RoRo	Gabisan, Roble	240	5½	tgl.
Maasin	RoRo	Cokaliong	250	5½	Mo, Di, Fr 19 Uhr, So 12 Uhr
Maasin	RoRo	George & Peter Lines	240	6	Di 22 Uhr
Ormoc	HSC	Oceanjet, Supercat 2GO, Weesam	625	3	mehrere tgl.
Ormoc	RoRo	Lite Shipping, Roble	400	5	2-mal tgl.
Palompon	RoRo	Medallion	290	6	21 Uhr tgl.
Luzon					
Manila	Passagier	2GO, Philippine Span Asia	1310	22	7-mal wöchentl.
Masbate					
Masbate	Passagier	Trans-Asia, Super Shuttle Ferry	12½	700	Mo, Mi, Fr 18 Uhr, So 12 Uhr
Mindanao					
Cagayan de Oro	Passagier & RoRo	2GO, Super Shuttle Ferry & Trans-Asia	650–980	8-12	1- bis 2-mal tgl.
Dipalog	RoRo	Medallion	910	11	Mo, Mi, Fr 20.30 Uhr
Surigao	RoRo	Cokaliong, Medallion	825–860	7	1- bis 2-mal tgl.
Negros					
Dumaguete	RoRo	Cokaliong & George & Peter	310	6	tgl.
Panay					
Iloilo	Passagier	Cokaliong Shipping, Trans-Asia	600	12	5-mal wöchentl.
Samar					
Calbayog	RoRo	Cokaliong	690	11	Mo, Mi, Fr 19 Uhr
Siquijor					
Larena	RoRo	Lite Shipping	350	8	Mo, Mi, Sa 13 Uhr
Siquijor Town	HSC	Oceanjet	1410	6	1- bis 2-mal tgl.

Unterwegs vor Ort

ZUM/VOM FLUGHAFEN

Man kann zwischen Taxis und Bussen wählen. Zum Taxistand geht's rechts vom Terminal 300 m zu Fuß. Die gelben Flughafen-Taxis mit Taxameter kosten 325–375 P in die Innenstadt von Cebu City, normale Taxis mit Taxameter ungefähr 275 P.

Klimatisierte **MyBus** (032-231 0557; www.facebook.com/mybusph; 6–22 Uhr) verkehren alle 20 bis 30 Minuten (25 P) von der Ankunft zum North Bus Station und zur SM City Mall (S. 333) in der Nähe des Hafens.

ZUM/VOM HAFEN

Taxis stehen reichlich an den Piers und kosten etwa 75 P nach Fuente Osmeña. Mit öffentlichen Verkehrsmitteln gelangt man nach Uptown mit einem der Jeepneys, die an den Piers vorbei zum Pres Osmeña Boulevard fahren, danach umsteigen in einen der Jeepneys, die nach Uptown fahren.

Rund um Cebu City

Mactan Island

032 / 496 000 EW.

Wer nach Cebu City fliegt, landet tatsächlich auf der nahen Insel Mactan (manchmal auch Lapu-Lapu genannt). Die geschäftige Insel, die über zwei Brücken mit Cebu City verbunden ist, hat vor ihrer südöstlichen Küste einige tolle Tauchspots, und ihre Resorts sind besonders beliebt bei Wochenendbesuchern aus Manila, Hongkong und Korea. Einzelreisende kommen hierher meist wegen der Möglichkeiten für Inselhopping-Trips in der Straße von Bohol zwischen Cebu und Bohol.

Sehenswertes

Mactan Shrine HISTORISCHE STÄTTE

(ML Quezon National Hwy.) Mactan war der Schauplatz eines der entscheidenden Momente der philippinischen Geschichte. Hier wurde nämlich am 27. April 1521 Ferdinand Magellan durch die Hand des Häuptlings Lapu-Lapu tödlich verwundet. An dieses Ereignis erinnert am Mactan Shrine eine steinerne Gedenktafel mit dem Datum, an dem Magellan getötet wurde. Daneben befindet sich die Statue eines muskulösen Lapu-Lapu, der eher einem Actionhelden ähnelt.

Alegre Guitar Factory KUNSTHANDWERK

(032-505 0706; alegreguitar@yahoo.com.ph; Old Maribago Rd.; Mo–Sa 7.30–18.30 Uhr, So 8–18 Uhr) Mactan ist ein berühmtes Zentrum des Gitarrenbaus, und dieser Betrieb in Abuno, das nur eine kurze Fahrt vom Resortgebiet von Maribago entfernt liegt, ist der beste Ort, um beim Bau der Gitarren zuzusehen – wer möchte, kann die Instrumente auch direkt vor Ort kaufen. Die Preise schwanken zwischen 2500 P für „Billigware" und 70 000 P für „Exportqualität". Das teuerste Modell ist aus erlesenem, aus Madagaskar importiertem Ebenholz gefertigt.

Aktivitäten

Durch die lange Jahre praktizierten, umweltzerstörenden Fischereimethoden sind die Korallenriffe rund um das dicht bevölkerte Mactan stark in Mitleidenschaft gezogen worden. Trotzdem gibt es noch immer ein erstaunlich gutes Meeresleben in den Gewässern vor Mactan und den nahen Inseln Nalusuan und Hilutungan, wo mittlerweile Meeresschutzgebiete eingerichtet wurden. Regelmäßig werden Schildkröten gesichtet, und man kann auf Makrelenschwärme und jede Menge Riffbewohner treffen. Viele Taucher fliegen nur fürs Wochenende nach Mactan.

Die Preise für Tauchgänge in Mactan sind für philippinische Verhältnisse recht hoch und liegen bei durchschnittlich 2500 P pro Tauchgang einschließlich Ausrüstung. Teurer ist es, auf die Inseln zu gelangen. Angesehene Tauchschulen sind **Kontiki Divers** (0917 323 5776; www.kontikidivers.com; Plantation Bay Resort & Spa, Marigondon), **SK Divers Center** (0917 625 2313, 0915 568 3722; www.scubacebu.com; Maribago Wharf) und **Free Crew Dive Center** (032-495 4210; www.freecrew-diving.com; Maribago Wharf). **Freediving HQ** (0917 718 5508; http://freedivinghq.com; Mar Beach, Marigondon) bietet Freitaucherkurse und auch Unterkünfte.

Schlafen & Essen

Die Flughafenhotels befinden sich alle am westlichen Ende der Insel. Einzelreisende sollten die Gegend von Maribago am besten etwa in der Mitte der langen, südöstlichen Küstenlinie ansteuern. Anderswo lassen sich viele exklusive, vielstöckige Resorts finden.

La Place PENSION €
(0922 851 5422; www.facebook.com/laplacelounge; Quezon National Hwy.; DZ mit/ohne Badezimmer 1100/900 P;) Fast ein Boutiquehotel mit schönen Zimmern (manche mit Gartenblick) und noch schöneren Gemeinschaftsbädern. Es gibt hier auch eine Restobar, aber sie war geschlossen, als wir dort waren.

Amaris Bed & Breakfast B&B €€
(032-262 1812; www.facebook.com/amarisbedandbreakfast; ML Quezon National Hwy.; Zi. inkl. Frühstück 1800–2400 P;) Diese moderne Unterkunft liegt kaum 2 km vom Flughafen entfernt. Die großen Zimmer sind nüchtern und klar eingerichtet, die Bettwäsche ist von guter Qualität. In den Familienzimmern können bis zu sechs Personen schlafen.

★ **Abacá Boutique Resort** RESORT €€€
(032-495 3461; www.abacaresort.com; Punta Engano Rd.; Suite & Villen inkl. Frühstück 15 900–28 900 P;) Das direkt am Meer auf einer schmalen Halbinsel abgeschieden gelegene Abacá bietet einen Infinity-Pool, ein Edelspa, ein Gourmetrestaurant und einen Butlerservice. Da es nur neun Suiten gibt (möbliert in dunklem Holz, warmen Tönen und kühlem Schiefer und Stein), ist das Abacá ein perfektes Hideaway. Als könne man jeden Moment James Bond begegnen, der an der Poolbar einen Martini schlürft.

Maribago Grill & Restaurant MEERESFRÜCHTE €€
(Quezon National Hwy., Maribago; Hauptgerichte 125–495 P; 10–22 Uhr) Einzeltische unter Nipa-Dächern liegen verstreut in einem üppigen, bunt beleuchteten Garten und locken gleichermaßen Einheimische und Touristen in diese Speiseoase. Zu den Meeresfrüchten gehören fleischige Knoblauchkrabben und Chowder, eine dicke Fischsuppe, und Fleischesser werden sich von *sisig* (klein gestückeltes Schweinefleisch; 225 P) oder *kare kare* (Ochsenschwanz oder Rindfleisch in Erdnusssauce) verführen lassen.

Inday Pina's Sutukil MEERESFRÜCHTE €€
(Mactan Shrine; Hauptgerichte 120–600 P; 7–22 Uhr) Das beste der rustikalen Seafood-Restaurants, etwas verborgen hinter dem Marktbereich nahe dem Eingang zum Mactan Shrine. Der Gast kann hier die Meeresfrüchte selbst auswählen und vom Koch zubereiten lassen: Tintenfisch, Zackenbarsch, Hummer und Krebse gibt's täglich zu marktüblichen Preisen. Zu den Spezialitäten gehören gebackene Jakobsmuscheln (550 P).

★ **Abacá Restaurant** INTERNATIONAL €€€
(032-495 3461; www.abacaresort.com; Punta Engano Rd.; Hauptgerichte 795–2250 P; 7–22 Uhr;) Das Restaurant in diesem exklusiven Hotel führt auf seiner Karte von Kalifornien und vom Mittelmeer inspirierte Gerichte mit im Ofen geröstetem Fleisch und köstlichen Meeresfrüchten. Zu den Vorspeisen gehören leckere Salz-und-Pfeffer-Kalamari (475 P), und das Hauptgericht Linguine mit Trüffel (925 P) ist umwerfend. Einen Tisch mit Meerblick rechtzeitig reservieren.

Ausgehen & Nachtleben

★ **Ibiza Beach Club** LOUNGE
(http://ibizabeachclub.global/; Mövenpick Hotel Mactan Island, Punta Engaño Rd.; Mo–Do 16–24 Uhr, Fr–So 15–2 Uhr;) Dieser ins Meer hinausragende Beachclub ist der schickste auf den Visayas, mit coolen, weißen Sitzgelegenheiten, Bohlenbelag und segelartigen Baldachinen, und zieht Cebus feierlustige Jugend an. Einheimische DJs legen elektronische Sounds auf, und es gibt Hip-Hop- und Latin-Partys mit Gastkünstlern. Die Speisekarte ist auch keine Enttäuschung, doch man braucht ein dickes Portemonnaie, da die Preise gepfeffert sind.

An- & Weiterreise

Es gibt sehr regelmäßige Vans und Jeepneys nach/von Cebu Citys **Jeepney Terminal Ayala** (PUJ Ayala; 4–24 Uhr) und Lapu-Lapu (13 P). Ein Taxi von Cebu an die südöstlichen Strände kostet mindestens 300 P. Auf der Insel sind Jeepneys und Tricycles für kurze Strecken gut geeignet. Taxis kann man überall mühelos herbeiwinken.

Olango Island & Umgebung

032 / 32 600 EW.

Die tief liegende Insel Olango, weit weniger entwickelt als das benachbarte Mactan, ist ein Naturschutzgebiet und ein Paradies für Vogelliebhaber mit ausgedehnten Wattflächen und Feuchtgebieten. Es ist eine kleine Insel, die von Norden nach Süden nur 7 km lang ist.

Südlich von Olango liegen eine ausgedehnte, als Olongo Reef Flat bekannte Flachwasserzone und drei kleine Inseln, die häufig auf Inselhopping-Touren angesteuert werden – Nalusuan, Hilutangan und Caohagan. Sie sind alle drei hübsch, aber bitte kein Robinson-Crusoe-Erlebnis erwarten.

Sehenswertes & Aktivitäten

★ Olango Island Wildlife Sanctuary VOGELSCHUTZGEBIET

(☎0915 386 2314; www.olangowildlifesanctuary.org; 100 P; ⏲9–17 Uhr, an wichtigen Feiertagen geschl.) Von Mactan in nur 20 Minuten mit dem *bangka* zu erreichen, liegt auf Olango Island dieses bedeutende Naturschutzgebiet. Es umfasst 1030 ha Sandwatt und Mangroven an Olangos südlichen Küsten und hat die landesweit reichsten Bestände an Zugvögeln – 48 Arten (darunter die seltenen Schneereiher, Steppenschlammläufer sowie mehrere Arten von Strandläufern und Bachstelzen).

Die richtige Zeitplanung ist hier das A und O. Die besten Monate sind Oktober und November für den ostasiatisch-australischen Vogelzug nach Süden und Februar bis März für den nach Norden. Die Beobachtung sollte bei Niedrigwasser stattfinden, wenn die Vögel im Watt nach Würmern, Schnecken und kleinen Fischen suchen. Von Mai bis August sind hier nicht viele Vögel, doch das Schutzgebiet bewahrt seine karge Schönheit und ist einen Besuch wert. Island Buzz Philippines (S. 326) bietet auch Kajaktouren durch Mangroven an.

Von Olangos Santa-Rosa-Pier bis zum Schutzgebiet sind es nur 15 Minuten mit dem Tricycle (ungefähr 180 P hin & zurück inklusive rund 1 Std. Wartezeit).

Nalusuan Island INSEL

(200 P) Diese südwestlich von Olango gelegene, winzige Insel umfasst ein Meeresschutzgebiet, das vom privat geführten Nalusuan Island Resort & Marine Sanctuary verwaltet wird. Schnorcheln am Hausriff ist gut, obwohl vom späten Vormittag bis zum frühen Nachmittag Scharen von Tagestouristen auf der Insel einfallen (sie zahlen 200 P, um am Riff zu schnorcheln oder zu tauchen und die Einrichtungen des Resorts zu nutzen).

Mokie Dive Center TAUCHEN

(☎0906 228 0224; http://mokie-dive-center-cebu-olango.webnode.jp; Talima, Olango Island) Dieses Tauchzentrum im Besitz von Einheimischen bietet Einzeltauchgänge für 1700 P inklusive Ausrüstung und nächtliche Tauchgänge (250 P extra) an. Es hat auch Bootstouren zu den benachbarten Inseln im Programm. Gäste werden von Mactan abgeholt.

Schlafen

Hilutangan Island

Homestays PRIVATUNTERKUNFT €

(☎0916 231 3391; 500 P) Der Besitzer Wilson hat eine einfache Overwater-Nipa-Nütte. Er kann auch private Unterkünfte organisieren.

Talima Beach Villas & Dive Resort RESORT €€

(☎0922 851 3360; http://talimabeach.com; Talima, Olango Island; Zi. 2200–3350 P, Villa 6900 P; ❄📶🏊) Talima hat eine schöne Lage am Strand im Nordwesten der Insel und verfügt über verschiedene Zimmer, manche davon mit Platz für vier Personen, sowie eine Zwei-Bett-Villa. Das Personal ist freundlich und hilfsbereit, im Restaurant kommt internationale und einheimische Küche, darunter frische Meeresfrüchte, auf den Tisch, direkt vor der Küste kann geschnorchelt werden, und es liegt neben einem Tauchladen.

Sagastrand Beach Resort RESORT €€

(☎0929 883 7704, 032-513 1861; www.sagastrand.com; Zi. 2000–2900 P; ❄📶🏊) Ein Strandhotel in norwegisch-philippinischem Besitz mit sauberen, attraktiven Zimmern, einem großen Pool, einem Restaurant und sehr gutem Service. Gäste können Fahrräder und Motorräder ausleihen und Bootsfahrten von Insel zu Insel buchen.

Nalusuan Island Resort RESORT €€€

(☎032-505 4595, 032-516 6432; www.nalusuanislandresort.com; Zi. 3500 P; ❄📶) Diese 14 einfachen, aber gemütlichen Overwater-Cottages mit eigenem Balkon sind perfekt für Ruhesuchende, außer wenn die Tagesausflüger eintreffen (meist zwischen 12 und 14 Uhr). Strom und Klimaanlage laufen von 18 bis 8 Uhr. Die Restaurantpreise sind hoch, aber nicht übertrieben. Der Transport hin und zurück kostet für Gäste des Resorts 2500 P.

An- & Weiterreise

Maribago Wharf auf Mactan ist der beste Ort, um Inselhopping-Touren zu organisieren, in deren Verlauf man bis zu vier Inseln ansteuert. Der Standardpreis beläuft sich auf 2500 P und umfasst auch die zur Verfügung gestellte Schnorchelausrüstung. Das Punta Engaño Port (in der Nähe des Mövenpick Hotels) und der Marigondon Wharf nahe dem Plantation Bay Resort sind ebenfalls gute Anlaufstellen, um Boote zu finden.

Öffentliche *bangkas* verkehren vom Punta Engaño Port nach Santa Rosa, Olango Island (15 P, 20 Min., alle 40 Min.) bis um 18 Uhr. Jeden Nachmittag gibt's auch öffentliche *bangkas* nach Hilutangan (vom Cordova-Pier) und Caohagan (vom Marigondon Wharf), die am nächsten Morgen nach Mactan zurückkehren.

Tricycles (50–120 P pro Fahrt) fahren Besucher auf Olango herum, und Einheimische mieten sich auch Motorräder und Fahrräder.

Danao

☎032 / 119 252 EW.

Mit ihrer reizvollen, bergigen Kulisse ist die 25 km nördlich von Cebu gelegene Küstenstadt Danao der Ort, wo man die Fähre zu den Camotes Islands besteigt. In der Nähe des Piers erhebt sich die hübsche, 1755 aus Korallengestein erbaute Kirche **St. Tomas de Villanueva,** die 1981 vom Verfall bewahrt und restauriert wurde.

Ceres-Busse verkehren sehr häufig vom North Terminal in Cebu City zum Hafen von Danao (50 P, 1 Std.).

Der Fahrplan ändert sich häufig, aber man kann meist mit mindestens sechs Abfahrten täglich nach Consuelo, Pacijan Island (180 P, 2 Std.) mit **Jomalia Shipping** (☎032-346 0421, 0905 399 8259; www.majesticlegacy.com.ph; 180 P) rechnen. Die letzte Fähre legt um 17.30 Uhr ab, aber es gibt freitags, samstags und sonntags noch eine zusätzlich Abfahrt um 21 Uhr.

Super Shuttle Ferry (☎0915 646 6857; http://supershuttleroro.com) bedient zweimal täglich um 9 Uhr und um 17 Uhr die Strecke nach Poro (180 P, 2 Std.).

Malapascua Island

☎032 / 4700 EW.

Diese idyllische Insel vor der Nordküste von Cebu ist für ihre Weltklasse-Tauchspots berühmt, vor allem auch wegen der Chance, mit Fuchshaien zu tauchen, die sich hier das ganze Jahr über tummeln. Doch auch wenn man sich weder für Riffe noch für Meerestiere interessiert, ist Malapascua ein herrliches Strandziel. Der südliche Teil der Insel ist von großartigen Sandbuchten gesäumt, und es stehen hervorragende Hotels und Pensionen zur Auswahl. Malapascua ist zu Recht ein sehr beliebtes Ziel für Traveller und Cebuanos.

Malapascua wurde vom Taifun Yolanda getroffen, der alle Dächer der Insel abtrug, doch seither haben die Einheimischen die meisten Schäden repariert. Einige der obdachlosen Dorfbewohner leben heute dicht gedrängt in Notunterkünften rund um die Strandhotels im südlichen Teil der Insel, wo die Armut besonders schlimm ist.

Sehenswertess & Aktivitäten

Gute vier Stunden dauert ein Spaziergang rund um die Insel, mit zahlreichen Fotomotiven. Zu den Attraktionen gehört ein **Friedhof** mit von der Sonne ausgeblichenen Grabstätten, das Bootsbauerdorf **Pasil** an der Ostseite der Insel, wo Einheimische Auslegerboote bauen, ein **Leuchtturm** in Guimbitayan und ein 12 m hoher Aussichtsturm an der Nordwestspitze der Insel, den einige Wagemutige zum Klippenspringen nutzen. Trinkwasser mitbringen. Weite Teile der Insel kann man auch mit dem Motorrad erkunden, das für schlappe 200 P oder so pro Stunde gemietet werden kann.

Zu den Stränden gehören **Bounty Beach,** ein herrlicher Streifen blassen Sandes, der fast den ganzen südlichen Teil der Insel einnimmt, und der halbmondförmige **Logon Beach** (Poblacion Beach) auf der Südwestseite der Insel.

Tauchen

Taucher machen sich um 5 Uhr früh zum **Monad Shoal** auf, einem Unterwasserberg, wo sie auf dem Meeresboden in rund 15 m Tiefe parken. Sie hoffen, Fuchshaie zu sehen, die sich hier am frühen Morgen versammeln, wo sie sich von den Putzer- und Mondsichel-Lippfischen (Rifffische) von Parasiten befreit zu werden. Die Chancen, sie zu Gesicht zu bekommen, stehen gar nicht schlecht – etwa 75%. Aber an Wochenenden kommen Hunderte von Tauchern hierher. Weitere Infos zu den Fuchshaien bietet das **Thresher Shark Research & Conservation Project** (www.threshershark project.org), das sich mit dem Verhalten dieser herrlichen Fische befasst. Monad Shoal kann auch Mantarochen anziehen.

Makrofotografen werden von der Gegend um **Gato Island** begeistert sein, ein Meeresschutzgebiet und Brutgebiet für Seeschlangen (Februar bis September). Das Wrack der **Dona Marilyn**, einer Passagierfähre, die bei einem Taifun 1988 sank und 250 Menschen in den Tod riss, ist

Malapascua Island

Malapascua Island

Sehenswertes

1 Bounty Beach B4
2 Logon Beach A4

Aktivitäten, Kurse & Touren

3 Divelink Cebu A4
Evolution Diving .... (siehe 7)
4 Exotic Divers B4
5 Fish Buddies B4
Thresher Shark Divers .... (siehe 20)

Schlafen

6 Angelina A4
7 Evolution Resort B4
8 Hiltey's Hideout Home B4
9 Malapascua Budget Inn B4
10 Malapascua Starlight Resort B4
11 Mike & Diose's Aabana Beach Resort B4
12 Ocean Vida B4
Tepanee Beach Resort .... (siehe 15)
13 Thresher Cove Resort & Dive Center B3
14 Villa Sandra A4
15 White Sand Bungalows A4

Essen

Angelina .... (siehe 15)
16 Ging-Ging's Restaurant B4
17 Kiwi Bakhaw B4
18 La Isla Bonita B4

Ausgehen & Nachtleben

19 Kocoy's Maldito A4
20 Oscar's A4

Transport

21 Schiffe nach Maya A4

heute ein Ort mit Weichkorallen und reichem Meeresleben. **Lapus Lapus Island** ist ein guter Tauchort direkt vor der nordwestlichen Spitze der Insel; einfach einen Picknickkorb mitbringen und den Strand und die Höhlen, die hier bei Niedrigwasser auftauchen, genießen.

Es gibt zahlreiche Tauchschulen auf der Insel, von denen die meisten Standardpreise anbieten – ein Tauchgang für 25–30 US$, Leihgebühr für die Ausrüstung 10 US$ und ein Freiwasser-Tauchschein für 350 US$.

Die Tauchgebühr für das Tauchen bei Monad shoal kostet 50 P, 150 P pro Tag an anderen Tauchstätten und 500 P für das Tauchen auf Calangaman Island. Mit den Gebühren werden die Wächter bezahlt, die die Untiefen und Riffe kontrollieren.

Zu den empfehlenswerten Tauchschulen auf Malapascua gehören **Divelink Cebu** (☎032-231 4633; www.divelinkcebu.com; Logon Beach), **Evolution Diving** (☎0917 628 7333; www.evolution.com.ph; Bounty Beach), **Exotic Divers** (☎032-516 2990; www.malapascua.net; Bounty Beach) und **Thresher Shark Divers** (☎0927 612 3359, 0917 795 9433; www.malapascua-diving.com) sowie das preiswertere **Fish Buddies** (☎0917 576 8632; www.facebook.com/fishbuddiesmalapascua; Bounty Beach), wo ein Tauchgang inklusive Ausrüstung 1400 P kostet.

Inselhopping

Zu den guten Schnorchelspots gehören **Dakit Dakit Island,** eine kurze Bootsfahrt von Bounty Beach entfernt, und der **Coral Garden** vor der Ostküste der Insel. Eine kurze Schnorcheltour mit dem Boot kostet 1500 P für eine kleine Gruppe. Die weiter draußen liegenden Inseln **Carnassa** (1 Std.) und **Calangaman** (2 Std.) haben beide tolle Strände und Schnorchelgebiete, mit Preisen, die bei 3000 P für ganztägige Touren liegen.

Schlafen

Malapascua Budget Inn HOSTEL €
(☎0977 820 3111; www.exploremalapascua.com.ph; Logon village; B/Zi. ab 400/2000 P; ❄📶) Dieses einheimisch geführte Hostel verfügt über mehrere Schlafsäle (4, 10 oder 14 Betten), alle mit Leseleuchten und Trennvorhängen – allerdings liegen die Kojen sehr dicht nebeneinander. Es gibt auch private Zimmer, aber die sind nicht besonders. Hier ist es dank Videoüberwachung und Schließfächern ziemlich sicher, und es gibt einen tollen Gemeinschaftsbereich, wo man chillen, etwas trinken und essen kann.

Hiltey's Hideout Home PENSION €
(☎0905 832 5954, 0918 287 0999; www.hilteyshideout.com; Logon village; Zi. mit Ventilator/Klimaanlage 900/1600 P; ❄📶) Die von einem jovialen Deutschen geführte Backpacker-Hochburg verfügt über kleine Zimmer, die um einen Rasen gruppiert sind, jedes mit bunten Bettdecken und eigenem Bad. Längere Aufenthalte können gebucht werden.

White Sand Bungalows BUNGALOW €
(☎0927 318 7471; www.whitesand.dk; Logon Beach; Bungalow 500–2500 P; 📶) Das in der Nähe des Bootsanlegers auf Logon Beach gelegene White Sand hat komfortable und preisgünstige Nipa-Hütten mit Lofts und geräumigen Balkonen. Der Blick von der Anlage auf die Bucht ist traumhaft.

Thresher Cove Resort & Dive Center RESORT €
(☎0908 139 7609; www.threshercove.com; B 500 P, Zi./Villa inkl. Frühstück ab 900/3500 P; ❄📶🏊) Dieser an einem nur 10 Gehminuten vom Bounty Beach entfernten Privatstrand gelegene und gut geführte Betrieb ist ein hervorragender Allrounder. Die Schlafsäle sind mit Klimaanlage ausgestattet und werden täglich gereinigt, während die hübschen Hütten im „Eingeborenenstil" Fernseher und entweder Doppelbetten oder zwei Betten haben. Wer Luxus und Privatsphäre wünscht, sollte die große Captain's Villa buchen, die über insgesamt fünf Schlafplätze verfügt. Der Motorrad-Transfer vom Bootsanleger ist kostenlos.

Mike & Diose's Aabana Beach Resort RESORT €
(☎0905 263 2914; www.aabana.de; Ostende des Bounty Beach; DZ 500–2150 P; ❄📶) Diese freundliche, weitläufige Anlage am Rande des Bootsbauer-Barangay von Pasil hat eine Vielzahl von Räumen zur Verfügung, von Budget-Zimmern bis zu großen, klimatisierten Optionen mit Küche. Die Ausstattung ist zwar etwas veraltet, aber die deutsch-philippinische Familie, die das Resort leitet, kümmert sich gut um seine Gäste. Es gibt ein einfaches Restaurant zum Strand hin (in dem ein, zwei Ventilatoren wirklich von Vorteil wären).

Villa Sandra HOSTEL €
(☎0977 130 0642; jonjonmalapascua@gmail.com; Logon-Dorf; B 360 P, Zi. mit Gemeinschaftsbad 720 P; @📶) Eine Backpacker-Unterkunft neben der Grundschule im Dorf Logon, mit öko-rustikalem Flair, einfachen Doppelzimmern und Schlafsälen, einer Küche und einen Bereich zum Chillen und mit Hängematten. Es gibt vier Badezimmer und Trinkwasser gratis, und die Speisen im vegetarischen Restaurant sind preisgünstig und machen satt.

★ **Angelina** B&B €€
(☎0977 469 5301; http://angelinabeach.com; Logon Beach; Zi. 3000 P; ❄📶) Diese vier Einheiten über dem italienischen Restaurant des Besitzers (S. 342) sind ein günstiger Deal – alle sind geräumig, mit Holzfußboden, nackten Steinwänden, Sofas und modernen Bädern, und eingerichtet mit handgemachten Textilien und Kunsthandwerk. Zwei davon bieten einen tollen Blick auf die Bucht.

★ **Malapascua Starlight Resort** HOTEL €€
(☎0917 872 1015; www.malapascuastarlightresort.com; Logon-Dorf; Zi. 1500–2400 P; ❄📶) Das mitten im Dorf gelegene Hotel verfügt über gut eingerichtete, makellos saubere und geräumige Zimmer mit Betten und Bettwäsche von guter Qualität, Veranden und funktionierender Klimaanlage. Ist sein Geld wert. Es wird von gastfreundlichen philippinisch-amerikanischen Leuten geführt, die nebenan noch ein Haus mit drei Schlafräumen vermieten. Von Logon oder Bounty Beach ist es nur 5 Gehminuten entfernt.

★ **Tepanee Beach Resort** RESORT €€
(☎032-317 0124; www.tepanee.com; Logon Beach; DZ 3300–4700 P; ❄📶) Dieses italienisch

geleitete Resort über Logon Beach, die vornehmste Herberge in Malapascua, ist eine Stufe besser als die Konkurrenz. Ansehnliche Hütten mit Strohdächern im balinesischen Stil sind mit Holzfußböden und hervorragenden Betten ausgestattet. Alle Zimmer haben einen eigenen Balkon und Aussicht, aber die Deluxe-Zimmer mit Meerblick, hoch über einem weißen Sandstrand, sind einfach grandios. Es gibt eine kleine Bar, ein kleines Fitness-Studio, ein Spa und ein Jacuzzi.

Evolution Resort RESORT €€
(☎0917 628 7333; www.evolution.com.ph; Bounty Beach; Zi. inkl. Frühstück mit Ventilator/Klimaanlage ab 1600/2800 P;) Dieses am südöstlichen Rand von Bounty gelegene, ruhige Tauchresort unter englisch-irischer Leitung hat preisgünstige Zimmer: durch Ventilatoren gekühlte Optionen für Leute mit kleinem Portemonnaie und klimatisierte Deluxe-Zimmer mit Minibar und eigener Terasse. Es ist ein unweltbewusstes Haus mit sympathischem Personal, und die Craic House Restobar serviert hier sehr gutes Essen.

Ocean Vida RESORT €€
(☎0917 303 8064; www.ocean-vida.com; Bounty Beach; EZ/DZ inkl. Frühstück 3400/3900 P;) Dieses Strandhotel mit Rundumservice steht mitten am Bounty Beach und bietet hinter seinem beliebten Strandrestaurant einige der reizvollsten Zimmer auf Malapascua. Vornehme Betten, gemütliche eigene Balkone, tolle Drucke an den Wänden und ein dunkelgebeiztes Holzmobiliar sind Highlights. Gäste bekommen auch kostenlos Yoga-Kurse und Zugang zu einem benachbarten Fitness-Studio und Spazentrum.

Essen & Ausgehen

La Isla Bonita PHILIPPINISCH €
(Logon-Dorf; Gerichte 70–120 P; ⏲8–22 Uhr) Dieses Hofrestaurant, eine tolle Entdeckung für Budget-Esser, wird von einer fröhlichen Familie geführt, die jeden Tag eine Auswahl an frischen, einheimischen Gerichten zubereitet, darunter auch vegetarische. Abends muss man manchmal auf sein Essen etwas warten.

Ging-Ging's Restaurant PHILIPPINISCH €
(Logon-Dorf; Hauptgerichte 60–200; ⏲7–22 Uhr) Im Hinterland des Strandes gelegen, bietet das Ging-Ging schmackhafte, billige, sättigende Speisen, darunter auch eine gute Frühstücksauswahl, Salate und Currys. Die Tische stehen an einem großen Garten voller Blumen und Sträucher.

Kiwi Bakhaw PHILIPPINISCH €€
(Logon-Dorf; Gerichte 130–220 P; ⏲7–22 Uhr) Es lohnt sich, dieses Restaurant wegen des großartigen Cordon Bleu und der Currys näher kennenzulernen. Gutes Essen braucht Zeit zum Vorbereiten: Man sollte mit einer Stunde Wartezeit rechnen. Insektenspray mitbringen. Es liegt landeinwärts vom Malapascua Starlight Resort (S. 341) aus.

★ **Angelina** ITALIENISCH €€€
(http://angelinabeach.com; Logon Beach; Hauptgerichte 275–695 P; ⏲8–22 Uhr) Dieses Restaurant an einem weißen Sandstrand mit einer schönen Terrasse bietet himmlische Kreationen, die einen noch wochenlang an italienische Küche denken lassen. Die hausgemachten *tagliatelle asparagi* sind eine al-dente-Köstlichkeit, und probieren sollte man auch *fritto misto di pesce* aus leicht frittierten Meeresfrüchten. Viele Zutaten kommen aus Italien, und es gibt eine umfangreiche Weinkarte. Unbedingt das hausgemachte Eis probieren.

★ **Kocoy's Maldito** BAR
(http://kokaysmalditodiveresort.com; Logon Beach; ⏲24 Std.) Kocoy's ist die beliebteste Bar auf Malapascua, hier geht's bis in die Nacht laut zu. Barspiele wie Tischfußball und Billard locken Kunden an; starke Cocktails verleiten sie zum Bleiben. Es gibt auch eine Speisekarte mit regionalen und europäischen Gerichten.

Oscar's LOUNGE
(http://malapascua-diving.com/restaurant.html; Bounty Beach; ⏲7 Uhr bis „alle weg sind";) Benannt nach Oscar Wilde, bietet diese stilvolle Bar einen schönen Blick aufs Meer, elegante Rattansessel und teuflisch gute Drinks, zu denen tolle Cocktails und Importbiere gehören. Sie liegt über dem Thresher Shark Divers (S. 340).

Praktische Informationen

Da es auf Malapascua keinen Geldautomaten gibt, unbedingt vorher mit Bargeld eindecken; der nächste Geldautomat liegt in Bogo.

An- & Weiterreise

Bangkas von Maya (100 P, Min.) nach Malapascua legen ungefähr stündlich bis ungefähr

17.30 Uhr ab (bis 16.30 Uhr ab Malapascua). Die An- und Abfahrt erfolgt auf Malapascua in Logon Beach, wo es ein Ticketbüro und einen Fahrplan gibt, auf dem man nachsehen kann. Doch während des *habagat* (Südwestmonsun, Juni bis Oktober) kann man am Bounty Beach oder sogar in Pasil abgesetzt werden.

Die Bootsführer in Maya sind dafür bekannt, dass sie gerade am späten Nachmittag versuchen, unter dem Vorwand, keine Fahrgäste mehr zu haben, Touristen zu überzeugen, für eine Sonderfahrt extra zu bezahlen. Keine Panik – das letzte Boot fährt immer gegen 17.30 Uhr ab.

Vans (200 P, 3½ Std., alle 30 Min.) und Busse (normale/klimatisiert 170/195 P, 4½ Std.) fahren vom Pier in Maya nach Cebu City bis zum frühen Abend.

Bantayan Island

☎ 032 / POP 129.000

Wer nach dem perfekten Strandziel sucht, wird Bantayan Island lieben. Die blendend weißen Sandstrände gehören zu den allerbesten auf Cebu, und die lockere Atmosphäre der Insel ist höchst verlockend. Mit wenig Verkehr ist sie ideal, um mit dem Motorrad erkundet zu werden – eine Fahrt entlang der Küstenlinie rund um die Insel ist ein schöner Tagesausflug. Vor der Küste liegt ein wunderschönes, tropisches Inselchen, das verdientermaßen ein beliebtes Ziel für einen Tagesausflug ist. Allerdings hat Bantayan keine lohnenden Tauchspots, und auch das Schnorcheln ist hier recht begrenzt.

In der idyllischen Kleinstadt Santa Fe an der Südküste der Insel haben die meisten Reisenden ihre Unterkünfte. Diese kleine Ortschaft hat einen herrlichen Streifen Sandstrand und eine recht gute Auswahl an Hotels und Restobars. Etwa 10 km westlich von Santa Fe liegt Bantayan Town, das gepflegte Verwaltungszentrum der Insel.

In der Karwoche verwandelt sich Bantayan in eine riesige Fiesta. Die Menschen schlafen an den Stränden, und die Hotelpreise steigen um das Zwei-, Drei- oder sogar Vierfache.

Sehenswertes & Aktivitäten

Der herrliche **Paradise Beach** (50 P) in der Nähe von Santa Fe trägt seinen Namen ganz zu Recht.

Inselhopping-Touren zu den nahe gelegenen **Hilantagaan Island** und **Virgin Island** (2 Pers. 500 P, jede weitere Pers. 100 P), die Korallenformationen haben, sind möglich. Die Bootsmiete für eine halbtägige Tour beträgt ungefähr 1200 P (meist für bis zu acht Personen).

Bantayan kann bestens auf zwei Rädern erkundet werden; Hotels vermieten Fahrräder für 150 P pro Tag, Motorräder für 300 P pro Tag.

Etwa 9 km östlich von Santa Fe liegt ein **Mangrovengarten** (Maricabon-Dorf; 50 P; ⌚8–17 Uhr), in dem man gut Kajak fahren kann.

Schlafen

Bantayan Cottages COTTAGES €

(☎032-438 9538; www.bantayancottages.com; F Roska St.; DZ mit Gemeinschaftsbad & Ventilator 400 P, Zi. mit Klimaanlage 800–1600 P; ❄📶) Etwas südlich vom Pier gelegen, macht diese Unterkunft in Familienbesitz die fehlende Strandlage durch freundlichen Service und rustikale, um einen üppigen Garten angeordnete Cottages mit Terrasse wett. Die „Backpacker"-Zimmer sind einfach und liegen im Haupthaus, während die „Deluxe"-Zimmer zwei Kingsize-Betten haben.

★ **Kota Beach** HOTEL €€

(☎032-438 9042; www.kotabeachresort.com; F Duarte St.; Zi. mit Ventilator/Klimaanlage 900/1400 P, Cottages ab 1900 P; ❄📶) Dieses attraktive Strandresort liegt schön an einem der besten Strände in Bantayan, und die stilvollen Zimmer sehen dank der Bambusschirme und -decken modern und traditionell zugleich aus. Der Service lässt allerdings manchmal etwas zu wünschen übrig.

St. Bernard Beach Resort RESORT €€

(☎0917 963 6162, 0908 582 4927; www.bantayan.dk; Hütten inkl. Frühstück mit Ventilator 850–1600 P, mit Klimaanlage 1300-3200 P; ❄📶) Dieses reizvolle Strandresort liegt an einen breiten Sandstreifen und hat ein wunderbar entspannendes Inselflair. Reihen von strohgedeckten Hütten stehen zwischen Palmen – alle haben polierte Holzmöbel, kleine Teppiche und Vorhänge. Es liegt etwa 1 km nördlich vom Pier von Santa Fe.

Yooneek Beach Resort RESORT €€

(☎032-438 9124; www.yooneekbeachresort.com; Saagundo St.; Zi. mit Ventilator/Klimaanlage ab 1590/1690 P; ❄📶) Ein eingeführtes Resort am Sugar Beach, gleich südlich von Santa Fes Ortskern, mit geräumigen Zimmern in der Nähe des Wassers und einer der coolsten Strandbars auf der Insel. Es wird von gastfreundlichen Leuten geführt.

Marlin Beach Resort RESORT €€
(☎032-438 9093; www.marlin-bantayan.com; Roska St.; DZ 2300–5400 P; ❄📶) In der Nähe der Restaurant- und Barszene in der Ortsmitte von Santa Fe mögen die großen, motelartigen Zimmer des Marlin nicht begeistern, aber seine attraktive Strandlage mit Bar und Restaurant ist ansprechend. Die Preise sinken in der Nachsaison um 20%.

Sunday Flower Beach Hotel & Resort RESORT €€
(☎032-438 9556; abgehend von C Batiancila St.; DZ/studio 2100/4300 P; ❄📶) Am herrlichen Sugar Beach am Südrand von Santa Fe gelegen, bietet dieses von Australiern geführte Resort sechs preisgünstige, klimatisierte Zimmer mit großen Balkons, Plasma-TVs, reichlich Holzmobiliar und viel Flair. Die getrennten, älteren „Studio"-Unterkünfte sind weniger attraktiv.

Coral Blue Oriental RESORT €€€
(☎032-316 8054, 0928 372 3021; http://coralblueoriental.net; inkl. Frühstück Zi. 2700–5500 P, Villa 9950 P; ❄📶) Diese direkt am Strand liegenden Zimmer und Bungalows aus Bambus und Holz sind gut gebaut und mit edler Bettwäsche und TV ausgestattet. Die Villen sind sehr groß und gut für Familien geeignet. Gäste werden kostenlos vom Hafen abgeholt und zum Hafen gebracht.

Essen & Ausgehen

Für eine so kleine Insel bietet Santa Fe eine eindrucksvolle Reihe gut besuchter Restaurants unmittelbar neben der Hauptstraße in der Ortsmitte. Am sehr belebten Open-Air-Hof des MJ Square findet man eine reiche Auswahl an Esslokalen.

★ **MJ Square** FOOD-COURT €
(A Batobalonos St.; Gerichte ab 50–250 P; ⏲7–1 Uhr oder später) Dieser Open-Air-Schlemmermarkt ist von Restaurants gesäumt, die hauptsächlich preiswertes philippinisches Essen servieren, aber es gibt auch ein paar Überraschungen, darunter ein gutes mexikanisches Lokal. Hier wird es abends, wenn die Tische voll besetzt sind und ein lebhaftes Stimmengewirr herrscht, richtig laut. Man kann hier auch ein, zwei gute Bars finden.

★ **Bantayan Burrito Company** MEXIKANISCH €€
(☎0995 366 7452; www.facebook.com/bantayanburritocompany; MJ Sq.; Gerichte ab 155–250 P; ⏲Mi–Mo 10–23 Uhr) Was ist das? Ein texanisch-mexikanisches Restaurant in britischem Besitz auf einer entlegenen Visaya-Insel? Finden wir gut. In diesem einfachen Laden auf dem vor Menschen wimmelnden MJ Square stillt man seinen Appetit auf Burrito und Taxo. Dazu ein gekühltes San Mig oder eine Margarita. *Olé!*

Cou Cou's INTERNATIONAL €€
(☎032-438 9055; www.hotelbantayan.com; A Batobalonos St.; Hauptgerichte 150–200 P; ⏲7–23 Uhr; 📶) Ein beliebtes belgisches Restaurant, in dem es ein gutes Frühstück, das philippinische Nationalgericht (*adobo*, Bicol *exprés*) und westliche Gerichte gibt. Es hat eine gute Weinliste (oder wer Kaffeetrinker ist, für den gibt's eine Expressomaschine).

Blue Ice SKANDINAVISCH €€
(A Batobalonos St.; Hauptgerichte 200–275 P; ⏲So–Do 8–22 Uhr, Fr & Sa bis 3 Uhr; 📶) Gut besuchtes Lokal in einer Ecklage, das zu Recht wegen seiner Küche beliebt ist – eine Mischung aus asiatischen Gerichten und skandinavischen Spezialitäten: Lecker sind die schwedischen Fleischbällchen (serviert mit Kartoffelbrei, Fleischsoße und Beerengelee). Dazu gehört eine Bar mit Livemusik an Wochenenden.

★ **Caffe del Mar** ITALIENISCH €€€
(☎0917 514 7279; G Borraska St.; Hauptgerichte 280–550 P; ⏲10–24 Uhr; 📶) Wer den Geschmack des italienischen Mutterlandes sucht, findet ihn hier. Im Caffe del Mar kommen feine, importierte Antipasti, Gnocchi, Meeresfrüchte und gegrilltes Fleisch, hausgemachte Pasta und die beste Pizza (aus einem holzgefeuerten Ofen) in Bantayan auf den Tisch. Auch beliebt als Bar und Nachtlokal mit lebhaftem Reggae jeden Freitag.

Liquido BAR
(MJ Sq.; ⏲16–1 Uhr) Am hinteren Ende des MJ Square gelegen, ist diese freundliche, kleine Freiluft-Bar ideal, um sich auf einen Stuhl zu hocken und etwas Kontakt mit Einheimischen zu haben. Einen der vielen Cocktails (alle zu 130 P) oder auch nur ein kaltes Bier genießen.

Shake Me SAFTBAR
(MJ Sq.; ⏲10–22 Uhr) Eine nette Saft- und Shakebar, geführt von einem gastfreundlichen Italiener. Alle bekannten tropischen Geschmacksrichtungen, dazu tolles Eis, Snacks und Gerichte.

Praktische Informationen

Geldautomaten sind in Bantayan dünn gesät. Es gibt einen Geldautomaten von PNB gleich neben der Hauptplaza in Bantayan und einen Geldautomaten der **First Agro-Industrial Rural Bank** (C Batiancila St.; ⏲ Mo–Fr 9–16 Uhr, Sa bis 12 Uhr) in Santa Fe, aber es ist besser, sich vor der Ankunft mit Bargeld einzudecken.

An- & Weiterreise

Air Juan (S. 518) fliegt zweimal wöchentlich (1288 P, 40 Min.) zwischen der Landepiste von Bantayan (4 km nördlich von Santa Fe) und dem Flughafen Mactan-Cebu.

Hagnaya ist der Einschiffungshafen nach Santa Fe, mit den Roll-on-Roll-off-Fähr(RoRo)-Reedereien **Super Shuttle Ferry** (☎0939 850 6438; http://supershuttleroro.com/en; Santa Fe port) und **Island Shipping** (☎0929 678 7930; Santa Fe port), die abwechselnd jede Stunde bis 17.30 Uhr (170 P, 1 Std.) ablegen. Das letzte Boot von Santa Fe nach Hagnaya legt um 18 Uhr ab.

Sieben tägliche Ceres-Busse verbinden Santa Fe mit Cebu City (200 P, enthält nicht das Fährticket, 5½ Std.). Es gibt außerdem regelmäßigere Ceres-Busse (normal/klimatisiert 140/165 P, 3½ Std.) zwischen Hagnaya und Cebu City, alle 30 Minuten bis zum Abend.

Von Bantayan Town legt eine *bangka*-Fähre nach Cadiz, Negros (300 P, 2 Std.) täglich um 9 Uhr ab. Jeden zweiten Morgen soll ein *bangka* nach Estancia (350 P, 4 Std.) auf Panay ablegen, aber diese Verbindung ist nicht zuverlässig. Es gibt auch um 6 Uhr täglich eine Fähre von Hagnaya nach Cawayan, Masbate (220 P, 4 Std-).

Jeepneys (12 P) verbinden Santa Fe mit Bantayan Town.

Toledo

☎032 174 200 EW.

Toledo ist eine große, geschäftige und verschmutzte Stadt an der Westküste von Cebu. Die einzigen Reisenden hier sind auf dem Weg nach woanders.

Nach Negros geht's mit Booten, die in Toledo an Cebus Westküste sowie von Tabuelan, 65 km nördlich von Toledo, ablegen. Nach Toledo fahren häufig Ceres-Busse (82 P, 2 Std.) von der South Bus Station in Cebu City und V-hire-Vans (100 P, 1½ Std.). Nach Tabuelan fahren weniger oft V-hires und Regionalbusse von Cebus North Bus Station ab.

Wer von Toledo nach Bantayan oder Malapascua reisen will, muss mehrfach umsteigen. Zunächst geht's mit einem langsamen, normalen Bus nach Tuburan. Dort steigt man dann in einen Jeepney um und fährt Richtung Norden nach Tabuelan, dann in einen weiteren Jeepney Richtung Norden nach Hagnaya, wo man sich nach Bantayan einschifft oder nach Bogo, um nach Malapascua zu gelangen. Wer von Toledo aus nach Moalboal will, muss einen Inlandbus nach Naga (50 P, 1 Std.) nehmen und dort in einen anderen Bus nach Moalboal umsteigen.

EB Aznar (☎032-467 9447; www.facebook.com/aznarshipping), **FastCat** (☎032-816 1183; http://fastcat.com.ph; Tickets 120–250 P) und **Lite Shipping** (☎032-255 1721, 032-467 9604; www.liteferries.com) sind Fährlinien in Toledo.

Moalboal

☎032 / 32 300 EW.

Moalboal, bei Reisenden wahnsinnig beliebt, ist ein kleines Küstenresort voller Leben, etwa 90 km südwestlich von Cebu City gelegen. An dem Ort gibt's vieles, was man mögen mag, seine zerklüftete Küste mit Bars und Restaurants am Strand, in denen man einen Sundowner schlürfen und auf das azurblaue Wasser der Tañon-Straße bis zu den Bergen von Negros blicken kann. Direkt vor der Küste liegt ein herrliches Korallenriff, sodass man aus dem Hotelzimmer schlendern, eine Schnorchelausrüstung holen und das hervorragende Meeresleben (einschließlich der weltberühmten Sardinenschwärme von Moalboal) bewundern kann.

Da es nur wenige richtige Sandflächen gibt, sollten alle, die traumhafte Tage am Meer verleben wollen, an den nahen **White Beach** ziehen.

Verwirrend ist, dass das eigentliche Moalboal (schwer auszusprechen – etwa mo-ahl-bo-ahl) eine eintönige Ortschaft an der Hauptverkehrsstraße ist, 6 km westlich der Küste. Das Touristenresort ist offiziell Panagsama Beach. Doch jeder nennt die Gegend einfach „Moalboal".

Sehenswertes

★ **Kawasan Falls** WASSERFALL

(Einh./Ausl. 20/40 P) Die Kawasan Falls liegen 17 km südlich von Moalboal und umfassen eigentlich drei Wasserfälle. Der größte stürzt 15 m tief in einen großen, milchblauen Felsenpool. Leider wurde dieses Becken im Laufe der Zeit durch Scharen von Wochenendtouristen und

Panagsama Beach

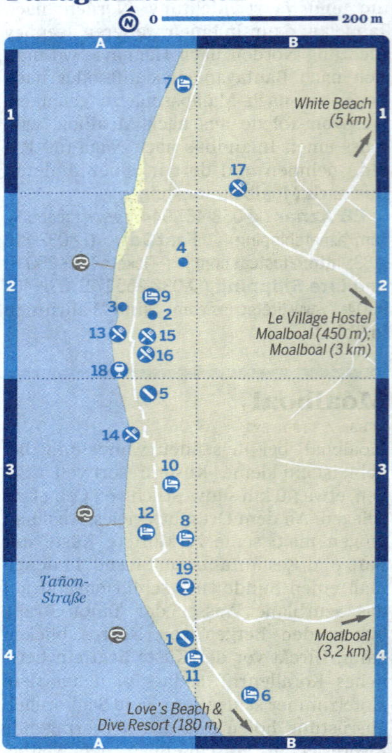

Panagsama Beach

Aktivitäten, Kurse & Touren

1 Blue Abyss Dive Shop A4
Cyan Adventures .... (siehe 2)
2 Freediving Philippines A2
3 Freediving Planet A2
4 Nelson's Dive Shop A2
5 Neptune Diving Adventure A3
Planet Action .... (siehe 12)
Quo Vadis Divers .... (siehe 11)
Ven'z Cooking Classes .... (siehe 17)

Schlafen

6 Blue Abyss B4
7 Il Sogno A1
8 Mayas Native Garden A3
9 Moalboal Backpacker Lodge A2
10 Pacitas A3
11 Quo Vadis Beach Resort A4
12 Tipolo Beach Resort A3

Essen

13 Cafe Cebuano A2
14 Cockonuts A3
15 French Coffee Shop A2
Last Filling Station .... (siehe 12)
16 Pleasure Principle Resto-Bar A2
17 Ven'z Kitchen B1

Ausgehen & Nachtleben

18 Chilli Bar A2
19 One Eyed Jacks A4

einen übertriebenen Ausbau etwas beschädigt. Der zweite und dritte Wasserfall sind etwas ruhiger als der erste, und man kann über sie hinauf noch zu anderen abgeschiedenen Orten klettern. Kawasan mag generell vielleicht zu touristisch sein, dennoch ist die Naturschönheit dort immer noch besonders.

Mainit Springs QUELLE, WASSERFALL

(20 P; 6–17 Uhr) Die natürlichen Quellen in Montañeza, 32 km südlich von Moalboal, sind ein attraktives Ausflugsziel (vor allem an Wochentagen, wenn nicht so viel los ist). Die heißeste Quelle sprudelt mit 42°C hervor und soll, laut den Werbeschildern, „Hautkrankheiten und körperliche Leiden heilen“. Hinter den Quellen kann man die kleine Schlucht bis zu einigen 3–8 m hohen Wasserfällen hochklettern und dann in die smaragdgrünen Felsenpools springen.

Aktivitäten

Während Tauchen, Apnoetauchen und Schnorcheln Moalbaols eigentliche Daseinsberechtigung sind, ist auch ein umfangreiches Spektrum an Landaktivitäten im Angebot, darunter Canyoning, Klettern und Mountainbiken. Nach Yoga-Kursen kann man sich bei **Freediving Planet** (0908 608 7864; www.freediving-planet.com) und nach Kochkursen bei Ven'z (S. 350) erkundigen.

Tauchen & Apnoetauchen

Die große Attraktion in Moalboal ist der **Sardinen-Run,** eine massenhafte Ansammlung von Sardinenschwärmen, die 5 bis 10 m unter der Oberfläche in unglaublichen geometrischen Formen schimmern. Bis 2013 war Pescador Island der Ort, wo man dieses faszinierende Ereignis beobachten konnte, aber in den vergangenen Jahren haben die Sardinen am Riff nur 30 m vor Panagsama Beach ihre Zelte aufgeschlagen. Für Sporttaucher ist es ein Routinetauchgang vor der Küste, es genügt aber auch, sich eine Taucherbrille mit Schnorchel aufzusetzen und auf eigene Faust hinauszuschwimmen. Gelegentlich tauchen Fuchshaie auf und verfolgen die Schwärme, doch man muss schon Glück haben, um das beobachten zu können.

Moalboal bietet außerdem einige der besten Spots zum Rifftauchen auf den Visayas an einer Korallenwand, die knapp offshore parallel zur Küste verläuft. Weiter draußen bietet die kleine **Pescador Island,** erreichbar über eine (oftmals unruhige) 3 km lange Bootsfahrt, atemberaubende Korallen, ein aus der Felswand herausgewaschenes Höhlensystem, die sogenannte **Cathedral,** sowie die Chance, pelagische Arten zu sehen. Der Tauchspot **Airplane Wreck** – die Reste eines zweisitzigen Sportflugzeugs – liegt in 23 m Tiefe, und der Rumpf ist heute von Korallen überwachsen. Auch White Beach bietet schöne Tauch- und Schnorchelplätze vor der Küste.

Die Tauchpreise schwanken zwischen 1200 und 1750 P pro Tauchgang, inklusive Ausrüstung. PADI Open-Water-Zertifikate kosten ab 16 000 P. Wer am Savedra Reef und vor Pescador taucht, zahlt eine Gebühr von 100 P zur Erhaltung des Riffs. Zu den empfehlenswerten Tauchschulen gehören **Blue Abyss Dive Shop** (☎032-474 3036; www.blueabyssdiving.com), **Nelson's Dive Shop** (Ocean Safari Philippines; ☎032-474 3023; www.ibara.ne.jp/~bitoon), **Quo Vadis Divers** (☎0917 519 4050; www.quovadisresort.com) und **Neptune Diving** (☎032-495 0643; www.neptunediving.com).

Moalboal ist auch eines der führenden Zentren Asiens für Apnoetauchen, mit idealen Bedingungen und zwei ansässigen Schulen: Freediving Planet und **Freediving Philippines** (☎0938 263 4646; www.freediving-philippines.com) bieten beide AIDA Freediver-Kurse an.

Abenteuersport

★ Planet Action ABENTEUERSPORT
(☎0917 583 0062; www.action-philippines.com) Planet Action hat in seinem Programm einige der spannendsten Abenteuertouren auf den Visayas. Ganz oben auf der Liste stehen Mountainbiken, Canyoning (wie z. B. die anspruchsvollen Tison Falls, 3200 P pro Person) und Flussklettertouren, die in Gegenden durchgeführt werden, wo andere Anbieter sich nicht hinwagen. Seekajakfahren, Reiten und Trekkingtouren in Negros sind auch im Angebot.

Cyan Adventures ABENTEUERSPORT
(☎0927 426 6886; www.cyan-adventures.com) Dieser Anbieter von Abenteuertouren führt nur kleine Anzahl von Touren durch, darunter Canyoning an den Kawasan Falls und Klettern am Osmeña Peak (beide 69 US$).

Schlafen

Panagsama Beach

Mayas Native Garden RESORT €
(☎0915 480 9610; www.mayasnativegarden.com; Hütte mit Ventilator/Klimaanlage 800/1500 P, Haus 2500 P; ❄@📶) Diese fünf attraktiven Nipa-Hütten sind unterschiedlich groß und variieren von einfachen, aber eleganten, ventilatorgekühlten bis hin zu sehr geräumigen doppelstöckigen mit allem Komfort. Der üppige Garten bietet Kindern Platz zum Spielen, und auch ein Restaurant gibt's hier.

Pacitas HOTEL €
(☎032-474 3017, 0910 858 7222; Panagsama Beach; Zi. mit Ventilator/Klimaanlage ab 800/1200 P; ❄📶) Eine von Panagsamas originellsten Unterkünften, mit einfachen, preiswerten Bungalows (einige mit zwei Schlafräumen) und Zimmern, verteilt auf einem schattigen Grundstück am Meer. Es gehört einem freundlichen Team, und die Lage ist ruhig (außer am Samstagabend, wenn hier eine Disko zu Gast ist).

Le Village Hostel Moalboal HOSTEL €
(☎0933 153 2719; www.facebook.com/levillagehostelmoalboal; Panagsama Rd.; B/DZ ab 300/600 P; ❄📶) Ein einfaches, kostengünstiges Hostel mit Klimaanlage (gut funktionierend) oder Ventilator (heiß)-Schlafsälen und drei Privatzimmern – alle mit Gemeinschaftsbädern. Es gibt einen Ruhebereich, wo man sich unterhalten kann, und ein Restaurant für schmackhaftes, billiges regionales Essen. Es ist vom Strand einen Kilometer landeinwärts entfernt. Akzeptiert nur Bargeld.

Moalboal Backpacker Lodge HOSTEL €
(☎0917 751 8902; www.moalboal-backpackerlodge.com; E/EZ/DZ/Cottage ab 300/450/700/950 P; 📶) Die Lage dieses Hostels an der lauten Hauptverkehrsstraße ist nicht toll, aber drinnen findet man luftige gemischte und Frauenschlafsäle und ein paar halbprivate Zimmer. Der umgebaute VW-Transporter draußen funktioniert als Coffee Shop. Es gibt Wochenpreise mit

Rabatt und wie in allen guten Hostels ist die Stimmung hier gesellig.

Il Sogno B&B €€
(☎0915 696 5124; prandifranco@yahoo.it; DZ inkl. Frühstück 2000 P; ❄📶) Dieses nette Bed & Breakfast wird von einem sehr gastfreundlichen Italiener und seiner einheimischen Frau geführt, die sich gut um ihre Gäste kümmern. Geräumige Zimmer blicken aufs Meer und haben Kingsize-Betten sowie große Badezimmer. Nicht ablehnen, wenn der Wirt zum Essen einlädt – er wird sogar einen Espresso bereiten, wenn gewünscht.

★**Tipolo Beach Resort** RESORT €€
(☎0917 583 0062; www.tipoloresort.com; DZ 1700–2000 P; ❄@) Dieses kleine Resort liegt am Meer und hat angenehme, gut gebaute Zimmer mit sauberen, gefliesten Böden und robusten Bambusmöbeln. Es ist darüber hinaus mit allem Komfort, wie Warmwasser, Kühlschrank und Safe, ausgestattet. Aber vor allem die Terrassen überzeugen, denn sie sind reich möbliert und verfügen teilweise über Meerblick. Das Personal ist gut ausgebildet, hilfsbereit und gesprächig, und auch das Hausrestaurant ist hervorragend.

DIE WALHAIE VON OSLOB

In den vergangenen Jahren brachte es das Dorf Tan-awan, ein *barangay* von Oslob, zu Bekanntheit, weil es ein Ort ist, an dem Touristen mit Walhaien interagieren können. Alles begann 2011, als ein Video ins Netz gestellt wurde, das zeigte, wie ein Fischer aus Oslob einen Walhai von seinem Fang weglockte, indem er ihn mit einem kleinen Fisch köderte.

Eins führte zum anderen, und es dauerte nicht lange, bis die Walhaie zur Unterhaltung von Touristen angefüttert wurden.

Während das Programm die Kassen des Ortes Tan-awan klingeln ließen, sorgten sich viele Naturschützer über möglicherweise negative Auswirkungen, die das Füttern von Hand auf eine gefährdete wandernde Haiart haben könnte, die eben im Begriff war, sich nach jahrhundertelanger rücksichtsloser Bejagung zu erholen. Experten, die dieses Programm näher untersuchten, berichteten, dass rund ein Dutzend junger Walhaie nicht mehr auf Wanderschaft gingen, sondern in Tan-awan blieben, wo sie, zumindest teilweise, auf diese „Fütterung von Hand" vertrauten. Die Reef-World Foundation (www.reef-world.org), Save Philippine Seas (www.savephilippineseas.com) und Green Fins (www.greenfins.net) sind nur einige der Organisationen, die sich gegen touristische Aktivitäten in Oslob aussprechen und die Praxis des Anfütterns von Tieren für unverantwortbar halten.

Befürworter der Anfütterung halten dagegen, dass das Projekt die Walhaie schützt und sie vor den Gefahren des Ozeans bewahrt, wo sie gewildert werden könnten. Sie führen auch an, dass das Projekt den Fischern der Gegend einen alternativen Lebensunterhalt biete, die sonst die lokalen Riffe unter Druck setzen würden oder, was noch schlimmer wäre, die Walhaie töten würden (obwohl es kaum Beweise gibt, dass sie Walhaie zuvor getötet haben).

Egal, wie man persönlich zu den ethischen Aspekten dieser Fütterung steht, man kann von den Walhai-Interaktionen in Oslob beindruckt sein oder auch nicht.

Sorgfältig komponierte Fotos können zwar zeigen, wie Freunde allein neben diesen gewaltigen Tieren im tiefen, blauen Meer schwimmen, aber die Wirklichkeit sieht anders aus. Es sind Hunderte Menschen, die gleichzeitig im Wasser sind, die meisten von ihnen beobachten einen halbes Dutzend Walhaie, die nahe der Oberfläche schwimmen und um Futter betteln. Man sieht, wie sie versuchen, die Haie zu berühren und zu streicheln (obwohl Schwimmer offiziell einen Abstand von 5 m zu ihnen halten müssen). Es sind Versuche unternommen worden, die Zahl der Boote, die gleichzeitig auf dem Wasser sind, zu begrenzen, doch immer wieder werden Walhaie von den Booten verletzt. Wer ein naturnaheres Erlebnis anstrebt, findet es eher in den Walhai-Interaktionsprogrammen in Donsol und Pintuyan (Southern Leyte).

Die NGO Lamave (Large Marine Vertebrates Research Institute Philippines; www.lamave.org) widmet sich der Erhaltung der marinen Megafauna in den Philippinen. Auf der hervorragenden Webseite stehen neueste Daten über Artenschutz, darunter über die Walhai-Forschung.

Blue Abyss RESORT €€
(☎032-474 3012; www.blueabyssdiving.com; DZ/3BZ 1500/1700 P; ❄📶) Mit attraktiven Tauch-Zimmer-Packages ist Blue Abyss ideal für Taucher mit kleinem Budget. Die Anlage mit den Unterkünften ist attraktiv, etwas hinter dem Strand, doch keines der schlichten, sauberen Zimmer hat Meerblick. Im Restaurant wird gutes Essen serviert, und das Personal ist freundlich und entgegenkommend.

Love's Beach & Dive Resort RESORT €€
(☎032-474 3086; www.lovesbeachresort.com; DZ inkl. Frühstück 1700–3100 P; ❄📶🏊) Das in friedlicher Lage an der ruhigen Südseite von Moalboal gelegene Love Beach hat eine attraktive Bar und einen Poolbereich, ein Restaurant mit tollem Meerblick, einen kleinen Privatstrand und gut möblierte, wenn auch etwas dunkle Zimmer, jedes mit einem Balkon und Klimaanlage. Es gibt auch ein Apartment mit Küchennische, das ideal für Familien ist. Nur Bargeld. Im PADI-Tauchshop des Hotels nach Tauchangeboten erkundigen.

Quo Vadis Beach Resort RESORT €€
(☎032-474 3068; www.quovadisresort.com; DZ mit Ventilator 1880 P, mit Klimaanlage 3120–5500 P; ❄📶🏊) Quo Vadis hat eine schöne Küstenlage und eine ausgedehnte Gartenanlage rund um einen schönen Pool. Das Personal ist süß, der Tauchladen hervorragend und das Restaurant blickt hinaus aufs Meer. Die Zimmer sind durchdacht, wenn auch etwas zu teuer und leicht unmodern, mit sehr kleinen Hütten dicht am Meer und Nipa-Hütten dahinter.

Sampaguita Resort RESORT €€€
(☎032-474 0066; www.sampaguitaresort.com; Tongo Point Rd.; EZ/DZ inkl. Vollpension 118/78 €; ❄📶) Das drei Kilometer südlich vom Panagsama Beach gelegene, gut geführte Tauchresort am Strand hat 16 traditionelle Bungalows, von denen acht für Familien geeignet sind, alle in üppigen, tropischen Gärten. Bis auf einen haben alle einen traumhaften Blick aufs Meer. Es gibt einen kostenlosen Shuttlebus in den Ort Panagsama und gute Tauch-Unterkunft-Packages.

White Beach

Asian Belgian Resort RESORT €€
(☎032-358 5428; www.asian-belgian-resort.com; DZ 2000-4565 P; ❄📶) Diesem freundlichen Mittelklasse-Resort gleich südlich vom White Beach fehlt zwar ein Sandstrand, dafür hat es aber einen guten Blick auf das Hausriff, ein Tauchunternehmen und gratis Kajaknutzung. Die Zimmer sind nicht gerade schick, aber sie werden sauber gehalten. Für Meerblick zahlt man sonst mehr.

Blue Orchid Resort RESORT €€€
(☎0929 273 1128; www.blueorchidresort.com; DZ mit Ventilator 3000 P, mit Klimaanlage ab 3500 P; ❄📶🏊) Dieses Resort genießt eine wunderbar abgeschiedene Lage an der felsigen Küste im Norden das White Beach. Das Offshore-Schnorcheln ist das beste der ganzen Gegend, oder man entspannt sich in einem der zum Ozean gelegenen Pavillons. Die geräumigen Zimmer haben Himmelbetten, frei liegende Steinwände und eigene Balkons, und es gibt außerdem ein sehr gutes Restaurant sowie einen Tauchladen.

Club Serena Resort RESORT €€€
(☎032-516 8118; www.clubserenaresort.com; Zi. 3600–6900 P; ❄📶🏊) Irgendjemand in diesem Küstenresort versteht viel von Design, das gleichermaßen modern und etwas eigenartig ist. Jedes Element, vom geräumigen Restaurant mit Bar bis zum großzügigen Baumhaus, ist mit viel persönlichem Flair gestaltet. Zur Wahl stehen moderne Suiten und Cottages sowie Casitas.

Badian

Terra Manna Camping & Resort RESORT €€
(☎032-475 0296; www.terramannaresort.ph; Zelt oder Hütte inkl. Frühstück pro Person 700 P, Villa inkl. Frühstück 5800 P) Dieses ausgedehnte, 10 km südlich von Moalboal gelegene Anwesen verfügt über Zelte und Hütten auf einer Rasenfläche und in Sichtweite des Wassers – die Preise sind fürs Schlafen im Zelt jedoch hoch. Von der schönen Terrasse am Wasser aus hat man leichten Zugang zum Offshore-Schnorcheln. Der Abzweigung Richtung Badian Island 2 km südlich der Stadt Badian folgen.

★Badian Island Wellness Resort RESORT €€€
(☎032-401 3303; www.badianhotel.com; Zi./Villa inkl. Frühstück ab 13 800/28 400 P; ❄@📶🏊) Dieses luxuriöse Inselresort bietet einige der prächtigsten Übernachtungsmöglichkeiten auf den Philippinen, alle mit viel Geschmack im einheimischen Stil eingerichtet. Die Pool-Villen, die über ihre

eigenen Salzwasser-Pools verfügen, sind der Gipfel an Opulenz. Es gibt einen sehr schönen Fitnessraum und ein schwimmenden Raum mit Billardtisch und anderen Spielen. Auf Badian Island, 10 km südlich von Moalboal gelegen.

Essen & Ausgehen

Café Cebuano CAFÉ €€
(www.facebook.com/cafe.cebuano; Hauptgerichte 160–320 P; ⏲9–24 Uhr; 📶) Hat eine tolle Terrassenbar am Wasser, wo man gemütlich ein Glas Rotwein oder einen Cappuccino trinken und den Blick aufs Meer genießen kann. Es gibt eine komplette Speisekarte mit westlichen und asiatischen Gerichten – gut sind die gebratenen Singapur-Nudeln (250 P).

★ **Last Filling Station** INTERNATIONAL €€
(☎032-474 3016; Gerichte 175–345 P; ⏲7–22 Uhr; 📶✎) Ein angenehmes, kleines Restaurant mit gutem Service (allerdings mit Blick auf die Straße statt aufs Meer). Bekannt für sein energiespendendes Frühstück mit Joghurt, Müsli und Proteinshakes. Zu Mittag und zu Abend stehen Baguette und Fladenbrot-Sandwiches (ab 195 P), Salate und würzige Knoblauchgarnelen (275 P) auf der Karte.

French Coffee Shop CAFÉ €€
(Snacks ab 100 P, Gerichte ab 160–280 P; ⏲7–22 Uhr; 📶) Hier wird serviert, was auf dem Schild steht – französischer Kaffee – klar, auch italienischen Kaffee ... plus Shakes, Crêpes, Baguettes, Frühstück und Salate. Oft gibt's ein Tagesgericht für 280 P. Es liegt nicht am Wasser, man kann mit seinen Füßen aber im herbeigeschafften Sand wühlen.

Cockonuts PHILIPPINISCH €€
(www.facebook.com/pg/cockonutsmoalboal; Hauptgerichte 160–365 P; ⏲8–23 Uhr) Direkt im Herzen von Panagsama, aber relativ geschützt vor dem Lärm, sodass man den Blick aufs Meer wirklich genießen kann. Auf der Speisekarte stehen leckere philippinische und europäische Speisen, darunter ein guter Tintenfischsalat (195 P).

Ven'z Kitchen PHILIPPINISCH €€
(☎032-474 3981; www.facebook.com/venzkitchen; Panagsama Beach; Hauptgerichte 130–260 P; ⏲10–22 Uhr; ✎) Alles auf der Karte ist in diesem einfachen, von zwei freundlichen, einheimischen Frauen geführten Lokal mit Liebe zubereitet; immer gibt's ein Tagesgericht, und auch für Veganer und Vegetarier ist gesorgt. Zu den philippinischen Klassikern gehören Schweine-*sisig, kare kare* und *adobo*. Wie es auf dem Schild an der Tür heißt: „Wir servieren kein Fast Food, aber wir servieren schnell". Es werden auch **Kochkurse** (pro Person 500–1300 P; ⏲11 & 15 Uhr) angeboten.

Pleasure Principle Resto-Bar INTERNATIONAL €€
(Gerichte 180–490 P; ⏲9–22 Uhr; 📶) Dieses nach einem obskuren Gary-Numan-Album benannte, nette und gut geführte Lokal an der Hauptstraße bietet eine äußerst abwechslungsreiche (zu lange) Speisekarte mit französischen, einheimischen, italienischen Speisen und Überraschendem wie Pizza auf arabische Art (mit Beefhack und orientalischen Gewürzen; 330 P).

Chilli Bar BAR
(⏲9.30 Uhr bis der letzte Kunde geht) Eine Institution in Panagsama, wo das Mantra an der Wand lautet: „Die Leber ist böse und muss bestraft werden". Ja, das ist die heißeste Bar im Ort: Party- und Tanzmusik, viel Geplänkel und Spiele an Billardtischen. Zieht eine höchst gemischte Schar von Ladyboys, Backpackern, Tauchgruppen und trinkfreudigen Expats an. Bietet auch gutes Kneipenessen an.

One Eyed Jacks BAR
(www.facebook.com/oneeyedjacksmoalboal; Panagsama; ⏲16–2 Uhr) Eine große, zweistöckige Bar in amerikanischem Besitz mit preisgünstigen Drinks und einem gelagerten Billardtisch. Der Service ist gut, und an manchen Abenden gibt's Livemusik.

Praktische Informationen

Es gibt Geldautomaten am Highway in Moalboal und einen PNB in der **Gaisano Grand Mall** (Hwy.; ⏲8.30–21.30 Uhr).

An- & Weiterreise

Es fahren keine direkten Busse nach Panagsama Beach. Busse von Moalboal nach Cebu City (normal/klimatisiert 110/130 P, 3½ Std.) fahren zwischen 6 und 20 Uhr alle 30 bis 45 Minuten ab, dazu kommen Nachtbusse. Voll besetzte, klimatisierte Vans (120 P, 2½ Std.) fahren alle 30 Minuten bis 17 Uhr ab. Busse und Vans kommen am Highway in Moalboal an und fahren von dort ab, von dort kostet ein Tricycle nach Panagsama Beach 80 P.

Ein Taxi von/nach Cebu kostet ungefähr 2500 P.

Von Moalboal Richtung Süden haben sehr häufig fahrende Busse ihre Endstation wenige Kilometer hinter dem Roll-on-roll-off(RoRo)-Pier in Bato (normal/klimatisiert 65/76 P, 1½ Std.). Fähren von Bato legen ungefähr alle 1½ Std. nach Tampi, Negros (70 P, 30 Min.) ab, von wo aus es nach Dumaguete weitergeht.

Lilo-an & Sumilon Island

☎ 032 / 18 200 EW.

Die großartige Küste rund um die Südspitze von Cebu bietet einige interessante Attraktionen, vor allem **Sumilon Island,** wo es ein Meeresschutzgebiet gibt. In Lilo-an kommen viele Touristen an, die Boote nach Sibulan in Negros nehmen. In den letzten Jahren machte diese Region Schlagzeilen als Ort eines umstrittenen Wahlhai-Interaktionsprogramms 8 km nördlich von Santander in Oslob.

Das Meeresschutzgebiet vor Sumilon Island ist eine Erfolgsstory des Naturschutzes in den Philippinen. Resorts in Lilo-an veranstalten Tauchgänge in dem Reservat, man kann sich aber auch im luxuriösen **Sumilon Bluewater Island Resort** (☎ 032-318 3129; www.bluewatersumilon.com.ph; Sumilon Island; Zi. ab 12 300 P; ❄📶🏊) einquartieren. Nicht-Gäste können die Einrichtungen des Resorts für 600 P und auch den kostenlosen Bootstransfer von einem Anleger in Banlogan, 1 km südlich von Tan-awan, nutzen. Besucher des Meeresschutzgebietes zahlen 10 P Eintritt, und für Tauchgänge werden außerdem 150 P fällig.

Schlafen

★ Farm Resort HOTEL €€
(☎ 032-480 9032; www.facebook.com/thefarmresortsantander; 2 km östlich vom Lilo-an-Pier; Zi. 1950 P; ❄📶) Dieses schöne Resort, etwas entfernter von Cebus Südküste, verfügt über vier attraktive, gut eingerichtete Zimmer mit Bambusbetten auf einem großen Grundstück mit viel Grün. Hervorragendes philippinisches Essen wird angeboten, und es gibt Zimmerservice. Aus der Stereoanlage dröhnt Heavy Rock im hinteren Bereich (der Besitzer ist Biker).

★ Eden Resort RESORT €€€
(☎ 032-480 9321; www.eden.ph; Zi. inkl. Frühstück 2800–4800 P, Suite 7800 P; ❄📶🏊) Dieses ruhige, im mediterranen Stil errichtete Resort thront auf einer Klippe mit Blick auf die Tañon-Straße und verfügt über einen Tennisplatz, einen Infinity-Pool, Mountainbikes und Kajaks zum Mieten, und großartige Schnorchelplätze vor der Küste. Die edle Unterkunft ist angesichts der Lage und der Einrichtungen ihr Geld wert, aber preiswerte Zimmer haben Gemeinschaftsbäder.

An- & Weiterreise

Von Lilo-an fahren Schnellboote (62 P) und zusätzliche *bangkas* (38 P) von benachbarten Anlegern etwa alle halbe Stunde bis 22 Uhr nach Sibulan bei Dumaguete (25 Min.).

Es gibt auch eine tägliche Fähre nach Larena, Siquijor (155 P, 2½ Std.) um 10 Uhr.

Busse verkehren häufig den ganzen Tag über von Lilo-an nach Cebu City (155 P, 3½ Std.). Um nach Moalboal zu gelangen, im nahen Bato in einen anderen Bus umsteigen.

CAMOTES ISLANDS

☎ 032 / 103 600 EW

Nur zwei Stunden vom Festland-Cebu entfernt, bieten die Camotes ein echtes Inselleben. Die beiden Hauptinseln der Gruppe, Poro und Pacijan, sind durch einen von Mangroven gesäumten Damm verbunden, der es den Besuchern ermöglicht, diese beiden Inseln auch per Motorrad, das hier das wichtigste Verkehrsmittel ist, zu erkunden. Die schönsten Strände und die meisten Unterkünfte gibt es auf Pacijan. Nur selten machen sich Besucher nach Ponson, der dritten Insel, auf, die eher nach Leyte als nach Cebu als Verbindung zur Welt blickt.

An- & Weiterreise

Wer auf die Camotes will, muss flexibel sein, denn die Fahrpläne der Boote ändern sich häufig und Streichungen sind nicht selten.

Schnellboote (500 P, 1½ Std.), von Oceanjet (S. 334) betrieben, verbinden Cebu City zweimal täglich mit Consuelo, Pacijan Island.

Roll-on-roll-off(RoRo)-Schnellfähren von Danao, Cebu, nach Consuelo werden von Jomalia Shipping (S. 339) betrieben. Es gibt auf dieser Strecke täglich sechs fahrplanmäßige Abfahrten (180 P, 2 Std.) zwischen 5.30 Uhr und 17.30 Uhr, mit einer Extrafahrt um 21 Uhr am Freitag, Samstag und Sonntag.

Super Shuttle Ferry (☎ 0915 646 6857; http://supershuttleroro.com) hat zweimal täglich Fahrten (180 P, 2 Std.) von Danao nach Poro um 9 Uhr und um 17 Uhr auf dem Fahrplan, die Rückfahrt findet jeweils um 5 Uhr und um 13 Uhr statt.

Camotes Islands

Jomalia Shipping bedient die Strecke zwischen Pilar, Ponson Island, und Ormoc, Leyte, ebenfalls zweimal täglich.

Unterwegs vor Ort

Am besten mietet man sich für Fahrten auf Pacijan und Poro Islands ein Motorrad, denn Jeepneys fahren hier nur sporadisch. *Habal-habal* und Tricycle sind ebenfalls für Trips geeignet. Die meisten Resorts auf Pacijan verleihen Motorräder für etwa 400–500 P. Für einen ganztägigen *habal-habal*-Trip werden um die 1000 P fällig, und Tricycle-Fahrer berechnen ungefähr 1500 P.

Um von Poro Island nach Ponson Island zu gelangen, am besten ein *bangka* von Puertobello nach Kawit (250 P, 20 Min.) nehmen. Auf Ponson kostet ein *habal-habal* von Kawit nach Pilar 140 P. Wer von Kawit aus in Puertobello ankommt, findet am Pier einen *habal-habal*-Stand mit angeschlagenen Preisen für die Fahrt nach San Francisco (200 P) und anderen Zielen.

Pacijan Island

032 / 48 900 EW.

Pacijans Hauptattraktionen sind die weißen Sandstrände an der Santiago Bay, wo auch die meisten Resorts auf den Camotes liegen. Der Hauptort ist **San Francisco** („San Fran").

Abseits der Hauptstraße südlich von Esperanza erstreckt sich **Borromeo Beach,** ein blendend weißer Strand.

Tulang Island vor der Nordküste von Pacijan hat einen herrlichen Sandstrand, wo man etwa eine Stunde lang in die Rolle Robinson Crusoes schlüpfen kann. Bootsbesitzer in Tulang Daku bringen Gäste für 500 P hin und wieder zurück.

Bei Esperanza an Pacijans Nordwestspitze liegt die touristische **Timubo Cave** (30 P; 7–17.30 Uhr), wo mehrere (rutschige) Treppen hinunter zu einem erfrischenden Becken führen.

Schlafen & Essen

Payag Beach House Resort RESORT €
(0926 144 4461, 032-233 1158; Santiago; Zi. mit Ventilator 800 P, mit Klimaanlage 1500–1800 P;) Diese einfache Übernachtungsmöglichkeit hat acht winzige Zimmer; Badezimmer (die einigermaßen sauber gehalten werden) werden geteilt. Der Service ist mäßig. Die Lage aber ist super, gegenüber von der weißen Santiago Bay, und deshalb ist es eine Überlegung wert.

★ **Swiss Lagoon** PENSION €€
(0926 682 4975; www.swisslagoon.com; Santiago Beach; Zi./Nipa-Hütte 2000 P;) Diese

sehr freundliche, kleine schweizer-philippinische Pension verfügt über kleine, saubere Zimmer mit Klimaanlage, Satelliten-TV und Bambusmöbeln. Eine große Nipa-Hütte ist eine andere Unterkunft, bestens geeignet für Gruppen oder Familien, mit einer vollständig eingerichteten Küche. Das Restaurant bringt köstliche Rösti mit Ei und Schnitzel auf den Tisch. Andi, der Besitzer, ist stets hilfsbereit, kann Motorräder organisieren und über Transportmöglichkeiten informieren.

Keshe Beach Resort RESORT €€
(☎0929 892 5792; Borromeo Beach; Zi. 1000–1500 P) Das sehr einfache Resort hat nur ein paar Bambushütten am schönsten Strand der Camotes. Das Essen ist hier ein Problem, denn es gibt kein Restaurant; wer bleibt, mietet sich am besten ein Zweirad.

Santiago Bay Garden & Resort RESORT €€
(☎032-345 8599; www.camotesislandph.com; Santiago Beach; Zi. mit Ventilator/Klimaanlage ab 1200/1600 P; ❄📶🏊) Dieses weitläufige Resort liegt auf einem der schönsten Grundstücke der Santiago Bay. Eine Menge Holzbeton und billige Kunst, aber die Aussicht ist atemberaubend und die beiden Infinity-Pools sind wunderbar. Die Zimmer sind nicht toll, aber sauber; die Badezimmer könnten eine Modernisierung gebrauchen.

Pito's Sukotil PHILIPPINISCH €
(☎0935 139 3095; Santiago Beach; Hauptgerichte 80–180 P; ⏲8–22 Uhr) Am Santiago Beach bringt Pito's Sukotil preiswertes, hervorragendes Seafood wie gegrillten Fisch und Garnelen *guisado* (geschmort mit Tomaten) auf den Tisch; beides 90 P. Biere kosten nur 30 bis 40 P pro Flasche. Es gibt auch Budget-Zimmer.

Nena's Grill PHILIPPINISCH €
(Santiago Beach; Hauptgerichte 75–120 P; ⏲8–22 Uhr) Dieses Barbecue-Lokal hat sich auf eine authentisch einheimische Küche spezialisiert, vor allem würziges *kinilaw* (roher, in Essig marinierter Fisch), gegrillte oder Chili-Garnelen und herrlich brutzelnden Tintenfisch – und andere Delikatessen aus dem Meer.

ℹ Praktische Informationen

In San Francisco findet man das hilfsbereite **City Tourism Office** (☎0921 471 1434; gegenüber der Kirche; ⏲Mo–Fr 8–17 Uhr), in dem Inselkarten verkauft werden (50 P).

ℹ An- & Weiterreise

Das Haupttor zu Pacijan Island ist der Hafen von Danao auf der Insel Cebu, von wo es fahrplanmäßige Fähren gibt. Auch Schnellboote verbinden Cebu City mit Consuelo, Pacijan. Zu beachten ist, dass bei schlechten Wetterverhältnissen die Schiffe oft nicht auslaufen.

Poro Island

☎032 / 22 800 EW.

Poro ist die kleinere der beiden großen Camotes-Inseln. Ihr fehlen zwar die Strände von Pacijan, aber ihre bergigen Straßen sind gut für Radtouren geeignet, insbesondere auf geländegängigen Rädern.

Poro ist der Hauptort auf der Insel, eine bescheidene Küstensiedlung, leicht spanisch-mediterran angehaucht. Es gibt aber eigentlich kaum einen Grund, länger hier zu bleiben.

Boho Rock Resort (20 P) ist ein schöner Platz zum Schwimmen – mit einer Plattform, von der aus man ins türkisblaue Meer springen kann – sowie zum Schnorcheln zwischen Felsen. Ganz im Osten der Insel, nördlich von MacArthur, befindet sich die verborgene **Bukilat Cave** (10 P).

Schlafen

My Little Island Hotel HOTEL
(☎032-267 6539; www.mylittleislandhotel.com; Esperanza; Zi./Suite ab 1800/2800 P; ❄📶) Es sieht ein bisschen verblichen aus, aber dieses Hotel hat mehrere Pluspunkte für sich zu verzeichnen, darunter einen berauschenden Blick übers Meer und gutes Essen im Restaurant. Als wir vorbeikamen, sah der Pool jedoch trübe aus und die leicht veralteten Zimmer brauchen eine Renovierung.

Flying Fish Resort RESORT €€
(☎0908 876 5427; www.camotesflyingfishresort.com; Zi. mit Ventilator 1000, mit Klimaanlage 1600–2600 P; ❄) Das in die Jahre gekommene Resorthotel Flying Fish liegt 5 km östlich von Esperanza an einem abseits gelegenen Felsstrand, wobei einige Hütten einen schönen Meerblick bieten. Leider wurde das Meeresschutzgebiet davor vom Taifun Yolanda beschädigt, aber Schnorcheln kann sich hier immer noch lohnen. Kajaks werden gratis verliehen, und man kann sich kostenlos abholen lassen.

An- & Weiterreise

Poro ist über eine Brücke mit Pacijan verbunden, das gute Fährverbindungen zu Häfen in Cebu hat.

In Poro gibt's kaum öffentliche Verkehrsmittel. Zur Inselerkundung am besten ein Motorrad mieten oder einen *habal-habal* (1000 P pro Tag) chartern.

Ponson Island

☎032 / 12 050 EW.

Der Reiz, einen so entlegenen Ort wie Ponson zu besuchen, liegt in der Aufmerksamkeit, die einem zuteil wird. Sie reicht von warmer Herzlichkeit bis zu trockenem Humor. Das verrät, dass nur sehr, sehr wenige Reisende bis hierher kommen, obwohl die Insel von Ormoc relativ leicht zu erreichen ist.

Es gibt zwei größere Orte auf Ponson: **Pilar** und **Kawit.** Kawit ist der malerischere der beiden und hat einen schönen, langen, weißen Sandstrand in der Ortschaft selbst: Hier lässt es sich gut mit Einheimischen in einer kleinen Inselgemeinschaft in Kontakt kommen.

Halikana Resort (☎0918 349 8349; Kawit Town; DZ mit Ventilator 600–1000 P, mit Klimaanlage 1500 P; ❄) ist ein nettes, wenn auch einfaches Haus am weißen Sandstrand von Kawit Town. Eines der wenigen besseren Hotels auf den Camotes ist das neue **Moabog Reef Resort** (☎032-239 1941; www.moabogreefresort.com; Moabog; Zi. 3000-3500 P; ❄📶🏊). Es verfügt über 12 schöne Zimmer mit Klimaanlage, Kühlschrank, Safe und Kunst an der Wand. Auch eine Tauchschule gibt's hier.

BOHOL

☎038 / 1,33 MIO. EW.

Bohol bietet Individualreisenden eine Fülle von Unterkünften sowohl an als auch abseits ausgetretener Pfade. Für die Inselprovinz wird fast nur mit Bildern der glupschäugigen Koboldmakis und der majestätischen Chocolate Hills geworben, aber es gibt mehr als das zu entdecken. Vor der Küste liegen herrliche Tauchmöglichkeiten, und wer dann noch an die von Dschungel gesäumten Flüsse, perfekt für Kajakfahrten und Stand-up Paddling, und blendend weißen Strände denkt, kann Bohols Anziehungskraft verstehen.

Boholanos nennen ihre Provinz immer noch gern die „Republik Bohol" und beziehen sich dabei auf die kurze Unabhängigkeit der Insel an der Wende zum 19. Jh. Es ist eine treffende Bezeichnung – die heutigen Nachfahren der Republik sind glühende Verfechter von Bohols kultureller Eigenständigkeit. Das Erdbeben von 2013, das eine Stärke von 7,2 hatte, forderte mehr als 200 Menschenleben und zerstörte mehrere Kirchen aus der spanischen Kolonialzeit der Insel. Der Wiederaufbau wird wahrscheinlich noch Jahre dauern, aber ansonsten begegnet man kaum noch sichtbaren Folgen des Bebens.

An- & Weiterreise

Es gibt viele Flüge, die Tagbilaran mit Manila verbinden, und auch Verbindungen nach Cebu und Caticlan. Tagbilaran ist der Haupthafen mit Schiffen nach Cebu, Manila, Leyte, Mindanao, Siquijor und Negros. Weitere Häfen auf Bohol sind Loon, Tubigon, Jagna, Jetafe, Ubay und Talibon.

Die Webseite von Bohol (www.bohol.ph) ist nützlich für die Reiseplanung und enthält Fährfahrpläne sowie andere Informationen zu Kultur und Verkehr.

In Jagna legt die nützliche Fähre nach Camiguin, Mindanao, ab. **Super Shuttle Ferry** (☎in Jagna 0916 568 2236; http://supershuttleroro.com) hat eine RoRo-Fähre nach Balbagon, Camiguin, montags, mittwochs und freitags um 13 Uhr (400 P, 3½ Std). Außerdem schickt **Lite Shipping** (☎0977 822 5483; www.liteferries.com) RoRo-Fähren nach Cagayan de Oro dienstags, donnerstags, samstags und sonntags um 22 Uhr (ab 620 P, 7 Std.) und eine weitere RoRo-Fähre nach Butuan (auch in Mindanao) montags, mittwochs und freitags um 22 Uhr und um 10 Uhr sonntags.

Fährverbindungen werden manchmal gestrichen, sodass es sinnvoll ist, sich von den Fährgesellschaften die Abfahrten bestätigen zu lassen; viele aktualisieren ihre Facebook-Seiten regelmäßiger als ihre Webseiten.

V-hire-Vans verbinden Tagbilaran und Jagna (100 P, 1½ Std., stündl.).

Tagbilaran

☎038 / 107 100 EW.

Der Name Taglibaran leitet sich von zwei Visaya-Wörtern, die „verborgener Schutz" *(tago bilaan)* bedeuten, und bezieht sich sowohl auf die Lage der Stadt an einer ruhigen, geschützten Meerenge als auch auf ihre historische Rolle als Zufluchtsort vor den Moro-Eindringlingen. Heute wird die Stadt von einer Armada lärmender Tricycle-Taxis beherrscht, und von ruhig oder geborgen kann keine Rede mehr sein. Es

Bohol

gibt hier keine großartigen Sehenswürdigkeiten, aber da die Stadt von Wasser umgeben ist, hat sie Charme. Abgesehen davon gibt es keinen wirklichen Grund, hierzubleiben, und die meisten Reisenden machen sich schleunigst auf den Weg zu Bohols Stränden oder in die Dschungel des Binnenlandes.

Gleich außerhalb von Antequera, etwa 20 km von Tagbilaran (Bus oder Jeepney 30 P) befinden sich die **Mag-aso Falls** – die größten Wasserfälle der Insel – und die **Inambacan Spring & Caves.** Höhlenführer gibt es am Beginn des Wanderwegs zu den Mag-aso Falls, oder man schickt Antolin (☎0919 808 6079) eine SMS, wenn man einen Führer im Voraus buchen möchte.

Sehenswertes & Aktivitäten

St. Joseph the Worker Cathedral KIRCHE
(JA Clarin St.) Diese elegante Kirche wurde 1767 im Herzen der Stadt erbaut, brannte 1798 nieder und wurde 1855 wiedererrichtet und vergrößert.

Blood Compact Monument DENKMAL
(National Hwy.) Dieses großartige Denkmal 1 km östlich von Tagbilaran erinnert an den Blutsbund vom März 1565, als der spanische Eroberer Miguel López de Legazpi und Rajah Sikatuna, der Häuptling von Bohol, je einen Becher Blut des anderen tranken und dadurch einen Friedensvertrag besiegelten.

National Museum MUSEUM
(JS Torralba St.; ⌚8–17 Uhr) GRATIS Dieses kleine Museum zeigt einige anthropologisch interessante Exponate, die auf Bohol ausgegraben wurden, darunter fünf künstlich verformte Schädel, die 500 Jahre alten sterblichen Überreste einer Boholana und eine Schautafel über die Höhlenmalereien von Anda.

★ **Kayakasia Philippines** KAJAKFAHREN
(☎0933 358 0081, 0932 855 2928; www.facebook.com/kayakasiaphilippines; Abatan River, *barangay* Lincod, Maribojoc Tour pro Person 1650–1950 P) Bei Sonnenuntergang startet man mit Kayakasia Philippine von Cortes, 10 km nördlich von Tagbilaran, zum unvergesslichen abendlichen Kajakausflug zu den Glühwürmchen, die in den Bäumen leuchten. Für das gemächliche Paddeln entlang des palmengesäumten Flusses Abatan unbedingt ein paar Biere mitnehmen; im Preis eingeschlossen sind das Abendessen und der Transport nach

Tagbilaran

Tagbilaran

Sehenswertes
1 National Museum C4
2 St Joseph the Worker Cathedral C5

Schlafen
3 Belian Hotel A1
4 Nisa Travellers Hotel C4
5 Sun Avenue B2

Essen
6 Buzz Cafe B4
7 Garden Cafe C5
8 Gerarda's D3
9 Payag D5

Shoppen
10 Bohol Quality Mall C4

Praktisches
11 Post C5
12 Ramiro Community Hospital B3

Transport
13 Boysam Motor Rental C2
14 Bus nach Panglao D4

Cortes. Die Tour erreicht ihren Höhepunkt bei Einbruch der Dunkelheit, wenn in den Zweigen die unzähligen Glühwürmchen schimmern.

Feste & Events

Sandugo Festival KULTUR
(Juli) Dieses Fest erinnert an den Blutsbund vom März 1565. Ihm folgen mehrere Kunstfestivals und andere Events, die den ganzen Monat Juli in einen einzigen Party-Monat verwandelt haben

Schlafen & Essen

Die Stadt hat ein bescheidenes Angebot an Unterkünften, aber die meisten Reisenden fahren weiter ins Binnenland oder an den nahen Alona Beach.

Wer das Alltagsleben auf Bohol kennenlernen möchte, sollte sich in Maribojoc (13 km nördlich von Tagbilaran) mithilfe von Process-Bohol (S. 357) einquartieren.

Tr3ats HOSTEL €
(0917 888 2069; www.tr3ats.com; 16 Bagong Lipunan St.; B/DZ 350/900 P;) Tr3ats ist ein Hostel, das sein Geld wert ist. Es hat kleine, hübsch ausgestattete Zimmer und klimatisierte Schlafsäle mit fünf Betten (einer nur für Frauen) und ein paar schicke Doppelzimmer mit Flachbild-TVs.

Nisa Travellers Hotel PENSION €
(038-411 3731; www.nisatravellershotel.com; CPG Ave.; EZ/DZ inkl. Frühstück ab 500/600 P; @) Es gibt in diesem Hotel mit Hostel-Atmosphäre eine breite Auswahl an Zimmern – einladend und travellerfreundlich, mit 24-Stunden-Checkout. Die billigsten Zimmer haben Gemeinschaftsbäder und Ventilatoren. Geführte Touren werden angeboten.

Sun Avenue HOTEL €
(038-412 5601; C Gallares St.; EZ/DZ inkl. Frühstück ab 800/950 P;) Dieses schöne und preisgünstige Hotel hat eine gute Lage zwischen dem Pier und der Stadtmitte. Die Zimmer sind sauber und haben frische Bettwäsche, aber nur die Zimmer im Obergeschoss haben Fenster. Bonus: Das angeschlossene Sun Café hat mit das beste Essen in der Stadt und guten Kaffee..

★ **Ocean Suites** BOUTIQUEHOTEL €€
(038-411 1031; www.oceansuites.ph; National Hwy.; Zi. inkl. Frühstück 2500–5500 P;) Mit Blick über die Tagbilaran-Straße und Panglao Island im Hintergrund bietet das Ocean Suites eine fantastische Lage und hat moderne Zimmer, ein helles, gut besuchtes Café und einen Endlos-Pool. Man sollte sich die Deluxe-Zimmer gönnen, die Fenster zum Sonnenuntergang hin haben und viel größer sind als die zur Straße hin gehenden „Superior"-Zimmer. Ein gutes Café und Restaurant gehören dazu.

GASTFAMILIEN AUF BOHOL

Wer einen unverfälschten Eindruck vom Alltag auf Bohol gewinnen möchte, kann sich an die gemeinnützige, von der Gemeinde betriebene Agentur **Process-Bohol** (038-510 8255; www.boholhomestay.com; Zi. mit Ventilator/Klimaanlage inkl. Frühstück 600/700 P, zusätzliche Mahlzeiten 200 P;) wenden, die preiswerte Übernachtungen bei Familien auf Bohol organisiert. Die Gebühr hilft den Kommunen, sich eine nachhaltige Existenzgrundlage zu sichern. Gastfamilien gibt's in Maribojoc, Cabilao Island, Anda, Balilihan und Ubay. Es empfiehlt sich, mindestens 24 Stunden im Voraus zu buchen.

Belian Hotel HOTEL €€
(038-411 1507; www.belianhotel.com; Graham Ave.; Zi. inkl. Frühstück ab 1800 P;) Ein modernes Hotel, das ganz in der Nähe des Fährterminals liegt. Die Lobby ist geschniegelt, die Zimmer etwas weniger beeindruckend – komfortabel und modern, aber die billigeren sind klein und nicht alle haben Fenster.

Garden Cafe AMERIKANISCH €€
(JS Torralba St.; Hauptgerichte 130–250 P; 6.30–22 Uhr;) Ein im Cowboy-Stil eingerichtetes Restaurant, das gehörlose Kellner und Köche beschäftigt. Die Speisekarte – mit Zeichensprache für Anfänger – bietet eine reiche Auswahl an texanisch-mexikanischen Gerichten sowie einige einheimische Speisen. An den Tischen im Obergeschoss gibt man seine Bestellung per Telefon, das bei den Tischen steht, zur Küche durch.

Gerarda's PHILIPPINISCH €€
(038-412 3044; www.facebook.com/gerardasresto; JS Torralba St.; Hauptgerichte 120–260 P; 10–22 Uhr;) Das anspruchsvolle Gerarda's befindet sich in einem historischen

Wohnhaus mit alten, knarrenden Dielen und glitzerndem Besteck und bietet tolle, philippinische Küche. Highlights sind Meeresfrüchte *kare kare* (Fisch und Krebse in Erdnusssauce) und köstlich knusprige *pata* (frittierte Schweinehaxe mit Soja-Essig-Dip).

Payag PHILIPPINISCH €€
(CPG Ave.; Hauptgerichte 100–170 P; ⏲10–22 Uhr) Dieses Restaurant befindet sich in einem renovierten Haus aus der spanischen Kolonialzeit mit einigen seltsamen Zusätzen. Es glänzt mit philippinischen Gerichten, wie beispielsweise zischend-heißen *gambas* (Garnelen) und *adobo*. Das Mahl sollte man im Payag wie die Einheimischen mit *halo-halo* (geraspeltes Wassereis, Kondensmilch und Obst – serviert in einer Kokosnussschale) beschließen.

Buzz Cafe INTERNATIONAL €€
(www.boholbeefarm.com; Galleria Luisa, 63 C Gallares St.; Gerichte 120–300 P; ⏲7.30–21 Uhr; 📶) Dieses familienorientierte Restaurant mit Blick auf die Bucht bietet für jeden etwas, darunter Espresso, vegane Speisen und viel philippinisches Essen. Tagesgerichte sind draußen mit Kreide auf ein Brett geschrieben. Man kann sich hier auch mit Boholano-Produkten (Marmeladen usw.) eindecken.

ℹ Praktische Informationen

Es gibt Geldautomaten und Banken in der **Bohol Quality Mall** (www.boholquality.com; ⏲10–21 Uhr) und an der CPG Avenue.

Ramiro Community Hospital (☎038-411 3515; www.ramiromedical.org; 63 C Gallares St.) Für Notfälle besser nach Cebu City fahren.

Bohol Tourism Office (☎032-412 3666; www.boholtourismph.com; Governor's Mansion Complex, CPG North Ave.; ⏲Mo–Fr 8–18Uhr) Die sehr hilfsbereiten und kompetenten Angestellten können mit Karten und Verkehrsinfos helfen und bei der Buchung von Ausflügen und Verkehrsmitteln unterstützen. Die Touristeninformation unterhält auch kleine Filialen am Flughafen und am Pier.

Post (⏲Mo–Fr 8–17 Uhr) In der Nähe der Taytay-Brücke.

ℹ An- & Weiterreise

BUS

Busse (18 P) mit dem Schild „Tawala Alona" fahren nach Panglao Island (und Alona Beach) mindestens stündlich bis 18 Uhr von einer Haltestelle an der Ecke Hontanosas und F Rocha Streets aus.

Die meisten anderen öffentlichen Verkehrsmittel fahren vom Dao Bus & Jeepney Terminal ab, der sich nahe der Island City Mall, 3 km nördlich der Stadtmitte, befindet. Hier gibt's auch häufige Busse nach Carmen für die Chocolate Hills (70 P, 2½ Std.) über Loboc (28 P, 1 Std.). Busse fahren auch nach Ubay (120 P, 3½ Std.) über Jagna und Guindulman; wer weiter nach Anda will, muss in Guindulman umsteigen. Die Busse nach Talibon (110 P, 3½ Std.) fahren über Tubigon (52 P, 1½ Std.) und Getafe; Busse nach Danao fahren über Sagbayan. Alle Strecken werden mehrmals täglich bis ungefähr 18 Uhr befahren.

V-hire-Vans fahren ebenfalls vom Dao-Terminal ab und bieten viel schnellere Verbindungen nach Jagna (100 P, 1½ Std., stündl.), Ubay und Tubigon.

SCHIFFE AB TAGBILARAN

ZIEL	TYP	UNTERNEHMEN	PREIS (P)	DAUER (STD.)	HÄUFIGKEIT
Argao (Talood), Cebu	RoRo	Lite Shipping	200	3	8 & 16 Uhr
Cagayan de Oro	RoRo	Trans-Asia	680	9	Mo, Mi, Do 19 Uhr
Cebu City	HSC	Oceanjet; Weesam; Supercat 2GO	500–800	2	häufig
Cebu City	RoRo	Cokaliong Shipping Lines; Lite Shipping; FJ Palacio Lines	210–230	4	12 & 22.30 Uhr
Dumaguete	HSC	Oceanjet	700	2	7.30 & 12.10 Uhr
Larena, Siquijor	RoRo	Lite Shipping	220	3½	20 Uhr tgl. außer So
Larena, Siquijor	HSC	Oceanjet	700	1½	11 Uhr

ABSTECHER

DIE BOHOL BEE FARM

Die Umweltaktivistin Vicky Wallace aus Bohol übernahm vor 15 Jahren einen kleinen Gemüsegarten auf Panglao und begann, das Gemüse zu verkaufen. Aus diesen vielversprechenden Anfängen entwickelte sich ein Café, das sich auf Bio-Kürbis-Muffins, hausgebackenes Brot und Maiskaffee spezialisierte.

Heute ist die Bohol Bee Farm ein großer Betrieb mit einem riesigen **Restaurant** (www.boholbeefarm.com; abgehend von der Southern Coastal Rd; Mahlzeiten 200–550 P; ⏲6–22 Uhr; 📶✎), schönen **Unterkünften** (☎038-510 1822; Zi. 3200–6400 P; ❄📶≋), einem Swimmingpool, einem Sonnendeck, Bohols bestem Geschenkeladen und natürlich – einer Farm mit biologischem Anbau. Der neueste Teil dieses Imperiums ist ein Bohol-Bee-Tauchbetrieb. Filialen ihres vielgepriesenen **Buzz Cafe** (www.boholbeefarm.com/buzzzalona; Hauptgerichte 180–360 P; ⏲7.30–22 Uhr; 📶✎), wo es Bio-Speisen und viele umweltfreundlich hergestellte *pasalubong* (kleine Souvenirs) zu kaufen gibt, sind auf ganz Alona Beach und Tagbilaran verstreut.

FLUGZEUG

Die Fluggesellschaften PAL, Cebu Pacific und AirAsia fliegen mehrmals täglich zwischen Manila und Tagbilaran. PAL fliegt täglich von Mactan nach Cebu. Der Flughafen liegt 2 km nördlich der Stadtmitte und eine 50-P-Tricycle-Fahrt entfernt.

SCHIFF/FÄHRE

Die Kartenschalter für die Fähren befinden sich am Pier (⏲24 Std.).

Cokaliong Shipping Lines (☎038-501 8598; www.cokaliongshipping.com; Tagbilaran Pier)
FJ Palacio Lines (☎038-515 5268)
Lite Shipping (☎038-501 7422; www.liteferries.com; Tagbilaran Pier)
Oceanjet (☎0932 873 4885; www.oceanjet.net; Tagbilaran Pier)
SuperCat 2GO (☎0925 582 4824; www.supercat.com.ph; Tagbilaran Pier)
Trans-Asia Shipping Lines (☎038-411 3234; www.transasiashipping.com; Tagbilaran Pier)
Weesam Express (☎0917 301 5749; www.weesam.ph; Tagbilaran Pier)

ℹ Unterwegs vor Ort

Es lohnt sich, ein eigenes Motorrad in Tagbilaran (500 P pro Tag) zu mieten, um den Rest von Bohol zu erkunden. In der Stadt gibt's den Verleih **Boysam Motor Rental** (☎0908 936 2866; R Palma St.) oder am Pier hilft Mario (☎0929 855 6357) – vorher anrufen, dann stellt er sicher, dass ein Motorrad am Pier steht, wenn man von Bord geht.

Beide organisieren auch ein Auto oder einen Van für ganztägige Ausflüge. Man kann aber auch die Dienste eines der zahlreichen, am Pier stationierten Autoverleiher in Anspruch nehmen. Der übliche Mietpreis beträgt 2000–2500 P pro Tag für ein Auto und 2500–3000 P pro Tag für einen Van, je nach Zielort.

Panglao Island

☎038 / 83 700 EW.

Die tief liegende, sonnengebadete Insel Panglao wird allgemein mit dem **Alona Beach** assoziiert, einem belebten Ferienresort an der Südseite der Insel. Alona ist für sein Nachtleben bekannt, und da ist an Wochenenden richtig viel los, wenn Filipinos in die Stadt drängen und auf Urlaub machende Koreaner und Europäer stoßen.

Die Unterwasserwelt um Alona ist einmalig, und Taucher können punkten, indem sie sich für richtig günstige Kombi-Pakete, bestehend aus Tauchausflügen und Unterkunft, entscheiden. Nur 15 km von Tagbilaran entfernt, ist Alona eine gute Ausgangsbasis für die Erkundung des restlichen Bohol – vor allem, wenn man abends wieder zurück ist und zwei Cocktails zum Preis von einem am Strand genießen kann.

Danao Beach, viel ruhiger als sein lärmender Nachbar Alona, besteht aus Flecken mit weißem, feinem Sand vor Kokospalmen – es ist eine idyllische, tropische Kulisse.

Aktivitäten

Alles hängt in Panglao mit dem Wasser zusammen. Offshore-Tauchen und Bootsfahrten sind die Hauptattraktionen, und auch schwimmen lässt es sich gut an der Küste, darunter in der Meereshöhle in **Hinagdanan** (50 P, Schwimmgebühr 75 P; ⏲7.30–18 Uhr).

Qi Retreats (☎0977 136 6893; Alona Beach) veranstaltet SUP-Yoga-Kurse am Alona Beach und Yoga/Schnorchelaus-

Alona Beach

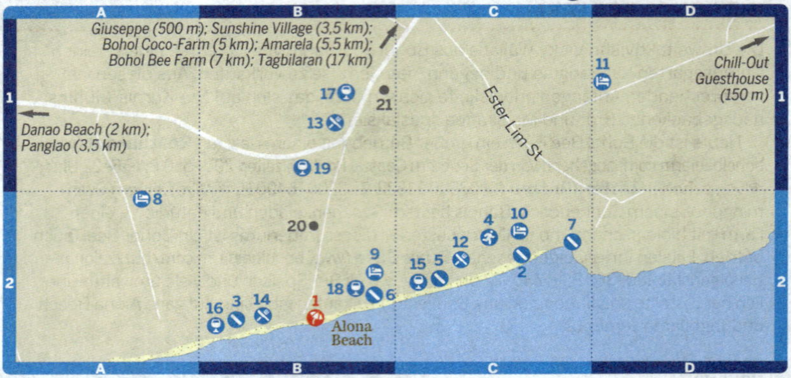

Alona Beach

Sehenswertes
1 Alona Beach B2

Aktivitäten, Kurse & Touren
2 Genesis Divers C2
3 Philippine Fun Divers B2
4 Qi Retreats C2
5 Sea Explorers C2
6 SeaQuest Divers B2
7 Tropical Divers C2

Schlafen
8 Alona Grove Tourist Inn A2
9 Oasis Resort B2
10 Peter's House C2
11 Scent of Green Papaya Resort D1

Essen
12 Buzz Cafe C2
13 Gavroche B1
14 Trudi's Place B2

Ausgehen & Nachtleben
15 Coco Vida Bar C2
16 Panglao Birdwatchers B2
17 Pinarella B1
18 Reggae Bar Aliahailey B2
19 T2 Lounge B1

Transport
20 Parking Lot Car Rental B2
21 Valeroso Travel B1

flüge zur Insel Balicasag. Beim SUP-Yoga werden die Übungen auf dem Stand-up Paddleboard ausgeführt. Yoga-Sitzungen an Land werden ebenfalls angeboten.

Tauchen

Tauchen zieht viele nach Panglao, vor allem das Unterwasserparadies der Insel Balicasag. Auch die Insel Pamilacan hat Riffe, aber sie werden weniger aufgesucht, weil ihre Korallen sich von jahrelangem Dynamitfischen erholen müssen.

Die besten Konditionen sind wohl mit einer Kombination von Unterkunft und Tauchen zu erzielen. Der durchschnittliche Preis für einen Küstentauchgang rund um Alona beträgt 1250 P, während Open-Water-Zertifikate um die 17 000 P kosten.

Bootsausflüge nach Balicasag Island kosten etwa 3000 P mit zwei Tauchgängen, Ausrüstung und Lunch.

Schnorchler können 75 m hinaus ins Meer schwimmen, um die Weichkorallen des Hausriffs von Alona zu bewundern, müssen aber unbedingt gut auf den Schiffsverkehr achten.

Es gibt mehrere empfehlenswerte Tauchschulen in Panglao Island; die meisten liegen in der Nähe des Alona Beach:

Bohol Bee Diving (☎038-502 2288; www.boholbeefarm.com/diving; Southern Coastal Rd., km 11)

Genesis Divers (☎032-502 9056; www.genesisdivers.com; Peter's House)

Philippine Fun Divers (☎038-416 2336; www.boholfundivers.com; Lost Horizon Beach Resort)

Sea Explorers (☎in Cebu 032-234 0248; www.sea-explorers.com; Alona Vida Beach Resort)

SeaQuest Divers (☎038-502 9069; www.seaquestdivecenter.net; Oasis Resort)

Tropical Divers (☎038-502 9031; www.tropicaldivers-alona.com; Alona Tropical)

Bootsausflüge

In den meisten Resorts und Tauchzentren können Touren zur Delfinbeobachtung gebucht werden, die frühmorgens starten und in die Nähe von Pamilacan Island führen, obwohl manche davon eher als „Delfinjagden" zu bezeichnen sind. Man ist also besser beraten, einen respektvolleren Ausflug über **Pamilacan Island Dolphin & Whale Watching Tours** (PIDWWT; ☎038-540 9279, 919 730 6108; http://whales.bohol.ph; Gruppe von 1–4 Pers. 3300 P, Mittagessen pro Person 300 P) zu buchen, das sich außerhalb von Baclayon, 6 km von Tagbilaran entfernt, befindet. Eine Ausfahrt vor Alona in einem 4-Personen-Boot kostet etwa 1500 P – ein Aufpreis ist fällig, wenn man eine Inselhopping-Tour zu den Inseln Pamilacan, Virgin and Balicasag unternimmt.

Schlafen

Alona Beach

Alona Grove Tourist Inn HÜTTE €
(☎038-502 8857; www.facebook.com/alonagrovetouristinn; abgehend von der Southern Coastal Rd.; Hütte mit Ventilator/Klimaanlage 750/1300 P; ❄📶) Diese Unterkunft bietet mit die billigsten Betten in Strandnähe, in 10 Nipa-Hütten, die in einem schönen Garten mit gepflegtem Rasen verteilt sind. Liegt an einem kleinen Weg und wird von hilfsbereiten Leuten geführt.

Peter's House RESORT €
(☎032-502 9056; www.genesisdivers.com; Alona Beach; Zi. 900–1100 P; 📶) Diese Anlage mit Nipa-Hütten, die nur für Taucher geeignet ist, hat eine etwas verträumte Atmosphäre und ist die perfekte Wahl für Tauchfans, die etwas knapp bei Kasse sind. Es gibt nur wenige Zimmer, und alle haben Gemeinschaftsbäder mit Kaltwasser, aber sie sind finanziell erschwinglich, und die Preise sinken je nachdem, wie viele Tauchgänge man beim hauseigenen Genesis Divers (S. 360) bucht.

Chill-Out Guesthouse PENSION €€
(☎038-502 4480, 0912 926 5557; www.chilloutpanglao.com; abgehend von der Southern Coastal Rd.; Zi. mit Ventilator/Klimaanlage 1200/1275 P; ❄📶) Ein gastfreundliches Haus mit lächelndem Personal und geräumigen, gut ausgestatteten Zimmern mit Hartholzböden und eigenen Balkons. Es gibt einen sehr schönen Garten, und die Lage, nur 10 Minuten Fußweg vom Strand, ist ruhig.

Scent of Green Papaya Resort HOTEL €€
(☎038-502 8265; http://scentofgreenpapaya.com; Ester Lim Dr.; Zi. inkl. Frühstück 2500 P; ❄📶🏊) Ein recht edles Hotel mit acht schönen, gut möblierten und klimatisierten Zimmern, deren Balkons auf den Pool blicken und die über Satelliten-TV und tolle eigene Bäder verfügen. Auf dem Gelände gibt's eine Restobar, und ein kostenloser Shuttlebus fährt die richtig Faulen ungefähr alle halbe Stunde zum Alona Beach (er ist nur 800 m entfernt!) und zurück.

Oasis Resort RESORT €€€
(☎in Cebu 032-418 1550; http://seaquestdivecenter.com; Alona Beach; Zi. inkl. Frühstück 3000–6600 P; ❄📶🏊) Der Name ist nicht unzutreffend für dieses heitere Resort mit gut ausgestatteten, strohgedeckten Hütten, die rund um einen zentralen Pool inmitten eines Gartens hinter dem quirligen Alona Beach angeordnet sind. Die Standardzimmer sind alle gleich eingerichtet; wer einen Deluxe-Zuschlag zahlt, erhält ein Zimmer mit französischem Bett. Das Resort ist bei Tauchern beliebt und macht gute Package-Angebote

Danao Beach

Calypso Resort RESORT €
(☎038-502 8184; www.philippins.info; Danao Beach; Zi. 890–1500 P; ❄📶🏊) Dieses recht abseits vom Danao Beach gelegene Resort wäre sein Geld auch ohne das kostenlos zur Verfügung gestellte Motorrad wert. Wer nicht Motorrad fährt, kann den ganzen Tag am Pool rumhängen und Cocktails an der netten Bar bestellen, in der man auch Billard und andere Spiele spielen kann.

Linaw Beach Resort RESORT €€€
(☎038-502 9345; www.linawbeachresort.com; Danao Beach; Zi. 3900–5950 P; ❄📶🏊) Das direkt am Danao Beach gelegene Resort bietet komfortable und gut ausgestattete Zimmer mit Flachbildschirmen, Kunst an den Wänden und großen Bädern. Es gibt ein angesehenes Restaurant, einen Pool am Meer und jede Menge Spielmöglichkeiten für Kinder, darunter Fußball, Dart und Schwimmbecken.

Rund um die Insel

★ Bohol Coco-Farm HOSTEL €
(☎0917 304 9801; www.facebook.com/boholcfarm; Southern Coastal Rd., km 13; B/DZ inkl. Frühstück 350/800 P; 📶) 🍃 Das beste Haus für Backpacker in Panglao, wenn es einen nicht stört, dass es landeinwärts liegt, mit Nipa-Hütten, die sich harmonisch in die ländliche Umgebung einfügen. Es herrscht eine gesellige Atmosphäre, in der sich Personal und Gäste gut verstehen. Das Bio-Café (Hauptgerichte 100–190 P) bringt eigene Produkte von seinem 2,5 ha großen Grundstück auf den Tisch. Es liegt nur 5 km östlich vom Alona Beach und ist für 60 P mit einem *habal-habal* zu erreichen.

★ Sunshine Village RESORT €€
(☎0928 552 3431; http://sunshinevillagepanglao.com/; *barangay* Bolod; Zi. 1500–1900 P) Diese preiswerte Resortanlage bietet einen fantastischen Pool (rund 30 m) und schöne Gärten, die für die Lage im Binnenland, 4 km östlich vom Alona Beach, mehr als entschädigen. Die Zimmer sind makellos sauber, ausgestattet mit schnellem WLAN und modernen Bädern, und auf dem Gelände gibt's ein hervorragendes Restaurant. Wer ein Motorrad mietet (verfügbar hier, aber woanders billiger), kommt gut klar.

★ Amarela RESORT €€€
(☎038-502 9497; www.amarelaresort.com; Southern Coastal Rd., km 12.5; DZ 6600–10700 P, Suite ab 12 000 P; ❄📶🏊) 🍃 Diese elegante Luxusherberge am Strand wird nach umweltfreundlichen Prinzipien geführt. Sie ist so boutiqueartig, dass sie eine eigene Kunstgalerie und Bibliothek unterhält. Die Zimmer mit Hochglanzböden bekommen viel Sonne, und die meisten haben Balkone. Hängematten und Liegestühle erwarten Gäste am schönen Privatstrand. Man kann aber auch am herrlichen, von einem üppig grünen Garten umgebenen Pool entspannen. Das Amarela liegt 5,5 km östlich vom Alona Beach.

Essen

★ Gavroche CAFÉ €€
(http://gavroche.ph; Southern Coastal Rd.; Gerichte 130–260 P; ⏲6.30–20 Uhr) Eines der besten Lokale in Alona fürs Frühstück, mit frischen Croissants, philippinischen (150 P) und französischen Speisen (ab 130 P) plus viel Auswahl à la Carte. Auch die Sandwiches aus hausgebackenem Brot und belegt mit geräuchertem Schinken und importierten Käsesorten sind toll. Dazu gibt's Smoothies, Shakes, Säfte und Expresso, und die Räumlichkeiten sind klimatisiert.

Cafe Lawis CAFÉ €€
(Dauis Convent, Dauis; Gerichte 95–185; ⏲11–21 Uhr; 🖉) In einem Pfarrhaus an der Südseite der Borja-Brücke bei der Kirche Our Lady of the Assumption untergebracht, bringt dieses gesunde Café am Wasser Schmackhaftes auf den Tisch, zum Beispiel Panini, Pasta, *adobo*, Snacks, Espresso und Eis.

Sunshine Village INTERNATIONAL €€
(http://sunshinevillagepanglao.com; Bolod; Hauptgerichte 220–400 P; ⏲8–22 Uhr; 📶) Dieses große Resort hat ein unerwartet gutes Restaurant, mit Tischen, die auf den Pool blicken. Der Küchenchef ist ein Deutscher. Perfekt sind hier die herzhaften westlichen Gerichte, darunter Bauernfrühstück, Kürbissuppe und Fisch mit Chips. Es liegt im Innern der Insel etwa 4 km von der Küste entfernt.

Trudi's Place PHILIPPINISCH €€
(Alona Beach; Hauptgerichte 150–295 P; ⏲6.30–23 Uhr; 📶) Das Trudi's am recht teuren Alona Beach ist für sein preiswertes Essen bekannt. Das philippinische Essen ist sättigend, Biere sind billig, die Tische blicken aufs Meer und oft spielt eine Liveband.

★ Giuseppe ITALIENISCH €€€
(☎038-502 4255; http://giuseppe.panglao.info; Tawala; Hauptgerichte 300–800 P; ⏲11–23 Uhr; ❄📶) Einer der besten Italiener auf den Visayas, mit Antipasti zur Auswahl, göttlicher Pizza (ab 300 P), sehr leckerer Pasta und einer Tafel mit Tagesgerichten. Das Lokal ist cool und nobel, und es hat einen reich gefüllten Weinkeller (Hauswein 120 P). Zum Abschluss sollte man sich hier einen Limoncello oder Grappa genehmigen. Ungefähr 2 km nordöstlich vom zentralen Alona entfernt.

Ausgehen & Nachtleben

Reggae Bar Aliahailey BAR
(Alona Beach; ⏲7–1 Uhr) Direkt am Strand mit einer freundlichen Barbesatzung. DJs legen von morgens bis ... morgens schreckliche jamaikanische Musik auf.

T2 Lounge LOUNGE
(Southern Coastal Rd.; ⏲24 Std.; 📶) Zieht ein gemischtes Publikum an und ist nicht so typisch männlich wie einige der Bars auf dem Hügel. Es gibt gutes Essen und montags ein „Kneipenquiz".

Pinarella CLUB
(Southern Coastal Rd.; ⏲10–3.30 Uhr) Der angesagteste Club in Alona Beach, in dem an Wochenenden DJs aus Manila und Cebu auftreten. Es liegt am Highway hinter dem Strand.

Panglao Birdwatchers BAR
(☎0912 710 8328; www.panglaobirdwatchers.com; Alona Beach; ⏲7–23 Uhr; 📶) Diese von Australiern betriebene Strandbar ist ein guter Treffpunkt für die Happy Hour. Die Bar zieht mit ihren klassischen Cocktails und eiskalten Bieren gut gelaunte Leute an.

Coco Vida Bar BAR
(www.facebook.com/alonacocovida; Alona Beach; ⏲8 Uhr bis spät) Die lauteste Bar am Strand, an den meisten Abenden mit Livemusik der Richtung Powerballade oder klassischer Rock.

ℹ Anreise & Unterwegs vor Ort

Langsame Busse fahren von Alona nach Tagbilaran ungefähr alle 30 Minuten bis 19 Uhr (25 P, 50 Min.). Die schnellere und einfachere Lösung ist ein gemietetes Tricycle (300 P) oder ein Taxi (450 P).

Für Tagestouren können Pkws und Vans auf einem **Parkplatz** (abgehend von der Southern Coastal Rd.; ⏲7.30–21 Uhr) an der Zufahrtsstraße zum Alona Beach oder bei **Valeroso Travel** (☎0916 543 1702, 038-502 9126; ralf@valeroso.ralleontour.com; Southern Coastal Rd.; ⏲6.30–21 Uhr) gemietet werden. Eine Tagestour auf Bohol in einem Pkw kostet 2000–2500 P. Die meisten Hotels verleihen Motorräder für 400–500 P pro Tag.

Balicasag Island

☎038 / 293 EW.

Die kleine Insel Balicasag, eines der beliebtesten Tauchreviere der Philippinen, liegt etwa 6 km südwestlich von Panglao. Sie ist von einem Riff umgeben, das zum **Meeresschutzgebiet** (Schnorchler/Taucher 150/300 P) erklärt wurde. Es fällt zu beeindruckenden untermeerischen Klippen bis in 50 m Tiefe ab. Weich- und Hartkorallen sind an den Riffen zu finden, ebenso wie Stachelmakrelen, Barrakudas und Lippfische.

Hier gibt es nur ein Resort, das **Balicasag Island Dive Resort** (☎0928 217 6810, 0917 309 1417; http://tieza.gov.ph/operating-entities/balicasag-island-dive-resort/; B 500 P, DZ inkl. Frühstück 3200–3700 P; ❄📶🍴). Gäste müssen sich diese tropische Insel mit ein paar Hundert Einheimischen teilen – außer wenn Tagesausflügler von Alona auf der Insel einfallen, aber sie sind meist schon mittags wieder weg.

Die Überfahrt von Alona Beach nach Balicasag dauert 45 Minuten. Die Insel wird vor allem von Tauchschulen und Tagesausflüglern angesteuert. Sonst am besten beim Resort anrufen und sich abholen lassen (einfache Fahrt 1200 P).

Pamilacan Island

☎038 / 1489 EW.

Die kleine, in der Boholsee etwa 23 km östlich von Balicasag gelegene Insel Pamilacan ist ein Tummelplatz für Fische und Meeressäuger. Ihre fischreichen Gewässer beherbergen eine marine Megafauna, darunter Wale und Delfine, Mantarochen und Haie. Die Inselbewohner lebten immer vom Meer und jagten Wale, bis 1992 die Jagd auf Haie und Rochen mit einem Verbot belegt wurde. 1993 zählte die Sulliman University 30 Walhaie, die in nur 44 Tagen auf Pamilacan landeten. Wer Mitte der 1990er-Jahre die Insel besuchte, fand die Gassen vollgehängt mit Hai- und Mantafleisch, das in der Sonne trocknete. 1998 wurde die Jagd auf Haie und Mantas offiziell verboten.

In den letzten Jahren haben die Nachkommen dieser Walfänger andere Möglichkeiten gefunden, ihren Lebensunterhalt zu verdienen. Dazu gehören geführte Bootsausflüge (obwohl wir gehört haben, das hier und da immer noch Haie und Rochen gefangen und gegessen werden). Manche Häuser in Pamilacan sind heute noch mit ausgebleichten Walknochen „dekoriert".

Es gibt hier keine Banken oder Geldautomaten.

Nicht weniger als drei von der Gemeinde gestützte Betreiber organisieren Expeditionen zur Wal- und Delfinbeobachtung. Alle benutzen alte, umgebaute Walfängerboote und einheimische Besatzungen. Der Ausflug beinhaltet einen ganzen Tag auf dem Wasser und die Abholung von Baclayon (auf Bohol) oder Panglao; die Boote fassen vier bis sechs Personen. Walsichtungen sind relativ selten, aber die besten Monate sind dafür Februar bis Juli; Delfine sind ganzjährig zu beobachten. Pamilacan Island Dolphin & Whale Watching Tours (S. 361) ist ein guter Betreiber.

Die Insel lässt sich übrigens auch gut zu Fuß erkunden.

Schlafen

Pamilacan Island Tourist Inn PENSION €
(☎0919 730 6108; DZ inkl. Vollpension 1500 P) Diese einfachen Hütten am Strand werden von einer geschäftstüchtigen Einheimischen (Mary) zusammen mit Pamilacan Island Dolphin & Whale Watching Tours (S. 361) geführt. Sie bereitet gute Mahlzeiten zu und organisiert Touren zum Tintenfischangeln und zur Delfinbeobachtung.

Nita's Nipa Huts HÜTTE €
(☎0921 320 6497; Zi. ohne Bad pro Person inkl. Vollpension 750 P) Die billigste und bestausgebaute Unterkunft der Gegend. Die Hütten rangieren von Doppel- zu Familiengröße – das Doppel mit Meerblick hat die beste Lage. Nita kann morgendliche Delfinbeobachtungstouren, Tagesausflüge zum Angeln und nächtliche Touren zum Tintenfischangeln organisieren. Die Abholung von Baclayon kostet 1000 P mit einem kleinem Boot; von Panglao sind es 1500 P.

Liwayway Sa Bohol B&B €
(☎0927 982 1350; www.liwaywaysabohol.com; Zi. 2500–4000 P; 📶) Dieses von einem gastfreundlichen und gut informierten Paar, das die Insel liebt, geführte, gehobene B&B hat sehr schöne Zimmer, die alle zum Meer liegen, und verfügt auch über ein Spa (in dem einheimische Frauen arbeiten). Es gibt sogar einen Notstromgenerator.

An- & Weiterreise

Man kann zwischen Pamilacan und Baclayon ein Boot mieten (einfache Fahrt/hin & zurück 1500/2000 P, 1 Std.). Boote vom Alona Beach nach Pamilacan kosten etwas mehr.

Cabilao Island

☎038 / 5345 EW.

Der Legende nach haust auf der idyllischen Insel Cabilao das gefürchtete, hundegestaltige Ungeheuer Balikaka, das von Zeit zu Zeit über das Vieh herfällt. In Wirklichkeit geht's auf Cabilao sehr friedlich zu, und die einzigen Laute, die die Stille durchbrechen, sind Kirchenglocken und das Krähen eines Hahns. Da es auf der Insel kaum Strände gibt, wird sie vor allem von Tauchern angesteuert, aber sie kann

PHILIPPINE TARSIER SANCTUARY

In Canapnapan, einem *barangay* von Corella, kann man die glupschäugigen Kobaldmakis in einem großen Reservat im **Philippine Tarsier Sanctuary** (☎0927 541 2290; Canapnapan; 60 P; ⏲9–16 Uhr) aus der Nähe beobachten. Über 100 dieser baumbewohnenden Primaten leben in unmittelbarer Nähe des Besucherzentrums, aber nur acht können gesehen werden. Die Guides führen Besucher auf einem kurzen Dschungelpfad direkt zu ihnen; es darf nicht mit Blitz fotografiert werden. Im Besucherzentrum gibt's gute Schautafeln, und das gesamte bewaldete Schutzgebiet ist gut verwaltet und ein Besuch sehr lohnend.

Die knuddeligen Koboldmakis haben in einer Männerhand Platz und können dennoch bis zu 5 m weite Sprünge ausführen. Sie zeichnen sich durch einen sehr beweglichen Hals aus, der um fast 360 Grad gedreht werden kann, und können die Ohren unabhängig voneinander in die Richtung bewegen, aus der ein Geräusch kommt. Ihre auffallend großen Augen sind im Verhältnis zu ihrer Körpergröße 150-mal größer als das Auge eines Menschen bezogen auf seine Körpergröße.

Der Kobaldmaki ist nicht nur einer der weltweit kleinsten Primaten und die älteste überlebende Art der 45 Millionen Jahre alten Primatengruppe, er ist auch eine bedrohte Art. Sein Überleben ist vor allem in Gefahr durch die Zerstörung seines Lebensraums, eingeführte Tierarten, die Bejagung und den Tierhandel. Es gibt zwar auch in Samar, Leyte und Teilen von Mindanao Bestände, aber Bohol ist die Provinz, die am meisten unternimmt, um die Aufmerksamkeit auf die Koboldmakis zu lenken und ihr Überleben zu sichern.

Passionierte Wanderer können längere geführte Touren in das umgebende Schutzgebiet buchen, obwohl es unwahrscheinlich ist, dass sie außerhalb der direkten Nachbarschaft des Besucherzentrums Koboldmakis sichten werden.

Von Loboc aus einen Jeepney (25 P, 40 Min.) Richtung Tagbilaran nehmen.

auch ideal für alle sein, die Ruhe und Entschleunigung suchen.

Vor allem das Tauchen lockt Besucher an; im Meer um Cabilao liegen zwei von der Gemeinde betriebene Meeresschutzgebiete. Hier sind gelegentlich Haie zu sichten, und die Gewässer sind so voller Mikroleben, darunter das schwer zu entdeckende Zwerg-Seepferdchen (Hippocampus bargibanti), das höchstens 2 cm lang wird und sich in den umgebenden roten Korallen tarnt.

Das interessanteste Riff befindet sich vor der nordwestlichen Spitze der Insel in der Nähe des Leuchtturms. Die sehr angesehene Firma **Sea Explorers** (☎0917 727 8248; www.sea-explorers.com) hat ihre Basis im Pura Vida Cabilao Resort.

Fürs Tauchen und Schnorcheln in den Meeresschutzgebieten ist eine einmalige Gebühr von 100 P zu zahlen, plus eine Gebühr von 150 P pro Tag fürs Scuba-Tauchen.

Schlafen

★ **Pura Vida Cabilao** RESORT €€€
(☎0918 943 6057; www.cabilao.com; Zi. 3900–5200 P, Suite 10 000 P; ❄📶) Das Pura Vida liegt einsam am nordöstlichen Zipfel der Insel. Es wird von einem deutsch-philippinischen Team geleitet und wurde 2015 renoviert. Die eleganten, topsauberen, strohgedeckten Cottages und Zimmer sind gut ausgestattet. Das Restaurant bietet einen weiten Blick übers Meer, der Sea-Explorers-Tauchladen ist im Resort, und es gibt ein kleines Spa für Massagen. Es liegt nur fünf Gehminuten vom Pier in Cambaquiz entfernt.

★ **Cabilao Sanctuary Beach & Dive Resort** HOTEL €€€
(☎032-272 3165; http://cabilao-sanctuary.com; Zi. 3500–5200 P, Suite 6000P; ❄📶🏊) Ein neues Tauchresort am Strand mit modernen, sauberen A-Rahmenbungalows und Zimmern; selbst die billigsten „Superior"-Zimmer sind sehr gut möbliert, und die Suiten sind geradezu palastartig. Es gibt eine herrliche Terrasse mit Holzdeck zum Sonnen und Erholen sowie ein Riff zum Schnorcheln vor der Küste und einen Poolbereich, groß genug zum Rundenziehen.

Polaris Resort RESORT €€€
(☎0918 903 7187; www.polaris-dive.com; Zi. mit Klimaanlage 3234–4059 P, Baumhaus mit Ventilator 1859 P; ❄@📶🏊) 🌿 Ein gut geführtes und gepflegtes Strand- und PADI-Tauch-Resort mit großen Zimmern in Cottages aus Beton sowie zwei „Baumhäusern" auf Stelzen. Es bekommt Extrapunkte für die teilweise Nutzung von Sonnenenergie und das gut schmeckende Essen im Restaurant. In der Nähe befindet sich eine Sandbank, die sich bei Ebbe gut zum Schwimmen und Schnorcheln eignet.

ℹ An- & Weiterreise

Die meisten Taucher organisieren den Transport über ihr Resort.

Der nächste Hafen ist Mocpoc, das per Straße eine Stunde von Tagbilaran entfernt ist (ungefähr 900 P in einem Taxi). Von Mocpoc kann man ein *bangka* (250 P) für die 15-minütige Überfahrt nach Cabilao mieten oder in ein öffentliches *bangka* steigen (20 P) – sie legen ab, wenn sie zum Pier von Cambaquiz (zum Pura Vida Cabilao) und Talisay (zu den nordwestlichen Resorts) voll besetzt sind. Schlechtes Wetter verhindert allerdings oft die Fahrt nach Talisay, dann muss man weiter nach Cambaquiz.

Zweimal wöchentlich verkehrt (unzuverlässig) ein Boot von Argao, Cebu, nach Cabilao (130 P, 1½ Std.) dienstags und samstags um 13 Uhr.

Chocolate Hills Loop

Der gut besuchte Weg zu den Chocolate Hills kann von Tagbilaran oder vom Alona Beach aus als Ganztagsausflug bequem geschafft werden. Wer Zeit übrig hat, sollte unbedingt ein bis drei Nächte in Loboc verbringen und für den Rückweg nach Tagbilaran die Panoramastraße nach Sierra Bullones und Jagna benutzen sowie dabei einen kurzen Abstecher nach Pilar mit dem malerischen See und den Reisterrassen einplanen. Man kann mühelos auch einen Besuch im Tarsier Sanctuary in Corella in der Rundfahrt unterbringen.

Mit dem geringen Verkehr und den glatten Straßen ist die Route zu den Chocolate Hills wie geschaffen für ein Motorrad. Man kann aber auch für rund 2200 P eine Tagestour in einem Auto von Tagbilaran oder Alona Beach aus oder für circa 3300 P einen 10-Personen-Van buchen.

Baclayon

☎038 / 20 800 EW.

Etwa 6 km von Tagbilaran entfernt liegt die historische Küstenstadt Baclayon. Sie war die erste spanische Siedlung in Bohol und beherbergt mehrere bedeutende Kolonialbauten und einige wunderbare Häuser aus der spanischen Kolonialzeit. Der Abriss der letzteren wurde von der **Baclayon Ancestral Homes Association** (BAHANDI; ☎0917 620 1211; ⌚Mo–Sa) verhindert, die Rundgänge und Aufenthalte in diesen Häuser, die bis auf das Jahr 1853 zurückgehen, organisieren kann.

Von Baclayon aus lassen sich auch gut Ausflüge zur Insel Pamilacan zu Wal- und Delfinbeobachtungstouren arrangieren; das **Tourist Office** (☎038-540 9474, 0946 296 4297; www.baclayontourism.com; Baluarte, abseits der Tagbilaran East Rd.; ⌚Mo–Fr 8–16.30 Uhr) am Hafen kann Boote buchen.

Zur Boholsee hin liegt die riesige Steinkirche (Tagbilaran East Rd.) aus dem Jahr 1727, die durch das Erdbeben von 2013 schwer beschädigt wurde. Sie ist mit einem imposanten Wachtturm verbunden. Der Wiederaufbau der Kirche geht nur langsam voran und wird noch Jahre dauern.

Loboc

☎038 16 312 EW.

Die ruhige Stadt Loboc, die sich rasch zu einem der heißesten Ziele der Visayas für Individualreisende entwickelt, lohnt sich für einen idyllischen Aufenthalt von ein paar Tagen. Die Hauptattraktion der Ortschaft ist der bukolische, von Wald gesäumte Fluss, der ideal für Ausflüge mit dem Kajak und per Stand-up Paddling ist – tagsüber locken Wasserfälle, nachts sind es Glühwürmchen.

Für zahlreiche philippinische Familien ist Loboc insbesondere wegen seiner schwimmenden Restaurants verlockend, die sich an der Brücke im Ortszentrum aneinanderreihen und den Fluss Loboc mit Songs von Frank Sinatra und anderen Oldies beschallen.

Lobocs **San Pedro Church** (Loay Interior Rd.), die älteste auf Bohol, lag zum Zeitpunkt der Recherche in Ruinen, zerstört durch das Erdbeben von 2013. Viele Reisende machen von hier aus Tagesausflüge zu den Chocolate Hills.

Aktivitäten

SUP Tours WASSERSPORT
(☎0947 893 3022; www.suptoursphilippines.com; 2 Std./Halbtagestour pro Person 950/1650 P) Geführte Touren mit dem Stand-up Paddleboard werden von diesem professionellen Anbieter durchgeführt. Sehr empfehlenswert ist die nächtliche Glühwürmchen-Tour (2 Std., 950 P inkl. alle Ausrüstung).

Loboc Eco Adventure Park ABENTEUERSPORT
(☎038-537 9292; Zip-Line 350 P, Seilbahn 250 P; ⌚8–17.30 Uhr) Dieser Abenteuerpark hat eine aufregende, 500 m lange Seilrutsche, die hoch (rund 120 m) über einem Wasserfall und dem Tal von Loboc verläuft. Eine sanftere Seilbahn befährt die gleiche Route. Es kann etwas dauern, bis man drankommt, weil sie bei Einheimischen beliebt ist. Wochenenden möglichst meiden. 3,5 km nördlich von Loboc.

Habitat Bohol Conservation Center TIERBEOBACHTUNG
(Simply Butterflies Conservation Center; ☎038-535 9400; www.facebook.com/habitatboholwildlifeadventure; 1 km südlich von Bilar; 45 P, Nacht-Safari 900 P, EZ 550 P, DZ 850–1000 P; ⌚7.30–17 Uhr) Dieser Wildtierpark, ein beliebter Boxenstopp für Tagesausflügler, hat eine kleine Sammlung von Tag- und Nachtfaltern (die von höchst unterhaltsamen Führern im Detail erklärt werden). Nacht-Safaris (17.30–19.30 Uhr) bieten eine (knappe) Chance, Kobaldmakis in freier Wildbahn unweit des Rajah Sikatuna National Park zu sichten. Eulen, Eulenschwalmen, Fledermäuse, Zibetkatzen und Glühwürmchen sind manchmal anzutreffen. Touren einen Tag im Voraus buchen.

Schlafen

★ **Nuts Huts** HOSTEL €
(☎0920 846 1559; www.nutshuts.org; B 400 P, Nipa-Hütten 900–1400 P) Diese fast schon legendäre Unterkunft polarisiert die Meinungen. Versteckt im tropischen Wald am Loboc River, ist das Hostel für all jene perfekt, die den Dschungel erleben und entdecken wollen und sich nicht daran stoßen, dass es etwas primitiv zugeht – die Hütten sind sehr einfach. Wer Krabbelgetier hasst und sich nicht gern bewegt (bis zum Eingang muss man ein ganz schönes Stück laufen), ist hier fehl am Platz. Im Voraus buchen.

★ **Fox & The Firefly Cottages** HOSTEL €
(☎0947 893 3022; www.facebook.com/foxandthefireflycottages; B/Cottage ab 450/1200 P; 📶) Diese kleine, extrem lockere Pension direkt am Flussufer hat entzückende Nipa-Cottages und einen gut durchdachten Schlafsaal (mit Gemeinschaftsbad). Es ist

vor allem eine Basis für Stand-up Paddling auf dem Loboc mit SUP-Touren, aber Wanderungen mit Vogelbeobachtung und Biking-Trips (ab 500 P) sind ebenfalls im Angebot. Es gibt ein tolles Café-Restaurant für köstliche Mahlzeiten. Das Hostel liegt etwas südwestlich von Lobocs Ortskern.

Loboc River Resort RESORT €€
(☎038-510 4565; www.lobocriverresort.com; Cottage inkl. Frühstück 2750–3300 P;) Diese etwa 1 km südlich der Stadt gelegene Lodge ist die einzige noble Bleibe in Loboc. Sie hat eine absolut grandiose Lage am Flussufer, ein gutes Restaurant und einen herrlichen 20-m-Pool am Fluss. Die Bungalows, ebenfalls am Wasser erbaut, sind geräumig und bequem genug, aber veraltet und müssen für den Preis, der für sie verlangt wird, verbessert werden.

Water to Forest BUNGALOW €€
(☎0920 619 6957; www.watertoforest.com; Bungalow 1700 P;) Eine Anlage in französischem und philippinischem Besitz in einer herrlich ruhigen Lage am Fluss. Sie wirkt sehr entlegen, ist aber nur 2 km von der Stadt Loboc entfernt. Die Bambus-und-Stroh-Cabanas sind die besten in der Region Loboc, gebaut mit zwei Ebenen, mit Qualitätsbetten und eigenem Bad. SUPs, Mountainbikes und Motorräder können gemietet werden, und auch Mahlzeiten werden angeboten.

Chocolate Hills

Eine von Bohols touristischen Hauptattraktionen und sicherlich die am meisten gepriesene sind die Chocolate Hills, eine Ansammlung halbkugel- oder kegelförmiger Hügel, die sich bis weit zum Horizont erstrecken. Der Name der Hügel erklärt sich durch die Grasvegetation, die in der Trockenzeit (Februar bis Juni) ihre Farbe wechselt und einen schokoladenbraunen Ton annimmt. Über ihre Entstehung wird noch debattiert, aber die meisten Wissenschaftler gehen davon aus, dass sie im Laufe der Zeit durch die Hebung von Korallenablagerungen und die Einwirkung von Regenwasser und Erosion entstanden sind.

Die größte und am meisten besuchte Ansammlung liegt 4 km südlich von Carmen, wo sich die **Aussichtsstation** für die Chocolate Hills befindet (50 P; ⌚6–18 Uhr). Weniger touristisch geht's auf einem anderen Höhenrücken der Chocolate Hills nordöstlich von Sagbayan an der Straße nach Danao zu.

Die freundlichen Besitzer des **Rice Museum** (Balay Sa Humay Batuan; Loay Interior Rd., Batuan; 20 P; ⌚8–17.30 Uhr) erläutern den Anbau von Reis *(humay)* in Bohol. Es liegt 4 km südlich der wichtigsten Chocolate-Hills-Aussichtsstation.

Eingebettet in ein gebirgiges Dschungelgebiet mit spektakulären Schluchten, Höhlen und reißenden Flüssen ist der **Danao Adventure Park** (☎047-252 9978; www.danaoadventurepark.com; Danao-Jetafe Rd.; 50 P) ein riesiger Tummelplatz für Adrenalin-Junkies. Abseilen, Höhlenwandern (550 P), Felsklettern (400 P), Kajakfahren (300 P), Tubing und Trekking sind alle sehr zu empfehlen, aber richtig bekannt ist der Park für die Aktivitäten, die den Adrenalinspiegel in die Höhe treiben.

Banlasan Lodge PENSION €
(☎038-525 9145; http://banlasanlodge.weebly.com; DZ mit Ventilator/Klimaanlage & Gemeinschaftsbad ab 400/600 P;) Wer in der Gegend der Chocolate Hills übernachten möchte, kann sich in der mit Swimmingpool ausgestatteten Banlasan Lodge am Highway zwischen der Aussichtsstation und Carmen einquartieren. Die Zimmer sind angejahrt, aber erschwinglich, und es gibt ein ordentliches Restaurant (Hauptgerichte 100–140 P).

★ **Villa del Carmen Bed & Breakfast** B&B €€
(☎0929 831 0115; www.facebook.com/villa.del.carmen.2014; Loay Interior Rd., Carmen; Zi. inkl. Frühstück1200-1800 P;) Dieses Hotel im Chalet-Stil ist ideal gelegen für alle, die frühmorgens den Sonnenaufgang über den Chocolate Hills erleben möchten. Es wird von einer charmanten einheimischen Familie geführt, die gutes Essen auf den Tisch bringt (das Dinner im Voraus buchen). Die Zimmer sind sauber, klimatisiert und gut möbliert, einige mit schöner Aussicht. Liegt gleich im Westen von Carmen.

ℹ An- & Weiterreise

Vom Dao-Terminal in Tagbilaran fahren fahrplanmäßig Busse nach Carmen (64 P, 2 Std.). Von Loboc sind es nur 45 Minuten mit dem Motorrad zu den Chocolate Hills. Man kann aber auch einen nach Carmen fahrenden Bus anhalten. Von Carmen gibt es ebenfalls Busse nach Talibon (62 P, 2 Std.) und Tubigon (50 P, 1½ Std.).

Anda

038 / 1580 EW.

Wegen ihrer bedeutenden vorgeschichtlichen Stätten auch als „Wiege der Bohol-Zivilisation" bezeichnet, erweckt die kleine Halbinsel Anda im Osten der Insel Bohol noch immer den Anschein, längst vergangenen Zeiten anzugehören. Vom Ortskern Anda aus erstrecken sich Resorthotels an einem 3 km langen Sandstrand mit einer Vielzahl von weißen Strandbuchten entlang nach Westen. Ruhe und Privatsphäre sind hier die Tagesordnung; wer Action sucht, könnte Anda ein wenig zu ruhig finden.

Der Strand von Anda selbst ist breit und wunderbar, kann sich aber schnell mit Tagesgästen füllen. Ruhigere Buchten sind bei den meisten Resorts an der Küste zu finden.

Sehenswertes & Aktivitäten

Ein gutes Tauchrevier ist das **Basdio Reef**; Tauchgänge kann man über **Anda Divers Enjoy** (0929 454 1635; Tauchgang inkl. Ausrüstung 25 €) buchen. Auch einige der Resorthotels haben Tauchzentren.

Die Karststruktur der Anda-Halbinsel ließ viele **Höhlen** entstehen, und es gibt mehrere **Höhlenseen** in unmittelbarer Nachbarschaft der Stadt – ein paar schöne Beispiele dafür sind auf Lamanok Island zu finden.

Anda Adventures (0916 509 2643; boholadventurecompany@gmail.com; Coco Loco Cafe; 8–21 Uhr) organisiert Ausflüge mit Fahrradtouren, Höhlenbesuchen und Kajakfahrten.

Lamanok Island HÖHLE

(Tour pro Person 300 P) Dieses 7 km nördlich von Anda gelegene Inselchen beherbergt einige anthropologisch bedeutende Felsmalereien – mit bloßen Händen ausgeführt –, die mehrere Zehntausend Jahre alt sind. Mit einem *habal-habal* oder einem Tricycle sind es 15 Minuten bis zur Ablegestelle, wo kleine Boote Gäste zur Insel übersetzen. Auf der Insel gibt's ein kleines Informationszentrum, das Touren arrangiert, in deren Verlauf es zu Fuß oder im Kanu durch Höhlen geht und diese prähistorischen Felsmalereien sowie alte Holzsärge und versteinerte Riesenvenusmuscheln zu besichtigen sind.

Schlafen & Essen

1PEACE Beach Resort HOSTEL €

(0928 255 5753; http://boholanda.com; B 400 P, Zi. 800–1400 P;) Das Haus im Hostelstil ist im Besitz von Europäern und punktet mit einer geselligen Atmosphäre an einem herrlichen, weißen Sandstrand und gutem Offshore-Schnorchelrevier. Es ist nicht gerade ein Ort zum Feiern, aber die Besitzer mischen sich gern unter die Gäste, und gemeinsame Mahlzeiten und feuchtfröhliches Beisammensein sollen vorkommen. Sein müdes Haupt kann man in einem 12-Betten-Schlafsaal und Privatzimmern betten.

Dapdap RESORT €€

(0921 833 2315; www.boholdapdapresort.com; Zi. mit Ventilator 900 P, mit Klimaanlage inkl. Frühstück 1500–3200 P;) Das in philippinischem Besitz befindliche Dapdap ist eine annehmbare Budgetoption und liegt an einer schönen, wenn auch kleinen Strandbucht. Es gibt mehrere Nipa-Hütten und Zimmer mit Bambuswänden, alle ziemlich langweilig eingerichtet. Es gibt eine Klippe, von der man bei Flut ins Wasser springen kann.

★ **Casa Amihan** BOUTIQUEHOTEL €€€

(0917 530 7959; https://amihanresortanda.com; Zi. 4100–4500 P;) An einem unbefestigten Weg, der von der Küstenstraße abgeht, liegt dieses hübsche Boutique-Strandhotel mit insgesamt fünf Cottages, die allesamt polierte Holzfußböden, Stuckwände, elegante Möbel und Luxusbettwäsche bieten. Das dazugehörende Restaurant ist eines der besten in der Gegend.

Island View Beachfront Resort RESORT €€€

(0918 309 7022; http://islandviewbeachfrontresort.com; Zi. 3500;) Ein feines, kleines Strandhotel mit acht zweistöckigen Zimmern, einem netten Pool, einer tollen kleinen Bar, einem hellen, luftigen Restaurant mit Meerblick und einem herrlichen, weißen Sandstrand. Es ist gut geführt, und das Personal ist superfreundlich.

Anda White Beach Resort RESORT €€€

(0920 946 8127; www.andabeachresort.com; Zi. inkl. Frühstück 98–135 US$;) Highlights sind hier der fantastische Strand und der Infinity-Pool; die Zimmer sind gut ausgestattet, könnten aber eine Renovierung vertragen und sind ganz bestimmt zu teuer. Es gibt einen Billardtisch, Beachvolleyball, Kajaks für Gäste und zudem ein gutes Restaurant. 2 km südlich von Andas Ortsmitte gelegen.

Quinale Beach Bar PHILIPPINISCH €
(Anda-Stadtstrand; Hauptgerichte 70–150 P; ⌚9–21 Uhr) Diese Restobar in toller Strandlage hat riesige Portionen philippinischer Speisen auf der Karte, und San Miguels sind der Hit.

★ **Coco Loco** CAFÉ €€
(☎0908 508 5847; www.facebook.com/cocolocobohol; Hauptgerichte 180–320 P; ⌚Di–So 8–20 Uhr; 📶) Ein einfaches, mit Kunst dekoriertes Café-Resto, das für köstliche Kokos-Burger bekannt ist, aber es gibt auch tolle Veggie-Burger und Couscous sowie hausgemachtes Eis (das mit Chili probieren!). Als Getränke gibt's frische Säfte, Shakes, Eistee und Coco-Loco-Cocktails, darunter einen Rum-Punch. Hier wird auch einheimisches Kunsthandwerk verkauft (unter anderem Kokos-BHs aus zwei Kokosnussschalen!) und Snacks.

Casa Amihan INTERNATIONAL €€
(http://amihanresortanda.com; Hauptgerichte 170–320 P) Dieses Hotelrestaurant bietet gekonnte Küche direkt neben den Wellen, mit gegrilltem Fisch, Salaten und philippinischen Gerichten, die auf riesigen, weißen Platten hübsch arrangiert serviert werden.

ℹ Praktische Informationen

Touristeninformation (☎0912 758 0360, 0908 793 6643; Municipal Plaza; ⌚Mo–Fr 8–17 Uhr) In Anda-Stadt.

ℹ An- & Weiterreise

Guindulman ist das Tor nach Anda. Von Tagbilaran einen Bus (120 P, 2½ Std.) oder einen schnelleren V-hire (130 P, 2 Std.) nehmen; es fahren auch fahrplanmäßige Busse von Ubay aus (33 P, 1½ Std.).

Von Guindulman gibt's öffentliche *motorillas* (10-Personen-Tricycles) nach Anda (18 P, 20 Min.), die unterwegs an den Abzweigungen zu vielen Resorthotels vorbeikommen.

Ubay

☎038 / 8840 EW.

In den abgelegenen, gammeligen Hafen Ubay im Osten der Provinz Bohol kommen nur Reisende, die woandershin wollen, vor allem auf die Insel Leyte. Hier gibt's Banken und Geldautomaten, falls man seine Finanzen aufstocken muss. Es gibt einen belebten Markt ein Stück landeinwärts vom Anleger, aber sonst nichts Sehenswertes.

Die Abfahrzeiten von Ubay ändern sich häufig, nicht zuletzt wegen der Tidestände, die für Häfen auf Leyte wichtig sind. **Medallion Transport** (☎0923 242 9827; www.facebook.com/medalliontransportinc) schickt eine tägliche RoRo-Fähre nach Hilongas, die um 13 Uhr ablegt (265 P, 3 Std.). Außerdem fahren meist vormittags zwei *bangkas* nach Bato (280 P, 2½ Std.) und weitere *bangkas* nach Hilongos, Leyte (250 P, 2½ Std.).

Busse verkehren zwischen Ubay und Tagbilaran (135 P, 3½ Std.).

Talibon

☎038 / 67 400 EW.

Die Hafenstadt Talibon an Bohols Nordküste ist eine mögliche Anlaufstelle für alle, die von Cebu kommen und gleich weiter nach Anda, Carmen oder Danao wollen. Es gibt zwar nichts Sehenswertes, aber es ist ein netter Ort.

Talibon Pension (☎038-515 5114, 0939 241 0377; CP Garcia Ave.; DZ 300–1000 P; ❄📶) ist nichts Besonderes, aber wahrscheinlich die beste Unterkunft in Talibon. Geflieste Zimmer haben Kabelfernsehen und sind mustergültig sauber. Die Pension liegt an der Hauptstraße der Ortschaft.

VG Shipping (☎038-515 5168; Talibon port) betreibt regelmäßige RoRo-Fähren nach/von Cebu City (ab 240 P, 3½ Std.), die täglich um 10 Uhr und 22 Uhr ablegen.

Busse fahren über Tubigon nach Tagbilaran (115 P, 3½ Std.) und nach Carmen (64 P, 2½ Std.) in Richtung Chocolate Hills. Um nach Guindulman/Anda zu gelangen, ein Multicab nach Ubay (30 P, 45 Min.) nehmen und in einen nach Süden fahrenden Bus umsteigen. Für besondere Touren in Bohol können am Pier Vans (V-hires) gemietet werden.

LEYTE

Bei Studenten und Historikern, die sich mit dem Zweiten Weltkrieg und dem Krieg im Pazifik befassen, weckt das Wort „Leyte" die Erinnerung an blutige Seeschlachten und den Ort der berühmten

Leyte

0
50 km
Camandag Island
Almagro Island
Santo Niño Island
Libucan Islands
Canahauan Islands
Sambawan Island
Maripipi Island
Parasan Island
Catbalogan
Samar
Kawayan
Culaba
Biliran Island
Daram Island
Buad Island
Almeria
Borongan
Carnassa Island
Naval
Caibiran
Jubay
Villalon
Biliran
Cabucgayan
Roxas (158 km)
Calubian
Babatngon
San Isidro
Leyte
Sohoton Caves & Natural Bridge National Park
San Juanico Bridge
Malapascua Island
Belen
Barugo
San Miguel
Tabango
Lemon
Carigara
Basey
Maya (2 km)
Tunga
Tacloban
Villaba
Kananga
Jaro
San Pedro Bay
Libungao
Aguiting
Palo
Bogo (10 km)
Mt. Janagdan
Tanauan
Lake Danao National Park
Dagami
Tolosa
Palompon
Mt. Pananguan
Ormoc
Lake Danao
Leyte
Burauen
Dulag
Golf von Leyte
Isabel
Merida
Albuera
La Paz
Mayorga
Caridad
Lake Mahagnao Volcanic National Park
MacArthur
Pilar
Ponson Island
Tulang Island
Camotes Islands
Gabas
Abuyog
Buaya
Baybay
Danao (7 km)
Pacijan Island
Poro Island
Hilosig
Poro
Tudela
Mahaplag
Plaridel
Silago
Cebu City (22 km)
Inopacan
San Pedro Island
SOUTHERN LEYTE
San Pablo Island
Hindang
Hinunangan
Hilongos
Sogod
Cebu City (20 km)
Bontoc
Hinundayan
Bato
Camotes-See
Sogod Bay
Libagon
Matalom
Anahawan
Saint Bernard
San Juan
Canigao-Kanal
Straße von Surigao
Malitbog
Talibon
Maasin
Lilo-an
Hanginan
Macrohon
San Francisco
Ubay
Lapinig Island
Padre Burgos
Bohol
Tangkaen Point
Panaon Island
Pintuyan
Limasawa Island
Triana
San Ricardo
Magellenes
Surigao
San Francisco
Mindanao
Bohol-See

Rückkehr von US-General MacArthur auf die Philippinen. Filipinos assoziieren Leyte zugleich mit dem märchenhaften Aufstieg von Imelda Marcos und dem verklärten Bild, das sie von ihrem Geburtsort zeichnete, nachdem sie in der Hauptstadt ihr Glück machte. Für Traveller ist der Süden Leytes rund um die Sogod-Bucht eines der besten Tauchreviere der Philippinen. Die Cebuano sprechenden Leyteños leben im Süden und ihre Waray sprechenden Landsleute in der Viehzuchtregion im Norden von Leyte.

Leytes Norden wurde im Jahr 2013 vom Taifun Yolanda am schwersten getroffen, aber inzwischen ist die Insel wieder erstaunlich gut auf die Beine gekommen. Die Provinzhauptstadt Tacloban hat eine gut besuchte Café- und Restaurant-Szene, während die Siedlungen Padre Burgos und Panaon tief im Süden so verführerisch wie immer sind.

ℹ An- & Weiterreise

Am einfachsten erreicht man Leyte mit dem Boot oder auf dem Landweg über Samar. Die wichtigsten Häfen sind Ormoc im Nordwesten, mit zahllosen Verbindungen nach Cebu City; und Lilo-an und San Ricardo im äußersten Süden, die durch häufige Fährverbindungen mit Mindanao verbunden sind. Eine Reihe weiterer Häfen an der Westküste wie Maasin, Bato und Hilongas bieten Verbindungen nach Cebu City und Bohol.

Tacloban hat einen nützlichen, regionalen Flughafen, und Maasin bietet mehrere Verbindungen nach Cebu City und Tagbilaran.

Tacloban

☎053 / 248 300 EW.

Hier war der „Ground Zero" des Taifuns Yolanda. Tacloban wurde am 8. November 2013 direkt getroffen, als die Mutter aller tropischen Stürme die Stadt verwüstete. Wer heute durch Taclobans Straßen schlendert, kann sich kaum die apokalyptischen Szenen an diesem schicksalhaften Morgen vorstellen. Das Zentrum wurde wiederhergestellt, die Hotels wurden renoviert und es kommt sogar eine gewisse Café-Kultur zum Vorschein. In Taclobans Bars kommen wieder Gäste statt Mitarbeiter der Hilfsorganisationen. Ja, die Stadt hat wieder ihre Rolle als wirtschaftliches Zentrum von Leyte und Samar übernommen.

Die psychischen Wunden der Katastrophe werden länger brauchen, um zu heilen. Die Bilder der Zerstörung, der Geruch des Todes, der die Stadt durchdrang, die Erinnerung an die Toten ... nichts davon wird je vergessen sein.

Reisenden, die hier durchkommen, wird mit der gewohnt warmherzigen Gastfreundschaft der Visayas begegnet. Denn diese lebendige, etwas schmuddelige Hafenstadt hat sich erholt und heißt nun Besucher wieder willkommen.

Riesige Schiffe wurden von den 7 m hohen Wellen des Taifuns Yolanda an Land geworfen. Der Bug eines Schiffes, der **MV Eva Jocelyn** (*barangay* Anibong Rd., *barangay* Anibong), ist als Mahnmal erhalten geblieben, vom fließenden Verkehr und neu

DAS VERMÄCHTNIS DES SUPERTAIFUNS

Am 8. November 2013 traf der Taifun Yolanda (international als Haiyan bekannt), einer der stärksten bislang gemessenen Wirbelstürme, bei Guiuan im Südosten von Samar auf die Philippinen. Der Sturm nahm Kurs nach Westen durch das Zentrum der Visayas und fegte direkt über die fünf großen Inseln Samar, Leyte, Cebu, Panay und Coron in Palawan hinweg. Am schlimmsten wurde die Hauptstadt der Eastern Visayas, Tacloban, getroffen. Eine 5 m hohe Sturmflut überrollte die Stadt und ihre 250 000 Einwohner sowie die benachbarten Städte Palo, Tanuan, Tolosa und Basey auf Samar. Unzählige Menschen starben in der Flutwelle; die offizielle Zahl der Toten betrug weniger als 6000, doch manche Einheimische schätzen die Zahl auf das Doppelte. Obwohl die Windgeschwindigkeiten extrem waren, war die Hauptursache für Schäden und Todesopfer die Flutwelle.

Heute stehen die meisten der von Yolanda betroffenen Gebiete, alles in allem, wieder gut da. Straßen, Häfen und Flughäfen sind offen. Für Reisende ist die Region ein schönes Urlaubsziel. Tacloban hat eine boomende Restaurantszene, mit Unterstützung von Vertriebenen, die von Manila und aus dem Ausland zurückgekehrt sind, um beim Wiederaufbau der Stadt zu helfen. Der Highway zwischen Basey und Guiuan ist repariert worden und in einem guten Zustand.

Tacloban

erbauten Holzhütten umgeben. Es befindet sich 2 km nordwestlich des Zentrums im *barangay* Anibong.

Sehenswertes & Aktivitäten

Unbedingt im Hotel Alejandro (S. 373) vorbeischauen, das eine sehenswerte Dauerausstellung mit Fotos zeigt, die Taclobans zivile und Kriegsgeschichte veranschaulichen.

Santo Niño Shrine & Heritage Center HISTORISCHE STÄTTE
(inkl. Führer für bis zu 3 Pers. 200 P; 8–17 Uhr) Leytes berühmteste Tochter ist Imelda Romualdez Marcos, deren Familie aus Tolosa stammt. Ihr Einfluss in Tacloban zeigt sich in den Straßennamen der Stadt und in diesem prominenten Herrenhaus, das mit Marcos' Millionen errichtet wurde. Es wurde jedoch nicht als Wohnhaus, sondern als Schaukasten regionaler philippinischer Kunst und Kultur erbaut – jeder Raum ist einer Provinz gewidmet. Einige der Möbel, Antiquitäten und Kunstobjekte sind beeindruckend, doch es ist unglaublich stickig im Gebäude und viele Schätze schimmeln und verfallen.

Zpa SPA
(053-321 3888; Hotel XYZ, P Zamora St.; 1 Std. Massage ab 350 P) Ein nettes Hotel-Spa mit einer Reihe von Massagen und Behandlungen zu gemäßigten Preisen; eine Thai-Ganzkörpermassage oder eine Fußpflege ausprobieren.

Bukid Outdoor Shop ABENTEUERSPORT
(053-523 7625; www.facebook.com/bukidoutdoorshop; 206 Burgos St.; Mo–Sa 9–17.30 Uhr, Mo–Sa Kletterwand 13–19 Uhr) Hier findet man eine Menge Outdoor-Ausrüstung und eine Gruppe von Abenteuerenthusiasten mit Informationen und lokalen Kontakten für Kajakfahren, Mountainbiking und Wan-

Tacloban

Aktivitäten, Kurse & Touren

1	Bukid Outdoor Shop	B3
	Zpa	(siehe 3)

Schlafen

2	Hotel Alejandro	C4
3	Hotel XYZ	C3
4	Ironwood Hotel	C4
5	Rosvenil Pensione	C4
6	Yellow Doors Hostel	C4

Essen

7	Canto Fresco	B3
8	Cocina Juan Luna	C4
9	Giuseppe's	B4
10	Libro	C3
11	Ochó Seafood & Grill	B2
12	Pop-Up Kitchen	B3
13	Sunzibar	B3
	What The Fork	(siehe 6)

Ausgehen & Nachtleben

	Fyzz	(siehe 3)

Praktisches

14	BDO	A3
15	Bureau of Immigration	D3
16	Metrobank	B3
17	Regional Tourist Office	D3

Transport

18	City Tours	C3
19	Duptours	B4
20	Grand Tours	B2
21	Guiuan Express	B3
22	Jeepneys nach Palo	B2
23	Van Vans	B3

dern. Außerdem gibt's vor Ort eine Kletterwand (150 P, 2 Std.).

Feste & Events

Tacloban Pride LGBT
Dieses LGBT-Fest wurde erstmals 2015 veranstaltet und findet nun jährlich eine Woche lang im März statt. Es gibt Filme und Lesungen; an Orten wie dem Yellow Doors finden Veranstaltungen statt.

Pintados-Kasadyaan KULTUR
(27. Juni) Das Fest erinnert an die traditionellen Tattoo-Praktiken, die vor Ankunft der Spanier üblich waren; heute werden für die Körperbemalung anlässlich des Festivals wasserlösliche Farben benutzt.

Sangyaw KULTUR
(29. Juni) Mardi Gras im Leyte-Stil, mit farbenfrohen Paraden von Tanzgruppen, die durch die Straßen von Tacloban ziehen.

Schlafen

Es ist äußerst ratsam, „uptown" in der Gegend der Burgos Street mit ihren Restaurants und Bars statt im lauten, unansehnlichen Zentrum zu wohnen.

★ **Yellow Doors Hostel** HOSTEL €
(0927 450 0984, 0921 600 0165; www.facebook.com/helloyellowdh; Ecke Burgos & Juan Luna Sts.; B/DZ 490/990 P;) Ein abgefahrenes Hostel, geführt von angesagten Einheimischen und mit ausgeflipptem Dekor. Die Schlafsäle haben super Betten mit Vorhängen, die vor neugierigen Blicken schützen, die privaten Zimmer (winzig) sind mit Bad. Ganz oben gibt's eine coole Restobar für Bier und Essbares. Die philippinischen Besitzer sind Traveller und helfen bei Transport- und Sightseeing-Fragen. Gelegen mitten im Zentrum mit Bars und Restaurants vor der Tür.

★ **Ironwood Hotel** HOTEL €€
(053-321 9999; http://ironwoodhotel.com; Ecke Burgos St. & Juan Luna St.; Zi. ab 2200 P;) Ironwood, das beste Mittelklassehotel der Stadt, hat eine sehr gute, zentrale Lage mit einer großen Auswahl an Cafés und Restaurants, die alle zu Fuß erreichbar sind. Die Zimmer sind sehr ordentlich und gut möbliert, und parterre gibt's ein tolles Café für Kaffee und Mahlzeiten. Das Hotel bietet einen kostenlosen Shuttlebus von/zum Flughafen.

Rosvenil Pensione PENSION €
(053-321 2676; 302 Burgos St.; Zi. 1280–2880 P;) Dies ist ein gut geführtes und günstig gelegenes, kleines Hotel, das um ein weitläufiges Holzhaus aus den 1940er-Jahren erbaut wurde. Im alten Gebäude gibt es einfache, aber saubere Zimmer; die neueren, größeren und komfortableren Zimmer befinden sich in einem schönen, dreistöckigen Gebäude mit schmiedeeisernen Geländern und einem Balkon.

Hotel Alejandro HOTEL €€
(053-321 7033; hotelalejandro360@gmail.com; Patermo St.; DZ 1800–3000 P;) Dieses dreistöckige Hotel in einem hübschen Wohnhaus aus den 1930er-Jahren sieht wie eine Kolonialvilla aus. Die Zimmer

sind behaglich, wenn auch nicht ganz so grandios wie das Äußere des Hauses, aber die Hallen und Korridore des alten Gebäudes, geschmückt mit Fotos aus Taclobans Geschichte, geben dem Hotel ein wirklich nobles Flair.

In einem neueren Seitenflügel gibt's auf dem Dach einen kleinen Pool plus 15 Deluxe-Zimmer.

Caluwayan Palm Island RESORT €€€

(☎0977 354 5692; www.caluwayanresort.com; Caluwayan, Marabut; Zi. 3300–4000 P, Strandvilla 5000 P inkl. Frühstück; ❄📶🏊) Dieses gut geführte Resort ist bei Familien aus Tacloban an Wochenenden beliebt, sonst aber eher ruhig. Es gibt einen schmalen Privatstrand mit bewachtem Schwimmbereich, einen riesigen Pool und ein schönes, strandseitig gelegenes Restaurant (Hauptgerichte 210–445 P). Die Zimmer sind renoviert worden und sehen gut aus. Kajaks (200 P pro Std.) und Boote (400 P pro Stunde) stehen zur Verfügung, um die felsigen Marabut Islands vor der Küste zu erkunden.

Hotel XYZ HOTEL €€€

(☎0917 773 8008; www.hotel-xyz.com; P Zamora St.; Zi. ab 3400–4000 P; ❄📶🏊) Mitten in Taclobans Einkaufsviertel liegt dieses Hotelhochhaus, das mit seiner faszinierenden Farbgebung und modernen Einrichtung boutiqueartig wirkt. Viele Zimmer bieten eine schöne Aussicht auf Stadt und Bucht (sind aber vielleicht ein bisschen zu teuer). Das Hotel verfügt auch über eine Restobar und ein Spa.

Essen & Ausgehen

Libro CAFÉ €

(Ecke Santo Niño & Gomez Sts.; Sandwiches ab 50 P; ⏲Mo–Sa 12–20 Uhr; 📶) Fantastischer **Secondhand-Buchladen,** in dem auch echter Kaffee (38 P), Sandwiches mit Ciabatta-Brot (ab 50 P) und eine tolle Auswahl an Kuchen serviert werden – den *calamansi-* (philippinische Limone) Käsekuchen probieren!

★ **Canto Fresco** MEDITERRAN €€

(☎053-523 9085; Burgos St.; Hauptgerichte 140–330 P; ⏲12–24 Uhr; ❄📶) In diesem schicken Lokal ist die Atmosphäre fast echt italienisch. Auf der Speisekarte stehen handgemachte Pizza, Pasta, Sandwiches, leckere Salate und ein paar asiatische Gerichte. Man sitzt an Tischen auf der Straßenseite oder im klimatisierten Innenraum, der vage einer Strandbude ähnelt. Guter Wein im Glas oder in der Flasche wird ebenfalls angeboten.

★ **Cocina Juan Luna** PHILIPPINISCH €€

(☎053-321 6397; www.facebook.com/cocinajuanluna; Gerichte 120–220 P; ⏲8–21 Uhr) Dieses nette Restaurant, das ein ländliches Gefühl in der Stadt verleiht, ist ein an den Seiten offener, traditioneller Holzbau in einem Garten mit Bänken zum Sitzen. Man wählt ein oder mehrere Gerichte aus großen Tongefäßen; alle duften herrlich nach philippinischer Küche. Zwischen 17 und 22 Uhr werden alle Fleischgerichte im Preis um 50% reduziert.

★ **What the Fork** KNEIPENESSEN €€

(☎0977 091 0552; www.facebook.com/eatswtfork; Yellow Doors Hostel, Ecke Burgos & Juan Luna Sts.; ⏲Mi–Sa 6.30–24 Uhr; 📶) Ein ausgezeichnetes Pop-up-Restaurant auf dem Dach des Yellow Doors Hostel (S. 373), in das kreative, künstlerisch angehauchte junge Menschen wegen der köstlich marinierten Fleischgerichte und der handgemachten Pizza kommen. Funktioniert auch als Bar mit Terrassentischen, wo man die kühle Nachtbrise genießen kann. Auf der Facebook-Seite gibt's Werbeaktionen wie z.B. mittwochs (18–20.30 Uhr) für 200 P unbegrenzt Hähnchenflügel.

Pop-Up Kitchen BURGER €€

(☎0917 623 1889; www.facebook.com/popupkitchenpouki; Burgos St.; Gerichte 180–270 P; ⏲11–23 Uhr; 📶) Eine hippe Burger-Bar mit kunstbewusstem Dekor, die coole Gäste anzieht; probieren sollte man einen Wasabi-Burger (200 P). Für einen Snack sind die Parmesan-Pommes (70 P) der Knüller. Im Angebot sind auch prima Hühnerflügel, mit Kräutern gegrillte Hähnchen, Schweinebauch, Pommes und Salate.

Ochó Seafood & Grill MEERESFRÜCHTE €€

(☎053-832 8808; Senator Enage St.; Hauptgerichte 200–500 P; ⏲10–22 Uhr; ❄📶) Im bei den Einheimischen beliebten Ochó geht's laut zu. Hier wählt man Fisch oder Meeresfrüchte in der Auslage aus und lässt sie sich nach eigenem Gusto zubereiten. Lecker schmecken Garnelen mit Chili und Knoblauchsauce. Auch Vegetarier kommen nicht zu kurz und können sich Tofu und Gemüse nach ihrer Vorstellung zubereiten lassen. Es kann zu Wartezeiten kommen, das Lokal ist sehr beliebt.

Giuseppe's ITALIENISCH €€
(☎053-321 4910; www.giuseppesresto.net; 173 Ave. Veteranos; Hauptgerichte 100–575 P; ⏲10.30–22.30 Uhr; ❄📶) Das in Tacloban schon seit Langem etablierte Giuseppe's mit seinen Backsteinmauern ist wie ein italienisches Bistro eingerichtet und serviert leckere Pasta (die *fettuccine puttanesca*, 220 P, unbedingt probieren!), Pizza (ab 320 P) und Fleischgerichte, wie Osso Bucco, oder Meeresfrüchte.

Sunzibar MEXIKANISCH €€
(Burgos St.; Hauptgerichte 170-400 P; ⏲Mo–Sa 11.30–21.30 Uhr; 📶) Ein atmosphärereiches Lokal an Taclobans Straße der Restaurants (auch bekannt als Burgos Street), wo es gut schmeckendes, philippinisch-mexikanisches Essen wie Rindfleisch-Nachos und köstliche Rum-Rippen gibt.

Fyzz LOUNGE
(Zamora St.; ⏲16–24 Uhr; 📶) Diese schicke Lounge-Bar im obersten Stockwerk des Hotel XYZ (S. 374) bietet eine unglaubliche Auswahl an Cocktails (150–220 P), Wein glasweise, Importbiere und dazu eine traumhafte Aussicht. Serviert werden auch griechische und japanische Speisen (Gerichte ca. 320 P), was etwas seltsam klingt, aber gut funktioniert.

ℹ Praktische Informationen

Metrobank (Burgos St.; ⏲Mo–Fr 9–16 Uhr) und **BDO** (Rizal Ave.; ⏲Mo–Fr 8.30–17 Uhr) gehören zu den vielen Banken, die mit Geldautomaten ausgestattet sind.

Bureau of Immigration (☎053-325 6004; Kanhuraw Hill; ⏲Mo–Fr 8–17 Uhr) Befindet sich neben dem Regional Tourist Office.

Regional Tourist Office (☎053-832 0901, 053-321 2048; dotreg8@yahoo.com; Kanhuraw Hill; ⏲8–17.45 Uhr) Überaus hilfreich. Kann Reisende mit einer Fülle von Infos zu Leyte und Samar versorgen.

ℹ An- & Weiterreise

BUS, VAN & JEEPNEY

In ganz Samar und Leyte werden klimatisierte 13-Personen-Vans Bussen vorgezogen. Sie sind schneller, verkehren häufiger und kosten unerheblich mehr als der Bus. Es gibt viele private Unternehmen, die alle von eigenen Terminals aus fahren, von denen die meisten in Stadtzentrum liegen.

Die beiden wichtigsten Unternehmen sind **Duptours** (☎0939 937 7002; Santo Niño St.) und **Van Vans** (☎0939 416 1060, 053-523 1274; Salazar St.), deren Vans die meisten Ziele ungefähr alle 30 Minuten bis 17 Uhr und manchmal auch später anfahren. **Grand Tours** (☎053-325 4640; www.vsgrandtours.com; Ecke Trece Martirez & A Mabini Sts.) verkehrt nach Ormoc und Catbalogan, **City Tours** (☎031-534 1770, 0942 463 3622; www.facebook.com/citytourscatbalogan; Burgos St.) bedient Catbalogan, und es gibt andere, kleine Betreiber, darunter **Guiuan Express** (☎055-271 2454; 279 Burgos St.) und **East Visayan Tour** (☎0997 311 1104; Tabuan National Hwy.). Nach Calbayog geht's oft schneller, wenn man den ersten Van nach Catbalogan nimmt. Wer nach Allen will, muss meist in Catbalogan oder Calbayog umsteigen.

Zu vielen Zielen gibt es langsame, regionale Busse und zusätzliche Vans vom **New Bus Terminal** (Tinta-Patik Rd.; ⏲24 Std.) in Abucay aus, das 2 km westlich der Stadtmitte liegt. Wer nach Padre Burgos will, muss in Sogod oder Maasin umsteigen. Vom Busbahnhof aus fahren auch Jeepneys nach Basey (30 P, 1 Std.).

Vom Busbahnhof in Richtung Manila abfahrende Fernbusse befördern in der Regel Fahrgäste nicht zu den Zielen in Leyte oder Samar, es sei denn, sie sind bereit, den vollen Preis zu zahlen.

FLUGZEUG

Von Tacloban gibt es gute Flugverbindungen nach Manila, täglich mit Cebu Pacific, PAL und Air Asia. Cebu Pacific hat Flüge nach Cebu und Davao.

Der Flughafen ist etwa 7 km von der Stadtmitte entfernt. Jeepneys (13 P) verkehren zum/vom Flughafen von der Real Street am südlichen Rand der Stadtmitte aus. Sonst kostet es 120 P mit einem Tricycle und 160 P mit einem Taxi. Achtung: Fahrer am Flughafen sind dafür bekannt, dass sie Fahrgästen bei der Ankunft zu viel berechnen. Hart verhandeln.

Ormoc

☎053 / 221 600 EW.

Die Hügel um die Ormoc Bay bilden eine malerische Kulisse für alle, die mit dem Boot von Cebu kommen. Es bringt Spaß, über die windige Uferpromenade zu schlendern, wo es ein paar nette Restaurants und Bars gibt, aber ansonsten ist Ormoc eine typische, geschäftige Hafenstadt. Die Ormoc Bay war 1944 Schauplatz einiger der blutigsten Schlachten des Zweiten Weltkriegs auf philippinischem Gebiet. Die Bucht ist buchstäblich von Wracks übersät, man benötigt aber eine eigene Tauchausrüstung und viel Taucherfahrung, um sie zu erforschen.

Ormoc

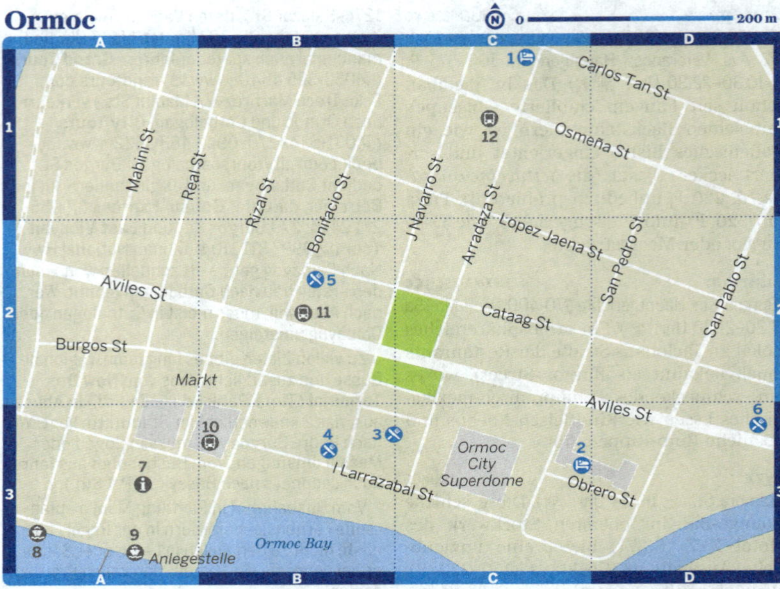

Ormoc

Schlafen

1 David's Inn C1
2 Ormoc Villa Hotel C3

Essen

3 Barbecue Stalls B3
4 Lorenzo's Cafe B3
5 Mimay's Seafood House B2
6 Roma Cafe D3

Praktisches

7 Ormoc City Tourism Office A3

Transport

8 Schiffe nach Camotes A3
9 Schiffe nach Cebu A3
10 Busbahnhof B3
11 Duptours B2
Oceanjet .... (siehe 9)
Roble Shipping .... (siehe 9)
SuperCat 2GO .... (siehe 9)
12 Van Vans C1
Weesam Express .... (siehe 9)

Sehenswertes & Aktivitäten

Lake Danao Natural Park PARK

(Einlass 45 P) Der Danao-See liegt wunderschön in Leytes Hochland, 18 km östlich der Stadt, und ist etwa einen Tagesausflug von Ormoc entfernt. Es gibt wunderbare Wanderwege rund um den gitarrenförmigen See, der 650 m über dem Meeresspiegel liegt und rundum von Regenwald eingefasst ist, sowie auf und um den **Leyte Mountain Trail**, der aber leider nicht sehr gepflegt ist. Wanderer können sich mit Kim vom Eastern Visayas Adventure Team in Verbindung setzen.

Der einst Lake Imelda (wie in Marcos) genannte See ist bei Einheimischen als Picknickplatz beliebt.

Eastern Visayas Adventure Team TREKKING

(☎0923 744 9954, 0956 432 0972; k.lumogdang@yahoo.com) Kim leitet Wanderungen und Gebirgstouren auf der Insel Leyte mit Biliran.

Schlafen

★ **David's Inn** HOTEL €

(☎053-255 7618; davids_inn88@yahoo.com; Carlos Tan St.; Zi. 800–1050 P; ❄📶) Ein gutes und preiswertes Budgethotel mit gut eingerichteten Zimmern (einige mit Balkons), alle mit Klimaanlage, Warmwasser, ansehnlichem Mobiliar und Kabelfernsehen ausgestattet. Der Service ist gut, und es gibt ein nettes, kleines Café. Es liegt 700 m vom Anleger entfernt.

Ormoc Villa Hotel HOTEL €€
(☎053-255 5006; http://ormocvillahotel.com.ph; Obrero St.; Zi. 2500 P, Suite 3900–7300 P; ❄📶🏊) Mitten in der Stadt liegt dieses gehobene, neokoloniale Hotel in einem Garten voller Palmen mit einem schönen Pool. Die Zimmer sind geräumig, und die im zweiten OG haben Meerblick. Im Restaurant gibt's eine gute Auswahl an regionalen und internationalen Gerichten.

Essen & Ausgehen

Barbecue Stalls BARBECUE €
(Burgos St.; Gerichte 50–150 P; ⏲17.30–23 Uhr) Gleich westlich vom Superdome befinden sich mehrere Grillstände, die nach Sonnenuntergang zum Leben erwachen. Unbedingt die frischen, saftigen Ananas probieren, die von Straßenhändlern angeboten werden und für die diese Region bekannt ist.

Lorenzo's Cafe CAFÉ €
(I Lazzarabal St.; Gerichte 100–260 P; ⏲7.30–23 Uhr; ❄📶) Dieses große, beliebte Café mit Panoramafenstern hat zur Promenade hin eine Terrasse und einen klimatisierten Innenraum. Auf der Speisekarte stehen eine große Frühstücksauswahl und viele westliche und asiatische Gerichte sowie Espresso und Gebäck.

★ **Mimay's Seafood House** MEERESFRÜCHTE €€
(☎053-561 6037; Bonifacio St.; Gerichte 130–400 P; ⏲10.30–14 & 17.30– 21.30 Uhr; 📶) In diesem Lokal, in dem es sehr lebhaft zugeht, kommen Fisch und Meeresfrüchte wie frisch aus dem Meer auf den Tisch – man trifft seine Wahl in den blubbernden Tanks und sagt, welche Art der Zubereitung man wünscht. Es liegt drei Blöcke von der Promenade entfernt.

Roma Cafe KNEIPENESSEN €€
(Aviles St.; Gerichte 150–250 P ⏲9–24 Uhr; ❄📶) Das Roma Cafe, das sich in amerikanischem Besitz befindet, hat gesunde Salate auf thailändische und mexikanische Art, die zu der Spezialität, den Nudelgerichten, gereicht werden. Es ist abends auch ein beliebter Treffpunkt für Drinks auf einer belebten Terrasse und an Wochenenden mit Livemusik.

Praktische Informationen

Ormoc City Tourism Office (☎053-255 8356; www.ormoc.gov.ph/tourism; Ebony St.; ⏲8–17 Uhr) Gleich neben dem Hafen.

An- & Weiterfahrt

BUS & JEEPNEY

Duptours (☎053-321 1370) und **Van Vans** (☎053-523 1274; Osmeña St.) schicken beide klimatisierte Vans alle 30 Minuten bis 19 Uhr nach Tacloban (130 P, 2½ Std.), und noch viel mehr Vans und langsamere Busse fahren vom **Busbahnhof ab** (⏲24 Std.). Ebenfalls vom Busbahnhof fahren Busse nach Naval (130 P, 2 Std.) bis 17 Uhr, und nach Palompan (70 P, 1¼ Std.) und Maasin (nach Padre Burgos, 170 P, 3 Std.). Busse sind langsamer, fahren seltener und sind für all diese Zielorte nicht viel billiger.

SCHIFF/FÄHRE

Oceanjet (☎053-834 5066; www.oceanjet.net), **SuperCat 2GO** (☎053-561 9818; www.supercat.com.ph) und **Weesam Express** (☎053-561 0080; www.weesam.ph) fahren täglich mit HSC-Schiffen auf der Strecke Ormoc–Cebu City (550–1000 P, 2½ –3 Std.). Langsamere **Schiffe nach Cebu** (390–410 P, 5–6 Std.) sind die von Lite Shipping (S. 334), die täglich um 22 Uhr ablegen, und die von **Roble Shipping** (☎053-255 7613; www.robleshipping.com), die täglich um 11 Uhr ablegen.

In Richtung Camotes verkehren täglich zwei oder drei *bangkas* nach Pilar auf der Insel Ponson (150 P, 1½ Std), die zwischen 9 Uhr und 12 Uhr ablegen. Meist fährt eines nach Kawit weiter. Manchmal (aber nicht täglich) fahren Boote nach Poro Island.

Im City Tourism Office (S. 377) gibt's Fahrpläne.

Maasin

☎053 / 87 100 EW.

Maasin (mah-*ah*-sin) ist eine wachsende, geschäftige Hafenstadt mit Schiffsverbindungen nach Cebu und Bohol. Es ist die Hauptstadt von Southern Leyte, einer ruhigen, malerischen Provinz, die eine Fülle von Naturschönheiten und hervorragende Tauchmöglichkeiten bietet. Maasin ist ein möglicher Ausgangsort für Wanderungen und besitzt auch eine schöne Kirche aus dem frühen 18. Jh., ist aber für Reisende eher ein Verkehrsknotenpunkt.

Nur wenige erkunden das Umland von Maasin, obwohl es einige gute Wanderrouten sowie Höhlen und Wasserfälle zu erkunden gibt. Zu den leichter zugänglichen Wanderzielen gehören die **Guinsohoton Cave** und die **Cagnituan-Fälle,** ein einfacher Ausflug von Maasin aus; nach der Abzweigung im *barangay* Maria Clara 4,5 km östlich der Stadt suchen. In der Höhle

ABSEITS DER ÜBLICHEN PFADE

HINUNANGAN

Die Stadt Hinunangan an der Ostgrenze der Provinz Southern Leyte ist ein Ort, an dem man der Zivilisation ganz und gar entfliehen kann. Hier befindet sich der herrliche, honigbraune **Tahusan Beach**, einer der schönsten Strände der Visayas, mit großartigen Schwimm- und gelegentlich auch Surfmöglichkeiten.

Hier kann man entspannen, wandern oder zu den nahen Höhlen und Wasserfällen reiten – nützliche Tipps erhält man beim hilfreichen **Municipal Tourist Office** (☎0910 238 9734, 0909 354 6023; Rathaus). Man kann sich auch ein *bangka* mieten (1200 P hin & zurück) und zu den der Küste vorgelagerten Inseln **San Pedro** und **San Pablo** hinausfahren, die beide weiße Korallenstrände, Schnorchel- und Schwimmreviere haben.

Es gibt in Hinunangan nur sehr wenig. Einfache Hütten können von Einheimischen auf der Insel San Pedro gemietet werden oder man kann campen; allerdings müssen Verpflegung und Schnorchelausrüstung mitgebracht werden. Das **Doña Marta Boutique Hotel** (☎0915 670 5900, 0929 773 7407; Tahusan Beach; Zi. inkl. Frühstück 2700–3000 P, Suite 3500 P; ❄📶) ist die beste Unterkunft in Hinunangan, außerdem gibt's eine ganze Reihe budgetfreundlicher Bleiben sowohl am Strand und abseits vom Strand.

In Tacloban im Neuen Bus-Terminal (S. 375) in einen Van oder Bus (140 P, 2½–3 Std.) steigen, der nach St. Bernard (über Silago *nicht* Sogod) fährt. Um nach San Pedro oder San Pablo zu gelangen, bittet man, in Brgy. Canipaan, aussteigen zu dürfen, von wo aus lokale Bootsführer einen zu den Inseln bringen (öffentlich eine Fahrt 20 P, Privatcharter hin & zurück 1500 P, 20 Min.).

gibt's einen tollen unterirdischen Fluss, in dem man schwimmen kann.

Die **Touristeninformation der Provinz** (☎0915 879 4923, 053-570 8300; www.southernleyte.gov.ph; ⏱8–16.30 Uhr) liefert hilfreiche Informationen zu weiteren Wanderungen in der Region.

Ampil Pensionne (☎053-570 8084; https://www.facebook.com/pages/Ampil-Pensione-Maasin-City/129325393813263; T Oppus St.; Zi. 400–950 P; ❄📶) ist eine ordentliche Budget-Option mit Klimaanlage, und einige Zimmer haben auch Warmwasser.

Caimito Beach Hotel (www.caimitobeachhotel.com; EZ/DZ ab 1300/2380 P; ❄📶🏊) liegt 6 km außerhalb der Stadt an der Straße nach Padre Burgos, mit neun hübschen, gefliesten Zimmern, acht davon mit schönem Blick aufs Meer oder den Pool. Es gibt ein passables Restaurant, und Kajaks und Schnorchelausrüstung können gemietet werden.

ℹ An- & Weiterreise

BUS

Jeepneys und Multicabs (Kleinbusse) fahren ungefähr alle 20 Minuten bis etwa 18.30 Uhr (30 P, 1 Std.) vom **Busbahnhof** (Captain Iyano St.; ⏱24 Std.) aus Richtung Osten nach Padre Burgos.

Duptours und Van Vans schicken etwa alle halbe Stunde bis 17 Uhr (220 P, 3½ Std.) Vans vom Hauptbusbahnhof nach Tacloban. Auch Busse nach Ormoc fahren vom Busbahnhof ab (170 P, 3 Std.) und gelegentlich Vans und Busse nach Sogod.

FLUGZEUG

Air Juan verbindet Maasin und Cebu (via Tagbilaran) mit vier wöchentlichen Flügen. Der Flugplatz von Maasin liegt 13 km nordwestlich der Stadt.

SCHIFF/FÄHRE

Die Schiffsverbindungen von allen Häfen in Leyte unterliegen wegen der lokalen Tidezeiten häufigen Fahrplanänderungen. Immer die Abfahrtszeiten vorher von den Reedereien bestätigen lassen.

Um nach Cebu City zu kommen, gibt es von Maasin aus mehrere Möglichkeiten: **Weesam Express** (☎in Cebu 032-231 7737; www.weesamexpress.net; Port) betreibt eine tägliche Schnellfähre (550 P, 3½ Std.); Cokaliong Shipping (S. 334) hat vier wöchentliche Fähren, und George & Peter Lines (S. 334) hat eine wöchentliche Fähre (250 P, 5½–6 Std.).

Cokaliong Shipping verbindet Massin auch mit Surigao (325 P, 4 Std.) mittwochs und freitags um 8.30 Uhr.

Andere Fähren und Schnellboote legen etwas weiter nördlich von Maasin in Bato oder Hilongos an.

Von Hilongos aus fährt täglich ein HSC-Boot der Gabisan Shipping Lines (S. 334) um 8.30 Uhr nach Cebu (280 P, 3½ Std.), während Roble Shipping eine tägliche RoRo-Fähre (240 P, 5½ Std.) nach Cebu hat. **Medallion Transport** (☎0923 242 9827; www.facebook.com/medalliontrans

portinc) hat eine tägliche Fähre nach Ubay, Bohol (265 P, 3 Std.), und meist fahren auch zusätzliche *bangkas* auf dieser Route nach Ubay.

Von Bato aus fährt Medallion Transport täglich um 21 Uhr nach Cebu (280 P, 6 Std.), mit einer zusätzlichen Fahrt samstags um 9 Uhr. Medallion hat außerdem täglich um 9 Uhr eine RoRo-Fähre nach Ubay (270 P, 3 Std.) auf Bohol, und es gibt zweimal täglich *bangkas* nach Ubay.

Padre Burgos

☎ 053 / 11 600 EW.

Das ruhige Padre Burgos (von Einheimischen nur „Burgos" genannt) erstreckt sich über 3 km auf einem grünen Streifen am Ufer der hübschen **Sogod-Bucht**. Es gilt wegen der intakten Hart- und Weichkorallenriffe, des tiefen Saumriffs, der Höhlen und des Strömungstauchens als eines der besten Tauchreviere auf den Philippinen.

Vor der Küste von Burgos liegt die hübsche Insel Limasawa, die für Philippiner eine tiefe religiöse Bedeutung hat und einen Tagesausflug oder sogar eine Übernachtung wert ist.

Sehenswertes & Aktivitäten

Gerätetauchen ist der Grund, weswegen die meisten hierherkommen, und dafür gibt es drei ausgewiesene Tauchresorts. Tauchausflüge nach Limasawa Island lohnen sich, aber die wohl besten Tauchorte liegen vor der Insel Panaon.

Gut **schnorcheln** lässt es sich direkt vor der Küste am Sogod Bay Scuba Resort (S. 380), obwohl hier ständig gegen die „Überfälle" des Dornenkronenseesterns gekämpft werden muss, der die Korallen in Windeseile zerstören kann.

Ausflüge zum Schwimmen mit **Walhaien** um Pintuyan werden in der Saison ebenfalls angeboten.

★ Limasawa Island INSEL

(rems_0418@yahoo.com) Die ruhige Insel Limasawa, ein Ort mit historischer und religiöser Bedeutung, lohnt einen Besuch. Die Insel hat rund 6000 Einwohner und fünf winzige Dörfer. Hier feierten die Spanier am 31. Mai 1521 die erste Heilige Messe, womit die Christianisierung des Landes begann.

Wer links vom Pier weitergeht, erreicht nach fünf Minuten die Stelle, an der einst die Messe gelesen wurden. Daneben führen 450 Stufen zur Gedenkstätte mit dem **Magellankreuz**. Von hier aus bietet sich ein herrlicher Blick über das Meer bis nach Mindanao, Bohol und zur Hauptinsel Leyte hinüber. Auf der Insel gibt es auch schöne, kleine Buchten, die ideal zum Schwimmen und Schnorcheln sind, sowie ein paar Pensionen.

Zwischen Montag und Samstag pendeln vier große *bangkas* nach/von Burgos (50 P, 45 Min.); die letzte Fahrt von Burgos findet um 15 Uhr statt, während das letzte Boot von der Insel um 12.30 Uhr ablegt. Sonntags fährt nur ein Boot, das Limasawa um 12.30 Uhr verlässt und um 15 Uhr von Burgos zurückfährt. Das Chartern eines *bangkas* kostet hin und zurück ungefähr 1500 P.

Cambaro Caves HÖHLENWANDERN

Die Abzweigung zu diesen spektakulären Höhlen befindet sich 10 km westlich von Burgos in Molopolo, einem *barangay* von Macrohon. Von hier führt eine teilweise geteerte Straße 7 km nach Cambaro, wo man in der Barangay-Halle Führer anheuern und Taschenlampen bekommen kann.

Schlafen & Essen

Limasawa Guesthouse PENSION €

(☎ 0917 633 8215; rems_0418@yahoo.com; Zi. 450 P; ❄) Diese Pension (von der Gemeindeverwaltung betrieben) liegt in der Nähe des Gemeindehauses im größten *barangay* der Insel, Cabulihan. Die beiden Zimmer sind klimatisiert, aber nicht nachts (wenn der Strom auf der Insel abgestellt wird). Für den Tourismus auf der Insel ist der Beamte Remigilda zuständig, den man kontaktieren kann.

Dak Dak Beach Resort PENSION €

(☎ 0915 520 3660; Lugsongan, Limasawa; Hütte mit Ventilator 700 P, Zi. mit Klimaanlage 1000 P; ❄) An der Ostküste der idyllischen Insel Limasawa ist dies der perfekte Ort, um abzutauchen, ein Buch zu schreiben, zu meditieren oder tagelang am Offshore-Riff zu schnorcheln. Zwei Zimmer und sieben winzige Nipa-Hütten blicken auf einen schmalen, weißen Sandstrand. Mahlzeiten können bestellt werden.

Peter's Dive Resort RESORT €

(☎ 0917 791 0993; www.whaleofadive.com; Lungsodaan; B 400 P, Zi. mit Gemeinschaftsbad 880–980 P, Zi. mit eigenem Bad 1300–3300 P; ❄ 📶 🏊) Das Peter's liegt direkt an der

Straße an einem Kieselstrand und bietet eine Vielzahl von Zimmern für jeden Geldbeutel. Die Schlafsäle und Budgetzimmer befinden sich im Hauptgebäude über dem Restaurant, während die größeren, komfortableren Cottages direkt am Strand stehen. Als Treffpunkt gibt's einen Barbereich. Wer nicht taucht, bezahlt etwas mehr für die Zimmer.

★ Sogod Bay Scuba Resort RESORT €€
(☎0915 520 7274; www.sogodbayscubaresort.com; Lungsodaan; Zi. 1100–2400 P; ❄@📶) Dieses schöne, von einem gastfreundlichen Australier geführte Resort hat eine erstklassige Lage am Wasser mit einfach, aber elegant möblierten Zimmern mit Terrasse. Billigere Unterkünfte befinden sich in einem Betonbau 200 m die Straße aufwärts und nicht am Wasser. Die Restobar serviert hervorragende, doch etwas teure Kost (200–240 P).

JD Beachfront Hotel PENSION €€
(☎0921 576 1155, 0905 320 9137; Pook Beach; DZ mit Ventilator/Klimaanlage 1400/1600 P; ❄📶) Die gastfreundliche Pension hat fünf geräumige, schicke Zimmer und eine tolle Strandlage auf der Halbinsel Tangkaan, 500 m südlich von der Ortsmitte von Burgos. Direkt vor der Küste kann man gut schnorcheln, und die Küche der gastlichen Besitzer (die Rabatt anbieten, wenn man länger als zwei Nächte bleibt) bereitet köstliche Gerichte zu.

Southern Leyte Dive Resort RESORT €€
(☎053-572 4011; www.leyte-divers.com; San Roque; DZ 1600–2350 P, 3BZ 2250–3900 P; ❄📶) Das älteste und hübscheste Tauchresort mit geräumigen Cottages – Bambus mit Ventilatoren oder angenehmer, moderner Klimaanlage –, die abseits der Hauptstraße und an einem schönen Sandstrand liegen. Das Essen im Gartenrestaurant mit Bar ist hervorragend und umfasst Pasta und deutsche Würstchen (sowie deutsches Bier).

Alma & Jerry's Kitchen PHILIPPINISCH €€
(Lungsodaan; Hauptgerichte 120–290 P; ⌚8–21 Uhr) Dieses 1 km nordwestlich vom Zentrum am Wasser gelegene, freundliche, von Einheimischen geführte Restaurant serviert schmackhaftes asiatisches Essen, darunter philippinische Currys, Meeresfrüchte und vegetarische Gerichte. Für knuspriges *pata,* Sashimi oder am Spieß geröstetes Spanferkel im Voraus bestellen. Hier werden auch Motorräder vermietet.

ℹ An- & Weiterreise

Fahrplanmäßige Jeepneys und Multicabs (Kleinbusse) nach Maasin fahren vom Pier ab (30 P, 1 Std.). In Maasin besteht Anschluss nach Ormoc und Tacloban.

Jeepneys in Richtung Malitbog und Sogod verkehren etwa alle 30 Minuten. In Sogod gibt's Anschluss an Tacloban, es kann aber zu Wartezeiten kommen.

Panaon Island

☎053

Diese reizvolle Insel, die über eine Brücke bei Lilo-an mit der Hauptinsel Leyte verbunden ist, ist Schauplatz eines jahreszeitlich abhängigen Interaktionsprogramms mit Walhaien außerhalb der Stadtgemeinde Pintuyan.

Auf der Insel besteigt man auch entweder im Hafen von Lilo-an oder von Benit, San Ricardo, an der Südspitze der Insel, die Fähre nach Lipata, bei Surigao City auf Mindanao.

Aktivitäten

Die Beobachtung von Walhaien ist die Hauptattraktion hier, aber es gibt auch tolle Tauchreviere an der Westküste der Insel Panaon. Das **Napantao Reef,** vor der Basis der Coral Cay Conservation (www.coralcay.org) in San Francisco gelegen, ist ein sehr angesehener und beliebter Tauchort, wo regelmäßig Riffhaie und Schildkröten gesichtet werden. Tauchausflüge von Padre Burgos aus führen über die Bucht nach Panaon, man kann alternativ aber auch mit dem Pintuyan Beach Resort tauchen.

★ Walhaie WALBEOBACHTUNG
(☎0917 301 4047; für 1/2/3 Pers. 1600/1850/2100 P) Nur wenige Touristen unternehmen diese landschaftlich schöne Reise hinunter bis Pintuyan, wo das örtliche Touristenbüro von der Gemeinde organisierte Schnorchelausflüge zur Beobachtung von Walhaien (von den Einheimischen *tiki-tiki* genannt) anbietet. Dazu fährt man in *bangkas,* die drei Personen Platz bieten und im Besitz der örtlichen Fischergenossenschaft sind, hinaus aufs Meer. Die Touren starten vom *barangay* Son-ok, 3 km nördlich von Pintuyan, aus, und die Gebühr umfasst das Boot, den Führer und Walbeobachter. Die Schnorchelausrüstung kostet 150 P.

Auch Tauchshops in der Bucht von Sogod veranstalten hier Touren, aber die Gäste dürfen nicht im Hauptrevier in Son-ok tauchen. Mit Glück kann man aber auch *tiki-tiki* sichten, wenn man woanders taucht. Walhaie werden in Son-ok nicht von Hand gefüttert, und die Sicht ist meist gut. Die Saison für die Beobachtung von Walhaien läuft ungefähr von November bis Mai.

Man sollte nicht vergessen, dass Pintuyans *tiki-tiki* launisch sind – in manchen Jahren zeigen sie sich nur kurz oder auch gar nicht. 2017 gab es nur wenige Sichtungen. Bevor es losgeht, also besser Moncher Bardos im örtlichen **Ecotourism Office** (☎0917 301 4047; moncher64bardos@yahoo.com; Municipal Development Office, *barangay* Poblacion, Pintuyan) kontaktieren, um zu erfahren, ob sie sich aktuell in der Gegend aufhalten.

Schlafen & Essen

La Guerta Lodge LODGE €

(☎0908 170 9724, 0926 142 6986; www.facebook.com/laguertalodginghouseunoanddos; 42 F Castanares St., Pintuyan; EZ 300–500 P, DZ 350–650 P;) Diese Lodge im Familienbesitz hat einfache, saubere Zimmer in einer Reihe und abseits des Wassers in der Nähe des Zentrums von Pintuyan. Es stehen Zimmer mit Ventilator oder Klimaanlage zur Wahl, aber Mahlzeiten werden nicht mit angeboten.

Leyte South MPC HOTEL €

(☎0917 302 7971; abgehend vom Lilo-an–San Ricardo Hwy., Lilo-an; Zi. ab 490–1250 P;) Dieses grell bemalte, neue Hotel verfügt über eine Auswahl von Zimmern, darunter Familienzimmer, alle mit Kabelfernsehen und Klimaanlage. Es liegt 1 km westlich des Hafens.

★ **Pintuyan Beach Resort** RESORT €€

(☎0921 736 8860; www.pintuyan.com; Pintuyan; Zi./Bungalow inkl. Halbpension 2060/2850 P;) Das ist die Top-Adresse zum Übernachten auf Panaon Island und ein toller Standort für Tauchausflüge in der Sogod Bay. Es gibt fünf geräumige Bungalows, vier mit Meerblick, und drei Zimmer; das Restaurant serviert gute asiatische und westliche Küche. Tauchgänge kosten 1100 P exklusive Ausrüstung und Bootsmiete, Ausflüge nach Limasawa Island und zur Beobachtung von Walhaien werden angeboten.

An- & Weiterreise

Southern Leyte hat gute Bootsverbindungen nach Mindanao.

Von Lilo-an aus betreibt **FastCat** (☎in Cebu 032-816 1183; http://fastcat.com.ph; port, Lilo-an) drei tägliche Schnellboote nach Lipata jeweils um 4, 12 und 20 Uhr (300 P, 2 Std.). Eine RoRo-Fähre der **Southwest Ferries** (☎0917 650 2462; www.facebook.com/southwestferries; Hafen, Lilo-an) legt zweimal täglich um 6 Uhr und 18 Uhr nach Surigao, Mindanao, ab (300 P, 4 Std.), und andere Reedereien bieten zusätzliche Fahrten auf dieser Strecke an.

Von Benit-Hafen bei San Ricardo aus hat **Montenegro Shipping** (☎in Batangas 043-740 3206; www.facebook.com/montenegroinc) fünfmal täglich um 4, 8, 12, 16 und 20 Uhr (140 P, 1¼ Std.) RoRo-Fähren auf dem Fahrplan nach Surigao, und manchmal fahren auch noch zusätzliche *bangkas*.

Regionale Busse fahren von Sogod aus nach Lilo-an, Pintuyan und San Ricardo.

BILIRAN ISLAND

☎053 / 178 400 EW.

Ganz allmählich nimmt der Tourismus in dieser friedlichen Inselprovinz, die das Potenzial zu einem Abenteuer-Wunderland hat, Fahrt auf. Das grüne Biliran hat eine lange und schöne Küstenlinie und ein gebirgiges Landesinnere sowie mehrere weiße Sandstrände auf den ihr vorgelagerten Eilanden. Eine meist befestigte Ringstraße verläuft rund um die Insel und bietet tolle Ausblicke auf leuchtend grüne Reisterrassen. Biliran eignet sich hervorragend, um einige Tage den Menschenmassen zu entfliehen und auf eigene Faust die Insel zu erkunden.

Biliran wurde 1992 verwaltungsmäßig von Leyte getrennt und zu einer eigenständigen Provinz erklärt; eine kurze Brücke verbindet die beiden Inseln. Biliran zeichnet sich durch üppige Vegetation aus, und Niederschläge können immer fallen, die stärksten im Dezember, die geringsten im April. Die meisten Bewohner leben als selbstversorgende Bauern oder Fischer und sprechen an der Westküste Cebuano und im Osten der Insel Waray-Waray.

An- & Weiterreise

Die große Mehrheit der Reisenden kommt auf dem Landweg von Leyte aus an. Am bequemsten sind die Vans mit Klimaanlage, die von Duptours und **Van Vans** (☎0927 270 2975; P Inocintes St.)

betrieben werden. Sie fahren bis 16.30 Uhr alle 30 Minuten nach Tacloban (150 P, 2¾ Std.) und Ormoc (130 P, 2 Std.). Ein paar örtliche Busse fahren ebenfalls zu diesen Zielen, brauchen aber doppelt so lange für ungefähr den gleichen Preis.

Direktflüge verbinden heute die Insel mit Cebu. Air Juan (www.airjuan.com) hat zweimal wöchentlich Direktflüge zwischen dem Flugplatz von Biliran (8 km südlich von Naval) und Cebu.

Von Naval legt eine RoRo-Fähre von Roble Shipping (S. 334) sonntags und dienstags um 20.30 Uhr (RoRo; 480 P, 9 Std.) nach Cebu City ab.

Unterwegs vor Ort

Öffentliche Verkehrsmittel gibt es nur sehr eingeschränkt, deshalb ist es am besten, die Insel mit einem Motorrad zu erkunden. Ein *habal-habal* kostet ungefähr 1000 P für eine ganztägige Rundfahrt um die Insel. Hotels können Motorräder besorgen, oder man probiert es bei **Norkis** (Vicentillo St.; pro Tag 400 P; ⏲Mo–Sa 8–18 Uhr).

Der **Bus-Terminal** (P Inocintes St.) in Naval befindet sich am öffentlichen Markt neben dem Pier. Von hier fahren Busse und Jeepneys regelmäßig und täglich bis 17 Uhr von Naval Richtung Norden nach Kawayan (25 P, 45 Min.) über Almeria. Klapprige Busse fahren ungefähr stündlich um 16 Uhr (50 P 1 Std.) quer durch die Insel nach Caibiran. Außerdem werden vormittags Fahrten nach Bunga über Cabucgayan entlang der südlichen Route angeboten (40 P, 1½ Std.).

Fahrradtaxis gibt's überall im Ort. Fahrten vor Ort kosten 5 bis. 10 P.

Naval

☎053 / 56 500 EW.

Naval (nah-*vahl*), die Provinzhauptstadt, erstreckt sich entlang einer Straße mit einer Handvoll Verwaltungssgebäuden bis hinunter zum Hafen. Hier ist kaum etwas los, der Ort eignet sich aber gut als Ausgangspunkt für Tagesausflüge. Das

Biliran Island

Provincial Tourism Information Office (☎053-500 9571; http://tourism.biliranisland.com; Naval-Caibiran Cross Country Rd.; ⌚Mo–Fr 8–17 Uhr) kann mit Vorschlägen helfen. Es gibt mehrere Geldautomaten in der Stadt.

Schlafen & Essen

D'Mei Residence Inn Naval HOTEL €€
(☎053-500 9796; www.facebook.com/dmeiresidenceinn; 213 P Inocentes St.; Zi. 900–1600 P; ❄📶) Dieses hübsche, kleine Hotel hat moderne, saubere Zimmer mit Warmwasser im eigenen Bad. Es ist das Bessere der beiden D'Mei-Hotels in Biliran. Einige Zimmer blicken auf die Berge. Im Erdgeschoss gibt's einen praktischen Minimarkt und eine Restobar für Getränke und Mahlzeiten. Das Hotel liegt 1 km östlich vom Hafen.

Chamorita Resort RESORT €€
(☎0918 608 3499; www.chamoritarp.com; km 1018; Zi. mit Ventilator 500 P, mit Klimaanlage 950–1500 P; ❄📶) Dieses 7 km südlich von Naval am Wasser gelegene Resort verfügt über sehr komfortable Zimmer zu guten Preisen sowie eine tolle Bar voller Spirituosen und Barspiele. Die Zimmer sind mit guten, großen Betten und Flachbildfernsehern ausgestattet. Es fehlt zwar ein richtiger Strand, aber mehrere Pavillons zum Entspannen bieten erstklassigen Meerblick. Der amerikanische Besitzer Leo ist eine Informationsquelle für Biliran.

★ **Jelo's Place** CAFÉ €€
(☎053-500 3032; P Inocentes St.; Snacks & Mahlzeiten 60–240 P; ⌚8–21 Uhr; 📶) Beliebtes Café-Restaurant, das sättigende Frühstücke, philippinische Speisen, Sandwiches und Burger und Pasta serviert. Dazu mit die beste Kuchenauswahl auf den Visayas – unbedingt probieren sollte man Jelo's Mousse-Kuchen oder Grünen-Tee-Kuchen. Es ist klimatisiert, und es gibt einen kleinen Laden, der internationale Nahrungsmittel verkauft.

D'Adaone INTERNATIONAL €€
(☎053-500 9796; www.facebook.com/dadaonebarandrestaurant; 213 P Inocentes St.; Hauptgerichte 110–220 P; ⌚11–24 Uhr, So bis 21 Uhr; ❄📶) Eines der besten Speiselokale in Naval im 1. OG der D'Mei Residence Inn Naval; auf der Karte stehen gut schmeckende westliche und asiatische Gerichte. Dazu gehört eine Loungebar mit akustischer Livemusik an Samstagen.

Nördlich von Naval

Der überaus hübsche Küstenstreifen zwischen Naval und Kawayan ist der einzige Teil der Insel, der mit öffentlichen Verkehrsmitteln leicht erkundet werden kann. Jenseits von Kawayan ist die Straße rund um den nordöstlichen Teil der Insel bis Caibiran zwar größtenteils befestigt, aber öffentliche Verkehrsmittel sind auf dieser Strecke dennoch nur selten anzutreffen.

Zu den Sehenswürdigkeiten gehören hier mehrere eindrucksvolle Wasserfälle, die **Sampao-Reisterrassen,** der **Agta Beach** (von dem aus Bootsfahren organisiert werden können) und **Masagongsong,** das für seine natürliche Quellen bekannt ist.

Die 25 m hohen **Ulan-Ulan Falls** gehören zu den sehenswertesten in ganz Biliran. Eine kurze Klettertour über den Ulan-Ulan liegen wieder Wasserfälle, die Recoletos Falls, mit einem wunderbaren Naturbecken. *Habal-habal*-Fahrer berechnen von Almeria oder Naval aus etwa 500 P für die Hin- und Rückfahrt inklusive einer Stunde Wartezeit. Das nächstgelegene Dorf ist Sampao, von wo aus man in etwa 15 Minuten zu Fuß zu den Fällen kommt.

Agta Beach Resort (☎0906 225 6265; http://agtabeachresort.com; km 1038; DZ 1500–3500 P; ❄📶🏊) ist ein beliebtes Hotel mit mehreren Pools, Bilirans einzigem Tauchzentrum (1800 P pro Tauchgang inklusive aller Ausrüstung) und vielen Touren und Ausflügen zu Offshore-Inseln und in der Umgebung von Biliran.

Östlich & südlich von Naval

Südlich der Straße, die quer durchs Land führt, erblickt man mehrere Gipfel, darunter den Vulkan **Bilira,** der zuletzt 1939 ausgebrochen ist; er kann in einem gut 1½-stündigen Aufstieg erklommen werden. Beim Tourismusbüro der Provinz in Naval erkundigen. Man braucht einen Guide, der in Caibiran im *barangay* Pulang Yuta angeheuert werden kann.

Es gibt in der Region mehrere Wasserfälle, darunter die **Tomalistis Falls,** die **Casiawan Falls** (50 P) und die **Kasabangan Falls** (20 P).

Higatangan Island

Genau westlich von Naval liegt die Insel Higatangan, wo eine vorgelagerte weiße Sandbank gute Möglichkeiten zum Schwimmen und Schnorcheln schafft. An der westlichen, nur mit dem Boot erreichbaren Küste ragen mehrere interessante Felsformationen mit kleinen Sandbuchten dazwischen auf. Der ehemalige Präsident Marcos soll hier im Zweiten Weltkrieg zusammen mit einigen Getreuen aus dem philippinischen Widerstand Zuflucht gesucht haben. Daran erinnert der nach ihm benannte Marcos Hill.

Auf der Insel kann man in dem einfachen und einladenden **Higatangan Island Beach Resort** (☎0910 573 5963; www.higatanganislandresort.com; Hütte 500 P, Zi. 800–1800 P; ❄📶) übernachten; die Besitzer können sich um die Mietung von Fahrrädern und Booten kümmern. Täglich legen *bangkas* (12 und 13 Uhr) von Naval (60 P, 45 Min.) ab, und die Boote legen in der anderen Richtung um 7.30 Uhr ab, sodass man hier übernachten muss, wenn man mit öffentlichen Verkehrsmitteln unterwegs ist. Eine einfache Fahrt im gecharterten *bangka* kostet ungefähr 1600 P.

Maripipi Island

☎053 / 7300 EW.

Vor der Nordwestspitze von Biliran liegt diese spektakuläre, vom inaktiven Vulkan Maripipi (924 m) beherrschte Insel. An der Nordseite von Maripipi liegt das schmucke **Napo Beach Resort** (☎0921 212 5164; www.napobeachresort.com; Zi. 1000–2500 P; ❄📶🍴), das Gerätetauchen und Einsamkeit bietet.

Von Kawayan aus lässt sich ein ganztägiger Inselhopping-Ausflug (2500 P) arrangieren, der Maripipi und die winzige benachbarte **Sambawan Island,** von wo aus man schön in der Region Biliran schnorcheln und tauchen kann, einbezieht.

Sambawan Dive Camp & Beach Resort (☎0918 910 2141; www.facebook.com/sambawandivecampbeachresort; Bungalows 2500 P) ist die einzige Unterkunftsmöglichkeit auf Sambawan Island, mit einfachen Strandbungalows.

Ein oder zwei Passagierboote legen täglich am Vormittag von Naval mit Ziel Maripipi (70 P, 1½ Std.) ab und kehren am folgenden Tag zurück. Man kann aber auch am Pier in Kawayan, 18 km nördlich von Naval, ein *bangka* (einfache Fahrt 2000 P, 45 Min.) mieten.

Ein *habal-habal* (300 P) kann die fast kreisrunde, 27 km lange Küstenlinie von Maripipi in etwa einer Stunde befahren.

SAMAR

Das am häufigsten mit Samar assoziierte Wort ist „zerklüftet". Das Landesinnere ist dicht bewaldet und buchstäblich undurchdringlich. Es wird von einem reizvollen Küstenstreifen mit türkisfarbenen Buchen, verborgenen Brandungsfelsen, steil aufragenden Klippen und Sandstränden gesäumt. Es ist daher kein Zufall, dass Samar eher abenteuerlustige Touristen anzieht – Höhlenfreaks, Kanufahrer, eingefleischte Surfer auf der Suche nach unbekannten Surfspots. Die Verkehrsverbindungen zwischen den wichtigsten Orten sind recht gut, aber um Samar wirklich zu erkunden, sind ein Motorrad und kein Zeitdruck ideal. Auf Samar wird überwiegend Waray-Waray gesprochen.

Teile des nördlichen Samar dienten kleinen Gruppen der New People's Army (NPA) lange Zeit als Unterschlupf. Der Konflikt flaute in jüngster Zeit ab, und eventuelle Zwischenfälle treten höchstens im Hinterland auf, ohne sich auf Touristen auszuwirken.

Geschichte

Als Magellan 1521 erstmals philippinischen Boden betrat, geschah dies auf der winzigen Insel Homonhon (unterhalb der Südspitze von Samar). Im philippinisch-amerikanischen Krieg war Samar Schauplatz einer der blutigsten Schlachten. Berichte vom erbitterten Widerstand, auf den die Amerikaner stießen, fanden Eingang in die Überlieferungen des US Marine Corps, und noch Jahre nach dem Krieg wurden Veteranen dieses Feldzugs von ihren Kameraden in den Speisesälen mit „Erheben Sie sich, Gentlemen, er diente auf Samar" begrüßt.

ℹ An- & Weiterreise

Es gibt einen täglichen PAL-Flug von Manila nach Calbayog und einige wenige PAL-Flüge von Catarman nach Manila. Fahrplanmäßige RoRo-Fähren verkehren zwischen Matnog, Sorsogon auf Luzon und Allen.

Samar

Tacloban (in Leyte) ist das Haupttor zum südlichen Samar. Sehr regelmäßige Vans und Busse verkehren zwischen dieser Stadt und vielen Orten auf Samar.

Die Küstenstraße, die rund um die Insel verläuft, ist befestigt, aber nicht immer in bestem Zustand. Man muss mit Schlaglöchern rechnen.

Catarman

☎ 055 / 96 600 EW.

Catarman, die etwas baufällige Hauptstadt der selten von Touristen besuchten nördlichen Region von Samar, ist kein Ziel, wo es sich lohnt, lange zu bleiben – es ist eine Hafenstadt ohne Sehenswürdigkeiten für Reisende und mit ganzjährig schwüler Luft. Davon abgesehen, gibt's aber ein paar schöne Strände in der Nähe, wo man gelegentlich surfen kann. Der Flughafen von Catarman ist ein praktisches Tor nach Samar.

Schlafen & Essen

★ **SaSa Pension House** PENSION €
(☎ 055-251 8415; sasapensionhouse@yahoo.com; Jacinto St.; Zi. 500–1200 P; ❄📶) Das SaSa, das gute Preise und eine gute Lage bietet, verfügt über 15 schöne, moderne Zimmer mit Klimaanlage und eigenen Bädern mit Warmwasser; die „Executive"-Zimmer haben Badewannen. Das WLAN ist schnell und das Personal freundlich.

North Hill Pension HOTEL €
(☎ 055-500 9085; F Marcos St.; EZ 450–600 P, DZ 650–900 P ❄📶) Ein sauberes, schön gestaltetes Budgethotel in hervorragender, zentraler Lage. Das Personal ist hilfsbereit, und besonders die klimatisierten Zimmer sind ihr Geld wert.

★ **Café Eusebio Bed & Breakfast** B&B €€
(☎ 055-500 9245; https://www.facebook.com/Cafe-Eusebio-Bed-and-Breakfast-189562777918179/; Ecke Annunciacion & Marcos Sts.; DZ

inklusive Frühstück 2000–3000 P; ❄📶) Mitten in der Stadt liegt dieses noble, künstlerisch gestaltete B&B mit Zimmern, die über herrliche, dunkle Holzfußböden, Designer-Waschbecken, hippe Beleuchtung, luxuriöse Betten und riesige Flachbildschirme verfügen. Das Eusebio beherbergt auch ein tolles Café mit den besten Kuchen in der Stadt.

Binang & Cadio Resort RESORT €€
(☎0906 213 1611; www.binang-and-cadio.com; Bobon Beach; DZ 1850 P; ❄📶🏊) Ein gut geführtes Resort in Familienbesitz an einem verlockend schönen Abschnitt des Bobon Beach. Geräumige Zimmer mit Terrassen sind um einen Poolbereich gruppiert.

Miko Miko Resort RESORT €€€
(☎0917 856 3124; www.mikomiko.com.ph; Cottage inkl. Frühstück 5000 P; ❄📶🏊) Dies ist die erste luxuriöse Unterkunft, die an der spektakulären Küste von Nord-Samara eröffnet wurde. Das Miko Miko umfasst fünf schöne Cottages und einen Infinity-Pool oberhalb einer windgepeitschten Küste. Durch seine Abgeschiedenheit ist das Resort ideal für einen romantischen Urlaub geeignet. Der Service lässt jedoch zu wünschen übrig und sollte bei diesen Preisen besser sein. Es liegt 10 km östlich von Catarman.

Isla Cafe CAFÉ €
(GH del Pilar St.; Gerichte 100–250 P; ⏰8–19.30 Uhr; ❄📶) Ein schönes Café mit Klimaanlage, funktionsfähigem WLAN, westlicher und philippinischer Küche, verschiedenen Kaffeedrinks und köstlichen Kuchen im geschäftigen Zentrum von Catarman.

★ **Our Nest Restaurant** PHLIPPINISCH €€
(☎055-500 9659; F Marcos St.; Hauptgerichte 85–300 P; ⏰10–24 Uhr; 📶) Dieses stilvolle Restaurant ist das beste in der ganzen Stadt. Auf der Karte stehen hervorragende Meeresfrüchte, Hühnchen, Rindfleisch, Schweinefleisch und Pasta sowie ein paar chinesische Speisen. Zu empfehlen sind die „sexy Rippen" (300 P), brutzelnder Tintenfisch (280 P) oder auch die Kantonnudeln (200 P).

Ausgehen & Nachtleben

Lucas Place BAR
(Catarman Diversion Rd. 2; ⏰18–1 Uhr) Dieser Schuppen, nur 2 km südwestlich des Zentrums, bringt die besten Live-Acts in der Stadt auf die Bühne.

An- & Weiterreise

PAL fliegt viermal wöchentlich morgens von Manila nach Catarman. Der Flughafen ist 3 km von der Stadt entfernt (120 P für ein privates Tricycle, 20 P für ein öffentliches Tricycle).

Jeepneys nach Allen fahren vom Bus-Terminal alle 30 Minuten bis 18.30 Uhr (60 P, 1¼ Std.), während Vans (ungefähr halbstündlich) von **Grand Tours** (☎0917 510 9240; www.vsgrandtours.com; JP Rizal Ave.) und **D'Turbanada Transport** (☎055-500 9724; Balite St.) auf der quer durchs Land führenden Straße über Lope de Vega nach Calbayog (110 P, 2 Std.) verkehren; einige fahren weiter nach Tacloban (345 P, 5 Std.). Abfahrt bis 17 Uhr. Meist fahren Morgenbusse nach Manila (normale/mit Klimaanlage 880/1200 P, 16 Std.).

Biri Island

☎055 / 11 850 EW.

In der Mitte der unter Naturschutz stehenden Balicuatro-Inselgruppe liegt Biri, das für seine ungewöhnlich schönen Felsformationen, Gezeitenbecken und Meereswasserfälle bekannt ist. In der Nähe der Felsformationen lässt es sich manchmal toll surfen, vor allem von Oktober bis Januar.

Biri Island kann gut im Rahmen eines Tagesausflugs erkundet werden, oder man übernachtet auf der Insel; Strom gibt es allerdings nur zeitweise, und um Mitternacht wird er abgeschaltet.

Einige der bekanntesten **Felsformationen** sind 2–3 km von Biri-Stadt entfernt. Es lohnt sich, den nordöstlichen Inselrand anzusteuern, wo man auf zwei Stegen die halbe Strecke zu den Felsformationen vor der Küste gehen kann. Viele philippinische Regisseure haben diese Stelle für Außenaufnahmen gewählt. Dann geht es weiter durch ein ausgedehntes Gezeitengebiet, wo sich einige Gezeitentümpel gebildet haben; einige davon sind ausreichend tief, um darin schnorcheln zu können.

Die klippenähnlichen Felsformationen Magasang und Magsapad sind unsere Favoriten. Wenn die Gezeiten es erlauben, sollte man zu ihrer dem Meer zugewandten Seite gehen und die ungeheure Kraft des offenen Meeres beobachten, wenn es hier auf Land trifft. Wenn das Meer ruhig ist, kann man einen Sprung ins Wasser wagen und vor der Westseite von Magasang schnorcheln. Viele Rifffische, Muränen und sogar gestreifte Seeschlangen sind hier gesichtet worden.

Die besten Wellen zum **Surfen** sind bei Sitio Cogon auf Talisay Island zu finden. Gerätetauchen kann man über das **Biri Resort & Dive Centre** (☎0915 509 0604; http://biri-resort.com; Biri-Stadt; Zi. 1500–2500 P; ❄📶) buchen, das zu 15 verschiedenen Tauchorten in der Umgebung der Inseln fährt und über die BIRI Initiative (http://biri-initiative.org) an der Wiederherstellung der beschädigten Korallenriffe der Insel mitwirkt.

Das gemütliche **Glenda's B&B** (☎0926 743 5479; johnryan55599@yahoo.com; *barangay* Sto Niño; Zi. 1100–1400 P; ❄📶) hat behagliche, geräumige Zimmer, gutes Essen, eine schöne Lage am Ufer und – besonders wichtig – batteriebetriebene Ventilatoren. Es befindet sich neben der Bootsanlegestelle im *barangay* Sto Niño, 2 km südlich der eigentlichen Stadt Biri.

Villa Amor (☎0935 366 1415; www.facebook.com/biriislandsvillaamor; Biri-Stadt; DZ mit Ventilator/Klimaanlage 900/1400 P; ❄📶) ist ein dreistöckiges Strandhotel mit gut gepflegten, großen Zimmern und einem üppig grünen Garten, der teilweise im Schatten von Palmen liegt. Es wird von hilfsbereiten Leuten geführt, die Gästen kostenlos Paddle- und Surfboards zur Verfügung stellen, und es gibt eine Dachterrasse, die ideal für Sundowners (oder als Yoga-Deck) ist.

ℹ An- & Weiterreise

Im 8 km von Allen entfernten Lavezares legen Boote, wenn sie voll sind, bis ungefähr 17.30 Uhr ab (50 P, 1 Std.) und fahren nach Biri; oder man zahlt 500 P für eine Extrafahrt. An den meisten Vormittagen verkehrt ein Güter-/Personen-*bangka* nach Matnog (150 P, 1½ Std.). *Habal-habal* nehmen 50 bis 70 P für eine Fahrt zu Felsformationen und etwa 300 P für einen Ausflug über die Insel.

Allen

☎055 / 26 800 EW.

Diese Hafenstadt bedient die Fährroute zwischen Nord-Samar und Süd-Luzon. Ein guter Rat: Sollte es spät werden, empfiehlt es sich, in Allen zu übernachten und am nächsten Morgen ein Boot zu nehmen, statt die Nacht im gottverlassenen Matnog (drüben in Luzon) verbringen zu müssen, wo die Fähren ankommen.

Die **Kinabranan Lodge** (☎0917 324 6328; DZ 900 P; ❄📶), unpassenderweise neben einem Fleischerladen gelegen, gleich nördlich des Dap-Dap-Pier, hat moderne, gut gestaltete Zimmer mit bequemen Betten und Plasma-TV.

Das **AllenYon Silogan** (www.facebook.com/allenyonsilog; Rizal St.; Gerichte 39–80 P; ⏲6–20 Uhr) ist ein helles, beliebtes und darüber hinaus sehr preisgünstiges, kleines Café für gutes philippinisches Essen, darunter leckeres Frühstück sowie Fleisch- und Fischgerichte.

ℹ An- & Weiterreise

RoRo-Autofähren diverser Schiffslinien verkehren von Allen nach Matnog (120 P, 1½ bis 2 Std.) und legen am Hauptpier, dem **Balwharteco Pier** (☎055-300 2041; Terminalgebühr 20 P P) ab. Es gibt keine festen Fahrpläne, man kann aber davon ausgehen, dass rund um die Uhr mindestens alle zwei Stunden eine Abfahrt stattfindet. Beim Pier anrufen und sich nach dem Wetter und aktuellen Abfahrtszeiten erkundigen. Einige nach Matnog fahrende Fähren legen am gemächlicheren Dap-Dap-Pier, 2 km südlich der Stadt, ab. Schnellboote von **FastCat** (☎0998 845 3321; http://fastcat.com.ph; Hafen San Isidro) fahren viermal täglich vom Hafen San Isidro, 16 km südlich von Allen, nach Matnog (144 P, 1½ Std.).

Vans von **Grand Tours** (☎0917 700 8071; www.vsgrandtours.com) fahren ungefähr jede Stunde von Allen nach Calbayog (100 P, 1¾ Std.), dann nach Catbalogan, und weiter nach Tacloban. Meist steht ein Van am Pier und wartet. Jeepneys fahren bis 18 Uhr nach Catarman (60 P, 1¼ Std.).

Dalupiri Island

Nach dem einzigen Ort auf der Insel häufiger San Antonio benannt, besticht Dalupiri, das Samar direkt vorgelagert ist, mit schönen Stränden und klarem Wasser. Die Insel ist so reizvoll, dass man sich darauf gefasst machen muss, länger zu bleiben, als geplant.

Am Küstenstreifen nimmt die Zahl der Erholung bietenden Unterkünfte ständig zu. Die Stromversorgung ist täglich von 6 bis 12 Uhr abgeschaltet, sodass es in den Zimmern recht stickig werden kann, wenn keine Brise weht.

Auf der benachbarten, bewaldeten Insel **Capul**, westlich von Dalupiri, verläuft das Leben noch gemächlicher und lohnt ganz sicher einen Tagesausflug oder einen längeren Aufenthalt. Oder weiter zu den entlegenen, aber idyllischen **Seven Islands** mit rosafarbenen Sandstränden und totaler Einsamkeit.

Schlafen

Haven of Fun RESORT €

(☎0917 303 1656; www.havenoffunbeachresort.com; San Antonio; Zi. mit Ventilator 700–1000 P, mit Klimaanlage 1400–2000 P; ❄📶) Das gut eingeführte und landschaftlich schön gelegene Haven of Fun ist nur einen kurzen Fußweg vom Pier entfernt. Es bietet eine gute Auswahl an Zimmern, darunter auch hübsche, kleine, strohgedeckte Cottages, und ein gutes Restaurant. Nur Barzahlung mgölich.

Capul Island Beach Resort RESORT €

(☎0919 680 1454; www.facebook.com/capulislandbeachresort; Capul Island; Zi. mit Ventilator/Klimaanlage 600/1200 P; ❄) Dieses ruhige Resort auf Capul verfügt über vier Zimmer in einer Pension am Strand und eine große Villa mit zwei zusätzlichen Schlafzimmern.

7 Islands Resort RESORT €€

(☎in Dalupiri 0917 336 9740; www.7islandsresort.com; Sila Island; Zi. ab 1500 P) Große, strohgedeckte Bungalows mit eigenen Bädern direkt an einem halbmondförmigen, rosa Sandstrand auf der entlegenen Insel Sila. Um Zimmer und den Bootstransfer zu buchen, die schwedisch-philippinischen Eigner vom Crystal Sand Beach Resort im nahen Dalupiri, die das Resort managen, rechtzeitig im Voraus kontaktieren.

Birmingham Allen Beach Resort RESORT €€

(☎in Cebu 032-911 2696; http://birminghamallen.com; Zi. 2000–3200 P; ❄📶🏊) Dieses neue Resort an der Küste (richtiger Strand ist dort nicht vorhanden) hat vier elegante, moderne Zimmer mit allem Komfort (einige haben auch Himmelbetten) in einer Anlage, die einen schönen Blick aufs Meer bietet. Man kann dort auch gut essen.

Crystal Sand Beach Resort RESORT €€

(☎0917 336 9740; www.crystalsandbeachresort.weebly.com; San Antonio; DZ mit Ventilator 500–1400 P, mit Klimaanlage 1300–1500 P; ❄📶) Dieses seit Langem bestehende Strandresort in schwedischem Besitz hat eine herrliche Lage nur 500 m von einem Meeresschutzgebiet entfernt. Die Unterkünfte sind etwas altmodisch, mit Zimmern in einem staubig-rosa Betonbau, und einfachen Bungalows, die besser zu der Strandlage passen. Schnorchelausflüge zu Seven Islands werden organisiert.

An- & Weiterreise

Öffentliche Boote nach San Antonio (30 P, 25 Min.) legen in Victoria, das 8 km südöstlich von Allen liegt, ab, sobald sie voll sind. Wer nicht so lange warten will, kann für 400 P eine Sonderfahrt buchen. Außerdem verkehren täglich drei oder vier *bangkas* vom Dap-Dap-Pier in Allen nach San Antonio (40 P, 45 Min.).

Öffentliche *bangkas* verlassen Capul am frühen Morgen in Richtung Balwharteco-Pier auf Allen und Matnog, Sorsogon (beides 100 P, etwa 1 Std.); die Rückfahrt von Allen findet ungefähr um 11 Uhr und von von Matnog um 10 Uhr statt.

Calbayog

☎055 / 188 600 EW.

Diese große Stadt liegt an beiden Ufer des breiten Flusses Calbayog und ist mit einem Flughafen und Fährverbindungen ein nützlicher Verkehrsknotenpunkt. Sie ist zwar weder landschaftlich eindrucksvoll noch kosmopolitisch, eignet sich aber gut für einen Zwischenstopp, wenn man unterwegs nach Süden oder Norden ist.

Das Ciriaco Hotel (☎055-533 9300; www.ciriacohotel.com; National Rd., km 735; Zi. inkl. Frühstück 2700–3100 P; ❄📶🏊) ist das vornehmste Hotel in Calbayog, 2 km südöstlich des Zentrums gelegen. Es verfügt über Zimmer der Businessklasse mit einer qualitativ sehr guten Einrichtung und hat einen Pool, der groß genug für Sprünge ist, sowie Meerblick. Es veranstaltet auch Touren zu Wasserfällen und anderen Naturschönheiten in der Gegend.

Wer sparen muss, findet im **Eduardo's Hotel** (☎055-553 9996; Pajarito St.; DZ mit Ventilator/Klimaanlage ab 650/800 P; ❄📶) eine Bleibe, von dem aus viele Cafés und Restaurants zu Fuß erreichbar sind.

Im **S&R Bed & Breakfast** (☎055-533 9026; http://srbedbreakfast.blogspot.co.uk; National Hwy.; DZ inkl. Frühstück 1300–1650 P; ❄📶) gibt es fünf makellos saubere Zimmer mit riesigen Flachbildschirmen und Kabel-TV, Minibar und großem Bett mit Lesebeleuchtung. 2,5 km westlich der Stadt, in der Nähe des Flughafens.

Das authentischste philippinische Essen in der Gegend wird in einer an den Seiten offenen Nipa-Halle, dem **Kamayan Sa Carayman** (☎055-301 1258, 0906 532 0327; Carayman; Hauptgerichte 120–495 P; ⏲10–22 Uhr) serviert. Lecker schmecken hier Chili-Krebse oder gegrillter Fisch, Butterhuhn und knuspriges *pata* (frittierte Schweinehaxe). Die Portionen sind riesig. 4 km östlich des Zentrums im *barangay* Carayman gelegen, 100 m abseits des Highways.

Im Carlos & Carmelo's (Nijaga St.; Hauptgerichte 150–200 P; ⌚8–21 Uhr, Fr & Sa bis 24 Uhr und später; 📶) kommen leckere Burger, Pasta, Barfood und die vielleicht besten Rippen in den Eastern Visayas auf den Tisch, dazu freitags und samstags Livemusik.

An- & Weiterreise

PAL fliegt dreimal wöchentlich zwischen Calbayog und Manila. Cebu Pacific verbindet Cebu City mit Calbayog mit vier wöchentlichen Flügen. Ein neuer Terminal befindet sich am Flughafen im Bau, der 6 km westlich der Stadt liegt, abgehend von dem Küsten-Highway.

Grand Tours (☎055-209 6177; www.vsgrandtours.com; Marharlika Hwy, 700 m östlich vom Zentrum) hat die meisten Van-Verbindungen von und nach Calbayog; Vans fahren alle 30 Minuten nach Catbalogan (100 P, 1½ Std.) und mindetens stündlich nach Allen (110 P, 1¾ Std.) und Catarman (110 P, 2 Std.). Für weiter südlich gelegene Ziele in Catbalogan umsteigen; Vans starten zur letzten Fahrt um 17 Uhr. Es gibt noch andere Van-Unternehmen (alle am Küsten-Highway im Osten der Stadt), darunter **Duptours** (☎055-534 3020; Marharlika Hwy.), dessen Vans nach Catbalogan (100 P, 1½ Std.) und Tacloban (220 P, 3½ Std.) fahren, und **D'Turbanada** (☎055-533 9822; Marharlika Hwy.) für die Strecke nach Catarman (110 P, 2 Std.).

Regionale Busse und Jeepneys können für die gleiche Strecke doppelt so lange brauchen und sind auch nicht viel preiswerter. Sie fahren vom neuen **Bus-Terminal** (Magsaysay Ext.; ⌚24 Std.) 2 km südöstlich der Stadt ab, man kann sie aber auch an der Hauptstraße durch Winken anhalten.

Cokaliong Shipping (S. 334) unterhält Fähren nach Cebu City (ab 850 P, 12 Std.) dienstags, donnerstags und samstags um 19 Uhr vom Pier in Maguino-o, 20 km nördlich von Calbayog. Vom Stadtpier fährt freitags und samstags um 8 Uhr ein *bangka* nach Masbate (600 P, 6 Std.).

Catbalogan

☎055 / 106 100 EW.

Catbalogan, die Hauptstadt der Provinz Samar, wurde 1596 von spanischen Missionaren gegründet. Diese Hafenstadt hat eine lange Geschichte, hat aber außer der Kirche aus der Kolonialzeit nur wenige Sehenswürdigkeiten. Doch es ist eine mögliche Ausgangsbasis für die Erkundung des Landesinneren von Samar mit vielen Gelegenheiten zum Höhlenwandern, Klettern, Vogelbeobachten und Kanufahren. Von den Piers von Catbalogan geht der Blick auf ungefähr 30 der Küste vorgelagerten Inseln sowie einige sehr hohe Gipfel auf der Biliran vor Leyte.

Im Pieta Park erinnert das **Doña Paz Memorial** an die Opfer der Katastrophe von 1987, als die Fähre Doña Paz sank; die meisten der über 4300 Opfer stammten aus Catbalogan und anderen Orten auf Samar. Nur 24 Menschen überlebten.

Trexplore HÖHLENWANDERN
(☎0919 294 3865, 055-251 2301; www.trexplore.weebly.com; Allen Ave.; Touren ab 2500 P) Die von Joni Bonifacio geführte Agentur Trexplore ist die zentrale Anlaufstelle für Abenteuertouren auf Samar. Höhlenwandern, Kanufahrten, Trekking und Mountainbiking werden angeboten. Die Wanderung durch die **Jiabong Caves** in der Nähe von Catbalogan ist eine der besten Tagestouren, die man auf den Visayas unternehmen kann. Ein Drittel der sechsstündigen Exkursion, die mit einer angenehmen 45-minütigen Fahrt in einem Einbaumkanu endet, wird unterirdisch schwimmend in voller Höhlenausrüstung absolviert.

Schlafen & Essen

Rolet Hotel HOTEL €
(☎055 251 5512; Mabini Ave.; DZ 950 P; ❄📶) Eine bequeme Bleibe mitten in der Stadt, nur ein paar Blocks vom Hafen entfernt. Die Zimmer sind renoviert worden (einige sind allerdings fensterlos) und verfügen über eine gut funktionierende Klimaanlage und Warmwasserdusche. Für den Preis sehr gut.

Summers Garden Pension House PENSION €
(☎055-251 5135; Del Rosario St.; Zi. inkl. Frühstück 700–1300 P; ❄📶) Dieses knarrende, alte Haus mit einem Innenhof und einem Garten zur Straßenseite erfüllt die Wünsche all jener, die eine gemütliche Unterkunft suchen. Die Zimmer sind einfach, sauber und gut instand (allerdings sind einige sehr klein); eine Klimaanlage kostet extra.

★ **M Grand Royale Resort** HOTEL €€
(☎055-251 5555; https://mgrandroyale.com; Executive Heights, Guinsorongan; Zi. inkl. Frühstück 2450–3950 P; ❄🏊) Dieses 2017 eröffnete, auf einem Hügel gelegene Hotel hat einen wunderbaren Blick auf die Bucht von Catbalogan und seine Inselchen, insbesondere bei Sonnenuntergang. Die

Zimmer sind schick und gut ausgestattet, der Pool ist riesig und es gibt einen kostenfreien Shuttleservice ins Stadtzentrum.

San Francisco Hotel HOTEL €€
(☎055-543 8384; hotelsanfranciscocatbalogan@yahoo.com.ph; San Francisco St.; DZ inkl. Frühstück 1450–1700 P, 3BZ ab 2500 P; ❄📶) Ein modernes Hotel mit zeitgenössischem Design und moderner Kunst an den Wänden. Die Zimmer sind nicht ganz so schick, wie die Lobby vermuten lassen könnte, und liegen an der Schmalseite, sind aber dennoch einladend und vom Preis her konkurrenzfähig. Auf der Dachterrasse werden Drinks serviert.

Green Hub Diner PHILIPPINISCH €
(City Plaza; Hauptgerichte 50–180 P; ⏰9–20 Uhr; 📶✎) Ein angesagtes, hippes, kleines Café, in dem unter Verwendung regionaler Zutaten viele vegetarische Gerichte, darunter köstliche, nahrhafte Salate, *lumpia* (Frühlingsrollen) und Säfte serviert werden. Ebenfalls auf der Karte stehen Chickenburger und Meeresfrüchte.

Flaming Hat PHILIPPINISCH €€
(City Plaza; Hauptgerichte 70–230 P; ⏰10–24 Uhr; ❄📶) Beliebtes Lokal mit einer guten Auswahl an philippinischen Speisen wie Shrimps mit Pfeffer und Knoblauch. Sitzplätze gibt's entweder drinnen oder draußen auf einer Terrasse, wo man den ganzen Tag über Leute gucken kann.

103 Bar & Grill PUB
(Ecke Callejon St. & Allen Ave.; ⏰16–1 Uhr) Beliebte Bar mit Happy Hour (16–19.30 Uhr) und Livemusik an Wochenenden. Super sind auch die brutzelnd heißen philippinischen Gerichte (Mahlzeiten 60–200 P).

ℹ An- & Weiterreise

Vans von Duptours (☎0907 276 4342; Allen Ave) und **Grand Tours** (☎055-251 5243; www.vsgrandtours.com; San Bartolomew St.) fahren nach Tacloban (130 P, 2 Std.) und Calbayog (100 P, 1½ Std.) bis gegen 18 Uhr. Duptours hat zwei bis drei tägliche Abfahrten nach Borongan (200 P, 4 Std.), während Grand Tours Direktverbindungenn nach Catarman hat (160 P, 3 Std.). Um nach Allen zu kommen, in Calbayog umsteigen. **D'Turbanada** (100 Mabini Ave.) hat auch Vans zu Zielen im Norden und Süden von Samar.

Viel langsamere Busse verkehren auf allen der oben genannten Strecken. Es gibt auch zwei tägliche Busse nach Guiuan (210 P, 5½ Std., letzte Abfahrt 12 Uhr) und täglich drei Busse nach Borongan (140 P, 5 Std., letzte Abfahrt 13 Uhr). Von Buray aus, das eine 30-minütige Fahrt südöstlich von Catbalogan liegt, gibt's weitere Verbindungen nach Taft und Borongan. Der **Busbahnhof** (Rizal Av) liegt in der Nähe des Hafens.

Busse nach Manila (normale 1150 P, klimatisiert ab 1300 P, 18 Std.) fahren rund um die Uhr recht pünktlich ab. Diese Busse nehmen keine Fahrgäste zu lokalen Zielen mit, es muss der volle Fahrpreis nach Manila gezahlt werden.

Roble Shipping Lines (S. 334) unterhält Verbindungen von und nach Cebu City (625 P, 12 Std.), die freitags um 19 Uhr am Kai in Catbalogan ablegen.

Borongan

☎053 / 70 900 EW.

Borongan ist ein echter Urlaubsort. Das spirituelle Zentrum ist der honigbraune Baybay Beach, wo Grillstände und Straßenverkäufer aller Arten einen langen Boulevard säumen. Man kommt hierher, um den Sonnenaufgang zu beobachten, zu joggen, zu bodysurfen oder, am späten Nachmittag, mit den Einheimischen billiges Bier zu schlürfen. Baybay Beach hat fünf „Stationen" – Baybay 1 liegt im Süden, Baybay 5 im Norden.

Borongan, die Hauptstadt der Provinz Eastern Samar, ist eine gute Ausgangsbasis für Traveller oder Surfer, die die noch weitgehend unerschlossene Pazifikküste von Samar entdecken wollen. Während der Süden der Provinz 2013 vom Taifun Yolanda schwer getroffen wurde, blieben Borongan und Orte weiter nördlich von schweren Schäden verschont.

Sehenswertes & Aktivitätenlokale

Borongan ist eine Surfer-Stadt. Wenn die hohen Wellen kommen (Oktober bis März, wobei Dezember und Januar die besten Monate sind), beginnt der lokale Wettlauf um die besten Plätze am Baybay oder am nächsten Strand südlich davon, dem **Bato Beach.** In Borongan gibt's keinen organisierten Surfbrettverleih, aber einheimische Surfer können ein Brett auftreiben, wenn man sie darum bittet, oder man fährt Richtung Süden nach Maydolong, wo Surf Omawas (S. 391) Surfbretter vermietet.

Im dichten Dschungel rund um Borongan gibt es Wasserfälle und Höhlen, die erkundet werden können. **Huplag Speleo** (☎0928 995 0449; http://huplagspeleo.weebly.

com) ist eine lokale Vereinigung von Hobbyhöhlenforschern, die Höhlenwanderungen und andere Abenteuertouren organisieren.

Der Küste von Borongan vorgelagert liegt die hübsche, kleine Insel **Divinubo**, die von weißen Sandstränden gesäumt ist und ein paar geheime Surfspots zu bieten hat. Auf der Insel steht ein von den Amerikanern 1906 erbauter Leuchtturm – ein guter Platz zum Picknicken. Um hierherzugelangen, nimmt man ein Tricycle zum *barangay* Lalawigan im Süden der Stadt (50 P, 15 Min.), wo man entweder wartet, bis ein Boot voll ist und ablegt (20 P pro Person), oder eine Sonderfahrt (300 P, 15 Min.) bucht.

Schlafen & Essen

GV Hotel HOTEL €

(☎055-560 9791; www.gvhotels.com.ph; Circumferential Rd.; Zi. mit Ventilator/Klimaanlage ab 550/750 P; ❄📶) Ja, das GV ist ein ziemlich nichtssagendes Budget-Kettenhotel, aber doch eine der besseren Budgetoptionen in Borongan mit sauberen, kleinen Zimmern und funktionierender Klimaanlage. Es ist landeinwärts gelegen, 1 km nördlich vom Zentrum.

Surf Omawas B&B €

(☎0932 934 3164; www.surfomawas.com; Maydolong; Zi. inkl. Surfboardmiete 700 P; 📶) Dieses Surfcamp befindet sich am Strand von Omawas, einem barangay von Maydolong, 17 km südlich von Borongan. Es wird von einem Kalifornier und seiner einheimischen Frau geführt und verfügt über saubere, gut eingerichtete Zimmer mit Bad. Es gibt reichlich Surf-Magazine, in denen man blättern kann, und natürlich eine Auswahl an Surfbrettern.

★ **Primea Hotel** HOTEL €

(☎055-560 9618; www.primeahotel.com.ph; G Abogado St.; Zi. 1650–2650 P, Suite 2775 P inkl. Frühstück; ❄📶🏊) Das Primea, das ein durchaus modernes Flair hat, verfügt über eine große Auswahl an Zimmern, alle in einer beruhigenden Farbgebung in Beige und Cremefarben gehalten, mit Matratzen und Bettwäsche in guter Qualität; die teuersten Optionen haben einen Balkon. Der Pool eignet sich eher zum kurzen Eintauchen als für lange Schwimmstrecken. Im Stadtzentrum, gleich nördlich der Brücke.

Boro Bay Hotel HOTEL €€

(☎0936 604 2336, 0917 533 5618; www.facebook.com/borobayhotel; Baybay 5; DZ inkl. Frühstück 1200–3500 P; ❄📶) Dank seiner ruhigen Lage am Nordende des Baybay Beach ist dies das schickste Hotel in Borongan. Die Zimmer sind groß und nett eingerichtet und haben Flachbild-TV. Der WLAN-Zugang ist mäßig und der Service zwar freundlich, aber nicht ganz zuverlässig.

Starbeach Cafe CAFÉ €

(☎055-560 9362; www.facebook.com/starbeachcafeborongan; Baybay Blvd.; Hauptgerichte 50–140 P; ⌚7–21 Uhr; 📶) Hübsches Café am Strand mit Burgern, Nudelgerichten, Teigwaren (die Empanadas probieren!) und philippinischen Snacks auf der Speisekarte. Die Fruchtshakes sind auch gut. Bietet auch einen Lieferservice.

Domsowir Restaurant PHILIPPINISCH €

(☎055-560 9093; abgehend von Cinco St.; Hauptgerichte 60–180 P; ⌚7–21 Uhr; ❄📶) Das gut eingeführte Domsowir hat eine Toplage am Flussufer, eine gute Auswahl an philippinischen Speisen und ein paar chinesische Gerichte.

510 Shots & Grill BAR

(Baybay Blvd.; ⌚9–24 Uhr) Diese Restobar am Boulevard bietet beliebte akustische Sessions und Reggae-Abende. Am Wochenende ist hier viel los, und es gibt ganze Menüs auf der Karte.

Praktische Informationen

Die **Touristeninformation** (☎0917 426 9167; muntour@yahoo.com; Baybay Beach 2; ⌚Mo–Fr 8–17 Uhr) hat einen Stadtplan sowie Broschüren und kann helfen, zu den benachbarten Inseln zu kommen.

An- & Weiterreise

Vans sind die beste Möglichkeit, nach Tacloban zu kommen. **Duptours** (Real St.; ⌚stündlich bis 17 Uhr) und Guiuan Express (weniger häufig vom Bus-Terminal) bieten Fahrten (230 P, 4 Std.) über Basey. Duptours hat täglich drei Vans nach Catbalogan (100 P, 4 Std.).

Vom **Bus-Terminal** (abgehend von Cinco St.) fahren stündlich bis 14 Uhr Jeepneys nach Guiuan (125 P, 3½ Std.), und Regionalbusse fahren dreimal täglich nach Catbalogan (140 P, 5 Std.). Eine bessere Möglichkeit, nach Catbalogan zu gelangen, ist ein Morgenbus nach Manila; es gibt mehrere Büros in der Stadt.

Guiuan

☎053 / 54 600 EW.

Guiuan (ghee-won), wo die im wörtlichen und im übertragenen Sinne holprige, zur Südostspitze von Samar führende Straße endet, erholt sich gut nach dem Taifun Yolanda, der hier erstmals auf Land traf und die Stadt fast ganz zerstörte. Geschützt von der Insel Calicoan, blieb Guiuan glücklicherweise von einer verheerenden Sturmflut verschont, die anderswo so viele Menschen das Leben kostete – wie durch ein Wunder starben hier weniger als 200 Menschen, als der Sturm mit Spitzengeschwindigkeiten von 400 km/h über die Stadt hinwegfegte. Dennoch zerstörte der Sturm die meisten Gebäude oder beschädigte sie stark.

Heute ist der Wiederaufbau zwar noch im Gang, aber in die Stadt ist wieder Leben eingekehrt, und ihre Bewohner sind gastfreundlich.

Sehenswertes

Wetterstation AUSSICHTSPUNKT

Im Zweiten Weltkrieg baute das US-Militär diese Gegend zu einem Stützpunkt für Angriffe auf Japan aus, und hier befand sich einst die weltweit größte Basis für Patrouillenboote mit über 300 Booten und bis zu 150 000 Soldaten – unter ihnen war auch der spätere Präsident Kennedy. Heute kann man zur Wetterstation hinaufsteigen, 4 km östlich von Guiuan, um von dort aus einen tollen Fernblick über den Pazifik und den Golf von Leyte zu genießen. Die von den USA erbaute, 2 km lange Landebahn trug entscheidend dazu bei, dass Flugzeuge nach dem Taifun Yolanda Hilfsgüter liefern konnten.

Schlafen & Essen

★**Tanghay View Lodge** RESORT €

(☎0936 531 9495; susan_guiuan@yahoo.com.ph; Luboc; Zi. mit Ventilator & Gemeinschaftsbad 400–500 P, mit Klimaanlage 700–1500 P; ❄📶) Das dreistöckige Tanghay, das seit vielen Jahren von der geselligen Susan Tan geführt wird, hat ordentliche Zimmer (in vielen Kategorien) und ein zum Wasser ausgerichtetes Restaurant gegenüber der Insel Tubabao. Susan ist hervorragend über Southern Samar informiert und kann geführte Touren zu den Inseln arrangieren.

Marcelo's Restotel HOTEL €

(☎0905 372 3637; Luboc; Zi. 900 P; ❄📶) Das blaugrün gestrichene Marcelo's hat nüchtern eingerichtete Zimmer mit Klimaanlage, die für Samar ein gutes Preis-Leistungs-Verhältnis bieten. Die meisten Zimmer bieten Platz für drei. Es liegt etwa 1 km westlich des Zentrums, in unmittelbarer Nähe des Meeres.

Addison Pension House PENSION €

(☎055-271 2682; Lugay St; Zi. 1150 P; ❄📶) Dieses zentral gelegene Minihotel ist vielleicht etwas seelenlos, aber bestimmt machbar für ein, zwei Nächte. Die zweckmäßig eingerichteten Zimmer haben Bäder und helle Tagesdecken, und außerdem gibt's ein kleines Café im Obergeschoss, wo man etwas trinken und essen kann.

Amy's BBQ BARBECUE €€

(☎0997 230 7225; www.facebook.com/amysbbqplace; Luboc; Hauptgerichte 100–280 P; ⏲6–24 Uhr; 📶) Die Norweger Klaus und Amy führen dieses freundliche Lokal in Luboc. Sie servieren riesige Schweinekoteletts (24 Stunden mariniert) und für Gäste, die etwas Grünes dazu möchten, mischen sie einen simplen Salat. Am Wochenende gibt's akustische Livemusik, und abends geht es meist fröhlich zu.

Tanghay View Lodge PHILIPPINSCH €€

(Luboc; Gerichte 70–180 P; ⏲7–21.30 Uhr; 📶) Zu Abend am Fluss speisen auf einem riesigen Deck in diesem sehr beliebten Hotelrestaurant. Auf der Speisekarte stehen philippinische und chinesische Gerichte; unbedingt probieren: Trompetenmuschel in Gemüsepfanne mit Ingwer.

Praktische Informationen

Die sehr hilfsbereite **Touristeninformation** (TIPC; ☎0927 458 1175; jetanairsel@yahoo.com; City Plaza; ⏲9–12 & 13–19 Uhr) kann Informationen über die Umgebung liefern und fungiert zugleich als Souvenirladen.

An- & Weiterreise

Am besten ist Tacloban mit dem Van zu erreichen; Abfahrten finden ungefähr alle halbe Stunde bis 17 Uhr mit Duptours, Van Vans und Guiuan Express (180 P, 3½ Std.) statt. Vom Busbahnhof hinter dem Markt fahren langsame Regionalbusse bis 15.30 Uhr (140 P, 6 Std.) nach Tacloban, und Jeepneys fahren nach Borongan bis 13 Uhr (200 P, 3¾ Std.).

Calicoan Island

☎053 / 7400 EW.

Die über eine Brücke von Guiuan aus leicht zu erreichende Insel Calicoan wurde vom Taifun Yolanda mit voller Wucht getroffen. Die Insel hat sich jedoch gut erholt: Ihre Strände sind unverändert traumhaft, und die berühmten Wellen lassen immer noch die Herzen der Surfer höherschlagen.

Weiter südlich ist das Fischerdorf **Sulangan** auf der benachbarten Insel Sulangan über eine Brücke mit dem südöstlichen Zipfel von Calicoan verbunden. Hier gibt's herrliche, weiße Sandstrände, und das Wasser lädt zum Schwimmen ein.

Der beste Surfspot befindet sich nach zwei Dritteln des Weges nach Süden am **ABCD Beach**, so genannt nach den vier Reef Breaks entlang der Küsten und auch nach dem „Advance Base Construction Depot", das etwas für jene ist, die sich für den Zweiten Weltkrieg interessieren. Hier gibt's von Juni bis Oktober großartige links- und rechtsbrechende Reef Breaks. Die ABCD Surf Community unter der Leitung des lokalen Surfgurus **Jun Jun** (☎0917 765 6797; Unterricht pro Stunde inkl. Surfbrettmiete 500 P), hat ihren Sitz in einer Nipa-Hütte.

Das rustikale **White Sand Beach Resort** (☎0927 214 7386; Hütte 700 P) hat eine wunderbare Strandlage und hübsche kleine Nipa-Hütten (mit Ventilator) zu erschwinglichen Preisen. Abgelegen, aber das ist es ja gerade.

In der Nähe der Brücke am äußersten Ende von Calicoan liegt **La Luna Beach Resort** (☎0917 324 3129; https://www.facebook.com/LaLunaBeachResort; DZ mit Ventilator/Klimaanlage inkl. Frühstück 2200/2500 P; ❄📶🏊), eines der besten auf Samar. Die großen Zimmer sind elegant mit hohen Decken, Lofts und Holzmobiliar; zwei blicken direkt aufs Meer. Sehr bekannt ist die Küche des Besitzers Giampo (Mahlzeiten 220–350 P), die sich zum Mittag- oder Abendessen lohnt.

Calicoan Villa (☎0917 206 9602; www.calicoanvilla.com; ABCD Beach; Hütten 1200 P, DZ 2000–3000 P, Cottage 1500–2500 P; ❄📶🏊) hat einen Pool und ein Restaurant direkt gegenüber dem Surfbreak. Hier gibt's vier hübsche Zimmer in einer Villa am Ozean, drei (große, ventilatorgekühlte) Surfhütten und acht neue Cottages auf der anderen Straßenseite.

Multicabs und Jeepneys verkehren etwa stündlich zwischen Guiuan und Sulangan über ABCD Beach (20 P). Alternativ kann man ein Tricycle mieten (180 P). Der letzte Transport zurück nach Guiuan findet um 16.30 Uhr statt.

Mindanao

Inhalt ➜

Gut essen

- ➜ Claude's le Cafe de Ville (S. 425)
- ➜ Guerrera (S. 408)
- ➜ Kawayan (S. 418)
- ➜ Panagatan (S. 401)

Gut übernachten

- ➜ Harana (S. 417)
- ➜ Balai sa Baibai (S. 407)
- ➜ Siargao Island Emerald House (S. 417)
- ➜ Ponce Suites Art Hotel (S. 421)
- ➜ Kalinaw Resort (S. 418)

Auf nach Mindanao!

Trotz atemberaubender Strände, zerklüfteter Berge und der Ureinwohner, die großteils noch so leben wie seit Jahrhunderten, ist Mindanao (Siargao und teilweise Camiguin ausgenommen) noch immer nicht auf dem Radar der Tourismusindustrie. Daran ist vor allem der Konflikt schuld, der hier seit Generationen schwelt (und das Kriegsrecht, das 2017 in der Region ausgerufen wurde). Dennoch sind hier Entwicklung und damit verbundene Probleme erkennbar – die Südstadt von Davao etwa ist ziemlich kosmopolitisch.

Für die gemischte ethnografische Zusammensetzung, die rivalisierenden Landansprüche und die kostbaren natürlichen Ressourcen kann selbst die große Insel Mindanao zu klein wirken. Seit den 1950er-Jahren sind die Muslime hier in der Unterzahl und erreichen derzeit nur in fünf der 21 Provinzen eine Mehrheit. Davon gehören 14 000 km² zur Autonomen Region Muslimisches Mindanao (ARMM), zu der auch die Inseln zwischen Malaysia und Indonesien zählen.

Reisezeit

Cagayan de Oro

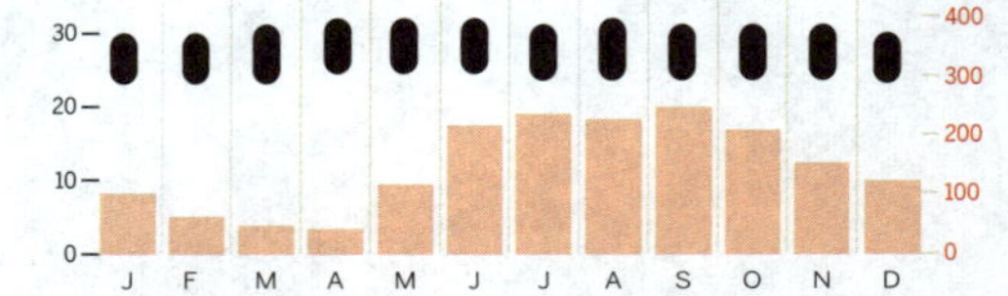

Juni–Sep. Die trockenste Jahreszeit an der Nord- und Ostküste, in Davao sind jedoch starke Regenfälle möglich.

Sep.–Dez. 1-a-Wellen bei Cloud Nine.

Nov.–April Trockenzeit, mit Ausnahme der Nord- und Ostküste, wo es bis März nass ist.

Geschichte & Sicherheit

Die Geschichte Mindanaos verlief aufgrund seiner Geografie und vor allem seiner Nähe zu arabischen Einflusszentren schon sehr früh in anderen Bahnen als die der restlichen philippinischen Inseln. Im 14. Jh. fand der Islam seinen Weg ins Sulu-Archipel und kurz darauf auch ins Gebiet von Cotabato und Lanao. Anschließend wurde die Region unter der Herrschaft des Sultans vereint, und der größte Teil der Bevölkerung konvertierte zum Islam. Als die Spanier 1527 eintrafen, konnten sie nur im nördlichen Mindanao und in Zamboanga Außenposten errichten.

Erst Mitte des 19. Jhs. gelang es den Spaniern, beträchtlich weiter vorzudringen und ihre Herrschaft auf Mindanao geltend zu machen. Die USA wurden 1898 zur nächsten Kolonialmacht, doch ihre Anwesenheit war auf Mindanao jahrelang nicht spürbar, und erst etwa ein Jahrzehnt später wurde die Provinz offiziell als Verwaltungsbezirk Manila unterstellt.

Die Rechte der Stammesminderheiten und die traditionellen Eigentumsrechte wurden von Anfang an mit Füßen getreten. Die Völker Mindanaos waren sowohl wirtschaftlich als auch demografisch durch den Zustrom christlicher Philippiner aus dem Norden bedroht, die von der Regierung dazu ermutigt wurden, sich im weniger dicht besiedelten Mindanao niederzulassen. Einige vertreten die Ansicht, diese Politik habe schlicht und einfach eine dünn besiedelte Region für die Einwanderung eröffnet und eine vielfältigere ethnische Mischung bewirkt. Andere sahen es als Besetzung und Annektierung ihrer Heimat, und Ende der 1960er kam bewaffneter Widerstand auf.

Bald darauf tauchten massenhaft große, multinationale Agrarunternehmen in der Region auf, was sich ungeachtet der ethnischen Zugehörigkeit oder Religion auf die Kleinlandwirtschaft auswirkte. Weniger militante Gruppen sowie die in Mindanao aktive kommunistische Neue Volksarmee (NPA, New People's Army) argumentieren, der Kernpunkt des Konflikts sei nicht einfach Folge des Zusammenlebens muslimischer und christlicher Volksgruppen, sondern das Resultat der Ausbeutung der inseleigenen Ressourcen, ohne den Einwohnern die Früchte dieser Entwicklung zukommen zu lassen.

1976 gab es eine Übereinkunft mit einer der Rebellengruppen, der Nationalen Befreiungsfront der Moros (MNLF, Moro Islamic National Liberation Front), die zur Gründung der Autonomen Region Muslimisches Mindanao (ARMM) führte. 1996 erhielt die MNLF von Manila die Legitimierung als politische Organisation. Andere Gruppen fanden eine beschränkte Autonomie innerhalb eines Föderalsystems nicht ausreichend (einige protestierten natürlich, weil sie bei der Gewinnverteilung leer ausgegangen waren). Als Folge entstand 1978 eine Splittergruppe, die Islamische Befreiungsfront der Moros (MILF, Moro Islamic Liberation Front). Die radikalste Gruppe war Abu Sayyaf, eine kleine Gruppe ehemaliger MILF-Mitglieder, die mit Al-Kaida und Jemaah Islamiyah, einer aus Indonesien stammenden Organisation, sympathisierten.

Die nachfolgenden Regierungsregime haben mit verschiedensten Mitteln versucht, ihre Herrschaft zu behaupten. Marcos versuchte es durch eine Kombination aus Militäreinsatz und Amnestiezusicherungen, doch erst die Gespräche zwischen Cory Aquino und Nur Misuari, dem Gründer der MNLF, führten schließlich Ende der 1980er zu einem Nachlassen der Gewalt. Leider blieben die meisten ungeklärten Probleme auch weiterhin offen, sodass Ende der 1990er und Anfang 2000 die Gewalt wieder anstieg.

Als Benigno Aquino III. 2010 an die Macht kam, nahm seine Regierung unverzüglich Friedensgespräche mit dem Anführer der MILF in Malaysia auf. Doch wieder einmal sorgten Splittergruppen, die mit den Verhandlungen unzufrieden waren, für neue Gewalt von beiden Seiten. Aquino ging nicht auf die Forderung nach Krieg ein, doch aufgrund von Luft- und Bodenangriffen wurden Tausende Zivilisten erneut vertrieben.

Im Sommer 2014 reichte eine Übergangskommission aus Mitgliedern der MILF und der Aquino-Verwaltung den Gesetzesentwurf zum Basic Bangsamoro Law (BBL) ein, der einen gewissen Grad an Autonomie vorsah, wie sie die muslimischen Führer seit Jahrzehnten gefordert hatten. Beobachter reagierten mit verhaltenem Optimismus. Doch der Kongress ratifizierte das Gesetz nicht. Das Massaker von Mamasapano im Januar 2015, bei dem 44 philippinische Elitesoldaten getötet wurden, als sie einen malaysischen Bombenbauer in einem MILF-Stützpunkt gefangen nehmen wollten, begrub jegliche Hoffnungen auf eine friedliche Lösung.

Mindanao Highlights

1 **Cloud Nine** (S. 417) Am besten Surfspot von Siargao eine Welle erwischen oder vom malerischen Pavillon aus anderen dabei zusehen.

2 **Camiguin** (S. 403) Auf dieser üppig begrünten Insel natürliche Quellen, Wasserfälle und Korallenriffs erleben.

3 **Sugba-Lagune** (S. 419) Im smaragdgrünen Wasser dieser atemberaubenden Lagune auf Siargao schnorcheln.

4 Cagayan de Oro River (S. 400) Eine Wildwasser-Raftingtour durchs Hinterland erleben.

5 Matina Town Square (S. 425) Die Bars rund um diesen geschäftigen Platz auskundschaften und die Livemusik genießen.

6 Mt. Apo (S. 429) Die frische Luft und herrliche Aussicht auf dem höchsten Berg der Philippinen genießen.

7 Philippine Eagle Center (S. 424) In diesem üppigen Waldschutzgebiet den größten Adlern der Welt begegnen.

Als Rodrigo Duterte, der ehemalige Bürgermeister von Davao, 2016 zum Präsidenten gewählt wurde, schwor er, die Philippinen zu einem Föderalstaat zu machen. Doch Aktionen von IS-Anhängergruppen, darunter die Maute, sowie von ausländischen Kämpfern ließen eine Lösung auf dem Verhandlungsweg in noch weitere Ferne rücken. Ende Mai 2017 drangen philippinische Sicherheitskräfte in Marawi City ein, um Isnilon Hapilon zu verhaften, den vom IS ernannten Emir von Südostasien. Zwei Monate später waren ein Großteil der Stadt zerstört, Hunderte getötet und Tausende evakuiert, und Teile der Stadt blieben unter Kontrolle der militanten Kämpfer. Hapilon wurde nicht gefasst. Mit der Stärke und Raffinesse des Widerstands, der über ein riesiges Waffenarsenal und Geld verfügte, hatten die philippinischen Sicherheitskräfte nicht gerechnet. Duterte verhängte das Kriegsrecht über ganz Mindanao, zum ersten Mal seit der Herrschaft Marcos'. Es wurde mit Zustimmung des Kongresses bis Dezember 2018 verlängert. **Weitere Informationen zur Sicherheit in der Region siehe S. 409.**

ℹ An- & Weiterreise

FLUGZEUG

Philippine Airlines (www.philippineairlines.com) und **Cebu Pacific** (www.cebupacificair.com) bieten gemeinsam fünf Flüge täglich von Manila nach Butuan, Cagayan de Oro, Cotabato, Davao, Dipolog, General Santos, Ozamiz, Surigao und Zamboanga City sowie von Cebu nach Camiguin, Davao, General Santos, Siargao und Zamboanga City an. Cebu Pacific verkehrt darüber hinaus auch täglich zwischen Iloilo City auf Panay und Cagayan de Oro sowie Davao.

Besonders nennenswert ist die neue Direktverbindung zwischen Manila und Siargao mit **Skyjet** (☎ Manila 02-863 1333, Mobil 0997 503 5654; www.flyskyjetair.com).

Internationale Verbindungen gibt es von Cebu Pacific und **Silk Air** (☎ 082-232 8021; www.silkair.com), die mehrmals pro Woche von Davao nach Singapur fliegen. Air Asia (www.airasia.com) fliegt von Davao nach Kuala Lumpur in Malaysia.

SCHIFF

Mindanao ist mit dem Schiff – **Super Shuttle Ferry** (☎ Cebu 032-412 7688; www.supershuttleroro.com) bedient viele Routen – von Bohol, Cebu, Leyte, Luzon, Manila, Negros, Palawan, Panay und Siquijor in den Philippinen sowie direkt aus Indonesien (nach Zamboanga City) zu erreichen.

ℹ Unterwegs vor Ort

Die meisten Teile Mindanaos sind per Bus und Minivan zu erreichen. Bei Qualität und Komfort gibt's je nach Anbieter und Strecke große Unterschiede. Für entlegenere Ziele braucht man oft einen Jeepney.

Heutzutage gibt es Flugverbindungen zwischen Camiguin und Siargao, zwei der beliebtesten Ziele in Nord-Mindanao, mit Zwischenstopp in Cebu (der allerdings einen ganzen Tag dauert). Die meisten Besucher meiden den Landweg über die Zamboanga-Halbinsel und fliegen lieber von Davao aus – manche nehmen auch die **2GO**-Fähre (☎ Manila 02-528 7000; http://travel.2go.com.ph) von General Santos nach Zamboanga City. Cebu Pacific verbindet Cagayan de Oro und Zamboanga City mit Davao.

NORD-MINDANAO

Die Küste zwischen Cagayan de Oro und Surigao und die vorgelagerten Inseln jenseits der nordöstlichen Spitze sind eine ganz andere Region als der Rest von Mindanao. Das Gebiet ist zwar größtenteils von der Gewalt verschont, die andere Teile der Insel plagen, wird jedoch oft fälschlicherweise damit in Verbindung und in Verruf gebracht. Siargao gehört zu den schönsten Orten der Philippinen zum Surfen oder einfach nur Abhängen. Das vulkanische Camiguin ist ein Paradies für Outdoor-Freunde und die Universitätsstadt Cagayan ist sowohl das Tor zu dieser Region als auch Basis für Abenteuer in die umliegende Provinz Bukidnon.

Cagayan de Oro

☎ 088 / 676 000 EW

Bei einem Spaziergang durch die vor Studenten nur so wimmelnden Straßen der Innenstadt von Cagayan de Oro (das „Oro" bezieht sich auf einen Goldfund der Spanier im hiesigen Fluss) kommt man nicht nur schneller voran als der Straßenverkehr, sondern kann auch jede Menge jugendliche Energie aufsaugen. Ansonsten ist es eine ganz gewöhnliche philippinische Stadt, die im Wachstum und Ausbau begriffen ist und mit guter Küche aufwarten kann.

Seine relativ robuste Wirtschaft verdankt Cagayan größtenteils der „Del Monte"-Ananas-Verarbeitungsanlage im Norden der Stadt. Auch Nestlé und Pepsi haben hier ihren Sitz auf den Philippi-

Cagayan de Oro

nen. Die Stadt ist auch bei koreanischen Touristen beliebt, die hier Englischkurse belegen, und eignet sich wegen ihres vergleichsweise kühlen Klimas und Golfstroms für Outdoor-Unternehmungen wie Rafting, Wandern sowie Felsen- und Höhlenklettern.

Sehenswertes & Aktivitäten

Museum of Three Cultures MUSEUM
(www.cu.edu.ph; Corrales Ext., Capitol University; 100 P; Mo–Fr 9–12 & 13.30–17.30, Sa bis 12 Uhr) Die drei Galerien bieten eine interessante Mischung aus Fotos, Keramiken, Kunst und Artefakten, darunter mehrere große zeremonielle M'ranao-Schwerter und ein riesiges *pangao,* ein Himmelbett, in dem die ganze Familie des Sultans Platz fand. Das Museum befindet sich in einem Klassenzimmergebäude auf dem Gelände der Capitol University.

Cagayan de Oro

Aktivitäten, Kurse & Touren

1 Viajero Outdoor Centre D4

Schlafen

2 GC Suites C3
3 Nature's Pensionne C3
4 VIP Hotel C2

Essen

4Daboys Tavern .... (siehe 2)
5 Mai Cafe C3
6 Redtail Shrimps & More C3

Praktisches

7 City Tourism Office C3

Transport

8 Cebu Pacific B3
9 Jeepneys to Limketkai and Cugman C3
10 Philippine Airlines B2

Viajero Outdoor Centre OUTDOOR
(☎0917 708 1568; viajerocdo@yahoo.com; 137 Hayes St.) Eins der Zentren der Outdoor-Abenteuer-Community von Cagayan de Oro. Bei Erik Bontuyan und seiner Frau Reina bekommt man so gut wie alles. Sie organisieren und leiten Bergwanderungen sowie Felsenkletter- und Höhlenerkundungstouren in der Gegend. Und sie unterrichten auch.

Schlafen

GC Suites HOTEL €
(☎088-858 1234; www.gcsuitescdo.com; 4. OG, Hayes St.; EZ/DZ inkl. 1 Mahlzeit 850/1000 P; ❄📶) Im 4. und 5. OG eines kleinen Einkaufszentrums gelegen und eine willkommene Budgetunterkunft in diesem Teil der Stadt. Alle Zimmer sind mit Ikea-Möbeln ausgestattet, die Wände sind mit „thematischen" Zeichnungen und Zitaten versehen, und Gäste erhalten einen Gutschein für ein Essen in einem der sechs kleinen Lokale auf den unteren Etagen.

Nature's Pensionne HOTEL €
(☎088-857 2274; T Chavez St.; Zi. 750–1250 P; ❄📶) Professionell betriebenes Hotel mit hellen Holzmöbeln und modernen Bädern im „Business Class"-Flügel und dünnen Holzwänden im älteren Gebäude. Direkt vor dem Hotel ist einer der chaotischsten, verworrensten Stromkabelstränge der Stadt zu sehen – das muss man gesehen haben.

VIP Hotel HOTEL €€
(☎088-856 2505; www.theviphotel.com.ph; Ecke Apolinar Velez & JR Borja St.; Zi. mit Frühstück 1950–2800 P; ❄📶) Das sechsstöckige VIP hat etwas karge Zimmer mit zusammengewürfelten, veralteten Möbeln, liegt jedoch zentral und kann mit professionellen Mitarbeitern sowie einer gemütlichen Lobby und einem netten Restaurant aufwarten.

New Dawn Pensionne HOTEL €€
(☎088-857 1900; www.grandcityhotelscdo.com/newdawnpensionne; Ecke Apolinar Velez & Macahambus St.; Zi. 1500 P; ❄📶) Dieses siebenstöckige Hotel hat kompakte, zweckdienlich eingerichtete Zimmer und professionelle, hilfsbereite Mitarbeiter.

Seda Centrio HOTEL €€€
(☎088-323 8888; www.sedahotels.com; Ecke CM Recto Hwy. & Corrales Ave.; DZ 4200–6500 P; ❄📶🏊) Dieses Hochhaus ist DIE Top-Adresse in Cagayan. Es liegt direkt an einem der edelsten Einkaufszentren der Stadt und hoch über einer der verkehrsreichen Kreuzungen. Die Zimmer warten mit plüschigen Betten und Bädern im Boutique-Stil auf und die Pool-Lounge ist die schönste der Stadt.

Essen & Ausgehen

Die **Rosario Arcade** (Rosario Cres) vor dem Limketkai Center ist eines der Zentren von Cagayan für Kochkunst und Entertainment. Ebenso empfehlenswert ist

WILDWASSER-RAFTING IN CAGAYAN DE ORO

Die dreistündige Standard-Raftingtour (1200 P) beinhaltet 14 Stromschnellen der Klasse II bis III, die etwas längere Tour (1800 P, 6 Std.) sogar einige der Klasse IV. Für 200 P gibt es ein gegrilltes Mittagessen. Die meiste Zeit geht es durch idyllische Landschaften, und die engagierten Tourführer und begeisterten Neulinge sorgen für gute Stimmung. Es gibt sechs offiziell eingetragene Anbieter. Besonders empfehlenswert ist **CDO Bugsay River Rafting** (☎088-850 1580; www.facebook.com/CDObugsay; Everlasting St.; pro Person 1200–1800 P).

Rafting ist das ganze Jahr über möglich – in der Trockenzeit, von Januar bis Mai, ist das Wasser klarer, und die Touren erfordern eher Technik; im Juni und Juli ist die Strömung stärker, das Wasser aber trüber.

Der **Makahambus Adventure Park** (☎088-310 8226; *barangay* Bayanga; Hochseilbrücke, Seilrutsche & Abseilen 500 P; ⏲8–17 Uhr) ist ein beliebter Stopp für Rafter (und wird oft im Paket angeboten), da er auf dem Weg zum Fluss liegt. Hier gibt es eine 36 m lange Hochseilbrücke 40 m über dem Urwaldboden, eine Seilrutsche und Abseilmöglichkeiten.

Der **Mapawa Adventure Park** (☎0917 706 7206; www.facebook.com/MapawaPark; 50 P; ⏲Di–Fr 9–17, Sa & So ab 7.30 Uhr) wartet mit einer Seilrutsche sowie natürlichen Wasserrutschen und -becken auf. Ein Canyoning-Paket kostet 1000 P.

die **Ayala Centrio Mall** (CM Recto Ave.), in der sich Restaurants und Cafés mit den verschiedensten internationalen Küchen aneinanderreihen. Die frischesten Meeresfrüchte gibt's im **Panagatan** (Opol; Hauptgerichte 125–275 P; 6.30–22.30 Uhr) und im **Seablings** (Opol; Hauptgerichte 200 P; 6.30–22.30 Uhr).

Rund um den **Cogon Market** (nahe der Kreuzung Osmeña/JR Borja St.) locken Straßenverkäufer mit *isaw* (Hühnereingeweiden) für 5 P pro Spieß und den in Sachen Appetitlichkeit eher fragwürdigen *proven* (auch *proben*, eine Mischung aus gebratenen Teilen des Verdauungssystems von Hühnern).

Die Spezialität der Region ist *kinilaw*, in Essig eingelegte, rohe Meeresfrüchte, die mit *tabon tabon*, einer in Nord-Mindanao heimischen Frucht, gewürzt sind. Einheimische Feinschmecker behaupten, ihr mit Kräutern und Gewürzen gefülltes *lechón baboy* (gegrilltes Schwein) sei das leckerste von ganz Mindanao. Gegrillt wird meist ab 18 Uhr.

Mai Cafe CAFÉ €
(Apolinar Velez St.; Hauptgerichte 140–170 P; 7–22 Uhr) Dieses winzige Café ist so altmodisch mit antiken Tellern und Zierdeckchen eingerichtet, dass Großmutter ihre Freude daran hätte. Dementsprechend gibt's auch kein WLAN. Dafür kann man sich an Espresso, Kuchen und Gebäck erfreuen. Außerdem gibt's den ganzen Tag lang Frühstück, wie Eier und Arme Ritter, und später auch Lasagne.

Redtail Shrimps & More MEERESFRÜCHTE €€
(088-855 0004; Apolinar Velez St.; Hauptgerichte 155–345 P; 11–22 Uhr) Als kleinen Gag gibt es hier weder Teller noch Besteck – was für jede Menge Fotos von Gästen mit Schlabberlätzchen und Plastikhandschuhen sorgt. Wie auch immer man die Krabben, Garnelen, Muscheln, den Thunfisch und das *kinilaw* (in Essig marinierte Meeresfrüchte) in den Mund bekommt – schmecken tut's auf jeden Fall.

4Daboys Tavern PHILIPPINISCH €€
(GC Mall, Hayes St.; Hauptgerichte 175 P; 11–0 Uhr) In diesem kleinen, dunklen und modernen Lokal gibt es philippinische Hausmannskost, vor allem Gerichte mit *lechón* (gegrilltes Spanferkel) und *kambing* (Ziege) sowie Importbiere wie Stella Artois und Asahi. Hat noch zwei weitere Filialen in der Stadt.

ABSTECHER

SHRINE MUSEUM BALANGAY

Auf dem Weg zum Flughafen, im *barangay* Libertad, liegt das **Shrine Museum Balangay** (6th St., *barangay* Libertad, Butuan; Mo–Sa 8.30–16.30 Uhr) GRATIS. Es beherbergt die Überreste eines Balangay (seetüchtiges Auslegerboot) aus dem Jahr 321, eines der ältesten bekannten Artefakte der Philippinen (der Begriff „Barangay" leitet sich von Balangay ab, da die Boote groß genug waren, um ganze Siedlergemeinden auf einmal zu befördern.) Wenige Meter entfernt wurden mehrere Särge aus dem 13. und 14. Jh. freigelegt. Erreichbar per Tricycle (50 P).

Lokal Grill PHILIPPINISCH, MEERESFRÜCHTE €€
(Corrales Ave.; Hauptgerichte 120–300 P; 12–2, Fr & Sa bis 3 Uhr) Neben typischen philippinischen Fleisch- und Nudelgerichten serviert das Lokal seine ganz eigene Version von *pinakbét* (ein Ilocano-Gericht aus verschiedenem, in Fischsauce gedämpftem Gemüse) mit frittiertem Tintenfisch. Weitere Spezialitäten sind gegrillter Thunfischbauch, Krokodil-*sisig* sowie auf Wunsch gegarte Meeresfrüchte (nach Gewicht).

★ **Circa Eatery** INTERNATIONAL €€€
(088-852 1850; CM Recto Ave.; Hauptgerichte 295–700 P; 7–14.30 & 17.30–22 Uhr) Das Erdgeschoss des Red Planet Hotel in der am schlimmsten chronisch verstopften Straße der Stadt ist ein ungewöhnlicher Standort für ein Restaurant, das sich für die Slow-Food-Bewegung und regionale Biozutaten stark macht. Von Schinkentoast mit Käse und Ei zum Frühstück bis hin zu Burgern aus Weidefleisch und Lachs mit Sesamkruste – das Circa ist zu jeder Tageszeit eins der besten Restaurants der Stadt.

Guiseppe Pizzeria & Sicilian Roast ITALIENISCH €€€
(Corrales Ave.; Hauptgerichte 300–880 P; 11–22 Uhr) Das beste italienische Restaurant in CDO serviert Holzofenpizza, hausgemachte Pastagerichte wie erstklassiges Pappardelle-Lamm-Ragout, sowie Fleischgerichte wie Lammkeule und Ossobuco. Es gehört einer Kette an, besitzt jedoch eine intime, elegante Atmosphäre.

ABSTECHER

ÖKOTOURISMUSDORF MALASAG

In einem mehrere Morgen großen botanischen Garten mit Schmetterlingen, Vögeln und Rehen liegt das **Ökotourismusdorf Malasag** (☎088-309 3752; 50 P; ⏲7–17 Uhr). Es ist eine Art Themenpark mit Stammeshäusern, einem Museum und einem Bildungszentrum. Es gibt Zeltmöglichkeiten, Hütten (ab 500 P), einen Swimmingpool (50 P) sowie ein hübsches Restaurant. Mit dem Jeepney Richtung Cugman fahren und in Malasag aussteigen, dann mit dem Motorrad (25 P) den Hügel hinauf bis zum Dorf. Eine einfache Taxifahrt von Cagayan de Oro kostet etwa 150 P.

Oak Room BAR
(Corrales Ave.; ⏲Mo–Do 17–1, Fr & Sa bis 2 Uhr) Elemente wie eine weinfassförmige Decke und eine mit Hochprozentigem gefüllte, alte, rote, britische Telefonzelle sorgen in dieser spärlich beleuchteten Bar für eine coole Atmosphäre. Hier kann man sich gut unterhalten und Importbiere sowie eine ganz ordentliche Auswahl von Single-Malt-Scotch genießen.

ℹ Praktische Informationen

Department of Tourism (DOT; ☎088-880 0172; dotr10_nmy@ahoo.com; Gregorio Pelaez Sports Center, Apolinar Velez St.; ⏲Mo–FR 8.30–17.30 Uhr) Großes Büro mit engagierten Mitarbeitern, die auch gern telefonisch Verkehrsfahrpläne abklären.

Einwanderungsbehörde (BOI; ☎088-880 1824; YMCA Bldg., Julio Pacana St.; ⏲Mo–Fr 8–17 Uhr) Bietet Visaverlängerungen.

Städtische Touristeninformation (☎088-857 3165; Ecke Divisoria Park & Apolinar Velez St.; ⏲Mo–Fr 8–17 Uhr) Flyer zu Hotels und Verkehrsmitteln; die Mitarbeiter sprechen aber nur wenig Englisch.

ℹ An- & Weiterreise

BUS

Busse Richtung Osten und Süden fahren am **Integrated Bus Terminal** (Gabucayan St.) ab, der am Obst- und Gemüsegroßmarkt Agora liegt. Klimatisierte Busse fahren nur bis zum frühen Abend. Zur Fähre nach Camiguin geht's mit dem Bus Richtung Osten nach Balingoan. Wer nach Surigao möchte (Abfahrt der Fähren nach Siargao), muss in Butuan umsteigen. Busse in Richtung Westen fahren am **Terminal** (Ecke Saarenas Ave. & West Coastal Rd.) einige Kilometer nordwestlich des Stadtkerns im *barangay* Bulua ab. In der Regel fährt alle 30 bis 60 Minuten ein Bus.

Die Busgesellschaften Rural Transit, Bachelor Express und Super 5 sind die größten. Das etwas kleinere Unternehmen Pabama Tours bedient südliche Ziele in der Provinz Bukidnon und hat erst kürzlich brandneue Busse in Betrieb genommen, die mit Minitabletts, Becherhaltern und sogar in die Rückenlehnen eingebauten Computertablets für Musik, Spiele und Filme ausgestattet sind!

ZIEL	PREIS (P)	DAUER (STD.)
Balingoan	200	1¾
Butuan	350	4¼
Davao	600	6
Iligan	145	2
Malaybalay	130	2½

FLUGZEUG

Es gibt täglich mehrere Flüge von Manila (1½ Std.) mit **Cebu Pacific** (☎Cebu 032-230 8888, Manila 02-702 0888; www.cebupacificair.com; Ecke Hayes & Rizal St., Cagayan de Oro) und **Philippine Airlines** (PAL; ☎Cebu 032-340 0191, Manila 02-855 8888; www.philippineairlines.com; Tirso Neri St., Cagayan de Oro). Cebu Pacific fliegt ebenfalls täglich nach Cebu (45 Min.), Iloilo City (1 Std.) und Davao (1 Std.). Alle Flüge gehen ab Laguindingan International Airport, 32 km westlich der Stadt und 55 km östlich von Iligan.

Ein Taxi vom Flughafen zur Stadt oder andersherum kostet etwa 500 P (45 Min.). Verschiedene Unternehmen wie **LAX Shuttle** (☎0917 710 1529) und **Magnum Express** (☎0917 771 2255) fahren stündlich von mehreren Standorten (Ayala Centrio Mall, Limketkai Center und anderen) aus mit Minivans zum Flughafen (199 P). Beim Verlassen des Flughafenterminals wird man von Taxischleppern bedrängt und zu ihrem jeweiligen Ticketstand geführt. Alle liegen direkt nebeneinander und bieten die gleichen Preise und Leistungen.

SCHIFF

Zum Macabalan-Pier fahren Jeepneys; ein Taxi kostet etwa 70 P.

2GO (S. 398) fährt zu folgenden Zielen: 6-mal pro Woche nach Manila (2100 bis 3400 P, 35 Std.), Cebu City (925 P, 10 Std., Di, Mi & Fr), Iloilo auf Panay (1200 P, 14 Std., Sa 23 Uhr) und Bacolod auf Negros (1470 P, 9 Std., Sa 23 Uhr).

Trans Asia Shipping (☎Cebu 032-254 6491; www.transasiashipping.com) fährt nach

Tagbilaran auf Bohol (775 P, 10 Std., Mo, Mi & Do 19 Uhr).

Lite Ferries (☎ Cebu 032-255 1721; www.liteferries.com) verkehrt viermal pro Woche zwischen Cagayan de Oro und Jagna auf Bohol (ab 680 P, 7 Std.).

Unterwegs vor Ort

Jeepneys zu verschiedenen Zielen – wie dem Pier, Cugman (zum Ökotourismusdorf Malasag) und dem Limketkai Center – fahren vor Nature's Pensionne auf der T Chavez Street ab.

Camiguin

☎ 088 / 88 000 EW.

Das relativ unberührte Camiguin (Ka-mi-*gin*) besitzt genau die richtige Größe für Erkundungstouren. Bemerkenswert ist seine imposante Silhouette – es würde auch neben Hawaii oder Maui nicht fehl am Platze wirken. Camiguin besitzt über 20 mehr als 100 Meter hohe Aschekegel und damit mehr Vulkane pro Quadratkilometer als jede andere Insel der Welt. Und weil es vom Massentourismus unberührt ist und zu den ruhigeren Inseln der Gegend zählt – wofür zum Teil das 10 km breite Teilstück der Bucht von Gingoog verantwortlich ist, die die Insel vom Festland trennt –, hat jeder, der hierherkommt, das Gefühl, dieses kleine Juwel gehöre nur ihm allein, und hütet Informationen über seine Schätze wie ein Geheimnis. Neben den üblichen Aktivitäten wie Tauchen oder Schnorcheln und den Sandstränden (außer auf den Stränden vor der Küste ist der Sand hier braun) bietet Camiguin auch die Möglichkeit, einen Vulkan zu erklimmen, sowie scheinbar endlos viele Dschungelwasserfälle und heiße und kalte Quellen.

Sehenswertes & Aktivitäten

Die Gewässer rund um Camiguin eignen sich gut zum Tauchen, vor allem für Anfänger, und es gibt ein angesehenes Apnoetauchzentrum. Die Unterkünfte arrangieren gern maßgeschneiderte Kletter-, Trekking-, Mountainbike- und Angeltouren.

Tauchen

Es gibt mehr als zehn interessante Tauchgründe, einige mit steilen Hängen, an denen sich Rochen, Meeresschildkröten und Fuchshaie tummeln. Fans des Schlammtauchens können am Meeresgrund nach Tintenfischen, Fühlerfischen, Nacktkiemern, Seepferdchen und Polypen suchen. Die besten Tauchgründe liegen wahrscheinlich vor dem **Jigdup-Riff** sowie vor **White Island** und **Mantigue Island.** Der **Alte Vulkan (Old Volcano)** bietet interessante Felsformationen – Ergebnis der Lavaströme nach Ausbrüchen des Hibok-Hibok; der **Schwarze Wald (Black Forest)** mit seinem sanften Gefälle und das noch recht gesunde Riff am **Versunkenen Friedhof (Sunken Cemetery)** sind ebenfalls sehr empfehlenswert. Zwei Tauchgänge vom Boot aus inklusive Ausrüstung kosten etwa 3000 P (in geschützten Meeresgebieten berechnet die örtliche Verwaltung weitere 150 P pro Taucher und Tauchgang). Schnorchelausrüstung kann für 200 P gemietet werden (Tauchbrille und Schnorchel), Flossen und Booties kosten weitere 200 P.

Reconnect Discover TAUCHEN
(☎ 0908 430 8444; www.reconnectdiscover.com; Yumbing; 1 Woche ab 1000 $) Kaisa und Arno, ein freundliches und kundiges finnisch-niederländisches Ehepaar, bieten besinnliche Wochenaufenthalte (nur von April bis Mai und von Oktober bis November) mit Yoga, Meditation und Tauchen. Arno bietet außerdem das ganze Jahr über Tauchgänge an (Tauchgang mit 2/3 Flaschen 3000/4250 P inkl. Ausrüstung, exkl. Schutzgebietsgebühr). Vorübergehend macht der Betrieb jedoch Pause – weitere Informationen sind auf der Webseite zu finden.

Kurma Freedive & Yoga TAUCHEN
(www.kurmafreedive.com; Yumbing) Hat seinen Sitz im Hotel desselben Namens und wird von Diggi und Valerie geleitet, der ersten weiblichen philippinischen Apnoetauchlehrerin. Angesehene und professionelle Kurse von einfachen Ein-Tages-Einführungen in das bessere Atmen unter Wasser (7000 P) bis hin zu drei- bis viertägigen Apnoetauchkursen für Fortgeschrittene (16 500 P).

Von Benoni nach Mambajao

Katibawasan Falls WASSERFALL
(30 P) Wunderschönes, klares Wasser stürzt hier über 70 Meter hinab in ein Becken, das zum Schwimmen und Picknicken einlädt. Die paar Souvenirstände und der

Camiguin

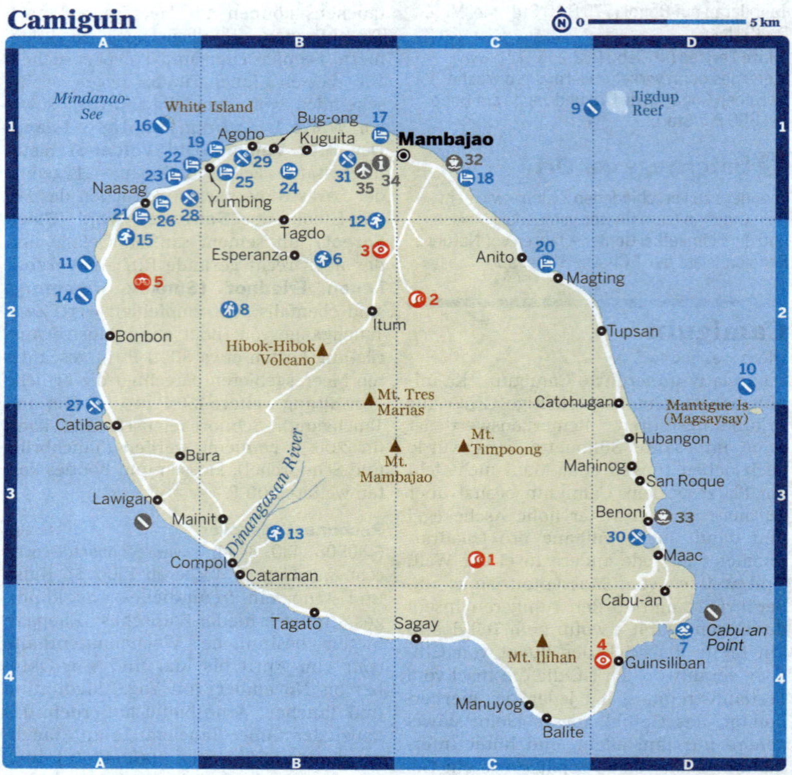

Betonweg verderben allerdings den Eindruck eines natürlichen Refugiums. Eine Sondertour per Jeepney oder Multicab kostet hin und zurück etwa 300 P; von den Resorts rund um Agoho kostet es hin und zurück etwa 350 P.

Vulkan Hibok-Hibok WANDERN

Der Hibok-Hibok (1320 m), der zuletzt 1951 ausbrach, bietet einen dramatischen Anblick. In einem Gebäude etwa 525 m von der Hauptstraße entfernt befindet sich die **Philippine Institute of Volcanology & Seismology (Philvolcs) Station** GRATIS, in der die Aktivität des Vulkans überwacht wird.

Bei trockenem Wetter kann man den Vulkan besteigen, doch die anspruchsvolle drei- bis vierstündige Tour (der Rückweg dauert etwa genauso lange) ist steil und steinig und man sollte einigermaßen fit sein. Vom Gipfel sind an klaren Tagen Bohol, Cebu und Negros zu sehen.

In den meisten Resorts gibt es Tourführer (pro Gruppe bis vier Personen 1200 P, plus Eintritt von 500 P und Umweltgebühr von 200 P). Am besten schon bei Tagesanbruch aufbrechen!

Ardent Hot Springs THERMALQUELLEN

(30 P; 6–22 Uhr) Der ideale Zeitpunkt für einen Besuch der lauwarmen bis heißen Quellen ist am späten Nachmittag, wenn sich die Luft etwas abgekühlt hat. Das große Becken wird mittwochs zur Reinigung geleert, und die Neubefüllung dauert fast den ganzen Tag. Die Quellen liegen in einem üppig bewachsenen, aber bebauten Gebiet, und am Wochenende kann es hier sehr voll werden.

Saai Springs QUELLE

GRATIS Ungefähr 4 km landeinwärts von der Kirche in Mambajao befindet sich dieser mit kaltem Quellwasser gefüllte Betonpool.

Camiguin

Nordküste nach Guinsiliban

Kuguita, Bug-ong, Agoho und **Yumbing** sind die erschlossensten Strände im Norden mit den meisten Unterkünften. Doch aufgrund der Erosion verschwindet ein Großteil des Strands zwischen Agoho und Yumbing zusehends im Meer. Zum Schutz der ufernahen Grundstücke wurden sogar schon Dämme errichtet. Wo der Strand noch vorhanden ist, liegt infolge der vulkanischen Aktivitäten der Insel dunkler, grober Sand.

White Island STRAND

(20 P) Das unbewohnte White Island (Medano Island) aus rein weißem Sand wenige Hundert Meter vor der Küste, ist mit dem Boot zu erreichen (500 P, bis zu 6 Pers.). Abfahrt ist neben dem Paras Beach Resort in Yumbing.

Außer sehr früh am Morgen kann die Sonne hier wirklich brutal heiß werden. Die Form der Insel verändert sich ständig, weil die Gezeiten, die Erosion und gelegentlich auch der Sandabbau an ihr nagen. Außer Sonnenbaden kann man hier sehr schön schnorcheln und auch Schildkröten beobachten.

Binangawan Falls WASSERFALL

Mit nur etwa 15 Metern ist dieser Wasserfall der kleinste auf Camiguin und der am schwierigsten zu erreichende. Man kann entweder allein hinwandern oder mit einem Tourführer, der über die Unterkunft gebucht werden kann. Auf keinen Fall während oder kurz nach einem Regenschauer hinwandern: Die Straße und der Pfad sind dann extrem rutschig und gefährlich, und auch Erdrutsche sind hier keine Seltenheit.

Stations of the Cross AUSSICHTSPUNKT

Von Mambajao aus in westlicher Richtung erreicht man kurz vor Bonbon den alten Vulkan von Camiguin. An seinen Hängen verläuft ein wunderschöner Kreuzweg. Der Gipfel bietet eine tolle Aussicht, und am Fuß der Treppe gibt es ein paar Souvenirstände.

Spanischer Wachturm HISTORISCHE STÄTTE

In Guinsiliban liegen hinter der Grundschule am Pier die Überreste dieser jahrhundertealten Sehenswürdigkeit, die zum Schutz gegen Angriffe der Moro vom Festland aus erbaut wurde. Hier gibt es auch einen hübschen Schrein.

Tangub Hot Spring THERMALBAD

Die Wassertemperaturen schwanken mit den Gezeiten und sind je nachdem, wo das Wasser gerade herkommt, mal kalt, mal warm, mal heiß. Eine vulkanische Quelle unter dem Meeresgrund liefert das heiße Wasser für diese unberührte Stätte 12 km westlich von Mambajao. Vor der Küste kann man hier gut tauchen.

Riesenmuschel-Schutzgebiet Cantaan Kabila White Beach SCHWIMMEN

(⌚7.30–17 Uhr) Die Gewässer vor diesem kleinen, weißen Sandstrand auf halber Strecke zwischen Benoni und Guinsiliban im *barangay* Cantaan beherbergen einige der am besten erhaltenen Korallen von Camiguin sowie Riesenmuscheln. Nach den Taifuns von 2011 und 2012 erholt sich die Population gerade erst wieder. Die Familie, der das Anwesen gehört, bittet für Tourführer (150 P), Eintritt (25 P) sowie Umweltgebühr (25 P) zur Kasse und verleiht auch Tauchbrillen und Schnorchel für 100 P sowie Flossen für weitere 100 P.

Santo Niño Cold Spring QUELLE

(30 P; ⌚Mo & Do 10.30–20, restl. Tage ab 8 Uhr; 👪) Dieses erschlossene Kaltwasserbecken nahe Catarman eignet sich prima für eine kleine Abkühlung an einem heißen Tag. Es liegt etwa 2½ km abseits des Highways an einer asphaltierten Straße.

Feste & Events

Panaad RELIGIÖS

Beim Panaad in der Karwoche laufen Gläubige zum Ausdruck ihrer Bußfertigkeit und Frömmigkeit rund um die Insel. Die 64 km lange Route ist von Kreuzwegstationen gesäumt, die letzte davon ist „Tabo“ am Ostermontag in Mambajao.

Lanzones Festival KULTUR

(⌚Okt.) Zur Feier dieser kleinen, gelben Früchte, die wie ein Mix aus Zitrone und Litschi schmecken, findet jedes Jahr um die dritte Oktoberwoche herum ein Fest statt – mit Umzügen, Historienspielen, Tanz und viel Essen.

Schlafen & Essen

Die meisten Resorts liegen zwischen Agaho nach Naasag. Zwischen März und Mai unbedingt reservieren. Das Wetter ist dann heiß, aber beständig, was wiederum kaum Fähr- und Flugstornierungen und hervorragende Sicht beim Tauchen bedeutet. Im regnerischen Januar und Februar ist es ebenfalls sehr voll, weil viele Europäer hier ihren Winterurlaub verbringen. Über Weihnachten feiern die Einheimischen zusammen mit ihren im Ausland lebenden Angehörigen. Auch die Semesterferien gehen von Ende Oktober bis Anfang November – viele verbringen sie zu Hause.

Mambajao & Umgebung

Camiguin Souldivers HOSTEL €

(☎0947 411 1189; www.camiguinsouldivers.com; Tupsan; B/EZ/DZ/Hütte 200/300/350/600 P; 📶) Die schlichten, höhlenartigen Schlafsäle und Zimmer sind mit Ventilatoren ausgestattet und locken überwiegend Taucher an, die billig übernachten wollen. Liegt an der Highway-Gabelung etwa 6 km südöstlich von Mambajao.

Ba'ay by VjANDEP Hotel HOTEL €

(ehemals Sector 9 Hotel; ☎0917 329 5500; Ecke Neriz & Rizal St., Mambajao; B 350 P, DZ mit Frühstück 2500 P; ❄📶) Die lichtdurchfluteten Zimmer mit Holzfußböden im 3. OG und sogar das 4er-Zimmer mit den Etagenbetten haben hohe Decken und eine gemütliche Einrichtung.

Nypa Style Resort HÜTTEN €€

(☎0921 638 3709; www.nypastyleresort.jimdo.com; Bug-ong; DZ mit Frühstück 1800–2900 P; 📶) Wem der Meerblick nicht so wichtig ist, ist in dem ruhigen Garten dieser sorgfältig gepflegten Anlage 500 m landeinwärts vom Highway bestens aufgehoben. Jede der vier Bambushütten ist individuell eingerichtet, und anstelle des Ozeans gibt es ein kleines Tauchbecken. Die italienischen Eigentümer brauen mit den besten Espresso der Gegend, und es gibt ein täglich wechselndes Menü (Nicht-Gäste können reservieren).

★ **Casa Roca Inn** PENSION €€

(☎088-387 9500; www.casarocacamiguin.com; Naasag; Zi. mit Gemeinschaftsbad 1000–1500 P; 📶) Knorrige Äste stützen dieses zweistöckige Haus mit den drei Zimmern, das auf einer Landspitze direkt über der tosenden Brandung liegt. Das Zimmer mit dem fantastischen Meerblick und dem ausladenden Mahagonibalkon ist das beste der Insel. Die Zimmer nach hinten raus sind etwas bescheidener, bieten aber ein hervorragendes Preis-Leistungs-Verhältnis. Sehr empfehlenswert: das Restaurant (Hauptgerichte 200 P).

Bahay-Bakasyunan sa Camiguin RESORT €€€
(☎088-387 1057; www.bahaybakasyunan.com; Balbagon; Zi. mit Frühstück 3600–5100 P; ❄📶🏊) Ehemals war dies das beste Resort von Camiguin. Es erstreckt sich vom Highway bis zum Wasser, ist aber inzwischen etwas heruntergekommen. Auf der gepflegten Rasenfläche mit einem kleinen Wäldchen aus schattigen Kokospalmen stehen sich modernere Naturdachhütten und ältere Bambusbungalows gegenüber. Bei näherer Betrachtung zeigt sich in beiden, dass die Einrichtung schon etwas älter ist. Das Beste hier sind definitv der Pool am Meer und das Restaurant.

Vjandeap Bakery BÄCKEREI €
(57 Plaridel St.; Backwaren 5–25 P; ⏲6–20 Uhr) Hier gibt's die Gebäckspezialitäten der Insel.

Samuel by VjANDEP PHILIPPINISCH €€
(Ecke Neriz & Rizal St.; Hauptgerichte 130–285 P; ⏲6–22.30 Uhr) Trotz des etwas schwerfälligen Namens handelt es sich hierbei um das beste Restaurant von Mambajao. Das vielfältige Menü reicht von typischen philippinischen Gerichten bis hin zu Burgern und gebratenem Hühnchen, und der Service ist zuvorkommend.

J&A Fishpen MEERESFRÜCHTE €€
(Hauptgerichte 100–450 P; ⏲6–20 Uhr) In diesem Restaurant mit Blick auf die Benoni-Lagune kommen die Meeresfrüchte (wie *bangus*; 60 P/100 g) frisch aus den Fangkäfigen eben dieser Lagune. Am Wochenende kommen viele Gruppen hierher. Für 150 P extra gibt es kleine Separees über dem Wasser, oder man leiht sich eine Angel, fängt sich sein Essen selbst und lässt es dann in der Küche zubereiten. Außerdem stehen Pizza, Fleisch- und Nudelgerichte auf der Karte.

La Dolce Vita ITALIENISCH €€
(National Hwy., Mambajao; Hauptgerichte 210–400 P; ⏲6–22 Uhr; 📶) Allesandro, der italienische Eigentümer und Koch in diesem Freiluftlokal gleich gegenüber vom Flughafen, verwendet nur die besten Zutaten und zaubert in seinem Ziegelofen köstliche Pizzas mit dünner Kruste. Den Einheimischen zufolge ist die Qualität nicht dieselbe, wenn er nicht selbst in der Küche steht. Die selbst gemachten Pastagerichte und der Cappuccino (110 P) sind ebenfalls hervorragend.

Nördliche Strände

Volcan Beach Eco Retreat & Dive Resort HÜTTEN €€
(☎088-387 9551; www.camiguinvolcanbeach.com; Naasag; Zi. mit Ventilator/Klimaanlage 1500/2500 P; ❄📶) Eine Reihe einander gegenüberliegender, reetgedeckter Hütten inmitten eines Palmengartens (mit mehreren Hängematten), der an einem wellengepeitschten Steinstrand endet – zum Sonnenbaden gibt es eine hübsche Bambusplattform. Jede Hütte hat einen kleinen Balkon, hohe Decken und Moskitonetze. Das Volcan wird von einem Deutschen betrieben und bietet auch einen Full-Service-Tauchladen. Die Bedienung ist etwas wechselhaft.

Kurma Freedive & Yoga GASTHAUS €€
(Ehemals Secret Cove; www.kurmafreedive.com; Yumbing; DZ mit Ventilator/Klimaanlage 1900/2300 P; @📶) Kleine, enge Unterkunft direkt am Wasser mit hell gestrichenen Zimmern, jedes mit eigener Veranda. Das deutsch-philippinische Besitzerpaar (beides Apnoetauchlehrer) sorgen für eine gemütliche, freundliche und familiäre Atmosphäre. Auch Yoga-Unterricht und -aufenthalte sind im Angebot.

Agohay Villa Forte HOTEL €€
(☎0927 805 1050; www.agohayvillaforte.com; Agoho; DZ 1350–2000 P, 6-Personen-Zi. 3200 P; ❄📶🏊) Direkt am Strand mit verschiedenen Zimmern mit Garten- und Meerblick, darunter auch ein großes Mehrbettzimmer, das perfekt für Backpackergruppen geeignet ist. Das schwere Bettzeug und die Möbel passen eindeutig nicht zum Klima, und die Lage ist etwas ungünstig, weshalb die hübschen Duschen im Freien noch mehr überraschen. Nur dann gutes Management, wenn die Eigentümer vor Ort sind.

★ **Balai sa Baibai** VILLA €€€
(☎088-387 9594, mobile 0918 962 2808; www.balaisabaibai.com; Agoho; DZ 4800–5500 P, Villa 6900 P; ❄📶🏊) 🍃 Sorgfältig gepflegte Oase des Stils und der Eleganz, erbaut von einem philippinisch-britischen Paar. Dessen guter Geschmack spiegelt sich in jedem Detail wider, vor allem in den luxuriös ausgestatteten Villen im balinesischen Stil mit Küchenzeilen, Duschen im Freien und eigenen Tauchbecken – mit Sicherheit die schönsten Zimmer der Insel.

An der Strandbar (17 bis 22 Uhr) gibt's eine erhöhte Plattform mit zwei Tauchbecken – der beste Ort der Insel für einen Dämmerschoppen.

★ SomeWhere Else Boutique Resort VILLA €€€
(☎ mobile 0939 8090 928; www.facebook.com/privateluxuriousvilla; Agoho; Villa für 3 Pers. 5500 P; ❄📶) Europäischer Modernismus gepaart mit tropischem Flair beschreibt diese beiden geräumigen Villen auf einer üppigen Rasenfläche in Strandnähe wohl am besten. Jede von ihnen ist stilvoll eingerichtet, mit schrulligen Akzenten und offenen Flächen. Beide haben Duschen im Freien, und eine besitzt zusätzlich ein kleines Tauchbecken und eine Dachterrasse. Das Resort ist allerdings nur sehr dürftig am Highway ausgeschildert und nicht frei zugänglich.

Guerrera Rice Paddy Villas BUNGALOWS €€€
(☎ 0917 311 9859; www.guerrera.ph; Pearl St., Yumbing; Villa 3500–4000 P) Die drei Zimmer haben Blick auf ein malerisches Reisfeld. Sie sind geschmackvoll mit Hartholzmöbeln und antiken Lampen im vietnamesischen Stil eingerichtet. Die Matratzen sind aus Formschaum, und die beiden „Reisfeld-Villen" haben Badewannen im Freien auf ihren privaten Veranden (die Strandvilla soll bald auch eine bekommen). Weitere Pluspunkte dieser Unterkunft sind ein sehr persönlicher Service und ein eigenes Restaurant.

★ Beehive CAFÉ €
(☎ 0939 932 0334; Catibac; Hauptgerichte 95–215 P; ⏲ 8–19 Uhr) 🌿 Das Café mit dem exzentrischen Look ist nach Art von Robinson Crusoe aus recyceltem Holz, Muscheln, Steinen und einem Sammelsurium anderer Materialien erbaut. Es liegt direkt am Meer und eignet sich perfekt für einen Boxenstopp auf einer Motorradtour rund um die Insel. Hier gibt's gesunde Kost wie Veggie-Burger, Salat, Pizzas aus Vollkornteig, Drachenfruchtsaft und Kräuter.

Hayahay Cafe INTERNATIONAL €
(Bug-ong; Hauptgerichte 150–200 P; ⏲ 9–21 Uhr) Bezauberndes, kleines Café mit Innen- und Außenbereich. Hier gibt's gesunde Kost wie Müsli und Smoothies, hervorragendes Shakshouka (tunesisches Eiergericht) und Hauptgerichte wie Hühnereintopf mit Gemüse.

★ Guerrera SÜDOSTASIATISCH €€
(☎ mobil 0917 311 9859; www.guerrera.ph; Pearl St., Yumbing; Hauptgerichte 250–325 P; ⏲ 12–14 & 16–21 Uhr; 🖉) Dieses Restaurant in einer großen, gelben Villa in Alleinlage am Ufer trägt viel zum guten Ruf der Küche von Camiguin bei. Der philippinische gelernte Koch und Eigentümer hat sich überwiegend auf thailändische und vietnamesische Straßenküche spezialisiert, serviert aber auch täglich wechselnde Spezialgerichte wie Hühnchen im indonesischen Stil, Bangkok-Schwein sowie indisches *dal tadka* (Suppe aus geräucherten gelben Linsen und Kichererbsen).

Luna Ristorante ITALIENISCH €€
(National Hwy., Yumbing; Hauptgerichte 190–420 P; ⏲ 7.30–23 Uhr; 📶) Das Luna serviert ausgezeichnete Pizza mit dünnem Boden aus dem Ziegelofen, eine fantastische gemischte Meeresfrüchte-Grillplatte sowie gutes Frühstück. Bei den Pastagerichten schwankt die Qualität. Die Tische (teils mit Sonnen- bzw. Regenschutz) stehen auf einem Rasen neben der Hauptstraße von Yumbing.

Checkpoint PHILIPPINISCH €€
(National Hwy., Yumbing; Hauptgerichte 200–350 P; ⏲ 6.30–22 Uhr; 📶) Im offenen 2. OG des kleinen Checkpoint-Einkaufszentrums an der „großen" Kreuzung in Yumbing. Hier bekommt man alles von einfachen Sandwiches bis hin zu Knoblauch-Shrimps. Das Frühstücksbüfett für 150 P lohnt sich. Hübsches Lokal mit Blick auf die Berge.

ℹ Praktische Informationen

Die Philippine National Bank (PNB) und die Landbank in Mambajao besitzen Geldautomaten, die allerdings nicht immer funktionieren, und die PNB akzeptiert MasterCard. Die PNB wechselt US-Dollar, nimmt aber nur tadellose Scheine ab 5 US$ aufwärts an (Schweizer Franken werden auch akzeptiert, bei Euros sieht's Reisenden zufolge schwierig aus). Am besten vor der Ankunft woanders Geld wechseln.

Touristeninformation (☎ 088-387 1097; www.camiguin.gov.ph; Mambajao Municipal Hall; ⏲ Mo–Fr 8–17 Uhr) Bei verkehrstechnischen Fragen am besten nach Pacita Romualdo verlangen.

ℹ An- & Weiterreise

FLUGZEUG

Cebu Pacific (S. 402) fliegt mit einem Einpropeller mit über 60 Sitzen zweimal täglich (in der Nebensaison manchmal nur einmal täglich)

REISEWARNUNG

Gerade erst 2017 erreichte die politische Situation und Sicherheitslage in Mindanao erneut einen kritischen Punkt. Ende Mai besetzten IS-Anhänger aus den Lagern der Maute- und Abu-Sayyaf-Gruppierungen zusammen mit weiteren Rebellen die Stadt Marawi. Mehrere Hundert Bewohner wurden als Geiseln festgehalten, und insgesamt kamen 45 Zivilisten, 122 Soldaten sowie über 500 Kämpfer ums Leben. Zehntausende Bewohner wurden ausquartiert, sobald das Militär einen sicheren Korridor eingerichtet hatte, und Präsident Duterte verhängte das Kriegsrecht über die Insel. Im Dezember 2017 bewilligte der Kongress eine Verlängerung bis Dezember 2018. Die merklichsten Folgen: militärische Kontrollposten und erhöhte Sicherheitsvorkehrungen in Einkaufszentren, an Flughäfen und in anderen öffentlichen Einrichtungen.

Abgesehen von dem Sperrgebiet um Marawi und periodischen Zusammenstößen von Militär und Rebellen (vornehmlich beschränkt auf das Sulu-Archipel, Maguindanao, Lanao del Sur, Sultan Kudarat sowie Nord- und Süd-Cotabato), gab es andernorts eine Reihe von Bombenanschlägen mit Todesopfern – der schlimmste im September 2016 auf einen großen Nachtmarkt in Davao mit 15 Toten und Dutzenden Verletzten. Angeblich ging der Anschlag auf das Konto der Maute-Milizgruppe. Auch Lösegeldentführungen vonseiten skrupelloser Mitglieder der Rebellengruppen und bewaffneter Banden sind ein Thema. Die Neue Volksarmee (NPA) ist aktiv, und es kommt immer wieder zu Konflikten mit Regierungstruppen; die NPA zielt jedoch nicht auf philippinische Zivilisten oder Touristen ab.

Botschaften vieler Nationen, darunter neben den USA auch Deutschland, Österreich und die Schweiz, raten von Reisen nach Zentral- und West-Mindanao ab, ebenso wie von sonstigen Reisen (sofern nicht unbedingt notwendig) in andere Regionen (mit Ausnahme von Camiguin und Siargao). Angriffe auf Verkehrs- und Handelsziele (Busse, Fähren, Einkaufszentren etc.) haben eine beträchtliche Anzahl an Todesopfern gefordert. Traveller sollten unbedingt die aktuellsten Reiseempfehlungen beachten und sich von Einheimischen beraten lassen, die sich in den entsprechenden Teilen Mindanaos auskennen, bevor sie in potenziell gefährliche Gebiete aufbrechen.

Von all diesen Vorbehalten abgesehen, kehren die meisten, die die Region tatsächlich bereisen, unbeschadet wieder zurück. Bestimmte Krisenherde sollte man unbedingt meiden, sich auf die Ratschläge der Einheimischen verlassen und im Zweifel lieber etwas übervorsichtig sein, was Reiseziel und Transportmittel angeht.

vom Flughafen Camiguin (Mambajao) nach Cebu und zurück (zwischen 700 und 3500 P, 30 Min., 6.30 Uhr). Der Ticketschalter liegt gegenüber der alten Landbank in der Nähe der PNB. Die Obergrenze für aufgegebenes Gepäck liegt bei 15 kg, und es kommt oft zu wetterbedingten Verspätungen. Die Terminalgebühr beträgt 50 P.

SCHIFF

Camiguin hat zwei für Urlauber relevante Häfen: **Benoni,** 18 km südlich von Mambajao mit Fähren nach Balingoan auf dem Festland; und **Balbagon,** nur 2 km südöstlich von Mambajao mit Verbindungen nach Cebu und Jagna auf Bohol.

Acht bis zehn Fähren bedienen den Kanal zwischen Benoni und Balingoan etwa stündlich ab 4.30 bis 17.30 Uhr (170 P, 1¼ Std.). Bei stärkerem Seegang kann die Überfahrt in der kleineren und weniger seetüchtig aussehenden Fähre sehr unangenehm werden. Vor der Abfahrt klettern einheimische Kinder die Schiffswände hinauf, verteilen gute Ratschläge und springen wieder ins Wasser. Wer vom Festland aus nach Camiguin möchte, bekommt Fährtickets am Busbahnhof in Balingoan (am 200 m entfernten Hafeneingang selbst wird noch eine geringe Terminalgebühr fällig).

Ab dem Hafen Balbagon, 2 km südöstlich von Mambajao, fährt außerdem immer mal wieder eine Roll-on-roll-off-(RoRo)-Autofähre (470 P, 3½ Std., Montag, Mittwoch und Freitag um 8 Uhr) von **Super Shuttle Ferry** (S. 398) nach Jagna auf Bohol. Im Preis sind die zusätzliche Terminal- und „Umweltgebühr" bereits enthalten. Es heißt, in der nahen Zukunft soll eine Schnellfähre von Camiguin nach Bohol dazukommen.

Es wird ebenfalls gemunkelt, dass Oceanjet seinen Schnellbootbetrieb zwischen Cagayan de Oro und Benoni und weiter von Benoni nach Jagna auf Bohol wieder aufnehmen will. Beide Strecken kosten etwa 600 P und dauern zwei Stunden. Aktuelle Neuigkeiten dazu erhält man am besten, wenn man den Resorts eine E-Mail schreibt (die Websites selbst enthalten oft veraltete Informationen). Zur Zeit der Recherche war der Dienst nicht in Betrieb.

Vom Pier in Balbagon bietet Lite Ferries (S. 403) täglich eine RoRo-Fähre nach Cebu (880 P, 11 Std., 19 Uhr). Die Fähre desselben Anbieters nach Jagna (425 P, 3½ Std., 8 Uhr) ist leider nicht zuverlässig, besonders in der Nebensaison.

Unterwegs vor Ort

Die Straße rund um die Insel ist 64 km lang und asphaltiert, und die Strecke ist in wenigen Stunden zu meistern. Zur bequemen Fortbewegung und für Ziele, die Jeepneys und *motorillas* (der hiesige Begriff für ein motorisiertes Tricycle) nicht bedienen, mietet man sich am besten ein Motorrad (300 bis 500 P). Unbedingt einen Helm tragen und den Führerschein mitführen! Eine Alternative sind die bequemen Multicabs für sechs Personen (1500 P).

Jeepneys und Multicabs (auch klimatisierte Minivans) warten am Bootsanleger in Benoni, um Passagiere nach Mambajao (30 bis 50 P, 30 Min.) zu bringen. Eine Sonderfahrt nach Mambajao kostet 150 P; in die Resorts nördlich von Mambajao zwischen 250 und 500 P. Von Mambajao aus sind die meisten Resorts im Westen leicht per *motorilla* (die roten; die grünen *motorillas* fahren nach Osten) zu erreichen. Motorillas sind eine praktische, billige (9 P) ,und überfüllte Fortbewegungsmöglichkeit.

Surigao

☎086 / 88 000 EW.

Auf dem Weg nach Siargao Island ist meist (außer bei Direktflügen) ein Zwischenstopp über Nacht in dieser unscheinbaren, ziemlich verstopften Hauptstadt der Provinz Surigao del Norte erforderlich. Der Stadtplatz ist das Herzstück des Ortes, an dem einfach alles stattfindet, von spontanen Schachpartien und preiswerten Massagen bis hin zu ersten Dates. Einen Großteil des langen Uferboulevards säumen provisorische Freiluft-KTV-(Karaoke)-Bars und abendlich öffnende Secondhand-Klamottenstände.

Zu den Attraktionen der Gegend zählen die 7 km entfernte **Silop Cave** mit zwölf Eingängen zur großen Hauptkammer, das schwimmende Dorf **Day-asin,** 5 km von der Stadt entfernt, und **Mati** im Süden, wo das Volk der Mamanwa ein „Dorf" gegründet hat, um seine Kultur zu präsentieren. Es gibt auch mehrere Strände ganz in der Nähe, darunter der **Mabua Pebble Beach,** wo sich die Wartezeit bis zum Abflug prima verbringen lässt.

Schlafen

EY Miner Suites (Borromeo St.) HOTEL €
(☎086-826 6480; Borromeo St.; DZ 1100 P; ❄📶) Zentral gelegen mit gemütlichen, wenn auch beengten Zimmern. Besitzt eine glänzende, leicht kitschige Lobby und keinen Aufzug – am besten nach einem Zimmer in den unteren Etagen fragen.

Bohol Traveller's Inn HOTEL €
(☎086-826 8884; San Nicolas St.; DZ 600–900 P; ❄📶) Saubere und einfache Budgetunterkunft nah am Markt. Nicht vom „Empfangs"-Bereich abschrecken lassen, der sieht nämlich aus wie ein vollgestopfter Keller.

★ **Hotel Tavern** HOTEL €€
(☎086-826 8566, 0918 963 6184; www.hoteltavern.com; Borromeo St.; DZ mit Frühstück 1900–3600 P; ❄@📶) Die exklusivste Unterkunft in Surigao und das einzige Hotel direkt am Wasser. Die eleganteren Zimmer mit Meerblick sind ihren Preis wert. Außerdem gibt's eine Outdoor-Bar, ein Restaurant namens EJ's Garden by the Bay mit Livemusik an den meisten Abenden in der Woche, und EJ's Cafe. Bonus: der kostenlose Flughafenservice.

Annex Hotel Tavern HOTEL €€
(☎086-826 9732; www.annexhotelsurigao.com; Borromeo St.; DZ 1250–2500 P; ❄📶) Nichtssagende, schlicht eingerichtete Zimmer nur wenige Gehminuten vom Hauptpier entfernt. Professionell betrieben, mit einem Gemischtwarenladen im Erdgeschoss.

Essen

Jede Menge Fast-Food-Restaurants gibt es auf der Südwestseite des Marktplatzes an der Rizal Street sowie einige in der **Gaisano Mall** (im Figaro Café kann man gut auf den Bus warten) neben dem Busbahnhof. Appetitlich aussehende **Obststände** säumen die Ostseite des Marktplatzes (Magallanes St.). **Grillstände** (abends geöffnet) sind auf der Borromeo Street am Pier zu finden.

EJ's Cafe INTERNATIONAL €
(Borromeo St.; Hauptgerichte 130–200 P; ⏲10–23:30 Uhr; 📶) Dieses moderne Café im Komplex des Tavern-Hotels ist für Surigao ziemlich hip. Hier gibt's Sandwiches, Burger, Gebäck, Kekse und hervorragenden Kaffee, man kann aber auch etwas von der Speisekarte des angrenzenden Restaurants bestellen.

Surigao & Umgebung

★ Calda's Pizzeria PIZZA €€
(Boulevard; Pizza 200–280 P; ⌚14–23 Uhr) An den paar Tischen direkt am Uferboulevard kann man in Calda's hervorragende, riesige Pizzas mit dünnem Boden genießen. Die „Extra Super-Size"-Pizzas sind irrwitzige 90 cm groß und bestehen aus 50 Stücken.

EJ's Garden by the Bay PHILIPPINISCH €€
(Borromeo St.; Hauptgerichte 250–370 P; ⌚10–23.30 Uhr) In diesem Open-Air-Pavillon auf dem Gelände des Tavern-Hotels ist wirklich immer etwas los. Die Spezialität sind frische Meeresfrüchte (aus der Vitrine auswählen und nach Gewicht bezahlen), aber es gibt auch die üblichen Fleisch- und Nudelgerichte. An den meisten Abenden wird hier akustische Livemusik geboten.

357 Steakhouse & Sushi Bar JAPANISCH €€
(☎086-310 1338; Borromeo St.; Hauptgerichte 200–400 P; ⌚11–22 Uhr) Von außen macht dieses zweckmäßig aussehende Restaurant neben dem Büro der Küstenwache von Surigao nicht viel her. Innen ist es jedoch recht gemütlich und bietet wirklich gutes Ramen, Sashimi, *Okonomiyaki* und *Kani* (Krabben) oder würzigen, knackigen Thunfischsalat.

ℹ Praktische Informationen

Rund um den Marktplatz gibt es mehrere Banken mit Geldautomaten (Bargeld am besten schon vor Aufbruch nach Siargao besorgen). Am Haupthafenterminal stehen ebenfalls zwei Geldautomaten.

Städtische Touristeninformation von Surigao (☎086-826 8064; www.surigaocity.gov.ph; Luneta Pavilion; ⌚8–17 Uhr) Günstige Lage am Marktplatz, bietet allerdings nur Karten und Broschüren.

Touristeninformation der Provinz Surigao del Norte (☎086-826 9017; surigaodelnortetourism@yahoo.com; Capitol Rd; ⌚Mo–Fr 9–17 Uhr) Informationen über Ausflüge in die Region. Liegt an der städtischen Haupttribüne (Basketball- und Fußballplätze).

ℹ An- & Weiterreise

BUS

Der Busbahnhof liegt gleich neben dem Gaisano-Einkaufszentrum etwa 4½ km westlich der Stadt und ca. 500 m vor dem Flughafen. Ein Jeepney vom oder zum Pier kostet 10 P, ein Tricycle etwa 30 P.

Wer nach Cagayan de Oro oder Balingoan möchte (für die Fähren nach Camiguin), muss in Butuan umsteigen. Auch Minivans fahren zu den hier angegebenen Zielen. Hier die Preise für klimatisierte Busse:

ZIEL	PREIS (P)	DAUER (STD.)	HÄUFIGKEIT
Butuan	215	3	Ca. alle 30 Min.
Davao	720	8	Stündl.
Tandag	315	5	Wenn der Bus voll ist

FLUGZEUG

Philippine Airlines (www.philippineairlines.com) und Cebu Pacific (www.cebupacificair.com) fliegen täglich nach Manila; letztere auch mehrmals wöchentlich nach Cebu. Unbedingt die Ankunfts- und Abflugzeiten beachten, um die Fähren von und nach Siargao Island zu erreichen. Die Flughafendurchsagen sind auch im **Basti's** (Flughafen; Hauptgerichte 75–200 P; ⊙7–22 Uhr; ☎) gut zu hören, einem Coffee-Shop gleich am Flughafeneingang. Der Flughafen liegt 5 km westlich des Stadtkerns und ist per Tricycle (40 P) oder Jeepney (10 P) zu erreichen.

SCHIFF

Die wichtigste Fährverbindung für Reisende ist Dapa auf Siargao Island. Und das – relativ betrachtet – bequemste Schiff (am besten mit Klimaanlage buchen und einen Pulli und Ohrstöpsel mitnehmen) mit einigermaßen vernünftiger Abfahrtszeit um 11.30 Uhr ist die *Fortune Angel* (220 bis 250 P, 2½ Std.). Sie legt am **Hauptpier** (Eva Macapagal Terminal; Borromeo St.) 2 km südlich des Platzes an der Borromeo Street ab. Bei schlechtem Wetter ist die tägliche Roll-on-Roll-off-Fähre (RoRo) *M/V Reina Magdalena* (250 P, 4 Std., 12 Uhr) die bessere Wahl. Sie legt ebenfalls am Hauptpier ab. Weniger komfortabel sind die *bangkas* (2½ Std.), die um 5.30 und 6 Uhr vom Anleger am Boulevard vor dem Tavern-Hotel ablegen.

Wer nach Del Carmen in der Nähe des Flughafens im Nordwesten von Siargao Island will, kann vom Anleger am Boulevard aus eine der beiden täglichen *bangkas* nehmen: die *M/V Donilyn/Kinmet* um 5 Uhr oder die *M/VPilar Tuna* um 11 Uhr.

Medallion Transport Inc. fährt dienstags, donnerstags und sonntags um 20 Uhr nach Cebu (1000 P).

Bangkas (100 P) nach San José auf der Insel Dinagat fahren etwa um 7, 9 und 12 Uhr vom Anleger am Boulevard vor dem Tavern-Hotel ab. Die *M/V Cab-ilan* fährt täglich außer sonntags um 15.30 Uhr vom Hauptpier nach San José (120 P). Und die Schnellfähre *M/V Yohan Blue* fährt täglich vom Hauptpier aus nach Albor und Loreto (300 P), etwas weiter nördlich auf Dinagat. Abfahrtszeiten müssen erfragt werden.

RoRos zu den Städten San Ricardo (140 P, 1¼ Std., 12, 14 und 3 Uhr) und Liloan (300 P, 4 Std., 6.30, 11, 13, 18 und 0 Uhr) in der Provinz Süd-Leyte fahren am Pier in Lipata ab, 8 km westlich von Surigao. Von Lipata aus fährt auch täglich um 8 Uhr eine Schnellfähre nach San Ricardo (2 Std.).

Tickets für alle Fähren vom Hauptpier gibt's im Terminal am Ticketschalter des jeweiligen Unternehmens. Bei anderen Schiffen, vor allem auf den *bangkas*, kauft man das Ticket an Bord.

Siargao

Ursprünglich von den ganzjährig guten Wellen und der auf anderen philippinischen Inseln nicht zu findenden Friedlichkeit und Schönheit nach Siargao (schar-*gau*) gelockt, genießt hier auch heute noch eine kleine Gruppe leidenschaftlicher Surfer aus Australien, Amerika, Europa und inzwischen auch von den Philippinen das Leben. Trotz der zunehmenden Erschließung der Insel in den letzten Jahren, der neuen Hotels, Flugverbindungen und besseren Straßen sind relaxte Resorts hier noch immer die Norm. Hier tummeln sich nicht nur Surfer auf der Suche nach einer neuen Herausforderung in ihrem *Wanderjahr* rund um die Welt, auch entspannte Do-it-yourself-Touristen kommen gern hierher und bleiben gleich wochenlang. Es gibt Felsbecken, Mangrovensümpfe, gewundene Flüsse, kleinere Inseln vor der Küste mit seltsamen Felsformationen und Tieren, sowie Wasserfälle und Wälder, und den Abend lässt man hier gemütlich in der Hängematte ausklingen.

Der Hafen befindet sich in der Hauptgemeinde **Dapa.** Bei der Ankunft zieht es die meisten in eins der Resorts entlang der Straße zwischen General Luna (hier meist GL genannt) und „Cloud Nine".

Aktivitäten

Surfen

Das Surfen hat Siargao bekannt gemacht, aber die Insel hält noch viel mehr in petto. Inselhopping – auf der Suche nach Stränden oder abgelegenen Lagunen zum Schnorcheln – wird immer beliebter. Auf **Anahawan Island** im Süden gibt es eine Pension mit Mehrbettzimmern und eine hervorragende Brandung. Heutzutage ist **Daku Island** oft so überlaufen, dass der Verkehr an Manila erinnert. Die meisten Urlauber verbinden Daku mit Abstechern auf die Inseln **Naked** und **Guyam.**

Surfen kann man das ganze Jahr über, am besten aber zwischen August und

Surigao

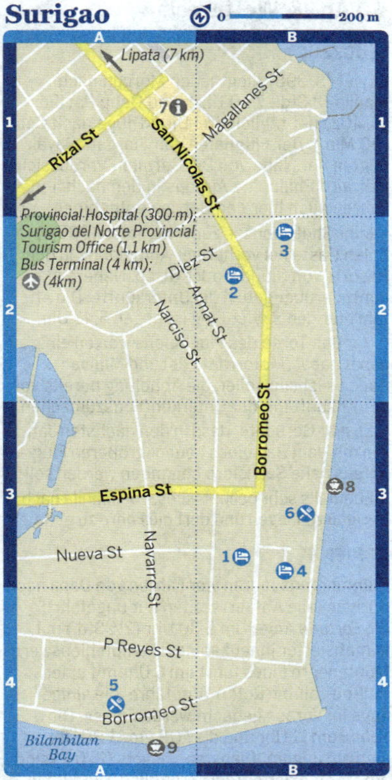

Surigao

Schlafen

1 Annex Hotel Tavern B3
2 Bohol Traveller´s Inn B2
3 EY Miner Suites (Borromeo St) B2
4 Hotel Tavern B3

Essen

5 357 Steakhouse & Sushi Bar A4
6 Calda's Pizzeria B3
EJ's Cafe .... (siehe 4)
EJ's Garden by the Bay .... (siehe 4)

Praktisches

7 Surigao City Tourism Office A1

Transport

8 Boulevard Docking Area B3
9 Main Pier.. A4

November, wenn die Taifunwinde für eine riesige Dünung sorgen. In der Zeit von Dezember bis April herrscht starker Seitenwind, und zwischen Mai und Juli ist die Brandung eher sanft. Die Resorts verleihen Surfbretter und organisieren Surfunterricht. Zum Schutz der Füße werden Booties dringend empfohlen, weil einige Surfspots direkt über Riffen liegen. Cloud Nine ist der berühmteste Surfspot, aber entlang der Küste von Siargao oder an den umliegenden Inseln gibt es noch zahllose andere.

★ **My Siargao Guide** OUTDOOR
(☎0921 797 2791; www.facebook.com/mysiargaoguide) Dieser One-Stop-Reiseveranstalter, der von einem Ehepaar im Bravo Surf Resort (S. 415) in General Luna betrieben wird, bietet verschiedenste Touren auf der Insel an. Am beliebtesten sind die Sugba-Lagune (2000 P) und das Inselhopping (1000 P). Aber auch Magpupungko (1000 P) und Sohoton (2000 P) sind im Programm. Bei allen Touren sind Mittagessen, Getränke, Schorchelausrüstung und bei der nach Sugba auch Stand-up Paddleboards inbegriffen.

Tauchen & Schnorcheln

Die tiefen Höhlen der Gegend wie die Blaue Kathedrale (Blue Cathedral) gehören zu den interessanteren Touren, sind aber nur etwas für erfahrene Taucher. Doch da man hier hervorragende Sicht hat und es zahlreiche Tauchgründe gibt, kommen auch Anfänger auf ihre Kosten. Das **Palaka Siargao Dive Center** (☎0918 626 2303; www.palakadivecenter.com) gehört einem tauchbegeisterten, sehr professionellen Franzosen und liegt direkt am Strand hinter dem Markt in General Luna (inkl. coolem, kleinem Café). Das Palaka bietet auch **Apnoetauchkurse** an – zunehmend beliebt bei Surfern.

Die **Sohoton-Bucht,** ein Labyrinth aus kleinen Meeresarmen auf der Insel Bucas Grande, liegt eine zweistündige, manchmal raue Bootsfahrt vom Süden Siargaos entfernt. Für einige ist schon der Anblick vom Boot aus die Reise wert. Ungiftige Quallen schweben durch smaragdgrünes Wasser, und von einer Plattform in der Nähe des Höhleneingangs kann man ins Wasser springen.

Sonstige Aktivitäten

Siargao gehört außerdem zu den wenigen Orten des Landes mit organisierter Tiefsee-Fischerei (Tagestour für max. 3 Pers. 5000 P); nach allem, was man hört, absolute Spitzenklasse. Einen 130 kg schweren

Segelfisch an Land zu ziehen, ist hier keine Seltenheit – auch Mahi-Mahi und Spanische Makrelen stehen auf der Speisekarte. Man kann hier das ganze Jahr über gut fischen, von Dezember bis Februar ist das Meer allerdings oft sehr rau. Ansprechpartner ist Junior Gonzalez (☎0920 772 8875), der auch Zimmer in seinem Haus in Pilar vermietet. Am besten ein paar Tage im Voraus anmelden.

Viento Kite School KITESURFEN
(☎0919 242 8089; www.vientodelmar.com/kitesurfing-siargao) Die große, flache Lagune mit sandigem Grund vor dem Viento del Mar Resort, in dem diese Schule zu finden ist, ist der beste Ort auf Siargao, um diese anspruchsvolle Sportart zu erlernen. Die Lehrer sprechen Englisch, Russisch, Tagalog und Visayas.

Lotus Shores YOGA
(☎0917 838 5743; www.lotusshores.com) Ganze vier Yoga-Kurse werden hier pro Tag in einem balinesischen Pavillon abgehalten. Liegt etwa 150 m von der Uferstraße entfernt.

Feste & Events

Siargao Cup SPORT
Dieser Surfwettkampf ist eine der größten internationalen Sportveranstaltungen des Landes und findet Ende September oder Anfang Oktober an Cloud Nine statt. Der **Filipino National Cup,** eine andere Surfmeisterschaft, wird meistens in der Woche zuvor abgehalten.

Praktische Informationen

Im Gegensatz zu anderen Teilen von Mindanao – und von Manila übrigens auch – fällt die Regenzeit auf Siargao mit dem *amihan* (nordöstlicher Monsun) zusammen, also etwa in die Zeit von Dezember bis März. Von Juni bis September herrscht Trockenzeit mit *habagat*-Winden aus Südwest.

Bei den beiden Banken in Dapa – der Green Bank und der Cantilan Bank – ist nicht immer Verlass darauf, dass man Bargeld bekommt (die Green Bank akzeptiert angeblich ausländische Visakarten). Oft ist kein Bargeld vorhanden, oder die Automaten funktionieren nicht. Jabinas, ein Geschäft in GL, tätigt Bargeldauszahlungen auf Kreditkarten – gegen eine Gebühr von 5%.

Siargao Islands (www.siargaoislands.com) Zuverlässige Website mit Infos zu Unterkünften, Tauchschulen und allen Inseln von Siargao.

An- & Weiterreise

FLUGZEUG

Skyjet (S. 398) fliegt jeden Morgen nach Manila (2 Std., 7.50 Uhr), und Cebu Pacific (S. 402) hat täglich drei Direktflüge nach Cebu (50 Min.). Der Flughafen von Siargao, Sayak, liegt in der Nähe von Del Carmen. Voraussichtlich wird Philippine Airlines in den nächsten Jahren auch hier den Betrieb aufnehmen.

Mini-Shuttlebusse zum Flughafen (300 P) holen Gäste bei vorheriger Anmeldung in den Resorts von Cloud 9 oder GL ab. Nähere Auskunft darüber geben die Unterkünfte. Die Abfahrt für den Skyjet-Flug ist gegen 5.45 Uhr.

Vor den Toren des Flughafens warten einige *habal-habal* (Motorradtaxis) und Minivans, doch es ist sinnvoller, die Abholung bereits vor der Ankunft mit der Unterkunft auszumachen.

Es gibt Gerüchte, dass in den nächsten Jahren mit dem Bau eines neuen, größeren Flughafens nahe San Isidro begonnen werden soll.

Ebenfalls sehr beliebt ist es, von Manila nach Surigao zu fliegen und dort die Fähre zu nehmen.

SCHIFF

Frühmorgens fahren vier Fähren von Dapa nach Surigao (alle Abfahrtszeiten nur ungefähr): die *Fortune Angel* um 5.30 Uhr (2½ Std.) mit klimatisierter Innenkabine ist empfehlenswert; Montenegro Lines fährt um 6 Uhr mit einer Roll-on-roll-off(RoRo)-Autofähre, die einige Tage im Voraus gebucht werden muss. Die *Yohan* um 11 Uhr und die *LQP* um 11.30 Uhr sind am ungemütlichsten. Tickets (270 P) sind am Morgen der Abfahrt erhältlich. Die frühen Fähren ermöglichen Anschlussflüge in Surigao oder die Weiterreise per Bus nach Cagayan de Oro und Davo am selben Tag (was eine lange, ermüdende Tagesreise wäre), man muss dazu allerdings extrem früh in Cloud Nine aufbrechen. Die Unterkunft arrangiert gern ein Motorrad nach Dapa.

Bangkas nach Socorro auf Bucas Grande fahren am Gemeindekai neben dem Hauptkai ab.

Unterwegs vor Ort

Jeepneys fahren von Dapa nach GL (1 Std.), die bessere Alternative sind aber *habal-habal* (große Motorräder mit Platz für mehr als einen Fahrgast samt Gepäck) nach GL bzw. zu den umliegenden Resorts (150 bis 250 P, 20 Min.) oder nach Cloud Nine (200 bis 300 P, 30 Min.). Die Preise hängen vom Verhandlungsgeschick und der Tageszeit ab (frühmorgens ist die Fahrt teurer). Tricycles kosten in etwa dasselbe, sind aber viel langsamer. Als tolle Tagestour bietet sich eine Umrundung der Insel auf eigene Faust an (die Straße rund um die Insel ist größtenteils asphaltiert). Der übliche Mietpreis für ein Motorrad liegt bei etwa 300 P für den halben Tag und bei etwa 500 P für den ganzen Tag.

Das neue Unternehmen **Binggo** (☎ 0977 642 3765; www.binggoride.com) vermietet Mini-Multicabs zum Selberfahren (1200 P pro Tag) oder mit Fahrer (1500 P pro Tag).

General Luna

☎ 086 / 16 800 EW.

Mehrere Häuserblocks mit unbefestigten Straßen, heruntergekommene Gebäude, ein paar Lokale und ein öffentlicher Strand, der von *sari-sari*-(Nachbarschaft)-Läden und -Grillbuden gesäumt ist: Das ist General Luna. Für ausländische Besucher, die in einem der Resorts wohnen, könnte es genauso gut die Großstadt sein – wenn auch eine, in der die Kleiderordnung Flipflops vorsieht und Shirts kein Muss sind. Irgendwie ergibt das alles ein doch recht bezauberndes, kleines Städtchen. Südlich von GL gibt es mehrere Surfspots, zu denen *bangkas* fahren, darunter auch einige rund um die vorgelagerten Inseln. Ein Fluss, in dem man bei Flut hervorragend schwimmen kann, verläuft in der Nähe des Dorfes Union zwischen GL und Cloud Nine.

Schlafen

Einige Unterkünfte liegen an einem schmalen Sandstrand, an dem man aber leider nicht gut schwimmen kann. Die Gegend erlebt einen Bauboom mit großen Wohnungs- und Hotelanlagen. In Malinao, 3½ km südlich, gibt es einige Resorts.

★ Kermit Surf Resort HOTEL €

(☎ 0917 655 0648; www.kermitsiargao.com; DZ mit Ventilator/Klimaanlage 950/1200 P, Bungalow 1800 P; ❄📶) An einer ruhigen Straße gleich nordöstlich und landeinwärts vom Zentrum von GL. Das Kermit gehört einem italienisch-schweizerischen Paar und ist verdientermaßen sehr beliebt bei preisbewussten Surfern, die in Cloud Nine nichts mehr bekommen haben. Zu den zehn Zimmern gehören auch mehrere allein stehende Hütten mit Reetdach, gefliesten Böden und modernen Bädern. Das Restaurant bietet Tische mit Kerzenbeleuchtung in einem sandigen Garten, und zu den Spezialitäten zählen Pizza, Pasta und Fisch (Hauptgerichte 230 bis 300 P).

Paglaom Hostel HOSTEL €

(www.paglaomhostel.com; B 350 P; 📶) Bei dem Preis zählt nur die Atmosphäre, nicht der Komfort. Und in der Hinsicht ist das Paglaom top. Hier ist es relaxt, aber sehr gastfreundlich dank des offenen Lounge-Bereichs, in dem man seine Mitbewohner näher kennenlernen kann. Die offenen Schlafsäle haben Stockbetten mit Moskitonetzen sowie Ventilatoren zur Kühlung. Es gibt Kaltwasserduschen und einen separaten Küchenbereich für die Gäste.

Hangout Siargao HOSTEL €

(☎ 0995 011 7805; camillebanzon@gmail.com; Purok 5; B 250 P; 📶) In diesem winzigen Hostel mit der warmherzigen, entspannten Atmosphäre schläft man in hängemattenartigen Betten 3 m über dem Boden – einzigartig. Es gibt noch ein paar andere Schlafmöglichkeiten, wie einen Dachboden und Zelte. Eine Küche zur Selbstverpflegung ist auch vorhanden.

Malijon Siargao BUNGALOWS €

(☎ 0928 854 8874; www.facebook.com/malijonsiargao; DZ 1200 P) Das Malijon wird von einem Schweden betrieben, liegt gleich abseits der Hauptstraße etwa auf halbem Weg zwischen GL und Cloud Nine und ist mit seinen drei allein stehenden Hütten zu Recht sehr beliebt. Sie sind geräumig und hübsch eingerichtet, haben dicke Matratzen, große Bäder und fantastische Balkons.

★ Buddha's Surf Resort HOTEL €€

(☎ 0919 945 6789 www.siargaosurf.com; Zi. mit Frühstück 2500–3800 P; ❄📶) Auf der wasserabgewandten Seite der Straße liegt dieses großflächige Anwesen, in dem eine elegante, moderne Inselatmosphäre herrscht. Die fünf Zimmer sind spärlich möbliert, haben Flachbildfernseher und hübsche Bäder, und in dem großen Pavillon-Restaurant unter freiem Himmel gibt es thailändisch angehauchte sowie vegane Gerichte (auf Wunsch allerdings auch traditionellen Schweinebraten). Hohe Palmen spenden dem gepflegten Rasen Schatten, und ein Volleyballnetz gibt es auch.

★ Bravo Surf Resort BUNGALOWS €€

(☎ 0999 877 8518; www.bravosiargao.com; B/DZ mit Frühstück 1200/3400 P. ❄📶🏊) Das Bravo mit seiner frischen Atmosphäre wird von Spaniern betrieben und hat sich zu einer DER angesagten Unterkünfte von GL gemausert. Das verdankt es einerseits den hübschen, dicht nebeneinanderstehenden Hütten mit Nipagrasdächern, gebürsteten Betonböden und geschmackvoller

Einrichtung, andererseits dem Freiluftrestaurant (Hauptgerichte 180 bis 320 P), in dem ein baskischer Koch regiert. Die Surferkoje für 4 Personen ist die Luxusversion eines Schlafsaals.

Turtle Surf Camp HOTEL €€
(☎0908 517 3805; www.surfcampsiargao.com; DZ/DZ 2400/2600 P;) Intime und coole Unterkunft mit nur vier Zimmern – ideal für Surfer, die als Gruppe unterwegs sind. Die minimalistisch eingerichteten Betonzimmer verfügen über moderne Annehmlichkeiten, und es gibt einen kleinen Pool zum Abkühlen sowie eine kleine Lounge, in der Filme gezeigt werden. Ein Familienzimmer (mit Ventilator/Klimaanlage 3900/4200 P) ist groß genug für vier Personen und hat eine eigene Lounge.

Siargao Inn Beach Resort BUNGALOWS €€
(☎0999 889 9988; www.siargao-inn.com; DZ/4BZ 2200/3500 P;) Diese entspannte Anlage besteht aus mehreren einfachen Hütten mit Nipagrasdächern und Mahagoniböden und -wänden. Es wird von einem freundlichen jungen Pärchen betrieben. Einer der beiden ist Spitzensurfer und kann einem die Grundlagen erklären. Die Bäder sind besonders hübsch, und es gibt eine gemütliche Restaurant-Bar am Strand. Die meisten Zimmer sind für 3 bis 4 Personen ausgerichtet.

Isla Cabana RESORT €€€
(☎0928 559 5244; www.islacabanaresort.com; Zi. mit Frühstück 7100–8400 P, Suite 14 000 P;) Das Design der geräumigen Hütten mit Hartholzböden in dieser sorgfältig gepflegten Luxusanlage verdient Bestnoten. Mehrere Suiten haben Blick aufs Wasser und eigene Whirlpools, die anderen liegen landeinwärts an einem hübsch gestalteten Sandpfad, der zu einem Pool und einem weißen Sandstrand führt.

Essen & Ausgehen

Alle Resorts haben eigene, teils sehr empfehlenswerte Restaurants, in denen auch Nicht-Gäste willkommen sind. Am Strand gibt's Grillbuden und einige einfache Lokale – im Grunde lediglich eine Ansammlung von Gerichten, die wie ein Büfett an der Straße aufgebaut sind.

Italian Food Specialist MARKT €
(Mo–Sa 8–12 & 13–17 Uhr) Anlaufstelle für Importweine, Pasta, Käse, Olivenöl und Dörrfleisch.

Mama's Grill BARBECUE €
(Spieße 50–70 P; 18–21 Uhr) Jeden Abend versammelt sich die Surfergemeinde in diesem bescheidenen Grilllokal etwa 1,5 km nördlich von GL, um sich an Schweinefleisch-, Hühnchen- und Rindfleischspießen zu laben. Und einfach so ist sie dann plötzlich wieder verschwunden ... bis zum nächsten Abend.

Ronaldo's PHILIPPINISCH €
(Hauptgerichte 75–125 P; 7–22 Uhr;) Günstige Säfte, Shakes und Nudeln, darunter über ein Dutzend *pansit*-Varianten, sind die Spezialität in diesem offenen Lokal, in dem ein Ventilator für Abkühlung sorgt. Die Bedienung ist extrem langsam.

Miguel's Taqueria MEXIKANISCH €
(Tacos 100 P; 12–20 Uhr) Kaum größer als eine Besenkammer mit ein paar Barhockern, dafür aber guten Tacos und Burritos. Eisgekühltes Bier gibt es auch.

Lunares Cafe CAFÉ €€
(Hauptgerichte 160–200 P; Do–Di 7.30–17.30 Uhr;) Kleines Lokal unter italienischer Führung mit hervorragenden Drinks wie Eiskaffee und *calamansi*-Saft sowie Käsekuchen und Focaccia-Sandwiches.

Warung INDONESISCH €€
(Hauptgerichte 220 P; 11–22 Uhr) Der indonesische Koch im Warung serviert preisgünstige Spezialitäten wie *nasi rames* (Gericht mit kleinen Portionen Reis, Fleisch und Gemüse), *laksa* (pikante Nudelsuppe) und *bakwan* (gebratenes Gemüse). Dazu läuft rhythmische indonesische Musik.

Palaka Restaurant INTERNATIONAL €€
(Hauptgerichte 220–280 P; 8–19 Uhr;) Dieses gemütliche Lokal gehört zum Tauchzentrum desselben Namens. Es liegt an der Uferseite in GL und serviert eine ordentliche Auswahl an Salaten, Burgern und Paninis. Zum Frühstück gibt es Waffeln und Crêpes.

Rum Bar BAR
(ab 14 Uhr) Hier findet sich montags-, mittwochs- und samstagsabends das Partyvolk ein. Liegt etwa 1 km westlich von GL.

Unterhaltung

Island Life KINO
Das einzige Kino von Siargao befindet sich in dieser umgebauten Hütte gleich außerhalb von GL und bietet ein einzigartiges, schweißtreibendes Erlebnis (eine Klima-

anlage ist angeblich geplant). Popcorn? Gibt's. Tribünensitze (gepolsterte Bänke)? Vorhanden. Gezeigt wird alles von *Game of Thrones*-Marathons den ganzen Tag lang über Hollywood-Blockbuster bis hin zu „Erotika" am Wochenende ab 22 Uhr.

Shoppen

Kudo Surf Shop SURFEN
(8–17 Uhr) Der Laden wird von Australiern geführt und verkauft hochwertige Strandbekleidung und Surfausrüstung – alles aus Recyclingmaterial hergestellt. Engagiert sich für die Umweltbewegung Siargao Environmental Awareness Movement (www.facebook.com/seamovementph).

Fat Lips Surf Shop SURFEN
(0930 876 6757; www.surfsiargao.com; 8–21 Uhr) Dieser große Laden verkauft nicht nur gute Strandbekleidung und Surfausrüstung, sondern verleiht auch Boards und bietet Einweisungen an. Wird von Kanadiern betrieben, und die Mitarbeiter sind freundlich und zuvorkommend.

Cloud Nine

086

Der Surfspot bei Cloud Nine ist fest in der internationalen Surfszene etabliert und sticht zweifelsohne durch den erhöhten Laufgang und den dreistöckigen Holzpavillon hervor, der beste Sicht auf die Action bietet. Hier lebt eine freundliche, aufgeschlossene Surfergemeinschaft, und aufstrebende, einheimische Philippiner heißen Ausländer und Anfänger willkommen. Für erfahrene Surfer gibt es diverse andere Surfspots, die mit dem *bangka* zu erreichen sind, darunter **Rock Island,** das vom Strand bei Cloud Nine zu sehen ist. Mindestens ein Dutzend anderer guter Strände sind mit dem Boot oder über die Straße in unter einer Stunde zu erreichen.

Alle örtlichen Resorts helfen beim Organisieren von Inselhopping und Tagestouren zu den Lagunen und arrangieren auch Surfunterricht (500 P pro Std. inkl. Ausrüstung) sowie Surfboardverleih (300 P für den halben Tag). Eine Alternative ist **Hippie's Surf Shop** (6–18 Uhr); Hippie gibt morgens oft Yoga-Unterricht.

Nur wenige Bootsminuten von Cloud Nine entfernt liegt **Rock Island** mit seiner lang gezogenen Righthander. Alle Unterkünfte können Boote organisieren; oder bei Jonrel Noguera (0948 659 3770) nachfragen. Der Preis beträgt in der Regel etwa 200 P pro Person für mehrere Stunden. Am **Stimpy's** ist die längste Lefthander von Siargao zu finden.

Inselhopping oder Touren nach Sugba und zur Sohoton-Lagune gibt's bei My Siargao (S. 413).

Schlafen & Essen

Ocean 101 Beach Resort HOTEL €
(0910 848 0893; www.ocean101cloud9.com; DZ mit Ventilator 900–1500 P, mit Klimaanlage 1700–2500 P;) Das Ocean 101 liegt auf einem gepflegten Rasen an einem Damm gleich nördlich des Surfspots von Cloud Nine. Es hat sich mit den Jahren gemausert und ist heute nicht mehr das Hauptquartier der Backpacker-Surfer. Die preiswerten Zimmer liegen im alten Teil des 101, und die etwas teureren, strandseitigen Unterkünfte mit den hohen Decken und großen Bädern gehören zum neuen Komplex. Die Lounge im zweistöckigen Pavillon mit Meerblick bietet eine fantastische Aussicht.

Villa Solaria HOSTEL €
(0920 407 7730; B 300 P, DZ 1600–2000 P;) Das Solaria, gleich südlich von Cloud Nine gelegen, bietet Nipagrashütten mit gewöhnlichen Zimmern in einem etwas beengten Garten sowie einen großen Outdoor-Schlafsaal im zweiten OG eines offenen Pavillons, der sehr begehrt bei preisbewussten Surfern ist.

★ **Siargao Island Emerald House** HÜTTEN €€
(0949 161 9165, 0909 423 5236; www.emeraldhousevillage.com; Hütte 2000–6000 P;) Diese große, baumbestandene Anlage landeinwärts der Straße bietet eine Mischung hübscher, stilvoll eingerichteter Hütten mit tollem Preis-Leistungs-Verhältnis. Von kleinen Loft-Apartments bis hin zu großen Häusern mit kompletter Küche ist alles dabei – ideal für Gruppen und Familien. Die Schweizer Eigentümerin Dalvina sorgt für einen reibungslosen Betrieb. Wer mehrere Wochen oder noch länger bleibt, bekommt Rabatt.

★ **Harana** BUNGALOWS €€
(0998 849 5461; www.haranasurf.com; B 800 P, DZ 3200 P;) Die Mischung aus typisch philippinischem Holzdesign und modernen architektonischen Akzenten macht das Harana zu einem ästhetischen Augenschmaus aus Tradition und Moderne.

Die Villa mit gemischtem Schlafsaal und das Freiluftrestaurant, in dem es innovative philippinische Gerichte wie Schawarma-*sisig* (Hauptgerichte 150 bis 300 P) gibt, sowie der Loungebereich gehören zu den Geheimtipps der Gegend. Der Strand sowie der Tuason-Surfspot liegen direkt vor der Tür.

★ Kalinaw Resort STRANDRESORT €€€

(☎0921 320 0442; www.kalinawresort.com; Villen für 2 Pers. mit Frühstück ab 9900 P;) Die fünf Villen dieses Resorts unter französischer Führung sehen aus wie einem modernen Designmagazin entsprungen. Riesige, skurril eingerichtete Bäder sind das Highlight, doch generell ist Minimalismus angesagt. Durch das elegante Freiluftrestaurant (Hauptgerichte 440 bis 600 P) weht oft eine erfrischende Brise. Hier gibt's die beste Pizza der Insel (erst ab 19 Uhr). Liegt etwa 800 m südlich des Surfspots von Cloud Nine.

Kawayan Resort HÜTTEN €€€

(☎0920 364 0663; www.kawayansiargaoresort.com; DZ mit Frühstück 5500 P;) Gleich hinter dem ausgesprochen empfehlenswerten Restaurant desselben Namens liegt eine Reihe wunderschöner, eleganter Holzhütten mit steinumrandeten Duschen und Toiletten im Freien, in die Palmwedel und Bäume hineinwachsen. Das Resort liegt inmitten eines üppigen Gartens auf der strandabgewandten Seite der Straße.

Villa Maya Resort PENSION €€€

(☎0908 875 3292; www.siargaovilla.com; Zi. mit Frühstück ab 3500 P;) Auf einem Hügel mit Blick auf den **Golfplatz** (18 Loch pro Person inkl. Schläger, Bälle & Tees 650 P) thront diese Villa, die eleganter wirken möchte, als sie tatsächlich ist. Die drei großen, apartmentähnlichen Zimmer sind geschmackvoll eingerichtet und sehr gemütlich. Der Bar- und Loungebereich oberhalb des Pools steht auch Nicht-Gästen offen – der freundliche israelische Eigentümer ist für seine Schawarma und Falafel bekannt.

Alon Resort RESORT €€€

(☎0919 809 5769; www.cloud9surf.com; pro Pers. inkl. 3 Mahlzeiten 3500 P;) Dieses unaufdringliche Luxusresort in hervorragender Strandlage ist nur einen Katzensprung vom Cloud-Nine-Pavillon entfernt. Jede Hütte ist im balinesischen Stil eingerichtet und hat dunkle Holzfußböden, Veranden mit Hängematten sowie große Bäder. Schon die Mahlzeiten allein – besonders das Abendessen – rechtfertigen den Preis.

Kawayan Gourmand CAFÉ €

(Gebäck 80–200 P; 6–18 Uhr;) Die besten Croissants, Backwaren und Espressos bekommt man in dieser gemütlichen Oase der Coolness – was sich sowohl auf die Temperatur als auch auf den Stil bezieht.

Catangnan Fried Chicken INTERNATIONAL €

(CFC; Hauptgerichte 150 P; 10–22 Uhr) Von dem cleveren Wortspiel einmal abgesehen, ist die Spezialität im CFC ein echter Konkurrent für KFC. Sandwiches und andere einfache Grillfleischgerichte runden das Angebot ab.

Cafe Loka CAFÉ €€

(Sandwiches 120 P; 6–18 Uhr;) Dieses Café unter Palmen auf einem (für Cloud Nine) seltenen Fleckchen Sand ist dem benachbarten Alon Resort angeschlossen. Hier gibt es Sandwiches, Brownies, gesunde Säfte, Shakes und Kaffee nach australischer Art.

Shaka Siargao GESUNDHEITSKOST €€

(Hauptgerichte 250 P; 6.30–17 Uhr;) Wer nach Stunden in der Brandung ausgelaugt ist, findet mit den köstlichen Müslis und Smoothies in diesem winzigen Lokal schnell wieder zu Kräften. Die „Superbowl" (Quinoa, Joghurt, Obst, Müsli und Honig) ist besonders gut.

★ Kawayan INTERNATIONAL €€€

(Hauptgerichte 350–650 P; Mi–Mo 7–21.30 Uhr) Das Kawayan kocht mit französischem, baskischem, marokkanischem und philippinischem Touch (die Spezialität ist Tagine), und serviert wird in einem aufwendig eingerichteten Essbereich ganz aus Holz. Die Bar mit dem Billardtisch hat lange geöffnet. Ein besonders beliebtes Gericht ist das Trüffelrisotto.

Nördliches Siargao

Tourismus ist auf Siargao noch immer eher eine Seltenheit. Fischerei und Landwirtschaft bestimmen den Tagesablauf und bieten bei einer Erkundungstour in dieser Region gute Gelegenheit, den Alltag in den Küsten- und ländlichen Gebieten zu erleben. Auf der Straße nach Norden entlang der Ostseite der Insel passiert man das *barangay* **Pilar,** das zu einem Großteil auf

Stelzen in einem Mangrovensumpf steht. Nicht ganz so weit nördlich liegen der weiße Sandstrand und die Naturschwimmbecken von **Magpupungko** (50 P). Das bezaubernde, kleine Städtchen **Burgos** besitzt einen sichelförmigen Strand mit hellblauem Wasser, und die Wellen sind hier – ebenso wie im nahe gelegenen Pacifico – ganz ausgezeichnet. Manchmal nehmen die Einheimischen auch Gäste mit zum Fischfang.

Im Westen Siargaos, etwa 10 km vom Flughafen entfernt, liegt **Del Carmen,** die Anlaufstelle für tolle Bootstouren durch die Mangrovensümpfe von Caob und zur malerischen **Sugba-Lagune** (heutzutage muss man sich die Lagune oft mit anderen Touristenbooten teilen).

Hope for the Island (☎0917 717 4390; www.hopeorganicfarm.org; Burgos; ⏲Mo–Sa 8–17 Uhr) GRATIS ist eine 8 Hektar große Farm, auf der Gemüse angebaut und Ziegen sowie Enten gezüchtet werden (hier kaufen einige Resorts von GL und Cloud 9 ein). Ein Besuch sollte im Voraus angekündigt werden; das Pacifico-Resort übernimmt das gern. Die angeschlossene Organisation betreibt ein Programm zur Unterstützung und Förderung unterernährter Kinder in Siargao. Freiwillige können gern dienstagsmorgens helfen.

Einzigartige und herrliche **Touren mit dem Stand-up Paddleboard** (1800 P pro Person) über den San Isidro bietet das Pacifico Beach Resort an. Beginn bzw. Ende der Tour ist die Mündung des Flusses in der Nähe des Resorts. Für die Strecke sollte man etwa drei Stunden einplanen (zurück geht's dann mit dem Truck).

Ebenso interessant, aber weniger anstrengend ist eine **Kanutour** über den Fluss (600 P pro Person inkl. Bier und Essen), die in Greg's Place Pizza & Beer in San Isidro gebucht werden kann. Los geht's direkt hinter dem Restaurant, von wo aus man 6 km durch Mangroven bis zum Dorf San Miguel paddelt. Wer danach noch überschüssige Energie hat, kann durch die Reisfelder oder – weniger malerisch – entlang der Straße zurückwandern.

Schlafen & Essen

Pacifico Beach Resort HOTEL €
(☎0917 127 5450; www.pacificobeachresort.com; DZ 950–1300 P; 📶) Wem die grellen Lichter und das große *barangay* von Süd-Siargao zu viel sind, ist in diesem friedlichen Resort gleich südlich des Dorfes Pacifico gut aufgehoben. Direkt vor der Haustür gibt es einen weißen Sandstrand mit guter Brandung. Einige Zimmer liegen über dem Restaurant, es gibt aber auch eine rustikale Hütte. Die Einrichtung ist schlicht. Einige Zimmer haben eigene Bäder, manche nur kaltes Wasser.

Jafe Surf & Sail Camp Resort RESORT €
(☎0919 991 2685; www.jaferesortsiargao.com; Pacifico; Campen 100 P, EZ/DZ mit Ventilator 300/650 P, EZ/DZ mit Klimaanlage 800/1000 P; ❄) Wenige Kilometer südlich des *barangay* Pacifico liegt das Surf & Sail Camp Resort, ein großes, bunt dekoriertes, achteckiges Haus mit Restaurant, Strand und einigen Surfspots gleich in der Nähe.

Greg's Place Pizza & Beer INTERNATIONAL €€
(San Isidro; Hauptgerichte 290 P; ⏲7–19 Uhr) Dieses Lokal liegt an der Straße im verschlafenen San Isidro, wird von einem amerikanisch-philippinischen Paar betrieben und serviert eine Vielzahl an Pizzas (auch Pizza Hawaii), Gemüse und Meeresfrüchte (Tintenfisch, Muscheln und Shrimps). Pikantes koreanisches Hühnchen und frische Krabben stehen auf der Speisekarte. Wenn niemand da ist, einfach hinters Haus gehen und rufen.

Barrel Spot PIZZA €€
(Pacifico; Hauptgerichte 270 P; ⏲Öffnungszeiten variieren) Das neu eröffnete, kleine Open-Air-Lokal unter spanischer Führung serviert Pizza mit dünnem Boden und hausgemachte Pasta. Samstagabends finden hier meistens Jam-Sessions mit Nachbarn und Freunden statt.

SÜDLICHES MINDANAO

Die Gegend um Davao verlockt mit Abenteuern aller Art, von einer Besteigung des Apo über Wanderungen durch das Compostela-Tal bis hin zu Touren entlang der Küsten, sowohl nördlich als auch südlich der Stadt, sowie zu mehreren vorgelagerten Inseln. Nur wenige ausländische Reisende kommen hierher, doch an den Wochenenden tummeln sich hier mehr als genug Davaoeños. Am sehr entlegenen Lake Sebu kann man Stammeskulturen und die Schönheit der Natur erleben. Überall in der Region stehen an den Straßen Stände mit besonderem Obst wie *marang, Mangostane, Rambutan, Lansifrüchte, doco* (eine Unterart der letzteren) und natürlich

Stinkfrüchte (wovon es mehr als acht Arten gibt), nicht zu vergessen die herkömmlichen Obstsorten (Bananen, Ananas und Papayas werden hier industriell angebaut).

Bezüglich der Sicherheit in dieser Region sollte man immer die aktuellen Reiseempfehlungen beherzigen. In den vergangenen Jahren hat es gewaltsame Zwischenfälle sowie Entführungen von Prominenten gegeben.

Davao

082 / 1 325 200 EW.

Diese weitläufige Stadt ist die kulinarische, kulturelle, wirtschaftliche und kommerzielle Hauptstadt des Südens und Heimatstadt des Präsidenten des Landes. Sie wird Manila wohl oder übel langsam immer ähnlicher: mehr Verkehr, mehr Einkaufszentren, mehr Multikulti, mehr Viertel, die hinter Sicherheitstoren abgeriegelt werden. Doch in der Ferne thront majestätisch der Mt. Apo wie ein Symbol für die zwei Seelen der Davaoeños: Einerseits sind sie Städter, andererseits aber auch tief mit dem Land außerhalb der Stadt verwurzelt. Die Einheimischen wissen, dass Davao (da-*bau*, manchmal auch „Dabaw" geschrieben) mehr als genug Action zu bieten hat und trotzdem nur eine kurze Auto- oder Bootsfahrt von bewaldeten Hängen und weißen Sandstränden entfernt ist.

Bis Mitte des 19. Jhs. konnte sich Davao gegen die einfallenden Spanier behaupten. Heute ist sie eine interessante Stadt, in der muslimische, chinesische, stammeskulturelle und sogar japanische Einflüsse zu spüren sind. Letztere, da es in dieser Gegend früher Manilahanf-Depots gab, und auch der Zweite Weltkrieg seine Spuren hinterlassen hat. Die Stadt ist überwiegend christlich und hat harte Zeiten durchlebt, vor allem während der Guerillakämpfe in den 1980er-Jahren. Rodrigo Duterte, der derzeitige Präsident des Landes, war über zwei Jahrzehnte lang Bürgermeister von Davao. Viele der Taktiken und Phrasen, die er heute landesweit einsetzt, kommen den Einwohnern Davaos und seinen Beobachtern sicherlich bekannt vor. Seine Tochter Sara hat nun in zweiter Amtszeit das Bürgermeisteramt inne, und zuvor war sein Sohn Paolo Vizebürgermeister.

Im September 2016 forderte ein Bombenanschlag auf den Nachtmarkt in der Roxas Avenue mitten im Stadtzentrum 15 Todesopfer sowie Dutzende Verwundete. Mitglieder von Abu Sayyaf sowie der IS-Anhängergruppe Maute bekannten sich zu dem Anschlag. In den zehn Jahren davor war Davao überwiegend von größeren gewaltsamen Zwischenfällen verschont geblieben.

Sehenswertes & Aktivitäten

Informationen über Outdoor-Aktivitäten, vor allem über Wander- und Klettertouren am Mt. Apo, gibt es im **Edge Outdoor Shop** (0919 817 2298; 4. OG, Gaisano Mall, JP Laurel Ave.; 17–21 Uhr).

★ **Kublai's Gallery** GALERIE
(Yahu Plaza, Ecke Magsaysay Ave. & Bangoy St.; 9–18 Uhr) GRATIS Ein Einkaufszentrum in Chinatown ist ein unkonventioneller Standort für eine Kunstgalerie, doch an den Wänden sind Gemälde des Künstlers Kublai Millan ausgestellt. Einfach den Aufzug bis zum 4. oder 5. Obergeschoss nehmen.

★ **Museo Dabawenyo** MUSEUM
(082-222 6011; Ecke A Pichon St. & CM Recto Ave.; Mo–Fr 9–18 Uhr) GRATIS Hervorragendes Museum mit schön konzipierten Galerien auf zwei Etagen, in denen die komplexe Zusammensetzung einheimischer Stammesgruppen, Religionen und ethnischer Gruppen von Davao und Mindanao insgesamt untersucht wird. Besonders interessant sind die Fotoausstellungen über die Besetzung der Stadt durch die Japaner und Amerikaner.

Bankerohan Public Market MARKT
(Ecke A Pichon St. & E Quirino Ave.; 7–12 & 16–18 Uhr) Lebendig, chaotisch, klaustrophobisch, übel riechend und mit dem Flair einer weitläufigen Barackensiedlung – Bankerohan ist Lokalkolorit pur. Hier wird alles verkauft, was in philippinischen Küchen zu Hause ist. Am besten morgens hierherkommen.

Dabaw Museum MUSEUM
(082-233 1734; davaomuseum@yahoo.com; Insular Village, Phase 1, Agusan Circle, Lanang; 20 P; Mo–Sa 9–17 Uhr) Dieses Museum gleich neben dem Waterfront Insular Hotel nordöstlich des Stadtkerns beherbergt eine schöne Sammlung Webarbeiten und Artefakte der meisten Volksstämme Mindanaos.

Davao Crocodile Park ZOO
(☎082-221 7749; www.facebook.com/davaocrocodilepark; Riverfront Dr., Ma-a; Erw./Kind 250/150 P; ⏲8–18 Uhr) Etwa 5 km nördlich des Stadtzentrums erstreckt sich diese weitläufige Anlage am Davao River. In dieser Mischung aus Naturschutzzentrum und Zoo gibt es Krokodil-„Shows" mit Fütterungen, Hochseilakrobatik, eine Kulturshow sowie ein ausgezeichnetes Restaurant am Flussufer, das vier verschiedene Krokodilfleischgerichte – gebraten, mit Pasta, als Omelette und als Steak – sowie andere Fleischsorten (auch Strauß) und Meeresfrüchte serviert. Von der Seilrutsche (300 P) in den nahe gelegenen Hügeln aus hat man einen herrlichen Panoramablick.

People's Park PARK
(Ecke J Camus & Illustre St.; ⏲5.30–10 & 15–23 Uhr) GRATIS Bei diesem Park handelt es sich um eine familienfreundliche Anlage mit mehr Beton als Grün und überlebensgroßen Skulpturen der Eingeborenenvölker Mindanaos, allesamt von dem Künstler Kublai Millan entworfen.

San Pedro Cathedral KATHEDRALE
(San Pedro St.) Das interessante Design dieser Kathedrale, die ganz zentral am Standort der ältesten Kirche der Stadt steht, erinnert an eine Arche. Jeden Tag um 6 und 12 Uhr wird hier eine Messe auf Englisch abgehalten.

★ **Davao Wildwater Adventures** RAFTING
(☎0920 954 6898; www.facebook.com/davaowildwater; Riverfront Dr., Ma-a; pro Person 1700 P) Wer eine Raftingtour auf dem Davao River westlich der Stadt unternehmen möchte, sollte sich darauf einstellen, mehrere Stunden im Wasser zu verbringen, vor allem an den Stromschnellen, die nach schweren Regenfällen an eine Waschmaschine erinnern. Die beste Zeit für diesen Nervenkitzel ist im Juni oder während der Regenzeit.

Der sehr empfehlenswerte, professionelle Anbieter Davao Wildwater Adventures hat sein Büro direkt auf dem Gelände des Krokodilparks.

South Shore Divers TAUCHEN
(☎0917 700 3590; Ruby St., Marfori Heights) Dieser kleine Laden arrangiert Schnorchel- und Tauchausflüge nach Samal und Talikud. Tauchgänge mit 2 bzw. 3 Flaschen inkl. Ausrüstung kosten 2800/4000 P.

Feste & Events

Kadayawan sa Dabaw Festival KULTUR
(⏲3. Augustwoche) Dieses Fest ist viel mehr als eine einfache Erntefeier. Hier werden die Kulturen, Landwirtschaft und Handwerkskünste der Stämme vorgestellt, und es gibt Straßenparaden, Darbietungen und fantastische Obst- und Blumenarrangements.

Schlafen

★ **Ponce Suites Art Hotel** HOTEL €
(☎082-224 7207; Ecke 3 & 4 Rds., Doña Vicenta Village, Bajada; DZ 975–1395 P; ❄📶) Praktisch jeder Zentimeter dieses Hotels, das von Mutter und Sohn betrieben wird, ist innen wie außen mit Kunst bedeckt – Skulpturen, Gedichte, Fotografien und Gemälde –, alles von dem unglaublich produktiven Kublai Millan, der ein ganz gewöhnliches Gebäude in eine flippige Vision der Gastfreundschaft verwandelt hat. Die Zimmer haben normale Motelqualität, doch die von Gaudí inspirierte Dachterrasse ist das skurrile Highlight des Ponce Suites.

Manor Hotel HOTEL €
(☎082-221 2511; www.manorhoteldavao.com; A Pichon St.; EZ/DZ 850/1200 P; ❄📶) Der gemütliche Coffee-Shop im Erdgeschoss und die Massagen im eigenen Zimmer sind nette Extras in diesem kleinen, professionellen Hotel im Stadtkern. Einige der kuscheligen – sprich: kleinen – und funktionalen Zimmer mit modernen Bädern und Fernsehern sind heller als andere. Hier kann man Vans für Ausflüge zu Zielen außerhalb der Stadt mieten.

My Hotel HOTEL €
(☎082-222 2021; www.myhoteldavao.com; San Pedro St.; DZ mit Ventilator/Klimaanlage 280/1200 P; ❄📶) Das bunt bemalte Hochhaus hat glänzende Fußböden und große, spartanisch eingerichtete Zimmer. Die zur Straße hin sind schön hell.

Legaspi Suites HOTEL €€
(☎082-227 8613; 115 Pelayo St.; DZ mit Frühstück 1500 P; ❄📶) Eine der besten Mittelklasseunterkünfte im Stadtkern und eins der wenigen Hotels der Stadt in einem Gebäude mit architektonischen Elementen aus der Kolonialzeit. Das rote Dach im spanischen Stil und die weiße Schindelfassade bilden einen hübschen Kontrast zu den komfortablen, modernen Zimmern. Einen

Davao

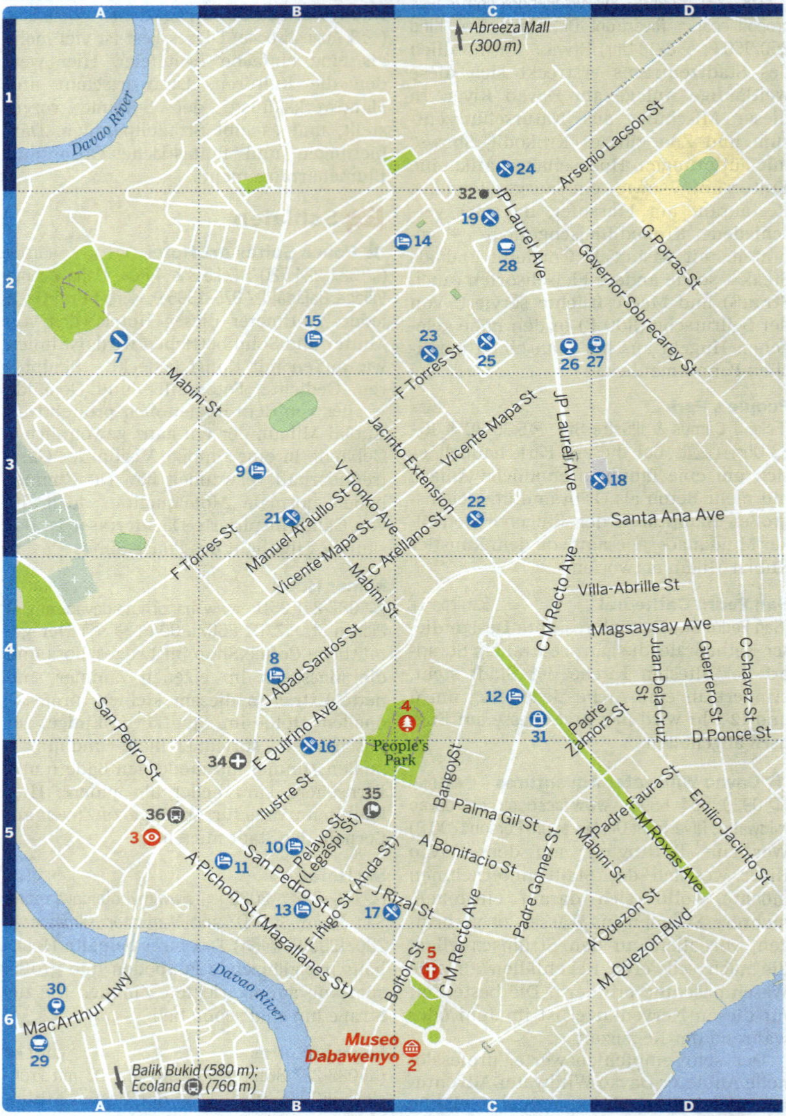

Coffee-Shop, ein Wellnesszentrum und ein Reisebüro gibt es hier auch.

Sea Green Boutique Rooms B&B €€
(☎082-327 4572; www.facebook.com/seagreen cafe; 15 Jacinto Ext.; DZ mit Frühstück 1800 P; ❄📶) Im Grunde eine Boutiquepension in einer ruhigen Wohnstraße direkt neben einem gemütlichen Café. Drei stilvolle, schwarz-weiß eingerichtete Zimmer (am schönsten ist das Rosemary).

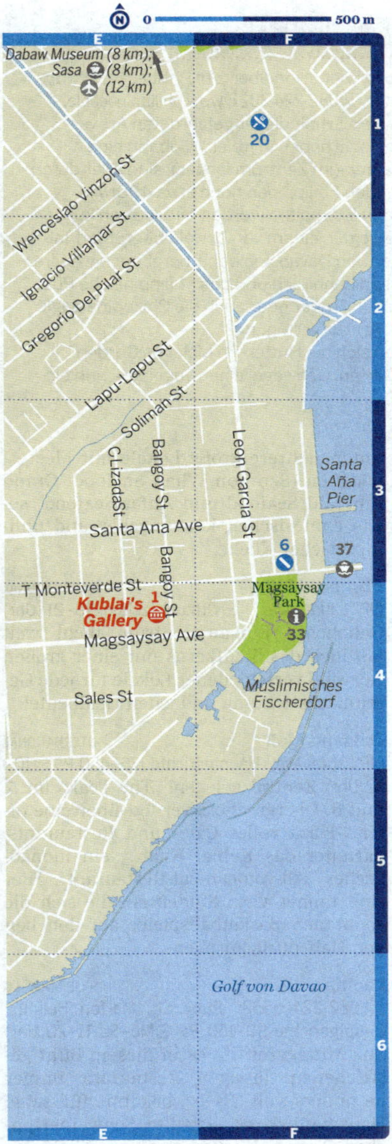

Davao

Highlights
1 Kublai's Gallery ... E4
2 Museo Dabawenyo ... C6

Sehenswertes
3 Bankerohan Public Market ... A5
4 People's Park ... C4
5 San Pedro Cathedral ... C6

Aktivitäten, Kurse & Touren
6 Carabao Dive Center ... F3
Edge Outdoor Shop ... (siehe 18)
7 South Shore Divers ... A2

Schlafen
8 Green Windows Dormitel ... B4
9 LA Interline Hotel ... B3
10 Legaspi Suites ... B5
11 Manor Hotel ... B5
12 Marco Polo Hotel ... C4
13 My Hotel ... B5
14 Ponce Suites Art Hotel ... C2
15 Sea Green Boutique Rooms ... B2

Essen
16 Bulca Chong ... B5
17 Claude's Le Cafe De Ville ... B5
18 Gaisano Mall ... D3
19 Gomone ... C2
Lachis ... (siehe 7)
20 Malagos Farmhouse ... F1
21 Original Conching's Native Chicken ... B3
22 Tadakuna ... C3
23 Tiny Kitchen ... C2
24 Victoria Plaza Compound ... C1
25 Yellow Fin ... C2

Ausgehen & Nachtleben
26 Alcatraz Penal Bar ... C2
27 Beereaucracy Bar ... D2
28 Bluegré Coffee ... C2
29 Coffee for Peace ... A6
30 Matina Town Square ... A6

Shoppen
31 Aldevinco Shopping Centre ... C4
Got Heart Community Shop ... (siehe 18)

Praktisches
32 Einwanderungsbehörde ... C2
33 Busse nach Calinan ... A5
34 Städtische Touristeninformation ... F4
35 Davao Doctors' Hospital ... B5
Department of Tourism ... (siehe 28)
36 Malaysian Consulate ... B5

Transport
37 Santa Aña Pier ... F3

LA Interline Hotel HOTEL €€

(082-222 5389; lainterline.hotel@yahoo.com.ph; Ecke Mabini & Voyager St.; Zi. mit Frühstück ab 1800 P;) Dieses glänzende, mehrstöckige Hotel verfügt über eine große Lobby und ein hübsches Café. Die

ABSTECHER

PHILIPPINENADLER-ZENTRUM

Die größten Adler der Welt (mit einer Flügelspannweite von über 2 m) gibt es im **Philippine Eagle Center** (PEC, Philippine Eagle Center; ☎082-224 3021; www.philippineeagle.org; Erw./Kind 150/100 P; ⏲8–17 Uhr), das sich dem Erhalt dieser gefährdeten Art verschrieben hat. Die auch Affenadler genannten Vögel haben in freier Wildbahn eine durchschnittliche Lebenserwartung von 20 Jahren (im Zentrum länger), sind aber durch Abholzung und Jagd stark bedroht. Es gibt auf den Philippinen noch etwa 400 wild lebende Paare und etwa 20 der 35 hier lebenden Exemplare wurden mithilfe von künstlicher Befruchtung nachgezüchtet. Die Anlage liegt in einem von Urwald begrünten Talkessel in der Nähe von Malagos, 36 km nördlich von Davao. Sie beherbergt noch weitere Wildvögel und andere Tiere, darunter den Philippinenhirsch und das Philippinische Pustelschwein. Für Fragen stehen die ehrenamtlichen Führer oder auch die Philippine Eagle Foundation (www.philippineeaglefoundation.org) zur Verfügung.

Zur Übernachtung in der Gegend empfehlen sich die Hütten im Malagos Garden Resort. Das schön angelegte Gelände bietet Gärten, Gehwege, einen Vogelpark und ein Schmetterlingshaus.

Restaurants in der F Torres Street sind leicht zu Fuß zu erreichen.

Green Windows Dormitel HOTEL €€
(☎082-300 3893; www.greenwindowsdormitel.com; 5. OG, FTC Tower, 1034 Mt. Apo St.; B/DZ 188/1450 P; ❄📶) Zentral gelegenes, großes Hochhaus mit vielen verschiedenen Unterbringungsmöglichkeiten, darunter auch preiswerte Mehrbettzimmer – viele davon haben Flachbildfernseher und in allen gibt es Schließfächer.

Malagos Garden Resort RESORT €€
(☎082-221 1545, 0917 625 2467; www.malagos.com; Calinan-Baguio-Cadalian Rd., Malagos; B pro Person 350 P, 4BZ ab 3400 P; ❄📶) Das Malagos Garden Resort bietet eine Reihe Hütten in einem sehr schön angelegten Gelände mit Gärten, Gehwegen, einem Vogelpark, einem Schmetterlingshaus und vielem mehr. Für Camper stehen Zelte zur Verfügung.

★ **Marco Polo Hotel** HOTEL €€€
(☎082-221 0888; www.davao.marcopolohotels.com; CM Recto Ave.; Zi. ab 4800 P; ❄@📶🏊) Das luxuriöseste Hotel der Stadt könnte gar nicht zentraler liegen. Das Marco Polo besitzt außerdem mehrere empfehlenswerte Restaurants.

Essen

★ **Victoria Plaza Compound** INTERNATIONAL
(JP Laurel Ave.) Eine unaufdringliche, sonnenversengte Ansammlung niedriger Gebäude hinter dem Einkaufszentrum desselben Namens. Hier gibt es über ein Dutzend hochwertiger Restaurants, darunter mehrere große Lokale mit Meeresfrüchten (Sen Ton Whan Seafood, Grand Emerald Seafood und Ahfat Seafood) sowie chinesischer, koreanischer und philippinischer Küche.

Abreeza Mall INTERNATIONAL
(JP Laurel Ave.; ⏲Öffnungszeiten 10–21 Uhr) Gehobenes Einkaufszentrum nicht weit nördlich des Stadtkerns mit einer großen Auswahl verschiedener Lokale für jede Geschmacksrichtung und jeden Geldbeutel.

Gaisano Mall INTERNATIONAL
(JP Laurel Ave.; Hauptgerichte 175–450 P; ⏲10–22 Uhr) Zentral gelegen. „The Peak" im 5. und 6. Obergeschoss verfügt über eine offene Plaza voller Cafés und Restaurants, darunter das Kublai Khan's, ein mongolisches All-you-can-eat-Restaurant. Hier sind immer viele Studenten, die sich die spontanen Basketballspieler auf den beiden Halfcourts ansehen.

Lachis PHILIPPINISCH €
(☎082-224 5552; Ruby St., Marfori Heights; Hauptgerichte 90–150 P; ⏲Mo–Sa 11–20 Uhr) Zur Mittagszeit ist es in diesem bunt gestrichenen, lässigen Restaurant immer besonders voll. Es ist bekannt für seine Hausmannskost: gegrillte Schweinerippchen, Torten, Kuchen und verschiedenste Backwaren.

Original Conching's Native Chicken BARBECUE €
(☎0925 620 8004; Araullo St.; Hauptgerichte 150 P; ⏲10–22 Uhr) Ein ganzes Hühnchen und ein Eimer voll Bier. Was will man

mehr? Offenbar auch bei Promis beliebt, deren Fotos eine Wand dieses ansonsten offenen, lässigen Lokals zieren. Eine wahre Institution in der Stadt. Auch Schweinebauch und gegrillter Tintenfisch stehen auf der Karte.

★ Balik Bukid PHILIPPINISCH €€
(☎ 0917 972 8540; Quimpo Blvd., Sandawa Park; Hauptgerichte 200 P; ⊙ Mo–Sa 11–14 & 17–22, So –22 Uhr) Drei Geschwister – ein Koch, ein Dekorateur und ein Landwirt – haben dieses Restaurant in einer ehemaligen Scheune eröffnet. Ihr Motto lautet „Zurück zu den Wurzeln". Fast alles, was hier auf dem Teller landet – außer dem frischen Fisch –, stammt von ihrem chemiefreien Biohof. Der luftige Speisesaal hat eine hohe Decke und die Bambuswände sind mit Handwerkskunst verziert.

★ Malagos Farmhouse CAFÉ €€
(☎ 082-300 4541; www.malagosfarmhouse.com; Bolcan St., Agdao; Verkostungen pro Person 300 P, mind. 6) Mit diesem Café finanzieren sich die Eigentümer Olive Puentespina und ihr Mann (Dr. Bo, ein Tierarzt) ihre traditionelle Käseherstellung. Die von Wein begleiteten Verkostungen finden nachmittags statt. Dann ist auch Olive vor Ort, eine leidenschaftliche Biobäuerin, die so gut wie alles über Biolandwirtschaft auf den Philippinen weiß. Sie hat über 20 verschiedene Biokäsesorten im Angebot und reicht dazu Gewürzgurken, Fleisch und Brot.

Tadakuna JAPANISCH €€
(☎ 0927 960 5507; Jacinto Extension, Nähe Arellano; Hauptgerichte 220–400 P; ⊙ 11–22 Uhr) Das Tadakuna macht nicht viel her: eine Handvoll Tische in einem bescheidenen Speisesaal. Doch der Eigentümer, ein leidenschaftlicher Fischer, bereitet mit das beste Sushi, Sashimi und Ramen (nach Tokio-Art) der Stadt zu. Hat mehrere neue Franchises in der Stadt.

Tiny Kitchen SPANISCH €€
(☎ 082-305 9232; F Torres St.; Hauptgerichte 175–375 P; ⊙ Mo–Sa 10–20.30 Uhr) Paellas und andere Fleischgerichte im iberischen Stil überwiegen auf der Menü-Kreidetafel in diesem geschäftigen, gemütlichen Lokal. Stammgäste werden hier vom Inhaber persönlich am Tisch begrüßt. Auch für seine traditionell hergestellten Brote, Kuchen, Backwaren und andere Desserts bekannt, die in der Auslage zu sehen sind.

Yellow Fin MEERESFRÜCHTE €€
(☎ 082-222 0338; F Torres St.; Hauptgerichte 200 P; ⊙ 10–14 & 17.30–22 Uhr) Dieses zwanglose, beliebte Lokal hat drei Filialen in der Stadt und serviert Meeresfrüchte im Kilo (z. B. Lapu-Lapu und Thunfisch). Wenn viel los ist, wartet man mitunter eine halbe Stunde auf sein Essen.

Bulca Chong PHILIPPINISCH €€
(☎ 082-225 8665; General Luna St.; Hauptgerichte 175 P; ⊙ 24 Std.) Wer spät in der Nacht Hunger bekommt, kann sich in diesem schlichten Lokal an dem Gericht laben, dem das Restaurant seinen Namen verdankt: geschmortes *carabao* mit Ingwerwurzel, Zwiebeln, Chili, *calamansi* und einer nicht näher bestimmbaren Sauce.

Gomone KOREANISCH €€
(Doña Vicenta Dr.; Hauptgerichte 200 P; ⊙ 10.30–14.30 & 17.30–22 Uhr) Schlichtes Lokal mit authentischen koreanischen Gerichten gleich gegenüber dem Einkaufzentrum Victoria Plaza. Größere Auswahl an Blattgemüse als anderswo und somit eine gute Wahl für Vegetarier.

★ Claude's Le Cafe De Ville EUROPÄISCH, FRANZÖSISCH €€€
(☎ 082-222 4287; www.claudescafedavao.com; 143 J Rizal St.; Hauptgerichte 320–1500 P; ⊙ Mo–Sa 10–22.30 Uhr) Die polierten Holzböden, geschnitzten Rankgitter und die weiße Schindelfassade machen dieses wunderschön restaurierte Haus aus der Kolonialzeit zu einer der Perlen von Davao. Das Claude's ist das bei Weitem eleganteste und romantischste Restaurant der Stadt, und auch die Küche wird diesem Anspruch gerecht. Die Spezialität sind Steaks, die nach Gewicht berechnet werden – von T-Bones über Wildschwein und Hirsch –, aber die Fisch- und Pastagerichte sind ebenso gut.

Ausgehen & Nachtleben

★ Matina Town Square BIERGARTEN, BAR
(MTS; MacArthur Hwy.) Das MTS ist eine Ansammlung von Outdoor-Bars und Esslokalen sowie einer Handvoll etwas gehobener Restaurants und Clubs. Hier ist immer etwas los. Dienstagsabends findet eine kostenlose Open-Air-Show mit Musik und Tänzen der Ureinwohner statt; an den anderen Abenden gibt es auch Livemusik, meistens Pop. Vor der Bühne gibt es Dutzende Tische und mehrere Grillstände.

Coffee for Peace CAFÉ
(www.coffeeforpeace.com; G/F Frederic Bldg., MacArthur Hwy., Matina; Mo–Sa 7–0 Uhr;) Dieses kleine Café ist das Ladengeschäft einer gemeinschaftsorientierten Fair-Trade-Organisation, einer der ersten auf den Philippinen, die Arabica-Kaffee exportiert. Ein Viertel des Nettoprofits geht an Projekte mit dem Partnerunternehmen Peace Builders, einer Nichtregierungsorganisation, die mit den uransässigen Gemeinden auf den Philippinen zusammenarbeitet.

Alcatraz Penal Bar CLUB
(Palma Gil St.; Mi–So 17–1 Uhr) Der Club ist zwar nach dem amerikanischen Gefängnis und einer ehemaligen hiesigen Bar aus den 1990er-Jahren benannt, aber von Nostalgie ist hier nichts zu spüren. DJs legen die neuesten Dance-Tracks auf, und Stroboskop- und Laserlicht erfüllt die Luft. Die fragwürdige Namensthematik zeigt sich nur in den VIP-Bereichen, die an Gefängniszellen erinnern.

Beereaucracy Bar BAR
(mobile 0917 718 5560; Palma Gil St.; 17–1 Uhr) Hervorragende Auswahl an ausländischen und Craft-Bieren.

Bluegré Coffee CAFÉ
(082-222 7675; LANDCO-PDCP Corporate Center, JP Laurel Ave.; 7–0 Uhr) Einer der Pioniere der Stadt in Sachen Kaffeekultur. Hier gibt es auch Kaffeegetränke mit Stinkfruchtaroma. Gemütliches Café mit guter Auswahl an Speisen und Gebäck. Es gibt auch noch ein paar andere Cafés in diesem kleinen Bürogebäudekomplex.

Shoppen

★ **Got Heart Community Shop** KUNST
(0906 496 2153; Gaisano Mall, JP Laurel Ave.; 13–21 Uhr) Im 5. OG an einem offenen Platz namens „The Peak" zu finden. Hier gibt's Produkte aus der Region wie Biokakao, Kokosöl und Ingwerbonbons sowie Werke hiesiger Künstler.

Aldevinco Shopping Centre KUNSTHANDWERK
(CM Recto Ave.; 10–19 Uhr) In diesem Ständelabyrinth werden alle Arten von Handwerkskunst verkauft, von Textilien über Batiken, Webarbeiten und Schnitzereien bis hin zu Schmuck. Auch das *malong* ist hier zu bekommen, ein traditionelles Stammestuch aus Mindanao, das als Rock, Turban, Decke oder Babytragetuch verwendet werden kann. Handgewebte kosten 1500 P, die billige Maschinenware aus China kostet 300 P. Ruhig Zeit lassen und handeln – hier geht es fast jeden Tag eher langsam zu. Die Standbesitzer wechseln auch gerne Euro und US-Dollar.

Praktische Informationen

Davao Doctors' Hospital (082-222 8000; www.ddh.com.ph; Ecke E Quirino Ave. & Gen Malvar St.) Das größte und vermutlich modernste Krankenhaus in Mindanao.

Department of Tourism (082-221 6955; dotrdavao@gmail.com; Zimmer 512, LANDCO Corporate Center, JP Laurel Ave.; Mo–Fr 9–16:30 Uhr) Gute Informationsquelle für Reisen in andere Gegenden der Provinz.

Einwanderungsbehörde (BOI; 082-228 6477; bidavao@gmail.com; JP Laurel Ave.; Mo–Fr 8–17 Uhr) Direkt gegenüber dem Einkaufszentrum Victoria Plaza.

Städtische Touristeninformation (082-222 1956; www.davaocity.gov.ph; Zimmer 8, Magsaysay Park Complex; Mo–Fr 8–17 Uhr) Allgemeine Informationen und Kontaktdaten zu Veranstaltern von Wander- und Tauchtouren und anderen Aktivitäten.

An- & Weiterreise

BUS

Sämtliche Fernbusse fahren vom Busbahnhof **Ecoland** (Candelaria Ave.) ab, 2 km südlich des Stadtkerns gelegen, in der Regel alle 30 bis 60 Minuten. Minivans bedienen viele derselben Ziele, darunter General Santos und Mati. Eine Station für Ziele im Norden liegt in der Nähe des Eingangs zum Victoria Plaza, eine weitere vor dem Gaisano-Einkaufszentrum (hier fahren Minibusse nach Kidapawan ab). Die klapprigen Busse nach Calinan (zum Philippine Eagle Centre und dem Malagos Garden Resort) fahren an einem Verschlag neben dem Bankerohan Public Market ab. Hier die Preise für klimatisierte Busse:

ZIEL	PREIS (P)	DAUER (STD.)
Butuan	500	7¼
Cagayan de Oro	535	6
General Santos	300	3½
Mati	280	4
Surigao	720	7

FLUGZEUG

Der **Francisco Bangoy International Airport** (Davao International Airport; *barangay* Buhangin) liegt 12 km nördlich des Stadtzentrums. Eine Taxifahrt hierher kostet etwa 150 P. Von der Stadt aus kommen Jeepneys mit Ziel Sasa am Flughafen vorbei. Weiter zum Terminal selbst fahren Tricycles.

Philippine Airlines (www.philippineairlines.com) und Cebu Pacific (www.cebupacificair.com) fliegen nach Manila, Cebu, Zamboanga City und Iloilo City.

Silk Air (S. 398) und Cebu Pacific haben mehrere Flüge pro Woche nach Singapur.

SCHIFF

Große Fähren, die zwischen den Inseln verkehren, nutzen das Terminal in **Sasa,** neben den Caltex-Tanks 8 km nördlich der Stadt. Hier legen auch die Boote zum Paradise Island Beach Resort auf der Insel Samal ab. Jeepneys fahren hierher; eine Taxifahrt kostet etwa 85 P.

Andere Fähren nach Samal und die Talikud-Inseln legen am Santa-Aña-Kai in der Stadt ab.

General Santos

083 / 474 500 EW.

Einheimische kennen die südlichste Stadt der Philippinen als „Gensan", Fischhändler als „Thunfischhauptstadt der Philippinen" und Sportfans als Heimatstadt von Manny Pacquiao (alias Pacman). Die ehemals unter dem Namen Dadiangas bekannte Stadt wurde 1965 zu Ehren von General Paulino Santos umbenannt, der zusammen mit christlichen Visayas und Tagalen 1939 hier eine Siedlung gegründet hatte.

Heutzutage ist General Santos eine typische, überfüllte Stadt. Am auffälligsten sind die riesigen Schiffe, die am Hafen in der Sarangani-Bucht anlegen und frisch gefangenen Thunfisch zur Weiterreise in die Küchen von ganz Asien laden. Ein Abstecher nach Gensan lohnt sich nur während des Thunfischfests in der ersten Septemberwoche und zum Kalilangan-Fest, das in der letzten Februarwoche im Gedenken an die Gründung Gensans im Jahre 1939 mit traditionellen Tänzen, Speisen und Handwerkskünsten begangen wird.

Schlafen & Essen

Driggs Pension House HOTEL €

(083-553 0088; driggspensionhouse@yahoo.com; Eve St., Paradise Subdivision; DZ mit Frühstück 800–1000 P;) Im City-Heights-Viertel wenige Kilometer nördlich des Stadtkerns gelegen. Das zweistöckige Gebäude ist gut gepflegt, hat saubere Zimmer und professionellen Service.

Dolores Tropicana Resort Hotel RESORT €

(083-553 9350; www.doloreshotels.ph/dolores-tropicana-resort; Tambler; Zi. mit Frühstück 875–1500 P;) In dieser weitläufigen Anlage wohnt es sich besser als in der Stadt selbst. Die Hütten am Strand sind nicht spektakulär, haben dafür aber direkten Blick auf die Sarangani-Bucht. Ein hübsches Open-Air-Restaurant ist auch vorhanden.

Hotel San Marco HOTEL €€

(0947 893 2237, 083-301 1818; www.hotelsanmarco.com.ph; Laurel East Ave.; EZ/DZ mit Frühstück 1680/3000 P;) Die nachgebildete italienische Fassade und die Klänge der Drei Tenöre im der Lobby machen deutlich, dass das San Marco nach Eleganz strebt. In vielen Zimmern gibt es kein natürliches Licht, dafür sind alle modern, komfortabel und mit Kaffeemaschinen und großen Flachbildfernsehern ausgestattet. Die Mitarbeiter am Empfang helfen gern bei Fragen zu Verkehrsmitteln, und nur wenige Gehminuten entfernt gibt es mehrere Restaurants sowie das Gaisano-Einkaufszentrum.

Kambingan sa Depot PHILIPPINISCH €

(KSD; Acharon Blvd.; Hauptgerichte ab 50 P) Dieses Lokal direkt gegenüber mehrerer großer Öldepots serviert Ziegenfleisch in verschiedensten Varianten, z. B. Ziegenhodensuppe – die den Ruf hat, das philippinische Viagra zu sein. Viele Gerichte sind schon am frühen Nachmittag ausverkauft.

Tiongson Arcade MEERESFRÜCHTE €€

(Tiongson St.; Hauptgerichte 150 P; 18–22 Uhr) Ein nicht überdachter Nachtmarkt und gleichzeitig ein kulinarisches Abenteuer, bei dem man einfach mit dem Finger auf die frisch gefangenen Meeresfrüchte zeigt und Minuten später ein köstliches Mahl serviert bekommt.

An- & Weiterreise

BUS

Yellow Bus, Rural Bus, Mindanao Star, Husky und Holiday verkehren regelmäßig zwischen General Santos und Davao (195 bis 265 P, 3½ Std.).; Business-Class-Busse mit WLAN und Klimaanlage fahren bis 19 Uhr stündlich jeweils 15 Minuten nach der vollen Stunde. Nach Cagayan de Oro gibt es nur zwei Direktbusse von Rural Transit (800 P, 10 Std., 3 und 10 Uhr).

Die erste Etappe auf der Strecke zum Lake Sebu erledigt ein Bus oder Van Richtung Marbel (Koronadal City, 120 P, 1 Std., alle 20 Min.).

Der kombinierte Bus- und Jeepney-Bahnhof liegt an der Bulaong am westlichen Stadtrand in ungefähr 1 km Entfernung vom Stadtkern (Tricycle 15 P).

FLUGZEUG

Der Flughafen Tambler liegt 12 km westlich des Stadtkerns. Ein Taxi hierher kostet 170 P. Cebu Pacific (www.cebupacificair.com) und Philippine Airlines (www.philippineairlines.com) fliegen täglich ab Manila (2 Std.). Cebu Pacific fliegt auch nach Cebu (1½ Std.).

SCHIFF

Der Makar-Kai liegt 2 km westlich der Stadt. 2GO (travel.2go.com.ph) fährt mehrmals die Woche nach Manila (54 Std.) über Zamboanga und Iloilo (30 Std.) auf Panay und außerdem wöchentlich nach Zamboanga City (12 Std.).

Lake Sebu

87 400 EW. / HÖHE 300 M

Der Lake Sebu ist ein wassergefüllter Talkessel und wird an allen Seiten von Hügeln und Wäldern umringt. Gelegentlich ziehen Einbaumkanus gemächlich über die glatte Oberfläche, und die malerische Szene wird nur von dem Ring aus Bambusfischfallen getrübt, der vom Ufer aus in den See hinausragt. Eine große Kirche thront auf einem Hügel, und mehrere moderne Betongebäude stören das ansonsten unberührte Panorama. Um den See herum gibt es mehrere wunderschöne Wasserfälle, und in den ländlichen, entlegenen *barangays* widmen sich hervorragende Handwerker den traditionellen Handwerkskünsten.

Sehenswertes & Aktivitäten

In den Resorts kann man ein **Boot** (500 P, 30 Min.) für eine Tour über den See mieten (kurz vor Sonnenuntergang ist das Licht hier oft wunderschön). Alleinreisende fragen am besten eine Gruppe, ob sie sich ihr anschließen dürfen. Die beste Zeit für einen Abstecher hierher ist Samstag, wenn Stammesangehörige der umliegenden Gemeinden zum **Wochenmarkt** in die Stadt kommen.

Seven Falls WASSERFALL

Mit dem Motorrad (halber Tag inkl. Fahrer 300 P) gelangt man zum **Hikong Alu** und zum **Hikong Bente** (auch als Wasserfall 1 und 2 bekannt), zwei der nahe gelegenen Seven Falls (20 P). Der Hikong Bente ist ein beeindruckender Anblick und mit 21 m der höchste von allen. Vom Parkplatz aus sind beide Fälle nur einen Katzensprung entfernt. Manchmal ist hier auch eine **Seilrutsche** (300 P) in Betrieb, mit der man wie Superman über drei der Fälle gleiten kann – ein atemberaubender Anblick.

School for Indigenous Knowledge & Traditions KULTURZENTRUM

(School of Living Traditions; SIKAT; ☎0935 456 9359; www.facebook.com/LakeSebuSLT) Die School for Indigenous Knowledge & Traditions hat es sich zur Aufgabe gemacht, zu bilden und den Kulturtourismus zu fördern. Gegründet wurde SIKAT von Maria Todi, einer begnadeten Sängerin, Tänzerin und Musikerin (*hegalong*, die zweiseitige Laute der T'boli). Besucher lernen die Künstler und Ältesten kennen und bekommen Gelegenheit, etwas über die Bräuche, Geschichte und Legenden der T'boli zu erfahren. Samstags finden Musik- und Tanzkurse für Kinder aus der Gegend statt. Man schläft auf einer Matratze (250 P) im *gono bong* (Langhaus) an der Hauptstraße des Ortes.

SIKAT bietet auch Gastfamilienaufenthalte an, und Maria arrangiert Besuche in entlegeneren Dörfern der Gegend. Es empfiehlt sich, ein schlichtes Gastgeschenk wie Nudeln mitzunehmen. Nicht so weit entfernt liegt das Dorf T'bong. Hier kann man eine Bambushütte besichtigen, in der Weber Textilien mit T'nalak-Mustern in den traditionellen Farben Weiß, Rot und Schwarz herstellen. In der Regel dauert die Weberlehre sechs Jahre, und die Herstellung eines Stückes aus *Abaka* dauert vier Monate. Sehr interessant ist der Dokumentarfilm *Dreamweavers* (2000) über T'boli-Künstler und ihre Methoden und Herausforderungen in einer sich rasant modernisierenden Kultur. Neben den T'boli leben noch andere Stämme wie die Ubo, Tasaday und Manobos in der Gegend.

T'boli Museum MUSEUM

(⏲7–17 Uhr) Hier gibt es Handarbeiten aus der Gegend zu kaufen – im Grunde ist es nur ein kleines Haus im Stil der Ureinwohner, das die gleichen Webarbeiten und Messingartikel verkauft wie die Souvenirstände entlang der Straße.

Schlafen

Punta Isla RESORT €

(☎083-236 1053; Sitio Tokufol; Zi. mit Frühstück 950 P; 📶) Das Restaurant dieses Resorts (unbedingt das Tilapia-*kinilaw* probieren, das frittierte Hühnchen ist allerdings trocken und steinhart) bietet eine herrliche Aussicht, ebenso wie die Balkons der schlicht eingerichteten Zimmer. Zur Mittagszeit bevölkern Gruppen von Einheimischen die Holzpavillons entlang des Sees, und wenn genug Gäste da sind, veranstaltet das Resort T'boli-Tanz- und Musikdarbietungen.

An- & Weiterreise

Wer mit öffentlichen Verkehrsmitteln zum Lake Sebu möchte, muss mehrmals umsteigen. Von General Santos (oder Cotabato) den Bus oder Van nach Marbel nehmen (Koronadal City; 120 P, 1 Std.), dann in den Bus oder Van nach Surallah umsteigen (37 P, 30 Min.) und die letzte Etappe mit dem Van (50 P, 45 Min.) zurücklegen. Die Wartezeiten sind nicht lang.

Wer am See übernachtet, sollte nicht an der ersten Haltestelle am Lake Sebu aussteigen, auch wenn die Motorrad-„Taxi"-Fahrer einen dazu drängen. Die letzte Haltestelle liegt ein Stück weiter, und von hier aus sind die Resorts am See nur wenige Gehminuten entfernt.

Mt. Apo

082

Der Mt. Apo ist der buchstäbliche „Großvater" aller Berge, ein Vulkan, der noch nie ausgebrochen ist und sich mit 2954 m höchster Berg der Philippinen nennen darf. Frühmorgens ist er deutlich über Davao zu erkennen. Doch gegen 8 Uhr steigt meist eine Wolkenschicht auf und umschlingt den Gipfel wie eine Schlange aus Watte. Die einheimischen Stämme glauben, dass auf dem Gipfel Götter wohnen, und verehren ihn als heiligen Berg, doch es ist eher die Umweltbelastung durch zu viele Besucher, die Genehmigungen zum Besteigen des Berges erschweren. Ob eine Besteigung möglich ist, erfährt man bei der Touristeninformation (S. 426) in Davao, die auch seriöse Tourführer nennen kann, oder in Kidapawan, 110 km von Davao entfernt und dem Startpunkt für Gipfelwanderungen am nächsten gelegen – das Büro des **Kidapawan Tourism Council** (064-278 3361; pipayging@yahoo.com; Kidapawan) befindet sich im Rathaus. An den Berghängen, die auf demselben Breitengrad wie Äthiopien liegen, wird Kaffee angebaut.

Eine der längsten **Seilrutschen** (350 P) in ganz Südostasien beginnt im Camp Sabros nahe Kapatagan am Südhang des Apo – sie ist so lang, dass man das Gefühl hat, über die Kiefern hinwegzufliegen. Ganz in der Nähe liegt auch der **Tudaya Falls,** mit 915 m einer der höchsten Wasserfälle der Philippinen.

Schlafen

Mt. Apo Highland Resort RESORT €€
(0918 959 1641; booking@dvaocrocodilepark.com; Kapatagan; Zelt pro Person 300 P, DZ-Hütte 1800–2000 P;) Dieses Resort besteht aus einer Handvoll kleiner Hütten auf Betonpfeilern rund um den Lake Mirror und im Gebiet der Berghänge – Hillside genannt. Beide Stellen eignen sich zum Zelten. Luftmatratzen und Zelte können gemietet werden. Das Restaurant in Hillside bietet einen tollen Blick auf den Apo.

Eden Nature Park Resort RESORT €€
(082-286 0385; www.edennaturepark.com.ph; Hütte 1400–4000 P;) Dieser ehemals kahle Hang – Opfer übereifriger Abholzung – am Fuß des Talomo wurde in einen üppigen Wald mit Wanderpfaden, Sportflächen, Spielplätzen und einer 20-Sekunden-Seilrutsche verwandelt. Auf dem Gelände gibt es eine Vielzahl verschiedener Hütten. Ein Shuttlebus fährt vom Hauptbüro des Parks am Matina Town Square in Davao hierher.

An- & Weiterreise

In Davao den Bus vom Ecoland-Busbahnhof nach Kidapawan nehmen (95 P, 2 Std., alle 30 Min.). Die einzelnen Haltestellen für die Wanderung fährt ein Jeepney von Kidapawan nach Ilomavis an (55 P, 1 Std.), das 17 km entfernt liegt.

Samal Island

082 / 104 000 EW.

Den offiziellen Namen „Island Garden City of Samal (IGaCoS)" kann man getrost ignorieren: Diese Insel gleich vor der Bucht von Davao wird einfach nur Samal genannt. So, wie die New Yorker am Wochenende in die Hamptons oder an den Strand von New Jersey fahren, setzen die Davaoeños schnell auf diese Insel mit ihren 116 Kilometern Strand über. Natürlich sind das nicht alles Traumstrände – tatsächlich haben die meisten Resorts Blick auf die unansehnlichen Raffinerien und Schiffsverladedocks auf der anderen Kanalseite. Die Ostseite der Insel ist ruhiger und unberührter.

Die Idylle und der Ruf der Insel erlitten 2015 einen schweren Schlag, als militante

Abu-Sayyaf-Anhänger vier Touristen aus einem Resort entführten. Die beiden Kanadier wurden später getötet, der Norweger nach Zahlung eines hohen Lösegelds und die Philippinerin ohne Gegenleistung freigelassen. Die Sicherheitsmaßnahmen wurden seitdem verschärft, doch die Anzahl ausländischer Touristen hat sich noch nicht wieder erholt.

Sehenswertes & Aktivitäten

Wer einfach nur einen Tag lang aus der Stadt flüchten möchte, kann gegen eine Tagesgebühr (zwischen 50 und 400 P) in allen Resorts den Strand und den Pool (sofern vorhanden) nutzen – die Gebühr wird auch erhoben, wenn man in den Restaurants der Resorts speist. Die Insel bietet Möglichkeiten zum **Schnorcheln** sowie Dutzende von **Tauchgründen** wie zwei japanische Schiffswracks gleich vor dem Pearl Farm Beach, die Inseln Big und Little Liguid vor der Nordostküste oder mehrere gute Steilwände mit gesunden Korallen. Empfehlenswert: **Carabao Dive Center** (082-300 1092; Monteverde St., St. Ana Pier, Davao) oder South Shore Divers (S. 421). Tauchgänge mit zwei/drei Flaschen inkl. Ausrüstung kosten etwa 2800/4000 P.

Die Straße um die Insel ist inzwischen komplett asphaltiert, und die Tagesleihgebühr für ein Motorrad liegt bei etwa 600 P.

Im *barangay* Tambo, etwa 11 km nördlich von Babak, lebt die weltgrößte Kolonie von Geoffroys Flughunden in der **Monfort Bat Sanctuary** (082-286 6958; www.monfortbatsanctuary.org; Sitio Dunggas; Erw./Kind 100/40 P; 8–17 Uhr). Ein sachkundiger Führer zeigt Besuchern die fünf Räume, in denen geschätzte 2,5 Millionen dieser nachtaktiven und geruchsintensiven Tierchen herumflattern und von der Decke hängen (Rauchen verboten, denn der Guano reagiert wie Schießpulver). Die beste Zeit ist die Abenddämmerung, kurz bevor sie erwachen und zur Nahrungssuche – hauptsächlich überreife Bananen und Mangos – aufbrechen.

In der Nähe von San José im *barangay* Cawag befindet sich der **Hagimit Falls** (50 P; 6–18 Uhr) mit seinen scheinbar endlos vielen, kleinen Kaskaden und Becken, die man hinunterrutschen kann. Die Anlage ist gut ausgebaut und hat Betonwege und Picknickhütten.

Schlafen

Bluewaters Resort RESORT €€
(0915 568 4446; www.bluewatersvillageandresort.com; DZ mit Ventilator/Klimaanlage 1200/1500 P;) Dieses Resort bietet eine Handvoll Hütten und nicht sonderlich bemerkenswerte „Apartment"-Zimmer sowie einen schönen Infinity-Pool (Tagesgäste zahlen 100 P).

★ **Chema's by the Sea Resort** RESORT €€€
(082-303 0235, 0917 814 0814; www.chemasbythesea.com; 2B-/4B-Hütte 5500/8000 P;) Das relativ intime Chema's kann mit großen, wunderschön eingerichteten Luxushütten im landestypischen Stil mit balinesischen Akzenten aufwarten. Die Anlage erstreckt sich am Hang eines begrünten Hügels hinab bis zu einem Infinity-Pool und Strand mit herrlicher Terrasse und schönem Loungebereich.

Paradise Island Park & Beach Resort RESORT €€€
(082-233 0251; www.paradiseislanddavao.com; Hütten 3700 P;) Sozusagen das Urgestein von Samal und in sich ein eigenes, kleines Mini-Boracay. Die riesige, landschaftlich perfekt gestaltete Anlage besitzt einen eigenen Zoo und einen schmalen Sandstrand mit Läden, Lokalen und Aktivitätsbereichen. Jede erdenkliche Wassersportart wird hier angeboten, nur ein Pool fehlt. Die meisten der 76 Zimmer sind hübsch eingerichtete Hütten mit Veranden und eigenem kleinen, eingezäunten Garten.

An- & Weiterreise

Bangkas fahren regelmäßig nach Samal (20 P, 10 Min., zahlreiche Boote zw. 5 und 23 Uhr). Ablegestelle sind die großen Caltex-Tanks in der Nähe des Sasa-Kais in Davao, erreichbar über den Markt. Die meisten Resorts holen ihre Gäste an den verschiedenen Kais von Davao ab. Der Island City Express (45 P, alle 15 Min.) fährt vom Ecoland-Busbahnhof in Davao zum Sasa-Kai und dann weiter zu verschiedenen Haltestellen auf Samal.

Talikud Island

082

Diese kleine Insel südwestlich von Samal ist der perfekte Rückzugsort. Bauunternehmer liebäugeln bereits mit ihren langen, weißen Sandstränden, doch vorerst gibt es hier nicht viel außer ein paar entspannten Resorts und glasklarem Wasser. An der Westküste liegen eine Handvoll guter Tauchgründe, mit etwas Glück kann man hier Dugongs sehen. Einige Strände sind am Wochenende von Tagesausflüglern überlaufen.

Schlafen

Babu Santa HÜTTEN €
(☎0918 726 1466; tid@yahoo.com; Camping 75 P, Zi. 400 P) Diese Anlage an der nordwestlichen Spitze von Talikud bietet einfache Hütten für autarke Selbstversorger an einem wunderschönen, weißen Sandstrand. Am besten gleich eigene Lebensmittel mitbringen.

Isla Reta HÜTTEN €
(☎0998 991 6690; Camping 400 P, Hütten 900 P) Isla Reta liegt an einem herrlichen Strand an der Ostseite von Talikud Island mit Blick auf Samal und bietet schlichte Bambushütten und Zelte für Camper. Außerdem sind hier einfache Mahlzeiten (180 P) zu haben. Die Anlage liegt dem Kai von Sanda Cruz am nächsten, wo einige Boote ihre Passagiere abladen. Unbedingt im Voraus buchen – hier kann es ganz schön voll werden.

★ **Leticia's by the Sea** HÜTTEN €€€
(☎082-224 0501, mobil 0917 702 5427; www.leticiabythesearesort.com; Zi. inkl. 3 Mahlzeiten 4800–11 000 P; ❄📶) Diese vorzügliche Anlage auf der Ostseite der Insel vereint rustikale, einheimische Akzente mit modernen Elementen. Die Hütten haben Hartholzbalkons und stehen in sorgfältig gestalteten Gärten. Etwas günstiger sind die bezaubernden „Bali-Häuser" – im Grunde die Luxusversion der Übernachtung in einer Picknickhütte im Freien.

An- & Weiterreise

Fähren zum Anleger in dem winzigen Örtchen Santa Cruz auf Talikud (80 P, 1 Std.) fahren von 6 Uhr bis zum frühen Nachmittag vom Santa-Aña-Kai in Davao ab.

WEST-MINDANAO & ZAMBOANGA-HALBINSEL

Diese Region, die sich bis fast nach Malaysia erstreckt und die Autonome Region Muslimisches Mindanao (ARMM) umfasst, zu der das islamische Herzland der Philippinen gehört, bekommt trotz ihrer Größe nur wenige ausländische Touristen zu sehen. Der Islam, die älteste Religion hier, wurde 1475 eingeführt, wohingegen das Christentum vergleichsweise spät, erst 1871, mit den Jesuiten hierherfand. Unter anderen Umständen wären die urwaldbedeckten Berge, die Wasserfälle und Seen sowie die ländlichen Gegenden mit ihren Stammesgruppen eine Reise wert.

KLETTERN AM MT. APO

Die Klettertour führt durch Urwälder und vorbei an rauschenden Wasserfällen, und mit etwas Glück sind gefährdete Tier- und Pflanzenarten wie der Philippinenad er und die fleischfressende Kannenpflanze zu entdecken. Die Vanda Sandariana, besser unter dem Namen *Waling-Waling* bekannt, gilt als die Mutter aller Zuchtorchideen und ist hier heimisch.

Der Aufstieg ist anstrengend (teilweise extrem steil), und im Alleingang kann man dem Weg kaum folgen. Tourführer können in einer der Touristeninformationen angeheuert werden. Erfahrene Kletterer empfehlen mindestens vier Tage sowie warme Kleidung und Schlafausrüstung, da es in Gipfelnähe nachts extrem kalt wird. Klettergenehmigungen kosten 500 P, Führer und Träger etwa 500 bzw. 300 P pro Tag; Verpflegung und Ausrüstung nicht inbegriffen. Ein sogenannter „VIP-Pfad" windet sich durch das Gelände der Philippine National Oil Company (PNOC; erforscht Geothermalprojekte in dem Gebiet) spiralförmig zum Gipfel und dauert etwa 4 bis 5 Stunden (one-way). Nur wenige wählen diese Route, da eine Genehmigung sowohl des Bürgermeisters als auch des Gouverneurs erforderlich ist. Die beste Zeit ist von März bis August, wenn das Regenrisiko niedriger ist.

Die meisten Kletterer fahren erst mit dem Jeepney nach Ilomavis am Lake Agko (1193 m), wo sie übernachten und Träger anheuern, bevor sie zum Lake Venado (2182 m) und dem Gipfel aufbrechen.

Zur Zeit der Recherche zu diesem Reiseführer befand sich die Stadt Marawi im Belagerungszustand durch IS-treue Kämpfer. In ganz Mindanao herrschte das Kriegsrecht, doch in den Provinzen Lanao del Sur und Maguindanao war die Sicherheit (S. 409) besonders gefährdet. Von Besuchen wurde dringend abgeraten.

Sehenswertes & Aktivitäten

Gut versteckt auf einem Berg liegen die **Tinago Falls** (Iligan; 10 P), der spektakulärste Wasserfall von Iligan. Praktischerweise kann man direkt bis zur Treppe fahren, die steil über 365 Stufen hinabführt. Die eiskalten **Timoga Springs** (Iligan; 50 P) sind an heißen Tagen eine willkommene Erfrischung.

Sommerhaus aus der Kindheit von Präsidentin Gloria Macapagal-Arroyo INTERESSANTES BAUWERK
(Iligan) Direkt vor den Timoga Springs und unmittelbar an der Hauptstraße, aber nur für Politikfans von Interesse, findet sich dieses Gebäude. Das vielleicht Interessanteste sind die Familienfotos, die Macapagal-Arroyo vom Kind bis zur Erwachsenen zeigen.

Schlafen & Essen

Rene's Diner & Pension House HOTEL €
(☎063-223 8441; Roxas Ave. Extension, Iligan; Zi. mit Ventilator/Klimaanlage 350/480 P; ❄📶) Günstig gelegene Übernachtungsmöglichkeit direkt an der Hauptstraße nur wenige Minuten westlich des Zentrums. Die Zimmer sind geräumig, aber nicht allzu gut gepflegt.

Corporate Inn Boutique Hotel HOTEL €
(☎063-221 4456; corpor8inn@yahoo.com; 5 Sparrow St., Isabel Village, Iligan; EZ/DZ mit Frühstück ab 750/1200 P; ❄📶) Das Hotel liegt ruhig, doch etwas abgelegen und ist netter, als der etwas unglücklich gewählte Name vielleicht vermuten lässt. Der Sitzbereich im Freien ist besonders hübsch. Eine Handvoll Restaurants sind leicht zu Fuß zu erreichen.

Cheradel Suites HOTEL €€
(☎mobile 063-221 4926; Jeffrey St., Iligan; Zi. mit Frühstück 1100–2200 P; ❄📶🏊) Iligans kitschiges Spitzenklassehotel liegt etwa 5 Minuten östlich des Stadtzentrums in der Nähe des Postamtes und der Landbank.

Gloria's Ihaw Ihaw PHILIPPINISCH €
(Iligan; Hauptgerichte 100 P; ⌚6–18 Uhr) Gloria's Ihaw Ihaw liegt gegenüber von den Timoga Springs am Wasserufer und serviert köstliches *kinilaw* (in Essig eingelegte rohe Meeresfrüchte), gegrillten Fisch und Hühnchen.

Zamboanga City

☎062 / EW. 695 000

Wenn auf den Philippinen die Sonne untergeht, gehört diese Stadt, deren ansonsten eher gewöhnliche Skyline von einigen Minaretten durchbrochen wird, zu einem der Orte, die diesen Anblick als letzte genießen dürfen. Abgesehen von dem aufregenden Gefühl, am Rand der Welt zu stehen, hat die Stadt noch ein hervorragendes Museum und einige Inseln vor der Küste zu bieten. Geografisch gesehen ist Zamboanga City sozusagen die Endstation der Philippinen, war jedoch historisch betrachtet das Tor sowohl für den Islam, der im 15. Jh. auf den Inseln Einzug hielt, als auch für die Migrantenwellen aus dem Sulu-Archipel. Obwohl die Stadt zu 70% aus Muslimen besteht, tragen die Frauen hier keine Kopftücher und die neueste Mode ist hier ebenso vertreten wie anderenorts.

Im Laufe der Jahre ist es in Zamboanga City immer wieder zu Konflikten gekommen, der schlimmste im September 2013, als ein großes Kontingent MNLF-Streitkräfte die Stadt drei Wochen lang belagerte. Seither gab es mehrere andere schwere Zwischenfälle sowie vereitelte Anschläge, und Vorsicht ist hier oberstes Gebot. Vor der Ankunft unbedingt die aktuellsten Reiseempfehlungen beachten!

Am südöstlichen Ende der Stadt in Ufernähe steht das **Fort Pilar Museum** (NS Valderosa St.; ⌚Mo–Fr 9–16 Uhr) GRATIS. Es wurde in Teilen restauriert, um seinen historischen Charakter zu bewahren, und beherbergt mehrere beeindruckende und jüngst renovierte Galerien.

Schlafen & Essen

Grand Astoria Hotel HOTEL €
(☎062-991 2510; Mayor Jaldon St.; EZ/DZ ab 850/1200 P; ❄@📶) Dieses effizient betriebene Hotel ist eine Institution in Zamboanga City und wird oft von ganzen Gruppen zu Veranstaltungen wie Seminaren, Tagungen, Hochzeiten und Ähnlichem gebucht. Nach einem der renovierten

Zimmer fragen! Im Erdgeschoss gibt es ein Flugticketbüro und ein Restaurant.

Marcian Business Hotel HOTEL €€
(MBH; ☎062-991 0005; www.marcianhotels.com; Mayor Cesar Climaco Ave.; EZ/DZ 1520/1800 P; ❄📶) Das beste Mittelklassehotel der Stadt mit glänzenden Fliesenböden, geräumigen Bädern mit hochmodernen Duschköpfen und geschmackvoll eingerichteten Zimmern im Boutique-Stil. Das Marcian liegt an einer verkehrsreichen Kreuzung und bietet Zuflucht vor all dem Lärm und Smog.

Mano-Mano na Greenfield PHILIPPINISCH €
(☎062 992 4717; Governor Ramos St., *barangay* Santa Maria; Hauptgerichte 70–275 P) Das Mano-Mano liegt 1 km nördlich des Luftwaffenstützpunkts Edwin Andrews in einer großen, protzigen Version der landestypischen Pavillons und ist auf gegrillte Schweine-Spareribs und Kotelettrippchen spezialisiert. Wegen der Lage am Paseo del Mar ist es hier meist gerammelt voll.

★ **Alavar Seafood House** MEERESFRÜCHTE €€
(☎062-992 4533; *barangay* Tetuan; Hauptgerichte 200 P) Meeresfrüchte sind hier natürlich die Spezialität – einfach Spezies, Größe und Zubereitungsmethode aus einer Speisekarte voller Köstlichkeiten auswählen. Besonders schön am Alavar ist der von Rankgittern überdachte Innenhof, in dem das Abendessen unter Laternen und zu den lauten Rufen der exotischen Vögel in der Voliere serviert wird.

ℹ Praktische Informationen

Department of Tourism (DOT; ☎062-993 0030; Ecke Alvarez & Claveria St.; ⏲Mo–Sa 8–12 & 13–17 Uhr) Hilfsbereite Touristeninformation für diese Provinz.

ℹ An- & Weiterreise

Nur wenige Reisende kommen auf dem Landweg nach Zamboanga, die meisten reisen mit dem Flugzeug. Doch Unerschrockene, die sich Nord-Mindanao ansehen wollen, bevor sie die Stadt erreichen, können in Pagadian in Zamboanga del Sur entweder eine Schnellfähre (wenige Stunden) oder einen Bus (8 Std.) nehmen. Wer die Straße nimmt, sollte nur tagsüber reisen.

FLUGZEUG

Philippine Airlines (www.philippineairlines.com) und Cebu Pacific (www.cebupacificair.com) fliegen mehrmals täglich zwischen Manila und Zamboanga City (1½ Std.) hin und her; letztere Fluggesellschaft hat ebenfalls mehrere Flüge pro Woche nach Cebu und Davao (je 1 Std.) sowie nach Jolo und Tawi-Taw im Sulu-Archipel. Ein neuer internationaler Flughafen ist seit vielen Jahren in Planung und scheint langsam Gestalt anzunehmen. Dann könnte es hier auch Verbindungen nach Kota Kinabalu oder Sandakan geben (beides in Malaysia).

SCHIFF

George & Peter fährt einmal wöchentlich nach Cebu (1000 P, 29 Std.); **2GO** (S. 398) fährt einmal pro Woche nach Dumaguete (550 P, 12 Std.) und Manila (1800 P, 48 Std.)

Weesam Express (☎062-992 3936; www.weesam.ph) fährt nach Isabela (190 P, 45 Min., 4-mal tgl.) auf der nahe gelegenen Insel Basilan sowie nach Jolo (800 P, 3½ Std., 8.30 Uhr). Der Ticketschalter ist am Fährterminal. **Aleson Shipping Lines** (☎062-991 2687; www.alesonshipping.com; 172 Veterans Ave., Zamboanga) und **Ever Lines Shipping Inc** (☎062-991 0293; Mutual Bldg., 47 Valderosa St.) bedienen die Strecke nach Sulu und Tawi-Tawi.

Aleson Shipping Lines fährt außerdem jeden Montag und Dienstag um 14 Uhr nach Sandakan in Malaysia (Economy/klimatisiert/Kabine 7620/8020/8240 P, 20 Std.). Von Sandakan zurück geht's immer dienstags und freitags um 17 Uhr.

Palawan

Inhalt ➡

Gut essen

- Kalui (S. 442)
- La Plage (S. 466)
- Trattoria Altrove (S. 475)
- Gorgonzola (S. 452)
- Bulalo Plaza (S. 466)

Schön übernachten

- Sangat Island Reserve (S. 474)
- Flower Island Beach Resort (S. 455)
- Daluyon Resort (S. 446)
- Pangalusian Island Resort (S. 471)
- Coconut Garden Island Resort (S. 452)

Auf nach Palawan!

Palawans größter Pluspunkt ist das Meer, von dem es umgeben ist. Die am dünnsten besiedelte Region der Philippinen ist mit ihrer Meereslandschaft und der vielfältigen Fauna so verführerisch wie keine andere. Aufgrund seiner geographischen Beschaffenheit – ein langes Band aus Inseln, das sich auf 650 km Länge bis nach Borneo zieht – scheint einer Reise in dieser Region eine befreiende Logik innezuwohnen.

Obwohl sich Palawan in den letzten Jahren zum Liebling der Reisemedien entwickelt hat, sind hier noch keine Touristenhorden eingefallen, und die Dschungelgebiete im Landesinneren sind immer noch relativ ursprünglich. Allerdings erfreuen sich die im Norden liegenden Städte El Nido und Coron – Ausgangspunkt für Abenteuerreisen in den Bacuit-Archipel und zu den Inseln der Calamian-Gruppe – in der Hochsaison deutlich wachsender Beliebtheit.

Aber keine Sorge: kühne Abenteurer, die sich über diese beiden Verkehrsknotenpunkte hinaus wagen, haben auf der Suche nach dem perfekten Paradies die Qual der Wahl.

Reisezeit

Puerto Princesa

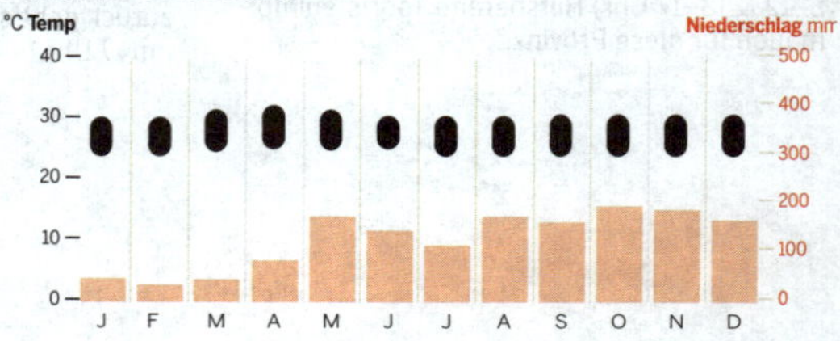

April–Anfang Juni Die beste Zeit für Reisen übers Meer.

Juli–Sept. Die Südwestmonsune bringen heftige Regenfälle (aber günstige Preise) mit sich.

Dez.–Febr. Kühler und trockener, aber starke Winde können Fährenzeiten durcheinanderwirbeln.

Palawan Highlights

1 Bacuit-Archipel (S. 469) Schnorcheln zwischen Lagunen.

2 Calamian Islands (S. 471) Inselhopping nach Herzenslust: Paradiese mit verborgenen Seen und leeren, weißen Sandstränden.

3 El Nido (S. 455) Atemberaubende Strände, Wasserfälle, Klippen und Inseln rund um Palawans wichtigste Touristenstadt erkunden.

4 Port Barton (S. 449) Sich dem gemächlichen Dorfleben hingeben, von der Hängematte zum Strand und wieder zurück.

5 Wracks in der Coron Bay (S. 472) Sich unter Wasser durch die Bullaugen eines Schiffswracks aus dem Zweiten Weltkrieg zwängen.

6 Sabang (S. 444) Urlaub am Ursprung des Underground River, um den Strand und den Dschungel zu genießen.

7 Puerto Princesa (S. 436) Mit dem Motorrad durch die Gegend rund um Palawans Hauptstadt düsen.

An- & Weiterreise

FLUGZEUG

Palawans zwei Flughäfen sind der **Puerto Princesa International Airport** (National Hwy.), der die gesamte Hauptinsel Palawan bedient, und der **Francisco B Reyes Airport** (USU; www.franciscoreyesairport.com; Santa Cruz) auf der Insel Busuanga, der die Inseln der Calamian-Gruppe bedient. Beide Flughäfen werden von den meisten großen einheimischen Fluggesellschaften angeflogen.

El Nido und der Bacuit-Archipel werden von dem kleinen, in Privatbesitz befindlichen Lio Airport bedient, den nur die Fluggesellschaft Air Swift anfliegt. Traveller, die in diese Richtung wollen, fliegen meist nach Puerto Princesa und nehmen dann einen öffentlichen Van nach El Nido. Der neue **San Vicente Airport** (Poblacion Rd.) könnte sich zum neuen Verkehrsknotenpunkt für Reisende nach El Nido mausern, aber auch wenn er 2017 offiziell eröffnet wurde, gibt es noch keine kommerziellen Flüge.

Auch Air Juan (www.airjuan.com) hat das Geschäftsgebiet seiner Flotte von sechssitzigen Wasser- und Landflugzeugen auf Palawan erweitert und verbindet Busuanga und Puerto Princesa mit beliebten Touristenzielen wie Caticlan (Boracay).

Schiff/Fähre

Robuste Passagierfähren verbinden Puerto Princesa und Coron mit Manila, und eine weniger robuste Fähre verbindet Manila und El Nido. Zudem gibt es eine Fährverbindung zwischen Puerto Princesa und Iloilo (Visayas) über die entfernt gelegenen Cuyo Islands. Die Verbindungen über alle genannten Strecken sind unregelmäßig (meist nur ein paar Fahrten pro Woche).

Im Norden verbinden *bangka*-Fähren Coron mit San José, Mindoro.

TUBBATAHA REEFS

Eine 10- bis 15-stündige Bootsfahrt von Puerto Princesa entfernt liegt der **Tubbataha Reefs Natural Park** (Umweltgebühr 100 US$), ein marines Schutzgebiet, das oft mit den Galapagos-Inseln verglichen wird. Es wurde 1993 zum UNESCO-Welterbe erklärt und bietet Hunderten Arten von Meeresvögeln und Fischen einen Lebensraum, darunter Mantarochen und Walhaie, und beherbergt die ganze, riesige Palette an Tieren, die im offenen Meer leben. Die beste Reisezeit für einen Besuch des Tubbataha-Riffs ist zwischen Mitte März und Mitte Juni.

Zu dem Schutzgebiet kommt man nur auf einem der etwa 14 Schiffe mit Übernachtungsmöglichkeit an Bord, die in Puerto Princesa ablegen. Die Kosten für eine sechstägige Fahrt mit Übernachtung an Bord belaufen sich von 1300 US$ inklusive Ausrüstung mit einem *bangka* eines Billiganbieters wie **M/Y Sakura** (www.sakuracharter.com) bis zu 3810 US$ an Bord einer Yacht des Luxusanbieters **Siren Fleet** (http://sirenfleet.com). Die meisten Fahrten bewegen sich in der Preislage von 2200 bis 2600 US$. Weitere Informationen dazu beim **Tubbataha Management Office** (☎048-434 5759; www.tubbatahareef.org; Manalo St. Ext.) in Puerto Princesa.

Puerto Princesa

☎048 / 255 116 EW.

Palawans geschäftige Hauptstadt dient vor allem als Tor nach El Nido und zu den Stränden der Westküste, aber „Puerto“ hat genügend Ablenkung zu bieten, um auf der Durchreise ein, zwei Tage hier zu verbringen. Eine passable Restaurantszene, etwas Nachtleben an der Hauptstraße Rizal Avenue und eine wachsende Anzahl von Boutiquehotels tragen zu seinem Reiz bei.

Die Stadt ist riesig. Der unterirdische Fluss in Sabang 60 km in Richtung Nordwesten liegt technisch gesehen innerhalb der Stadtgrenzen (daher der offizielle Name: Puerto Princesa Subterranean River). Filipinos strömen in Scharen herbei, um von Puerto aus überteuerte Tagestrips zu dem unterirdischen Fluss zu unternehmen. Man tut besser daran, im idyllischen Sabang zu übernachten und seinen Ausflug von dort zu starten.

Sehenswertes & Aktivitäten

Viele der Sehenswürdigkeiten rund um Puerto werden oft im Rahmen einer eintägigen „Stadttour“ (600 P) besucht, die vor allem auf philippinische Besucher aus Manila zugeschnitten ist. Davon würden wir abraten; besser ist es, ein Tricycle anzuheuern oder sich ein Motorrad zu mieten und sich seine eigene Tour zusammenzustellen.

Plaza Cuartel HISTORISCHE STÄTTE
(Taft St.; 50 P; ⏲7–19 Uhr) In der restaurierten Ruine einer Garnison aus dem

Zentrales Palawan

Zweiten Weltkrieg hinter der Immaculate Concepcion Cathedral (von 1872) befinden sich ein Freiluft-Kriegsmuseum und ein Schrein für amerikanische Kriegsgefangene, die am 14. Dezember 1944 von den Japanern bei lebendigem Leibe verbrannt wurden – dieser Vorfall wurde als das Palawan-Massaker bekannt. Nur 11 der 154 Kriegsgefangenen überlebten.

World War II Museum MUSEUM
(Rizal Ave.; ⏲Mo–Sa 8–17 Uhr) Interessantes privates Museum im Besitz von Eugenio Mendoza, dessen Vater zu den Fighting 1000 gehörte, einer lokalen Guerillatruppe, die gegen die Japaner kämpfte (sein Vater wurde schließlich geköpft). Das Museum ist vollgestopft mit Kriegsandenken und erinnert an die Fighting 1000 und an die 143 Amerikaner, die bei dem berüchtigten Palawan-Massaker an der Plaza Cuartel starben.

Palawan Museum MUSEUM
(Mendoza Park, Rizal Ave.; Erw/Student 50/20 P; ⏲Mo–Sa 8.30–12 & 13.30–17 Uhr) Im alten Rathaus gleich neben dem Mendoza Park ist dieses frisch modernisierte, zweistöckige Museum untergebracht. Seine Ausstellungsstücke belegen eindrucksvoll die ethnologische und archäologische Bedeutung Palawans. Die Exponate sind meist mit interessanten Erläuterungen auf Englisch versehen.

Außerhalb von Puerto Princesa

Iwahig Prison & Penal Farm PLANTAGE
GRATIS Die Strafkolonie, 15 km von Puerto entfernt, lädt Besucher ein, hereinzuschauen und sich unter die Gefangenen zu mischen. In der Sporthalle der zentralen Einrichtung verkaufen Insassen Souvenirs und führen Tänze für Tourgruppen auf, die

Puerto Princesa

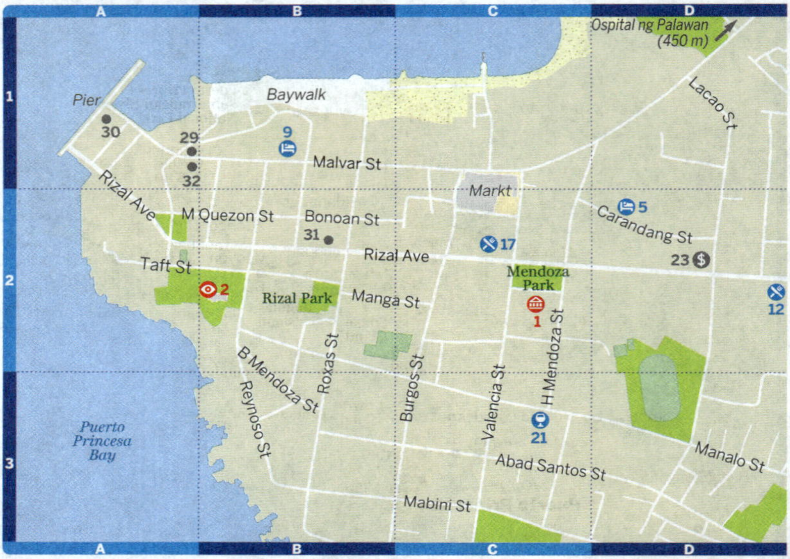

Puerto Princesa

Sehenswertes

Environmental Enforcement Museum .... (siehe 4)
1 Palawan Museum C2
2 Plaza Cuartel B2

Aktivitäten, Kurse & Touren

3 Dolphins & Whale Sharks G2
4 Pasyar Travel & Tours H3

Schlafen

5 Blue Coconut D2
6 Casa Linda Inn E2
7 Hibiscus Garden Inn G3
8 Pagdayon Traveler's Inn F2
9 Puerto Pension B1

Essen

10 Aloeha Mercato de Runway E1
11 Artisans F2
12 Cafe Itoy's D2
13 Ima's Vegetarian E3
14 Kalui F2
15 La Terrasse G2
16 Lou Chaolong Hauz G2
17 Pham Chaolong C2
18 Scribbles & Snacks F2
19 Thant-Tam Chaolong F2

Ausgehen & Nachtleben

20 Kinabuchs Grill & Bar E2
21 Palaweño Brewery C3
22 Tiki Restobar E2

Praktisches

23 BDO D2
24 BOI Palawan Office G2
25 Inland Tours & Travel G2
26 Palawan Provincial Tourism Office E2
27 Sanctuary Tours & Travel F2
28 Tubbataha Management Office F3

Transport

29 2GO A1
30 Ferry Port A1
31 Milagrosa Shipping B2
32 Montenegro Lines A1
33 Peter Bike & Car Rental H2
34 Plong Car Rental E2
35 Puerto Princesa International Airport H2
36 San Francisco DV's E2

definitiv sehenswert sind, wenn man zur richtigen Zeit kommt. Von der zentralen Einrichtung geht's 3 km durch Felder zu den hübschen **Balasahan Natural Pools,** ein Badebecken, das von einem kleinen Wasserfall gespeist wird.

Der Eingang zum Gefängnis liegt direkt abseits vom National Highway; hier regist-

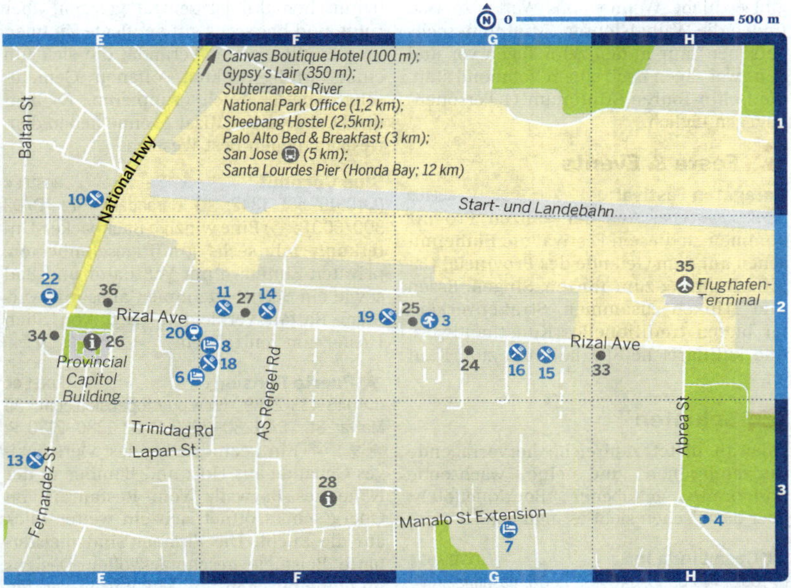

riert man sich und fährt etwa 3 km weiter zur zentralen Einrichtung. Hierher kommt man nur mit einem privaten Transportmittel (Hin- & Rückfahrt von Puerto mit dem Tricycle etwa 700 P).

Nagtabon Beach STRAND

Dieser Strand an der Nordseite der Landenge ist ein mehrere hundert Meter langer Streifen mit weißem Sand und seichtem Wasser, das sich gut zum Baden eignet. Die Jeepneys, die am Busbahnhof San Jose starten (Abfahrt gegen 12 Uhr) sind nicht wirklich praktisch; besser ein Motorrad oder ein Auto mieten oder mit einem Van fahren. Kaum ist der Highway verlassen, wird die Straße ganz schön holprig.

Irawan Eco-Park ABENTEUER

(☎048-434 1132; irawan_ecopark@yahoo.com; Zip-Line 800 P; ⏲8–17 Uhr) Die Hauptattraktion ist eine dreistufige Zip-Line (Seilrutsche) über insgesamt 1,3 km, aber es gibt auch einen Baumwipfelpfad, und es wird ein vierstündiger Dschungel-Survival-Kurs angeboten. Der Park liegt in einer geschützten Region in Irawan 10 km nördlich von Puerto Princesa (200 P mit dem Tricycle oder 28 P mit dem Kleintransporter von der Ecke Rizal Street und dem National Highway).

Geführte Touren

★ **Pasyar Travel & Tours** OUTDOOR

(☎048-433 5525; http://pasyarpalawantravel.weebly.com; Gabinete Rd.) Pasyar engagiert sich aufrichtig für den Umweltschutz und einen Tourismus im Einklang mit den Gemeinden vor Ort und bietet eine einzigartige, mehrtägige Trekkingtour durch alte Wälder an, bei der man sich u.a. mit Vollstreckungsbeamten auf die Suche nach illegalen Holzfällern macht. Es betreibt außerdem das bedeutende **Environmental Enforcement Museum** (Gabinete Rd.; 20 P; ⏲8–18 Uhr) an seinem Hauptsitz, in dem konfiszierte Kettensägen, Boote, Dynamit und (manchmal) Tiere wie Zibetkatzen zu sehen sind.

Dolphin & Whale Sharks WILDTIERBEOBACHTUNG

(☎0915 263 2105; www.facebook.com/dolphinandwhales/; Rizal Ave.; Walhai-Beobachtungstouren 1800 P pro Person, Delfinbeobachtungstouren 1000 P pro Person; ⏲nur April–Oktober; Walhaie 7–14 Uhr, Delfine 6.20–10.30Uhr) Der überschwängliche Toto Kayabo bietet separate Touren zur Beobachtung der Meerestiere in der Honda Bay an. Eine bessere Chance, wilde Walhaie während des Südwestmonsuns (Mai bis Oktober) zu beobachten, gibt es nicht. Wenn es das Wetter zulässt, finden die Walhai-Touren (Minimum sechs Personen) nur in den zehn Tagen vor und den zwei Tagen nach einem Vollmond statt, die Delfin-Touren (Minimum 14 Personen) dagegen täglich.

Feste & Events

Baragatan Festival KULTUR
(3. Juniwoche) Aus der ganzen Provinz kommen zu diesem Festival die Einheimischen auf dem Gelände des Provincial Capitol Building zum Tanzen, Singen, Essen und Trinken zusammen. Straßenverkäufer bieten traditionelles Kunsthandwerk und kulinarische Spezialitäten zum Kauf an.

Schlafen

Palawan bietet zahlreiche hervorragende Budgetoptionen und eine wachsende Bandbreite gehobener Boutiquehotels, aber dazwischen sieht es mau aus.

★ **Casa Linda Inn** GASTHAUS €
(0917 749 6956, 048-433 2606; casalindainn@gmail.com; Trinidad Rd.; EZ/DZ mit Ventilator 650/750 P, mit Klimaanlage 850/1000 P;) Der penibel gepflegte Hofgarten verleiht der zentral gelegenen Casa Linda das Flair eines ländlichen Refugiums. Rund um den Hof sind die sauberen Zimmer mit Holzböden und einfacher Ausstattung angeordnet, aber es gibt kein heißes Wasser, und die Wände sind dünn. Allerdings ist Lärm im Grunde kein Problem, denn das Gasthaus liegt 100 m von der Rizal Avenue entfernt. Bietet mit Abstand das beste Preis-Leistungs-Verhältnis in der Stadt.

★ **Sheebang Hostel** HOSTEL €
(0915 370 0647, 048-433 0592; judy.sheebang@gmail.com; 118 Libis Rd.; B 350 P, DZ 850 P;) Nachdem das legendäre Banwa Art House 2014 niederbrannte, entwickelte sich das Sheebang schnell zu Puertos führendem Hostel. In einem wundervollen Holzhaus betreibt es drei klimatisierte Schlafsäle mit soliden Etagenbetten und großen Schließfächern sowie ein paar Privatzimmer mit Bad und Klimaanlage. Eine Bar im Freien, ein ausgedehnter Garten und eine kompetente Reiseabteilung entschädigen für die abgelegene Lage.

Pagdayon Traveler's Inn GASTHAUS €
(048-434 9102; abseits der Rizal Ave.; DZ 950–1100 P;) Das Pagdayon im einheimischen Stil ist zentral gelegen, aber ruhig und hat sechs gut gepflegte Zimmer, jeweils mit eigener Veranda, die sich um einen strohgedeckten, offenen Gemeinschaftsspeisebereich gruppieren. Es liegt direkt abseits der Rizal Avenue neben dem riesigen, neuen Best Western.

Blue Coconut HOSTEL €
(0915 581 1842; 11 Carandang St.; B/DZ 300/600 P;) Eine winzige Backpacker-Unterkunft mit sechs graffitigeschmückten, privaten Zimmern mit Ventilator und Bad sowie ein Sechsbettzimmer, alles mit warmem Rattan verkleidet. Liegt von allen Hostels am zentralsten.

★ **Puerto Pension** HOTEL €€
(048-433 2969; www.puertopension.com; 35 Malvar St.; EZ 1280–2080 P, DZ 1380–2180 P;) Ein beeindruckendes, vierstöckiges Gebäude aus Holz und Bambus in der Nähe des Baywalk. Vom Restaurant im Obergeschoss öffnet sich ein weiter Blick auf die Bucht. Die Zimmer sind meisterhafte Beispiele geschmackvollen Designs im einheimischen Stil. Mit Rattan verkleidet und Holzfußboden sind sie praktisch der Inbegriff von „gemütlich". Die Standardzimmer sind winzig, daher lohnt es sich, ein paar Hundert Pesos extra für ein üppiges „Superior"-Doppelzimmer springen zu lassen.

★ **Palo Alto Bed & Breakfast** B&B €€
(048-434 2159; www.paloalto.ph; A Cabanag St.; DZ/4BZ mit Frühstück ab 2800/3500 P;) Umgeben von hohen Bäumen in einer ausgedehnten Anlage 3 km nördlich vom Flughafen, ist das Palo Alto eine wahre Ruhestätte fern des Lärms der Stadt. Die 19 Zimmer liegen in einem wunderschönen Garten, manche mit Blick auf einen schattigen Pool. Die behindertengerechten Zimmer haben Flachbild-TV, schöne Bäder und Beispiele einheimischer Kunst, könnten aber ein paar Möbel mehr gebrauchen.

Hibiscus Garden Inn HOTEL €€
(048-434 1273; www.puertoprincesahotel.com; Manalo St. Ext.; Zi. mit Frühstück 1950–2800 P;) Wer sich einen Rückzugsort wünscht, ist im gut geführten Hibiscus an der richtigen Adresse. Die großen, in Orange gehaltenen Zimmer sind in einem niedrigen Gebäude untergebracht, das von einem hübschen Garten umgeben ist. Vor allen Zimmern gibt es draußen Hänge-

EIN VIETNAMESISCHES KULINARISCHES VERMÄCHTNIS

In Puerto Princesa finden sich einige **chaolong-Restaurants,** kleine, familiäre Lokale, die eine philippinische Version des *pho* (scharfe Nudelsuppe) mit Baguette als Beilage servieren. Diese Restaurants erinnern an eine blühende Gemeinde vietnamesischer Flüchtlinge, die sich einst im „Viet Village" 13 km nördlich der Stadt niedergelassen hatte. Abgesehen von den Restaurants, die bis heute *chaolong* servieren, ist es mittlerweile aber eine Geisterstadt. In Puerto ist das **Lou Chaolong Hauz** (Rizal Ave.; Hauptgerichte 50 P; ⏲8–16 Uhr) das beste von mehreren *chaolong*-Restaurants an der Rizal Avenue Weitere Optionen sind das **Pham Chaolong** (Rizal Ave., zwischen Valencia & Burgos Sts.; Gerichte 50 P; ⏲7–21 Uhr) und das **Thant-Tam Chaolong** (Rizal Ave.; Hauptgerichte 50–60 P; ⏲17–23 Uhr).

matten unter einer breiten, schattigen Veranda, und vier der 14 Zimmer haben eigene kleine Hinterhof-Sitzbereiche.

★ **Canvas Boutique Hotel** BOUTIQUEHOTEL €€€
(National Hwy.; Zi. mit Frühstück ab 5500 P; ❄@📶🏊) Eine erfrischende Lobby, ausgestattet mit öffentlichen iMacs, zeigt an, dass man sich hier in einem der schicksten und stilvollsten Refugien Palawans befindet. Die hellen, heiteren Zimmer verfügen über polierten Beton, eine moderne Beleuchtung und offene Verstaumöglichkeiten. Jedes hat ein wundervolles, individuell angefertigtes Wandgemälde. Ein verspielter Pool mit aufblasbaren Möbeln und einem guten Büfettfrühstück (Nicht-Hausgäste 300 P) runden das Ganze ab.

Aziza Paradise BOUTIQUEHOTEL €€€
(☎048-434 2405; www.azizaparadisehotel.ph; BM Rd; Zi. mit Frühstück 5000–8500 P; ❄📶🏊) Das Aziza, das am besten als städtisches und weltgewandtes Resort zu beschreiben ist, beeindruckt gleich auf den ersten Blick mit einem hochstrebenden, offenen Rezeptionsbereich, der das Blätterthema des Hotels aufnimmt. Flankiert wird es von zwei Restaurants und einem hübschen Pool, der bei unserem Besuch unerklärlicherweise keine Pool-Möbel hatte. Alle Zimmer sind gut ausgestattet; man sollte nach einem mit Balkon und Blick auf den Pool und den üppigen Garten fragen.

Essen

Puerto hat eine überraschend große Abwechslung an Restaurants zu bieten, von denen die meisten praktischerweise im Zentrum an der Rizal Avenue liegen. Am Ufer in der Nähe des Hafens befindet sich der **Baywalk,** ein hauptsächlich aus Beton bestehender Streifen mit Blick auf den Sonnenuntergang und mehr als einem Dutzend informeller **Barbecue-Zelte** (Gerichte 200 P bis 500 P), die sich auf gegrillten Fisch und Meeresfrüchte spezialisieren – es gibt kaum etwas, was typischer für Puerto ist. Das **Robinson's Place** (National Hwy.; ⏲Mo–Do 10–21 Uhr, Fr–So bis 22 Uhr) ist die übliche Auswahl an Fast-Food-Angeboten und ein großer Lebensmittelladen.

Aloeha Mercato de Runway IMBISSMARKT €
(National Hwy.; ⏲17–2 Uhr) In diesem Imbissmarkt im Freien findet man eine schöne Auswahl an Ständen – besser als in mehreren anderen in der unmittelbaren Nachbarschaft. Zu den Highlights gehören das **Crystal Sands Bar & Grill,** das Burger, mexikanische Gerichte und mit Käse überbackene Muscheln serviert, und die aromatischen Brotpizzas bei **Sheebang.** Livemusik an den Wochenenden sorgt für Partystimmung.

Scribbles & Snacks CAFÉ €
(abseits der Rizal Ave.; Gerichte 50–100 P; ⏲12–21 Uhr) Der mit Wandgemälden geschmückte offene *kubo* (Schuppen im lokalen Stil), versteckt hinter einem Best-Western-Hotel, ist ein Treffpunkt der lokalen „Art on the Move"-Gruppe. Kreativtypen verputzen günstiges Pizzabrot (35 P), Pasta und andere leichte Gerichte zum San Miguel oder Eistee.

Cafe Itoy's CAFÉ €
(Rizal Ave; Hauptgerichte 115–230 P; ⏲7–23 Uhr; 📶) Alteingesessener Kaffeeladen an der Hauptstraße mit WLAN, einem angenehmen Spotify-Soundtrack und einer umfassenden Karte mit Sandwiches und beliebten philippinischen Gerichten.

Ima's Vegetarian VEGETARISCH €
(Fernandez St.; Gerichte 85–140 P; ⏲So–Do 11–21 Uhr, Fr bis 15 Uhr, Sa 18.30–32 Uhr; 📝) 🌿 Überaus gesunde und köstliche Option, die von Siebenten-Tags-Adventisten betrieben

wird. Das würzige Bohnenburrito oder die Pizza mit veganem Käse sind prima für ein *meryenda* (Snack am Tag).

★ Kalui PHILIPPINISCH €€

(☎048-433 2580; 369 Rizal Ave.; Hauptgerichte 245–265 P; ⏲Mo–Sa 11–12 & 18–22.30 Uhr;) Dieses Lokal, das man ohne Schuhe betritt, versprüht mit den bunten Gemälden, Skulpturen und Masken an den Wänden ein entzückendes balinesisches Flair und eine gewisse Geselligkeit. Man hat die Wahl unter verschiedenen Fisch- und Meeresfrüchtegerichten, alle mit Gemüse serviert, einem Meeresalgensalat, oder man bestellt das opulente Menü (695 P) mit einem Kokosnuss-Flan zum Dessert. Reservierung empfohlen, besonders abends und für Gruppen.

★ Artisans INTERNATIONAL €€

(Rizal Ave.; Hauptgerichte 150–250 P; ⏲11.30–22 Uhr) Der schottische Eigentümer nennt den Stil hier „Obskurität"; er umfasst im Grunde alles, was ihm selbst so gefällt. Die Speisekarte kombiniert mehr oder weniger das Beste aus aller Welt – *tikka masala* neben mexikanischen Gerichten, indonesischem *rendang*, Sloppy Joes, riesigen Schüsseln mit Salat und – für die Durstigen – Margaritas. Ein unkonventioneller Ansatz, aber irgendwie funktioniert er.

Gypsy's Lair PHILIPPINISCH, MEXIKANISCH €€

(Mercado de San Miguel, km 1 National Hwy.; Hauptgerichte 120–200 P; ⏲Mo–Sa 9–24 Uhr;) Dieser unkonventionelle Komplex besteht aus einem winzigen, klimatisierten Café und einer offenen Restaurantbar mit live gespielter Akustikmusik am Abend und Handlesen am Freitag- und Samstagabend. Die Desserts (wie *biko,* ein süßer Klebreis mit hausgemachter Eiscreme) sind hier einfach himmlisch.

★ La Terrasse FRANZÖSISCH, FUSION €€€

(Rizal Ave.; Hauptgerichte 200–400 P; ⏲Di–So 11–23 Uhr;) Das elegante Freiluftrestaurant bietet eine kleine Auswahl an Pasta, Meeresfrüchten und gegrillten oder geschmorten Fleischgerichten (darunter Enten-*rendang*). Biozutaten und Zutaten aus der Region werden hier großgeschrieben. Palawan-Austern gibt's im Dutzend.

Ausgehen & Nachtleben

Wer Lust auf Ausgehen hat, hat in Puerto nachts die Qual der Wahl. An der Rizal

HONDA BAY

Beliebte **Inselhopping-Touren** (1300 bis 1500 P für bis zu sechs Personen) in der malerischen Honda Bay werden von Sta Lourdes aus, 12 km nördlich von Puerto, angeboten. Diese durch Reiseveranstalter in Puerto zu buchen, kostet exorbitante 1500 P pro Person, inklusive Mittagessen und verschiedene Eintrittsgelder. Man kann aber stattdessen eine eigene Gruppe organisieren oder zur Anlegestelle gehen und versuchen, sich einer Gruppe anzuschließen.

Gegenüber den Inseln des Bacuit-Archipels mag die Honda Bay vielleicht wie ein Stiefkind erscheinen, der Vergleich ist aber auch nicht ganz fair. Dennoch lohnt es sich, hier einen Tag mit **Schnorcheln** und **Inselhopping** zu verbringen, sollte man ohnehin länger als zwei Tage in der Gegend sein.

Die Touren führen normalerweise über drei Inseln; die beliebtesten sind **Cowrie Island** und **Luli Island,** und während der windigsten Monate (Dezember und Februar) sind diese oft die einzigen, die zugänglich sind. Bei ruhigerem Wetter sind **Pandan Island, Starfish Island** und die passend benannte **Snake Island** (Schlangeninsel), ein gewundenes Stückchen weißen Sandes, das seine Form mit den Gezeiten verändert, weniger überlaufene Alternativen.

Die meisten Inseln verlangen Pro-forma-Eintrittsgebühren, und durch den Bootsbetreiber an der Anlegestelle in Sta Lourdes muss man eine Umweltgebühr von 150 P entrichten. Auf den meisten Inseln gibt es Imbissstände und auf Cowrie Island ein Restaurant.

Das luxuriöse **Dos Palmas Island Resort & Spa** (☎in Puerto 048-434 3118; www.dospalmas.com.ph; DZ Wochentag/Wochenende mit Frühstück ab 6500/7250 P;) auf Arreceffi Island bietet ein Tagespaket für 1800/900 P pro Erw./Kind einschließlich Bootstransfer hin und zurück, Mittagessen, Kajakbenutzung und Schnorcheln.

Ein Multicab von der Ecke Rizal Avenue und National Highway nach Sta Lourdes kostet 30 P, oder man kann sich ein Tricycle nehmen (200 P).

Avenue machen ständig neue Lokale auf, daher lohnt sich ein Bummel. Einheimische zischen gern ein Bierchen am Baywalk oder alternativ in Foodparks wie dem Aloeha (S. 441).

★ **Palaweño Brewery** BRAUEREI
(☎048-434 0709; www.palawenobrewery.com; 82 Manalo St.; ⏰Mo–Sa 13–21 Uhr) Das Palaweño, Erzeuger der Ayahay-Craft-Biere, bietet freie Besichtigungstouren an und hat einen reizvollen Schankraum zum Probieren und Abhängen. Ein Glas kostet 150 P bis 170 P, man kann auch eine Auswahl von fünf Bieren für 400 P bestellen.

Tiki Restobar BAR
(Ecke Rizal Ave. & National Hwy.; ⏰19–2 Uhr) Im geräumigen Tiki mitten in der Stadt ist praktisch allabendlich schwer was los. Es bietet Kneipenspiele, Bier im Eimer und Livemusik, zu der die begeisterten Besucher auf der Tanzfläche gerne die Hüften schwingen lassen.

Kinabuchs Grill & Bar BAR
(Rizal Ave.; ⏰17–1 Uhr) Hier trifft sich ein großer Teil der Partygemeinde Puertos. Es ist eine offene Restaurantbar mit einem Billardtisch, einem riesigen Fernseher im Freien, auf dem Sportübertragungen laufen, und billigem Bier. Auf der umfangreichen Speisekarte (Hauptgerichte 200 P bis 400 P) stehen viele exotische Gerichte, zum Beispiel *tamilok* (Holzwurm), der angeblich wie Austern schmecken soll.

Praktische Informationen

GELD

Auf ganz Palawan gibt es nur in Puerto, El Nido und Coron Geldautomaten. In Puerto säumen Geldwechsler und Geldautomaten die Rizal Avenue westlich der Kreuzung mit dem National Highway, zum Beispiel **BDO** (Rizal Ave.).

INTERNETZUGANG

Entlang der Rizal Avenue, zwischen dem National Highway und dem Restaurant Jollibee, befinden sich mehrere Internetcafés. Zwar werben alle Hotels und viele Cafés mit WLAN, doch sind die Verbindungen und 4G in Puerto berüchtigt langsam.

MEDIZINISCHE VERSORGUNG

Ospital ng Palawan (☎048-433 2621; Malvar St.) Das zentral gelegene Krankenhaus hat eine Dekompressionskammer und kennt sich mit Malaria aus.

REISEBÜROS

Inland Tours & Travel (☎048-434 1508; 399 Rizal Ave.; ⏰7.30–19 Uhr) Kann Ausflüge zum Underground River und Minivans nach El Nido buchen.

Sanctuary Tours & Travel (☎048-434 7673; sanctuarytours@yahoo.com; Rizal Ave.) Trips zum Underground River, Städtereisen und Eintrittskarten aller Art.

TOURISTENINFORMATION

Palawan Provincial Tourism Office (☎048-433 2968; www.palawan.gov.ph; Erdgeschoss, Provincial Capital Bldg., Rizal Ave.; ⏰Mo–Fr 8–17 Uhr) Das hilfsbereite Büro ist eine gute erste Anlaufstelle für alles, was man über Palawan wissen will. Nach Rosalyn oder Maribel fragen.

Subterranean River National Park Office (☎048-434 2509; City Coliseum, National Hwy.; ⏰Mo–Fr 8–16 Uhr, Sa & So 8–12 Uhr & 13–16 Uhr) Genehmigungen für den Besuch des Underground River werden hier oder in der **Zweigstelle** (1. OG, Robinson's Place; ⏰Mo–Fr 10–18 Uhr) ausgestellt.

Tubbataha Management Office (S. 436) Erteilt Informationen zu Ausflügen in den Tubbataha Reefs Natural Park.

VISA

BOI Palawan Office (☎048-433 2248; Servando Bldg., Rizal Ave.; ⏰Mo–Fr 8–12 & 13–17 Uhr) Verlängert Visa innerhalb von 15 Minuten.

An- & Weiterreise

AUTO & MOTORRAD

Ein Mietmotorrad oder Mietauto ist eine prima Möglichkeit, nicht nur Puerto, sondern ganz Palawan zu erkunden. Es gibt die Möglichkeit, ein Fahrzeug nur für die einfache Strecke nach El Nido oder sonst wohin zu mieten, aber dafür wird normalerweise eine Gebühr von 4000–5000 P für eine Kurzzeitmiete verlangt (das Mieten von Fahrzeugen über mindestens eine Woche ist günstiger oder sogar kostenlos). Firmen, die sowohl Pkw als auch Motorräder vermieten: **Plong Car Rental** (☎0917 553 0889; www.palawanselfdrivecarrental.com; Ecke Fernandez St. & Rizal Ave.), **San Francisco DV's** (☎0920 604 4840; mariodiego60@yahoo.com; Rizal Ave.) und **Peter Motorcycle & Car Rental** (☎0921 788 5506; Rizal Ave).

BUS, JEEPNEY & MINIVAN

Busse, Jeepneys und die meisten Minivans fahren am **San Jose Bus Terminal** (New Public Market; *barangay* San Jose) – auch als „New Public Market" bekannt – 5 km nördlich des Stadtzentrums von Puerto abseits des National Highway ab. Dorthin kommt man mit einem

Tricycle (120 P) oder einem Multicab (Mini-Jeepney, 13 P) von der Ecke Rizal Avenue und National Highway.

Der Busbahnhof ist auch der beste Ort, um einen privaten Van zu einem erschwinglichen Preis zu ergattern. Hier ein paar Preise für das private Mieten eines Vans (gutes Verhandlungsgeschick vonnöten): Narra (3000 P), Sabang (2500 P), Port Barton (3500 P) und El Nido (7 000 P).

FLUGZEUG

Der Eingang zu dem blitzenden, neuen Terminal des **internationalen Flughafens** von Puerto Princesa (S. 436) liegt am National Highway etwa 1 km nördlich vom Zentrum. Ein Tricycle vom Flughafen zu einem beliebigen Ort im Zentrum kostet 50 P, zum Busbahnhof 120 P.

Cebu Pacific (www.cebupacificair.com) und PAL (www.philippineairlines.com) fliegen beide von Manila und Cebu aus Puerto Princesa an, AirAsia (www.airasia.com) bedient Manila. Flugzeuge von Cebu Pacific starten außerdem dreimal pro Woche nach Iloilo auf Panay.

Air Juan (www.airjuan.com) fliegt donnerstags und sonntags kleine Sechssitzer nach Coron (Busuanga) und mittwochs und freitags zu den Cuyo Islands.

SCHIFF/FÄHRE

2GO (☎ 043-433 0039; Malvar St.) betreibt mittwochs und samstags um 23.59 Uhr eine Fähre von Puerto Princesa nach Manila (2000 P bis 2800 P, 31 Std.). Sie fliegen über Coron (1450 P bis 2280 P, 15 Std.).

Milagrosa Shipping (☎ 048-433 4806; Rizal Ave.) bedient Iloilo über die Cuyo Islands, Abreise donnerstags um 15 Uhr (870 P bis 1450 P, 36 Std.), ebenso die soliden **Montenegro Lines** (☎ 048-434 9344; Malvar St.) montags um 18 Uhr (1220 P bis 1590 P, 26 Std.). Alle Fähren legen am **Ferry Port** (Malvar St.) ab.

Unterwegs vor Ort

Multicabs („Multis") verstopfen die Arterien der Stadt; Kurzstrecken wie vom Stadtzentrum zum Robinson's Place oder Santa Monica kosten 10 P bis 13 P; zu beiden Zielen kann man an der Ecke National Highway und Rizal Avenue zusteigen.

Sabang & der Underground River

☎ 048

Das winzige Sabang hat einen wunderschönen, windgepeitschten Strand, gewaltige Abschnitte unberührten Dschungels und einen berühmten unterirdischen Fluss, der Wagenladungen von Tagesausflüglern von Puerto Princesa anzieht. Der unterirdische Fluss ist auf jeden Fall einen Ausflug wert, aber Sabangs Hauptanziehungspunkt ist seine wilde Natur. Der umgebende Regenwald gehört zum Naturschutzgebiet Puerto Princesa Subterranean River und bietet erstklassige Möglichkeiten zum Wandern und zur Vogelbeobachtung.

Leider schließt die Verwaltung Sabang Beach beim leisesten Anzeichen einer Brandung. In Zeiten heftigen Regens wird auch der unterirdische Fluss gesperrt, aber das ist voll und ganz verständlich, denn die Regenfälle können die Höhle fluten. Im Grunde gibt's nur eine Straße in Sabang – den National Highway, der in die Stadt führt und an der Anlegestelle endet. Alles befindet sich entweder an dieser Straße oder am Strand.

Sehenswertes

Puerto Princesa Subterranean River National Park
HÖHLE

(Underground River; Parkgenehmigung einschließlich Paddelboot Erw./Kind 500/150 P, zuzüglich Umweltgebühr 150 P; ⏲8–15.30 Uhr) Mit 8 km Länge ist Sabangs berühmter unterirdischer Fluss eine der längsten befahrbaren Flusshöhlen der Welt und zieht Scharen von Touristen an. Fahrten mit nicht motorisierten Paddelbooten verlaufen etwa 1,5 km flussaufwärts in die Höhle hinein (45 Min.); dazu gibt's jetzt auch Audioführer. Man kann durch das Sabang Information Office ein *bangka* (S. 446; 1120 P für bis zu sechs Personen, 15 Min.) für die Strecke von der Anlagestelle bis zum Höhleneingang buchen oder 5 km zu Fuß über den **Jungle Trail** (200 P mit Führer) gehen.

Am Höhleneingang treiben sich krabbenpulende Affen und Warane herum. Beim Blick nach oben sollte man den Mund besser geschlossen halten, denn über den Köpfen flattern Fledermäuse und Salangale herum, die Urheber des Guanos, dessen „Aroma" sich durch die Höhle zieht.

Wichtiger Hinweis: Individualreisende müssen ihre Parkgenehmigung im Voraus von einem Reiseveranstalter oder dem Subterranean National Park Office (S. 443) oder seiner Zweigstelle (S. 443) in Puerto Princesa einholen. Wer in Sabang übernachtet oder direkt von El Nido oder Orten im Norden kommt, kann beim Vorzeigen einer Umweltgebührenquittung von El Nido oder Port Barton die Genehmigung an Ort und Stelle im Sabang Information Office erwerben; auch eine Quittung der Unterkunft kann funktionieren.

Natürlich kann man auch tun, was die meisten tun, und den Park auf einer All-inclusive-Tour von Puerto Princesa aus (2350 P einschließlich Transport, Lunch und alle Gebühren) besuchen. Doch wer sich Zeit nehmen kann, dem ist von solchen Touren abzuraten, bei denen Touristen-Herden in den Park hinein- und wieder herausgescheucht werden, ohne die Chance, den artenreichen Regenwald an der Küste von Sabang zu erkunden.

Mit einer Genehmigung des Subterranean National Park Office in Puerto Princesa (1000 P für 4 Std., Hin- und Rückfahrt), die mindestens zwei Tage im Voraus eingeholt werden muss, ist es möglich, 4,3 km auf dem unterirdischen Fluss vorzudringen.

Häufig wird der Park aufgrund von heftigen Regenfällen und unruhiger See gesperrt. Um sich die Enttäuschung einer vergeblichen Anreise zu ersparen, empfiehlt es sich bei widrigen Wetterverhältnissen daher, vorab das Sabang Information Office zu kontaktieren.

Aktivitäten

Nach all diesen körperlichen Aktivitäten ist eine entspannende **Massage** in einer aus dem halben Dutzend Massagehütten, die den Strand von Sabang säumen, gerade richtig.

Poyuy-Poyuy River BOOTSTOUR

(150 P; ⏲8–16 Uhr) Diese Tour wird im Rahmen eines Gemeindeprojekts angeboten. Zusammen mit einem Guide paddelt man auf dem von Mangroven gesäumten, leicht salzhaltigen Wasser des Poyuy-Poyuy einige Kilometer flussaufwärts. Die Tour dauert weniger als eine Stunde, und die beste Zeit ist am frühen Morgen, wenn die zahlreichen Vögel (Papageien, Nashornvögel, Reiher) am aktivsten sind. Ansonsten sind aber auch Babypythons und Mangrovenschlangen zu beobachten.

Sabang Zip-Line ABENTEUERSPORT

(☎in Puerto Princesa 048-434 2341; 550 P; ⏲8–17 Uhr) Die 800 m lange Seilrutsche beginnt auf der anderen Seite des Poyuy-Poyuy River, ganz im Osten von Sabang. Tickets gibt's an der Anlegestelle.

Wandern

Die einheimischen Führer **Jungle Jorz** (☎0935 533 3541) und **RJ** (☎0905 485 6591) aus dem Dorf Kabayungan begleiten verschiedene Wanderungen wie die Tageswanderung den **Mt. Bloomfield** (780 m) hinauf, von dem aus sich malerische Blicke auf die Küstenlinie bis hin zum Mt. Capoas in Taytay bieten. **Kabayungan,** 7 km südlich von Sabang, ist ein großartiger Startpunkt für Wanderungen wie die anstrengende Halbtagestour zum **Daylight Hole,** einer Höhle mit einem natürlichen Oberlicht, sowie Wanderungen zu den einheimischen Batak-Dörfern.

Vogelbeobachtung

Im Nationalpark gibt es etwa 165 Vogelarten, viele davon endemisch in Palawan. Vogelbeobachtungstouren werden vom Sabang Information Office (S. 446) angeboten, das allerdings weder Teleskope noch Ferngläser stellt. Wem es mit der Vogelbeobachtung ernst ist, kann bei **Birding Adventures Philippines** (www.birdingphilippines.com) mehrtägige Touren buchen, die auch Sabang umfassen.

Schnorcheln

Der Sabang Beach ist den Großteil des Jahres kabbelig und eignet sich nicht gut zum Schnorcheln, aber die geschütztere **Ulugan Bay** in *barangay* Buenavista 20 km südlich von Sabang an der Straße nach Puerto hat ein paar gute Stellen wie **Rita Island.** Das **Lyanin Tour Office** in der Nähe der Fußgängerbrücke am Sabang Beach kann einen Tagestrip arrangieren. Er kostet 2500/3500 P für ein Boot für vier/acht Personen; der Transfer nach Buenavista kostet extra.

Schlafen

Es gibt zwei gehobene Resorts, ein paar sehr einfache Budgetunterkünfte und dazwischen nicht viel. Außer in den zwei gehobenen Resorts gibt es in Sabang kein heißes Wasser und Strom nur von 18 bis 23 Uhr.

★ **Cafe Sabang** PENSION €

(☎0905 592 8947; B/EZ/DZ 250/350/700 P) Dank dieser herzlichen und einladenden Einrichtung in einem Holzhaus haben Budgetreisende endlich eine angenehme Anlaufstelle in Sabang. Hier gibt es nichts Protziges, nur rustikale, kleine Privatzimmer mit Gemeinschaftseinrichtungen, ein gemütliches Fünfbettzimmer und ein uriges Café. Es liegt fünf Gehminuten südlich des Strandes an der Straße nach Puerto.

Dab Dab Resort BUNGALOW €
(☎0949 469 9421; Cottage mit/ohne Bad 800/500 P, mit Klimaanlage 1800 P;) Die Unterkunft 200 m nordwestlich der Anlegestelle Sabang ist ein reizvoller Rückzugsort. Statt eines Strandes gibt es hier einen felsigen Küstenstreifen, dafür sind die sieben Hütten aus Hartholz mit Deckenventilatoren, privaten Veranden und Hängematten viel schöner als jene am Strand. Hier gibt's generatorerzeugten Strom bis Mitternacht (in den klimatisierten Räumen die ganze Nacht).

Bambua Nature Cottages LODGE €
(☎0927 420 9686; www.bambua-palawan.com; EZ/DZ ohne Bad 300/500 P, Cottage EZ/DZ ab 800/1250 P) Hier kann man mit Sabangs eindrucksvollem Regenwald auf Tuchfühlung gehen. Die in einem Garten angesiedelte Lodge liegt an der Hauptstraße, einen 15-minütigen Fußweg vom Ort entfernt. Die Auswahl an Zimmern ist groß, und die meisten davon haben einen wirklich atemberaubenden Ausblick, allerdings sind sie recht einfach. Strom von Mittag bis Mitternacht.

Mary's Cottages BUNGALOW €
(☎0912 749 1539; Cottage 500–1000 P) Das Mary's liegt am friedlichen Ostende des Sabang Beach. Die vier Bungalows sind überaus schlicht, haben aber entzückende Balkone mit Blick aufs Meer (also eigentlich alles, was man braucht).

★ Daluyon Resort RESORT €€€
(☎048-723 0889; www.daluyonbeachandmountainresort.com; Zi. mit Frühstück ab 5500 P;) Das Daluyon ist der beste Beweis dafür, dass sich Luxus und ästhetisches Flair an einem Ort nicht zwangsweise ausschließen. In den auf zwei Ebenen angelegten Schilfdachhütten sind alle Zimmer modern und hochwertig ausgestattet, vom Flachbild-TV bis hin zu den Armaturen im Bad. Das Daluyon hat auch das beste Restaurant (Hauptgerichte 300–600 P) in Sabang und hat mehrere Preise für Umweltfreundlichkeit gewonnen.

Sheridan Beach Resort RESORT €€€
(☎048-434 1449; www.sheridanbeachresort.com; Zi. mit Frühstück ab 6500 P;) Dieses moderne, arttypische Resort würde auch gut nach Boracay passen. Auch wenn man sich hier ein wenig verwaist fühlen mag – der 100-m-Pool (mehr oder weniger) ist imposant und die Swim-up-Bar hat auf jeden Fall etwas für sich. Die geschmackvoll eingerichteten Zimmer liegen etwas zurückgesetzt, meist mit Blick auf den Pool statt auf den Strand.

> **ACHTUNG, MALARIA!**
>
> In den ländlichen Gebieten des südlichen Palawan gilt Malaria (chloroquinresistent) als endemisch. Wer Zeit im Busch verbringen und insbesondere wer entlegene einheimische Stämme besuchen will, der ist gut beraten, Medikamente gegen Malaria mitzunehmen. In den Hauptbevölkerungszentren ist das Risiko gering. In den Filialen von Mercury Drug in Puerto werden mehrere Arten von Medikamenten gegen Malaria angeboten, aber besser ist es, sich seine eigenen mitzubringen (am besten ist Malarone). Um das Risiko, sich die Krankheit zuzuziehen, zu minimieren, nachts am besten insektenabweisende lange Hosen und langärmlige Hemden tragen und ein Moskitonetz benutzen. Malariamoskitos sind nachts am aktivsten, besonders in der Zeit von 22 bis 2 Uhr.

Essen

Die Auswahl ist nicht groß, wird aber besser. In den beiden gehobenen Resorts lohnt es sich auf jeden Fall, für das Essen was springen zu lassen.

Cafe Sabang CAFÉ €
(Sabang Beach; Gerichte 75–175 P; ⏲16–22 Uhr;) Ein bezauberndes, kleines Lokal am Strand, das von demselben philippinisch-französischen Paar betrieben wird wie die gleichnamige Pension (S. 445) an der Straße nach Puerto. Die Spezialitäten sind Pasta, Sandwiches und Salate.

Agkarawat BARBECUE €€
(Sabang Beach; Hauptgerichte 150–500 P;) Wer eine solide Mahlzeit sucht, ist mit diesem Lokal am Strand am besten bedient. Gegrillte Meeresfrüchte in Hülle und Fülle, frisches Sashimi, eine gute vegetarische Auswahl und ein paar Thai- und nordafrikanische Aromen.

ℹ Praktische Informationen

Sabang Information Office (☎048-723 0904; ⏲8–16 Uhr) Die erste Anlaufstelle für Besuche des unterirdischen Flusses. Wer nicht an einer Gruppenreise teilnimmt, muss hier die Gebühren bezahlen und sein Boot buchen.

An- & Weiterreise

Von Puerto kommend, befindet sich die Highwayabzweigung nach Sabang in Salvacion, von wo aus es noch 35 malerische Kilometer auf einer zwar kurvigen, aber asphaltierten Straße sind.

Vans der Firma Lexus Shuttle (☎0915 347 9593) verbinden Sabang und Puerto Princesa fünf- bis sechsmal täglich in beiden Richtungen miteinander (200 P, 1½ Std., letzte Fahrt 18 Uhr). Auch Jumbo-Jeepneys (mit/ohne Gepäck 150/120 P, 2½ Std.) legen die Strecke viermal täglich zurück (letzte Fahrt: 14 Uhr). Lexus fährt außerdem fünfmal täglich nach El Nido, mit Umsteigen in Salvacion (800 P, 5½ Std.).

Um nach Port Barton zu gelangen, vereinbart man am besten im Voraus bei einem der Betreiber von Vans zwischen Puerto und Port Barton (S. 454), sich in Salvacion abholen zu lassen, oder man winkt einen der zweimal täglich verkehrenden Busse von Puerto nach Port Barton am National Highway in Salvacion heran. Oder man fährt mit einem Bus mit Ziel El Nido bis zur Highway-Kreuzung bei San Jose, von wo aus ein Tricycle oder Motorrad (400 P, eine Stunde) einen bis Port Barton bringen kann.

Man kommt auch problemlos mit einem privaten Van nach Port Barton (ab 4000 P, 3 Std.) oder El Nido (ab 5500 P, 3 Std.); bei Schwierigkeiten kann man sich an Lexus Shuttle bei der Anlegestelle wenden.

Es gibt keine öffentlichen Fähren mehr, die Port Barton und El Nido im Norden anlaufen.

Südliches Palawan

Je überlaufener das zentrale und nördliche Palawan wird, desto mehr beginnen sich abenteuerlustige Traveller auf das südliche Palawan zu konzentrieren, um der Meute einen Schritt voraus zu bleiben. Die wichtigsten Städte, Narra, Quezon und Brooke's Point, sind leicht über befestigte Straßen zu erreichen und bieten Abwechslung im Dschungel und Meer: seltene Vögel, Höhlen von Urzeitmenschen, Wasserfälle und wunderschöne Inseln.

Je weiter man nach Süden kommt, wo einheimische Stammesgruppen und muslimische Gemeinschaften leben, desto schwieriger geht's voran. Nur wenige gelangen bis zu den Balabac-Inseln vor der südlichsten Spitze Palawans; wer es schafft, wird mit einem malediven-ähnlichen Paradies belohnt, nur ohne Fünf-Sterne-Resorts (oder überhaupt irgendwelche Resorts).

Narra

Diese Stadt gilt im Allgemeinen als die Reiskammer Palawans; eine Tatsache, der sich Touristenbroschüren nicht oft rühmen. Der tägliche Markt lohnt einen Abstecher, und es gibt ein paar Strände in der Gegend, die schönsten liegen vor der Küste auf der in Privatbesitz befindlichen Arena Island mit dem traumhaften **Arena Island Resort** (☎0917 580 0446; www.arenaisland.com; DZ mit allen Mahlzeiten & Transporten 18 000 P ❄📶).

Auf **Rasa Island** ist eine Kolonie der bedrohten Rotsteißkakadus beheimatet. Besuche können über die **Katala Foundation** (☎0946 963 9550, 0907 653 8003; a.argullo14@gmail.com; City Hall Compound) arrangiert werden; nach Anna Argullo fragen. Sie kosten 180 P pro Person für den Einlass zuzüglich Boot (1000 P) und Führer (250 P), jeweils für sechs Personen. Die Insel darf während der Brutsaison von Januar bis Juni nicht betreten werden.

Die **Estrella Falls** nordwestlich der Stadt werden vom **Mt. Victoria** (1726 m) gespeist, dem dritthöchsten Berg Palawans. Sie bestehen aus etwa 64 Wasserfällen am Estrella River. Jehson in der **Touristeninformation** (☎0999 992 8464, 0939 882 6987; cjenson@yahoo.com; City Hall Compound; ⏲Mo–Fr 8–17 Uhr) führt Wanderungen zu den Fällen und zum Mt. Victoria durch (Genehmigung 150 P).

Es verkehren regelmäßig Busse und Vans zwischen Narra und Puerto (2 Std.), Brooke's Point (eine Stunde) und Quezon (1¼ Std.).

Quezon

Diese Stadt liegt dem Höhlenkomplex **Tabon Caves** (☎0921 763 3824) am nächsten, wo einige Überreste der frühesten Menschen auf den Philippinen entdeckt wurden. Die Höhlen auf **Lipuun Point** in traumhafter Lage am türkisblauen Meer, von Urwald umgeben, sind nur mit dem Boot zu erreichen.

Eine Bootsfahrt dorthin lässt sich über das **Tabon Caves Museum** (☎0921 763 3824; *barangay* Alfonso Trece; ⏲8–17 Uhr) GRATIS arrangieren (800 P, 35 Min.); hier

Port Barton

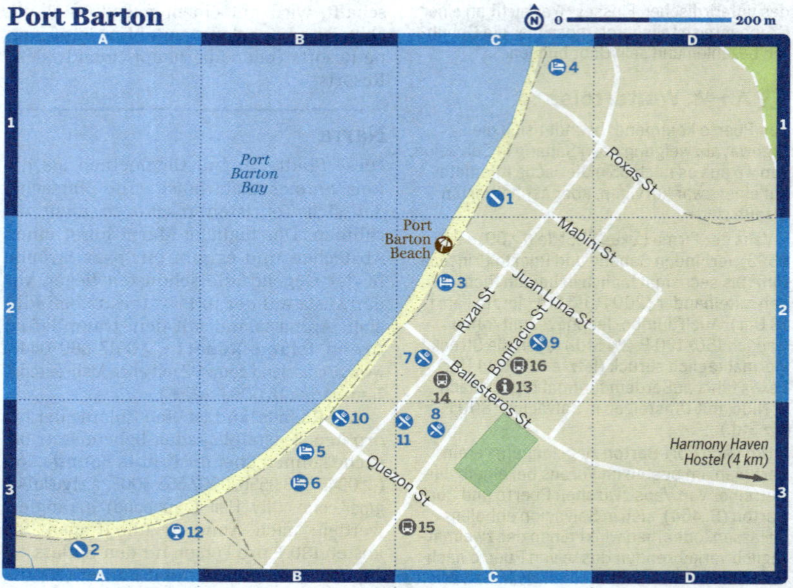

Port Barton

Aktivitäten, Kurse & Touren
1 Aquaholics ... C1
2 Easy Dive ... A3

Schlafen
3 Ausan ... C2
4 Besaga Beachfront Cottages ... C1
5 Deep Moon Resort ... B3
6 Dragon House ... B3

Essen
7 Ayette's Bamboo House Restaurant ... C2
8 Gacayan ... C3
9 Gorgonzola ... C2
10 Jambalaya Cajun Cafe ... B3
11 Mabuti. Eat and Chill ... C3

Ausgehen & Nachtleben
12 Reggae Bar ... A3

Praktisches
13 Tourist Assistance Center ... C2

Transport
14 Nature Island Transport ... C2
15 Recaro Transport ... C3
16 SBE ... C2

gibt's auch die kostenlose Genehmigung. Die Boote legen an der Coast-Guard-Station am städtischen Anleger nur ein paar Minuten nördlich vom Stadtzentrum ab. Ein Wächter bei den Höhlen nimmt die Genehmigung entgegen und begleitet die Besucher durch die sieben zugänglichen Höhlen, von denen manche nur über steile, in den Kalkstein gehauene Stufen zu erreichen sind.

Der Strand in der Nähe des Eingangs bietet sich an für Picknicks, zum Schnorcheln und zum Schwimmen. Eine gute Empfehlung ist es, Mabel bei der **Touristeninformation Quezon** (☎0947 951 4047; City Hall Complex; ⌚Mo–Fr 8–17 Uhr) nach Inseln in der Nähe der Höhlen fragen.

Fontera Garden Suites (☎0921 577 4940; www.fonteragardensuite.wixsite.com/mysite; National Hwy.; Zi. 900–1800 P), etwa fünf Minuten südlich der Stadt, ist die netteste Unterkunft. Wer aufs Budget achten muss, kann es im **Zambrano Pension House** (☎0921 612 1767, 0910 380 1819; Pagayona St.; Zi. 500 P) im Zentrum versuchen.

Es verkehren sechs Busse am Tag nach Puerto über Narra. Außerdem fahren Jeepneys auf der holprigen Straße nach Rizal im Süden.

RICHTIG PRASSEN!

Das philippinische Spitzenresort **Amanpulo** (www.aman.com/resorts/amanpulo; Pamalican Island, Cuyo Islands; Casita/Villa mit Frühstück ab 1210/3025 US$; ❄@📶🏊) hat eine der entlegenen Cuyo Islands ganz für sich und ist nur mit einem Privatflugzeug von Manila aus zu erreichen. Die Insel ist von einem Streifen feinem, weißem Sand umgeben, und alles hier ist exquisit, von der unglaublichen Insellandschaft über die luxuriösen Bungalows (zu erreichen mit dem eigenen Golfwagen) bis zu dem unvergleichlichen Service.

Alle Villen haben einen eigenen Butler und Koch. Zu unternehmen gibt's hier reichlich; unter anderem stehen den Gästen ein Tennisplatz, die Möglichkeit zu segeln und einige der besten Tauchstellen auf den Philippinen zur Verfügung.

Rizal

Rizal ist der Startpunkt für die, die Palawans höchsten Berg besteigen und einen der urtümlichsten Stämme Asiens, die nomadischen Tau't Bato, besuchen wollen.

Die Besteigung des 2086 m hohen **Mt. Mantalingahan** wird am besten von *barangay* Ransang aus unternommen. Der Aufstieg ist nichts für schwache Nerven. Um ihn zu bewerkstelligen, braucht es mindestens vier Tage, und er stellt eine sowohl körperliche als auch technische Herausforderung dar. Zur Belohnung winken eine Begegnung mit den Tau't Bato, seltene Flora und eine fantastische Vogelwelt.

Der erfahrene Bergführer Anthony Lorenzo leitet die **Touristeninformation Rizal** (☎0999 993 8869; bojielorenzo@ gmail.com; City Hall Complex; ⌚Mo–Fr 8–17 Uhr) und ist der Experte für die Besteigung des Mt. Mantalingahan und für Begegnungen mit den Tau't Bato. Er kann Campingausrüstung bereitstellen. Auch Wanderungen zu lokalen Wasserfällen sind möglich.

In Rizal bietet das einfache **Castelar Store & Lodging Inn** (☎0921 504 4108; Zi. mit Ventilator pro Person ab 150 P, mit Klimaanlage 1000 P) Übernachtungsmöglichkeiten. Von Puerto aus verkehren Vans und Busse nach Rizal bis 14 Uhr (300 P, 5 Std.) und zwei bis drei Jeepneys pro Tag von/nach Quezon.

Brooke's Point, Bataraza & Balabac

Südlich von Narra führt der Highway fast 200 km weiter in das Dorf Buliluyan an der südlichsten Spitze der Hauptinsel Palawan. Dahinter liegt Balabac, ein unbeschreiblich schöner Archipel am Zusammenfluss der Sulusee und des Südchinesischen Meeres. Bis hierher wagen sich nur wenige Touristen, hauptsächlich aufgrund von Sicherheitsbedenken – in der Region sind Schmuggler und moderne Piraten beheimatet. Doch in den vergangenen Jahren ist die Gegend sicherer geworden und ist jetzt reif für Reisen auf eigene Faust.

Brooke's Point ist ein großes, kommerzielles Zentrum, das als Ausgangspunkt für Wanderungen den Mt. Mantalingahan hinauf genutzt werden kann – leichter ist es allerdings von Rizal aus – sowie zu zahlreichen Wasserfällen und Stränden in der Gegend; Arlene Piramide (☎0905 919 0134) vom Tourismusbüro in der Stadt kann beim Besorgen von Führern und Vorräten behilflich sein.

Vom weiter südlich gelegenen Rio Tuba, einem *barangay* von Bataraza, legen öffentliche Boote nach Balabac ab. Zwei Boote am Tag legen um 11 oder 12 Uhr zu der vier- bis fünfstündigen Fahrt nach Balabac Island ab, der größten der 31 Inseln des Archipels. Wer die anderen Inseln erkunden möchte, mietet ein Boot der einheimischen Fischer am Hafen von Balabac. In Buliluyan wird ein neuer Hafen gebaut, der den in Rio Tuba ersetzen und irgendwann internationale Verbindungen nach Malaysia anbieten soll.

AJ Peria (☎0917 774 7787), der Tourismusverantwortliche in Bataraza, kann mit Schiffsplänen und Bootsmieten helfen und weitere Ausflüge in der Gegend arrangieren. **KilometerZero** (www.kilometerzeroph.com) bietet mehrtägige organisierte Touren durch Balabac an. Regelmäßige Busse von Puerto Princesa fahren in südliche Richtung bis Rio Tuba (4–5 Std.).

Port Barton

5000 EW.

Port Barton, im Grunde genommen ein aus zwei Straßen bestehendes Fleckchen Erde, an dem der Dschungel steil in die

Nördliches Palawan

Bucht hinein abfällt, ist ein Ort der simplen Genüsse, an dem es einen mit Glück erfüllt, dass man nach einem kurzen Spaziergang den beschaulichen Strand ganz für sich allein hat. Nicht weit vor der Küste liegen einige Inseln mit hübschen Stränden und guten Möglichkeiten zum Schnorcheln, umrundet von zahllosen Reihen von Bojen, die die Zuchtperlenfarmen markieren.

Das lässige Port Barton wird rasch zu einem Backpacker-Zugpferd, samt abgefahrenen Hostels, hippen Cafés und Reggae-Bars. In der Hochsaison unbedingt vorausbuchen. Port Barton ist ein *barangay* von San Vicente, aber sie liegen nicht sehr nahe beieinander – zwei Stunden über die Straße oder 45 Minuten mit dem Boot. Bei der Online-Buchung sollte das bedacht werden. Man sollte auch entscheiden, wo man hinwill, um doppelte Wege zu vermeiden.

Sehenswertes & Aktivitäten

Pamuayan Falls WASSERFALL

(Empfohlene Spende 50 P) Zu dem erfrischenden, 8 m hohen Wasserfall sind es 4 km, die zu Fuß oder mit dem Motorrad über die holprige neue Straße nach San Vicente zurückgelegt werden können. Zum Höhepunkt der Trockenzeit (März bis Mitte Mai) trocknet der Wasserfall zu einem Rinnsal aus.

Inselhopping

Die Touren A, B, C und D (700 P pro Person) umfassen eine Kombination aus Inseln, Stränden, Riffen und den **Bigaho Falls** (empfohlene Spende 50 P); ein Mittagessen und ein Schnorchelstopp sind auch dabei. Die Dienste des freundlichen, einheimischen Bootsführers Gensen Gabco (☎0921 626 9191) sind sehr zu empfehlen. Über das Tourist Assistance Center

(S. 453) lässt sich eine Tour zu den nahe gelegenen **Mangroven** (700 P für zwei bis drei Stunden) arrangieren.

Tauchen

Wegen des schönen Sonnenlichts bieten sich Tauchtouren vor allem am Morgen an. **Easy Dive** (☎0918 402 7041) am südlichen Ende des Strandes und **Aquaholics** (☎0929 628 0425; www.divepalawan.net) weiter im Norden bieten beide jeweils drei Tauchgänge einschließlich Ausrüstung und Lunch für 3500 P bis 4000 P an.

Schlafen

Fast überall gibt es Strom nur von 18 bis 23 Uhr, allerdings kann man für zusätzliche Generatorenstunden üblicherweise noch etwas drauflegen.

★ **Dragon House** HOSTEL €
(☎0919 322 3054; B 400–450 P) Mit Abstand das coolste und kreativste Hostel in Port Barton. Es gibt ein paar praktische Extras wie persönliche batteriebetriebene Ventilatoren für jedes Bett als Ausgleich für Port Bartons Schwierigkeiten mit der Stromversorgung sowie riesige Schubladen unter den Etagenbetten, in denen man seinen Kram verstauen kann. Die Duschen haben Druck, und auf dem Gemeinschaftsbalkon dienen umgedrehte Hängematten als Stühle. Das Hostel liegt hinter dem Deep Moon Resort; Buchungen über Deep Moon.

Harmony Haven Hostel HOSTEL €
(☎0917 711 0069; Pamuayan sitio; B mit Frühstück 500 P, DZ/4BZ 1200/2400 P;) Wem Port Barton zu geschäftig ist, findet vielleicht in diesem etwas abgelegenen Hostel 2 km nördlich vom Zentrum das Passende. Es besteht aus einem großen Gebäude aus Beton und ein paar Cottages, die alle zurückgesetzt von einem schmalen Strand liegen. Eine Kajakfahrt zu geradezu absurd idyllischen Stränden und Inseln unmittelbar vor der Küste ist relativ problemlos; ein Kajak gibt es für 300 P am Tag.

Besaga Beachfront Cottages BUNGALOW €
(☎0918 570 4665; besagabeachresort@gmail.com; Zi. 1200–2500 P) Das Besaga bietet das beste Resort-Essen in Port Barton, sonnenbetriebene Ventilatoren (die normalerweise die ganze Nacht hindurch laufen können) und eine ruhige Lage am Nordende des Strandes und übertrifft damit die meisten anderen Unterkünfte am Strand. Die sieben Cottages sind aus Beton, aber geschmackvoll und mit Bambus und philippinischem Rattan geschmückt.

★ **Sunset Colors** RESORT €€
(☎0936 966 2657; Nao Nao sitio; Zi. 2700–3700 P;) Es liegt auf der Hauptinsel, vermittelt aber ein Gefühl, als ob man sich auf einer privaten Fantasie-Insel befinden würde. Es besteht aus fünf gemütlichen Cottages, die alle mit Rattan verkleidet sind, sowie einem größeren und daher teureren Zimmer über dem Restaurant. Die Nutzung von Kajaks, Stand-up Paddleboards (SUPs) und Bikes ist kostenlos. Hierher kommt man mit dem Boot (20 Min., Abholung kostenlos) oder auf eigene Faust über die holprige Straße von Port Barton nach San Vicente (11 km, nur in der Trockenzeit).

Der Generator wird um 21 Uhr abgeschaltet; es gibt Solarlicht, aber keine Ventilatoren.

Deep Moon Resort RESORT €€
(☎0919 322 3054; www.deepgoldresorts.com; Cottages mit Ventilator 1000–1600 P, FZ mit Klimaanlage 2000–2500 P;) Dieses Resort am Südende des Dorfes hat ein paar Finnhütten – mit sauberen Fliesenböden und modernen Bädern –, die als einziger Ort in Port Barton einen direkten Zugang zum Strand bieten. Außerdem gibt's noch ein paar Cottages und Zimmer, die sich weiter abseits des Strandes befinden.

Ausan RESORT €€
(☎0929 444 0582; www.ausanbeachfront.com; B/Familien-Cottage 1250/2850 P;) Das Ausan ist Port Bartons beste universale Option im mittleren Preissegment. Es liegt zentral und ist einer der wenigen Orte, die den ganzen Tag (7–24 Uhr) Strom haben. Die Bandbreite an Zimmern ist riesig; die besten sind die „Baumhaus"-Bungalows und die mit Ventilatoren ausgestatteten Cottages am Strand mit attraktiven Holzböden und Vertäfelung. Das luftige Restaurant hat recht schmackhaftes philippinisches Essen.

Vor der Küste

Eine Handvoll Resorts liegen auf privaten Inseln oder in abgeschiedenen Buchten auf der Hauptinsel in der Nähe von Port Barton. Diese beziehen ihren Strom, normalerweise von 18 bis 22 Uhr sowie an zwei Stunden am Morgen, ausschließlich durch Generatoren oder Sonnenkollektoren. Über das Resort lässt sich der Bootstransfer (oft kostenlos) vereinbaren.

★ Coconut Garden Island Resort BUNGALOW €
(☎0918 370 2395; www.coconutgardenislandresort.com; Cacnipa Island; einfache EZ/DZ 860/995 P, Cottages 1700–2200 P; 📶) Auf einem weißen Sandstrand auf Cacnipa Island gelegen und in 45 Minuten mit dem Boot von Port Barton zu erreichen, ist dies eine erschwingliche Option für alle, die immer schon auf einer privaten Insel leben wollten. Es gibt ein schönes Restaurant, etwa ein Dutzend Cottages und eine Reihe einfacher Zimmer, alle mit Blick auf den Ozean und Sitzbereichen im Freien. Der Eigentümer Henry hält das Anwesen tipptopp in Ordnung, und außer in den einfachsten Zimmern gibt's überall 24 Stunden Strom durch Sonnenenergie.

★ Thelma & Toby's Island Camping Adventure ZELTLAGER €
(Palawan Camping; ☎0998 983 3328, 0999 486 3348; www.palawancamping.com; pro Person inkl. Vollpension 1600 P) Bietet gehobenes Camping in ventilatorgekühlten Zelten im Schatten von Bäumen an einem himmlischen Strand auf der Hauptinsel, mit dem Boot in 20 Minuten vom südlich gelegenen Port Barton zu erreichen.

Blue Cove Island Resort BUNGALOW €
(☎0908 562 0879; www.bluecoveresort.com; Albaguen Island; Cottages 1200–1800 P; ❄📶) Auf Albaguen Island, eine 30-minütige *bangka*-Fahrt von Port Barton entfernt, liegen diese einfach gehaltenen Cottages unter hohen Palmen und etwas abseits des Strandes – ein traumhafter Rückzugsort. Manche Zimmer bieten die Möglichkeit einer Klimaanlage, aber man zahlt 200 P dafür, den Generator nach 23 Uhr laufen zu lassen.

★ Secret Paradise Resort RESORT €€€
(☎0928 339 9446; www.secretparadiseresort.com; Cottages mit Frühstück & Boottransport 5600–14 900 P; ❄📶) 🍃 In diesem Refugium in einer hübschen Bucht auf der Hauptinsel, mit dem Boot eine Stunde von Port Barton, gerät jeglicher Stress in Vergessenheit. Die britischen Besitzer haben sich dem Umweltschutz verschrieben und haben an mehreren makellos gepflegten, weißen Sandstränden ein Meeres- und Schildkrötenschutzgebiet in Miniaturform geschaffen. Strom ist 24 Stunden am Tag vorhanden, und die Kajaks dürfen kostenlos genutzt werden. Die neuen Villen, die man für eine schöne Stange Geld mieten kann, bieten Luxus pur.

Essen & Ausgehen

Das Nachleben in Port Barton konzentriert sich auf die südliche Strandhälfte, wo an jedem beliebigen Abend aus bis zu einem halben Dutzend Strandbars die Klänge von Livemusik dringen.

Gacayan PHILIPPINISCH, EUROPÄISCH €
(Bonafacio St.; Gerichte 50–250 P; ⏰6.30–24 Uhr; 📶) Hierher strömen die Backpacker in Scharen, und das ist auch kein Wunder: Das Gacayan ist eine zuverlässige Adresse für billige, schmackhafte Gerichte. Hier gibt es Backpacker-Standardgerichte wie Bananenpfannkuchen sowie einheimische Spezialitäten wie gegrillten, gefüllten Tintenfisch. Zu den meisten Gerichten – selbst zu den beliebten günstigen Reisgerichten (50 P) – wird ein kostenloses Getränk serviert.

★ Gorgonzola ITALIENISCH €€
(Bonafacio St.; Hauptgerichte 150–350 P; ⏰Nov.–Mai 7.30–23 Uhr) Mit seiner großen, offenen Küche, die himmlische knoblauchhaltige Düfte auf der Straße verbreitet, landet irgendwann jeder unweigerlich im Gorgonzola. Und dann sollte man auch nicht zögern, Platz zu nehmen. Von den berühmten, großen Steinofen-Pizzas werden drei Leute satt. Weitere Spezialitäten auf der Tafel: Focaccia, Bruschetta, Power-Frühstücke und sündhaft gute Schokotrüffel.

★ Jambalaya Cajun Cafe INTERNATIONAL €€
(☎0948 520 4811; Hauptgerichte 200–400 P; ⏰8–21 Uhr; 📶) Dank einer flippigen Atmosphäre und gewaltigen Portionen dampfender Jambalaya (die Cajun-Version der Paella, ordentlich würzig, 240 P bis 350 P) ist dies das beste der Strandrestaurants von Port Barton. Authentisches Gumbo, Thai-Currys, gute Frühstücke und importierter Kaffee runden das Ganze ab. Dank dem Generator sind Shakes den ganzen Tag über zu haben.

Mabuti. Eat and Chill CAFÉ €€
(Rizal St.; Hauptgerichte 140–250 P; ⏰7–23 Uhr; 📶🥤) Man sollte sich vom Namen nicht

täuschen lassen: Gutes Essen ist hier die Hauptsache. Die hauptsächlich vegane Speisekarte ist kompakt und praktisch. Schakschuka-Frühstücke mit mehreren Eiern, Pastagerichte und vegetarische Burger sind die Hauptangebote, dazu gibt's die hausgemachte Killer-Eiscreme des polnischen Besitzers und französischen Kaffee aus der Pressstempelkanne.

★ **Reggae Bar** BAR
(⌚17 Uhr–open end) Dieser Laden hat so ziemlich alles, was man für eine Backpacker-Strandbar braucht, als da wären: eine herausragende Lage am Strand, billige Getränke und eine tolle Reggae-Hausband mit einem der Eigentümer als Frontmann. Hier wird oft gefeiert bis in den Morgen, und es kann – und wird – so ziemlich alles passieren. Hat noch verschiedene andere Namen, heißt aber bei allen nur „Reggae-Bar".

ℹ Praktische Informationen

Tourist Assistance Center (☎0949 770 9597, 0909 151 1769; Ballesteros St.; ⌚8–17 Uhr) Das hilfsbereite Zentrum liegt zwei Blocks hinter dem Strand, in der Nähe des Basketballfelds. Hier kann man anrufen, wenn man nicht sicher ist, wo die gebuchte Unterkunft liegt (San Vicente oder Port Barton). Das Zentrum erhebt von allen ankommenden Travellern eine Umweltgebühr (100 P) und veröffentlicht Van-Pläne und Preislisten für Inselhopping-Touren und private Bootsmieten.

Eine Bank gibt es nicht, aber man kann sich selbst Geld durch eine Pfandleihe am Ort überweisen; das Tourist Assistance Center erklärt, wie es geht. Einige der Resorts akzeptieren Visa und MasterCard.

ℹ An- & Weiterreise

JEEPNEY & MINIVAN

Es fahren sieben oder acht Vans am Tag nach Puerto Princesa (350 P, 2½ Std., letzte Fahrt 17 Uhr) und sechs direkte Fahrten nach El Nido (500 P, 4 Std., letzte Fahrt 13 Uhr). **Recaro Transport** (☎0905 405 8597; Bonafacio St.), **Santolis** (☎in El Nido 0995 238 9142) und **Nature Island** (☎0915 649 3007; Rizal St.) fahren nach El Nido, während Recaro und **SBE** (☎in Puerto 0928 765 2181; Bonafacio St.) Puerto bedienen. Ein privater Van nach El Nido/Sabang/Puerto kostet 4500/4000/3500 P (hier ist zähes Verhandeln angesagt).

Außerdem fährt täglich ein Jumbo-Jeepney nach Puerto, Abfahrt etwa 14 Uhr (250 P, 4 Std.) vom Wartehäuschen in der Nähe von **Ayette's Bamboo House Restaurant** (Ecke Ballesteros & Rizal Sts.; Hauptgerichte 100–200 P; ⌚7–22 Uhr). Die Abfahrt in Puerto erfolgt um 8 Uhr.

Um 8 Uhr fährt ein Jumbo-Jeepney nach Roxas (150 P, eine Stunde); die Rückfahrt erfolgt um 12 Uhr. In Roxas kann man in einen Bus nach El Nido oder einen Jeepney nach San Vicente umsteigen.

Eine weitere Option für Fahrten in den Norden oder Süden ist es, ein Motorradtaxi oder Tricycle zum National Highway bei San Jose zu nehmen (300 P, 45 Minuten, 23 km) und dort einen Bus heranzuwinken.

Reisende nach Sabang nehmen ein Fahrzeug nach Puerto, steigen in Salvacion aus, vereinbaren eine Abholung in Salvacion durch **Lexxus Shuttle** (☎0917 585 9613; www.lexxusshuttle.com; San Jose Bus Terminal) oder winken den Jeepney heran, der dreimal am Tag die Strecke Puerto–Sabang zurücklegt.

SCHIFF/FÄHRE

Heutzutage kommen die meisten Traveller auf dem Landweg nach Sabang oder El Nido, aber es besteht immer noch die Möglichkeit, ein Boot zu mieten, um etwas Zeit zu sparen und/oder auf dem Weg gleich noch ein paar Inseln abzuklappern. Der Richtpreis für ein Boot für vier Passagiere beträgt 5000 P sowohl nach Sabang (3½ Std.) als auch nach El Nido (vier Std.). Die Überfahrt nach San Vicente kostet 1500 P (45 Min.). Ein Boot für acht Passagiere kostet 30% mehr.

San Vicente

☎048 / 10 000 EW.

Der lange Strand in dem verschlafenen Fischerdorf an Palawans Westküste ist berühmt, dennoch liegt San Vicente abseits der Touristenströme, weil die Straßenverbindungen schlecht und touristische Einrichtungen praktisch nicht vorhanden sind. Das ändert sich aber gerade in gewaltigem Umfang. Mitte 2017 wurde ein ehrgeiziger, neuer internationaler Flughafen (S. 436) eröffnet, und auch Resorts sprießen jetzt am passend benamten Long Beach nördlich vom Zentrum aus dem Boden.

Port Barton ist ein *barangcy* von San Vicente, aber die Verbindung zwischen den beiden Städten ist nicht besonders gut. Besser noch einmal auf die Buchung schauen, um sicherzugehen, dass man in der richtigen Stadt landet, sonst könnte einem eine lange Fahrt oder eine teure Bootstour bevorstehen, um die Sache wieder geradezurücken.

Sehenswertes & Aktivitäten

Dieselben Inselhopping-Touren, die man in Port Barton (S. 450) buchen kann, werden auch am städtischen Anleger in San Vicente angeboten. Von hier aus ist die Strecke zu den Inseln etwas weiter, kostet also etwa 100 P mehr pro Kopf als in Port Barton.

★ Long Beach STRAND

San Vicentes berühmte Attraktion ist eine wahrhafte Schönheit. Tatsächlich besteht sie aus drei Stränden (Long Beach 1, 2 und 3), die zusammen einen fast 14 km langen, fast leeren, goldfarbenen Strand mit großartigem Blick auf den Sonnenuntergang ergeben. Long Beach 2 ist der prächtigste von ihnen, er ist 50 m breit, liegt dem Sonnenuntergang zugewandt und erstreckt sich ohne Unterbrechung über 7 km, die man zu Fuß oder mit dem Motorrad zurücklegen kann.

Long Beach 1 liegt der Stadt näher, Long Beach 3 liegt weit nördlich der Stadt im *barangay* Alimanguan. Hier haben Spekulanten die Grundstückspreise in die Höhe getrieben, aber das einzige ernsthafte Resort am Long Beach 2 ist im Moment der Club Agutaya.

Schlafen & Essen

In der Stadt gibt es keine nennenswerten Restaurants, aber die wichtigsten Resorts bieten alle Essen an.

April's Tourist Inn GASTHAUS €

(☎0949 151 8111; *barangay* New Agutaya; Zi. mit Ventilator/Klimaanlage 900/1500 P;) Eine angenehme und ruhige Unterkunft in der Stadt, die von einer freundlichen Familie betrieben wird. Die fünf Zimmer sind sauber und geräumig genug, wenn auch insgesamt etwas heruntergekommen. Fließendes heißes Wasser gibt es nicht. In dem wundervoll grünen Hof gibt es ein Freiluftrestaurant.

Sunset Beach Resort HOTEL €€

(☎0919 974 3997; www.sunsetbeach-palawan.com; sitio Macatumbalen; Zi. 3000 P;) Ein sehr einfaches und ausgesprochen angenehmes Resort in deutscher Hand. Es liegt an einem schmalen Strand in Flughafennähe, etwa 2 km südlich des eigentlichen San Vicente.

Die sechs gut ausgestatteten Zimmer gruppieren sich um einen kleinen Pool. An den Swim-up- oder Strandbars der Restaurants lässt sich wunderbar der Sonnenuntergang genießen.

Club Agutaya RESORT €€€

(☎048-723 1050; www.clubagutaya.net; Long Beach 2; Zi. 6600–15 400 P;) Das Full-Service-Resort, das in einsamer Pracht am zentralen Abschnitt des Long Beach thront, ist ein Vertrauensvotum dafür, dass San Vicente das hat, was eine gehobene Resortsiedlung braucht. Die meisten der komfortablen, modernen Zimmer liegen zurückgesetzt vom Strand, näher beim Pool. Das Essen ist ordentlich und erschwinglich (Hauptgerichte 200 bis 400 P) für Fremdgäste.

An- & Weiterreise

Es fahren drei klapprige lokale Busse (5 Std.) und mehrere Vans (300 P, 3 Std.) am Tag über Roxas nach Puerto. Reisende mit Ziel Port Barton steigen in Roxas auf den Mittags-Jeepney um oder sparen jede Menge Zeit, indem sie gleich ein Boot mieten (1500 P, 45 Minuten). An der neuen Küstenstraße nach Port Barton gibt's keine öffentlichen Verkehrsmittel.

Taytay

☎048 / 19 966 EW.

Das heutige Taytay, die ehemalige Hauptstadt von Palawan, ist eine Hafenstadt, die die meisten Traveller auf ihrem Weg von oder nach El Nido passieren, ohne sie groß zu beachten. Sein Reiz liegt darin, dass es all das ist, was El Nido nicht ist: verschlafen, provinziell und fast ohne Touristen.

An Attraktionen bieten sich hier Inselhopping in der Taytay Bay, mehrere Wasserfälle und ein altes spanisches Fort an. Nördlich der Stadt ragt an der Westküste der erloschene Vulkan Mt. Capoas (1000 m) über dem Malampaya Sound empor, wo manchmal Seekühe und Irawadi-Delfine zu sehen sind.

Sehenswertes & Aktivitäten

Im Malampaya Sound kann man einen Blick auf die gefährdeten Irawadi-Delfine erhaschen; die besten Zeiten sind früh am Morgen und am späten Nachmittag. Hierfür an der Anlegestelle im *barangay* Pancol, 15 km nördlich von Taytay, ein Boot mieten (1500 P).

★ **Kuyawyaw Falls** WASSERFALL

(Cataban Falls; km 236, National Hwy., *barangay* Cataban; Eintritt & Umweltgebühr 200 P) Dies ist eine Reihe von drei Fällen 27 km nördlich von Taytay, die sich kaskadenartig in erfrischende Becken ergießen.

Einen netten kleinen 4-m-Klippensprung gibt es am zweiten Wasserfall, der zu Fuß in weniger als 15 Minuten vom Eingang aus zu erreichen ist. Dieser ist außerdem mit seinen nahezu 10 m der höchste der Fälle.

Für den Weg zum friedlichen dritten Wasserfall (7 m), zu dem es eine steile, mit Seilen unterstützte, 10-minütige Klettertour vom zweiten Wasserfall aus hinaufgeht, braucht man einen Führer, aber es lohnt sich, besonders wenn am zweiten Wasserfall Gedränge herrscht.

Fort Santa Isabel FORT

(50 P) Mit dicken Mauern und einer strategischen Position am Ufer, die Taytay Bay im Blick, schützte sich während der spanischen Ära das Fort Santa Isabel gegen Angriffe von Moro-Piraten. Heute ist das 1667 von den Augustiner-Rekollekten (ein Orden katholischer Priester) errichtete Fort ein wohltuendes Refugium mit einem gut gepflegten Garten, einem kleinen Museum und einem weiten Blick auf die Bucht.

Schlafen

Die einfachen und erschwinglichen Pensionen in Taytay sind prima Ausgangspunkte für Inselhopping-Exkursionen in die Taytay Bay. Von Taytay aus gelangt man außerdem zu mehreren luxuriösen Resorts auf Privatinseln in der Bucht.

Casa Rosa HOTEL €

(☎0920 895 0092; casarosataytay@gmail.com; DZ 700 P, Cottage 1100–1460 P; 📶) Casa Rosa bietet die Wahl zwischen einfachen Zimmern mit hübschen Terrakottaböden und geräumigeren Cottages mit Balkonen samt Hängematten. Vom Restaurant aus hat man einen fantastischen Blick auf das Fort Santa Isabel und die Taytay Bucht; außerdem werden Inselhopping-Exkursionen und Ausflüge zu Lande angeboten.

Pem's Pension & Restaurant PENSION €

(☎0977 681 5549; pemspensionandresto@gmail.com; Rizal St.; Zi. mit Ventilator/Klimaanlage 700/1500 P; ❄📶) Das Pem's liegt an der Hauptstraße der Stadt in der Nähe des Fort Santa Isabel und ist ein einladendes Lokal mit guten einzeln stehenden Cottages rund um einen ruhigen Hof. Das Personal kann Ausflüge in der Region arrangieren.

★ **Flower Island Beach Resort** RESORT €€€

(☎0917 504 5567; www.flowerisland-resort.com; Cottages mit allen Mahlzeiten pro Person mit Ventilator/Klimaanlage ab 7000/8500 P; ❄📶) Achtung: Einmal angereist, kann das Verlassen dieses idyllischen, unaufdringlichen Resorts schwere Depressionen nach sich ziehen. Das Personal hier ist äußerst herzlich und freundlich, die Cottages im traditionellen philippinischen Stil bieten die perfekte Mischung aus modernem Komfort und rustikalem Charme und der Sand des kleinen Strandes ist blütenweiß. Bei Vollmond ist Nacktbaden mit einer Rum-Cola in der Hand angesagt.

An- & Weiterreise

Es bestehen Pläne, den Sandoval Airport in Taytay zu erweitern in der Hoffnung, dass er zu einem Tor nach El Nido wird, aber das ist ein langfristig angelegtes Projekt. Zum Zeitpunkt der Recherche gab es noch keine Flüge dorthin.

Im Moment werden einige entlegene Städte und Inseln an der Ostküste Palawans nördlich von Taytay noch mit Booten angefahren, die am Embarcadero Pier 8 km nördlich der Stadt ablegen, doch je besser die Straßen werden, desto mehr kommen sie aus der Mode.

Es fahren häufig Busse von El Nido in Richtung Süden nach Roxas (mit Ziel Port Barton und San Vicente) sowie Puerto Princesa (220 P, 5–6 Std.). Normalerweise ist es kein Problem, hier oder in den Bussen in Richtung Norden nach El Nido (150 P, 1½ Std.) einen Sitzplatz zu ergattern. Vans, die die Strecke Puerto–El Nido fahren, sind normalerweise voll, also kann man nicht damit rechnen, dort einen Sitzplatz zu bekommen. Der Busbahnhof liegt außerhalb am National Highway 2,5 km westlich der städtischen Anlegestelle; ein Tricycle vom Busbahnhof zur Anlegestelle kostet 50 P.

El Nido

☎048 / 41 606 EW.

El Nido ist der wichtigste Startpunkt zum Erkunden von Palawans Hauptattraktion, dem atemberaubenden Bacuit-Archipel (S. 469). Winzige Salangale bauen essbare Nester aus Speichel in die gewaltigen Kalksteinklippen, die die zusammengeschusterte eigentliche Stadt umgeben – daher der Name El Nido (Spanisch für „Nest"). Die Stadt selbst hat einen ganz normalen Strand, an dem sich allerdings gerade eine

Restaurant- und Barszene herausbildet. Direkt vor der Küste liegt das düstere Cadlao Island.

Viele Besucher ziehen es vor, in Gemeinden außerhalb der eigentlichen Stadt zu übernachten. Zu den Optionen in der Nähe zählen Corong Corong, ein langer, schmaler Strand im Süden gegenüber der Bacuit Bay, und Calaan, ein felsiger Abschnitt ruhiger Resorts unmittelbar im Norden. In etwas größerer Entfernung entstehen mehr und mehr Resorts an der wunderschönen Ostküste von El Nido an Orten wie dem Nacpan Beach und Ostküstendörfern wie San Fernando und Sibaltan.

Sehenswertes

Hauptanziehungspunkt ist der Bacuit-Archipel, aber die Gegend von El Nido ist außerdem mit den wohl besten Stränden (S. 458) im Land gesegnet, sowohl auf der Hauptinsel als auch auf Inseln vor der Küste. Manche Orte haben einfach nur Glück. Trotz des Touristenbooms sind viele der besten Strände, einschließlich derer an der Ostküste rund um Sibaltan, immer noch praktisch leer.

Von El Nido aus sind die Kuyawyaw Falls bei Taytay leicht zu erreichen.

Balay Cuyonon MUSEUM

(Sibaltan Museum; ☎0915 967 2743; Sibaltan; Eintritt gegen Spende.) Es gibt eine Führung durch diese Anlage mit gut erhaltenen traditionellen Cuyonon-Häusern, in denen man etwas über das normale Dorfleben erfährt. Es ist auch möglich, eine Nacht in einem Zimmer im einheimischen Stil (600 P bis 800 P) zu verbringen, um den täglichen Rhythmus dieses Dorfes zu erleben. Es liegt direkt am Stadtstrand von Sibaltan, und es gibt dort eine Bar und ein Restaurant.

Nagkalit-kalit Waterfalls WASSERFALL

(km 285, National Hwy.) Von einem Schild am National Highway 3 km südlich der Abzweigung zum Nacpan Beach sind es 40 Minuten zu Fuß durch mehrere Flüsse zu diesem sachten Wasserfall mit einem erfrischenden Becken. Um sich nicht zu verlaufen, kann am Anfang des Wanderwegs ein Führer (300 P) angeheuert werden.

Aktivitäten

Von allen Besuchern von El Nido, die Aktivitäten unternehmen wollen, wird eine einmalige „Ökotourismus-Entwicklungsgebühr" von 200 P erhoben, zahlbar beim Tourbetreiber oder beim City Tourism Office (S. 468) und zehn Tage lang gültig.

Inselhopping und Kajakfahren

Die „Alphabet"-Gruppentouren (A, B, C, D) von Bacuit Bay können überall gebucht werden und kosten 1200 bis 1400 P pro Person, einschließlich Mittagessen, Maske und Schnorchel. Leider haben es diese meist auf die gleichen Ziele abgesehen, sodass es bei beliebten Sehenswürdigkeiten wie der Big/Small Lagoon und Snake Island zu ziemlich viel Bootsverkehr und Gedränge kommen kann. Wer den Massen entkommen will, kann das Geld für eine private Tour mit dem *bangka* (etwa 8000 P) oder Schnellboot (ab 15 000 P) springen lassen und loslegen, lange bevor die ersten Gruppentouren um 9 Uhr aufbrechen.

Oder noch besser, man mietet sich ein **Seekajak** und macht sich auf eigene Faust zu den näher liegenden Attraktionen wie dem Seven Commandos Beach und zur Cadlao Island auf den Weg. Seekajaks gibt's (für 600 bis 800 P pro Tag) überall am El Nido Beach und am Corong Corong Beach. Das El Nido Boutique & Art Café (S. 465) ermutigt zu Kajakfahren und Stand-up Paddling (SUP), um die Auswirkungen des Tourismus auf die Umwelt zu begrenzen, und unterhält eine Flotte von SUPs und Kajaks, darunter eine Glasboden-Variante. Für seine Tour nach Miniloc Island mit dem *bangka* bietet es ebenfalls Kajaks an. **Waz SUP** (www.wazsupelnido.com) ist eine weitere gute Adresse für SUP-Touren.

Wer ein ultimatives Inselhopping-Erlebnis sucht, kann sich auf eine mehrtägige Expedition (S. 467) nach Coron wagen.

Tauchen

El Nido bietet herausragende Tauchmöglichkeiten, und es stehen über ein Dutzend Tauchshops bereit, um Traveller dorthin zu bringen. Es locken Tauchspots von flachen Riffen bis hin zu tiefen Riffwänden und Strömungstauchen, weshalb es auch ein beliebtes Ziel für PADI-Zertifizierungskurse ist.

Zu den Unterwasser-Highlights zählen die Lederkorallen und die Schulen von gelben Schnappern südlich von Miniloc Island, die Barrakudas, Schwertfische und interessanten Felsformationen des North Rock, die Meeresschildkröten und

El Nido

El Nido

Aktivitäten, Kurse & Touren
1 Deep Blue Seafari ... C2
2 Mellow Yellow ... B2
3 Palawan Divers ... D2
4 Submariner Diving Center ... C2
5 Turtle Divers ... A2

Schlafen
6 Amakan Bed, Bunk & Breakfast ... B3
7 Bill Tourist Inn ... B3
8 Bulskamp Inn ... C2
9 El Nido Sands Inn ... B2
10 Pawikan Hostel ... A2
11 Rosanna's Beach Cottages ... D2
12 Spin Hostel ... C3

Essen
13 El Nido Boutique & Art Café ... A2
14 Mezzanine El Nido ... A2
15 Odessa Mama ... B2
16 Taverna Agape ... C2
17 Trattoria Altrove ... C2

Ausgehen & Nachtleben
18 Happiness Bar ... B2
19 Pukka Bar ... C2
20 SAVA ... C2

Praktisches
21 BPI ... A2
22 City Tourism Office ... B2
23 Philippines à la Carte ... B2
24 Ten Knots Travel Office ... C2

Transport
25 Atienza Shipping ... A1
26 El Nido Port ... A1
27 M/Bca Bunso ... A2
28 Montenegro Lines ... A2
29 Nacpan Shuttle ... B3

Stachelrochen an den Twin Rocks sowie, für fortgeschrittene Taucher, der 50 m lange, natürliche Felstunnel von Helicopter Island.

Für eine Tour mit drei Tauchgängen am Tag einschließlich Tauchausrüstung werden etwa 4000 P fällig und für einen Open-Water-Kurs 19 000 bis 22 000 P.

Palawan Divers TAUCHEN
(☎048-244 0381 www.palawan-divers.org; Hama St.) Ein effizienter und freundlicher Tauchshop. Die Instruktoren sprechen viele Sprachen und bieten Schnellboot-Tauchtouren bei Sonnenaufgang an, bei denen man die Chance hat, auch größere Fische zu sehen.

EL NIDOS FÜNF BESTE STRÄNDE AUF DER HAUPTINSEL

Nacpan Beach Der fantastische, goldfarbene, 3 km lange Strand ist einer Erschließung bislang irgendwie entgangen; noch gibt es hier nichts als ein paar Snackbars und ein paar einfache Unterkünfte. Das scheint sich allerdings gerade zu ändern – als wir dort waren, war gerade ein Mad-Monkey-Hostel im Bau –, also sollte man die entspannte Atmosphäre hier genießen, solange es sie noch gibt. In der Hochsaison kann der Nacpan schon recht voll werden; wer es einsamer mag, sollte weiter nach Norden gehen. Der Nacpan liegt 20 km nördlich von El Nido; die letzten 4 km führen über eine unebene Zufahrtsstraße. Es gibt einen **Shuttle-Van** (Discover El Nido, Amboy St.) (Hin- und Rückfahrt 600 P, acht am Tag).

Duli Beach Der unglaublich schöne, goldfarbene Strandabschnitt mit dem Dschungel als Hintergrund in Richtung Nordspitze der Hauptinsel Palawan ist das Zentrum von El Nidos Surf-Community. Die Saison läuft von November bis März, und Surfbretter (500 P pro Stunde) gibt's an verschiedenen Orten zu mieten, zum Beispiel am idyllischen **Duli Beach Resort** (S. 463). Um hierhierzukommen, vom National Highway bei dem Km-294-Zeichen abbiegen und 3,5 km auf einer sehr holprigen Straße weiterfahren, die über eine rutschige, einzelne Fahrspur zum eigentlichen Strand führt.

Maremegmeg Beach Von den schönen Stränden der Umgebung liegt dieser, der nach einem Resort vor Ort auch oft als Las Cabanas Beach bezeichnet wird, El Nido am nächsten; bei Sonnenuntergang ist in seinen Bars schwer was los. Zwischen der Hauptinsel und einer kleinen, vorgelagerten Insel ist eine Zipline gespannt (einfache Strecke/hin & zurück 500/900 P). Jeder Tricycle-Fahrer der Stadt scheint seine Passagiere dorthin bringen zu wollen. Die 6 km von der Stadt hierher kosten 150 P für eine Strecke.

Dagmay Beach Weitere 2 km Luftlinie nördlich vom Duli Beach (4 km auf einer holprigen Straße für alle, die nicht des Fliegens mächtig sind) liegt an diesem einsamen Strand das **Villa Verde Safari & Pagi Dive Center** (☎ 0929 481 5928; https://villaverdesafari.com/; *barangay* Teneguiban; Zelt/DZ/FZ mit Frühstück 1500/2500/9000 P) mit komfortablen, ventilatorbestückten Cottages, Kajaks und einem Tauchzentrum.

Lio Beach (Airport Beach) Der vermögende Ayala-Großkonzern ist gerade dabei, gemeinsam mit **Ten Knots Travel** (S. 470) diesen breiten, weißen Sandstreifen 7 km nördlich von El Nido zu einem todschicken Resortbereich von Weltklasse auszubauen. Doch noch ist der Strand fast leer, abgesehen von ein paar Restaurants, die früh am Start sind, und ein paar halb fertigen Hotels; da wird man sicher ein privates Stückchen Strand finden können.

Submariner Diving Center TAUCHEN
(☎ 0905 484 1764; www.submariner-diving.com; Hama St.) Ein guter Tauchshop, der ebenfalls mehrtägige Ausflüge zur Culion Island in der Calamian-Gruppe anbietet, um nach Wracks zu tauchen. Für Fahrten nach Culion ist ein Advanced-Open-Water-Tauchzertifikat erforderlich (es kostet nur 10 000 P, sich auf dem Trip zertifizieren zu lassen).

Deep Blue Seafari TAUCHEN
(☎ 0917 803 0543; www.deepblueseafari.com; Hama St.) Zusätzlich zu den Standard-Spaßtauchzentren rund um El Nido bietet dieser Betreiber von Mitte Oktober bis Mai sehr empfehlenswerte Vier-Tages-Tauchsafaris zwischen El Nido und Coron an (36 000 P pro Person einschließlich Tauchausrüstung und 14 Tauchgängen).

Turtle Divers TAUCHEN
(☎ 0920 601 7532; Sirena St.) Einer der wenigen Tauchshops in El Nido, der in philippinischer Hand ist. Die Preise gehören zu den besten in der Stadt.

Noch mehr Aktivitäten

In der Region El Nido gibt es eine wachsende **Surf**-Szene, die sich zwischen November und März hauptsächlich auf den Duli Beach (S. 458) konzentriert. **Kitesurfen** gewinnt an der Ostküste an Beliebtheit. Mietausrüstung und Kurse gibt's bei Qi Palawan (S. 464) in San Fernando und am **Tapik Beach** in Sibaltan.

Das Landesinnere rund um El Nido bietet interessante Ziele für abenteuerlustige Reisende. Man kann zum Beispiel die **taraw** (Klippen) vor Ort hinaufsteigen, aber das ist nichts für Leute mit schwachen Nerven. Von oben hat man einen fantastischen Blick.

Das El Nido Boutique & Art Café (S. 465) hat **Wander-, Mountainbike-** und **Kletterausflüge** (350 P, 1 Stunde) im Programm; auch die Halbtagstouren zur Cadlao Island sind beliebt.

Schlafen

Kurz zusammengefasst: Wer gern da ist, wo was los ist, bleibt am besten direkt in El Nido, Caalan liegt zentral, vermittelt aber ein Gefühl der Abgeschiedenheit, Corong Corong bietet Abwechslung, Strandbars und den Sonnenuntergang, Fans üppiger Privatinseln kommen vor der Küste auf ihre Kosten, und die nördliche Halbinsel oder die Ostküste ist für die, die dem Touristenrummel wenig abgewinnen können. Die Rabatte in der Nebensaison belaufen sich auf durchschnittlich 30%, egal wo man unterkommt.

El Nido

In der Stadt selbst und in Corong Corong gibt es heutzutage 24 Stunden lang Strom, trotz der nicht nur gelegentlich auftretenden Teilstromausfälle. Sicherheitshalber sollte man sich die Zähne nicht mit Leitungswasser putzen; es werden häufig Erkrankungen durch verschmutztes Wasser gemeldet.

★ **Bulskamp Inn** PENSION €
(☎0956 648 2901; www.bulskampinn.com; Osmeña St.; Zi. 1400–2200 P; ❄📶) Dieser Veteran unter den Pensionen El Nidos, der inzwischen unter neuer Leitung ist, hat seinen Außenbereich und sein Restaurant aufgepeppt, bietet aber immer noch denselben freundlichen Service und das gute Preis-Leistungs-Verhältnis, für den er seit Langem bekannt ist. Die kleinen Zimmer, die ventilatorgekühlt oder klimatisiert sein können, haben kleine Betten, sind aber makellos sauber.

Pawikan Hostel HOSTEL €
(☎0943 438 5397; www.pawikanhostel.com; San Joaquin St.; mit Frühstück B 700 P, Zi. 1500–2000 P; ❄📶) Superfreundliches, von Einheimischen geführtes Hostel mit (für ein Hostel) großzügigem Frühstück. Es befindet sich in einem dreistöckigen Haus fünf Gehminuten vom der Hama Street. Die Privatzimmer sind etwas klein für den Preis, den dafür gezahlt werden muss, aber die Mehrbettzimmer sind toll – schmucke Vierbettzimmer mit privaten Aufladestationen und schönem Licht.

El Nido Sands Inn PENSION €
(☎0999 452 5843; Sirena St.; B/DZ ohne Bad ab 300/600 P, DZ mit Klimaanlage 1300 P; ❄📶) Die einfachen, mit Schindeln verkleideten Doppelzimmer und Mehrbettzimmer sind zweifellos die beste Budgetoption der Stadt. Es fehlen die Serviceleistungen und die Gemeinschaftsatmosphäre der anderen Budgethostels in El Nido, aber die Vier- und Sechsbettzimmer sind viel geräumiger und haben breite, solide Etagenbetten.

Spin Hostel HOSTEL €€
(www.spinhostel.com; Balinsasayaw Rd.; B/DZ mit Frühstück 1000/3000 P; ❄@📶) Das verblüffende Design dieses Luxus-Hostels bezieht seine Inspiration von den Nestern der heimischen Salangale. Auch die Preise lassen einem die Kinnlade herunterklappen, aber an der Qualität gibt's nichts zu meckern. Die Vierbettzimmer haben Bäder und sind komplett ausgestattet, und alle Zimmer sind nahtlos in das zentrale Nest integriert. Regelmäßige unterhaltsame Events und eine gesellige Atmosphäre runden das Ganze ab.

Amakan Bed, Bunk & Breakfast HOTEL €€
(☎0918 933 9072; www.amakan.ph; Amboy St.; DZ mit Frühstück 2500–3500 P; ❄📶) Einladende, gepflasterte Wege weisen den Weg zu diesem zentral gelegenen Refugium ein paar Gehminuten von El Nidos Strand. Das Hotel punktet durch seine Gemeinschaftsbereiche. Sie bestehen aus einem üppigen Garten draußen und einem wunderschönen, geschmackvoll möblierten Wohn- und Essbereich drinnen. Diese sind besonders willkommen, da die Zimmer zwar attraktiv, aber unbestreitbar winzig sind.

Bill Tourist Inn HOTEL €€
(☎0915 092 4508; www.billtouristinnelnido.com; Amboy St.; DZ 1900–2500 P, 4BZ 3100 P) Das Bill ist ebenso geradlinig wie sein Name. Es ist einfach ein sauberes, modernes Geschäftshotel, das ruhiger ist als die meisten anderen in der Stadt – der klassische „sichere Tipp". Wenn im Bill kein Platz mehr

ist, kann man es in seinem noch ruhigeren Schwesterhotel Den'gi Inn um die Ecke versuchen.

Rosanna's Beach Cottages HOTEL €€
(☎0920 605 4631; www.rosannaspension.com; Hama St.; DZ mit Frühstück 2500–3500 P; ❄📶) Das Rosanna's ist ein modernes Gebäude am Strand mit kleinen, aber begehrten Zimmern mit Meeresblick und Balkonen. Auf der anderen Straßenseite gibt's einen älteren Flügel mit sechs großen, recht nichtssagenden Zimmern, die sich gut für Gruppen eignen. Die Warmwasserduschen sind solarbetrieben.

Caalan Beach

Das friedliche Caalan bietet den Blick auf den Sonnenuntergang und atemberaubende Ausblicke auf Cadlao Island. Doch an seinem Strand fehlt Sand, und Schwimmen ist nur bei Flut möglich. Zugänglich ist es über einen Fußweg über die Landspitze von El Nido (wo auch ein Tricycle fahren kann, darum ist man nicht darauf angewiesen, sich zu Fuß mit den Taschen abzuschleppen).

★ Garden Bay Beach Resort RESORT €€
(☎0918 310 9683; www.gardenbaybeachresort.com; Caalan Beach; DZ mit Frühstück mit Ventilator/Klimaanlage 2000/3800 P; ❄📶) Man muss sich schon ein bisschen anstrengen, um zum Garden Bay zu gelangen, einem kleinen, verborgenen Paradies ganz am Ende des Caalan Beach, aber das macht es nur umso reizvoller. Die sieben bezaubernd rustikalen Cottages, die sich an den Fuß des Dschungels schmiegen, haben hochwertige Betten und private Veranden mit Blick auf einen sandigen Strand voller Palmen und Hängematten. Auch das Essen ist klasse, besonders die Pfannkuchen.

Caalan Beach Resort RESORT €€
(☎0977 844 4032; http://caalanbeachresort.com/; Caalan Beach; Zi. 2000–4000 P; ❄📶) Das familienbetriebene Resort am ruhigeren Ende des felsigen Calaan Beach mit einer schönen Kombination von Zimmern sowie einem kundigen und hilfsbereiten Eigentümer ist eine hervorragende Option. Die Unterkünfte reichen von Cottages am Strand bis zu modernen, klimatisierten Zimmern und geräumigen Familienunterkünften. Als wir dort vorbeischauten, wurden gerade alle Zimmer renoviert; in Planung ist außerdem ein Swimmingpool.

Makulay Lodge & Villas PENSION €€
(☎0916 401 9590; www.makulaylodgeelnido.com; Caalan Point; Zi. 2400–3500 P, Apt. 4000–4900 P; ❄📶) Das von Franzosen betriebene Makulay liegt auf der Landzunge zwischen El Nido Beach und Caalan Beach und bietet Komfort, Privatsphäre sowie eine wunderbare Aussicht von den auf den Hügeln gelegenen Apartments. Es gibt einen kleinen, sandigen Bereich mit Liegestühlen unten sowie eine urbane Strandbar mit regelmäßigen Filmabenden und anderen Events oben. All das wird nur fünf Gehminuten von El Nido entfernt geboten.

Das Essen ist hervorragend – und am Montag gibt's Muscheln satt.

Corong Corong & Umgebung

Corong Corong erstreckt sich südlich vom eigentlichen El Nido über etwa 3 km (50 bis 100 P mit dem Tricycle). Es gibt einen schmalen Sandstrand mit erstklassiger Aussicht auf die Bacuit Bay, aber aufgrund des flachen Wassers ist Schwimmen nur bei Flut möglich.

Cavern Pod Hotel & Specialty Cafe HOSTEL €
(☎0915 102 3272; www.facebook.com/thecavern elnido; National Hwy., Corong Corong; B 675 P; ❄📶) Einfach die schönsten Schlafsaalbetten in El Nido. Das japanisch inspirierte Design der „Kapseln" hat ein Farbschema von Schiefergrau und Schwarz, wunderschönes Bettzeug, Leselichter und eine Treppe zum oberen Bett. Es gibt nur vier Betten pro Zimmer, und jedes Zimmer hat ein eigenes, schönes Bad mit Regendusche und Designer-Shampoospender.

Blue Mango BOUTIQUEHOTEL €€
(☎0939 590 6825; bluemangoelnido@gmail.com; sitio Lugadia, Corong Corong; Zi. mit Frühstück 3500–6500 P; ❄📶) Disee fantastisch geplante, erhöht liegende Anlage mit Blick auf die Bacuit Bay nutzt großzügig heimische Materialien und wurde rund um einen gewaltigen Mangobaum im zentralen Hof errichtet. Sie besticht durch üppiges Grün und erlesenes Holzschnitzwerk.

Die teureren Zimmer des Blue Mango haben Terrassen mit Blick aufs Meer und sind den Standardzimmern vorzuziehen, die zwar geräumig und geschmackvoll eingerichtet sind, allerdings auch näher an der Straße liegen.

Bacuit-Archipel

Outpost Beach Hostel HOSTEL €€
(☎0977 373 5229; www.outpostbeachhostel.com; sitio Lugadia, Corong Corong; 4-/9-Bett-zimmer 1200/900 P, Zi. 4000–5500 P; ❄📶) Hier gibt's alles, was Backpackern Spaß macht, vorausgesetzt, sie können sich die wirklich gesalzenen Preise leisten. Schöne junge Party People in modernen Mehrbettzimmern? Check. Abgefahrene Strandbar mit Schnaps-Specials und regelmäßigen Bier-Pong-Turnieren? Check. Gesellige Inseltouren am Tag? Na klar.

Pukka Beach Hotel BOUTIQUEHOTEL €€
(☎0908 488 8832; sitio Lugadia, Corong Corong; Zi. 3500–4800 P; ❄📶) Das weiß getünchte, kompakte Hotel im Miami-Beach-Stil, das zum wachsenden Pukka-Bar-Imperium (S. 468) gehört und am vielversprechenden Lugadia Beach liegt, richtet sich an Flashpacker-Paare. Die Zimmer sind klein, die Betten riesig, und die besten Zimmer haben gewaltige Glasfenster, die die Bacuit Bay einrahmen. Ein Tauchbecken am Strand flankiert die Bar im Hof.

Birdhouse ZELTLAGER €€€
(☎0998 318 8918; www.thebirdhouseelnido.com; Maremegmeg Beach; Luxuszelt mit Frühstück DZ 6500 P, zusätzliche Person 825 P; 📶) 🍃 Das Birdhouse bringt echtes Glamping nach El Nido. Wenn man sein luxuriöses „Nest" hoch über dem Maremegmeg Beach verlässt, bietet sich aus dem privaten Pavillon ein fantastischer Blick auf die Bacuit Bay – es heißt nicht umsonst „Birdhouse". Freundliches, kundiges Besitzerpaar und ein tolles Restaurant, das Nesting Table, das auch Fremdgästen offen steht. In den geräumigen Zelten finden vier Leute Platz.

Last Frontier RESORT €€€
(☎0917 204 4612; www.lastfrontierbeachresort.com; Corong Corong; Zi. mit Frühstück 4150–7350 P; ❄📶🏊) Das Last Frontier liegt auf einem besonders begehrten Abschnitt des Strandes von Corong Corong, umgeben von lässigen Strandbars und mit einer fantastischen Sicht auf die Bacuit Bay. Die Zimmer bieten ein tolles Preis-Leistungs-Verhältnis für El Nido. Besucher haben die Wahl unter luxuriösen, strohgedeckten Hütten oder attraktiven Standardzimmern im Hauptgebäude mit Schiebeglastüren zu privaten Veranden. Reizvoller Pool mit Sitzsäcken.

Las Cabanas Beach Resort COTTAGE €€€
(☎0930 369 2741; www.lascabanasresort.com; Maremegmeg Beach; DZ/3BZ mit Frühstück 5000–6500 P; ❄📶) Eine Gruppe großer Hütten, in einem großen, schönen Garten verteilt, öffnen sich zum Strand hin mit toller Aussicht auf die südliche Bacuit Bay. Von hier zum Eingang des Maremegmeg Beach läuft man etwa 10 Minuten am Strand entlang.

Nördliche Halbinsel (Nacpan bis Sibaltan)

In Nacpan gibt es eine kleine, aber wachsende Kolonie von Rückzugsorten für Backpacker. Die Resorts in und um Sibaltan, 42 km vom eigentlichen El Nido entfernt, können Inselhopping-Touren in der Linacapan-Inselgruppe arrangieren. In manchen Resorts am Tapik Beach von Sibaltan gibt's die Möglichkeit, in Zelten zu übernachten. In dieser Region gibt es keinen Strom, daher werden die Pensionen allein durch Generatoren gespeist, die meist nur ein paar Stunden am Abend laufen.

★ Where 2 Next HOSTEL €
(☎0917 804 0434; www.where2nexthostel.com; Nacpan Beach; B 550 P, Zi. 1200–1700 P, DZ im Zelt März–Mai nur 800 P; 📶) Das friedliche Where 2 Next in beneidenswerter Lage direkt neben dem Nacpan Beach ist wie geschaffen, um von Nacpans rasant wachsender Beliebtheit zu profitieren. Die Mehrbettzimmer sind bezaubernd rustikal, es gibt aber auch gemütliche Privatzimmer. Sonnenenergie, gutes Essen, freundliches Management und die schönsten Gemeinschaftsbäder in Palawan runden das Ganze ab.

★ Eda Beach Campsite BUNGALOW €
(☎0905 572 0646; edabeach@gmail.com; km 316, National Hwy., Sibaltan; Hütten 500–1500 P; 📶) In der rustikalen Sammlung von Bungalows fühlt man sich fast wie Robinson

WEITERE KLEINODIEN DES BACUIT-ARCHIPELS

Jede Insel im Archipel hat ihre geheimen Plätze, die nur darauf warten, erkundet zu werden. Die winzige **Pinasil Island** hat die **Cathedral Cave,** eine Höhle mit treffendem Namen und hoch aufragenden Kalksteinsäulen sowie Waranen, die an den Wänden hinaufkrabbeln, was einen unweigerlich an die Wasserspeier aus echten Kathedralen denken lässt. Die Decke lässt einen Lichtstrahl durch.

Dilumacad Island (Helicopter Island) hat an seiner Ostküste einen hübschen Strand, der nur noch vom traumhaften **Seven Commandos Beach** auf der Hauptinsel Palawan übertroffen wird. Die bei Ebbe durch einen schmalen, gewundenen Streifen Sand mit dem Hauptland verbundene **Snake Island** bietet von oben einen atemberaubenden Rundumblick.

Busuanga Island/Calamian Islands

Busuanga Island/Calamian Islands

Sehenswertes
1 Banol Beach C3
2 Calauit Safari Park A1
3 Ocam Ocam Beach A2

Aktivitäten, Kurse & Touren
D'Divers .... (siehe 6)
Jack's Place .... (siehe 6)
4 Mt Tundalara C3
Pirate Divers .... (siehe 7)
5 Siete Pecados C3
Tribal Adventures .... (siehe 8)

Schlafen
6 Al Faro Cosmio Hotel B3
7 Ann & Mike's Guesthouse B2
Busuanga Backpackers .... (siehe 6)
Busuanga Bay Lodge .... (siehe 6)
8 Cashew Grove B1
9 El Rio y Mar C2
10 Elsie's Bungalow B3
11 Sangat Island Dive Resort B3
12 Vicky's Place B2

Essen
Laura's Garden Tropical Restaurant .... (siehe 6)

Crusoe. Sie liegt südlich von den anderen Resorts auf Sibaltan und isoliert von ihnen. Trotz des Namens ist es definitiv eine Stufe besser als Camping. Der Besitzer Randy kann einfach alles. Er kocht gut und leitet erstklassige Bootsausflüge zu den vielen entlegenen Inseln vor El Nidos Ostküste.

★ **Duli Beach Resort** RESORT €€
(☎0947 969 8210; www.dulibeach.com; Duli Beach; Bungalow 2500 P) Das Duli umfasst sechs sorgfältig durchdachte Bungalows mit europäischen (die Besitzer sind Niederländer) und einheimischen Stilelementen an einem mehr oder weniger privaten Strand. Die Bungalows sind von dünnen Trennwänden umschlossen, bei denen man mit der Natur ringsum praktisch auf Tuchfühlung geht. Ein Generator erzeugt nachts für ein paar Stunden Strom. Großartiges Essen und Surfen von November bis März.

Bretterverleih für 350 P pro Stunde, oder man vereinbart eine Tagesmiete. Von hier nach El Nido braucht man etwa eine Stunde; dazu geht's erst über die Zugangsstraße zum Duli Beach und dann noch 10 Minuten zu Fuß.

Ursula Beach Club BUNGALOW €€
(0917 580 0040; www.ursulabeachclub.com; Sibaltan; Cottages 2400–4000 P, Zelt 500 P) Hier gibt's nur ein paar Hütten, aber sie sind reizend, und das Essen ist das beste in Sibaltan. Die teureren Zimmer liegen weiter hinten auf dem Hügel und haben eine gute Aussicht und private Balkone. Es ist ein guter Ort für Kiteboarder; der Eigentümer Dennis ist ebenfalls Kitesurfer, und der Palawan Kite Club (www.kiteclubpalawan.com) ist in der Hauptsaison (November bis März) gleich nebenan zu finden.

Jack's Place BUNGALOW €€
(0995 237 4811; Nacpan Beach; DZ/4BZ-Hütte mit Frühstück 1600/1800 P;) Zu diesem Juwel im Robinson-Stil geht's zum Nordende des Nacpan Beach. Es besteht aus fünf einfachen Pfahlhütten mit Bad, alle aus Holz und ausgestattet mit Balkons mit Meerblick. Man kann Kajaks mieten (pro Stunde/Tag 150/500 P).

Tapik Beach Park Guesthouse COTTAGE €€
(0915 768 0688, 0935 537 2106; www.tapikbeach.com; Sibaltan; Cottages 1200–2500 P, Zelte 500 P) Die abgefahrene Anlage hat ein paar wunderschöne Finnhütten mit privaten Balkons und Meerblick. Unten am Strand stehen ein paar einfachere Bungalows und Zelte (aufpassen, was man bekommt). Es gibt ein eigenwilliges Restaurant und einen Motorradverleih, auch Inselhopping-Touren werden angeboten, aber der Service kann sich desinteressiert zeigen. Strom ist verfügbar von 18 bis 6 Uhr.

★ **Qi Palawan** BUNGALOW €€€
(0939 925 9433; www.qipalawan.com; km 308, National Hwy., San Fernando; DZ/4BZ mit Frühstück ab 9250/13 500 P;) Das von einem Ehepaar geführte Qi Palawan ist eine wunderschöne, gehobene Option an El Nidos entlegener Ostküste. Acht allein stehende Bungalows sind auf dem üppigen Anwesen verstreut; die zweistöckigen Familienvillen mit riesigem Freiluftbad am Strand stechen hervor. Hier gibt's ein voll ausgestattetes Kiteboardzentrum (Saison: November bis April), ein Tauchzentrum, und zudem werden Yoga, Kajakfahren und Mountainbiken angeboten. Ein Generator liefert rund um die Uhr Strom.

Essen

Dank einer ganzen Reihe neuer internationaler Esslokale und Bars in der eigentlichen Stadt und in Corong Corong bildet sich mittlerweile eine lebendige Restaurantszene heraus. Lokale mit frischem Fisch säumen den zentralen El Nido Beach in der Nähe der Stelle, wo die Rizal Street endet. Es gibt kaum Unterschiede zwischen ihnen; man sucht sich einfach eins, wo alles frisch aussieht, und das Personal grillt einem dann den Fisch.

ABSEITS DER ÜBLICHEN PFADE

CULION ISLAND

Culion Island (20 139 Ew.), die zweitgrößte Insel der Calamian-Gruppe nach Busuanga, hat Wasserfälle, unberührte Riffe und eine faszinierende Geschichte: 1906 richteten die Amerikaner hier eine der größten Leprakolonien der Welt ein.

Das **Culion Information & Tourism Center** (0920 454 5676; Balala; 8–17 Uhr) gibt eine hervorragende Broschüre heraus mit einer Tour über die historischen Wahrzeichen des Zentrums und einer Beschreibung von allem, was es auf der Insel zu tun gibt, die auch Erklärungen umfasst, wie man zu acht Wasserfällen gelangt, sowie mögliche Tourrouten. Für 500 P am Tag kann man Motorräder mieten, um die unbefestigten Straßen der Insel zu erkunden. Dabei kann die Touristeninformation behilflich sein.

Die meisten besuchen Culion auf einer Bootstour von Coron (3000 bis 3500 P), aber es lohnt sich, einen oder zwei Tage hier zu übernachten und sich der entspannten provinziellen Inselatmosphäre hinzugeben. An Unterkünften gibt es hier das ausgezeichnete **Hotel Maya** (0920 627 6467; hotelmaya@gmail.com; Libis; EZ mit Ventilator 800 P, DZ mit Klimaanlage 1300–1500 P;) , dessen Eigentümer und Betreiber enthusiastische Studenten des Ateneo-Loyola College sind; und für Sparfüchse das **Safari Lodge & Restaurant** (0947 309 4852; Balala; EZ/DZ ab 350/550 P;).

Es fährt täglich um 13 Uhr und an den meisten Tagen zusätzlich um 7.30 Uhr ein Boot von Coron Port nach Culion (200 P, 1½ Std.). Abfahrt der Boote von Culion ist um 7.30 und um 15 Uhr.

Coron

Coron

Aktivitäten, Kurse & Touren

1 Calamian Tourist Boat Association ... A3
2 Calamianes Expeditions Eco Tour ... B2
Freediving Coron ... (siehe 11)
3 Neptune Dive Center ... B2
4 Red Carabao Travel Hub ... A1
5 Sea Dive ... B2
6 Tao Philippines ... B2

Schlafen

7 Coron Backpacker Guesthouse ... A1
8 Coron Bluewave Resort ... C1
9 Happy Camper Hostel ... D2
10 Island's View Inn ... B2
11 Seahorse Guest House ... B2

Essen

12 Blue Moon Restobar ... B2
13 Brujita ... A1
14 Get Real Cafe ... B2
15 Trattoria Altrove ... B2
16 Winnie's ... B2

Ausgehen & Nachtleben

17 Coffee Kong ... A1
18 Hangover Bar ... B2
19 No Name Bar ... B2

Praktische

20 BPI ... C2
21 Metrobank ... C2

Transport

22 Boyet Motorcycle Rental ... A1
23 Bus Lot ... B3
24 Coron Motorcycle Rental ... A2
25 Coron Town Pier ... A3

★ El Nido Boutique & Art Café INTERNATIONAL €€
(☎ 0920 902 6317; www.elnidoboutiqueandartcafe.com; Sirena St.; Hauptgerichte 220 P; ⏲ 7–23 Uhr; 📶) Während eines Aufenthalts in El Nido landet früher oder später jeder hier – und das zu Recht. Der große Speisebereich im oberen Stock ist warm und gemütlich, genau richtig, um sich zu stärken und wieder zu sammeln. Besonders gut sind die Salate (Kopfsalat und Rauke aus eigenem biologischem Anbau), das selbst gebackene Brot, das Meeresfrüchtecurry, die Pizza, der umgestürzte Ananaskuchen sowie die Schokoladen- und Mangotörtchen. Es gibt auch eine Bar und an fünf Abenden in der Woche Livemusik.

★ La Plage FRANZÖSISCH €€
(☎0947 068 5272; Corong Corong; Hauptgerichte 350–450 P; ⏲12–22 Uhr) Das französische Restaurant am Strand hat nicht nur das beste Essen in El Nido und erstklassige Blicke auf den Sonnenuntergang, sondern auch noch ein Tauchbecken, in dem die Gäste sich erfrischen können. Bekannt ist es für seine spannenden Spezialangebote und den himmlischen, im Bananenblatt gedämpften Fisch.

★ Bulalo Plaza PHILIPPINISCH €€
(Hauptgerichte 150–200 P; ⏲24 Std.) Wer Bescheid weiß, bestellt sich in diesem nichtssagenden Freiluftlokal an der Straße nach Corong Corong das beste frisch gekochte Pinoy-Gericht der Stadt. Es ist alles *sarap* (köstlich), aber besonders gut sind der schwarze Tintenfisch *adobo*, das brutzelnde Schweinefleisch-*bulgogi* und das Meeresfrüchtecurry. Billiges Frühstück und viel Auswahl für Vegetarier.

★ Trattoria Altrove ITALIENISCH €€
(☎0947 775 8653; Hama St.; Hauptgerichte 240–450 P; ⏲17–22 Uhr) Dieses Restaurant in slowenischer Hand hat die beste Pizza in El Nido. Sie wird mit importiertem Mozzarella in einem Ziegelofen auf Straßenebene gebacken. Auf der Speisekarte stehen außerdem ein Dutzend typische Pastavariationen aus Italien, außerdem ein T-Bone-Steak und weitere Fleischgerichte. Es ist sehr beliebt, also während der Hochsaison am besten sehr früh (oder spät) kommen, um lange Wartezeiten zu vermeiden.

Mezzanine El Nido ITALIENISCH €€
(Sirena St.; Hauptgerichte 300–450 P; ⏲7–22.30 Uhr; 📶) Stilvolles, elegantes, lässiges Restaurant im Obergeschoss mit Meerblick und hervorragender Pizza und hausgemachter Eiscreme. Es gibt eine kürzere Mittagskarte (12–15 Uhr) und eine Abendkarte mit Meeresfrüchterisotto und Muscheln.

CORON ISLAND

Diese Insel liegt eine gerade mal 20-minütige *bangka*-Fahrt von Coron entfernt und verfügt über eine beeindruckende, geheimnisvolle Skyline, die sich auch hervorragend in einem King-Kong-Film machen würde. Wer mit dem Flugzeug über Coron Island fliegt, erkennt, dass das festungsartige, dschungelbewachsene Terrain zum großen Teil unzugänglich und von zahlreichen Seen übersät ist. Zwei davon, der **Kayangan Lake** (300 P) und der **Barracuda Lake** (200 P), können besucht werden. Die gesamte Insel zählt zum Stammesgebiet der indigenen Gruppe der Tagbanua, einem Volk, das vorwiegend vom Fischfang und vom lukrativen Sammeln von *balinsasayaw* (Vogelnestern) lebt.

In Sorge um die Auswirkungen des Tourismus haben die Tagbanua die Anzahl der Sehenswürdigkeiten, die besucht werden dürfen, auf einige wenige reduziert. Das kristallklare Wasser des Kayangan Lake, der sich zwischen zwei Berghänge schmiegt, ist nach einer 10-minütigen, steilen Kletterpartie erreicht. Unter der Wasseroberfläche verbirgt sich eine karge Mondlandschaft; wer hier baden gehen möchte, kann seine Sachen auf einem hölzernen Steg mit Plattform deponieren. Ruhe oder Privatsphäre sind hier jedoch Fehlanzeige; die Lagune, in der die *bangkas* ihre Passagiere absetzen, erinnert an den Parkplatz eines Einkaufszentrums zu Stoßzeiten.

Der malerische **Barracuda Lake** ist vor allem für Taucher sehr interessant. Aufgrund der einzigartigen Gegebenheit unterschiedlicher Süß-, Salz-, und Brackwasserschichten gibt es hier extreme Temperaturschwankungen (das Wasser kann bis zu 38 °C heiß werden). Der See ist nach einem kurzen Anstieg über eine zerklüftete Felswand erreicht, die unmittelbar am Wasser endet.

Weitere für Besucher zugängliche Ziele sind der **Banol Beach** (100 P), ein kleiner Sandstrand mit einem Unterstand als Schutz gegen die Sonne, und die fotogene **Twin Lagoon** (200 P), in deren eine Hälfte man gelangt, indem man durch einen schmalen Spalt schwimmt.

Sie alle sind beliebte Ziele für Inselhopping-Touren von Coron aus, allerdings halten die Standardgruppentouren A und B wegen der relativ teuren Eintrittsgelder nur an höchstens zwei dieser Ziele. Wer alle besuchen will, sollte durch die Calamian Tourist Boat Association eine private Tour buchen, die 2200 P für bis zu vier Personen kostet; in dem Preis sind die Eintrittsgelder oder die Miete für Schnorchelausrüstung nicht enthalten.

INSELAUSFLÜGE: VON EL NIDO BIS CORON

Bei einer mehrtägigen *bangka*-Tour im Zickzack zwischen den Inseln der Bacuit Bay, Linapacan und den Calamian Islands hindurchzukreuzen, ist das Highlight jeder Reise zum nördlichen Palawan und vielleicht den Philippinen überhaupt. Bei diesen Trips sieht man entlegene Inseln von atemberaubender Schönheit aus nächster Nähe und hat die seltene Gelegenheit, ohne die dazwischengeschaltete Massentourismusindustrie mit Inselgemeinschaften und -bewohnern zu interagieren.

Fast ein halbes Dutzend Unternehmen bietet solche Fahrten an, aber das erste – und immer noch beste – von allen war **Tao Philippines** (www.taophilippines.com; National Hwy., Corong Corong). Tao hat im ganzen nördlichen Palawan Inselstützpunkte eingerichtet, samt wunderschön designten „Tuka"-Hütten am Strand und Gemeinschaftsbereichen mit hoch aufragendem Bambus. Das Essen, das oft aus frisch gefangenem Fisch besteht, ist hervorragend.

Das sozial engagierte Unternehmen, das Bildungs- und Ernährungsprogramme im nördlichen Palawan durchführt, bietet seine klassischen fünftägigen, offenen Gruppenreisen zwischen El Nido und Coron rund ums Jahr an, mit Ausnahme von September. Die All-inclusive-Fahrten kosten 25 000 P pro Person. Oder man entscheidet sich stattdessen für eine *paraw*-Tour mit einem individuell konstruierten, traditionellen Ausleger-Segelboot (28 500 P für fünf Tage, nur Oktober bis Juni). Das Mindestalter für beide Trips beträgt 14 Jahre.

Tao bietet außerdem dreitägige offene Gruppen- oder Privatausflüge rund um El Nido und Linapacan an und entwickelt ständig neue Produkte. Es hat Büros in El Nido und **Coron** (S. 466), eine riesige Bootsflotte und zahlreiche Stützpunkte; in der Hochsaison sind oft ein halbes Dutzend Tao-*bangkas* gleichzeitig auf dem Wasser.

Dennoch kann es schwierig sein, einen Platz bei diesen äußerst beliebten Touren zu ergattern. Andere Unternehmen führen drei- bis fünftägige Touren von Coron nach El Nido durch; manche akzeptieren jüngere Kinder, andere bieten noch eine Tauchkomponente an. **Calamianes Expeditions Eco-Tour** (S. 473) führt eine Sechstagestour durch die Calamian-Gruppe durch. Für alle, die das echte Abenteuer suchen, bietet **Tribal Adventures** (S. 477) mit Sitz in Coron eine elftägige Kajakexpedition von Coron nach El Nido an.

Boodle Fight Restaurant PHILIPPINISCH €€
(☎0907 767 1901; National Hwy., Corong Corong; Hauptgerichte 150–250 P; ⏰7–14 & 17–23 Uhr) Was ein Boodle Fight ist? Ein philippinisches Festmahl, serviert auf einem riesigen Bananenblatt, mit den Fingern gegessen. Ein Festmahl für vier Personen kostet 650 P (Fleisch) bis 850 P (Fleisch und Meeresfrüchte). Eine Tischreservierung ist ratsam.

Taverna Agape GRIECHISCH €€
(El Nido Beach; Hauptgerichte 270–350 P; ⏰11–22.30 Uhr) Das mediterran blau-weiß dekorierte Strandlokal punktet wegen seiner authentischen Gerichte wie *saganaki* (gebratener Käse), Moussaka und Souvlaki auf Kritharaki (kleine Weizennudeln) und anderer Köstlichkeiten.

Odessa Mama UKRAINISCH €€
(Hama St.; Hauptgerichte 190–250 P; ⏰7–23 Uhr) Diese ukrainische Restaurantbar an der Hauptstraße von El Nido ist eine wirkliche Überraschung. Betrieben wird sie von echten Ukrainern aus Odessa, die hier authentische Lieblingsgerichte aus ihrer Heimat servieren, darunter *Wareniki* (Teigtaschen) und *Nalesniki* (dünne Pfannkuchen) sowie die original ukrainischen fleischgefüllten, dünnen Fladentaschen.

Ausgehen & Nachtleben

Dem Strand von El Nido fehlt der Blick auf den Sonnenuntergang, daher liegen alle angesagten Happy-Hour-Bars am Corong Corong und Maremegmeg Beach. In der Backpacker-Bar des Outpost (S. 461) am Lugadia Beach (Corong Corong) ist immer was los, aber ab 23 Uhr verlagert sich die Action zurück ins eigentliche El Nido.

Partyboote wie das **Mellow Yellow** (Tour Z; ☎0917 835 6969; ladiha.matevz@gmail.com; Sirena St.; 1500 P) sind eine unterhaltsame Option, um beim Inselhopping den ganzen Tag zu feiern.

★ **Bella Vita** STRANDBAR
(Corong Corong) Einfach unsere Lieblingsbar für Sonnenuntergänge. Hier gibt's Mojitos,

die es in sich haben, groovige Songs und zur Happy Hour (15–17 Uhr) zwei Getränke zum Preis von einem, außerdem leckere Pizza und frisch gebackenes Brot. Vor allem aber hat es, anders als viele andere Lokale in El Nido, die begehrte Aussicht auf den Sonnenuntergang.

★ Beach Shack BAR
(Maremegmeg Beach) Die megacoole Strandbar, dank der der Maremegmeg Beach (alias Las Cabanas Beach) so angesagt ist. Wenn in der Hochsaison zum Sonnenuntergang aufgedreht wird und das Partyvolk herbeiströmt, herrscht hier eine Stimmung wie am Miami Beach.

★ Happiness Bar COCKTAILBAR
(Sirena St.; ⌚6–24 Uhr; 📶) Das winzige Happiness, der coole Laden an El Nidos Hauptstraße, bietet moderne Beats, erstklassige Cocktails und Hipster-Schaukeln in der Straßenbar. Tagsüber lockt seine veganerfreundliche Nahost-Speisekarte (Hauptgerichte 200 bis 350 P) mit köstlichem Hummus und anderen kleinen Gerichten sowie Pita-Sandwiches gesundheitsbewusste Genießer an.

SAVA COCKTAILBAR
(Hama St.; ⌚8–2 Uhr) Endlich eine moderne Cocktailbar/Club, der El Nidos Status als angehendes internationales Sternchen gerecht wird. Die Cocktails sind hervorragend gemacht mit erstklassigen Zutaten, und auf der Bar-Speisekarte stehen einige der besten Gerichte der Stadt. Auf jeden Fall das *chimichanga* oder die gebackenen Muscheln probieren. Im späteren Verlauf des Abends sorgen Spitzen-DJs auf der Tanzfläche am Strand für Partystimmung.

Pukka Bar BAR
(Hama St.; ⌚16–4 Uhr; 📶) Diese Reggaebar war lange der angesagteste Treff in El Nido, hat aber inzwischen eine Menge Konkurrenz bekommen; als Antwort darauf hat sie expandiert und hat jetzt zwei Eingänge – einen an der Hama Street und einen am Strand. Ihr Erfolgsrezept sind Live-Reggaemusik und Bier eimerweise.

Republica Sunset Bar COCKTAILBAR
(sitio Lugadia, Corong Corong; ⌚14–24 Uhr) Das von Spaniern geführte Republica, das am Highway über dem Lugadia Beach 4 km südlich des eigentlichen El Nido thront, bietet zweifellos eine der schönsten Aussichten auf den Sonnenuntergang in der Gegend. An die lange Theke setzen, die direkt auf die Bacuit Bay hinunterblickt, und einen hauseigenen Cocktail und Tapas bestellen, zum Beispiel *huevos rotos*.

ℹ Praktische Informationen

GELD

In einigen der gehobeneren Resorts und in einem Restaurant (SAVA) werden Kreditkarten akzeptiert, aber dazu wird ein Aufschlag von mindestens 4% fällig.

BPI (Real St.) Hier befindet sich El Nidos einziger verlässlicher Geldautomat.

REISEBÜROS

An der Hama Street wimmelt es von zahllosen Reise- und Buchungsbüros.

El Nido Boutique & Art Café (S. 465) Das alteingesessene Café, das sein Schweizer Besitzer wie ein Uhrwerk betreibt, ist eine Fundgrube für Informationen aller Art über El Nido.

Philippines à la Carte (☎0917 596 6903; Real St.; ⌚8–21 Uhr) Kann alle Fluggesellschaften und Boote buchen, außerdem Mietwagen, Schnellboote, Sonnenuntergangskreuzfahrten und Campingtrips in den Bacuit-Archipel.

TOURISTENINFORMATION

City Tourism Office (☎0917 775 6036; www.elnidotourism.com; Real St.; ⌚Mo–Fr 8–20, Sa & So bis 17 Uhr) Mit wechselndem Erfolg. Die besseren Servicekräfte können alle Fragen zum Transport und zur Infrastruktur beantworten. Man kann hier auch seine Umweltgebühr (10 Tage lang gültig) bezahlen, damit man es nicht auf einer Tour machen muss.

ℹ An- & Weiterreise

BUS, JEEPNEY & MINIVAN

Alle Verbindungen zu Lande fahren an der **Bus Station** (km 270, National Hwy.), 1 km südlich der Stadt in Corong Corong ab (50 P per Tricycle).

Die überwiegende Mehrzahl der Besucher von El Nido kommt in engen Minivans von Puerto Princesa (500 P, 5 Std., häufig), aber die Busse sind komfortabler und brauchen nicht im Voraus gebucht zu werden. Cherry Bus und Roro Bus wechseln sich bis 22 Uhr stündlich ab; sie betreiben sowohl klimatisierte als auch normale Busse (350 bis 450 P, 6½ Std.).

Nature Island (☎0915 644 1630), **Recaro Transport** (☎0920 502 5797) und Santolis fahren mit Vans direkt Port Barton an, jeweils mit Abfahrt mindestens einmal am Morgen und einmal am frühen Nachmittag (700 P, 4 Std.). Oder man kann morgens um 7 Uhr oder noch früher einen Bus nach Roxas (250 PP, 4 Std.) nehmen und in den Jumbo-Jeepney nach

Port Barton umsteigen, der mittags abfährt. Reisende nach San Vicente müssen ebenfalls in Roxas auf einen Jeepney umsteigen.

Lexxus Shuttle (☎ 0917 686 1110) betreibt Vans nach Sabang, mit Umsteigen in Salvacion (700 P, 6 Std., um 4, 8 & 11 Uhr).

Minivans können überall gebucht werden, und einige, wie das teurere VIP-Unternehmen **Daytripper** (☎ 0917 848 8755, 048-723 0533; www.daytripperpalawan.com), bieten auch eine Abholung am Hotel an. Das El Nido Boutique & Art Café (S. 465) hat auf seiner Website einen praktischen Buchungsservice für ausgewählte Van-Firmen, die man über PayPal oder Direktüberweisung zahlen kann.

Privat gebuchte Vans nach Puerto Princesa kosten 7000 P bis 10 000 P, je nach Verhandlungsgeschick. Die Fahrt nach Port Barton/Sabang kostet ab 4500/5500 P.

FLUGZEUG

Air Swift (http://air-swift.com) hat mindestens einen Flug am Tag nach Manila, Caticlan (für die Weiterreise nach Boracay), Cebu und Clark. Eine Strecke kostet zwischen 4500 P und 7000 P, je nach Jahreszeit. Alle Flüge landen am Lio Airport, 7 km nördlich der Stadt (200 P mit dem Tricycle). Air Swift und der Flughafen sind beide im Besitz von El Nido Resorts, und Gäste der Resorts dieses Unternehmens haben auf den Flügen Priorität, allerdings gibt es normalerweise reichlich Platz für andere Reisende.

Viele Reisende mit Ziel El Nido nehmen einen billigeren Flug nach Puerto Princesa und fahren dann mit dem Van fünf Stunden nach Norden. Der neu eröffnete Flughafen in San Vicente (S. 436) kürzt die Fahrt mit dem Van potenziell um die Hälfte, doch zum Zeitpunkt des Schreibens gab es noch keine kommerziellen Flüge. Der Sandoval Airport in Taytay, eine Stunde von El Nido, wird gerade erweitert in der Hoffnung, dass demnächst auch kommerzielle Flüge kommen.

SCHIFF/FÄHRE

Alle öffentlichen Fähren nutzen den El Nido Port am westlichen Ende der Sirena Street in der eigentlichen Stadt.

Der wichtigste Fährdienst für Besucher in Nordpalawan ist die Verbindung El Nido-Coron. **Montenegro Lines** (☎ 0905 371 0787; Real St.) betreibt ein Schnellboot am Tag um 6 Uhr morgens (Erw./Student 1760/1500 P; 4½ bis 5½ Std.). In der Hochsaison sollte man es über ein Reisebüro oder über www.biyaheroes.com im Voraus buchen. **M/Bca Bunso** (☎ 0910 720 8443; Real St.) betreibt eine kleinere *bangka*-Fähre, die bessere Option, wenn man die Umgebung genießen will (1200 P einschließlich Mittagessen, 8 Std., 8 Uhr).

Atienza Shipping (☎ 0998 881 7226; El Nido Port) betreibt dienstags um 2 Uhr nachts eine Fähre nach Manila (1700 bis 1850 P, 25 Std.) über Linapacan (500 P, 5 Std.). Es ist ein großes Frachtschiff mit rudimentären Etagenbetten für Passagiere – ein echtes Erlebnis. Weitere Verbindungen nach Linapacan (mehrmals pro Woche) erfolgen über *bangka*-Fähre von *barangay* San Fernando an der Ostküste.

ℹ Unterwegs vor Ort

Die Stadt El Nido erstreckt sich über die gesamte nördliche Halbinsel von Palawan. Die ringförmige (im Uhrzeigersinn), aus der Stadt heraus nach Norden führende Straße ist bis Sibaltan an der Ostküste befestigt. Südlich von Sibaltan verschlechtert sich der Highway, wird aber nach und nach verbessert.

Vom Busbahnhof fahren drei oder vier Vans am Tag nach Sibaltan (sie starten in Puerto Princesa). Sie können im Tapik Beach Park Guesthouse (S. 464) reserviert werden. Zusätzlich fährt mittags ein Jeepney nach Sibaltan (150 P, 2½ Std.).

Eine prima Methode, auf der nördlichen Halbinsel voranzukommen, ist ein Mietmotorrad, das man in der eigentlichen Stadt El Nido überall für 400 bis 500 P am Tag bekommen kann. Vorsicht: Die Zufahrtsstraßen zum Nacpan und Duli Beach sind sehr holprig; in der Regensaison braucht man dafür eine gewisse Offroaderfahrung.

Bacuit-Archipel

Das kristallklare Wasser der Bacuit Bay erlaubt den Blick auf eine fantastische Landschaft aus Kalksteininseln, die den Beobachter aus jeder Perspektive – unter Wasser, aus der Luft oder auch einfach nur vom Strand aus – in den Bann zieht. Die Inselwelt hier kann es problemlos mit dem südlichen Thailand oder sogar mit der berühmten Halong-Bucht in Vietnam aufnehmen.

Die weißen Sandstrände, die Lagunen und die Buchten, ganz zu schweigen von den vielen Fischarten und Korallen, sind überwältigend.

Sehenswertes

Miniloc Island INSEL

Miniloc Island ist vielleicht die interessanteste Insel des Archipels. Die Hauptattraktionen sind die **Big Lagoon,** die **Small Lagoon** und die **Secret Lagoon,** drei von Palawans meistfotografierten Sehenswürdigkeiten. Die Big Lagoon ist über einen flachen Kanal zugänglich (eventuell muss das Boot zurückgelassen werden und man muss schwimmen).

Drinnen wird man mit einem riesigen, natürlichen Schwimmbecken, umgeben von überwucherten Karstwänden, belohnt.

Um in die Small Lagoon zu gelangen, schwimmt man durch ein Loch in einer Felswand oder man paddelt bei Ebbe mit dem Kajak hindurch. Die Lagune unbedingt vor Einsetzen der Flut verlassen, sonst schafft man es womöglich nicht mehr, sich durchzuzwängen. Im Innern liegt eine wunderbare Höhlenwelt, die erforscht werden will. Um die winzige Secret Lagoon zu erreichen, muss man, je nach Wasserstand, hindurchklettern oder -schwimmen.

Sowohl an der Big Lagoon als auch an der Small Lagoon kann man Kajaks mieten.

Cadlao Island INSEL

Cadlao Island wirkt wie Tahiti in Miniaturform, das es auf rätselhafte Weise in den Bacuit-Archipel verschlagen hat. Vom Strand von El Nido aus ist es schon ein wahrer Augenschmaus für den Beobachter, auf der Insel selbst verbirgt sich aber zudem die reizende Cadlao Lagoon (auch bekannt als Ubugun Cove).

Die Korallengärten in den flachen Gewässern am oberen Ende der Bucht bieten hervorragende Schnorchelmöglichkeiten. Es gibt inzwischen immer mehr Traveller, die mit einem Kajak und ganz auf eigene Faust von El Nido aus hierherpaddeln.

Matinloc Island INSEL

Wie der Rücken eines halb abgetauchten Stegosauriers windet sich Matinloc Island auf etwa 8 km Länge am westlichen Rand des Bacuit-Archipels entlang. Gemeinsam mit dem benachbarten Tapiutan Island bildet es die schmale Meerenge der Tapiutan-Straße, deren Wände unter Wasser zu den besten Tauchspots des ganzen Archipels zählen. An der Ostküste Matinlocs gibt es auch hervorragende Schnorchelmöglichkeiten sowie einige gute Strände.

Schlafen

Bacuit Bay ist bekannt für mehrere luxuriöse Resorts auf Privatinseln; mehrere davon sind im Besitz der El Nido Resorts und werden vom **Ten Knots Travel Office** (☎0917 553 7986; www.elnidoresorts.com; Real St.) in El Nido verwaltet. Inselhopping-Trips mit Übernachtung sind eine viel erschwinglichere Möglichkeit, eine Nacht im Bacuit-Archipel zu verbringen. Dabei übernachtet man normalerweise in Zelten am Seven Commandos Beach oder auf den Stränden der Cadlao Island.

INSELHOPPING AB BUSUANGA

Mehrere Attraktionen, die als Ziele von Inselhopping-Touren von Coron angepriesen werden, lassen sich viel einfacher (und billiger) von Concepcion und Salvacion aus erreichen. Dazu gehören **Pass Island** und **Calumbuyan Island.** Beide bieten hervorragende Schnorchelmöglichkeiten und weiße Sandstrände und haben außerdem großartige Campingplätze, an denen man übernachten kann. Eine Übernachtung kostet auf beiden 400 P; darin ist das Eintrittsgeld von 200 bereits enthalten, und man übernachtet in einer einfachen Hütte, einer Hängematte oder einem selbst mitgebrachten Zelt; den Verwalter bezahlen.

Zum Schnorcheln und Tauchen eignet sich auch das nahe Riff an der Südwestspitze von **Lusong Island;** auch das Wrack des Kanonenboots Lusong ist hervorragend zum Schnorcheln geeignet. Es liegt am südlichen Ende der Insel in geringer Tiefe. Weitere gute Schnorchelmöglichkeiten gibt es beim Wrack der *Okikawa Maru* am Ausgang der Dipuyai Bay.

Mit ihrem weißen Sandstrand und den prächtigen Sonnenuntergängen ist ein Abstecher zur **North Cay Island** (Eintritt 100 P) von Salvacion ein lohnendes Ziel. Das Riff an der Nordseite ist gut erhalten. Hier kann man ebenfalls campen oder in einfachen Hütten übernachten. Die düstere, von Karsten und Höhlen durchzogene **Black Island** (Malajon Island; Eintritt 150 P) ist am besten vom Ocam Ocam Beach (S. 472) bei New Busuanga zugänglich. Beide Inseln haben atemberaubende Strände.

Ein Boot lässt sich über die Verbände der Bootsführer in Concepcion oder Salvacion mieten. Tagestouren zu diesen Inseln kosten 1500 P bis 3000 P; der Preis richtet sich danach, wo man startet und wo man hinwill.

DUGONGS BEOBACHTEN

Im Meer vor Calauit Island ganz im Nordwesten lebt ein heimischer Dugong (Seekuh), der einzige pflanzenfressende Meeressäuger; eine gefährdete Art. In Resorts auf dem nördlichen Busuanga werden Dugongbeobachtungstouren angeboten. Diese bestehen normalerweise aus einer zweistündigen Tour mit dem *bangka* oder einer kürzeren Tour mit dem Schnellboot zur Calauit-Gegend, wo die Chance groß ist, einen Blick auf diesen Dugong und sehr selten auch auf andere zu erhaschen.

Rund um Busuanga Island leben noch weitere Dugongs, besonders vor der Nordostküste, aber sie zu entdecken, ist reine Glückssache. Vicky's Place (S. 475) in San Jose bietet Dugongbeobachtungstouren zur Maricaban Bay an, während Tribal Adventures (S. 477) eine Stelle 4 km südlich seines Sitzes in Cheey im Angebot hat. In dieser Gegend stehen die Chancen, Dugongs zu sehen, schlechter als in Calauit, aber man hat es nicht so weit, und immerhin könnte man vorbringen, dass die Aufregung noch größer ist, wenn es denn doch einmal gelingt.

★ Pangalusian Island Resort LUXUS €€€
(☎0917 843 7819; www.elnidoresorts.com/pangulasian-island/; DZ-Villa mit Frühstück 36 800–168 000 P) Diese neueste und unbestritten schickste Anlage von allen El-Nido-Resorts in Palawan bietet umfassenden Luxus vom Allerfeinsten. Die Villen sind bereit für die Flitterwochen, der hufeisenförmige Strand ist eine wahre Wonne und die Lage auf einer privaten Insel einfach himmlisch.

Matinloc Resort RESORT €€€
(☎0905 274 8046; www.matinloc.com; Matinloc Island; Zi. mit Frühstück 18 000–35 000 P; ❄📶🏊) Wer ein Luxusresort auf einer Privatinsel sucht, das nicht *ganz* so teuer wie die Konkurrenz und so vielleicht eher erschwinglich ist, der ist im Matinloc Resort gut aufgehoben. Die Lage ist wahrhaft paradiesisch. Die Zimmer sind üppig, allerdings liegt keines über dem Wasser. Ein großes Manko ist, dass hier kein Alkohol serviert wird (man kann seinen eigenen mitbringen), und das Essen ist nur Durchschnitt.

Miniloc Island Resort RESORT €€€
(☎0917 843 7819; www.elnidoresorts.com/miniloc-island; DZ-Cottage mit Vollpension 27 300–35 300 P; ❄📶) Dies ist die am wenigsten mondäne der vier Anlagen von El-Nido-Resorts in Palawan, aber als schlecht kann man das nun wirklich auch nicht bezeichnen. Die Hütten, von denen viele über dem Wasser liegen, sind im einheimischen Stil gebaut und haben Strohdächer. Am frühen Morgen kann man vor der Ankunft der Touristenhorden in der Big Lagoon und in der Small Lagoon Kajak fahren – Glücksgefühl pur.

Busuanga & die Calamian Islands

Diese Inselgruppe weit im Norden von Palawan, auch als Calamian-Gruppe bekannt, ist ein wahres Paradies für Abenteurer, wobei Wracktauchen, Kajakfahren, Inselhopping und Motorradfahren an erster Stelle stehen. Die Region ist reich an weißen Sandstränden, Korallenriffen, dichten Regenwäldern, Mangrovensümpfen und den kristallklaren Seen von Coron Island.

Die größte und am meisten erschlossene Insel ist Busuanga. Sie besteht aus zwei Gemeinden: Die Stadt Busuanga erstreckt sich über die Nordwesthälfte, die eher touristische Stadt Coron über die Südosthälfte. Der Großteil von Busuanga Island ist extrem ländlich, aber neu befestigte Straßen bringen Erschließungsprojekte bis in entlegenere Gegenden.

Eine Bootsfahrt von Busuanga aus nach Süden führt vorbei an der düsteren Coron Island, der entspannten Culion Island und schließlich den Linapacan Islands, die El Nido näher sind als den anderen Inseln der Gruppe. Dazwischen liegen zahllose kleine Inseln, an denen Hütten sich um den Tidenstrand wunderschöner Strände gruppieren.

Coron

☎048 / 51 803 EW.

Wenn man sich Coron vom Wasser aus nähert, werden sich viele fragen, ob es diesen langen Weg überhaupt wert war. Es gibt keinen Strand, und der Uferbereich ist ein Mischmasch aus Gebäuden und zusammengeschusterten Häusern. Doch das Geschäftszentrum Busuangas sollte nicht allein nach dem Aussehen beurteilt werden, denn es bildet das Tor zu weiteren Abenteuern in und um die Coron Bay und die himmlischen Calamian Islands.

Von der eigentlichen Stadt erstreckt sich Coron nach Nordosten und umschließt auch den Flughafen im *barangay* Santa Cruz 20 km nördlich des eigentlichen Coron, ebenso wie die aufstrebenden *barangays* Decalachao und San Jose in der Mitte der nördlichen Küste ein.

Sehenswertes & Aktivitäten

Mt. Tapyas AUSSICHTSPUNKT
GRATIS Wer die 700+ Stufen zum Mt. Tapyas hinaufkeucht, wird mit einem atemberaubenden Ausblick auf die Coron Bay belohnt. Das muss man in Coron einfach mal gemacht haben.

Mt. Tundalara WANDERN
(Mt. Dalara) Das Erklimmen des 640 m hohen Mt. Tundalara, dem höchsten Punkt des nördlichen Palawan, ist ein echter Härtetest, besonders in der Mittagshitze. Für eine Strecke sollte man etwa 2½ Stunden einplanen. Ausgangspunkt der Wanderung ist das 3 km nördlich von Coron gelegene Mabingtungan, das man am einfachsten mit dem Tricycle erreicht.

Wracktauchen

Die Coron Bay ist ein **Wracktauch**-Spot von Weltklasse, und die Stadt Coron ist der Hauptausgangspunkt für Tauchausflüge. Über zwei Dutzend japanischer Kriegs- und Handelsschiffe liegen hier auf dem Meeresgrund vor Busuanga. Sie wurden alle am 24. September 1944 von Flugzeugen der US-Navy versenkt. Zehn davon sind für Taucher zugänglich. Notwendig ist mindestens die Advanced Open-Water Certification, um zu den meisten Wracks zu tauchen, auch wenn einige weniger fortgeschrittenen Tauchern offen stehen und beim Kanonenboot *Lusong* sogar geschnorchelt werden kann.

Man braucht mindestens 1½ Stunden, um die meisten Wracks von der Stadt Coron zu erreichen (außer man leistet sich ein Schnellboot). Wer näher bei den Wracks sein will, kann auch auf einer Insel in der Coron Bay oder in Concepcion oder Salvacion (Stadt Busuanga) übernachten.

Der Stadt Coron am nächsten liegen das Tangat-Wrack (*Olympia Maru*) und die *Tere Kaze Maru,* beide in der Nähe von Sangat Island; die *Kogyo Maru* und in größerer Tiefe die *Irako*. Das Flugzeugmutterschiff *Akitsushima* und die *Okikawa Maru* liegen unmittelbar vor der Dipuyai Bay in Concepcion. Das Black-Island-Wrack (*Nanshin Maru*) liegt vor dem **Ocam Ocam Beach** (New Busuanga) im Nordwesten von Busuanga. Ein Wrack, die *Kyokuzan Maru,* liegt an der Nordküste und ist vom *barangay* San Jose an der Maricaban Bay zugänglich.

Leider beträgt die Sichtweite bei den meisten Wracks, die vor einigen Dekaden noch bei 18 bis 20 m lag, an manchen Stellen heute, vor allem aufgrund verschmutzten Oberflächenwassers, das ins Meer fließt, nur noch 3 bis 5 m.

Auch in der Coron Bay und rund um Busuanga Island gibt es zahlreiche hervorragende Stellen zum **Rifftauchen.** Der Barracuda Lake (S. 466) auf Coron Island ist ein weiterer beliebter Tauchspot, allerdings weniger, um irgendetwas zu sehen, sondern eher, um die Schwankungen der Wassertemperatur zu erleben. Mehrere Unternehmen bieten mehrtägige Safaris zum nahe gelegenen Apo Reef vor Mindoro an.

Cashew Grove (S. 478) und Vicky's Place (S. 475) sind gute Optionen für die Ostküste und die Maricaban Bay. Die folgenden Tauchcenter befinden sich alle im eigentlichen Coron.

Freediving Coron (☎0915 172 6809; http://freediving-coron.com; GMG Hotel, National Hwy.)

Neptune Dive Center (☎0927 418 4118; www.neptunedivecenter.com; National Hwy.)

Reggae Dive Center (☎0928 835 5657; www.rocksteadydivecenter.de; National Hwy.)

Sea Dive (☎0917 808 6697; www.seadiveresort.com)

Inselhopping

Wie in El Nido sind auch in Coron Ganztages-Inselhopping-Touren total angesagt; ganze Scharen von *bangkas* legen allmorgendlich von der **städtischen Anlegestelle** (Lualhati Park) für festgelegte Touren zu den Hauptinseln und wichtigsten Schnorchelplätzen ab. Die meisten fahren eine von vier festgelegten Strecken ab – Tour A, B, C und D –, sodass es an den begehrten Stellen wie Twin Lagoon (S. 466) auf Coron Island, **CYC Beach** und **Sunset**

Beach (einer beliebten Campingstelle zum Übernachten) zu einem regelrechten Gedränge kommt.

Die folgenden Orte sollte man rund um Coron unbedingt gesehen haben: Coron Island (S. 466), **Siete Pecados** (100 P) sowie **Banana Island** und **Malcapuya Island** in der Nähe von Culion. Weiter nördlich gelegene Orte wie **Calumbuyan Island, Pass Island** und **Black Island** sind am besten von der Stadt Busuanga aus zu erreichen. Tourbetreiber bieten immer noch Bootstouren zum Calauit Safari Park (S. 477) an, aber wer den Weg an Land zurücklegt, spart viel Zeit und Geld.

Kajakfahren

Coron Bay und die Inseln rund um Busuanga sind Seepaddelgebiete von Weltklasse. An mehreren Stellen in der Stadt werden Kajaks tageweise für 500 bis 1000 P vermietet. Coron Island bietet sich als Ziel nur für starke Kajakfahrer an; alle anderen halten sich besser an die Bucht.

Noch bessere Paddelmöglichkeiten gibt es in der Dipuyai Bay vor Concepcion oder in der Maricaban Bay an der Nordostküste; Kajaks kann man vor Ort mieten.

Wer die Calamian-Gruppe richtig erleben will, kann einen mehrtägigen Trip bei Calamianes Expeditions Eco Tour oder Tribal Adventures (S. 477) buchen.

Geführte Touren

Red Carabao Travel Hub OUTDOOR
(☎0905 338 1314; www.redcarabaophilippines.com; National Hwy.; ⏲8–20 Uhr) Das Manila Hostel (S. 78), das ein tieferes Eintauchen in die Landeskultur ermöglicht, bietet Travellern in Coron die Gelegenheit, Alternativen zu den in der Gegend vorherrschenden, aber fast unentrinnbaren „Alphabettouren" (A, B, C etc.) zu finden. Es bietet seine eigenen Touren an und bietet anderen mit originellen Tour-Ideen einen Ort zum Sehen und Gesehen-Werden. Für alle, die allein unterwegs sind und sich für eine tolle Tour mit anderen zusammentun wollen, ist es der perfekte Ort. Oben befindet sich ein Gemeinschaftsbereich zum Kennenlernen und für gemeinsame Spiele.

★ **Calamianes Expeditions Eco Tour** OUTDOOR
(☎0920 254 6553; www.corongaleri.com.ph; San Augustin St.) Hoch kompetentes Tourunternehmen, das alle Standardtouren zum Inselhopping anbietet und dazu eine lange Liste adrenalinhaltiger, alternativer Aktivitäten. Zu den Highlights gehören sechstägige, auf die persönlichen Wünsche zugeschnittene „Seefaris" rund um die Calamian Islands, Mountainbike-Touren auf modernsten Rädern, mehrtägige Seepaddeltouren und Flusspaddeltouren auf dem Decalachao River im Nordosten von Coron (nach der neuen Unterkunft auf einer Farm fragen). Hier können auch Campingausrüstung und ein Schnellboot gemietet werden.

Calamian Tourist Boat Association BOOTSTOUR
(☎0920 403 7965; städtische Anlegestelle) Wer keine Lust auf die allgegenwärtigen Inselhopping-Touren hat, kann sich seinen eigenen Trip durch die Calamian Tourist Boat Association selbst zusammenstellen lassen. Die Kosten für Rundfahrten mit Vier- bis Acht-Personen-*bangkas* sind deutlich angeschrieben und erschwinglich. 2200 P für ein Vier-Personen-Boot zur Coron Island, 3850 P nach Culion, 4400 P nach Calumbuyan. Dazu 500 P für einen Führer. Eigene Vorräte mitbringen.

★ **Tao Philippines** BOOTSTOUR
(www.taophilippines.com; Don Pedro St.) Die mehrtägigen Expeditionen von Coron nach El Nido von Tao Philippines sind sehr empfehlenswert. Taos imposantes Hauptquartier befindet sich in El Nido (S. 467).

Schlafen

Coron

Happy Camper Hostel HOSTEL €
(☎0926 503 9616; happycamper.hostel@gmail.com; B 350 P) Dieser versteckte Ort wirkt wie das Wohnzimmer eines wohlhabenden Onkels, das zu einem geräumigen Mehrbettzimmer mit Bad umgebaut wurde. Nur sieben Einzelbetten, jedes mit eigenem Nachttisch, Steckdose und Ventilator. Wunderschöner Holzboden, ein paar antike Stühle, in denen man relaxen kann, und ein langer Holzschreibtisch. Der Nachteil ist, dass von Service hier keine Rede sein kann.

Seahorse Guest House HOSTEL €€
(☎0927 497 7559; Don Pedro St.; B/DZ mit Frühstück 600/2000 P; ❄📶) In diesem hohen, schmalen, ordentlichen Haus gibt es sechs kühle, frische, nicht nach Geschlechtern

getrennte Vierbettzimmer und nur zwei private Zimmer. Die Betten in den Mehrbettzimmern mit eigenen Steckdosen, Schränken und Licht gehören zu den besten der Stadt. Das Frühstück auf Kosten des Hauses wird auf der Dachterrasse im 3. OG serviert, das einen Blick auf die Coron Bay und die dahinterliegende Coron Island bietet. Der einzige Nachteil ist der Lärm – das Hostel liegt mitten im Stadtzentrum.

Coron Backpacker Guesthouse HOSTEL €
(☎0916 400 4871; http://palawan-coron-backpacker.com; abseits des National Hwy.; DZ/4BZ ohne Bad 550/750 P; 📶) Nicht weit vom Stadtzentrum entfernt gibt's hier neun einfache Zimmer in einer Hütte über dem Wasser. Der Gemeinschaftsbereich, in dem die Straßenschuhe ausgezogen werden, ist angenehm rustikal mit einer Küche und vielen Büchern.

Fat Monkey Hostel HOSTEL €
(☎0998 271 4111; www.fatmonkeyhostel.com; km 5, National Hwy.; B 380 P) Das einfache, gesellige Hostel 2 km nördlich der Stadt hat einige der billigsten Mehrbettzimmer auf Busuanga zu bieten, und die Gäste dürfen an der „Fat Monkey Tour" über die Inseln teilnehmen, bei der vor allem auf gute Unterhaltung und das Vermeiden der berüchtigten Massen an begehrten Hotspots wie dem Kayangan Lake Wert gelegt wird.

Sunz en Coron Resort HOTEL €€
(☎0999 659 1891; www.sunzencoron.com; DZ 2400–2950 P, FZ 3600–5200 P; ❄📶🏊) In Coron gibt es nur wenige Unterkünfte der mittleren Preisklasse; immerhin gibt es das Sunz en Coron mit einer Sammlung kleiner, aber effizienter Zimmer, die sich um einen eleganten Pool gruppieren, und einem Restaurant mit dem besten koreanischen Essen der Stadt. Das Manko ist die Lage – es liegt an einer dunklen Hintergasse etwa 1,5 km nördlich vom Zentrum.

Island's View Inn HOTEL €€
(☎0999 993 0361; www.islandsviewinn.com; Don Pedro St.; Zi. mit Frühstück 1500–2200 P; ❄📶) Die Zimmer hier sind picobello sauber und haben Flachbild-TV und Warmwasser, und im oberen Stock gibt es ein Freiluftrestaurant sowie einen Loungebereich.

★ **Funny Lion** HOTEL €€€
(☎0905 395 5445; www.thefunnylion.com; Coastal Rd.; DZ mit Frühstück 6400–7400 P; ❄📶🏊) Das Funny Lion hat die schönsten Zimmer in der Stadt und eine fantastische Aussicht vom über Treppen zu erreichenden Barbereich im 4. OG, wo miteinander konkurrierende Kaltwasser-Whirlpools, Blicke auf den Sonnenuntergang und leckere Bar-Snacks für eine höchst angenehme Happy Hour sorgen. Unten gibt es einen größeren Pool, der von ein paar geschmackvoll im Inselstil möblierten Zimmern einsehbar ist, die mit Boutique-Waschbecken, Flachbild-TVs und jeder Menge schönem, dunklem Holz ausgestattet sind.

Coron Bluewave Resort HOTEL €€€
(☎0905 570 5978; coronbluewave@gmail.com; Nueva St.; DZ 3600–3900 P, 4BZ 6600–7000 P; ❄📶🏊) Die 13 weiß getünchten Zimmer liegen direkt am Pool – von den Zimmern im Erdgeschoss könnte man direkt reinspringen, wenn man wollte. Die Zimmer mit Zugang zum Pool sind winzig und haben kaum Mobiliar, dafür entschädigen die wunderbaren Betten, und sauber ist es auch. Wer Wert auf einen Schreibtisch legt oder auf Platz für das Gepäck, entscheidet sich besser für eins der oberen Zimmer. Es sind nur ein paar Gehminuten bis zum Zentrum.

Vor der Küste

Discovery Island Resort RESORT €€
(☎0977 839 9147; www.discoverydiversresort.com; Zi. mit Ventilator/Klimaanlage 3400/3800 P; ❄📶🏊) Das Resort, das sich auf Taucher konzentriert, liegt nur fünf Minuten mit dem Boot von der Stadt entfernt (kostenloser Transfer). Eine ansprechende Kombination aus Zimmern im traditionellen philippinischen Stil mit Ventilatoren und riesigen Betten und geräumigen, wenn auch etwas muffigen Zimmern mit Klimaanlage. Die Zimmer ziehen sich einen Hang hinauf und haben möblierte Balkone mit Blick aufs Meer. Das Restaurant, das zwischen den Mangroven hindurch Blicke auf den Sonnenuntergang bietet, ist ein reines Vergnügen, ebenso wie der Swimmingpool.

★ **Sangat Island Dive Resort** RESORT €€€
(☎0917 650 9191; www.sangat.com.ph; Cottages pro Person mit Transfer & 3 Gerichten 131–156 US$; 📶) 🍃 Wer hier am Strand an Land geht, den wird unwillkürlich das Gefühl beschleichen, an einem ganz schön coolen und geheimen Ort gelandet zu sein. Von Coron aus sind es mit dem

Schnellboot weniger als 40 Minuten zu diesem Resort, das einerseits für Ruhe und Entspannung sorgt, andererseits aber auch Actionjunkies glücklich macht. Das Sangat hat ein vollwertiges Tauchzentrum und hält für seine Gäste außerdem Kajaks und Jetskis bereit.

An einem hübschen, weißen Sandstrand stehen einige Bungalows im traditionellen philippinischen Stil, zwei weitere befinden sich auf einem kleinen Hügel mitten im Dschungel.

San Jose

★ Vicky's Place PENSION €

(☎0946 433 5257, 0935 105 7428; www.facebook.com/Guesthouse.Vickys; Maricaban Bay, San Jose; Zi. mit/ohne Bad 800/600 P; 📶) Diese ruhige Budgetpension an der herrlichen Maricaban Bay ist der perfekte Ort zum Entspannen. Er steht unter der Leitung der umweltbewussten Tauchlehrerin Brenda, die einen kleinen Tauchshop unterhält und Bootsausflüge um die Bucht führt, zum Beispiel um Dugongs zu beobachten (2500 P pro Person, einschließlich Mittagessen). Einen eigenen Strand gibt's hier nicht, aber mit dem Kajak sind ein paar gute zu erreichen.

★ El Rio y Mar RESORT €€€

(☎0928 500 6015; www.elrioymar.com; Maricaban Bay, San Jose; Zi. 4560–7200 P; ❄📶🏊) Das versteckte Strandresort an der herrlichen Maricaban Bay (nordöstlich von Busuanga) bietet ein hervorragendes Preis-Leistungs-Verhältnis im oberen mittleren Preissegment. Es liegt auf der Hauptinsel, ist aber mit dem Boot von San Jose zu erreichen (kostenloser Transfer, 10 Minuten) und kommt einem vor wie eine Privatinsel. Die Auswahl an Unterkünften ist gut, von rustikal bis modern, und es gibt einen Wellnessbereich, ein Tauchzentrum und Aktivitäten in Hülle und Fülle.

Essen

Coron wartet noch auf einen Restaurantboom, wie El Nido ihn erlebt, aber ein paar ordentliche Lokale gibt es auch hier. Resorts, die gutes Essen anbieten, sind das Sunz en Coron und das Funny Lion. Cashews, besonders in der Form von *bandi,* einer zuckrigen Köstlichkeit aus diesen Nüssen, werden überall verkauft.

★ Get Real Cafe CAFÉ €€

(Real St.; Hauptgerichte 175–280 P; ⌚9–14 & 17–24 Uhr) Hier lässt sich's gut essen und trinken. Die Speisekarte enthält Tex-Mex-Gerichte mit Betonung eher auf Tex (marmoriertes Angus-Ribeye-Steak) als Mex (*elotes callejeros*, gegrillte Maiskolben wie vom Imbissstand). Eine weitere Spezialität sind Würste. Das Drink-Highlight ist importierter Spitzentequila, entweder pur oder in einer Margarita. Ziemlich günstiges Bier (55 P).

★ Winnie's FUSION €€

(National Hwy.; Hauptgerichte 180–380 P; ⌚9–21.30 Uhr) An der Hauptstraße direkt östlich vom Zentrum. Das anspruchslose Lokal überrascht mit kreativen Tagesangeboten auf der Tafel und einer ständigen Karte mit ziemlich guten Thai-Gerichten. An Specials gibt's beispielsweise gedämpfte Bärenkrebse, Hackbraten oder Oktopussalat. Köstlich!

Brujita INTERNATIONAL €€

(National Hwy.; Hauptgerichte 170–300 P; ⌚9–22 Uhr; 📶🥗) Die Küche zaubert diverse globale Köstlichkeiten wie Tintenfische auf mehrere Zubereitungsarten, Rindergulasch und Schweinefleisch mit roten Bohnen. Das Mungbohnencurry ist das Highlight der eindrucksvollen vegetarischen Auswahl, oder man wählt eines der interessanten Specials von der Tafel, zum Beispiel frischen Fisch oder Thaigerichte. Die Lage an der lauten Hauptstraße ist allerdings ein Nachteil.

Blue Moon Restobar INTERNATIONAL €€

(National Hwy.; Hauptgerichte 200–300 P; ⌚8–1 Uhr; 📶) Frische Gerichte im thailändischen Stil, Pizzen und mexikanische Lieblingsgerichte, auf Nachfrage auch indische Gerichte. Hier hält man es lange aus bei starken Cocktails und eimerweise San Miguel für 125 P.

Trattoria Altrove ITALIENISCH €€€

(Rosario St.; Hauptgerichte 300–500 P; ⌚11.30–14.30 & 17–23 Uhr) Der Slowene aus dem Altrove in El Nido zaubert jetzt in Coron, mit einem ähnlichen Angebot von köstlichen Antipasti (wie dem Carpaccio), Pasta und Palawans besten Pizzen. Es ist ein hübsches Freiluftlokal mit viel dunklem Holz und surrenden Deckenventilatoren, erhöht an der Straße gelegen, die sich zu Corons Mini-Pub-Street gemausert hat.

Ausgehen & Nachtleben

No Name Bar BAR
(National Hwy.; ⌚16–2 Uhr; 📶) Das No Name öffnet sich zur Straße hin und hat so viel Charakter wie kein anderes Lokal der Stadt. Die Bar ist in einer winzigen, strohgedeckten Hütte untergebracht. Billige Getränke, und zur Happy Hour gibt es Rum, Cola und lokale Biere zu 40 P. Die Specials stehen auf der Tafel.

Hangover Bar BAR
(Rosario St.; ⌚15–2 Uhr) Die Hangover Bar ist schnell zum wildesten Lokal in Coron geworden. Die billigen Kurzen locken Backpacker, Flashpacker und Einheimische gleichermaßen herbei. Ist erst der richtige Alkoholpegel erreicht, tobt sich eine schwitzende Menge auf dem Tanzboden aus. Oben ist es ein kleines bisschen ruhiger.

Coffee Kong CAFÉ
(National Hwy.; ⌚7–22.30 Uhr; 📶) Heutzutage gibt es in Coron ein paar klimatisierte Coffee-Shops. Coffee Kong ist das Original und wahrscheinlich der beste. Espressogetränke, Tee, Muffins und Waffeln zum Frühstück.

An- & Weiterreise

BUS

Von der Bushaltestelle in der Nähe des Marktes in Coron fahren Busse ungefähr stündlich nach Salvacion (80 P, 2¼ Std.) über Concepcion, und manche fahren noch weiter nach Buluang (von wo man nach Calauit Island kommt).

FLUGZEUG

Der Francisco B Reyes Airport (S. 436) liegt 20 km nördlich von Coron. PAL, Cebu Pacific und SkyJet fliegen von/nach Manila, während kleine Flugzeuge von Air Juan von/nach Caticlan (für den Weiterflug nach Boracay) fliegen.Vans nach Coron (150 P, 30 Minuten) sind zeitlich auf die Flüge abgestimmt.

SCHIFF/FÄHRE

Alle Fähren legen von Coron Port 1,5 km östlich der Stadt ab (50 P mit dem Tricycle).

Ein Schiff von **2GO** (☎0977 849 5305) legt donnerstags und sonntags um 16.30 Uhr von Coron nach Manila ab (ab 1900 P, 14 Std.). Nach Manila gibt es am Dienstag und Freitag eine Verbindung um 13.30 Uhr. 2GO bedient außerdem mittwochs und samstags um 6 Uhr morgens Puerto Princesa (ab 1160 P, 15 Std.). Bei allen Fahrten mit 2GO werden auch Mahlzeiten serviert.

Atienza Shipping Lines (☎0939 912 6840) bedient Manila mit klapprigen Frachtschiffen mit Betten wie in einem Schlafsaal. Die Schiffe legen montags, donnerstags und samstags um 14.30 Uhr in Coron ab und Dienstag-, Donnerstag- und Samstagabend (die Zeiten variieren) in Manila (normal/klimatisiert 1000/1150 P, 18 Std.).

Am schnellsten geht's mit den Schnellbooten der **Montenegro Lines** (☎0915 176 9095) nach El Nido. Sie legen täglich mittags ab (Erw./Student 1760/1500 P; 4½ bis 5½ Std.). Bei Montenegro wechseln sich ein kleines, 70-sitziges, geschlossenes Boot mit einem größeren, 120-sitzigen Boot mit offenem Deck ab. In der Hochsaison können die Fahrten ausgebucht sein, darum besser vorab über das Hotel oder über www.biyaheroes.com reservieren.

M/Bca Bunso (☎0910 371 0621) betreibt eine langsamere *bangka*-Fähre nach El Nido, die um 8 Uhr morgens in beide Richtungen ablegt (1200 P mit Mittagessen, 8 Std.). Viele ziehen diese vor, nicht nur, weil sie billiger ist, sondern auch, weil man durch das gemächlichere Tempo und die Sitze an der frischen Luft die prachtvolle Inselszenerie besser genießen kann.

Die Bunso-*bangkas* fahren montags, mittwochs und freitags auch um 8.30 Uhr nach San Jose (Mindoro) (800 P, 6 Std.).

Unterwegs vor Ort

In der Stadt gibt es überall die Möglichkeit, Motorräder zu mieten; die Preise beginnen bei 400 bis 500 P pro Tag. Optionen sind beispielsweise **Coron Motorcycle Rental** (☎0926 420 5391; National Hwy.) oder **Boyet Motorcycle Rental** (☎0928 292 9884; National Hwy.). Minivans können über jedes Hotel oder Reisebüro gemietet werden.

Busuanga

☎048 / 22 046 EW.

Die Stadt Busuanga erstreckt sich etwa über die nördliche Hälfte der Insel Busuanga und ist ein guter alternativer Ausgangspunkt für alle, die den Massen in Coron entkommen wollen. Das administrative Zentrum liegt in Salvacion, aber die meisten Unterkünfte liegen 15 km südlich von Salvacion in Barangay Concepcion. Nördlich von Salvacion bringt einen der Highway zu entlegenen Stränden sowie nach Calauit Island und zum Calauit Safari Park.

Vom *barangay* New Busuanga 15 km nördlich von Salvacion führt eine holprige Straße in einem Ring zum *barangay* Cheey im nordöstlichen Busuanga, wo selten erkundete Inseln warten. An der Küste südlich von Cheey haben sich ein paar Strandresorts für jene angesiedelt, die wirklich alles mal hinter sich lassen wollen. Die Straße hierher wird nach und nach befestigt, sodass Cheey sich in naher Zukunft wohl dem Mainstream anschließen wird.

Sehenswertes & Aktivitäten

Calauit Safari Park TIERRESERVAT

(Ausländer/Philippiner mit Führer 400/200 P) Direkt vor der Nordwestspitze von Busuanga streifen Vertreter der afrikanischen Megafauna über Calauit Island. Hier angesiedelte Arten umfassen etwa 25 Giraffen und etwa 35 Zebras, die beide leicht zu entdecken sind. Auch Antilopen, aber die sind schon schwieriger zu entdecken. Außerdem leben hier zahlreiche Calamian-Hirsche, die von der Insel Busuanga umgesiedelt wurden, um Wilderei zu verhindern. Private Boote nach Calauit (5 Min.) legen in Macalachao, 7 km nördlich von Buluang, ab und kosten 400 P für Hin- und Rückfahrt.

Kajakfahren

Die Möglichkeiten zum **Kajakfahren** sind in der geschützten Dipuyai Bay (Concepcion) und Umgebung hervorragend; Mangroven und Inseln warten nur darauf, erkundet zu werden. **Jack's Place** (☎0917 988 1849; km 37, National Hwy., Concepcion) und Anne & Mike's Guesthouse vermieten Kajaks.

Tribal Adventures ABENTEUER

(☎in Boracay 0998 999 3049; www.tribaladventures.com; Palawan Sandcastles Resort, *barangay* Lakdayan, Cheey) Ein Seepaddelspezialist, der von seinem Hauptsitz in Cheey aus Kajakexpeditionen über mehrere Tage oder Wochen rund um die Calamian-Inseln organisiert (Abfahrt am städtischen Anleger in Coron), außerdem Mountainbiken, Allradtouren, *bangka*-Trips und Dugong-Begegnungen.

Tauchen

Die Wracks, zu denen in Coron Tauchtouren angeboten werden, sind normalerweise viel leichter von Concepcion aus zu erreichen,

Pirate Divers TAUCHEN

(☎0905 237 3758; Concepcion; 2/3 Tauchgänge einschließlich Ausrüstung 3000/4000 P) Der Engländer Simon hat einen wunderbaren kleinen Tauchshop direkt an der Anlegestelle in Concepcion. Die bedeutendsten Wracks sind nur eine kurze Fahrt in seiner großen Tauch-*bangka* entfernt.

D'Divers TAUCHEN

(☎0935 403 1816; www.ddivers.com; km 37, National Hwy., Concepcion) Tauchen, Kajakfahren und eine Reihe von Touren zu Lande, darunter Ausritte zu Pferde, werden in diesem Tauchshop angeboten, der zum Puerto del Sol Resort an der Dipuyai Bay gehört. Der deutsche Besitzer und Busuanga-Veteran Gunter hat in der Gegend Legendenstatus erreicht.

Schlafen & Essen

Die meisten Unterkünfte finden sich in Concepcion. Budgetangebote gibt es rund um die städtische Anlegestelle und verschiedene Angebote an der Dipuyai Bay ein paar Kilometer weiter südlich.

Ann & Mike's Guesthouse PENSION €

(☎0929 582 4020; mcbare13@gmail.com; Städtische Anlegestelle, Concepcion; Zi. mit Ventilator 800–1000 P, mit Klimaanlage 1500 P) Die freundliche, kleine Pension in der Nähe der Anlegestelle in Concepcion hat eine einfache Nipa-Hütte mit Gemeinschaftsbad und ein neueres Doppelhaus mit zwei klimatisierten Zimmern mit Wandgemälden. Hier gibt's das beste Essen in der Stadt, zum Beispiel köstliche Currys, und es ist eine gute Informationsquelle für die Gegend.

Busuanga Backpackers LODGE €

(☎0916 401 8703; km 36, National Hwy., Concepcion; DZ 500 P) Die rustikale Unterkunft direkt am Highway hat vier einfache, ventilatorgekühlte Zimmer mit Gemeinschaftsbädern und eine Küche für Selbstversorger. An der Hütte auf einem kleinen Hügel mit Meerblick lässt sich mit einem Drink in der Hand wunderbar der Sonnenuntergang genießen. Das Essen ist gut, und es gibt einen umweltfreundlichen Touren-Ableger (http://tourbusuanga.com), der Inselhopping-Trips und andere nette Exkursionen organisiert.

Elsie's Bungalow PENSION €€

(☎0927 542 6740; www.elsiesbungalow.ph; Haus 2500 P) Das Haus im traditionellen philippinischen Stil mit drei Zimmern an der Dipuyai Bay, das nur mit dem Boot zugänglich ist, eignet sich am besten für eine Gruppe, aber auch für ein Paar, das mal alles hinter sich lassen will. Die Inhaberin kocht großartige, von der Biko-Küche inspirierte Gerichte mit Biogemüse und

Kräutern aus dem eigenen Garten sowie frisch gelieferten Fischen und Meeresfrüchten. Strom ist verfügbar von 18 bis 23 Uhr; wer den Generator länger laufen lassen will, zahlt 100 P pro Stunde.

★ Al Faro Cosmio Hotel HOTEL €€€
(☎ 0917 532 0401; www.alfaropalawan.com; Dipuyai Bay, Concepcion; Zi. mit Frühstück 3600–4150 P; ⊙ Juli–Sept. geschlossen;) Man mische eine Prise Mittelmeer mit einem Hauch Märchenarchitektur, und fertig ist dieses Hotel auf einem Hügel mit Blick über die Dipuyai Bay. Eine Klimaanlage gibt es nicht, aber durch die einzigartigen, durchlässigen Fenster der Turmzimmer kommt genügend Frischluft herein und durchweht die Bungalows und Terrassen. Wunderbare Sicht und leckeres Essen im Restaurant. Nur im Boot zu erreichen.

Cashew Grove RESORT €€€
(☎ 0908 264 0909; www.cashewgrove.com; *barangay* Lakdayan, Cheey; DZ mit Frühstück 3800–4800 P;) Das Strandresort befindet sich in wunderschöner Lage an der Ostflanke Busuangas mit einem privaten, goldenen Strand und in einer Inselgruppe, die von den Inselhopping-Touren von Coron nicht angefahren wird. Rund um den Pool liegen große, moderner aussehende Zimmer in Doppelhäusern auf mehreren Ebenen mit Fliesenfußboden, während die Cottages am Strand über Holzböden, Freiluft-Bäder und ein traditionelles philippinisches Design verfügen.

Busuanga Bay Lodge RESORT €€€
(☎ 0927 418 3126; km 38, National Hwy., Concepcion; Zi. mit Frühstück ab 16 500 P;) Ein luxuriöses, weiß getünchtes Resort im karibischen Stil, dessen Herzstück ein großer Restaurantpavillon und ein Infinity-Pool mit Blick auf die atemberaubende Dupuyai Bay ist. Die Cottages sind zurückhaltend und elegant möbliert, und jede nur vorstellbare Aktivität wird hier angeboten: Kajakfahren, Tauchen, Wandern, Mountainbiken, Spa, Fitnessstudio und Ausflüge zu seinem privaten Strandclub die Küste hinauf.

Laura's Garden Tropical Restaurant PHILIPPINISCH €
(km 36, National Hwy., Concepcion; Hauptgerichte 100–165 P; ⊙ 7–19 Uhr) Das einfache Lokal liegt neben einem wunderschönen Garten in der Nähe der Resorts an der Dipuyai Bay. Auf der Speisekarte stehen nur wenige Gerichte wie Pasta mit Pesto, Süßsauer, Algensalat und *kinilaw* (roher Fisch, in Essig eingelegt).

ℹ An- & Weiterreise

Die stündlich fahrenden Busse von Coron nach Salvacion (80 P, 2¼ Std.) passieren Concepcion.

Es gibt keine öffentlichen Verkehrsmittel vom Flughafen nach Salvacion oder Concepcion, daher besteht die einzige Option darin, mit dem Bus von Coron aus zu fahren oder direkt vom Flughafen einen privaten Van zu mieten (2000 P bis 3000 P).

Die Philippinen verstehen

Die Philippinen aktuell

Riesige Staus in den Städten, ein „Drogenkrieg" und das Kriegsrecht. Mit Umbrüchen – sowohl natürlicher als auch politischer Art – muss man in einem Land inmitten des Taifungürtels und des pazifischen Feuerrings rechnen. Philippiner sind deshalb entschlossene und erfahrene Überlebenskünstler. Politische Intrigen, Korruptionsskandale und wechselnde Bündnisse mit anderen Ländern bestimmen die täglichen Schlagzeilen. Doch für viele ist das nur weißes Rauschen. Kratzt man an der Oberfläche, beschäftigen ganz andere Dinge die Philippiner: Migration, Traditionen, Aberglauben und die nächste Generation.

Die besten Filme

Norte – The End of History (2014) Ein Mensch kämpft gegen eine unaufhaltsame Flut von Gewalt – ein episches Meisterwerk.

Heneral Luna (2015) Epische Kritik an den Philippinern für die Ermordung ihres größten Generals während des Philippinisch-Amerikanischen Kriegs.

Kid Kulafu (2015) Biografie über die frühen Jahre des Boxers und Nationalhelden Manny Pacquiao.

Woman Who Left (2016) Eine zu Unrecht verurteilte Frau rächt sich an ihrem Ex-Liebhaber, der ihr ein Verbrechen angehängt hat.

Die besten Bücher

Ilustrado (Miguel Syjuco; 2010) Ein postmoderner Roman über die Geschichte der Philippinen und die Suche des fiktiven Erzählers nach seiner Identität.

Soledad's Sister (José Dalisay; 2008) Eine Frau holt den Leichnam ihrer Schwester ab und nimmt ihre Identität an.

In the Country (Mia Alvar; 2015) Kurzgeschichten über das Leben der Philippiner unter Marcos' Herrschaft.

Wasserspiele (James Hamilton-Paterson; 1987) Dieser zeitlose Bericht vom Leben auf einer einsamen, kleinen Insel wirft ein helles Licht auf die philippinische Kultur.

Dutertes Drogenkrieg

Rodrigo Duterte (alias „Digong"), der während seiner mehr als 20-jährigen Amtszeit als Bürgermeister der Stadt Davao oft auch „Bürgermeister des Todeskommandos" genannt wurde, führte 2016 einen populistischen Präsidentschaftswahlkampf, in dem er versprach, gegen Verbrechen, Drogen und Korruption vorzugehen. Er entschuldigte sich nicht. Seine Reden waren undiplomatisch. Er schwor, Feinde zu vernichten. Und er übertrumpfte seinen größten Rivalen um mehr als sechs Millionen Stimmen.

Laut Human Rights Watch, die sich auf offizielle Polizeistatistiken beruft, wurden im sogenannten Drogenkrieg während der ersten sechs Monate nach Dutertes Amtsantritt mehr als 7000 Menschen getötet, viele von ihnen mutmaßliche Drogendealer und *shabu*-(Metamphetamin)-Süchtige. Angeblich geht die Hälfte dieser Todesopfer auf das Konto der Polizei (2500 nach eigenen Angaben); die übrigen Toten werden überwiegend „nicht identifizierten Schützen" zugeordnet.

In einer im Fernsehen übertragenen Rede im August 2016 beschuldigte Duterte 150 Beamte, von Bürgermeistern bis zu Polizeibeamten, in den illegalen Drogenhandel verwickelt zu sein. Bei anderen Gelegenheiten rief er die Öffentlichkeit dazu auf, Süchtige umzubringen. Trotz all dem ist Duterte nach wie vor beliebt. Seine Behauptung, Drogen förderten Korruption, militante Gruppierungen in Mindanao sowie das Verbrechen insgesamt, stößt bei einigen Philippinern auf offene Ohren. Journalisten und Menschenrechtsgruppen bemühen sich, Belege für außergerichtliche Hinrichtungen zu finden, doch diese finden oftmals innerhalb von Gemeinschaften statt, die Repressalien fürchten, und häufig sind die Umstände unklar.

Geopolitik & natürliche Ressourcen

Die Lage der Philippinen, die ins Südchinesische Meer hineinreichen, macht den wirtschaftlichen Aufschwung des Landes anfällig für Konflikte, regional wie auch mit der Supermacht. 2013 erhob die ehemalige Aquino-Verwaltung mit Unterstützung der USA beim Ständigen Schiedshof Klage gegen China wegen Verletzung der Gebietshoheit im Südchinesischen Meer einschließlich wichtiger Fischgründe und entlegener Sandbänke und Riffe. Nach langem Rechtsstreit entschied das Gericht 2016 zugunsten der Philippinen. China ignorierte das Urteil, weil es die Zuständigkeit des Gerichtshofes nicht anerkannte, und leitete seinen Anspruch auf das Territorium historisch ab. Präsident Duterte ist seit seinem Amtsantritt weiter von den USA abgerückt und hat sich China rhetorisch und politisch angenähert.

China wiederum hat den Philippinen eine Investition von mehreren Milliarden Dollar für große Infrastrukturprojekte zugesagt. Dennoch bleibt der Zugang zum Südchinesischen Meer ein Streitpunkt. Geschätzte 320 000 Philippiner fischen dort, und ihre Lebensgrundlage und die gesamte Industrie sind von diesen Fischgründen abhängig. Laut der philippinischen Küstenwache und Regierungsbeamten kommt es immer wieder zu Meldungen über Drohungen und Angriffe chinesischer Schiffe auf philippinische Fischer. Riesige, nutzbare Erdgasvorkommen in dem Gebiet verkomplizieren die Situation noch weiter.

Kein Frieden in Mindanao

Auf den Philippinen gibt es einige der am längsten agierenden Widerstandsbewegungen, von Ureinwohnern, von kommunistischen und muslimischen Rebellengruppen. Sie spalten weiterhin die Gesellschaft. Die Lage in Mindanao, wo es schon seit Jahrzehnten brodelt, änderte sich 2017 radikal, als annähernd 600 militante IS-Anhänger die Islamische Stadt Marawi einnahmen. Das philippinische Militär antwortete mit aller Härte – Bombenangriffe, Artillerieeinsatz und Häuserkämpfe –, doch auch mehrere Monate später noch kontrollierten die Rebellen Teile der Stadt. Duterte rief das Kriegsrecht über Mindanao aus, zum ersten Mal seit der Herrschaft Marcos'. Mehrere Kämpfer wurden an Kontrollposten gefasst, als sie versuchten, in andere Teile der Insel zu flüchten. Im Dezember 2017 beschloss der Kongress, das Kriegsrecht bis Ende Dezember 2018 zu verlängern.

Das Erschreckendste für viele Beobachter: die Beteiligung vieler ausländischer Kämpfer, überwiegend aus Indonesien und Malaysia. Duterte übernahm sein Amt mit dem Versprechen, die politische Struktur des Landes zu föderalisieren und dem muslimischen Mindanao mehr Autonomie zu gewähren. Es bleibt abzuwarten, ob er angesichts der Belagerung Marawis und des Kriegsrechts noch genug politische und öffentliche Unterstützung gewinnen kann.

BEVÖLKERUNG: **102,6 MIO.**

FLÄCHE: **300 000 KM²**

BIP: **258,8 MRD. €**

INFLATION: **1,8%**

Gäbe es nur 100 Philippiner, wären ...

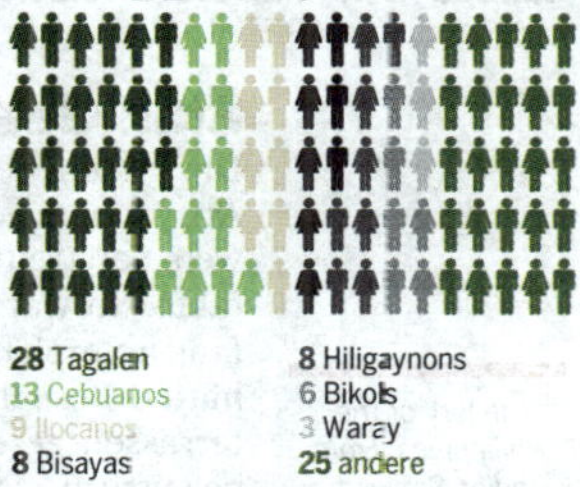

Religion
(% der Bevölkerung)

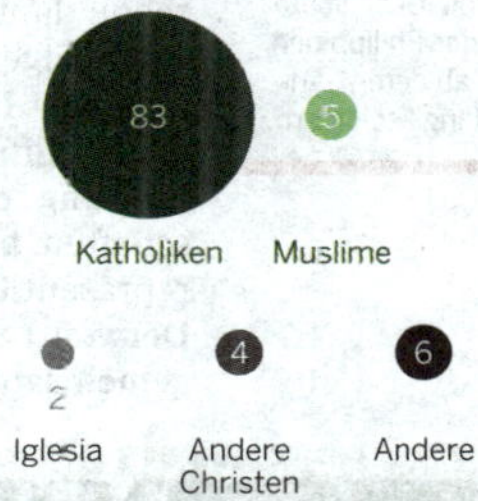

Einwohner pro km²

Geschichte

Bis zum 16. Jh. lebten die Philippiner unbehelligt auf ihren Inseln. Im Jahr 1521 entdeckte Ferdinand Magellan den Archipel für Spanien, kurz darauf begann die blutige Christianisierung. Die Filipinos starteten eine siegreiche Revolte und erlangten ihre Unabhängigkeit zurück, verloren aber ihren erneuten Aufstand gegen die inzwischen einmarschierten USA. Aus den rauchenden Trümmern des Zweiten Weltkriegs entstand eine unabhängige Republik. Der prägende Moment der modernen philippinischen Geschichte ist jedoch der Sturz des gewählten Hardliner-Präsidenten Ferdinand Marcos in der „EDSA-Revolution" von 1986.

Eine Geschichte der Unterschiede

Die ersten Bewohner der Inseln, Negritos bzw. Aeta, Dumagat oder Ati, kamen per Boot aus Richtung Norden, Süden und Westen. Ihre weit verstreuten Siedlungen unterhielten kaum wechselseitige Kontakte. So war der Gedanke einer philippinischen „Identität" von Anfang an prekär. Bei einem Abstecher nach Nord-Luzon vor 1000 Jahren hätten Besucher die Ifugao beim Bestellen ihrer spektakulären Reisterrassen gesehen – derselben, die heute noch Touristen bei Banaue begeistern. Die Vorfahren der Ifugao trafen vermutlich vor etwa 15 000 Jahren aus China und Vietnam ein. Der gleiche Reisende hätte in Süd-Luzon oder im Tiefland der Visayas hauptsächlich Menschen mit malaiischen Wurzeln und animistischem Glauben angetroffen. Einwanderer aus Brunei hatten zu dieser Zeit bereits den Islam im Süden von Mindanao und Sulu verbreitet. Und die Negritos waren schon damals über die ganze Inselgruppe verstreut.

History of the Philippines: From Indios Bravos to Filipinos (Luis H. Francia) und Under the Stacks (Saul Hofileña Jr.) sind zwei Überblickswerke, die die Geschichte der Philippinen ab deren „Anfang" schildern.

Als Jäger, Sammler und Fischer waren die ganz verschiedenen Ethnien der Philippinen kaum sesshaft. Allerdings kultivierten sie ein paar Feldfrüchte (z. B. Reis) und bildeten kleine *barangays* unter der Führung eines *datu* (Häuptlings). Diese kleinen Stammesgemeinschaften, benannt nach den *balangay*-Booten der malaiischen Siedler, repräsentierten damals die höchste Form einer politischen Einheit. Derweil besaß das „Land" weder eine zentrale Regierung noch eine gemeinsame Kultur oder Religion.

ZEITLEISTE

45.000 v. Chr.

Als ältester bekannter Bewohner der rund 7000 Inseln hinterlässt der „Tabon-Mann" ein Stück seines Schädels in einer Höhle auf Palawan und erhellt damit ein wenig die lange dunkle Urgeschichte der Philippinen.

100–200 n. Chr.

Die Chinesen handeln als erste Ausländer mit den Inseln, die sie Mai nennen. Damit beginnt Chinas langer kultureller und wirtschaftlicher Einfluss auf die Philippinen.

100–1000 n. Chr.

Malaien treffen in mehreren Wellen an Bord von Auslegerbooten ein und werden zur größten Ethnie der Inseln. Aus ihren verschiedenen Dialekten entwickeln sich die acht philippinischen Hauptsprachen.

Mitten hinein in dieses vielfältige Durcheinander stießen die Spanier mit einer einzigen Mission: der Vereinigung der Philippinen unter dem Banner des Christentums. Bemerkenswerterweise gelang ihnen dies größtenteils. Infolgedessen entstand während der nächsten paar Jahrhunderte so etwas wie eine einheitliche philippinische Identität, die von Spuren traditioneller und spanischer Kultur geprägt war.

Die Ankunft des Katholizismus

Ab dem frühen 16. Jh. verbreitete sich der Islam über die ganze Region. *Barangays* bis hinauf nach Manila im Norden waren bereits konvertiert. So sah alles danach aus, dass die Inseln größtenteils muslimisch werden sollten. Bis am 16. März 1521 der portugiesische Seefahrer Ferdinand Magellan in spanischen Diensten den Lauf der Landesgeschichte änderte, indem er bei Samar an Land ging und die Inseln für seinen König in Besitz nahm. Magellan machte sich daran, den Einheimischen einen Schnellkurs im katholischen Glauben zu verpassen. Er besiegte mehrere Stammeshäuptlinge und hatte sein Ziel fast erreicht. Doch dann ereilte ihn der Tod auf Mactan Island vor Cebu – während einer Schlacht gegen einen der letzten Widerständler, den Häuptling Lapu-Lapu.

Nach Abtretung der strategisch wichtigeren Molukken (Gewürzinseln) an Portugal war Spanien entschlossen, seine Ansprüche durchzusetzen. So entsandte es vier weitere Expeditionen. Als Befehlshaber der vierten benannte Ruy Lopez de Villalobos die Inseln nach dem spanischen Thronprinzen Philipp, Sohn Karls V. Als König Philipp II. befahl dieser 1564 einer neuen Flotte unter dem Kommando von Miguel Lopez de Legazpi, von Mexiko aus zu den Philippinen zu segeln, und stattete sie mit dem strikten Befehl zur Kolonisierung und Bekehrung zum Katholizismus aus. 1565 kehrte Legazpi zu Magellans Todesort auf Cebu zurück und überrannte den dortigen Stamm. Daraufhin zwang er dem besiegten *datu* Tupas ein Abkommen auf, das alle Filipinos dem spanischen Gesetz unterstellte.

Legazpi, seine Soldaten und eine Gruppe von Augustinermönchen errichteten schnellstmöglich eine Siedlung am Standort des heutigen Cebu City. Das Fort San Pedro ist ein bis heute erhaltenes Relikt aus dieser Zeit. Legazpi bemerkte schnell, dass sein Abkommen mit Tupas bedeutungslos war, da der Häuptling keine Macht über die zahllosen anderen Inselstämme hatte. So machte er sich daran, einen nach dem anderen zu unterwerfen.

Nachdem ihm dies gelungen war, gründete Legazpi 1569 eine Festung auf Panay (nahe dem heutigen Roxas), die von entscheidender Bedeutung war. Es trat ein Dominoeffekt ein, dessen Hauptziel Manila entrang Legazpi 1571 dem muslimischen Häuptling Rajah Sulayman.

A Country of Our Own (2004) vertritt den umstrittenen Standpunkt, dass die Philippinen mangels nationaler Identität niemals eine starke Rolle spielen werden. Autor David C. Martinez präsentiert jedoch ein paar Lösungsansätze.

Die spanische Dokumentation *Returning to the Siege of Baler* (2008) erzählt, wie sich 50 Spanier während der Philippinischen Revolution in Balers Kirche verschanzten und sich dort elf Monate lang gegen 800 Filipinos behaupteten.

1100

Händler aus China, Indien, Japan, Vietnam, Kambodscha, Thailand und anderen Ländern machen regelmäßig Geschäfte mit den Philippinen. Die Chinesen gründen Handelsposten an der Küste von Luzon.

1521

Ferdinand Magellan landet bei Samar und nimmt das Land für Spanien in Besitz. Auf Mactan Island vor Cebu wird er kurze Zeit später von Häuptling Lapu-Lapu ermordet.

1565

Legazpi zwingt den Häuptling von Cebu, ein Abkommen zu unterzeichnen, das alle Filipinos dem spanischen Gesetz unterstellt. Zehn Jahre später kontrolliert Spanien den Großteil der Inseln.

1700

Der Galeonenhandel boomt, chinesische Waren werden zwischen den Philippinen und dem mexikanischen Acapulco hin- und hertransportiert; Manila wird reich und erhält den Beinamen Perle des Orients.

Die folgenden vier Barockkirchen sind UNESCO-Welterbestätten: die Church of Santo Tomas de Villanueva (Miag-ao), die Church of San Agustín (Paoay), die Church of the Immaculate Conception of San Agustín (Itramuros, Manila) und die Church of Nuestra Señora de la Asuncion (Santa Maria).

The 1904 World's Fair: The Filipino Experience (2005; Jose D. Fermin) berichtet auf einnehmende Weise von den 1100 Filipinos, die als Zeichen kolonialen Triumphes zur Weltausstellung im amerikanischen St. Louis verfrachtet und dort wie Tiere im Zoo gezeigt wurden.

Er ernannte Manila hastig zur Hauptstadt der Las Islas Filipinas und erbaute das spätere Fort Santiago am Standort von Sulaymans früherer *kuta* (Festung).

Die neue Kolonie unterstand einem spanischen Gouverneur, der nach Mexiko Bericht erstattete. Doch außerhalb von Manila lag die wahre Macht in den Händen des katholischen Klerus. Die Mönche versuchten, die Menschen von den *barangays* in größere und zentraler verwaltete *pueblos* (Städte) umzusiedeln. Sie errichteten imposante Steinkirchen im Zentrum jedes *pueblo,* von denen viele noch heute stehen, und fungierten als Alleinherrscher über diese Art von ländlichen Lehnsgütern.

Die philippinische Revolution

Als Spanien schwächer und die Mönche immer repressiver wurden, begann sich Widerstand unter den Einheimischen zu regen. Am Ende des 18. Jhs. kam es zu mehreren Bauernaufständen, die jedoch schnell zerschlagen wurden. Doch im 19. Jh. änderte der Widerstand sein Gesicht, als *mestizos* mit europäischer Bildung und „nationalistischer" Einstellung in Erscheinung traten. Diese wohlhabenden Filipinos mit spanischen oder chinesischen Vorfahren waren als *ilustrados* bekannt. Ihr herausragendster und berühmtester Vertreter war Dr. José Rizal – Arzt, Dichter, Romanautor, Bildhauer, Maler, Linguist, Naturforscher und begeisterter Fechter. Rizal wurde 1896 von den Spaniern hingerichtet und war ein Symbol für den würdevollen Kampf, den die Filipinos um ihre Freiheit führten.

Durch die Hinrichtungen solcher Persönlichkeiten schufen die Spanier Märtyrer. Andres Bonifacio war der Führer einer kämpferischen Bewegung namens Katipunan (KKK), die heimlich eine revolutionäre Regierung in Manila gründete und diese mit ebenso geheimen Provinzräten vernetzte. Dabei wurden Kennwörter, Masken und Rangabzeichen in Form von farbigen Schärpen verwendet. Mitte 1896 erreichte die Katipunan mit schätzungsweise 30 000 Männern und Frauen ihre höchste Mitgliederzahl. Im August desselben Jahres bekamen die Spanier jedoch Wind von der geplanten Revolution, woraufhin die Katipunan-Führer aus der Hauptstadt fliehen mussten.

Anschließend versammelten sich die erschöpften, frustrierten und schlecht bewaffneten Katipuneros im nahe gelegenen Balintawak, einem *barangay* von Caloocan. Nach einer Abstimmung beschlossen sie dort, die Revolution dennoch zu wagen – und der Aufstand mit dem Ruf *Mabuhay ang Pilipinas!* (Lang leben die Philippinen!) begann. Dieses Ereignis ist heute als Ruf von Pugadlawin (engl. Cry of Balintawak) bekannt.

1762
Die Briten besetzen Manila zwei Jahre lang und werden schließlich vertrieben. Dieses Ereignis offenbart die Schwäche der spanischen Herrschaft und markiert die Geburt eines nationalen Bewusstseins der Filipinos.

1815
Die letzte spanische Galeone segelt von Manila nach Acapulco. Damit endet Manilas lukratives Welthandelsmonopol mit Mexiko und daher auch mit dem Großteil Südamerikas.

1850
Der Zucker- und Tabakboom lässt eine Klasse wohlhabender *mestizos* entstehen. Aus dieser gehen die *ilustrados* hervor, die im Ausland studieren und Unabhängigkeitsgedanken auf die Philippinen importieren.

1871
Amadeus I. wird zum König ernannt. Dieser setzt General Rafael de Izquierdo als Gouverneur der Philippinen ein, um die wachsende Unabhängigkeitsbewegung auf den Inseln rigoros zu unterdrücken.

Nach 18 blutigen Monaten wurde schließlich ein Friedensabkommen mit den Spaniern unterzeichnet. Im Dezember 1897 stimmte der General und Revolutionsführer Emilio Aguinaldo zu, nach Hongkong ins Exil zu gehen. Doch wie schon vorherzusehen, war niemand mit den Vorgaben des Abkommens zufrieden. So brachen die Spanier ihre Reformversprechen, während die Filipinos weiterhin Revolutionspläne schmiedeten.

Unterdessen wurde Kuba als weitere Krisenregion des spanischen Kolonialreichs zum Schauplatz eines unheilvollen Zuckerkriegs zwischen Spanien und den USA: Um sein Gesicht zu wahren, erklärte Spanien den USA den Krieg; und als spanische Kolonie wurden die Philippinen mit in den Konflikt hineingezogen. Kurz darauf erreichte eine US-Flotte unter Kommodore George Dewey die Manila Bay und besiegte die spanischen Schiffe. Dewey war darauf bedacht, die Unterstützung der Filipinos zu gewinnen. So begrüßte er die Rückkehr Aguinaldos aus dem Exil und überwachte die zweite Revolutionsphase, die mit der Einsetzung des Generals als erstem Präsident der philippinischen Republik endete. Als Aguinaldo die Unabhängigkeit der Nation in Cavite verkündete (12. Juni 1898), wurde die Nationalflagge der Philippinen zum ersten Mal gehisst.

BÜCHER

Zur einzigartigen Beziehung zwischen den USA und den Philippinen sind zahlreiche Bücher erschienen.

- *In Our Image: America's Empire in the Philippines* (Stanley Karnow): Standardwerk über Amerikas Rolle auf den Philippinen.
- *Waltzing with a Dictator: the Marcoses and the Making of American Policy* (Raymond Bonner): Untersucht, wie und warum die USA ein diktatorisches Regime unterstützten.
- *Benevolent Assimilation: The American Conquest of the Philippines 1899–1903* (Stuart Creighton Miller): Aufschlussreiche Darstellung des Philippinisch-Amerikanischen Krieges und dessen Bild in US-Medien.
- *America's Boy: A Century of United States Colonialism in the Philippines* (James Paterson-Hamilton): Fesselnde Betrachtung von Marcos' symbiotischer Beziehung zu den USA.
- *Vestiges of War: The Philippine-American War & Aftermath of an Imperial Dream* (Angel Velasco Shaw & Luis H. Francia): Interdisziplinäre Anthologie, die die nationalen Selbstverständnisse beider Länder kritisch beleuchtet und zueinander in Beziehung setzt.
- *By Sword and Fire: The Destruction of Manila in World War II* (Alphonso Aluit): Detaillierte Schilderung der Zerstörung Manilas und der Rolle Amerikas bei dieser Schlacht.

1872

Izquierdo lässt Padre José Burgos und zwei andere beliebte Filipino-Priester wegen Verdachts auf aufrührerische Absichten hinrichten. Dies facht den nationalistischen Geist nur noch mehr an.

1892

José Rizal kritisiert Spanien mit seinem Roman *El Filibusterismo* (Der Aufruhr) und kehrt ein Jahr später nach Hause zurück. Er gründet die soziale Reformbewegung La Liga Filipina und wird nach Mindanao verbannt.

1897

Im Juli ruft der Revolutionär Emilio Aguinaldo die Republik von Biak-na-Bato aus. Sie hat nur bis Dezember Bestand. Während Revolutionäre und Spanier einen fragilen Frieden schließen, geht Aguinaldo ins Exil.

1898

Im Pariser Frieden zwischen Spanien und USA wechseln die Philippinen den Besitzer. Zusammen mit Puerto Rico und Guam gehört der Archipel fortan zu den USA.

Der Philippinisch-Amerikanische Krieg

Mit dem Vertrag von Paris (1898) endete der Spanisch-Amerikanische Krieg: Für 20 Mio. US$ erwarben die USA neben den Philippinen auch Guam und Puerto Rico. In Amerika entbrannte anschließend eine heiße Debatte, was mit dem neuen Landbesitz nun anzufangen sei. Rechtsgesinnte Falken forderten lautstark, die Inseln aus strategischen und „humanitären" Gründen zu halten. „Antiimperialistische" Liberale bezeichneten die Unterjochung fremder Völker dagegen als moralisch verwerflich und warnten davor, dass der Kampf um die komplette Besetzung der Philippinen noch jahrelang weitergehen würde (womit sie auch recht behalten sollten).

Terror in Manila: February 1945 (2005; Antonio Pérez de Olaguer) schildert ungeschminkt die japanischen Gräueltaten während der Schlacht um Manila. Die Basis hierfür bilden Augenzeugenberichte von spanischen Überlebenden.

US-Präsident William J. McKinley war gegen eine Kolonisierung, gab aber schließlich den Falken in seiner Republikanischen Partei nach und stimmte einer Übernahme der Inseln zu. Den Imperialisten folgend, vertrat McKinley die Meinung, dass „die Filipinos unfähig seien, sich selbst zu regieren" – und dass er keine andere Wahl hätte, als die Inseln zu übernehmen und zu „zivilisieren". Doch die Filipinos unter Aguinaldos Führung sahen das anders: In offenem Widerstand erklärten sie Malolos außerhalb von Manila zur Hauptstadt. Und so brach im Februar 1899 ein neuer Krieg aus.

Aguinaldo und Rebellen wie Gregorio del Pilar oder Apolinario Mabini starteten einen bemerkenswert effektiven Guerillafeldzug zum Ausschalten des überlegenen US-Militärs. Auch nachdem Aguinaldo im März 1901 verhaftet worden war, ging der Krieg mit steigenden Verlusten auf beiden Seiten weiter. Infolgedessen sank die Unterstützung in der US-Öffentlichkeit allmählich. Nach dem Massaker von Balangiga erreichte der Unmut im September 1901 seinen Höhepunkt. Erst am 4. Juli 1902 verkündeten die USA schließlich ihren Sieg. Vereinzelte Guerillagruppen leisteten jedoch noch ein paar weitere Jahre lang Widerstand gegen die Amerikaner. Im Verlauf des Krieges starben etwa 200 000 philippinische Zivilisten sowie 20 000 philippinische und über 4000 US-Soldaten durch Kampfhandlungen oder Krankheiten.

Unter dem Kommando von General Edward Landsdale trainierte die US-Armee in den 1950er-Jahren auf den Philippinen für den Vietnamkrieg – die thematische Vorlage für Graham Greenes Roman *Der stille Amerikaner*.

Die amerikanische Periode

Nach ihrem offiziellen Sieg machten sich die Amerikaner rasch an die Heilung der tiefen Kriegswunden. Bereits zuvor hatten sie Reformen in Gang gesetzt, um das Los der Filipinos zu verbessern. Die wichtigste davon war eine komplette Umgestaltung des Bildungssystems. Die Spanier hatten einst versucht, die Einheimischen möglichst ungebildet zu halten und ihnen das Erlernen der spanischen Sprache zu verwehren. Die Amerikaner schickten jedoch Hunderte von Lehrern auf die Inseln, um den Filipinos Lesen, Schreiben, Rechnen und Englisch

1899
Während einer Nachtpatrouille bei Manila feuert der US-Gefreite William Grayson den ersten Schuss des Philippinisch-Amerikanischen Krieges ab. Die Kugel tötet einen betrunkenen philippinischen Zivilisten.

1901
General Emilio Aguinaldo wird von den Amerikanern gefangen genommen und drängt seine Landsleute später zum Akzeptieren der US-Herrschaft. Die Filipinos kämpfen allerdings noch rund 18 Monate lang weiter.

1935
Die Wahl des wohlhabenden *mestizo* Manuel L. Quezon zum ersten Präsidenten des Landes markiert die Gründung des Commonwealth der Philippinen. Wirklich unabhängig werden die Inseln aber noch nicht.

1942
75 000 amerikanische und philippinische Soldaten ergeben sich in Bataan den Japanern. Die Überlebenden werden auf einen Todesmarsch geschickt. Einen Monat später fällt Corregidor.

beizubringen. Innerhalb von 35 Jahren stieg die örtliche Alphabetisierungsrate von verschwindend gering auf beinahe 50%, während 27% der Bevölkerung Englisch sprachen.

Außer Schulen bauten die Amerikaner auch Brücken, Straßen und Kanalisationssysteme. Sie brachten Mindanaos aufsässige Moros zur Raison und christianisierten die Stämme in den nördlichen Krodilleren – die Spanier hatten sich an diesen Ethnien die Zähne ausgebissen. Es entstand ein politisches System nach US-Vorbild, das den Filipinos peu à peu mehr Macht gab. Zudem rangen sich die Amerikaner zu einer Geste durch, die in der Geschichte des Imperialismus als einmalig gilt: Sie versprachen den Filipinos offen, irgendwann einmal unabhängig zu sein.

Kritiker bezeichnen die amerikanische Mildtätigkeit während dieser Zeit als reine Mogelpackung zur Verschleierung des US-Hauptziels: der Festigung der wirtschaftlichen Vormachtstellung auf den Inseln. Aus welchem Motivationsgrund auch immer unterstützte Amerika neben der Einrichtung des Commonwealth of the Philippines (1935) auch einen Verfassungsentwurf nach US-Vorbild und die ersten landesweiten Wahlen. Zumindest auf dem Papier hatten Demokratie und Freiheit damit die Philippinen erreicht. Doch der Zweite Weltkrieg bereitete dem schon bald ein jähes Ende.

Imelda Marcos kandidierte 1992 und 1998 erfolglos für das Präsidentenamt, während immer noch rund 900 Ermittlungsverfahren wegen Korruption und anderer Verbrechen gegen sie liefen. 1995, 2010 und 2013 wurde sie zur Kongressabgeordneten gewählt. Ebenso 2016 – mit 87 Jahren!

Die Zerstörung Manilas

Zeitgleich mit der Bombardierung von Pearl Harbor auf Hawaii (1941) erfolgten weitere japanische Luftangriffe im Pazifikraum. Einer davon traf das Clark Field, wo General Douglas MacArthur trotz vieler vorangegangener Warnungen gerade ein Schläfchen hielt. Damit begann eine Reihe von Ereignissen, die schließlich zur japanischen Besetzung der Philippinen (1942–1945) führte.

Mit der Landung auf Leyte (1944) erfüllte MacArthur sein heute berühmtes Rückkehrversprechen und machte sich entschlossen an die Vertreibung der Japaner. Hauptschauplatz seines blutigen Feldzugs war Manila, wo wehrlose Zivilisten im Februar 1945 furchtbar unter dem Kreuzfeuer der beiden Kriegsparteien litten. Als MacArthur in die Stadt einmarschierte, hatten japanische Gräueltaten und amerikanischer Beschuss mindestens 150 000 zivile Todesopfer gefordert. Eine der einstmals schönsten Metropolen Asiens war dem Erdboden gleichgemacht worden.

Bis heute wird intensiv darüber diskutiert, wer letztendlich für die Zerstörung Manilas verantwortlich war. Die meisten Zivilisten starben durch das US-Artilleriefeuer. Dem wird oft entgegengehalten, dass MacArthur kaum eine Wahl hatte, da die Japaner sich weigerten, Manila aufzugeben und zur offenen Stadt zu erklären. Die Wahrheit wird

Inside the Palace (1987; Beth Day Romulo) dokumentiert den bühnenreifen Aufstieg und Fall des Ehepaars Marcos.

1945

Bei der blutigen Rückeroberung der Philippinen wird Manila zerstört. 150 000 Zivilisten sterben, viele davon infolge japanischer Kriegsgräuel. Die „Perle des Orients" wird niemals mehr dieselbe sein.

1946

Tomoyuki Yamashita wird als Kriegsverbrecher verurteilt und auf Befehl von General MacArthur gehängt. Die Untergebenen des japanischen Generals hatten dessen Befehle zur Aufgabe Manilas missachtet.

1946

Am 4. Juli erlangen die Philippinen formal die Unabhängigkeit. Die USA sichern sich aber für die nächsten 28 Jahre vertraglich die wirtschaftliche Abhängigkeit der jungen Republik.

1969

Ferdinand Marcos regiert zunehmend repressiver und schürt Unmut durch Truppenentsendungen nach Vietnam. Dennoch wird er als erster philippinischer Präsident zum zweiten Mal ins Amt gewählt.

wohl nie ganz ans Licht kommen. Jedenfalls gehört Manila zusammen mit Warschau, Hiroshima und Hamburg zu den Städten, die im Zweiten Weltkrieg am stärksten zerstört wurden.

Im Jahr 1946 wurden die Philippinen formal in die Unabhängigkeit entlassen, praktisch blieb die Abhängigkeit von den USA jedoch zunächst bestehen.

The Fall of Joseph Estrada: The Inside Story (2001; Amando Doronila) ist ein sehr lesenswertes Werk über den Aufstieg und Fall des Schaupielers, der in den 1990er-Jahren versuchte, philippinischer Staatsmann zu werden.

Die Ära Marcos

Ferdinand Marcos entstammte einer prominenten Politikerfamilie aus Ilocos. Unter dem verführerischen Slogan „Diese Nation kann wieder groß sein" wurde der schneidige, frühere Rechtsanwalt im Jahr 1965 zum vierten philippinischen Präsidenten nach dem Zweiten Weltkrieg gewählt. Zuerst brach damit tatsächlich eine neue Ära an: Marcos und seine noch charismatischere Frau Imelda machten sich daran, an Manilas Vorkriegsenergie anzuknüpfen. Weitflächige Armut, steigende Inflation, magere öffentliche Fördermittel und eklatante Korruption führten jedoch 1970 zu mehreren Protestwellen in Manila. Als die Polizei dabei einige Demonstranten vor dem Malacañang-Präsidentenpalast erschoss, starb damit auch Marcos' Image als politischer Heilsbringer.

DIE MASSAKER VON MAGUIDANAO & DIE MEDIEN

Die Welt stand unter Schock nach dem Verbrechen am Rande der Wahlen, es war eine der tödlichsten Einzelattacken gegen die Medien: Im Vorfeld der Gouverneurswahl in Maguindanao, Mindanao, 2010 wurden auf einer Wahlkampfveranstaltung eines Oppositionskandidaten 58 Menschen erschossen. 34 davon waren Medienvertreter.

Die mutmaßlichen Täter standen in Verbindung mit dem regional dominierenden Ampatuan-Clan unter der patriarchalischen Führung des damals amtierenden Gouverneurs Andal Ampatuan sen., der 2015 an Krebs starb. Dessen Sohn Andal jun. strebte damals die Nachfolge seines Vaters an und soll hinter dem Anschlag stecken.

Eine Verurteilung in einem so stark in der Öffentlichkeit stehenden Fall ist auf den Philippinen seit jeher sehr ungewiss: Clans wie die Ampatuans operieren hier zumeist ungestraft. Präsident Aquino hatte zu seiner Regierungszeit geschworen, dass die Schuldigen zur Rechenschaft gezogen würden; doch seit Sommer 2017, inzwischen unter Dutertes Präsidentschaft und inmitten von Bestechungsvorwürfen, ist es der Staatsanwaltschaft noch nicht gelungen, auch nur einen der 197 Angeklagten zu verurteilen.

Trotz (oder vielleicht auch wegen) der lautstarken freien Presse der Philippinen sind Morde an Journalisten hier keine Seltenheit. Das Committee to Protect Journalists führte das Land 2016 in seinem Index der Länder, in der Mörder von Medienvertretern am häufigsten straffrei bleiben, an vierter Stelle, nach Somalia, dem Irak und Syrien – ein weiterer Grund für die aufmerksame Verfolgung des Strafprozesses.

1972
Als der Groll gegenüber Marcos wächst, verhängt der bedrängte Präsident den Ausnahmezustand. Tausende von Lehrern, Journalisten, Gewerkschafts- und Oppositionsführern werden inhaftiert.

1980
Der Oppositionelle Benigno „Ninoy" Aquino jun. wird aus der Haft entlassen, um sich in den USA einer dreifachen Bypass-Operation zu unterziehen. Er bleibt mehr als drei Jahre lang im Exil.

1981
Papst Johannes Paul II. kritisiert Marcos' Menschenrechtsbilanz und besucht die Philippinen; kurz davor wird der Ausnahmezustand aufgehoben. Wenig später tritt Marcos nach einer manipulierten Wahl eine dritte Amtszeit an.

1983
Aquino kehrt aus seinem Exil in den USA in seine Heimat zurück und wird beim Verlassen des Flugzeugs in Manila erschossen. Beim Trauerzug für ihn strömen 2 Mio. Menschen auf die Straßen.

SUPERTAIFUN YOLANDA

Stürme und Naturkatastrophen gehören hier zum täglichen Leben, aber 2013 war ein besonders tragisches Jahr. Nur drei Wochen nach einem Erdbeben der Stärke 7,2 in der Nähe von Bohol fegte am 7. November Taifun Haiyan (von den Einheimischen Taifun Yolanda genannt) über die Central Visayas hinweg. Die Welt wurde Zeugin apokalyptischer Zerstörung und enormen Leids – und der schwerfälligen Hilfsmaßnahmen der Regierung. Einheimische schätzen, dass die Opferzahl doppelt so hoch sein könnte als die offizielle Angabe von etwa 6000.

Parallel traten linksgerichtete Studentengruppen und die kommunistische New People's Army (NPA) in Erscheinung. Grund genug für Marcos, 1972 den Ausnahmezustand über das ganze Land zu verhängen. Was eigentlich letztes verfassungsmäßiges Mittel zum Schutz der Bevölkerung sein soll, nutzte Marcos nun, um an der Macht zu bleiben – eine dritte Amtszeit verwehrte ihm die Verfassung – und seine ausländischen Geschäftsinteressen zu schützen. So trat eine Ausgangssperre in Kraft, während die Medien zum Schweigen gebracht oder vom Militär übernommen wurden. Gleichzeitig wurde der internationale Reiseverkehr fast komplett eingeschränkt. Obendrein verhaftete man Tausende von Regierungsgegnern und deportierte sie in Militärlager. Insgesamt wurden schätzungsweise 50 000 Oppositionelle inhaftiert, getötet oder ins Exil getrieben. Marcos erhielt den Ausnahmezustand bis 1981 aufrecht und starb 1989 selbst im Exil.

Seine schuhversessene Frau kehrte schon kurze Zeit später auf die Philippinen zurück. Zusammen mit ihrem Mann hatte Imelda die Staatskasse nachweislich um Milliarden US-Dollar erleichtert. Dennoch lebt sie bis heute unbehelligt in Manila und trat 2016 ihre vierte Amtszeit als Kongressabgeordnete an (einmal für Leyte, dreimal für Ilocos Norte).

Die Geburt der People Power

Beobachtet von der ganzen Welt, nahm die People-Power-Bewegung im Februar 1986 ihren Anfang: Nur mit ihrem Mut und religiösen Glauben bewaffnet, zogen Millionen von Filipinos durch die Straßen Manilas, um gegen die Militärmacht des Marcos-Regimes zu protestieren. Trotz Marcos' Unbeliebtheit Mitte der 1980er-Jahre war letztendlich erst die Ermordung des ungemein beliebten Oppositionellen Ninoy Aquino der Auslöser dafür, dass die Filipinos für ihr Recht auf Demokratie auf die Straße gingen.

Kurz darauf war es mit der Diktatur vorbei: Ab 1986 reduzierten sogar die USA ihre Hilfe, nachdem sie Marcos jahrelang gegen den südostasiatischen Kommunismus unterstützt hatten. Angesichts der

Marc Bowdens fesselnder Artikel *Jihadists in Paradise* (erschienen im *Atlantic Monthly*) beleuchtet die Besetzung eines Resorts auf Palawan durch Abu-Sayyaf-Rebellen und die anschließende 18-monatige Geiselhaft zweier US-Missionare.

1986
Die unblutige People-Power-Revolution (alias EDSA I) vertreibt Marcos von den Philippinen. Ninoys Witwe Corazon wird Präsidentin, nachdem sie wenige Tage zuvor die Wahl gegen Marcos verloren hat.

1989
Bei einem Putschversuch gegen Cory Aquino werden Ausländer in Makati als Geiseln genommen. Die vermeintliche US-Beteiligung beim Zerschlagen der Belagerung heizt antiamerikanische Ressentiments an.

1991
Der Ausbruch des Pinatubo zerstört die US-Militärbasis bei Clark. Der philippinische Kongress stimmt dafür, die amerikanische Militärpräsenz auf den Inseln dauerhaft zu beenden.

1997
Der Erlass des Indigenous Peoples' Rights Act (IRPA) ermächtigt Stammesgruppen, eine Besitzurkunde für ihnen angestammtes Land zu erlangen. Das komplizierte Prozedere erweist sich aber als hohe Hürde.

Kritik im Ausland und wachsender Unruhen in der Heimat setzte Marcos vorgezogene Neuwahlen für den 7. Februar 1986 an. Inzwischen war Ninoys Witwe – Corazon „Cory" Aquino – auf Betreiben der katholischen Kirche zur zentralen Figur der Opposition geworden (wenn auch zunächst nur widerwillig). Marcos gewann die Wahl, doch jeder im philippinischen Volk wusste, dass Cory um den Sieg betrogen worden war.

So versammelte sich am 26. Februar ein riesiges Menschenmeer rund ums Camp Aguinaldo und Camp Crame an der Epifanio de los Santos Avenue (alias EDSA). Dort hatten Juan Ponce Enrile und Fidel Ramos Zuflucht gesucht, nachdem sie als frühere Marcos-Minister auf die Seite des Volks übergelaufen waren. Die Demonstranten sangen, beteten und teilten Essen bzw. Getränke – sowohl untereinander als auch mit Regierungssoldaten. Diese wollten nicht in die Menge schießen und schlossen sich schließlich ihren Landsleuten an. Abends drohten die ruhelosen Massen schließlich mit der Erstürmung des Präsidentenpalasts. An diesem Punkt schritten die USA ein und wiesen Marcos an, „loszulassen". Als das Ehepaar Marcos hastig ein US-Flugzeug bestieg und nach Hawaii ins Exil floh, war dies das erfolgreiche Ende des unblutigen Umsturzes des philippinischen Volkes, mit dem es in der Ära des Kalten Krieges ein Zeichen setzte.

Das ewig alte Lied

Die ersten zehn Jahre des 21. Jhs. waren eine turbulente Zeit für die philippinische Politik. Den Anfang machte ein Amtsenthebungsverfahren gegen Joseph Estrada: Bei der zweiten People-Power-Revolution in 15 Jahren gingen Millionen Filipinos auf die Straße, um den unter Korruptionsverdacht stehenden Präsidenten abzusetzen. Estrada musste seiner Vizepräsidentin Gloria Macapagal Arroyo (ihr Vater Diosdado war Vizepräsident und Ende der 1950er bis Anfang der 1960er-Jahre Präsident) weichen, deren fast zehnjährige Regierungszeit ebenfalls von Skandalen überschattet wurde, u.a. wegen angeblicher Unregelmäßigkeiten bei ihrer Wiederwahl 2004 und den Kongresswahlen von 2007, Missbrauchs öffentlicher Gelder und, nun ja, allgemeiner Veruntreuung und Korruption.

Bei den Präsidentschaftswahlen von 2010 fanden die Philippinen mit Benigno „Noynoy" Aquino III. das neue Gesicht, nach dem sie gesucht hatten. Der Sohn von Corazon Aquino, Heldin der ersten People-Power-Revolution im Jahr 1986, konnte auf eine makellose Vergangenheit verweisen und ritt nach dem Tod seiner Mutter (2009) auf einer Welle der nationalen Trauer. In einem Erdrutschsieg (42% der Wählerstimmen) triumphierte er über den früheren Präsidenten Estrada und mehrere andere Kandidaten.

1999

Während des Krieges gegen die Moro Islamic Liberation Front (MILF) unterzeichnet Präsident Estrada das Visiting Forces Agreement, das US-Soldaten die Rückkehr erlaubt, um philippinische Truppen zu trainieren.

2007

Abtrünnige Soldaten, die wegen eines Putschvorhabens 2003 vor Gericht stehen, fliehen aus dem Verhandlungssaal und versuchen einen weiteren Putsch gegen Arroyo, indem sie das Peninsula Hotel in Manila besetzen.

2013

Die Moro National Liberation Front (MNLF) belagert drei Wochen lang Zamboanga City auf Mindanao. Die anschließenden Kämpfe mit der philippinischen Armee machen 100 000 Menschen zu Flüchtlingen.

2013

Im November fegt der Taifun Haiyan (hier Yolanda genannt) über die Central Visayas hinweg. Er zerstört ganze Küstengemeinden und fordert Schätzungen zufolge 15 000–25 000 Todesopfer.

Obwohl die Wirtschaft der Philippinen rasant wuchs (auch wenn nahezu 10% auf Geldsendungen zurückgingen), war immer wieder die Rede davon, Präsident Aquino zu verklagen, nachdem er das Disbursement Acceleration Program (DAP), das Programm zur beschleunigten Finanzmittelverwendung, erlassen hatte. Mit diesem Programm konnte Aquino die Legislative umgehen und – laut eigenen Angaben – das bitter benötigte Impulspaket schneller auf den Weg bringen. In einem entmutigenden Hin und Her drohte Aquino, die Richter des Obersten Gerichts anzuklagen, nach deren Urteil das DAP verfassungswidrig war.

Seitdem schien die Regierung Aquino gewisse Fortschritte erreicht zu haben, u. a. konnten die jahrzehntelangen bewaffneten Konflikte auf Mindanao und Sulu im Süden eingedämmt werden. Im Sommer 2014 einigte sie sich mit der Moro Islamic Liberation Front (MILF), einer der größten Rebellengruppen, die für einen autonomen islamischen Staat kämpft, auf die Rahmenbedingungen für das sogenannte Bangsamoro-Territorium. Allerdings erhoben andere Gruppen Einsprüche dagegen, weshalb die Gewalt wieder aufflammte.

Ein anderer Weg

Im Vorfeld der Präsidentenwahl von 2016 schwand das Vertrauen in Aquino und die traditionelle Politik allmählich. Dies lag unter anderem an der Belagerung von Zamboanga, dem Angriff auf Landarbeiter der Hacienda Lucita, der Geiselnahme von Luneta, Einschnitten im Sozialwesen und den mangelnden Fortschritten bei der Verbesserung der Verkehrsinfrastruktur und der Stromversorgung. Aber nicht nur Aquinos politisches Schicksal hatte sich gewendet. Die noch laufende Nopales-Untersuchung, im Rahmen derer eine einflussreiche Geschäftsfrau angeklagt ist, Provisionen an prominente Oppositionsführer gezahlt zu haben, ist ein ganzes Sammelsurium von Fehlverhalten.

Die Spannungen mit China wegen der Herrschaft über das Südchinesische Meer wurden immer ausgeprägter. Und als ein weiteres Beispiel dafür, wie Politiker auf den Philippinen auch nach einer langen gerichtlichen Odyssee, einschließlich „Krankenhausarrest", ein zweites und drittes Leben haben können, wurde Präsidentin Macapagal Arroyo 2016 vom Obersten Gericht entlastet. Noch während sie unter dem Schatten der Untersuchungen stand, wurde sie zweimal in den Kongress gewählt.

Mit seinem Versprechen, Korruption und Kriminalität zu beenden und die Beziehungen zu China wiederherzustellen, besiegte Rodrigo Duterte, der langjährige ehemalige Bürgermeister der Stadt Davao im Süden der Philippinen, bei den Präsidentenwahlen von 2016 seinen erbittertsten Rivalen um mehr als sechs Millionen Wählerstimmen.

2015

In der Provinz im Süden der Philippinen werden bei Kämpfen mit einer Splittergruppe der Moro Islamic Liberation Front (MILF) 37 Polizisten getötet. Eine Anhörung zur Umsetzung des Friedensplans wird daraufhin ausgesetzt.

2016

Rodrigo Duterte wird mit großer Mehrheit zum Präsidenten der Philippinen gewählt. Seither sorgt er immer wieder für Schlagzeilen und Besorgnisse.

2017

Fast 600 IS-Anhänger, darunter viele ausländische Kämpfer, belagern Ende Mai die Stadt Marawi auf der Insel Mindanao.

2018

Nachdem der Internationale Strafgerichtshof in Den Haag Ermittlungen gegen Präsident Dutertes Offensive gegen Drogenkriminalität ankündigt, ziehen sich die Philippinen aus dem Tribunal zurück.

Mentalität & Kultur

Es ist nicht abzustreiten: Die Lebensfreude der Philippiner ist auf unserem Planeten unerreicht. Das Nationalsymbol, der Jeepney, ist eine passende Metapher für dieses Land. Der Jeepney ist mit Farbe bespritzt, mit religiösen Symbolen vollgestopft und mit zuversichtlichen Kritzeleien verziert und stellt so stolz zur Schau, dass er im Grunde nichts anderes ist als ein schäbiger Haufen Schrott. Egal wie die Aussichten sind, die Philippiner meistern ihr Leben mit einem Lachen und einem Augenzwinkern. Was auch immer geschieht… „so sei es“.

Mentalität

Der Fatalismus der Philippiner hat einen Namen: *bahala na*. Der Ausdruck besagt, dass alle Dinge geschehen sollen und in der Zwischenzeit das Leben gelebt werden muss. *Bahala na* prägt das sorglose, gastfreundliche Naturell der Menschen und auch ihre Toleranz. Besucher der Inseln werden unabhängig von Herkunft, Glauben oder sexueller Orientierung alle mit derselben großen Wärme und Herzlichkeit empfangen.

Eye of the Fish heißt die interessante Essaysammlung des in Manila geborenen und in New York aufgewachsenen Journalisten Luis H. Francia. Die Essays bilden eine gute Einführung in die verschiedenen Problembereiche, denen sich die Philippiner heute gegenübersehen.

Familie und Religion sind die beiden wichtigsten Kräfte der philippinischen Gesellschaft. Die engen Familienbande erstrecken sich auch auf entfernte Cousins, zahlreiche Taufpaten und die *barkada* (Freundesgruppe). Nahezu ohne Ausnahme wird allen Mitgliedern der Verwandtschaftsgruppe äußerste Loyalität zuteil. Der Respekt für Ältere hat Priorität.

Philippinische Familien, vor allem die armen, sind groß. Es ist nicht ungewöhnlich, dass ein Dutzend Familienmitglieder zusammen in einem winzigen Apartment oder einer Mangrovenhütte wohnen. Deshalb hat Privatsphäre für Philippiner nicht dieselbe Bedeutung wie für Europäer. Gäste in philippinischen Resorts sind häufig erstaunt – oder entsetzt –, wenn im Zimmer nebenan eine zehnköpfige Familie einzieht, komplett mit Haustieren, Videoke-Maschine und Kochutensilien.

Die unterste politische Einheit, das *barangay*, ist eine bloße Erweiterung der auf der Familie basierenden kommunalen Einheit, die in prähispanischen Zeiten die soziale Struktur prägte. Die Vorstellung, für das Gemeinwohl zusammenzuarbeiten, die auf nationaler Ebene so gut wie gar nicht existiert, ist auf der *barangay*-Ebene quicklebendig und wird als *bayanihan* bezeichnet. Ursprünglich ein ländliches Gebilde, ist das *barangay* heute in den städtischen Elendsvierteln von nicht geringer Bedeutung, da dort ein gesunder Gemeinschaftsgeist überlebenswichtig ist.

Altar of Secrets: Sex, Politics, and Money in the Philippine Catholic Church (2013) ist das vernichtende Urteil des Journalisten Aries Rufo über die Führung der vorherrschenden Religion des Landes.

Ein weiterer Faden im Geflecht der philippinischen Gesellschaft ist der Arbeiter in Übersee. Zu jedem Zeitpunkt arbeiten mehr als 1 Million Philippiner im Ausland und schicken zig Milliarden Dollar nach Hause. Der Overseas Filipino Worker (OFW) – die Krankenschwester in Kanada, der Bauarbeiter in Katar, der Entertainer in Japan, die Putzfrau in Singapur – gilt als Nationalheld.

Glaube & Aberglaube

Mehr als 80% der Philippiner sind römisch-katholisch. Die Trennung von Staat und Kirche steht zwar formal in der Verfassung, doch hat die katholische Kirche großen Einfluss auf die nationale und kommunale Politik. Ein subtiler Hinweis der Kirche kann die Bürgermeisterwahl entscheiden und bedeutet Millionen Stimmen für Präsidentschafts- oder Kongresskandidaten.

Zum Missfallen der katholischen Kirche sind die Philippiner auch sehr abergläubisch. In den städtischen Gegenden helfen Wunderheiler, Hellseher, Wahrsager, Stammesschamanen, Selbsthilfebücher und evangelikale Kreuzritter gern dabei, Missgeschicke abzuwehren. Auf dem Land ist es selbstverständlich, dass in Höhlen und Wäldern Gespenster, Geister und *aswang* leben (vampirähnliche Gestalten, die ungeborene Kinder verspeisen).

Aswang – mythische vampirähnliche Figuren, die ungeborene Kinder verspeisen – spielten in mindestens einem amerikanischen Kulthorrorstreifen eine Rolle. Jeder auf dem Land lebende Philippiner wird im Brustton der Überzeugung von den vielen *aswang* erzählen, die in den Wäldern vor Ort leben.

Ethnien

Ethnologisch ist die überwältigende Mehrheit der Philippiner mit Malaysiern und Indonesiern verwandt, dazu kommen ein bedeutender chinesischer Anteil und ein paar Tropfen amerikanisches und spanisches Blut aus der Kolonialzeit.

Auf den Philippinen gibt es auch je nach Definition fast 100 kulturelle Minderheiten und etwa 170 verschiedene Sprachen und Dialekte. Im Allgemeinen können die ethnischen Minderheiten in drei große, unscharf getrennte Gruppen geteilt werden: Negritos, Igorot und Manobo.

Negritos

Die Negritos werden oft die Aborigines der Philippinen genannt. Zu ihnen gehören die Völker der Aeta, Ati, Eta, Ita und Dumagat. Ihre

PROSTITUTION AUF DEN PHILIPPINEN

Das Geschäft mit dem Sex auf den Philippinen entwickelte sich rund um die US-Militärbasen Clark und Subic Bay und erreichte zum Ende der Ära Marcos seinen Höhepunkt. Die Amerikaner verließen die Inseln 1991, aber die Prostitution grassierte weiterhin rund um ihre ehemaligen Basen und in den meisten größeren Städten. Verschiedene Schätzungen gehen von etwa 400 000 Prostituierten im Land aus, von denen bis zu 20% minderjährig sind. Zwar ist Prostitution offiziell verboten, aber die Polizisten, die in großer Zahl von der Sexindustrie bestochen werden, drücken gern ein Auge zu.

Das für Asien und den pazifischen Raum zuständige Büro der **Coalition Against Trafficking in Women** (☎02-426 9873; www.catwinternational.org) befindet sich in Quezon City, Manila. Die Website liefert Informationen zur Prostitution auf den Philippinen und einige nützliche Links. In Angeles arbeitet die **Renew Foundation** (www.renew-foundation.org) daran, ehemalige Prostituierte und verschleppte Frauen von der Straße zu holen, indem sie ihnen eine normale Berufsausbildung ermöglicht und sichere Unterkunft gewährt.

Ein besonderes Problem ist die Kinderprostitution. Sexueller Missbrauch von Kindern wird auf den Philippinen absolut verschwiegen. Ein wichtiger Grund für dieses Schweigen ist *hiya* (Scham), aber der größte Teil des Schweigens wird erkauft. Pädophilie bringt das große Geld, sowohl für die Rädelsführer, die den Pädophilen Kinder zuführen, als auch für die Gesetzeshüter, die dafür bezahlt werden, dass sie wegsehen.

ECPAT Philippines (☎02-920 8151; www.ecpatphilippines.org) in Quezon City unterstützt einen Tourismus, der Kinder nicht gefährdet, und arbeitet daran, die kommerzielle sexuelle Ausbeutung von Kindern durch Kinderprostitution, Kinderpornografie und den Handel mit Kindern zu sexuellen Zwecken zu beenden. Wer einen Fall melden möchte, kontaktiert ECPAT, die **Philippine National Police Women & Children's Division** (☎0919 777 7377) oder die **Human Trafficking Action Line** (☎02-1343).

Zahl wird auf nur noch 30 000 bis 40 000 geschätzt, und sie sind allgemein am häufigsten rassistischer Diskriminierung ausgesetzt. Die Negritos leben in äußerst ärmlichen Verhältnissen hauptsächlich an den Küstenrändern des nördlichen Luzons und im Hochland von Mindoro, Negros, Samar, Leyte und Panay. Die dort lebenden Ati, die berühmt für ihre Feste sind, gelten als Erfinder der heutigen Ati-Atihan Festivals in Kalibo und den umliegenden Städten.

Ghosts of Manila (1994) von James Hamilton-Paterson ist eine ebenso abschreckende wie unterhaltsame „Doku-fiction" über das Leben und Sterben und die Ketten der Korruption, die Philippiner in den Slums von Manila binden.

Igorot

Die Cordillera-Region auf Luzon ist die Heimat der Bergstämme, die zusammen als Igorot bekannt sind. Zu ihnen gehören die Apayao (oder Isneg), Kalinga, Ifugao, Ibaloi, Bontok und Tingguian (oder Itneg). Im Großen und Ganzen haben sich die Igorot zwar äußeren Einflüssen widersetzen können, doch wurden viele ihrer Traditionen erst von den Spaniern, dann von den Amerikanern unterdrückt. Trotzdem sind die meisten Rituale, Moden und Glaubenssätze der Igorot in irgendeiner Form erhalten geblieben, und in einigen Dörfern lebt diese Bevölkerungsgruppe weiterhin nahezu so, wie ihre Vorfahren es taten, kümmert sich um Reisterrassen und ernährt sich von dem, was das Land hergibt.

Manobo

Der Begriff Manobo beschreibt die größten indigenen Gruppen auf Mindanao. Fünf dieser Gruppen sehen sich als Muslime – die Badjao, Maguindanao, Maranao (oder Maranaw), Tausag (oder Tausug) und Samal. Die animistischen Badjao gelten als die am wenigsten islamische dieser Gruppen, sie sind die „Seenomaden" der Sulusee. Die Maguindanao sind die größte der muslimischen Gruppen und be-

ARNEL PINEDAS JOURNEY

Er war nur „a small-town boy", wie seine Lieblingsband es einmal formulierte, der in der völlig überlaufenen Cover-Band-Szene in Quezon City, Manila, als Lead-Sänger einer Band namens Zoo tätig war. Arnel Pineda rechnete nicht damit, mehr oder weniger Ruhm als irgendeiner der anderen Millionen philippinischen Coverband-Sänger zu erlangen, die in Hotels zwischen Bahrain und Beijing die Massen in den Bars und Lounges bei Laune hielten. Aber eins war sicher: Arnel Pineda konnte wie kein anderer das kehlige Heulen von Steve Perry, dem ehemaligen Lead-Sänger der Band Journey, nachahmen.

2006 passierte etwas, was in der internationalen Rockszene zwar ein paar Wellen schlug, aber Pinedas Leben ein für alle Mal umkrempelte. Die alternden Rocker von Journey waren gezwungen, ihren Lead-Sänger Steve Augeri fallen zu lassen, der gerade seine Stimme verlor, aber ohnehin nie wirklich wie Perry geklungen hatte. Ein Jahr später, nachdem es mit einem weiteren Lead-Sänger nicht geklappt hatte, stolperte die Band auf YouTube über ein paar Clips von Pineda. Skeptisch luden sie ihn nach L. A. zum Vorsingen ein.

Es heißt, dass als Pineda sein Visum beantragte, niemand in der US-Botschaft seinen angeblichen „Zweck der Reise" glaubte – ein Vorsingen, um Lead-Sänger von Journey zu werden. Daher baten sie ihn darum, ein paar Zeilen aus „Wheels in the Sky" zu singen. Er tat es, sie stellten das Visum aus, und er war auf dem Weg in die berühmt-berüchtigte Welt des Rock 'n' Roll.

Anfang 2008 führte die Band Pineda als ihren neuen Lead-Sänger ein, und 90 Millionen Philippiner wurden über Nacht zu Journey-Fans. Im Februar 2017 kehrte Pineda mit Journey nach Manila zurück und gab ein Konzert in der dortigen Mall of Asia. Die Philippiner lieben gute Vom-Tellerwäscher-zum-Millionär-Geschichten, um ihre Hoffnung, dass alles besser werden kann, zu unterstreichen. Pineda, einst ein obdachloses Kind auf Manilas Straßen, hat den Philippinern mehr als nur eine gute Geschichte geschenkt – er hat ihnen etwas gegeben, worauf sie stolz sein können.

rühmt für ihre Fertigkeiten als Musiker und Weber. Die Maranao sind die traditionellen Besitzer des Lake Lanao und zählen zu den geschicktesten Handwerkern der Philippinen. Die Tausag konvertierten im 15. Jh. als Erste zum Islam und waren deshalb die herrschende Klasse des Sultanats von Sulu. Die Samal sind die ärmsten der muslimischen Gruppen und waren lange die loyalen Untertanen der Tausag-Dynastien. Die wichtigsten nichtmuslimischen indigenen Gruppen auf Mindanao sind die Völker der Bukidnon, Bagobo, Mandaya und Mansaka.

Kunst

Musik

Die Philippiner sind besonders bekannt für die allgegenwärtigen Coverbands und ihre Begeisterung für Karaoke, J-Pop, K-Pop und US-Pop, aber sie müssen nicht im Imitationsmodus sein, um ihr angeborenes musikalisches Talent zu zeigen.

Seit Ende des 19. Jhs. gibt es das *kundiman*-Genre mit seinen bittersüßen Themen Liebe, Schicksal und Tod, und es bleibt eine der beliebtesten musikalischen Ausdrucksformen auf den Philippinen. Zu den traditionellen Musikinstrumenten, die das *kundiman* verwendet, gehören die *kudyapi,* eine betörend melodische Laute, und das *kulintang*, eine Reihe kleiner Gongs, die auf einem *langkungan* befestigt sind, einer Resonanzplattform.

Philippinische Rockmusik, als OPM (Original Pinoy Music) bekannt, hatte ihre Glanzzeit in den 1970er-Jahren, als Bluesrocker wie die Juan de la Cruz Band, Anakbayan und Maria Cafra das Sagen hatten. Letztere wirkten mit ihren langen Haaren, Halstüchern und endlosen, seelenvollen Soli auf der elektrischen Gitarre einfach glaubwürdig. Die Juan de la Cruz Band gilt als Erfinderin des Pinoy-Rock, da sie als erste große Band ihre Lieder auf Tagalog sang. Aus diesen bescheidenen Anfängen entwickelten sich die Eraserheads, der erste kleine internationale Erfolg des Landes. Die vierköpfige Band, auch Beatles der Philippinen genannt, wurde Anfang der 1990er-Jahren bekannt mit eingängigen, gitarrenlastigen Alternative-Rock-Songs mit Texten über die alltäglichen Probleme der Philippiner.

Daraus entstanden weitere Musikstile. *Tunog kalye (*Straßenmusik) mit Slang-Texten über Alltagserfahrungen, wie Alkohol, Drogen, Korruption und unerwiderte Liebe, ist typisch philippinisch. In den 2000ern dominierten drei Bands die OPM-Szene, die ihre Songs auf Englisch und Filipino sangen. Das Trio wurde von der manchmal süßen, manchmal mürrischen Diva Kitchie Nadal angeführt, die immer noch weltweit auf Tour geht. Leadsänger Bamboo und seine gleichnamige Band erlangten mit einer aufregenden Mischung aus politischen Schmähungen und Balladen mit angstdominiertem Garage Rock einige Berühmtheit. Die großen Drei wurden vervollständigt von Rivermaya, deren früherer Leadsänger ebenfalls Bamboo war und deren Hit von 2005, *You'll Be Safe Here,* auch international für etwas Furore sorgte.

Etablierte und neue OPM-Künstler treten in Ortigas' 12 Monkeys Music Hall & Pub auf; nach den Folk-Rockern Ransom Collective, die im Stil von Mumford & Sons spielen, und der jazzigen Sängerin Jireh Calo Ausschau halten. Auch betagtere Künstler, wie Joey Generoso, früher bei Side A und Southborder, stehen hier auf der Bühne.

Karaoke

Viele Europäer würden sich wohl lieber die Weisheitszähne ohne Betäubung ziehen lassen, als einen Abend damit zu verbringen,

Der Verlag Sari-Sari Storybooks (www.sarisaristorybooks.com) wird von einer in Brooklyn, New York, ansässigen philippinisch-amerikanischen Frau geleitet und produziert zweisprachige (Englisch und eine andere philippinische Sprache) illustrierte Kinderbücher, die von lokalen, regionalen und philippinischen Themen, Glaubensvorstellungen und Traditionen inspiriert sind. *Kalipay and the Tiniest Tiktik* ist beispielsweise in Cebuana geschrieben und basiert auf einem beliebten mythischen Wesen.

The First Impulse: Notes on Love, Film and Death in the Philippines vom philippinisch-amerikanischen Autor Laurel Fantauzzo erzählt die wahre Geschichte zweier junger Filmkritiker, die 2009 in Quezon City ermordet wurden.

betrunkenen Amateuren dabei zuzuhören, wie sie Celine Dion und Julio Iglesias die Ehre erweisen. Aber wenn Philippiner abschalten wollen, tun sie das oft mit Karaoke – oder „Videoke“, wie es auf den Philippinen genannt wird.

Here Lies Love, ein Rock-Musical von David Byrne und Fatboy Slim über Imelda Marcos, wurde 2013 und 2014 für je eine Saison im Public Theater in New York City gespielt.

Philippiner singen gern laut, wann und wo auch immer, allein oder in Gesellschaft. Sie betreiben diese Kunst ohne einen Hauch Ironie, weshalb es absolut tabu ist, jemandes Vorführung zu kritisieren oder sich darüber lustig zu machen. Das kann sogar Gewalttätigkeiten heraufbeschwören.

Bei dem ganzen Videoke überall kann es in manchen touristischen Hochburgen echt schwierig werden, ein wenig Ruhe zu finden. Für wen das laute, unmelodische Singen wirkt wie Fingernagelkratzen auf einer Schiefertafel, der sollte sich an von Ausländern geführte Resorts halten, wo man in der Regel weniger für Videoke übrig hat.

Architektur

Lange vor der Ankunft der Spanier prägte die einfache, zweckmäßige Mangrovenhütte die philippinische Architektur. Die einfachste Version dieser Hütten wird aus Holz und Bambus gebaut, mit einem Dach aus Palmblättern – kühl und winddurchlässig bei heißen Temperaturen und leicht zu reparieren, wenn ein Taifun sie beschädigt.

Po-on (Dusk, 1984) gibt einen leicht zu lesenden Einblick in das Werk des philippinischen Autors F. Sionil Jose, das alle Topoi der philippinischen Literatur enthält: böse spanische Priester, heroische *ilustrados,* passiven Widerstand und bewaffneten Kampf. Es ist der erste Roman der fünfbändigen Rosales Saga.

Mit den Spaniern kamen neue Formen der Architektur, z. B. das *bahay na bato* (Steinhaus) und gedrungene, festungsähnliche „Erdbeben-Barock“-Kirchen. Aber das grundlegende Design der Mangrovenhütte blieb erhalten. Im 19. Jh. bauten wohlhabende Philippiner Hybrid-Residenzen, bei denen sie spanische und asiatische Stile mit Elementen der Mangrovenhütten vermischten. Diese bunt zusammengesetzten Strukturen, erkennbar anhand ihrer Capiz-Muschelfenster und der riesigen *sala* (Wohnzimmer) im Obergeschoss, bleiben die elegantesten und markantesten architektonischen Errungenschaften, die die Philippinen zu bieten haben.

Maria Virginia Yap Morales' *Balay Ukit: Tropical Architecture in Pre-WWII Filipino Houses* erforscht Baustile aus dem ausgehenden 19. und beginnenden 20. Jh., die diesen Hybridstil aufweisen. Die allermeisten dieser Häuser wurden zerstört oder verlassen, ersetzt durch schneller und billiger zu bauende, typische Betongebäude. Die spanische Kolonialstadt Vigan (Luzon) und Silay (Negro) sind die besten Orte, um sich diese Häuser anzuschauen, auch wenn man manchmal in den entlegensten *barangays* über schöne Exemplare stolpern kann.

Kublai Ponce-Millan von Mindanao war der erste nicht-ialienische Künstler, der sich – mit neun Statuen philippinischer Ureinwohner, die Musikinstrumente spielen – an der jährlichen Krippenausstellung auf dem Petersplatz im Vatikan beteiligen durfte.

Imelda Marcos etablierte in den 1970er-Jahren einen weiteren Hybridstil, der einheimische Materialien auf prachtvolle und opulente Weise einsetzte – der Coconut Palace in Manila ist ein bleibendes Vermächtnis. Heutzutage dominiert in den sich ausdehnenden Mikro-Citys Manilas vor allem die anonyme Ästhetik, wie sie für internationale Wolkenkratzer typisch ist.

Theater

Das philippinische Theater entwickelte sich aus Marathongesängen und epischen Legenden wie dem von der UNESCO anerkannten *hudhud* der Ifugao, das in den Reisfeldern rund um Kiangan im nördlichen Luzon gesungen wurde, um die Langeweile beim Pflanzen und Ernten zu lindern. Im 17. Jh. führten die Spanier *sinakulos* ein – Passionsspiele über das Leiden und Sterben Christi –, um die Einheimischen zum Christentum zu bekehren. Andere frühe Theaterformen waren die *moro-moro,* die den Kampf der Christen gegen die Muslime im 19. Jh. verherrlichten, und eine nur örtlich vorkommende

Musical-Form, die *zarzuela* genannt und mit der gegen die amerikanische Besatzung zu Beginn des 20. Jhs. protestiert wurde.

Mit der Ankunft der Amerikaner wurde Englisch die Sprache der nationalen Theaterszene. Der Journalist, Romanautor und Dramatiker Nick Joaquin schrieb 1951 sein Schlüsselwerk *Portrait of a Young Artist as a Filipino*. Andere wichtige Dramatiker des 20. Jhs. waren Rolando Tinio, dessen Adaptionen von englischen Klassikern wie Shakespeares Tragödien auf Filipino in ihrer Art unerreicht bleiben, und Rene Villanueva, der vor allem für seine Kinderbücher bekannt wurde, aber auch als Dramatiker hoch angesehen war.

Zeitgenössische Bühnenautoren vermischen Tradition mit aktuellen Themen. Vor allem die Philippine Educational Theater Association (PETA; www.petatheater.com), die 2017 ihr 50-jähriges Jubiläum feierte, produziert Werke, die Sozialsatire mit innovativem Stil vereinen, und bietet ein tolles Förderprogramm für aufstrebende Theaterautoren.

Der philippinische Politiker Carlos P. Romulo war 1942 der erste Asiate, der einen Pulitzerpreis gewann: für eine Artikelserie über das Asien vor dem Zweiten Weltkrieg.

Malerei & Bildhauerei

Die bekannteste Form eines philippinischen Kunstwerks ist Jahrhunderte alt und war eigentlich gar nicht als solches gedacht: Die *bulol*, heilige Holzfiguren, die von den Ifugao geschnitzt wurden, bewachten lange die Reisfelder. Die Namen der Bildhauer wurden selten verzeichnet, aber ältere Ifugao können den Schöpfer eines Original-*bulol* häufig aufgrund des Stils der Statue benennen. Replikate dieser mächtigen Statuen überfluten die Souvenirshops im ganzen Land.

Moderne philippinische Bildhauerei wird von Guillermo Tolentinos neoklassizistischem Meisterwerk in Caloocan City verkörpert, dem prächtigen *Monumento,* das den Revolutionshelden Andres Bonifacio ehrt. Der in Davao ansässige Kublai Millan, der fast in allen Techniken produktiv ist, hat riesige Skulpturen, die verschiedene ethnische und religiöse Gruppen Mindanaos darstellen, in einigen Städten der Insel aufgestellt. Unübersehbar sind die riesige Durianfrucht am Davao International Airport sowie der große Adler und die Bagobo-Kinder im Volkspark, ebenfalls in Davao. Ein weiterer Name, auf den Besucher stoßen könnten, ist Jose Mendoza, dessen Skulpturen die Straßen von Makati schmücken.

Tong-its, ein Kartenspiel wie Rommee für drei Spieler, wird überall im Land bei Hinterhofturnieren gespielt; es geht um viel Geld. Man sollte sich nicht vom bescheidenen Ambiente täuschen lassen: Die Spieler können richtige Halsabschneider und dauerangriffslustig sein; wenn ihnen das Bargeld ausgeht, werfen sie auch mal Schmuck oder Handys in den Pott.

Die zeitgenössische philippinische Kunstszene brummt nur so vor Aktivität. Der Konzeptkünstler David Cortez Medalla, der in Großbritannien zu Hause ist, hat Avantgarde-Kunstbewegungen wie dem Minimalismus und der Performance Art den Weg bereitet. Der „Künstler mit einem Gewissen" Benedicto Cabrera („Bencab") ist nicht nur international anerkannt, sondern hat auch beträchtliche Anstrengungen unternommen, die zeitgenössische Cordillera-Kunst voranzubringen, und das Dorf Tam-awan geschaffen, ein Rückzugsort für Künstler in Baguio. Andere philippinische Künstler experimentieren mit alternativen Materialien, z. B. mit *tuba* (Palmwein), Kaffeesatz oder sogar der Sonne (dieser Prozess wird auch Brandmalerei genannt).

Das „Jo-Jo", was auf Tagalog „komm, komm" bedeutet, wurde von einem Filipino-Amerikaner erfunden. Das Original-Jo-Jo war angeblich ein als Waffe dienender Felsbrocken, der an bis zu sechs Meter langen Seilen befestigt war.

Tanz

Die philippinische Tanzkultur ist so reich und vielfältig wie die Inseln selbst. Der nationale Volkstanz ist der *tinikling,* bei dem ein Junge und ein Mädchen zwischen Bambusstöcken hin und her hüpfen, die knapp über dem Boden gehalten und im Rhythmus der Musik oder des Händeklatschens zusammengeschlagen werden. Es heißt, der Tanz ahme Vögel nach, die zwischen Grasstängeln umherflitzen, oder Reiher, die durch die Reisfelder hüpfen. Eine Variante des *tinikling* ist der atemberaubende *singkil*, bei dem zwei Tänzer eine muslimische Prinzessin und ihre Zofe darstellen, die zwischen vier Stangen hin und her springen, die mit steigender Geschwindigkeit zusammengeschlagen werden.

Zwei der bekanntesten und erfolgreichsten philippinischen Volkstanzgruppen sind die Bayanihan National Folk Dance Company, welche die Welt zum ersten Mal 1958 bei der Brüsseler Weltausstellung in Erstaunen versetzte, und die 1972 gegründete Ramon Obusan Folkloric Group. Beide Gruppen sind Mitglieder im Cultural Center of the Philippines.

Viele philippinische Balletttalente wurden im Ausland international bekannt, darunter Maniya Barredo, ehemalige Primaballerina des Atlanta Ballet, und Lisa Macuja, die im Sankt Petersburger Mariinski-Ballett in Russland die Giselle tanzte. Macuja leitet inzwischen ihre eigene Ballettkompanie, das Ballet Manila.

Sport

Sport auf den Philippinen wird von einen Mann beherrscht: dem Boxer Manny Pacquiao (alias „Pacman"), der bei vielen als bester Pound-for-Pound-Profiboxer der Welt gilt. Pacquiao, der aus ärmlichen Verhältnissen auf Mindanao kam, gewann Titel in fünf verschiedenen Gewichtsklassen und ist für die Philippiner eine enorme Quelle des Nationalstolzes. Seine legendäre Boxkarriere nähert sich zwar wohl ihrem Ende zu – 2017 verlor er in einer umstrittenen Entscheidung den Weltmeistertitel im Weltergewicht an den Australier Jeff Horn –, doch andere ehrgeizige Vorhaben locken. 2010 und 2013 kandidierte er erfolgreich für den philippinischen Kongress, und 2016 wurde er mit mehr als 16 Millionen Stimmen in den Senat gewählt. 2014 wurde er als ältester Neuling aller Zeiten in die Philippine Basketball Association berufen – von dem Team, das er trainiert, wohlgemerkt; er hat mehrere Alben mit Tagalog-Songs herausgebracht und in einigen Filmen mitgespielt.

Ein ziemlich skurriler Nationalheld ist der stämmige, bebrillte Efren „Bata" („das Kind") Reyes, einer der besten 9-Ball-Billardspieler der Welt. Die andere große Sportart – neben dem Hahnenkampf – ist Basketball. Die meisten mittelgroßen Städte haben wenigstens einen Betonplatz mit einem Wellblechdach, und selbst die ärmsten, abgelegensten *barangays* können zumindest die primitive Version eines Platzes vorweisen. Die überwältigend beliebte Philippine Basketball Association (PBA) zieht viele ehemalige US-College-Stars an, und die Liga-Spiele werden landesweit im Fernsehen übertragen. Mehr über die Allgegenwärtigkeit und die kulturelle Bedeutung des Spiels auf den Philippinen steht in *Pacific Rims: Beermen Ballin' in Flip-Flops and the Philippines' Unlikely Love Affair with Basketball* (Rafe Bartholomew; 2010), einem Buch, das so heiter ist wie sein Titel.

Auch Fußball wird immer beliebter, seit sich die Nationalmannschaft, die Azkals, in den letzten Jahren deutlich verbessern konnte und inzwischen mit den besten asiatischen Teams mithalten kann.

Hahnenkampf

Hahnenkampf ist für die Philippinen, was Baseball für die USA oder Fußball für Deutschland ist. Mehrmals pro Woche versammeln sich Menschenmassen, vor allem Männer, auf dem lokalen Hahnenkampfplatz (der für gewöhnlich als „Sportarena" bezeichnet wird) und sehen zu, wie preisgekrönte Hähne auf Leben und Tod miteinander kämpfen. Wichtige Kämpfe und Meisterschaften werden im nationalen Fernsehen übertragen.

Teure Kampfhähne erhalten 7,5 cm lange Sporne und werden dann aufeinander losgelassen. Die Kämpfe sind kurz und brutal. Der Sieger wird sofort nach dem Kampf zu einem Team wartender Ärzte gebracht, das klaffende Wunden zunäht und den Vogel mit Antibiotika vollpumpt. Der Verlierer landet in der Regel im Kochtopf.

Diese Praxis hat seine Kritiker, sowohl auf den Philippinen als auch im Ausland; dazu gehört auch eine Reihe von Organisationen wie People for the Ethical Treatment of Animals (PETA) und die Philippines Animal Welfare Society. Doch bisher haben Tierschutzgruppen nur wenig ausrichten können im Kampf gegen einen Zeitvertreib, der so tief in der Kultur des Landes verwurzelt ist.

Natur & Umwelt

Die Umwelt auf den Philippinen hat zwei sehr unterschiedliche Gesichter: Zum einen wäre da die spektakuläre tropische Inselszenerie, die Heimat einer Menge nur hier heimischer Spezies. Zum anderen hat der Umweltschutz hier wegen der vielen schwerwiegenden Bedrohungen eine der höchsten Prioritäten weltweit. Besucher sollten sich beider Bereiche bewusst sein und dann nach den Stecknadeln im Heuhaufen suchen – denn selektiver Ökotourismus ist hier nicht nur ausgesprochen lohnend, sondern kann auch unglaublich viel Gutes tun.

Geografie

Die Philippinen sind mit 7107 Inseln der zweitgrößte Archipel der Welt – auch wenn Einheimische, fragt man sie nach der Anzahl, gewöhnlich scherzen: „Bei welchem Wasserstand?" Dieses riesige Netz, das sich von der Spitze der Batanes bis zum Sulu-Archipel über etwa 1810 km erstreckt, bestimmt den Charakter des Landes in sozialer, politischer und wirtschaftlicher Hinsicht. Nur der nächste Nachbar Indonesien besteht aus einer längeren Perlenkette. Wenn man beide Länder zusammennähme, könnte man über 50 Jahre lang jeden Tag eine andere Insel betreten!

Die philippinischen Inseln, deren geografische Palette von winzigen Koralleninseln bis hin zu den ausgedehnten, amöbenartigen Giganten Luzon und Mindanao reicht, sind alle tropisch. Auf der Karte sieht der Archipel aus wie ein frisch zerlegtes Puzzle, in Wirklichkeit aber ist er schon vor vielen Millionen Jahren durch die Interaktionen verschiedener Seeplatten des Feuerrings erstarrt, der außergewöhnlichen vulkanischen Verwerfungslinie, die das Pazifische Becken umgibt. Damit lässt sich auch erklären, weshalb die Tierwelt auf Palawan, einer Insel, die über Millionen von Jahren ostwärts gedriftet ist, eher der Tierwelt Borneos entspricht als der der übrigen Philippinen – und weshalb es dort so viele Vulkane gibt. Mindestens 17 von ihnen sind aktiv, wobei die Femme fatale eindeutig der äußerst aktive Mt. Mayon (2462 m) mit seinem klassischen, perfekt symmetrischen Kegel ist.

Das Galatheatief im Philippinengraben ist mit 10 540 m eine der tiefsten Stellen der Weltmeere.

Tiere & Pflanzen

Wer an die Tierwelt der Philippinen denkt, dem fällt sofort ein bestimmter Fachbegriff ein: „endemisch". Die Philippinen sind seit Jahrtausenden vom Rest Südostasiens getrennt, was zur Evolution Tausender Arten geführt hat, die nirgendwo sonst auf der Welt zu finden sind. Biologen nennen den Archipel deshalb gern „Galapagos hoch zehn". Tatsächlich werden immer noch neue Arten in bemerkenswerter Zahl gefunden.

Ein wenig Statistik gefällig? Die Philippinen haben 191 Säugetierarten, 16 davon wurden erst in den letzten 15 Jahren entdeckt. Mehr als 100 davon sind endemisch – das sind sogar mehr als auf Madagaskar. Auch etwa 600 Vogelarten sind auf den Inseln heimisch, fast 200 davon endemisch. Reptilien sind mit etwa 235 Arten vertreten, etwa 160 (68 %) davon sind endemisch. Das Land zählt auch ungefähr

DIE BESTEN ORTE ZUR TIERBEOBACHTUNG

Pythons (Danjugan Island, vor Negros) Ja, hier verschlingen Monsterpythons Fledermäuse im Flug.

Grüne Meeresschildkröten (Apo Island) Beim Schnorcheln oder Tauchen mit diesen Meereslebewesen schwimmen.

Walhaie (Donsol, Pintuyan) Diese Giganten des Meeres in ihrer natürlichen Umgebung im südlichen Leyte (auch um Puerto Princesa) beobachten.

Koboldmakis (Bohol) Die entzückenden Wesen lassen sich im Schutzgebiet in Corella, nicht weit von Tagbilaran, kennenlernen.

Flughund (Monfort Bat Sanctuary, Insel Samal, vor Mindanao) Ganz allein mit 2,5 Millionen der Fledertiere.

Dugong (vor der Insel Busuanga, Palawan) Ist es ein Wal oder ein Seehund? Diese eigenartige Mischung ist die Suche wert.

Philippinenadler (Mt. Apo, Mindanao) Gibt es einen besseren Ort, um nach diesem majestätischen Vogel Ausschau zu halten, als den höchsten Gipfel der Philippinen?

13 500 Pflanzenarten – nur vier Länder punkten mit mehr. Wissenschaftler schätzen, dass 30% bis 40% dieser Arten nur auf den Philippinen zu finden sind.

Die Philippinen sind außerdem Teil des „Korallendreiecks“, des globalen Zentrums für marine Artenvielfalt. Gleichzeitig gibt es mehr Arten pro Flächeneinheit als irgendwo sonst in dieser Region – sozusagen das „Zentrum des Zentrums“.

Die Philippinen sind zwar berühmt für ihre Unterwasserfauna, aber kaum bekannt für Tierbeobachtungen an Land. Das liegt daran, dass es keine Infrastruktur für Ökotourismus gibt und die Tiere selbst schwer zu finden sind, auch wegen der fortschreitenden Erschließung.

Tiere

Wie bei einem solchen Hotspot der Artenvielfalt zu erwarten, gibt es auf den Philippinen einige außergewöhnliche Tierarten. Das Aushängeschild ist der liebenswerte, handtellergroße Koboldmaki, eine Primatenart, die hauptsächlich auf der Insel Bohol zu finden ist; am einfachsten kann man ihn im Tarsier Sanctuary beobachten (S. 364). Entgegen der landläufigen Meinung handelt es sich dabei nicht um den kleinsten Primaten der Welt – das ist nämlich der Zwerg-Mausmaki aus Madagaskar. Allerdings können die Philippinen das kleinste Huftier der Welt für sich beanspruchen – das seltene philippinische Hirschferkel von Palawan – eine von vier Hirscharten der Inseln. Weitere pelzige Lieblinge sind der Marderbär oder Binturong und die kleine, aber charmante Bengalkatze.

Das beeindruckendste Landsäugetier und die einzige Wildbüffelart der Philippinen ist der Tamarau, ein Zwergwasserbüffel, dessen einzig verbliebener Lebensraum der Mt. Iglit-Baco National Park auf Mindoro ist. Vor einem Jahrhundert belief sich die Population auf 10 000 Exemplare; heute sind es nur noch um die 400. Sein Überleben ist aber eine kleine Erfolgsgeschichte, denn mittlerweile sind es doppelt so viele wie noch 2014. Verbreiteter sind die acht Arten von Flughunden, die überall im Land, zumindest tagsüber, in Höhlen hausen. Wer Boracay besucht, braucht in der Abenddämmerung einfach nur nach oben zu schauen, um die nächtlichen Fledermauszüge zu beobachten, darunter auch der Goldkronen-Flughund mit seiner Spannweite von 1,7 m.

Der größte Perle der Welt wurde 1934 von einem philippinischen Taucher in den Gewässern vor Palawan gefunden. Sie wog über 6 kg und hatte einen Wert von 42 Mio. US$.

Mit dem richtigen Timing lassen sich an einigen Stellen Wale beobachten, etwa im Kanal zwischen Negros und Cebu und in der Boholsee zwischen Bohol und Mindanao. Allerdings ist es wahrscheinlicher, Delfine zu sehen; der akrobatische Ostpazifische Delfin ist dabei ein Dauerliebling. Weniger gut bekannt sind die Dugongs (die Einheimischen nennen sie *duyong*), eine Seekuh-Art, die früher in philippinischen Gewässern sehr häufig vorkam, inzwischen aber relativ selten ist. Zwei Orte, an denen man sie (mit Glück) entdecken kann, sind Malita, Mindanao, und rund um Calauit vor der Insel Busuanga im nördlichen Palawan.

Ein 6,5 m langes Krokodil – und damit weltweit eines der größten – wurde 2011 in der Nähe von Bunawan auf Mindanao gefunden.

Nationalvogel ist der mächtige Philippinenadler. Ein paar Hundert leben noch in der Wildnis, meist in den Regenwäldern von Mindanao, auf Samar und in den Sierra Madre Mountains von Nord-Luzon. Leichter zu sehen sind sie im Philippine Eagle Center (S. 424) in Calinan, außerhalb von Davao. Weiter südlich lebt der Suluhornvogel, eine von mehreren der außergewöhnlichen Nashornvogelarten der Inseln, die bekannt sind für ihre leuchtenden Schnäbel. Auch der Palawan-Pfaufasan ist ein bemerkenswerter Vogel: Die Männchen haben eine metallic-blaue Brust, lange, weiße Augenbrauen und große, metallic-blaue oder violette „Augen" auf den Schwanzfedern. Ihr Bestand gilt inzwischen als gefährdet, die Bodenbewohner leben nur noch in den tiefsten Wäldern auf Palawan.

Bei den Reptilien sind die Geckos allgegenwärtig. Es gibt auch zehn Arten von fliegenden Eidechsen, die mithilfe eines Hautlappens auf jeder Körperseite von Baum zu Baum gleiten. Schwerer zu entdecken ist die seltene Philippinische Segelechse mit dem namengebenden, großen Hautsegel auf dem Schwanz. Am seltensten von allen ist das gefährdete Philippinen-Krokodil, das man im Sierra Madre Natural Park beobachten kann. Es gibt auch eine große Anzahl von Schlangen, darunter Pythons, Seeschlangen (die beim Schnorcheln zu beobachten sind) und die Philippinische Kobra, die ihr Gift 3 m weit spritzen kann – ein Schirm tut gute Dienste.

2014 strich die UNESCO einige Weltkulturerbestätten der Philippinen von ihrer Liste, darunter die Insel Panglao, den Mt. Apo und den Taal Volcano, weil Umweltstandards nicht eingehalten wurden.

Natürlich kommen Taucher und Schnorchler auch auf die Philippinen, um einige der mehr als 2500 Fischarten zu sehen. Zu den größeren Meeresbewohnern gehören die Walhaie, die typischerweise in Donsol, südlich von Leyte, oder rund um Puerto Princesa zu sehen sind (Walhai-„Touren" rund um Oslob, Cebu, stehen in der Kritik von Tierschutzgruppen); außerdem Fuchshaie, die ihren riesigen Schwanz für die Beutejagd einsetzen. Beim Schnorcheln sieht man häufig Meeresschildkröten, einen festen Bestand gibt es vor dem Strand der Insel Apo.

Pflanzen

Als Nationalbaum der Philippinen gilt zwar der hübsche, gelb blühende *nara,* inoffiziell ist es eher die Mangrovenpalme, deren Blätter für Wände und Dächer der Mangrovenhütten im ganzen Land verwendet werden. Nationalblume ist die sehr aromatisch duftende *sampaguita*, eine Jasminart. Unschlagbar in Schönheit und Anzahl sind die ungefähr 900 endemischen Orchideenarten, darunter die *waling-waling (Euanthe sanderiana)* auf Mindanao und die rot getupfte, sternförmige Orchidee *Renanthera matutina*. Ein weiterer Liebling sind die Kannenpflanzen; Kletterer treffen vielleicht auf abgelegenen Hochlagen auf seltene Exemplare davon.

Ökotourismus

Bei so vielen Naturwundern sollte man meinen, dass die Philippinen eine hoch entwickelte Ökotourismus-Industrie aufgebaut haben. Für alles, was die Unterwasserwelt betrifft, gilt das vielleicht auch. Allein im südlichen Negros sprießen neue Tauchresorts wie Hotels in Boracay. Selbst abgelegene Resorts haben inzwischen Tauchzentren. Passend zu diesem Aufschwung werden ständig Dutzende neue Meeresschutzgebiete ausgewiesen. Palawan hat mehr als 60, das südliche Negros über ein Dutzend. Das hat an Orten wie dem Hundred Islands National Park und dem Apo Reef Natural Park zu einem merkbaren Zuwachs an marinem Leben geführt. Aber es bleibt ein Kampf, die Schutzgebiete vor den einheimischen Fischern zu schützen, die häufig nachts eindringen.

Ökotourismus an Land ist zwar genauso gefragt, aber weit weniger möglich, was in erster Linie der fehlenden grundlegenden Infrastruktur geschuldet ist. Auf den ersten Blick scheinen die Philippinen ein robustes Nationalparksystem zu haben. 2012 gab es 240 geschützte Gebiete, die sich über fast 12 % der Fläche des Landes erstrecken. Hunderte von Land- und Seegebieten stehen unter Naturschutz, und im Mai 2017 stimmte der philippinische Senat dafür, weitere 92 Gebiete in das Schutzgebietesystem aufzunehmen. Allerdings entsprechen nur wenige der internationalen Definition eines Nationalparks, und es fehlt generell an Geld für deren Durchsetzung und Schutz. Nach Angaben von Conservation International gibt es in zwei Dritteln menschliche Siedlungen, und ein Viertel der Flächen sind bereits Störungen ausgesetzt oder werden landwirtschaftlich genutzt.

Dieser Mangel an Infrastruktur betrifft auch die hiesige Tourismusindustrie. Nur eine Handvoll Unternehmen bietet Höhlenerkundungen, Dschungelwandern, Abseil-Abenteuer, Kajakausflüge, Wildtierbeobachtung und Mountainbike-Touren an, die für die Philippinen wie gemacht wären. Infolgedessen müssen Besucher ausgesprochen vorsichtig sein, wenn sie ein Trekkingunternehmen oder einen Guide suchen oder eine Outdoor-Expedition jedweder Art planen. Die notwendigen Zulassungen, Trainings, Notfallverfahren, Haftungsregelungen und professionelle Organisation sind einfach kaum vorhanden. Beim Abwägen von Schlüsselfaktoren wie den örtlichen Wetterbedin-

In dem Bestreben, die schätzungsweise 640 bedrohten Arten auf den Philippinen ins Rampenlicht zu rücken, haben Umweltschützer angefangen, kreative Eigennamen zu verwenden, um diese Problematik zu beleuchten. Auf Panay gehören der Panayhornvogel, die blühende, leicht flache Raflessie, das Visayas-Pustelschwein, der Prinz-Alfred-Hirsch und der Panay-Waran zu den „Großen Fünf".

UMWELTSCHUTZORGANISATIONEN

Folgende Websites bieten Informationen zu Umweltproblemen auf den Philippinen. Einige der Organisationen sind für die Philippinen spezifisch, andere arbeiten auch anderswo.

Biodiversity Management Bureau (www.bmb.gov.ph) Links zu den verschiedenen Umweltschutzprojekten der philippinischen Regierung.

Conservation International (www.conservation.org) Arbeitet mit der Regierung und lokalen Gemeinden zusammen, um bedrohte Ökosysteme zu bewahren.

Coral Cay Conservation (www.coralcay.org) Arbeitet am Schutz der Korallenriffe.

Haribon Foundation (www.haribon.org.ph) Schützt aktiv die Lebensräume bedrohter Arten und andere Gebiete.

Negros Forests & Ecological Foundation Inc (www.negrosforests.org) Schutz verschiedener Lebensräume auf den Philippinen mit Schwerpunkt auf Negros.

Oceana Philippines (www.ph.oceana.org) Widmet sich dem Erhalt der Meeresumwelt.

Pasyar Travel & Tours (www.pasyarpalawantravel.weebly.com) Beobachtet illegalen Holzeinschlag, illegalen Bergbau, illegale Fischerei und andere verbotene Aktivitäten in den Wäldern und Gewässern von Palawan.

Rare (www.rare.org) Arbeitet mit Regionalregierungen zusammen, um Fischereizonen verantwortungsvoll zu verwalten und nachhaltige Fangmethoden zu fördern.

gungen muss man immer berücksichtigen, dass die Auskünfte des Führers eher nach wirtschaftlichen als nach Sicherheitserwägungen erfolgen könnten – sein Lohn beträgt weniger als 2 US$ am Tag. Im Zweifel sollte man die Touristeninformationen aufsuchen, die sind im Allgemeinen ausgezeichnet.

Eine Faustregel lautet, dass Veranstalter von Gruppentouren in Vans mit Umweltprinzipien in der Regel nichts am Hut haben. Manche von ihnen versuchen allerdings, Ökotourismus mit Abenteuersport zu kombinieren.

Die Boholsee, der Meeresabschnitt zwischen Bohol und Mindanao, beherbergt 19 Walarten, darunter Pottwale, Grindwale, Brydewale, Breitschnabeldelfine und sogar einen Blauwal, dessen Anwesenheit 2010 erstmals offiziell registriert wurde.

Umweltprobleme

Angesichts der außergewöhnlichen Geografie von 7107 tropischen Inseln und einer Bevölkerung von 100 Millionen Menschen, von denen viele weit unter der Armutsgrenze leben, scheint es unausweichlich, dass Umweltprobleme entstehen. Abholzung, Bodenerosion, Abfallbeseitigung, Luft- und Wasserverschmutzung, Überfischung, zerstörerische Fischfangpraktiken und Verlust von Korallenriffen geben Anlass zur Sorge. Nicht alle Schäden sind jedoch selbst verschuldet. Die Umwelt der Philippinen leidet auch unter einigen wohlbekannten externen Einflüssen, angefangen von Plastikflaschen, die aus dem übrigen Südostasien hier angeschwemmt werden, bis hin zu den zahlreichen Auswirkungen des Klimawandels.

Es ist ein andauernder Kampf zwischen den vielfältigen Quellen dieser Probleme und den zahlreichen Umweltschutzorganisationen, sowohl behördlichen wie auch nichtstaatlichen, die sich ihnen entgegenstellen. Die heutigen Gegebenheiten sind in erster Linie ein Produkt dieses Konflikts, und die sich verschiebende Frontlinie ist überall zu besichtigen.

Land

Die Walddecke der Philippinen ist im Verlauf des letzten Jahrhunderts von 70% auf unter 20% geschrumpft; vom ursprünglichen Altwaldbestand mit geschlossenem Baumkronendach sind nur noch 7% übrig geblieben. Wenn weiter im gegenwärtigen Ausmaß abgeholzt wird, sind die Wälder des Landes bis zum Jahr 2100 verschwunden. Dessen ungeachtet sind immer noch erstaunliche 75% des philippinischen Waldes zur forstlichen Nutzung freigegeben. Zusammen mit der starken Bodenerosion ist diese Tatsache besonders besorgniserregend, weil die Wälder der Inseln der letzte Rückzugsort für so viele endemische Spezies sind.

Die 24 km² des Mt. Hamiguitan Range Wildlife Sanctuary wurden 2014 von der UNESCO zum Weltkulturerbe ernannt (Mindanaos erstes) und 2016 zum Asean Heritage Park. In diesem Reservat sind Philippinenadler, Koboldmakis und Kakadus sowie eine enorme Anzahl weiterer Tier- und Pflanzenarten heimisch.

Unkontrollierter Holzschlag, Bergbau, massive Ausweitung der landwirtschaftlichen Nutzung sowie die Verstädterung haben ihren Tribut gefordert. Die Besitzansprüche der indigenen Völker auf die Hochlandregionen wurden von den städtischen Eliten ignoriert. Die Behörden haben regelmäßig Abholzgenehmigungen von weniger als zehn Jahren erteilt, und die Holzfäller haben keinerlei Auflagen zur Wiederaufforstung. Zwischen 2011 und 2015 hat der Bergbausektor angeblich 47 000 Hektar wiederaufgeforstet. Der Großteil des restlichen Baumbestands der Philippinen ist nur geschützt, weil er in großen Höhen wächst, die schwierig zu erreichen sind.

Meer

Mit einem Küstenökosystem, das annähernd 20 000 km umfasst, sind die Philippinen zu einem der ersten Opfer des Klimawandels geworden. Laut UN trägt das Land das drittgrößte Risiko, von den Auswirkungen des Klimawandels betroffen zu sein. Die Kombination aus steigenden Meerestemperaturen, Versauerung und außergewöhnlichen Stürmen hat den Riffen vor der Küste bereits große Schäden zugefügt. Jahrhundertealte Korallen sterben quasi über Nacht. Die Weltbank schätzt, dass nur noch etwa 1% der philippinischen Korallenriffe in tadellosem Zustand ist, wohingegen mehr als 50% kränkeln. Schnorchler rund um Puerto Galera und Boracay finden nur noch einen Korallenfriedhof vor. Auch Perlenfarmen in der Region werden immer unproduktiver.

Die Bebauung an den Küsten hat die Meeresumwelt weiter geschädigt, darunter auch Mangroven und Seegrasgewächse. Das Bevölkerungswachstum hat den Bedarf an Baumaterialien und Wohnraum weiter steigen lassen, daher wird überall abgegraben, ausgebaggert und neues Land gewonnen. Die Mangrovenbestände leiden außerdem unter der Aquakulturindustrie – sie sind im letzten Jahrhundert um über 60% zurückgegangen.

Da die Bevölkerung in den Fischerdörfern immer weiter gewachsen ist, wurde der Fischbestand durch Überfischung dezimiert. Darüber hinaus setzen lokale Fischergemeinden weiterhin zerstörerische Fangmethoden, wie selbst gebastelte Bomben („bong bong" genannt), Zyanid und Chlor, ein. Das Ergebnis ist eine absolut nicht nachhaltige Fischindustrie. Nach Angaben der Asian Development Bank (Asiatische Entwicklungsbank) beklagen die Trawler in manchen Gebieten rund um die Philippinen einen Rückgang der Fangquote von 90% – in Fischgründen, die eigentlich zu den ergiebigsten der Welt zählen sollten.

Verschmutzung

Nach Angaben des World Wide Fund for Nature (WWF) werden nur etwa 10% des anfallenden Mülls behandelt oder umweltverträglich entsorgt. Wenig überraschend ist daher, dass die Verschmutzung von Grundwasser, Flüssen, Seen und Küstenregionen ein zunehmendes Problem auf den Philippinen darstellt. Nur ein Drittel der Flusssysteme gilt als unbedenklich für die öffentliche Trinkwasserversorgung. Dafür ist zum Großteil die mangelhafte Bewirtschaftung, einschließlich schlechter Planung und fehlender Durchsetzung von Vorschriften, verantwortlich zu machen.

Bergbau

Auf den Philippinen sind schätzungsweise 500 000 kleinere Minen in Betrieb, viele davon sind illegal; laut Human Rights Watch verwenden viele davon giftiges Quecksilber, und Kinderarbeit ist an der Tagesordnung. Am anderen Ende des Spektrums stehen riesige Bergbaukonzerne, deren Lobby der Regierung immer mehr Zugriffsmöglichkeiten abtrotzt. Die Philippinen sind der weltweit führende Exporteur für Nickel (aber auch Gold, Kupfer und Chromit gibt es hier in Hülle und Fülle); schätzungsweise 236 000 Philippiner sind in dieser Industrie angestellt.

Die Regierung behauptet zwar, dass angemessene Schutzmaßnahmen in Kraft sind, um sozialen Problemen und Umweltschäden vorzubeugen, die vergangenen Bergbauprojekten anhafteten. So wurde bei der Marcopper-Katastrophe 1996 ein ganzes Flusssystem vergiftet. Allerdings wurde unter der Regierung Aquino eine ganze Reihe von Umweltaktivisten von Kräften ermordet, die unter der Kontrolle des Militärs standen. 2007 wurde Armin Marin, ein Ratsmitglied der Insel Sibuyan, umgeben von vielen Zeugen vor laufender Kamera erschossen, während er eine Demonstration von Bergbaugegnern anführte. Nach fünf Jahren Untersuchungen und Gerichtsverhandlungen wurde der Angeklagte, ein Bergbau-Sicherheitsoffizier in zivil, zu drei Jahren Haft wegen „grober Fahrlässigkeit" verurteilt und später frühzeitig entlassen.

Erst vor Kurzem wurde die frühere Umweltaktivistin und amtierende Umweltministerin Gina Lopez vom Kongress nicht mehr in ihrem Amt bestätigt, nachdem sie massiv gegen illegale Bergbaupraktiken vorgegangen war. Sie hatte die Schließung von 28 Minen und die Kündigung von 75 Beteiligungsvereinbarungen zwischen Regierung und Bergbauindustrie angeordnet. Entgegen der Interessen der Unternehmen hatte Präsident Duterte Lopez ernannt und sich damit gegen die Umweltzerstörung durch die Bergbau- (und Holz-) Industrie ausgesprochen.

Praktische Informationen

Allgemeine Informationen

Arbeit

Auf den Philippinen leben jede Menge Expats, aber die große Mehrheit davon arbeitet für multinationale Organisationen und wurde von ihrer Arbeitsstätte hierhergeschickt. Die Philippinen sind nicht wirklich der richtige Ort, um ohne Job dort aufzutauchen und zu erwarten, dass man schon etwas finden wird. Es gibt eine ganze Menge Arbeitsschutzgesetze, und ein Arbeitsvisum zu erhalten, kann schwierig sein.

Auf der anderen Seite sind die Philippinen mit ihrem angenehmen Klima ein Rentnerparadies, und es gibt mehrere Methoden, ein Rentnervisum zu erhalten.

Botschaften & Konsulate

Die Website des **Philippinischen Außenministeriums** (DFA; www.dfa.gov.ph) listet alle Botschaften und Konsulate der Philippinen im Ausland und alle ausländischen Botschaften und Konsulate auf den Philippinen auf.

Einige Länder, für die westliche Besucher Einreisevisa brauchen, haben Botschaften in Manila, z. B. China, Indien, Myanmar und Vietnam.

Deutschland (Botschaft; Karte S. 66; ☎02-702 3000; www.manila.diplo.de; 25/F Tower 2, RCBC Plaza, 6819 Ayala Ave., Makati) Manila

Deutschland (Konsulat; ☎032-236 1318, 0929 667 6386; www.honorarkonsul-cebu.com; Ford's Inn Hotel, AS Fortuna St.; ⌚Di–Do 9–12 Uhr) Cebu City

Indonesien (Konsulat; ☎082-297 2930; www.kemlu.go.id/davaocity/id/default.aspx; ⌚Mo–Fr 8.30–16.30; Uhr General Ecoland Subdivision, Matina) Davao

Malaysia (Konsulat; Karte S. 422; ☎082-221 4050; www.kln.gov.my/web/phl_davaocity; 3. OG, Florentine Bldg., A Bonifacio St., Davao; ⌚Mo–Fr 8–16 Uhr)

Österreich (Botschaft; ☎02- 817 91 91; www.bmeia.gv.at/botschaft/oeb-manila; 8. OG, One Orion Bldg., 11 Ave. Ecke 38th St.; Bonifacio Global City, Taguig) Manila

Schweiz (Botschaft; ☎02-845 45 45; www.eda.admin.ch/manila; 24/F BDO Equitable Tower, 8751 Paseo de Roxas, Makati) Manila

Feiertage

Neujahr 1. Januar

People-Power-Tag 25. Februar

Gründonnerstag Verschieden; im März oder April

Karfreitag Verschieden; am Tag nach Gründonnerstag

Araw ng Kagitingan (Bataan Day) 9. April

Tag der Arbeit 1. Mai

Unabhängigkeitstag 12. Juni

Ninoy-Aquino-Tag 21. August

Tag der Nationalhelden Letzter Sonntag im August

Allerheiligen 1. November

Ende des Ramadan Hängt vom islamischen Kalender ab

Bonifazius-Tag 30. November

Weihnachten 25. Dezember

Rizal-Tag 30. Dezember

Silvester 31. Dezember

Freiwilligenarbeit

Coral Cay Conservation (www.coralcay.org) Schützt Korallenriffe in Süd-Leyte.

Gawad Kalinga (☎in Manila 02-533 2217; www.gk1world.com/ph) Errichtet nicht nur Häuser, sondern ganze Gemein-

UNTERKÜNFTE ONLINE BUCHEN

Weitere Unterkunftsbewertungen von Lonely Planet Autoren gibt's unter www.lonelyplanet.com/philippines/hotels. Dort findet man unabhängig recherchierte Infos und Empfehlungen zu den besten Adressen. Zudem kann online gebucht werden.

den für Arme und Obdachlose. Freiwillige können beispielsweise bei Bauarbeiten mithelfen oder andere soziale Projekte unterstützen.

Habitat for Humanity (☎02-846 2177; www.habitat.org) Schafft landesweit Wohnraum für Arme und konzentriert sich dabei besonders auf Gebiete, die von Naturkatastrophen betroffen sind.

Hands On Manila (☎02-843 7044; www.handsonmanila.org.ph) Braucht immer Freiwillige, die sich in Katastrophengebieten und bei anderen Projekten auf den ganzen Philippinen engagieren.

Haribon Foundation (☎02-911 6088; http://haribon.org.ph) Alteingesessene Umweltschutzorganisation mit Schwerpunkt auf wissenschaftlicher Forschung und Projekten zur Stärkung von Gemeinden.

Rise Above Foundation (☎032-255 1063; www.riseabove-cebu.org; 252 I Limkakeng St., Happy Valley Subd., V Rama Ave., Cebu City) Organisiert Wohnungsbau-, Bildungs- und Ausbildungsprojekte in Cebu; Freiwillige haben uns kürzlich ein positives Feedback gegeben.

Save Palawan Seas (☎0917 824 1488; www.savepalawanseasfoundation.org) Diese NGO gehört einem der größten Perlenproduzenten der Philippinen und wird vom **Flower Island Beach Resort** (☎0917 504 5567; www.flowerisland-resort.com; Hütten inkl. aller Mahlzeiten, mit Ventilator/Klimaanlage ab 7000/8500 P/Pers.; ❄📶) 🍃 unterstützt. Sie hat sich zum Ziel gesetzt, einheimische Fischer auf Palawan über die Gefahren zerstörerischer Fangmethoden und Anbaupraktiken aufzuklären.

Springboard Foundation (☎02-821 5440; www.springboard-foundation.org) Ist selbst keine Freiwilligenorganisation, unterhält aber Kontakte zu vielen wohltätigen Gruppen, die ehrenamtliche Arbeit auf den Philippinen leisten.

Stairway Foundation (www.stairwayfoundation.org) Ausgebildete Freiwillige können sich für einen längerfristigen (mindestens sechs Monate) Arbeitsaufenthalt bewerben, um mit vormals obdachlosen Kindern aus einer Basis in Puerto Galera, Mindoro, zu arbeiten. Die meisten Kinder wurden von den Straßen Manilas gerettet. In Puerto Galera lernen sie Alltagskompetenzen mit dem langfristigen Ziel, wieder ihren Familien zugeführt zu werden. In einem der Programme lehrt die in Puerto Galera ansässige NGO EACY Dive die Kinder alles über den Schutz der Meere.

Volunteer for the Visayas (☎0917 846 6967; www.visayans.org) Verschiedene Freiwilligenprogramme im Bereich von Tacloban (Leyte).

World Wide Opportunities on Organic Farms (☎0905 643 4069; www.wwoof.ph) Zu den diversen WWOOF-Bauernhöfen auf den Philippinen zählen u. a. der Julia Campbell Agroforest Memorial Park und die Enca Farm (beide Nord-Luzon).

WWF Philippines (www.wwf.org.ph) Vermittelt Mitarbeit bei Projekten zum Schutz von Biodiversität und einzelnen Arten.

Frauen unterwegs

Weibliche Traveller bekommen im Großteil des Landes nur wenige Probleme, aber eventuell mehr Aufmerksamkeit als gewohnt – vor allem, wenn sie außerhalb großer Touristenzentren allein unterwegs sind. Es empfiehlt sich außerdem, bei Trips mit Übernachtung vorab den Ruf des Guides zu überprüfen. Dies ist jedoch überall und nicht nur speziell auf den Philippinen ratsam.

Gefahren & Ärgernisse

- Auf den Philippinen lauern allerlei Gefahren: Taifune, Erdbeben, Vulkanausbrüche, Erdrutsche und andere Naturkatastrophen können hier den eigenen Reiseplan zunichtemachen – oder noch Schlimmeres anrichten, falls man sich zufällig zur falschen Zeit am falschen Ort aufhalten sollte.
- Folgende Websites liefern Infos zur aktuellen Wetterlage: www.typhoon2000.ph (gute Karten und Vorhersagen), www.pagasa.gob.ph (staatlich), www.passageweather.com und www.myweather2.com.
- Reisende sollten außerdem immer die Nachrichten verfolgen und zur Änderung ihrer Reisepläne bereit sein, um gegebenenfalls Krisengebiete zu umgehen.
- Auf Mindanao (vor allem in dessen Mitte und im Südwesten) und den Sulu-Inseln liefern sich Regierungstruppen manchmal Kämpfe mit Separatistengruppen.
- Vor allem Manila ist für Abzockmaschen gegenüber Touristen bekannt.

ÜBERNACHTUNGSPREISE

Die folgenden Angaben gelten jeweils für ein Doppelzimmer in der Hauptsaison. Preise in Manila, Boracay and El Nido sind in der Regel etwas höher.

€ unter 1250 P

€€ 1250–3500 P

€€€ über 3500 P

Staatliche Reiseinformationen

Die folgenden staatlichen Reisewebsites liefern nützliche Hinweise und halten stets aktuelle Informationen über eventuelle Krisengebiete bereit:

Deutschland (www.auswaertiges-amt.de)

Österreich (www.bmeia.gv.at)

Schweiz (www.eda.admin.ch)

Geld

Bankautomaten, die Pesos ausgeben, sind weit verbreitet. Kreditkarten werden überall in Hotels, Restaurants und manchen Läden akzeptiert, außer in entlegenen Gebieten.

Bargeld

- US-Dollar in bar empfehlen sich für den Fall, dass man in einer Gegend ohne funktionierende Geldautomaten stecken bleibt. Andere Währungen (z. B. Euro, Schweizer Franken) lassen sich außerhalb von größeren Städten vergleichsweise schwerer umtauschen.
- *Sorry, no change* (Tut mir leid, kein Wechselgeld) ist in den Provinzen sehr oft zu vernehmen. Somit sollte man sich bei jeder Gelegenheit mit Münzen plus Banknoten im Wert von 20, 50 und 100 P eindecken.

Feilschen

Ein bescheidenes Maß an Feilschen wird auf vielen Freiluftmärkten erwartet, vor allem wenn touristisches Kunsthandwerk verkauft wird. Die Preise für Lebensmittel und Bedarfsartikel sind normalerweise fix.

Feilschen ist die Regel beim Mieten eines Motorrads oder wenn man Tricycles, *bankas* oder Taxis für einen Tag anheuert. Feilschen kann sich auch für Reisende lohnen, die in der Nebensaison ohne vorherige Buchung in ein Hotel gehen, vor allem in den Resortgegenden.

Geldautomaten

- Verbreitet in jeder einigermaßen großen Provinzstadt; gibt Pesos aus.
- Abgelegene Ortschaften haben keine Geldautomaten.
- Geräte der Banco de Oro (BDO), der Bank of the Philippine Islands (BPI) und der Metrobank funktionieren am häufigsten mit den meisten westlichen Karten.
- Die Standardgebühr an Automaten beträgt 200 P pro Transaktion.
- Bei den meisten Automaten können höchstens 10000–15000 P auf einmal abgehoben werden (Ausnahmen sind die der HSBC in Manila und Cebu: max. 40000 P).

Kreditkarten

- Die gängigsten Kreditkarten werden von den meisten Hotels, Spitzenrestaurants und Geschäften in Manila, Cebu und anderen großen Städten akzeptiert.
- Außerhalb der großen Städte können auf Kreditkartenüberweisungen zusätzlich 3% bis 5% Gebühren fällig werden.
- Mit einer Kreditkarte lässt sich auch Bares bei den meisten philippinischen Banken abheben.

Trinkgeld

Restaurants In Städten und Touristenhochburgen sind 10% Servicegebühr auf der Rechnung vermerkt. Andernfalls 5% bis 10% liegen lassen.

Taxis Taxigebühren aufrunden; wer einen ehrlichen Taxifahrer erwischt, der sein Taxameter benutzt, kann mehr Trinkgeld geben (50 bis 70 P).

Hotels Trinkgeld wird nicht erwartet; in Resorts kann man dem Portier 50 P zustecken oder ein paar Hundert Pesos in die Trinkgeldkasse des Personals stecken.

Guides Den Guides immer ein Trinkgeld geben, sie können es wirklich brauchen.

RESTAURANT-PREISE

Die folgenden Angaben gelten für ein normales Hauptgericht. In Manila, Boracay und El Nido sind die Preise stets etwas höher.

€ unter 150 P

€€ 150–300 P

€€€ über 300 P

Internetzugang

Theoretisch ist WLAN und 4G-Internetzugang fast überall auf den Philippinen möglich. In Wirklichkeit sieht das jedoch anders aus. Oft funktioniert das Internet nicht, stockt oder ist sehr langsam, vor allem in den Provinzen (Palawan ist das Paradebeispiel für nicht funktionierendes WLAN).

Unterkünfte, Cafés und auch manche Restaurants stellen ihren Gästen allerdings zunehmend WLAN zur Verfügung.

Smartphone-Nutzer können sich leicht lokale SIM-Karten mit Datenvolumen (4G) beschaffen, mit weniger als 50 P am Tag ist das eine günstige Variante.

Keinen Computer dabei? In den meisten etwas größeren Städten gibt's Internetcafés. Businesshotels, aber auch immer mehr Boutiquehotels und Hostels stellen ihren Gästen Computer zur Verfügung.

Karten & Stadtpläne

- Mit *Philippines* (16 €; Maßstab 1:1500000; international erhältlich) gibt der Nelles Verlag die wohl beste Übersichtskarte zum ganzen Land heraus.
- E-Z Maps und **Accu-Map** decken die meisten großen Inseln, Großstädte und Touristengebiete mit hervorragenden Regionalkarten ab. Diese bekommt man überall bei örtlichen Hotels, Flughäfen, Buchläden und Tankstellen.
- Die Kartografiebehörde **Namria** (Karte S. 54; ☎02-887 5466; www.namria.gov.ph; Lawton Ave., Fort Bonifacio, Makati, Manila) produziert und verkauft topografisches Material zu praktisch allen

philippinischen Regionen. Diese Karten sind sehr detailreich und zudem online einsehbar.

Kinder

- Philippiner lieben Kinder und haben auch Eltern ziemlich gern. Zusammen mit seinem Nachwuchs wird man daher im Mittelpunkt vieler Unterhaltungen stehen. Obendrein finden die Kleinen hier garantiert genug Spielgefährten. Für weitere nützliche Tipps zum Thema empfiehlt sich *Travel with Children* von Lonely Planet.
- Babybedarf (z. B. Wegwerfwindeln, Säuglingsmilchnahrung) ist in den meisten kleineren und allen großen Städten erhältlich. Vor dem Aufbruch in entlegenere Ecken sollte aber unbedingt ein entsprechender Vorrat gekauft werden.
- Viele Hotels und Resorts vermieten Familienzimmer (die bevorzugte Option reisender Philippiner). Auf Anfrage werden oft auch Kinderbetten gestellt.
- Diskretes Stillen in der Öffentlichkeit ist überall akzeptabel. Eine Ausnahme hierzu bilden lediglich manche konservativen muslimischen Gebiete im Süden.
- Taxis mit Kindersitzausstattung sind so gut wie nicht aufzutreiben.
- Viele Restaurants stellen Hochstühle auf Anfrage.

Öffnungszeiten

Büros und Banken sind an Feiertagen geschlossen, Läden und Einkaufszentren sind hingegen geöffnet (Ausnahmen: Gründonnerstag und Karfreitag, an diesen beiden Tagen ist das ganze Land regelrecht stillgelegt).

Banken Mo–Fr 9–16.30 Uhr (meiste Geldautomaten 24 Std.)

Bars 18 Uhr–open end

Behörden & Firmenbüros Mo–Fr 9–17 Uhr

Botschaften & Konsulate Mo–Fr 9–17 Uhr

Einkaufszentren 10–21.30 Uhr

Postfilialen Mo–Sa 9–17 Uhr

Restaurants 7 od. 8–22 od. 23 Uhr

Supermärkte 9–19 od. 20 Uhr

TIPPS ZUM SPAREN

Hier ein paar Methoden, wie sich die Ausgaben verringern lassen:

- Das Gepäck sollte so leicht wie möglich sein, da auf den meisten Inlandsflügen Gebühren für aufgegebenes Gepäck anfallen.
- Nachtbusse und -fähren benutzen, um eine Übernachtung zu sparen.
- Die eigene Wasserflasche wann immer möglich wieder auffüllen, z. B. im Hotel oder an einer der allgegenwärtigen Wasserabfüllstationen.
- Lieber die Tricycles der Gemeinde für nur 10 P benutzen, anstatt „Spezialtrips“ (d. h. private Trips) zu unternehmen.
- Immer die weniger teuren Zimmer mit Ventilator nehmen; sie sind oft genauso komfortabel wie die klimatisierten.

Post

Von den Philippinen nach Europa braucht Post im Durchschnitt zwei Wochen. In Gegenrichtung erfolgt die Zustellung jedoch langsamer und weniger zuverlässig (alternativ am besten auf Kurierdienste wie FedEx oder UPS zurückgreifen!).

Rechtsfragen

- Drogen sind illegal und sehr riskant, vor allem in Zeiten von Präsident Dutertes „Drogenkrieg“. Klug ist, wer auf jedwede Droge, auch Marihuana, verzichtet.
- Die Philippiner werfen Müll weg, als gäbe es kein morgen, das heißt aber nicht, dass man dabei mitmachen sollte; in einigen Städten steht das Wegwerfen von Müll unter Strafe.
- Kleine Bestechungsgelder sind immer noch weit verbreitet, wenn es um Verkehrsdelikte geht, auch wenn Duterte versprochen hat, diese Praxis abzuschaffen.
- Wer in Schwierigkeiten gerät, sollte sich immer als Erstes an die Botschaft seines Landes wenden.

Reisen mit Behinderung

Hindernisse wie Stufen vor Hotels, winzige, enge Toiletten, schmale Türen und nicht funktionierende Aufzüge sind die Regel außerhalb von Hotels mit drei oder mehr Sternen in Manila, Cebu und einer Handvoll größerer Provinzstädte. Dasselbe gilt für Restaurants; Restaurants in Einkaufszentren sind oft besser zugänglich.

In irgendwelche öffentlichen oder ländlichen Verkehrsmittel einzusteigen, ist häufig mit Schwierigkeiten verbunden.

Auf der anderen Seite sind die meisten Philippiner mehr als hilfsbereit, und ein Taxi und möglicherweise dazu noch einen Assistenten für einen Tag anzuheuern, kostet nicht übermäßig viel.

Einige nützliche Internetquellen für Menschen mit Behinderung, die die Philippinen bereisen:

Mobility International Schweiz (www.mis-ch.ch)

MyHandicap Deutschland (www.myhandicap.de)

MyHandicap Schweiz (www.myhandicap.ch)

Nationale Koordinierungsstelle Tourismus für Alle e. V. (Natko; www.natko.de)
Oder einfach unter http://lptravel.to/AccessibleTravel den kostenlosen Accessible Travel Guide von Lonely Planet herunterladen.

Schwule & Lesben

Bakla (Schwule) und *binalaki* oder *tomboy* (Lesben) werden auf den Philippinen fast überall akzeptiert. Belästigungen sind selten, und normalerweise kann man so „geoutet" auftreten, wie man selbst möchte.

Traditionell pulsiert das schwule Leben in Manilas Viertel Malate, insbesondere um die Kreuzung von der J Nakpil Street und M Orosa Street. Dort gibt es zwar immer noch eine Szene, aber die beliebteren Clubs und Bars sind mittlerweile in einen besseren Teil der Stadt umgezogen, nämlich in das Viertel The Fort („Bonifacio Global City"). Andere wichtige Städte, wie Cebu, haben auch gut etablierte Schwulenszenen.

Jedes Jahr Ende Juni findet in Manila eine Gay-Pride-Parade statt.

Internetquellen für die LGBTI-Community auf den Philippinen:

Outrage Magazine (www.outragemag.com)

Utopia Asian Gay & Lesbian Resources (www.utopia-asia.com)

Travel Gay Asia (www.travelgayasia.com)

B-Change (ww.b-change.org) ist eine sozial ausgerichtete Unternehmensgruppe, die dafür arbeitet, LGBTI-Rechte voranzubringen.

Events in Manila finden sich auf www.thegaypassport.com/gay-manila.

Strom

Type A
220V/50Hz

PRAKTISCH & KONKRET

Maße & Gewichte Auf den Philippinen gilt das metrische System (z. B. bei Gewichten und Entfernungsangaben). Im Alltag werden jedoch häufig auch *inches* (Zoll), *feet* (Fuß) und *yards* (bei Textilien) verwendet.

Radio Zu Manilas hörenswerten Sendern gehören Monster Radio RX 93,1 (aktuelle Popmusik) und Jam 88,3 (eher Independent bzw. Alternative).

Rauchen Die Philippiner rauchen gern, und bis vor Kurzem konnten sie das auch praktisch überall tun. Präsident Rodrigo Duterte hat dem 2017 durch ein Gesetz, das Rauchen und Dampfen auf bzw. in allen öffentlichen Plätzen und Räumen verbietet, auch in vielen Parks, ein Ende bereitet. In der Praxis kann es allerdings noch etwas dauern, bis sich die Einrichtungen an das neue Gesetz gewöhnt haben.

TV Teils auf Englisch, teils auf Tagalog senden sieben große Gesellschaften von Manila aus (u. a. ABS-CBS und GMA). In den meisten Mittelklassehotels gibt's Kabelfernsehen mit 20 bis 120 Kanälen. Darunter sind ein paar ominöse Regionalsender sowie einige philippinische und ausländische Spielfilmkanäle. Hinzu kommen große internationale Nachrichten- und Sportsender wie BBC oder ESPN.

Zeitungen Die besten großformatigen Publikationen sind der *Philippine Daily Inquirer* (www.inquirer.net), die *Business World* (www.bworldonline.com) und der *Business Mirror* (www.businessmirror.com.ph). Zu den anderen großen und landesweit erscheinenden Tageszeitungen zählen der *Philippine Star* (www.philstar.com) und das *Manila Bulletin* (www.mb.com.ph). Im Internet ist Rappler (www.rappler.com) eine hervorragende Quelle für die neuesten Nachrichten, aber auch für längere Beiträge (allerdings war zur Zeit der Recherche die Lizenz des Rappler bedroht). Das Philippine Center for Investigative Journalism (www.pcij.org) veröffentlicht knallharte Investigativberichte.

Telefon

Die Philippine Long Distance Telephone Company (PLDT) betreibt das Festnetz der Philippinen. Anrufe ins Ausland sind in allen PLDT-Filialen möglich (0,33 €/Min.). Ortsgespräche gibt's fast gratis, und Ferngespräche innerhalb des Landes sind ebenfalls sehr günstig.

Handys

Handys sind allgegenwärtig, und das halbe Land verbringt einen Großteil seiner Zeit damit, fieberhaft Nachrichten an die andere Hälfte zu senden. Hiesige SIM-Karten sind fast überall erhältlich, Daten- und Handyguthaben können preisgünstig aufgeladen werden. Roaming ist möglich, aber teuer.

- Prepaid-SIM-Karten kosten nur 40 P und sind mit etwa dem gleichen Wert an Textguthaben ausgestattet.
- Die beiden Firmen mit der landesweit besten Reichweite sind **Globe** (www.globe.com.ph) und **Smart** (www.smart.com.ph).
- SMS kosten in fast alle Mobilfunknetze 1 bis 2 P pro Nachricht; Ortsgespräche kosten 7,5 P pro Minute (innerhalb desselben Mobilnetzes weniger).
- Internationale SMS kosten 15 P und internationale Telefonate 0,33 €/Minute.
- Um vom Handy aus eine Festnetz- oder Handynummer anzurufen ☎0 oder +63 vorwählen, gefolgt von der dreistelligen Vorwahl und der siebenstelligen Telefonnummer.
- Handyvorwahlen beginnen immer mit einer 9 (z. B. 917, 906).
- Roaming mit dem eigenen Handy ist ebenfalls eine Option, aber höchstwahrscheinlich eine sehr teure.

Telefonkarten

PLDT-Karten wie Budget (für Auslandsgespräche), Pwede oder Touch ermöglichen Gespräche von allen PLDT-Festnetzanschlüssen. Zudem funktionieren sie mit allen PLDT-Kartentelefonen in Hotelfoyers, Geschäfts- und Einkaufszentren. Bei Auslandsgesprächen per Budget-Karte kostet die Minute etwas mehr als 3 P. Die Varianten Pwede und Touch erlauben spottbillige Inlandsverbindungen von allen Festnetzanschlüssen oder Telefonzellen der PLDT.

Vorwahlen

Bei Anrufen auf Handys oder Ferngesprächen innerhalb des Landes ist zuerst die ☎0 zu wählen. Dann folgen die jeweilige Orts- bzw. Handyvorwahl und die siebenstellige Anschlussnummer. Nützliche Vorwahlen bei Festnetztelefonaten:

Ländercode der Philippinen ☎63

Internationaler Einwahlcode ☎00

PLDT-Telefonauskunft ☎101171 (landesweit)

Internationale Telefonvermittlung ☎108

Landesweite Telefonvermittlung ☎109

Toiletten

- Toiletten werden hier überall CR genannt. Diese Abkürzung steht für den angenehm beschönigenden Begriff *comfort room*.
- Außer an manchen Busbahnhöfen und Häfen sind öffentliche Toiletten praktisch nicht vorhanden, wer aufs Klo muss, sollte deshalb am besten eines der allgegenwärtigen Fast-Food-Restaurants ansteuern.
- Die meisten Toiletten haben Toilettensitze, in abgelegenen Gegenden aber nicht unbedingt.
- Die philippinischen Wörter *lalake* (Herren) und *babae* (Damen) kennzeichnen die getrennten Bereiche für die beiden Geschlechter.
- Philippinische Männer erleichtern sich oft an der nächsten Mauer. So ist vielerorts der Hinweis *Bawal Ang Umihi Dito!* (Pinkeln verboten!) zu lesen.

Touristeninformation

Die offizielle Tourismusbehörde der Philippinen ist das **Philippine Department of Tourism** (www.visitmyphilippines.com), mit Hauptsitz in **Makati** (DOT; Karte S. 66; ☎02-459 5200; www.visitmyphilippines.com; JB Bldg., 351 Sen Gil Puyat Ave., Makati; ⌚Mo–Sa 7–18 Uhr) und Regionalbüros in Provinzzentren. Zusätzliche DOT-Schalter gibt's in den Ankunftsbereichen der Flughäfen von Manila und Cebu.

Unterkunft

Von Privatunterkünften in schlichten Nipa-Hütten bis hin zu modernen Boutiquehotels in großen Städten gibt's auf den Philippinen für jeden etwas.

Der Spitzenklassebereich reicht von großstädtischen Luxustempeln (z. B. dem Shangri-La in Manila) bis zu extravaganten Privatinseln, deren Resortgäste per Hubschrauber oder Wasserflugzeug anreisen. Ganz unten am anderen Ende der Preisskala gibt's fensterlose „Zellen" mit hauchdünnen Wänden, nur kaltem Wasser und weder Ventilator noch Klimaanlage. Natürlich liegen die allermeisten Unterkünfte irgendwo dazwischen.

Sehr große Unterschiede bestehen zwischen Bleiben mit philippinischen oder ausländischen Travellern als jeweilige Zielgruppe. Erstere bestehen häufig aus Beton, haben klimatisierte Zimmer in Familiengröße und legen wenig Wert auf Ästhetik. Letztere sind dagegen normalerweise eleganter und geschmackvoller eingerichtet (u. a. mit indigenen

Stilelementen wie Schilfdächern) – zumindest, wenn die Inhaber aus dem Ausland und insbesondere aus Europa stammen.

In der Hochsaison ist es ratsam, in beliebten Touristengegenden, wie Boracay oder El Nido, im Voraus zu reservieren. Zu anderen Zeiten sollte es in der Regel in Ordnung sein, einfach hinzufahren.

Resorts Reichen von einfachen, ventilatorgekühlten Hütten bis hin zu ultraluxuriösen Bungalows, die in Südostasien ihresgleichen suchen.

Hotels Zielen oft auf philippinische Touristen ab und sind dann langweilige, klimatisierte Betonbauten. Manilas Fünf-Sterne-Hotels entsprechen opulenten Luxuspalästen.

Pensionnes Eine Art Allerweltswort für günstigere, eigenständig geführte Hotels.

Hostels Sind bei ausländischen Travellern als Zielgruppe meist komfortabler und stylisher, aber auch teuerer als solche, in denen hauptsächlich junge Filipinos absteigen.

Anzahlungen

Viele Resorts, vor allem die anspruchsvollen, verlangen eine Anzahlung, gelegentlich sogar 100%, meistens aber eher 50%. Diese wird in der Regel nicht zurückerstattet, wenn eine Kündigung weniger als zwei Wochen vor der geplanten Ankunft erfolgt. Ärgerlicherweise verlangen einige trotzdem, dass man das Geld auf ein Bankkonto in Manila überweist oder direkt dort einzahlt; schickere Resorts erlauben aber auch die Anzahlung per Kreditkarte.

Um dies zu umgehen, einfach ein anderes Resort aussuchen. Oder ohne Reservierung dort auftauchen. Das Resort ein oder zwei Tage im Voraus anrufen, um sicherzustellen, dass noch etwas frei ist (wer das versucht, sollte noch ein anderes Resort im Hinterkopf haben, nur für alle Fälle).

Preise & Reisezeit

Budgetquartiere unter 500 P sind meist Schlafsäle oder Privatzimmer mit Ventilator und Kaltwasser-Gemeinschaftsbad. Für zwischen 700 und 1000 P gibt's normalerweise ein eigenes Bad und einen Ventilator (teilweise auch eine Klimaanlage). Klimaanlage und eigenes Bad sollten bei teureren Optionen stets Standard sein.

Die Hauptsaison geht von November bis April oder Mai. In Gebieten mit Resorts sinken die Preise während der Nachsaison um 20% bis 50%. Zu absoluten Spitzenzeiten (z. B. Karwoche bzw. Ostern, Tage um Neujahr) können sie sich jedoch verdoppeln, verdreifachen oder sogar vervierfachen.

Das Chinesische Neujahr (normalerweise im Februar) und die japanische Feiertagsserie Goldene Woche (29. April bis 5. Mai) sind zusätzliche Zeiten, in denen es zu verstärkten Reisebewegungen kommt und die Preise in den Resortgebieten in die Höhe schnellen können.

Rabatte & Werbeangebote

Ein paar mögliche Tipps, wie sich bei der Hotelbuchung auf den Philippinen Geld sparen lässt:

Werbeangebote Sie sind vor allem in der Nebensaison keine Seltenheit, werden aber von vielen Hotels erst auf Nachfrage erwähnt. Also immer danach fragen!

Buchungen ohne Reservierung In vielen Urlaubsgebieten bezahlt man ohne Reservierung *(walk-in rate)* deutlich weniger als mit einer solchen. Manche Hotels handhaben dies jedoch genau andersherum. Darum auch in diesem Fall immer nachfragen!

Websites Eine Direktbuchung über die Website des Hotels ist oft, wenn auch nicht immer, günstiger als eine Buchung über Online-Reisebüros. Jedenfalls kann es sich lohnen, dies zu überprüfen.

Ventilator oder Klimaanlage

Einige Mittelklassehotels verlangen zwei unterschiedliche Preise für dasselbe Zimmer. Bei Bedarf kann man dann die Klimaanlage zugunsten des günstigeren Ventilator-Tarifs ablehnen (auch wenn dies nicht offiziell angeboten wird).

Reservierungen

Die Philippiner gehen häufiger auf Reisen. Damit wird es zunehmend schwieriger, in beliebten Urlaubsgebieten und Touristenhochburgen spontan ein freies Zimmer zu ergattern. In der Hauptsaison sowie an Wochenenden und Feiertagen während der Nebensaison ist Vorausbuchung ratsam. Für die absoluten Spitzenzeiten sollte man *unbedingt* reservieren. Aber auch in der Hauptsaison werden Traveller ohne Reservierung schließlich noch etwas finden.

Versicherung

➜ Höchst ratsam ist eine gute Reiseversicherung, die neben Verlust und Diebstahl auch medizinische Probleme (inkl. Krankenwagentransporte, Rettungsflüge in die Heimat) abdeckt.

➜ Achtung: Manche Policen greifen explizit nicht bei „gefährlichen Aktivitäten" wie Tauchen, Motorradfahren oder sogar Wandern!

Die weltweit gültige Reiseversicherung unter www.lonelyplanet.com/travel-insurance kann jederzeit online abgeschlossen, erweitert und in Anspruch genommen werden – selbst, wenn man bereits unterwegs ist.

Visa

Angehörige der meisten Nationalitäten bekommen bei der Einreise ein kostenloses 30-Tage-Visum. Gegen Gebühr lässt sich dieses in den meisten größeren Provinzzentren oder gleich bei der Ankunft am Flughafen verlängern.

Visaverlängerungen

Die Visaregelungen und -gebühren haben sich Anfang 2017 geändert. Die Situation ist noch im Fluss, deshalb am besten die neuesten Gesetze und Regelungen auf der Website des Immigrationsbüros checken, dessen Hauptbüro in **Manila** (BOI; Karte S. 58; ☎02-465 2400; www.immigration.gov.ph; Magallanes Dr., Intramuros; ⏲Mo–Fr 8–17.30 Uhr) ist.

Zusammengefasst stellt sich die Situation so dar:

➡ Es ist leicht, das anfängliche 30-Tage-Visum um weitere 29 Tage zu verlängern (praktisch eine „Visabefreiung"). Dies kostet für die meisten Nationalitäten etwa 2200 P.

➡ Danach kann man eine zusätzliche einmonatige, zweimonatige oder sechsmonatige Verlängerung beantragen. Die Kosten für den ersten Monat betragen etwa 4000 P; dies umfasst den Kauf eines „ACR I-Card"-Passes, der ein Jahr lang gültig ist; weitere Verlängerungen kosten 1000 bis 2000 P pro Monat.

➡ Reisende können eine Visaverlängerung im Hauptbüro in Manila beantragen oder in jedem beliebigen BOI-Provinzbüro. Die meisten regionalen Verkehrsknotenpunkte und touristischen Gegenden, wie Boracay, haben BOI-Büros; eine komplette Liste der Regionalbüros bietet die Website des BOI.

➡ Die erste 29-Tage-Verlängerung können Reisende schon bei ihrer Ankunft auf den Philippinen am Flughafen beantragen; einfach gleich an der Einreisekontrolle danach fragen. Dies funktioniert aber vielleicht nur an den Flughäfen von Manila und Cebu.

➡ Eine rückwirkende Verlängerung kann bei der Abreise von den Philippinen möglich sein oder auch nicht (es kostet mindestens 1010 P Strafe, zusätzlich zu den Gebühren für die rückwirkende Visaverlängerung) – lieber nicht darauf ankommen lassen!

➡ Die maximale Aufenthaltsdauer für die meisten Nationalitäten, denen eine „Visabefreiung" zusteht, beträgt 36 Monate.

➡ Für die Antragsstellung anständig anziehen; Shorts und Flipflops sind definitiv tabu.

➡ Das Visaverfahren gestaltet sich in der Regel problemlos, vor allem in den Provinzbüros; wer will, kann aber auch ein Reisebüro dafür bezahlen, dass es das Ganze in die Hand nimmt.

Rückreise- & Anschlusstickets

Wer in die Philippinen einreist, muss vor dem Abflug ein Rückreise- oder Anschlussticket bei der Fluggesellschaft vorweisen. Wer keins hat, ist bei den meisten Fluggesellschaften verpflichtet, auf der Stelle eins zu kaufen.

Zeit

Auf den Philippinen gilt die Philippine Time (PHT; MEZ +7 Std.). Das Land hat keine Sommerzeit.

Zollbestimmungen

➡ Die Einfuhr von Feuerwaffen, Drogen und Pornografie ist strikt verboten.

➡ Insgesamt können 2 l Alkohol und bis zu 400 Zigaretten (alternativ zwei Dosen Schnitttabak) zollfrei mit ins Land gebracht werden.

➡ Ab einem Gesamtwert von 10 000 US-Dollar sind Barbeträge in ausländischer Währung bei der Ein- oder Ausreise anzugeben. Dasselbe gilt für Beträge ab 10 000 P in philippinischer Währung.

Verkehrsmittel & -wege

AN- & WEITERREISE

Die meisten Besucher reisen über die drei internationalen Großflughäfen der Philippinen ein:

Manila Der Ninoy Aquino International Airport (NAIA) ist am beliebtesten und am besten mit dem übrigen Land verbunden.

Cebu Gut bei Trips zu den Visayas.

Clark Drehkreuz für Billigflüge nördlich von Manila, das immer größer und beliebter wird.

Ein paar internationale Direktflüge bedienen auch Kalibo in der Nähe von Boracay, Iloilo City (Panay) und Davao (im südlichen Mindanao).

Flüge, Mietwagen und geführte Touren lassen sich beispielsweise unter lonelyplanet.com/bookings problemlos online buchen.

Flugzeug

Wer vorhat, zwischen Mitte und Ende Dezember auf die Philippinen zu reisen, sollte schon weit im Voraus buchen – im Ausland lebende Philippiner strömen auf die Inseln, um Weihnachten und Neujahr mit ihren Familien zu verbringen. Auch vor dem Chinesischen Neujahrsfest Ende Januar oder Anfang Februar kann es eng auf den Inseln werden.

Flughäfen & Fluglinien

Ninoy Aquino International Airport (www.miaa.gov.ph) Der belebteste internationale Flughafen des Landes und derjenige, an dem Reisende höchstwahrscheinlich ankommen und abreisen. Auch nach kürzlich erfolgten Verbesserungen an Terminal 1, dem Hauptterminal für internationale Flüge, bekommt der Flughafen schlechte Noten von den Fluggästen.

Mactan-Cebu International Airport (www.mactan-cebuairport.com.ph) Cebus Flughafen kommt in Sachen Flugverkehr gleich an zweiter Stelle nach Manila, ist Letzterem jedoch, was Benutzerfreundlichkeit angeht, weit überlegen. Achtung: Der Flughafen liegt auf Mactan Island, 15 km östlich von Cebu.

Clark International Airport (http://crk.clarkairport.com) In der Nähe von Angeles, eine zweistündige Busfahrt nördlich

CHAOS AM TERMINAL

Sich durch Manilas verstopften **Ninoy Aquino International Airport** (NAIA; Karte S. 54; www.miaa.gov.ph) zu bewegen, ist ein Albtraum. NAIAs vier Terminals sind nur durch verkehrsreiche öffentliche Straßen verbunden und die Shuttle-Vans, die zwischen ihnen verkehren, sind unzuverlässig; wer in Eile ist, sollte deshalb lieber ein Taxi nehmen.

Genau hinsehen, welches Terminal die Fluggesellschaft benutzt, mit der man fliegen will, und wer das Terminal wechseln muss, sollte viel Zeit zwischen Anschlussflügen einplanen. Die meisten internationalen Flüge benutzen das neulich nachgerüstete, aber immer noch miserable Terminal 1. Die internationalen Flüge von Cebu Pacific, ANA, Cathay Pacific, Delta, Emirates Air, KLM und Singapore Airlines verkehren jedoch vom neueren Terminal 3.

Einige Inlandsflüge von Philippine Airlines (PAL) und alle Inlandsflüge von Cebu Pacific verkehren auch von T3. Für alle internationalen Flüge und einige Inlandsflüge benutzt PAL jedoch wieder ein anderes Terminal, das Centennial Terminal 2.

Alle Flüge von AirAsia und Skyjet sowie die als „Cebgo" bezeichneten Flüge von Cebu Pacific gehen vom alten Manila Domestic Terminal (Terminal 4), das in der Nähe von Terminal 3 ist.

der Metropolregion Manila. Der Flughafen ist traditionell ein Drehkreuz für Billigflieger, aber immer mehr etablierte asiatische und nahöstliche Fluglinien fliegen auch hierher. Eine Hochgeschwindigkeitsstrecke nach Manila ist zwar im Gespräch, aber das wird noch dauern. Unter anderem starten und landen internationale Flüge der Fluglinien Cebu Pacific, Tigerair, Air Asia und Qatar Airways in Clark.

Davao International Airport (www.davaointernational.com) Zurzeit fliegt nur SilkAir nach Singapur; Flüge nach Malaysia könnten folgen.

Kalibo International Airport (www.kalibointernational.com) Praktische Direktflüge nach Kalibo (in der Nähe von Boracay) von Beijing, Kunming, Hongkong, Seoul, Shanghai, Singapur und anderen asiatischen Knotenpunkten aus.

Neben den internationalen Fluglinien, die bei jeder Internet-Flugsuche erscheinen, lohnt es sich, für Flüge nach und von den Philippinen folgende regionale Billigflieger und philippinische Fluglinien zu checken:

AirAsia (☎02-722 2742; www.airasia.com; NAIA Terminal 4)

Cebu Pacific (☎02-702 0888; www.cebupacificair.com)

Jetstar (☎02-810 4744; www.jetstar.com)

Philippine Airlines (PAL; ☎02-855 8888; www.philippineairlines.com; NAIA Terminal 2)

Tigerair (☎02-798 4499; www.tigerair.com)

Übers Meer

Die einzige internationale Strecke, die für Ausländer offen ist, verläuft von Zamboanga nach Sandakan im malaysischen Bundesstaat Sabah. **Aleson Shipping Lines** (☎062-991 2687; www.aleson-shipping.com; 172 Veterans Ave., Zamboanga) fährt montags und (manchmal) donnerstags von Zamboanga ab und dienstags und (manchmal) freitags von Sandakan zurück (Economy Class/Kabine 2900/3300 P, 23 Std.).

Kreuzfahrtschiffe legen oft in Manila und anderswo an.

UNTERWEGS VOR ORT

Auto & Motorrad

Selbstfahrer kommen auf den Philippinen schneller voran als die Passagiere von Jeepneys und anderen öffentlichen Verkehrsmitteln. Allerdings sollten sie starke Nerven besitzen: In Manila pflegen die Filipinos ihren verrückten Fahrstil besonders intensiv. Auch an die verstopften Hauptstadtstraßen muss man sich definitiv erst einmal gewöhnen.

Internationale Autovermieter sind in den größeren Städten vertreten – also genau dort, wo das Fahren wahrscheinlich am unangenehmsten ist. Wer eine Stadt verlassen will, muss aber schließlich irgendwo anfangen. Im Durchschnitt ist dies ab ca. 3000 P pro Tag möglich. Der Liter Benzin kostet 40 bis 50 P.

Eine passive Fahrweise ist auf den Philippinen höchst angebracht: Selbst relativ ruhige Provinzstraßen strotzen vor Hindernissen. Oftmals ist nur schwer ermittelbar, wer Vorfahrt hat; das Beachten von roten Ampeln wird allgemein optional gehandhabt. Die meisten Philippiner biegen in Kreuzungen oder Einmündungen ein, ohne ausreichend auf den Gegenverkehr zu achten.

Nachtfahrten sollten möglichst vermieden werden: Rikschas, Jeepneys und sogar große Lastwagen rollen oft unbeleuchtet durch die Gegend (viele Fahrer glauben, dadurch Sprit zu sparen). In politischen Krisenregionen besteht bei Dunkelheit außerdem das Problem akuter Überfallgefahr.

Motorrad

Kleine und mittelgroße Inseln (wie etwa Camiguin, Siquijor, Bohol) schreien geradezu nach Motorradtouren. Entlang des „Nautical Highway" (Autofährennetz zwischen vielen Inseln) kann man sogar zu den Visayas hinunterbiken. Aber auch auf größeren Inseln wie Cebu oder Negros warten attraktive Routen.

In den meisten Touristengebieten gibt's ein paar leicht auffindbare Läden oder Pensionen, die Motorräder vermieten (meist chinesische oder japanische Maschinen mit 75 bis 125 cm³ Hubraum). Die Tarife (durchschnittlich 400–500 P/Tag) sind in besonders beliebten Ferienregionen sehr oft höher. Wichtig: Stets nach einem Schutzhelm fragen, da dieser nicht immer automatisch im Mietpreis mit enthalten ist!

In entlegeneren Ecken sollte man sich einfach vor Ort umhören: Auch wenn dort kein Verleiher vorhanden sein sollte, findet sich fast immer jemand, der sich gegen Gebühr einen Tag lang von seinem Feuerstuhl trennt.

Führerschein

Der eigene nationale Führerschein (unbedingt immer mitführen!) gilt auf den Philippinen bis zu 90 Tage lang. Alle längeren Zeiträume erfordern offiziell eine internationale Fahrerlaubnis (International Driving Permit, IDP). Diese wird eventuell auch von Autovermietern verlangt.

Versicherung

Per Gesetz müssen Mietwagenkunden eine Haftpflichtpolice bei einem philippinischen Autoversicherer abschließen (Deckungssumme mindestens 750 000 US$). Dies lässt sich normalerweise über die jeweilige Autovermietung arrangieren.

Verkehrsregeln

Auf den Philippinen herrscht Rechtsverkehr. Mit Ausnahme der Expressways ab Manila sind die meisten regionalen Straßen einspurig, was häufiges Überholen erfordert. Achtung: Einheimische Fahrer überholen nicht immer sicher! Überholender Gegenverkehr auf der eigenen Spur erwartet, dass man ihm Platz durch Ausweichen auf den Randstreifen macht. Das ist stets tunlichst anzuraten.

Bus & Van

- Philippinische Busse gibt's in allen möglichen Formen und Größen. Busdepots verteilen sich hier über ganze Städte und ländliche Gebiete. Die meisten Busse lassen sich durch Heranwinken anhalten.
- Auch bei philippinischen „Busbahnhöfen" bestehen große Unterschiede: Manche davon entsprechen großen und gut gesicherten Garagen, in denen die Fahrtziele deutlich angegeben werden (z.T. gibt's sogar Ticketschalter). Andere sind dagegen nicht viel mehr als eine Ansammlung von heruntergekommenen Schuppen, in denen die Fahrer lautstark um Passagiere buhlen.
- Morgens starten vergleichsweise mehr Busse. Vor allem in entlegenen Gebieten werden unbefestigte Routen aber eventuell *nur* am Morgen bedient. Zwischen Manila und großen Provinzstädten auf Luzon oder Mindanao verkehren zahlreiche Nachtbusse (u.a. Deluxe-Fahrzeuge mit 27 Plätzen).
- In vielen Landesteilen (vor allem Bicol, Leyte, Cebu, Palawan, Mindanao) sind auf Busrouten auch Jeepneys und klimatisierte Minivans unterwegs. Diese ersetzen Busse mancherorts inzwischen komplett. Sie fahren allerdings manchmal erst dann ab, wenn alle Plätze belegt sind.
- Minivans sind deutlich schneller als Busse, aber auch vergleichsweise teurer und beengter.
- Wie in den meisten Ländern ist es auch hier ratsam, sein Gepäck beim Ein- und Aussteigen bzw. Be- und Entladen gut im Auge zu behalten.
- Reservierungen sind normalerweise nicht erforderlich, aber bei Langstrecken-Nachtbussen ab/nach Manila unbedingt nötig (man sollte sie idealerweise spätestens zwei Tage vor Abfahrt direkt am Terminal buchen).
- Bus- und Van-Tickets für einige beliebte Routen – z.B. Manila–Banaue (Nord-Luzon), Manila–Bicol (Südost-Luzon) und Puerto Princesa–El Nido (Palawan) – können auf Buchungsseiten wie www.pinoytravel.com.ph oder www.biyaheroes.com online reserviert werden.

Fahrrad

Außerhalb der Großstädte mit ihren Abgasen und verstopften Straßen sind ruhigere, weniger besuchte Inseln prima per Fahrrad erkundbar.

- Drahtesel lassen sich bei Inlandsflügen mitnehmen, müssen dann aber eventuell teilweise demontiert werden. Bei kleinen Maschinen unbedingt auf die Gepäckbeschränkung achten!
- Falls gerade genug Platz dafür vorhanden, kann man sein Bike auch in Bussen oder Jeepneys verstauen (zumeist gegen geringe Gebühr).
- Je nach Region kosten Leih-MTBs zwischen 300 und 700 P pro Tag. Der Preis hängt dabei aber sehr stark vom technischen Zustand des Rads ab.
- Fahrradläden in Großstädten verkaufen brandneue Bikes von verschiedener Qualität. Outdoor-Shops (in den meisten Einkaufszentren mindestens einmal vorhanden) liefern gute Infos zu örtlichen Fahrradclubs und -events.

Flugzeug

AirAsia (☎02-722 2742; www.airasia.com; NAIA Terminal 4), **Philippine Airlines** (PAL; ☎02-855 8888; www.philippineairlines.com; NAIA Terminal 2) und **Cebu Pacific** (☎02-702 0888; www.cebupacificair.com) sind die wichtigsten philippinischen Fluglinien. **Skyjet** (☎in Manila 02-863 1333; www.skyjetair.com; NAIA Terminal 4) ist eine neue Fluglinie mit guten Angeboten auf manchen Schlüsselstrecken wie Manila–Caticlan und Manla–Busuanga.

Weitere Fluglinien:

Air Juan (Karte S. 76; ☎02-718 8111; www.airjuan.com; CCP Complex Jetty, Pasay) Unterhält kleine Wasserflugzeuge (in der Regel Sechssitzer), die vom Terminal der Fluggesellschaft in Manila abfliegen; sie erleichtert Reisen vor Ort, weil sie direkte Routen zwischen wichtigen touristischen Provinzstädten eröffnet hat (z.B. Busuanga–Caticlan, Puerto Galera–Caticlan und Cebu City–Bantayan).

Air Swift (Karte S. 54; ☎02-318 5942; http://air-swift.com; Andrews Ave., Pasay) Bedient El Nido von Manila, Caticlan und Cebu aus; gehört dem Luxusresort-Betreiber El Nido Resorts, hat aber heutzutage jede Menge Platz für Nicht-Gäste.

Northsky Air (in Tuguegarao ☎078-304 6148; www.northskyair.com) Planmäßige Flüge verbinden Tuguegarao (Nord-Luzon) mit Batanes und den abgelegenen Sierra-Madre-Städten Maconacon und Palanan in der Provinz Isabela, Nord-Luzon. Auch chartern ist möglich.

Sky Pasada (☎in Cebu 032-912 3333; www.skypasada.com) Verbindet vom Drehkreuz

AUSREISESTEUER

Die meisten Inlandterminals erheben etwa 200 P Ausreisesteuer, die Reisende bezahlen, bevor sie durch die Sicherheitskontrolle gehen. In Manila ist diese Gebühr im Ticket enthalten.

in Binalonan, Pangasinan (2½ Std. nördlich von Manila) aus mit 15- bis 19-sitzigen Turboprop-Flugzeugen mehrere Städte in Nord-Luzon, einschließlich Vigan, Tuguegarao, Basco (Batanes), Palanan und Maconacon. Flugzeuge können auch gechartert werden.

Tipps zur Buchung

- Gepäckbeschränkungen beachten– variieren je nach Route und Airline.
- Für das Gepäck online im Voraus bezahlen, am Check-in-Schalter verdreifachen sich die Kosten.
- Wer einen Monat oder so im Voraus bucht, zahlt bei den wichtigsten Fluglinien selten mehr als 1500 P (ca. 30 US$) für ein einfaches Ticket (Ausnahmen sind Touristenrouten wie Manila–Caticlan und Manila–Siargao sowie Spitzenzeiten für Inlandsreisen).
- Bei den meisten Fluglinien kosten einfache Tickets nicht extra, man spart aber auch kein Geld, wenn man ein Ticket für Hin- und Rückflug bucht.
- Die meisten Flugrouten führen nach Manila und (etwas seltener) nach Cebu. Wer zwischen zwei anderen Städten fliegen will, muss höchstwahrscheinlich zwei Tickets kaufen und über eines dieser beiden Drehkreuze fliegen. Die interregionalen Flüge von Air Juan verbessern die Situation ein wenig.
- Anschlussflüge nicht zu eng planen – Flugverspätungen gehören hier zum Alltag.
- Von Juli bis Dezember halten Taifune und andere widrige Wetterbedingungen die Flieger regelmäßig am Boden – manche Strecken sind dafür anfälliger als andere.
- Eine gute Methode, Verspätungen zu vermeiden, besteht darin, empfindlich früh am Morgen aufzubrechen, bevor verstopfte Rollbahnen die Flugpläne durcheinanderbringen.

Nahverkehr

Jeepney

Die ersten Jeepneys waren umgebaute Militärjeeps, die nach dem Zweiten Weltkrieg von den Amerikanern zurückgelassen wurden. Heute prunken diese Fahrzeuge mit individuellem Zierrat im philippinischen Stil. Darunter sind z. B. verchromte Pferdefiguren, Reihen von bunten Frontlichtern, Funkantennen, Mariendarstellungen oder neonfarbige Szenen aus Action-Comics.

- Jeepneys fungieren in den meisten Großstädten als Hauptverkehrsmittel und ergänzen Buslinien zwischen Regionalzentren.
- Der Startpreis liegt innerhalb von Städten meist bei 8 P und steigt leicht bei außerhalb gelegenen Zielen. Die Routen sind jeweils deutlich auf den Fahrzeugseiten angegeben.
- Jeepneys haben zwar einen gewissen skurrilen Reiz in kultureller Hinsicht, aus Touristensicht aber buchstäblich einen großen Nachteil: Durch die schmalen Sehschlitze (dienen als Fenster) kann man kaum etwas erkennen. Am besten sind daher die Frontplätze neben dem Fahrer.

Stadtbahn (LRT)

Manche Teile Manilas werden von einer schnellen Hochbahn bedient.

Taxi

In Manila und den meisten größeren Provinzstädten sind viele Taxis mit Gebührenzählern unterwegs. Der Startpreis liegt bei 40 P (ab dem Flughafen meist 70 P). Fünfzehnminütige Fahrten kosten kaum mehr als 150 P.

Die Chauffeure schalten meistens ihre Taxameter ein. Falls nicht, heißt es, höflich darum bitten. Wenn der Gebührenzähler „defekt" sein sollte oder der Preis „ganz beim Passagier' liegt, steigt man am besten gleich wieder aus und sucht sich ein anderes Taxi (oder nennt einen sehr niedrigen Betrag). Taxameter werden auch immer häufiger manipuliert. Dennoch sind die meisten philippinischen Taxfahrer ehrliche Zeitgenossen.

Eine Alternative besteht darin, Taxi-Tagestrips über das eigene Hotel oder eine andere vertrauenswürdige Vermittlungsstelle zu arrangieren (ab 2000–4000 P inkl. Fahrer).

Achtung: Gelegentlich kam es bereits vor, dass Taxipassagiere mit vorgehaltenem Messer oder Schießeisen ausgeraubt wurden. Dabei steckte der Fahrer z. T. mit den Tätern unter einer Decke oder beraubte die Fahrgäste selbst.

Im Zweifelsfall sollte man das Taxi daher sofort verlassen – aber natürlich nur in sicheren und belebten Gebieten, nicht mitten im Nirgendwo oder in einer Slum-Gegend!

Tricycles, Kalesa & Habal-Habal

Tricycles (philippinische Rikschas bzw. Motorräder mit kleinen, überdachten Seitenwagen) sind in den meisten Klein- und Großstädten zu finden. In den meisten Provinzstädten kosten Stadtfahrten standardmäßig 8 P. Auch außerhalb gelegene Ziele sind per Tricycle erreichbar (ca. 300 P/Std. od. 150 P/10 km). Achtung: Vor Einkaufszentren, Restaurants und Hotels warten Rikschas, deren Fahrer einem das Fünf- bis Zehnfache für „Sonderfahrten" abnehmen wollen. Dies lässt sich umgehen, indem man sich einfach an den Straßenrand stellt und eine vorbeifahrende Rikscha zum Standardpreis heranwinkt.

Fahrradrikschas In vielen Städten stehen für Kurzstrecken auch Fahrradrikschas (alias *pedicabs*, *put-puts* oder *padyaks*) zur Verfügung.

Kalesa Dies sind zweirädrige Pferdekutschen, die in Manila (Chinatown, Intramuros), Vigan (Nord-Luzon) und Cebu City (dort *tartanillas* genannt) unterwegs sind.

Habal-habal Hierbei handelt es sich im Grunde um Motorradtaxis mit zusätzlichen Sitzen. Die wörtliche Übersetzung des Namens bedeutet „kopulierende Schweine" – basierend auf der unvermeidbaren großen körperlichen Nähe, wenn sich vier Personen einen Platz teilen. In manchen Regionen werden sie auch „Singles" genannt. Sie funktionieren wie Tricycles, sind aber preiswerter. Diese Gefährte sind vor allem auf den Visayas und im Norden Mindanaos zu finden.

Schiff/Fähre

Ein unglaubliches Fährnetz verbindet die philippinischen Inseln zu allgemein erschwinglichen Preisen miteinander. Hierbei kommen normalerweise *bangkas* (motorisierte Auslegerboote), *fastcrafts* (Schnellfähren), *Roll-on-roll-off*-Fähren (RoRos; direkt befahrbare Autofähren) und auf Langstrecken auch Passagierfähren mit vielen Decks zum Einsatz. Erwähnenswert ist die Megagesellschaft **2GO Travel** (www.travel.2go.com.ph), die den Großteil der wichtigsten Regionalziele bedient.

An den meisten Fährterminals ist eine geringe Zugangsgebühr (durchschnittlich 20 P, in Manila 95 P) zu entrichten.

Unter www.marinetraffic.com lassen sich die aktuellen Positionen der größeren Fähren in Echtzeit verfolgen. Die Website www.schedule.ph führt nicht alle regionalen Fahrpläne auf, ist aber ein ganz guter Ausgangspunkt.

Bangkas Die Jeepneys des Meeres (alias *pumpboats*) sind kleine Holzboote mit zwei Auslegern aus Holz oder Bambus. *Bangka*-Fähren verkehren regelmäßig zwischen bestimmten Inseln. Zudem lassen sie sich tageweise zum Tauchen, Schnorcheln, Sightseeing oder reinen Herumschippern mieten. Da die Motoren dieser Kähne z.T. dröhnend laut sind, haben Lärmempfindliche idealerweise Ohrenstöpsel dabei. Außerdem schaukeln *bangkas* bei rauer See ziemlich stark. Auf manchen Inseln stellen sie jedoch die bessere Alternative zu Überlandreisen dar. Achtung: Die Abfahrtszeiten sind meist recht willkürlich!

Fastcrafts Diese schicken Schnellfähren transportieren nur Passagiere und bedienen hauptsächlich beliebte Kurzstrecken. Im Vergleich zu langsameren RoRos sind sie meist doppelt so schnell und teuer.

An Bord wird eine moderne Annehmlichkeit übertrieben stark genutzt: die Klimaanlage, die offenbar ständig auf „arktischer Kälte" läuft. Somit empfiehlt sich ein Pullover oder eine Fleecejacke.

RoRos Diese direkt befahrbaren Autofähren sind ein populäres Verkehrsmittel auf mittellangen Strecken. Dies gilt vor allem für den sogenannten Nautical Highway zwischen Manila und Davao im Süden Mindanaos. RoRos sind langsam, aber bei gutem Wetter die angenehmste Option für Seereisen: Im Gegen-

FÄHRSICHERHEIT

Fähren sind ein überwiegend bequemes, angenehmes Verkehrsmittel, um zwischen den philippinischen Inseln hin- und herzuspringen, aber hin und wieder passieren Fährunglücke.

Vor Romblon sank im Mai 2008 beim Taifun Frank eine Fähre von Sulpicio Lines; weniger als 60 Passagiere überlebten, und mehr als 800 kamen um. Ein großes Schiff von 2GO Ferry stieß im August 2013 vor Cebu mit einem Frachtschiff zusammen, es gab mehr als 115 Tote zu beklagen. Und 2015 kamen über 60 Menschen ums Leben, als eine überladene *bangka*-Fähre, die von Ormoc, Leyte, auf dem Weg nach Pilar, Camotes Islands war, auf relativ ruhiger See umkippte.

Sulpicio Lines war außerdem verantwortlich für den Untergang der *Doña Paz* 1987, bei dem angeblich beinahe 4500 Menschen ertrunken sind. Dies ist bis heute das größte Schiffsunglück, das je in Friedenszeiten passiert ist.

Zu den Ursachen zählen schlechtes Wetter, lasche Vorschriften, schlampige Wartung, technische Defekte, Überfüllung und gesellschaftlicher Fatalismus. Am besten den eigenen Instinkten folgen: Wenn das Boot überfüllt aussieht, ist es überfüllt! Wenn die Wetterbedingungen gefährlich erscheinen, sind sie gefährlich. Besonders beängstigend sind *bangka*-Fahrten bei stürmischen Bedingungen. Zudem sollte man immer überprüfen, ob Rettungswesten an Bord vorhanden sind.

REISEN & KLIMAWANDEL

Der Klimawandel stellt eine ernste Bedrohung für unsere Ökosysteme dar. Zu diesem Problem tragen Flugreisen immer stärker bei. Lonely Planet sieht im Reisen grundsätzlich einen Gewinn, ist sich aber der Tatsache bewusst, dass jeder seinen Teil dazu beitragen muss, die globale Erwärmung zu verringern.

Fast jede Art der motorisierten Fortbewegung erzeugt CO_2 (die Hauptursache für die globale Erwärmung), doch Flugzeuge sind mit Abstand die schlimmsten Klimakiller – nicht nur wegen der großen Entfernungen und der entsprechend großen CO_2-Mengen, sondern auch, weil sie diese Treibhausgase direkt in hohen Schichten der Atmosphäre freisetzen. Die Zahlen sind erschreckend: Zwei Personen, die von Europa in die USA und wieder zurück fliegen, erhöhen den Treibhauseffekt in demselben Maße wie ein durchschnittlicher Haushalt in einem ganzen Jahr.

Die englische Website www.climatecare.org und die deutsche Internetseite www.atmosfair.de bieten sogenannte CO_2-Rechner. Damit kann jeder ermitteln, wie viele Treibhausgase seine Reise produziert. Das Programm errechnet den zum Ausgleich erforderlichen Betrag, mit dem der Reisende nachhaltige Projekte zur Reduzierung der globalen Erwärmung unterstützen kann, beispielsweise Projekte in Indien, Honduras, Kasachstan und Uganda.

Lonely Planet unterstützt gemeinsam mit Rough Guides und anderen Partnern aus der Reisebranche das CO_2-Ausgleichs-Programm von climatecare.org. Alle Reisen von Mitarbeitern und Autoren von Lonely Planet werden ausgeglichen. Weitere Informationen gibt's auf www.lonelyplanet.com.

satz zu den meisten Fastcrafts geben sie Passagieren die Möglichkeit, im Freien aufs Meer zu schauen.

Passagierfähren Diese Langstreckenfähren mit mehreren Decks transportieren bis zu 4000 Passagiere auf einmal. Sie nehmen auch Autos mit und sind ziemlich zuverlässig. Allerdings ist jederzeit mit Fahrplanänderungen aufgrund von Wartungen oder schlechtem Wetter zu rechnen.

Tickets

- Die erforderlichen Reservierungen für Langstreckenfähren lassen sich in den meisten Großstädten bei Ticket- oder Reisebüros vornehmen.
- Tickets für Schnell- und *bangka*-Fähren können normalerweise vor Abfahrt am Anleger gekauft werden (Ausnahme: in der Hochsaison die Fähren zwischen El Nido und Coron im Voraus buchen!).
- Passagierfähren bieten unterschiedlich viel Komfort zu unterschiedlichen Preisen. Kojen auf oder unter Deck (3. Klasse bzw. Economy Class) sind akzeptabel, solange das Schiff nicht überfüllt ist. In der 1. Klasse warten fürstliche Kabinensuiten für zwei Personen.
- Vor dem Ticketkauf empfiehlt sich die Frage nach *promo rates* (vergünstigte Preise). Senioren- und Studentenrabatte erhalten normalerweise nur philippinische Staatsbürger.

Zug

Die *Bicol Express*-Zugstrecke von Manila Richtung Süden nach Naga in Südost-Luzon – die einzige funktionierende Bahnverbindung des Landes – ist auf unbestimmte Zeit stillgelegt; der von Manila aus Richtung Süden fahrende Zug fährt nur bis in die Provinz Laguna.

Gesundheit

Wie problematisch das Feld Gesundheit und die Qualität der medizinischen Versorgung sind, hängt sehr stark davon ab, wo genau auf den Philippinen man sich aufhält und wie man reist. Viele der großen Städte sind sehr gut ausgestattet – Manila und Cebu gelten sogar als Ziele für „Medizintourismus“: Ausländische Besucher suchen hier in großer Zahl preiswerte und kompetente medizinische Hilfe. Wer dagegen in ländlichen Gebieten unterwegs ist, sieht sich einer ganzen Reihe gesundheitlicher Risiken ausgesetzt. Der durchschnittliche Inselbewohner, der eine kleine Landwirtschaft betreibt oder zum Fischen geht, kann sich moderne medizinische Versorgung nicht leisten. Manche lassen sich deshalb von *mananambals* (Wunderheilern) behandeln, die im Allgemeinen mit den Hochlandvölkern in Verbindung stehen (vor allem die Insel Siquijor ist für ihre Heiler bekannt).

Manche Reisende machen sich Sorgen, sich in den Tropen Infektionskrankheiten zuzuziehen, aber Infektionen sind eher selten schuld an schweren Erkrankungen oder Todesfällen auf Reisen. Bereits bestehende Vorerkrankungen und Unfallverletzungen (besonders durch Verkehrsunfälle) sind die Hauptursache für lebensbedrohliche Ereignisse.

Die folgenden Hinweise sind nur als allgemeine Ratschläge zu verstehen. Sie können keineswegs den Rat eines Reisemediziners ersetzen.

BEVOR ES LOSGEHT

Krankenversicherung

- Auch wer sich fit und gesund fühlt, sollte nicht ohne Versicherungsschutz reisen.
- Alle bestehenden gesundheitlichen Probleme sollten angegeben werden (die Versicherungsfirma wird überprüfen, ob das Problem bereits vorher existiert hat, und nicht zahlen, wenn es nicht angegeben wurde).
- Für riskante Aktivitäten wie Klettern oder Gerätetauchen wird eventuell eine Zusatzversicherung benötigt.
- Auf den Philippinen gibt es einige hervorragende Krankenhäuser in Manila und Cebu; falls die Versicherung die Kosten für medizinische Evakuierung oder Behandlung nicht abdeckt, erhält man dort erschwingliche Hilfe.
- Alle Belege über krankheitsbedingte Ausgaben sollte man gut aufheben.

Impfungen

Tropenmedizinische Institute bieten kompetente Beratung. Sie haben alle erhältlichen Impfstoffe vorrätig und können spezielle Empfehlungen abgeben. Die Ärzte berücksichtigen die bisherigen Impfungen, die Reisedauer, die geplanten Aktivitäten und den bestehenden Gesundheitszustand.

Medikamenten-Checkliste

Einige empfohlene Mittel für die persönliche Reiseapotheke:

- Abführmittel
- Abschwellmittel, z. B. Pseudoephedrin
- Antibakterielle Salbe, z. B. mit Tyrothricin
- Antibiotika gegen Hautinfektionen, z. B. Amoxicillin/Clavulansäure oder Cephalexin
- Antihistaminika gegen Allergien
- Antiseptikum auf Jodbasis, z. B. Betaisodona
- DEET-haltiges Insektenschutzmittel
- Erste-Hilfe-Bedarf wie Schere, Sicherheitsnadeln, Pflaster, Bandagen, Mullbinden, Fieberthermometer (keines mit Quecksilber!), Pinzette und sterile Nadeln und Spritzen

EMPFOHLENE IMPFUNGEN

Die Weltgesundheitsorganisation (WHO) empfiehlt für Reisen nach Südostasien die folgenden Impfungen:

Diphtherie und Tetanus Die Auffrischungsimpfung wird empfohlen, wenn die letzte Impfung zehn Jahre oder länger zurückliegt. Nebenwirkungen sind Entzündungen an der Impfstelle und Fieber.

Hepatitis A Bietet nahezu 100%igen Schutz für ein Jahr, eine Auffrischungsimpfung nach zwölf Monaten schützt mindestens 20 Jahre. Harmlose Nebenwirkungen wie Kopfschmerzen und Entzündungen an der Impfstelle treten bei 5 bis 10 % der Geimpften auf.

Hepatitis B Gilt inzwischen als Routineimpfung für die meisten Reisenden und wird als dreimalige Impfung über sechs Monate gegeben. Es gibt auch eine Schnellversion, ebenso eine Kombination mit der Hepatitis-A-Impfung. Nebenwirkungen sind harmlos und eher selten, etwa Kopfschmerzen und Entzündungen an der Impfstelle. 95 % der Behandelten haben danach eine lebenslange Immunität.

Masern, Mumps und Röteln Wer die Krankheiten nicht durchgemacht hat, benötigt zwei Impfungen. Gelegentlich treten eine Woche nach der Impfung ein Ausschlag und grippeähnliche Symptome auf. Viele junge Erwachsene benötigen eine Auffrischung.

Polio Eine Impfung reicht aus für den lebenslangen Schutz eines Erwachsenen.

Typhus Empfohlen außer bei Kurztrips von unter einer Woche Dauer. Die einmalige Impfung bietet 70%igen Schutz und hält zwei bis drei Jahre an. Die Immunisierung kann auch mit Tabletten durchgeführt werden, doch wegen der geringeren Nebenwirkungen wird die Injektion empfohlen. Entzündungen der Impfstelle und Fieber können auftreten.

Windpocken Wer die Krankheit nicht durchgemacht hat, sollte eine mögliche Impfung mit seinem Arzt besprechen.

Folgende Impfungen werden für Reisende empfohlen, die länger als einen Monat im Land bleiben wollen:

Japanische Enzephalitis Wird in drei Teilimpfungen gegeben. Eine Auffrischung nach zwei Jahren wird empfohlen. Die häufigsten Nebenwirkungen sind Entzündungen der Impfstelle und Kopfschmerzen.

Meningitis Eine Injektion. Es gibt zwei Arten der Impfung: Der Vierfachimpfstoff gibt zwei- bis dreijährigen Schutz; der Meningitis-Gruppe-C-Impfstoff hält zehn Jahre lang. Wird für Backpacker unter 25 Jahren empfohlen.

Tollwut Insgesamt drei Impfungen. Eine Auffrischung nach einem Jahr gibt zehnjährigen Schutz. Nebenwirkungen sind selten: Kopfschmerzen und Entzündungen der Impfstelle.

Tuberkulose (Tbc) Ein komplexes Thema. Erwachsenen Reisenden, die länger auf den Philippinen waren, wird normalerweise eher ein Tbc-Hauttest vor und nach der Reise als eine Impfung empfohlen. Eine Impfung hält ein Leben lang.

- Fungizidsalbe, z. B. Clotrimazol
- Ibuprofen oder andere entzündungshemmende Mittel
- Jodtabletten (nicht bei Schwangerschaft oder Schilddrüsenproblemen) zur Trinkwasserreinigung
- Kortisonsalbe gegen allergische oder juckende Hautausschläge
- Krampflösende Mittel gegen Bauchschmerzen, z. B. Buscopan
- Medikamente gegen Blasenentzündung, wenn man anfällig für Harnwegsinfekte ist
- Medikamente gegen Durchfallerkrankungen: eine Elektrolytlösung, „Durchfallbremsen" wie Loperamid, ein Mittel gegen Übelkeit und Antibiotika gegen Durchfall, z. B. Norfloxacin, Ciprofloxacin und Azithromycin bei bakteriell bedingtem Durchfall, Metronidazol bei Giardiasis oder Amöbenruhr
- Medikamente gegen Soor (Candida-Infektion), z. B. Clotrimazol oder Fluconazol
- Medikamente gegen Verdauungsbeschwerden
- Migränemedikament, falls man darunter leidet
- Paracetamol gegen Schmerzen
- Permethrin (um Kleidung und Moskitonetze zu imprägnieren) zur Insektenabwehr
- Sonnenschutzmittel
- Verhütungsmittel

Infos im Internet

World Health Organization (WHO; www.who.int/ith) Das hervorragende Buch *International Travel & Health* wird jährlich neu aufgelegt und ist online kostenlos erhältlich.

MD Travel Health (https://redplanet.travel/mdtravelhealth) Bietet Informationen zu Reisekrankheiten für jedes Land, die täglich aktualisiert werden.

Centers for Disease Control and Prevention (CDC; www.cdc.gov) Gute allgemeine Informationen zum Thema Reisemedizin.

AUF DEN PHILIPPINEN

Medizinische Versorgung

In den meisten großen Städten auf den Philippinen ist die medizinische Versorgung ganz gut. In ländlichen Gebieten kann es aber schwierig werden, vertrauenswürdige medizinische Betreuung zu finden, auch wenn normalerweise irgendeine Art von Klinik in erreichbarer Nähe liegt. Auch die Botschaft des eigenen Landes und die Versicherungsgesellschaften können mit Kontakten dienen.

Wer befürchtet, sich eine ernsthafte Erkrankung zugezogen zu haben, insbesondere Malaria, sollte keine Zeit verschwenden und sich zur nächstgelegenen guten medizinischen Einrichtung begeben. Es ist immer besser, sich von einem Arzt untersuchen zu lassen, als auf Eigenbehandlung zu vertrauen.

Apotheken auf den Philippinen sind normalerweise gut mit sterilisierten Einwegspritzen, Verbänden und Antibiotika ausgestattet, aber es schadet nicht, seine eigene sterilisierte Erste-Hilfe-Ausrüstung dabeizuhaben, vor allem wenn man abseits der üblichen Routen unterwegs sein möchte. Kontaktlinsenlösungen und Ersatzlinsen sind in den Städten leicht erhältlich.

Infektionskrankheiten

Chikungunyafieber

Diese seltener vorkommende Virusinfektion stellt für Reisende auf den Philippinen nur ein kleines Risiko dar, hauptsächlich kommt sie auf den Visayas vor. Zu den Symptomen zählen vor allem ein plötzlicher Schmerz in einem oder mehreren Gelenken, Fieber, Kopfschmerzen, Übelkeit und Ausschlag.

Denguefieber

Diese durch Moskitos übertragene Krankheit ist die am weitesten verbreitete, die man sich auf den Philippinen zuziehen kann. Sie kommt ausgesprochen häufig in den Städten vor, vor allem in der Metropole Manila, und sie ist im Land die Hauptursache für den Krankenhausaufenthalt von Kindern.

Denguefieber ist nicht zwangsläufig tödlich, kann aber zum Tod führen; laut dem philippinischen Gesundheitsministerium (DOH) endeten 2016 von über 213 000 Fällen 1019 tödlich. 2015 gab es 647 Dengue-Tote, das Problem scheint also gravierender zu werden (die Gesamtzahl der Fälle war 2016 im Vergleich zu 2015 jedoch niedriger).

Da kein Impfstoff vorhanden ist, kann der Krankheit nur vorgebeugt werden, indem man Moskitostiche so gut wie möglich vermeidet. Die Moskitos, die das Virus verbreiten, stechen tagsüber und nachts. Zu den Symptomen gehören hohes Fieber sowie starke Kopf- und Gliederschmerzen (Denguefieber war früher als „Knochenbrecherfieber" bekannt). Einige Patienten bekommen einen Ausschlag oder Durchfall. Die Behandlung besteht aus Ruhe und Paracetamol – kein Aspirin einnehmen, da es die Wahrscheinlichkeit von Blutungen erhöht! Zur Diagnose und Beobachtung sollte man auf jeden Fall einen Arzt aufsuchen.

Filariose

Die von Moskitos übertragene Krankheit ist in der heimischen Bevölkerung weit verbreitet, Reisende sind so gut wie nicht betroffen. Am besten entgeht man der Krankheit, wenn man Insektenstiche vermeidet.

Fleckfieber

Rattenfleckfieber wird durch Flohbisse übertragen, Tsutsugamushi-Fieber (auch Scrub Typhus oder Japanisches Flussfieber) durch Milben. Bei Reisenden treten diese Krankheiten selten auf. Zu den Symptomen gehören Fieber, Muskelschmerzen und Ausschlag. Zur Vorbeugung dienen allgemeine Insektenschutzmaßnahmen oder auch Doxycyclin-Gaben.

LEITUNGSWASSER

Leitungswasser auf den Philippinen sollte man lieber nicht trinken. Es ist selten gereinigt und kann zu Magenbeschwerden führen.

Gleichwohl ist es in der Regel okay, ein paar Eiswürfel im Drink zu haben oder die Zähne mit Leitungswasser zu putzen. Eine deutliche Ausnahme stellt El Nido dar, dort gibt es hin und wieder akutere Probleme mit der Wasserqualität.

Wasser in Flaschen ist nicht billig, deshalb am besten eine eigene Wasserflasche dabeihaben und an einer der vielen Wassernachfüllstationen auffüllen.

Hepatitis A

Das Virus ist in der gesamten Region ein Problem. Es wird durch Lebensmittel und Wasser übertragen, befällt die Leber und verursacht Gelbsucht, Übelkeit und Lethargie. Für Hepatitis A gibt's keine spezifische Behandlung, man muss der Leber einfach Zeit geben, wieder zu heilen. Alle Reisenden nach Südostasien sollten sich gegen Hepatitis A impfen lassen.

Hepatitis B

Diese Krankheit wird durch den Austausch von Körperflüssigkeiten übertragen und kann durch Impfung vermieden werden. In einigen Teilen Südostasiens tragen bis zu 20 % der Bevölkerung den Virus in sich, meist ohne davon zu wissen. Die Langzeitfolgen der Erkrankung können Leberkrebs oder eine Leberzirrhose einschließen.

Hepatitis E

Hepatitis E wird wie Hepatitis A durch Lebensmittel und Wasser übertragen und zeigt auch ähnliche Symptome, kommt aber weitaus seltener vor. Für Schwangere ist sie sehr problematisch und kann zum Tod von Mutter und Kind führen. Gegenwärtig gibt es keinen Impfstoff, aber eine Ansteckung kann vermieden werden, wenn die üblichen Sicherheitsmaßnamen beim Essen und Trinken beachtet werden.

Japanische Enzephalitis

Die Krankheit ist bei Reisenden selten, aber jedes Jahr infizieren sich 50 000 Einheimische damit. Die Viruserkrankung wird durch Moskitos übertragen. Die meisten Fälle treten in ländlichen Gegenden auf, und Impfungen werden für alle empfohlen, die mehr als einen Monat außerhalb der größeren Städte verbringen. Es gibt keine Therapie, und die Erkrankung führt bei einem Drittel der Infizierten zum Tod, ein weiteres Drittel trägt dauerhafte Hirnschäden davon.

Larva migrans cutanea (Hautmaulwurf)

Diese Krankheit wird durch die Larven verschiedener Hakenwürmer ausgelöst. Der Ausschlag beginnt mit einer kleinen Schwellung und breitet sich langsam in linienförmigen Gangstrukturen aus. Besonders nachts ist der Juckreiz stark. Die Krankheit kann einfach mit Medikamenten behandelt werden; die Gänge sollten nicht herausgeschnitten oder vereist werden.

Malaria

Für eine so ernste und potenziell tödliche Krankheit gibt es über Malaria eine erstaunliche Menge von Falschinformationen. Malaria wird von einem Parasiten ausgelöst, der durch den Biss eines infizierten Moskitos übertragen wird. Das deutlichste Symptom ist Fieber, es gibt aber auch andere Allgemeinsymptome wie Kopfschmerzen, Durchfall, Husten oder Schüttelfrost. Eine sichere Diagnose kann nur durch eine Blutprobe gestellt werden.

Nach Angaben der amerikanischen Seuchenschutzbehörde CDC gibt es auf den Philippinen kein Malariarisiko auf Bohol, Boracay, Catanduanes und Cebu sowie in Manila oder anderen städtischen Gebieten. Das Risiko von Nebenwirkungen der Antimalariatabletten ist in diesen Gegenden wahrscheinlich höher als das Ansteckungsrisiko.

Ganz allgemein ist Malaria nur ein Problem für Reisende, die in sehr abgelegenen Gegenden wie dem südlichen Palawan in weniger als 600 m Höhe unterwegs sein wollen. Vor der Abreise sollte man den Rat eines Fachmannes zu Medikamenten und ihrer richtigen Dosierung einholen. Achtung: Nach Angaben des CDC ist Chloroquin auf den Philippinen kein wirksames Antimalariamedikament!

Masern

Die Masern bleiben in einigen Teilen Südostasiens ein Problem. Die hochansteckende Viruserkrankung wird durch Tröpfcheninfektion (Husten, Niesen) verbreitet. Die meisten vor 1966 geborenen Menschen sind immun dagegen, weil sie als Kind die Masern hatten. Die Krankheit beginnt mit hohem Fieber und Ausschlag, als Komplikationen können Lungen- und Hirnhautentzündungen auftreten. Es gibt keine spezifische Therapie.

Schistosomiasis (Bilharziose)

Pärchenegel sind winzige Parasiten, die sich durch die Haut bohren, wenn man in kontaminiertem Wasser geschwommen ist. Bei Reisenden verläuft die Infektion in der Regel nur leicht, sie haben daher keine oder kaum Symptome. Die Schistosomiasis kommt auf den Philippinen vor, aber sie ist nicht sehr häufig und auf wenige Gebiete weit abseits der touristischen Pfade beschränkt. Selten tritt bei infizierten Reisenden als Folge das „Katayama-Syndrom" auf. Dabei kommt es einige Wochen nach der Infektion zu einer allergischen Reaktion, wenn sich die Parasiten durch die Lungen hindurcharbeiten – die Symptome sind Husten und Fieber. Die Schistosomiasis kann leicht medikamentös behandelt werden.

Tollwut

Die häufig tödlich verlaufende Krankheit wird übertragen, wenn man von einem infizierten Tier (in erster Linie Hunden oder Affen) gebissen oder auch nur abgeschleckt wird. Sofort nach einem Biss sollte ein Arzt aufgesucht werden, der mit der Nachbehandlung beginnt. Eine Impfung vor der Reise macht die

TAUCHNOTFÄLLE

Auf den Philippinen gibt es fünf stationäre Dekompressionskammern. Die Philippine Commission on Sports Scuba Diving hat neue Kammern in Puerto Princesa (Palawan) und Tagbilaran (Bohol) bauen lassen.

Advance Hyperbaric Life Support (Karte S. 54; ☎02-957 1340; www.hbotphilippines.com; 11 Tagdalit St., Brgy. Manresa, Quezon City) Private Dekompressionseinrichtung in der Metropolregion Manila mit einer modernen Kammer.

Batangas Hyperbaric Medicine & Wound Healing Center (☎ext 1911 043-723 7089–92; www.divemed.com.ph; St Patrick's Hospital Medical Center, Lopez Jaena St., Batangas) Die privat geführte Einrichtung bietet von den Tauchzentren Puerto Galera und Anilao aus die nächste Dekompressionskammer.

Cebu Doctor's University Hospital (Karte S. 324; ☎0918 807 3837; Osmena Blvd.) Memerto Ortega kontaktieren.

PCSSD Hyperbaric Chamber Manila (Karte S. 80; ☎0928 242 6237, 02-524 2242; www.divephilippines.com.ph; Lung Center of the Phiippines, Quezon Ave., Quezon City) Die Hauptkammer der Philippine Commission on Sports Scuba Diving.

PCSSD Hyperbaric Chamber Cebu (PCSSD; ☎032-349 3179; www.divephilippines.com.ph; TIEZA Building, P Burgos St., Mandaue, Cebu City) Die Kammer in Cebu wird von der Philippine Commission on Sports Scuba Diving geführt.

Nachbehandlung sehr viel einfacher. Wer von einem Wildtier gebissen wurde, sollte die Wunde vorsichtig mit Wasser und Seife auswaschen und ein jodbasiertes Antiseptikum auftragen. Wer nicht gegen Tollwut geimpft ist, muss schnellstens Tollwutantikörper bekommen.

Tuberkulose

Während Tbc bei Reisenden auf Kurztrips selten ist, sollten Personen mit engem Kontakt zur einheimischen Bevölkerung (wie medizinisches Personal, Aids-Helfer und Langzeitreisende) entsprechende Vorsichtsmaßnahmen treffen. Geimpft werden normalerweise nur Kinder unter fünf Jahren, aber bei gefährdeten Erwachsenen wird ein Tbc-Test vor und nach der Reise empfohlen. Die häufigsten Symptome sind Fieber, Husten, Gewichtsverlust, nächtliche Schweißausbrüche und Müdigkeit.

Typhus

Diese schwerwiegende bakterielle Infektion verbreitet sich über Essen und Wasser. Symptome sind langsam ansteigendes und hohes Fieber und Kopfschmerzen, eventuell begleitet von trockenem Husten und Bauchschmerzen. Typhus wird durch Bluttests nachgewiesen und mit Antibiotika behandelt. Die Impfung wird auch bei Reisen in Stadtgebiete empfohlen, nicht nur bei solchen in kleinere Städte, Dörfer oder ländliche Gegenden.

Durchfallerkrankungen

Reisedurchfall ist das mit Abstand häufigste Problem, von dem Reisende betroffen sind. In über 80 % der Fälle wird der Durchfall durch Bakterien ausgelöst (es gibt zahllose mögliche Übeltäter), sodass Antibiotika sehr schnell helfen.

Als Reisedurchfall werden mehr als drei wässrige Entleerungen innerhalb von 24 Stunden bezeichnet, zu denen mindestens ein weiteres Symptom wie Fieber, Krämpfe, Übelkeit, Erbrechen oder allgemeines Unwohlsein kommen.

Die Behandlung besteht darin, eine Dehydrierung zu vermeiden – Elektrolytlösungen sind dazu am besten geeignet. Antibiotika wie Norfloxacin, Ciprofloxacin oder Azithromycin sollten die Bakterien schnell abtöten.

Loperamid wirkt nur wie eine „Bremse" und packt das Problem nicht bei der Wurzel, kann aber trotzdem hilfreich sein (z. B. wenn man eine lange Busfahrt vor sich hat). Loperamid sollte man nicht einnehmen, wenn man Fieber oder Blut im Stuhl hat.

Amöbenruhr

Die Amöbenruhr kommt bei Reisenden nur sehr selten vor, wird aber von weniger guten Labors in Südostasien häufig fälschlicherweise diagnostiziert. Die Symptome (Fieber, blutiger Stuhl und allgemeines Unwohlsein) ähneln dem bakteriell verursachten Durchfall. Bei Auftreten sollte unbedingt ein Arzt aufgesucht werden. Behandelt wird mit zwei Medikamenten: Metronidazol tötet die Parasiten im Darm, und ein zweites Medikament tötet die Zysten. Bleibt die Krankheit unbehandelt, können Leber- oder Darmabszesse die Folge sein.

Giardiasis

Giardia lamblia ist ein Parasit, der bei Reisenden relativ häufig vorkommt. Symptome sind Übelkeit, Aufgedunsenheit, schlimme Blähungen, Müdigkeit und zeitweilig auftretender Durchfall. Der Parasit verlässt den Körper möglicherweise auch ohne Behandlung, aber das kann Monate dauern. Übliches Behandlungsmittel ist Tinidazol, Metronidazol eine zweite Möglichkeit.

Gesundheitsrisiken

Hautprobleme

Schnitte und Kratzer entzünden sich in feuchtem Klima leicht. Alle Wunden müssen umgehend mit klarem Wasser ausgewaschen und mit einem Antiseptikum desinfiziert werden, um Komplikationen wie Abszesse zu vermeiden. Wenn Anzeichen einer Infektion beobachtet werden (zunehmende Schmerzen und Rötungen), sollte man einen Arzt aufsuchen! Bei Korallenschnitten besonders vorsichtig sein, da sie sich leicht entzünden können!

Hitze

Die meisten Reisenden, die aus kühleren Klimazonen kommen, brauchen mindestens zwei Wochen, um sich an das heiße Klima zu gewöhnen. Füße und Knöchel können anschwellen, und es kann wegen des vielen Schwitzens zu Muskelkrämpfen kommen. Ratsam ist es, einer Dehydrierung vorzubeugen und sich nicht zu viel zu bewegen. Vor allem direkt nach der Ankunft sollte man es langsam angehen lassen. Salztabletten sind nicht empfehlenswert, weil sie den Darm angreifen. Besser sind Elektrolytlösungen und salziges Essen. Krämpfe lösen sich meistens schnell, wenn man eine Ruhepause einlegt, doppelte Elektrolytlösungen trinkt und die Muskeln vorsichtig dehnt.

Ein Hitzschlag ist ein ernst zu nehmender medizinischer Notfall. Zu den plötzlich auftretenden Symptomen gehören Schwächegefühl, Übelkeit, ein heißer, ausgetrockneter Körper mit einer Temperatur von bis zu 41 °C, Schwindelgefühl, Verwirrung, Koordinationsverlust, Anfälle und eventuell Kollaps und Bewusstlosigkeit. Nachdem man einen Arzt gerufen hat, sollte man beginnen, die Person abzukühlen, indem man sie aus der Hitze bringt, sie entkleidet, ihr Luft zufächelt und kühle, nasse Kleidung oder Eis auf den Körper legt, besonders in den Schritt und unter die Achseln.

Hitzebläschen sind in den Tropen ein häufig auftretender, juckender Hautausschlag, der entsteht, wenn sich Schweiß unter der Haut ansammelt. Er kann behandelt werden, indem man die Hitze für ein paar Stunden meidet oder kalt duscht. Salben und Lotionen dichten die Haut ab und sollten nicht benutzt werden. Vor Ort erhältliches Hitzebläschenpulver kann auch helfen.

Insektenbisse & -stiche

Wanzen übertragen zwar keine Krankheiten, aber ihre Bisse können ziemlich fies jucken. Sie leben in Möbeln und Wänden und siedeln nachts in Betten um. Gegen den Juckreiz kann man Antihistaminika einnehmen.

Läuse treten meist auf dem Kopf oder im Schambereich auf. Die Übertragung erfolgt durch engen Kontakt mit einer befallenen Person. Vermutlich muss man ein Läuseshampoo (z. B. Permethrin) zur vollständigen Bekämpfung mehrmals anwenden. Läuse im Schambereich bekommt man gewöhnlich durch Sexualkontakt.

Zecken holt man sich beim Wandern in ländlichen Gegenden. Wer von einer Zecke gebissen wurde und an der Biss- oder einer anderen Stelle einen Ausschlag oder Fieber oder Muskelschmerzen bekommt, sollte einen Arzt aufsuchen. Doxycyclin beugt von Zecken übertragenen Krankheiten vor.

Blutegel sind in feuchten Regenwaldgebieten zu finden und kommen auf den Philippinen sehr häufig vor. Sie übertragen keine Krankheiten, aber ihre Bisse jucken wahnsinnig und das oft wochenlang. Noch dazu können sie sich leicht entzünden. Ein Antiseptikum auf Jodbasis auf die Bisse aufzutragen, hilft, Infektionen vorzubeugen.

Jeder, der unter einer schweren Bienen- oder Wespenstichallergie leidet, sollte eine Adrenalinspritze für den Notfall mitführen. Für alle anderen sind die Schmerzen und der Juckreiz das größte Problem – den Stich mit Eis kühlen oder Schmerzmittel einnehmen!

Die meisten Quallenarten in Südostasien sind nicht gefährlich, nur nervig. Eine Ausnahme ist die Würfelqualle, deren Gift äußerst gefährlich ist; eine Begegnung mit ihr kann tödlich enden. Sie kommt in philippinischen Gewässern nicht häufig vor, aber es gibt sie, deshalb sollte man sich nach Sichtungen in letzter Zeit erkundigen, bevor man schwimmen geht.

Erste Hilfe bei Quallenbissen ist Essig, der über die betroffenen Körperpartien gegossen wird, um das Gift zu neutralisieren. Keinen Sand oder Wasser benutzen! Schmerztabletten helfen, und wer sich nach einem Kontakt mit Quallen in irgendeiner Weise unwohl fühlt, sollte einen Arzt aufsuchen.

Schlangen

In Südostasien gibt es viele giftige wie harmlose Schlangen. Am besten hält man alle für giftig und versucht nicht, eine zu fangen. Wer in einer Gegend zu Fuß unterwegs ist, in der Schlangen vorkommen könnten, sollte immer feste Schuhe und lange Hosen tragen. Als Erste-Hilfe-Maßnahme nach einem Schlangenbiss legt man einen elastischen Verband an, ausgehend von der Bissstelle bis hoch zur Brust. Der Verband darf die Blutzirkulation nicht abschnüren, und Finger oder Zehen sollten zur Kontrolle des Blutflusses frei bleiben. Das betroffene Glied sollte außerdem mit einer Schiene ruhiggestellt und das Opfer zum Arzt gebracht werden. Keinen Druckverband anlegen und das Gift nicht aussaugen! Für die meisten Schlangenarten existiert ein Gegengift.

Tauchen & Surfen

Taucher und Surfer sollten vor der Reise den Rat eines Spezialisten einholen, um sicherzustellen, dass ihre Reiseapotheke mit allem Nötigen für Korallenschnitte und Ohrinfektionen ausgestattet ist. Taucher sollten sich vergewissern, dass ihre Versicherung auch die Dekompressionskrankheit abdeckt – bei Organisationen wie **Divers Alert Network** (DAN; www.diversalertnetwork.org) gibt's spezielle Taucherversicherungen. Bestimmte Erkrankungen sind nicht mit dem Tauchen vereinbar. Details hierzu kennt der Arzt. Bei manchen Tauchschulen kommen jedoch wirtschaftliche vor gesundheitlichen Erwägungen.

Sprache

FILIPINO

Tagalog, Pilipino, Filipino – die verschiedenen Sprachbezeichnungen sind verwirrend, spiegeln jedoch die politische Geschichte der Lingua franca auf dem 7000 Inseln umfassenden Archipel wider, das die Philippinen bildet. Filipino ist zwar nicht die Muttersprache der gesamten Bevölkerung, wird jedoch als zweite Amtssprache (neben Englisch und 165 anderen Sprachen) im ganzen Land gesprochen und ist die offizielle Sprache in der universitären Lehre und für den Großteil aller juristischen, geschäftlichen und behördlichen Vorgänge. Sie gehört zu den malayo-polynesischen Sprachen und wird weltweit von rund 45 Mio. Menschen gesprochen.

Filipino ist recht einfach auszusprechen, und die meisten Laute dürften dem deutschen Sprecher bekannt sein. Darüber hinaus sind Klang und Sprechweise unkompliziert und einheitlich, jeder Buchstabe wird also immer gleich ausgesprochen. Wer die im Folgenden farbig gedruckten Aussprachehilfen so abliest, als würde er einen deutschen Text lesen, dürfte nur wenige Verständigungsprobleme haben. Ei wird wie „Ei" ausgesprochen, äi wie im englischen *say*, iw wie ie (langes i) mit runden Lippen, oh wie das „o" im englischen *go*, au wie in „Auto" und ui wie das *wea* im englischen *tweak*. Das r wird stärker betont als im Deutschen und gerollt, und die Kombination ng – wie bei beim deutschen Wort „singen" – kann auch am Anfang eines Wortes vorkommen. Zudem gibt es im Filipino einen Knacklaut, der wie die Pause zwischen den zwei Silben in „oh-oh" gesprochen wird. In unseren Aussprachehilfen wird dieser durch einen Apostroph (') gekennzeichnet, im geschriebenen Filipino durch einen Zirkumflex (ˆ), einen Gravis (ˋ) oder einen Akut (ˊ) über dem Vokal, auf den der Knacklaut folgt.

In unseren Aussprachehilfen sind betonte Silben kursiv gedruckt. „inf." und „form." kennzeichnen jeweils die informelle und die formelle Form.

Konversation & Nützliches

Guten Tag.	*Magandáng araw pô.* (form.) *Magandáng araw.* (inf.)	ma·gan·*dang* *a*·rau po' ma·gan·*dang* *a*·rau
Auf Wiedersehen.	*Paalam na pô.* (form.) *Babay.* (inf.)	pa·*a*·lam na po' *ba*·bai
Ja.	*Opò.* (form.) *Oo.* (inf.)	*o*·po' *o*·o
Nein.	*Hindí pô.* (form.) *Hindî.* (inf.)	hien·*die'* po' hien·*die'*
Danke.	*Salamat pô.* (form.) *Salamat.* (inf.)	sa·*la*·mat po' sa·*la*·mat
Gern geschehen.	*Walá pong anumán.* (form.) *Waláng anumán.* (inf.)	wa·*la* pong a·nu·*man* wa·*lang* a·nu·*man*

Wie geht es Ihnen/dir?
Kumustá po kayó? — ku·mus·*ta* po ka·*jo*
Kumustá? — ku·mus·*ta*

Gut. Und Ihnen/dir?
Mabuti pô. Kayó pô? — ma·*bu*·ti po' ka·*jo* po'
Mabuti. Ikáw? — ma·*bu*·ti le·*kau*

Wie heißen Sie/heißt du?
Anó pô ang pangalan ninyó? — a·*no* po' ang pa·*nga*·lan nin·*jo*
Anó ang pangalan mo? — a·*no* ang pa·*nga*·lan mo

Mein Name ist …
Ang pangalan ko pô ay … (form.) — ang pa·*nga*·lan ko po' ai …
Ang pangalan ko ay … (inf.) — ang pa·*nga*·lan ko ei …

Sprechen Sie Englisch?
Marunong ka ba ng Inglés? — ma·ru·nong ka ba nang ing·*gles*

Ich verstehe nicht.
Hindí ko náiintindihán. — hien·*die* ko *na*·ie·ien·tien·die·*han*

ZAHLEN

1	*isá*	ie·sa
2	*dalawá*	da·la·wa
3	*tatló*	tat·lo
4	*apat*	a·pat
5	*limá*	lie·ma
6	*anim*	a·niem
7	*pitó*	pie·to
8	*waló*	wa·lo
9	*siyám*	sie·jam
10	*sampû*	sam·pu'
20	*dalawampû*	da·la·wam·pu'
30	*tatlumpû*	tat·lum·pu'
40	*apatnapû*	a·pat·na·pu'
50	*limampû*	lie·mam·pu'
60	*animnapû*	a·niem·na·pu'
70	*pitumpû*	pie·tum·pu'
80	*walumpû*	wa·lum·pu'
90	*siyamnapû*	sie·jam·na·pu'
100	*sandaán*	san·da·an
1000	*isáng libo*	ie·sang lie·bo

Essen & Trinken

Ich möchte einen Tisch für ... reservieren.	*Gustó kong mag-reserba ng mesa para sa ...*	gus·to kong mag·re·ser·ba nang me·sa pa·ra sa ...
(acht) Uhr	*(alás-otso)*	(a·las·ot·so)
(zwei) Personen	*(dalawáng) tao*	(da·la·wang) ta·o

Ich hätte gern die Speisekarte.
Gustó ko ng menú. gus·to ko nang me·nu

Was würden Sie empfehlen?
Anó ang mairerekomendá mo? a·no ang ma·ie·re·re·ko·men·da mo

Was ist in diesem Gericht?
Anó iyán? a·no ie·jan

Ich esse kein/keine (rotes Fleisch).
Hindî akó kumakain ng (karné). hien·die' a·ko ku·ma·ka·ien nang (kar·ne)

Prost!
Tagayan tayo! ta·ga·jan ta·jo

Das war lecker!
Masaráp! ma·sa·rap

Die Rechnung, bitte.
Pakidalá ang tsit. pa·kie·da·la ang tsiet

Wichtige Begriffe

Abendessen	*hapunan*	ha·pu·nan
Café	*kapiteryá*	ka·pie·ter·ja
Flasche	*bote*	bo·te
Frühstück	*almusál*	al·mu·sal
Gabel	*tinidór*	tie·nie·dor
Getränk	*inumin*	ie·nu·mien
Glas	*baso*	ba·so
heiß	*mainit*	ma·ie·niet
kalt	*malamíg*	ma·la·mieg
Lebensmittelgeschäft	*groseryá*	gro·ser·ya
Löffel	*kutsara*	kut·sa·ra
Markt	*palengke*	pa·leng·ke
Messer	*kutsilyo*	kut·siel·jo
mit ...	*may ...*	mai ...
Mittagessen	*tanghalian*	tang·ha·lie·an
ohne ...	*walâ ...*	wa·la' ...
Restaurant	*restoran*	res·to·ran
Teller	*pinggán*	pieng·gan
vegetarisch	*bedyetaryan*	bed·je·tar·jan

Fleisch & Fisch

Austern	*talabá*	ta·la·ba
Ente	*bibi*	bie·bie
Fisch	*isdâ*	ies·da'
Fleisch	*karné*	kar·ne
Garnele	*sugpô*	sug·po'
Hühnchen	*manók*	ma·nok
Kalb	*karnéng bulô*	kar·neng bu·lo'
Lamm	*tupa*	tu·pa
Muschel	*paros*	pa·ros
Rind	*karné*	kar·ne
Schwein	*karnéng baboy*	kar·neng ba·boj
Thunfisch	*tulingán*	tu·lie·ngan
Truthahn	*pabo*	pa·bo

Obst & Gemüse

Ananas	*pinyá*	pien·ja
Apfel	*mansanas*	man·sa·nas
Blumenkohl	*koliplawer*	ko·lie·pla·wer
Bohne	*bin*	bien
Erbse	*gisantes*	gie·san·tes
Gemüse	*gulay*	gu·lei
Gurke	*pipino*	pie·pie·no
Kartoffeln	*patatas*	pa·ta·tas
Kohl	*repolyo*	re·pol·jo
Nüsse	*manê*	ma·ne'

Obst	*prutas*	*pru*·tas
Orange	*kahél*	ka·*hel*
Paprika	*bel peper*	bel *pe*·per
Pfirsich	*pits*	piets
Pilz	*kabuté*	ka·bu·*te*
Spinat	*kulitis*	ku·*lie*·ties
Tomate	*kamatis*	ka·*ma*·ties
Trauben	*ubas*	*u*·bas
Zitrone	*limón*	lie·*mon*
Zwiebel	*sibuyas*	sie·*bu*·jas

Sonstiges

Brot	*tinapay*	tie·*na*·pei
Butter	*mantekilya*	man·te·*kiel*·ja
Ei	*itlóg*	iet·*log*
Eis	*yelo*	*je*·lo
Essig	*sukà*	*su*·ka'
Honig	*pulót-pukyutan*	pu·*lot*·puk·*ju*·tan
Käse	*keso*	*ke*·so
Knoblauch	*bawang*	*ba*·wang
Öl	*mantikà*	man·*tie*·ka
Pfeffer	*pamintá*	pa·mien·*ta*
Reis (gekocht)	*kanin*	*ka*·nien
Salz	*asín*	a·*sien*
Sauerrahm	*kremang maasim*	*kre*·mang ma·a·siem
Suppe	*sopas*	*so*·pas
Zucker	*asukal*	a·*su*·kal

Getränke

Bier	*serbesa*	ser·*be*·sa
Kaffee	*kapé*	ka·*pe*
Milch	*gatas*	*ga*·tas
Saft	*katás*	ka·*tas*
Tee	*tsaá*	tsa·*a*
Wasser	*tubig*	*tu*·bieg
Wein	*alak*	*a*·lak

Notfall

Hilfe!	*Saklolo!*	sak·*lo*·lo
Gehen Sie weg!	*Umalís ka!*	u·ma·*lies* ka
Rufen Sie ...!	*Tumawag ka ng ...!*	tu·*ma*·wag ka nang ...
einen Arzt	*doktór*	dok·*tor*
die Polizei	*pulís*	pu·*lies*

Es gab einen Unfall.	
May aksidente.	mei ak·sie·*den*·te
Ich bin krank.	
May sakít akó.	mei sa·*kiet* a·*ko*
Hier tut es weh.	
Masakít dito.	ma·sa·*kiet die*·to
Ich bin allergisch gegen (Antibiotika).	
Allergic akó sa (antibayótikó).	a·*ler*·jiek a·*ko* sa (an·tie·ba·*jo*·tie·ko)
Ich habe mich verlaufen.	
Nawawalâ akó.	na·wa·wa·*la*' a·*ko*
Wo sind die Toiletten?	
Násaán ang kubeta?	*na*·sa·*an* ang ku·*be*·ta

Shoppen & Service

Ich möchte ... kaufen.	
Gustó kong bumilí ng ...	gus·*to* kong bu·mie·*lie* nang ...
Ich sehe mich nur um.	
Tumitingín lang akó.	tu·mie·tie·*ngien* lang a·*ko*
Kann ich mir das anschauen?	
Puwede ko bang tingnán?	pu·*we*·de ko bang tieng·*nan*
Wie viel kostet das?	
Magkano?	mag·*ka*·no
Das ist mir zu teuer.	
Masyadong mahál.	mas·*ja*·dong ma·*hal*
Bekomme ich Rabatt?	
Puwede mo bang ibabâ ang presyo?	pu·*we*·de mo bang ie·ba·*ba*' ang *pres*·jo
Da ist ein Fehler auf der Rechnung.	
May malí sa kuwenta.	mei ma·*lie* sa ku·*wen*·ta

Bank	*bangko*	*bang*·ko
Internetcafé	*internet kapé*	*ien*·ter·net ka·*pe*
öffentliches Telefon	*teléponong pampúbliko*	te·*le*·po·nong pam·*pub*·lie·ko
Postamt	*pos opis*	pos *o*·pies
Touristeninformation	*upisina ng turismo*	u·pie·*sie*·na nang tu·*ries*·mo

Uhrzeit & Datum

Wie spät ist es?	
Anóng oras na?	a·*nong o*·ras na
Es ist (10) Uhr.	
Alás-(diyés).	a·*las*·(die·*jes*)
Halb (10).	
Kalahating oras makalampás ang (alás-diyés).	ka·la·*ha*·tieng o·ras ma·ka·lam·*pas* ang (a·*las*·die·*jes*)

vormittags	*ng umaga*	nang u·*ma*·ga
nachmittags (12–14 Uhr)	*ng tanghalì*	nang tang·*ha*·lie'
nachmittags (14–18 Uhr)	*ng hapon*	nang *ha*·pon
gestern	*kahapon ng*	ka·*ha*·pon nang
heute	*sa araw na itó*	sa a·rau na ie·*to*
morgen	*bukas ng*	*bu*·kas nang

Montag	*Lunes*	*lu*·nes
Dienstag	*Martés*	mar·*tes*
Mittwoch	*Miyérkoles*	mie·*jer*·ko·les
Donnerstag	*Huwebes*	hu·*we*·bes
Freitag	*Biyernes*	bie·*jer*·nes
Samstag	*Sábado*	*sa*·ba·do
Sonntag	*Linggó*	lieng·*go*

Januar	*Enero*	e·*ne*·ro
Februar	*Pebrero*	peb·*re*·ro
März	*Marso*	*mar*·so
April	*Abríl*	ab·*riel*
Mai	*Mayo*	*ma*·jo
Juni	*Hunyo*	*hun*·jo
Juli	*Hulyo*	*hul*·jo
August	*Agosto*	a·*gos*·to
September	*Setyembre*	set·*jem*·bre
Oktober	*Oktubre*	ok·*tu*·bre
November	*Nobyembre*	nob·*jem*·bre
Dezember	*Disyembre*	dies·*jem*·bre

Unterkunft

Wo ist ein/eine ...?	*Násaán ang ...?*	*na*·sa·an ang ...
Campingplatz	*kampingan*	kam·*pie*·ngan
Hotel	*otél*	o·*tel*
Jugendherberge	*hostel para sa kabataan*	*hos*·tel *pa*·ra sa ka·ba·*ta*·an
Ferienpension	*bahay-bisita*	ba·hei·bie·*sie*·ta

Haben Sie ein ...-zimmer?	*Mayroón ba kayóng kuwartong ...?*	mei·ro·*on* ba ka·*jong* ku·*war*·tong ...
Einzel-	*pang-isahan*	pang·ie·*sa*·han
Doppel-	*pandala-waha*	pan·da·la·*wa*·han
Zweibett-	*may kambál na kama*	mei kam·*bal* na *ka*·ma

Wie viel kostet es pro ...?	*Magkano ba para sa isáng ...?*	mag·*ka*·no ba *pa*·ra sa ie·*sang* ...
Nacht	*gabí*	ga·*bie*
Person	*katao*	ka·*ta*·o
Woche	*linggó*	lieng·*go*

Bad	*banyo*	*ba*·njo
Fenster	*bintanà*	bien·*ta*·na'
Klimaanlage	*erkon*	*er*·kon
Toilette	*kubeta*	ku·*be*·ta

Verkehrsmittel & -wege

Öffentliche Verkehrsmittel

Welcher/e/s ... fährt nach (Bataan)?	*Alíng ... ang papuntá sa (Bataan)?*	a·*lieng* ... ang pa·pun·*ta* sa (ba·ta·*an*)
Boot	*bapór*	ba·*por*
Fähre	*ferry*	*pe*·rie
Katamaran	*catamaran*	*ka*·ta·ma·ran

Ist das der/die/das ... nach (Baguío)?	*Itó ba ang ... na papuntá sa (Baguío)?*	ie·*to* ba ang ... na pa·pun·*ta* sa (*ba*·gie·o)
Bus	*bus*	bus
Jeepney	*dyipni*	*dschiep*·nie
Megataxi	*megataksi*	me·ga·*tak*·see
Zug	*tren*	tren

Wann fährt der/die/das ... (Bus)?	*Kailán ang ... (bus)?*	ka·ie·*lan* ang ... (bus)
erste	*unang*	*u*·nang
letzte	*hulíng*	hu·*lieng*
nächste	*súsunód na*	*su*·su·*nod* na

Ein ... Ticket (nach Liliw).	*Isáng tiket ... na (papuntá sa Liliw).*	ie·*sang* *tie*·ket ... na (pa·pun·*ta* sa *lie*·liw)
1. Klasse	*1st class*	pers klas
2. Klasse	*2nd class*	*se*·kan klas
einfache Fahrt	*one way*	wan way
Hin- & Rückfahrt	*balikan*	ba·*lie*·kan

Wann fährt der/die/das (Bus) ab?
Anóng oras áalís ang (bus)? — a·*nong* o·ras a·a·*lies* ang (bus)

Wann fährt der/die/das (Boot) nach (Samal)?
Anóng oras daratíng ang (bapór) sa (Samal)? — a·*nong* o·ras da·ra·*tieng* ang (ba·*por*) sa (sa·*mal*)

Hält er/sie/es in (Porac)?
Humihintó ba itó sa (Porac)? — hu·mie·hien·*to* ba ie·*to* sa (*po*·rak)

Bitte sagen Sie mir Bescheid, wenn wir in (Tagaytay) sind.
Pakisabi lang sa akin pagdatíng natin sa (Tagaytay). — pa·kie·*sa*·bie lang sa a·kien pag·da·*tieng* *na*·tien sa (ta·*gei*·tei)

Ich würde gerne in (Rizal) aussteigen.
Gustó kong bumabá sa (Rizal). — gus·*to* kong bu·ma·*ba* sa (rie·*sal*)

Bitte bringen Sie mich zu/zum/zur (dieser Adresse).
Pakihatíd mo akó sa (adrés na itó). — pa·kie·ha·*tied* mo a·*ko* sa (a·*dres* na ie·*to*)

Bahnhof	*istasyón ng tren*	ies·tas·*jon* nang tren
Bushaltestelle	*hintuan ng bus*	hien·*tu*·an nang bus
Fahrkarten-schalter	*bilihan ng tiket*	bie·*lie*·han nang *tie*·ket

Auto, Motorrad & Fahrrad

Ich möchte ein/einen ... leihen.	*Gustó kong umarkilá ng ...*	gus·*to* kong u·mar·kie·*la* nang ...
Allradwagen	*4WD*	*por*·wiel·dreib
Auto	*kotse*	*kot*·se
Fahrrad	*bisikleta*	bie·siek·*le*·ta
Motorrad	*motorsiklo*	mo·tor·*siek*·lo

Ist das die Straße nach (Macabebe)?
Itó ba ang daán patungo sa (Macabebe)? — ie·to ba ang da·*an* pa·*tu*·ngo sa (*ma*·ka·be·be)

Darf ich hier parken?
Puwede ba akóng pumarada dito? — pu·*we*·de ba a·*kong* pu·ma·*ra*·da *die*·to

Das (Auto) hatte eine Panne in (San Miguel).
Nasiraan ang (kotse) sa (San Miguel). — na·sie·*ra*·an ang (*kot*·se) sa (san mie·*gel*)

Ich habe einen Platten.
Plat ang gulóng ko. — plat ang gu·*long* ko

Ich habe kein Benzin mehr.
Naubusan akó ng gasolina. — na·u·*bu*·san a·*ko* nang ga·so·*lie*·na

SCHILDER

Pasukán	Eingang
Labásan	Ausgang
Bukás	Offen
Sará	Geschlossen
Bawal	Verboten
CR	Toiletten
Lalaki	Herren
Babae	Damen

Benzin	*gasolina*	ga·so·*lie*·na
Fahrradladen	*tindahan ng bisikleta*	tien·*da*·han nang bie·siek·*le*·ta
Mechaniker	*mekániko*	me·*ka*·nie·ko
Werkstatt	*serbis istesyon*	*ser*·bies ies·*tes*·jon

Wegweiser

Wo ist der/die/das (Markt)?
Násaán ang (palengke)? — na·sa·*an* ang (pa·*leng*·ke)

Wie weit ist das?
Gaano kalayo? — ga·a·no ka·*la*·jo

Wie lautet die Adresse?
Anó ang adrés? — a·*no* ang a·*dres*

Könnten Sie das bitte aufschreiben?
Pakísulat mo? — pa·*kie*·su·lat mo

Könnten Sie mir das (auf der Karte) zeigen?
Maáari bang ipakita mo sa akin (sa mapa)? — ma·a·a·rie bang ie·pa·*kie*·ta mo sa a·kien (sa *ma*·pa)

Er/sie/es ist ...	*Iyón ay ...*	ie·*jon* ei ...
an der Ecke	*nasa kanto*	*na*·sa *kan*·to
gegenüber	*katapát ng*	ka·ta·*pat* nang
geradeaus	*diretso*	die·*ret*·so
hinter	*nasa likurán ng*	*na*·sa lie·ku·*ran* nang
in der Nähe von (...)	*malapit (sa ...)*	ma·*la*·piet (sa ...)
neben	*katabí ng*	ka·ta·*bie* nang
vor	*sa harapán ng*	sa ha·ra·*pan* nang

Biegen Sie ... ab	*Lumikó sa ...*	lu·mie·*ko* sa ...

an der Ampel	*ilaw-trápiko*	*ie·lau·tra·pie·ko*
links	*kaliwâ*	*ka·lie·wa'*
rechts	*kanan*	*ka·nan*

ENGLISCH

Briten, Amerikaner, Australier und Neuseeländer, deutsche Geschäftsleute und norwegische Wissenschaftler, der indische Verwaltungsbeamte, der philippinische Büroangestellte und die Hausfrau in Kapstadt – fast jeder scheint Englisch zu sprechen. Und wirklich: Englisch ist die am weitesten verbreitete Sprache der Welt (wenn es auch nur den zweiten Platz für die am meisten gesprochene Muttersprache gibt – Chinesisch ist die Nr. 1).

Logisch, dass es bei einer solchen Verbreitung nicht *das* Englische gibt, sondern vielmehr eine Unmenge von lokalen Eigenheiten in der Aussprache und im Wortschatz. Ein texanischer Ranger wird also wahrscheinlich seine Schwierigkeiten haben, einen philippinischen Jugendlichen aus Manila zu verstehen.

Hier folgen nur die wichtigsten Begriffe und Wendungen, um sich vor Ort durchschlagen zu können.

Konversation & Nützliches

Hallo.	*Hello.*
Guten ...	*Good ...*
Tag	*day*
Tag (nachmittags)	*afternoon*
Morgen	*morning*
Abend	*evening*
Auf Wiedersehen.	*Goodbye.*
Bis später.	*See you later.*
Tschüss.	*Bye.*
Wie geht es Ihnen/dir?	*How are you?*
Danke, gut.	*Fine. And you?*
Und Ihnen/dir?	*... and you?*

NOCH MEHR GEFÄLLIG?

Noch besser kommt man mit dem *Sprachführer Englisch* von Lonley Planet auf den Philippinen voran (und auch in anderen englischsprachigen Ländern herum). Der Titel ist unter **http://shop.lonelyplanet.de** und im Buchhandel erhältlich.

Wie ist Ihr Name?/ Wie heißt du?	*What's your name?*
Mein Name ist ...	*My name is ...*
Wo kommen Sie her?/ Wo kommst du her?	*Where do you come from?*
Ich komme aus ...	*I'm from ...*
Wie lange bleiben Sie/ bleibst du hier?	*How long do you stay here?*
Ja.	*Yes.*
Nein.	*No.*
Bitte.	*Please.*
Danke/Vielen Dank.	*Thank you (very much).*
Bitte (sehr).	*You're welcome.*
Entschuldigen Sie, ...	*Excuse me, ...*
Entschuldigung.	*Sorry.*
Es tut mir leid.	*I'm sorry.*
Verstehen Sie (mich)?	*Do you understand (me)?*
Ich verstehe (nicht).	*I (don't) understand.*
Könnten Sie ...?	*Could you please ...?*
bitte langsamer sprechen	*speak more slowly*
das bitte wiederholen	*repeat that*
es bitte aufschreiben	*write it down*

Fragewörter

Wer?	*Who?*
Was?	*What?*
Wo?	*Where?*
Wann?	*When?*
Wie?	*How?*
Warum?	*Why?*
Welcher?	*Which?*
Wie viel/viele?	*How much/many?*

Gesundheit

Wo ist der/die/das nächste ...?
Where's the nearest ...?

Apotheke	*chemist*
Zahnarzt	*dentist*
Arzt	*doctor*
Krankenhaus	*hospital*

Ich brauche einen Arzt.
I need a doctor.

Gibt es in der Nähe eine (Nacht-) Apotheke?
Is there a (night) chemist nearby?

Ich bin krank.	*I'm sick.*
Es tut hier weh.	*It hurts here.*
Ich habe mich übergeben.	*I've been vomiting.*

Ich habe ...	*I have ...*
Durchfall	*diarrhoea*
Fieber	*fever*
Kopfschmerzen	*headache*
(Ich glaube,) Ich bin schwanger.	*(I think) I'm pregnant.*
Ich bin allergisch ...	*I'm allergic ...*
gegen Antibiotika	*to antibiotics*
gegen Aspirin	*to aspirin*
gegen Penizillin	*to penicillin*

Mit Kindern reisen

Ich brauche ...	*I need a/an ...*
Gibt es ...?	*Is there a/an ...?*
einen Wickelraum	*baby change room*
einen Babysitter	*babysitter*
einen Kindersitz	*booster seat*
eine Kinderkarte	*children's menu*
einen Kinderstuhl	*highchair*
(Einweg-)Windeln	*(disposable) nappies*
ein Töpfchen	*potty*
einen Kinderwagen	*stroller*

Stört es Sie, wenn ich mein Baby hier stille?
Do you mind if I breastfeed here?

Sind Kinder zugelassen?
Are children allowed?

Papierkram

Name	*name*
Staatsangehörigkeit	*nationality*
Geburtsdatum	*date of birth*
Geburtsort	*place of birth*
Geschlecht	*sex/gender*
(Reise-)Pass	*passport*
Visum	*visa*

Shoppen & Service

Ich suche ...
I'm looking for ...

Wo ist der/die/das (nächste) ...?
Where's the (nearest) ...?

Wo kann ich ... kaufen?
Where can I buy ...?

Ich möchte ... kaufen.
I'd like to buy ...

Wie viel (kostet das)?
How much (is this)?

Das ist zu viel/zu teuer.
That's too much/too expensive.

Können Sie mit dem Preis heruntergehen?
Can you lower the price?

Ich schaue mich nur um.
I'm just looking.

Haben Sie noch andere?
Do you have any others?

Können Sie ihn/sie/es mir zeigen?
Can I look at it?

mehr	*more*
weniger	*less*
kleiner	*smaller*
größer	*bigger*

Nehmen Sie ...?	*Do you accept ...?*
Kreditkarten	*credit cards*
Reiseschecks	*traveller's cheques*
Ich möchte ...	*I'd like to ...*
Geld umtauschen	*change money*
einen Scheck einlösen	*cash a cheque*
Reiseschecks einlösen	*change traveller's cheques*

Ich suche ...	*I'm looking for ...*
einen Arzt	*a doctor*
eine Bank	*a bank*
die ... Botschaft	*the ... embassy*
einen Geldautomaten	*an ATM*
das Krankenhaus	*the hospital*
den Markt	*the market*
ein öffentliches Telefon	*a public phone*
eine öffentliche Toilette	*a public toilet*
die Polizei	*the police*
das Postamt	*the post office*
die Touristeninformation	*the tourist information*
eine Wechselstube	*an exchange office*

Wann macht er/sie/es auf/zu?
What time does it open/close?

Ich möchte eine Telefonkarte kaufen.
I want to buy a phone card.

Wo ist hier ein Internetcafé?
Where's the local Internet cafe?

Ich möchte ...	*I'd like to ...*
ins Internet	*get Internet access*
meine E-Mails checken	*check my email*

Uhrzeit & Datum

Wie spät ist es?	*What time is it?*
Es ist (ein) Uhr.	*It's (one) o'clock.*
zwanzig nach eins	*Twenty past one*
halb zwei	*Half past one*
Viertel vor eins	*Quarter to one*
morgens/vormittags	*am*
nachmittags/abends	*pm*

jetzt	*now*
heute	*today*
heute Abend	*tonight*
morgen	*tomorrow*
gestern	*yesterday*
Morgen	*morning*
Nachmittag	*afternoon*
Abend	*evening*

Montag	*Monday*
Dienstag	*Tuesday*
Mittwoch	*Wednesday*
Donnerstag	*Thursday*
Freitag	*Friday*
Samstag	*Saturday*
Sonntag	*Sunday*

Januar	*January*
Februar	*February*
März	*March*
April	*April*
Mai	*May*
Juni	*June*
Juli	*July*
August	*August*
September	*September*
Oktober	*October*
November	*November*
Dezember	*December*

Unterkunft

Wo ist ...?	*Where's a ...?*
eine Pension	*bed and breakfast guesthouse*
ein Campingplatz	*camping ground*
ein Hotel/Gasthof	*hotel*
ein Privatzimmer	*room in a private home*
eine Jugendherberge	*youth hostel*

Wie ist die Adresse?
What's the address?

Ich möchte bitte ein Zimmer reservieren.
I'd like to book a room, please.

Für (drei) Nächte/Wochen.
For (three) nights/weeks.

Haben Sie ein ...?	*Do you have a ... room?*
Einzelzimmer	*single*
Doppelzimmer	*double*
Zweibettzimmer	*twin*

Wie viel kostet es pro Nacht/Person?
How much is it per night/person?

Kann ich es sehen?
May I see it?

Kann ich ein anderes Zimmer bekommen?
Can I get another room?

Es ist gut, ich nehme es.
It's fine. I'll take it.

Ich reise jetzt ab.
I'm leaving now.

Verkehrsmittel & -wege

Öffentliche Verkehrsmittel

Wann fährt ... ab?
What time does the ... leave?

das Boot/Schiff	*boat/ship*
die Fähre	*ferry*
der Bus	*bus*
der Zug	*train*

Wann fährt der ... Bus?
What time's the ... bus?

erste	*first*
letzte	*last*
nächste	*next*

Wo ist der nächste U-Bahnhof?
Where's the nearest metro station?

Welcher Bus fährt nach ...?
Which bus goes to ...?

U-Bahn	*metro*
(U-)Bahnhof	*(metro) station*
Straßenbahn	*tram*
Straßenbahnhaltestelle	*tram stop*
S-Bahn	*suburban (train) line*
Eine ... nach (Manila).	*A ... to (Manila).*
einfache Fahrkarte	*one-way ticket*
Rückfahrkarte	*return ticket*
Fahrkarte 1. Klasse	*1st-class ticket*
Fahrkarte 2. Klasse	*2nd-class ticket*

Der Zug wurde gestrichen.
The train is cancelled.

Der Zug hat Verspätung.
The train is delayed.

Ist dieser Platz frei?
Is this seat free?

Muss ich umsteigen?
Do I need to change trains?

Sind Sie frei?
Are you free?

Was kostet es bis ...?
How much is it to ...?

Bitte bringen Sie mich zu (dieser Adresse).
Please take me to (this address).

Private Transportmittel

Wo kann ich ein ... mieten?
Where can I hire a/an ...?

Ich möchte ein ... mieten.
I'd like to hire a/an ...

Allradfahrzeug	*4WD*
Auto	*car*
Fahrrad	*bicycle*
Fahrzeug mit Automatik	*automatic*
Fahrzeug mit Schaltung	*manual*
Motorrad	*motorbike*

Wie viel kostet es pro Tag/Woche?
How much is it per day/week?

Wo ist eine Tankstelle?
Where's a petrol station?

Benzin	*petrol*
Diesel	*diesel*
bleifreies Benzin	*unleaded*

Führt diese Straße nach ...?
Does this road go to ...?

Wo muss ich bezahlen?
Where do I pay?

Ich brauche einen Mechaniker.
I need a mechanic.

Das Auto hat eine Panne.
The car has broken down.

Ich habe einen Platten.
I have a flat tyre.

Das Auto/Motorrad springt nicht an.
The car/motorbike won't start.

Ich habe kein Benzin mehr.
I've run out of petrol.

Wegweiser

Können Sie mir bitte helfen?
Could you help me, please?

Ich habe mich verirrt.
I'm lost.

Wo ist (eine Bank)?
Where's (a bank)?

In welcher Richtung ist (eine öffentliche Toilette)?
Which way's (a public toilet)?

Wie kann ich da hinkommen?
How can I get there?

Wie weit ist es?
How far is it?

Können Sie es mir (auf der Karte) zeigen?
Can you show me (on the map)?

links	*left*
rechts	*right*
nahe	*near*
weit weg	*far away*
hier	*here*
dort	*there*
an der Ecke	*on the corner*
geradeaus	*straight ahead*
gegenüber	*opposite*
neben	*next to*
hinter	*behind*
vor	*in front of*

Norden	*north*
Süden	*south*
Osten	*east*
Westen	*west*

Biegen Sie ... ab.	*Turn ...*
links/rechts	*left/right*
an der nächsten Ecke	*at the next corner*
bei der Ampel	*at the traffic lights*

Zahlen

0	*zero*
1	*one*
2	*two*
3	*three*
4	*four*
5	*five*
6	*six*
7	*seven*
8	*eight*
9	*nine*
10	*ten*
11	*eleven*
12	*twelve*
13	*thirteen*
14	*fourteen*
15	*fifteen*
16	*sixteen*
17	*seventeen*
18	*eighteen*
19	*nineteen*
20	*twenty*
21	*twentyone*
22	*twentytwo*
23	*twentythree*
24	*twentyfour*
25	*twentyfive*
30	*thirty*
40	*fourty*
50	*fifty*
60	*sixty*
70	*seventy*
80	*eigthy*
90	*ninety*
100	*hundred*
1000	*thousand*
2000	*two thousand*
100 000	*hundred thousand*
1 000 000	*one million*

GLOSSAR

arnis de mano – prähispanischer Stockkampf, besser als *arnis* bekannt

bagyo – Taifun

bahala na – eine Art nationale Philosophie. Vor der Einführung des Christentums nannten die Filipinos Gott *bathala*. Der Ausdruck *bahala na* leitet sich davon ab und steht sowohl für Glauben an Gott als auch für eine Art von Fatalismus, ist also eine Mischung zwischen Sorglosigkeit und Schicksalsergebenheit à la Kurt Vonnegut, jedoch weniger individualistisch: Was geschieht, geschieht, und in der Zwischenzeit lebt man sein Leben, am besten gemeinsam mit Freunden – und vor allem – mit der Familie.

bahay na bato – Steinhaus

balangay – hochseetaugliches, kunstvoll gearbeitetes Auslegerboot

balikbayan – Philippiner, der aus dem Ausland zurückkehrt oder seine Heimat besucht

balisong – Klappmesser

bangka – Holzboot, meist mit Auslegern und von einem zweckentfremdeten Automotor angetrieben; motorisiertes Auslegerkanu

barangay – Dorf, Viertel oder Gemeinde; grundlegende soziopolitische Einheit der philippinischen Gesellschaft

barkada – Clique von Freunden

barong – Oberbegriff für ein landestypisches Herrenhemd, das quasi als Nationaltracht gilt; die Vorderseite ist meist großflächig bestickt oder gemustert.

Barong Tagalog – traditionelles Hemd für formelle Anlässe (der *barong* war ursprünglich nur für Männer gedacht; das Wort beschreibt nur das Hemd) mit kunstvollen Stickereien oder Mustern auf der Vorderseite aus *jusi* oder *pinya*

baryo – philippinische Variante des spanischen Wortes *barrio* (Stadtviertel); wird heute *barangay* genannt

bayanihan – Philippinische Tradition, bei der Nachbarn einer Familie beim Umzug des Hauses zu einem neuen Ort helfen. Heute bezeichnet der Begriff Gemeinschaftsgeist im weiteren Sinne, der scheinbar Unmögliches durch Gemeinschaft und Zusammenarbeit möglich macht.

BPI – Bank of the Philippine Islands

butanding – Walhai

carabao – Wasserbüffel, auch *kalabaw* genannt

CBST – Community-Based Sustainable Tourism (gemeindebasierter, nachhaltiger Tourismus)

CR – Comfort Room (Toilette)

fronton – Spielfeld beim *jai alai*

GROs – Guest Relation Officers; offiziell bessere Kellnerinnen, inoffiziell Sexarbeiterinnen

haribon – philippinischer Adler und gefährdete Spezies; bedeutet wörtlich „König der Vögel"

istrado – Philippiner der gebildeten Mittelklasse im 19. Jh.

jai alai – schnelles Ballspiel; beliebte Sportart auf den Philippinen

Jeepney – bunt bemaltes, einem verlängerten Jeep ähnelndes, mit Passagieren vollgestopftes Fahrzeug mit Sitzbänken und jeder Menge Deko

jusi – aus Ramiefasern gewebter Stoff, der für die Herstellung eines *barong* verwendet wird

kalesa – Pferdekutsche

kundiman – melancholisches Musikgenre aus Manila (und der Region Tagalog); zählt zu den beliebtesten des Landes

lahar – durch Regen verursachter Erdrutsch aus Vulkanschutt oder Schlamm aus Vulkanasche; tritt oft am Mt. Pinatubo auf

mestizo – Philippiner gemischter Herkunft (meist chinesisch oder spanisch). Ein Philippiner mit gemischten asiatischen Wurzeln, die nicht auf China zurückgehen, wird nicht als *mestizo* bezeichnet.

MILF – Moro Islamic Liberation Front (Islamische Befreiungsfront der Moros)

MNLF – Moro National Liberation Front (Nationale Befreiungsfront der Moros)

Moro – Bezeichnung aus der spanischen Kolonialzeit für muslimische Filipinos; der einst abschätzig gemeinte Name wird heute mit Stolz getragen.

nara – Hartholzbaum; der Nationalbaum der Philippinen

nipa – Palmenart; die Blätter werden zum Bau von Nipa-Hütten (typisch für ländliche Gebiete) benutzt.

NPA – New People's Army (Neue Volksarmee)

paraw – traditionelles Auslegerboot mit Fock und Großsegel

pasyon – Passion Jesu Christi; wird in der Karwoche besungen oder nachgestellt

Philvolcs – Philippine Institute of Volcanology & Seismology (Philippinisches Institut für Vulkanologie und Seismologie)

Pinoy – Begriff, den Philippiner für sich selbst verwenden

pinya – aus Ananasfasern gewebter Stoff; wird oft für die Herstellung eines *barong* verwendet

PNP – Philippine National Police; philippinische Polizei

poblasyon – Stadtzentrum

sabong – Hahnenkampf

sala – Wohnzimmer

santo – religiöse Statue

sari-sari – kleiner Tante-Emma-Laden für den täglichen Bedarf; *sari-sari* bedeutet wörtlich „Auswahl".

swidden farming – Brandrodungsackerbau; Ackerbau auf einem Stück Land, das durch Brandrodung für die Landwirtschaft verfügbar gemacht wurde.

Tagalog – Hauptdialekt in Manila und in den umgebenden Provinzen; auf diesem Dialekt basiert die offizielle Amtssprache Filipino.

tamaraw/Tamarau – bedrohte einheimische Büffelart, die nur auf Mindoro vorkommt; eine der am stärksten bedrohten Tierarten der Welt

tinikling – philippinischer Volkstanz

Tricycle – philippinische Riksha, früher über Pedale angetrieben, heute meist motorisiert

V-Hire – oft benutzter Van/Kleinbus

Hinter den Kulissen

WIR FREUEN UNS ÜBER EIN FEEDBACK

Post von Travellern zu bekommen, ist für uns ungemein hilfreich – Kritik und Anregungen halten uns auf dem Laufenden und helfen, unsere Bücher zu verbessern. Unser reiseerfahrenes Team liest alle Zuschriften genau durch, um zu erfahren, was an unseren Reiseführern gut und was schlecht ist. Wir können solche Post zwar nicht individuell beantworten, aber jedes Feedback wird garantiert schnurstracks an die jeweiligen Autoren weitergeleitet, rechtzeitig vor der nächsten Nachauflage. Jeder, der uns Informationen sendet, wird in der folgenden Auflage im Dank erwähnt – und die hilfreichsten Einsendungen werden mit einer Auswahl an digitalen PDF-Kapiteln honoriert.

Wer Ideen, Erfahrungen und Korrekturhinweise zum Reisführer mitteilen möchte, hat die Möglichkeit dazu auf **www.lonelyplanet.com/contact/guidebook_feedback/new.** Anmerkungen speziell zur deutschen Ausgabe erreichen uns über **www.lonelyplanet.de/kontakt.**

Auf unserer preisgekrönten Website **www.lonelyplanet.com** stehen ebenfalls Reiseberichte, Neuigkeiten und Diskussionen.

Hinweis: Da wir Beiträge möglicherweise in Lonely Planet Produkten (Reiseführer, Websites, digitale Medien) veröffentlichen, ggf. auch in gekürzter Form, bitten wir um Mitteilung, falls ein Kommentar nicht veröffentlicht oder ein Name nicht genannt werden soll. Wer Näheres über unsere Datenschutzpolitik wissen will, erfährt das unter lonelyplanet.com/privacy.

DANK AN UNSERE LESER

Vielen Dank an die Leser, die mit der vorherigen Auflage unterwegs waren und uns nützliche Hinweise und praktische Tipps geschickt und von interessanten Erlebnissen berichtet haben:

Beatriz Montenegro, Claude Brisson, Daniel Christen, Daniëlle Wolbers, David Dessin, David Reifsnyder, DongKwon Choi, Edmund Carew, Eiko Grieger, Herbert Bleyer, Hotse Haakma, Ian MacDonell, Iliada Stavrinidi, James Ingram, Jan Buchanan, Johannes Schneider, John Pater, Ligaya Gasataya, Marieke Westenberg, Martin Plackett, Mauricio Linde, Nicky Webber, Nigel Hutton, Noah Impekoven, Olga Cirera, Pedro Ribeiro, Peter Cox, Petra O'Neill, Ralph Victa, Richard Hill, Sabrina Harper, Tajan Tober, Theresa Gannon, Thomas Vanelslander, Tomoka Aono, Venise Lewis

DANK DER AUTOREN

Paul Harding

Zuerst möchte ich Laura Crawford bei LP und meinem Autorenkollegen Greg Bloom für ihre Hilfe und Unterstützung danken. Auf den Philippinen geht mein Dank an Jay, Elvie und ihre Freunde, Meann und Martine in Legazpi sowie an Harvey in Caramoan. Ich war auf dieser Reise oft auch traurig, darum – wie immer – vielen Dank und all meine Liebe an Hannah und Layla und Familie, dass sie mich so oft weglassen und mich jedes Mal wieder zu Hause willkommen heißen.

Greg Bloom

Ein dickes Dankeschön an meine erstklassigen Assistenten in Manila: Windi (die ideale Quelle für Informationen rund ums Essen und Trinken), Anna (meine „Manila mit Kindern"-Testerin) und Callie (für den Baby-bedingten Stressabbau und die vielen Lacher). Ohne euch hätte ich es nicht geschafft. Ich danke auch Will und LT für die (kostspieligen) Kasinorecherchen. Und danke, Bart, für die Beherbergung von LP-Autoren. Dank an Pia für die Tipps zu Palawan und an Luc für die guten Dienste, was das QC-Nachtleben angeht.

Celeste Brash

Ich danke Andrea, Raf und Rafael. Danke an Mon in Pagudpud; Francis und Archie Baccoy und seine Familie in Kalinga; Grail in Batad; Siegrid und Ryan in Sagada; Ryan Baldino und seinen Onkel Kabayan; Polizist Peter in Abatan; ein großes Dankeschön an Tuvyan Savoy in Baguio. Mein größter Dank gilt meinem Co-Autor Greg sowie DE Laura für ihre Hingabe und ihr Know-How, meiner Familie und den Menschen in Nord-Luzon für ihre stets gleichbleibende Freundlichkeit.

Michael Grosberg

Ich danke all den netten Menschen, denen ich unterwegs begegnet bin, besonders den Mitarbeitern der Touristeninformation der Provinz Iloilo; Jac Señagan in Dumaguete; Ulrika, Julia und Fiona in Dauin; Mike vom Coco Grove auf Siquijor; Arno und Kaisa auf Camiguin; Gerry und Susan in Siargao für ihre Herzlichkeit und Freundschaft; Prinzessin Villarama, Sarah Sapo, Angelo Balao und Joaquin de Jesus auf Boracay für ihre Einblicke in die philippinische Musik. Dankeschön an Carly, Rosie und Boone, die mir das Gefühl geben, nie weit von zu Hause entfernt zu sein.

Iain Stewart

Danke an Laura für den Auftrag, Greg Bloom für die Hilfe und Kontakte in der Region, an Jamie Marshall für die Begleitung auf einigen schwierigen Etappen, an Gino und Nikki in Bantayan und Cebu, Jacques und Lucia in Tacloban für die fachkundige Beratung sowie die netten Menschen auf Calicoan Island, vor allem im Luna Beach Resort. Viele Mitarbeiter der Touristeninformationen haben mir auf meinem Weg durch die Region geholfen – ich bin euch allen dankbar.

QUELLENNACHWEISE

Klimakartendaten entnommen aus Peel MC, Finlayson BL & McMahon TA (2007) „Updated World Map of the Köppen-Geiger Climate Classification", Hydrology and Earth System Sciences, 11, 163344.

Umschlagfoto: Clownfish, fototrav/Getty ©

ÜBER DIESES BUCH

Dies ist die zweite Ausgabe von *Philippinen*, basierend auf der mittlerweile 13. englischen Ausgabe von *Philippines*, die von Paul Harding und Greg Bloom zusammengestellt und von Paul und Greg mit Unterstützung durch Celeste Brash, Michael Grosberg und Iain Stewart recherchiert und verfasst wurde. Die vorherige Ausgabe wurde von Michael Grosberg, Greg Bloom, Trent Holden, Anna Kaminski und Paul Stiles verfasst. Folgende Personen waren an der Produktion dieses Reiseführers beteiligt:

Leitende Redakteurin für das Zielland Laura Crawford

Verantwortliche Redakteurinnen Vicky Smith, Kate Chapman

Leitende Kartografin Julie Sheridan

Buchdesignerin Katherine Marsh

Redaktionsassistenz Imogen Bannister, Janice Bird, Andrea Dobbin, Shona Gray, Kate Kiely, Helen Koehne, Kellie Langdon, Kathryn Rowan, Gabrielle Stefanos, Ross Taylor, Sam Wheeler, Amanda Williamson, Simon Williamson

Kartografieassistenz Rachel Imeson

Umschlagrecherche Naomi Parker

Dank an Ronan Abayawickrema, Daniel Corbett, Grace Dobell, Martin Heng, Rachel Rawling, Jessica Ryan, Maureen Wheeler

Register

Karten **000**
Fotos **000**

Karten **000**
Fotos **000**

T

Karten **000**
Fotos **000**

Kartenlegende

Sehenswertes

- Buddhistisch
- Burg/Schloss
- Christlich
- Denkmal
- Hinduistisch
- Islamisch
- Jainistisch
- Jüdisch
- Konfuzianisch
- Museum/Galerie/ Historisches Gebäude
- Ruine
- Schintoistisch
- Sikhistisch
- Strand
- Taoistisch
- Vogelschutzgebiet
- Weingut/Weinberg
- Zoo/Wildschutzgebiet
- Noch mehr Sehenswertes

Essen

- Restaurant

Ausgehen & Nachtleben

- Bar/Kneipe/Club
- Café

Unterhaltung

- Theater/Kino/Oper

Shoppen

- Geschäft/Einkaufszentrum

Aktivitäten, Kurse & Touren

- Bodysurfing
- Kanu-/Kajakfahren
- Kurs/Tour
- Japanisches Badehaus/Onsen
- Schnorcheln
- Schwimmen
- Skifahren
- Surfen
- Tauchen
- Wandern
- Windsurfen
- Andere Aktivitäten

Schlafen

- Hotel/Pension
- Campingplatz
- Hütte

Praktisches

- Bank
- Botschaft/Konsulat
- Krankenhaus/Arzt
- Internet
- Polizei
- Post
- Telefon
- Toilette
- Touristeninformation
- Noch mehr Praktisches

Transport

- Bus
- Eisenbahn eingleisig
- Fähre
- Fahrrad
- Flughafen
- Grenzübergang
- Metro/MTR-/MRT-Station
- Parkplatz
- Subway
- Seilbahn/Standseilbahn
- Straßenbahn
- Tankstelle
- Taxi
- U-Bahn-Station
- Zug/Eisenbahn
- Andere Verkehrsmittel

Landschaft

- Aussichtspunkt
- Berg/Vulkan
- Hütte/Unterstand
- Leuchtturm
- Oase
- Park
- Pass
- Raststelle
- Strand
- Tor
- Wasserfall

Städte

- Hauptstadt
- Landeshauptstadt
- Stadt
- Ort/Dorf

Achtung: Nicht alle der hier aufgeführten Symbole finden sich in den Karten in diesem Buch wieder.

Verkehrswege

- Autobahn
- Fußgängerbrücke
- Hauptstraße
- Im Bau befindliche Straße
- Landstraße
- Mautstraße
- Pfad/Wanderweg
- Platz/Fußgängerzone
- Sonstige Straße
- Stufen
- Tunnel
- Unbefestigte Straße
- Verbindungsstraße
- Wanderung
- Wanderung mit Abstecher

Grenzen

- Internationale Grenze
- Provinzgrenze
- Umstrittene Grenze
- Regionale Grenze
- Meerespark
- Klippen
- Mauer

Gewässer

- Fluss/Bach
- Periodischer Fluss
- Kanal
- Wasser
- Trocken-/Salz-/ Periodischer See
- Riff

Gebietsformen

- Flughafen
- Strand/Wüste
- Christlicher Friedhof
- Weiterer Friedhof
- Gletscher
- Watt
- Park/Wald
- Sehenswertes Gebäude
- Sportanlage
- Sumpf

UNSERE AUTOREN

Michael Grosberg
Boracay & Western Visayas, Mindanao, Michael hat schon an über 45 Lonely Planet Reiseführern mitgewirkt. Ob er sich nun mit Myanmar oder New Jersey beschäftigt, ist er mit Leib und Seele dabei und empfindet jedes Projekt als Bereicherung seines noch relativ jungen Lebens. Bevor er freiberuflicher Schriftsteller wurde, arbeitete er bereits in aller Welt. So war er Entwicklungshelfer auf der Insel Rota im westlichen Pazifik, erforschte in Südafrika politische Gewalt, schrieb darüber und schulte neugewählte Regierungsvertreter. Auch verdingte er sich im ecuadorianischen Quito als Lehrer. Er hat einen Master-Abschluss in Vergleichender Literaturwissenschaft und lehrte Literatur und Schriftstellerei als Assistenzprofessor an verschiedenen Colleges in New York City. Michael recherchierte auch das Kapitel „Die Philippinen verstehen".

Iain Stewart
Cebu & Eastern Visayas Iain machte in den 1990ern eine Ausbildung als Journalist und arbeitete anschließend als Reporter und Restaurantkritiker in London. 1997 begann er, Reiseführer zu schreiben, und hat seither über 60 Bücher für so unterschiedliche Ziele wie Ibiza und Kambodscha verfasst. Iain hat an den Lonely Planet Ausgaben von *Mexiko, Indonesien, Zentralamerika, Kroatien, Vietnam* sowie *Bali & Lombok* mitgewirkt. Außerdem schreibt er regelmäßig für Zeitungen wie *Independent, Observer* und *Daily Telegraph* und twittert unter @iaintravel. Er würde überall arbeiten, solange er dort ein paar Palmen und einen Sandstrand vorfindet. Iain lebt in Brighton (Großbritannien), ganz in der Nähe des wunderschönen Südstrands.

Paul Harding
Kurator, Rund um Manila, Südost-Luzon Als Autor und Fotograf reist Paul schon seit fast zwei Jahrzehnten um den Globus, ständig auf der Suche nach entlegenen, ungewöhnlichen Orten, Inseln und Kulturen. Er hat bereits an über 50 Lonely Planet Reiseführern über so unterschiedliche Länder und Regionen wie Indien, Island, Belize, Vanuatu, Iran, Indonesien, Neuseeland, Finnland, die Philippinen und Australien – seine Heimat – mitgewirkt.

Greg Bloom
Manila, Mindoro, Palawan Greg ist freiberuflicher Autor sowie Tour- und Reiseveranstalter mit Sitz in Siem Reap in Kambodscha und in Manila auf den Philippinen. Greg begann seine Schriftstellerkarriere Ende der Neunziger in der Ukraine, wo er als Journalist und später als Chefredakteur bei der *Kyiv Post* arbeitete, einer englischsprachigen Wochenzeitung. Als freiberuflicher Reiseautor hat er bereits an etwa 35 Lonely Planet Führern mitgearbeitet, überwiegend für Osteuropa und Asien. Neben dem Schreiben organisiert er über sein Reisebüro „Bearcat Travel" Abenteuertouren in Kambodscha und Palawan (Philippinen). Greg recherchierte auch die Kapitel „Reiseplanung" und „Praktische Informationen".

Celeste Brash
Nord-Luzon Wie viele gebürtige Kalifornier lebt Celeste jetzt in Portland, Oregon. Allerdings verbrachte sie davor – unter anderem – 15 Jahre in Französisch-Polynesien, anderthalb Jahre in Südostasien sowie einige Zeit im englischen Brighton, wo sie Englisch als Zweitsprache (mit amerikanischem Akzent) unterrichtete. Seit 2005 schreibt sie Reiseführer für Lonely Planet, und ihre Reiseberichte erschienen bereits in Publikationen von *BBC Travel* bis hin zu *National Geographic*. Zur Zeit schreibt sie ein Buch über ihre fünf Jahre auf einer einsamen Perlenfarm im Tuamotu-Atoll. Vertreten wird sie von der Donald Maass Agency in New York.

DIE LONELY PLANET STORY

Ein uraltes Auto, ein paar Dollar in den Hosentaschen und Abenteuerlust, mehr brauchten Tony und Maureen Wheeler nicht, als sie 1972 zu der Reise ihres Lebens aufbrachen. Diese führte sie quer durch Europa und Asien bis nach Australien. Nach mehreren Monaten kehrten sie zurück – pleite, aber glücklich –, setzten sich an ihren Küchentisch und verfassten ihren ersten Reiseführer Across Asia on the Cheap. Binnen einer Woche verkauften sie 1500 Bücher und Lonely Planet war geboren. Heute unterhält der Verlag Büros in Franklin, London, Melbourne, Oakland, Beijing und Delhi mit über 600 Mitarbeitern und Autoren. Sie alle teilen Tonys Überzeugung, dass ein guter Reiseführer drei Dinge tun sollte: informieren, bilden und unterhalten.

Lonely Planet Global Limited
Digital Depot
The Digital Hub
Dublin D08 TCV4
Ireland

Verlag der deutschen Ausgabe:
MAIRDUMONT, Marco-Polo-Straße 1, 73760 Ostfildern,
www.lonelyplanet.de, www.mairdumont.com, lonelyplanet-online@mairdumont.com

Chefredakteurin deutsche Ausgabe: Birgit Borowski

Producing: SAW Communications, Redaktionsbüro Dr Sabine A Werner, Mainz
Übersetzung: SAW Communications – Dr. Wolfgang Hensel, Melanie Koster, Sonja Häußler, Isabel Sterner, Sabine Tessloff
An früheren Auflagen haben mitgewirkt: Julie Bacher, Tobias Ewert, Karen Gerwig, Laura Leibold, Ute Perchtold, Dr. Christian Rochow, Erwin Tivig
Redaktion: SAW Communications – Eugenia Demmel, Frauke Feuchter, Julia Gilcher, Marc Niemeyer, Kristin Smolinna, Dr. Sabine A Werner
Technischer Support: SAW Communications – Alles mit Medien, Anke Enders

Philippinen
2. Auflage August 2018, übersetzt von *Philippines 13th edition*,
Juni 2018 Lonely Planet Global Limited
Deutsche Ausgabe © Lonely Planet Global Limited, August 2018
Fotos © wie angegeben 2018

Printed in Poland

FSC®
www.fsc.org
MIX
Papier aus verantwortungsvollen Quellen
FSC® C018236